AUFSTIEG UND NIEDERGANG
DER RÖMISCHEN WELT

II.8

AUFSTIEG UND NIEDERGANG DER RÖMISCHEN WELT

GESCHICHTE UND KULTUR ROMS
IM SPIEGEL DER NEUEREN FORSCHUNG

II

HERAUSGEGEBEN

VON

HILDEGARD TEMPORINI

UND

WOLFGANG HAASE

WALTER DE GRUYTER · BERLIN · NEW YORK
1977

PRINCIPAT

ACHTER BAND

HERAUSGEGEBEN
VON

HILDEGARD TEMPORINI
UND
WOLFGANG HAASE

WALTER DE GRUYTER · BERLIN · NEW YORK
1977

Herausgegeben mit Unterstützung der Robert Bosch Stiftung, Stuttgart

CIP-Kurztitelaufnahme der Deutschen Bibliothek

Aufstieg und Niedergang der römischen Welt :

Geschichte u. Kultur Roms im Spiegel d. neueren Forschung /
hrsg. von Hildegard Temporini u. Wolfgang Haase. — Berlin,
New York : de Gruyter.
NE: Temporini, Hildegard [Hrsg.]
2. Principat.
Bd. 8. / Hrsg. von Hildegard Temporini u. Wolfgang Haase. —
1. Aufl. — 1978.
ISBN 3-11-007337-4

© 1978 by Walter de Gruyter & Co.,
vormals G.J. Göschen'sche Verlagshandlung · J. Guttentag, Verlagsbuchhandlung · Georg Reimer · Karl J.Trübner
Veit & Comp., Berlin 30 · Alle Rechte, insbesondere das der Übersetzung in fremde Sprachen, vorbehalten. Ohne
ausdrückliche Genehmigung des Verlages ist es auch nicht gestattet, dieses Buch oder Teile daraus auf photo-
mechanischem Wege (Photokopie, Mikrokopie) zu vervielfältigen.
Printed in Germany
Satz und Druck: Walter de Gruyter & Co., Berlin 30
Einbandgestaltung und Schutzumschlag: Rudolf Hübler
Buchbinder: Lüderitz & Bauer, Berlin
Klischees: Union Klischee, Berlin

95160

Vorwort

Der vorliegende Band II 8 des Gemeinschaftswerkes 'Aufstieg und Niedergang der römischen Welt' (ANRW) schließt in der Abteilung 'Provinzen und Randvölker' der Rubrik 'Politische Geschichte' des II. Teils ('Principat') nach Westen an den vor Jahresfrist erschienenen Band II 9 an. Sind dort die Beiträge zu Geschichte und Archäologie von Mesopotamien, Armenien, Iran und Südarabien sowie zu den Beziehungen zwischen Rom und dem Mittleren und Fernen Osten erschienen, so folgen hier die Beiträge über Syrien, Palästina und die Provinz Arabien. Die Lücke, die jetzt noch zwischen Syrien einerseits und den Provinzen des lateinischen Donau-Balkan-Raumes andererseits (Bd. II 6) klafft, wird in Kürze durch Band II 7 mit den Beiträgen über die griechischen Balkanprovinzen und Kleinasien ausgefüllt werden. Mit zwei weiteren Bänden, II 10 über Ägypten, seine südlichen Nachbargebiete, Cyrenaica und die anderen nordafrikanischen Provinzen, sowie II 11 über Sizilien, Sardinien und Italien in der Principatszeit, wird die Abteilung dann zu Ende gehen. Der für Band II 8 mehrfach angekündigte Beitrag von J. WAGNER über 'Kommagene. Geschichte und Kultur einer antiken Landschaft an der Euphratgrenze zwischen Rom und Iran' ist leider nicht rechtzeitig fertig geworden; er wird nun als Nachtrag in Band II 12 erscheinen, der eine Nachlese wichtiger Beiträge zu der ganzen Rubrik 'Politische Geschichte' (Bde. II 1—II 11) enthalten wird.

Durch die engen sachlichen Verbindungen zwischen diesem Band der Rubrik 'Politische Geschichte', dessen geographische Gebiete großenteils auch biblische Länder sind, und Abteilungen der Rubrik 'Religion' erklärt es sich, daß hier einmal beide Herausgeber des Gesamtwerkes gemeinsam für einen einzelnen Band verantwortlich zeichnen.

Die Herausgeber haben verschiedenen Kollegen für Rat und Hilfe zu danken: EDMOND FRÉZOULS und Madame HÉLÈNE JOUFFROY (Strasbourg) haben die hinterlassenen Beiträge des verstorbenen B. LIFSHITZ sprachlich und sachlich durchgesehen und korrigiert. THOMAS RIPLINGER (Tübingen) hat den Beitrag von A. NEGEV sprachlich verbessert. HANS-GERD HELLENKEMPER (Köln) hat die Vorlagen für einige Tafelabbildungen zum Beitrag von H. J. W. DRIJVERS zur Verfügung gestellt. JÖRG WAGNER (Tübingen) hat die Strichabbildungen zum Beitrag von D. SPERBER ins Reine zeichnen lassen und die erste Verbindung der Herausgeber zu R. D. SULLIVAN geknüpft.

Die Förderer und Helfer des Werkes sind die gleichen wie bisher: Materielle und ideelle Unterstützung verdanken die Herausgeber dem Präsidenten der Universität Tübingen, ADOLF THEIS, der Robert Bosch Stiftung, Stuttgart, dem Althistorischen und dem Philologischen Seminar der Universität Tübingen, vertreten durch KARL-ERNST PETZOLD und KARL FRIEDRICH STROHEKER bzw. GÜNTHER WILLE und RICHARD KANNICHT. Mitarbeiter der Redaktion war wieder FRIEDEMANN ALEXANDER WENSLER. Technische Hilfe haben ELLEN GLÄNZEL, KARIN GRAMER und WILHELM SEIBEL geleistet. Im Verlag wurde dieser Band von BRIGITTE NEUMANN betreut.

Tübingen, im November 1977   H. T.
                                                           W. H.

Inhalt

POLITISCHE GESCHICHTE

(PROVINZEN UND RANDVÖLKER:
SYRIEN, PALÄSTINA, ARABIEN)

Études sur l'histoire de la province romaine de Syrie

par Baruch Lifshitz, Jérusalem

Table des Matières

1*

Obéissant aux instigations des éditeurs de l''Aufstieg und Niedergang der römischen Welt' j'essaie de résumer ici les progrès des études sur l'histoire de la province de Syrie à l'époque du Haut-Empire depuis la publication des mémoires magistraux de E. Honigmann[1] et de F. Cumont[2].

I. Le statut juridique des nouveaux citoyens romains d'Orient

La grande et déjà célèbre inscription de Rhosos a enrichi nos connaissances de la condition des nouveaux citoyens des provinces et surtout de leur double droit de cité[3]. Un navarque de cette ville, Séleucos, a obtenu du triumvir Octave, en vertu des services rendus, le droit de cité romaine, l'immunité totale et quelques autres privilèges. Le droit de cité a été accordé également aux membres de la famille du navarque, «à ses parents, ses enfants et descendants, et à la femme qui vivra avec lui». Le premier éditeur de l'inscription a justement indiqué que Séleucos a dû faire partie d'une nouvelle fournée de citoyens. Le privilège accordé par Octave au navarque et aux membres de sa famille leur reconnaît la faculté de choisir librement la juridiction en cas d'action dirigée contre eux. Ils pouvaient en tant que défendeurs opter pour leurs tribunaux nationaux, porter le litige devant des juges d'une autre ville ou devant les magistrats et promagistrats romains.

Ce privilège n'était pas tout à fait exceptionnel et P. Roussel a rapproché les privilèges accordés par sénatus-consulte en 78 à Asclépiade, fils de Philinos de Clazomène et à deux autres navarques[4]. On a souligné le régime juridique assez hybride de ces nouveaux citoyens[5]. En ce qui concerne les relations de famille, le mariage et le testament, leur statut se modèle sur le type romain. Mais dans les affaires ils pratiquent leur droit national. C'est seulement en tant que défendeurs qu'ils peuvent se réclamer des juridictions romaines. On avait expliqué ce double régime par la dégradation et la corruption du droit romain dans les provinces au contact du droit local. Or selon F. de Visscher, les concessions du droit de cité romaine n'ont jamais imposé l'usage du droit romain aux nouveaux citoy-

---

[1] RE, IV A 2 (1932), cc. 1549sqq., s. v. Syria.

[2] F. Cumont, The Frontier Provinces of the East, Cambridge Ancient History, XI, Cambridge 1936, pp. 606—648.

[3] L'inscription de Rhosos a été publiée et commentée par P. Roussel, Un Syrien au service de Rome et d'Octave, Syria, XV (1934), pp. 33sqq. Elle a été insérée dans Inscriptions grecques et latines de la Syrie, ed. L. Jalabert—R. Mouterde, Paris 1929—1959 (= IGLS), III, 718.

[4] CIL, I, 203; S. Riccobono, Fontes iuris Romani antejustiniani, I², Florence 1941, 35.

[5] F. de Visscher, Le statut juridique des nouveaux citoyens romains et l'inscription de Rhosos, L'Antiquité classique, XIII (1944), pp. 11—35; ibid., XIV (1945), pp. 29—59. Pour le double droit de cité de ces nouveaux citoyens et leurs privilèges juridictionnels voir ibid. p. 41sqq.

ens, qui continuaient à vivre sous le régime de leur droit local[6]. Parmi les nombreuses concessions (individuelles) antérieures du droit de cité romaine on a rapproché les cas d'Antipater, le père du futur roi Hérode, et du roi lui-même[7]. Tout récemment une étude a été consacrée à la comparaison de ces deux concessions[8]. Le navarque de Rhosos a reçu d'Octave πολιτείαν καὶ ἀνεισφορίαν. Le *triumvir* lui a accordé aussi στρατείας λειτουργίας τε δημοσίας ἁπάσης πάρεσις, tandis que Jules César avait octroyé en 47 à Antipater en récompense de services semblables le droit de cité et l'immunité[9]: πολιτείᾳ τε αὐτὸν τῇ Ῥωμαίων ἐδωρήσατο καὶ ἀτελείᾳ. Dans un autre passage l'historien juif indique que cette exemption d'impôts et de douanes était valable partout[10]: πολιτείαν ἐν Ῥώμῃ καὶ ἀτέλειαν πανταχοῦ.

Dans la première lettre Octave ordonne aux autorités municipales de Rhosos d'envoyer des copies du décret aux autorités de Tarse, Antioche et d'une troisième ville, dont le nom a disparu, pour porter le texte sur les registres publics. Les privilèges du navarque n'étaient donc pas valables seulement dans la ville de Rhosos mais sans aucun doute dans toute la province de Syrie et en Cilicie. Si la troisième ville était Ephèse, les droits accordés à Séleucos étaient en vigueur aussi dans la province d'Asie. Or un autre passage de l'inscription, malheureusement mutilé, témoigne que Séleucos a été exempté de droits de douane dans toutes les provinces asiatiques et européennes (l. 48): — — αὐτῷ εἰς πόλιν ἢ χώραν Ἀσίας καὶ Εὐρώπης ἐπαρχει[ῶν — —].

Le rapprochement avec le passage de l'historien juif est donc juste et il s'agit évidemment d'actes semblables. Le décret d'Octave a été daté par la plupart des commentateurs de l'an 41. G. MANGANARO a vu dans Séleucos de Rhosos un chef de pirates qui serait passé au service de Pompée en 67 et à celui des triumvirs en 42.

Pour le théâtre des opérations navales, il restitue à la l. 13: ἐν τοῖς κατὰ τὴν [Ἰταλίαν στε]νοῖς et voit dans cette indication une allusion aux combats contre les forces républicaines en 42[11].

II. Le cursus honorum de C. Iulius Quadratus Bassus, gouverneur de la Syrie entre 109 et 117

Il faut inclure dans ce *Forschungsbericht* la grande inscription de l'Asclépiéion de Pergame, qui contient le *cursus honorum* de C. Iulius Qua-

---

[6] Voir Conclusion, p. 58sq.   [7] Voir F. DE VISSCHER, op. cit., p. 51, note 3.
[8] A. GILBOA, The Grant of Roman Citizenship to Antipater, Studies in the History of the Jewish People, Haïfa, 1970, p. 71—77 (en hébreu) = A. GILBOA, L'octroi de la citoyenneté romaine et de l'immunité à Antipater, père d'Hérode, Revue historique de droit français et étranger, Sér. 4, L (1972), pp. 609—614.
[9] Jos., Bell. I, 194.   [10] Ant. XIV, 137.
[11] G. MANGANARO, A proposito di Seleuco di Rhosos, Siculorum gymnasium, XI (1958), p. 289—296. Cf. J. et L. ROBERT, Bulletin épigraphique, RÉG, LXIII (1960), 396.

dratus Bassus, bien que les premières éditions de cet important document figurent dans la bibliographie du VIIIème volume de la 'Cambridge Ancient History', notamment à cause de la plus récente édition, admirablement commentée, due à CHR. HABICHT[12]. Ce savant a brillament démontré que le personnage honoré par l'inscription de Pergame n'était pas C. Antius A. Iulius Quadratus, consul en 94 et 105, comme l'avait pensé W. WEBER[13], ni Iulius Bassus, le proconsul de Bithynie, défendu par Pline le Jeune, comme le suggéraient deux autres commentateurs de l'inscription, R. HERZOG et A. VON PREMERSTEIN[14]. L'identification proposée par ces deux savants — CHR. HABICHT l'a montré — se heurte à des obstacles insurmontables. L'ancien proconsul de Bithynie n'a pu être jugé par l'empereur digne du consulat au printemps de 105, deux années à peine après sa destitution du poste du gouverneur. On ne peut pas prendre au sérieux non plus la suggestion que le client de Pline, dont la *squalida senectus* est soulignée par son avocat en 103, était quatorze années plus tard assez robuste et dynamique pour assumer le commandement suprême des légions stationnées dans la province de Dacie, envahie par les Sarmates et les Iazyges. Aussi on a dû supposer que les deux fonctions exercées par Iulius Bassus en Bithynie, la questure et le proconsulat, ont été intentionnellement omises dans le *cursus honorum* de Pergame. CHR. HABICHT a montré que ce problème a été définitivement réglé par une autre circonstance: en 103 tous les actes de l'ancien proconsul de Bithynie ont été annulés et toutes les personnes condamnées par lui furent autorisées à demander pendant deux années la reprise *ex integro* de leurs procès. Il faut par conséquent exclure un consulat de C. Iulius Quadratus Bassus en 105. L'identification du consul de cette année avec le proconsul de Bithynie doit donc être définitivement abandonnée. C. Iulius Quadratus Bassus doit être identifié avec C. Iulius Bassus, *cos. suff.* du 1er mai au 31 août 105, comme l'avaient reconnu HERZOG et v. PREMERSTEIN. Ce personnage n'est encore mentionné qu'une seule fois, dans l'inscription en l'honneur de C. Iulius Severus[15]: ἀνεψιὸν ὑπατικῶν Ἰουλίου τε Κοδράτου κτλ.

Le gouvernement de la province de Syrie doit être daté entre 110 et 117, après L. Fabius Iustus (109) et avant le futur empereur Hadrien (117). De cette province Quadratus Bassus a été convoqué pour assumer le commandement suprême des troupes de Dacie.

A. v. PREMERSTEIN avait aussi repris l'étude du *cursus honorum* de l'anonyme de deux fragments d'Héliopolis[16] et il avait identifié le personnage honoré dans cette inscription avec C. Iulius Quadratus Bassus.

---

[12] Die Inschriften des Aklepieions (Altertümer von Pergamon, VIII, 3), Berlin, 1969, 21.

[13] Zu der Inschrift des Iulius Quadratus, Abhandlungen der Preuß. Akad. der Wiss., Phil.-Hist. Kl. 5, Berlin 1932, pp. 57—95.

[14] R. HERZOG, C. Iulius Quadratus Bassus, SB Akad. Berlin, 1933, pp. 408—415; A. v. PREMERSTEIN, C. Iulius Quadratus Bassus, Klient des Jüngeren Plinius und General Trajans, Bayer. Akad. der Wiss., Phil.-Hist. Abt., München 1934, 3, pp. 3—87.

[15] OGIS, 544.

[16] CIL, III, 14387d et 16; les fragments ont été récemment réédités dans IGLS VI, 2775.

Il a également restitué les fragments en en rapprochant l'inscription de l'Asclépiéion. Or Habicht a indiqué que, comme l'avait d'ailleurs reconnu v. Premerstein lui-même, le gouvernement de Galatie-Cappadoce, restitué dans l'inscription héliopolitaine, suivait le commandement dans la guerre parthique. Habicht a aussi fait remarquer que le commandement dans la deuxième guerre dacique n'était pas mentionné dans les fragments d'Héliopolis, où l'on n'attribue à l'anonyme que le titre de *comes* de l'empereur Trajan. L'inscription de Pergame ne fait pas mention des décorations militaires de Quadratus Bassus, tandis que les fragments les énumèrent. Mais la concordance des données conservées dans les deux inscriptions est frappante. Ni l'anonyme ni Bassus n'étaient proconsuls prétoriens, et le commandement de la légion *IV Scythica* est mentionné dans les deux *cursus*. Ce parallélisme des carrières est tout à fait remarquable et la conclusion de v. Premerstein ne peut être ébranlée par les arguments mentionnés ci-dessus. D'après Chr. Habicht elle doit être préférée aux autres hypothèses. La Syrie, la Phénicie et la Commagène sont nommées dans l'inscription de Pergame comme constituant la province de Syrie (l. 10), comme d'ailleurs dans plusieurs autres textes épigraphiques[17].

III. *Gouverneurs de la province de Syria Coele*

Les découvertes des dernières décennies et surtout les fouilles de Doura-Europos ont permis de compléter les listes des gouverneurs de cette province, dressées par G. H. Harrer[18] et E. Honigmann[19]. On a pu utiliser à cette fin les documents papyrologiques et les textes sur parchemin, trouvés pendant les fouilles de Doura. Ce travail a été fait par J. F. Gilliam[20]. Voici les noms des 'nouveaux' gouverneurs de la province de Coelè-Syrie, fondée par Septime Sévère en 194: Minicius Martialis, attesté entre 209 et 211 (P. Dura 60b = Année épigr. 1933, 107; ibid., 1940, 220). Aurelius Mam--, attesté en 216 (Ann. épigr. 1937, 239). Antonius Seleucos, attesté en 221 (P. Dura, 64). [? Claudius Sollem]nius Pacatianus, attesté en 235 (?) (Ann. épigr. 1933, 227; SEG, VII, 333). Attius Rufinus, attesté en 241 (P. Dura, 59 et 121). Flavius Antiochus, attesté entre 244 et 249 (?) (P. Dura, 38). Atilius Cosminus, attesté en 251 (P. Dura, 95 et 97). Pomponius Laetianus, attesté en 251 (P. Dura, 97). Arrius Maximus, attesté au milieu du IIIᵉ s. (IGLS, III, 1141, Séleucie en Piérie).

---

[17] ILS, 8819; OGIS, 486; Didyma, II, 151, cf. dans IGLS V, 1998, l. 24.

[18] Studies in the History of the Roman Province of Syria, Princeton 1915.

[19] Voir note 1.

[20] The Governors of Syria Coele, American Journal of Philology, LXXIX (1958), p. 225—242. Les textes ont été publiés par C. B. Welles, R. O. Fink, J. F. Gilliam, Excavations at Dura-Europos, Final Report, V, Part 1, The Parchments and Papyri, New Haven 1959.

Doura-Europos appartenait probablement à la province de Coelè-Syrie, Marius Maximus, qui est mentionné dans P. Dura, 56 et 60, était gouverneur de cette province et plusieurs textes de Doura témoignent que le gouverneur était un *consularis*[21].

IV. Un gouverneur de la province de Phénicie

Une inscription d'Arados récemment publiée contient la mention d'un gouverneur, sans doute de la province de Phénicie[22]. C'est une dédicace adressée au Limen personnifié (τῷ λιμένι τῶν ἐν πόλι πορφυρέων) par le conseil, le peuple et la gérousie de la ville. La décision des autorités municipales a dû être confirmée par le gouverneur (τοῦ λαμπροτάτου ὑπατικοῦ), Domitius Léon Procillianus. Ce n'était sans doute pas un gouverneur de la Syrie avant sa division par Septime-Sévère, mais plutôt un gouverneur de la Phénicie, peut-être Léon, préfet de la ville pendant le règne d'Elagabal[23]. L'éditeur a rapproché une inscription latine récemment publiée de Palmyre[24], où est mentionné Domitius Procillianus, gouverneur de Phénicie en 207.

V. Claudius Athénodôros, procurateur de l'empereur Domitien

Une stèle contenant un extrait des ordonnances adressées par l'empereur Domitien à son procurateur dans 'les provinces syriennes', a été trouvée naguère à Hama, ancienne Epiphaneia, dans l'Emésène[25]. L'inscription porte le titre ἐξ ἐντολῶν αὐτοκράτορος [Δομ]ιτιανοῦ Καίσαρος Σεβαστοῦ υἱοῦ, Σεβασ[τοῦ]. Il s'agit donc de l'affichage des ordonnances impériales adressées au procurateur Claudius Athénodôros, le futur préfet de l'annone. Ce personnage nous est connu par la dédicace de son *adiutor*, l'affranchi Carpus Pallantianus[26], rapprochée par les éditeurs de l'inscription. Ils ont adopté l'opinion de H. SEYRIG et H.-G. PFLAUM, selon laquelle Cl. Athénodôros était chargé de veiller au *cursus publicus* en sa qualité de procurateur-intendant des domaines impériaux dans la province. Mais il assurait

---

[21] J. F. GILLIAM, loc. cit., p. 236.

[22] J.-P. REY-COQUAIS, Une nouvelle inscription de Rouad, Annales arch. Arabes Syriennes, XVIII (1968), non vidi, cf. Bulletin épigraphique, RÉG, LXXXIII (1970), 468.

[23] Dion Cassius, LXXIX, 14.

[24] Studia Palmyreńskie, III, 1969, p. 71—73.

[25] R. MOUTERDE et C. MONDÉSERT, Deux inscriptions grecques de Hama, Syria, XXXIV (1957), p. 278—284; IGLS, V, 1998.

[26] ILS, 1535.

peut-être l'interim pendant une vacance du poste du gouverneur, en qualité de procurateur 'des provinces syriennes'[27]. Or le poste de *praefectus vehiculorum* est attesté pour la première fois sous le règne de Trajan, en 107—108[28]. Domitien rappelle les soins accordés par son père aux privilèges (φιλάνθρωπα) des cités en indiquant que son père défendit d'accabler les provinces par la réquisition de bêtes de somme et par les charges de logement. Domitien ordonne donc à son procurateur d'avoir soin que personne ne prenne de bêtes sinon muni du diplôme de l'empereur. Il défend aussi de prendre des conducteurs sans autorisation impériale. L'ordonnance de Domitien est donc un témoignage de la pauvreté des villes et villages de la Syrie et de l'accablement de la population, et surtout des paysans, par diverses charges liées au fonctionnement du *cursus publicus*. La lettre témoigne aussi des mesures prises par les empereurs Flaviens pour protéger la population contre les exactions de l'administration de la poste de l'état. A propos de mesures semblables des autorités romaines, les éditeurs ont cité les célèbres édits de Germanicus[29] et de l'empereur Claude[30]. On peut supposer que des plaintes de paysans sur les réquisitions de logements, de moyens de transport et autres abus des fonctionnaires du *cursus publicus* ont précédé les ordonnances de Domitien adressées à Claudius Athénodôros. L'affichage de la lettre impériale était certainement une sorte de réponse aux plaintes, si la réponse de Domitien n'était pas affichée séparément. Pour des plaintes des paysans envoyées à l'empereur on peut citer des parallèles d'une époque plus tardive: la δέησις des habitants de la ville d'Euhippè en Carie à Caracalla ou Élagabal[31], la plainte des paysans du village de Skaptopara en Thrace à l'empereur Gordien[32] et du village des Aragouéniens en Phrygie aux empereurs Philippes[33].

VI. Concours, naumachie

1. Paneia à Césarée Panias

Les concours des Paneia dans la ville éponyme de Pan, Caesarea Panias, sont attestés dans deux inscriptions agonistiques récemment publiées. Les deux textes ont été expliqués et commentés par L. ROBERT. L'une de ces

---

[27] Pour cette désignation de la province de Syrie voir ci-dessous.
[28] Les éditeurs citent E. FRÉZOULS, Inscription relative à Q. Marcius Turbo, Syria, XXX (1953), p. 247—278.
[29] Select Papyri, II, 211.
[30] ILS, 214.
[31] L. ROBERT, La ville d'Euhippè en Carie, Comptes rendus Acad. Inscr. (= CRAI), 1952, p. 589—599 (= ID., Opera minora selecta, I, Amsterdam 1969, p. 345—355).
[32] Sylloge³, 888.
[33] OGIS, 519.

inscriptions provient de Didymes³⁴. Elle date du IIIᵉ s. et honore un χειρονόμος, Aurelius Philadelphos, qui avait commencé sa carrière à quatre ans. La χειρονομία tient de la pantomime et aussi de la boxe, mais s'apparente également à la σκιαμαχία³⁵. Parmi les victoires de cet enfant-prodige on en mentionne une aux Paneia: νεικήσαντα δὲ καὶ Πάνεια τὰ ἐν τῇ πατρίδι πυγμήν (l. 8—9). L. ROBERT a justement conjecturé que la patrie du lutteur était Césarée Panias et qu'il s'agissait de concours en l'honneur de Pan³⁶. Il a rapproché pour la mention de ces concours une inscription agonistique d'Aphrodisias, elle aussi du IIIᵉ s.³⁷. Le jeune athlète a dû venir à Didymes de Césarée Panias. Ces concours sont attestés aussi dans une inscription de Rhodos en l'honneur d'un coureur. Elle a été étudiée par L. ROBERT³⁸. Cet athlète était originaire de Panias et fut vainqueur aux Paneia de sa ville natale. Il a remporté une victoire aussi à Antioche de Syrie: καὶ ἐν Ἀντιοχείᾳ [τῆς Συρίας] τὸν Εὐκράτους ἰσάκτιον παίδων στάδιον (l. 2—3). Les concours d'Eucratès sont propres à la capitale de la Syrie et ils sont attestés dans une inscription de l'Agora de Smyrne³⁹. Une inscription agonistique de Rhodos atteste les concours Ἀπολλώνεια . . . . . . εια à Sidon et Καισάρεια à Antioche⁴⁰. Pour le second nom des concours de Sidon, L. ROBERT a suggéré [Καισάρ]εια ou [Ἀσκλή-π]εια, en l'honneur d'Asclépios, fils d'Apollon, c'est-à-dire du grand dieu de Sidon Eshmoun. Plusieurs textes, dont une inscription d'un héraut de Sinope à Athènes, gravée entre 253 et 257⁴¹, des papyrus d'Hermoupolis en 256⁴² et des monnaies d'Élagabal attestent à Sidon un concours sacré appelé περιπόρφυρος⁴³: ἀγὼν ἱερὸς εἰσελαστικὸς οἰκουμενικὸς περιπόρφυρος ἰσολύμπιος ἐν κολωνίᾳ Σιδονίων πόλει (dans les papyrus). Sur les monnaies de Sidon colonie, L. ROBERT a complété: ier(os) peri(porphyrus) oecu(me-

³⁴ Didyma, II, 179; L. ROBERT, Hellenica, XI—XII, Paris 1960, pp. 441—443.
³⁵ L. ROBERT, op. cit., p. 441.
³⁶ Ibid., p. 443.
³⁷ PH. LE BAS—W. H. WADDINGTON, Inscriptions grecques et latines recueillies en Asie Mineure, Paris 1870, réimpr. Hildesheim 1972, 1620b, l. 42.
³⁸ G. PUGLIESE-CARRATELLI, Supplemento Epigrafico Rodio, Annuario Scuola Atene, XXX—XXXII (= N.S. XIV—XVI) (1952—54), p. 293—295, N. 67; L. ROBERT, op. cit., p. 443—446.
³⁹ L. ROBERT, Études Anatoliennes, Paris 1937, p. 143—144. Ce savant a cité aussi une inscription de Tralles, BCH, XXVIII, 1904, p. 88, N. 5 et deux de Delphes, 'Fouilles de Delphes', III, 1, Paris 1929, 550, 30 et 555, 25, où les concours d'Eucratès d'Antioche sont mentionnés. En étudiant l'inscription de Rhodos, 'Hellenica, XI—XII', p. 444, note 1, il a ajouté une inscription d'Anazarbe, L. MORETTI, Iscrizioni agonistiche greche (Studi pubbl. dall'Istituto italiano per la storia antica, XII), Rome 1953, 86; SEG, XII, 812.
⁴⁰ G. PUGLIESE-CARRATELLI, op. cit., p. 290—292; L. ROBERT, Deux inscriptions agonistiques de Rhodos, Arch. Ephéméris, 1966, p. 108—118; surtout p. 117—118.
⁴¹ IG, II², 3169, 30.
⁴² C. WESSELY, Studien zur Palaeographie und Papyruskunde, V, Leipzig 1905, N. 54—56.
⁴³ L. ROBERT, Notes de numismatique et d'épigraphie grecques, VIII. Fêtes de Sidon, Rev. Numism., sér. IV, XXXIX (1936), pp. 274—278 (= ID., Opera min. sel., II, Amsterdam 1969, p. 1029—1033), cf. ID., Arch. Ephéméris, 1966, p. 115.

nicus) ise(lasticus). Il a suggéré que le nom du concours de Sidon avait son origine dans le prix donné au vainqueur: une étoffe de pourpre[44].

2. Une naumachie à Gadara

Plusieurs monnaies de Gadara, ville de la Décapolis, attestent un combat naval. Une de ces monnaies a été publiée par F. DE SAULCY[45]. Elle porte au droit le buste lauré de l'empereur Marc-Aurèle, la légende Αὐτ(οκράτωρ) Καῖσ(αρ) Μ(ᾶρκος) Α(ὐρήλιος) Ἀντωνεῖνος et la date, 229 de l'ère de la ville (= 160/61 p. C.). Au revers on lit ΓΑΔΑΡΕѠΝ / ΝΑΥΜΑ en deux lignes superposées, placées au dessus d'une trirème. DE SAULCY a complété Ναυμάχων (de ναυμάχος ou ναυμάχης), entendant la ville 'qui livre un combat naval'. Quarante ans plus tard G. DALMAN a publié une autre monnaie de Gadara, commémorant la naumachie[46]. Il a lu et complété:

> Γαδαρέω(ν)
> τῆς κατὰ π(ο)τ(αμὸν)
> ναυμά(χης).

D'après le numismate français, «le mot ΝΑΥΜΑ montre que Gadara présidait à des fêtes naumachiques célébrées sur le lac de Tibériade, probablement en commémoration du combat naval livré par Titus aux juifs». DALMAN a traduit: „*Der Gadarener von der Schiffskämpfe veranstaltenden Stadt am Flusse*". Il était donc d'avis que le lieu de la naumachie n'était pas indiqué dans la légende gravée sur la monnaie, et il a suggéré que le combat avait lieu près des bains dans la rivière ou dans une piscine creusée pour le spectacle. DALMAN a rapproché la mention de la πανήγυρις célébrée dans les thermes de Gadara[47]. Il a pensé qu'on avait arrangé la naumachie à cette occasion. Pour la désignation du fleuve Yarmûk comme ποταμός sans indication du nom, DALMAN a rappelé son nom arabe: Esch-scheria. Deux monnaies de Gadara, de la collection du Musée Maritime à Haïfa, ont été récemment publiées[48].

Voici la description de ces monnaies:

1) Bronze, 27,5 gr. Diam. 34,5 mm.

Tête de Marc Aurèle à droite avec la légende: Αὐτ(οκράτωρ) Καῖσ(αρ) Μ(ᾶρκος) Αὐρ(ήλιος) Ἀντωνεῖνος. Rev.: Une trirème à gauche, sur laquelle figure une légende en deux lignes, lue par l'éditeur comme suit:

---

[44] Arch. Ephéméris, 1966, p. 115, note 8.

[45] Numismatique de la Terre Sainte, Paris 1874, p. 299, N. 2.

[46] Inschriften aus Palästina, Zeitschrift des Deutschen Palästina-Vereins, XXXVII (1914), p. 143—144, malheureusement sans photographie.

[47] Epiphane, Haer. XXX, 7.

[48] J. MESHORER, Coins of the City of Gadara struck in Commemoration of a Local Naumachia, Sefunim, Bull. of the Maritime Museum, I, Haïfa 1966, p. 28—31.

Γαδαρέων
ναυμα(χίας)
Δκσ′ (= 160/161 p. C.).

2) Bronze, 18,5 gr. Diam. 30,5 mm.

Tête de l'empereur à droite avec la même légende. Rev.: Une trirème à gauche avec une légende en quatre lignes:

[Γ]αδαρέω[ν]
τῆς κατὰ πο(ταμὸν)
ναυμα(χίας)
4   Δκσ′.

MESHORER rejette lui aussi l'hypothèse de DE SAULCY et il indique justement que le combat naval avec les Romains était sans importance pour Gadara et que les habitants de la ville ne pouvaient pas se référer à lui. Il a proposé une autre explication de la naumachie célébrée par la ville de Gadara et a souligné que ces monnaies ont été émises dans la première année du règne de Marc Aurèle. Cette émission et la naumachie commémorée par les monnaies étaient certainement liées à l'avènement de cet empereur.

J. MESHORER suggère que le spectacle n'a pas représenté le combat de Titus contre les insurgés juifs mais les batailles navales livrées par Pompée aux pirates. Le nom de Gadara, Πομπηιέων Γαδαρέων, est attesté seulement sous le règne de Marc Aurèle et l'addition du nom de Pompée était probablement la cause de la célébration de la naumachie et sans doute aussi de la fête mentionnée par Epiphane. Il semble en tout cas que ce soit la seule naumachie attestée dans la province de Syrie. On sait que ces spectacles ont cessé vers la fin du Ier s., et les monnaies de Gadara sont le seul témoignage d'un combat naval à cette époque. Une naumachie près de Gadara n'était pas couteuse comme celles de Rome parce qu'on pouvait aménager une piscine dans la vallée entre la ville et le Yarmûk, le fleuve mentionné dans la légende des monnaies: ἡ κατὰ πο(ταμὸν) ναυμα(χία).

VII. Cultes[48a]

1. Hadad

Le plus ancien témoignage de la propagation du culte de ce dieu parmi les Grecs en Syrie est une dédicace d'une collection privée à Haïfa[49]. La provenance exacte de l'inscription n'est pas connue bien que l'éditeur

---

[48a] Cf. E. FRÉZOULS, Remarques sur les cultes de la Syrie romaine, ANRW II 18, éd. par W. HAASE, Berlin–New York 1978sq.; F. W. NORRIS, Antioch on the Orontes as a Religious Center I. Paganism before Constantine, ib.

[49] M. AVI-YONAH, Syrian Gods at Ptolemaïs-Accho, Israel Exploration Journal (= IEJ), IX (1959), p. 1—12.

indique qu'elle a été trouvée à Kafr Yassif, à 9 km au N.-E. d'Acco. Le
propriétaire de la collection était plus circonspect en déclarant que la
dédicace provient de la Syrie du Sud ou de la Palestine du Nord[50]. Ce n'est
pas une stèle comme l'indiquent les éditeurs du 'Bulletin épigraphique'[51],
mais une plaque de calcaire de 17,7 × 16,5 cm (épaisseur 5,5 cm). Il semble
qu'on peut dater la dédicace, d'après l'écriture, de la haute époque hellénistique (dernier quart du IIIe s.), comme le montrent surtout les petits
omicron et oméga suspendus en haut de la ligne. Je donne ici (pl. I, 1) la
photographie de l'inscription, qui n'a pas été publiée par l'éditeur.

> ['A]δάδωι καὶ 'Αταργάτει
> θεοῖς ἐπηκόοις
> Διόδοτος Νεοπτολέμου
> 4   ὑπὲρ αὐτοῦ καὶ Φιλίστας
> τῆς γυναικὸς καὶ τῶν
> τέκνων τὸν βωμὸν
> κατ' εὐχήν.

Jusqu'ici tous les documents qui témoignent de l'expansion du culte
de Hadad en Syrie étaient de l'époque romaine. Il ne s'agit pas dans cette
dédicace d'un syncrétisme religieux ni d'une assimilation des dieux syriens
à des divinités grecques. C'est tout simplement un acte de vénération des
dieux syriens par un Grec. Le culte de Hadad et d'Atargatis a pénétré
dans la population grecque de Phénicie et de Syrie. Le rapprochement
du culte des divinités syriennes à Délos sera utile. Parmi les dieux honorés au
sanctuaire syrien de Délos, Atargatis vient au premier rang. Dans les plus anciennes dédicaces (avant 113/112) elle est désignée de son nom oriental sans
aucune épithète. C'est dans les dédicaces non datées et plus tardives qu'elle
est appelée Atargatis Hagnè Theos et Hagnè Aphroditè Atargatis. Peu à
peu prévalent les appellations où paraît le nom d'Aphrodite. Mais le rôle
de Hadad est plus effacé, il est presque toujours associé à Atargatis[52]; le
prêtre des divinités syriennes porte le nom de la déesse et jamais du dieu[53].
Nous reviendrons plus tard sur le culte d'Atargatis et son identification avec
des divinités grecques.

2. Le dieu Carmel, Zeus Héliopolitain et Zeus Akraios

Le culte du dieu Carmel et son identification avec Zeus Héliopolitain
sont attestés par une dédicace qui se trouve dans la collection d'antiquités

---

[50] Dans une communication à l'association numismatique à Haïfa, en 1960.

[51] RÉG, LXXIII, 1960, 40.

[52] A l'exception de I. Délos, 2262.

[53] PH. BRUNEAU, Recherches sur les cultes de Délos à l'époque hellénistique et à l'époque
impériale (Bibliothèque des Écoles françaises d'Athènes et de Rome, CCXVII), Paris 1970,
p. 470.

d'un monastère à la pointe du Mont Carmel. C'est un pied colossal posé sur une plinthe, sur laquelle est gravée la dédicace[54].

> Διὶ Ἡλιοπολείτῃ Καρμήλῳ
> Γ(αῖος) Ἰούλ(ιος) Εὐτυχᾶς
> κόλ(ων) Καισαρεύς.

L'éditeur de l'inscription a cru que le pied appartenait à une statue colossale, offerte au Dieu par un «riche patricien» de Césarée. D'après R. DUSSAUD il s'agissait d'un pied votif[55]. A vrai dire l'éditeur a pensé à cette possibilité mais il l'a résolument écartée[56]. O. EISSFELDT considère lui-aussi que c'est un monument complet, mais il y voit le pied du dieu, représenté isolément[57]. Le dieu Carmel était connu notamment par la description de Tacite[58], qui souligne le caractère 'aniconique' du dieu. L'éditeur de la dédicace considère le récit de l'historien romain comme un terminus post quem parce qu'il voit dans le pied un petit fragment d'une statue colossale. L'oracle du dieu Carmel prophétisa à Vespasien son avènement imminent à l'empire. O. EISSFELDT insiste surtout sur l'identité du dieu avec la montagne et sur l'identification avec Zeus Héliopolitain. R. DUSSAUD a indiqué que le dieu Carmel n'était pas Baalshamin, mais Hadad, d'où le rapprochement avec Zeus Héliopolitain qui était lui-même Hadad[59]. EISSFELDT voit à juste titre dans la dédicace un témoignage de l'existence d'un lieu de culte du dieu Carmel à la pointe Nord-Ouest de la montagne. Le pied dédié ne pouvait pas, comme l'a bien vu l'éditeur de la dédicace, être facilement transporté. Comme dans maintes autres offrandes la représentation du pied du dieu symbolise son avènement et la faculté du croyant de lier son propre pied avec le pied du dieu. Le culte de Jupiter Héliopolitain n'était pas jusqu'ici attesté à Césarée et EISSFELDT voit justement dans notre dédicace une preuve de l'expansion de son culte dans les confins de Phénicie et de Palestine. Il mentionne des monnaies de Sichem-Néapolis comme une preuve de l'absorption du culte du dieu du Mont Garizim par Zeus de Baalbek. Il faut donc traduire le nom Κάρμηλος dans la dédicace par Carmel, et non pas 'dieu du Carmel' comme le fait le premier éditeur, parce que le dieu s'appelle Carmel et il est également une hypostase de Jupiter Héliopolitain. Dans le mémoire de K. GALLING[60]

[54] M. AVI-YONAH, Mount Carmel and the God of Baalbek, IEJ, II (1952), p. 118—124.
[55] C.r. de M. AVI-YONAH, Mount Carmel and the God of Baalbek, Syria, XXIX (1952), pp. 385—386.
[56] *"Unless we have to do, as is unlikely, with a votive foot"* (p. 118).
[57] O. EISSFELDT, Der Gott Karmel, Deutsche Akad. d. Wiss. Kl. f. Sprachen, Lit. u. Kunst, Berlin, Jahrgang 1953, Nr. 1, Berlin 1954: discussion de la dédicace de la collection d'Haïfa, 'Zeus Heliopolites und Karmelos', pp. 15—25; analyse du mémoire de K. GALLING (ci-dessous, note 60), pp. 42—46.
[58] Hist. II, 78.
[59] Syria, XXV, 1954, p. 148sq.
[60] Der Gott Karmel und die Ächtung der fremden Götter, Geschichte und Altes Testament, Festschrift A. Alt (Beiträge zur historischen Theologie, XVI), Tübingen 1953, pp. 105—125.

analysé par EISSFELDT on trouve une interprétation semblable de l'objet offert par le dédicant au dieu Carmel. C'est le pied droit du dieu qui a été dédié. Or ce savant a complété l'interprétation par le rapprochement de monnaies de Ptolémaïs, dont une, d'Élagabal, représente Jupiter Héliopolitain flanqué de deux taureaux et tenant la *bipennis* et le foudre; une autre monnaie, d'Acco, émise sous l'empereur Gallien, représente un pied droit avec foudre, arme et caducée. On sait que le Mont Carmel appartenait au territoire d'Acco-Ptolémaïs. GALLING arrive ainsi à la conclusion qu'il ne s'agit pas d'un lien direct avec Baalbek, et il est d'avis qu'il faut considérer le culte de Jupiter Héliopolitain sur le Carmel comme filiale du culte de ce dieu à Ptolémaïs. Le culte de Zeus Héliopolitain comme dieu du temps et de la fertilité est arrivé au Mont Carmel par Bérytus et Ptolémaïs. Les dieux de montagnes phéniciens et palestiniens étaient certainement aussi des dieux du temps et du ciel.

Il me semble qu'on peut tirer du rapprochement de la dédicace et des monnaies de Ptolémaïs la conclusion suivante: l'identification de Zeus Héliopolitain avec le Mont Carmel est évidemment liée au caractère de Zeus, dieu suprême, vénéré sur les hauts lieux, dieu des sommets des montagnes. Son épithète Ἀκραῖος était très répandue à l'époque classique, hellénistique et romaine. Le culte de Zeus Akraios a été naguère attesté à Beisan-Scythopolis, par une dédicace de 159 p. C.[61]. Une autre épithète de Zeus du 'sommet de la montagne', Κορυφαῖος, est connue à Séleucie en Piérie par une inscription contenant une liste de prêtres[62]. Dans cette liste, Zeus Olympios est identifié avec Zeus Coryphaios, vénéré sur la montagne nommée ὄρος Κορυφαῖον, qui dominait la ville de Séleucie[63]. Le culte de Zeus Olympios à Beisan est attesté par une liste mutilée de prêtres du IIe s. a. C.[64]: [ἱερεῖς Διὸς] Ὀλυμπ[ίου καὶ θεῶν Σωτή]ρων.

A l'époque romaine Hadad est fréquemment désigné comme Zeus. Sur un autel de Salkhad dans le Hauran, orné d'une tête de taureau en relief[65] on lit une dédicace adressée Διὶ μεγάλῳ τῷ κυρίῳ. Le dieu identifié avec Hadad, Jupiter Héliopolitain, était en Syrie et Palestine comme d'ailleurs dans tout l'empire romain essentiellement un dieu des soldats. On peut citer une dédicace latine trouvée dans le Dolicheneum à Doura[66] et une

[61] ZDPV, 245; IGLS, III, 1184 (187—175 a. C.). Le culte de Zeus Keraunios Nicéphore est également attesté à Séleucie. Voir H. SEYRIG, A propos du culte de Zeus à Séleucie, Syria, XX (1939), pp. 296—301. SEYRIG a publié la dédicace à Ζεύς Νεικηφόρος Κεραύνιος (IGLS, III, 1185) datée du mois d'Octobre 109 a. J.-C. La liste des *sacerdotes*, IGLS, III; 1184, 1. 3—5, prouve que Zeus Olympios Niképhoros et Zeus Kéraunios étaient identifiés à Séleucie. Le culte de Zeus Kéraunios est attesté aussi par IGLS, III, 1118 (époque romaine) et 1210.

[62] CIG III 4458 (J. FRANZ) = OGIS 245: ... Διὸς Ὀλυμπίου καὶ Διὸς Κορυφαίου ... ἱερεῖς.

[63] Polybe, V, 59 rapproché par J. FRANZ.

[64] SEG, VIII, 33.

[65] M. DUNAND, Le musée de Soueïda, Paris 1934, 200.

[66] The Excavations at Dura-Europos, Preliminary Report of the Ninth Season of Work 1935—1936, Part III, The Palace of the Dux ripae and the Dolicheneum, New Haven 1952, N. 978 (les inscriptions de ce sanctuaire ont été publiées par J. F. GILLIAM, pp. 107—124).

autre trouvée à Shohba (Philippopolis) dans le Hauran et adressée à ce dieu par un certain Marcellus sous le gouvernement d'Avidius Cassius (165—175)[67]. Les rapports du culte de Jupiter Héliopolitain avec l'Égypte sont attestés par une dédicace gravée sur un cippe d'Héliopolis[68]: Διὶ μεγίστῳ ['Ηλιο]πολείτη καὶ 'Εγυπτ(ίῳ). D'après l'éditeur c'est une épithète de Zeus Héliopolitain plutôt qu'un dieu spécial.

3. Baalshamin

'Maître du ciel', différent de Hadad, était le dieu suprême en Syrie, Phénicie et Palestine. L'équivalence entre Zeus et le dieu sémitique du ciel s'est établie sous le règne d'Antiochos IV Épiphane qui encourageait la propagation du culte de Zeus Olympios dans les pays syriens. A l'époque romaine Baalshamin et Hadad ont été englobés dans le concept de Zeus et sont devenus pratiquement indissociables[69]. Dans le Hauran il était vénéré sous le nom de Ζεὺς Μέγιστος[70]. A Mismiyé-Phaina apparaît le nom de Ζεὺς Μέγιστος Ὕψιστος sur le socle d'une statue[71]. Il me semble que cette épithète de Zeus - Baalshamin peut s'expliquer par l'influence juive et par des tendances judaïsantes. L'existence d'une communauté juive à Phaina est attestée par une épitaphe de Besara en Galilée[72]. L'épithète de Très-Haut ne se rencontre pas ailleurs dans le Hauran, mais Zeus Hypsistos possédait un sanctuaire célèbre à Doumeir[73]. Or la même explication est valable pour Doumeir. A Damas existait à l'époque romaine une importante communauté juive[74], à Doumeir même une dédicace grecque atteste des travaux effectués dans la synagogue[75]. Cette inscription est assez tardive mais la synagogue était certainement plus ancienne. Le symbolisme céleste répandu en Syrie et Phénicie trouve son expression dans un relief sur un autel découvert à 'Atil dans le Hauran[76]. On y distingue un aigle aux ailes déployées et deux masques superposés, dont l'un est coiffé de rayons; il

---

[67] Citée par D. SOURDEL, Les cultes du Hauran à l'époque romaine (Bibliothèque archéologique et historique, LIII), Paris 1952, p. 43.

[68] H. SEYRIG, Nouveaux monuments de Baalbek et de la Beqaa, Bull. Musée Beyrouth, XVI (1961), p. 109—135 (non vidi), cf. J. et L. ROBERT, Bulletin épigraphique, RÉG, LXXV (1962), 307; Inscr. Syrie, VI, 2731.

[69] D. SOURDEL, op. cit., p. 20.

[70] Ibid., p. 22.

[71] Ibid., p. 24.

[72] M. SCHWABE et B. LIFSHITZ, Beth-She'arim, II. The Greek Inscriptions, Jerusalem 1967, N. 178 (en hébreu, l'édition anglaise est sous presse).

[73] D. SOURDEL, op. cit., p. 24.

[74] Voir J. JUSTER, Les juifs dans l'empire romain, I, Paris 1914, pp. 195sq.

[75] M. SCHWABE, A Jewish Inscription from Ed-Dumêr near Damascus, Proceedings of the American Academy for Jewish Research, XX (1951), p. 265—277, cf. J. et L. ROBERT, Bulletin épigraphique, RÉG, LXVI (1953), 15; CIJud. II, 848; B. LIFSHITZ, Donateurs et fondateurs dans les synagogues juives, Paris 1967, 61.

[76] D. SOURDEL, op. cit., p. 29. Le relief a été publié par M. DUNAND, Musée de Soueïda, 19, pl. VI.

s'agit d'Hélios et Séléné accompagnant l'oiseau de Jupiter céleste. Un autre bas-relief du village d''Iré dans le Hauran méridional est constitué de trois pièces remployées[77]. Les deux petites figures, qui y flanquent Hélios et Séléné, font d'après l'éditeur songer aux deux éphèbes, Phosphoros et Hespéros, et le dieu du ciel, symbolisé par l'aigle, préside nettement à la succession des jours et des nuits.

4. La déesse syrienne

La distinction entre la parèdre de Zeus-Baalshamin, Astarté et celle de Zeus-Hadad, Atargatis est à l'époque romaine encore moins nette qu'entre leurs époux divins. Ce sont comme on sait deux transcriptions différentes du même nom divin sémitique. Astarté apparaît sous divers noms, Juno Regina, Aphrodite, Θεὰ Οὐρανία[78]. Or les fonctions et les attributs d'Atargatis, la déesse syrienne, étaient variés à l'époque romaine. On cite souvent à ce propos le traité de Lucien[79]: ἔχει δ'ἔτι καὶ 'Αθηναίης καὶ 'Αφροδίτης καὶ Σεληναίης καὶ 'Ρέης καὶ 'Αρτέμιδος καὶ Νεμέσιος καὶ Μοιρέων. Atargatis, comme Allath, la déesse des tribus arabes, est identifiée avec Athéna (nabatéenne)[80]. La Tyché de Palmyre était identifiée avec elle[81]. F. CUMONT cite l'épigramme bien connue, de l'époque des Sévères, trouvée à Carvoran (Magnis), en Grande Bretagne et qui exprime bien le syncrétisme religieux de l'époque[82]. Virgo Caelestis y est identifiée avec Mater Divum, Pax, Virtus, Ceres, Dea Syria; *lance vitam et iura pensitans*, elle pèse sur la balance la vie et les lois. Il n'est pas essentiel de savoir si cet attribut appartient dans l'épigramme à Dea Syria ou à Virgo Caelestis puisqu'elles y sont identifiées. La déesse syrienne est à la fois Athéna, Tyché et Diké. H. SEYRIG a publié deux bases du temple de Maqam ar Rab dans la région de Césarée Arca du Liban[83]. Sur l'une Νέμεσις avec la roue, sur l'autre, avec le bouclier, une dédicace à Athéna. Récemment on a trouvé

---

[77] D. SOURDEL, op. cit., p. 29sq., pl. II, 1.
[78] Ibid., p. 30. D. SOURDEL cite C. B. WELLES, in: C. H. KRAELING (éd.), Gerasa, City of the Decapolis. An Account Embodying the Record of a Joint Excavation, New Haven 1938, N. 24, 26 et R. MOUTERDE, Antiquités et inscriptions (Syrie, Liban), Mélanges de l'Université Saint-Joseph, XXVI (1944/1946), p. 45—52.
[79] De Syria dea, 32.
[80] Voir F. CUMONT, Une dédicace à des dieux syriens trouvée à Cordoue, Syria, V (1924), p. 342sq., cf. CH. WIRSZUBSKI, Problèmes du syncrétisme religieux dans l'Orient hellénisé, Eretz-Israel, I, Jérusalem 1951, p. 89—93 (en hébreu).
[81] F. CUMONT, Fouilles de Doura-Europos (1922—1923) (Bibliothèque archéologique et historique, IX), Paris 1926, p. 110.
[82] CIL, VII, 759; Carm. Lat. Epigr., 24, cf. maintenant E. et J. R. HARRIS, The Oriental Cults in Roman Britain (Études préliminaires aux religions orientales dans l'empire romain, VI), Leyde 1965, p. 105sq. Le dédicant, Marcus Caecilius Donatianus, avait semble-t-il l'intention d'exalter l'apothéose de l'impératrice Julia Domna, voir ibid., p. 106.
[83] Antiquités syriennes, XVL. Inscriptions diverses, 6. Palmyre, Syria, XXXII (1950), p. 245 (= ID., Ant. syr. IV [Inst. franç. d'archéologie de Beyrouth, Publications hors série, VIII], Paris 1953, p. 139sq.).

sur une autre face de la seconde base une nouvelle dédicace datée de février 262[84]: à Καιρὸς καλός. La double mention des divinités καλὸς Καιρός et de Νέμεσις s'explique d'après l'éditeur des dédicaces par l'euphorie des circonstances et l'heureuse issue d'une période troublée, après la fin de l'expédition de Sapor et la défaite de Macrien et Quietus. Il est évident que Némésis est ici identique à Tyché-Fortuna.

On sait qu'à cette époque elle n'était plus seulement la personnification de la Vengeance des dieux et de la Justice distributive, mais elle était devenue une personne divine distincte. Elle représente et personnifie un aspect essentiel de Tyché, la justice[85]. Les fonctions de Tyché sont parfois attribuées à Athéna, comme dans la dédicace de Raha dans le Hauran[86]: 'Αθηνᾶς "Αρρων καὶ πηγῶν. L'éditeur de cette inscription a bien vu que la rareté des points d'eau permanents dans le Djebel Druze explique le culte de Tyché. Il a cité une inscription de la même localité pour les offrandes du temple d'Athéna à Arra, en paiement de l'adduction de l'eau[87]. Or ces fonctions étaient attribuées à la déesse syrienne. Dans les ruines du sanctuaire nabatéen de Hadad et Atargatis à Khirbet et-Tannur, site non identifié en Arabie, on a trouvé la tête de Tyché tourelée comme la déesse syrienne[88]. D. SOURDEL s'est demandé s'il faut reconnaître Hadad et Atargatis dans les divinités de fertilité figurées sur des reliefs dans les ruines du temple trouvé en Transjordanie[89]. La seule inscription en langue nabatéenne découverte là mentionne un baal local. D'après SOURDEL on ne peut pas identifier avec certitude un dieu dont les attributs peuvent convenir aussi bien à Baalshamin qu'à Hadad. Mais il reconnaît que la déesse semble bien en tout cas être parente de Dercéto, vénérée à Ascalon, et que Dercéto et Atargatis ne sont que deux transcriptions grecques différentes du même nom divin sémitique[90].

5. Jupiter Dolichenus

Le Baal de Doliché (Duluk), présenté dans de nombreuses inscriptions comme Iuppiter Optimus Maximus Dolichenus, était le plus important des

---

[84] H. SEYRIG, Némésis et le temple de Maqam Er-Rabb, Mélanges Beyrouth, XXXVII (1960—1961), p. 261—270 (non vidi), cf. J. et L. ROBERT, Bulletin épigraphique, RÉG, LXXVI (1963), 278.

[85] Cf. CH. WIRSZUBSKI, op. cit., ci-dessus, note 80.

[86] M. DUNAND, op. cit., 25.

[87] LE BAS—WADDINGTON, 2308.

[88] N. GLUECK, The Nabataean Temple of Khirbet et-Tannur, Bull. Am. Sch. Oriental Res., LXVII (1937), p. 6—16; ID., A Newly Discovered Nabataean Temple of Atargatis and Hadad at Khirbet et-Tannur, Transjordania, AJA, XLI (1937), p. 361—376; ID., The Other Side of the Jordan, New Haven 1940, p. 178—194.

[89] Op. cit., p. 42.

[90] Ibid., p. 39. SOURDEL cite H. SEYRIG, Antiquités syriennes, XVII. Bas-reliefs monumentaux du temple de Bêl à Palmyre, 3. Combat contre l'anguipède, Syria, XV (1934), pp. 169—170 (= ID., Ant. syr. II [Inst. franç. d'archéologie de Beyrouth, Publications hors série, V), Paris 1938, pp. 24—25).

dieux des villes de Syrie et de Phénicie. On connaît la diffusion du culte
du Baal de cette petite ville dans les provinces européennes de l'Empire
et aussi en Afrique romaine. L'abondance des textes latins relatifs à ce
culte contraste avec la disette d'inscriptions et surtout de dédicaces grecques en l'honneur du Baal dolichénien. La découverte au Dolicheneum de
Doura[91] de plusieurs dédicaces grecques adressées à ce dieu par des militaires s'explique par le fait bien connu que Jupiter Dolichenus était essentiellement un dieu des soldats et le Dolicheneum de cette ville était un
sanctuaire de la garnison, construit au début du IIIe s. On y a trouvé un
autel avec la dédicace d'une *vexillatio*: σπείρης β′ Παφλαγόν(ων) Γαλλιανῆς
Οὐολυσ(ιανῆς) datée de l'an 251[92]: Διὶ Μεγίστῳ Δολιχέῳ. Cette forme du
nom du dieu était connue par Étienne de Byzance mais maintenant on la
trouve aussi dans une inscription de Bulgarie[93]. Une autre dédicace adressée au même dieu émane des στρα(τιῶται) σπείρης β′ ἱππικῆς Οὐολυσιανῆς.
Or Dolichenus n'était pas le seul dieu vénéré dans le sanctuaire de la
garnison de Doura. Tourmasgadès, le dieu de Commagène, était le *synnaos*
de Dolichenus[94]. Une dédicace à Mithra identifié avec le dieu du Soleil et
Tourmasgadès émane d'un soldat de la légion *XVI Flavia Firma Antoniniana*
(sans doute sous Caracalla)[95]: pour l'association du culte de ces divinités, on
peut rapprocher le fait qu'à Carnuntum et Brigetio les sanctuaires de
Dolichenus et de Mithra étaient voisins[96]. Le Dolicheneum de Doura a
fourni aussi une dédicace à une déesse appelée simplement ἡ Κυρία, peut-
être la parèdre du Baal de Doliché, Junon Dolichénienne[97]. Le plus récent
texte relatif au culte de Dolichenus est une dédicace découverte à Césarée
de Palestine[98]. Les inscriptions du Mithraeum[99] de Doura sont également
importantes pour l'étude de l'organisation du culte. Les textes contiennent
des titres et grades mithriaques: πατὴρ πατέρων, λέων, Πέρσης, στρατιώτης,
στερεώτης.

6. Zeus Bethmarès, un nouveau Baal local

Une dédicace grecque de Bmaria dans la région de Chalcis du Liban
atteste le culte d'un nouveau Baal[100]. Un navire de bronze offert en ex-

[91] Voir ci-dessus note 66.
[92] J. F. GILLIAM, ibid. (voir note 66), p. 110, N. 971.
[93] G. MIHAILOV, IG Bulg. I², 24 bis: Διὶ Δολιχαίῳ.
[94] J. F. GILLIAM, N. 973.   [95] N. 974.
[96] Voir Z. KADAR, Die kleinasiatisch-syrischen Kulte zur Römerzeit in Ungarn (Études
préliminaires aux religions orientales dans l'empire romain, II), Leyde 1962, p. 46.
[97] N. 976.
[98] Voir B. LIFSHITZ, Notes d'épigraphie palestinienne, II. Le culte de Jupiter Dolichenus à
Césarée, Revue biblique, LXXIII (1966), p. 255 sq.
[99] M. L. ROSTOVTZEFF, F. E. BROWN, C. B. WELLES, Excavations at Dura-Europos, Preliminary Report of the Seventh and Eighth Season, 1933—1934 and 1934—1935, New
Haven 1939, p. 83—89.
[100] H. SEYRIG, Antiquités de Beth-Maré, Syria, XXVIII (1951), p. 101—123; IGLS, VI,
2989 (121—122 p. C.).

voto pour servir de lampe porte une dédicace datée de 121—122 p. C. et adressée Θεῷ Διὶ Βαιθμαρηι. Ce Baal est ici attesté pour la première fois.

7. Zeus Damaskênos

Le dieu de Damas, Hadad, vénéré anciennement dans cette ville, avait un sanctuaire à Bostra, où l'on a relevé une dédicace adressée à ce dieu par un certain Titus Flavius Rufinus. C'est le premier témoignage épigraphique du nom grec du dieu de Damas[101].

8. Zeus Beelbaaros

Ce Baal est aussi nouveau, son culte est attesté par une dédicace du Musée National à Damas. Elle a été trouvée près de 'Aqraba en Batanée: Διὶ Βεελβααρῳ. Le dédicant est Διομήδης Χάρητος, ἔπαρχος καὶ στρατηγὸς Βαταναίας: éparque et commandant militaire du district de Batanée[102]. Il était déjà connu par une inscription du Nord du Djebel Druze[103], sous le titre 'éparque du roi Agrippa'. L'éditeur suggère justement qu'il s'agit du Baal de la station thermale de Baaros, où le dédicant a fait une cure. Il a voulu remercier le dieu qui présidait à ces eaux bienfaisantes.

9. Baal de Thamana

H. SEYRIG a publié une petite tablette de bronze trouvée près de Zahlé au Liban[104]. Elle porte une dédicace adressée Διὶ Θαμανειτανῷ. L'éditeur a supposé que ce Zeus est peut-être le Baal de Thamana en Arabie. Il pense que le dédicant était un marchand qui voyageait, plutôt qu'un soldat.

10. La déesse Balti

Le culte de la déesse Balti, homologue féminin du Baal, a été attesté naguère dans l'Émésène méridionale par un nom théophore Βηλτεινουριος, qui signifie 'Bêlti est ma lumière'[105]. Le nom a été formé sur Balti, qui n'est

---

[101] D. SOURDEL, op. cit., p. 44.

[102] Ibid., p. 45sq.

[103] LE BAS—WADDINGTON, 2135; OGIS, 422.

[104] Antiquités syriennes, LVIII. Inscriptions grecques, 3. Dédicace à Zeus Thamaneitanos, Syria, XXXI (1954), pp. 217sq. (= ID., Ant. syr. V [Inst. franç. d'archéologie de Beyrouth, Publications hors série, IX], Paris 1958, pp. 123sq.); IGLS, VI, 2960.

[105] H. SEYRIG, Antiquités syriennes, XLV. Inscriptions diverses, 3. Jabruda, Syria, XXVII (1950), p. 238 (= ID., Ant. syr., IV [Inst. franç, d'archéologie de Beyrouth, Publications hors série, VIII], Paris 1953, p. 133); IGLS, V, 2609.

que la transcription courante de la forme féminine de Baal, c'est-à-dire Ba'alti ou Ba'alati, 'Madame'. La forme du possessif a été acceptée comme l'appellation de la parèdre d'Adonis-Tammuz. L'association de Baltis avec Atargatis s'était produite assez tôt. Ainsi Baltis est devenue la déesse syrienne: *Balti deae divinae et Diasuriae*[106].

11. Zeus Ammon

Parmi les divinités 'étrangères', le dieu de l'oasis libyenne de Siwa jouissait d'un culte en Arabie. Il était le dieu national des soldats de la légion *III Cyrenaica*, qui stationnait dans cette province. Le culte est attesté par une monnaie d'Antonin le Pieux représentant le dieu avec la légende LEG III CYR[107]. Une inscription relate la destruction d'un sanctuaire d'Ammon par les Palmyréniens[108]. D. SOURDEL a publié une inscription trouvée au théâtre de Bostra: *I(ovi) O(ptimo) M(aximo) Genio sancto Hammoni Ulpius Taurinus cornicul(arius) leg(ionis) votum solvi*[109].

12. Azizos

Le culte de ce dieu est attesté par une dédicace gravée sur un autel de Homs (Emesa)[110] C'est le premier témoignage de ce culte à Émèse. Azizos était en honneur dans cette ville, comme on le supposait d'après le discours 'Sur le Soleil' de Julien, où d'après Jamblique est mentionné le culte d'Azizos et Monimos à Edesse[111] et on a corrigé le nom de la ville en Ἔμεσαν. Azizos, le 'puissant' et Monimos le 'doux' étaient les compagnons du dieu Soleil. On interprète ces divinités comme les aspects masculins de l'étoile du soir et de l'étoile du matin[112]. La paire était honorée à Palmyre et à Doura. Azizos-Phosphoros et Monimos-Hesperos apparaissent sur maints bas-reliefs syriens (Baitokaiké, Baalbek, Palmyre, Émèse) encadrant un aigle[113]. Dans l'Occident le culte d'Azizos était assez peu répandu. En Pannonie il n'y a qu'une seule dédicace à ce dieu, à Intercisa[114]: *Deo*

---

[106] ILS, 4277, cf. Z. KADAR, op. cit. (ci-dessus note 96), pp. 5sq.

[107] D. SOURDEL, op. cit., p. 89. Il cite pour cette monnaie H. SEYRIG, Antiquités syriennes, XXXV. Les inscriptions de Bostra, Syria, XXII (1941), pp. 44sq. (= ID., Ant. syr. III [Inst. franç. d'archéologie de Beyrouth, Publications hors série, VII], Paris 1946, pp. 137sq.).

[108] H. SEYRIG, ibid.

[109] D. SOURDEL, ibid.

[110] H. SEYRIG, Antiquités syriennes, XLV. Inscriptions diverses, Syria, XXVII (1950), p. 237, N. 2 (= ID., Ant. syr., IV, p. 132, N. 2); IGLS, V, 2218.

[111] Or. IV, 150c–d, 154a.

[112] D. SOURDEL, op. cit., p. 75.

[113] D. SOURDEL, ibid., cite M. DUNAND, Musée de Soueïda, 37, 38.

[114] Intercisa, I, Archaeologia hungarica, Nov. Ser. 33, Budapest 1954, 224sq., Cat. N. 330, cf. Z. KADAR, op. cit., p. 23sq.

*Aziz[o p]ro salute d(omini) n(ostri) [in]vi[c]ti Aug(usti) et Iulia[e A]u-
[g]ustae.* La dédicace pour le salut de l'empereur invincible — une épithète
assez rare à cette époque — est probablement un témoignage de l'identification de ce dieu syrien avec le dieu romain de la guerre, Mars. On en a
rapproché une inscription de Potaissa en Dacie: *Marti amico et consentienti*[115]. Le dédicant nous a laissé une autre inscription[116]: *Mercurio
consentienti.* Une troisième dédicace de cette ville est plus tardive[117]: *Deo
Azizo bono puero conservatori.* Le culte d'Azizos n'est pas attesté à Délos.

13. Mercure

Ce dieu est invoqué à Bostra par des commerçants arrivés de Thysdrus
en Afrique. Ils ont été probablement délégués pour l'approvisionnement en
blé de la région. Mercure était le patron divin de Thysdrus. On lit sur un
autel votif trouvé à Bostra: *Mercurio Aug(usto) [s]acrum [T]husdr[i]tani
Gen(io) Col(oniae) s(uae) f(ecerunt)*[118].

14. Le culte de la Justice personnifiée

Le culte de Dikaiosynè est attesté dans les pays syriens par deux
dédicaces; l'une a été trouvée à Gerasa, l'autre à Byblos. Ces inscriptions
ont été rééditées et expliquées par L. ROBERT. L'inscription de Byblos
avait été publiée par R. DUSSAUD, qui l'avait considérée comme une épitaphe[119]. Or c'était un hommage à la Justice personnifiée[120]: Δικαιοσύνη
Ἀντίστιος Κάλλιστος. L. ROBERT a rapproché plusieurs autres témoignages
de ce culte, dont la dédicace de Gerasa, rééditée et commentée par lui
en 1939[121]. Le premier éditeur de l'inscription avait suggéré l'identification de la déesse Isis et de Dikaiosynè. L. ROBERT a expliqué que le dédicant, Diogénès, ἱερασάμενος τῶν τεσσάρων ἐπαρχειῶν ἐν Ἀντιοχείᾳ, a consacré une statue de Dikaiosynè au nom de son fils; il l'avait promise
alors que celui-ci était agoranome. Le commentaire souligne le rapport

[115] ILS, 3161, cf. Z. KADAR, ibid., p. 24sq.
[116] ILS, 3194.
[117] ILS, 4345 (KADAR, p. 24). Elle date du règne des empereurs Valérien et Gallien.
[118] R. MOUTERDE, Africains et Daces à Bostra, Mélanges de l'Université Saint-Joseph, XXVI
(1942—1943), p. 50—53, cf. D. SOURDEL, op. cit., p. 92sq.
[119] Voyage en Syrie (oct.—nov. 1895). Notes archéologiques, Rev. Arch. XXVIII (1896), I,
p. 300.
[120] L. ROBERT, Documents de l'Asie Mineure Méridionale. Inscriptions, monnaies et géographie
(Centre de recherches d'histoire et de philologie de la IVe section de l'École pratique des
hautes études, III. Hautes études du monde gréco-romain, II), Genève–Paris 1966, pp. 25sq.
[121] Inscriptions grecques de Phénicie et d'Arabie, 2. Inscriptions de Gerasa, in: Mélanges Syriens
offerts à René Dussaud (Bibliothèque archéologique et historique, XXX), Paris 1939,
p. 731—733 (= ID., Opera min. sel. I, Amsterdam 1969, p. 603—605). C'est l'inscription
Gerasa, 53.

étroit entre la statue consacrée par Diogénès et la fonction de l'agoranome, qui avait sur l'agora une compétence judiciaire et veillait à l'application des règlements du marché. L. ROBERT a rapproché pour ces rapports un poids de Gaza ou d'Ascalon, qui porte l'image de la déesse Dikaiosynè avec la balance et la corne d'abondance[122]. Il a indiqué que la Justice était la personnification de la qualité que doit posséder au plus haut point un agoranome, qui surveille la régularité des transactions et punit les contrevenants[123]. Il est curieux que cette idée persiste à l'époque byzantine; elle trouve son expression dans l'inscription sur un poids découvert pendant les fouilles conduites sur le site de Sycamina, l'ancienne rivale de Haïfa (pl. II 2). Hauteur du poids 3,7 cm, largeur 3,7 cm, épaisseur 9 mm; il pèse 110 gr:

Ν(ομίσματα) κδ΄. Θ(εὸς) β(οηθός)·
Δικεοσύνη καλὸν ἔργο(ν).

Les fouilles conduites sur les sites des deux principales villes marchandes des pays syriens, Palmyre et Doura-Europos, apportent depuis des décennies des contributions importantes à des questions très différentes: leur expansion économique, leurs cultes, leur condition politique et sociale avant la conquête romaine et surtout leur situation sous la domination des nouveaux maîtres.

VIII. *Palmyre à l'apogée de sa prospérité économique*[123a]

Palmyre devait sa fortune et ses immenses richesses à sa position d'oasis entre la Syrie et la Babylonie et au commerce transitaire entre ces pays. Les Palmyréniens organisaient des caravanes qui franchissaient le désert avec diverses marchandises. Mais ils allaient beaucoup plus loin comme le prouvent les inscriptions du IIe s., qui fut l'époque la plus brillante de l'histoire de Palmyre. On possède maintenant une importante série d'inscriptions qui augmentent la documentation épigraphique relative au commerce extérieur de Palmyre et apportent des renseignements sur les comptoirs des Palmyréniens et les routes empruntées par leurs caravanes, qui allaient plus loin qu'on ne le supposait avant la découverte de ces textes[124]. Ils jettent, comme l'indique justement leur éditeur, une nouvelle

[122] Documents de l'Asie Min., p. 27.
[123] Mélanges Dussaud, p. 732 (= Opera min. sel., I, p. 604).
[123a] Cf. H. J. W. DRIJVERS, Hatra, Palmyra und Edessa. Die Städte der syrisch-mesopotamischen Wüste in politischer, kulturgeschichtlicher und religionsgeschichtlicher Beleuchtung, infra pp. 799—906.
[124] Pour ces documents voir H. SEYRIG, Rapport sommaire sur les fouilles de l'agora de Palmyre, CRAI (1940), pp. 237—249; ID., Antiquités syriennes, XXXVIII. Inscriptions grecques de l'Agora de Palmyre, Syria, XXII (1941), pp. 223—269 (édition des textes avec un commentaire approfondi) (= ID., Ant. syr. III, pp. 167—214).

lumière sur cette époque[125]. Une inscription gravée en l'honneur de Fulvius
Titianus, légat de l'empereur et curateur de la ville, date d'après
l'écriture de la première moitié du IIe s. Titianus est venu à Palmyre comme
curateur parce que la ville «avait glissé sur la pente d'une mauvaise
gestion». Mais il y avait une raison encore plus importante pour envoyer
le délégué impérial. Selon H. SEYRIG, l'institution d'un curateur à Palmyre
a fait partie de la réorganisation de la ville par Hadrien[126]. Il faut peut-
être le reconnaître dans le τεταγμένος ἐν Παλμύροις dont il est question
dans la célèbre loi fiscale de Palmyre. On le considérait comme un
iuridicus ou un commandant militaire de la région[127]. En commentant les
statues érigées en l'honneur de trois officiers d'archers, H. SEYRIG a rappelé
que les officiers palmyréniens étaient appréciés par les romains dans la
conduite des corps d'archers[128]. Or les plus importantes sont les inscriptions
ayant trait au commerce oriental de Palmyre. En 131 les marchands
palmyréniens établis à Spasinoucharax, important centre de commerce
sur le Chatt el-Arab, dressent une statue à Iarhaï, fils de Nebozabad,
satrape du roi de Spasinoucharax. Palmyre non seulement établissait des
comptoirs commerciaux dans les principautés du golfe persique mais four-
nissait aussi des fonctionnaires aux dynastes de la région[129]. Une inscription
mutilée de 138 honore un certain Iarhibôlê qui s'était rendu à la cour
de Vorod, roi d'Elymaïde ou de Suse et avait rendu d'autres services à
ses compatriotes[130]. Une autre dédicace nous renseigne sur l'extension et
les limites du commerce palmyrénien. C'est une dédicace datée de l'an 157
en l'honneur du célèbre marchand palmyrénien Marcus Ulpius Iarhai[131].
Les dédicants étaient les marchands qui sont revenus de la Scythie. Il
s'agit évidemment de l'Inde du Nord-Ouest, l'Indoscythie. C'est donc un
important témoignage de l'activité commerciale de l'emporium de Spasinoucharax et de ses liens par mer avec l'Inde.

IX. *Le statut de Palmyre*

Le même savant a consacré un article à l'étude de l'inscription fiscale
de Palmyre[132]. Il pense que le sujet du statut est le droit d'octroi de la
ville. Les taxes prévues dans la loi fiscale ont été imposées au commerce

[125] CRAI (1940), p. 240.
[126] Ibid., p. 244sqq.; Syria, XXII (1941), N. 13.
[127] Voir pour ces opinions OGIS, 629, note 77.
[128] CRAI (1940), p. 245; Syria, XXII (1941), Nos. 5, 8, 9.
[129] CRAI (1940), p. 246; Syria, XXII (1941), N. 21 bis.
[130] CRAI (1940), p. 246; Syria, XXII (1941), N. 22.
[131] CRAI (1940), p. 246; Syria, XXII (1941), N. 23.
[132] H. SEYRIG, Le statut de Palmyre, Syria, XXII (1941), pp. 155—175 (= ID., Ant. syr., III,
pp. 142—161), avec un appendice: Légats-propréteurs de Syrie entre 63 et 137 (pp. 160 à
161).

1. Dédicace à Hadad et Atargatis (dernier quart du IIIe siècle av. J.-C.)

2. Poids byzantin de Sycamina

3a   3b

3. Poids de Laodicée de Syrie (an 12 = 36 av. J.-C. ?)

interne et ne concernent pas le commerce transitaire, origine et base de la richesse de Palmyre. Il ne s'agit dans le statut que d'impôts sur les marchandises consommées par les habitants, et non pas sur celles qui étaient destinées à l'exportation. Le décret de l'an 137 a été publié quand Palmyre était une ville libre; la loi ancienne et les deux édits qui y sont annexés avaient été promulgués sous le statut de *civitas stipendiaria*, quand Palmyre faisait partie de la province de Syrie. Le légat, auteur de l'édit, doit être d'après H. SEYRIG C. Licinius Mucianus (a. 68—69). La loi ancienne avait été adoptée à une date antérieure. Palmyre, ville d'abord indépendante, a été annexée par les Romains et est devenue une ville tributaire sans doute sous le règne de Tibère. Elle a reçu de l'empereur Hadrien le statut de *civitas libera* et elle a ajouté en reconnaissance l'adjectif *Hadriana* à son nom. A l'époque des Sévères, Palmyre était colonie romaine. Peu après le milieu du IIIe s., elle est devenue une principauté vassale, puis indépendante jusqu'à sa chute en 273. A. PIGANIOL accepte l'opinion de H. SEYRIG, pour qui le document C est un édit du gouverneur de la province de Syrie, C. Licinius Mucianus, pour trancher un conflit entre la ville et le publicain[133]. Il est d'avis que c'est un commentaire du document primitif (A), qui est le πρῶτος νόμος et date au plus tard de l'époque julio-claudienne. Le deuxième document (B) est postérieur à la première loi et antérieur aux Flaviens.

X. *Doura-Europos sous la domination romaine*

Les fouilles de Doura ont apporté une riche documentation archéologique, épigraphique et papyrologique à l'étude de l'histoire et des institutions de cette ville à l'époque parthique et romaine. Les textes sur papyrus et parchemin notamment montrent que Doura-Europos était dans une certaine mesure la capitale de la région du cours moyen de l'Euphrate. Or elle était non seulement un siège de l'administration parthique mais aussi un centre de culture hellénique et de droit grec[134]. La conquête de la ville par les armées de L. Verus et Avidius Cassius en 165 a mis fin à l'époque de l'autonomie de Doura. Mais elle n'a pas changé les institutions municipales de Doura. Le stratège et épistate de la ville — στρατηγὸς καὶ ἐπι-στάτης τῆς πόλεως — continue à diriger l'administration. L'épistate Aurelius Héliodôros a érigé une statue en l'honneur de Lucius Verus peu après 165[135]. Séleucos, stratège et épistate, est l'auteur de la dédicace à Zeus

---

[133] A. PIGANIOL, Observations sur le tarif de Palmyre, Rev. hist., CXCV (1945), pp. 10—23.

[134] C. B. WELLES, The Population of Roman Dura, Studies in Roman Economic and Social History in Honor of Allan Chester Johnson, Princeton 1951, pp. 251—274 (voir p. 253).

[135] Pour la liste des stratèges et épistates voir R. N. FRYE, J. F. GILLIAM, H. INGHOLT, C. B. WELLES, Inscriptions from Dura-Europos, Yale Classical Studies, XIV (1955), pp. 140 sq.

Mégistos (169/170). Le même Aurelius Heliodôros sans doute est attesté en
180[136]. Septimius Lusias, *strategus Durae*, est attesté pour l'an 200, c'est le
dernier titulaire de cette ancienne dignité municipale de Doura-Europos
qui nous soit connu. La dédicace, rédigée en latin, est adressée au stratège
par les *beneficiarii* et *decuriones* d'une cohorte non désignée; le nom macédonien de la ville n'apparaît plus dans cette dédicace[137]. Après la conquête
romaine les cultes éponymes de Doura continuent à être en vigueur. Ce
sont les cultes des Séleucides: Zeus, Apollon, les πρόγονοι et le roi
Séleucos Nicator, sous lequel la ville a été fondée. Mais un changement
important s'est produit; un document, P. Doura, 13a, contient parmi les
Europaioi des noms iraniens et sémitiques. Il est évident qu'en raison de la
diminution du nombre des citoyens on a procédé à la cooptation de
nouveaux *Europaioi*[138]. On a pu constater une augmentation essentielle de
la garnison militaire sous les Sévères. A partir du règne d'Élagabal le
commandant militaire de la région est le *dux ripae*, qui réside à Doura.
L'augmentation des troupes stationnées dans la ville et l'arrivée des nouvelles unités ont en conséquence transformé Doura en une forteresse. Sa
garnison avait désormais une tâche plus importante, elle devait garder la
frontière de l'Euphrate[139]. Le quartier Nord de la ville a été aménagé
pour servir aux besoins des militaires. Les fouilles ont dégagé un palais
magnifique qui était la résidence du *dux ripae*. Tout près on a trouvé le
sanctuaire du dieu des soldats, Jupiter Dolichenus. Les nouvelles conditions
politiques ont exercé une influence sur le régime de Doura et ses institutions
municipales. Nous avons vu que Septimius Lusias était le dernier stratège
attesté. On a souligné l'omission du nom macédonien Europos[140]. Le nom
sémitique Doura qui n'est qu'un nom commun, forteresse, est désormais
dominant. On trouve l'expression βουλευταὶ Δούρας. Les citoyens sont
désignés comme Δουρηνοί en grec et *Dourani* en latin[141]. Un autre changement important s'est produit en 165: de nouveaux officiers apparaissent.
Ce sont les *Caesariani*, *statores*, *beneficiarii tribuni*. On trouve des noms
romains, en transcription grecque, les noms macédoniens et grecs disparaissent. Dans les textes de la première moitié du IIIe s. on retrouve fréquemment des noms sémitiques: Malchos, Monimos, Mokimos[142]. Le processus
de la militarisation de la ville à cette époque est remarquable, un quart
de sa superficie est occupé par la garnison, une partie assez considérable
des trois autres quarts est assujettie au logement des soldats ou sert aux
autres besoins des militaires[143]. L'autonomie de la ville, qui était en vigueur
pendant toute l'époque parthique, a peut-être survécu à la conquête de 165,

---

[136] C. B. WELLES, The Population of Roman Dura, p. 255.
[137] Ibid., p. 261.
[138] Ibid., p. 255.
[139] Ibid., p. 258.
[140] Ibid., p. 261.
[141] Ibid., p. 262.
[142] Ibid., p. 267.
[143] Ibid., p. 271.

mais la réorganisation à l'époque des Sévères l'a totalement liquidée. Avec elle a cessé l'existence de la classe qui avait porté pendant cinq siècles le fardeau des dépenses nécessaires au fonctionnement des institutions municipales et culturelles d'une *polis* grecque[144].

Addenda

Ce volume était sous presse quand j'ai pu lire l'étude magistrale de H. SEYRIG, Antiquités syriennes, XCV. Le Culte du Soleil en Syrie à l'époque romaine, Syria, XLVII (1971), pp. 337—373, L'auteur indique que les travaux de F. CUMONT, qui donnent au culte syrien du Soleil une place primordiale, ont été rédigés avant l'exploration systématique de la Syrie et sont fondés principalement sur des textes littéraires et philosophiques. H. SEYRIG rejette l'opinion courante qui veut que les cultes syriens aient subi, à l'époque hellénistique, un processus de solarisation. Voici sa thèse:

1) Sauf deux exceptions, tous les cultes syriens bien attestés comme solaires sont traditionnels à la population qui les pratique. Ils ne présentent pas trace d'un état antérieur non-solaire. Un grand nombre d'entre eux sont des cultes arabes.

2) Les deux exceptions sont des cultes où le Soleil a été introduit par une spéculation théologique. Les deux dieux conservent malgré ce syncrétisme un rang subordonné.

3) Aucun dieu syrien du Ciel n'est solaire.

4) En Syrie, Zeus reste l'ancien dieu de l'orage-Hadad, Baal-Shamîn, Téchoub. Sous l'influence des croyances astrologiques il prend peu à peu l'aspect d'un dieu cosmique. Le Soleil devient ainsi la principale manifestation du dieu suprême, et c'est en cette qualité qu'il obtient une place éminente dans la religion, sans jamais pourtant se confondre avec ce grand dieu malgré le bref épisode d'Élagabal. Les inscriptions ni les images du culte Héliopolitain ne donnent jamais à Jupiter les attributs du Soleil et le dieu est toujours resté le vieux Hadad de la vénérable tradition syrienne. Or son parèdre mineur, Mercure Héliopolitain, d'abord un esprit de la végétation et de la fécondité, s'est vu assimiler au Soleil. Cette assimilation se reflète clairement dans son iconographie. Les trois cultes palmyréniens du Soleil comprenaient un dieu solaire indigène, Iahribôl; un dieu solaire apporté par les Arabes, Shamash; un jeune dieu du renouveau, Malakbêl, solarisé par un syncrétisme. Des très nombreux monuments du culte de Jupiter Dolichénien pas un seul ne donne au dieu le nom ni les attributs du Soleil. Presque tous les cultes solaires de la Syrie sont des cultes arabes. Un syncrétisme apparaît seulement dans le culte de Malakbêl à Palmyre et dans celui de Mercure à Héliopolis. Dans les deux cas le syncrétisme so-

---

[144] Ibid., p. 273.

laire touche un culte d'un dieu du renouveau. Cette assimilation paraît
née d'une certaine coïncidence entre le cycle annuel du Soleil et le cycle
annuel de la nature animale et végétale. Mais tous ces faits ne voilent pas
le rôle que le Soleil jouait dans la dévotion des Syriens. Cette dévotion,
qui constitue une étape notable sur le chemin d'un monothéisme solaire, a
pris sa substance dans une disposition générale, engendrée par l'astrologie.
Ce dernier fait établit un rapport entre le sentiment religieux de la Syrie
et les écrits philosophiques, qui assimilent tous les dieux au Soleil.

L'instauration du culte de Sol Invictus par Aurélien a été portée sur les
ailes d'un sentiment populaire préparé depuis longtemps. Ces idées sont
déjà présentes dans l'érection du colosse de Néron, suivi par les monnaies de
plusieurs empereurs. La première dédicace à Sol Invictus remonte à 158
(H. DESSAU, ILS, 2184). Sous Gordien III (238—242), à Hatra, un officier
romain fait une offrande au même dieu (A. MARICQ, Les dernières années
de Hatra: L'alliance romaine, Syria, XXXIV [1957], pp. 290s. [= ID.,
Classica et Orientalia, Inst. franç. d'archéologie de Beyrouth, Publications
hors série XI, Paris 1965, p. 19 s.]) qu'il croit certainement être le même que
Shamash. L'abondant monnayage de Gallien avec SOLI INVICTO, les dispositions toutes semblables de Claude le Gothique, montrent que les temps
mûrissaient dès avant l'avènement d'Aurélien. Rien dans ce développement
ne laisse supposer une influence directe des cultes Syriens.

Addenda ultima

Un poids de Laodicée de Syrie (Laodicea ad mare):

A la série des poids de Laodicée IGLS, IV, 1271—1271 s'ajoute maintenant un nouvel exemple en plomb, acheté par mon élève, N. MUEN-
STER. Je veux lui exprimer ici ma gratitude pour la permission de publier
ce poids et pour la belle photographie, qu'il a mise à ma disposition (pl.
II 3). C'est une plaque rectangulaire, avec un anneau de suspension à son
bord supérieur. Hauteur du poids 4 cm, largeur 3,5 cm, épaisseur max.
1 cm; il pèse 54 gr. L'inscription est gravée dans un cadre, dont les bords
sont d'une épaisseur plus considérable

```
Dr.   Ἔτους
      δι᾽ τρια-
      κοστὸ-
4     ν συρρ(ο)-
      πον
```

J'ai mis l'omicron entre parenthèses parce qu'il n'y a aucune trace de
la lettre. L'inscription est en relief.

R. lisse; palme en relief.

An 12, probablement selon l'ère césarienne de Laodicée = 36 av. J.-C.
Pour cette, ère voir V. GRUMEL, Traité d'études byzantines, I. La chrono-

logie, Paris, 1958, p. 215; A. E. Samuel, Greek and Roman Chronology.
Calendars and Years in Classical Antiquity (Handb. d. Altertumswiss.,
I 7), Munich 1972, p. 247, note 2 avec la bibliographie. Pour l'interprétation
de l'adjectif σύρροπον «contrôlé», «de même poids» que l'étalon auquel il
a été comparé, voir le commentaire, IGLS, IV, 1272.

Bibliographie

1. J. Cantineau, Tadmorea, Syria, XIX (1938), pp. 72—82, 153—171.
2. A. Caquot, Sur l'onomastique religieuse de Palmyre, Syria, XLIII (1962), pp. 231—256. Voir aussi H. Ingholt.
3. M. Chehab, Tyr à l'époque romaine. Aspects de la cité à la lumière des textes et des fouilles, Mélanges offerts au Père René Mouterde pour son 80ᵉ anniversaire, II, Mélanges de l'Université Saint-Joseph, Beyrouth, XXXVIII (1963), pp. 11—40.
4. P. Collart, Aspects du culte de Baalshamîn à Palmyre, Mélanges K. Michalowski, Varsovie 1966, pp. 325—337.
5. G. Downey, A History of Antioch in Syria from Seleucus to the Arab Conquest, Princeton 1961.
6. M. Dunand, Fouilles de Byblos, III, 1933—1938, Paris 1954.
7. Idem, Nouvelle inscription caravanière de Palmyre, Museum Helveticum, XIII (1956), pp. 216—225.
8. Dura-Europos: The Excavations at Dura-Europos: Preliminary Report of the Ninth Season of Work 1935—1936, Part III: The Palace of the Dux Ripae and the Dolicheneum, New Haven 1952 (A. H. Detweiler, A. Perkins, M. Rostovtzeff, C. B. Welles).
9. The Excavations at Dura-Europos: Final Report V, Part I: The Parchments and the Papyri, New Haven 1959 (C. B. Welles, R. O. Fink, J. F. Gilliam).
10. R. Dussaud, La pénétration des Arabes en Syrie avant l'Islam, Paris 1959.
11. O. Eissfeldt, Tempel und Kulte syrischer Städte in hellenistisch-römischer Zeit (Der Alte Orient, XL), Leipzig 1940.
12. J. F. Gilliam, The Governors of Syria Coele from Severus to Diocletian, American Journal of Philology, LXXIX (1958), pp. 225—242. Voir aussi C. B. Welles.
13. R. G. Goodchild, The Coast Road of Phoenicia and the Roman Milestones, Berytus, IX (1949), pp. 91—127.
14. H. Ingholt, H. Seyrig, J. Starcky, A. Caquot, Recueil des tessères de Palmyre, Paris 1955. Voir D. Schlumberger.
15. Inscriptions grecques et latines de la Syrie, II—VII, Paris 1939—1970 (L. Jalabert, R. Mouterde, C. Mondésert, J. P. Rey-Coquais).
16. C. H. Kraeling (éd.), Gerasa, City of the Decapolis, New Haven 1938.
17. W. Kunkel, Der Prozeß der Gohariener vor Caracalla, Festschrift Hans Lewald, Bâle 1953, pp. 81—89.
18. A. Maricq, Vologésias, l'emporium de Ctésiphon, Syria, XXXVI (1959), pp. 264—276 (= Id., Classica et Orientalia [Inst. franç. d'archéologie de Beyrouth, Publications hors série, XI], Paris 1965, 113—126).
19. du Mesnil du Buisson, Inscriptions sur jarres de Doura-Europos, Mélanges de l'Université Saint-Joseph, Beyrouth, XXXVI (1959), pp. 1—49.
20. Idem, Inventaire des inscriptions palmyréniennes de Doura-Europos, Paris 1939.
21. Idem, Le vrai nom de Bôl, prédécesseur de Bêl à Palmyre, Revue de l'histoire des religions, CLVIII (1960), pp. 145—160.
22. K. Michalowski, Palmyre, Fouilles polonaises 1959, Varsovie–La Haye 1960.
23. Idem, Palmyre, Fouilles polonaises 1963 et 1964, Varsovie 1966.

24. R. MOUTERDE et A. POIDEBARD, Le Limes de Chalcis, Organisation de la steppe en Haute-Syrie romaine, Paris 1945.

25. M. ROSTOVTZEFF, Dura-Europos and its Art, Oxford 1938.

26. P. ROUSSEL et F. DE VISSCHER, Les inscriptions du temple de Dmeir, Syria, XXIII (1942—1943), pp. 173—200.

27. D. SCHLUMBERGER, La Palmyrène du Nord-Ouest, suivi du: Recueil des inscriptions sémitiques de cette région, par H. INGHOLT et J. STARCKY, Paris 1951.

28. H. SEYRIG, Antiquités syriennes, I—VI (Inst. franç. d'archéologie de Beyrouth, Publications hors série, IV, V, VII, VIII, IX, XII), Paris 1934—1966 [articles publiés dans: Syria, XV—XLIV (1934—1965)].

29. IDEM, Les fils du roi Odainat, Annales archéologiques Arabes Syriennes, XIII (1963), p. 159—172. Voir H. INGHOLT.

30. J. STARCKY, Inventaire des inscriptions de Palmyre, l'Agorà, Damas 1949. Voir aussi H. INGHOLT.

31. G. TCHALENKO, Villages antiques de la Syrie du Nord; Le massif du Bélus à l'époque romaine, Paris 1953—1958.

32. C. B. WELLES, The Chronology of Dura-Europos, Symbolae R. Taubenschlag, III, Eos, XLVIII (1957), p. 467—474.

Liste des illustrations

L'épigraphie grecque et latine de Syrie.
Bilan d'un quart de siècle de recherches épigraphiques

par Wilfried Van Rengen, Bruxelles

Table des matières

I. Introduction

Dans la bibliographie qui suit cette introduction, nous dressons, dans un ordre topographique, l'inventaire des nouvelles inscriptions grecques et latines de la Syrie, éditées depuis 1950. Nous tenterons en même temps de signaler les changements apportés aux textes qui figurent déjà dans le

Principales abréviations:

AAS   Annales archéologiques de Syrie

AE   R. Cagnat . . . A. Merlin, Année épigraphique

AJA	American Journal of Archaeology.
Arch. Ephem.	Ἀρχαιολογικὴ Ἐφημερίς
BCH	Bulletin de Correspondance Hellénique
BE	J. et L. ROBERT, Bulletin épigraphique, dans: REG
BMB	Bulletin du Musée de Beyrouth
M. CHÉHAB, Mosaïques…	M. CHÉHAB, Mosaïques du Liban (= BMB 14, 1958—1959)
CIG	Corpus Inscriptionum Graecarum
CIL	Corpus Inscriptionum Latinarum
Colloque Apamée 1969	Actes du Colloque Apamée de Syrie. Bilan des recherches archéologiques 1965—1968. Ed. par J. BALTY (Bruxelles 1969)
Colloque Apamée 1972	Actes du Colloque Apamée de Syrie. Bilan des recherches archéologiques 1969—1971. Ed. par J. et J. C. BALTY (Bruxelles 1972)
CRAI	Comptes-rendus des séances, Académie des Inscriptions et Belles-Lettres
GVI	W. PEEK, Griechische Versinschriften, I (Berlin 1955)
IGLS	Inscriptions grecques et latines de la Syrie, publiées par L. JALABERT et R. MOUTERDE, tomes I—III; par L. JALABERT, R. MOUTERDE et C. MONDÉSERT, tomes IV—V; par J.-P. REY-COQUAIS, tomes VI—VII.
IGR	Inscriptiones Graecae ad res Romanas pertinentes, par R. CAGNAT e. a. (Paris 1906ss.)
J. T. MILIK, Dédicaces…	J. T. MILIK. Dédicaces faites par des dieux (Palmyre, Hatra, Tyr) et des thiases sémitiques à l'époque romaine (Inst. fr. arch. Beyrouth, t. XCII, Paris 1972)
R. MOUTERDE, Antiq. Hermon…	R. MOUTERDE, Antiquités de l'Hermon et de la Beqâ, dans: MUSJ 29 (1951—1952), pp. 21—89
R. MOUTERDE, Cultes…	R. MOUTERDE, Cultes antiques de la Coelè-Syrie et de l'Hermon, dans: MUSJ 36 (1959), pp. 53—87
R. MOUTERDE, Reliefs…	R. MOUTERDE, Reliefs et inscriptions de la Syrie et du Liban, dans: MUSJ 34 (1957), pp. 203—238
MUSJ	Mélanges de l'Université Saint-Joseph, Beyrouth
RA	Revue Archéologique
REA	Revue des Études Anciennes
REG	Revue des Études Grecques
Rev. Et. Byz.	Revue des Études Byzantines
J.-P. REY-COQUAIS, Arados…	J.-P. REY-COQUAIS, Arados et sa pérée aux époques grecque, romaine et byzantine (Inst. fr. arch. Beyrouth, Bibl. arch. et hist. t. XCVII, Paris 1974)
RPh	Revue de Philologie
SEG	Supplementum epigraphicum Graecum, par J. J. E. HONDIUS (Lugduni Batavorum 1923ss.)
H. SEYRIG, Ères…	H. SEYRIG, Sur les ères de quelques villes de Syrie: Antioche, Apamée, Aréthuse, Balanée, Epiphanie, Laodicée, Rhosos, Damas, Béryte, Tripolis, l'ère de Cléopâtre, Chalcis du Liban, Doliché. (= Ant. syr. 42), dans: Syria 27 (1950), pp. 5—50 = ID., Antiquites syriennes IV (Inst. fr. arch. Beyrouth, Publ. hors sér. N° 8, Paris 1953), pp. 72—117
H. SEYRIG, Cachets…	H. SEYRIG, Cachets d'archives publiques de quelques villes de la Syrie romaine, dans: MUSJ 23 (1940), pp. 83—107
G. TCHALENKO, Villages III	G. TCHALENKO, Villages antiques de la Syrie du Nord, III (Inst. fr. arch. Beyrouth, Bibl. arch. et hist. L, Paris 1958)
WADDINGTON	W. H. WADDINGTON, Inscriptions grecques et latines de la Syrie (Paris 1870)
ZPE	Zeitschrift für Papyrologie und Epigraphik

Corpus. Dans l'un et l'autre cas, le 'Bulletin épigraphique', au-dessus de tout éloge, de JEANNE et LOUIS ROBERT, a été un appoint inestimable. L'abondance des renseignements, les observations critiques et la consultation facile du 'Bulletin' nous permettent d'être le plus concis possible dans la présentation des nouveaux textes grecs. Aussi, nous nous contenterons le plus souvent d'une indication sommaire sur la nature de l'inscription et pour plus de détails, nous renvoyons le lecteur au 'Bulletin' (pour les inscriptions latines, à l''Année épigraphique'). On trouve en outre le texte d'une partie de nos inscriptions grecques reproduit dans le 'Supplementum epigraphicum Graecum', dont il existe un index des tômes 11—20: Indices supplementi epigraphici Graeci collecti. Volumina XI—XX (1950—1964), ed. G. PFOHL (Lugduni Batavorum 1970), avec pp. 13—14 la liste détaillée des sites de Syrie, dont des textes ont été insérés. Dans les volumes qui suivent le SEG XX, la Syrie n'est plus représentée.

Notre revue de l'activité épigraphique s'étend sur toute la Syrie et le Liban actuels, du nord, y compris Antioche et la Commagène, jusqu'à Damas. La ville de Damas elle-même et les sites de l'Hermon ont été omis intentionnellement, les volumes correspondants du corpus des IGLS étant sur le point de paraître. Au cours du dernier quart de siècle, ce corpus a pris une extension considérable. Il couvre actuellement (cf. bibliogr., infra, p. 36ss) la Commagène, la Cyrrhestique, la Chalcidique, l'Antiochène, l'Apamène, l'Emésène, Baalbek, la Beqa' et Arados aves sa région. Ajoutons qu'à partir du tôme VI (Baalbek — Beqa'), sa présentation, qui a suscité tant de critique, s'est améliorée au point même de devenir exemplaire: le recueil des textes est maintenant précédé d'une introduction géographique et historique, les index sont très détaillés, les inscriptions sont pour la plupart reproduites en photographie et l'on trouve à la fin des volumes des cartes qui situent la région ou la ville dans la Syrie antique et qui indiquent clairement les sites, où ont été trouvées les inscriptions.

Déjà, quelques parties du corpus peuvent recevoir des compléments substantiels. En ce qui concerne IGLS II, plusieurs inscriptions provenant du Massif Calcaire à l'est d'Antioche ont été éditées par H. SEYRIG (ap. G. TCHALENKO, Villages, III, pp. 2—62), avec quelques textes du Ğebel Zawiye, une partie de l'Apamène que couvre IGLS IV. Dans la même région, plusieurs inscriptions sur mosaïque ont été découvertes dans des églises (bibl. IV: Frikya, Ḥerbet Muqa, Huarte, infra, p. 44); la ville même d'Apamée, à la suite des fouilles belges et des travaux d'anastylose du Service des Antiquités syrien, a produit un nombre considérable de nouveaux textes, dont quelques-uns présentent un grand intérêt historique (bibl. IV: Apamée, infra, p. 42s).

En ce qui concerne les grands sites de la Syrie orientale, Palmyre et Doura-Europos, d'excellentes publications continuent à réunir de façon commode un matériel épigraphique important. Ainsi, pour Palmyre, sont sortis les recueils des inscriptions provenant de l'agora (bibl. IX: Palmyre: J. STARCKY, Inventaire, X, infra, p. 46) et du sanctuaire de Baalshamin (bibl. IX: CHR. DUNANT, Le sanctuaire, III, infra, p. 47), et un recueil des tessères (bibl. IX: Recueil . . ., par H. INGOLT, J. STARCKY e. a., infra, p. 46). Relevons pour Doura le corpus des inscriptions du palais du Dux Ripae (bibl. XI: The Excavations at Dura-Europos, III, infra, p. 48s), du Dolicheneum (ibid.), de la synagogue (XI: The Excavations at Dura-Europos. Final Report, VIII, infra, p. 49) et un petit corpus de textes de provenance variée (XI: C. B. WELLES e. a., Inscriptions from Dura-Europos, infra, p. 49).

Les documents épigraphiques de ces deux villes (à Doura, également des papyrus et des parchemins ont été découverts en excellent état de conservation), rédigés souvent en différents dialectes sémitiques, en particulier le palmyrénien, fournissent une foule de noms sémitiques, qui, dans les inscriptions bilingues ou même trilingues, sont accompagnés de leur transcription grecque. Les listes de ces noms complètent avantageusement le recueil, vieux de près d'un demi-siècle, de H. WUTHNOW, Die semitischen Menschennamen in griechischen Inschriften und Papyri (Leipzig 1930).

Signalons à ce propos:

The Excavations at Dura-Europos. Final Report V. Part I. The Parchments and Papyri, par C. B. WELLES, R. O. FINK et J. F. GILLIAM (New Haven 1959), pp. 58—65: The Proper Names in the Parchments and Papyri (C. B. WELLES et H. INGHOLT), avec pp. 61—65: les noms sémitiques (et traduction).

DU MESNIL DU BUISSON (bibl. XI: DU MESNIL DU BUISSON, Inscriptions sur jarres de Doura-Europos, infra, p. 49), pp. 47—49: table des noms.

C. B. WELLES (bibl. XI: Inscriptions from Dura-Europos, infra, p. 49), pp. 202—209: appendice par H. INGHOLT; pp. 211—212: index des noms.

H. INGHOLT (bibl. IX: Recueil des tessères de Palmyre, infra, p. 46), pp. 153—179: commentaire onomastique.

J. K. STARK, Personal Names in Palmyrene Inscriptions (Oxford 1971).

A. CAQUOT, Sur l'onomastique religieuse de Palmyre, dans: Syria 39 (1962), pp. 231—256.

étude, faite d'après l'onomastique, de C. B. WELLES: The Population of Roman Dura, dans: Studies in Roman Economic and Social History in Honor of A. C. Johnson (Princeton 1951), pp. 251—274.

étude de l'onomastique d'Arados: J.-P. REY-COQUAIS, Arados . . ., pp. 219—232.

II. Dieux, religion

L'apport des inscriptions, à côté de celui des monnaies et des monuments, dans le domaine de la religion n'est pas négligeable. Quelques textes font connaître de nouvelles divinités ou des cultes nouveaux. Ainsi, par exemple, un poids de Byblos révèle dans cette ville le culte, pas attesté auparavant, de Dionysos, qui serait l'équivalent grec d'Adonis (bibl. XII: Byblos: H. SEYRIG, Le grand-prêtre de Dionysos, infra, p. 50); à Palmyre, une dédicace, découverte récemment, contient la première mention à l'état isolé, du dieu Bôl, qui constitue avec Isis et Aphrodite une nouvelle triade divine (bibl. IX: J. T. MILIK, Dédicaces..., p. 54, infra, p. 48); par une nouvelle inscription d'Apamée, nous connaissons le premier grand-prêtre du culte impérial dans la province romaine de Syrie et il faut en déduire que le culte fut organisé du vivant même de l'empereur (bibl. IV: Apamée: J.-P. REY-COQUAIS, Inscriptions grecques d'Apamée, infra, p. 43: n. 2).

Une sélection d'études, où les inscriptions jouent un rôle important:

H. SEYRIG, Les dieux armés et les Arabes en Syrie (= Ant. syr. 89), dans: Syria 47 (1970), pp. 77—112. App. III (pp. 109—111): Le culte d'Arès en Syrie.

Baalshamîn: P. COLLART, Aspects du culte de Baalshamîn à Palmyre, dans: Mélanges K. Michalowski (Warszawa 1966), pp. 325—337.

Dikaiosynè: L. ROBERT (bibl. XII: Byblos: Documents de l'Asie Mineure, infra, p. 50).

Gennéas: D. SCHLUMBERGER, Le prétendu dieu Gennéas, dans: MUSJ 46 (1970—1971), pp. 209—222.

Kronos: R. MOUTERDE, Antiq. Hermon..., pp. 77 sqq.

Némésis: H. SEYRIG, dans: Syria 27 (1950), pp. 242—247, et ID. (bibl. XII: H. SEYRIG, Némésis et le temple..., infra, p. 50).

Sur le temple palmyrénien: M. GAWLIKOWSKI (bibl. IX: Le temple palmy-rénien, infra, p. 47).

Sur les thiases: J. T. MILIK, Dédicaces..., passim.

III. Ères — calendrier

Des questions de chronologie peuvent se poser pour les inscriptions datées, que l'on trouve en Syrie en grand nombre. La datation peut varier de plusieurs dizaines, voire centaines d'années d'après l'ère, selon laquelle on calcule la date. Les inscriptions, mentionnant les travaux de construction du temple de Iupiter Damascénien (SEG VII, 230, 237, 238) en constituent un exemple frappant. Elles passaient pour être datées selon une ère pompéienne. Leur datation sur l'ère des Séleucides (H. SEYRIG, Ères..., pp. 36—37) les fait remonter quelque deux cent cinquante ans dans le temps. Inversement, E. WILL (bibl. XII: Sidon, infra, p. 52) a rajeuni de 200 ans (de 188 à 389) les statues dédiées par Fl. Gerontius, qui précisent la date du Mithréum de Sidon, en calculant leurs dédicaces sur l'ère de la ville.

Dans le comput du point de départ d'une ère déterminée, les séries
des monnaies d'une ville jouent un rôle important. Il suffit de lire l'étude
magistrale de H. SEYRIG (Ères . . .) pour saisir l'apport de la numismatique
dans cette question. Les inscriptions peuvent également fournir des données,
si elles présentent une double date. Ainsi, un poids de Laodicée de 205—206
avec quadruple date a permis de fixer à 197/198 le point de départ d'une
ère, dite 'de la colonie', dont on ne connaissait que le nom (bibl. IV: Nouvelles inscriptions: Laodicée: H. SEYRIG, Un poids de Laodicée, infra,
p. 42).

Rappelons aussi que l'emploi des ères dans les inscriptions peut apporter des indications certaines dans l'étude des limites du territoire des
villes. En étudiant la datation des inscriptions du Liban Nord (soit l'ère
des Séleucides, soit l'ère propre d'une cité, soit les années régnales des
empereurs romains), J.-P. REY-COQUAIS (bibl. XII: Wadi Abou Moussa,
infra, p. 50) a établi que les inscriptions avec datation par année de règne
de l'empereur, indiquent leur appartenance à des régions, qui étaient des
possessions personnelles des empereurs. Avant, celles-ci faisaient partie
des principautés ituréennes du Liban, qui comprenaient également les
territoires des cités (villes, ou communautés indigènes rurales), qui usaient
d'un autre système de datation. Cette ancienne distinction pourrait expliquer la présence de deux systèmes de datation dans les montagnes du
Liban Nord à l'époque romaine (pp. 94—105). Cet exemple montre bien à
quelles conclusions importantes d'ordre historique et topographique la
seule étude de la répartition des ères dans une région peut aboutir.

Un dernier problème chronologique est posé par les calendriers, les
périodes de l'année couvertes par les mois et la date du commencement de
l'année: cf. là-dessus succinctement J.-P. REY-COQUAIS, Calendriers de la
Syrie gréco-romaine d'après les inscriptions inédites, dans: Akten des
VI. internationalen Kongresses für griechische und lateinische Epigraphik.
München 1972 (= Vestigia, Bd. 17, München 1973), pp. 564—566. L'auteur
fixe le début de l'année séleucide, l'ère habituelle de la province romaine de
Syrie, au 23 septembre, le jour anniversaire d'Auguste. Sur les différents
systèmes de mois et la façon de compter les années à Doura-Europos:
C. B. WELLES, The Chronology of Dura-Europos, dans: Eos 48 (1957)
(= Symbolae Taubenschlag III), pp. 467—474 [BE 1960, 402].

Bibliographie

I.   IGLS I (Paris 1929). Commagène et Cyrrhestique (nᵒˢ 1—256).
        Comprenant e. a. pour la Commagène: le Nemroud Dagh,
        Arsameia, Germanicia et Doliche; pour la Cyrrhestique: Zeugma,
        Europos, Cyrrhus, Nicopolis, Beroea et Hierapolis.

    Errata et addenda à ce volume dans: IGLS II, p. 381; III, pp. 681—
        682.

Ajoutez: (Nemroud Dagh): F. K. DÖRNER, Zur Rekonstruktion der Ahnengalerie des Königs Antiochos I. von Kommagene, dans: Istanb. Mitteil. 17 (1967), pp. 195—210. [BE 1970, 618]

Sur le culte royal en Commagène en général:

F. K. DÖRNER et TH. GOELL, Arsameia am Nymphaios. Die Ausgrabungen im Hierothesion des Mithradates Kallinikos von 1953—1956 [= Ist. Forsch. 23], Berlin 1963, pp. 36—99: présentation et interprétation des inscriptions concernant le culte royal provenant d'Arsameia du Nymphaios, avec rapprochement des textes parallèles du Nemroud Dagh, d'Arsameia de l'Euphrate, de Samosate et de Selik. (Cité par la suite: DÖRNER, Arsameia.)

H. DÖRRIE, Der Königskult des Antiochos von Kommagene im Licht neuer Inschriften-Funde (Abh. Göttingen III 60, 1964).

D. MUSTI, Sui nuovi Testi relativi al Culto di Antioco I di Commagene, dans: Accad. Naz. dei Lincei, Rend. della Cl. di Scienze morali, storiche e fil. 21 (1966), pp. 1—14: étude sur la chronologie relative des textes religieux royaux.

H. WALDMANN, Die kommagenischen Kultreformen unter König Mithradates I. Kallinikos und seinem Sohne Antiochos I. [= Études préliminaires aux religions orientales dans l'empire romain, 34], Leiden 1973: recueil de tous les textes religieux royaux connus de Commagène avec des corrections pour les inscriptions du Nemroud Dagh, d'Arsameia de l'Euphrate et d'Arsameia du Nymphaios. Nouvelle inscription provenant de Çaputlu Ağaç. [BE 1976, 709]. Cf. les remarques de G. PETZL dans Gnomon 48 (1976), pp. 370—375.

(Pont de Kiăhta): J. WAGNER, Vorarbeiten zur Karte 'Ostgrenze des Römischen Reiches' im Tübinger Atlas des Vorderen Orients, sous presse pour les Akten des XI. Internationalen Limes-Kongresses 1976: borne milliaire datant du règne joint de Marc-Aurèle et de Lucius Verus (161—169 apr. J.C.).

(Arsameia du Nymphaios): DÖRNER, Arsameia, pp. 36—99.

(Ancoz): DÖRNER, Arsameia, p. 30.

(Direk Kale):

W. HOEPFNER, Direk Kale. Ein unbekanntes Heiligtum in Kommagene, dans: Istanb. Mitteil. 16 (1966), pp. 157—177. [cf. BE 1968, 549]

T. B. MITFORD, Some Inscriptions from the Cappadocian Limes, dans: JRS 64 (1974), pp. 173—175: inscription grecque (3 hexamètres) mentionnant l'érection d'un autel de Zeus à la suite d'oracles d'Apollon. [Cf. BE 1976, 708]

(Selik): P. M. FRASER, Inscriptions from Commagene, dans: BSA 47 (1952), pp. 96—99.

(Adiyaman):

FRAZER, Inscriptions, pp. 99—101.

WAGNER—PETZL, Eine neue Temenos-Stele (cf. infra), pp. 219—222.

(Sofraz Köy): J. WAGNER—G. PETZL, Eine neue Temenos-Stele des Königs Antiochos I. von Kommagene, dans: ZPE 20 (1976), pp. 201—223 [Cf. également J. WAGNER, Neue Funde zum Götter- und Königskult unter Antiochos I. von Kommagene, dans Antike Welt 6 (1975), Sondernummer Kommagene, pp. 54—59].

(Çaputlu Ağaç):

WALDMANN, Kultreformen, pp. 45—47.

WAGNER—PETZL, Eine neue Temenos-Stele, pp. 219—222.

(Pont du Karasu): J. WAGNER, Legio IIII Scythica in Zeugma am Euphrat, dans: Studien zu den Militärgrenzen Roms II., Vorträge des X. Internationalen Limeskongresses Germania inferior [= Beih. z. BJb 38] (Cologne 1977): estampilles de la *legio IIII Scythica*.

(Rumkale): J. WAGNER, Vorarbeiten zur Karte 'Ostgrenze des Römischen Reiches' dans: TAVO (cf. supra I, p. 37, Pont de Kiähta): stèle funéraire d'un soldat de la *legio IIII Scythica*.

(Yukarı Çardak): J. WAGNER, Seleukeia am Euphrat/Zeugma [= Beih. z. TAVO, Reihe B 10] (Wiesbaden 1976), p. 111: inscription sur mosaïque dans un martyrion.

(Doliche): H. SEYRIG, Cachets..., pp. 86—94: cachets de terre-cuite, privés et publiques, de Doliche. Pour la date des bulles d'archives: H. SEYRIG, dans: Syria 47 (1970), p. 93.

(Doliche): M. MAASKANT-KLEIBRINK, Cachets de Terre de Doliche(?), dans: BABesch. 46 (1971), pp. 23—63.

(Zeugma et environs):

J. WAGNER, Seleukeia am Euphrat/Zeugma [= Beih. TAVO, Reihe B 10] (Wiesbaden 1976): monographie avec description topographique détaillée et publication de plusieurs disaines de monuments, provenant des nécropoles de la ville (avec des noms grecs, romains et syriens). Quelques monuments funéraires, que l'on pigeait jusqu'à présent provenir de la région de Doliche ou d'Europos, peuvent être attribués dorénavant à Zeugma: H. F. MUSSCHE, Relief funéraire de Gasiantep, dans: BCH 83 (1959), pp. 543—548 (cf. les remarques de L. ROBERT, Épitaphe de Commagène, dans: REA 62 (1960), pp. 346—351

[= ID., Op. min. sel. II, Amsterdam 1969, pp. 862—867; BE
1961, 772]; H. F. MUSSCHE, Twee Greco-romeinse Graf-reliefs
uit de Eufraat-Vallei, dans: Gentse Bijdragen tot de Kunst-
geschiedenis en de Oudheidkunde 18 (1959/60), pp. 33—44.
ID., Legio IIII Scythica in Zeugma am Euphrat, dans: Studien zu
den Militärgrenzen Roms II. Vorträge des X. Internationalen
Limeskongresses Germania inferior [= Beih. BJb. 38] (Cologne
1977), pp. 517—539. (Cf. également J. WAGNER, Die Römer am
Euphrat, dans: Antike Welt 6 [1975], Sondernummer Kommagene, pp. 68—82): quatre stèles funéraires de soldats de différentes légions et localisation du camp de la *legio IIII Scythica*
d'après des documents épigraphiques.

(Sakisler): H. SEYRIG, dans: MUSJ 37 (1960—1961), p. 269: épitaphe de 84 p. C. [SEG XIX, 878; BE 1963, 276]

(Cyrrhus): E. FRÉZOULS, Inscription de Cyrrhus relative à Q. Marcius Turbo, dans: Syria 30 (1953), pp. 247—278. Dédicace
latine de 114. [AE 1955, 225]

(Nicopolis) H. SEYRIG, Cachets . . ., pp. 94—95; ajoutez un autre
cachet, L. ROBERT, Hellenica X (Paris 1955), pp. 293—294.

(Hierapolis): H. SEYRIG, Quatre images sculptées du musée d'Alep,
dans: Syria 48 (1971), pp. 115—116: bas-relief avec dédicace.
[BE 1972, 566]

II.   *IGLS II* (Paris 1939). Chalcidique et Antiochène (nᵒˢ 257—698).
Comprenant pour la Chalcidique, le Ğebel Ḥass avec Anasartha,
et le Ğebel Sbeit, avec Zebed; pour l'Antiochène, le Ğebel
Sim'an, le Ğebel Ḥalaqa, le Ğebel Bariša, le Ğebel il A'la, le
Ğebel Dueili, le Ğebel Wasṭani et, finalement, le Ğebel Zawiye
septentrional.

errata et addenda à ce volume dans: IGLS II, pp. 381—383; III,
pp. 682—684, et IV, p. 358 (dates à corriger).

Autres corrigenda:
IGLS 297: L. ROBERT, Hellenica IV (Paris 1948), pp. 136—137.
W. PEEK, dans: Zeitschrift der Martin-Luther-Univ. Halle —
Wittenberg 4 (1954—1955), p. 220. [SEG XV, 845]
IGLS 463: H. SEYRIG, ap. G. TCHALENKO, Villages III, nᵒ 18, p. 20.
IGLS 505: L. VIDMAN, Frederic Hrozny et l'épigraphie grecque,
dans: Zpravy jednoty klassickych filologu 4 (1962), pp. 93—95.
[BE 1963, 276]
IGLS 528: H. SEYRIG, ap. G. TCHALENKO, Villages III, p. 41,
n. 2 et p. 42.
IGLS 543: L. ROBERT, Inscription sur un linteau dans l'Antiochène,
dans: REA 62 (1960), pp. 356—361 (= Op. min. sel. II, pp.
872—877). [BE 1961, 775]

IGLS 579: H. SEYRIG, ap. G. TCHALENKO, Villages III, p. 26.
IGLS 636: L. ROBERT, Hellenica XI—XII (Paris 1960), p. 299,
n. 2. [BE 1961, 773]
IGLS 690: J.-P. REY-COQUAIS, Arados . . . , p. 248, n. 3.

Plusieurs nouvelles inscriptions, provenant pour la plupart de
l'Antiochène, ont été éditées par H. SEYRIG, ap. G. TCHA-
LENKO, Villages III, pp. 2—62. Elles sont analysées dans le
BE 1959, 459 (sans indication du lieu de provenance) et on les
trouve reproduites dans le SEG XX, 328—365.

Elles proviennent, pour le Ğebel Sim'an et le Ğebel Ḥalaqa, des
localités de
Baṣufan (SEG XX, 345) — Baziher (SEG XX, 339) — Brad et
environs (SEG XX, 328—334) — Burğ Ḥeidar (SEG XX, 335) —
Deir Sim'an (SEG XX, 350—351) — Ferkan (SEG XX, 342) —
Ḥarab Šams (SEG XX, 343) — Kafr Lab (SEG XX, 336—338) —
Kafr Nabo (SEG XX, 340—341) — Kiš'ala (SEG XX, 353) —
Nebbul (SEG XX, 344) — Qal'at Sim'an (SEG XX, 346—347) —
Qatura (SEG XX, 348) — Refade (SEG XX, 349)

pour le Ğebel Bariša et le Ğebel il A'la, des localités de
Bamuqqa (SEG XX, 362) — Berriš-Nord (SEG XX, 361) —
Burğ Baqirḥa (SEG XX, 356) — Deir Seta (SEG XX, 357) —
Kafr 'Aruq (SEG XX, 358) — Kafr Derian (SEG XX, 365) —
Kfeir (SEG XX, 359) — Me'ez (SEG XX, 363—364) — Qalbloze
(SEG XX, 360)

(Qal'at Sim'an — Saint Syméon):
  a) J. JARRY, Trouvailles épigraphiques à Saint-Syméon, dans: Syria
     43 (1966), pp. 105—115: inscriptions syriaques et quelques
     inscriptions grecques tardives (pp. 107—110, II—IV). [BE 1967,
     633]
  b) J. NASRALLAH, A propos des trouvailles épigraphiques à Saint-
     Syméon-l'Alépin, dans: Syria 48 (1971), pp. 165—178.

(Environs de Qalbloze): G. TCHALENKO, La basilique de Qalbloze,
dans: Syria 50 (1973), pp. 128—136: inscription de 469 sur un
linteau d'une petite basilique près de Qalbloze.

(Kbešin): J. JARRY, dans: Annales Islamologiques 7 (1968), pp.
158—159, nos 33—34: deux bornes cadastrales de 296/7, signalées
par H. SEYRIG, ap. G. TCHALENKO, Villages III, p. 51. [AE 1968,
514—515]

(Borğ Abdalu): ID., ibid., p. 160, no 35: texte semblable de 292/3,
inscrit sur un rocher. [AE 1968, 516]

(Mešmešan): ID., ibid., pp. 160—161: texte semblable. [AE 1968,
517]

(Environs de Gisr eš-Šogr): M. Adinolfi, Una iscrizione greca inedita e la capitatio di Diocleziano, dans: Oriens antiquus 4 (1965), pp. 71—75. [BE 1966, 467]

III. *IGLS III, 1* (Paris 1950). Région de l'Amanus. Antioche (nᵒˢ 699— 988).
III, 2 (Paris 1953). Antioche (suite). Antiochène (nᵒˢ 989—1242). Comprenant les versants de l'Amanus, avec Alexandrette et Rhosos, Antioche, Daphné, Séleucie de Piérie, le 'Mont Admirable' et la région du Mont Cassius.

Addenda et corrigenda dans: IGLS III, pp. 684—690; V, p. 315.

Ajoutez:

IGLS 718: G. Manganaro, A proposito di Seleuco di Rhosos, dans: Siculorum gymnasium (Catane) 1958, pp. 289—296. [BE 1960, 396]

IGLS 721: W. Peek, dans: Arch. Ephem. 1953—1954 (= Mél. Oikonomos II, 1958), pp. 285—287 et dans: GVI I, 1737. [SEG XVII, 753; BE 1959, 458]. Texte cité par Peek sous une autre forme dans: Athen. Mitteil. 80 (1965), p. 164. Cf. les remarques BE 1969, 584.

IGLS 778: J. Lassus, Sanctuaires chrétiens de Syrie (Paris 1947), p. 219. [BE 1950, 207]

IGLS 786: J. Lassus, Les portiques d'Antioche (Antioch-on-the-Orontes, V, Princeton 1972), p. 135, n. 14.

IGLS 831: W. Peek, dans: Arch. Ephem. 1953—1954 (cf. supra), pp. 287—289, et dans: GVI I, 1423. [SEG XVII, 754; BE 1959, 458]

IGLS 942: A. Sadurska, Les portraits romains dans les collections polonaises (Corpus signorum imperii Romani, Pologne, I, Varsovie 1972), nᵒ 56. [BE 1972, 566a]

IGLS 1035: L. Robert, dans: REA 62 (1960), p. 347, n. 3 (= Op. min. sel. II, p. 863)

IGLS 1072: H. Seyrig, Sur une fausse antiquité d'Antioche, dans: Syria 38 (1961), pp. 346—348. [BE 1962, 305 et 1963, 41]

Nouvelles inscriptions

(Antioche):

C. H. Kraeling, A New Greek Inscription from Antioch on the Orontes, dans: AJA 68 (1964), pp. 178—179: inscription hellénistique de 198/7; cf. remarques BE 1965, 436.

M. Lang, Five Hellenistic Lead Weights, dans: Museum Notes (Amer. Num. Societ.) 14 (1968), pp. 1—3: deux poids d'Antioche (nᵒ 4 et 5).

(Mont Admirable)

J. Mécérian, Les inscriptions du Mont Admirable, dans: Mélanges offerts au Père René Mouterde pour son 80e anniversaire, II

(= MUSJ 38, 1962), pp. 297—330: inscriptions grecques tardives [BE 1964, 492] et milliaire fragmentaire, inscrit en latin, de 162/3.

Quelques corrections par J. DARROUZÈS, dans: Rev. Et. Byz. 22 (1964), p. 286.

IV.   *IGLS IV* (Paris 1955). Laodicée. Apamène (nᵒˢ 1243—1997). Comprenant Laodicée et son territoire, Apamée et l'Apamène jusqu'aux limites de l'Emésène.

Addenda et corrigenda dans: IGLS IV, pp. 355—358; V, pp. 315—317.

Ajoutez:

IGLS 1260: J. T. MILIK, Dédicaces . . . , p. 413.

IGLS 1263: BE 1958, 503.

IGLS 1265: L. ROBERT, dans: Hellenica XI—XII, pp. 359—360; 444.

IGLS 1304: J.-P. REY-COQUAIS, Arados . . . , p. 225.

IGLS 1318: W. VAN RENGEN, L'inscription du portique, ap. C. DU-LIÈRE, Mosaïques des portiques de la grande colonnade (Bruxelles 1973), pp. 59—64.

IGLS 1344: J. BALTY, La grande mosaïque de chasse du triclinos (Bruxelles 1969), p. 14 et n. 2.

IGLS 1377: F. DÖLGER, dans: Byz. Zeitschr. 51 (1958), p. 149.

IGLS 1385: ID., ibid. [BE 1960, 397]

IGLS 1415: H. SEYRIG, ap. G. TCHALENKO, Villages III, p. 30, n. 32. [SEG XX, 370]

IGLS 1455; 1461; 1473: ID., ibid., pp. 28—29, nn. 30, 29, 28.

IGLS 1550: C. MONDÉSERT, Inscriptions et objets chrétiens de Syrie et de Palestine, dans: Syria 37 (1960), p. 125.

IGLS 1599: L. ROBERT, dans: Hellenica XI—XII, p. 297, n. 3. R. MERKELBACH, Zu einem christlichen Gedicht aus Syrien, dans: ZPE 11 (1973), p. 64 (mais cf. BE 1972, 491).

IGLS 1740: J. T. MILIK, Dédicaces . . . , p. 128.

IGLS 1799—1801: A. D. NOCK, dans: AJA 62 (1958), pp. 340—341.

Nouvelles inscriptions.

(Laodicée): H. SEYRIG, Un poids de Laodicée (= Ant. syr. 85), dans: Syria 40 (1963), pp. 30—32: poids de 205/6 avec quadruple date. [BE 1964, 493]

(Apamée):

W. VAN RENGEN, Inscriptions grecques et latines, dans: Colloque Apamée 1969, pp. 95—103: trois inscriptions grecques, une dédicace à Marc Aurèle et deux épitaphes datées [BE 1972, 568] et épitaphe latine d'Aurelius Tato, strator du légat de la *legio II Parthica* sous Alexandre Sévère. [AE 1971, 469]

ID., Nouvelles inscriptions grecques et latines, dans: Colloque Apamée 1972, pp. 97—107: n. 1: sarcophage inscrit avec épitaphe latine de l'épouse d'un centurion de la *legio II Parthica* (231—233 p. C.); n. 2: sarcophage inscrit avec l'épitaphe d'un centurion, probablement de la même légion, avec une carrière très intéressante (même date); cinq inscriptions grecques, provenant de l'agora de la ville: n. 3: dédicace d'une statue de Iulia Maesa par la ville; nn. 4—5: deux inscriptions honorifiques pour le *consularis* C. Iulius Severus, dont le cursus est bien connu par quatre inscriptions d' Ancyre (*cos. suff.* vers 139); nn. 6—7: deux dédicaces de statues de deux frères, d'après le testament d'un des deux.

J.-P. REY-COQUAIS, Inscriptions grecques d'Apamée, dans: AAS 23 (1973), pp. 39—84: lot important d'inscriptions grecques, ayant trait à Lucius Iulius Agrippa, fils de Caius, de la tribu Fabia, personnage important dans la ville d'Apamée, issu d'une famille princière; n. 1: dédicace de thermes, d'une basilique et d'un portique avec toute leur décoration, par le fondateur, L. Iulius Agrippa; n. 2: décret honorifique incomplet de la ville d'Apamée pour son bienfaiteur, avec d'amples renseignements sur la vie municipale et sur les ancêtres de Iulius Agrippa; nn. 3—9: dédicaces de statues, offertes à L. Iulius Agrippa, par des serviteurs, des affranchis ou des clients; n. 10: inscription honorifique pour Iulius Paris, acteur de pantomime tragique, consacrée par l'association sacrée des technites dionysiaques; n. 11: dédicace d'une colonne (?) sur l'ordre du dieu Bêl par Aurelios Belios Philippos, prêtre et président de l'Ecole épicurienne de la ville. [BE 1976, 718]

J. CH. BALTY, Le groupe épiscopal d'Apamée, dit 'Cathédrale de l'Est'. Premières recherches, dans: Colloque Apamée 1972, p. 193: inscription grecque tardive (533), datant le pavement du porche.

ID., L'évêque Paul et le programme architectural et décoratif de la cathédrale d'Apamée, dans: Mélanges d'histoire ancienne et d'archéologie offerts à Paul Collart (Lausanne et Paris 1976), pp. 31—46: quatre insccriptions grecques, provenant de la 'Cathédrale de l'Est' d'Apamée et mentionnant l'évêque Paul. La première (p. 32) est l'inscription du porche de l'église (cf. ci-dessus). [BE 1976, 722]

(Ğebel Zawiye): quelques nouvelles inscriptions du Ğebel Zawiye (Apamène) sont éditées par H. SEYRIG, ap. G. TCHALENKO (cf. bibl. II, supra, p. 39). Elles proviennent des localités de Deir Debbane (SEG XX, 367) — Muğleyya (SEG XX, 368) — Frikya (SEG XX, 369) (Cf. bibl. IV: Frikya, infra.) — Ma'arret Beitar (SEG XX, 371) — Kfeirḥaya (SEG XX, 372) — Deir eš

Šarqi (SEG XX, 373) — Ḥas (SEG XX, 375) (Cf. également
J. T. Milik, Dédicaces . . . , p. 128) — Ḥerbet Muqa (SEG XX,
376) (Cf. bibl. IV: Herbet Muqa, infra.) — Rayan (SEG XX,
377—380) — Qaṣr el Abyad (SEG XX, 381).

(Frikya): J. Marcillet-Jaubert, Inscription sur mosaïque de
Frikya, dans: AAS 22 (1972), pp. 151—153: inscription du 6e
siècle. [BE 1974, 630]

(El Bara): P. Lemerle, Fl. Appalius Illus Trocundes, dans: Syria 40
(1963), pp. 315—322: inscription latine de 480, sur bronze
[AE 1969—1970, 609]

(Ḥerbet Muqa): W. Van Rengen, Les inscriptions, ap. J. Ch. Balty,
K. Chéhadé et W. Van Rengen, Mosaïques de l'église de
Ḥerbet Muqa (Bruxelles 1969), pp. 23—27: Trois inscriptions
sur mosaïque, dont une réédition de celle, éditée par H. Seyrig,
ap. G. Tchalenko, Villages III, p. 37, inscr. 39b. Ici, comme
dans notre édition et dans: BE 1959, 459, la date doit être
changée de 384/5 en 394/5.

(Huarte):

P. Canivet, Due iscrizioni greche a Huarte nell'Apamene (Siria),
dans: Epigraphica 33 (1971), pp. 91—98: base de 142 et architrave avec invocation chrétienne. [BE 1973, 489]
Id., Un nouveau nom sur la liste épiscopale d'Apamée: l'archevêque
Photius en 483, dans: Travaux et mémoires, Centre de recherches
d'histoire et de civilisation de Byzance, vol. 5 (1973), pp.
243—258: deux inscriptions sur mosaïque dans une église.
[BE 1974, 631]

M.-T. et P. Canivet, La mosaïque d'Adam dans l'église syrienne de
Huarte (Ve siècle), dans: Cahiers Archéologiques 24 (1975),
pp. 49—65: inscription tardive sur mosaïque (p. 52). [BE
1976, 732]

(Tell Dades, sur la route Ašarne–Massyaf): W. Van Rengen, Nouvelles inscriptions grecques et latines, dans: Colloque Apamée
1972, pp. 107—108: no 8: colonne milliaire au nom de Vespasien
(second semestre de 72).

(Larissa): H. Seyrig, Tête de marbre avec inscription (=Ant. syr.
88), dans: Syria 42 (1965), pp. 28—30: dédicace à Artémis sur
une tête de marbre d'Alexandre. [BE 1966, 468] Cf. pourtant
Th. Fischer, Ein Bildnis des Tryphon in Basel?, dans: Antike
Kunst 14 (1971), p. 56.

V.   *IGLS V* (Paris 1959). Emésène (nos 1998—2710). Comprenant Epiphaneia (Hama), Arethusa, Mariamme, Emesa (Homs) et sa
région.

Addenda et corrigenda: ibid., pp. 317—318.

Ajoutez:

IGLS 1998: cf. SEG XIX, 880

IGLS 2114: J.-P. REY-COQUAIS, Arados . . . , p. 140

IGLS 2220: J. T. MILIK, Dédicaces . . . , pp. 43—44; 409.

IGLS 2530: L. ROBERT, Inscriptions chrétiennes sur des linteaux dans l'Emésène, dans: REA 62 (1960), pp. 351—354 (= Op. min. sel. II, pp. 867—870). [BE 1961, 781; SEG XX, 383]

IGLS 2614: ID., ibid., pp. 354—356 (= Op. min. sel. II, pp. 870—872). [BE 1961, 784; SEG XX, 384]

Sur Emesa: H. SEYRIG, Caractères de l'histoire d'Emèse (=Ant. Syr. 76), dans: Syria 36 (1959), pp. 184—192.

VI. *IGLS VI* (Paris 1967). Baalbek et Beqa (nᵒˢ 2711—3017). (Avec LVIII planches et trois cartes)

Addenda:

IGLS 2733: J. T. MILIK, Dédicaces . . . , pp. 413—415.

IGLS 2740—2742: ID., ibid., p. 121.

IGLS 2824: ID., ibid., p. 415.

IGLS 2830—2831: J. BOUSQUET, Epigrammes d'Héliopolis (Baalbek), dans: RPh 1971, pp. 37—40.

IGLS 2851: H. SEYRIG, L'inscription du tétrarque Lysanias à Baalbek, dans: Archäologie und altes Testament. Festschrift für Kurt Galling zum 8. Januar 1970 (Tübingen 1970), pp. 251—254. [BE 1970, 623]

IGLS 2882: J. T. MILIK, Dédicaces . . . , pp. 415—416.

IGLS 2894: ID., ibid., p. 413.

IGLS 2916: ID., ibid., pp. 422—423.

IGLS 2931: ID., ibid., pp. 97—98.

IGLS 2946: ID., ibid., p. 413.

IGLS 2954: ID., ibid., p. 343.

IGLS 2981: ID., ibid., p. 326.

VII. *IGLS VII* (Paris 1970). Arados et régions voisines (nᵒˢ 4001—4061). (Avec 16 XVI planches et deux cartes)

Addenda

IGLS 4016 bis: cf. BE 1970, 622.

IGLS 4041: J. T. MILIK, Dédicaces . . . , p. 6.

Sur Arados, v. maintenant: J.-P. REY-COQUAIS, Arados et sa pérée aux époques grecque, romaine et byzantine (Inst. fr. arch. Beyrouth, bibl. arch. et hist., t. XCVII, Paris 1974).

VIII. *Antiliban*

(Abila de Lysanias):

R. Mouterde, Antiq. Hermon . . . , pp. 77—89: dédicace à Kronos
sur un linteau et quelques épitaphes. [BE 1953, 214 fin]

Id., Reliefs . . . , pp. 234—238: quelques épitaphes et inscription
avec l'annonce de deux fêtes religieuses [BE 1959, 466]; dédicace
en latin d'un autel. [AE 1958, 171]

(Ain Tine): Inscr. Waddington, 2565 a, rééditée par R. Mouterde,
Cultes . . . , pp. 53—55, n. 1. [BE 1961, 785; SEG XVIII 601]

(Ḥelboun):

R. Mouterde, Dédicace d'un chapiteau, dans: Id., Cultes . . . ,
pp. 60—61, n. 4. [BE 1961, 785]

Id., Dédicace à Zeus Beellepharos, dans: Id., Cultes . . . , pp. 57—60,
n. 3: réédition de RA sér. 4,5 (1905), p. 46. [BE 1961, 785; SEG
XVIII, 603]

(Iabruda): H. Seyrig, dans: Syria 27 (1950), p. 238, n. 3: inscription grecque fragmentaire de 125/6.

(Ma'loula): R. Mouterde, Cultes . . . , pp. 55—57, n. 2: dédicace
au dieu Malacheda. [BE 1961, 785; SEG XVIII, 602]
Cf. J. T. Milik, Dédicaces . . . , p. 433. [BE 1973, 498]

IX. *Palmyre*

J. Starcky, Inventaire des inscriptions de Palmyre, fasc. X. L'agora
(Damas 1949): réédition de toutes les inscriptions grecques et
palmyréniennes de l'agora, avec quelques nouvelles inscriptions
grecques. [BE 1951, 229]

M. Rodinson, Une inscription trilingue de Palmyre, dans: Syria 27
(1950), pp. 137—142: texte trilingue (grec, latin et palmyrénien)
de 52. [BE 1951, 230]

H. Seyrig, dans: Syria 27 (1950), p. 239, n. 5: inscription grecque
fragmentaire, datation par Flavius Platanius Serenianus, duc
d'Orient, et pp. 242—243, n. 6: dédicace d'une statue de Némésis. [BE 1952, 162]

Recueil des tessères de Palmyre, par H. Ingholt, H. Seyrig, J.
Starcky, suivi de remarques linguistiques par A. Caquot
(Inst. fr. arch. Beyrouth, bibl. arch. et hist., t. LVIII, Paris
1955). [BE 1956, 328]

H. Seyrig, Bas-relief palmyrénien dédié au Soleil (= Ant. syr. 72),
dans: Syria 36 (1959), pp. 58—60: dédicace de 30—31. [BE
1960, 403]

K. Michalowski, Palmyre. Fouilles polonaises 1959 (Varsovie —
    La Haye 1960): deux inscriptions grecques fragmentaires (p.
    207, n. 1 et p. 208, n. 2). [BE 1964, 496] Sur n. 2: J. T. Milik,
    Dédicaces . . . , pp. 315—316. [BE 1973, 487]

D. Schlumberger, Palmyre et la Mésène, dans: Syria 38 (1961),
    pp. 256—260: réédition d'une inscription grecque, publiée dans:
    Berytus 2 (1935), pp. 143—148 (M. Rostovtzeff).

H. Seyrig, Les fils du roi Odainat, dans: AAS 13 (1963), pp. 159—
    172: deux dédicaces de Septimius Hairân, fils d'Odainat (257/8
    et 260). Cf. BE 1964, 495.

S. Borkowski, A New Christian Stele from Palmyra, dans: Mélanges
    K. Michalowski (Warszawa 1966), pp. 311—312: épitaphe de
    535. [BE 1968, 553]

M. Gawlikowski, Studia Palmyrenskie III (Warszawa 1969), pp.
    71—73: deux inscriptions latines, trouvées dans les murs du
    'temple des enseignes', l'une érigée par la *coh. I Flavia Chalci-
    denorum equitata sagittariorum* (entre 10 décembre 206 et
    9 décembre 207), l'autre dédiée à Elagabale ou à Alexandre
    Sévère. [AE 1969—1970, 610 et 611]

Id., Nouvelles inscriptions du Camp de Dioclétien, dans: Syria 47
    (1970), pp. 313—325: p. 319, n. 4: dédicace bilingue (latin—
    grec) à Iupiter Optimus Maximus. [BE 1971, 685]

Id., Palmyrena, dans: Berytus 19 (1970), pp. 65—86: trois inscrip-
    tions bilingues [analysées BE 1971, 686].

Id., Monuments funéraires de Palmyre (Varsovie 1970): pp. 184—
    219, les inscriptions concernant la fondation de tombeaux ou
    la concession des parties des tombeaux. [BE 1971, 684]

D. Schlumberger, Les quatre tribus de Palmyre, dans: Syria 48
    (1971), pp. 121—133.

Chr. Dunant, Le sanctuaire de Baalshamin à Palmyre, III, Les
    inscriptions (Neuchâtel 1971): une centaine d'inscriptions, dont
    quelques grecques ou bilingues. [BE 1972, 569a]
    Pour le n° 48: J. T. Milik, Dédicaces . . .: pp. 309—316.
    Cf. également M. Gawlikowski, dans: Berytus 22 (1973), pp. 143—
    146 [BE 1974, 635], et J. Starcky, Le sanctuaire de Baalshamin
    d'après les inscriptions, dans: RA 1974, pp. 83—90. [BE 1974,
    636]

M. Gawlikowski, Le temple palmyrénien. Etude d'épigraphie et
    de topographie historique (= Palmyre VI, Varsovie 1973).
    [BE 1974, 634]

Id., Recueil d'inscriptions palmyréniennes provenant de fouilles
    syriennes et polonaises récentes à Palmyre (Paris 1974): avec

réédition de quelques inscriptions bilingues, éditées par A. BOUNNI, Inscriptions palmyréniennes inédites, dans: AAS 11/12 (1961/62), pp. 145sqq. et de toutes les inscriptions bilingues (palmyrénien—grec) provenant du Camp de Dioclétien. [BE 1974, 637]

J. T. MILIK, Dédicaces . . ., p. 54: linteau avec dédicace d'un édifice sacré à une nouvelle triade divine: Bôl, Isis et Aphrodite (149 p. C.). [BE 1973, 487, avec mention des inscriptions grecques, auxquelles MILIK apporte des changements]

M. GAWLIKOWSKI, Trois inscriptions funéraires du Camp de Dioclétien, dans: Studia Palmyrenskie VI—VII (Warszawa 1975), pp. 127—133: deux inscriptions bilingues sur des linteaux avec texte grec très mutilé. [BE 1976, 726]

ID., Allat et Baalshamin, dans: Mélanges d'histoire ancienne et d'archéologie offerts à Paul Collart (Lausanne et Paris 1976), pp. 197—203: inscription grecque honorifique sur une colonne; la déesse Athéna (Allat) honore Malichos, fils de Nassoumos et son fils. [BE 1976, 727]

X. Palmyrène

D. SCHLUMBERGER, La Palmyrène du Nord-Ouest. Villages et lieux de culte de l'époque impériale. Recherches archéologiques sur la mise en valeur d'une région du désert par les Palmyréniens, suivi du: Recueil des inscriptions sémitiques, par H. INGHOLT et J. STARCKY avec une contribution de G. RYCKMANS (Bibl. Inst. fr. Beyrouth, t. XLIX, Paris, 1951); pp. 87—88, deux cippes inscrits, mentionnant des *dromedarii* et dédicace fragmentaire de 156. [BE 1953, 209; AE 1952, 239 et 240]

(Qorsi) (N.-E. de Sabbura): W. VAN RENGEN, Nouvelles inscriptions grecques et latines, dans: Colloque Apamée 1972, pp. 108—110, n. 9: inscription latine de 76, probablement en rapport avec la construction d'une route, aux noms de Vespasian, Titus et Domitien et mentionnant M. Ulpius Traianus, légat propréteur de la Syrie. La fin du texte est martelé.

(Resafe — Sergiopolis): H. SEYRIG, ap. G. TCHALENKO, Villages. III, pp. 33—34, nn. 36—38: trois inscriptions grecques. [SEG XX, 374]

XI. Moyen Euphrate

(Doura-Europos):

The Excavations at Dura-Europos. Preliminary Report of the Ninth Season of Work 1935—1936.

Part III. The Palace of the Dux Rupae and the Dolicheneum
(New Haven 1952)
— inscriptions (grecques et latines) du palais par C. B. WELLES,
pp. 27—57 (analysées BE 1953, 205 et AE 1954, 260—263)
— inscriptions (grecques et latines) du Dolicheneum, par J. F.
GILLIAM, pp. 107—124 (analysées BE 1953, 206; SEG XVII,
770—771; AE 1954, 264—269).
Sur le no 978, pp. 120—121: J. T. MILIK, Dédicaces . . .,
p. 45.

J. GAGÉ, L'horoscope de Doura et le culte d'Alexandre sous les
Sévères, dans: Bull. Fac. Lettres Strasbourg 33 (1954), pp.
151—168: sur SEG VII, 364. Cf. BE 1955, 236.

C. B. WELLES (e. a.), Inscriptions from Dura-Europos, dans: Yale
Classical Studies 14 (1955), pp. 127—213: petit corpus des
inscriptions qui n'ont pas été publiées dans des rapports préliminaires; textes grecs [BE 1958, 505] et quelques textes latins
fragmentaires [AE 1956, 220—221].
no 2, pp. 120—131: cf. J. T. MILIK, Dédicaces . . ., pp. 135—
136.
no 3, pp. 131—137 (biligue hatréen-grec, ed. H. INGHOLT): ID.,
ibid., p. 333.

The Excavations at Dura-Europos. Final Report VIII.
Part I. The Synagogue, par C. H. KRAELING (New Haven
1956): édition définitive des inscriptions grecques par C. B.
WELLES, pp. 277—282, nn. 23—41.
ajoutez: F. ALTHEIM et R. STIEHL, Inscriptions of the Synagogue
of Dura-Europos, dans: East and West 9 (1958), pp. 7—8:
étude phonétique de quelques noms grecs. [BE 1959, 496]

DU MESNIL DU BUISSON, Inscriptions sur jarres de Doura-Europos,
dans: MUSJ 36 (1959), pp. 1—49. [SEG XX, 400—406]

The Excavations at Dura-Europos. Final Report VIII.
Part II. The Christian Building, par C. H. KRAELING; pp. 89—
97: les graffiti et les dipinti par C. B. WELLES.

J. T. MILIK, Inscription araméenne en caractères grecs de Doura-
Europos et une dédicace grecque de Cordoue, dans: Syria 44
(1967), pp. 289—306: à propos de SEG VII, 445 (pp. 289—300).

J. LEROY, Signatures vraies ou supposées de peintres à Doura-
Europos, dans: Cahiers archéologiques 21 (1971), pp. 25—30.
[BE 1973, 486]

J. T. MILIK, Dédicaces . . ., pp. 334—336: sur le graffite bilingue
(hatréen—grec) SEG VII, 772 (partie grecque).

(Giddan — Eddana): H. SEYRIG, dans: Syria 31 (1954), pp. 212—
    214: inscription grecque de 227. [BE 1956, 326]

(Zenobia): J. LAUFFRAY, El-Khanouqa. Préliminaires géographiques
    à la publication des fouilles faites à Zénobia par le Service des
    Antiquités de Syrie, dans: AAS 1 (1951), p. 55: graffite grec
    tardif (malédiction), mais cf. BE 1953, 208.

XII.   Phénicie — Liban

(Maqam er-Rabb):

H. SEYRIG, dans: Syria 27 (1950), p. 245: deux bases inscrites du
    temple. [BE 1952, 164; SEG XIX, 883, 884b]
ID., Némésis et le temple de Maqam Er-Rabb, dans: MUSJ 37
    (1960—61), pp. 261—270: trois nouvelles inscriptions du temple
    [BE 1963, 278; SEG XIX, 881—882, 884a] et une épitaphe
    grecque de 175 [SEG XIX, 885].

(Wadi Abou Moussa): J.-P. REY-COQUAIS, Une inscription du Liban
    Nord, dans: MUSJ 47 (1972), pp. 87—105: inscription grecque
    de 184 avec dédicace de constructions dans un sanctuaire. [BE
    1974, 632; AE 1973, 547]

(Tripoli): P. J. RIIS, Un autel votif de Tripoli, dans: MUSJ 46
    (1970—71), pp. 225—231: autel du 3e siècle, dédié à Asklépios.

(Wadi Brissa et Tarchich): R. MOUTERDE, Reliefs . . ., VIII. Les
    'inscriptions d'Hadrien' à Tarchich et au Wadi Brissa, pp. 230—
    234: inscriptions forestières (en latin) du type bien connu au
    Liban. [AE 1958, 170]

(Ain Tent): R. MOUTERDE, Reliefs . . ., pp. 226—228: Libéralités
    d'un affranchi à Ain Tent; cf. les remarques BE 1959, 465.

(Byblos):

M. DUNAND, Fouilles de Byblos III, 1933—1938 (Paris 1954):
    quelques courtes inscriptions grecques et plusieurs timbres
    d'amphores rhodiennes (analysés BE 1958, 507).
H. SEYRIG, Le grand-prêtre de Dionysos à Byblos (= Ant. syr. 55),
    dans: Syria 31 (1954), pp. 68—73: à propos de quelques poids de
    Byblos et un poids inédit. [BE 1955, 12; SEG XVI, 801—802]
Sur l'inscription RA sér. 3, 28 (1896), p. 300: L. ROBERT, Documents
    de l'Asie Mineure (Genève–Paris 1966), pp. 25—27: inscription
    interprétée comme une dédicace à Dikaiosynè. [BE 1967, 636]
SEG VII, 190: cf. H. SEYRIG, dans: Syria 36 (1959), pp. 38—39.

(Belat): IGR III, 1063—1064: cf. H. SEYRIG, Le grand-prêtre . . .
    (supra); inscriptions à dater de l'époque des Antonins.

(Qalaat Fakra): P. COLLART, La tour de Qalaat Fakra, dans: Syria
    50 (1973), pp. 137—161, avec reproduction de CIG 4525 et 4526
    (pp. 153—155), mais cf. la note additionnelle, p. 161. [BE 1974,
    633]

(Deir el-Qal'a): J. T. MILIK, Dédicaces . . ., pp. 411—413: sur CIL III,
    159 (= 6669); pp. 412: sur la bilingue (grec—latin) IGR III,
    1079; pp. 417—418: sur CIL III, 14392.

(Berytus):

H. SEYRIG, dans: Syria 27 (1950), p. 248, n. 9: épitaphe grecque
    métrique de L. Iulius Paratus. [BE 1952, 168]
ID., ibid., p. 249, n. 10: épitaphe latine de Terentia Successa.
R. MOUTERDE, La statio ad Dianam du portorium de Syrie près le
    golfe d'Aqaba, dans: CRAI 1954, pp. 482—487: autel avec deux
    inscriptions, une bilingue (grec—latin) et une latine. [BE 1956,
    332; SEG XIV, 824; AE 1955, 85]
ID., Iupiter Heliopolitanus rex et regulus, dans: CRAI 1956, pp.
    45—48: dédicace latine à Iupiter héliopolitain, Vénus et Mercure.
    [AE 1957, 118]
ID., Reliefs . . ., III. Dédicace de Béryte, mentionnant C. Iulius
    Tiberinus, p. p., et autres dédicaces, pp. 214—216: dédicace
    monumentale, inscription fragmentaire en l'honneur de Claude
    et autel dédié au Iupiter héliopolitain [AE 1958, 162—164].
    Pp. 218—226: inscriptions latines d'affranchis. [AE 1958,
    166—169]
ID., Reliefs . . ., II. Autel de Beyrouth, orné d'un relief de dieu so-
    laire, pp. 213—214: dédicace à Hélios ou à Kronos. [AE 1958,
    161; cf. les remarques BE 1959, 464]
L. ROBERT, Noms de métiers dans des documents byzantins 5. Epi-
    taphe de Bérytus et papyrus byzantin, dans: Charisterion An.
    Orlandos I (Athènes 1965), pp. 339—343 (= Op. min. sel. II,
    pp. 930—934).
SEG VII, 213: A. MARICQ, Tablette de défixion de Beyrouth, dans:
    Byzantion 22 (1952), pp. 368—370. [BE 1954, 21; SEG XV, 847]

(Awzai, faubourg de Beyrouth): R. MOUTERDE, ap. M. CHÉHAB,
    Mosaïques . . ., p. 127: inscription sur mosaïque dans une villa.
    [BE 1961, 783]

(Beit Méry): ID., ibid., p. 167: dédicace sur mosaïque dans la nef
    de l'église. [BE 1961, 783]

(Zahle): H. SEYRIG, dans: Syria 31 (1954), pp. 217—218, n. 3: tablette
    de bronze avec dédicace à Zeus Thamanitanos. [BE 1956, 330]

(Bdédoun): R. MOUTERDE, Reliefs . . ., pp. 217—218: inscription la-
    tine, mentionnant des servitudes concernant un chemin. [AE
    1958, 165]

(Ain es-Samaké):

R. MOUTERDE, ap. M. CHÉHAB, Mosaïques . . ., pp. 176—177: inscriptions sur mosaïque; sur la datation:

H. SEYRIG, La date des mosaïques de Ain es-Samaké (= Ant. syr. 79), dans: Syria 39 (1962), pp. 42—44.

(Sidon):

H. SEYRIG, dans: Syria 27 (1950), p. 250, n. 12: épitaphe tardive d'un grand-prêtre de Zeus; n. 13: dédicace (1ère moitié du 3e siècle) à Zeus. [BE 1952, 169]

E. WILL, La date du Mithréum de Sidon, dans: Syria 27 (1950), pp. 261—269: la date des sculptures offertes par Flavius Gerontius est à calculer d'après l'ère de la ville: 389 p. C. [BE 1952, 170; SEG XX, 387]

L. ROBERT, Cippe funéraire à Larnaca, dans: Berytus 16 (1966), pp. 28—33: remarques sur les cippes funéraires de Sidon.

J.-P. REY-COQUAIS, Nouvelle inscription latine de Sidon: la carrière d'un procurateur de Judée, dans: MUSJ 46 (1970—71), pp. 243—254: inscription honorifique (vers 122) de L. Sempronius Senecio, érigée par son fils L. Sempronius Tiro.

WADDINGTON 1866c: cf. L. ROBERT, dans: Arch. Ephem. 1966, pp. 115—116.

R. MERKELBACH, Epigramm aus Sidon, dans: ZPE 7 (1971), p. 274: restitution des vers 3—4 de l'épigramme agonistique KAIBEL, Epigrammata Graeca ex lapidibus collecta, 932 (L. MORETTI, Iscrizioni Agonistiche Greche [Rome 1953], 41). [BE 1971, 688]

(Zahrani): R. MOUTERDE, ap. M. CHÉHAB, Mosaïques . . ., pp. 100—106: inscriptions sur mosaïque dans une basilique chrétienne et quelques inscriptions fragmentaires sur pierre. [analysées BE 1961, 783]

(Sarepta): J. B. PRITCHARD, The Roman Port at Sarafand, dans: BMB 24 (1971), pp. 54—56: dédicace de parties d'une construction au dieu de Sarepta.

(Tyr):

H. SEYRIG, Tessère relative à l'asylie de Tyr (= Ant. syr. 51), dans: Syria 28 (1951), pp. 225—228: tessère de bronze avec inscription grecque en caractères phéniciennes. [BE 1953, 213]

ID., Un poids tardif de Tyr (= Ant. syr. 74), dans: Syria 36 (1959), pp. 78—81: poids de 597/598. [BE 1960, 28]

M. CHÉHAB, Tyr à l'époque romaine. Aspects de la cité à la lumière des textes et des fouilles, dans: Mélanges offerts au Père René Mouterde pour son 80e anniversaire (= MUSJ 38, 1962), pp. 11—40: nouvelles inscriptions avec commentaire de R. MOUTERDE, pp. 16—21

— dédicace à Héraklès/Melqart
— inscription honorifique pour un prêtre d'Agathè Tychè, grand-prêtre d'Héraklès et de la déesse Leukothéa
— la Septimia Colonia Tyros, métropole, honore Septimius Odainath

et une dédicace fragmentaire. [BE 1964, 499]

H. SEYRIG, Les grands dieux de Tyr à l'époque grecque et romaine (= Ant. syr. 83), dans: Syria 40 (1963), pp. 19—28: commentaires d'inscriptions et p. 21 épitaphe chrétienne inédite. [BE 1964, 500]

Sur la déesse Astronoé, mentionnée dans une inscription, qui est commentée pp. 20sqq., cf. J. G. FÉVRIER, Astronoé, dans: Journal asiatique 256 (1968), pp. 1—9. [BE 1969, 588]

M. DUNAND, Tombe peinte dans la campagne de Tyr, dans: BMB 18 (1965), pp. 3—51; pp. 49—51, inscriptions funéraires peintes ou incisées, éditées par J.-P. REY-COQUAIS. [BE 1967, 638]

J. HAJJAR, Un hypogée romain à Deb'aal dans la région de Tyr, dans: BMB 18 (1965), pp. 61—104. Pp. 71—72 sarcophage inscrit de 136. [BE 1967, 639]

M. AVI-YONAH, An Addendum to the Episcopal List of Tyre, dans: Israel Exploration Journal 16 (1966), pp. 209—210: inscription sur mosaïque (477 p. C.), mentionnant un archevêque Longinus. [BE 1970, 626]

M. CHÉHAB, Sarcophages à reliefs de Tyr (= BMB 21, 1968): les inscriptions, postérieures aux sarcophages, analysées BE 1970, 625.

OGIS 707 (= IGR III, 1103): L. ROBERT, Pierre errante à Tyr, dans: Berytus 16 (1966), pp. 35—36. [BE 1968, 66]

La ville d'Antioche à l'époque romaine
d'après l'archéologie*

par JEAN LASSUS, Aix-en-Provence

Table des matières

---

* Cf. W. LIEBESCHÜTZ, Antioch and its Territory from the Reign of Diocletian to the Arab Conquest. Work and Problems, ANRW III, 'Politische Geschichte: Provinzen und Randvölker', éd. par H. TEMPORINI (en préparation).

I. Le problème technique

1. Le site d'Antioche (plan A)

Antioche, en 1932, était une petite ville de la Syrie du Nord, au bord de l'Oronte, à 17 km de la mer. Le fleuve coule à l'Est d'une vaste plaine, qui s'étend jusqu'à l'Amanus et dont une partie est occupée par un grand lac. Venu du Sud, dans la dépression qui sépare la montagne Alaouite d'un massif calcaire, il tourne brusquement vers l'Ouest, et borde alors la montagne par le Nord. Il s'en écarte un moment et découpe, au pied de celle-ci, qui s'appelle alors le mont Silpius, une plaine secondaire bien définie, très allongée, qui mesure en gros 3 km 500 sur moins d'un kilomètre au centre. C'est à l'extrémité Sud-Ouest de cette plaine que s'entassent les toits rouges de la cité, si serrée qu'on n'imaginerait pas qu'elle compte 35 000 habitants. Un pont antique franchit le fleuve.

La route qui vient d'Alep traverse la plaine par son grand axe, toute droite — puis, la ville, et, au delà de la porte Sud, s'engage sur les pentes, vers Daphné, et gravit la montagne Alaouite; c'est la route de Lattaquié. De l'autre côté du pont deux routes se séparent — l'une qui va immédiatement vers la mer, parallèlement au fleuve pour gagner Séleucie, l'autre qui file vers le fond de la plaine, gravit la montagne à la passe de Beylan, et redescend vers le port d'Alexandrette. La ville elle-même est formée d'un tissu serré de ruelles, étroites et capricieuses en apparence. Pour les voitures, avant l'entrée en ville, la circulation a été détournée vers le fleuve. Une voie axiale continue pourtant la route, traversant la ville, toute droite, avec des déformations locales qui coupent la vue. Les premiers voyageurs n'ont pas toujours pu en restituer le tracé.

Antioche est une petite métropole paysanne, avec un important artisanat — forges, corroyeurs, huileries, savonneries, échoppes de tailleurs et de brodeurs, pour les tuniques rouges des paysans alouites, de cordonniers qui font des bottes rouges souples, aux semelles taillées dans de vieux pneus. Ajoutons des rues pleines de victuailles entassées, les fruits, les raisins, les légumes de Daphné, les poissons du lac, les poulets et les moutons. La population est disparate et colorée — turcs, arabes sunnites de la ville et alaouites de la campagne, arméniens — chrétiens, aussi, orthodoxes et même catholiques. Deux mosquées, deux cathédrales, l'église des capucins. Deux sanctuaires de Saints: la grotte de Saint-Pierre, la tombe d'Habib en Najjar.

La ville a débordé au delà du fleuve. On y trouvait le cimetière, la Mairie et le Lycée, la 'résidence' aussi du 'représentant du Mandat'. Les fouilles vont conduire à la création d'un musée, œuvre de MICHEL ECOCHARD, peut-être le plus beau musée de mosaïques du monde.

Le pont est romain. Un fragment d'aqueduc aussi. On reconnaît les piles d'un hippodrome, et surtout les restes de la muraille, bien conservée encore il y a cent ans, qui entoure, par la rive du fleuve et la crête des montagnes, toute cette plaine fermée. C'est l'ensemble de cette plaine qui constitue le site de l'Antioche antique (fig. 1, pl. I). Aujourd'hui, au Nord de la ville, on parcourt une vaste oliveraie, qui s'étend jusqu'aux premières pentes de la montagne, que coupe seulement la gorge où coule un torrent, l'antique Parmenios. La muraille franchit la gorge, se transformant en barrage pour arrêter les crues brutales du torrent: c'est l'œuvre des architectes de Justinien.

Un tel site convenait admirablement à une capitale. Protégée entre la montagne et le fleuve — qui formait une île, bien vite annexée — la ville avait toute possibilité pour s'étendre et s'enfermer: il lui faudra deux siècles pour occuper tout son espace — mais Séleucus semble avoir, dès le premier jour, prévu cet énorme accroissement. Nous le verrons, on pourrait croire qu'il l'avait planifié. A ses deux extrémités, la plaine se ferme — le fleuve se rapprochant de la montagne, presque symétriquement. Et, de l'autre côté du fleuve, la plaine est là pour nourrir la ville, sans parler des vergers de Daphné.

En 1932, sauf quelques pans de murs, rien n'apparaissait du passé. Et l'idée même de dégager un tel espace était d'avance exclue. Encore n'avait-on pas prévu les vraies difficultés. Mais nul ne saurait, je crois, reprocher aux fouilleurs de Princeton la limite des résultats atteints.

2. Le plan et la coupe

On étudie un monument à partir de son plan et de sa coupe. Nous sommes en mesure désormais de décrire le schéma de l'Antioche antique, en plan et en coupe.

Pour le plan, il y avait une première méthode — l'interprétation des textes. La bibliographie antique d'Antioche est considérable. On dispose même de deux exposés systématiques: l''Antiochikos' de Libanius, le rhéteur célèbre du IVe siècle, qui consacra un long panégyrique à sa ville natale, et la 'Chronique' de Malalas, au VIe siècle, qui en raconte l'histoire pas à pas. Certes Libanius, témoin de ce qu'il voit, offre, malgré la partialité du païen et du conservateur, des renseignements sûrs; Malalas, lui, qui rédige de seconde ou de troisième main, juxtapose, combine, interprète à sa façon

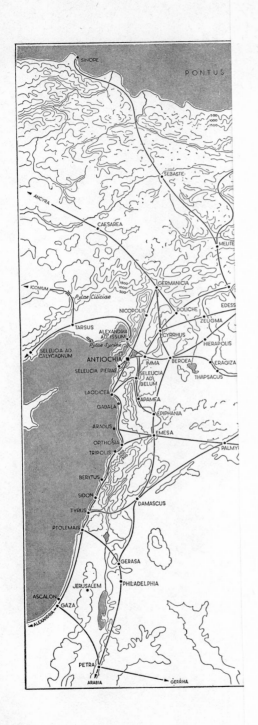

PONTUS

SINOPE

SEBASTE

ANCYRA

CAESAREA

MELITE

ICONIUM

GERMANICIA

EDESS

Pylae Ciliciae

NICOPOLIS

DOLICHE

ZEUGMA

TARSUS

ALEXANDRIA
AD ISSUM

CYRRHUS

HIERAPOLIS

Pylae Syriae

SELEUCIA AD
CALYCADNUM

ANTIOCHIA

IMMA

BEROEA

ERAGIZA

SELEUCIA PIERIAE

SELEUCIA
AD
BELUM

THAPSACUS

LAODICEA

APAMEA

GABALA

EPIPHANIA

ARADUS

EMESA

ORTHOSIA

PALMYR

TRIPOLIS

BERYTUS

SIDON

TYRUS

DAMASCUS

PTOLEMAIS

GERASA

JERUSALEM

PHILADELPHIA

ASCALON

GAZA

ALEXANDRIA

PETRA

ARABIA

GERRHA

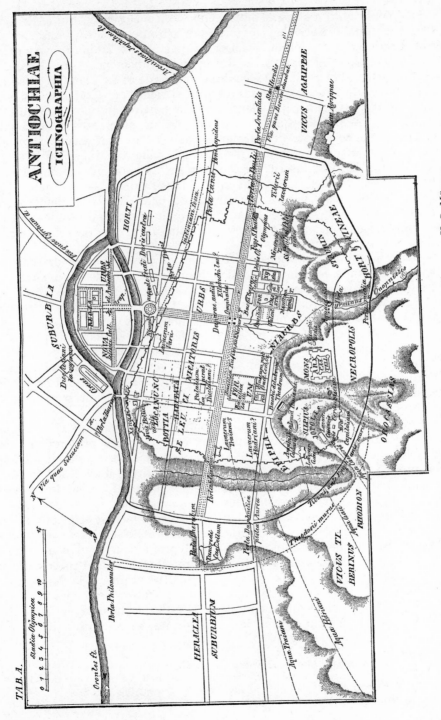

Plan B. Antioche. Plan restitué d'après les textes antiques par K. O. MÜLLER

les documents qu'il a su rassembler. GLANVILLE DOWNEY, qui a écrit une sérieuse histoire d'Antioche, en forme de chronique, a dû consacrer des séries d'articles à essayer de préciser jusqu'à son vocabulaire[1]. Ajoutons, pour l'essentiel, le 'Misopogôn' de l'Empereur Julien, un pamphlet contre une population qui l'avait mal reçu, les homélies de Saint Jean Chrysostome, et les œuvres de Procope. Ces textes sont si riches en détails précis qu'en 1839 OTFRIED MÜLLER a pu, dans son étonnant ouvrage — 'Antiquitates Antiochenae' — publier d'après leurs données un plan restitué de la ville, sans connaissance directe du site; et ce plan, hélas, doit servir encore dès qu'on cherche à suggérer la topographie de la ville romaine (plan B, p. 57).

Encore fallait-il l'inscrire sur le terrain: au moment même où commençaient les fouilles, deux savants s'y essayaient — un géographe, JACQUES WEULERSSE, par l'étude directe du plan de la ville moderne; un urbaniste islamisant, JEAN SAUVAGET, à partir des données cadastrales et des comparaisons: il faisait apparaître un quadrillage, se dessinant comme en filigrane sur le terrain[2].

Des études plus minutieuses ont permis de dépasser ces deux schémas. A travers le temps, le plan de la ville antique apparaît encore, dans la ville comme dans l'oliveraie (plan C, p. 59). Les rues sont restées marquées, et, de part et d'autre de la route droite moderne, les transversales se répartissent régulièrement[3]. Un seul angle, de quelques degrés, au passage du torrent Parmenios, marque — et marquait — une légère différence d'implantation entre le système primitif de Seleucus, au Sud et, au Nord, le système adopté par Antiochus IV pour le quartier qui porta son nom, Epiphania. Et le quadrillage ainsi dessiné est resté valable jusqu'à la destruction de la ville antique. Il a même été retrouvé lors de la réoccupation byzantine du Xe siècle et de la conquête franque.

Reste la coupe. Dès les premiers sondages, les fouilleurs constataient que, dans la ville, les niveaux antiques étaient à des profondeurs considérables. Le premier directeur, le Dr. CLARENCE FISHER, s'était méfié et avait préféré fouiller à l'emplacement de l'île disparue; il avait atteint dans de bonnes conditions, les niveaux du IIIe siècle et du IIe siècle de notre ère, dégagé des thermes, des maisons et des mosaïques. On avait dressé le plan de l'hippodrome moyennant des dégagements faciles, et reconnu l'emplacement d'un autre. Mais, le long de la rue droite, les sondages atteignaient le niveau de Justinien, en moyenne, à 6 m de profondeur, le niveau de la rue monumentale à 7 m, les niveaux hellénistiques entre 8 et 11 mètres (fig. 2, pl. I). C'est dire que, pour essayer de connaître vraiment la topographie d'Antioche, il eût été nécessaire d'entreprendre des chantiers qui étaient absolument hors de nos moyens. Il fallut, pour essayer de vérifier l'implantation et l'organisation de la rue droite, se contenter d'une série

[1] On en trouvera la liste dans G. DOWNEY, Antioche, p. 701.
[2] J. WEULERSSE, Antioche. Essai de géographie urbaine, Bull. d'Études Orientales 4 (1934), p. 27. J. SAUVAGET, Le plan antique de Laodicée-sur-mer, ibid., p. 81.
[3] Voir le plan de H. PARIS, dans: LASSUS, Portiques, p. 4.

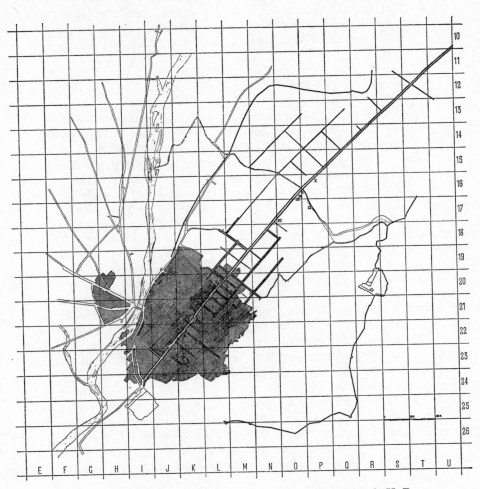

Plan C. Antioche. La ville antique sous la ville moderne. Plan de H. Paris

de neuf sondages ou, au mieux, de tranchées[4], répartis le long de la rue et
de la route moderne. Les tremblements de terre, qui scandaient l'histoire
de la ville dans les chroniques, avaient causé des destructions d'une
amplitude que les textes, certes, racontaient, mais que les modernes hési-
taient à admettre[5]. Il fallut des efforts répétés et opiniâtres pour arriver à
un résultat extrêmement limité — fixer l'histoire de cette rue, en coupe,
depuis la fondation de la ville jusqu'à nos jours (fig. 3, pl. II).

3. L'histoire de la grand rue

Bien entendu, les sondages successifs ont fourni des données différentes,
mais néanmoins suffisamment concordantes pour qu'il soit possible de
présenter le résumé qui va suivre. Nous avons travaillé d'abord dans la
ville moderne, sans disposer de la place nécessaire pour pouvoir descendre
sensiblement au dessous du dallage de Justinien. Deux grandes tranchées
ont été ensuite ouvertes, l'une à la sortie de la ville, dans la cour d'une
savonnerie, une autre à 1 km 500 plus au Nord, au delà du pont du torrent
Parmenios et du léger changement de direction de la voie. D'autres sondages, plus restreints, ont fini par atteindre, de proche en proche le point
exact de ce changement d'axe.

La rue et la route modernes sont implantées non pas, comme on eût pu
le croire, au-dessus de la chaussée romaine monumentale, mais au-dessus de
son portique Ouest. Le changement s'est produit au moment où le dallage,
établi par Justinien environ un mètre plus haut, après les séismes de
526 et de 528, et la destruction de la ville par le raid de Chosroës en 540,
a été à l'époque arabe envahi par des constructions. La circulation était
détournée sur les portiques latéraux. Elle tendait, au Xe siècle, à se fixer
au dessus de celui de l'Ouest, et elle y est encore.

Auparavant la chaussée de la rue hellénistique et de la route qui lui
faisait suite se trouvaient légèrement plus à l'Ouest que la chaussée romaine.
Elle était, sous Antiochus Epiphane, bordée de larges trottoirs qui ont été
agrandis sous Auguste — aménagés par Agrippa et Hérode, et pourvus
sous Tibère d'une colonnade, encore mal attestée (fig. 4, pl. II). Elle était
bordée, au moins dans le quartier d'Epiphania, d'un système régulier de
boutiques[6].

Le tremblement de terre de 115, celui auquel Trajan échappa en se
réfugiant dans l'hippodrome, détruisit l'ensemble de ce dispositif et imposa
l'ouverture d'un chantier énorme. Le dispositif antérieur fut totalement
abandonné — on expropria de part et d'autre de la chaussée ancienne les
terrains nécessaires, et on ouvrit une voie dont les cotes moyennes étaient

---

[4] J. LASSUS, Portiques. Tranchée de la savonnerie, 19 M, Main Street Dig. III, p. 19;
Tranchée au delà de Parmenios, 16 P, Main Street Dig. VI, p. 50.
[5] Tremblements de terre: Portiques, p. 7, n° 20.
[6] Système attesté en 16 P: Portiques, p. 72, plan XLI.

de 9 m pour la chaussée, 9 m pour chacun des portiques latéraux, plus la profondeur des boutiques monumentales, 6 m de part et d'autre — soit en tout environ 33 m. Ce schéma a été vérifié, avec des différences minimes, sur 1 km 500 de longueur; tout fait penser qu'il était maintenu dans toute la traversée de la ville[7] (plan D, p. 62). On ne saurait s'étonner que les travaux, même s'ils ont été entrepris aussitôt après le tremblement de terre, n'aient été achevés que sous Antonin, soit au moins vingt-deux ans plus tard, et que ce délai ait créé bien des confusions chez les chroniqueurs.

Un autre épisode de la vie d'Antioche devait une nouvelle fois en renouveler l'aspect. La ville a subi en quinze ans, au début du VIe siècle, trois catastrophes majeures. Elle a été détruite par un tremblement de terre de violence exceptionnelle, en 526; en 528, alors que, sous l'impulsion de Justinien, la reconstruction se développait, une nouvelle série de secousses abattit les édifices en chantier. Enfin, en 540, Chosroës prenant la ville d'assaut la livra aux flammes, la détruisit systématiquement — sauf l'enceinte — et déporta une grande partie de la population.

Les fouilles ne permettent guère de distinguer ces destructions successives. On peut toutefois supposer que les colonnades ont été abattues, comme à Apamée, dès le premier tremblement de terre. Les colonnes devaient s'être couchées, toutes dans le même sens, à partir de leurs bases. Les façades des boutiques, si robustes, avaient souvent résisté; on les remploiera, en en remontant le niveau d'utilisation d'environ un mètre, et il faudra, pour relever les colonnes, modifier tout le dispositif. En effet, si la rue n'était guère encombrée que de ses propres débris, de caractère monumental, le reste de la ville était couvert d'une couche épaisse de matériaux, et aussi de terre et de rochers descendus de la montagne. Il n'était pas question de tout déblayer — et la nouvelle cote adoptée pour le nivellement du terrain, que Procope décrit sans bien le comprendre, s'imposait nécessairement à la voie axiale, qui devait rester au niveau des rues perpendiculaires. C'est ainsi qu'on utilisa le rebord des trottoirs et de la chaussée — qui recouvrait un égoût d'évacuation des eaux de pluie reçues par le portique — comme fond d'un caniveau nouveau (fig. 5, pl. III). Ainsi ce rebord robuste fut conservé, alors que le dallage de pierre posé par Antonin était arraché, et disparaissait comme avait disparu celui d'Hérode-Tibère, pour être remplacé par un puissant dallage de lave basaltique. Les colonnes semblent avoir été reposées, sur leurs bases rehaussées, après, du moins par endroits, la construction d'un stylobate[8].

Nous sommes mal renseignés sur les constructions de l'Antioche Justinienne (plan E, p. 62), célébrées par Procope: elles ont été détruites, au VIIe siècle semble-t-il, dans le processus de transformation de la ville antique en ville médiévale. Les chroniqueurs sont d'accord pour dire que l'occupation arabe fut pacifique; mais la ville avait été, entre 610 et 630 victime de plusieurs incursions perses qui peuvent très bien l'avoir dure-

---

[7] Schéma, en 19M: Portiques, p. 33, plan XIX.
[8] Schéma, Sondage de 16 O Sud: Portiques, p. 94, plan LII.

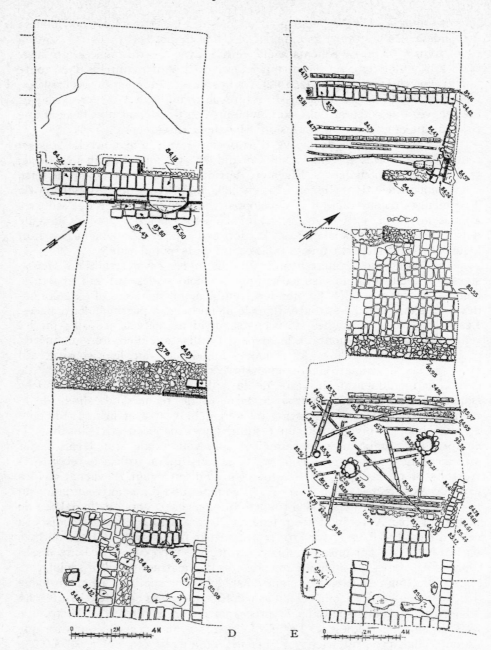

Plan D. Antioche, 19 M. La rue monumentale romaine, Fondations et caniveau de la colonnade Ouest, fondations de la colonnade Est, Portiques, Boutiques

Plan E. Antioche, 19 M. La rue de Justinien, dallage de basalte de la chaussée, canalisations sous les portiques; en bas, boutiques romaines remployées

ment mutilée. Bientôt, on construisit avec des matériaux de remploi sur le dallage de Justinien — et ce sont les portiques qui furent utilisés pour la circulation, tantôt l'un, tantôt l'autre, selon un processus décrit par SAUVAGET. L'ordonnance majestueuse de la grand rue avait disparu — même si son tracé restait à jamais marqué.

La ville se trouva restreinte à la région située au Sud du torrent Parmenios, c'est à dire qu'elle revint à ses proportions hellénistiques. Si dense et robuste qu'ait été la réoccupation byzantine des IX—Xe siècles, dans le cadre duquel s'installèrent ensuite les croisés, elle ne déborda pas ces limites. Notre tranchée, ouverte au Nord du Parmenios, et même un autre sondage au Sud du torrent, ont abouti à 4 m 50 de profondeur dans des cimetières du XIe siècle, autour d'une église à peu près contemporaine, qui avait elle-même un caractère funéraire[9]. Nous étions sortis de la ville. W. A. CAMPBELL, qui ouvrit une large fouille, cinq-cents mètres plus au Nord, à 50 m à l'Ouest de la route, ne rencontra que quelques gourbis avant d'atteindre des thermes monumentaux, qu'il crut être ceux de Tibère. Il y trouva en place, à 6 m 80 du sol moderne, et à plus de 2 m au dessus du niveau primitif du monument, une vaste mosaïque octogonale, intacte, datée par une inscription de 538, entre les deux catastrophes. Le fouilleur rencontra l'eau avant d'avoir pu atteindre le sol original: bien souvent, nous fûmes ainsi empêchés de dégager les couches profondes[10].

4. Destructions et reconstructions

Il résulte de ces constatations, d'abord, que la ville que décrivent les auteurs anciens n'est pas nécessairement la même. Procope n'a pas connu celle où vivait Libanius, qui ne vivait pas dans celle de Tibère. Evidemment chaque reconstruction remployait les restes de la ville précédente, ensevelie sous ses propres débris. Tantôt on se servait comme fondations des éléments en place des murs antérieurs, tantôt on se contentait de remployer les matériaux, quitte à fouiller dans l'amas des ruines pour les récupérer. Même les constructeurs modernes, plutôt que d'ouvrir des carrières, ont préféré exploiter en tunnel les monuments ensevelis. Il en est résulté dans nos sondages un mélange aberrant — où il n'était que très rarement possible de reconnaître et d'étudier un «sealed deposit». Des monnaies hellénistiques se rencontraient déjà autour du dallage du VIe siècle, et des tessons et des monnaies arabes avaient glissé jusqu'au dessous du niveau d'Hérode.

La seconde remarque confirme étrangement notre notation initiale. Ce qui survécut, impérieusement, jusqu'à l'époque moderne, c'est le schéma d'urbanisme. Avant toute fouille, WEULERSSE avait indiqué les dimensions

---

[9] Cimetière et église, 16P, p. 56, plan XXXIII; cimetière au Sud du Parmenios: 16 O Nord, p. 103, plan LVIII.
[10] Antioch III, 13 R, Bath F, p. 8.

des blocs urbains — 120 m sur 35. Malencontreusement, aucun indice ne
permet de repérer sur les photographies aériennes les places qui s'ouvraient
dans le parcours de cette rue — ornées ici d'un nymphée, là d'une
colonne en l'honneur de Tibère, ailleurs d'un omphalos. Nous avons rencontré les gradins qui entouraient une place ronde, à l'époque de Justinien[11].
Notre recherche de la place centrale, d'où partait une autre rue à colonnades,
en direction du fleuve et de l'île, nous a amenés sur un pont — deux
arches hellénistiques jumelées, de 6 m d'ouverture chacune, destinées à
permettre le passage des crues du Parmenios et à éviter l'inondation (plan F ;
fig. 6, pl. III). Elles avaient été utilisées jusqu'au tremblement de terre de

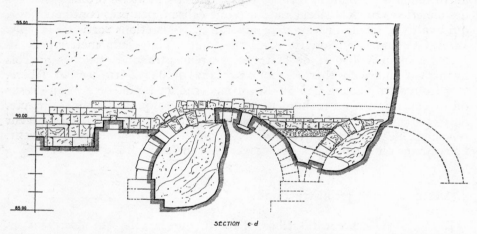

Plan F. Antioche, 16. O. Coupe des voûtes héllénistiques, sous la rue, pour le franchissement
des crues du torrent Parmenios (A. Athanassiou)

528. Leur sommet était au-dessus du niveau moyen primitif de la rue, et les
niveaux successifs pendant sept cent ans, avaient été savamment taillés en
biseau pour que les caniveaux des trottoirs successifs puissent continuer de
s'y déverser. Les tuyaux d'adduction d'eau, qui après 526 franchissaient
encore les voûtes, furent brisés quand elles s'effondrèrent deux ans plus
tard. Nous n'avons pas pu repérer une seule fois le débouché d'une rue
transversale.

   Troisième remarque. En dehors des grands tremblements de terre —
148 BC, 37 AD, 215, 341, 365, 369, 458, 525, 528, 531, 551, 577, 588 — il y en
eut d'autres, nombreux, qui furent moins destructeurs. Il y avait même de
moindres catastrophes, comme celle à laquelle il nous fut donné d'assister
le 4 mars 1938, où les pluies torrentielles déclenchèrent sur les pentes une
vague terrible qui rompit tous les barrages, combla les rues hautes, arracha
dans l'oliveraie les maisons isolées[12]. Dès lors, on ne saurait s'étonner de

[11] Antioch I, p. 98. Interprétation corrigée: Portiques, p. 13.
[12] Antioch III, p. 5; Portiques, p. 8.

l'incessant effort de construction que révèle Malalas, qui prête à César la construction d'un théâtre, agrandi ensuite par Agrippa, en 23 B.C., puis par Tibère, puis par Trajan, en fait sans doute, chaque fois réduit à l'état de ruine, et reconstruit. Il fallait recommencer sans cesse cette ville de Pénélope, qui y dépensait toutes ses ressources, et devait sans cesse faire appel à l'aide impériale. La réfection des aqueducs, et, plus modestement, des nombreuses canalisations en terre cuite qui — au Xe siècle encore — portaient l'eau jusqu'aux fontaines de chaque maison donne une idée de cette quasi permanente réouverture des chantiers. Ajoutons la durée des travaux, qui peuvent être inscrits dans les textes à la gloire de leur initiateur et ensuite au compte de celui qui en assura l'achèvement. Il y a là de multiples causes d'erreurs, qui doivent rendre circonspects ceux qui, après OTFRIED MÜLLER, veulent reconstruire la ville à partir des témoignages littéraires. Ajoutons la rareté et la pauvreté des inscriptions découvertes dans la fouille.

5. Daphné (plan G, p. 66)

Le nom d'Antioche est trop souvent allié dans les textes à celui de Daphné, qui la distingue d'autres Antioches, pour qu'on puisse négliger de dire un mot de ce faubourg[13]. Les sources de Daphné, magnifiques cascades, de tout temps vénérées et entourées de temples — celui d'Apollon d'abord et aussi ceux d'Artémis, d'Hécate, de Zeus, de Némésis, ont, grâce à deux aqueducs, fourni l'eau à la ville. Une partie des eaux en effet gagnait des réservoirs, Castalie et Pallas, d'où partaient des conduites le plus souvent souterraines, mais franchissant les vallées sur des arches. Elles irriguaient aussi des jardins où les riches habitants d'Antioche avaient ce qu'on appellerait aujourd'hui des résidences secondaires. Mais il est désormais certain que, au moins dès le IIIe siècle de notre ère, Daphné reçut une organisation urbaine, qui reste mal connue: nous avons constaté dans une longue tranchée, reliant des mosaïques précédemment dégagées, que les propriétés de ce quartier[14], de dimensions somme toute restreintes, se touchaient, desservies par des ruelles étroites et recevant l'eau de canalisations souterraines. Certaines maisons, qui n'avaient pas de jardin, se contentèrent d'en peindre un sur le mur de fond du nymphée sur lequel s'ouvrait l'*œcus*[15]. Le luxe de ces maisons, la splendeur de leurs mosaïques, accessibles au fouilleur, à un mètre ou un mètre cinquante de profondeur, malgré les résistances des propriétaires d'oliviers, nous permettent sans doute d'imaginer les maisons d'Antioche elle-même. La présence du célèbre temple d'Apollon,

---

[13] Il est évoqué d'une façon charmante dans la bordure topographique de la mosaïque de Megalopsychia, Antioch I, p. 129 sqq. (ici, fig. 10, pl. VI).

[14] Antioch III, p. 87.

[15] Voir le plan d'une maison de ce type, Antioch II, p. 183 (Daphné — Harbié, 23—24 MN).

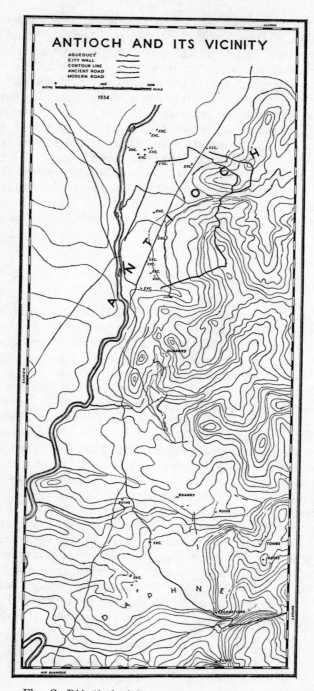

Plan G. D'Antioche à Daphné, relevé de D. WILBER

d'autres sanctuaires, d'un théâtre, du stade olympique, de lieux de plaisir de toutes sortes accroissait l'attirance de ce séjour enchanteur (fig. 7, pl. IV).

II. Esquisse d'une histoire monumentale

1. La vie des monuments

Il faut revenir aux textes pour donner quelque idée de la topographie monumentale d'Antioche. La muraille, qui enveloppait les pentes de la montagne dominant la ville, était encore trop vaste à l'époque de Libanius, puisqu'il existait intra muros des jardins, non seulement sur les premières pentes, aménagées en terrasses, où plusieurs maisons ont été retrouvées, ornées de jolies mosaïques, mais encore du côté du fleuve. La crête était couronnée par une citadelle, et aussi par un temple de Jupiter Capitolin.

L'expérience de Glanville Downey montre combien il est difficile de suivre l'évolution monumentale d'Antioche. Il n'est pas question, dans le cadre d'un bref exposé de reprendre cette étude — alors que les risques d'erreur se sont encore multipliés. Voici un exemple: le temple des Muses, proche de l'Agora d'Epiphania, fondé semble-t-il par Antiochus Philopator, brûlé sous Tibère, a été reconstruit par Marc-Aurèle puis sous Probus, embelli par l'impératrice Eudoxie en 438. Après avoir servi pour l'enseignement, il est devenu sous Constantin le prétoire du *comes Orientis*. Il a brûlé, le 9 juillet 507, lors d'une émeute dirigée par la faction des Verts qui commença par l'incendie d'une synagogue à Daphné et se développa par la destruction de l'ancien temple des Muses, des basiliques et des portiques qui l'entouraient. Encore cette série ne comporte-t-elle pas de tremblement de terre[16].

Je crois plus efficace d'essayer de grouper les monuments d'Antioche autour de trois périodes, celle qui suit l'installation des Romains, la seconde sous le règne de Dioclétien, la troisième sous celui de Théodose.

Antiochus IV avait doublé la surface de la ville; on ne sait s'il entoura les nouveaux quartiers, Epiphania, d'une enceinte[17]. Cela paraît probable. En tous cas, il la pourvut d'une nouvelle agora, d'un *bouleuterion*, d'un temple de Jupiter Capitolin: il confirma apparemment ainsi l'autonomie d'une ville grecque, avec son assemblée du peuple et son sénat. Tibère terminera ces monuments. Antiochus employait un architecte romain, Cossutius, au moins pour aménager les aqueducs qui couraient au flanc de la montagne; il fit sculpter dans le rocher le buste géant — le Charonion[18] — qui existe encore; une statue du roi domptant un taureau, et une statue de Zeus Nikephoros dans le temple du dieu à Antioche.

---

[16] Cf. Downey, Antioch — Antiochus Philopator, p. 622, Tibère, p. 631, Marc Aurèle, p. 229, Probus, p. 270, Constantin, p. 355 et 622, Eudoxie, p. 451, Anastase, p. 507.

[17] Antiochus IV, Downey, Antioch, p. 114.

[18] Charonion: Elderkin, Antioch I, p. 83. Cossutius: D. N. Wilber, Antioch II, p. 55.

Le temple d'Apollon à Daphné datait de Séleucus I — avec une statue de culte attribuée à Bryaxis. Le premier roi avait construit le premier aqueduc et un temple d'Artémis. Séleucus II avait intégré l'île de l'Oronte à la cité. Antiochus III l'avait entourée d'un mur et reliée à la ville par un pont. On parle d'une bibliothèque.

La fouille a montré qu'Antiochus IV avait organisé la grand rue et tracé l'ensemble du quadrillage urbain, à partir des bases définies par Seleucus.

2. L'installation romaine

L'arrivée des Romains, dès avant l'annexion, se marque par des constructions de prestige, qui ont aussi un caractère politique. Alors que Philippe II, un des derniers Séleucides est encore censé régner sur la Syrie, Q. Marcius Rex, proconsul de Cilicie, vient construire à Antioche, en 67 B.C., un hippodrome et un palais — sans doute dans l'île de l'Oronte[19].

Pompée, vainqueur de Mithridate, arrive triomphant dans Antioche en 64: le royaume s'est de lui-même dissous. La ville — ses monnaies l'attestent — se considère comme indépendante. Pompée répare le *bouleuterion*, et les dommages causés par un tremblement de terre. Il confirme ainsi l'indépendance de la ville; et César vainqueur, lui aussi, en 47, construit d'abord une basilique, la première de la ville, qui prend le nom de *Kaisareion*. On y trouve, devant une exèdre, sa statue et celle de la Tychè de Rome. Elle sera, sous Auguste, consacrée au culte du divin Julius. Il reconstruit le Panthéon, construit ou répare un théâtre et un amphithéâtre au pied de la montagne, un aqueduc, des thermes. Voici la ville pourvue du décor de la vie romaine — cadre politique, et religieux, monuments consacrés aux festivités populaires. Antoine, vainqueur de Brutus et Cassius à Philippes (42) arrivé à Antioche, est chassé par une invasion parthe qu'il ne repousse qu'en 39. C'est Auguste — avec Agrippa et Tibère — qui va parfaire la reconstruction de la ville.

Elle a atteint ses dimensions. La muraille est fermée au Nord comme au Sud. La grand rue forme un axe organisé, avec de larges trottoirs abrités par des portiques, où des colonnes portent, sans doute, des architectures de bois. En arrière, sont aménagées de part et d'autre, du moins dans Epiphania, des boutiques et des ateliers. La rue et la ville sont protégées des inondations. Deux aqueducs, venus de Daphné, passent au flanc de la montagne, où des ouvertures les aèrent[20]. En face de chaque rue transversale, une canalisation descend, qui va jusqu'au fleuve, en desservant les maisons, de part et d'autre, et, grâce à des répartiteurs, les rues perpendiculaires. De là partent des tuyauteries de poterie, lisses, soigneusement ajustées, qui fournissent l'eau aux fontaines publiques ou privées. L'agora d'Epiphania

---

[19] Q. Marcius Rex: DOWNEY, Antioch p. 73, 140, 648; CAMPBELL, Antioch I, p. 34.
[20] Aqueducs: WILBER, Antioch II, p. 49.

s'appelle désormais *forum*. Elle est entourée de monuments publics, dont le plus important reste le *Kaisareion*, la basilique de César. La chaussée est pavée. Sur la porte de Bérée, Tibère a fait placer une louve de bronze, avec Romulus et Rémus, pour affirmer la puissance romaine. Les carrefours sont marqués par des tétrapyles — au moins certains d'entre eux. Au cœur de la cité une place est ornée d'un nymphée monumental. Elle marque le départ de la grande transversale qui va vers le fleuve, vers le pont principal qui relie la ville à l'île, où se trouvent l'hippodrome et, sans doute, la demeure de l'empereur (le mot 'palais' n'est pas prononcé avant Dioclétien).

Les temples étaient nombreux à l'époque séleucide — Arès, près du Parmenios, Aphrodite près de l'amphithéâtre de César, Artémis, Athéna, Calliope, la nymphe tutélaire de la cité, Héraclès, Hermès, Io et Kronos sur les pentes du Silpius, où se trouvait l'ancien village d'Eupolis; la Tychè de la ville, Zeus Philios, Zeus Olympios. Agrippa et Tibère ont ajouté un temple de Jupiter Capitolin, un temple de Dionysos, un temple de Pan, derrière le théâtre[21].

Agrippa avait laissé son nom à deux bains, dégagé l'hippodrome encombré de débris; Tibère avait construit un bain qui resta fameux. Sur une place circulaire considérée comme centrale, on éleva en son honneur une colonne surmontée de sa statue. Un grand incendie en 23/24, l'obligea à des reconstructions dont certains des monuments qu'on lui prête font sans doute partie.

Il me paraît inutile, d'essayer, dans l'état actuel des connaissances, de distinguer avec précision les constructions qu'on peut attribuer à Auguste, Agrippa, Hérode et Tibère, ou d'essayer de les indiquer sur un plan. Il faut toujours, rappelons-le, tenir compte d'une part des démolitions et reconstructions, d'autre part de la durée nécessaire des travaux — qui permettent aux chroniqueurs, sources de Malalas, d'attribuer les monuments à leur fondateur ou à celui qui les inaugure, une fois terminés, et s'en attribue l'honneur.

3. Trajan

La ville est transformée. Celle que nous venons de décrire a été en grande partie détruite sous Trajan par le tremblement de terre de 115. Il a été possible de renoncer à tenir compte du plan d'aménagement de la rue droite, tel qu'il résultait des travaux de l'époque augustéenne, d'élargir la percée à travers toute la ville, et, un mètre au-dessus du niveau ancien d'en reconstruire une autre à cette nouvelle échelle[22]. Cette rue monumentale (fig. 8, pl. V), celle dont la description ressort des écrits de Libanius, de Ju-

---

[21] DOWNEY, Antioch, p. 176sqq. Malalas 230—234.
[22] La date de cette opération d'urbanisme a été fixée à partir des fouilles. LASSUS, Portiques, p. 144.

lien, de Malalas, comporte des portiques latéraux sur les 3 km 500 de sa longueur. Certaines colonnes au moins étaient en granit d'Egypte — et peut-être aussi le pavement qu'Antonin substitua à un dallage intermédiaire, un sol de roulement, construit pendant les travaux pour permettre les charrois, grossièrement mais solidement établi. Nous connaissons les boutiques qui la bordaient, et qui, robustes, ont bravé les siècles et les tremblements de terre. Nous n'avons par contre mis au jour ni une base, ni une colonne entière, ni un chapiteau. Les fûts retrouvés avaient de 58 à 65 cm de diamètre; les colonnes avaient donc 6 m 50 de hauteur. Elles étaient bien loin d'être aussi hautes que celles d'Apamée, ou même de Palmyre. Par contre, elles étaient beaucoup plus espacées, 3 m 50, dans un cas, 4 m 60 dans un autre, où il s'agit peut-être en vérité de la façade d'un monument de prestige aligné sur le portique. La rue est attribuée à Trajan et à Antonin. Là encore il ne faut pas choisir — commencée par l'un, elle a été finie par l'autre. Evidemment la ville entière avait été amplement reconstruite — même si le séisme n'en avait pas atteint également tous les quartiers, même si certains édifices, suffisamment robustes, avaient pu résister et être assez aisément remis en état. Le travail put se poursuivre pendant un siècle et demi. Il ne semble pas qu'il y ait eu de catastrophe majeure avant 344. Hadrien avait lui-même entrepris la tâche — réorganisant les sources de Daphné, où il construisit entre autres un château d'eau en forme de théâtre, que la mosaïque topographique appelle θεατρίδιον.

La reprise par Commode des Jeux Olympiques, supprimés par Marc-Aurèle, imposa d'importantes constructions; il en fut de même pour les autres fêtes que l'empereur institua — en particulier les courses de chevaux. Le plus important de ces monuments, alors que le stade olympique se trouvait à Daphné, était à Antioche le *xystos* — piste couverte, où le public était admis, et venait en foule assister à l'entraînement des athlètes.

Antioche joua une mauvaise carte pendant la crise impériale de 193/194, où quatre généraux, en quelques mois, se firent l'un après l'autre proclamer par leurs troupes. Chose curieuse, c'est un buste de Pertinax qui vient d'être reconnu dans une trouvaille de sculptures, survenue par hasard dans la caserne d'Antioche: son nom n'est pas par ailleurs lié à la ville[23]. Didius Julianus poursuivit les constructions liées aux Jeux Olympiques par la création d'un *plethrion* — une salle de lutte. Mais Pescennius Niger rassembla une armée en Syrie, et c'est sur Antioche qu'il se replia lorsque Septime-Sévère, venant de Rome, vint l'attaquer. La victoire de l'Africain aboutit à la disgrâce de la ville, qui fut privée de son titre de métropole, Laodicée prenant le titre de capitale de la Syrie; les Jeux Olympiques furent transférés à Issos, le lieu de la victoire de Septime-Sévère[24]. Cette disgrâce ne se prolongea pas. C'est à Antioche que l'empereur devint en 202 consul avec Caracalla, son fils, qui venait d'y recevoir la *toga virilis*. Et il y fit

[23] D. M. Brinkerhoff, A Collection of Sculpture in Classical and Early Christian Antioch, Monographs on Archaeology and the Fine Arts 22, New York 1960, p. 7.
[24] Downey, Antioch, p. 241. L. Verus avait déjà supprimé les Jeux Olympiques, après la révolte d'Avidius Cassius (175). Ils avaient été rétablis par Commode, p. 231.

construire de grands thermes, l'un au pied de la montagne, l'autre au bord
du fleuve. Mais c'est Caracalla qui ramena les Jeux Olympiques. Il célébra
lui-même les fêtes peu après l'assassinat de Geta. Il conféra à la ville le
titre de colonie, un honneur qui n'avait sans doute plus de signification
politique. Il en partit pour une campagne en Mésopotamie d'où il ne
devait pas revenir.

Chose curieuse, les fils de Septime-Sévère, syriens par leurs mères —
Julia Domna, Julia Mamaea — n'ont pas laissé à Antioche de constructions.
Julia Mamaea aurait eu à Antioche une entrevue avec Origène.

Sous Philippe l'Arabe, certains placent l'épisode contesté du martyre
de l'évêque Babylas. Les luttes avec la Perse aboutissent à deux reprises
à l'occupation de la ville par Sapor, d'abord en 256 un simple raid, sans
longue occupation — mais qui s'accompagne d'un incendie, et du départ
pour la Perse comme captifs, d'un grand nombre d'artisans.

Valérien eut à reconstruire la ville; on parle de l'établissement d'un
castrum sur une plateforme aménagée, que Dioclétien devait utiliser pour
y asseoir son palais. Sa défaite devant les Perses amène une nouvelle
occupation de la ville en 260, et une nouvelle déportation de spécialistes de
la construction: ils élevèrent en Perse une nouvelle Antioche, et un grand
barrage d'irrigation.

Lorsque, après une nouvelle période d'anarchie, Antioche tomba sous
la domination d'Odeinath, le chef palmyrénien, on voit pour la première
fois, un évêque d'Antioche, d'ailleurs tenu pour hérétique, Paul de Samosate, assumer comme vice-roi l'autorité dans la ville.

En 270, Aurélien put revenir en Orient, chasser d'Antioche Zénobie,
puis, après avoir pris Palmyre, la faire prisonnière sur l'Euphrate.

4. Dioclétien

C'est Probus (276—282) qui, après la mort d'Aurélien, releva la ville
désemparée, et restaura au moins certains de ses monuments publics —
le temple des Muses et son nymphée, par exemple. Dioclétien son successeur (284—305) continua la tâche, s'installa à plusieurs reprises à
Antioche, et après son triomphe sur les Perses, y construisit un palais
avant 298[25]. Libanius en a laissé une description peu précise: il se dressait
dans l'île, dont tout l'urbanisme se trouvait réorganisé. Il y avait une
place centrale, *omphalos* d'où partaient quatre rues à colonnades, trois
allant jusqu'à l'enceinte — et jusqu'aux ponts — la dernière, plus courte,
conduisant au palais, qui occupait un quart de l'espace. Il dominait le
fleuve par ses portiques. Mais nous ignorons son ampleur. On doit se
contenter d'évoquer le palais de Spalato; certaines allusions littéraires ou
iconographiques permettent à MÜLLER et à DOWNEY de fournir des
arguments dans ce sens.

---

[25] DOWNEY, Antioch, p. 318; Libanius, Or. II, 203—307.

Antioche, dans un empire divisé entre les tétrarques (fig. 9, pl. V), paraissait appelée à jouer un rôle majeur. L'empereur y aménagea des fabriques d'armement, des greniers pour stocker des vivres en vue de la guerre de Perse: il construisit aussi cinq établissements de bains. Jovius, il réorganisa les Jeux Olympiques et reconstruisit le temple d'Apollon à Daphné, il y creusa aussi un temple souterrain dédié à Hécate.

Voilà donc une ville impériale, luxueuse et païenne. Partout des temples, qui sont fréquentés, qui surtout sont le cadre de fêtes somptueuses. Et des monuments destinés aux joies d'une population que ne gênaient guère des scrupules moraux: des théâtres — ce sont les mimes, entretenus par une subvention municipale, par une taxe spéciale aussi, prélevée sur les commerçants qui occupent les baraques construites entre les colonnes des grands portiques[26]. L'amphithéâtre connaît, plutôt que les combats de gladiateurs (Constantin les supprimera en 325), les affrontements entre fauves et bestiaires — lourdes charges pour les membres du conseil qui en assumaient les frais: à lire les textes, on a l'impression que ces jeux représentent des dépenses telles qu'ils ne sont que rarement offerts à la foule — plus rarement qu'en Afrique où tant de villes seulement moyennes ont leurs amphithéâtres[27]. La générosité — la *megalopsychia* des donateurs est célébrée à Constantinople sur les diptyques consulaires, à Antioche et en Afrique, par ces mosaïques étonnantes qui font de nous les spectateurs de ces jeux atroces. On livre aux bêtes les condamnés — les grands seigneurs qui ont des difficultés avec le fisc, plus souvent que les chrétiens. Les équipes de belluaires viennent parfois de loin, et les animaux sont amenés à grands frais, parfois de Phénicie ou de Bithynie. Les courses de chars paraissent plus fréquentes. Il ne semble pas que les luttes entre les factions du cirque aient eu dès cette époque la même virulence qu'à Rome ou qu'à Byzance: les couleurs des équipes, qu'entretiennent des clans, ne semblent pas avoir joué un rôle politique: on ne voit guère à Antioche de manifestations au cirque, mettant en cause l'action ou la personne du gouverneur ou de l'empereur. C'est par contre au théâtre, où les mimes sont soutenus par une claque appointée, que les autorités, qu'on doit rituellement saluer d'acclamations, peuvent se trouver affrontées à des clameurs — voire à des émeutes[28].

5. Constantin

Lorsque, après la série de persécutions anti-chrétiennes qui marque le règne des tétrarques, Constantin prit le pouvoir on recommença à construire.

---

[26] Petit, Vie municipale, p. 137; Liebeschuetz, Antioch, p. 146.

[27] *Venationes* — Petit, ibid., p. 124. En Occident, à propos des mosaïques africaines: Lassus, La salle à sept absides de Djemila, Antiquités Africaines, 5, 1971, p. 202; S. Beschaouch, La mosaïque de chasse à l'amphithéâtre découverte à Smirat, CRAI 1966, p. 134. A Antioche, rôle du syriarque, Liebeschuetz, Antioch, p. 141.

[28] Liebeschuetz, Antioch, p. 147, 159. Théâtre: p. 144, 212.

Le changement de programme est brutal. Dès 327 l'empereur mit en chantier la grande église octogonale, dans l'île, près du palais. Le monument, très vaste, était couvert d'une coupole de bois doré. On l'appelait la *domus aurea*. L'autel était placé à l'ouest. L'église n'a pas été retrouvée; on a pu penser qu'elle était représentée sur la mosaïque de Yaqto[29].

On ignore tout de la 'Palea', l'église ancienne à laquelle on attribuait une origine apostolique: il semble que la communauté n'ait eu jusqu'à Constantin que ce lieu de réunion. La grande église fut consacrée par Constance en 341. D'autres églises, construites sans doute dès le quatrième siècle, nous ne rencontrerons plus tard que les noms. On éleva aussi sous Constantin une basilique civile, entreprise par le préfet du prétoire Rufus, qui abattit à cet effet le temple d'Hermès: la destruction des temples commençait. Le César Gallus, vers 350, fit construire près du temple d'Apollon, à Daphné, un martyrium où on déposa le corps de l'évêque martyr Babylas. Cette première translation d'une relique eut pour résultat de faire taire l'oracle[30]. Julien réagira. Mais le temple fut détruit par un incendie, en 362. On ne dit pas que Julien ait construit de nouveaux temples: il n'en eut guère le temps et il semble avoir eu fort à faire pour remettre en état ceux qui survivaient.

C'est Valens, après la mort de Jovien, qui, à la suite du tremblement de terre de 365, entreprit de grands travaux. Les destructions, au cœur de la ville, devaient avoir été considérables, puisqu'il put construire un *forum*, que la confrontation des sources littéraires permet presque de décrire complètement, au moins en ce qui a intéressé Malalas. Le *forum* est placé à l'Est de la grand rue, c'est-à-dire du côté de la montagne; on l'aborde par une rue transversale à colonnades, qui prolonge semble-t-il celle qui vers l'Ouest partait vers l'île. Nous sommes au Sud du torrent Parmenios. Et, pendant toute la durée de ses campagnes, l'expédition de Princeton l'a cherché, tantôt à partir des sondages de la rue, tantôt directement. Dans ce quartier se trouvaient déjà le temple d'Arès et le *Kaisareion*, la Porte centrale — une arche construite par Trajan — le *xystos* et le bain de Commode, le *plethrion*. Pour implanter la place, et la mettre à l'abri des crues, il fallut construire d'énormes fondations voûtées qui n'ont pas été retrouvées. La place elle-même fut entourée de portiques, derrière lesquels se trouvaient placés — plus ou moins corrigés — les monuments antérieurs. Downey a regroupé les indications que nous possédons sur ces monuments (Valens avait ajouté dans le voisinage un *macellum* et une basilique) et a proposé dans son texte une restitution. Sa présentation donne une brillante notion de la densité des édifices publics dans cette partie de la ville[31]. Dans d'autres quartiers, Valens transforma un stade en *kynegion*. Citons encore des thermes, près de l'hippodrome.

---

[29] Lassus, Antioch I, p. 144; Downey, Antioch, p. 663. Contra: Doro Levi, p. 353.
[30] Références sur les épisodes relatifs aux translations du corps de St. Babylas, Downey, Antioch II, p. 45.
[31] Downey, Antioch, p. 403, 633. Malalas, 338, 19—339, 19.

Il faut conclure de cet énorme effort que la prospérité d'Antioche au IVe siècle ne faisait que croître avec le chiffre de sa population. C'est sous Théodose, il convient de le souligner, que le nombre des églises s'accroît soudainement dans toute la Syrie du Nord — parallèlement avec les édits impériaux sur la destruction des temples. La crise intérieure de 387 interrompit certes les générosités impériales — et l'empereur n'intervint pas pour la construction du Martyrium de Babylas, dans le faubourg de Qausiyé, qui a été retrouvé. On ignore ce qu'il advint des temples dans l'immédiat. Ceux de la Syrie du Nord ont presque tous disparu[32].

Théodose II, pour des raisons stratégiques semble-t-il, reporta la muraille plus au Sud, déplaçant la porte de Daphné, et désaffectant des cimetières. L'enceinte, à l'Est, suivait plus strictement, dès le départ, l'arête de la montagne. D'autres constructions confiées à de hauts fonctionnaires envoyés de Constantinople paraissent avoir eu un caractère judiciaire.

6. Vers 460. Un guide illustré

Pour l'époque suivante, nous disposons d'un témoignage iconographique exceptionnel[33]. La mosaïque à bordure topographique de Yaqto (fig. 10, 11, pl. VI) nous révèle l'existence de thermes privés construits à Daphné par Ardabur, *magister militum per Orientem*, sous les règnes de Marcien (450 à 457) et de Léon I (457—474). Il est difficile de dire si la mosaïque ainsi datée, et l'illustration qu'elle nous donne d'Antioche, sont antérieures ou postérieures au tremblement de terre de 458. Ardabur était à Antioche en 459, au moment de la mort de saint Syméon le Stylite, dont il ramena le corps à Antioche pour assurer à la ville la protection que ne lui donnait plus la muraille abattue. L'empereur prit la charge de la reconstruction des édifices publics, fit remise des impôts à la population sinistrée et réduisit le tribut annuel qu'elle lui devait.

Les croquis de la mosaïque, à très petite échelle, essaient souvent de donner une image réelle du monument évoqué. La lecture en est difficile — et, sauf sur un côté, les noms des monuments, inscrits au dessus des croquis, ont disparu. Je voudrais essayer pourtant, en groupant hardiment les images, de reconstituer certains des aspects de la ville. Comme dans ma première description je prends la bordure à l'envers, pour aller du connu à l'inconnu, à partir du coin en haut à droite et en allant vers la gauche.

---

[32] On trouvera une liste des temples dont les restes ont été reconnus dans TCHALENKO, Villages, p. 14. Cinq sont considérés comme des «hauts lieux», quinze comme des «temples villageois».

[33] Mosaïque à bordure topographique. J. LASSUS, Antioch I, p. 114; W. ELTESTER, Die Kirchen Antiochias im IV. Jh., ZNTW 36 (1937), p. 251; D. LEVI, Antioch Mosaic Pavements, p. 328; R. MARTIN, dans: A. FESTUGIÈRE, Antioche païenne et chrétienne, Paris 1959, p. 38; DOWNEY, Antioch, p. 659; J. LASSUS, Antioche en 459 d'après la mosaïque de Yaqto, Actes du Colloque Apamée de Syrie, I, Bilan des recherches archéol. 1965—1968, éd. par J. BALTY e. a., Fouilles d'Apamée de Syrie, Miscellanea 6, Bruxelles, 1969, p. 137.

Voici d'abord Daphné, et ses sources, Castalia et Pallas. Une nymphe verse l'eau de son urne. Deux châteaux d'eau, l'un carré, avec un nageur qui évoque l'image de l'Oronte et l'autre, qui est le théâtre des eaux — un théâtre où l'arène est un bassin. Pas de temple. L'autre grande attraction de Daphné est le stade olympique, que surmonte une tour. Entre ces deux monuments célèbres, bien plus vaste, un édifice avec des coupoles, les thermes privés d'Ardabur, le *magister militum*. Un brillant cavalier, précédé d'un porte-clefs, va pénétrer dans la cour. Au-delà, c'est la joie: voici la taverne, où Marcellus, couronné de fleurs, fait remplir sa coupe par Kalchomas. De belles dames passent. Chose étrange, ce lieu s'appelle 'les ateliers du martyrion': il y a des cafés sur la place de l'église, et une maison de jeu — le *peripatos* — où on secoue les dés. Bien sûr le marchand de beignets est tout proche.

Nous voici en ville: c'est un bain public d'abord — *demosion* — puis trois blocs d'immeubles semblables, où de larges portes s'ouvrent entre des colonnes: une rue à colonnades, à Daphné peut-être encore, puisqu'il y a là un bouquet d'arbres.

La bordure tourne: nous entrons dans les souqs, poissonnier, marchand d'huile, bouchers hâchant la viande. Au delà, c'est une grande place, avec un vieil arbre que flanquent deux statues impériales. Autour, des édifices publics: devant une façade qu'orne à l'étage une galerie à colonnades, nous retrouvons des joueurs de dés; de l'autre côté, c'est un marché, sans doute, un quadrilatère entouré d'arcades à l'extérieur, avec des arbres. Après, il y a une large lacune, et la rue à colonnes reprend: un marchand d'oignons et une charrette passent.

Il nous manque ensuite tout un côté — qui évidemment nous prive de toute possibilité d'interprétation d'ensemble. Mais l'autre face n'est pas moins riche — malgré les mutilations qui ont arraché les légendes. Voici d'abord un pont, très mutilé: nous franchissons le fleuve — nous sommes dans l'île. Devant des maisons étroites passent des chevaux bâtés, et nous voici devant la grande église: un homme est en prière devant un monument polygonal couvert d'une coupole blanche, précédé d'un portique. Au delà c'est une place, avec au centre une haute colonne qui porte une statue, et tout autour des monuments de prestige. Puis voici un hippodrome, dont la piste est entourée d'arbres et non de gradins — un jardin pour l'entraînement des cavaliers. Une maison encore, qui évoque le bain de Daphné, et une femme qui franchit un nouveau pont. Elle arrive devant une magnifique façade décorée de hautes colonnes, qui forme sans doute le côté d'une place, où nous allons retrouver des buveurs devant une autre maison à portiques — qui rappelle l'*andrôn* de Serjilla, un édifice public de l'arrière pays. Au delà deux maisons encore, des cavaliers et des piétons, et voici la porte de la ville.

C'est la porte Nord, celle de la route qui vient d'Alep, que franchissent les voyageurs qui vont traverser la ville, et, au delà, poursuivre leur promenade jusqu'à Daphné. Comment est tracé ce parcours, qui quitte évidemment la ligne droite de la rue à portiques pour aller visiter l'île,

d'une part, avec la grande église, et, beaucoup plus loin, un *forum* flanqué
d'un marché ? L'illustrateur du guide a pris ses libertés, et conseillé au
visiteur un itinéraire.

Même en partie muet, même mutilé, malgré la simplification des
édifices, un tel document donne bien des indications sur l'aspect vivant de
la rue d'abord, sur l'abondance des lieux d'agrément, sur l'ampleur et le
nombre des édifices publics. Partout des colonnades, ici et là quelques
arbres, des statues, les ponts sur le fleuve — et surtout les toits de tuiles
qui caractérisaient alors Antioche, comme aujourd'hui. Alep est une ville
de terrasses.

Au cours des années du règne de Léon et de Zénon, il y a deux remarques à faire sur l'architecture d'Antioche. La première consiste à marquer
le nombre et l'importance des maisons élégantes construites à cette époque
tant à Antioche même qu'à Daphné. La série des mosaïques qui les ornaient
est tout aussi précieuse que celle qui a marqué le IVe siècle (fig. 12, pl. VII).
Et la mosaïque de Megalopsychia, cette grande mosaïque de chasse, dont
nous venons de décrire la bordure, fait partie d'une série.

L'autre entreprise est liée à la mort de saint Syméon le Stylite. Debout
depuis trente ans sur une colonne, face au Djebel Sheikh Barakat, à 60 km
de la ville, le saint jouissait d'une popularité incroyable. Les visiteurs se
pressaient pour le voir et l'entendre: il prêchait beaucoup. Et sa piété
inspirait des imitateurs: Les deux plus illustres sont saint Syméon Stylite
le jeune, qui s'installa dès son enfance sur une montagne proche de la route
d'Antioche à Séleucie, et Daniel le Stylite, qui dressa sa colonne au bord du
Bosphore et prit une grande influence sur l'empereur Zénon. On peut
croire que cette influence ne fut pas étrangère, au moment du lancement
de l'Hénotikon, le grand effort de conciliation théologique de l'empereur,
à la mise en chantier, autour de la colonne du saint, du plus grand monument chrétien construit avant la Sainte-Sophie de Constantinople de
Justinien[34]. Le plan qui combine deux types de *martyria*, le *martyrion*
octogonal et le *martyrion* cruciforme, a quatre ailes basilicales, plus, à
l'extrémité de la nef orientale, un sanctuaire à trois absides. Signalons
aussi la présence d'un baptistère. Un tel monument, à la mémoire d'un
saint que ni les monophysites ni les orthodoxes n'avaient réussi à acca-
parer, correspond bien, comme l'a vu G. TCHALENKO, à la politique impériale. Il démontre aussi les moyens dont disposait, à cette époque, la
province d'Antioche. La science des architectes de la ville, le talent des
maçons et des sculpteurs des villages du massif calcaire se sont combinés
pour réaliser ce chef-d'œuvre. Il nous permet peut-être d'interpréter les
textes — et la bordure topographique — et d'entrevoir les sommets que
pouvait atteindre, au delà des réussites charmantes que conservent les
villages, l'architecture chrétienne de la métropole.

---

[34] Sur les monuments de Qal'ât Sem'ân, on trouvera une étude détaillée dans: TCHALENKO,
Villages I, p. 223; suggestions sur le caractère impérial du chantier: p. 230, Bibliogr.

Pendant le règne de Zénon, un sénateur par ailleurs inconnu, Mammianus, construisit à Daphné un *antiphoros* — mot d'interprétation discutée — édifice faisant face à un *forum* ou tenant lieu de *forum* — et, en face, des thermes. Puis, à Antioche, des colonnades et un tétrapyle — c'est à dire qu'il organisa une rue à portiques. L'empereur lui-même consacra une église à l'Archange Michel. Sous Anastase, on nous apprend que le palais royal était abandonné et qu'un ermite vivait sous une tente devant la porte.

7. Les catastrophes (526—540)

C'est sur cette ville grandiose, superbement ordonnée, pleine de monuments magnifiques et de riches maisons, que vont s'abattre en cinq ans une série de lourdes catastrophes: il y eut un terrible incendie, suivi de plusieurs autres, en 525; un tremblement de terre d'une grande violence en 526, un autre en 528. Et Chosroës prit la ville d'assaut et la dévasta en 540[35].

On peut dire qu'elle fut détruite. Une des surprises de la fouille fut de révéler l'étendue du désastre. Il est difficile de distinguer sur le terrain les dommages causés par chacune des crises successives; et les récits des historiens — Malalas était dans la ville en 526 — qui en indiquent des aspects particuliers, ne permettaient guère de supposer le caractère général de la catastrophe. Dans toutes nos fouilles et dans tous nos sondages — sauf à Daphné ou dans l'île — on peut dire, que nous avons constaté, à un mètre au moins au-dessus de l'ancien niveau, la construction d'une nouvelle ville, la pose dans les rues de nouveaux dallages, dans les maisons de nouvelles mosaïques — et un remaniement décisif des murs qui avaient parfois résisté. Le dallage de basalte de Justinien dans la tranchée de 19 M est placé à plus d'un mètre au dessus du caniveau de la rue romaine. En 16 P, le sol des boutiques si robustes qui bordaient la grand rue était surélevé de 90 cm. Au passage du Parménios, la voûte du IIe siècle avant notre ère fut bouchée par les alluvions du fleuve en 526, recouverte en partie par un nouveau lit du fleuve en 528. Et c'est au-dessus de ce lit, comblé à son tour, que Justinien posa la mosaïque de son portique; de nouvelles fondations superposées aux anciennes et couronnées d'un stylobate, portaient désormais les colonnes[36]. Ce furent sans doute les mêmes: l'exemple de la grand rue d'Apamée, celui de nombreuses églises du massif calcaire, montre que les portiques résistent mieux que les murs aux séismes. Quand enfin ils s'abattent, c'est comme d'un seul mouvement. Le service des Antiquités de Syrie relève en ce moment la colonnade d'Apamée, qui

---

[35] Pour ces catastrophes, DOWNEY, Antioch, pp. 519—552; LASSUS, Portiques, p. 148 et passim — Malalas, 419, 5, 422, 8; Théophane, Chronographie, a. 6021, pp. 177, 28—178, 7, ed. DE BOOR; Procope, De Aedificiis, II, 10.

[36] LASSUS, Portiques, p. 94, pl. LII.

n'avait peut-être pas été renversée en 528: on n'avait relevé le niveau du
dallage que d'une quarantaine de centimètres. Les colonnes sont comme
posées à terre[37]. A Antioche, elles ont disparu dans le courant du Moyen-
Age. Alors qu'on les reposait, le dallage d'Antonin a été intégralement
arraché et on n'a pas songé à le réutiliser: on en a fait un autre, de toutes
pièces, avec des blocs basaltiques. Seuls les murs les plus robustes — les
grands thermes dits de Tibère, l'amphithéâtre — avaient traversé ce boule-
versement. On ne saurait s'étonner, lorsque Malalas parle de 250.000 victimes, et Procope de 300.000. Nous ne sommes pas tenus certes de prendre
ces chiffres comme une vérité absolue. Ils indiquent par contre l'impression
des contemporains: la population avait été détruite. Une croix lumineuse
apparut sur le haut de la montagne, dans la partie Nord du Mont Silpius,
et cette cime depuis s'appela le Mont Staurin.

8. Reconstruction de Justinien

En 527, Justinien avait succédé à son oncle Justin. C'est donc sous son
règne que le tremblement de terre de 528 abattit ce qui avait résisté et ce
qu'on avait reconstruit. Pour la protéger, on donna à la ville le nom de
Théoupolis — et on reprit les travaux. Les survivants avaient retrouvé leur
courage: il y eut une émeute au théâtre en 529. On remit des églises en
état, on en construisit de nouvelles. Et la guerre de Perse reprit, bientôt
marquée par le raid de Chosroës sur Antioche. Les murailles pourtant
avaient été au moins sommairement réparées; mais les discussions qui
éclatèrent en ville entre les dignitaires civils, les envoyés de Justinien et les
généraux enlevèrent toute efficacité à la défense. La ville fut pillée et
brûlée. La grande église fut seule épargnée.

Procope a raconté en détail la reconstruction — en panégyriste
évidemment. Les murs de l'enceinte n'avaient pas été à nouveau détruits;
le tracé du fleuve fut modifié aux abords de l'île, et l'enceinte réétudiée
avec soin. On entreprit ensuite de protéger la ville contre certaines au moins
des conséquences des tremblements de terre, en créant un lac de retenue
des eaux du Parménios, derrière la muraille qui franchissait la gorge dite
des Portes de Fer. De nouveaux canaux souterrains évacuaient l'eau vers
le fleuve.

Il fallut enfin reconstruire la ville — qui, malgré ce que dit Procope,
ne fut pas déblayée totalement. On remploya certainement sur place une
importante partie des matériaux. Il est regrettable que l'arrêt des fouilles
ne permette pas de préciser davantage.

Nous manquons de détails sur la suite de la reconstruction dans le
courant du VIe siècle. En 551, un nouveau tremblement de terre semble
avoir détruit en partie les murailles. En 577, ce fut Daphné qui fut abattue,
en 587, à Antioche, plusieurs quartiers subirent encore de graves dommages

[37] Lassus, Portiques, fig. 38 et 45, 96 et 97, 171 et 173.

— églises, bains, tours de l'enceinte furent renversés — et on rapporte qu'il y eut 60.000 victimes. On ne nous parle de constructions ni sous Phocas, ni sous Héraclius. A deux reprises, en 606 et en 607, Antioche fut occupée par les Perses. On peut se demander si ce ne sont pas ces raids qui sont responsables de la destruction de la grand rue à colonnade — plutôt que l'invasion arabe de 638, dont on s'accorde à reconnaître le caractère pacifique[38]. Mais la ville romaine était morte; des constructions faites de matériaux de remploi s'élevèrent sur le dallage de Justinien, et la circulation fut déplacée au dessus des portiques, du portique Ouest surtout, là où elle passe encore.

III. Vie municipale et économique

1. Antioche ville libre, capitale de province et capitale d'empire

En commençant une série d'études sur la vie municipale de l'Asie mineure sous les Antonins, ISIDORE LÉVY écrivait en 1895: «La domination romaine ne trouva devant elle, en Occident, que des populations de culture inférieure, non encore parvenues à l'entière notion de l'état: elle leur imposa sans peine des institutions conçues d'après le type romain ... Les choses ne se passaient pas de même dans l'Orient hellénique: la conquête latine s'y heurta à un droit public qui avait eu un développement original, et avait su tirer toutes les conséquences des principes sur lesquels il s'appuyait ... Les vainqueurs furent respectueux de la conception hellénique de l'Etat et ne cherchèrent jamais à substituer à la Πόλις les formes de leur municipe. Sous leur administration, la cité grecque continua à vivre, c'est à dire à avoir une histoire faite d'un développement logique, et à se modifier suivant des principes internes. Si le contact des institutions de la Rome républicaine, puis impériale, et la politique des pouvoirs centraux qui se succédèrent à Rome, ajoutèrent leurs influences à celles des forces spontanées qui continuaient à agir dans les cités, ils n'eurent pas d'action directrice»[39].

Une analyse aussi claire devrait fournir un cadre facile à un exposé rapide de l'histoire municipale d'Antioche. En fait la recherche se heurte à des difficultés supplémentaires, si nombreuses et si astreignantes, qu'on n'y peut guère trouver qu'un fil directeur.

Il faut d'abord remarquer que la situation d'Antioche dans le royaume séleucide était presque la même que celle qu'elle allait occuper dans le monde romain. C'était d'abord, par fondation d'une part, par respect d'autre

[38] P. K. HITTI, History of the Arabs from the Earliest Times to the Present, London and New York [7]1961, p. 152; CL. CAHEN, La Syrie à l'époque des Mamelouks d'après les auteurs arabes, Paris 1923; LASSUS, Portiques, p. 149.
[39] I. LÉVY, Études sur la vie municipale de l'Asie mineure sous les Antonins, Revue des Etudes Grecques 8 (1895), p. 203.

part des situations acquises, une ville libre — qui, sur ses monnaies, prenait le titre de métropole — ΑΝΤΙΟΧΕΩΝ ΤΗΣ ΜΗΤΡΟΠΟΛΕΩΣ[40]. Comme telle, elle avait des institutions, marquées par la présence d'une *agora*, destinée à l'assemblée des citoyens, d'un *bouleuterion*, où se réunissaient les sénateurs — donc une démocratie, qui tendait à se transformer en oligarchie. Antiochus IV, construisant son nouveau quartier d'Epiphania, y introduisait une seconde *agora* et un second *bouleuterion*[41].

C'était ensuite la capitale d'une satrapie — dont nous ignorons les limites — comme elle va rester la capitale de la province romaine de Syrie. Ce rôle est quelque peu effacé par le souci qu'elle a de son indépendance de cité, par l'importance de son rôle de capitale. Il existe une assemblée provinciale, le *koinon*, qui surgit de loin en loin dans les textes, sans que la forme et l'importance de son action soient bien apparentes[42]. Elle est de toutes façons limitée par la personnalité des autres villes de la province, qui, même lorsqu'elles n'ont pas comme Séleucie un statut autonome particulier, ont leur vie propre, leurs institutions intérieures, au même titre qu'Antioche elle-même[43].

Enfin elle est la capitale du royaume séleucide. Et sans en avoir le titre, elle va jouer le rôle de capitale annexe de l'empire romain, d'une façon très affirmée jusqu'à la fondation de Constantinople, devenue capitale officielle, et même au delà: elle sera en effet souvent résidence impériale, à cause de son attrait certes, de la présence du palais construit par Dioclétien, mais surtout à cause de sa situation géographique[44]. Elle est la base nécessaire des armées chargées de défendre l'Empire contre la Perse, l'autre grande puissance du monde, chargées aussi d'en entreprendre l'attaque. Il est évident que la présence de l'empereur et de sa cour, des généraux et de l'armée, des services de ravitaillement et de transport, exige une sorte de régime particulier — presque l'état de siège — qui laisse sans doute aux organisations locales leurs responsabilités propres, mais qui se substitue à elles, en grande partie, pour toutes les mesures de sécurité et de ravitaillement. En temps de guerre, l'armée gouverne de la côte à l'Euphrate, à partir d'Antioche, qui devient bien souvent Quartier Général.

Il est difficile de se faire une idée précise du fonctionnement de la municipalité dans la capitale séleucide. Les renseignements manquent — et les derniers temps ont été si troublés, aussi bien du point de vue local que sur le plan du royaume, qu'on ne peut guère que s'étonner de voir fonctionner les services. Parce qu'enfin, dans une ville de plus de cent mille

[40] D. B. Waagé, Antioch IV, I. Coins, p. 24. Il s'agit de monnaies frappées à Antioche lors de la dissolution de la puissance séleucide, en 103, puis en 92—89. Elles constatent un état de fait.

[41] Downey, Antioch, p. 99 et 621. Certaines villes grecques avaient deux agoras: ainsi Milet, Pergame, le Pirée. C'était un conseil d'Aristote.

[42] E. Beurlier, Le Koinon de Syrie, Rev. num. Sér. 3, 12 (1894), p. 286.

[43] Sur le statut hellénistique de Séleucie, cf. Seyrig, Séleucus I et la fondation de la monarchie, Syria XLVII (1970), p. 302.

[44] Liebeschuetz, Antioch, p. 4.

habitants, il faut bien assurer la sécurité, pourvoir au ravitaillement, surveiller le commerce de détail, balayer les rues, enlever les ordures ménagères, percevoir les douanes, entretenir les monuments publics. Même si on ne tient pas compte des tremblements de terre, ou de ces violents orages dont j'ai parlé, il y a sans cesse des travaux publics à assurer. Tous ces services fonctionnent semble-t-il sans à-coups, sans en tous cas que les incidents atteignent une notoriété suffisante pour nous être parvenus.

Il en est de même à l'époque romaine, ou presque. L'analyse, si détaillée, que PAUL PETIT a tirée de l'étude de Libanius ne laisse place qu'à un petit nombre d'incidents de fonctionnement[45]. Le rhéteur insiste sur le caractère des habitants, faciles à gouverner: «La situation de la ville, éloignée de la mer, lui épargne la présence des marins, dont l'esprit est souvent séditieux». Etudiants, commerçants protestent lorsque les impôts augmentent — ou lorsque quelque gouverneur veut taxer le prix du pain. Il y a certes une populace flottante, composée bien entendu d'étrangers, où se trouvent des éléments troubles, dont l'action reste sporadique.

Néanmoins une force de police est nécessaire — mais n'apparaît pas. Les gardiens de la paix — εἰρηνοφύλακες — semblent peu nombreux. On ne voit l'armée intervenir qu'une fois — les archers qui apaisent l'émeute, au jour de l'affaire des statues, en 387. Il faut donc qu'il existe des forces armées aux ordres du gouverneur, mais maintenues hors des limites de la cité.

2. La *boulè*

L'assemblée du peuple disparue, c'est à la *boulè* que le pouvoir s'est transmis — pouvoir de décision et d'exécution. La *boulè* est composée d'un nombre limité de citoyens — au début environ 600. Il s'agit d'une charge héréditaire dans les familles les plus riches de la ville. On est admis par cooptation, et il faut présenter des titres anciens de citoyenneté et d'honorabilité, autant que de fortune. C'est que la charge est lourde. On attend des bouleutes qu'ils assument volontairement et à leurs frais les dépenses de la cité. Les rôles sont répartis selon la fortune des bouleutes: la surveillance et l'entretien des routes, des ponts, des aqueducs, le contrôle des prix et des comptes des commerçants, la défense en justice des intérêts de la cité, les ambassades qu'envoie la ville auprès de l'empereur: ce sont là des tâches non onéreuses, des *diaconiai* — des services[46]. Plus lourdes sont les véritables liturgies — chauffage des bains publics, organisation des jeux, location et entretien des fauves, des chasseurs et des athlètes, des chars et des cochers, des acteurs et des mimes. Les dépenses d'organisation des jeux sont énormes, d'autant plus que joue encore, entre les

---

[45] Pour le rôle de la Curie, nous sommes renseignés surtout par Libanius. Voir l'exposé de P. PETIT, Vie municipale, p. 281sqq.
[46] P. PETIT, op. cit., p. 45. Perception des impôts: LIEBESCHUETZ, Antioch, p. 105.

curiales, une émulation de générosité. Cet appel à l'évergétisme est de la nature même de la fonction des bouleutes.

Il s'y ajoute des tâches qui viennent de l'Etat — et tout d'abord la perception des impôts, le transport par voiture ou par navire des ravitaillements de l'armée, lourdes dépenses encore, et où — pour les impôts — le bouleute, et la *boulè* collectivement, se trouvent avoir leur responsabilité pécuniaire engagée.

Avec le temps, l'obligation de faire face à des dépenses pour le compte de l'Etat — d'assurer des *munera* romains — va prendre le pas sur les chorégies et les liturgies volontaires. Et il en résultera des conséquences graves.

C'est que le nombre des bouleutes va aller en diminuant. Les fonctionnaires d'empire seront dispensés d'appartenir au conseil et d'en supporter les charges — dispensés à vie: ils constitueront, en dehors de la *boulè*, une caste de privilégiés, douée d'immunité, et pourtant riche et puissante, les *honorati*. Bien entendu, les bouleutés, autrefois jaloux de faire entrer leurs fils dans la *boulè*, vont désormais essayer d'en faire des fonctionnaires: c'est la carrière des élèves de Libanius, qui lui-même, comme rhéteur, est dispensé d'appartenir à cette *boulè* dont il défend pourtant sans cesse l'honneur et les privilèges. D'autres *curiales* d'Antioche, au IVe siècle, deviendront sénateurs à Constantinople, et échapperont aux devoirs qui leur incombaient dans leur cité; le nombre des fonctions immunes tendra à s'accroître; aux professeurs s'ajouteront les médecins, les avocats.

Pour éviter la curie, on essaiera aussi d'invoquer l'excuse de pauvreté: tant de bouleutes seront ruinés, pour avoir dû accepter des charges au dessus de leurs moyens, qui les obligeaient à vendre tout ou partie de leurs terres. Libanius, dans beaucoup de ses lettres, s'efforce d'obtenir pour ses amis des dispenses, temporaires ou permanentes, et leur cherche des excuses. Et le conseil en est réduit à recruter des personnages d'origine moins honorable, mais assez riches pour affronter les dépenses requises. Le nombre des *curiales* qui s'arrangent pour déserter leur poste est de plus en plus grand — les bouleutes sont de moins en moins nombreux, et de moins en moins riches[47].

Ajoutons qu'avec Constantin les dignitaires de l'église seront exemptés de la Curie[48]. Julien — on le constate sur *l'ordo commendationis* de Timgad — les y inscrira de nouveau, mais cette mesure ne durera pas.

C'est donc en dehors de la Curie que se constitua, à Antioche et ailleurs, l'administration impériale. Le pouvoir de commandement échappe à la Curie en tant que corps, comme aux *curiales* en tant qu'individus. Ils se trouvent, dans la vie de la cité, placés sous le contrôle et l'autorité non seulement du gouverneur, mais des fonctionnaires qui l'entourent. Ils

---

[47] Fuite des *curiales*: P. PETIT, op. cit., surtout p. 339 sqq.; LIEBESCHUETZ, Antioch, p. 174, qui discute Libanius, p. 181.

[48] LIEBESCHUETZ, Antioch, p. 188. L. LESCHI, Études d'épigraphie, d'archéologie et d'histoire africaines, Paris 1957, p. 246.

apparaissent comme une classe délimitée, obligatoire, honorée certes, mais exploitée.

Et dont l'influence diminue. Auprès des gouverneurs et de l'empereur, d'abord, qui bien entendu se soucient de préférence de leurs anciens collaborateurs; auprès du public, par voie de conséquence, qui cherche un appui pour résister aux abus des propriétaires, comme aux exigences des agents du fisc. Les propriétaires et les percepteurs, bénévoles, mais responsables financièrement de la rentrée des impôts, apparaissent dans les textes comme étant les mêmes hommes, les membres de la Curie. On ne peut donc s'adresser à eux: les protecteurs, les patrons dont les paysans aisés chercheront la protection seront tout naturellement les *honorati* — ces riches fonctionnaires en retraite qui ont l'oreille des gouverneurs[49], lorsqu'il s'agit de vastes problèmes, et, dans la vie de chaque jour, les officiers que la présence de l'armée, dans toute la profondeur du *limes*, face aux perses, aura répartis sur le terrain, avec, en droit ou en fait, des pouvoirs de police. Les abus du patronat qui marquent les IVe et Ve siècles soulignent la rupture dans le pays entre les riches et les pauvres, les propriétaires et les paysans — rupture qui pourra, s'ajoutant aux oppositions nées jusque dans le peuple des controverses religieuses, affaiblir une communauté à la veille des grandes épreuves.

3. Agriculture

Les bouleutes apparaissent comme des propriétaires terriens[50]. La *boulè*, certes, a l'administration des propriétés communales, mais chaque bouleute, en son particulier, a le souci de ses récoltes, de la surveillance des paysans qui travaillent ses propres domaines, du transport et de la commercialisation de son blé ou de son huile[51]. Ce ne sont pas des commerçants: ils se contentent d'écouler leurs propres récoltes même s'il peut arriver qu'il leur faille louer un bateau pour livrer les céréales sur quelque marché lointain. Certains devenaient même *navicularii*[52] — non pas transitaires et exportateurs spécialistes, mais propriétaires terriens chargés de l'exportation de leurs produits ou de ceux de la cité pour le compte de l'état, vers Rome ou Constantinople. Ces transports étaient évidemment une charge très lourde pour les bouleutes à qui elles incombaient, et Libanius essaie d'en faire dispenser son assistant Thalassius.

Il n'est pas facile de se rendre compte de ce qu'étaient réellement les propriétés des bouleutes, dans la province. On a fouillé à quelques kilomètres au nord d'Antioche, à peu de distance de la route d'Alep, à Toprak en

---

[49] Sur la préséance des *honorati*, cf. LIEBESCHUETZ, Antioch, p. 187sqq., p. 192 — Cf. L. HARMAND, Libanius, Discours sur les patronages, Publ. Fac. des Lettres Univ. de Clermont, 2e sér. 1, Paris 1955.

[50] Rôle de la Curie: P. PETIT, Vie Municipale, p. 67.

[51] Régime de la propriété, P. PETIT, ibid., p. 373.

[52] *Navicularii*, LIEBESCHUETZ, Antioch, p. 168.

Narlidja, la résidence d'un grand propriétaire[53]. C'était une vaste demeure, avec des pièces nombreuses groupées autour de plusieurs cours, et de jolis petits thermes privés, décorés de charmantes mosaïques, œuvres d'artistes, peut-être moins raffinées que celles des maisons de Daphné, mais assez bien composées et assez richement colorées pour que les maladresses du dessin puissent passer pour une affectation de rusticité. La propriété est dans une plaine prise entre les collines, et l'on pourrait sans doute en dessiner les limites — plaine à céréales et pentes à oliveraies — comme TCHALENKO a su le faire pour le territoire de certains villages ou les domaines de certains couvents. Il a pu y avoir de telles propriétés dans l'ensemble de la plaine d'Antioche.

Mais au delà, les travaux de TCHALENKO dans le massif calcaire apportent de sérieuses difficultés[54]. S'il a reconnu dans les 'plaines intérieures' des villages composés des maisons de riches propriétaires, ce n'étaient pas nécessairement des bouleutes d'Antioche: ils résidaient, eux, dans leurs domaines et s'y construisaient des tombeaux. Il a constaté d'autre part que l'extension de la monoculture de l'olivier et de la vigne avait abouti sur les collines à une division des propriétés. Chargés par les propriétaires des plaines de mettre en valeur les collines incultes, les gérants, après douze ans, en vertu de l'*emphyteusis*, devenaient pleinement propriétaires de la moitié des terrains qu'ils avaient plantés. Et ils se construisaient à leur tour des maisons, modestes dans certains villages, confortables dans d'autres. Plus christianisés semble-t-il que les propriétaires primitifs — sauf exception (Qirk Bizzé) —, ils construisaient en commun leurs églises (Brâd). On a l'impression d'une situation sociale complexe certes, mais suffisamment définie pour qu'elle paraisse se fermer sur elle-même, sans qu'on ait besoin d'un propriétaire lointain.

4. Le petit commerce

L'autre classe sociale qui apparaît à Antioche, si nous ne tenons pas compte des professeurs, des avocats, des médecins, dispensés d'appartenir à la curie mais, comme Libanius lui-même, assimilables à des *curiales* (avant de l'être à des *honorati*) apparaît comme très modeste[55]. Il s'agit du commerce de détail. Le nombre considérable des boutiques qui s'alignent le long des portiques, de celles qui, formant une seconde rangée, se succèdent entre les colonnes sous formes de baraques de bois et de toile, implique l'existence d'une classe nombreuse de boutiquiers. Ses membres certes sont

[53] Antioch III, p. 19sqq. La description publiée est presque limitée au bain.
[54] TCHALENKO, Villages. — L'étude de la vie agricole dans le massif calcaire est analysée, pp. 404—421.
[55] La crise de ravitaillement, sous le règne de Julien, permet de saisir l'importance de la corporation des boulangers. P. PETIT, Vie municipale, p. 117. Rôle des boutiques dans la formation d'une opinion publique, p. 223.

de fortune médiocre, et d'ailleurs inégale. Mais ils jouent dans la vie de la cité un rôle qui n'est pas négligeable. Les révoltes de boulangers, lorsque Julien par exemple veut taxer — trop bas, bien sûr — le prix du pain, créent des difficultés réelles pour le ravitaillement de la population et obligent à la révision des règlements. Les cabaretiers comptent aussi, même si leur réputation est douteuse. On les voit en action sur la bordure topographique de Yaqto[56]. Et l'artisanat était certainement prospère. Il y avait aussi des ouvriers, au sens moderne du terme, puisque sont attestées des usines d'armes et d'armures, et une fabrique de monnaies[57], très active à certaines époques et donc offrant des emplois. Ajoutons les métiers du bâtiment, briquetiers, maçons, charpentiers. Les potiers étaient nombreux. Les mosaïstes, dont la production était extrêmement féconde (voir, fig. 13, pl. VII), comprenaient certainement des artistes, et même de grands artistes, mais aussi des carriers, des tailleurs de pierre et des carreleurs[58]. À une moindre échelle peut-être, il en était de même pour les arts de la pierre — depuis ceux qui creusaient les simples moulures jusqu'à ceux qui sculptaient les savantes corniches — et jusqu'aux statues de marbre ou de bronze.

5. Le trafic international

Il y a dans Libanius, et dans l'ensemble de nos textes, semble-t-il, une étrange lacune. HENRI SEYRIG, dans le dernier paragraphe de ses 'Antiquités Syriennes', aura, comme tant de fois, ouvert le problème[59]. Il cherche à expliquer d'abord pourquoi les phéniciens, installant leurs échelles tout le long de la côte syrienne, avaient laissé vide — et abandonné aux grecs — la région située au Nord d'Ugarit (Ras Shamra) jusqu'à Myriandre (Alexandrette). En particulier l'embouchure de l'Oronte et le site de Séleucie avaient été négligés. C'est que la barre du fleuve interdisait le passage à des navires trop petits. Mais les macédoniens avaient d'autres moyens — des navires plus puissants, une science nouvelle de l'aménagement des ports — si bien que c'est précisément cette vallée de l'Oronte et son débouché maritime qui furent choisis pour recevoir le noyau du

---

[56] On distingue des cabarets et des salles de jeux. DORO LEVI, Mosaic Pavements, pl. LXXIX et LXXX. J. LASSUS, Antioche en 459, d'après la mosaïque de Yaqto, Colloque d'Apamée de Syrie 1969, Fouilles d'Apamée de Syrie, Misc. fasc. 6, Bruxelles 1969, pl. LXIV, LXV, LXVI.

[57] Fabriques d'armes, sous Dioclétien, DOWNEY, Antioch, p. 324 surveillées par un bouleute, PETIT, Vie municipale, p. 47. Il semble n'y avoir qu'une référence à Libanius, p. 304. Monnaies: Il existait déjà une fabrique à Antigonia avant la fondation d'Antioche, qui fut transférée d'abord à Séleucie puis à Antioche. DOWNEY, Antioch, p. 38. Le fonctionnement n'est interrompu que lorsque la ville est en disgrâce — sous L. Verus et Septime Sévère.

[58] Les renseignements manquent sur la technique des mosaïstes et leur organisation professionnelle. Cf. J. LASSUS, La technique de la mosaïque selon saint Augustin, Libyca 7 (1969), p. 143.

[59] H. SEYRIG, Antiquités Syriennes 92. Seleucus I et la fondation de la monarchie syrienne, Syria 47 (1970), p. 301.

royaume Séleucide — deux ports, Séleucie et Laodicée et deux grandes
villes, Antioche et Apamée. Ce quadrilatère permettait certes de ramasser
et de livrer à l'exportation les richesses agricoles de la région — plus
facilement qu'Alep.

Il était apte surtout à servir de débouché au commerce d'extrême-
Orient, qu'il ait débarqué sur le golfe persique et suivi l'Euphrate et le
croissant fertile, qu'il ait au contraire traversé la Bactriane et l'Iran, en
caravanes, pour aboutir encore en Syrie du Nord. Pour HENRI SEYRIG,
c'est l'ampleur même de ce transit intercontinental qui allait donner à la
région son extraordinaire richesse, et permettre son magnifique développement urbain.

Notre ami parlait pour l'époque séleucide. Devons-nous croire que ce
mouvement du commerce international avait disparu, à cause des luttes avec
la Perse? Pourtant, jusqu'à sa chute, Palmyre — qui monopolisait, elle, la
route du désert, celle du moins des caravanes qui arrivant de Characène
s'écartaient du fleuve pour se risquer à travers les sables, — a vécu de ce
transit[60]. Et elle a glorifié ceux qui s'y livraient, ces chefs de caravane dont
les statues ornaient les colonnes de la grand rue. Les gens d'Antioche n'ont
peut-être pas frété eux-mêmes des caravanes. Mais elles ne passaient certainement pas toutes, venant d'Alep, par le nord du lac et le col de Beylan
pour gagner Alexandrette. Elles allaient aussi à Séleucie — le long de
l'Oronte ou par le fleuve. Nous n'avons pas de trace de ce commerce. Pour
Libanius, les bateaux servent à ravitailler les pauvres en poissons du lac,
les riches en poisson de mer. Est-ce tout? La rue droite, pour lui, ce sont
ces portiques somptueux et vivants où chacun va flaner avec ses amis, ou
faire aisément ses emplettes. Où sont les navires de transit? Où sont les
charrois, ânes ou chariots, qui pouvaient avoir succédé aux chameaux, à
l'entrée de la ville? Où sont les transitaires qui organisaient la réexpédition
vers l'Occident?

Evidemment on peut supposer que tout ce qui concerne le trafic
international, tant par caravanes que par navires, avait sa base à Séleucie,
comme auparavant à Alexandrette. Et donc que c'est là qu'on pouvait
trouver, comme à Ostie, l'agence des compagnies de transports maritimes,
comme à Palmyre les monuments élevés à la gloire des responsables du
transit terrestre. Le port de Séleucie, réaménagé par Dioclétien, n'a pas
été fouillé. Mais, avec W. A. CAMPBELL, nous en avions reconnu et suivi les
quais — de robustes parements de pierre, puis un dallage, et sans doute
un portique. H. SEYRIG a publié une photographie du port actuel de
Lattaquié, évidemment artificiel — et antique, qui peut servir de terme
de comparaison[61].

Mais de toutes façons, le trafic de Séleucie passait par Antioche. Il
n'y a pas de route, avant la ville, sur la rive droite de l'Oronte. D'autre

---

[60] M. ROSTOVTZEFF, Caravan Cities, Oxford 1932. E. WILL, Marchands et chefs de caravanes à Palmyre, Syria 34 (1957), p. 262.
[61] SEYRIG, op. cit., fig. 6.

part même si l'Oronte, entre Antioche et la mer, était alors navigable, il ne l'était sûrement pas à des navires capables de supporter la haute mer. Il est difficile donc de penser à un double transbordement, qui aurait sans doute cette fois, exigé à Antioche la présence d'un vrai port, et non pas d'un simple quai au bord du fleuve.

Il apparaît néanmoins que, pour des raisons qui tiennent à sa conception de la société, Libanius a pu systématiquement omettre toute allusion à l'organisation du commerce d'import-export à Antioche — un peu, je puis dire, comme il a évité tant qu'il l'a pu de parler des chrétiens: il suffit de voir comme il excuse le fait que son ami Thalassius était le fils d'un fabricant d'armes. LIEBESCHUETZ montre comment les *curiales* pouvaient être discrètement intéressés dans le commerce en gros, le magasinage — et le prêt à intérêt. La vente des toiles d'Antioche, le transport des huiles et des céréales, la participation au commerce de la soie et des épices se découvrent au hasard de références éparses dans les pays où arrivent les marchandises. A Antioche ce sont là des choses dont on ne parle pas, quand on est professeur titulaire[62].

Que la ville d'Antioche n'ait jamais pu se relever des catastrophes du règne de Justinien, qu'elle n'ait jamais retrouvé sa splendeur passée, c'est vraisemblable. Mais il faut, je crois, se garder d'exagérer. La richesse toujours croissante des villages de l'arrière-pays, ceux des plaines intérieures comme ceux des collines, la multiplication des couvents monumentaux et des belles églises, n'ont pu se poursuivre derrière une capitale exsangue. Il fallait bien que les produits des deux cultures, l'huile et le vin, fussent exportés. Il fallait bien que les récoltes fussent vendues, achetées, embarquées, transportées. Chaque ferme avait ses pressoirs et fabriquait son huile. Il est possible que, sur place où on trouve parfois un andrôn qui peut être une maison commune, pour la politique interne du village, mais aussi un centre de vie commerciale, on ait mis en commun les récoltes, organisé leur départ. On peut même les avoir vendues sur place à des intermédiaires — avant que des théories d'ânes n'emportent les jarres sur les sentiers rocheux[63]. Mais tout cela allait à la ville. Et la ville devait tout de même en tirer quelque bénéfice. Les fouilles d'Antioche n'ont pas été assez étendues pour qu'on puisse raisonner a silentio — et les mosaïques datées ne sont pas tellement nombreuses. La dernière est de 538. Il y en eut sûrement d'autres dans le siècle qui suivit.

[62] Sur ces problèmes, voir PETIT, op. cit., p. 304 et n. 8 qui croit que Séleucie était seulement un port d'importation — les exportations d'Extrême-Orient passent, selon Ammien (XIV—3,3) plutôt à Batnae d'Osroène qu'à Antioche. Mais au delà de Batnae et d'Hiérapolis, il fallait bien qu'elles gagnent Antioche et Séleucie. LIEBESCHUETZ, Antioch, p. 76 s'est inquiété de la pauvreté des sources, mais croit néammoins à un trafic de produits orientaux, plus les textiles — les soieries surtout, de fabrication phénicienne. On élevait encore des vers à soie à Séleucie (Soueidié) en 1936.

[63] TCHALENKO, Villages I, p. 372, insiste sur les conséquences commerciales de la monoculture.

IV. Christianisme

1. L'église des Gentils

Le caractère cosmopolite de la population d'Antioche, la présence d'une importante communauté juive, le maintien de traditions religieuses orientales, le goût pour les nouveautés intellectuelles ou religieuses expliquent le succès à Antioche de la prédication chrétienne[63a]. Il existait autour de la synagogue des esprits attirés par le monothéisme et les doctrines juives, qui accueillirent un message de salut. C'est à Antioche que se posa le problème de l'adhésion des gentils — et, par conséquence, du maintien intégral de la loi juive pour les païens convertis[64].

La lucidité de Paul, qui le premier posa la question et retourna à Jérusalem pour essayer d'y trouver une solution, l'hostilité catégorique qu'il y rencontra auprès de l'église purement juive de Palestine, l'adhésion finale de Pierre, venu à Antioche, marquent les phases d'une évolution qui ouvrit au christianisme son rôle de religion universelle. La puissance des qualités missionnaires de Paul et de Pierre, sans cesse sur la route, prêchant, fondant des communautés, leur écrivant pour les entretenir dans une foi qui se précisait, ont fait d'Antioche le véritable point de départ de l'expansion chrétienne — et expliquent comment elle a quelque peu usurpé un rôle qui semblait devoir revenir à Jérusalem.

Les débuts de cette église — l'épiscopat de Pierre, ou celui d'Evodius, qui aurait été le premier de ses successeurs, sont certes quelque peu obscurcis par le désir évident des Antiochiens de s'assurer une priorité. L'importance donnée à l'évangile selon Matthieu et, de ce fait, à la primauté de Pierre, marquent bien cette tendance. C'est en fait avec Ignace que s'ouvre une liste épiscopale pleinement historique, en A.D. 68, selon saint Jérôme. D'autres difficultés chronologiques naquirent aussi de la nécessité de concilier avec les prétentions de l'église d'Antioche celles de l'église romaine. L'effondrement en 70 de l'église de Jérusalem, lors de la prise de la ville par Titus, et la dispersion qui a suivi, ont certes favorisé le prestige chrétien d'Antioche. On n'y trouve d'ailleurs par la suite, semble-t-il, qu'une église ouverte aux convertis, même si saint Jean Chrysostome a toujours peur de voir ses fidèles judaïser.

[63a] Cf. E. FRÉZOULS, Remarques sur les cultes de la Syrie romaine, ANRW II 18, éd. par W. HAASE, Berlin–New York 1978(sq.); F. W. NORRIS, Antioch on the Orontes as a Religious Center I. Paganism before Constantine, ib., ID., id. II. Judaism and Christianity before Constantine, ANRW II 25, éd. par W. HAASE, et ID., id. III. Christianity, Judaism and Paganism from Constantine to the Arab Conquest, ANRW III, 'Religion', éd. par W. HAASE (en préparation); A. F. J. KLIJN, Jewish Christianity in Recent Studies, et L. W. BARNARD, Early Syriac Christianity, ANRW II 25.

[64] Ce thème est développé par DOWNEY, Antioch, p. 272sqq. Les difficultés sont bien mises en lumière par J. DANIÉLOU, Nouvelle histoire de l'Église, I. Des origines à Saint Grégoire le Grand, Paris 1963, p. 53sqq. où est mis en valeur le rôle de Barnabé, et l'existence primitive à Antioche de deux églises distinctes, l'une judéo-chrétienne, l'autre helléniste.

Antioche ne paraît pas avoir été particulièrement frappée par la persécution. Certes, le troisième chef de l'église d'Antioche, Ignace, successeur d'Evodius qui avait été désigné par Pierre, fut arrêté sous Trajan après le tremblement de terre de 115: la foule tenait les chrétiens pour responsables. Il fut envoyé à Rome, et livré aux bêtes, sans doute en 116. Les lettres qu'il écrivit pendant son voyage sont un document primordial de l'église primitive[65]. On a peu de traces d'autres victimes de cet épisode.

Sous Marc-Aurèle, la persécution ne semble pas avoir atteint Antioche, pas plus que sous Maximin. L'évêque Babylas, d'après Eusèbe, aurait interdit à l'empereur Philippe l'entrée de son église; arrêté, il mourut en prison sous le règne de Dèce; là encore, on ne connaît pas d'autres victimes de cette persécution. L'évêque Cyrille en 303, fut envoyé aux carrières de Pannonie et y mourut. Cette fois, d'autres martyrs sont signalés, pendant la persécution de Dioclétien, alors que Galère était à Antioche. Les chrétiens furent tenus pour compromis dans un soulèvement militaire de Séleucie, un peu plus tard. Sous Licinius, l'évêque Lucien d'Antioche fut exécuté à Nicomédie avec plusieurs de ses disciples, dit-on. La mort de Pélagie, qui, à Antioche, se jeta du haut d'un toit pour échapper aux soldats est reliée par certains à cet épisode.

Il est à remarquer que, pendant cette période, Antioche connut un certain nombre d'émeutes anti-juives, liées à la guerre de Palestine, d'autres parfois à des bagarres au cirque. On brûla des synagogues — en 40, en 66, en 70. Ces mouvements d'antisémitisme devaient se reproduire sous les empereurs chrétiens.

2. Antioche et les Conciles

Pierre avait été attiré par Rome. Il en sera de même pour tous les penseurs, qui aux II et IIIe siècles, se trouveront amenés par des analyses personnelles à proposer leur interprétation des problèmes théologiques posés par les Ecritures. Les évangélistes ne s'étaient sans doute pas souciés de donner à leur vocabulaire une précision technique. Même Paul, avec sa formation rabbinique, se contentait d'affirmations simples. Il est à remarquer que, dans cette période initiale, Antioche ne joue pas un rôle primordial dans le développement de la doctrine. On trouve à Rome des théoriciens venus d'Orient, mais pas de la Syrie proprement dite: les Marcionites représentent le paulinisme du nord de l'Asie Mineure, les Valentiniens le Judéo-christianisme d'Egypte. Montan est phrygien. Tatien est d'origine mésopotamienne. Le monarchianisme prend naissance en Asie-Mineure. Ils expriment avec excès des traditions locales qui ensuite tendent à se répandre: les disputes sur la date de la fête de Pâques en forment un bon exemple. Antioche ne joue pas dans ces débats un rôle essentiel. Hermogène,

---

[65] On y suit l'état de l'évangélisation de l'Asie Mineure, visitée par des missionnaires hellénistes et judaïsants. DANIÉLOU, ibid. p. 74—76. DOWNEY, Antioch, p. 292. Voir aussi W. R. SCHOEDEL, Polycarp of Smyrna and Ignatius of Antioch, ANRW II 29, éd. par W. HAASE, Berlin-New York 1978sq.

dont la pensée est proprement philosophique, se heurtera toutefois à Antioche à Théophile[66], puis à Carthage à Tertullien.

C'est à la fin du IIIe siècle qu'apparaissent dans l'église d'Antioche des personnalités intellectuelles — Dorothée, hébraïsant, Malchion, prêtre et rhéteur officiel, l'évêque Lucien enfin, également érudit en hébreu et en grec — qui sera martyrisé sous Dioclétien. Ils apparaissent comme plus proches que les alexandrins du judaïsme rabbinique, et pratiquent une exégèse scientifique qui fera longtemps autorité.

En 260, lorsque Shapur emmène en Iran une partie de la population d'Antioche, l'évêque déporté est remplacé par Paul de Samosate, qui fait partie de l'entourage d'Odeinath et de Zénobie de Palmyre: il est d'ailleurs aussi leur ministre des finances[67]. Il propose des idées personnelles, où il souligne à la fois l'unité de Dieu et l'humanité du Christ au point d'être suspect d'adoptianisme; il fut déposé par deux synodes, en 264 et 268. Maintenu par l'autorité de la reine, il ne disparaîtra que lors des victoires d'Aurélien. Il avait aussi introduit des nouveautés liturgiques[68].

Lucien, qui alternait avec Paul par la volonté flottante des synodes, était condamné par lui comme origéniste. Il sera considéré par Arius comme son maître, par les ariens comme un précurseur.

Les grands débats, ceux qui vont bouleverser l'église universelle et verront l'église d'Antioche prendre avec vigueur des positions originales, commencent en effet avec l'Arianisme.

Dès le départ, Arius, diacre d'Alexandrie, que condamne son évêque Alexandre, fait appel aux 'Lucianistes d'Antioche'[69]. Arius, dans la Trinité, tient à marquer la préséance du père, seul non engendré, seul principe de tous les êtres, en somme seul vrai Dieu. Il lui subordonne le fils et l'Esprit. Et la réaction orthodoxe insistera au contraire sur la divinité du Fils qui est de la même nature que le père, *homoousios*, un terme non scripturaire, que Lucien employait déjà.

La gravité des troubles créés par l'intransigeance d'Arius et d'Athanase, son grand adversaire alexandrin, obligera Constantin — qui avait reconnu le christianisme dans l'espoir d'unifier l'empire — à réunir à Nicée le premier concile œcuménique, pour tenter une réconciliation. Mais Eustathe, le nouvel évêque d'Antioche[70], s'opposera à Arius avec violence — aux côtés d'Athanase. Lorsque Constantin, quelques années plus tard, évoluera

---

[66] Théophile, évêque en 169, avait donné à la théologie une forme plus raisonnée et une interprétation plus serrée des écritures. DOWNEY, Antioch, p. 302.

[67] Sur Paul de Samosate, DOWNEY, Antioch, p. 310.

[68] C'est à propos de Paul de Samosate, qui destitué par le Synode, refusait de quitter la demeure épiscopale, qu'Aurélien vainqueur décida que les maisons appartenaient à ceux «qui étaient en communion avec les évêques de Rome et d'Italie». DANIÉLOU, op. cit., p. 240.

[69] Ne serait-ce qu'à cause de la présence d'Origène, les débats théologiques d'Alexandrie paraissent avoir eu plus d'ampleur que ceux d'Antioche. On peut suivre ces débats grâce à Eusèbe, Hist. Eccl. 7.

[70] Eustathe élu évêque en 324, avait joué un rôle décisif au concile de Nicée mais s'était attiré l'inimitié d'Eusèbe de Césarée, qui le fit déposer. Le schisme devait durer jusqu'en 414. DOWNEY, Antioch, p. 352.

vers des théories de plus en plus proches de l'Arianisme tous deux seront
déposés. Cinq fois, entre 335 et 355, Athanase sera exilé par Constantin et
ses successeurs. Des ruptures parallèles secoueront la chrétienneté d'Antioche. La crise ouverte par la déposition d'Eustathe ne s'apaisera définitivement qu'en 414 — après 85 ans.

Non seulement les différents schismas théologiques mais les nuances qui
surgissaient à l'intérieur de chaque tendance avaient leurs partisans pas-
sionnés, dans le clergé, et même parmi les fidèles. Il en résultait des
communautés rivales, ayant chacune leurs adeptes, leurs réunions, leur
hiérarchie et prenant tour à tour, selon les modulations de la pensée
impériale, la qualité d'église officielle et la propriété des édifices du culte.
H. I. Marrou montre qu'il existait en 362 «cinq communautés rivales»[71]:
nicéens de stricte observance (Paulin); le groupe de Mélèce, 'homéen'
suspect d'arianisme pour les nicéens, trop tiède par ailleurs pour Constance
qui l'exila; Euzoios, arien authentique; anoméens extrémistes, avec Théophile l'indien, envoyé de Constantinople — plus encore les partisans
d'Apollinaire de Laodicée, trinitaire selon la définition de Nicée, mais nova-
teur en Christologie. Bien entendu, la divinité du Christ mise en cause va
entraîner des discussions infinies sur sa personne, et ouvrir le débat sur la
définition du Saint-Esprit.

Après l'épisode de Julien, dont l'indifférence aboutit à une plus
violente virulence des sectes, Valens, comme Constance, va prendre position, et soutenir une variante mitigée d'arianisme. A Alexandrie, Athanase
sera à nouveau exilé (365); à Antioche par contre un concile, sous l'influence
des grands cappadociens, Basile de Césarée, Grégoire de Nazianze et
Grégoire de Nysse[72] adoptera en 379 les positions traditionnelles du pape
Damase — cette orthodoxie que Théodose va imposer à l'ensemble de
l'empire; le concile de Constantinople et les édits de l'empereur confirmeront
la foi de Nicée (381).

La crise nestorienne créera dans la communauté d'Antioche des
troubles tout aussi graves. Comment le Christ-Dieu pouvait-il être
homme? Apollinaire déjà avait proposé de considérer le Logos comme
l'âme de l'homme-Christ[73]. Ainsi peut-il être impeccable, et former un être
unique. L'évêque d'Antioche Vitalis était disciple d'Apollinaire: le pape
Damase le condamna en 377; de même des conciles, comme celui d'Antioche
en 381. Et Théodose prit des sanctions contre les hérétiques. C'est Diodore
de Tarse qui formula une christologie qui a reçu le nom d'Antiochienne:
il voulait dans Jésus distinguer du Verbe éternel l'homme fils de Marie,
formant un seul Christ. Et saint Jean Chrysostome adopta ses formules.
Théodore de Mopsueste, d'abord prêtre à Antioche, appartient au même
groupe — même si plus tard certaines de ses interprétations seront vivement

---

[71] H. I. Marrou, Nouvelle histoire de l'Eglise, I. Des origines à saint Grégoire le Grand, Paris
1963, p. 303.
[72] Sur les pères cappadociens, voir Marrou, op. cit., p. 305ss.; R. Devreesse, Le Patriarcat
d'Antioche depuis la paix de l'église jusqu'à la conquête arabe, Paris 1945, p. 25—35.
[73] Sur Apollinaire et son rôle à l'origine des querelles christologiques, Marrou, op. cit., p. 380.

débattues[74]. Il cherche une formule de 'conjonction' qui menaçait fort de devenir une division. C'est ce qui se produisit avec Nestorius, prêtre d'Antioche lui aussi, devenu patriarche de Constantinople, insistant sur l'existence dans le Christ de deux natures, et refusant à Marie le titre de 'Mère de Dieu'. Cette dernière prétention précipita la crise.

Voici donc Constantinople et Antioche fixées sur la doctrine de Nestorius. Mais d'Alexandrie va venir la contradiction avec Cyrille, qui, disciple d'Athanase, apporte d'autres définitions. L'évêque part de la divinité du Christ, fondement de la foi. Le Christ incarné est la seconde personne de la Sainte Trinité. Sa mère est mère de Dieu. L'unité est indissoluble. Comme sous Athanase, l'union Alexandrie-Rome se reconstitue; le pape Célestin, dès 430, condamne Nestorius. Aux côtés de Nestorius, on trouve un théologien d'Antioche, l'évêque de Cyr, Théodoret, que suit Jean, l'évêque d'Antioche. Et l'empereur Théodose II, sous la pression de Cyrille et du pape, convoque un concile à Ephèse en 431[75]. Les deux groupes, dans une invraisemblable confusion, finiront par former deux réunions séparées et s'excommunier réciproquement. Théodose II, hésitant, finit par dissoudre le concile. Nestorius seul, restant déposé, se retira dans un couvent près d'Antioche. L'empereur, avec l'aide du pape, réussit alors une conciliation qui paraissait impossible entre Jean d'Antioche et Cyrille d'Alexandrie, autour d'un texte de compromis: il affirmait l''union' mais 'sans confusion' des deux natures. Les deux chefs de partis eurent du mal, chacun de leur côté, à faire admettre cet accord par leurs troupes.

La controverse s'endort, pour quinze ans, et repart avec un moine de Constantinople, Eutychès qui, à l'inverse de Nestorius, favorise dans la personne du Christ l'élément divin, au point d'effacer l'homme: c'est le monophysisme; le premier adversaire, c'est Théodoret. Alors Théodose II convoque un concile œcuménique — un second concile d'Ephèse: Eutychès l'organise, comme Cyrille l'avait fait pour la précédente réunion, et arrive à exclure des débats les tenants de l'école d'Antioche, qu'il considère comme nestoriens. Il faut la mort de l'empereur pour qu'une fois de plus la situation se retourne, et que Marcien et Pulchérie réunissent en 451 un nouveau concile, à Chalcédoine[76].

3. Orthodoxes, monophysites et nestoriens

Sur la base de documents cyrilliques et pontificaux on finit par adopter un texte où la précision est obtenue par accumulation — «la différence des natures n'était nullement supprimée par l'Union». Il y a désormais une «orthodoxie chalcédonienne» — et c'est à partir d'elle et

[74] Sur Théodore de Mopsueste: MARROU, op. cit., p. 384; DEVREESSE, op. cit., p. 53. Voir aussi J. LUPI, The Life, Work and Theology of Theodore of Mopsuestia, ANRW III, 'Religion', éd. par W. HAASE (en préparation).
[75] Sur le concile d'Ephèse, et le conflit doctrinal entre Antioche et Alexandrie: MARROU, op. cit., p. 387; DEVREESSE, op. cit., p. 49.
[76] Chalcédoine: MARROU, op. cit., p. 394. — DEVREESSE, op. cit., p. 51.

contre elle que se formeront les mouvements de protestation[77]. On trouvera parmi eux l'école d'Antioche, dont la position est complexe; elle a certes renoncé au nestorianisme — qui s'est comme transporté à Edesse et dans la Syrie orientale. Mais elle reste divisée entre chalcédoniens et monophysites: Pierre le Foulon, patriarche monophysite, est trois fois chassé, trois fois réintégré (464—490). Il arrivera à enraciner sa doctrine dans le pays. Les bédouins, les moines seront particulièrement accessibles à une doctrine qui convenait à certaines piétés populaires — et dont les tenants parlaient syriaque.

Les empereurs ont exercé une répression souvent brutale; mais il leur est arrivé aussi de chercher eux-mêmes des formules de compromis — ainsi l'hénotikon de Zénon (482) de tendance monophysite évidente, ne serait-ce que par la glorification de saint Cyrille qu'il présente[78]. C'est le schisme avec Rome, et, à Antioche, le retour de Pierre le Foulon. La rupture dure trente-quatre ans (484—519). Mais l'hénotique — le compromis que Zénon veut imposer — recouvre chez les évêques des tendances différentes, à Constantinople comme à Antioche, dont le patriarche finit pourtant en 515 par être remplacé par le monophysite Sévère. Apôtre ardent, déposé par Justinien, exilé en Egypte, aidé par Jacques Baradée, missionnaire infatigable, soutenu par Théodora, malgré Justinien, il maintiendra son parti dont il précisera la théologie. Sa doctrine a persisté jusqu'à nos jours.

Il faut marquer l'importance qu'ont eue, sur les doctrines de l'église syriaque de Mésopotamie, les conflits qui ont bouleversé si souvent l'église d'Antioche. L'école de Nisibe, parfois repliée à Edesse, et qui fut illustrée en particulier par la piété et le talent d'Ephrem (306—373), subit le contre coup des fluctuations syriennes: Hibas, qui fut directeur de l'École au Ve siècle, puis évêque d'Edesse et proscrit, transporta vers l'Est les tendances nestoriennes qu'il avait partagées avec Théodore de Mopsueste, qu'avait combattues violemment son prédécesseur Rabula. C'est le nestorianisme qui évangélisera l'Asie, jusqu'à l'Inde[79].

Il est assez étonnant que, dans une ville aussi agitée par les problèmes religieux, et dont l'arrière-pays était constellé de monastères, on signale peu de couvents. Sur la liste dressée par DOWNEY, on n'en trouve que quatre — encore le monastère de Théodore était-il «près d'Antioche, dans un village» et celui d'Euprepius «hors de la ville». Celui de Rufin n'est pas très assuré. Reste celui de Casterus et Diodorus — du nom de deux théologiens qui y résidèrent, et jouent un rôle à l'origine du nestorianisme[80].

---

[77] La réaction monophysite, MARROU, p. 400; DEVREESSE, op. cit., p. 63; Pierre le Foulon, DOWNEY, Antioch, p. 485.

[78] L'heinotikon de Zénon (482), MARROU, op. cit., p. 401; DEVREESSE, op. cit., p. 65. Pierre le Foulon est rérabli à Antioche 484, DOWNEY, Antioch, p. 496. Sur le rôle de Zénon dans la construction du *martyrion* de St. Syméon Stylite, TCHALENKO, Villages I, p. 230.

[79] Sur les querelles religieuses à Edesse au Vs. cf. J. B. SEGAL, Edessa, the Blessed City, Oxford 1972, p. 95, 100 et 126—136.

[80] DOWNEY n'en parle que par allusion, dans le récit des événements: Antioch, p. 363, 465, 658. Sur les couvents du massif calcaire, TCHALENKO, Villages III, p. 63—106. Certaines

La situation est donc toute différente de celle de Constantinople. Par contre, on voit intervenir auprès des commissaires impériaux, pendant les troubles de 387, des ascètes, vivant dans les grottes des montagnes voisines, puis se développer le culte des deux grands stylites, saint Syméon l'ancien et son disciple Syméon le thaumaturge, qui est abondamment attesté, par les textes comme par la collection d'eulogies du musée d'Antioche[81] (fig. 14, pl. VIII).

Tout le sixième siècle sera marqué par des bagarres entre moines orthodoxes et monophysites. Le nombre des couvents, tel qu'il a été établi par TCHALENKO, permet d'imaginer la foule de combattants fanatiques que chaque secte pouvait mettre en ligne. En même temps, ils constituaient des communautés agricoles puissantes, qui possédaient leurs terres — leurs oliveraies, leurs vignes et sans doute leurs paysans: Ils représentaient donc une force économique, tantôt en bordure de villages auxquels ils étaient sans doute associés, tantôt tout à fait indépendants, avec leurs bâtiments à quatre faces de portiques, leurs églises, leurs tours et leurs tombeaux — et parfois leur colonne de stylite. C'était donc un véritable pays chrétien qui fut envahi par l'Islam, et qui le resta parfois jusqu'au Xe siècle, dans le djebel Sem'ân par exemple. Bien des couvents monophysites se maintinrent jusqu'à l'arrivée des croisades — où ils disparurent devant l'orthodoxie occidentale.

V. Antioche et la guerre

1. Antioche, base d'opérations contre les Perses

Les traités de paix entre l'empire et les Perses, même quand ils ont été respectés pendant un certain nombre d'années, n'apparaissent guère pour nous que comme des trèves. La présence des empereurs à Antioche est presque chaque fois expliquée par une menace perse, ou par la préparation d'une offensive. Le résultat au départ, est évidemment le même; des troupes sont rassemblées autour de la ville, tantôt au plus près, tantôt directement sur la frontière, en Mésopotamie, le plus souvent, semble-t-il dans la région du 'Limes de Chalcis' jadis explorée et étudiée par les RR PP POIDEBARD et MOUTERDE[82]. Les auteurs montrent qu'à

---

listes permettent de distinguer les couvents monophysites dont certains dureront jusqu'aux Croisades.

[81] Culte des stylites: H. DELEHAYE, Les saints stylites, Subsidia Hagiographica 14, Bruxelles 1932. Monuments sculptés: J. LASSUS, Sanctuaires, p. 203. — Images de stylites, Bull. Etudes orientales II, p. 66.

[82] R. MOUTERDE et P. POIDEBARD, Le limes de Chalcis. Organisation de la steppe en Haut-Syrie romaine, Paris 1945.

partir d'Antioche, l'organisation du réseau routier, telle qu'elle résultait de l'évolution historique, permettait aussi bien d'assurer le rassemblement par terre de troupes venant de Cilicie et d'Egypte que leur départ en campagne vers la Cappadoce, et au-delà vers le Pont, vers la Syrie méridionale et l'Arabie, par Apamée, Emèse et Damas, et surtout vers la Mésopotamie. Les troupes qui devaient agir dans cette région se rassemblaient autour d'Hiérapolis-Membidj, d'où l'on pouvait aisément gagner les points de passages vers Zeugma, Caeciliana et Barbalissos. De même les liaisons étaient assurées d'Antioche avec le Limes de Palmyre — par Apamée, par Emèse, par Chalcis — ce qui ouvrait la marche vers le Sud le long du Tigre ou de l'Euphrate. On note que plusieurs de ces itinéraires se rejoignent à Chalcis, qui devient ainsi un second point de rassemblement naturel des troupes, commandées à partir du Quartier Général d'Antioche. Ces routes offraient évidemment aussi des axes d'invasion aux perses: il avait fallu les barrer par des forteresses, des enceintes de ville, des postes de puissance différente.

Mais les troupes ne les occupaient pas nécessairement. Et si elles n'étaient qu'exceptionnellement cantonnées dans la capitale — où bien souvent le conseil, sans troupes et presque sans police, se trouvait débordé par des troubles sans gravité — elles étaient en cas d'alerte stationnées dans la campagne et causaient des déprédations aux paysans, et, par le patronage que les officiers accordaient volontiers aux ouvriers agricoles, des ennuis aux propriétaires.

Pour prendre un exemple, pendant le règne de Constance, on note en 333 une famine, attribuée à la présence des troupes. Constance César était à Antioche; à partir de 356, Constance empereur, de nouveau à Antioche prépare la guerre. Il fait des campagnes annuelles, de 338 à 342; en 344 ce sont les Perses qui attaquent, qui battent Constance à Singara, mais se retirent ensuite. En 345, l'empereur doit aller faire lever le siège devant Nisibe; il en est de même en 346 et en 360[83].

La situation reste à peu près la même jusqu'à la fin du Ve siècle: et les expéditions sont nombreuses à toutes les époques.

2. Les Perses prennent Antioche: 40 BC, 260, 540, 611

Les Romains avaient appris aux Perses à prendre Antioche: Labiénus, du parti de Brutus, s'était allié à Pacorus, le roi parthe, qui avait déjà menacé la ville en 51 B.C. Ensemble, ils s'en emparèrent en 40[84].

Au IIIe siècle, Shapur I (241—272) s'empara de la ville à deux reprises, avant et après avoir infligé à Valérien une défaite décisive. La seconde occupation eut lieu en 260. La première est plus ancienne, mais

---

[83] DOWNEY, Antioch, p. 354, 357, 360, 372.
[84] DOWNEY, Antioch, p. 150, met en doute, malgré Orose (Hist. adv. Paganos 6.13.15) l'occupation de la ville proprement dite.

sa date est discutée[85]. Doura-Europos était tombé en 256. La monnaie
d'Antioche interrompit ses émissions de 258 à 261 — et même peut-être
depuis 253. Il existait dans la ville un parti perse, dirigé par un certain
Mariades, qui accueillit l'envahisseur. La ville semble néanmoins avoir été
brûlée. L'événement est enveloppé de légendes. Il semble que les Perses
se retirèrent très vite, et que l'expédition n'avait été qu'un raid particulièrement réussi.

En 540, Procope raconte avec précision la prise d'Antioche par
Chosroës[86]. Justinien qui avait pris le pouvoir en 527, s'était efforcé de
reconstruire la ville, bouleversée par les tremblements de terre de 526 à
528. Bélisaire venait d'occuper Ravenne lorsque Chosroës entreprit un raid
dévastateur en Syrie, plus semble-t-il pour faire du butin que pour essayer
de s'installer dans le pays. L'armée romaine n'était pas en état de résister.
Germanus, cousin de Justinien, avait inspecté les murailles. Procope déclare
qu'elles comportaient un point faible, qui ne fut pas reconnu, et permit à
l'ennemi de pénétrer dans la ville. Les négociations menées par Mégas,
l'évêque d'Alep, en vue d'obtenir par une rançon l'abandon de l'attaque
avaient échoué. Et les renforts arrivèrent trop tard. Au cours de l'assaut,
les soldats s'enfuirent, et les jeunes gens de la ville, ceux qui composaient
les factions du cirque, essayèrent seuls d'arrêter l'avance des Perses dans
les rues. Il y eut un massacre, et un pillage organisé, Chosroës enlevant
lui même le trésor de la grande église. Enfin on brûla la ville, sauf l'église.
Les fortifications ne furent pas abattues. Et Chosroës se retira, après
avoir exigé et obtenu un tribut annuel.

Au début du VIIe siècle, les Perses, à plusieurs reprises, occupèrent
la ville pendant l'anarchie qui marque le règne de Phocas, 602—610: il
semble qu'elle fut prise au cours de raids en 606 et 607, puis au début du
règne d'Héraclius, en 611. Cette fois, la ville resta occupée jusqu'en 628[87].
C'est seulement après le renversement de Chosroës, en effet, que l'empereur
réussit à s'y réinstaller. Plusieurs tremblements de terre l'avaient atteinte
pendant cette période; les Perses, dans leurs raids, ne l'avaient sans doute
pas épargnée; il est peu vraisemblable que, pendant leur période d'occupation, ils se soient préoccupés de la reconstruire. C'est certainement dans
une ville en pitoyable état qu'arrivèrent les Arabes, après la défaite
d'Héraclius sur le Yarmuk (636). Les monophysites partout accueillaient
l'envahisseur: Antioche fut occupée, sans combat semble-t-il.

[85] Ici encore la suite exacte des événements est difficile à reconstituer, DOWNEY, Antioch,
p. 254sqq.; J. GAGÉ, Les Perses à Antioche et les courses de l'hippodrome au milieu du
IIIe siècle ap. J.C. A propos du «transfuge» syrien Mariadès, Bulletin de la Fac. des
Lettres de Strasbourg, 31 (1952/53), p. 301. Voir aussi M.-L. CHAUMONT, Christianisme en
Iran I., Les guerres de Shapur Ier contre Roma et la christianisation de l'Empire sassanide
au IIIe siècle, ANRW II 25, éd. par W. HAASE, Berlin-New York 1978 (sq.).

[86] Récit de DOWNEY, Antioch, p. 535. Procope, Bell. II 622—628; de Aedificiis, II, 10;
LASSUS, Portiques, p. 135.

[87] DOWNEY, Antioch, p. 577; LASSUS, Portiques, p. 149; M. GAUDEFROY-DEMOMBYNES et
S. F. PLATONOV, Le monde musulman et byzantin jusqu'aux Croisades, Histoire du monde
VII 1, Paris 1931; P. K. HITTI, History of the Arabs. London-New York 1955, p. 152.

1. Le paysage d'Antioche, vu du Martyrium de Qausiyé

2. Antioche, 19 M. Profondeur des niveaux: niveau romain 6,50 m (à droite), puis niveau hellénistique 10 m

3. Antioche, 19 M. Vue d'ensemble des niveaux hellénistiques. A gauche (au fond), témoin du caniveau romain Ouest et des fondations de la colonnade Est

4. Antioche 16 O. A droite, ateliers et trottoir d'Antiochus Epiphane, puis reprise du trottoir avec caniveau et base de colonne de la rue Hérode-Tibère

5. Antioche, 19 M. A droite, le dallage de Justinien, au dessous rebord du portique romain; canalisations romaines et byzantines

6. Antioche 16 O. Sous la rue, voûtes hellénistiques, pour le passage des eaux du torrent Parmenios, voir coupe, Plan F

7. Daphné, fouilles dans l'oliveraie. A gauche, niveau du IIIe siècle, mosaïque du «Buffet Supper». A droite, maison des pavements fleuris (après le tremblement de terre de 458)

8. Antioche, 19 M. Fondations de la colonnade de la rue romaine monumentale

9. Antioche, Tête d'un tétrarque (porphyre)

10. Daphné, Mosaïque de Megalopsychia, Bordure topographique: monuments de Daphné, sources et châteaux d'eau, Bain d'Ardabur, stade olympique, ateliers du Martyrion

11. Daphné, Bordure topographique: rue à colonnade et rues transversales

12. Daphné, Bordure à motif sassanide de la mosaïque du Phénix (Ve siècle), Musée du Louvre

13. Antioche, Mosaïque du IIe siècle — détail: tête d'Okeanos (Musée d'Antioche)

14 a

14 b

14. Antioche, Musée: Eulogie de Saint Syméon le thaumaturge (hauteur: 28 cm)

VI. Conclusion

1. Vitalité d'Antioche

Pendant sept siècles, de l'arrivée de Pompée, en 64 av. J.C., à l'arrivée de Khalid, en 641 de notre ère, Antioche, la métropole séleucide, a été une ville romaine. Sa richesse urbaine, malgré les tremblements de terre, les incendies, les assauts, s'est sans cesse développée, des origines jusqu'à la destruction de Chosroës en 540. Le dernier siècle a été marqué par une décadence, même s'il ne faut pas en exagérer la profondeur. Avec son riant faubourg de Daphné, son port de Séleucie, son riche arrière-pays de céréales, d'oliveraies et de vignobles, elle donne, en particulier à l'archéologue, une image de prospérité.

Pourtant, elle est sans cesse en proie à tous les conflits. Les guerres avec la Perse l'atteignent cruellement. Même lorsqu'elle n'est pas menacée ou prise d'assaut, il lui faut subir la présence des armées impériales, les heurts entre autorités civiles et militaires. D'ailleurs, il y a lutte incessante entre l'autorité impériale, toujours plus jalouse, et les cadres municipaux affaiblis et exploités. Le conflit s'affirme entre les fonctionnaires d'Etat, même retraités, et les notables de la cité. Les impôts sont lourds, pour les riches et pour les pauvres, avec des inégalités flagrantes, qui créent des conflits perpétuels. La religion de la ville, la religion de l'Etat ont changé: la lutte entre païens conservateurs et novateurs chrétiens se prolonge, au point de créer deux communautés distinctes, qui, lorsque les conflits s'apaisent, en viennent à s'ignorer. Entre les chrétiens eux-mêmes, les querelles théologiques, venues d'ailleurs ou nées sur place, créent des divisions brutales, sur des problèmes qui pourtant paraissent peu accessibles au commun; elles se renouvellent sans cesse, avec les progrès de la recherche, avec tant d'acharnement que les décisions et les sanctions impériales n'arrivent pas à les apaiser. Sans cesse il se crée des schismes et des sectes. Sans cesse s'affrontent intellectuels chrétiens et rhéteurs païens, prélats orthodoxes et apôtres hérétiques.

Le paysage monumental change. Les temples lentement disparaissent. Les églises poussent, et, hors de la ville, les monastères. Les ascètes introduisent des conceptions de la vie étranges et agressives. L'application d'une loi agricole modifie progressivement le régime de la propriété, dans l'ensemble de la province, et bouleverse les fortunes. Le commerce international est perturbé par les invasions. Les querelles linguistiques apparaissent: Libanius lutte contre le progrès des études latines, Chysostome contre le progrès des liturgies syriaques. Les oracles se taisent. Les reliques guérissent.

Même dans le cadre d'un aussi court exposé, toutes ces luttes apparaissent, et, au milieu des ravages, sans cesse renouvelés, des tremblements de terre, nous donnent l'image de troubles perpétuels.

Mais la ville résiste. Détruite elle se reconstruit. Divisée, alors que se succèdent les empereurs qui se combattent, les évêques qui s'excommunient,

elle reste une métropole chrétienne vivante, dont les hommes, à chaque
génération, jouent un rôle capital dans la vie de l'église universelle. Il est
difficile de se convaincre que Libanius et Chrysostome sont à peu près contemporains, que le temple de Daphné retrouve la parole pour répondre à
Julien, que le corps de l'évêque Babylas, chassé du bois sacré, se voit
construire vingt ans plus tard un tombeau monumental. Que les Jeux
Olympiques continuent: un empereur les supprime, un autre les rétablit.
Les gladiateurs disparaissent; les *venationes* continuent de faire la gloire
de ceux dont la générosité en assume les frais.

2. Païens et chrétiens

Le problème vital d'Antioche me paraît à peine posé. C'est celui de la
cohabitation. On voudrait savoir comment, disons à l'époque de Théodose,
chrétiens et païens vivaient ensemble. Prenons d'abord un exemple. Malgré
les réticences de Libanius, il est facile de se rendre compte que les
chrétiens sont de beaucoup les plus nombreux même au sein de la *boulè*.
Si Libanius représente à coup sûr l'opinion païenne, la position des
chrétiens est facile à définir à partir des homélies de saint Jean Chrysostome.
Mais nos deux auteurs n'ont pas la même vue des événements.

En 387, à la suite d'une augmentation brutale des impôts de la population aisée, éclatent des troubles qui tournent à l'émeute populaire[88]. Des
statues de l'empereur et de membres de sa famille sont brisées. La police
municipale est débordée. Fait unique, le *comes Orientis* fait intervenir
l'armée — une troupe d'archers, cantonnée non loin de la ville. Le calme
est rétabli; et les premières sanctions contre les émeutiers sont brutales.
Le lendemain, la terreur règne dans toute la ville. Comment l'empereur
vengera-t-il une telle offense? La *boulè* décide d'envoyer une ambassade à
Constantinople pour implorer la clémence impériale. L'intervention du
général est nécessaire pour son recrutement. L'empereur dépêche deux
enquêteurs — deux hauts fonctionnaires, un païen et un chrétien — qui,
finiront par céder aux sollicitations de la *boulè* et obtiendron tle pardon de
Théodose.

Version chrétienne: Les chrétiens affolés se sont rassemblés devant la
maison de l'évêque Flavien. Celui-ci se décide à partir pour Constantinople.
Il laisse derrière lui saint Jean Chrysostome, qui rassemble chaque soir
dans la Grande Eglise la foule des fidèles, et leur adresse une série
d'homélies, les exhortant à la pénitence, leur demandant de placer leur
confiance en Dieu. Flavien revient avec le pardon impérial. Et sa conduite
entraînera de nombreuses conversions.

Jusqu'à nos jours, ces deux traditions ont gardé leurs partisans. On
trouvera un bon exposé dans l'ouvrage de P. PETIT[89]. Il s'efforce de trouver

---

[88] DOWNEY, Antioch, p. 426.
[89] PETIT, Vie Municipale, p. 238sqq.

des liens entre les deux versions. Mais Hug en 1863, Sievers en 1868, qui ont consacré des travaux à cet épisode, sont pour celle de Libanius, et laissent à la générosité des envoyés impériaux le mérite de l'intervention décisive[90]. Pour Goebel en 1910 et Baur en 1929, c'est de Flavien qu'est venu le salut[91]. Aujourd'hui encore, Petit préfère nettement la version de Libanius, Marrou celle de Jean Chrysostome[92]. Les deux camps gardent leurs partisans, et leur malheur commun les laisse divisés.

Quelle que soit l'intervention qui ait été décisive, il apparaît qu'il y a eu deux démarches parallèles, représentant chacune une des parties de la population. Faut-il donc croire que les communautés, mêlées dans la ville, dans les affaires, dans la *boulè*, étaient à ce point distinctes? L'archéologue a des raisons d'en douter: le christianisme, sauf la construction des églises ne semble pas avoir modifié le décor de la vie. Rien ne le montre mieux que la richesse des mosaïques, qui si longtemps continuent de célébrer les dieux du paganisme, en les déguisant à peine. La même image de Thétys, tantôt seule, tantôt flanquées d'Okéanos, se retrouve au moins cinq fois dans la même mer poissonneuse: au IIe siècle, sur une terrasse du Silpius, au IIIe siècle au centre d'un vaste pavement de Daphné, à Daphné encore au IVe siècle, buste avec Okéanos, au milieu du Ve siècle, dans la salle voisine de Mégalopsychia, enfin, dans la reconstruction des thermes de Tibère, en 538. C'est même là qu'une inscription nous livre son nom[93].

Nous sommes incapables de dire si ces riches maisons de Daphné, au IIIe, au IVe, au Ve siècle, sont celles de païens obstinés, ou si les chrétiens considèrent les dieux comme morts, et reprennent sans scrupules, avec un minimum de retouches, certains cartons traditionnels, pour décorer le cadre de leur existence de chrétiens, consacrée pourtant à préparer leur salut éternel, à travers un attachement fanatique à une secte ou à une autre.

La première hypothèse a sa valeur. Libanius atteste au IVe siècle l'existence de riches bouleutes païens et forme des élèves qui risquent de rester fidèles à la foi de leur maître. Même après l'échec de Julien, le conservatisme des vieilles familles sénatoriales a pu se maintenir à Antioche comme à Rome. Mais il nous faut pourtant loger les riches bouleutes chrétiens, beaucoup plus nombreux. Nous n'avons, bien sûr, aucune mosaïque à sujet chrétien: on ne s'attend pas d'ailleurs à en trouver sur le sol des maisons privées — et le défilé d'animaux du *martyrion* de Séleucie n'a pas encore reçu une interprétation satisfaisante. Mais bien des pave-

---

[90] A. Hug, Antiochia und der Aufstand des Jahres 387, Winterthur 1863, p. 165; G. R. Sievers, Das Leben des Libanius, Berlin 1868, p. 174.

[91] R. Goebel, De Johannis Chrysostomi et Libanii orationibus, quae sunt de seditione Antiochensium, Göttingen, 1910, p. 48; P. C. Baur, Der heilige Johannes Chrysostomus und seine Zeit, I. Antiochien, München 1929, p. 227.

[92] Petit, Vie municipale, p. 242, n. 9; Marrou, Nouvelle histoire de l'Eglise, p. 366.

[93] Thétis Antioch II, p. 185, n° 51 — Doro Levi, p. 186, pl. XXXIX;
    Antioch II, p. 192, n° 71 — Doro Levi, p. 38, pl. IV
    Antioch II, p. 137, pl. 80 — Doro Levi, p. 323, pl. LXXVI
    Antioch III, p. 172, n° 105 — Doro Levi, p. 256, pl. XLVIII
    Antioch III, p. 191, n° 138 — Doro Levi, p. 214, pl. CLIX

ments, au IVe et au Ve siècles, peuvent difficilement être considérés comme indemnes de toute allusion païenne. Certes, les mosaïques de chasse — encore que les belluaires empruntent parfois leurs pseudonymes à la mythologie — les pavements fleuris, peuplés ou non d'animaux, avec parfois au centre le buste d'une personnification, peuvent à la rigueur passer pour neutres. Mais Ἀπόλαυσις, la jouissance, Ἀμεριμνία, l'absence de soucis, ne sont guère des vertus chrétiennes. Dans un bain de l'Ile, vers 390, Hermès confie aux Nymphes l'enfant Dionysos. Γῆ, Καρποί, les néréides, les saisons, le phénix (même s'il a pu par ailleurs symboliser la résurrection du Christ) gardent un parfum païen[94]. On me dira qu'on le respire partout, en Occident, après la Renaissance du XVe siècle ... Le paganisme, avec le temps, a pu perdre sa virulence. Mais si tôt? Et à Antioche?

Bibliographie sommaire

Une bibliographie complète a été rassemblée par:

GLANVILLE DOWNEY, A History of Antioch in Syria from Seleucus to the Arab Conquest, Princeton 1951, pp. 697 (Abbreviations) et 713ss. (Bibliography) — cité: DOWNEY, Antioch.

Ouvrages de base:

KARL OTFRIED MÜLLER, Antiquitates Antiochenae, Göttingen 1839
RICHARD FÖRSTER, Antiochia am Orontes, Jahrbuch des K. Deutschen Archäologischen Instituts 12 (1897), p. 126ss.
Antioch on the Orontes. Publications of the Committee for the Excavation of Antioch and its Vicinity-cité: Antioch I, II, III, IV, V.
 I. The Excavations of 1932, ed. by G. ELDERKIN, Princeton 1934.
 II. The Excavations 1933—1936, ed. by R. STILLWELL, Princeton 1938.
 III. The Excavations 1937—1939, ed. by R. STILLWELL, Princeton 1941.
 IV. part I, Ceramics and Islamic Coins, ed. by F. O. WAAGÉ, Princeton 1948; part II, Greek, Roman, Byzantine and Crusaders' Coins, ed. by DOROTHY WAAGÉ, Princeton 1952.
 V. Les portiques d'Antioche, par JEAN LASSUS, Princeton 1972.
R. DEVREESSE, Le Patriarcat d'Antioche depuis la paix de l'église jusqu'à la conquête arabe, Paris 1945.
W. ELTESTER, Die Kirchen Antiochias im IV. Jh., ZNTW 36 (1937), p. 281ss.
J. FESTUGIÈRE, Antioche paienne et chrétienne. Libanius, Chrysostome et les moines de Syrie, Bibl. des écoles françaises d'Athènes et de Rome 194, Paris 1959.
L. JALABERT et R. MOUTERDE, Inscriptions grecques et latines de la Syrie, Iss., Bibliothèque archéol. et hist. 12ss., Paris 1929ss.

[94] Apolausis, Antioch III, p. 19, nᵒ 124 — DORO LEVI, p. 305, pl. LXVII
Amerimnia, Antioch III, p. 23, nᵒ 118 — DORO LEVI, p. 225, pl. LI
Hermès et Dionysos, Bain E., Antioch II, p. 81, nᵒ 36 — DORO LEVI, p. 285, pl. CLXVI
   Bain D., Antioch II, p. 180, nᵒ 33 — DORO LEVI, p. 263, pl. LXII
Phénix, Antioch II, p. 187, nᵒ 56 — DORO LEVI, p. 351, pl. LXXXIII. J. LASSUS, La mosaïque du Phénix provenant des fouilles d'Antioche, Monuments et Mémoires publiés par l'Acacadémie des Inscriptions et Belles-Lettres, XXXVI, 1938, p. 81, pl. 5.

J. Lassus, Sanctuaires chrétiens de Syrie. Essai sur la genèse, la forme et l'usage liturgique des édifices du culte chrétien, en Syrie, du IIIe siècle à la conquête musulmane, Bibliothèque archéol. et hist. 42, Paris 1944.

D. Levi, Antioch Mosaic Pavements I—II, Princeton 1947.

J. H. W. G. Liebeschuetz, Antioch. City and Imperial Administration in the Later Roman Empire, Oxford 1972.

P. Petit, Libanius et la vie municipale à Antioche au IVe siècle après J.-C., Bibliothèque archéol. et hist. 62, Paris 1955.

G. Tchalenko, Villages antiques de la Syrie du Nord. Le massif du Bélus à l'époque romaine, I—III, Bibliothèque archéol. et hist. 50, Paris 1953—1958.

Textes:

Joannis Chrysostomi Opera omnia, J. P. Migne, Patrologiae cursus completus. Ser. Graeca (= P.G.), 47—64, Paris 1858—60.

Euagrius, Historia ecclesiastica, ed. J. Bidez et L. Parmentier, Londres 1898 (réimpr. 1964).

Julien, Oeuvres complètes, J. Bidez, G. Rochefort, C. Lacombrade, Collection des Univ. de France, auteurs grecs, Paris 1932—64.

Libanius, ed. R. Förster, I—XII, Leipzig 1903—22.

A. Schenk von Stauffenberg, Die römische Kaisergeschichte bei Malalas. Griechischer Text der B. 9—12 und Untersuchungen, Stuttgart 1931.

Théodoret, Historia religiosa, P.G. 82, Paris 1859.

Procopii Caesariensis Opera omnia, recogn. J. Haury, IV, Leipzig 1913 (réimpr., avec add. et corr. par G. Wirth, Leipzig 1964).

Liste des illustrations

I. Plans

Fig. 3 (pl. II)   Antioche, 19 M. Vue d'ensemble des niveaux hellénistiques. A gauche, témoin du caniveau romain Ouest et des fondations de la colonnade Est; Lassus, Portiques, fig. 60.

Fig. 4 (pl. II)   Antioche 16 O. A droite, ateliers et trottoir d'Antiochus Epiphane, puis reprise du trottoir avec caniveau et base de colonne de la rue Hérode-Tibère; Lassus, Portiques, fig. 106.

Fig. 5 (pl. III)   Antioche, 19 M. A droite, le dallage de Justinien, au dessous rebord du portique romain; canalisations romaines et byzantines; Lassus, Portiques, fig. 38.

Fig. 6 (pl. III)   Antioche 16 O. Sous la rue, voûtes hellénistiques, pour le passage des eaux du torrent Parmenios, voir coupe, plan F; Lassus, Portiques, fig. 172.

Fig. 7 (pl. IV)   Daphné, fouilles dans l'oliveraie. A gauche, niveau du IIIe siècle, mosaïque du «Buffet Supper». A droite, maison des pavements fleuris (après le tremblement de terre de 458). Comparer Antioch III, fig. 34.

Fig. 8 (pl. V)   Antioche, 19 M. Fondations de la colonnade de la rue romaine monumentale; Lassus, Portiques, fig. 47.

Fig. 9 (pl. V)   Antioche, Tête d'un tétrarque (porphyre); Antioch II, fig. 136.

Fig. 10 (pl. VI)   Daphné, Mosaïque de Megalopsychia, Bordure topographique: monuments de Daphné, Sources et châteaux d'eau, Bain d'Ardabur, stade olympique, ateliers du Martyrion; Lassus, Portiques, fig. 187a.

Fig. 11 (pl. VI)   Daphné, Bordure topographique: rue à colonnade et rues transversales; Lassus, Portiques, fig. 187b.

Fig. 12 (pl. VII)   Daphné, Bordure à motif sassanide de la mosaïque du Phénix (Ve siècle), Musée du Louvre; Antioch II, fig. 56.

Fig. 13 (pl. VII)   Antioche, Mosaïque du IIe siècle — détail: tête d'Okeanos (Musée d'Antioche).

Fig. 14 (pl. VIII) Antioche, Musée: Eulogie de Saint Syméon le thaumaturge (hauteur: 28 cm).

Apamée de Syrie, archéologie et histoire.
I. Des origines à la Tétrarchie

par Janine et Jean Charles Balty, Bruxelles

Table des matières

Introduction

L'on ne dispose malheureusement pas, pour retracer l'histoire d'Apamée, de sources aussi abondantes que celles dont bénéficie l'historien
d'Antioche, sa voisine et parfois rivale, chef-lieu, dès l'origine, de la province romaine de Syrie et l'une des quatre grandes métropoles de l'Empire[1].
Il ne saurait donc être question d'en suivre pas à pas les heurs et malheurs
tout au long de la période couverte par cette notice mais bien plutôt d'en
saisir le caractère, d'en déterminer les grandes étapes, au gré de l'intérêt
que lui a porté tel ou tel auteur à l'occasion d'un fait déterminant de son
histoire, d'en comprendre les phases de l'évolution urbaine, d'en cerner la

---

[1] Pour Antioche, cf., en dernier lieu, G. Downey, A History of Antioch in Syria from
   Seleucus to the Arab Conquest (Princeton, 1961) et la mise au point ici-même, J. Lassus,
   La ville d'Antioche à l'époque romaine d'après l'archéologie, dans ce volume (ANRW
   II 8), pp. 54—102.

problématique. L'on ne s'étonnera donc pas des lacunes du tableau: un rappel sommaire, des principaux événements dans le cadre de la province suffira à situer par rapport à l'ensemble ces périodes qui reçoivent l'éclairage particulier d'une documentation par ailleurs défaillante et constituera le lien unissant ces volets par moment disparates. Plutôt que d'une histoire proprement dite de la ville, c'est de problèmes d'archéologie et d'histoire qu'il s'agira avant tout; on voudra bien s'en souvenir au fil de ces pages.

I. Le cadre géographique[2]

On connaît la situation d'Apamée, dans la moyenne vallée de l'Oronte, aux deux-tiers environ du cours du fleuve, des alentours de Baalbeck où il a ses sources au voisinage d'Antioche où il se jette dans la Méditerranée[3]. En bordure du plateau steppique de la Syrie du Nord dont les Villes Mortes, romaines et byzantines, ont fait ces quarante dernières années l'objet d'études[4], la ville qu'une chaîne montagneuse presque ininterrompue (Djebel Ansarīye ou Monts Alaouites[5]) sépare de la mer et de son port naturel Laodicée, l'actuelle Lattaquié[6] — surplombe d'une centaine de mètres, à l'est de l'Oronte, la profonde cuvette du Ghāb[7], plaine intérieure du grand fossé d'effondrement (*rift valley*) qui sillonne, du sud au nord, tout le Proche-Orient. L'éperon rocheux portant aujourd'hui le village de

---

[2] D'une manière générale, et pour l'ensemble du pays, on se reportera à E. WIRTH, Syrien. Eine geographische Landeskunde (Darmstadt, 1971) qui dispose notamment d'un bel appareil de cartes et d'une abondante et remarquable bibliographie (pp. 465—520).

[3] Sur l'Oronte, cf. J. WEULERSSE, L'Oronte. Etude de fleuve (Tours, 1940) et, plus récemment, l'Avant-projet El Ghab (La Haye, 1953), annexe 15.

[4] Cf. principalement G. TCHALENKO, Villages antiques de la Syrie du Nord. Le massif du Bélus à l'époque romaine = Bibl. archéol. et hist. L (Paris, 1953—1958) et, pour la région plus à l'est, J. LASSUS, Inventaire archéologique de la région au nord-est de Hama (Damas, 1935); immédiatement au nord d'Apamée, cf. aussi P. CANIVET et M. T. FORTUNA, Recherches sur le site de Nikertai, dans Ann. arch. arabes syr., XVIII (1968), pp. 37—54; M. T. FORTUNA CANIVET, Ricerche archeologiche nell'Apamene, dans Rend. Ist. lomb., Cl. lettere, CIII (1969), pp. 799—812; P. et M. T. CANIVET, En Syrie. Recherches archéologiques dans l'Apamène paléo-byzantine, dans Vie des arts, XIV (1970), pp. 94—97; M. T. CANIVET, Sites chrétiens d'Apamène, dans Syria, XLVIII (1971), pp. 295—321.

[5] Pour ceux-ci, cf. J. WEULERSSE, Le pays des Alaouites (Tours, 1940).

[6] Pour la Laodicée gréco-romaine, en l'attente encore du tome II de G. SAADÉ, Histoire de Lattaquié (le t. I, Damas, 1964, est entièrement consacré aux «problèmes des origines»), cf. E. HONIGMANN, s. v. Laodicea am Meere, dans la Realencyclopädie, XII, 1 (1924), coll. 713—718 et, du point de vue archéologique, la remarquable étude de J. SAUVAGET, Le plan de Laodicée-sur-mer, dans Bull. ét. or., IV (1934), pp. 81—114 (reprise dans le Mémorial Jean Sauvaget I [Damas, 1954], pp. 101—145), complété par ID., Le plan de Laodicée-sur-mer (note complémentaire), ibid., VI (1936), pp. 51—52.

[7] Cf. R. THOUMIN, Le Ghab (Grenoble, 1936) et, plus récemment, l'Avant-projet El Ghab, cit., passim.

Qal'at el-Muḍīq[8] fut l'acropole gréco-romaine, le lieu aussi des premiers
établissements humains[9]; la ville proprement dite se développa à ses pieds,
sur le plateau, dominant le talus abrupt qui le sépare de la vallée. Elle
«jouissait d'une campagne abondante et fertile»[10], «de larges marais et de
très vastes pâturages où paissent un peu partout des bœufs et des chevaux»[11]; son lac, très poissonneux, contient un très grand nombre de
silures[12] qui en firent, jusqu'à ces toutes dernières années, la renommée
auprès des voyageurs[13]; «toute cette région qui regorge d'une grasse fécondité est aussi propice aux arbres qu'aux troupeaux et à la vigne»[14].

[8] Une étude géologique du tell a été entreprise; cf. C. Ek, Levé géologique des environs de
Qal'at el-Muḍīq. Note préliminaire, dans Apamée de Syrie. Bilan des recherches archéo-
logiques 1969—1971. Actes du colloque tenu à Bruxelles, avril 1972, éd. par J. et J. Ch.
Balty e. a. = Fouilles d'Apamée de Syrie, Miscellanea VII (Bruxelles, 1972), cité:
Colloque Apamée de Syrie, II (1972), pp. 33—48 et dépliants.

[9] Cf. M. Dewez, Découvertes préhistoriques à Apamée, dans Syria, XLV (1968), pp. 202—
203; Id., Découvertes préhistoriques, dans Apamée de Syrie. Bilan des recherches archéologiques 1965—1968. Actes du colloque tenu à Bruxelles, avril 1969, éd. par J. Balty
e. a. = Fouilles d'Apamée de Syrie, Miscellanea VI (Bruxelles, 1969), cité: Colloque
Apamée de Syrie, I (1969), pp. 53—59 (repris dans J. et J. Ch. Balty et M. Dewez,
Un chantier de recherches archéologiques belges en Syrie: Apamée sur l'Oronte [Bruxelles,
1970], pp. 19—24); Id., Premières observations sur les industries lithiques de Qalaat-el-
Moudiq, dans Ann. arch. arabes syr., XX (1970), pp. 127—131.
Pour le contexte, dans la moyenne vallée de l'Oronte, cf. W. J. van Liere, The Pleistocene
and Stone Age of the Orontes River (Syria), dans Ann. arch. arabes syr., XVI, 2 (1966),
pp. 8—29 et la fouille de Latamne: J. D. Clark, The Middle Acheulian Occupation Site at
Latamne, Northern Syria, ibid., pp. 31—74; J. D. Clark et A. van Dusen Eggers,
Further Excavations (1965) at the Middle Acheulian Occupation Site at Latamne, Northern
Syria: General Results, Definitions and Interpretations, ibid., pp. 75—113 et J. de Hein-
zelin, Geological Observations near Latamne, ibid., pp. 115—120. Une première synthèse
des différentes phases du développement culturel de ces régions est fournie par J. Perrot,
Premiers villages de Syrie et de Palestine, dans Comptes rendus Acad. Inscr. et Belles-
Lettres (1968), pp. 161—177.

[10] Strabon, Geogr., XVI, 2, 10: καὶ χώρας εὐπορεῖ παμπόλλης εὐδαίμονος.

[11] Ibid.: ἕλη πλατέα λειμῶνάς τε βουβότους καὶ ἱπποβότους διαχεομένους ὑπερβάλλοντας
τὸ μέγεθος. Cf. également, quelque deux cents ans plus tard, l'intéressante évocation
du Ps.-Oppien, Cyn., II, 100—108 et 150—151, originaire lui-même d'Apamée (ibid.,
127, ἐμὴν πόλιν), évocation où apparaissent ces Σύριοι ταῦροι (cf. Pline, Nat. hist.,
VIII, 45, 179: Syriacis non sunt palearia sed gibber in dorso) fréquemment figurés dans la
mosaïque de ces régions (cf. D. Levi, Antioch Mosaic Pavements [Princeton, 1947], p. 319
et n. 6 ibid.; à Apamée, cf. C. Dulière, Mosaïques des portiques de la Grande Colonnade
[Bruxelles, 1973], p. 40 et pl. XXIX); des troupeaux de buffles ont, depuis lors, pris la
relève (cf. J. Weulersse, Le pays des Alaouites, cit., p. 374 et pl. CV, 233) mais tendent
à disparaître ces dernières années par suite de l'assèchement des terres marécageuses.

[12] Cf. Elien, Nat. anim., XII, 29: εἶεν δ' ἂν οἱ αὐτοὶ τρόφιμοι (sc. σίλουροι) καὶ 'Ορόντου
τοῦ Σύρων, καὶ μέντοι καὶ Πτολεμαῖος ποταμὸς μεγίστους τρέφει, καὶ λίμνη δὲ ἡ 'Απαμεῖτις.

[13] Cf. principalement J. Gaulmier, Notes sur la pêche du silure dans la vallée du Ghab, Mél.
Inst. franç. Damas I (Beyrouth, 1929), pp. 19—25, mais aussi R. Thoumin, op. cit.,
pp. 57—60 et J. Weulersse, Le pays des Alaouites, cit., pp. 374—375.

[14] Priscien, Periegesis, 862—863: Haec omnis pingui tellus est ubere laeta, / arboribus pariter
pecorique et commoda uiti. Cf. Denys, Periegesis, 921—922 (Πᾶσα δέ τοι λιπαρή τε καὶ εὔ-
βοτος ἔπλετο χώρη, / μῆλά τε φερβέμεναι καὶ δένδρεσι καρπὸν ἀέξειν) et la Paraphrasis
anonymi, ad. loc. (éd. Geogr. graeci minores, éd. K. Müller, II [Paris, 1861, repr. Hildesheim, 1965], p. 421).

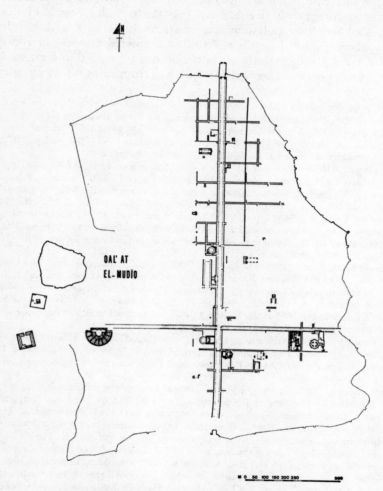

Plan d'ensemble de la ville et des vestiges mis au jour

Nombre d'inscriptions, peintes en façade des boutiques sous les portiques de la Grande Colonnade[15], aux périodes romaine et byzantine, ont récemment livré le tarif de ces vins jeunes et vieux dont s'enorgueillissait la contrée; Elagabal, dans sa démence, ne faisait-il point remplir les mangeoires de ses chevaux de raisins de l'Apamène[16]? A la fertilité du plateau, plus systématiquement irrigué que de nos jours et dont les céréales constituaient la principale richesse[17], s'ajoutait celle du Massif Calcaire, aux innombrables oliveraies[18] et des berges de l'Oronte que les norias[19] avaient déjà transformées en jardins (pl. I,1).

C'est bien de tout cet arrière-pays agricole que l'opulente Antioche tirait une bonne part de ses ressources[20], comme aussi de l'important trafic commercial de la province, dont la densité du réseau routier[21] aide à mesurer l'ampleur de l'infrastructure. L'antique Apamée n'en était pas un des moindres pivots et des dizaines de marchands de la région nous sont connus, notamment aux IVe, Ve et VIe siècles de notre ère, par les épi-

---

[15] Ces inscriptions, découvertes à l'occasion des travaux d'anastylose entrepris par le Service d'architecture de la Direction générale des antiquités et musées de Damas sur le tronçon de la colonnade situé face à l'église à atrium (portique ouest du cardo; cf. déjà, pour la décoration peinte du même tronçon, L. REEKMANS, Fresques des portiques de la Grande Colonnade, dans Colloque Apamée de Syrie, I [1969], pp. 117—121 [repris sous le titre 'Remarques sur la décoration peinte des portiques de la Grande Colonnade d'Apamée (section VI. 17)', dans Ann. arch. arabes syr., XX [1970], pp. 133—138) seront prochainement éditées par les soins de W. VAN RENGEN, Inscriptions grecques et latines = Fouilles d'Apamée de Syrie, IV, 1.

[16] Hist. Aug., Vita Heliog., 21, 2: *misit et uuas Apamenas in praesepia equis suis.* — El Bara, au cœur même du djebel, et Ma'arret en-No'mān comptaient au nombre des centres de production les plus importants, cf. IGLS, IV (1955), 1459 et 1462 (El Bara) et CIG, 9612 (Arra-Ma'arret). — Il n'est malheureusement pas entièrement assuré que le passage de Pline, Nat. hist., XIV, 7, 75 (*Apamenum (uinum) mulso praecipue conuenire dicitur*) se rapporte à Apamée de Syrie.

[17] Cf. G. TCHALENKO, op. cit., I, p. 423 (n. 3 de la p. 422) et n. 1 p. 424.

[18] Ibid., I, passim et pp. 68—70, 407 principalement.

[19] Sur les norias de la vallée de l'Oronte, cf. J. WEULERSSE, L'Oronte, cit., pp. 55—59, fig. 28—29 ibid. et pll. VI—X; tout récemment, T. SCHIØLER, Roman and Islamic Water-lifting Wheels (Odense, 1973), pp. 37—39, figg. 1 p. 8 et 33—34 p. 38. Une remarquable mosaïque datée de 469 de notre ère, sous les portiques de la Grande Colonnade d'Apamée, en fournit la plus ancienne illustration; cf. F. MAYENCE, La troisième campagne de fouilles à Apamée, dans Bull. Mus. roy. art et hist., 3e sér., V (1933), p. 6 et fig. 5 p. 5; en dernier lieu, C. DULIÈRE, Mosaïques des portiques de la Grande Colonnade, cit., p. 37—38, pll. XXII, XXV et LXI.

[20] Cf. G. TCHALENKO, op. cit., I, n. 3 p. 422 et déjà J. WEULERSSE, Antioche. Essai de géographie urbaine, dans Bull. ét. or., IV (1934), pp. 30—36 (pour l'immédiat arrière-pays de la ville, plus particulièrement).

[21] Pour l'ensemble du réseau, cf. R. MOUTERDE et A. POIDEBARD, Le limes de Chalcis. Organisation de la steppe en Haute Syrie romaine = Bibl. archéol. et hist. XXXVIII (Paris, 1945), carte 1 en frontispice et dépliant en fin de colume; de manière plus précise, pour certains tronçons, G. TCHALENKO, op. cit., II, pll. XXXIX et CCIV. Au départ même d'Apamée, l'étude de plusieurs tracés devrait être reprise. — Pour les stations syro-palestiniennes de l'itinéraire d'Egypte à Constantinople, cf. P. THOMSEN, Neue Beiträge und Funde zur Orts- und Länderkunde von Syrien und Palästina, dans Zeitschr. deutschen Paläst.-Vereins, LXV (1942), pp. 123—127.

taphes qui rappellent leur origine lointaine dans les centres actifs de tout le bassin méditerranéen, de la Pisidie[22] proche et de Rhodes[23] à Varna[24] et Salone[25], Aquileia[26], Concordia[27] et Rome[28].

II. De la préhistoire à la fondation séleucide

Sur ces premières hauteurs dominant la vallée de l'Oronte, les vestiges les plus anciens d'une occupation par l'homme ne sont souvent que ceux de simples campements provisoires et l'on ne s'y attardera pas ici dans une introduction qui vise essentiellement à retracer les étapes de l'habitat, puis de l'hellénisation du site. La découverte, en contrebas du flanc ouest de l'enceinte, d'un gisement assez abondant d'éclats de technique dite Levallois, remontant au paléolithique moyen (50.000—32.000 avant notre ère), n'atteste que la présence d'un remarquable atelier de taille de silex[29]; l'outillage néolithique par contre[30] provenant des sondages effectués à la base du *tell*, même s'il n'est malheureusement pas en place, le plus souvent, témoigne cependant déjà sans doute de la sédentarisation à cet endroit de peuplades adonnées à la cueillette et à l'agriculture, dans la vallée et sur le plateau. Au Chalcolithique, au Bronze Ancien et au Bronze Moyen, le *tell*, au pied duquel les sondages stratigraphiques se multiplient ces dernières années[31] est assurément l'un des plus importants de toute la région, ainsi

---

[22] Cf. J. KEIL et A. WILHELM, Denkmäler aus dem Rauhen Kilikien = Mon. Asiae min. ant., III (Manchester, 1931), nᵒˢ 445 p. 165, 507 p. 175, 563 p. 182 et 642 p. 192 en tout cas; mais aussi peut-être certains des textes mentionnés à la p. 138 à l'occasion du commentaire du nᵒ 248.

[23] A. MAIURI, Nuova silloge epigrafica di Rodi e Cos (Florence, 1925), nᵒ 148 p. 85 et nᵒ 163 p. 88.

[24] J. H. MORDTMANN, Zur Topographie des nördlichen Syriens aus griechischen Inschriften, dans Zeitschr. deutschen Morgenländ. Gesell., XLI (1887), p. 302.

[25] CIL, III, 1, p. 354 ad nᵒ 2659 (cf. J. H. MORDTMANN, loc. cit., nᵒ 13 p. 305); R. EGGER dans Forschungen in Salona, II (Vienne, 1928), nᵒˢ 107 p. 82, 139 p. 87, 217 p. 100, 224 p. 101 et éventuellement aussi 196 p. 98; cf. également P. THOMSEN, Neue Beiträge, cit., pp. 140—141.

[26] IG, XIV, 2359; G. BRUSIN, Nuove epigrafi cristiane di Aquileia, dans Riv. arch. crist., XLIII (1967), nᵒ 10 pp. 43—45; cf. L. RUGGINI, Ebrei e Orientali nell'Italia settentrionale fra il IV e il VI secolo d.C., dans Stud. doc. hist. iur., XXV (1959), p. 279.

[27] IG, XIV, 2324—2329, 2332, 2334 = CIL, V, 8723, 8725, 8727—8732; cf. L. RUGGINI, loc. cit., n. 16 p. 259.

[28] CIG, 9730 (cf. J. H. MORDTMANN, loc. cit., nᵒ 17 p. 305).

[29] Cf. surtout M. DEWEZ, Découvertes préhistoriques, cit., dans Colloque Apamée de Syrie, I (1969), pp. 53—57 et fig. 1 ibid.

[30] Ibid., pp. 57—59 et fig. 2 ibid. mais surtout ID., Premières observations sur les industries lithiques de Qalaat-el-Moudiq, dans Ann. arch. arabes syr., XX (1970), pp. 127—131.

[31] Cf. déjà D. COLLON et ABD. ZAQZOUQ, Céramique des carrés A1 et B1 ouverts au flanc du tell en 1970 et 1971, dans Colloque Apamée de Syrie, II (1972), pp. 65—77. Deux nouveaux carrés, A2 et A3, ont été ouverts en 1972 et 1973 respectivement; l'ensemble du secteur A1—A3 a fait l'objet d'une publication approfondie: D. COLLON, CL. et M. OTTE et ABD. ZAQZOUQ, Sondages au flanc sud du tell de Qal' at el Muḍīq = Fouilles d'Apamée de Syrie, Miscellanea XI (Bruxelles, 1975).

qu'il ressort d'un survey récent[32]; silex et poterie chalcolithiques, céramique peinte apparentée à celle de l'Obeid du Nord (vers 3.500), riches tombes du Bronze Ancien analogues à celles de Tell Aḥmar–Til Barsib, strates successives de la période de transition Bronze Ancien—Bronze Moyen révèlent bien la densité de cet habitat de plaine avant les premières mentions historiques, au Bronze Récent. Le site de Qalʿat el-Muḍīq paraît bien avoir été alors en effet la puissante Niya (ou Nii)[33] dont parlent aussi bien les textes hittites et cunéiformes que les tablettes d'Amarna et ces listes de villes syriennes, bulletins de victoire des armées égyptiennes de la XVIIIe dynastie qui en précisent justement la localisation sur le cours moyen de l'Oronte à proximité d'un lac où Thoutmès III et déjà peut-être Thoutmès Ier chassèrent l'éléphant, dans le biotope particulier d'une vallée marécageuse qui explique encore, selon toute vraisemblance, un peu plus de mille ans après, le choix de la future Apamée comme centre des haras de l'armée séleucide[34]. Sous un autre nom sans doute, jusqu'ici inconnu, elle s'inscrit, au début du Ier millénaire, dans le royaume de Hama[35], au sein de cette communauté d'Etats hittites attardés de la Syrie du Nord dont elle suivra les vicissitudes avant d'être englobée, avec eux, dans l'empire assyrien puis de subir le joug babylonien.

C'est à l'époque perse qu'elle reparaît à nos yeux, si l'on suit du moins notre hypothèse[36], relative au nom de Pharnakè que lui attribue à l'origine la tradition antique[37]; l'on ne peut s'empêcher en effet de retrouver dans ce nom celui de Pharnakes[38], fils d'un satrape perse de la fin du Ve siècle et père du fameux Pharnabaze dont on a précisément pu se demander s'il n'était pas le grand-père maternel d'Apama, femme de Séleucus, et l'époux lui-même d'une première Apama, fille d'Artaxerxès II Mnemon[39]. La ville avait pu faire partie de ces possessions personnelles des

---

[32] J.-CL. COURTOIS, Les tells du Ghab. La moyenne vallée de l'Oronte à l'âge du bronze, dans Colloque Apamée de Syrie, II (1972), pp. 79—84 (carte p. 80) et surtout ID., Prospection archéologique dans la moyenne vallée de l'Oronte: el Ghab et er Roudj (Syrie du Nord-Ouest), dans Syria, L (1973), pp. 53—99 (carte pp. 56—57; pour Qalʿat el-Muḍīq, pp. 68—70).

[33] En dernier lieu, H. KLENGEL, Geschichte Syriens im 2. Jahrtausend vor unserer Zeitrechnung, II. Mittel- und Südsyrien = Dt. Akad. d. Wiss. Berlin, Inst. f. Orientforschg., Veröff. LXX (Berlin, 1969), pp. 58—74 et J. CH. BALTY, Le problème de Niya, dans Colloque Apamée de Syrie, II (1972), pp. 53—63. Contra, tout récemment encore, J.-CL. COURTOIS apud J. CH. BALTY, ibid., p. 64 et M. LIVERANI, à propos du livre de H. KLENGEL, dans Orientalia, XXXIX (1970), pp. 451—452.

[34] Sur ce dernier point, J. CH. BALTY, loc. cit., pp. 59—60 et 63 (carte face à la p. 54).

[35] Cf. les données de l'inscription publiée par B. HROZNÝ, L'inscription «hittito»-hiéroglyphique d'Apamée, dans Syria, XX (1939), pp. 134—135 et fig.; pour un complément de lecture, cf. H. TH. BOSSERT, Zu den Tafeln V—XVI, dans Jahrb. Kleinasiat. Forsch., II (1951), pp. 110—112 et pl. XVIa.

[36] J. et J. CH. BALTY, Le cadre topographique et historique, dans Colloque Apamée de Syrie, I (1969), n. 2 p. 31.

[37] Cf. Malalas, Chron., VII, p. 203, 13: κώμην πρῴην λεγομένην Φαρνάκην; Eustathe, comm. à Denys Pér., v. 918: ποτὲ μὲν κώμη οὖσα καὶ Φαρνάκη καλουμένη.

[38] Cf. J. MILLER, s. v. Pharnakes, 3b, dans la Realencyclopädie, XIX, 2 (1938), col. 1853.

[39] W. W. TARN, Queen Ptolemaïs and Apama, dans Class. Quart., XXIII (1929), pp. 139—141.

princesses perses attestées dans la région — à vrai dire quelque peu plus loin, au nord-est[40] — par un intéressant texte de Xénophon[41]. Tout au long de ce dernier siècle de l'histoire perse, elle aurait été liée ainsi, et de manière assez directe, à la dynastie achéménide; dans ce contexte s'expliquerait tout naturellement que le nom d'Apamée lui ait été ultérieurement attribué par Séleucus[42] plutôt qu'à quelque autre ville de la Tétrapolis. Quoi qu'il en soit, c'est de ce moment de son histoire que date le petit couvercle de pyxide à figures rouges (pl. I,2) découvert en 1968 au flanc est du *tell*[43], témoignant s'il en était besoin — à côté de tant d'autres importations depuis longtemps notées pour le Proche-Orient[44] — de l'hellénisation de l'empire; encore qu'isolé jusqu'ici parmi nos trouvailles, le document, qui constitue la plus ancienne manifestation de la présence grecque dans la vallée de l'Oronte, n'en est pas moins parfaitement significatif et d'une réelle importance. Le village reçut, après la bataille d'Issos (333) et la victoire d'Alexandre, le nom de Pella[45] et dut être, comme tel, le siège

[40] Le long du Χάλος identifié le plus généralement avec le Queiq, aux alentours d'Alep; cf. R. DUSSAUD, Topographie historique de la Syrie antique et médiévale = Bibl. archéol. et hist. IV (Paris, 1927), p. 473.

[41] Xénophon, Anab., I, 4, 9 (je dois la connaissance de ce passage à l'amitié de P.-L. VAN BERG). C'est dans le même sens que l'interprète H. SEYRIG, Seleucus I and the Foundation of Hellenistic Syria, dans les actes du colloque The Role of the Phoenicians in the Interaction of Mediterranean Civilizations. Papers presented to the Archaeological Symposium at the American University of Beirut, March 1967 (Beyrouth, 1968), p. 61.

[42] Ci-dessous, n. 52 p. 112.

[43] Cf. FR. VANDENABEELE, Un couvercle de pyxide à figure rouge découvert sur le flanc du tell, appendice à J. et J. CH. BALTY, Le cadre topographique et historique, cit., pp. 47—49, fig. ibid. et pl. VIII, 2—3.

[44] En dernier lieu, cf. C. CLAIRMONT, Greek Pottery from the Near East, dans Berytus, XI (1954—1955), pp. 85—145 passim (pp. 88—91 et 109—136 pour la période envisagée ici et carte fig. 2 p. 97); pour la Syrie du Nord, cf. également, depuis lors, M. DUNAND, A. BOUNNI et N. SALIBY, Fouilles à Tell Kazel, dans Ann. arch. Syrie, XIV (1964), p. 8; P. COURBIN, Rapport sur la fouille de Ras el Bassit 1971, ibid., XXII (1972), pp. 47—48, figg. 20—23 p. 59. Pour une période plus ancienne, cf., outre ces mêmes auteurs, G. PLOUG, The Aegean, Corinthian and Eastern Greek Pottery and Terracotas = Sūkās, II (Copenhague, 1973).

[45] Strabon, Geogr., XVI, 2, 10: ἐκαλεῖτο δὲ καὶ Πέλλα ποτὲ ὑπὸ τῶν πρώτων Μακεδόνων διὰ τὸ τοὺς πλείστους τῶν Μακεδόνων ἐνταῦθα οἰκῆσαι τῶν στρατευομένων, τὴν δὲ Πέλλαν ὥσπερ μητρόπολιν γεγονέναι τῶν Μακεδόνων τὴν Φιλίππου καὶ Ἀλεξάνδρου πατρίδα (cf. également, mais avec moins de précision, Diodore, Exc., XXI, 20); à sa suite, cf. à nouveau Malalas, VII, p. 203, 15 et Eustathe, cit., ad v. 918 ainsi qu'Etienne de Byzance, s. v. Ἀπάμεια. — L'on en a fait parfois une fondation d'Antigone, vers 315—313, contemporaine dès lors de celles de Séleucie et d'Antigonia au nord-est d'Antioche (pour ces dernières, G. DOWNEY, A History of Antioch, cit., pp. 56—66 passim), cf. J. BELOCH, Griechische Geschichte, III, 1 (Strasbourg, 1904), p. 263 = 2e éd., IV, 1 (Berlin–Leipzig, 1925), p. 253; avec plus de nuances, V. TSCHERIKOWER, Die hellenistischen Städtegründungen von Alexander dem Großen bis auf die Römerzeit = Philologus, suppl. XIX, 1 (Leipzig, 1927), pp. 158—159. Le texte même de Strabon (ὑπὸ τῶν πρώτων Μακεδόνων) ne laisse guère de doute finalement quant à la solution à adopter (sur laquelle nous avions également hésité un moment, cf. J. et J. CH. BALTY, Le cadre topographique et historique, cit., p. 31).

d'une garnison macédonienne[46] établie dans l'arrière-pays d'Arados après la soumission de celle-ci et de son territoire[47] ou, plus vraisemblablement encore, au moment de l'occupation même de la Coele-Syrie par Ménon désigné, à la mort d'Andromachos (hiver 332/331), comme satrape de cette province et doté d'effectifs de cavalerie εἰς φυλακὴν τῆς χώρας[48]. C'est une fois de plus l'acropole dominant l'Oronte que représente l'antique Pella; aucun vestige toutefois, à l'exception peut-être des plus anciens tessons de céramique à vernis noir rencontrés sur le *tell*, ne remonte à cette phase de l'occupation du site, dont la durée d'ailleurs n'est que d'un tiers de siècle. Quant à l'autel de Zeus Bottiaios que certains historiens modernes voudraient y rattacher au passage du conquérant[48bis], il n'a jamais été érigé à Pella-Apamée mais bien à Antioche; la tradition est parfaitement claire sur ce point[48ter].

III. Fondation et histoire de la ville à l'époque hellénistique

A la suite de la rencontre d'Ipsos (301), où les forces coalisées de Lysimaque et de Séleucus écrasèrent les armées d'Antigone le Borgne, la Syrie échut à Séleucus[49]. Celui-ci possédait déjà la Babylonie — où était établie sa capitale, Séleucie du Tigre —, ainsi que de vastes satrapies vers l'est jusqu'à l'Inde. Conscient de ce que représentait pour lui, du point de vue

---

[46] Sur le véritable caractère des «fondations» d'Alexandre, cf. G. Downey, op. cit., n. 10 p. 55.

[47] Arrien, Anab., II, 13, 8: . . . καὶ Σιγῶνα καὶ Μαριάμμην πόλιν καὶ τἆλλα ὅσα τῆς σφῶν ἐπικρατείας ἐνδίδωσιν. (Ces villes seraient Saḥyūn et Maryamīn, cf. R. Dussaud, Topographie historique, cit., pp. 121, 149 et 97—98 respectivement; H. Seyrig, Antiquités syriennes, 49. Aradus et sa pérée sous les rois séleucides, dans Syria, XXVIII (1951), n. 1 p. 207 = Id., Antiquités syriennes, IV = Inst. franç. d'archéologie de Beyrouth, Publ. hors série, VIII (Paris, 1953), n. 1 p. 186.

[48] Arrien, Anab., II, 13, 7; cf. Quinte Curce, IV, 8, 9—11 et, pour le rétablissement d'une chronologie correcte des faits, O. Leuze, Die Satrapieneinteilung in Syrien und im Zweistromlande von 520—320, dans Schriften Königsb. Gelehrten Gesell., Geisteswiss. Kl., XI, 4 (Halle, 1935), pp. 413—418.

[48bis] E. R. Bevan, The House of Seleucus, I (Londres, 1902), p. 215; à sa suite: P. Jouguet, L'impérialisme macédonien et l'hellénisation de l'Orient = L'Évolution de l'humanité, XV (Paris, 1926), p. 113; cf. également F.-M. Abel, Alexandre le Grand en Syrie et en Palestine, dans Rev. bibl., XLIV (1935), p. 61 et Id., Géographie de la Palestine, II = Études bibliques, XXVIII (Paris, 1938), p. 127.

[48ter] Cf. Libanius, Or., XI, 72—77, 87 et 250; Malalas, p. 200, 18—20 et, pour le commentaire, G. Downey, op. cit., pp. 54—55, 67—68 (et n. 62 ibid.).

[49] A la mort d'Alexandre, la Syrie avait été donnée en satrapie à Laomédon (cf. P. Jouguet, op. cit., p. 141 et n. 1; A. H. M. Jones, The Cities of the Eastern Roman Provinces [Oxford, 1971²], p. 237; conquise en 319 par Ptolémée (P. Jouguet, op. cit., p. 159 où la date donnée est 317; A. H. M. Jones, ibid.), elle fut envahie en 315 par Antigone (P. Jouguet, op. cit., p. 173; A. H. M. Jones, ibid.) aux mains de qui elle resta jusqu'à la bataille d'Ipsos.

économique non moins que militaire, cet accès à la Méditerranée, il entreprit aussitôt une colonisation intensive de son nouveau territoire. Entravé dans le sud du pays par les possessions des Ptolémées, c'est sur la Syrie du Nord qu'il concentra tout son effort[50], y fondant successivement quatre villes, comme en témoigne Strabon[51]: «Antioche sous Daphné, Séleucie de Piérie, Apamée et Laodicée, villes que l'on disait sœurs en raison de leur entente, fondations de Séleucus Nicator; or donc, à la plus grande, il donna le nom de son père, à la mieux fortifiée le sien; pour ce qui est des autres, Apamée reçut le nom de sa femme Apama[52] et Laodicée, de son côté, celui de sa mère». Les dates de fondation de Séleucie et d'Antioche — en l'an 300 avant notre ère — sont connues avec précision[53]; l'on ignore tout par contre de celles d'Apamée et de Laodicée, mais, en liant explicitement la création des quatre villes, le témoignage de Strabon invite suffisamment à placer vers le même moment aussi la fondation des deux dernières[54]. Sur

---

[50] Cf. aussi H. SEYRIG, Seleucus I and the Foundation of Hellenistic Syria, cit., p. 59.

[51] Strabon, Geogr., XVI, 2, 4: μέγισται δὲ τέτταρες, Ἀντιόχεια ἡ ἐπὶ Δάφνῃ καὶ Σελεύκεια ἡ ἐν Πιερίᾳ καὶ Ἀπάμεια δὲ καὶ Λαοδίκεια, αἵπερ καὶ ἐλέγοντο ἀλλήλων ἀδελφαὶ διὰ τὴν ὁμόνοιαν, Σελεύκου τοῦ Νικάτορος κτίσματα· ἡ μὲν οὖν μεγίστη τοῦ πατρὸς αὐτοῦ ἐπώνυμος, ἡ δ' ἐρυμνοτάτη αὐτοῦ, αἱ δ' ἄλλαι ἡ μὲν Ἀπάμεια τῆς γυναικὸς αὐτοῦ Ἀπάμας, ἡ δὲ Λαοδίκεια τῆς μητρός. A sa suite, Malalas, Chron., VII, p. 203, 13—15; Eustathe, comm. à Denys Pér., v. 918; Étienne de Byzance, s. v. Ἀπάμεια mais aussi de nombreux auteurs encore dont Appien, Syr., 57.

[52] C'est bien du nom de sa femme (Strabon, loc. cit.) et non de celui de sa mère (Étienne de Byzance, loc. cit.) ou de sa fille (Malalas, loc. cit.) que Séleucus Nicator tira l'appellation de la ville: cf. aussi V. TSCHERIKOWER, Die hellenistischen Städtegründungen, cit., p. 61. Contrairement à E. HONIGMANN (s. v. Syria, dans la Realencyclopädie, IV A, 2 [1932], col. 1611), nous estimons en effet que la fondation d'Apamée remonte à Séleucus et non à son fils Antiochus Ier: le nouveau mariage du roi avec Stratonice, fille de Démétrius Poliorcète doit être en fait postérieur à la création de la Tétrapole en Syrie du Nord et n'est d'ailleurs sans doute pas incompatible avec la fondation d'une ville portant le nom d'une première épouse; d'autre part, le témoignage de Diodore (Exc., XXI, 20), où la ville est encore appelée Pella dans le contexte d'événements relatifs à l'année 285, n'a pas nécessairement plus de valeur que les données de Strabon: il est complètement isolé et peut très bien se faire l'écho d'une persistance de dénomination ancienne à une époque où elle a déjà officiellement disparu. L'on ne peut guère accepter non plus l'idée que la fondation date bien de Séleucus mais qu'elle ait porté au début le nom de Pella, sous le seul prétexte qu'une ville de ce nom figure dans la liste des créations de Nicator fournie par Appien (Syr., 57): cf. A. H. M. JONES, op. cit., n. 23 p. 450 et contra, V. TSCHERIKOWER, op. cit., p. 124 et n. 427; mais Apamée de Syrie est déjà citée plus haut dans cette même liste; Pella y représente sans doute donc la ville de la Décapole palestinienne.

[53] Cf., pour ces dates, G. DOWNEY, op. cit., pp. 56—60 et 66—68.

[54] Le nom de τετράπολις par lequel on désignait ces quatre villes de Séleucide (Strabon, Geogr., XVI, 2. 4: καλεῖται δὲ τετράπολις καὶ ἔστι κατὰ τὰς ἐξεχούσας ἐν αὐτῇ πόλεις) atteste bien à quel point elles étaient liées. Ainsi que l'avait déjà noté H. SEYRIG (loc. cit., pp. 59—61; cf. aussi A. H. M. JONES, op. cit., p. 244), leur création répondait à un véritable programme de colonisation de la Syrie du Nord et n'a pu se faire qu'en un laps de temps relativement court; chacune d'elles avait en effet une destination particulière dans cet ensemble: Séleucie, capitale, en était le centre politique et Antioche, fondation de prestige, devait éclipser le souvenir de l'ancienne Antigonia; tandis qu'Apamée, dont Laodicée constituait en quelque sorte le port naturel, répondait à des objectifs

la base de certaines ressemblances et d'un module identique du plan régulateur de ces villes, l'on est même allé jusqu'à considérer parfois qu'elles ont pu être dessinées par un seul et même urbaniste[55]: à Apamée comme à Laodicée, — avec laquelle les analogies sont les plus frappantes —, la voie principale est exactement orientée nord-sud et les îlots touchent le *cardo* par leur long côté[56]. Dans ces deux villes, comme à Antioche également, voies principales et ruelles se recoupent à intervalles réguliers, déterminant des *insulae* d'un module approximativement de 2/1 (105 × 55 m à Apamée; 112 × 58 m à Antioche et Laodicée)[57], dont l'échiquier semble recouvrir indistinctement toute la surface urbaine. Ce type de plan, original, commun aux cités de la Tétrapole, présente en outre à Apamée des caractéristiques générales d'implantation dans le paysage, souvent déjà signalées comme proprement hellénistiques[58], le rempart épousant rigoureusement, dans ses

essentiellement militaires mais aussi agricoles. — L'on a généralement voulu voir — à tort — dans ces quatre villes les capitales des quatre satrapies qui, selon Strabon citant Posidonius (XVI, 2, 4: οἰκείως δὲ τῇ τετραπόλει καὶ εἰς σατραπείας διῄρητο τέτταρας ἡ Σελευκίς, ὥς φησι Ποσειδώνιος) subdivisaient la Séleucide. Faisant le point de cette question (avec bibl. antérieure) E. FRÉZOULS (Sur les divisions de la Séleucide. A propos de Strabon, XVI, 2, dans Mél. Univ. Saint-Joseph, XXXVII [1960—1961], pp. 223—234) reprend dans le détail l'interprétation du passage controversé et démontre que l'expression οἰκείως ... τῇ τετραπόλει a été mal comprise jusqu'ici et n'implique aucun lien nécessaire entre villes et satrapies. Sans doute Antioche était-elle bien la capitale de l'Antiochène et Apamée celle de l'Apamène, préfigurant ainsi la situation administrative du début du Vᵉ siècle de notre ère, après la division de la Coele-Syrie en Syria Prima (capitale: Antioche) et Syria Secunda (capitale: Apamée).

Qu'Apamée fût capitale de satrapie à l'époque hellénistique ressort d'ailleurs clairement de la fameuse inscription des privilèges de Baetocécé (sur cette inscription, cf. IGLS, VII, 4028 [J. P. REY-COQUAIS], avec commentaire et bibliographie antérieure, pp. 55—67): dans un mémorandum, le roi Antiochus (Antiochus Iᵉʳ ou II: cf. H. SEYRIG, Antiquités syriennes 48. Arados et Baetocécé, dans Syria, XXVIII [1951], p. 196 = ID., Antiquités syriennes, IV, p. 175) concède au dieu Zeus de Baetocécé «le bourg de Baetocécé que détenait précédemment Démétrios, fils de Démétrios, lui-même fils de Mnaséas (habitant) à Tourgôna (?) de la satrapie d'Apamée ...» (IGLS, VII, p. 56): μοι ... ἐκρίθη συνχωρηθῆναι αὐτῷ ... κώμην τὴν Βαιτοκαι[κη]νήν, ἣν πρότερον ἔσχεν Δημήτριος / Δημητρίου τοῦ Μνασαίου ἐν Τουργωνα τῆς περὶ Ἀπάμιαν σατραπίας (IGLS, VII, p. 56). Comme l'on ne connaît pas par ailleurs le village de Tourgôna, et que l'on ne sait de quelle satrapie dépendait Baetocécé (relevant d'Arados), l'on ne peut tirer aucune conclusion relative à l'extension de la satrapie d'Apamée. L'on supposera tout au plus que la limite devait se situer non loin de là.

[55] L'idée a été émise pour Antioche et Laodicée par G. DOWNEY, op. cit., pp. 70—71; elle a été reprise pour Apamée et généralisée: cf. J. et J. CH. BALTY, Le cadre topographique et historique, cit., p. 34.

[56] J. SAUVAGET, Le plan de Laodicée-sur-mer, cit., p. 105 figg. 5 p. 93 et 10 p. 104; cf. A. GIULIANO, Urbanistica delle città greche (Milan, 1966), p. 154 et fig. 58 p. 155.

[57] Cf. J. LAUFFRAY, L'urbanisme antique en Proche-Orient, dans Acta Congr. Madvig., IV. Urbanism and Town-Planning (Copenhague, 1958), pp. 10 et 12—13; A. GIULIANO, op. cit., pp. 153—154); ailleurs, cf. 100 × 45 m à Damas (J. LAUFFRAY, loc. cit., p. 15); 70,40 × 35,20 m à Doura (ibid., p. 15; A. GIULIANO, op. cit., p. 166).

[58] Pour une analyse des traits essentiels de l'urbanisme hellénistique, cf. surtout J. LAUFFRAY. op. cit., pp. 21—24, à la suite d'un examen systématique des principaux exemples connus, pp. 8—20; mais aussi R. MARTIN, L'urbanisme dans la Grèce antique (Paris, 1956), pp.

moindres replis, le relief du plateau sur lequel il est établi[59] et la citadelle chevauchant l'enceinte[60] et la renforçant de la sorte, à l'endroit même où le défilé descend vers la vallée.

Que l'actuelle *qal'at* ait été la forteresse hellénistique, noyau défensif de toute la ville, ne fait guère de doute; c'est de cette croupe avancée du plateau vers la vallée, où se concentrèrent les premiers habitats, que la fondation séleucide fit en effet son acropole (pl. II,1). Car c'est essentiellement à des objectifs stratégiques que semble avoir répondu dès l'origine la création d'Apamée: Strabon insiste dans sa description du site sur la position privilégiée de cette ville, établie au milieu d'une vaste plaine, sur une colline fortifiée de beaux remparts, qu'une boucle de l'Oronte transforme en péninsule: «c'est là que Séleucus Nicator gardait ses cinq cents éléphants et la plus grande partie de son armée, ce que firent aussi ses successeurs ... Siégeaient également à Apamée un bureau de vérification des comptes de l'armée et un élevage de chevaux. Cet élevage, qui appartenait au roi, comptait plus de trente mille juments et trois cents étalons. On trouvait là des maîtres d'équitation, des maîtres d'armes et tous les gens payés pour enseigner l'art de la guerre»[61]. Aussi n'est-ce point un hasard sans doute si l'un des rares et des plus intéressants témoignages de cette époque, retrouvé sur le site, est précisément la magnifique terrasse en appareil polygonal couronnée, sans doute depuis le siècle dernier, par le walī de Sha'rāni, dominant à quelque 2 km au nord-nord-ouest de la porte nord d'Apamée, sur un éperon du Djebel Shaḥshabu qui constitue l'extrême limite sud-ouest du Massif Calcaire, l'importante source d''Ain Taqa. La tradition en fait une des localisations possibles du mausolée d'Alexandre[62];

163—176; A. GIULIANO, op. cit., pp. 128—178; plus récemment encore, cf. E. FRÉZOULS, Observations sur l'urbanisme dans l'Orient syrien, dans les actes du IXe Congrès international d'archéologie classique (Damas, 1969) = Ann. arch. arabes syr., XXI (1971), pp. 231—235.

[59] Cf. J. LAUFFRAY, loc. cit., p. 23 et déjà pp. 8—20 passim; D. VAN BERCHEM, Recherches sur la chronologie des enceintes de Syrie et de Mésopotamie, dans Syria, XXXI (1954), pp. 268—269 et n. 2 p. 268; E. FRÉZOULS, loc. cit., p. 232 insiste à son tour sur l'adaptation rationnelle de l'enceinte au terrain: Antioche, Apamée, Laodicée, Cyrrhus, Gerasa en sont de beaux exemples.

[60] Sur la position de la forteresse par rapport à la ville, cf. plus particulièrement J. LAUFFRAY, loc. cit., p. 23 et déjà J. SAUVAGET, L'enceinte primitive de la ville d'Alep, dans Mél. Inst. franç. Damas, I (1929), p. 133 et pl. I; pour les villes neuves juxtaposées aux anciennes, cf. J. LAUFFRAY, loc. cit., pp. 22, 23.

[61] Strabon, Geogr., XVI, 2, 10: Ἡ δ' Ἀπάμεια καὶ πόλιν ἔχει τὸ πλέον εὐερκῆ· λόφος γάρ ἐστιν ἐν πεδίῳ κοίλῳ τετειχισμένος καλῶς, ὃν ποιεῖ χερρονησίζοντα ὁ Ὀρόντης ... ἐνταῦθα δὲ καὶ ὁ Νικάτωρ Σέλευκος τοὺς πεντακοσίους ἐλέφαντας ἔτρεφε καὶ τὸ πλέον τῆς στρατιᾶς καὶ οἱ ὕστερον βασιλεῖς ... ἐνταῦθα δὲ καὶ τὸ λογιστήριον τὸ στρατιωτικὸν καὶ τὸ ἱπποτροφεῖον, θήλειαι μὲν ἵπποι βασιλικαὶ πλείους τῶν τρισμυρίων, ὀχεῖα δὲ τούτων τριακόσια· ἐνταῦθα δὲ καὶ πωλοδάμναι καὶ ὁπλομάχοι καὶ ὅσοι παιδευταὶ τῶν πολεμικῶν ἐμισθοδοτοῦντο.

[62] Cf. à partir du texte de Yaqūt, s. v. Shaḥshabu, l'article de K. CHÉHADÉ, Bīlūs wa'l-Iskandar wa'l-Sha'rānī fī Shaḥshabu (Belos, Alexandre et le Sha'rānī au Shaḥshabu), dans Ann. arch. Syrie, XIV (1964), pp. 183—194.

on y a vu parfois les vestiges d'un temple[63]; nous y reconnaîtrions plus volontiers les substructions imposantes d'un fortin (*phrourion*) hellénistique[64] (pl. I,3) dont la tradition relative à Alexandre aurait au moins conservé le souvenir assez précis de la date du monument. Admirable guette au-dessus du point d'eau, commandant la vallée aussi bien en amont qu'en aval et contrôlant la route d'Antioche qui se frayait un passage à ses pieds entre la roche et la source, mais dominant également le plateau environnant et l'acropole, la place ne paraît avoir été choisie qu'en raison d'un impératif stratégique.

Cette vocation essentiellement militaire se perçoit durant toute l'histoire hellénistique d'Apamée et les rares témoignages d'auteurs relatifs à cette période ne font que rappeler des événements au cours desquels la ville servit de cible, de base d'opération ou de retraite: captivité de Démétrius Poliorcète, de 285 à sa mort en 283[65]; campagnes d'Antiochus III contre l'Egypte, en 221 et 219[66]; usurpation enfin de Tryphon Diodote, sous Démétrius II, de 142 à 138[67].

Son rôle ne sera pas différent à l'époque romaine.

IV. De la République à l'Empire. Histoire et privilèges monétaires

Doublant fort heureusement ici les bien rares témoignages littéraires relatifs aux vicissitudes de la ville dans le courant du Ier siècle avant notre ère, le monnayage d'Apamée éclaire souvent d'un jour nouveau les principales phases de son histoire à ce moment, ainsi qu'il ressort d'une remarquable étude due à H. Seyrig[68].

C'est de Tigrane d'Arménie qui, devant le démembrement de l'empire séleucide, s'était emparé (83) d'une partie de la Syrie[69] qu'Apamée obtint ses privilèges monétaires (ἱερὰ καὶ ἄσυλος); des émissions des années 76/75,

---

[63] F. Mayence, La troisième campagne de fouilles à Apamée, dans Bull. Musées roy. art et hist., 3e sér., V (1933), p. 4.

[64] Sur le rôle important de ces *phrouria*, comme ligne de défense, à la périphérie du territoire, dans une colonie de type agricole: cf. R. Martin, Rapports entre les structures urbaines et les modes de division et d'exploitation du territoire, dans Problèmes de la terre en Grèce ancienne = Civil. et Soc. XXXIII (Paris, 1973), p. 100.

[65] Diodore, Exc., XXI, 35; Plutarque, Demetrius, 50, 3, 51 et 52, 2.

[66] Polybe, V, 45, 7; 50, 1—2; 58, 2 et 59, 1.

[67] Principalement Strabon, Geogr., XVI, 2, 10; Flavius Josèphe, Ant. iud., XIII, 5, 1 et 7, 2.

[68] H. Seyrig, Antiquités syriennes, 42. Sur les ères de quelques villes de Syrie, dans Syria, XXVII (1950), pp. 15—20 = Id., Antiquités syriennes, IV, cit., pp. 82—87.

[69] Pour la chronologie des faits, cf. notamment Th. Liebmann-Frankfort, La frontière orientale dans la politique extérieure de la République romaine depuis le traité d'Apamée jusqu'à la fin des conquêtes asiatiques de Pompée (189/8—63) = Acad. royale de Belgique, Cl. des lettres et des sciences morales et politiques, Mémoires, sér. 2, LIX 5 (Bruxelles, 1969), pp. 192—195; pour les sources, ibid. n. 3 p. 192.

73/72, 71/70, 70/69, 68/67 nous sont connues jusqu'ici[70], qui s'interrompent brusquement à cette dernière date; avec la victoire de Lucullus à Tigranocerte, la région revenait en effet aux Séleucides et Antiochus XIII, remontant sur le trône avec l'appui des Romains, ne pouvait maintenir à la ville ce droit qu'elle tenait de Tigrane; Pompée n'en fera pas autrement à son égard[71]. Il détruisit d'ailleurs sa citadelle[72] au cours de la campagne qu'il mena, au printemps de 63, en direction de Damas et de Jérusalem[73] et ne rétablit ses privilèges qu'après quelque temps; au-delà de la lacune observée par H. SEYRIG dans le monnayage de la ville, les premières émissions ne datent, semble-t-il, que des 7e et 8e années de l'ère pompéienne (60/59—59/58)[74]. Dans l'état actuel de la documentation, elles ne seront jamais qu'intermittentes cependant et une nouvelle lacune, de 51/50 à 44/43, verra même un renouvellement complet des types monétaires et des modules[75], encore inexpliqué à ce jour. Sous cette forme puis avec un retour, pour la date, à l'ère des Séleucides — caractéristique de l'époque de l'invasion parthe de Pacorus et Labiénus[76] — le monnayage garde jusqu'en cette année 41/40 mention de l'asylie de la cité. Mais immédiatement au-delà, en récompense sans doute de la résistance que la citadelle opposa alors à l'envahisseur avant de succomber[77], les émissions qui reprennent font état de l'autonomie (ἱερὰ καὶ αὐτόνομος) qu'elle reçut d'Antoine[78] et conserva jusqu'en 30/29 lorsqu'Octave, sans doute en raison même des faveurs qu'elle avait eues de son rival, la réduisit au privilège de l'asylie[79] qui avait été le sien depuis Tigrane et qu'elle gardera maintenant. Ces émissions se poursuivent, assez régulièrement malgré l'inauguration d'un nouveau module encore, jusqu'en 5/4 avant notre ère[80]. En 4/3 une émission au profil d'Auguste[81], en 14/15 de notre ère une émission encore à l'avènement de Tibère[82] marquent les pénultièmes soubresauts d'un atelier disparate qui ne devait plus frapper que sous Claude, à l'occasion d'une refondation de la ville[83].

[70] H. SEYRIG, loc. cit., pp. 16—18 passim.

[71] Ibid., p. 18.

[72] Flavius Josèphe, Ant. iud., XIV, 38: καὶ τήν τε ἄκραν ἐν παρόδῳ τὴν ἐν Ἀπαμείᾳ κατέσκαψεν, ἣν ὁ Κυζικηνὸς ἐτείχισεν Ἀντίοχος.

[73] Cf. TH. LIEBMANN-FRANKFORT, op. cit., pp. 288—293.

[74] H. SEYRIG, loc. cit., pp. 18—19 et, pour les dates, pp. 16—17 passim.

[75] Ibid., p. 17: «avant la lacune ... trois groupes de types, répondant à trois modules différents: Zeus-éléphant; Tyché-Niké; Déméter-épi de blé. Après la lacune, ces trois groupes disparaissent entièrement, pour être remplacés par quatre groupes nouveaux: Dionysos-thyrse; Athéna-Niké; Tyché-Athéna; Déméter-bouquet d'épis».

[76] Cf. également à Antioche, ibid., pp. 12 et 16.

[77] Dion Cassius, XLVIII, 25, 1—4: (1) πρὸς τὴν Ἀπάμειαν προσελάσας τοῦ μὲν τείχους ἀπεκρούσθη (sc. ὁ Λαβιῆνος) et, plus tard, après la déroute de Saxa, (4) τήν τε Ἀπάμειαν, οὐδὲν ἔτι ὡς καὶ τεθνεῶτος αὐτοῦ ἀντάρασαν, ἔλαβε.

[78] H. SEYRIG, loc. cit., p. 19.

[79] Ibid.

[80] Ibid.

[81] Ibid., pp. 19—20.

[82] Ibid., p. 20 et n. 1 ibid.

[83] Cf. ci-dessous, pp. 120—122.

En dépit des lacunes et malgré plusieurs détails non éclaircis encore, c'est bien cette histoire monétaire qui permet de reconstituer les alliances et les inimitiés des villes syriennes entraînées par la chute des Séleucides, au cours des dernières décades de la République, dans l'Empire romain. L'épigraphie vient à notre aide quelques années plus tard.

V. Le recensement de Quirinius et la population d'Apamée

On connaît l'histoire de cette fameuse inscription (CIL, III, suppl. 1, 6687) relative au recensement de Quirinius, copiée dès 1674 puis perdue, jugée fausse et marquée dans un premier tome du CIL V, 1, 136* de l'astérisque d'infamie, retrouvée enfin — dans ses deux-tiers inférieurs — en 1880 et longuement commentée par TH. MOMMSEN[84].

Rédigée à la première personne, comme les 'Res gestae' d'Auguste, elle fait état de la carrière d'un officier, Q. Aemilius Secundus, qui avant de se distinguer au Liban contre les Ituréens, effectua le recensement d'Apamée: *iussu Quirini egi Apamenae ciuitatis millium homin(um) ciuium CXVII.*

Indépendamment des commentaires sans fin suscités par la mention d'un recensement de Quirinius dans l'Evangile de Luc (2, 1), la date de ce précieux document est attestée avec une précision suffisante par divers passages de Flavius Josèphe[85]; c'est en l'an 6 de notre ère qu'eut lieu l'opération à laquelle participa Q. Aemilius Secundus.

L'inscription est d'importance pour l'histoire d'Apamée; rares sont les villes de l'antiquité pour lesquelles quelque indication d'ordre démographique nous est donnée. Aussi bien ce nombre de 117.000 citoyens résultant d'un recensement officiel revêt-il un intérêt tout particulier; il a été commenté, voire discuté; mais on s'est sans doute attaché davantage au commentaire juridique[86] qu'au commentaire topographique. Que représente l'Apamène, la *ciuitas* d'Apamée à ce moment? FR. CUMONT, à juste titre, l'a limitée au nord aux confins de celle d'Antioche[87] et l'on imaginera volontiers que cette frontière n'a guère dû varier; c'est celle que l'utilisation de deux ères différentes dans les inscriptions a permis à H. SEYRIG de retracer[88], celle aussi qui marquera, au Bas-Empire, la séparation de la

---

[84] Cf. FR. CUMONT, The Population of Syria, dans Journ. Rom. Stud., XXIV (1934), p. 190 et, pour le fragment retrouvé, la notice des Not. scav. (1880) = Mem. Accad. Lincei, VI (1881), pp. 10—11.

[85] Flavius Josèphe, Ant. iud., XVII, 13, 5 (365) et XVIII, 1.

[86] A la suite de TH. MOMMSEN, comm. à CIL, III, suppl. 1, 6687, p. 1223; cf. notamment FR. CUMONT, loc. cit., pp. 187—188.

[87] Ibid., p. 189.

[88] H. SEYRIG apud G. TCHALENKO, Villages antiques de la Syrie du Nord, cit., III, pp. 12—14 et fig. 7 p. 57.

Syria Prima de la Syria Secunda[89]; mais au sud, ne convient-il pas de l'arrêter à Larissa-Shaizar plutôt qu'à Epiphanie-Hama[90]? Ancienne colonie macédonienne[91] comme Apamée, Larissa — qui en fut parfois la rivale[92] — frappa monnaie durant l'époque hellénistique[93] et figure encore dans les listes de villes de Syrie du Nord que Pline a selon toute vraisemblance établies sur la base de documents de l'époque d'Auguste précisément[94]. A l'ouest, c'est aux territoires de Laodicée, de Gabala, de Balanée-Bānyās et d'Arados qu'elle confinait[95], même s'il demeure difficile de préciser au-delà: Lysias (peut-être l'actuelle Qal'at Barze ou Marze[96]) faisait assurément partie de l'Apamène[97] mais le versant ouest du Djebel Ansarīye dépendait des trois villes précitées, la frontière se situant sans doute vers la limite de partage des eaux[98]. Il est par contre impossible de fixer la limite orientale; les documents de Herbet el-Bil'ās sont de l'époque de Trajan et d'Antonin le Pieux[99], donc postérieurs à l'annexion des zones relevant

---

[89] La différence d'ère se maintient jusqu'au bout entre les deux provinces et les inscriptions datées permettent donc, comme précédemment (ci-dessus n. 88) de se faire une idée du tracé de la frontière. Les listes d'évêchés d'Apamène et d'Antiochène, d'une manière plus vague, reflètent bien une même réalité géographique; cf. R. DEVREESSE, Le patriarcat d'Antioche depuis la Paix de l'Eglise jusqu'à la conquête arabe = Coll. d'Ét. palest. et orient. (Paris, 1945), pp. 160—191.   [90] FR. CUMONT, loc. cit., p. 189.

[91] Cf. Diodore, XXXIII, 4 a et le commentaire de V. TSCHERIKOWER, Die hellenistischen Städtegründungen, cit., p. 124.

[92] Athénée, Deipn., IV, p. 176[b].

[93] W. WROTH, Catalogue of the Greek Coins in the British Museum, Galatia, Cappadocia and Syria (Bologne, 1964), pp. LXVIII—LXIX, 264 et pl. XXXI, 8.

[94] Pline, Nat. hist., V, 23 (82): ... *Epiphanenses ad Orontem, Laodicenos qui Ad Libanum cognominantur, Leucadios, Larisaeos* ... Pour les sources de Pline relatives à la Syrie, cf. E. HONIGMANN, s. v. Syria, dans la Realencyclopädie, IV A, 2 (1932), coll. 1633—1634.

[95] Toutes ces villes ont frappé monnaie à l'époque d'Auguste; cf. W. WROTH, op. cit., pp. 243 (Gabala), 251 (Laodicée); H. SEYRIG, Sur les ères de quelques villes de Syrie, cit., p. 23 (Balanée); Syll. num. Graec., Danish National Museum, 36. Syria: cities (Copenhague, 1959), n° 339 pl. 9 (Laodicée). Dans la montagne, le sanctuaire de Baetocécé-Hosn Sleimān dépend d'Arados au moins jusqu'au milieu du IIIe siècle (cf. H. SEYRIG, Antiquités syriennes, 48. Aradus et Baetocécé, dans Syria, XXVIII [1951], pp. 198—199 = ID., Antiquités syriennes, IV, cit., pp. 177—178); mais la limite du territoire ne doit guère être bien loin à l'est (ibid., p. 195 et n. 3 = Ant. syr., p. 174 et n. 3).

[96] C'est du moins l'identification traditionnelle, cf. entre bien d'autres, R. DUSSAUD, Topographie historique, cit., pp. 151—152; en dernier lieu, G. SAADÉ, Le château de Bourzey, forteresse oubliée, dans Ann. arch. Syrie, VI (1956), pp. 140—141. Le nom du village actuel d'ez-Ziāra, au pied même et en face de Barze, sur la rive droite de l'Oronte (cf. G. TCHALENKO, op. cit., III, carte 3 A-XI-3, in fine), en conserve peut-être plus directement encore le souvenir.

[97] Strabon, Geogr., XVI, 2, 10: ἡ Λυσιάς, ὑπὲρ τῆς λίμνης κειμένη τῆς πρὸς Ἀπαμείᾳ.

[98] C'est le cas en ce qui concerne Laodicée, cf. R. MOUTERDE, A travers l'Apamène, dans Mél. Univ. St-Joseph, XXVIII (1949—1950), pp. 2—3 et 14—15. Il en allait sans doute de même pour Arados (cf. H. SEYRIG, Aradus et Baetocécé, cit., p. 195 et n. 3 = ID., Ant. syr., IV, p. 174 et n. 3) et Gabala; Strabon, XVI, 2, 9 notait avec justesse combien «la chaîne de montagnes est à une distance considérable de Laodicée et s'élève graduellement en pente douce à partir de cette ville tandis qu'elle domine directement Apamée, se dressant à pic sur toute la hauteur».

[99] D. SCHLUMBERGER, Bornes frontières de la Palmyrène, dans Syria, XX (1939), pp. 52—63 passim (principalement 58—59 et carte fig. 1 p. 44).

antérieurement des tribus du désert[100]; l'on estimera que le territoire d'Apamée ne devait guère être très étendu de ce côté à ce moment. Au total, une aire plus étroitement circonscrite peut-être qu'on ne l'a pensé jusqu'ici mais dont la fertilité et la richesse, louées dès Posidonius[101], doivent évidemment donner aussi la mesure de la population.

L'on ne s'étonnera pas non plus du chiffre même obtenu par le recensement de Quirinius. A la suite de TH. MOMMSEN, FR. CUMONT a suffisamment établi qu'à ces *ciues* — hommes, femmes et enfants pubères, comptés jusqu'à un âge limite de 65 ans — il convenait d'ajouter tous ceux auxquels les Diadoques d'abord, l'administration romaine ensuite, avaient successivement attribué le droit de citoyenneté[102]. Aussi bien le chiffre total de la population de la *ciuitas* ne saurait être atteint qu'en tenant compte en outre de la plèbe, des esclaves et de tout le prolétariat rural; l'on a parlé de quatre à cinq cents mille âmes[103]. Il est bien certain que ce chiffre d'environ un demi-million d'habitants n'a rien pour surprendre. On rappellera en effet — car le texte n'a pas été mentionné jusqu'ici dans le débat — qu'au cours d'un de leurs raids-éclairs à travers la Syrie du Nord en 573, sous le règne de Justin II, les cavaliers d'Adaarmanès emmenèrent d'Apamée et de sa région à Dara dont Chosroès avait commencé le siège, quelque 292.000 captifs qui furent répartis en territoire perse[104]. Malgré l'émigration massive (en dépit de la prospérité de la ville et des villages du Massif Calcaire[105]) dont témoignent, du IVe au VIe siècle, ces nombreuses inscriptions, déjà citées[106], d'Apaméens établis en Occident, preuve déjà d'une réelle surpopulation de toute la contrée à ce moment, malgré l'exagération, toujours possible aussi, d'un bulletin de victoire, ce nouveau chiffre rencontre bien le premier et de la disparité des sources comme de la différence d'époque ne subsiste, en dernière analyse, rien que de parfaite-

---

[100] Cf. Strabon, XVI, 2, 11: ὅμορος δ' ἐστὶ τῇ Ἀπαμέων πρὸς ἕω μὲν ἡ τῶν φυλάρχων Ἀράβων καλουμένη Παραποταμία. Une première limite cependant avait été tracée vers la fin du règne d'Auguste, entre 11/12 et 16/17, ainsi qu'il ressort d'un des textes mêmes de Kherbet el-Bil'as, cf. D. SCHLUMBERGER, loc. cit., pp. 61—62: *fines regionis Palmyrenae constitutos a Cretico Silano leg. Aug. pr. pr.*; mais ce rappel suffit à montrer qu'elle n'existait point encore en l'an 6.

[101] Cf. Strabon, XVI, 2, 10 (cf. ci-dessus, n. 10 p. 105); et l'on considère généralement que Posidonius d'Apamée a été la source principale de Strabon pour tout ce qui concerne sa description de la Syrie.

[102] FR. CUMONT, loc. cit., p. 188.

[103] Ibid., p. 189.

[104] Jean d'Éphèse, Hist. eccl., VI, 6, pp. 221—222 (éd. E. W. BROOKS; et pp. 292—293 pour le texte syriaque): «les prisonniers qu'il avait emmenés d'Apamée et d'ailleurs (= de son territoire) furent comptés devant le roi lui-même: il y en avait 292.000. C'est pourquoi on les divisa et ils passèrent en territoire perse»; cf. Michel le Syrien, Chron., X, 9 (éd. J.-B. CHABOT, t. II, p. 312 et t. IV, p. 348 pour le texte syriaque): «le nombre des captifs fut de 292 mille, qui tous furent envoyés en Perse». — Un deuxième passage de Jean d'Éphèse, Hist. eccl., VI, 19, p. 239 (p. 314 pour le texte syriaque), plus confus que le premier, fixe à 275.000 le chiffre des captifs, comptés cette fois à Nisibe ...

[105] Cf. G. TCHALENKO, op. cit., I, pp. 422—426.

[106] Ci-dessus, nn. 22—28 p. 108.

ment vraisemblable. L'épitaphe de Q. Aemilius Secundus est bien l'un des documents essentiels du dossier d'Apamée au Haut-Empire.

VI. Claudia Apamea

Plusieurs inscriptions de la ville d'une part, du IIe et du IIIe siècle de notre ère[107], un tétradrachme et deux bronzes de l'autre[108], datés de la première et de la deuxième année d'une ère manifestement inaugurée à cette occasion même[109], attribuent à la ville le nom de Claudia Apamea en souvenir de l'intérêt que lui porta l'empereur en des circonstances que l'on ignore (fondation nouvelle?[110]) mais dont il n'est pas impossible d'entrevoir le contexte général.

En premier lieu, on mettra sans doute ces émissions en rapport avec celle de la petite ville voisine de Balanée-Bānyās, rebaptisée Claudia Leucas entre 47/48 et 53/54[111]; plus au sud mais dans les limites toujours de la province romaine de Syrie, 'Acco-Ptolémaïs reçut, en 47 également, le nom de Col. Claudia Ptolemais[112] tandis qu'en Galilée, Tibériade, fondée une trentaine d'années plus tôt[113] adoptait en 53 celui de Tiberias Claudiopolis Syriae Palestinae[114]. L'attention que l'empereur portait à ces régions,

---

[107] Aux documents déjà connus d'Apamée même (IGLS, 1346: ἡ βουλὴ καὶ ὁ δῆμος Κλ(αυδιέων) Ἀπα[μ]έων; cf. éventuellement aussi 1347) et d'Intercisa–Dunapentele (Ann. ép., 1906, n° 108: *domo Claudia Apamie* (sic)), l'on ajoutera à présent les textes, encore inédits, de deux consoles de la Grande Colonnade datés, le premier, du tout début du règne d'Hadrien (citant un certain Ἰούλιον Πάριν Κλαυδιέα τὸν καὶ Ἀπαμέα), le second, de l'année 230 (Κύριλλος Μακαριόνου Κλα(υδιεὺς) Ἀπαμεύς); je dois à l'aimable autorisation de la Direction générale des antiquités et musées ainsi qu'à la bienveillance de MM. R. DOUHMANN et J.-P. REY-COQUAIS de pouvoir les utiliser ici; ils figurent dans le recueil de W. VAN RENGEN, Inscriptions grecques et latines, 1 = Fouilles d'Apamée de Syrie, IV, 1, à paraître.

[108] H. SEYRIG, Sur les ères de quelques villes de Syrie, cit., p. 20 = ID., Antiquités syriennes, IV, p. 87. Le tétradrachme, aujourd'hui au Cabinet des Médailles de la Bibliothèque Nationale à Paris (renseignement J.-P. CALLU—G. LE RIDER) après avoir appartenu à H. SEYRIG, a été publié par F. IMHOOF-BLUMER, Antike griechische Münzen, dans Rev. suisse numism., XIX (1913), n° 292 a pp. 108—109; pour les bronzes, cf. les indications de L. JALABERT, Claudia Apamea, dans Bull. Soc. nat. ant. France (1909), pp. 344—345.

[109] H. SEYRIG, loc. cit., p. 20.

[110] L. JALABERT, loc. cit., p. 346 songe expressément à l'attribution du titre de colonie; H. SEYRIG, Antiquités syriennes, 49. Aradus et sa pérée sous les rois séleucides, dans Syria, XXVIII (1951), p. 213 = ID., Antiquités syriennes, IV, p. 192 et déjà ID., Antiquités syriennes, 42. Sur les ères de quelques villes de Syrie, cit., p. 20 = Ant. syr., IV, p. 87 y reconnaît l'octroi du privilège de l'ἐλευθερία lié d'ailleurs à la frappe d'argent.

[111] Pour celles-ci, ibid., p. 24 (et n. 2).

[112] Pline, Nat. hist., V, 19: *colonia Claudi Caesaris Ptolemais, quae quondam Acce.*

[113] Cf. M. AVI-YONAH, The Foundation of Tiberias, dans Isr. Expl. Journ., I (1950—1951), pp. 166—169.

[114] F.-M. ABEL, Géographie de la Palestine, II = Études bibliques, XXVIII (Paris, 1928), p. 483; cf. aussi le nom de Τιβεριεῖς Κλαυδιεῖς sur les monnaies de la ville (HÖLSCHER, s. v. Tiberias, dans la Realencyclopädie, VI A, 1 [1936], coll. 780—781).

la reconnaissance ou la flatterie que celles-ci furent amenées à lui témoigner tiennent selon toute vraisemblance aux liens que Claude avait eus, dès son enfance, avec Agrippa, petit-fils d'Hérode le Grand, élevé comme lui à la cour de Rome, avant de devenir roi des anciennes tétrarchies de Philippe et d'Antipas[115]; elles tiennent davantage encore à ceux qu'il aura avec son fils Agrippa II établi vers 50, à la mort de son oncle, comme roi du petit Etat de Chalcis, dans le Liban avant de recouvrer, progressivement, la quasi-totalité du royaume de son père[116]. Mais la chronologie de plusieurs de ces événements demeure imprécise, les rares textes trop peu explicites: faut-il ne voir, dans l'intérêt marqué par Claude à Apamée, Balanée et 'Acco-Ptolémaïs qu'une conséquence directe du désastreux tremblement de terre qui dévasta par ailleurs l'Asie mineure et Antioche, à une date malheureusement indéterminée de son règne[117]? On pourrait aussi se le demander. Toutefois la découverte à Apamée d'une dédicace à un *regi magno philo-[caesari* ou *philoromaeo]*[118] — qui ne peut être qu'Agrippa I ou Agrippa II[119] — et, non loin de là, sur la Grande Colonnade également, d'un vaste établissement de thermes érigé grâce à la munificence d'un certain L. Iulius Agrippa qui jouissait encore, au début du IIe siècle, d'honneurs royaux et devait donc être de la même famille que les deux rois juifs[120], mais disposait aussi d'une assez large clientèle dans la ville[121], invite à suggérer un lien particulier entre ces diverses données[122]. Quelles raisons toutefois conduisirent à honorer Agrippa à Apamée? à donner le nom de l'empereur à la ville? On se le demandera tout particulièrement. Alors que le nom même et

[115] On trouvera mention des principaux textes utiles dans le récent article de P. COLLART, La tour de Qalaat Fakra, dans Syria, L (1973), pp. 156—158 qui fait le point de la question sur ce même contexte historique.

[116] Cf. TH. (LIEBMANN-)FRANKFORT, Le royaume d'Agrippa II et son annexion par Domitien, dans Hommages A. Grenier = Coll. Latomus, LVIII (Bruxelles, 1962), II, pp. 659—662 et pl. CXLII.

[117] Malalas, X, p. 246, 11—19; cf. G. DOWNEY, A History of Antioch, cit., p. 196. Un tremblement de terre, en 48, atteignit modérément la Palestine et Jérusalem, cf. D. H. KALLNER-AMIRAN, A Revised Earthquake-Catalogue of Palestine, dans Isr. Expl. Journ., I (1950—1951), p. 225. Il convient peut-être de lier ces deux événements.

[118] Remployée dans la construction du nymphée terminal de la Grande Colonnade à la porte nord (cf. J. CH. BALTY, Apamée, 1969—1971, dans Colloque Apamée de Syrie, II (1972), pp. 19—21 et fig. 1 p. 20), cette demi-base, qui ne conserve que la moitié gauche d'un texte plus long, avait été mise au jour lors d'un sondage dès 1953.

[119] Cf. le parallèle offert, à Baalbeck, par la dédicace IGLS, VI, 2759 et les autres inscriptions citées n. 1 p. 83 ibid.

[120] Ou, plus précisément, que le roi Alexandre de Cilicie, lui aussi descendant d'Hérode Ier, cf. L. JALABERT et R. MOUTERDE, comm. à IGLS, IV, 1314 p. 61 et, mieux encore, W. VAN RENGEN, Nouvelles inscriptions grecques et latines, dans Colloque Apamée de Syrie, II (1972), p. 106.

[121] Plusieurs consoles de la même façade des thermes sont dédiées à L. Iulius Agrippa, leur patron et bienfaiteur, par L. Iulius Alexandros, L. Iulius Nicephoros, L. Iulius Trophimos et C. Lucius Theopompos.

[122] On ne manquera pas de rappeler à cette occasion qu'en 66, au début de la guerre de Judée, «il n'y eut qu'Antioche, Sidon et Apamée qui épargnèrent les résidents juifs; et ils refusèrent de les tuer ou de les emprisonner» (Flavius Josèphe, Bell. iud., II, 18, 5, p. 479).

l'ère claudienne de Claudia Leucas ne sont plus attestés dès l'époque de Commode[123], l'épithète Κλ(αυδιεύς)-Claudia demeure attachée à la désignation
des habitants comme au nom officiel d'Apamée jusqu'en plein IIIe siècle[124];
celle d'Antoninoupolis, qu'elle revêtira un moment aussi[125], ne parviendra
pas à l'éclipser.

VII. *Sous Néron et les Flaviens*

De plus en plus étroitement liée aux destinées d'une province importante entre toutes pour la sauvegarde de la frontière orientale de l'Empire[126],
Apamée honore C. Ummidius Durmius Quadratus[127], légat de Syrie sous
les règnes de Claude et de Néron, entre 51 et 60, au moment des campagnes
contre Vologèse[128]. Sur une autre inscription, remployée dans la construction
d'un nymphée du IIe siècle près de la porte nord de la ville[129], figurent les
noms, associés, de Vespasien et de Titus, au-dessus d'un martelage qui a
fait disparaître celui de Domitien[130]; postérieur à l'année 71 qui vit la participation de Titus à l'Empire, ce texte ne peut malheureusement être daté
avec plus de précision en raison de son caractère fragmentaire. Mais on le
rapprochera d'un milliaire d'Apamène[131], découvert à hauteur de Tell
Dades (pl. VIII,1) à quelque 8 km au sud du passage de l'Oronte à ʿAsharne,
sur la voie Apamée-Raphanée[132], milliaire daté cette fois du second semestre
de 72 et attestant l'intérêt de Vespasien pour l'infrastructure routière de
la province; c'est de 70 précisément que date le rétablissement de la
legio III Gallica dans son cantonnement de Raphanée[133]; c'est vers la fin
de la même année aussi, après la prise de Jérusalem, que Titus, écourtant
son séjour en Syrie à cause de l'important incendie qui venait d'éclater à

---

[123] H. SEYRIG, Sur les ères de quelques villes de Syrie, cit., p. 24 = ID., Ant. syr., IV, p. 91.
[124] Cf., en 230, l'épithète de l'inscription mentionnée ci-dessus, n. 107 p. 120.
[125] Cf. IGLS, 1346 et ci-dessous, pp. 130—131.
[126] En dernier lieu, cf. notamment M. PANI, Roma e i re d'Oriente da Augusto a Tiberio =
Pubbl. della Facoltà di Lettere e Filosofia dell'Università di Bari, XI (Bari, 1972), passim.
[127] Dédicace encore inédite au nom de [Γ]αῖον Οὐμμίδιον Δούρμιο[ν]; elle figure dans le
recueil de W. VAN RENGEN, Inscriptions grecques et latines, 1, cit., à paraître.
[128] Pour le personnage, qui demeura neuf ans en Syrie, de 51 à 60, cf. en dernier lieu
R. HANSLIK, s. v. Ummidius, 4, dans la Realencyclopädie, suppl. IX (1962), coll. 1828—1831.
[129] Cf. J. CH. BALTY, Apamée, 1969—1971, cit., p. 20 et W. VAN RENGEN, Nouvelles inscriptions grecques et latines, ibid., p. 111.
[130] La partie conservée se lit: *Imp. Vespas[ianus . . .] | Imp. Titus [. . .].* Le bloc a été
retaillé pour servir de claveau à la voûte de l'adduction d'eau du nymphée.
[131] W. VAN RENGEN, Nouvelles inscriptions grecques et latines, cit., pp. 107—108 et pl.
XXXII, 3—4.
[132] La route est décrite par R. MOUTERDE et A. POIDEBARD, Le limes de Chalcis (Paris, 1945),
pp. 29—31; cf. déjà E. HONIGMANN, s. v. Syria, dans la Realencyclopädie, IV A, 2
(1932), col. 1673. Elle figure sur la carte de PEUTINGER, ibid., coll. 1647—1650; K. MILLER,
Die Peutingersche Tafel (Ravensburg, 1888; réimpr. Stuttgart, 1962), carte X et dépliant
in fine.
[133] E. RITTERLING, s. v. legio, dans la Realencyclopädie, XII, 2 (1925), col. 1523.

Antioche et avait anéanti tant de bâtiments civils, quitte Beyrouth et via Arca, Raphanée et Apamée précisément[134] gagne la ville sinistrée[135]; c'est de 72 enfin que date l'annexion de la Commagène et son rattachement à la province de Syrie[136]. Autant de faits, pour une période par ailleurs relativement pauvre en documents[137], qui méritent de retenir l'attention et suffisent une fois encore, en l'absence de toute précision supplémentaire, à fixer un cadre général où replacer nos inscriptions. La dernière à laquelle il sera fait ici allusion est très vraisemblablement relative aussi à la construction ou à l'aménagement de routes dans la province; mise au jour non loin de Sabbūra[138] (pl. VIII,2) — important carrefour routier où se recoupent la voie Apamée-Palmyre et celle de Chalcis à Emèse[139] — elle appartient toujours à l'Apamène mais doit être rapportée cette fois à l'activité du légat de Syrie M. Ulpius Traianus, père du futur empereur Trajan et datée de l'année 76; confrontée avec le milliaire d'Erek[140], découvert à 27 km à l'est de Palmyre et remontant au premier semestre de 75, elle complète ce tableau de la réorganisation du réseau routier de la province qui, par Apamée et Palmyre, mettait notamment le camp de Raphanée à quelques étapes seulement du *limes* de l'Euphrate que la menace des Parthes, après les guerres de Judée, rendait de plus en plus vulnérable — le règne de Trajan allait bientôt le montrer.

VIII. Le tremblement de terre de décembre 115 et le plan d'urbanisme d'Apamée sous les Antonins

Fils du légat de Syrie des années 73/74 à 77/78 et lui-même tribun militaire dans cette province durant les mêmes années, Trajan allait être

---

134 C'est la route normale — parce que, semble-t-il, la plus rapide — entre Beyrouth et Antioche; cf. p. ex., mais pour une époque postérieure, les données d'un papyrus d'Achmîm: P. THOMSEN, Neue Beiträge und Funde zur Orts- und Landeskunde von Syrien und Palästina, cit., p. 125.

135 Flavius Josèphe, Bell. iud., VII, 5, 96—99; cf. R. DUSSAUD, Topographie historique, cit., pp. 93 et 98; G. DOWNEY, op. cit., p. 205 et n. 21 ibid.

136 L'on n'exclut pas d'ailleurs que la *legio III Gallica* ait pu prendre part aux opérations; cf. E. RITTERLING, loc. cit., col. 1523 et peut-être Flavius Josèphe, Bell. iud., VII, 7, 1.

137 Malgré l'éclairage particulier qu'ont donné à cette période les articles de G. W. BOWERSOCK, 'City Development in Syria under Vespasian' dans Akten des VI. Intern. Kongr. für griech. u. lat. Epigraphik, München 1972 = Vestigia, XVII (Munich, 1973), pp. 123—129 et 'Syria under Vespasian' dans Journ. Rom. Stud., LXIII (1973), pp. 133—140.

138 W. VAN RENGEN, Nouvelles inscriptions grecques et latines, cit., pp. 108—110 et pl. XXXIII.

139 Pour ces voies, cf. déjà E. HONIGMANN, s. v. Syria, dans la Realencyclopädie, cit., coll. 1672—1673 et 1677—1678; plus récemment R. MOUTERDE et A. POIDEBARD, Le limes de Chalcis, cit., pp. 41—59 et 137—146.

140 R. MOUTERDE, La Strata Diocletiana et ses bornes milliaires, dans Mél. Univ. St-Joseph, XV (1930), pp. 232—233; H. SEYRIG, Antiquités syriennes, 9. L'incorporation de Palmyre à l'Empire romain, dans Syria, XIII (1932), pp. 276—277 = ID., Antiquités syriennes,

contraint par la rupture de la paix avec les Parthes en 113 à établir systématiquement, trois années de suite, ses quartiers d'hiver à Antioche[141]. C'est
là que le redoutable tremblement de terre de décembre 115[142] le surprit;
il n'y échappa que de justesse à la mort, ainsi que P. Aelius Hadrianus,
le futur empereur Hadrien, qui se trouvait alors également dans la ville[143].

On connaît l'importante activité édilitaire déployée par Trajan pour
redresser Antioche de ses ruines; on n'en retiendra ici que la reconstruction
des deux grands ἔμβολοι[144] — c'est à dire les portiques de la grand-rue[145] —,
celle aussi de thermes et d'un aqueduc, à côté de bien d'autres monuments[146].
Ce sont ces mêmes bâtiments, portiques, thermes et aqueduc, essentiels à
la vie d'une grande cité d'Orient, qu'Apamée voit s'ériger vers le même
moment selon un plan d'envergure bien établi, que la découverte d'une
série de dédicaces permet de dater de ces mêmes années précisément[147].
La première, dans une grande *tabula ansata* au-dessus de l'entrée des
thermes[148], est une dédicace faite ὑπὲρ τῆς Αὐτοκράτορος Νέρουα Τραιανοῦ
Καίσαρος Σεβ(αστοῦ) Γερμ(ανικοῦ) Δακικοῦ ὑγείας, alors que l'empereur,
malade, regagne Antioche au terme de son expédition parthique[149], ἐπὶ
Ἰουλίου Βάσσου πρεσβ(ευτοῦ) Σεβαστοῦ ἀντιστρατήγου, soit en 116/117[150];
une inscription agonistique de la ἱερὰ σύνοδος τῶν ἀπὸ τῆς οἰκουμένης

I = Inst. franç. d'archéol. de Beyrouth, Publ. hors sér., IV (Paris, 1934), pp. 54—55;
pour le contexte historique, cf. encore G. W. BOWERSOCK, Syria under Vespasian, cit.,
pp. 133—135.

[141] G. DOWNEY, op. cit., pp. 213—214 et 218—219 (avec l'indication des sources).

[142] Pour l'établissement de la date de l'événement (13. XII. 115), cf. ibid., n. 59 pp. 213—214.

[143] Ibid., p. 214.

[144] Malalas, Chron., p. 275 (éd. Bonn), 21—22: ἀνήγειρε τοὺς δύο ἐμβόλους τοὺς μεγάλους.

[145] Pour ceux-ci, cf. G. DOWNEY, op. cit., n. 67 p. 215 et surtout, du point de vue archéologique, la précieuse étude stratigraphique de J. LASSUS, Les portiques d'Antioche =
Antioch-on-the-Orontes, V (Princeton, 1972), passim (pp. 7, 133—134 et 145—146 principalement pour l'activité de Trajan).

[146] Pour l'ensemble des travaux, cf. G. DOWNEY, op. cit., pp. 216—218.

[147] Ces textes viennent d'être édités par J.-P. REY-COQUAIS, Inscriptions grecques d'Apamée,
dans Ann. arch. arabes syr., XXIII (1973), pp. 39—65, 69—78 et pll. I—V, 1 pp. 80—84;
ils sont repris par W. VAN RENGEN, Inscriptions grecques et latines, 1 = Fouilles
d'Apamée de Syrie, IV, 1, cit., à paraître.

[148] Découverte le 28. IX. 1969 dans les décombres du portique oriental du *cardo*, elle a été
immédiatement remise en place au-dessus des claveaux de la porte, après que nous ayons
pu en prendre une copie grâce à l'obligeance de l'architecte R. DOUHMANN, et brièvement
signalée, ainsi que les suivantes, avec la bienveillante autorisation de M. ABDUL HAMID
DARKAL, directeur général des antiquités et des musées, lors du IXᵉ Congrès international
d'archéologie classique; cf. J. CH. BALTY, Nouvelles données topographiques et chronologiques à Apamée de Syrie, dans Ann. arch. arabes syr., XXI (1971), pp. 132 et 133—134.

[149] Cf. G. DOWNEY, op. cit., p. 219 et nn. ibid.

[150] Pour la date du gouvernement syrien de C. Iulius Quadratus Bassus, cf. essentiellement
A. VON PREMERSTEIN, C. Iulius Quadratus Bassus, Klient des Jüngeren Plinius und
General Traians, dans Sitzungsber. Bayer. Akad. Wiss., Phil.-Hist. Abt. (1934), fasc. 3,
pp. 51, 63—65, 71 et, à sa suite, D. SCHLUMBERGER, Bornes frontières de la Palmyrène,
cit., p. 59; E. GROAG, s. v. Iulius 425 a, dans la Realencyclopädie, suppl. VII (1940),
col. 311; H. SEYRIG, Antiquités syriennes, 36. Le statut de Palmyre, dans Syria, XXII
(1941), p. 174 = ID., Ant. syr. III = Inst. franç. d'archéol. de Beyrouth, Publ. hors sér.
VII (Paris, 1946), p. 161.

περὶ τὸν Διόνυσον καὶ Αὐτοκράτορα Καίσαρα Τραιανοῦ υἱὸν Θεοῦ Νέρουα υἱωνὸν Τραιανὸν Ἀδριανὸν Σεβαστοῦ (sic) τεχνείτων ἱερονείκων στεφανείτων sur une des consoles du mur de fond de la Grande Colonnade servant de façade au monument, est de quelques mois plus tardive à peine et date du court laps de temps écoulé entre la mort de Trajan (peu avant le 9. VIII. 117, sans doute le 7. VIII[151]) et la décision du Sénat de lui attribuer les honneurs divins (vers la fin de 117[152]). L'on ne manquera pas de noter le parallélisme chronologique avec les reconstructions d'Antioche, commencées dès les mois qui suivirent le séisme, sous le règne de Trajan encore, et poursuivies sous son successeur[153]; et cela d'autant plus qu'un troisième texte, beaucoup plus développé — quoique reprenant une partie des renseignements du premier — et livrant le nom du dédicant, L. Iulius Agrippa[154], précise l'étendue des travaux qui portent sur des thermes, la basilique qu'ils contiennent et le portique qui les précède — celui d'où proviennent les inscriptions —, avec tout leur décor et notamment des statues de bronze figurant d'une part Thésée et le Minotaure, de l'autre, Apollon, Olympos, Marsyas et l'esclave scythe[155].

Située non loin de la porte nord, toute cette section de la Grande Colonnade, de style très unitaire, témoigne à n'en point douter d'une première phase de reconstruction, entamée aussitôt après le séisme; *insulae* à portiques de fûts lisses ou rudentés y alternent le plus souvent, sur un même côté ou de part et d'autre de la voie, afin d'éviter toute monotonie; aux entablements classiques — à triglyphes et métopes — des premiers (pl. III,1) s'opposent les frises bombées des seconds mais un même chapiteau d'acanthe à feuilles aiguës et fortement découpées rattrape cette alternance et conserve l'unité de l'ensemble. Plus loin, vers le milieu du *cardo* et face au *tycheion*[156] qui domine de toute la hauteur de son podium l'étroite et longue place de l'*agora*[157] (env. 45 × 300 m sans doute), deux longueurs de

---

[151] Cf. M. HAMMOND, The Transmission of the Powers of the Roman Emperor, dans Mem Amer. Acad. Rome, XXIV (1956), n. 160 p. 90; G. DOWNEY, op. cit., p. 219 et n. 83.

[152] Peu après le retour d'Hadrien à Rome; cf. Hist. Aug., Hadr., 5, 10 — 6, 1. Il ne semble pas, dans ce cas, que l'on puisse préciser davantage.

[153] Cf. G. DOWNEY, op. cit., pp. 218 (et n. 78 ibid.), 221 et 223.

[154] Cf. ci-dessus, p. 121 et n. 120.

[155] Dans l'inscription de dédicace, au-dessus de la porte: τάς τε θερμὰς καὶ τὴν ἐν αὐταῖς βασιλικὴν καὶ τὴν πρὸ τούτων στοὰν σὺν τῷ ἐνόντι παντὶ κόσμῳ καὶ χαλκουργήματι . . . ἀνέθηκεν; dans la version plus détaillée d'un cippe, ultérieurement retaillé pour être remployé comme appui de fenêtre à l'étage du mur de fond du même portique: κτίσαντα τὰς θέρμας [καὶ τὴν] πρὸ αὐτῶν ἐπὶ τῆς πλατείας στοὰν [καὶ τὴ]ν παρακειμένην βασιλικὴν . . . καὶ ἀναθέντα ἐν ταῖς αὐταῖς θερμαῖς [χαλκ]ουργήματα τὸν Θησέα καὶ Μεινώταυρον [καὶ Ἀ]πόλλωνα καὶ Ὄλυμπον καὶ Σκύθην [καὶ Μ]αρσύαν. Ce dernier document ne manque pas d'intérêt non plus pour l'étude de ces répliques romaines de groupes originaux hellénistiques (cf. J. CH. BALTY, Nouvelles données topographiques et chronologiques, cit., p. 134); sur ces deux-ci, cf. notamment E. KÜNZL, Frühhellenistische Gruppen, Diss. Cologne (1968), pp. 127—128 (bibliogr. n. 38, groupe du Marsyas) et 145—146 (bibliogr. n. 16, Thésée et le Minotaure).

[156] IGLS, 1317 (τὸ Τυχέον); cf. J. CH. BALTY, Apamée, 1969—1971, dans Colloque Apamée de Syrie, II (1972), p. 24 et fig. 2 p. 25 (plan du monument).

[157] Ibid., pp. 22—26, pll. III—V et XXIX, 1.

portiques à fûts présentant des cannelures torses et entablement à frise de
rinceaux (pl. III,2) désignent une phase nouvelle, de caractère franchement
baroque[158]; les dédicaces des trois consoles qui portaient autrefois des statues d'Antonin le Pieux[159], Marc Aurèle[160] (pl. VIII,3) et Lucius Verus[161]
et saillent seules — à la différence de ce que l'on observe le plus souvent à
Palmyre — de l'alignement général, le datent des alentours de 166[162]. Un
demi-siècle a donc été nécessaire pour mener à bien jusqu'à ce point les
travaux de la Grande Colonnade mais c'est un plan plus vaste encore que
l'urbaniste du IIe siècle avait conçu dès le début; l'insertion de l'*agora*
dans le quadrillage de la ville le montre à l'évidence[163]: parallèle au *cardo*,
elle lui est directement raccordée par une série d'articulations savamment
établies, d'un portique à l'autre, par le moyen d'une courte colonnade
transversale à fûts rudentés et de sortes de tétrapyles, l'un à fûts lisses,
l'autre à cannelures torses; les trois types de colonnes rencontrés sur la
Grande Colonnade se retrouvent ici en un jeu harmonieux et comme en une
synthèse des styles architecturaux de ce moment; il n'est peut-être pas
impossible non plus d'en cerner la date avec plus de précision. Deux des
consoles inscrites provenant du mur de fond du portique occidental de la
place, portent une dédicace à C. Iulius Seuerus[164] que l'on identifiera sans
doute avec l'ancien légat de la *legio IV Scythica*, établie par Hadrien à la
tête de la province de Syrie au moment de la révolte de Judée, en 132;
mais les textes d'Apamée, le désignant comme [ὑπα]τικός, ne remontent
pas au-delà de l'année 139 qui le vit consul (suffect)[165] et fixent de la sorte
un terminus post quem pour la construction du portique. Par ailleurs, le
seul parallèle au parti des calices d'acanthes (et à leur stylisation) des
hautes colonnes des propylées nord de la place n'est-il pas à Gerasa, à la
porte sud et surtout à l'arc triomphal, daté de 129/130[166]? Différents fron-
tons incurvés encore, d'un goût déjà assez baroque aussi, appartiennent aux
niches que l'on restituera au-dessus des hautes fenêtres de la colonnade

---

[158] On voudra bien ne tenir aucun compte, sur ce point, de la reconstitution erronée de
Bruxelles (cf. V. Verhoogen, Apamée de Syrie aux Musées royaux d'art et d'histoire
[Bruxelles, 1964], pll. 8—10) qui intercale à l'entablement une frise de triglyphes et
métopes provenant d'une section voisine à fûts lisses; cf. déjà J. et J. Ch. Balty, Le
cadre topographique et historique, dans Colloque Apamée de Syrie, I (1969), p. 37 et
pl. XI, 1—2.

[159] IGLS, 1312.

[160] W. Van Rengen, Inscriptions grecques et latines, cit., pp. 96—97 et pl. XXXV, 1—2.

[161] IGLS, 1313 et les remarques de W. Van Rengen, loc. cit., n. 5 p. 96.

[162] Ibid., p. 97.

[163] Pour le détail de cette articulation des portiques, cf. J. Ch. Balty, Apamée, 1969—1971,
cit., pp. 24—25 et fig. 2 ibid.

[164] W. Van Rengen, Nouvelles inscriptions grecques et latines, cit., pp. 104—106, pll.
XXIX, 2; XXX et XXXII, 2.

[165] Ibid., p. 106.

[166] C. H. Kraeling, Gerasa, City of the Delcapois (New Haven, 1938), pll. VIIIa—b, X—XI
(surtout Xc—d et XIb—c pour la stylisation des acanthes et ornements floraux), XXXc
et XXXIa, ainsi que pp. 73 et 401—402 (pour la datation).

orientale[167] (pl. IV,1). On le voit, une datation de l'*agora* vers le deuxième quart du IIe siècle paraît la plus cohérente, du moins dans l'état actuel de la documentation; elle ne contredit en rien l'hypothèse, avancée ci-dessus[168], d'une progression des travaux éditaires du nord de la ville vers le sud; c'est de la seconde moitié du siècle que l'on serait, dès lors, tenté de dater le secteur sud du *cardo* et le *decumanus* du théâtre; on ne manquera pas de rappeler ici que ce dernier monument (pl. V,1—2 et VIII,4) s'insère à son tour dans le plan d'ensemble de la ville — dont il occupe, semble-t-il, trois *insulae* —, à l'extrémité occidentale de cette colonnade transversale dont il est tributaire[169] et que son plan si particulier, avec le décrochement caractéristique du *postscaenium* par rapport à l'alignement du mur extérieur des *parodoi*, dû à l'absence de *basilicae* ou *parascaenia*, ne trouve de véritable parallèle que dans celui du théâtre d'Aspendos[170] précisément daté du règne de Marc Aurèle[171]. L'on n'hésitera guère à suggérer que ce vaste programme ait pu ne se terminer qu'avec la dynastie des Sévères (l'aspect un peu rude et «militaire» de la décoration du *postscaenium* inviterait aussi à le croire[172]); l'établissement des axes principaux de la ville et de quelques monuments essentiels — *agora*, thermes, théâtre — avait pris tout le IIe siècle. Mais l'échelle de cet urbanisme de prestige surprend et étonne encore aujourd'hui: le théâtre d'Apamée, avec ses 139 m de diamètre, est l'un des plus grands, sinon le plus grand parmi ceux jusqu'ici conservés, de tout le monde antique[173]; la Grande Colonnade, avec sa percée de près de 40 m de largeur et d'un peu moins de 2 km de longueur[174], est une des

---

[167] Pour ces grandes fenêtres, qui étaient grillagées, cf. J. Ch. Balty, Apamée, 1969—1971, cit., pl. III, 2 (vue prise de l'intérieur de l'agora) et déjà F. Mayence, Scavi recenti in Apamea di Siria: la città romana = Quad. Impero, Orme di Roma nel mondo, I, 2 (Rome, 1940), pl. IV, 1 (vue extérieure).

[168] Ci-dessus, p. 125 et déjà J. et J. Ch. Balty, Le cadre topographique et historique, cit., p. 37; J. Ch. Balty, Apamée, 1969—1971, cit., p. 26.

[169] Pour son plan et sa position dans la ville, cf. J. Barlet, Travaux au théâtre, 1969—1971, dans Colloque Apamée de Syrie, II (1972), pp. 143, 152 et les éléments de la discussion pp. 154, 156.

[170] K. Lanckoroński, Städte Pamphyliens und Pisidiens, I. Pamphylien (Vienne, 1890), pll. XXI—XXII; D. de Bernardi Ferrero, Teatri classici in Asia minore, III. Città dalla Troade alla Pamfilia = Studi di architettura antica, IV (Rome, 1970), pll. XXXI et XXXIII—XXXIV.

[171] K. Lanckoroński, op. cit., I, p. 91 et n° 64 p. 179; D. de Bernardi Ferrero, op. cit., III, p. 173.

[172] En contrepoint au théâtre, à l'extrémité orientale du *decumanus*, un édifice de thermes ultérieurement incorporé dans le groupe épiscopal remonte également, semble-t-il, à l'époque sévérienne (cf. ci-dessous, n. 189 p. 130).

[173] Cf. déjà F. Mayence, La VIe campagne de fouilles à Apamée, dans L'ant. class., VIII (1939), p. 208 = Bull. Mus. roy. art et hist., 3e sér., X (1938), p. 109; A. Frova, L'arte di Roma e del mondo romano = Storia universale dell'arte II 2 (Turin, 1961), p. 785; cf. également J. et J. Ch. Balty, Le cadre topographique et historique, cit., n. 4 p. 38 et, pour le diamètre le plus vraisemblable, J. Barlet, loc. cit., p. 143.

[174] De la porte nord à la porte sud, on comptera quelque 1850 m de longueur; pour la largeur de l'avenue, aux 20,80 m de chaussée, l'on ajoutera des bases de colonnes d' 1,24 m de côté et des portiques d'environ 6,90 m, soit un total de quelque 37,08 m; mais il varie légèrement d'une section à l'autre, sur la longueur de la rue.

128 JANINE ET JEAN CHARLES BALTY

avenues les plus prestigieuses de toute l'histoire de l'architecture univer-selle[175].

IX. *Apamée et les Sévères*

Des témoignages littéraires ou épigraphiques, de portée souvent réduite malheureusement[176], permettent néanmoins de saisir une continuité de rapports entre la dynastie sévérienne et la ville d'Apamée. Allié par son mariage avec Julia Domna à l'une des plus puissantes familles d'Emèse, celle du grand-prêtre de Baal[177], Septime Sévère ne cessa de marquer tout au long de son règne un intérêt particulier à la Syrie. Presque immédiate-ment après la victoire qu'il remporta sur son compétiteur à l'empire[178], Pescennius Niger, qui avait fait d'Antioche son quartier général[179], Sévère, conscient du danger que représentait pour l'empereur le trop puissant gouverneur de Syrie[180], décida la scission en deux de cette province[181], créant ainsi la Coele-Syrie, au nord, dont Laodicée — qui par haine

---

[175] W. M. THOMSON, Journey from Aleppo to Mount Lebanon by Jeble, el-Aala, Apamia, Ribla, etc. dans Bibliotheca sacra, V (1848), p. 685 l'avait déjà bien noté: «one of the longest and most august colonnades in the world». — Pour la comparaison avec Antioche, cf. J. LASSUS, Les portiques d'Antioche, cit., p. 152 (avec, pl. LXX p. 153, un bon croquis des principales caractéristiques de la colonnade d'Apamée).

[176] Faute de précisions chronologiques suffisantes, il est difficile de replacer dans son contexte l'inscription fragmentaire d'un certain Licinnius Sabinianus, préposé à l'annone à Apamée (IGLS, IV, 1315: ... Λικ(ιννίου) Σαβεινιανοῦ ἀπὸ στρατιῶν, ... τοῦ ἐπὶ τῆς ἐν Ἀπαμείᾳ ἀννώνης). L'expression ἀπὸ στρατιῶν («qui s'est acquitté des milices équestres») n'est pas usitée avant Septime Sévère: cf. comm. à IGLS, IV, p. 62.

[177] Cf. G. HERZOG, s. v. Iulia Domna, dans la Realencyclopädie, X 1 (1919), col. 929.

[178] A la bataille d'Issos dont la date (194) a fait l'objet de nombreuses discussions; pour une mise au point, cf. G. DOWNEY, op. cit., p. 239 et n. 14.

[179] Hérodien, III, 1, 4; III, 3, 3. — Dès 192, Pescennius Niger, qui exerçait, à la mort de Commode, la fonction de gouverneur de Syrie, fut proclamé empereur par ses soldats à Antioche (Hérodien, I, 7, 9 — II, 8, 8).

[180] Dès la fin du Ier siècle de notre ère, à l'époque de Nerva, le gouverneur de Syrie consti-tuait en raison de l'importante armée dont il disposait un grave danger pour l'empereur (cf. Pline, Ep. IX, 13, 11).

[181] Sur cette division et la date à laquelle elle fut réalisée, cf. R. E. BRÜNNOW et A. VON DOMASZEWSKI, Die Provincia Arabia, III (Strasbourg, 1909), p. 251; L. JALABERT et R. MOUTERDE, Nouvelles inscriptions de Syrie, dans Mél. Univ. St-Joseph, IV (1910), pp. 215, 218—220; G. A. HARRER, Studies in the History of the Roman Province of Syria (Princeton, 1915), pp. 87—90; E. S. BOUCHIER, Syria as a Roman Province (Oxford, 1916), p. 93; E. HONIGMANN, s. v. Syria, dans la Realencyclopädie, IV A, 2 (1932), col. 1686; O. EISSFELDT, s. v. Phoiniker (Phoinikia), dans la Realencyclopädie, XX, 1 (1941), col. 368; R. DEVREESSE, Le patriarcat d'Antioche, cit., p. 45; G. DOWNEY, op. cit., p. 239 et n. 17.
Le nom de Coele-Syrie (Κοίλη Συρία) désignait au temps des Séleucides une région beaucoup plus vaste, qui s'étendait jusqu'à l'Égypte et l'Arabie; à l'époque romaine, il est restreint à la Beqā, entre le Liban et l'Antiliban; cf. R. E. BRÜNNOW et A. VON DOMASZEWSKI, op. cit., p. 251; F.-M. ABEL, Géographie de la Palestine, II, p. 129.

1. Noria représentée sur une des mosaïques
du portique d'Apamée (469 AD)

AP. 68 SMD 21.   cm 0   1   2

2. Couvercle de pyxide à figures rouges
découverte au flanc du tell

3. Détail de l'appareillage d'un *phrourion* hellénistique au nord d'Apamée

1. L'acropole d'Apamée vue du lac, et le village actuel de Qal'at el-Muḍīq

2. Ruines de la Grande Colonnade sur le plateau d'Apamée

1. Section nord de la Grande Colonnade (peu après 116/117 AD)

2. Section médiane de la Grande Colonnade (aux alentours de 166 AD)

1. Mur de fond occidental de l'agora romaine

2. Colonnes du portique occidental de l'agora abattues par un tremblement de terre

1. *Parodos* est et *maenianum* inférieur du théâtre

2. *Orchestra* du théâtre, vue de l'ambulacre

1. Porte nord de la ville et inscriptions funéraires
provenant de remplois dans la muraille

2. Stèle d'Aur. Tato, provenant du
rempart sud de la ville

3. Cippe dans le rempart oriental de la ville

1. Sarcophage remployé par Marcia Vivia Crescentina pour son mari

2. Sarcophage d'Antonia Kara (vers 231—233 AD)

1. Milliaire de Tell Dades, au nom
de Vespasien

2. Inscription de Sabbūra, aux noms
de Vespasien, Titus et Domitien

3. Console inscrite de la
Grande Colonnade (166 AD)

4. Escalier de l'ambulacre du théâtre

d'Antioche s'était déclarée contre Pescennius[182] — devenait capitale[183] et la Syrie Phénicie, au sud, avec Tyr comme ville principale.

Apamée appartint donc désormais à la Coele-Syrie; son port Laodicée détenait, sous Sévère du moins, le premier rôle dans la province; nul doute qu'elle-même n'y ait occupé dès lors une place importante. Un lien plus personnel d'ailleurs l'unissait à l'empereur; Dion Cassius rapporte en effet le texte d'un oracle rendu par Zeus Bêlos[184] à Septime Sévère, vrai-

[182] Hérodien, III, 3, 3; sur la rivalité Laodicée—Antioche, cf. E. HONIGMANN, s. v. Laodikeia, dans la Realencyclopädie, XII (1925), col. 715 et G. DOWNEY, op. cit., p. 240.

[183] Pour punir Antioche d'avoir soutenu Pescennius, Septime Sévère la priva de son titre de métropole et de capitale et la réduisit au rang de κώμη au profit de Laodicée, qui reçut le *ius Italicum*, le titre de métropole et celui de capitale *ob belli ciuilis merita* (Dig., 50, 15, 1, 3); cf. G. DOWNEY, op. cit., p. 241. Antioche retrouva ses privilèges sous Caracalla: cf. G. DOWNEY, op. cit., pp. 243—247.

[184] Le culte de Zeus est attesté à Apamée dès l'époque hellénistique (les premières monnaies connues d'Apamée remontant au moins à Antiochus IV Épiphane — dans la première moitié du IIe siècle avant J.-C. — portent au revers une figure de Zeus debout drapé dans un himation et tenant une Nikè et un sceptre: cf. P. GARDNER, A Catalogue of the Greek Coins in the British Museum. The Seleucid Kings of Syria [Bologne, 1963], p. 41 et pl. XIII, 4) jusqu'à la fin du IVe siècle de notre ère (Libanius, Ep. 1351; Théodoret, Hist. Eccl., V, 21, 5—15). Rares sont les documents toutefois qui donnent, outre le nom du dieu grec, celui de la divinité locale Bêlos, qui lui est assimilée: la formule qu'utilise Dion Cassius traduit bien cette assimilation: ὁ Ζεύς, ὁ Βῆλος ὀνομαζόμενος (LXXVIII, 8, 5—6). Zeus-Bêlos apparaît encore dans une inscription bilingue — dédicace en grec, doublée d'une paraphrase en latin — de Vaison (IGRR, I, 4; IG, XIV, 2482: εὐθυντῆρι τύχης, Βήλῳ Σεῦστος θέτο βωμὸν τῶν ἐν Ἀπαμείᾳ μνησάμενος λογίων; CIL, XII, 1277: *Belus Fortunae rector mentisque magister / ara gaudebit quam dedit et uoluit.* — Sur cette inscription, cf., en dernier lieu (avec bibl. antér.) R. TURCAN, Les religions de l'Asie dans la vallée du Rhône = Études préliminaires aux religions orientales dans l'Empire romain, XXX (Leyde, 1972), pp. 115—117. Il s'agit d'une offrande d'autel à Bêlos, en souvenir d'oracles rendus à Apamée. On a voulu reconnaître (L. RENIER dans Mélanges d'épigraphie [Paris, 1854], p. 129) dans le dédicant de cette inscription, Sextus, l'officier Sextus Varius Marcellus, d'Apamée, à qui Sévère aurait accordé la main de Julia Soemias, en remerciement pour la dédicace de Vaison, hypothèse par trop fantaisiste: cf. R. TURCAN, op. cit., p. 116. — Le nom de Bêlos figure encore enfin dans une inscription inédite d'Apamée, découverte dans la zone des thermes: il y est question d'un prêtre de Bêlos et le dieu lui-même est qualifié de θεὸς μέγιστος ἅγιος Βῆλος. — Ainsi que l'indique clairement la dédicace de Vaison, le Bêlos d'Apamée était invoqué en tant que «pilote de la Fortune» et «maître de l'esprit»: Baal masculin, il joue en quelque sorte le rôle de la Τύχη protectrice de la ville (sur cet aspect de Bêlos, cf. M. ROSTOVTZEFF, Le Gad de Doura et Seleucos Nicator, dans Mélanges Dussaud, I = Bibl. archéol. et hist., XXX [Paris, 1939], p. 292 et n. 2 ibid.); il est intéressant, dans cette optique, de noter qu'à l'emplacement présumé du temple de Zeus Bêlos, à l'ouest de l'agora (cf. J. CH. BALTY, Apamée 1969—1971, dans Colloque Apamée de Syrie, II [1972], p. 23), répond à l'est la masse éboulée du *tycheion* (sur le *tycheion*, cf. F. MAYENCE, Scavi recenti in Apamea di Siria, cit., p. 8 et pl. IVa; cf. aussi IGLS, IV, 1317; R. TURCAN n'a pas manqué de relever cette présence d'un *tycheion* à Apamée (cf. R. TURCAN, op. cit., p. 116). Ainsi que le suggérait déjà J. H. MORDTMANN dans un article oublié (Mythologische Miscellen, dans Zeitschr. deutschen Morgenl. Gesell., XXXIX [1885], p. 44), c'est encore avec Bêlos d'Apamée, maître de la Fortune, qu'il faut identifier, semble-t-il, le *Juppiter Niceforius* qui prédit à Hadrien son accession à l'empire, «d'un certain temple (*ex fano quoque*) que cita dans ses livres Apollonius, philosophe platonicien de Syrie» (Hist. Aug., Hadr., 2, 9).

semblablement lors d'une visite que celui-ci fit en 179 à Apamée, bien avant son accession au pouvoir, tandis qu'il commandait en Syrie la IVᵉ légion scythique[185]: en le déclarant «semblable pour les yeux et la tête à Zeus que charme la foudre, à Arès pour la ceinture et pour la poitrine à Poséidon»[186], le dieu lui annonçait sa souveraineté universelle et le triomphe de ses armes sur terre et sur mer. Sans doute Sévère garda-t-il en mémoire cette prédiction et n'oublia-t-il pas la ville où elle avait vu le jour; il revint empereur à Apamée y consulter Bêlos, qui cette fois lui répondit: «ta maison s'éteindra tout entière dans le sang»[187]. Il semble qu'il faille situer à la fin de 201 ou dans les premiers mois de 202 ce second passage de Sévère à Apamée, lors du séjour que fit à Antioche la famille impériale à son retour d'Égypte[188].

Peut-être est-ce du même moment que date la dédicace à Julia Domna provenant de la voûte d'un édifice thermal, ultérieurement englobé dans le groupe cathédral[189]; mais celle-ci pourrait tout aussi bien être attribuée à une autre visite que l'impératrice fit à Apamée en compagnie de Caracalla, au retour d'un voyage en Égypte, dans le courant de 215. De cette visite témoigne en effet par ailleurs la fameuse inscription dédiée à Caracalla — ou à Julia Domna — par «le Sénat et le peuple de Claudia Apamea, ville d'Antonin»[190]. Ce texte, qui désigne Apamée comme la 203ᵉ *mansio* (μονή) d'un voyage — certainement impérial[191] — commencé à Rome, est jusqu'ici le seul où la ville soit qualifiée d'Antoninoupolis[192]. Mais ce manque de confirmation ne saurait entacher de doute la dénomination nouvelle que

---

[185] Hist. Aug., Seu., 3, 6. 7; 9, 4; cf. FLUSS, s. v. L. Septimius Seuerus, dans la Realencyclopädie, II A, 2 (1923), coll. 1945—1946.

[186] Dion Cassius, LXXVIII, 8, 5—6: ὄμματα καὶ κεφαλὴν ἴκελος Διὶ τερπικεραύνῳ, / Ἄρεΐ δὲ ζώνην, στέρνον δὲ Ποσειδάωνι.

[187] Ibid.: σὸς δ' οἶκος πᾶς βήσεται δί αἵματος.

[188] Sur ce séjour à Antioche, cf. G. DOWNEY, op. cit., pp. 242—243. — Si l'on suit l'hypothèse de P. HAMBLENNE, La légende d'Oppien, dans L'ant. class., XXXVII (1968), pp. 589—619, ce n'est pas d'un voyage de Sévère à Anazarbe qu'il est question dans la 'Vita' I d'Oppien mais bien d'un voyage à Apamée, voyage qui, selon l'auteur, n'a pu se faire qu'au moment du séjour de la famille impériale à Antioche, fin 201—début 202 (ibid., p. 608).

[189] Découverte au cours de la campagne de 1973 dans la «cathédrale de l'est» et demeurée encore inédite. Il s'agit d'une dédicace peinte en caractères rouges, à l'intérieur d'une couronne gemmée: Ἰουλίαν / Δόμν[αν] / τῷ[. . .].

[190] IGLS, 1346: ... ἡ βουλὴ [κα]ὶ ὁ δῆμος Κλ(αυδιέων) Ἀπα[μ]έων Ἀντωνεινουπόλεως, ἀπαρχομ(ένου) ἐν [α]ὐτῇ ἀπὸ τῆς μον(ῆς) τῆς γςʹ. Le chiffre élevé des *mansiones* ne peut s'expliquer que si les princes se sont rendus à Apamée au retour d'Égypte, c'est-à-dire dans le courant de l'année 215. Sur ce voyage de Caracalla à travers les provinces en 214—215, en rapport avec l'inscription d'Apamée, cf., outre le commentaire des IGLS, 1346, pp. 77—80, R. MOUTERDE, Une dédicace d'Apamée de Syrie à l'approche de Caracalla et l'Itinerarium Antonini, dans Comptes rendus Acad. Inscr. et Belles-Lettres (1952), pp. 355—363; D. VAN BERCHEM, L'itinéraire Antonin et le voyage en Orient de Caracalla (214—215), ibid. (1973), pp. 123—126.

[191] R. MOUTERDE, loc. cit., p. 359.

[192] Pour une liste des villes qui ont pris en l'honneur de Caracalla l'épithète d'Antoneinoupolis (ou encore Ἀντωνινιανή, Ἀντωνινιανοί, *Aurelia Antoniniana*), cf. R. MOUTERDE, loc. cit., p. 356.

s'arroge la ville; l'utilisant sur un document officiel, elle en bénéficie de toute évidence légalement, par concession impériale.

Une trosième dédicace enfin, placée sur une des consoles de la colonnade occidentale de l'*agora*, témoigne une fois encore du loyalisme d'Apamée envers la dynastie sévérienne: adressée à Julia Maesa[193], elle était destinée à honorer en même temps son petit-fils, le nouvel empereur, Elagabal, fils de Julia Soemias[194] et de l'Apaméen Sextus Varius Marcellus[194bis]; elle doit donc être, selon toute vraisemblance, immédiatement postérieure à la victoire remportée par Elagabal sur Macrin aux environs d'Antioche, le 8 juin 218[195]. Peu de temps auparavant, peut-être vers le 23 mai[196], Macrin s'était pourtant encore rendu d'Antioche à Apamée afin de se faire bien voir des habitants de la ville en leur offrant à chacun un dîner de 150 drachmes, mais surtout aussi pour s'assurer de la fidélité des soldats d'Albano, de la *legio II Parthica*, qui s'étaient en fait déjà désolidarisés de sa cause à son insu[197]: «les autres unités qui avaient leurs quartiers d'hiver dans cette région s'étaient également révoltées»[198]. Si le témoignage de Dion Cassius est vague et ne donne aucune précision sur le nom de ces autres unités cantonnées aux alentours, du moins certaines des stèles d'Apamée permettent-elles parfois de s'en faire une idée: l'on pourrait citer entre autres l'*ala I Flauia Augusta Britannica*[199] ou la *legio XIII Gemina*[200].

Mais la présence de ces corps de troupes en Apamène se limita à l'hiver 217/218. Par la suite, ce n'est qu'entre l'hiver de 231/232 et l'été de 233, pendant la campagne d'Alexandre Sévère contre les Parthes, que la *legio II Parthica* réapparut à Apamée, ainsi que l'attestent nombre d'épitaphes de soldats appartenant à cette légion[201]. Deux de ces épitaphes contribuent

[193] W. Van Rengen, Nouvelles inscriptions grecques et latines, dans Colloque Apamée de Syrie, II (1972), pp. 102—104; sur Julia Maesa, cf. G. Herzog, s. v. Iulius 579, dans la Realencyclopädie, X, 1 (1918) coll. 940—941.

[194] Sur Julia Soemias, cf. Id., s. v. Iulius (Soemias), ibid., coll. 949—950.

[194bis] Dion Cassius, LXXIX, 30, 2.

[195] Dion Cassius, LXXIX, 39,3—39,1; Hérodien, V, 4, 5—10; sur les problèmes posés par cette bataille et la bibliographie, cf. G. Downey, op. cit., n. 77, pp. 249—250.

[196] C. R. Whittaker, comm. sur Hérodien, V, 3, 2, dans Herodian (Londres–Cambridge/Mass., 1970) II, n. 1 p. 27.

[197] Dion Cassius, LXXIX, 34, 2—4; c'est lors de ce passage à Apamée que Macrin proclama empereur son fils Diaduménien, âgé seulement de dix ans, afin de se servir du prétexte de cette désignation pour se concilier la faveur de ses soldats sans qu'ils se méfient (LXXIX, 34, 2: καὶ τὸν υἱὸν αὐτοκράτορα, καίπερ δέκατον ἔτος ἄγοντα, ἀπέδειξεν, ὅπως ἐπὶ τῇ προφάσει ταύτῃ τοὺς στρατιώτας τοῖς τε ἄλλοις καὶ πεντακισχιλίων δραχμῶν ὑποσχέσει τιθασεύσῃ . . .).

[198] Dion Cassius, LXXIX, 34, 5—8 (en particulier 5): καὶ οὕτως οἵ τε Ἀλβάνοι οἵ τε ἄλλοι οἱ περὶ ἐκεῖνα τὰ χωρία χειμάζοντες προσαπέστησαν.

[199] IGLS, 1361 et commentaire; cf. aussi W. Van Rengen, Inscriptions grecques et latines, dans Colloque Apamée de Syrie, I (1969), p. 100.

[200] IGLS, IV, 1362; W. Van Rengen, ibid.

[201] IGLS, IV, 1357, 1359, 1360, 1371, 1372, 1375; cf. en outre, pour deux épitaphes nouvelles, découvertes lors de la campagne de 1970: W. Van Rengen, Nouvelles inscriptions grecques et latines, dans Colloque Apamée de Syrie, II (1972), pp. 98—102 et pll. XXV—XXVII.

à dater, de manière précise, les sarcophages à guirlandes qui les portent (pl. VII,1—2), fournissant ainsi un point-fixe bien intéressant, dans l'établissement d'une chronologie souvent difficile[202].

X. L'invasion de S̲h̲āhpuhr de 256

A la mort d'Alexandre Sévère s'ouvre pour l'empire romain une longue période de désordres et de troubles, où d'éphémères empereurs s'attachent à protéger, à grand-peine, des frontières qui cèdent de partout.

Apamée tombe, en 256, aux mains du sassanide S̲h̲āhpuhr et son nom figure, entre Chalcis et Raphanée, au nombre des trente-sept villes prises aux Romains, dans les textes grec, pahlaviy et sans doute parsiy des 'Res gestae diui Saporis' découverts en 1936 et 1939 à Naqs̲h̲-i Rustan[203]. C'est avec ce raid sans aucun doute que l'on mettra en rapport les travaux de restauration et de consolidation du rempart apaméen — où sont réutilisés un très grand nombre de monuments funéraires remontant exclusivement au IIe et à la première moitié du IIIe siècle[204] (pl. VI,1—3). S̲h̲āhpuhr devait réitérer quatre ans plus tard son attaque contre la Syrie mais Apamée, mieux défendue et sur ses gardes, fut cette fois épargnée[205]: c'est de cette seconde invasion que date l'enfouissement, immédiatement à l'est de la ville, hors de l'enceinte, sur le territoire de l'actuel village de Kafr Nabūde, d'un important trésor monétaire[206].

[202] Cf. W. VAN RENGEN, ibid.; de ces deux sarcophages à décor de putti, guirlandes, Victoires et Gorgoneia — l'un (loc. cit., pp. 98—100 et pl. XXV, 1—2) est daté par son inscription tandis que pour l'autre (loc. cit. pp. 100—102 et pll. XXVI—XXVII) l'épitaphe qu'il porte ne fournit qu'un terminus ante quem, la cuve présentant d'indéniables traces de remploi.

[203] Cf. E. HONIGMANN et A. MARICQ, Recherches sur les Res gestae Divi Saporis = Acad. royale de Belgique, Cl. des lettres et des sciences morales et politiques, Mémoires, XLVII 4 (Bruxelles, 1953), pp. 13 (ll. 13—14 du texte grec) et 146, n° 9; mieux encore A. MARICQ, Classica et orientalia, 5. Res gestae Divi Saporis, dans Syria, XXXV (1958), pp. 308—309 (texte grec définitif et trad. franç., ll. 13—14) et 338, n° 9 (repris dans ID., Classica et Orientalia = Inst. franç. d'archéologie de Beyrouth, Publ. hors sér. 9 (Paris, 1965), pp. 50—51 et 80, n° 9.

[204] Monuments funéraires remployés dans le rempart: IGLS, IV, 1357, 1359, 1360, 1361, 1362, 1367, 1368—1369 (cf. W. VAN RENGEN, Inscriptions grecques et latines, cit., p. 96), 1371, 1374, 1375, ainsi que les nouveaux documents publiés par W. VAN RENGEN, ibid., nos 2 p. 98, 3 pp. 98—99 et 4 pp. 100—101. De tous ces monuments, les plus récents paraissent être précisément les épitaphes de soldats de la IIe légion parthique dont il a été question ci-dessus.

[205] Sur la date de cette invasion, cf. E. HONIGMANN et A. MARICQ, op. cit., n. 3 p. 142; pour la liste des villes prises à cette occasion, liste où ne figure pas Apamée, cf. ID., op. cit., pp. 148—149.

[206] Sur ce trésor, cf. A. ALFÖLDI, Die Hauptereignisse der Jahre 253—261 n. Chr. im Orient im Spiegel der Münzprägung, dans Berytus, IV (1937), p. 63 et surtout R. A. G. CARSON, The Hama Hoard and the Eastern Mints of Valerian and Gallienus, dans Berytus, XVII

Enfin — dernier repère apaméen dans l'histoire de ce IIIe siècle troublé — Saturninus usurpateur en Orient sous le règne de Probus, soutint dans la citadelle de l'Oronte le siège de ses adversaires; il y fut assassiné en 282[207].

Plus aucune mention d'Apamée n'est attestée entre ce moment et l'ère des grandes persécutions du christianisme qui marquent le début du IVe siècle dans le monde romain.

XI. Vie intellectuelle

A ce tableau historique de la ville, à l'importance que lui conféra sur le plan religieux l'oracle de Zeus Bêlos[208], on ne manquera pas d'ajouter une activité intellectuelle souvent intense: patrie du stoïcien Posidonius[209] et du poète anonyme des 'Cynégétiques'[210], elle s'illustra aussi dans le domaine de la physique et de la médecine par les travaux d'Archigénès[211] dont le nom apparaît à diverses reprises dans l'œuvre de Juvénal[212]. Mais c'est surtout comme centre de philosophie platonicienne qu'elle se rendit célèbre dès la deuxième moitié du IIe siècle, avec Numénius[213]: un siècle plus tard, en 269, un philosophe néoplatonicien, disciple de Plotin à Rome pendant vingt-quatre ans, Amélius Gentilianus d'Étrurie, vint s'y instal-

---

(1967—1968), pp. 123—142 et pll. XXXV—XXXVII (pour la date d'enfouissement, cf. en particulier, p. 135).

[207] Hist. Aug., Saturn., 11; cf. surtout St-Jérôme, Chron., p. 224 e (éd. R. HELM) d'après Eusèbe.

[208] Cf. ci-dessus, pp. 129—130 et n. 184.

[209] Strabon, Geogr., XVI, 2, 10; XVI, 2, 13; Athénée, Deipn., VI, p. 252 E; Suidas, IV, p. 179 (éd. A. ADLER).

[210] Appelé aussi parfois pseudo-Oppien. Sur le problème des deux Oppien et, en particulier, sur la vie d'Oppien d'Apamée, poète des 'Cynégétiques', sous Septime Sévère, cf. en dernier lieu, P. HAMBLENNE, La légende d'Oppien, dans L'ant. class., XXXVII (1968), pp. 589—615. — Un des trois manuscrits à peintures des 'Cynégétiques', le Marcianus Graecus 479 (remontant au Xe ou à la première moitié du XIe siècle), contient une bien intéressante illustration de «la haute Pella aux belles murailles» (Cyn., v. 101): cf. W. LAMEERE, Apamée de Syrie et les Cynégétiques du Pseudo-Oppien dans la miniature byzantine, dans Bull. Inst. hist. belge Rome, XIX (1938), p. 8 et pl. I.

[211] Suidas, I, p. 376 (A. ADLER): Ἀρχιγένης, Φιλίππου, Ἀπαμεὺς Συρίας, ἰατρός, μαθητὴς Ἀγαθίνου, ἐπὶ Τραϊανοῦ ἰατρεύσας ἐν Ῥώμῃ, βιοὺς ἔτη ξγ´ καὶ συγγράψας πολλὰ ἰατρικά τε καὶ φυσικά.

[212] Juvénal, VI, 239; XIII, 98; XIV, 252.

[213] Numénius est considéré par les Anciens soit comme un philosophe néopythagoricien, soit comme un néoplatonicien (par Jamblique et Proclus notamment). On lui attribue même parfois la fondation de l'école néoplatonicienne: cf. A. PIGANIOL, Histoire romaine, IV 2. L'empire chrétien (325—395) = Histoire générale I. 3. iv. 2 (Paris, 1947), p. 28. Sur la vie de Numénius, cf. E. A. LEEMANS, Studie over den wijsgeer Numenius von Apamea (Bruxelles, 1937), p. 10; R. BEUTLER, s. v. Numenios 9, dans la Realencyclopädie, suppl. VII (1940), coll. 664—665.

ler[214]. Cet érudit, grand exégète de Numénius dont il avait mis par écrit tous les dogmes, éditeur d'un ouvrage de Plotin en cent livres[215], vécut si longtemps à Apamée qu'il passa parfois même pour Apaméen de naissance[216]; son fils adoptif Hostilianus Hésychius était originaire de là[217]. C'est cette même école de philosophie qui devait connaître dans le courant du IVe siècle, avec Jamblique et Sopatros, un destin particulièrement brillant; l'on y reviendra dans la deuxième partie de cette étude, Apamée de Syrie, archéologie et histoire II. De la Tétrarchie à la conquête arabe.

(Bruxelles, juin 1974)

Liste des illustrations

I. Planches

[214] Porphyre, Vit. Plot., 2 (éd. E. Bréhier): Ἀμέλιος δὲ ἐν Ἀπαμείᾳ τῆς Συρίας.

[215] Ibid., 3: φιλοπονίᾳ δὲ ὑπερβαλλόμενος τῶν καθ᾽ αὑτὸν πάντων διὰ τὸ καὶ σχεδὸν πάντα τὰ Νουμηνίου καὶ γράψαι καὶ συναγαγεῖν καὶ σχεδὸν τὰ πλεῖστα ἐκμαθεῖν· σχόλια δὲ ἐκ τῶν συνουσιῶν ποιούμενος ἑκατόν που βιβλία συνέταξε τῶν σχολίων, ἃ Οὐστιλλιανῷ Ἡσυχίῳ τῷ Ἀπαμεῖ, ὃν υἱὸν ἔθετο, κεχάρισται.

[216] Suidas, I, p. 138 (A. Adler): Ἀμέλιος· Ἀπαμεύς.

[217] Porphyre, Vit. Plot., 3 (ci-dessus, n. 215).

Beyrouth Archéologie et Histoire, époques gréco-romaines
I. Période hellénistique et Haut-Empire romain*

par JEAN LAUFFRAY, Karnak–Paris

Table des matières

I. Situation géographique (son influence sur la création et le développement de la ville).

Du mont Cassius au nord au mont Carmel au sud, la Phénicie est, selon le géographe E. DE VAUMAS, une enclave européenne dans le Moyen-

---

* Bêrôth, Birûta, Βήρυθος, Berytos, Béroé, Laodicée de Canaan, Berytus, au Moyen-Age Baruth; en anglais Beirut. Nous emploirons indifféremment ces diverses formes dans les titres et les textes en respectant celles utilisées par les auteurs cités.

Orient. Elle est constituée par une chaine montagneuse, presque rectiligne, qui pendant des millénaires demeura boisée et fut une réserve de bois d'œuvre pour les pays voisins. Cette chaine domine la rive orientale de la Méditerranée. La plaine côtière n'est qu'un étroit piémont, coupé par place d'éperons rocheux, faciles à barrer par des remparts protecteurs. Un cordon dunaire consolidé (grès marin, *ramleh* en arabe) longe le rivage. La mer l'a rompu en divers points, n'en laissant subsister que des îlots et des hauts fonds, en arrière desquels elle a creusé quelques rares petites baies; elles constituent des aiguades et des ports naturels plus ou moins bons pour la navigation de cabotage que la permanence des vents du sud-ouest rend délicate. Les hommes du néolithique comprirent l'intérêt de ces dispositions naturelles lorsqu'ils se sédentarisèrent; on trouve leurs habitats sur les éperons proches des baies; c'est le cas de Byblos.

L'aspect du pays était alors très différent de ce qu'il est actuellement. La densité de la forêt rendait l'accès des crêtes et des rares cols malaisés. Les cloisonnements constitués par des ravins profonds s'opposèrent long-temps à une unification politique, d'où l'existence de Villes-Etats indé-pendantes. Beyrouth fut l'une d'entre elles.

La monotonie de la côte rectiligne est rompue par un promontoire le Ras Beyrouth (fig. 1; fig. 2, pl. I). Il avance vers le large, encadré au sud par des dunes de sables rouges (actuellement stabilisées et couvertes par des quar-tiers suburbains de construction récente) et au nord par la vallée d'un fleuve le Nahr Beyrouth, le Magoras des anciens, l'un des rares cours d'eau libanais qui demeure presque pérenne malgré les déboisements de la mon-tagne. Ce promontoire, formé de terrains miocènes et de roches secondaires, est élargi par l'addition de grès littoraux; il culmine à 99 mètres au-dessus du niveau de la mer. Ses versants occidentaux et méridionaux sont rongés par les houles marines venant du sud-ouest. Elles les ont taillés par place en hautes falaises faisant apparaître de curieuses stratifications marno-calcaires à lits de silex. Il a été retrouvé sur ces versants plusieurs stations du paléolithique et, plus au sud, des installations du néolithique.

C'est sur la pente opposée du promontoire, orientée vers le nord et par suite protégée des vents dominants, que se développa le port antique, actuellement comblé, et la ville préhellénique. Les couches superposées de ses installations successives ont formé le «tell» de la plus ancienne Beyrouth. Il se situait entre le port actuel et la place des Martyrs, appelée aussi place des Canons ou el-Borj. Aujourd'hui arasé et couvert de construc-tions, il n'est plus discernable; mais, sur les anciens plans, figurent des chemins qui contournent l'emplacement qu'il occupait.

Au sud-ouest du site de la ville préhellénique (entre d'une part la place des Canons et la colline, jadis abrupte, où se dresse le Grand Sérail[1] et d'autre part entre, du nord au sud, les rues de l'Emir Béchir et du Général Weygand), une vaste zone à peu près plate et en pente vers la mer correspond à une

---

[1] Le «Grand Sérail» est distinct du «Petit Sérail», actuellement démoli et qui s'élevait à l'extrémité nord de la place des Canons.

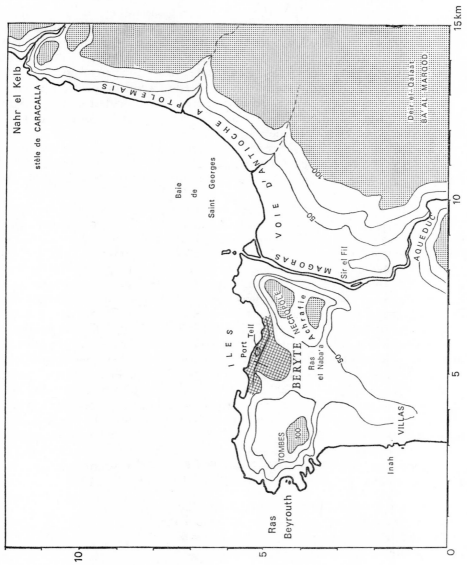

Fig. 1. Carte du Ras Beyrouth.

ancienne dépression presque comblée par des apports récents. La topographie actuelle permet encore de la reconnaître. La place de l'Etoile en occupe le centre. Les vestiges antiques s'y rencontrent à une grande profondeur, alors que, place des Canons, le roc se trouve à seulement un mètre sous la chaussée et que les arases des monuments romains affleuraient le sol au bas des pentes de la colline du Grand Sérail. Un éperon se détachait de cette colline et se prolongeait, il y a peu d'années, au-delà de l'église des Capucins vers la Bab Idriss. Il a été en partie arasé pour percer une nouvelle voie (la rue Karamé). Ainsi limitée, la dépression avait l'aspect d'un hémicycle ouvert vers la mer et son périmètre polygonal coïncidait, à l'opposé du rivage, avec une falaise morte bordant la terrasse marine des 25 mètres. Les fortifications du XVIIIème siècle suivaient son tracé.

Un ruisseau, l'ancien Khandaq el Ğamiq, alimenté par la source de Ras el-Naba'a, et à présent absorbé par le réseau d'égouts, traversait la dépression et alimentait des fontaines. La nappe phréatique était proche et les puits faciles à creuser.

Le site était parfaitement adapté à une extension de la ville primitive. Les successeurs d'Alexandre commencèrent à l'occuper et la colonie romaine comprit l'intérêt de sa disposition. Elle y trouvait au centre une zone horizontale pour y placer un forum entouré de monuments civils et religieux; à l'ouest, une pente rocheuse, tournée vers l'Orient, pouvait facilement être taillée pour placer des bâtiments en terrasse; au sud, une hauteur protégeait des vents chauds; à l'est, des cheminements commodes permettaient de faire passer un aqueduc amenant les eaux de la montagne; enfin, au nord, une pente douce donnait un accès facile vers un hâvre bien abrité par des îles.

A l'extérieur de l'amphithéâtre naturel, entre les rues de France et le Wadi Abou Jémil, existait une terrasse naturelle étroite et longue qui pouvait à peu de frais être aménagée en hippodrome. Par ailleurs l'arrière pays, habitable jusqu'à plus de 1.500 mètres d'altitude, attendait d'être défriché et cultivé. Il pouvait permettre d'alimenter une population importante. Son défrichement fut si intensif que les empereurs et les proconsuls durent intervenir pour limiter les déboisements qui transformaient en torrents caillouteux des ruisseaux ombragés.

Ce site privilégié a été décrit en des termes dithyrambiques par le poète Nonnos de Panopolis dans ses 'Dionysica' (XLI 14—19):

ἔστι πόλις Βερόη, βιότου τρόπις, ὅρμος Ἐρώτων,
ποντοπαγής, εὔνησος, εὔχλοος, οὐ ῥάχις ἰσθμοῦ
στεινὴ μῆκος ἔχοντος, ὅπη διδύμης μέσος ἅλμης
κύμασιν ἀμφοτέροισιν ἱμάσσεται ὄρθιος αὐχήν·
ἀλλὰ τὰ μὲν βαθύδενδρον ὑπὸ ῥάχιν αἴθοπος Εὔρου
Ἀσσυρίῳ Λιβάνῳ παραπέπταται, . . .

«Il est une cité, Béroé, source de la vie, hâvre des amours, bâtie sur la mer, avec de belles îles, de sompteux ombrages — non pas arête étroide d'un isthme effilé, allongé entre deux mers, dont les doubles glots viennent battre la ligne de sa gorge (allusion à Tyr), mais, du côté du brûlant Euros, sous la crête boisée du Liban syrien, la ville se déploie.»

Les îles protectrices du port ont disparu. Il est probable, que, comme à Sidon, elles furent aménagées en port forain.

Bibliographie sommaire pour le titre I:

A. Géologie et géographie.

L. DUBERTRET, Géologie du site de Beyrouth (avec carte géologique au 1/20.000ème), Beyrouth, 1954; ID., Carte géologique du Liban, Institut géographique national, Paris, 1955.

E. DE VAUMAS, Le relief de Beyrouth et son influence sur le développement de la ville, Beyrouth, 1946; ID., Le Liban, étude de géographie physique, 3 vol., Paris, 1954.

R. BALTAXE, Carte forestière du Liban, Beyrouth, 1966.

J. P. BROW, The Libanon and Phoenicia. Ancient texts illustrating their physical geography and native industries, vol. I, The physical setting and the forest, American University of Beirut, 1969, donne une liste assez exhaustive de textes d'auteurs anciens avec commentaires (coordonnées géographiques, hydrographie, saisons, climat, vents, forêt etc.).

B. Topographie du site.

R. DU MESNIL DU BUISSON, Etude de Beyrouth et des environs, Bulletin de la Société française de fouilles archéologiques, V, 1923—1924, p. 121—125.

J. LAUFFRAY, Forums et monuments de Béryte, Bulletin du Musée de Beyrouth, VII, 1944—1945, p. 13—80.

C. Préhistoire.

G. ZUMOFFEN, La Phénicie avant les Phéniciens, Beyrouth, 1900.

H. FLEISCH, Position de l'Acheuléen à Ras Beyrouth (Liban), Bulletin de la société préhistorique française, XLIII, 1946, p. 293—299; ID., Dépôts préhistoriques de la côte libanaise et leur place dans la chronologie basée sur le quaternaire marin, Quaternaria, III, 1956, p. 101 à 132; ID., Les sables de Beyrouth (Liban) et leurs industries préhistoriques, Fundamenta, Reihe A Band 2, Wien, Köln, 1970, p. 171—180.

J. CAUVIN, Les outillages néolithiques de Byblos et du littoral libanais, Fouilles de Byblos, IV, Paris, 1968.

R. SAIDAH, The Prehistory of Beirût, Beirut, Crossroads of Cultures, Beyrouth, 1970.

D. Garrod et G. Henri-Martin, Rapport préliminaire sur la fouille d'une grotte au Ras-el-Kelb, Bulletin du Musée de Beyrouth, XVI, 1961, p. 61—67.

D. Généralités.

M. Dunand, Phénicie, Dictionnaire de la Bible, Supplément, VII, fasc. 40, 1965, col. 1141—1204.
O. Eissfeldt, Phoinikia, dans: Pauly-Wissowa, Real-Encyclopädie, XX 1, 1941, 350 ff.

II. *Beyrouth avant la conquête romaine (étymologie du toponyme).*

Le tell de la ville préhellénique, recouvert par la cité moderne, n'a pu être fouillé que très partiellement par R. Saidah. Ses recherches, non encore publiées, ont fourni des documents du néolithique, de l'Ancien Bronze et quelques tombes du Moyen Bronze. Il est hors de doute, d'après aussi divers fragments recueillis à l'occasion de la construction d'immeubles, qu'une agglomération très ancienne s'est développée en ce lieu. Son histoire et les modes de vie de ses anciens habitants ne peuvent avoir été très différents de ceux des autres villes de la côte libanaise. Dès l'Ancien Empire égyptien, elles avaient noué des relations commerciales avec les pays voisins. L'exportation du bois se faisait alors surtout par le port de Byblos dont les rois entretenaient des relations commerciales privilégiées avec la vallée du Nil. A partir du Moyen Empire, l'Egypte étendit son influence jusqu'à Ougarit (Ras-Shamra) dotant les cités de temples pharaoniques et y plaçant des garnisons. Un sphinx au nom d'Amenémhat III (1800—1792 av. J.C.) a été trouvé à Beyrouth au nord de l'ancienne Bab es-Saraya. Mais ce n'est qu'à partir des conquêtes de Thoutmosis III (1504—1450 av. J.C.) que le Liban fut rattaché à l'Empire égyptien en tant que province étrangère et ce n'est qu'au XIVème siècle avant notre ère qu'apparaît la première mention assurée de Beyrouth. Elle figure à trois reprises dans les archives diplomatiques en cunéiforme mises au jour à tell el-Amarna en 1887. La ville était alors un petit port de cabotage nommé par les Cananéens Berôth, pluriel sémitique qui signifie les «puits» et dont les grecs ont fait Βήρυθος[2]. Une des lettres adressées par le roi ou le gouverneur de la localité, un certain Ammounira, au roi Aménophis IV donne une précision intéressante: «La ville est protégée et ses murs sont gardés». Elle était donc fortifiée comme Byblos. Le texte nous apprend en outre qu'une garnison égyptienne assurait sa protection. La fin du règne d'Akhénaton fut marqué par le déclin de l'influence égyptienne et par un réveil des nationalismes. Dans les mêmes

---

[2] L'idéogramme de puits suivi du signe du pluriel est utilisé pour Bêrûta. Ce qui ne laisse aucun doute sur l'étymologie (observation de R. Mouterde).

lettres d'Amarna, on trouve des appels pathétiques du gouverneur de Byblos, le fidèle Ribbadi: «O roi mon Seigneur, écrit-il, sauve la ville de la honte!» Réfugié près d'Ammounira, il fut livré par lui aux ennemis de l'Egypte. Ce qui n'empêcha pas Beyrouth de subir le même sort que Byblos.

Aux temps d'el-Amarna succédèrent douze siècles obscurs. Les textes cunéiformes de Ras Shamra mentionnent Beyrouth à diverses reprises. La ville vit passer le flux et le reflux des conquérants égyptiens, assyriens, babyloniens et perses. A l'occasion d'un voyage à Byblos, au cours duquel il remit au roi Ahiram des vases d'albâtre ornés de son cartouche, Ramsès II traversa Beyrouth et fit graver une stèle sur les rochers du Nahr el-Kelb, le Lycus de l'antiquité, dont l'embouchure est à 10 kilomètres au nord de Beyrouth. A partir du XVème siècle toute la côte subit l'influence de Chypre; puis au XIVème, celle de Mycènes. En 671 avant J.C. le roi Assarhadon, au retour du sac de Sidon, fait graver une stèle non loin de celle de Ramsès II et Nabucodonosor II suivra leur exemple (fig. 3). Pendant l'occupation perse, Beyrouth fit partie de la cinquième satrapie. Des figurines de cavaliers, attribuées à cette période, ont été mises au jour près de la façade orientale du Grand Sérail.

Après la bataille d'Issus en 333 av. J.C., Beyrouth accueillit, semble-t-il sans objection, ses nouveaux maîtres, ce qui lui évita le sort de Tyr et de Gaza. Elle prit le nom de Berytos et pendant près d'un siècle demeura, presque sans interruption, au pouvoir des Lagides. La victoire qu'Antiochus III remporta en 200 sur Ptolémée V au Paneion, l'actuelle Banyas près de Merjayoum, rattacha définitivement la ville au royaume des Séleucides. Ceux-ci accélérèrent l'hellénisation du pays. Ruinée par l'usurpateur Tryphon vers 145, Béryte se releva rapidement, prit le nom de Laodicée de Canaan et eut un grand essor commercial. C'est l'époque où elle ouvrit des comptoirs à Délos, le grand marché du blé et des esclaves. Les textes classiques et hellénistiques n'en font pas mention; mais des inscriptions et des constructions mises au jour dans les quartiers commerciaux de l'île ont révélé l'existence d'une «Société des Poseidoniastes de Bérytos», puissante corporation qui assurait les échanges entre l'Orient et l'Occident. La vocation de Beyrouth pour le commerce international procédait sans doute plus des aptitudes de ses habitants et de leurs dons d'agents de liaison que de sa position géographique. En effet le col du Beidar, qui actuellement relie Beyrouth à la plaine de la Beka'a et à Damas, fut longtemps difficile d'accès; la route par le sud et par Sidon était plus aisée surtout pour les transports de denrées lourdes.

De l'occupation grecque, peu de vestiges ont été retrouvés in situ dans Beyrouth. Ils se localisent à l'ouest de la ville primitive et aucun d'entre eux ne peut être identifié. L'existence d'une agora est confirmée par un poids antique portant le nom de Nikon l'Agoranomos. — De nombreux éléments architectoniques hellénistiques en pierre de grès (chapiteaux doriques, tambours de colonnes, fragments de corniche) trouvés en remploi dans les fondations des édifices romains construits en calcaire et en marbre,

Fig. 3. Stèle de Ramsès II au Nahr el-Kalb (fleuve du Chien).

et quelques murs en place passant sous les fondations des édifices romains, témoignent de l'existence dans la ville séleucide de temples et de vastes monuments civils. Une ville grecque de la côte phénicienne 'Oumm el-Amed (Liban sud) ne fut pas réoccupée par les romains. Elle conserve en surface les arases de son tracé urbain et quelques monuments partiellement debout. Elle a été fouillée par E. RENAN et par M. DUNAND. Il convient de se reporter à leurs publications pour se représenter ce que fut une petite cité grecque de ces régions.

Bibliographie sommaire pour le titre II:

A. Sur le «tell» préhellénique.

M. CHEHAB, Chronique, Bulletin du Musée de Beyrouth, XII, 1955, p. 50.
R. SAIDAH, The Prehistory of Beirut, op. cit., p. 11-13.

B. Sur les relations avec l'Egypte.

M. DUNAND, Les Egyptiens à Beyrouth, Syria, IX, 1928, p. 300 (Le sphinx d'Aménémhat se trouve à présent au British Museum sous le n° 58.892).
P. MONTET, Byblos et l'Egypte, Quatre campagnes de fouilles à Gebeil, 1921—1924, 2 vol., Paris, 1928.
M. CHEHAB, Relations entre l'Egypte et la Phénicie des origines à Oun-Amon, dans: W. A. WARD, The Role of the Phoenicians in the Inter-action of Mediterranean Civilizations, Papers presented to the Archae-ological Symposium at the American University of Beirut, 1967, Beyrouth 1968, pp. 1—8.
J. LECLANT, Les relations entre l'Egypte et la Phénicie du voyage d'Oun-amon à l'expédition d'Alexandre, dans: W. A. WARD, op. cit. supra.
J. LAUFFRAY, Les bois d'œuvre d'origine libanaise, Mélanges de l'Université Saint Joseph, XLVI (Mélanges M. Dunand), Beyrouth, 1970.

C. Sur l'étymologie du toponyme Beyrouth et sa mention dans les textes antiques.

E. DHORME, Dictionnaire de la Bible, Supplément, I, 1928, col. 207 sq.
R. MOUTERDE, Regards sur Beyrouth phénicienne, hellénistique et romaine, Mélanges de l'Université Saint Joseph, XL, 2, Beyrouth, 1964, p. 149 et 153.
N. JIDEJIAN, Beirut through the Ages, Beirut, 1973, p. 20—24 résume la question.

D. Sur les Stèles du Nahr el-Kelb.

F. H. WEISSBACH, Die Denkmäler und Inschriften an der Mündung des Nahr el-Kelb, Berlin, 1922.

R. Mouterde, Le Nahr el-Kelb (Fleuve du Chien), Beyrouth, 1932.
N. Jidejian, op. cit., p. 24—26 et 33—34, nombreuses illustrations.

E. Pour les textes d'Amarna et d'Ugarit.

J. A. Knudtzon, Die el-Amarna Tafeln, Vorderasiatische Bibliothek I/II,
    Leipzig, 1908 (réimpr. Aalen 1964), p. 593 sq., donne la transcription
    et la traduction des tablettes (lettres n° 140, 141, 142, 143, voir aussi
    les lettres n° 52 et 54).
J. Nougayrol, Le palais royal d'Ugarit III, Mission de Ras Shamra, VI,
    Paris, 1955, texte n° RS 11.730, p. 12—13; Le palais royal d'Ugarit
    IV, Mission de Ras Shamra, IX, Paris, 1956, texte n° RS 17.341, p.
    161—164; Ugaritica V, 1968, texte n° RS 21.183, p. 125—126.
N. Jidejian, op. cit., p. 27—29.

F. Sur le premier millénaire avant J.Ch. et la période hellénistique.

R. Mouterde, Regards sur Beyrouth ... op. cit. supra, p. 156—161.
Ch. Picard, Observations sur la société des Poseidoniastes de Berytos et
    sur son histoire, Bulletin de Correspondance hellénique, XLIV, 1920,
    p. 263—311.
J. Rouvier, Note sur un poids antique de Béryte, Revue numismatique,
    sér. IV, I, 1897, 369—372.
J. Lauffray, Forums et monuments de Béryte, loc. cit. supra, signale des
    murs et des strates hellénistiques passant sous les murs des édifices
    romains et de nombreux remplois dans ceux-ci de membres d'archi-
    tecture grecque.
W. A. Ward, op. cit., p. 37—42.
M. Dunand et R. Duru, Oumm el-'Amed, Beyrouth, 1962.

III. Les origines de Beyrouth d'après les mythes.

Sanchoniaton, prêtre qui aurait vécu à Beyrouth au VIme siècle avant J. C., avait écrit une cosmogonie, dont s'inspira Philon de Byblos dans des passages de son œuvre que nous a transmis Eusèbe de Césarée. Cette cosmogonie et les légendes mythologiques émaillant le poème de Nonnos de Panopolis évoquent le passé fabuleux de Béryte. Elles ont long-temps passé pour des exercices littéraires sans fondement. Des textes mis au jour à Ras Shamra (Ugarit) ont montré qu'elles reposent sur des tradi-tions anciennes. La numismatique s'en est inspirée; il est donc utile de les rappeler.

Selon l'histoire des Ouranides de Sanchoniaton, Beyrouth aurait été fondée par le dieu Elion. Celui-ci avait pris pour épouse une femme nommée

Bérouth qui vivait dans le voisinage et qui aurait enfanté Ouranos, puis Gé la Terre. Le frère et la sœur se marièrent et eurent quatre fils: Elos (qui est Kronos), Bétyle, Dagon (le Blé) et Atlas. Par la suite, Kronos donna Byblos à la déesse Baaltis et Béryte à Poseidon, patron des marins, et aux Cabires, divinités associées à la navigation et souvent représentées en figure de proue à l'étrave des bateaux Phéniciens.

Pour Nonnos, Béroé déesse éponyme de Béryte est soit la fille d'Océan et de Thétis, soit d'Aphrodite et d'Adonis. Elle se confond avec la nymphe Amymoné. Aphrodite aurait enfanté Eros sur les rivages de Béryte. Poseidon et Dionysos, touchés par les traits d'Eros, luttèrent pour conquérir Béroé. Poseidon fut vainqueur.

Sur les monnaies de Béryte, Poseidon apparaît au IIème siècle avant J. Ch.; puis de nouveau sous Caracalla. Il est tout d'abord monté sur un char trainé par des hippocampes, puis debout, nu, appuyé sur un trident auquel s'enroule un dauphin. Ce thème, symbole de prospérité, se retrouve sur des poids et sur un sarcophage de Sidon. Sous Elagabal, des monnaies portent les Cabires; d'autres l'acrotère du temple d'Astarté représentant Amymoné-Béroé surprise par Poseidon (fig. 4, pl. II).

Bibliographie du titre III:

M.-J. LAGRANGE, Etudes sur les religions sémitiques, 2de édition, Paris, 1905, p. 422—424.
F. JACOBY, Die Fragmente der griechischen Historiker, Leiden, 1958, N° 790 (Philon von Byblos) F 2, 15; F 2, 35.
O. EISSFELDT, Sanchunjaton von Beirut und Ilimilku von Ugarit, Halle, 1952.
Nonnos de Panopolis, Etudes sur la composition et le texte des Dionysiaques par P. COLLART, dans: Rech. d'arch., de philol. et de hist. I, Le Caire, Inst. franç. d'arch. orient, 1930, p. 230 sq. Nonnos, Dionysiaca, with an English translation by W. H. D. ROUSE, Cambridge, 1955.
G. F. HILL, Catalogue of the Greek Coins of Phoenicia, Londres, 1910, pl. IX(8), X(12), et p. LVI, LVIII.
R. MOUTERDE, Regards sur Beyrouth, Mélanges de l'Université Saint Joseph, XL, f.2, Beyrouth, 1964, p. 150—152 (dont nous avons extrait une partie des renseignements et des références ci-dessus).

IV. Fondation de la colonie romaine.

Les erreurs et les tracasseries de la politique intérieure des Séleucides avaient irrité et scandalisé les divers groupes ethniques de Syrie et de Phénicie. La domination de Tigrane, roi d'Arménie (84—69 av. J.C.),

apporta à Béryte une relative liberté[3]; mais la ville eût à souffrir des conti-
nuelles incursions des Arabes Ituriens. Strabon nous apprend que Pompée
en 64 ou 63 vint détruire leurs «repaires fortifiés, disséminés dans le canton
de Massyas»[4]. Il institua la province romaine de Syrie, sachant ménager
habilement les susceptibilités des diverses nationalités et laisser une certaine
indépendance à des principautés et à des villes libres. Il lui fallait en effet
s'appuyer sur la fidélité des communautés acquises à l'Empire. Béryte,
depuis longtemps en relation avec l'Occident, allait trouver sa destinée.

Cédée en dot à Cléopâtre VII par Marc Antoine, il est probable que
la ville fut mêlée au conflit entre ce dernier et Octavien, conflit qui mit
fin aux luttes intestines des dernières années de la République. Le port
de Béryte dût alors servir de mouillage à la flotte de Marc Antoine. De cette
période datent des monnaies frappées à Béryte à l'effigie de Cléopatre VII[5].

Le sac de Délos en 88 av. J.C., pendant lequel 20.000 Romains furent
massacrés sur l'ordre de Mithridate, n'avait pas interrompu les rapports
entre négociants italiens et bérytiens. Les membres de l'association des
Poseidoniastes de Béryte, groupant des marchands, des armateurs, des
entrepositaires et aussi des banquiers, avaient transféré leurs comptoirs
à Pouzzoles, puis à Rome même. Le commerce du blé, des esclaves et des
produits de luxe de l'Arabie et des Indes les obligeait à de nombreux voyages.
On sait qu'ils gardaient des contacts avec leur ville d'origine — comme
encore actuellement les nombreux émigrés libanais qui commercent dans le
monde entier. Une chapelle de Délos était consacrée aux Θεοὶ πάτριοι de
Béryte (Poseidon, Astarté et un jeune dieu le Melquart de Tyr ou Adonis)
et c'est probablement un Bérytien, né d'une famille de Poseidoniastes de
Délos, qui fit graver une dédicace sur les hauteurs dominant Beyrouth dans
le sanctuaire de Ba'al Marqod à Deir el-Qala'at:

Διονύσιος Γοργίου, δευτεροστάτης θεοῦ Βαλμαρκώδου, ἀνέθηκε τὰ
δ[ύο] καθ᾽ ὄπισ[θεν][6].

Habitée par des élites à demi latinisées, Béryte offrait à Rome une base de
pénétration privilégiée pour entreprendre l'assimilation des provinces
orientales. Saint Grégoire le Thaumaturge reconnaîtra en Béryte une
«ville essentiellement romaine», πόλις Ῥωμαικωτέρα[7]. Les auteurs modernes
ont vu dans ce fait la raison du choix de Béryte comme «première colonie
romaine de Syrie».

[3] H. SEYRIG, Antiquités syriennes 42. Sur les ères de quelques villes de Syrie, Syria, XXVII,
1950, p. 38 = ID., Antiquités syriennes IV, Inst. franç. d'archéol. de Beyrouth, Publ.
hors sér. 8, Paris, 1953, p. 105 (Béryte).
[4] Strabon, XVI, 2, 19.
[5] U. KAHRSTEDT, Frauen auf antiken Münzen, Klio, X, 1910, p. 271. A. B. BRETT, A New
Cleopatra Tetradrachm of Ascalon, Am. J. Arch., XLI, 1937, p. 460, monnaies de Cléopatre et Antoine.
[6] CH. CLERMONT-GANNEAU, Recueil d'archéologie orientale, I, Paris, 1888, p. 103, n° 2. Le
nom de Dionysos, fils de Gorgias se retrouve sur plusieurs inscriptions de Délos, parfois
avec l'épithète ethnique de βηρύτιος a noté R. MOUTERDE.
[7] Grégoire le Thaumaturge, Orat. pan. in Origenem, V (PG, X, 1065 C).

La date de cette fondation est discutée.

Selon Strabon, Marcus Agrippa, gendre d'Auguste et amiral de la flotte à Actium, installa deux légions à Béryte et lui rattacha la plaine du Massyas «jusqu'aux sources de l'Oronte qui sont près du Liban»[8]. Cette installation aurait été faite lorsque les Romains restaurèrent la ville demeurée dévastée par les incursions de Tryphon. On en a conclu, peut-être trop hâtivement, que la Colonia Julia Augusta Felix Berytus «Colonie Julie Auguste Prospère Béryte» avait été fondée par Agrippa à l'occasion de l'inspection qu'il fit en 15/14 av. J.C. des provinces d'Orient.

Une étude des monnaies de Béryte devenue colonie romaine a conduit R. MOUTERDE dans ses 'Regards sur Beyrouth' à proposer une date plus ancienne pour sa fondation. En effet certaines monnaies portent les aigles ou enseignes des légions fondatrices avec mention des numéros d'ordre de celles-ci: la Vme *Macedonica* et la VIIIme *Gallica*, appelée par la suite *Augusta*; l'une et l'autre ont combattu avec César et Octavien. Il serait donc possible que César ou Auguste, après Actium et avant l'an 27, aient établi leurs vétérans à Beyrouth lorsqu'ils créèrent de nombreuses colonies pour les 100.000 soldats licenciés de leurs armées. Par ailleurs Pline l'Ancien, d'après des renseignements qu'il recueillit entre les années 20 et 30, mentionne déjà une Colonia Julia Felix Berytus[9]. R. MOUTERDE conclut: «Les premiers colons de Béryte ont donc pu y aborder avant l'an 14. Le rôle d'Agrippa fut peut-être limité à introduire un nouveau contingent d'anciens soldats et à étendre le domaine territorial de la ville. Elle reçut, comme toute colonie de vétérans, le *ius Italicum*, droit italique qui assimilait son territoire au sol quiritaire et la faisait bénéficier de l'exemption de tout impôt personnel ou capitation». Gaius est le premier jurisconsulte à constater l'existence à Béryte de ce privilège.

De nombreuses monnaies de Béryte, frappées sous Tibère, Claude, Nerva et Trajan, dont certaines portent l'effigie d'Auguste, montrent le rite de la fondation au moyen d'une charrue, à la mode étrusque, tel que Romulus l'avait observé pour Rome. Ce rite était accompli pour la fondation de toutes les colonies.

Bibliographie du titre IV:

Strabon, Géographie, XVI, 2, 19 et 21.
R. MOUTERDE, op. cit., p. 163—166; ID., Monuments et inscriptions de Syrie et du Liban, Mélanges de l'Université Saint Joseph, XXV, 1942—1943, p. 26—28.
N. JIDEDJIAN, op. cit., p. 41 sq.
P. COLLINET, Histoire de l'Ecole de droit de Beyrouth, Etudes hist. sur le droit de Justinien II, Soc. du Recueil Sirey, Paris, 1925.

---

[8] Strabon, XVI, 2, 19, 756.
[9] Il faut cependant noter que Pline ajoute parfois à ses sources.

V. Les monuments de Béryte d'après les textes, les monnaies et les documents figurés.

Le tracé urbain de la nouvelle colonie dut être fait à l'image de celui des camps et inclure les monuments habituels des cités dotées du *ius Italicum*. On sait que selon Aulu-Gelle les colonies étaient *effigies parvae simulacraque populi romani*[10]. Elles possédaient un forum, un capitole, une curie, un prétoire, des temples et des thermes, éventuellement un stade. On verra dans le titre suivant qu'effectivement on peut situer sur le terrain l'emplacement d'un forum romain (distinct de l'ancienne agora de la ville hellénistique), le *decumanus* et le *cardo maximus*, une basilique qui est parmi les plus vastes connues, des bains et peut-être le Capitole. Béryte dut à sa réputation de ville «la plus romaine» des provinces d'Orient de retenir l'attention des empereurs et d'être dotée par les princes alliés de Rome de monuments somptueux sur lesquels nous renseignent diverses inscriptions ou que certaines monnaies représentent.

D'après Flavius Joseph, Hérode Ier, roi des Juifs, bâtit à Beyrouth «des exèdres, des portiques, des temples et des forums» et son petit fils Agrippa Ier «dota la ville de statues et de copies d'anciennes œuvres sculptées . . .». Il éleva un théâtre qui par l'élégance et la beauté surpassait beaucoup d'autres[11]. Agrippa II (50 à 100 ap. J.C.) lui aussi «éleva (ou releva) un théâtre à grand frais» et y fit donner des spectacles annuels. Une inscription en latin, gravée sur un linteau monumental conservé au Musée de Beyrouth (fig. 5, pl. II) vient confirmer les informations de Flavius Joseph. Son texte a été publié par R. CAGNAT avec la lecture suivante:

> «La reine Bérénice, fille du grand roi Agrippa, et le roi Agrippa ont relevé l'édifice (peut-être le temple) construit jadis par leur aïeul le roi Hérode et ruiné par le temps; ils l'ont orné de marbres et de six colonnes».

Le même Flavius Joseph nous apprend qu'Auguste désigna Béryte comme siège du tribunal qui jugea Antipater et Aristobule accusés par leur père Hérode Ier de crime de haute trahison et aussi qu'après la prise de Jérusalem Titus fit massacrer le 17 novembre 70 dans l'amphithéâtre de Béryte «une multitude de prisonniers en les livrant aux bêtes féroces ou aux flammes ou dans des combats singuliers».

Une inscription trouvée entre le port et l'extrémité orientale de l'actuelle rue Weygand (emplacement de l'ancienne Bab es-Saraya) est une dédicace au Liber Pater, le vieux dieu latin défenseur des libertés municipales et serviteur de Bacchus, pour la prospérité de Vespasien ou de Titus:

---

[10] Aulu-Gelle, XVI, 3, 9, chaque colonie était «la reproduction en petit et l'image du peuple romain», cité par R. MOUTERDE, op. cit.
[11] Flavius Joseph, Bell. Jud. I, 21, 11; Ant. Jud., XIX 715 et XX, 94.

(imp. cae) S. VESPASIAN (i. aug)
UM ET COL·TABER (nam)
SIGNUM LIBERI· PATRIS
(CAGNAT, Syria, V, 1924, p. 111, n° 7)

Le Liber Pater a été assimilé à Marsyas. Or sur des monnaies de bronze de Béryte frappées sous Elagabal figure la représentation d'une statue de Marsyas bedonnant, portant une outre, le bras droit levé et coiffé du bonnet phrygien (fig. 6, pl. II). La statue, placée sur un piédestal, est encadrée de part et d'autre par deux colonnes reliées par un entablement qui porte un arc. Un voyageur persan du XIme siècle, Narus-i-Khosrau, paraît avoir vu encore debout ce monument. Peut-être était-ce un tétrapyle. Il devait être proche d'un des forums. Cette hypothèse est étayée par l'allusion dans l'inscription à des *taber(nae)*, dont l'emplacement près d'un forum, à l'image des célèbres *tabernae* du forum romain, ne serait pas pour surprendre.

Ce raisonnement a conduit R. MOUTERDE à localiser près de la Bab es-Saraya l'emplacement de l'agora et d'un forum qui lui succéda; il est distinct, nous le verrons, d'un autre forum que j'ai proposé de situer plus à l'ouest, au nord de l'emplacement où furent trouvées des inscriptions gravées sur des piédestaux, associées à des niches sculptées, et qui sont des dédicaces à des personnages de la famille impériale:

IULIAE | DOMNAE | AUG(USTAE), MATRI | CASTR(ORUM) |
[COL(ONIA) JUL(IA)] FEL(IX) BER(YTUS) | P(UBLI)C(E)
DEC(URIONUM) D⟨E⟩CR(ETO).
(R. MOUTERDE, Bull. Musée Beyrouth, VII, 1944—45, p. 48, n° 2 = AE 1950, n° 230)

La dédicace a dû être établie avant la mort de Julia Domna en 217, et elle ne peut-être antérieure à 204.

Des autels ont été trouvés à l'emplacement de l'Hôtel des Postes remployés dans des fondations de monuments reconstruits hâtivement, probablement après l'un des tremblements de terre qui ruinèrent la ville; ils portent également des dédicaces: l'une à Jupiter, l'autre à la Fortune du Génie de la Colonie. Cette dernière est datée d'«un siècle après la fondation de la colonie». A signaler également la trouvaille au sud de la rue de l'Emir Béchir d'autels dédiés à Atargatis, Artémis Phosphoros et à la Vénus d'Héliopolis Déesse Syrienne. Ces autels peuvent provenir des abords ou de l'intérieur des sanctuaires de ces divinités.

Les monnaies nous renseignent avec plus de certitude sur l'existence d'autres monuments. La façade d'un temple de Poseidon — probablement le plus ancien de Béryte — est représentée sur une monnaie d'Elagabal (fig. 7, pl. III). Il est figuré tantôt tétrastyle, tantôt hexastyle et surhaussé par un podium que précède un escalier; au centre est érigée une statue du dieu, le pied droit posé sur un rocher; la main droite tient un trident et la gauche un dauphin. Cette sculpture peut avoir été inspirée par une œuvre de Lysippe. Une autre monnaie (fig. 8, pl. III) émise par Macrin (217—218 ap. J.C.) porte une figure d'Astarté, la Tyché de la ville, que couronne une

Nikè placée sur une colonnette. La déesse se trouve devant la façade d'un temple tétrastyle. Le fronton est sommé par le groupe d'Amymoné surprise par Poseidon, dont la représentation isolée et à plus grande échelle a été signalée dans le titre trois sur une monnaie d'Elagabal (voir ci-dessus fig. 4, pl. II). Il est évident que la réputation de cette œuvre dépassait le cadre de la cité.

Astarté fut assimilée à Vénus; or, sur la colline où s'élève le grand Sérail, l'ancienne acropole de Béryte, un fragment d'inscription mentionnant la déesse Vénus[12], un chapiteau et une grande mosaïque ont été trouvés. Ce sont là des indices bien ténus pour se permettre d'y localiser le temple figuré sur les monnaies.

On sait qu'un dépôt des lois et des constitutions impériales pour l'Orient fut installé à Béryte au cours du IIme siècle. Selon P. COLLINET, l'Université et plus spécialement l'Ecole de Droit, qui deviendra célèbre à l'époque byzantine, ont été créées au plus tard dans les débuts du IIIme siècle. Certains pensent que le fameux jurisconsulte Gaius enseignait déjà à Béryte au IIme et que la création de l'Ecole aurait pu se faire sous l'influence des grands juristes syriens Ulpien de Tyr et Papinien, beaufrère de Septime Sévère par sa seconde femme Julia Domna. Les textes que l'on peut utiliser pour localiser les *auditoria* de l'Ecole sont tardifs. Ils seront analysés dans les chapitres sur la Beyrouth byzantine (à praître dans ANRW III); il en sera de même pour ceux qui nous renseignent sur l'hippodrome (la première mention de son existence figure dans un texte du IVme siècle) et sur les scandales dont il était le cadre. Ces monuments peuvent toutefois avoir déjà existé aux époques que nous étudions.

Bibliographie du titre V:

A. Pour les textes et inscriptions.

R. DU MESNIL DU BUISSON et R. MOUTERDE, Inscriptions grecques de Beyrouth, Mélanges de l'Université Saint Joseph, VII, 1914—1921, p. 382—390.

SEYRIG, Syria, XX, 1939, p. 315.

R. MOUTERDE, Monuments et inscriptions de Syrie et du Liban, l'emplacement du forum de Béryte, Mélanges de l'Université Saint Joseph XXV, 1942—1943, p. 24—33; ID., Bulletin du Musée de Beyrouth, VII, 1944—45, p. 48; ID., Regards sur Beyrouth phénicienne, hellénistique et romaine, Publication de la Direction des Antiquités du Liban, Beyrouth 1952 (réimpr. ibid. 1966).

J. LAUFFRAY, Forums et Monuments de Béryte, Bulletin du Musée de Beyrouth VII, 1944—1945, p. 60.

R. CAGNAT, Une inscription relative à la reine Bérénice, Musée Belge, XXXII, 1928, p. 158—160; ID., Syria, V, 1924, p. III, n° 7; ID., M. Sentius Proculus à Beyrouth, Syria VII, 1926, p. 67—70.

Aulu-Gelle, XVI, 3, 9.

---

[12] R. CAGNAT, Inscriptions Latines de Syrie, Syria V, 1924, p. 109.

Flavius Joseph, Bell. Jud., I, 21, 11; Ant. Jud. XIX, 335—338, 715 et XX, 94; cf. E. SCHÜRER, Geschichte d. jüdischen Volkes, Leipzig 1907, 4e éd., I, p. 560, 590.

B. Pour les monnaies.

J. ROUVIER, Une métropole oubliée Laodicée, métropole de Canaan, Revue de Numismatique 1896, p. 1—38; ID., Numismatique des villes de la Phénicie, Arados, Beryte-Laodicée en Canaan, Journal international d'archéologie numismatique, III, 1900, p. 3—40 et 263—312.

G. FR. HILL, Catalogue of the Greek Coins of Phoenicia, Londres, 1910, pl. VII, IX (8), LVI (83—89).

N. JIDEJIAN, op. cit., donne de bonnes reproductions des monnaies de Béryte.

C. Sur l'Ecole de droit de Béryte.

L. LABORDE, Les écoles de droit dans l'Empire d'Orient, Bordeaux, 1912.

P. COLLINET, op. cit. supra, et ID., Beyrouth centre d'affichage et de dépôt des Constitutions impériales, Syria, V, 1924, p. 359—372; ID., Chronique, Bulletin du Musée de Beyrouth, XII, 1955, p. 50.

R. MOUTERDE, Regards . . ., op. cit., p. 175—181.

VI. Béryte d'après les vestiges demeurés apparents ou mis au jour par des fouilles.

Sur les décombres de la Béryte gréco-romaine détruite par les violents tremblements de terre des IVme et Vme siècles s'installa une petite ville médiévale. Il n'est pas un seul des immeubles modernes du centre de Beyrouth dont les travaux de construction n'aient révélé la présence de vestiges de constructions antiques. S'ils avaient été relevés, nous disposerions d'un plan complet de la ville romaine. Les seuls renseignements que l'on possède sur les documents mis au jour avant 1944 ont été recueillis par des observateurs isolés et intermittents, sans liaison entre eux. Leurs observations sont incomplètes, souvent mal localisées et de valeur très inégale. Elles ont été collectées et regroupées sur un plan d'ensemble paru dans le Bulletin du Musée de Beyrouth[13]. Ce plan devait être complété au fur et à mesure des trouvailles ultérieures. Le simple report des nombreuses structures antiques reconnues au cours des dernières années et non publiées eut permis de résoudre plusieurs incertitudes. Ce travail n'a pas été fait. Le plan publié en 1944, si incomplet qu'il soit, demeure le seul document utilisable. La figure 9 le reproduit; les commentaires de ses dispositions que nous allons donner tiennent compte d'informations verbales recueillies sur place et qui le rectifient[14].

---

[13] Tome VII, 1944—1945.

[14] La seule modification apportée au plan de 1944 est la suppression du théâtre localisé à tort à l'emplacement des thermes occidentaux.

SCHEMA DU TRACE URBAIN DE LA BEYROUTH ROMAINE

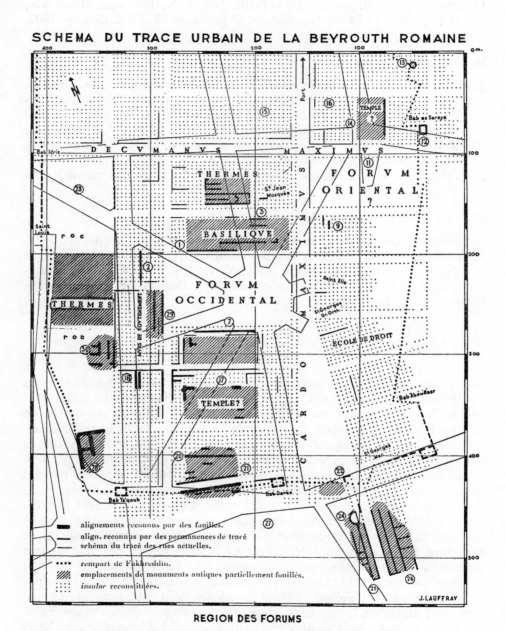

REGION DES FORUMS

Fig. 9. Schéma du tracé urbain de la Beyrouth romaine

Les édifices dont les textes et les monnaies nous ont appris l'existence n'ont pu être identifiés avec les vestiges observés, sauf peut-être un seul, le monument auquel fait allusion l'inscription de Bérénice et d'Agrippa. Par contre il a été signalé, ou demeurent apparents, suffisament d'éléments pour permettre de restituer l'essentiel du tracé urbain de la ville antique, des voies d'accès et des adductions d'eau qui y convergeaient, de localiser les nécropoles et des zones résidentielles suburbaines.

Dans la banlieue de Beyrouth, près de 'Asmiyé, à 9 kilomètres de la ville, les restes d'un important aqueduc sont encore debout (fig. 10 et 11, pl. IV). Ils sont connus sous le nom de Qanater Zubaïda «le pont de Zénobie» la reine de Palmyre étant confondue avec Zebaïda, princesse de Bagdad. D'un bassin construit en grand appareil part un canal qui franchissait le fleuve Magoras sur un ouvrage d'art long de 240 mètres et composé de trois rangées d'arcades superposées. Il a été comparé au pont du Gard. L'aqueduction se poursuivait en galerie souterraine sur la rive opposée. Les puits qui ont servi à la percer sont encore visibles. Puis à l'air libre, il rejoignait les flancs du côteau parallèle aux berges de la rive gauche et abordait la ville par l'est. L'eau était distribuée par des canalisations, en partie retrouvées. L'une d'elles était creusée dans le roc de la falaise dominant à l'ouest le centre de Béryte. Elle alimentait des réservoirs permettant probablement une distribution d'eau sous pression. Les eaux usées étaient évacuées par les habituels cloaques établis dans les rues. La mise au jour de plusieurs tronçons de ces égouts a aidé à la restitution du plan de l'urbanisme de la ville antique.

◄

Légende descriptive des numéros de référence portés sur la figure 9:

1   Emplacement d'une chapelle médiévale oblitérant l'angle de la basilique.
2   Mur de soutènement en partie taillé dans le roc au pied des pentes du Sérail.
3   Emplacement de l'inscription de Bérénice.
4   Les Thermes.
5   Murs romains sous la mosquée St Jean.
6   Angle de la colonnade ionique.
7   Emplacement de la niche transportée dans le vestibule du «Banco di Roma».
9   Alignement de colonnes.
11 Vestiges d'un monument comportant plusieurs colonnes.
12 Mosaïques au sud de Bâb as-Saraya.
13 Monument hexagonal.
14 Torse colossal.
15 Pavements et piédestaux au nom de Sentius Proculus.
16 Relief funéraire et figurines de terre cuite.
17 Autel dédié au Génie de la colonie; tête de Mercure.
18 Mur sur le prolongement du mur 2.
20—21 Alignements marquant un changement d'orientation des tracés.
22 Colonnes dites des «Quarante Martyrs».
24 Nymphée.
25—26 Extrémité d'un ensemble monumental.
27 Torse cuirassé.
28 Grands murs-au-dessous des remparts de Fakhreddîn (fouilles de 1952).
29 Fouilles de 1952 à l'emplacement de la Banque Misr.
30 Réservoir taillé dans le roc.

Les premiers aménagements de la voie d'Antioche à Ptolémais datent probablement de Néron. Divers points de son tracé aux abords de Béryte sont connus[15]. Au Wadi Gadir un milliaire fut érigé en 56 au nom de Néron par Ummidius Quadratus gouverneur de Syrie. D'après les itinéraires antiques, il semble qu'elle évitait Sidon et Tyr. Dans la baie de Jounié, subsiste le beau pont de Ma'ameltein. Septime Sévère restaura la voie et, au Nahr el Kelb, une inscription de Caracalla commémore un aménagement de la route (stèle fig. 3). De nouveaux travaux y furent entrepris par Constantin et ses fils.

La voie pénétrait dans Béryte par l'est, comme l'aqueduc; mais, alors que celui-ci suivait les flancs nord de la colline d'Achrafié, la voie antique passait en contre bas, à l'emplacement approximatif de l'actuelle rue du Fleuve. A son extrémité ouest un milliaire a été retrouvé. Il se dressait à la bifurcation de la rue Gouraud et d'un ancien chemin de terre devenu la rue El-Arz. R. DU MESNIL DU BUISSON, auteur des premières recherches sur l'urbanisme antique de Béryte[16], supposa que la rue Gouraud était une survivance du tracé romain et que le *decumanus maximus* correspondait à la rue Emir Béchir, près de laquelle d'anciens voyageurs ont signalé un «champ de colonnes». En pareille hypothèse, le *decumanus* serait venu buter contre la colline du Grand Sérail. Il est plus vraisemblable d'admettre que la voie antique suivait le vieux chemin de terre des anciens plans, passait au pied du tell de la ville préhellénique et devenait le *decumanus* qui ainsi correspondrait à l'actuelle rue Weygand. Celle-ci est l'élargissement d'une ancienne ruelle turque. Lors des travaux de réfection de la chaussée de nombreux vestiges antiques, parmi lesquels des bases, des futs et des chapiteaux de colonnes, ont été mis au jour sur ses rives. Ils ont permis d'identifier une voie à double portique. Dans cette hypothèse, le grand diamètre de l'hémicycle naturel (décrit dant le titre I) coïncidait avec le *decumanus*. Celui-ci devait se prolonger vers l'ouest, au-delà de la Bab Idriss, à travers un quartier résidentiel où divers vestiges de maisons ont été signalés. L'une d'elles possédait un balnéaire et un pavement de mosaïque représentant les aventures de Jupiter. L'Emir M. CHÉHAB qui l'a publiée la date du IIIme siècle. Au début du même siècle est attribué une autre mosaïque trouvée plus à l'ouest rue Emir Omar. Les deux sont conservées au musée[17].

Sur un ancien plan d'époque turque, antérieur aux percées modernes[18], on remarque des ruelles et des impasses parallèles ou perpendiculaires au tracé proposé pour le *decumanus*. Tous les murs antiques observés dans cette région, présentent ces mêmes orientations. Le regroupement de leurs alignements sur un même plan (fig. 9) fait apparaître un dispositif de rues en damier limitant des *insulae* de 120 sur 45 m., dimensions qui sont voisines

[15] R. CAGNAT, Nouveau milliaire au nord de Beyrouth, Syria VIII, 1927, p. 168.
[16] Le Décumanus maximus de la colonie romaine de Beyrouth, Bull. de la Sté des Antiquaires de France 1926, p. 202—211 et cr. de P. COLLINET, Syria X, 1929, p. 79.
[17] M. CHEHAB, Mosaïques du Liban, Bulletin du Musée de Beyrouth, XIV—XV, 1959, pl. VIII à X.
[18] Conservé dans les archives du Sérail et dont je possède un tirage.

des moyennes observées dans les autres cités syriennes. Dans ce système le *cardo maximus* se situerait à l'emplacement du Souq el Najjarin, entre les rues Foch et Allenby. Au sud, à l'approche des pentes limitant l'hémicycle naturel, on observe des changements de l'orientation des murs antiques. Ils ont pu être imposés par des accidents du terrain (terrasse de 25 mètres et le lit du ruisseau venant de Ras el Naba'a).

A l'intérieur de ce schéma urbain, les vestiges architecturaux mis au jour depuis le début du siècle prennent place aisément. Sur la figure 9 des numéros placés dans des cercles les situent par rapport aux rues actuelles.

1. Secteur au Nord-Est du croisement du *decumanus* et du *cardo*.

Il paraît correspondre à un quartier commercial qui s'étendait entre d'une part le port antique, actuellement comblé; d'autre part l'emplacement probable des *tabernae* mentionnées dans l'inscription signalée plus haut (infra p. 149). R. Mouterde a proposé, rappelons-le, de reconnaître celles-ci dans les vestiges de boutiques incendiées, dégagées en 1926 près du point 12 du plan. Des sols en mosaïque y ont été par ailleurs signalés. En 13, un petit monument hexagonal à colonnes est à noter. Au point 14, la découverte d'une puissante fondation, à proximité de l'endroit où fut mis au jour en 1925 un torse colossal (fig. 12, pl. V) permet peut-être de localiser dans cette région le Capitole et non un temple de Jupiter comme on l'avait proposé. En effet le torse, qui avait été pris pour celui d'un Jupiter, a par la suite été reconnu pour une représentation d'un membre de la *gens Julia* mieux à sa place dans un capitole[19]. Une grande base moulurée dédiée à plusieurs divinités provient de cette même zone. Signalons enfin, en 16, un relief représentant un banquet funéraire et des figurines de terre cuite.

2. Secteur au Sud-Ouest du croisement du *decumanus* et du *cardo*.

a) Le *forum* oriental.

L'ancienne agora, devenue un *forum* romain[20], se situerait, selon R. Mouterde, au sud des *tabernae* et du *decumanus*. Au point 11, en vis-à-vis du Capitole supposé, d'énormes colonnes en brèche rose ont été vues en 1907, également par R. Mouterde. Elles ont pu appartenir à une composition architecturale monumentale constituant une entrée du *forum* et qui aurait pu abriter la statue du Marsyas représentée sur les monnaies d'Elagabal (fig. 6, pl. II). Une grande base, dédiée au Génie de la colonie, également en

---

[19] H. Seyrig, Heliopolitana, Bull. du Musée de Beyrouth, I, 1937, p. 77—100. (Un pied de même matière, de même provenance, également colossal a pu appartenir à la même statue.)

[20] Sur la transformation des agoras en *forum*, voir R. Martin, Recherches sur l'agora grecque, Bibliothèque des Écoles françaises d'Athènes et de Rome, 174, Paris, 1951.

brèche rose, a été trouvée au débouché de la rue Foch. Il est probable qu'elle fut érigée dans le *forum*. La limite sud de celui-ci serait donnée par des vestiges observés au point 9.

3. Secteur au Nord-ouest du croisement du *decumanus* et du *cardo*.

En dehors des nombreux tambours et chapiteaux de colonnes signalés en bordure du *decumanus*, il a été observé au point 15, in situ sur un pavement recouvert par des éléments de façades écroulées, deux socles portant des textes identiques au nom de Sentius Proculus, patron de la colonie[21]. Un peu plus à l'Ouest, des fragments sculptés (n° 426 du Musée de Beyrouth) étaient associés à une construction antique.

4. Secteur au Sud-ouest du croisement du *decumanus* et du *cardo*.

Ce quartier est le plus riche en témoignages archéologiques localisés de la Béryte du Haut-Empire.

a) Les thermes orientaux.

Devant le porche de l'église Saint Jean des Croisés, devenue une mosquée, soit sur toute la largeur de la rue Allenby et sous les immeubles construits plus à l'Ouest, il a été dégagé de 1916 à 1928, sur une longueur de plus de 30 mètres, des salles dallées de marbres du *frigidarium* d'un établissement thermal. Une pièce avait une abside; une autre un bassin; les sols étaient couverts de claveaux écroulés et de fragments de colonnes. Ces salles étaient construites au-dessus de cinq travées parallèles voûtées en grand appareil (probablement des citernes). Les quais du bord de mer furent construits avec les pierres de ces voûtes. Ce renseignement indique l'ampleur qu'elles avaient. Les premiers observateurs, trompés par la trouvaille d'une pierre portant une croix byzantine crurent qu'ils étaient en présence d'une basilique chrétienne. En 1931 la découverte, plus à l'Ouest, de vestiges d'hypocaustes jouxtant les salles de 1927, élimina toute incertitude sur la nature de l'édifice. Ses dimensions étaient considérables. Il occupait, semble-t-il, une *insula* entière; il est regrettable qu'aucun plan d'ensemble n'ait pu être établi.

b) La basilique civile.

Au sud des thermes, dans l'*insula* voisine (point 1 du plan), s'élevait une grande basilique civile dont des éléments en place ont été successivement mis au jour en 1927 (fig. 13, pl. VI), 1941 et 1946.

---

[21] R. CAGNAT, M. Sentius Proculus de Beyrouth, Syria, VII, 1926, p. 67 sq.

Longue de 99 mètres et large de 31,60, elle prend place parmi les plus vastes et les plus somptueuses des basiliques connues. Il est tentant de penser que l'inscription de Bérénice (supra p. 148), qui provient du point 3, se rapporte à ce monument. Il se composait d'une salle rectangulaire entourée de quatre bas-côtés. Les murs extérieurs construits en grand appareil étaient plaqués de marbres[22]. Il semble que dans un premier état le mur sud était percé de trois larges baies rappelant la composition de la façade de la basilique Ulpia. Dans un second état, seul bien attesté, ce mur sud fut remplacé par une ordonnance de colonnes corinthiennes espacées de 3,68 m., avec des entre-axes plus larges à l'emplacement des anciennes portes (fig. 14). A l'intérieur, la salle centrale était probablement éclairée par un lanterneau à claire-voie reposant sur une suite de colonnes à chapiteaux ioniques qui supportaient également la couverture des bas côtés. Quatorze bases espacées de 5 mètres et deux piles d'angle à colonnes engagées ont été retrouvées en place. L'absence de fragments d'architrave parmi les débris de colonnes et de chapiteaux indique qu'elles étaient en bois. Les relevés des premières fouilles ont été perdus; mais, à l'aide d'excellentes photographies de chantier traitées par photo-restitution, il a été possible de rétablir l'emplacement des colonnes et de les raccorder avec les parties dégagées en ma présence en 1946. De riches pavements de mosaïques, refaits au VIme siècle, couvraient les sols. Leurs relevés ont été publiés[23]. Quatre travées de l'ordonnance corinthienne de la façade ont été remontées devant le Musée de Beyrouth (fig. 15, pl. VI). La modénature permet de les dater du dernier tiers du premier siècle; soit antérieurement au temple de Ba'albek. Cette période coïncide avec les règnes de Bérénice et d'Agrippa II, qui auraient pu ainsi restaurer cette façade. La colonnade intérieure de style plus ancien pourraît remonter à Hérode. A noter toutefois une difficulté, l'inscription parle de six colonnes seulement.

c) Le *forum* occidental.

Une basilique de ce type devait s'ouvrir sur une place publique. Deux observations confirment cette hypothèse. D'une part, en avant de sa façade sud, sur une distance de 80 mètres, aucune des ruelles de la ville turque ne suivait les orientations orthogonales de la ville antique. Elles convergeaient les unes vers les autres. D'autre part, aucun vestige d'architecture n'a été signalé dans ce secteur, à l'exception, au centre de la place de l'Etoile (soit sur l'axe longitudinal de la place publique supposée), de cinq colonnes de tailles inégales. Elles ont été remontées sommairement in situ (fig. 16, pl. VII). Elles paraissent tardives. Au début de la colonie, ce secteur était vide de construction. En son centre un petit monument à colonnes fut élevé par la suite. Cet espace vide, en vis-à-vis de la basilique, était bordé au sud par un long mur orné de niches décorées qui était la façade d'un édifice (point 7).

---

[22] Sur ce qui suit, voir mon argumentation dans: Forums et monuments de Béryte, Bull. du Musée de Beyrouth, VII, 1944—1945, p. 13—80.

[23] Ib. fig. 3 et 4.

Fig. 14. Dessin de l'ordre corinthien de la basilique.

Deux socles semblables au nom de Julia Domna (supra p. 149), trouvés à proximité, encadraient peut-être ces niches; citons encore dans cette même région une dédicace à un intendant, prêtre de Mars, une base dédiée à une certaine Statia Rufina[24] et des fragments de statues, tous documents habituellement érigés dans un lieu public. Enfin un grand fragment d'un tarif fiscal du Vme siècle, mis au jour, plus au nord, près des thermes, a du être affiché dans un *forum*[25]. Toutes ces observations invitent à penser qu'un second *forum* se trouvait entre la basilique et le monument aux niches. A l'Est, il était longé par le *cardo maximus* et à l'Ouest il était dominé par des murs de soutènement créant une terrasse établie au pied des pentes de la colline du Grand Sérail. Le prolongement de ces murs a été retrouvé au point 18. De vieux beyrouthins se souviennent avoir vu au-dessus de cette terrasse quelques hypogées et des gradins taillés dans le roc qui leur parurent les restes d'un théâtre. Des fouilles récentes menées entre les points 23 et 30 ne l'ont pas retrouvé. Elles ont mis au jour, du nord au sud, des sols en paliers revêtus de mosaïques, un escalier abrupt montant vers le sérail et les hypocaustes de deux salles chaudes d'un second établissement thermal. La figure 17 (pl. VIII) montre son importance. Situé sur la terrasse créée par le mur de soutènement, le monument dominait la chaussée du *forum*. Des canalisations en partie taillées dans le roc l'alimentaient. Elles permettaient, en outre, de remplir une grande citerne dégagée plus anciennement au point 30. Il est possible que l'un des deux thermes ait été réservé aux femmes. En fig. 17, les ruines de l'angle nord-ouest d'un bâtiment bordé de rues à portiques pourraient appartenir à un temple.

5. Secteurs méridionaux.

Entre les points 21 et 26, soit entre les anciennes Bab Ya'coub et Bab Derké, on observe un changement de l'orientation des murs antiques. Plus à l'Est, entre 22 et 25, un troisième système de quadrillage urbain apparaît. Le point 22 qui se situe à la charnière de ces changements d'orientation correspond à l'emplacement d'un groupe de 5 colonnes en granit gris connues sous le nom de «Colonnes des 40 Martyrs» (fig. 18, pl. IX). Elles demeuraient debout inserrées dans les échopes du souq turc. Leur dégagement récent a fait apparaître l'angle d'une façade monumentale dont la publication est attendue. Les colonnes sont placées sur des piedestaux en saillie sur un soubassement formant *podium*. A terre gisent quelques éléments d'un fronton. De par la situation de ce monument, on peut penser qu'il formait l'extrémité d'un portique bordant la rive ouest d'une rue à double portique dégagée à l'emplacement de l'ancien couvent des Lazaristes[26]. Cette rue

---

[24] H. SEYRIG, Bull. du Musée de Beyrouth, I, 1937, p. 84.

[25] R. MOUTERDE, Telos Hektostarion de la Béryte Byzantine, Mél. Université St. Joseph XXV, 1942, p. 33.

[26] Rappelons que ce couvent a été construit sur le «Champ de colonnes» mentionné dans les récits des anciens voyageurs.

était bordée de plusieurs ensembles monumentaux. L'entrée d'un monument non identifié, encadrée de puissantes colonnes en granit rose d'Assouan, a été dégagée sur la rive est. Sur la rive ouest s'élevait un beau nymphée demeuré inédit; le bassin en abside était précédé et encadré de colonnes. Une architrave porte:

+ ΤΑΜΑΡΘΑΝΙΟΚΤΙϹΜΑ ///
+ ΜΑΡΘΑΝΙΟΥ ΕΝΔΟϹΙ ////

Quelques-uns de ces éléments ont été transportés et sommairement assemblés en bordure du boulevard Charles Hélou. La conque était mosaïquée de fines tessères de pâte de verre. Une belle statue d'un Apollon (fig. 19, pl. X), flanqué à sa gauche d'un serpent lové à l'intérieur d'un trépied, gisait au centre du bassin. Il rappelle l'Apollon du musée de Cherchel. De très nombreux fragments de statues proviennent de ce même secteur. Citons: une tête de faune, un enfant accroupi tenant une grappe, un doigt gigantesque, divers ex-voto, un bras garni de bracelets qui aurait appartenu à une statue de Jupiter[27] (fig. 20, pl. X), et aussi plusieurs dédicaces à Jupiter parmi la vingtaine de textes recueillis. Ces derniers objets invitent à localiser dans le voisinage un temple de ce dieu. Plus anciennement un torse cuirassé (fig. 21, pl. X) a été exhumé au point 27. Tous ces documents sont conservés au Musée de Beyrouth.

Bibliographie du titre VI:

A. Sur l'aqueduc et les voies romaines.

M. JULLIEN, Missions catholiques, XXVI, 1894, p. 429sq.
R. MOUTERDE, Mélanges de l'Université Saint Joseph, XXVIII, 1949—1950, p. 299 et ID., Regards . . . op. cit., p. 166.
R. G. GOODCHILD, The Coast Road of Phoenicia and its Roman Milestones, Berytus, IX, 1949, p. 91—128; compte-rendu de R. MOUTERDE, dans: Mélanges de l'Université St. Joseph, XXVIII, 1949—1950, p. 299.
N. JIDEJIAN, op. cit., donne des photographies très expressives de l'aqueduc.

B. Sur l'urbanisme de Béryte et les vestiges mis au jour.

R. DU MESNIL DU BUISSON, Etude de Beyrouth et des environs, Bulletin de la Société française de fouilles archéologiques, V, 1923—1924, p. 121—125; ID., Recherches archéologiques à Beyrouth, ib., VI, 1924—1925, p. 81—130.
Recherches et fouilles, dans: Bull. economique des pays sous mandat français, 1927, n° 4, p. 710 (cr. des fouilles de Brossé).
J. LAUFFRAY, Forums et Monuments de Béryte, Bulletin du Musée de Beyrouth, VII, 1944—1945, p. 13—80, a collationné des observations

---

[27] H. SEYRIG, Bulletin du musée de Beyrouth, I, 1937, p. 77—100.

2. Vue aérienne de Beyrouth en 1939

6. Monnaie d'Elagabal, Marsyas

4. Monnaie d'Elagabal, Béroé surprise par Poseidon

5. Linteau portant une inscription de Bérénice et d'Agrippa (partie centrale)

7. Monnaie d'Elagabal, le Temple de Poseidon

8. Monnaie de Macrin, le Temple d'Astarté

10. Le Qanater Zubaïda, aqueduc sur le Magoras, état au XIXème siècle

11. L'aqueduc, état actuel

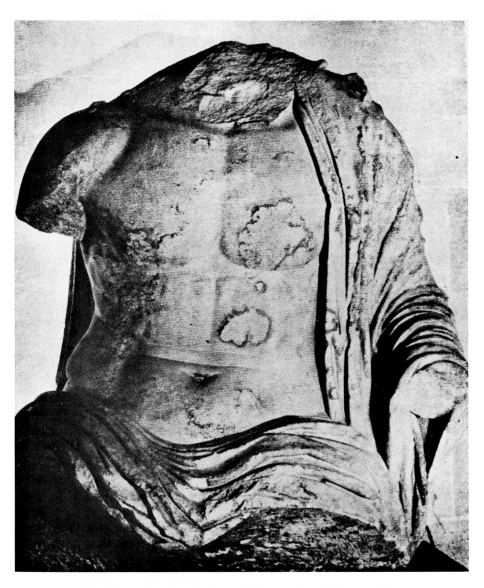

12. Torse colossal, probablement d'un membre de la *gens Iulia*

15. Entablement de l'ordre de la basilique remonté devant le Musée

13. Colonne de la basilique

16. Vestiges d'un édicule qui s'élevait dans la partie orientale du *forum* occidental

17. Les Thermes occidentaux

18. Les colonnes dites des «Quarante Martyrs»

21. Torse cuirassé

20. Bras couvert de bracelets
d'une statue colossale de Jupiter
ou simple ex-voto

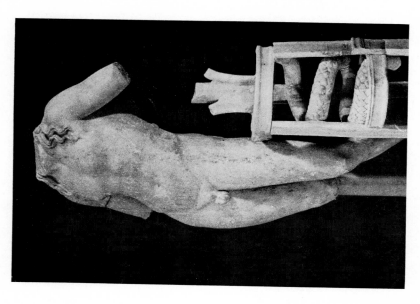

19. Apollon du Nymphée

inédites, les a regroupées sur un plan et a tenté de les interpréter. Voir
le compte-rendu de cette étude par R. MOUTERDE, dans: Mélanges de
l'Université Saint Joseph XXVIII, 1949—1950, p. 297—298.
R. MOUTERDE et J. LAUFFRAY, Beyrouth ville romaine (op. cit. supra).

VII. Les zones suburbaines de Béryte.

1. Régions ouest et sud-ouest.

Au-delà de l'extrémité occidentale du *decumanus*, nous avons déjà
signalé ci-dessus, l'existence d'un quartier résidentiel attestée par quelques
vestiges de maisons privées.

A la pointe du Ras Beyrouth, plusieurs tombes avaient été creusées en
face du Rocher des Pigeons. L'une d'elles inviolée a fourni un matériel
varié daté par six monnaies du IVme siècle.

Au sud du promontoire, entre les plages de Jenah et de Aouzai, un
faubourg de riches *villae urbanae* a été reconnu. Les fouilles conduites par
l'Emir M. CHÉHAB ont fourni des pavements de mosaïque actuellement au
Musée. Ils sont pour la plupart du VIme siècle. Nous n'avons pas à les
décrire dans ce chapitre.

2. Régions sud-est.

La colline d'Achrafiyé (fig. 1) était occupée par une nécropole. Parmi
les sarcophages retrouvés, citons en un d'une exceptionnelle qualité
taillé dans un marbre du Proconèse. Il est conservé au Smithsonian Institute
de Washington. A l'emplacement du Couvent des Sœurs de Nazareth,
plusieurs autres en plomb, décorés de têtes de Méduse, de Sphinx, et de
motifs divers ont été mis au jour. L'un d'entre eux contenait des bijoux
d'or dont deux bracelets au nom d'une matrone de Béryte, Claudia Procla.
Dans la propriété d'A. SURSOK, un grand hypogée, publié par R. DU MES-
NIL DU BUISSON, contenait un important mobilier constitué surtout de ver-
reries.

A l'est de la rive droite du fleuve Magoras, à Sin el-Fil, quelques vestiges
ont donné à penser qu'un quartier d'habitation suburbain s'y était développé, probablement au long d'une route qui conduisait au temple du Ba'al
Marqôd, le «Seigneur de la danse». Ce sanctuaire se dresse sur la colline de
Deir el-Qala'a, près de Beit-Mery. Il est prostyle-tétrastyle et fut, peut-
être, élevé à l'emplacement d'un ancien lieu de culte phénicien. Le diamètre
de ses colonnes, 2 mètres, fait penser à celles de Ba'albek. A proximité, des
fouilles récentes ont mis au jour un second sanctuaire. Il inclut plusieurs
petites chapelles dédiées à diverses divinités. L'une d'elles, consacrée à Junon, a été restaurée.

Bibliographie du titre VII:

R. DU MESNIL DU BUISSON, op. cit. supra.
M. CHEHAB, Chronique, Bulletin du Musée de Beyrouth, VII, 1944—1945,
    p. 120; ID., Mosaïques du Liban, ib., XV, 1959.
S. RONZEVALLE, Inscription bilingue de Deir El-Qala'a dans le Liban, Revue
    archéologique, sér. IV, II, 1903, p. 29—49.
CH. CLERMONT-GANNEAU, Le temple de Baal Marcod à Deir el-Kala'a,
    Recueil d'archéologie orientale, I, Paris, 1888 et ID., Une nouvelle
    dédicace du sanctuaire de Baal Marcod, Revue archéologique, sér.
    IV, II, 1903, p. 225 sq.
W.-H. WADDINGTON, Inscriptions grecques et latines recueillies en Grèce
    et en Asie Mineure, dans: PH. LE BAS, Voyage archéologique en Grèce
    et en Asie Mineure, II 3, Paris, 1870, Partie VI. Syrie, Sect. II. Temple
    de Jupiter Ba'almarcod, p. 458, n° 1855, 1856, 1857.
R. MOUTERDE, Sarcophages de plomb trouvés en Syrie, Syria, X, 1929,
    p. 238—251.

S. P. REY-COQUAIS prépare un corpus des inscriptions de Beyrouth,
dont beaucoup sont encore inédites. Il est peu probable que ces textes
nouveaux viennent modifier profondément nos connaissances sur la Béryte
du Haut-Empire, telles que nous venons de les résumer. Par contre, on peut
espérer que la construction de nouveaux immeubles sera l'occasion de
fouilles complétant nos informations sur l'urbanisme antique et l'emplacement de certains monuments.

Volontairement les quelques lignes consacrées à l'Ecole de Droit et
celles relatives aux activités commerciales et artisanales n'ont pas été
développées. Nos sources d'information en ces domaines étant tardives,
il en sera traité dans la notice sur la Béryte byzantine (dans ANRW III).

Retenons de cette courte synthèse que la Julia Augusta Felix Bérytus
fut le Centre administratif de la province de Syrie. Son territoire, durant le
Ier siècle de l'Empire, s'étendait probablement jusqu'au Sinaï. C'est du
moins ce qu'inclinent à penser deux dédicaces provenant du chantier des
Lazaristes (Filles de la Charité). Un certain Lucius et un Décius Claudius
Pollio, esclave *actor*, ont érigé chacun un autel à des déesses de la *statio*
de Gérana, région qui a été localisée aux alentours d'Aqaba. Le titre de
servus actor, selon R. MOUTERDE, désignerait l'intendant d'un fermier des
douanes d'Empire. Qu'un employé d'une *statio* du *portorium* de Syrie, située
près de la mer Rouge, passe par le port de Béryte, plutôt que par Gaza ou
Alexandrie, témoignerait de l'extension de la circonscription administrative
de Béryte[28].

_____

[28] R. MOUTERDE, La *statio ad Dianam* du *portorium* de Syrie, près du Golfe d'Akaba, CRAI,
    1954, 482—487.

Liste des illustrations

Cyrrhus et la Cyrrhestique jusqu'à la fin du Haut-Empire

par Edmond Frézouls, Strasbourg

I. La Cyrrhestique

1. Chronologie et limites géographiques

La Cyrrhestique (Κυρρηστική, Cyrrhestica), qui tire son nom de la ville de Κύρρος, fondation macédonienne, s'étend, en Haute Syrie, dans une région de reliefs modérés et de maigres rivières — à l'exception de l'Euphrate —, où les limites naturelles sont peu nombreuses (carte: fig. 1). A l'Ouest cependant la chaîne de l'Amanus en constitue une, qui sépare l'intérieur de la région côtière, où la Piérie confine directement avec la Cilicie; mais il n'est pas certain que la Cyrrhestique se soit étendue jusqu'à l'Amanus[1], et l'appartenance territoriale de Gindaros, près du cours de l'Afrin, varie selon les auteurs[2]. A l'Est, on peut considérer comme une limite

---

[1] Plutarque, Demetrios, 48, 4 rapporte que Demetrios, ayant franchi l'Amanus, traversa τὴν κάτω χώραν ἄχρι τῆς Κυρρηστικῆς; cette κάτω χώρα serait une avancée de la Piérie, ce qui répond aux vues de Ptolémée.

[2] Pour Ptolémée, Gindaros est en Séleucide— plus précisément en Piérie, alors que Strabon, XVI, 2, 8 la qualifie d'«acropole de la Cyrrhestique et excellent repaire de brigands».

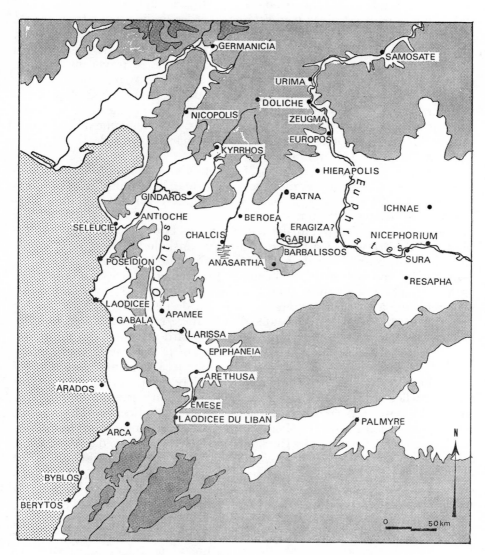

Fig. 1. La Syrie centrale et septentrionale et les régions voisines

ferme le cours de l'Euphrate, qui, face à la Cyrrhestique, suit, avec bien des changements de direction, une orientation générale Nord-Sud: c'est à peu près le fond de la grande boucle du Moyen-Euphrate. Mais au Nord et au Sud, le pays est assez peu différencié et les limites y ont toujours été artificielles et changeantes. Les vallées, qui descendent du Taurus, sont sensiblement parallèles — Nord/Nord-Est—Sud/Sud-Ouest — sauf au voisinage de l'Euphrate, et ne parviennent pas à se frayer un passage vers la mer: le Labotas (Qara Sou) et l'Oinoparas (Afrin) se perdent en amont d'Antioche dans les marais de l'Amouq, le Chalos (Qouweiq), après avoir arrosé Alep, dans ceux de la région de Chalcis (Qinnesrin); la rivière qui naît près de Batnae (Tell Batnan) disparaît dans la lagune de Djabboul. Seul le Sadjour, qui prend sa source en Commagène, près de Doliche, oblique à l'Est jusqu'à l'Euphrate.

Cette zone de passage entre la Mésopotamie et la Méditerranée a souvent connu, jusqu'à la conquête macédonienne, une pluralité de centres volontiers périphériques et exerçant leur influence sur des domaines fluctuants. On connaît là une bonne demi-douzaine de «royaumes»: sur l'Euphrate, ceux de Til-Barsip — le Bit-Adini — et de Carchemisch; au Nord, ceux de Zendjirli et de Gertschin — les royaumes de Samal et de Yaoudi; au Sud-Ouest, ceux d'Arpad, de Khalman (Alep), de Kunalua — le royaume d'Unqi[3]. Le morcellement de l'époque pré-classique, lié aux conditions naturelles et à l'absence d'un centre qui s'imposât véritablement, s'est retrouvé à différents moments: à la fin de l'ère hellénistique, où des dynastes se disputent les lambeaux de l'héritage séleucide, à l'époque des luttes entre Musulmans et Byzantins, ou plus tard au temps des Croisades.

A cette situation assez mouvante s'ajoute le fait que le nom même de la Cyrrhestique est très rarement mentionné à date ancienne. On est tenté, il est vrai, de le tirer d'un passage de Polybe où il ne figure pourtant pas textuellement; c'est celui où est relatée la mutinerie qui se produisit en 221 au camp d'Apamée, parmi les troupes qu'Antiochos III préparait pour l'expédition contre Molon: Hermias parvint à apaiser les divers contingents «à l'exception des Cyrrhestiens» qui, au nombre d'environ 6000, restèrent dans la rébellion, provoquèrent bien des désordres et durent finalement être réduits par les armes[4]. Le nombre des soldats est évidemment trop élevé pour qu'il s'agisse de citoyens de Kyrrhos: ce sont là des hommes levés dans toute la Cyrrhestique. Mais l'emploi de l'ethnique, s'il suffit à garantir l'existence au temps de Polybe ou de ses sources, nécessairement récentes, d'une certaine unité territoriale centrée sur Kyrrhos, n'éclaire absolument pas la nature ni la valeur administrative de cette unité.

On a argué d'un autre texte pour montrer que la Cyrrhestique remontait au moins un demi-siècle plus haut. C'est le passage de Plutarque où

---

[3] Cf. R. DUSSAUD, Topographie historique de la Syrie antique et médiévale, BAH, IV, Paris, 1927, p. 467 sqq.
[4] Polybe, V, 50, 7 et 57, 4.

l'on voit le Poliorcète passer de nuit la crête de l'Amanus et dévaster son versant oriental[5]. L'événement se passe en 286, ce qui conférerait à l'argument une portée considérable. Mais le texte de Plutarque n'a pas la même valeur que celui de Polybe: le second mentionne un contingent de troupes et le nom qu'il lui donne, essentiel au récit, est forcément celui qui le désignait à l'époque de l'événement, au demeurant assez proche de celle où est écrite l'histoire. Tandis que Plutarque ne mentionne la Cyrrhestique que par souci de précision géographique, pour faire comprendre la manœuvre de Demetrios. Son témoignage porte essentiellement sur l'ordre des opérations; rien n'y est changé au fond si, commettant un anachronisme, il baptise «Cyrrhestique» une région qui ne portait pas encore ce nom en 286, mais le porte depuis longtemps au moment où il écrit. On

Fig. 2. La Cyrrhestique et son environnement immédiat, d'après E. Honigmann, RE, s. v. Κυρρηστική

ne peut donc retenir la mention de la Cyrrhestique chez Plutarque comme une preuve certaine de l'existence à cette date de la région administrative, ou de la ville dont elle tire son nom: c'est tout au plus un indice.

Quant à l'extension territoriale de la Cyrrhestique (carte, fig. 2), on peut en jalonner les limites grâce à Ptolémée et à quelques recoupements. Le premier assigne à la région les villes ou bourgades d'Ariseria, Regia, Rhouba, Herakleia, Niara, Hierapolis, Khyrros, Beroia, Bathnae, à l'intérieur, et sur l'Euphrate d'Urima, Aroudis, (ou Arulis), Zeugma, Europos, Caecilia, Bethammaria, Gerre, Apamara (?)[6]; certaines sont bien connues, d'autres à peine localisées, quelques unes inconnues et même suspectes[7].

---

[5] Plutarque, Demetrios, 48, 4.

[6] Ptolémée, V, 17.

[7] Par exemple Rhouba — pour Bouba selon E. Honigmann, Historische Topographie von Nordsyrien im Altertum, ZDPV, 47, 1924, n° 400 et 467 —, ou Paphara, pour Apamara, selon le même auteur, ibid., 1923, n° 50.

On admet sans difficulté que la Cyrrhestique s'étendait à l'Est jusqu'à
l'Euphrate; et au Sud on peut supposer qu'elle s'arrêtait à une ligne passant
quelque part entre Beroia et Chalcis, à la limite de la Chalcidique, pour
gagner à l'Est le lac de Djabboul et les confins de la Chalibonitide, entre
Barbalissos et Eragiza[8]: c'était à peu près la limite de la steppe désertique
et la ligne de séparation entre deux modes de vie différents. Mais à l'Ouest,
l'incertitude qui plane sur Gindaros[9] invite à la prudence. La position de
Kyrrhos, à l'Ouest de l'Afrin, exclut que cette rivière — l'Oinoparas —
ait servi de limite; mais faut-il reculer jusqu'au Qara Sou — le Labotas —
ou plus loin vers l'Amanus? De même au Nord, on est tenté soit de tenir
compte de l'hydrographie et de limiter la région aux hautes vallées des
principales rivières qui la traversent, c'est-à-dire de suivre une ligne
Nicopolis-Zeugma, soit d'extrapoler pour l'époque hellénistique à partir
de la limite future entre la Syrie romaine et la Commagène, soit enfin
d'énumérer les voisinages préclassiques qui dessinent en négatif les territoires disponibles pour la Cyrrhestique[10]. En fait les divergences d'appré-
ciation ne sont pas très importantes, et il est possible que plusieurs pro-
positions soient tour à tour exactes selon la période envisagée. Car le terme
de Cyrrhestique désigne une réalité probablement mouvante, et dont il
faudrait d'abord savoir si elle était à l'origine strictement administrative
et répondait à une délimitation précise, ou si elle constituait une approxi-
mation géographique commode, articulée sur la ville de Kyrrhos, centre
d'une région naturelle plus ou moins fluctuante.

2. Place de la Cyrrhestique dans le royaume séleucide

La géographie administrative des Séleucides n'est pas éclairée par
un grand nombre de sources et elle n'apparaît pas très nettement. En ce
qui concerne la Syrie du Nord, on admet que sa partie la plus importante,
la Séleucide, comprenait, à une date relativement proche des débuts de la
dynastie[11], quatre «satrapies» — selon le terme hérité de la domination perse.
Mais, sans parler des questions de chronologie, les avis diffèrent sur la
localisation et l'étendue de ces unités territoriales comme sur l'identité
de leurs capitales, et l'idée qu'on peut se faire de la Cyrrhestique des

[8] Cf. Honigmann, RE, XII 1 (1924) s. v. Κυρρηστική, col. 191sq.
[9] Voir plus haut, p. 164, n. 2.
[10] Cf. R. Dussaud, op. cit., p. 469sq: «Limitée à l'Ouest par les royaumes de Qoué et de Khilakki [= la plaine et la montagne de Cilicie], au Nord par le Kammanu (capitale Comana), le Milid (Militène), le Kummukh (Commagène), à l'Est par l'Euphrate, la région que nous envisageons correspond à la Cyrrhestique de Ptolémée ...».
[11] Il n'est pas certain que la division de la Séleucide en quatre satrapies se soit produite avant la conquête de la Coelé-Syrie par Antiochos III. Cf. Honigmann, RE, II A 1 (1921) s.v. Seleukis, col. 1206 sq. et W. Otto, Beiträge zur Seleukidengeschichte des 3. Jahrhunderts v. Chr. (Abhandl. d. Bayer. Akad. d. Wiss. philos.-philol.-hist. Kl. 34, 1), München, 1928, p. 38.

origines dépend pour beaucoup des solutions choisies. Trois thèses principales ont été avancées.

La première, celle de J. BELOCH, E. HONIGMANN, E. BIKERMAN et
M. ROSTOVTZEV, accorde à la Séleucide une large extension, qui englobe
tout ou partie de ce qu'on a coutume d'appeler la Cyrrhestique, tout en
admettant comme capitales des satrapies les «villes-sœurs», les quatre
grandes villes d'Antioche, Séleucie, Laodicée-sur-Mer et Apamée, dont les
trois premières sont pourtant ramassées dans un espace très étroit[12].

La seconde, dont les principaux tenants sont LEHMANN–HAUPT et
U. KAHRSTEDT, échappe à cette difficulté en amputant la Séleucide de la
Cyrrhestique, dont ils font soit une satrapie séparée, soit un morceau
de la Mésopotamie[13].

La troisième enfin, proposée par A. H. M. JONES, tient la Cyrrhestique
pour partie intégrante de la Séleucide et en fait une satrapie, en renonçant
à identifier les quatre capitales avec les villes principales du pays[14].

Ce désaccord provient dans une large mesure d'interprétations diver-
gentes du passage de Strabon XVI, 2, 4sq sur la Syrie du Nord, qui a été
invoqué à la fois par les tenants de la «grande Séleucide» articulée sur la
tétrapolis Antioche-Séleucie-Laodicée-Apamée et par ceux de la «petite
Séleucide» excluant la Cyrrhestique. JONES, qui défend l'idée d'une
«grande Séleucide» distincte de la tétrapole, en fait également l'exégèse et
dénonce dans un passage essentiel de Strabon une infidélité à l'égard de sa
source, Poseidonios[15].

J'ai essayé jadis de montrer[16] qu'en fait Strabon n'autorise pas à
faire de la Cyrrhestique un territoire extérieur à la Séleucide — et que
JONES n'a donc pas tort de l'y inclure; mais qu'on ne peut pas non plus
invoquer Strabon pour identifier les capitales des satrapies avec les villes
de la tétrapole — et que le reproche d'infidélité à l'égard de Poseidonios
relève de l'hypercritique.

Le chapitre 2 du livre XVI de Strabon est clair, sinon toujours
rigoureux. Les digressions n'y manquent pas, surtout dans les deux
dernières parties, mais on en suit facilement le plan, exposé après un premier
paragraphe consacré à une définition géographique de la Syrie (XVI, 2, 1).

---

[12] J. BELOCH, Griechische Geschichte, 2e éd., IV, 2, Berlin—Leipzig, 1927, p. 356; E. HONIG-
MANN, RE, s. v. Κυρρηστική, col. 192sq.; E. BIKERMAN, Institutions des Séleucides,
BAH, 26, Paris, 1938, p. 201; M. ROSTOVTZEV, Social and Economic History of the
Hellenistic World, Oxford, 1941, I, p. 478 et III, p. 1436, n. 265.

[13] B. NIESE, Geschichte der griechischen und makedonischen Staaten, II, Gotha, 1899,
p. 94; E. R. BEVAN, The House of Seleucus, London, 1902, I, p. 208; LEHMANN–
HAUPT, RE, II A 1 (1921) s. v. Satrap, col. 169; U. KAHRSTEDT, Syrische Territorien in
hellenistischer Zeit (Abh. Ges. Göttingen, Neue Folge, XIX, 2), Berlin, 1926, p. 46 sqq.

[14] A. H. M. JONES, The Cities of the Eastern Roman Provinces, 2e éd., Oxford, 1971, pp.
243sq. et 449sq., n. 21.

[15] ID., ibid., p. 243.

[16] ED. FRÉZOULS, Sur les divisions de la Séleucide. A propos de Strabon, XVI, 2, Mélanges
de l'Université St Joseph, 37, 1961, pp. 223—234 — dont on se contentera de rappeler ici l'essentiel.

Les différentes régions de la Syrie en partant de la Cilicie et de l'Amanus, à savoir «la Commagène, puis ce qu'on appelle la Syrie Séleucide, ensuite la Syrie Creuse, et enfin la Phénicie sur la côte, et à l'intérieur la Judée» sont l'objet de cinq développements, inégaux mais bien distincts: Commagène: XVI, 2, 3; Séleucide: XVI, 2, 4—15; Syrie Creuse: XVI, 2, 16—20; Phénicie: XVI, 2, 22—33; Judée: XVI, 2, 34—46.

Le second développement, le seul qui nous intéresse directement, se subdivise à son tour en deux ensembles, consacrés l'un à la Séleucide intérieure, à laquelle Strabon joint, à cause de leurs relations avec Antioche, les villes de Séleucie de Piérie et de Laodicée, et l'autre à la Séleucide littorale au Sud de Laodicée.

Après un paragraphe de généralités (XVI, 2, 4) consacré à la tétrapole, aux satrapies et à la structure d'Antioche, la partie consacrée à la Séleucide intérieure aborde successivement: Antioche (5); Daphné (6); l'Oronte et les villes entre Oronte et Euphrate (7); la Cyrrhestique et Séleucie de Piérie (8); Laodicée-sur-Mer (9); Apamée, avec un développement historique (10); la «Parapotamie» et la Chalcidique (11). Avec 2, 12 commence la description de la Séleucide littorale.

Cette analyse permet à elle seule d'écarter l'idée que pour Strabon la Cyrrhestique puisse être exclue de la Séleucide. La formule introductive du passage qui lui est consacré — εἶτα ἡ Κυρρηστικὴ μέχρι τῆς Ἀντιοχί-δος[17] — et la situation de ce passage, juxtaposé au développement sur Séleucie de Piérie, interdisent de supposer, comme le fait KAHRSTEDT, que la Cyrrhestique appartient pour Strabon à une Mésopotamie 'ciseuphrat-éenne' dont la capitale serait Kyrrhos. Il est arbitraire de regrouper des territoires séparés dans le texte de XVI, 2, et de dire «que Strabon traite de cette contrée en trois parties: au § 3 la Commagène, au § 7 un groupe de villes s'étendant à l'Est d'Antioche jusqu'à l'Euphrate; au § 8 la Cyrrhestique»[18]. Et comment imaginer une Mésopotamie dont la Cyrrhesti-que et les villes à l'Est d'Antioche constitueraient le noyau, sur la rive droite de l'Euphrate? Car Strabon définit naturellement la Mésopotamie comme une région située entre Tigre et Euphrate[19].

Il est vrai que la mention en XVI, 2, 4 d'une satrapie de Mésopotamie à côté des quatre satrapies de Séleucide et de Syrie Creuse peut paraître apporter un argument à la thèse d'une «Mésopotamie ciseuphratéenne», faisant partie de la Syrie et distincte de la Séleucide[20]. Mais Strabon fait ici évidemment une récapitulation, qui déborde aussi bien la Syrie que la Séleucide: la Mésopotamie ne doit pas plus être intégrée à la Syrie, sous prétexte qu'elle est mentionnée au cours du chapitre syrien, que la Syrie Creuse à la Séleucide parce que ses quatre satrapies sont mentionnées à l'intérieur du développement consacré à la Σελευκίς.

---

[17] XVI, 2, 3 comme, plus loin, XVI, 2, 8: εἶτα Λαοδίκεια.

[18] U. KAHRSTEDT, op. cit., p. 48.

[19] XVI, 1, 21.

[20] XVI, 2, 4: ... εἰς σατραπείας διῄρητο τέτταρας ἡ Σελευκίς, ... εἰς ὅσας καὶ ἡ κοίλη Συρία, εἰς μίαν δ' ἡ Μεσοποταμία. Cf. U. KAHRSTEDT, op. cit., p. 49.

Strabon n'autorise donc pas à exclure de cette dernière la Cyrrhestique et diverses autres contrées nord-syriennes. Mais quelque étendue que l'on accorde à la Séleucide, oblige-t-il vraiment à identifier ses quatre chefs-lieux de satrapies aux villes de la tétrapole — thèse commune à KAHRSTEDT et aux tenants de la «grande Séleucide» et qui aurait pourtant dû gêner les seconds? Tout le débat tourne ici autour d'une phrase[21] et même d'un mot. Lorsque Strabon écrit en effet qu'«en correspondance avec la tétrapole, la Séleucide était divisée en quatre satrapies, selon ce que dit Poseidonios», les mots οἰκείως ... τῇ τετραπόλει ont servi de caution à l'identification entre les villes de la tétrapole et les chef-lieux de satrapies. Contrairement à la plupart des défenseurs de la «grande Séleucide», qui ont accepté allègrement un découpage disproportionné et même pratiquement impossible, JONES a compris qu'il y avait là un non-sens administratif. Sans s'interroger davantage sur le sens du texte, il a rendu Strabon responsable de ce non-sens en supposant que, parti d'une information sûre, provenant de Poseidonios — la division du pays en quatre circonscriptions — il en avait tiré une interprétation inexacte en concluant à la correspondance entre ces circonscriptions et la tétrapole[22]. Et si οἰκείως ... τῇ τετραπόλει ne vient pas de Poseidonios, rien n'empêche d'assigner aux satrapies de la «grande Séleucide» d'autres chef-lieux que les villes de la tétrapole, par exemple de retenir l'hypothèse d'une satrapie de Cyrrhestique, avec naturellement Kyrrhos pour chef-lieu.

On admettra volontiers que Strabon emprunte moins à Poseidonios le détail de l'expression que l'idée. Mais cette idée était-elle seulement celle de la division en quatre satrapies, ou comportait-elle également la notion d'une correspondance avec la tétrapole? La phrase grecque supporte les deux interprétations, selon que la référence à Poseidonios porte sur l'ensemble ou seulement sur l'existence de quatre satrapies. Ce n'est pas une discrimination opérée, en désespoir de cause et sans raison positive, entre Strabon et Poseidonios, qui peut apporter la solution, mais plutôt une réflexion sur le sens exact de l'expression οἰκείως ... τῇ τετραπόλει.

Le mot οἰκείως, dont l'étymologie est claire, s'emploie soit absolument avec les deux sens de «familièrement» et «convenablement»[23], soit avec un régime; c'est alors la seconde nuance que l'on retrouve:

---

[21] XVI, 2, 4: ... Οἰκείως δὲ τῇ τετράπολει καὶ εἰς σατραπείας διῄρητο τέτταρας ἡ Σελευκίς, ὥς φησι Ποσειδώνιος ...: A. H. M. JONES, op. cit., p. 449, n. 21, a bien vu là le *"crucial passage"*.

[22] ID., ibid., p. 242sq.: *"Strabo, on the authority of Posidonius ... states that correspondingly to the tetrapolis ... the Seleucis was divided into four satrapies. This seems explicit enough".* Le paralogisme sur lequel se serait fondé Strabon pour attribuer aux villes de la Tétrapole la qualité de chefs-lieux de Satrapies est facile à reconstituer: *"... the Seleucis was often known as the tetrapolis from its four great cities, Posidonius says it was divided into four satrapies, therefore each of the four cities was the capital of a satrapy"* (c'est moi qui souligne).

[23] «Familièrement» (BAILLY), *"familiarly"* (LIDD.-SCOTT), „familiariter, benevole" (Thesaurus); «convenablement» (BAILLY), *"naturally, dutifully"* (LIDD.-SCOTT), „apte, convenienter" (Thesaurus).

«en accord avec», «en conformité avec». L'idée est celle d'une «convenance» qui tient plus de la familiarité que d'un rapport logique et à plus forte raison d'une identité même partielle; il ne devait guère venir à l'esprit de lier par le mot οἰκείως que deux choses apparemment distinctes. Il est peu vraisemblable que Strabon ait voulu instaurer entre les villes de la «tétrapole» et les quatre satrapies un rapport aussi défini que celui de capitale à province.

On remarque en revanche qu'il manifeste souvent un goût prononcé pour les rapports arithmétiques, pour les chiffres ronds empruntés à une série de multiples, pour tout ce qui peut, par une apparence d'ordre mathématique, alléger sa matière. Les manifestations de cette tendance relèvent souvent de la seule rhétorique[24]. Mais cela va parfois plus loin, et Strabon semble notamment trouver une satisfaction particulière à marquer le plus souvent possible des divisions quaternaires[25]; ainsi, dans le passage qui nous intéresse, non seulement la Séleucide, de même qu'elle comporte quatre grandes villes, est divisée en quatre satrapies, mais Antioche elle-même est une τετράπολις: car elle comprend quatre quartiers, fondés à des époques différentes et entourés chacun d'un rempart[26]. Ici, il ne saurait y avoir autre chose qu'une similitude arithmétique, mais Strabon se plaît à la souligner, soit que cette correspondance extérieure lui paraisse une curiosité digne d'être notée, soit qu'il cherche simplement à retenir l'attention de son lecteur. C'est probablement surtout dans cette perspective qu'il intègre à sa description de tels rapports arithmétiques: non comme des facteurs d'explication rationnelle, mais comme les éléments d'une eurythmie qui rend les faits plus assimilables, en les rangeant selon une ordonnance simple. Il est naturel et «convenable» que l'une des quatre régions de la Syrie[27], dotée de quatre grandes villes dont la principale est elle-même une τετράπολις, soit divisée en quatre satrapies. Cette «convenance», inintelligible pour un moderne parce que dénuée de signification réelle, risque bien d'avoir été aux yeux de Strabon le seul lien entre la tétrapole et les satrapies.

Si l'on donne à οἰκείως une signification plus proche de son sens étymologique — qui implique une idée de familiarité, de parenté —, on est tenté de rapprocher l'emploi qu'en fait Strabon de sa présentation volontiers «familiale» de l'histoire et de la géographie politiques. Non seulement les quartiers d'Antioche sont pour lui avant tout les reflets de la succession

---

[24] Ainsi lorsqu'en XVI, 2, 1 les limites de la Syrie sont définies, vers chaque point cardinal, par deux éléments: un pays et un peuple, un pays et une montagne, etc...

[25] S'il reconnaît en Syrie cinq régions naturelles, il groupe ensemble les deux dernières, Phénicie et Judée, et s'il distingue trois populations syriennes, ce n'est pas sans ajouter que quatre peuples s'y trouvent mélangés (XVI, 2, 2). Quand il indique une distance, il s'agit très souvent d'un multiple ou d'un sous-multiple de 40 : 40 stades d'Antioche à Daphné, 80 pour le périmètre du *téménos* d'Apollon et d'Artémis, 20 d'Herakleia au sanctuaire d'Athéna Kyrrhestis, 40 de Séleucie et 120 d'Antioche à l'embouchure de l'Oronte (XVI, 2, 6 sqq.).

[26] XVI, 2, 4.

[27] La Commagène, la Séleucide, la Coelé-Syrie et l'ensemble Phénicie-Judée.

dynastique[28], de même qu'il s'attache principalement, à propos des créations de Séleucos, à l'éponymie familiale[29]; mais il recueille précieusement et interprète la tradition, attestée par la numismatique, des «villes-sœurs»[30]. Venant aussitôt après l'énumération de ces «villes-sœurs», οἰκείως... [τῇ τετραπόλει] peut conserver quelque chose de sa valeur étymologique et désigner une espèce de parenté, un «air de famille», entre les deux ensembles politiques.

Sans doute le texte semble-t-il, quelques lignes plus haut, identifier la Séleucide à la tétrapole: Ἡ δὲ Σελευκίς... καλεῖται τετράπολις καὶ ἔστι... N'est-il pas nécessaire, si la Séleucide n'est autre chose que la τετράπολις et comporte quatre satrapies, que les quatre πόλεις en soient les chefs-lieux[31]? Mais l'affirmation καὶ ἔστι est suivie d'une réserve: κατὰ τὰς ἐξεχούσας ἐν αὐτῇ πόλεις. La Séleucide est bien, si l'on veut, une tétrapole, mais seulement à ne considérer que le nombre de ses villes importantes. Or, il existe en Séleucide d'autres villes: ἐπεὶ πλείους γέ εἰσι, μέγισται δὲ τέτταρες. Il est significatif que Strabon choisisse comme seul critère le degré de développement de ces villes; car si elles avaient été en même temps pour lui les centres de circonscriptions territoriales, n'aurait-il pas utilisé cette circonstance pour justifier l'identification courante, plutôt que de choisir le critère de l'importance, qui fait apparaître une simple différence de degré? En réalité, la tétrapole ne s'identifie pas vraiment au pays, et si ce dernier comporte quatre satrapies, ce n'est pas que la chose aille de soi, chaque grande ville ayant la sienne: la mise en relief d'une similitude arithmétique et quasi familiale montre que Strabon voit dans le nombre des satrapies un élément nouveau, et non pas seulement un autre aspect de la tétrapole: il ne suggérerait pas une parenté s'il y avait pour lui identité, il ne noterait pas une correspondance arithmétique si la distribution des satrapies était contenue dans l'existence de la tétrapole.

3. Des origines à la conquête romaine

Ce n'est donc pas Strabon, fidèle ou non à Poseidonios, qui peut obliger à placer la Cyrrhestique soit hors de la Séleucide, soit dans la

---

[28] XVI, 2, 4: ... τὸ μὲν οὖν πρῶτον αὐτῶν ὁ Νικάτωρ συνῴκισε ... τὸ δὲ δεύτερον τοῦ πλήθους τῶν οἰκητόρων ἐστὶ κτίσμα, τὸ δὲ τρίτον Σελεύκου τοῦ Καλλινίκου, τὸ δὲ τέταρτον Ἀντιόχου τοῦ Ἐπιφανοῦς.

[29] XVI, 2, 4: ... ἡ μὲν οὖν μεγίστη τοῦ πατρὸς αὐτοῦ ἐπώνυμος, ἡ δ' ἐρυμνοτάτη αὐτοῦ, αἱ δ' ἄλλαι ἡ μὲν Ἀπάμεια τῆς γυναικὸς αὐτοῦ Ἀπάμας, ἡ δὲ Λαοδίκεια τῆς μητρός.

[30] XVI, 2, 4: αἵπερ καὶ ἐλέγοντο ἀλλήλων ἀδελφαὶ διὰ τὴν ὁμόνοιαν. Des monnaies d'Antioche portent, au milieu du IIe siècle av. J.-C., la légende ΑΔΕΛΦΩΝ ΔΗΜΩΝ, qui se rapporte peut-être aux quatre villes de la tétrapole. Cf. W. WROTH, BMC. Catalogue of the Greek Coins of Galatia, Cappadocia and Syria, Bologne, 1964, pp. 151 sq., pl. XVIII, 5—8.

[31] C'est le raisonnement qu'ont tenu, plus ou moins explicitement — à l'exception d'A. H. M. JONES — tous ceux qui se sont attachés au texte de Strabon; il les a détournés de s'interroger sur la valeur exacte de l'expression οἰκείως τῇ τετραπόλει.

mouvance d'une des villes de la tétrapole. Pour lui, les quatre satrapies couvrent incontestablement l'ensemble de la Syrie du Nord, Cyrrhestique comprise, et il ne se préoccupe pas plus d'en désigner les capitales que, plus loin, de nommer celles des satrapies coelésyriennes. Il n'est donc pas impossible que la Cyrrhestique ait constitué en elle-même l'une des quatre satrapies, et que le chef-lieu en ait été Kyrrhos, mais c'est pour l'instant indémontrable, faute d'autre source plus explicite.

De l'époque hellénistique, l'histoire de la Cyrrhestique n'a conservé que des bribes peu consistantes. L'épisode aventureux à l'issue duquel Demetrios Poliorcète fut contraint en 286 de se rendre à Séleucos[32] est de peu de portée. La révolte des 6000 Cyrrhestiens au camp d'Apamée en 221, sous Antiochos III[33], est plus significative: elle donne une idée de la masse, relativement considérable, de soldats que l'on pouvait lever en Cyrrhestique — ce qui plaiderait en faveur d'une circonscription administrative importante. Et en même temps l'information suggère que les habitants de la Cyrrhestique formaient une unité distincte, présentant face au reste de la Syrie Séleucide une certaine cohésion.

Cette idée se renforcera si l'on tient compte d'un passage de Strabon, XVI, 751, qui mentionne le sanctuaire d'une Athéna Kyrrhestis[34]. Cette dénomination ne peut guère désigner qu'un culte commun à l'ensemble des habitants — en tout cas des habitants grecs ou hellénisés — ce qui suppose encore une fois une certaine personnalité régionale. L'existence d'un tel sanctuaire, analogue à ceux qui dans l'Asie Mineure servaient volontiers de centre à un *koinon*, prend tout son relief si on la rapproche d'un épisode de l'histoire d'Alexandre que nous connaissons par Diodore[35]. Le roi aurait eu en effet l'intention de dédier un temple à Athéna à Kyrrhos de Macédoine; mais le coût élevé du devis (1500 talents) aurait retardé et finalement empêché l'exécution de ce projet. Peut-être le temple d'Athéna Kyrrhestis n'est-il autre chose qu'une transposition aux environs de la Kyrrhos d'Asie du projet conçu d'abord à propos de la ville homonyme de Macédoine[36]?

Il n'est pas facile de localiser ce sanctuaire. Il est vrai qu'Etienne de Byzance attribuera formellement à Kyrrhos l'Athéna Kyrrhestis[37], mais son témoignage est douteux. Strabon le place à proximité immédiate — à 20 stades — de la ville d'Herakleia[38]; mais comme la position de cette dernière n'est pas connue avec précision, cette indication est de peu d'intérêt. La localisation proposée par HONIGMANN pour Herakleia[39] inter-

---

[32] Voir p. 167, n. 5.

[33] Voir p. 166, n. 4.

[34] XVI, 2, 7: διέχει δ' ἡ Ἡράκλεια σταδίους εἴκοσι τοῦ τῆς Ἀθηνᾶς ἱεροῦ τῆς Κυρρηστίδος.

[35] Diodore, XVIII, 4.

[36] Les manuscrits donnent à la vérité ἐν Κύρνῳ, mais la correction ἐν Κύρρῳ est parfaitement acceptable.

[37] Etienne de Byzance, s. v. Κύρρος.

[38] Voir p. 172, n. 25.

[39] E. HONIGMANN, ZDPV, 47, 1924, p. 1, n° 210; cf. R. DUSSAUD, Topographie historique . . ., p. 470.

dit de songer à placer le temple à Kyrrhos, et d'ailleurs Strabon n'aurait
pas manqué de mentionner la ville si le temple d'Athéna s'y était trouvé.
En vérité Strabon aggrave encore l'incertitude en mentionnant près de
Gindaros «un temple voisin appelé Herakleion»[40]; et U. KAHRSTEDT s'est
demandé si, par un passage abusif d'Herakleia à Herakleion, il ne s'agirait
pas en fait d'un seul et même sanctuaire[41]. Mais la confusion serait un peu
grosse, et de toute façon Gindaros n'est pas non plus tout près de Kyrrhos.
Cependant cette dernière ville a frappé au IIe siècle av. J.-C. des monnaies
qui se réfèrent, directement ou indirectement, à Athéna[42].

Strabon, qui ignore Kyrrhos, tend à donner à Gindaros un rôle de
premier plan: elle occupe la première place dans sa description de la
Cyrrhestique et passe, selon lui, pour «l'acropole» du pays[43]. Cette étrange
assertion s'explique d'un côté, anachroniquement, par le souvenir de la
défaite de Pacorus à Gindaros en 38 av. J.-C.[44] et d'autre part, très
probablement, par un déclin de Kyrrhos, qui toutefois n'a pas dû commencer
avant la fin du IIe siècle av. J. C., puisque la ville bat monnaie sous Alexandre Bala[45]. Strabon attribue d'ailleurs à la même Gindaros un qualificatif
qui limite à un aspect purement stratégique la portée de sa formule, tout
en ouvrant des horizons sur la Syrie des derniers Séleucides: cette «acropole
de la Cyrrhestique» aurait été en même temps un «excellent repaire de
brigands»[46].

C'est que, dès le dernier tiers du IIe siècle, la Syrie tomba dans le
chaos: l'état séleucide, déchiré par les querelles dynastiques et par la
succession des soulèvements juifs, harcelé par les Arabes, bientôt à la merci
des forces arméniennes ou romaines, devint incapable de toute défense
organisée. La Commagène dut être abandonnée au dynaste Mithridate
vers 96, à la fin des règnes concurrents d'Antiochos VIII et Antiochos IX.
La Cyrrhestique devenait dès lors une marche-frontière. Elle tomba aux
mains des Arméniens lorsqu'après l'accession au trône de Tigrane, en 88,
la Syrie se trouva momentanément annexée à l'Arménie. La région était
d'ailleurs particulièrement touchée par l'anarchie: le brigandage s'y développa librement — et c'est dans ce contexte qu'on peut trouver Gindaros
qualifiée à la fois d'«acropole de la Cyrrhestique» et d'«excellent repaire de
brigands». Allusion probable à l'implantation de nombreux «tyrans» locaux,
qui n'étaient sans doute pas en effet autre chose que des chefs de brigands.
On connaît sous Antiochos Grypos un certain Herakléon de Bérée, qui

---

[40] XVI, 2, 8: πόλις Γινδαρός . . . καὶ ʽΗρακλείον τι καλούμενον πλησίον.

[41] U. KAHRSTEDT, op. cit., p. 49.

[42] Voir plus bas, p. 181.

[43] XVI, 2, 8: πόλις Γίνδαρος ἀκρόπολις τῆς Κυρρηστικῆς.

[44] Dion Cassius, XLIX, 19, 2sq.

[45] Deux types de monnaies de bronze, de 148, portent au droit la tête du roi et au revers
l'un Zeus et l'autre Athéna. Cf. P. GARDNER–R. S. POOLE, BMC. The Seleucid Kings
of Syria, Bologne, 1963, p. 56, et E. BABELON, Catalogue des monnaies grecques . . .
Les rois de Syrie, Paris, 1890, réimpr. Bologne, s. d., p. 115 sqq.

[46] XVI, 2, 8: ἀκρόπολις τῆς Κυρρηστικῆς καὶ ληστήριον εὐφυές.

établit probablement un pouvoir de ce genre[47]. Et la reine des Galikenoi[48], Laodice — sans doute une princesse séleucide — que combattent les Parthes à leur entrée en Syrie en 92 av. J. C., était peut-être, comme a tenté de le démontrer HONIGMANN[49], la femme de cet Herakléon. Un certain Straton est mentionné par Josèphe comme le maître de la ville en 88[50], ce qui n'empêche pas Dionysos, fils d'Herakléon, de régner, selon Strabon, sur plusieurs villes, dont Bérée[51]. Il y eut évidemment bien d'autres «tyrans» et c'est à cette époque, précédant l'arrivée de Pompée, que s'instaura l'émiettement anarchique décrit plus tard par Pline. Ce dernier nomme, après Cyrrhus, plusieurs populations voisines — sans compter, parmi les 17 tétrarchies aux noms barbares qu'il renonce à citer, celles qui pouvaient se trouver en Cyrrhestique[52]. S'il est inexact de dire que la Cyrrhestique se sépara de la Séleucide, à l'instar de la Commagène[53], car il n'y eut, semble-t-il, rien d'aussi formel, on peut admettre que, de facto, elle cessa d'exister comme entité administrative, au plus tard dans le premier tiers du Ier siècle av. J.-C.

4. La conquête romaine et ses lendemains

Bientôt après, la Cyrrhestique se dissout dans l'unité de la province romaine, où rien ne subsiste qui rappelle le découpage des satrapies perses et hellénistiques: Rome a en face d'elles des cités, de statuts différents, et sans doute pendant quelque temps des dynastes tolérés par le conquérant, mais la Cyrrhestique n'a certainement plus aucune valeur légale en tant que circonscription administrative. Et il paraît évident que Pompée en consacra l'émiettement; la description de Pline correspond à l'état des choses à la fin du Ier siècle av. J.-C., mais aucun changement notable ne devait être intervenu en Syrie du Nord depuis Pompée[54]. Le morcellement anarchique et même le brigandage n'avaient d'ailleurs pas cessé du jour où la Syrie était devenue romaine. Cicéron a conservé le souvenir des opérations qu'il fut contraint d'entreprendre durant son proconsulat de Cilicie contre les bandes de l'Amanus[55]. Comme jadis Demetrios Poliorcète, celles-ci devaient ravager alternativement les pays situés à l'Est et à l'Ouest de leur repaire. Les dynastes de la région ne reconnaissaient l'auto-

[47] Athénée, IV, 153b.
[48] Josèphe, Ant. Jud., XIII, 371 — avec des variantes dans les manuscrits.
[49] E. HONIGMANN, RE, s. v. Κυρρηστική, col. 193, rapproche le nom des Galikenoi de celui qu'Evagrios, Hist. eccl., V, 10, donne à Herakleia: Gagalikè ou Gaggalikè. D'où l'hypothèse d'un lien avec Herakléon de Bérée.
[50] Josèphe, Ant. Jud., XIII, 384.
[51] Strabon, XVI, 2, 7: ... καὶ ἡ Βαμβύκη καὶ ἡ Βέροια καὶ ἡ Ἡράκλεια ... πολίχνια τυραννούμενά ποτε ὑπὸ Διονυσίου τοῦ Ἡρακλέωνος.
[52] Pline, NH, V, 19, 82: ... praeter tetrachias in regna discriptas barbaris nominibus XVII.
[53] Cf. par exemple A. BOUCHÉ-LECLERCQ, Histoire des Séleucides, Paris, 1913, I, p. 427.
[54] Cf. A. H. M. JONES, The Cities ..., p. 244.
[55] Cicéron, Ad Atticum, V, 20, 3; Ad Familiares, XV, 4, 8 sq., etc.

rité romaine que sous la contrainte: Dion Cassius et Frontin en citent un
— auquel ils ne donnent pas le même nom — qui s'entendit avec les Parthes
contre Ventidius Bassus[56]. La population n'était guère plus favorable[57].

Surtout, après le désastre de Carrhae en 53, les invasions parthes durent
ruiner le pays. La première, de 52 à 50, conduisit Pacorus et Osakes jusque
sous Antioche, et son échec dut être particulièrement ruineux pour le pays,
puisqu'il amena Pacorus à se maintenir en Cyrrhestique et à y passer l'hiver
51—50. En 40, profitant de la guerre civile et de l'appui de Labienus, les
Parthes envahirent pour la seconde fois la Syrie et l'occupèrent tout
entière[58]. Sans doute ne firent-ils d'abord que traverser la Cyrrhestique,
mais elle eut davantage à souffrir lorsque Pacorus, après avoir évacué le
pays en 39, revint l'année suivante. Car elle fut cette fois le théâtre des
opérations. On a vu comment la victoire de Ventidius Bassus sur les Parthes,
remportée à Gindaros, risque d'avoir faussé, quelques décennies plus tard,
les idées de Strabon sur la géographie de la région[59]. Mais les séjours successifs des envahisseurs avaient probablement entraîné quelques boule-
versements; ils peuvent peut-être contribuer à expliquer l'oubli complet
où paraît tombée Kyrrhos.

Quarante ans plus tard, le silence est rompu par une mention chez
Tacite — à vrai dire la première mention directe que nous ayons de la
ville: Germanicus et Pison se rencontrèrent — en 17 ou 18 ap. J.C. —
Cyrrhi ... apud hiberna decumae legionis[60]. Désormais, avec des temps forts
et des éclipses, Cyrrhus ne cessera plus, jusqu'au plein Moyen-Age, d'être
présente dans les sources. Elle sert de centre à une vaste région, son
territoire propre, qui n'atteint pas l'étendue de la Cyrrhestique hellénistique;
sans doute, au moins à certains moments, l'influence de la ville a-t-elle
dépassé les limites de la cité, mais il est impossible d'inscrire sur une carte
les frontières légales de la *polis* ou encore moins les limites effectives de son
rayonnement, qui ont d'ailleurs dû varier selon les moments. Tout au plus
peut-on, en tenant compte des données géographiques et des cités limitro-
phes, imaginer l'aire maximale qui a pu dépendre de Cyrrhus (fig. 2):
certainement circonscrite par l'Amanus, et aussi par les territoires de
Nicopolis, Doliche, Zeugma, Europos, Hiérapolis, Bérée, et enfin Antioche[61].

Il serait dès lors artificiel de vouloir garder un sens au terme de
«Cyrrhestique» à partir du moment où l'ordre romain a vraiment régné en
Syrie du Nord et où l'articulation en cités a effacé aussi bien le souvenir
des satrapies hellénistiques que celui des «tétrarchies» de la période de

---

[56] Dion Cassius, XLIX, 19, 2: Χανναῖόν τινα δυνάστην ...; Frontin, Strategemata,
I, 1, 6: *Pharnaeum natione Cyrrhestem* — un allié de Rome accusé de trahison après la
bataille de Gindaros, peut-être tout simplement, selon E. HONIGMANN, RE, s. v. Κυρρηστική, col. 193, parce qu'on cherchait un prétexte pour le déposer.

[57] Dion Cassius, XLIX, 19, 2—3 le laisse entendre.

[58] Dion Cassius, XL, 12—30 et XLVIII, 25—26.

[59] Voir plus haut, p. 175.

[60] Tacite, Annales, II, 57.

[61] Une hypothèse moyenne donnerait au territoire de la cité de Cyrrhus une superficie de
3000 à 4000 km².

transition. La réalité, ce sont désormais les cités et leurs territoires. Il ne peut être question d'étudier ici toutes celles qui recouvrent, en totalité ou en partie, l'ancienne Cyrrhestique — et l'on serait d'ailleurs bien embarrassé pour apprécier l'exactitude des superpositions, puisque les frontières des territoires de cités sont aussi mal connues que celles de l'ancienne satrapie elle même. On se contentera de retracer l'histoire de Cyrrhus et de décrire ses monuments visibles. Aussi bien Cyrrhus est-elle, parmi les cités évoquées, la seule dont le territoire se trouve certainement compris en totalité à l'intérieur des limites de l'ancienne Cyrrhestique.

II. Kyrrhos / Cyrrhus

1. Avant la conquête romaine

Les sources de l'histoire de la ville sont relativement nombreuses, mais éparses; à travers plus de dix siècles, et généralement sous forme d'allusions rapides, dans des écrits grecs, latins, syriaques, arméniens et arabes[62]. Seul le célébre évêque Théodoret, qui occupa longtemps, au Ve siècle, le siège de Cyrrhus, porte à la ville un intérêt direct, mais limité à son époque et bien souvent au registre étroit de la vie ecclésiastique. Aux sources littéraires, relativement avares en dehors de l'époque proto-byzantine, il convient d'ajouter quelques données complémentaires[63]. Outre les monnaies d'Alexandre Bala, déjà évoquées, on connaît des émissions romaines qui s'échelonnent de Trajan aux Philippes. Des inscriptions, grecques et latines, honorifiques et surtout funéraires, celles qui se laissent dater avec quelque précision se groupent en deux périodes: la majorité aux IIe et IIIe siècles, quelques-unes de la fin du Ve au milieu du VIe siècle. La numismatique et l'épigraphie, un peu moins pauvres pour l'époque romaine, tendent donc à rétablir, avec encore bien des lacunes, l'équilibre de la documentation.

L'origine de la ville n'est pas mentionnée par les sources et paraît avoir été oubliée: Procope ne recule pas devant une étymologie fantaisiste qui ferait de Cyrrhus une ville préhellénistique, fondée par les Juifs à leur retour de la captivité de Babylone; le nom de Cyrus aurait été choisi en signe de gratitude pour le souverain libérateur[64]. Les historiens modernes se sont demandé, avec plus de sérieux, si la ville, qui n'a jamais porté de nom dynastique, n'est pas antérieure à la conquête macédonienne et si

---

[62] Il est difficile de ne pas mettre en commun les sources relatives à Cyrrhus et à la Cyrrhestique. Les plus importantes — déjà citées — pour l'époque hellénistique et le Haut-Empire sont Polybe, Strabon, Ptolémée, Plutarque, Dion Cassius, Etienne de Byzance et, chez les Latins, Pline. Parmi les sources occasionnelles, Diodore, Josèphe, Procope et Cicéron.

[63] Voir plus haut, p. 174.

[64] Procope, De aedificiis, II, 11.

Κύρρος n'est pas une simple transcription analogique[65]. Mais il n'existe sur le site même[66] aucun indice d'occupation antérieure à l'époque hellénistique et le fait que le nom soit celui d'une ville de Macédoine — et d'une ville de quelque importance[67] — paraît décisif. Surtout en Syrie du Nord, il s'agit très probablement d'une fondation macédonienne s'inscrivant dans le cadre d'une politique d'implantation militaire assez cohérente[68], avec laquelle les qualités stratégiques du site et la proximité de l'Euphrate s'accordent assez bien.

Le fait qu'Appien ne range pas la ville dans sa liste des fondations de Séleucos Ier Nicator peut laisser supposer, même si la première mention, indirecte, de Kyrrhos est tardive, que celle-ci est antérieure à son règne. Mais ce n'est pas avant 286, et même en toute rigueur, avant 221, que la mention de la Cyrrhestique ou des Cyrrhestiens fournit une attestation sûre de son existence[69]. Cependant, si l'on admet que le nom macédonien de la ville a valeur de critère, Kyrrhos a bien des chances d'être fort ancienne: on sait que les fondations macédoniennes furent rares après la mort du créateur de la dynastie[70]. Ajoutons que la valeur stratégique de la ville, prédominante par la suite et qui a dû en déterminer l'implantation, laisse elle aussi supposer une datation assez haute. La position géographique est privilégiée, et par ailleurs aucune autre cité de Cyrrhestique, en dehors des villes voisines de l'Euphrate, n'est connue comme une place militaire[71]. Il est bien vrai qu'au IIIe siècle l'ennemi principal était au Sud et que la couverture d'Antioche au Nord-Est pouvait être assurée sur l'Euphrate; mais une entreprise comme celle du Poliorcète pouvait néanmoins convaincre un souverain syrien d'installer, dans une région vaste et accidentée, vraisemblablement peuplée de gens assez instables, et dont l'axe naturel conduisait aux portes d'Antioche, au moins une place solide et un noyau de colons militaires. On verra du reste que le rempart de la ville comporte en plusieurs endroits un appareil polygonal analogue à celui de l'enceinte de Séleucie; c'est là un sérieux indice d'ancienneté[72].

---

[65] A. H. M. JONES, après avoir douté dans 'The Cities of the Eastern Roman Provinces', p. 245, de l'origine macédonienne de Cyrrhus, revient sur son opinion dans: 'The Greek City from Alexander to Justinian', Oxford, 1966: *"I was perhaps too sceptical about Cyrrhus and Arethusa; though their Macedonian names have been suggested by their native names, they may none the less have been genuine colonies"*.

[66] A proximité de Cyrrhus cependant on distingue deux tells qui pourraient correspondre à des habitats préhellénistiques, et la tradition arabe rattache à Cyrrhus-Qurus l'épisode de David et d'Uri. Cf. al Harawi, Guide des pélerinages, p. 5 éd. J. SOURDEL-THOMINE: «A Qal'a Qurus la tombe de Uriya ibn Hannan»; Yakoubi, Les pays, éd. G. WIET, p. 230 sq.: «le prophète David . . . dirigea une expédition contre la ville de Qurus, où fut tué Uri, fils de Hannan».

[67] Cf. N. G. L. HAMMOND, A History of Macedonia, Oxford, 1972, 1, p. 159 sq.

[68] Cf. ED. FRÉZOULS, La toponymie de l'Orient syrien et l'apport des éléments macédoniens, Actes du Colloque sur la toponymie antique (Strasbourg, 1975), Leiden, 1977, p. 239 sqq.

[69] Voir plus haut, p. 174.

[70] Cf. A. H. M. JONES, The Greek City . . . , p. 23 sqq.

[71] Sur Gindaros, «acropole de la Cyrrhestique», voir plus haut, p. 175.

[72] Voir plus bas, p. 191.

Faute de mention littéraire de la ville avant le règne de Tibère, le témoignage direct le plus ancien est constitué par les deux types de monnaies de bronze émis en 148, sous Alexandre Bala, avec au droit la tête du roi et au revers Zeus ou Athéna[73]. Ce sont là vraisemblablement les premières monnaies de la ville, et cette date est relativement tardive et convient bien à une cité qui n'est pas négligeable, mais demeure néanmoins de second ordre: les quatre villes de la tétrapole et Hiérapolis, mais elles seules en Séleucide, avaient déjà battu monnaie sous Antiochos IV. L'autorisation accordée à Kyrrhos ne permet d'ailleurs pas de conclure à une promotion quelconque de la ville; car Alexandre Bala, usurpateur installé par Rome et Pergame, dut, à son avènement, multiplier les concessions pour assurer son pouvoir, et les émissions qu'il autorisa, à Kyrrhos et ailleurs, s'intègrent bien dans une telle politique[74]. Mais ces concessions ne furent apparemment octroyée qu'à des cités qui en valaient la peine: seules, en dehors des cités phéniciennes, les villes de la tétrapole partagèrent avec Kyrrhos le bénéfice des émissions monétaires.

On est donc fondé à croire qu'au milieu du IIe siècle av. J.-C. Kyrrhos connaissait une certaine prospérité. L'affaiblissement des Séleucides consécutif au traité d'Apamée (188) n'avait pu qu'accuser son rôle militaire en rapprochant les objectifs et les menaces: dans la campagne d'Antiochos IV en Arménie (164), lors de la reconquête de la Commagène par Démétrios Ier sur Timarque (vers 160), lors de la lutte entre Alexandre Bala et Ptolémée (145), ou de la grande expédition d'Antiochos VII contre les Parthes en 130, Kyrrhos eut probablement l'occasion de servir de lieu de concentration pour les troupes. Et l'importance que la stratégie séleucide accordait aux places fortes et aux garnisons, compensant par la solidité des villes la faiblesse numérique des effectifs, accrut son intérêt pour les maîtres d'Antioche, aussi longtemps qu'un système cohérent demeura possible. Mais dans la décomposition de la fin du IIe siècle, l'état séleucide perdit toute capacité de résistance. L'abandon de la Commagène au dynaste Mithridate au début du Ier siècle, qui faisait presque de Kyrrhos une ville-frontière, eût pu en d'autres circonstances accroître son importance, mais dut au contraire précipiter son déclin[75]. L'annexion temporaire du pays à l'Arménie fit bientôt perdre tout sens aux données anciennes; moins d'un quart de siècle plus tard, la Syrie devenait province romaine. Nous ne savons rien de Kyrrhos à cette époque, mais elle ne put que partager le sort misérable de toute la contrée. Était-elle encore, si elle l'avait jamais été, chef-lieu de satrapie? On l'ignore, comme on ignore tout de son statut, et, de toute manière, cela ne devait plus avoir grande signification. Exposée à pâtir des désordres pour les mêmes raisons qui avaient fait son importance, elle ne devait plus être, à l'arrivée des Romains, qu'une ville squelettique, vidée de sa population macédonienne par d'innombrables levées de

---

[73] Voir plus bas, p. 181.
[74] Cf. A. H. M. Jones, The Cities ..., p. 252sq. et U. Kahrstedt, op. cit., p. 84.
[75] Voir plus haut, p. 175.

troupes et sans doute occupée un moment, en 88—87, par les Parthes de Mithridate Sinakès[76]. On comprend aisément le silence de Strabon à son sujet.

Le seul domaine où la vie de la cité à l'époque hellénistique ne soit pas tout à fait obscure est le domaine religieux. Les monnaies frappées sous Alexandre Bala portent au revers les unes un Zeus debout, tenant une couronne de la main droite, avec une chouette à ses pieds, les autres une Athéna debout tenant dans sa main droite une Nikè et dans la gauche un javelot dont la partie basse est cachée par un bouclier rond. On retrouvera Zeus sur les monnaies romaines, mais tout différent et accompagné d'un aigle, non d'une chouette, et de la légende: ZEUS KATAIBATES. Il n'est donc pas du tout certain que le revers hellénistique ait un rapport avec ce qu'on pourra considérer plus tard comme le culte principal de la ville[77]. Le choix de l'effigie de Zeus est banal sous les Séleucides et notamment sous Alexandre Bala. Ce qui l'est moins, c'est la chouette qui sert d'attribut au dieu[78]. Plus encore que l'Athéna armée et nicéphore — que l'on trouve, elle aussi, ailleurs —, cette chouette invite à penser que Kyrrhos se distinguait par un culte d'Athéna. Etait-ce celui d'Athéna Kyrrhestis[79], qu'Étienne de Byzance attribue formellement à la ville[80] ? On a vu que le contexte géographique où Strabon mentionne, de son côté, le sanctuaire n'invite pas à l'attribuer à Kyrrhos, mais aussi qu'entre un temple d'Athéna proche d'Herakleia et un Herakleion voisin de Gindaros une certaine confusion a pu se produire[81]. Il est vrai que Gindaros est loin de Kyrrhos. Tous ce qu'on peut retenir, c'est l'existence dans la ville d'un culte et vraisemblablement d'un temple d'Athéna, qui devait être le principal de la cité.

2. De la conquête à l'avènement des Flaviens

La vocation avant tout militaire que, malgré l'incertitude des origines, il a paru raisonnable d'attribuer à la fondation de Kyrrhos et que ne dément pas, au contraire, le déclin où la ville semble entrer vers la fin du IIe siècle, explique aussi sa renaissance: c'est encore comme un centre militaire que les sources nous présentent Cyrrhus, et c'est parce qu'elle l'est redevenue qu'elle reprend une place importante en Syrie du Nord.

---

[76] Josèphe, Ant. Jud., XIII, 14, 3.

[77] Voir plus bas, p. 187.

[78] E. BABELON, Catalogue des monnaies grecques ..., Les rois de Syrie ..., p. CXXX, hésitait, pour rendre compte de la chouette, entre deux explications peu satisfaisantes: Cyrrhus colonie d'Athènes ou Zeus infernal époux d'Athéna.

[79] FR. CUMONT, Études Syriennes, Paris, 1917, p. 222, propose cette identification — sans raison décisive semble-t-il.

[80] Etienne de Byzance, s. v. Κύρρος.

[81] Voir plus haut, p. 175.

Une fois passée la période difficile qui s'étend des lendemains de la conquête au règne d'Auguste, marquée par l'insécurité intérieure et par la multiplication des raids parthes, Cyrrhus trouve naturellement sa place dans le dispositif mis en œuvre par Rome face au voisin Arsacide. La rencontre, rapportée par Tacite, de Germanicus et de Pison *Cyrrhi ... apud hiberna decumae legionis*[82] nous vaut de savoir que la légion *X Fretensis* tint garnison à Cyrrhus, dont s'explique ainsi le réveil. Comme c'est là le plus ancien témoignage du séjour de cette légion en Syrie, on ne peut savoir de façon sûre à quelle date la ville la reçut. Ce corps était certainement en Orient dès 6 ou 7 ap. J.-C.[83], peut-être avant, mais le silence de Strabon sur Cyrrhus n'invite pas à penser que l'installation soit très ancienne. Du reste la position, proche de la frontière, convenait peu à des quartiers d'hiver. Aussi, plutôt qu'à une redistribution des troupes syriennes en 6 ou 7, est-il tentant de lier l'installation de la *X Fretensis* à Cyrrhus à l'annexion de la Commagène, qui précède d'un an la rencontre mentionnée par Tacite[84]. Car après cette annexion Cyrrhus, admirablement placée, de toute manière, pour couvrir Antioche et pour surveiller l'Euphrate, est elle-même couverte par la nouvelle marche. Inversement la rétrocession de celle-ci à son prince légitime par Caligula, en 38[85], ne dut entraîner aucun changement: c'était une simple et éphémère complaisance du prince à l'égard d'Antiochus IV[86] et la Commagène restait pratiquement sous le contrôle de Rome.

Le séjour de la *X Fretensis*, qui ne nous est connu que par le texte de Tacite, donna évidemment à la ville un nouvel essor, sans pour autant modifier son statut. A la différence des villes de la tétrapole, Cyrrhus ne battit pas monnaie sous la dynastie julio-claudienne.

3. Des Flaviens au milieu du IIIe siècle ap. J.-C.

Après avoir pris part aux campagnes de Corbulon, à partir de 57, et détaché une vexillation en Judée en 66[87], la *X Fretensis* fut confiée dans son ensemble, la même année, à Vespasien pour la guerre de Judée. Le conflit terminé, elle fut affectée à la garde de la nouvelle province. Fut-elle remplacée à Cyrrhus et par quelle unité? Question difficile, sur laquelle les textes littéraires et les inscriptions ne permettent pas jusqu'ici de se prononcer. Mais FR. CUMONT notait déjà que «les inscriptions de sous-officiers et de soldats forment une portion considérable de celles qui ont été

---

[82] Voir plus haut, p. 177.
[83] Cf. RITTERLING, RE, XII 1, 2 (1924/25), s. v. Legio, col. 1235 et 1672.
[84] A la mort du roi Antiochos III. Cf. Tacite, Annales, II, 42, 56; Josèphe, Ant. Jud., XVIII, 2, 5.
[85] Dion Cassius, LIX, 8.
[86] Caligula déposa Antiochus presque aussitôt, mais Claude le remit sur le trône en 41 — cf. Dion Cassius, LX, 8; Josèphe, Ant. Jud., XIX, 5, 1. L'annexion définitive se fit en 72, sous Vespasien — cf. Josèphe, BJ, VII, 7, 1—3; Suétone, Vespasien, 8.
[87] Josèphe, BJ, II, 18, 9.

découvertes jusqu'ici à Cyrrhus»[88], et cette constatation est encore plus vraie aujourd'hui.

On peut affirmer qu'aucune autre ville de Syrie du Nord, à l'exception de Séleucie-de-Piérie — mais à cause du cimetière des marins — n'a autant apporté à l'épigraphie militaire. Qu'elle ait ou non reçu une nouvelle légion, Cyrrhus a certainement continué à jouer un rôle militaire au delà de 70. Un camp situé à quelques heures, près de Meidan, sur les bords du Kara Sou, et dont l'enceinte est assez bien conservée, devait dépendre, comme l'a noté V. Chapot[89], de la place de Cyrrhus et abriter occasionnellement une partie de sa garnison: cela confirme l'impression d'une occupation militaire durable. Par ailleurs la dédicace au préfet de la flotte de Misène, Q. Marcius Turbo, découverte sur le site en 1952[90], montre notamment que Cyrrhus a dû servir d'étape et peut-être de lieu de concentration à l'armée de Trajan lors de l'expédition de 114 contre l'Arménie. D'autre part, la ville était assez importante pour que l'amiral romain le plus gradé, conseiller intime de l'empereur, s'y trouvât en rapport avec un citoyen romain — habitant ou non Cyrrhus — et que ce dernier lui dédiât sur place une inscription honorifique.

On mesure là le chemin parcouru depuis le silence de Strabon — et pour des raisons essentiellement militaires. Les données stratégiques de l'époque hellénistique avaient à peu près repris leur valeur, au moins face aux Parthes, après la période de chaos que la Syrie du Nord et singulièrement la Cyrrhestique avaient traversée avant la conquête romaine et même dans les premiers temps qui avaient suivi celle-ci. Cyrrhus gardait une des voies naturelles d'invasion — par la vallée de l'Afrin — et constituait d'autre part un point de concentration ou un gîte d'étape idéal pour des troupes allant d'Antioche au point de passage privilégié de l'Euphrate. On connaît l'importance de cette Séleucie de l'Euphrate, «Séleucie du pont», «le pont» par excellence — ce fut bientôt son nom: Zeugma. Avec Apamée, sa correspondante sur l'autre rive, elle gardait à la fois la route d'Antioche et de la mer et ouvrait la porte sur l'Osrhoène et la Haute-Mésopotamie. C'est vers elle que se dirigeaient, au moins jusqu'à la fin du IIe siècle, les troupes romaines qui voulaient gagner le Haut-Euphrate[91]. Or deux routes, confondues jusqu'à Gindaros, menaient d'Antioche à Zeugma: la plus courte, au Sud, s'éloignait de l'Afrin et devait traverser le Nord du Djebel Seman; celle du Nord, par Cyrrhus et Ciliza (Killis), était un peu plus longue, mais suivait longtemps la vallée et continuait en terrain moyennement accidenté. C'était certainement la plus commode, d'autant que la présence d'une ville importante à mi-chemin entre Antioche et Zeugma[92] simplifiait

---

[88] Fr. Cumont, op. cit., p. 225, n. 2.

[89] V. Chapot, La frontière de l'Euphrate de Pompée à la conquête arabe, Paris, 1907, p. 345 sq.

[90] Cf. Ed. Frézouls, Inscription de Cyrrhus relative à Q. Marcius Turbo, Syria, 30, 1953, p. 246 sqq.

[91] Cf. Fr. Cumont, op. cit., p. 17.

[92] A deux journées de marche de l'une et de l'autre.

le problème des approvisionnements notamment en eau, et que le voisinage
de l'Afrin permettait aux cavaliers, sur un trajet appréciable, d'abreuver
leurs montures[93].

Toutefois le rôle militaire de Zeugma et donc de la route qui y menait
s'estompa à partir de l'époque sévérienne. Cumont a montré qu'au IIIe
siècle le point de concentration normal des troupes sur l'Euphrate était
Hiérapolis et non plus Zeugma, et que le facteur décisif de ce transfert fut
sans doute la prolongation jusqu'à Hiérapolis, sous Septime-Sévère, de la
route Antioche-Bérée. Trois milliaires de Septime Sévère ont été trouvés
entre Alep et Bâb et entre Bâb et Membij, et l'un d'eux date de la première
moitié de 197. «C'est donc au moment où il préparait sa grande expédition
contre les Parthes que l'empereur ... ordonna la prompte exécution d'une
route nouvelle, qui lui permît de conduire rapidement ses troupes et ses con-
vois jusqu'en Mésopotamie et assurât ses communications avec Antioche
et la mer ...». A la route du Nord-Est qui «allait chercher le fameux pont
de Zeugma, jeté sur l'Euphrate par Séleucus Nicator et reconstruit par les
ingénieurs romains» succède un tracé orienté plus nettement à l'Est. La
première était plus longue et plus accidentée, mais évitait l'approche du
désert et les attaques des Bédouins. Lorsqu'à la fin du IIe siècle la sécurité
fut assurée dans la plaine à l'Est d'Alep comme autour de Hiérapolis, «il
n'était plus hasardeux d'y faire passer les marchands ...»[94]. Cyrrhus dut
souffrir doublement — pour le trafic civil comme pour le trafic militaire —
de ce changement. Il est douteux qu'il se soit produit avant le début du
IIIe siècle, encore que G. Tchalenko fixe à 72 le moment «où la défense
de l'Antiochène se déplace vers l'Est, de Cyrrhus vers Hiérapolis-Membig»
liant ainsi la modification du système à la date de l'annexion définitive
de la Commagène, dont nous avons vu qu'elle vient après un tiers de siècle
de prise en main déguisée[96]. Il est vrai que Cumont a lui aussi pensé que
l'annexion de 72 modifiait les données stratégiques: «Cyrrhus cessait ainsi
d'être une place frontière, et il n'était plus nécessaire d'y entretenir une
forte garnison pour couvrir Antioche vers le Nord»[97]. L'argument du
départ de la X Fretensis pour la Judée n'est valable que si cette légion
n'a pas été remplacée, et il est assez vraisemblable qu'elle l'ait été ou
qu'en tout cas Cyrrhus ait conservé des troupes. L'épigraphie y est beaucoup
plus riche qu'à Hiérapolis en textes militaires. Contrairement à Cumont,
E. Honigmann semble admettre que le rôle stratégique de Hiérapolis ne
s'affirma qu'au IIIe siècle[98]. Des deux suggestions, quelque peu contra-
dictoires, de Cumont, on préférera donc la première qui permet, par le
biais des communications militaires, de placer le tournant au IIIe siècle.

---

[93] Cyrrhus même bénéficiait, si les conditions n'y ont pas changé depuis l'Antiquité, d'une
rivière pérenne, l'actuel Saboun Souyou.
[94] Fr. Cumont, op. cit., p. 16sqq.
[95] G. Tchalenko, Villages antiques de Syrie du Nord, BAH, 50, Paris, 1953, I, p. 87.
[96] Voir plus haut, p. 182.
[97] Fr. Cumont, op. cit., p. 224 sq.
[98] E. Honigmann, RE, XII 1 (1924), s. v. Κυρρηστική, col. 199.

Si vraiment, comme je le crois, Cyrrhus est lié au sort de la route Antioche-Zeugma, ces vues conduisent à prolonger de plus d'un siècle sa prépondérance militaire.

Sous les Sévères d'ailleurs, Cyrrhus conservait une grande importance: elle est une des villes de Syrie et de Mésopotamie qui frappèrent, notamment au moment de la guerre parthique, des tétradrachmes à l'effigie de Caracalla puis de Macrin; et ses émissions sont, après celles d'Antioche, de Laodicée et d'Edesse, et à égalité avec celles de Hiérapolis, les plus nombreuses[99]. H. SEYRIG a montré que sur les tétradrachmes de Cyrrhus comme sur ceux de Hiérapolis, d'Edesse et de Carrhes, l'empereur est parfois représenté en armes, avec la lance et le bouclier — représentation sans doute particulière aux villes «des districts que l'empereur a traversés et où les populations ont justement pu le voir en armes, soit sur le chemin de la guerre, soit plutôt au cours de parades et d'inspections». Il n'est donc pas impossible qu'à l'instar de Trajan, Caracalla, dans sa marche contre les Parthes, soit passé par Cyrrhus, qui devait être encore en 215—217 une des principales places de Syrie du Nord[100].

Mais la route de Zeugma était aussi une route commerciale, utilisée par l'important trafic qui s'était instauré entre Rome et les Parthes grâce à la paix. Sans doute pour une bonne partie à partir de Séleucie du Tigre ou de régions plus lointaines, par le désert, vers Palmyre, et pour une autre le long de la rive droite de l'Euphrate, par Doura-Europos, vers Bérée et Antioche. Mais le «pont» de Zeugma était le plus important et sans doute souvent le seul qui franchît le fleuve à proximité relative des grands centres de l'ancienne Séleucide et des ports d'exportation. Le trafic, qui ne s'était jamais interrompu, même dans les temps troublés du Ier siècle av. J.-C.[101], avait dû singulièrement gagner en volume avec la paix[102]. Là confluaient du côté mésopotamien deux grandes pistes caravanières: celle qui longeait la rive gauche de l'Euphrate et celle qui, par Edesse et le désert, descendait plus à l'Est vers la Babylonie[103]. Et du côté syrien la route de Cyrrhus était la plus sûre pour gagner Antioche, avec même l'avantage pour les marchands de trouver, à mi-chemin, une ville d'étape assez confortable. Peut-être le désir de garantir la sécurité de la route de Zeugma n'avait-il pas été étranger

---

[99] Cf. A. R. BELLINGER, The Syrian Tetradrachms of Caracalla and Macrinus (Numismatic Studies n. 3), New York, 1940.

[100] H. SEYRIG, Antiquités syriennes 40. Sur une idole hiérapolitaine, Syria, 26, 1949, p. 17sqq. = ID., Antiquités syriennes IV, Inst. franç. d'archéol. de Beyrouth, Publ. hors sér. 8, Paris, 1953, p. 19 sqq. On sait que l'empereur s'avança jusqu'à Arbèles, mais on ignore par quelle route. Cf. H. SEYRIG, loc. cit., p. 20.

[101] Strabon, XVI, 2, 1, prend «le pont de l'Euphrate» comme point de référence dans sa description des limites de la Syrie, ce qui suggère bien la place privilégiée qu'occupaient peu avant son époque le pont et la ville.

[102] Cf. E. HONIGMANN, RE, IV A 2 (1932), s. v. Syria, col. 1623sq. Sur le rôle de Zeugma dans le commerce avec le Moyen Orient, cf. encore E. H. WARMINGTON, The Commerce between the Roman Empire and India, 2e éd., London, 1974, p. 1.

[103] Cf. M. ROSTOVZEV, Social and Economic History of the Hellenistic World, II, Oxford, 1941, p. 866.

à l'installation à Cyrrhus de la Xe légion. En tout cas, sa présence et celle des troupes qui ne manquèrent pas de lui succéder durent favoriser, notamment au IIe siècle, le développement et la prospérité de la ville; sans qu'on puisse établir de parallèle avec les grandes cités caravanières ou les ports exportateurs, le rôle commercial de Cyrrhus ne fut certainement pas négligeable.

Même quand la fortune eut souri à Hiérapolis, tous les produits n'eurent pas intérêt à passer par elle, et ceux de l'Arménie, de la Commagène du Nord et de l'Osrhoène durent, au moins en partie, continuer à emprunter la route de Zeugma et de Cyrrhus. Ajoutons que la ville n'était pas seulement une étape vers Antioche; elle était au nœud de six routes (fig. 3) connues soit par l'"Itinéraire d'Antonin' et la 'Table de Peutinger', soit par des vestiges archéologiques; Cyrrhus-Nicopolis au Nord-Ouest vers la Cilicie, Cyrrhus-

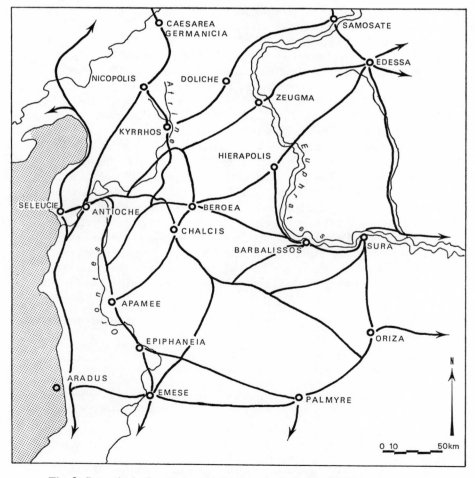

Fig. 3. Les principales communications en Syrie du Nord à l'époque romaine

Germanicia au Nord, Cyrrhus-Dolichè et Cyrrhus-Ciliza-Zeugma au Nord-Est, Cyrrhus-Bérée au Sud-Est et enfin au Sud/Sud-Ouest les routes Cyrrhus-Apamée et Cyrrhus-Gindaros-Antioche, confondues à leur début[104]. Cette richesse de communications ne pouvait qu'augmenter l'importance du marché local.

Il faut toutefois reconnaître que, s'il est permis de conjecturer pour la ville romaine une certaine activité commerciale, les indices positifs sont plus rares que les signes de l'importance militaire de Cyrrhus. Peut-être la source principale de prospérité était-elle en réalité l'agriculture, florissante, de nos jours encore, dans la vallée de l'Afrin et sur les pentes des collines du Kurd Dagh. Quelle qu'en fût l'origine, cette prospérité est attestée par les nombreuses émissions monétaires qui se sont succédé durant un siècle et demi, de Trajan aux Philippes. La numismatique de Cyrrhus est plus riche, plus continue et s'étend sur une plus longue période que celle de n'importe quelle autre cité de Commagène ou de Cyrrhestique, Hiérapolis exceptée — mais non Zeugma ni Bérée[105]. Comparées aux émissions du reste de la Syrie du Nord, les siennes ne le cèdent qu'à celles d'Antioche, de Laodicée et, pour l'époque sévérienne, de Séleucie de Piérie[106].

Ces monnaies attestent l'existence d'un culte de Zeus Kataibatès. Faut-il, avec H. SEYRIG, voir dans leur légende le signe que la ville appartenait au dieu et constituait un de ces domaines sacerdotaux dont on connaît maint exemple en Syrie[107]? En tout cas, on est tenté de croire que le dieu reçut peu avant le milieu du IIIe siècle une nouvelle demeure, car ce temple figure exclusivement au revers des monnaies des Philippes: indice, si cette interprétation est correcte, de la prospérité de la ville avant la grande crise. Il est également significatif qu'au IIe siècle, Cyrrhus ait compté parmi ses citoyens les deux Avidii, Heliodorus et Cassius. On ignore les origines lointaines du célèbre rhéteur et philosophe, ami d'Hadrien, qui gouverna l'Egypte sous Antonin[108], mais il venait certainement de Cyrrhus, où naquit son fils, l'illustre général et compétiteur malheureux de Marc-Aurèle[109]. Leur culture et leur carrière impliquent l'existence d'une haute bourgeoisie locale — et le naturel de tous les témoignages qui les font connaître, aussi bien que l'intimité de Cassius avec l'impératrice Faustine, attestée par Dion Cassius et l''Histoire Auguste' entre autres, seraient incompréhensibles s'il ne s'était agi d'hommes formés dans une ville de quelque importance[110]. Cyrrhus était apparemment autre chose que la

---

[104] Cf. E. HONIGMANN, RE, s. v. Syria, col. 1645 sqq. (Itinerarien und Römerstraßen), et les cartes de G. TCHALENKO, op. cit., II, pl. XXXVII et XXXIX. Sur l'existence et l'importance de la route Apamée-Cyrrhus, ID., ibid., I, notamment p. 83 sqq.

[105] Cf. W. WROTH, BMC. Galatia, Cappadocia and Syria, p. 193 sqq.

[106] Ibid., p. 151 sqq.

[107] H. SEYRIG, Antiquités syriennes 27. Stèle d'un grand-prêtre de Hiérapolis, Syria, 20, 1939, p. 186, n. 3 = ID., Antiquités syriennes III, Inst. franç. d'archéol. de Beyrouth, Publ. hors sér. 7, Paris, 1946, p. 18, n. 3.

[108] Vita Hadriani, 16, 10.

[109] Vita Marci Antonini, 25, 12.

[110] Dion Cassius, 71, 22, 2 sqq.; Vita Auidii Cassii, 7, 1 et Vita Marci Antonini, 24, 6—8.

bourgade — la future Philippopolis — où vit le jour plus tard l'empereur
Philippe; elle avait dû retrouver, et au delà, sa plus grande prospérité de
l'époque séleucide. De ce lustre, bientôt perdu, on trouvera un dernier écho
dans deux lettres de Libanius, qui opposent à la ville des environs de 400
le souvenir de ce qu'elle fut: νῦν μὲν μικρὰν, πρότερον δὲ μεγάλην[111].
C'est évidemment à la cité du IIe et du IIIe siècles et non à la colonie
séleucide que pense Libanius, et ses termes confirment assez bien l'idée
qu'on peut s'en faire.

Mais l'époque des derniers Sévères, favorable à l'expansion syrienne en
Occident, fut aussi marquée par un événement capital pour l'histoire de la
Syrie: le renversement de la vieille monarchie arsacide et le début de la
domination sassanide (227). Dès 231, Ardachir attaquait la Mésopotamie
et la Cappadoce, neutralisé bientôt par Sévère Alexandre[112]. Mais dix ans
plus tard, sous Sapor Ier, les Perses reviennent à la charge et s'avancent
jusqu'à Antioche. Repoussés par l'armée de Gordien, ils attaquent de nouveau en 252, prennent Antioche (256) et, malgré ses succès, l'empereur
(259/260), puis réoccupent le pays. La hardiesse d'Odeinath et la poigne
d'Aurélien renversèrent la situation, mais la Syrie du Nord n'avait pas
subi moins de trois invasions et de trois retraites. Il semble qu'elle en ait
gravement pâti, et Cyrrhus notamment dut être rudement touchée. Nous
savons que la ville fut prise par l'armée perse en 256, car Cyrrhus figure
dans la première des deux listes de villes contenues dans les 'Res gestae
Divi Saporis' gravées sur les parois de la Ka'ba-i-Zardost, à Naqs-i-Rustam,
près de Persépolis[113]. Elle ne figure pas dans la seconde, mais ROSTOVZEV
a montré que les deux listes étaient complémentaires, Sapor ne tenant
sans doute pas à signaler qu'il avait dû reprendre des villes déjà nommées[114].
Rien n'empêche d'admettre, et il est au contraire vraisemblable que la
ville a été occupée une seconde fois, avec quelque rudesse sans doute:
Sapor se vante d'avoir «brûlé, vidé et conquis» villes et campagnes[115].
Formule traditionnelle, peut-être, et d'ailleurs reprise à peu de chose près
pour la campagne de 259/260; mais il est difficile de croire que l'invasion
fut bénigne quand l'envahisseur présente l'expédition comme punitive et
justicière.

Après cette mention funeste, le silence tombe sur Cyrrhus. Les dévasta-
tions perses n'en sont pas seules responsables: la grande voie militaire est
maintenant celle de Bérée et de Hiérapolis et le commerce, si commerce
il y a, passe aussi par là. Mise à l'écart sous la Tétrarchie du nouveau système
stratégique, Cyrrhus verra, au IVe siècle, sa rivale Hiérapolis devenir la

---

[111] Libanius, Ep. 991 et 994.

[112] Cf. E. HONIGMANN, RE, s .v. Syria, col. 1687.

[113] Cf. E. HONIGMANN et A. MARICQ, Recherches sur les Res gestae Diui Saporis, Acad.
Royale de Belgique, Cl. des lettres et des sciences morales et politiques, Mém. Coll. in 8°,
t. 47, 4, Bruxelles, 1953, p. 10 sqq.

[114] Cf. M. ROSTOVZEV, Res gestae Diui Saporis and Dura, Berytus, 8, 1943, p. 30 et p.
40, n. 54.

[115] Cf. E. HONIGMANN et A. MARICQ, op. cit., p. 12.

capitale d'une nouvelle subdivision provinciale, qui consacrera d'ailleurs l'éclatement de l'ancienne Cyrrhestique. Son destin pourtant n'en sera pas brisé: face à la Hiérapolis païenne elle sera Hagiopolis, pour la plus grande gloire de ses vieux murs et le plus grand profit de ses habitants — mais après une très longue phase de déclin.

4. L'exploration archéologique

Désertée, oubliée, difficilement accessible et dangereusement placée à la lisière du pays arabe et du pays kurde, la ville de Cyrrhus n'a longtemps reçu que peu de visiteurs, du moins qui aient laissé une relation de leur passage. MAUNDRELL à la fin du XVIIe siècle et DRUMMOND au XVIIIe, très laconiques[116]; à la fin du XIXe siècle, V. CHAPOT, qui a utilisé dans 'La frontière de l'Euphrate' des notes assez inexactes[117], enfin et surtout F. CUMONT, dont les 'Etudes syriennes' consacrent un chapitre à 'Cyrrhus et la route du Nord' et un autre aux 'Mausolées de Cyrrhus et de Commagène'[118].

Depuis 1952, le site a été l'objet d'une investigation systématique. L'initiative des travaux revient à H. SEYRIG, alors Directeur de l'Institut Français d'Archéologie de Beyrouth, à qui l'intérêt du site n'avait pas échappé; le projet rencontra auprès des autorités de la Direction générale des Antiquités de Syrie l'accueil le plus compréhensif, et une concession d'exploration, puis de fouille fut accordée. Après des sondages préliminaires, effectuées en 1952, huit campagnes se sont succédé, de 1953 à 1955, puis en 1964, 1966, 1969, 1974 et 1976 sous la direction de l'auteur de la présente contribution. Des missions d'étude, sans fouilles, ont été, en outre, effectuées en 1962 et 1970[119].

La mission a tout d'abord procédé à un relevé, par visées tachéométriques et par chaînage, des principales ruines, qui a permis d'obtenir une vue claire de la situation de la ville et des grandes lignes de son urbanisme, dans la mesure où elles se laissent percevoir aujourd'hui[120].

L'implantation a été sans nul doute déterminée par le confluent de l'Afrin et du Saboun Souyou (fig. 4), mais la ville ne s'est pas logée dans la

---

[116] H. MAUNDRELL, A Journey from Aleppo to Jerusalem at Easter A.D. 1697, Londres, 1810, p. 210; A. DRUMMOND, Travels through Different Cities of Germany . . . and Several Parts of Asia as far as the Bank of the Euphrates, Londres, 1754, pp. 200—201.

[117] V. CHAPOT, La frontière de l'Euphrate, Paris, 1907, pp. 340—342.

[118] FR. CUMONT, Etudes syriennes, pp. 203—218 et 221—245. Cf. ED. FRÉZOULS, Recherches historiques et archéologiques sur la ville de Cyrrhus, Annales archéologiques de Syrie, IV—V (1954—1955), pp. 89—128.

[119] La mission a bénéficié de la collaboration des architectes W. FORRER, en 1952, P. COUPEL, de 1953 à 1955, D. LONGEPIERRE, à partir de 1964. Parmi les participants des campagnes successives, plusieurs ont assuré une collaboration durable: M. BRAUNSTEIN, A. FRÉZOULS, D. GIRARDOT, P. GREIB, H. JOUFFROY, R. NEISS.

[120] Un relevé topographique a été effectué, en 1952, par W. FORRER avec le concours de A. SALATYAN et N. PARTAMIAN, puis continué en 1953 par A. KIRICHIAN.

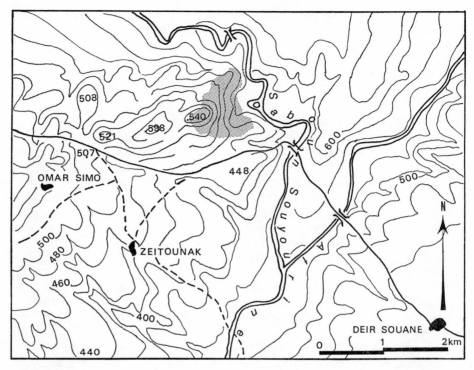

Fig. 4. La situation de la ville de Cyrrhus à proximité du confluent de l'Afrin et du Saboun Souyou; en grisé, la partie de la ville entourée par l'enceinte byzantine

plaine inondable entre les deux cours d'eau: elle s'est installée, sur la rive droite du Saboun Souyou, à l'intérieur d'une vaste courbe que forme la rivière avant de se jeter dans l'Afrin. Cet espace protégé est occupé par deux collines escarpées, que les gens du pays appellent Qal'a et Golgovan, et par un plateau qui descend avec des pentes diverses vers la vallée. Cyrrhus occupe la plus basse des deux collines, séparée de l'autre par un petit ensellement — et l'essentiel du plateau (Pl. I, 1). Une bonne partie du rempart suit la falaise qui domine, parfois de très haut, le lit du Saboun Souyou. Le plan a la forme approximative d'un cœur dont l'acropole occuperait la pointe, qui englobe la totalité de la colline basse. Au Nord-Ouest et au Sud-Ouest subsistent deux importantes nécropoles.

Les communications de la ville avec l'extérieur sont exceptionnellement bien conservées. S'il est impossible de reconnaître à proximité même de Cyrrhus les différentes voies signalées par les itinéraires[121], trois ponts du Bas-Empire ou du début de l'époque byzantine jalonnent les deux voies principales: deux très bien conservés (Pl. I, 2 et II, 3), et encore en usage, sur l'Afrin et le Saboun Souyou, que l'on traverse en venant du Sud/Sud-Est

---

[121] Voir plus haut, p. 186 sq.

— de la direction d'Alep — et un autre, aujourd'hui détruit, au Nord de la ville, sur le Saboun Souyou. Après avoir franchi la rivière, la route du Nord gravissait en lacets la rive gauche, escarpée. On peut suivre sur une certaine distance au delà du pont le tracé, bien visible, de la voie antique.

A environ 200 m de la porte Sud ont été découverts les socles et les quatre piles d'un arc sous lequel passait la voie aboutissant à la ville. Ce «tétrapyle» extérieur, voisin de la nécropole Sud-Ouest, laisse supposer qu'il y avait là un quartier aménagé.

L'enceinte, dont la position est partout visible même lorsqu'aucune assise n'émerge de l'accumulation des terres, est une reconstruction byzantine, datée du règne de Justinien par un texte de Procope[122], qu'est venue confirmer une importante inscription encore inédite. Son intérêt ne réside pas seulement dans sa belle conservation et dans sa datation assez précise, mais aussi dans le fait qu'en plusieurs points elle repose sur des éléments plus anciens. Un appareil polygonal caractéristique de l'architecture hellénistique (Pl. II, 4 a. b.) apparaît dans quatre secteurs: à la base d'un grand pan du rempart au Sud-Ouest de l'acropole, entre cette acropole et la porte Sud, au milieu du rempart oriental, sur la falaise dominant le Saboun Souyou, et enfin au voisinage de la porte Nord. On a là très probablement les vestiges de l'enceinte macédonienne, qui rappellent de près l'appareil utilisé au rempart de Séleucie de Piérie. La superposition exacte de la fortification byzantine laisserait croire qu'elle a repris le plan originel de la colonie macédonienne. Nous ignorons si ce premier rempart avait été entretenu à l'époque romaine, mais c'est peu vraisemblable: aucun remaniement intermédiaire n'apparaît. Il est possible que l'enceinte hellénistique ait été rasée au cours des vicissitudes du Ier siècle av. J.-C.: la Cyrrhus impériale était alors une ville ouverte.

Le plan général de la ville (fig. 5 et Pl. III, 5) se laisse assez bien saisir: il est construit sur un quadrillage rectangulaire, dont l'axe principal, large voie bordée de portiques — les bases de colonnes sont souvent en place — joignant la porte Sud à la porte Nord, n'est pas tout à fait rectiligne; le *decumanus* principal, moins net sur le terrain, joint les portes Est et Ouest. Le *cardo* a fait l'objet de sondages, qui ont mis au jour un beau dallage de basalte, parfaitement conservé (Pl. III, 6), et permis de constater des réutilisations successives. Dans le centre de la ville, il forme boulevard et domine une pente très raide qui descend à l'Est vers la rivière.

Plusieurs bâtiments importants du Haut-Empire ont laissé des vestiges visibles: ainsi un temple assez ruiné, mais dont le plan se lit parfaitement, au Sud-Ouest du théâtre, et un ensemble de maisons au dessus de ce dernier sur la pente de l'acropole. En revanche, l'espace clos, rectangulaire, que V. CHAPOT avait pris pour l'*agora*[123], et qui comporte de nombreux matériaux de remploi, est une place entourée d'une enceinte tardive établie autour d'une petite église.

[122] Procope, De aedificiis, II, 11.
[123] V. CHAPOT, op. cit., p. 341.

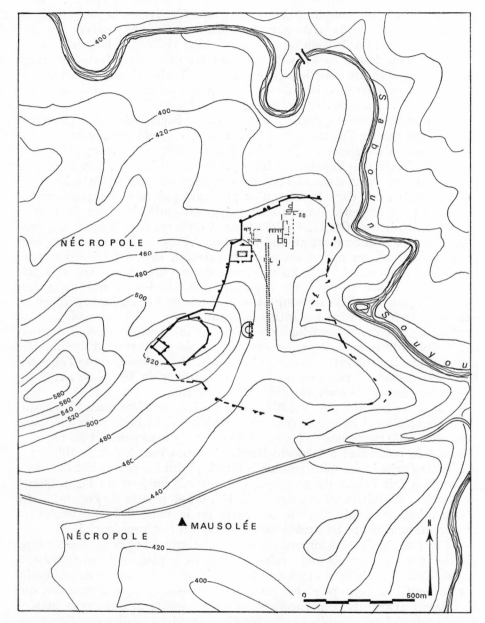

Fig. 5. Plan schématique de l'enceinte de la ville de Cyrrhus et position des principaux
monuments

1. Le site de Cyrrhus, vu du Sud: l'acropole et son rempart; à droite, le plateau

2. Le pont sur l'Afrin

3. Le pont sur le Saboun Souyou

a   b

4. L'appareil polygonal sous le rempart byzantin près de la porte Nord; à droite le départ de la tour
Est de la porte. — b. Détail

5. La partie Nord de la ville, vue de l'acropole. On distingue les portes Ouest et Nord, la grande basilique et l'enceinte entourant une église tardive, près de la porte Ouest. Au fond, la vallée du Saboun Souyou

6. Le dallage du *cardo maximus* à la hauteur approximative du théâtre

7. Le *maenianum* inférieur du théâtre

8. L'«échangeur» de la précinction médiane et les canalisations de distribution, en terre-cuite

9. Le mur de scène, l'*hyposcaenium* et l'*orchestra* du théâtre, vus du Nord

10. Fragments architecturaux provenant en majorité du mur de scène et tombés dans l'*orchestra* du théâtre

11. La latrine à l'extrémité Nord des dépendances du bâtiment de scène du théâtre

12. La grande salle à l'extrémité Sud des dépendances du bâtiment de scène du théâtre. Au premier plan, le double escalier d'accès. Au fond, le grand escalier extérieur

13. Les maisons à l'Ouest du théâtre: vue sur la façade en grand appareil; au premier plan, vestiges du dallage de la rue longeant la partie centrale du mur périmétral du théâtre; au fond, le rempart de l'acropole

14. Les maisons à l'Ouest du théâtre: utilisation du roc naturel, appareillages de pierre et de brique

16. Le mausolée de Cyrrhus: l'ordre intérieur

15. Le mausolée de Cyrrhus: vue générale

Les efforts ont porté principalement sur le dégagement et l'étude du théâtre. Celui-ci, qui était repérable grâce au mouvement du terrain, mais ne présentait presque aucun vestige découvert, est en Syrie l'un des plus vastes édifices de son espèce: près de 115 m de diamètre, c'est-à-dire qu'il ne le cède en ce qui concerne les dimensions qu'au théâtre d'Apamée[124]. Il est adossé au terrain dans sa partie inférieure; la partie supérieure de la *cavea*, qui n'a conservé aucun gradin, reposait sur des substructions en élévation, dont les fondations subsistent. Pour le *maenianum* inférieur (Pl. IV, 7), le terrain a été taillé afin de recevoir les gradins, et l'excavation a été complétée par des substructions pleines établies selon deux techniques différentes: dans la partie centrale, où la pente naturelle donnait déjà un solide soutien, on s'est contenté d'un médiocre blocage; mais aux deux extrémités de l'hémicycle, où il avait fallu remblayer pour compléter la pente, le soubassement n'est plus de petit blocage irrégulier, mais de blocs de calcaire tendre bien taillés, assez volumineux et bien joints. Le *maenianum* comporte 25 rangs, ce qui est considérable — dont 14 ont conservé au moins en partie leurs gradins.

Au dessus du dernier rang une galerie demi-circulaire de précinction fait le tour du théâtre. Sur une faible distance, elle est encore bordée à l'extérieur par la partie inférieure d'un abrupt qui la séparait du second *maenianum*, dont les gradins ont tous disparu. A l'avant, elle est limitée, par des bancs à dossiers et à accoudoirs en forme de dauphins, qui constituaient le rang de sièges le plus élevé du *maenianum* inférieur. On en a retrouvé un grand nombre, au théâtre même et en remploi dans divers secteurs du site. Certains portent inscrits, comme d'ailleurs plusieurs gradins ordinaires, les noms de leurs occupants habituels. Sous la précinction a été découvert tout un réseau de canalisations en terre cuite, alimenté par un conduit descendant à peu près dans l'axe du *maenianum* supérieur: l'eau arrivait dans un «échangeur» (Pl. IV, 8), d'où elle partait dans les diverses canalisations pour déboucher au sommet de chacun des escaliers radiaux, ou *scalaria*. Ce système, tout à fait original, permettait de nettoyer et éventuellement de rafraîchir la *cavea* en utilisant l'eau recueillie plus haut sur la pente de l'acropole, où existent des citernes, ou provenant peut-être d'une adduction qui a jusqu'ici échappé aux recherches. Sous l'*orchestra*, les eaux provenant du nettoyage et les eaux de pluie étaient reçues dans un collecteur qui passe sous le bâtiment de scène et sort perpendiculairement à la façade. L'*orchestra*, elle-même truffée de blocs provenant du mur de scène, avait un sol de béton très dur. Elle était séparée des premiers gradins, surélevés, par un parapet, ou *balteus*, et par une précinction basse dallée. On y a découvert un autel hexagonal dont chaque face portait un buste; ces reliefs, martelés, ne sont pas identifiables.

Le *maenianum* supérieur, dont seules les substructions subsistent, comportait un ambulacre demi-circulaire, communiquant avec l'extérieur

---

[124] Ce dernier, dont la fouille a été entreprise par la Mission belge dirigée par M. J. Ch. Balty, a un diamètre d'au moins 135 m.

et avec la précinction par des passages radiaux. En dehors de ces éléments circulatoires, les substructions étaient pleines. Pour maintenir en place cette énorme masse de blocage, on l'avait dotée d'une armature de murs radiaux et demi-circulaires en gros appareil de calcaire tendre: technique assez fruste, qui contraste avec celle des substructions voûtées, utilisée par exemple à Bostra et à Gabala[125], mais qui s'est avérée efficace à Cyrrhus.

Le mur de scène et les entrées latérales étaient les seuls éléments de l'édifice quelque peu visibles avant la fouille. La *parodos* Nord a subi des remaniements qu'il faut mettre en rapport avec une réutilisation tardive de l'*orchestra* et des gradins les plus bas. La *parodos* Sud avait été respectée; son sol était couvert d'une mosaïque non figurée.

Le plan du mur de scène est rectiligne, avec des exèdres à faible relief: la porte centrale occupe le fond d'une exèdre rectangulaire, entre deux autres semi-circulaires pour les *valvae hospitales*, flanquées elle-mêmes encore de deux nouvelles exèdres rectangulaires. C'est là un type de mur de scène qui rappelle les théâtres d'Asie Mineure, alors que le *proscaenium*, lui, n'a rien d'asiatique: sa largeur est considérable et sa hauteur faible, et il présente en façade sur l'orchestre une succession de niches alternées qui reproduisent, de la manière la plus classique, l'allure du mur de scène. La fouille a d'ailleurs révélé deux états successifs de la *frons pulpiti*, ainsi qu'un canal apparemment destiné au rideau d'avant-scène, dans la partie antérieure d'un *hyposcaenium* profond et bien construit (Pl. V, 9). Ces éléments ont souffert de déprédations et sont aujourd'hui assez ruinés. L'estrade était peut-être couverte d'une mosaïque; du moins l'abondance des tesselles découvertes le laisserait croire. Les nombreux blocs dégagés dans l'*orchestra* (Pl. V, 10) et sur l'emplacement de la scène permettent de se faire une idée de la décoration de la *frons scaenae*, qui donne une impression de richesse un peu emphatique, mais aussi d'unité de style, et de soin dans l'exécution. Plusieurs fragments rappellent de très près des motifs similaires du théâtre de Daphné[126] et l'ensemble paraît pouvoir être daté des environs de 150 ap. J.-C. L'ampleur de l'édifice exigeait pour épauler le mur de scène une construction puissante: le *postscaenium*, dont seul le soubassement est conservé, reposait sur une énorme masse où alternent blocage et armature de calcaire tendre — selon le même procédé utilisé au *maenianum* supérieur. Il était longé sur toute sa longueur par une rue étroite.

A chaque extrémité de la scène se trouve un *parascaenium* de petites dimensions. Les *parodoi* sont dissymétriques: celle du Nord est à angle droit et l'entrée se fait seulement à partir de la façade Est; celle du Sud comporte un passage perpendiculaire du même type, mais se prolonge

[125] Cf. ED. FRÉZOULS, Les théâtres romains de Syrie, Annales archéologiques de Syrie, II, 1952, pp. 54 sqq. et 69 sqq.
[126] Cf. D. N. WILBER, The Theatre at Daphne, in: Antioch on-the-Orontes. Publications of the committee for the excavation of Antioch and its vicinity, II, Princeton, 1938, pp. 57—94.

également en ligne droite vers le Sud, le long de l'*analemma*, jusqu'à la façade de la *cavea*. Cette différence apparente posait le problème des accès, et plusieurs campagnes de fouilles ont été consacrées à le résoudre. Le théâtre de Cyrrhus ne présente ni, comme celui d'Apamée, un bâtiment de scène en saillie par rapport à la *cavea*, ni, comme celui de Bostra, deux grandes salles symétriques comblant les vides latéraux[127], mais une disposition plus originale. De part et d'autre du puissant *postscaenium*, l'accès aux *parodoi* est assuré par deux escaliers monumentaux, parallèles à l'axe du théâtre. Au-delà, les deux côtés diffèrent: au Nord, une vaste latrine (Pl. VI, 11), au sol pavé de mosaïque, faisant suite à un puissant massif apparemment destiné à servir de contrefort à la *cavea*; au Sud, après l'escalier accédant à la *parodos*, une grande salle, probablement à usage de «foyer» (Pl. VI, 12). Au-delà, un dernier escalier, d'une ampleur exceptionnelle, monte de la rue longeant la façade jusqu'à l'entrée de la partie rectiligne de la *parodos* et probablement plus haut: on a retrouvé quelques marches, à un niveau sensiblement plus élevé, à l'arrière de la partie courbe de la *cavea*. De même, au Nord, la latrine était d'abord longée par une rue[128], d'où partait, accolé à la façade de la *cavea*, un grand escalier, mal fondé et aujourd'hui très ruiné, qui donnait accès à l'une des entrées radiales du *maenianum* supérieur.

Le mur périmétral de la *cavea* n'est conservé qu'en deux segments, assez courts, mais il est facile de suivre l'excavation creusée dans le roc naturel pour le recevoir, en particulier dans le secteur axial du monument. Dans ce même secteur, la façade de la *cavea* touchait presque celle, rectiligne, d'un ensemble de maisons, qui donnait ainsi sur une ruelle étroite (Pl. VII, 13 et 14). Ces maisons, dont une partie a été fouillée, constituent un bloc au plan très cohérent, où les pièces s'étagent en utilisant la forte pente naturelle, et où des modes de construction très différents se côtoient: grand appareil très soigné en façade, petit appareil régulier renforcé de gros blocs, roc naturel taillé, parfois sur une paroi entière. Ce quartier d'habitations ne s'étendait pas très loin à l'Ouest, car la pente devient rapidement inutilisable, mais il englobe des locaux entièrement excavés, qui sont visibles un peu plus loin. Il comportait aussi tout un dispositif pour l'acheminement de l'eau, qui complète en amont celui qui a pu être étudié sous le *maenianum* supérieur et sous la précinction.

A l'Est du théâtre, en direction du *cardo*, l'exploration n'a fait que commencer. Le *cardo* lui-même, large de 7 m et parfaitement conservé, a subi de nombreuses réutilisations qui supposent l'arrêt de la circulation. L'une d'elles, face au théâtre, a consisté, à l'époque byzantine probablement, à appuyer sur la rue et sur sa bordure l'escalier d'accès à une large plate-forme dallée, qui s'étend sur une quarantaine de mètres le long de l'avenue, et qui donnait elle-même accès à un bâtiment à abside. Des sonda-

---

[127] Cf. Ed. Frézouls, loc. cit., pp. 52sqq. et 75.

[128] Sous cette rue a été dégagé un aqueduc maçonné aboutissant à une «chambre de distribution» d'où partaient plusieurs canalisations en terre cuite.

ges en profondeur ont fait apparaître un escalier plus ancien, et des murs qui appartiennent à l'époque où le *cardo* et ses portiques étaient utilisés normalement. On a ainsi l'ébauche d'une liaison entre la grande avenue et le quartier du théâtre, mais pour l'instant aucun *decumanus* secondaire pouvant conduire de la première au second n'a été découvert.

Les deux nécropoles connues s'étendent largement, l'une au Nord-Ouest, où subsistent aussi les restes d'un faubourg extra muros, l'autre au Sud-Ouest. La première a fourni, outre des tombes rupestres, un certain nombre de sarcophages et de stèles, dont certains portent des inscriptions et des reliefs; mais son exploration est loin d'être terminée.

Celle du Sud-Ouest, dont l'aire est en partie réutilisée par un cimetière musulman, n'a pas pu être fouillée. Mais elle se signale par un mausolée à deux étages, dont l'ordonnance architecturale, extérieure et intérieure, est remarquablement conservée (Pl. VII, 15 et 16). Cet état exceptionnel est dû à la transformation de l'édifice, à une date ancienne, en un lieu saint musulman, qui fut entouré d'une enceinte englobant, en même temps que le mausolée, une mosquée et un petit khan destiné aux pèlerins. La chambre du mausolée abrite aujourd'hui un cénotaphe de bois portant une inscription de l'an 703 de l'Hégire. Deux traditions s'opposent à propos de l'attribution du tombeau: pour l'une, c'est celui d'un saint Cheikh nommé Khoros — il existe d'ailleurs au voisinage un village qui porte ce même nom de Cheikh Khoros —; pour l'autre, le tombeau est celui de Uri, dit parfois «Uri le Hittite», envoyé par David combattre dans le Nord — d'où le toponyme de «Nebi Uri» qui désigne pour les habitants le secteur de la nécropole Sud-Ouest et, par extension, l'ensemble du site de Cyrrhus[129].

Le Mausolée, visité et décrit, assez inexactement, par CUMONT[130], est construit sur un plan hexagonal et comporte deux étages, dont le plus bas a des murs lisses, avec des pilastres d'angles. Au-dessus d'un entablement continu, l'étage supérieur a lui aussi six pilastres, corinthiens, mais chaque côté de l'hexagone est percé en son milieu d'une fenêtre. L'entablement comporte ici des mufles de lion. Ces deux étages sont surmontés d'une pyramide élancée, sommée d'un chapiteau à feuilles d'acanthe, dont les dimensions sont telles qu'on peut se demander s'il ne supportait pas une statue. Une porte percée dans une des faces de l'étage inférieur donne accès au caveau, pièce voûtée aux murs nus, où se trouve aujourd'hui le cénotaphe. Un escalier conduit à la lanterne qui constitue l'étage supérieur. Entre les fenêtres, six colonnes corinthiennes correspondent aux pilastres extérieurs et soutiennent un entablement intérieur continu, supportant une voûte en olive d'une grande légèreté.

---

[129] C'est la tradition d'al-Harawi et d'Ibn-ach-Chaddad. On lit chez le second: «A Cyrrhus se trouve la tombe d'Uri-ibn-Hannan, dans un mausolée situé au Sud de la ville. L'histoire d'Uri avec Daoud (David) est bien connue.» Cf. J. SOURDEL-THOMINE, Note sur le cénotaphe de Qurus (Cyrrhus), Annales archéologiques de Syrie, II, 1952, pp. 134—136. Cf. plus haut, p. 179 et n. 66.

[130] FR. CUMONT, op. cit., p. 212.

Liste des illustrations

The Dynasty of Emesa*

by RICHARD D. SULLIVAN, Saskatoon, Saskatchewan

Contents

I. Introduction

Few dynasties of the Greek East achieved the disproportionate eminence that Emesa did. What arose essentially as a kingdom based on a city produced in the first century before Christ dynasts worthy of note in the course of international affairs, in the first century after Christ kings able to assume relatively large burdens in the international manoeuvring between Rome and Parthia, and in the late second century after Christ a priestly family which could boast a Roman emperor by the beginning of the third century.

At first glance, this degree of success appears doubly improbable considering the comparative desolation of the area around Emesa. Still, Arab dynasts were able, during the Seleucid decline in Syria, to gain territories suitable not for agriculture but for the pastoral life Arabs knew best[1].

---

* Some of the translations herein are provided from texts in the Loeb Classical Library series.

[1] See the comments of H. SEYRIG, Caractères de l'histoire d'Émèse, in: ID., Antiquités Syriennes VI (Paris 1966) 64—72, esp. 70 (= Syria 36 [1959] 184—192). On the character of Emesa: F. ALTHEIM—R. STIEHL, Die Araber in der alten Welt, I (Berlin 1964) 139—163; A. H. M. JONES, The Cities of the Eastern Roman Provinces (ed. 2,

THE DYNASTY OF EMESA

Some of the dynasts issued an independent coinage even when Tigranes the Great of Armenia held the remnants of the Seleucid Empire, based on Antioch (83—69 B. C.)². Tigranes probably obtained a loose overlordship in the area for some years after his conquest of Antioch; he was afield securing some of these cities — ἀπῆν ... ἐνίας ἔτι τῶν ἐν Φοινίκῃ πόλεων καταστρεφόμενος ("He was away ... still subduing some of the cities in Phoenicia.") — when Appius Clodius Pulcher arrived at Antioch about 70 B. C.³

These dynasts would readily embrace a suitable means of deliverance from Tigranes; Appius Clodius πολλοὺς ... ᾠκειώσατο τῶν ὑπούλως ἀκρο-ωμένων τοῦ Ἀρμενίου δυναστῶν. (Appius Clodius "won over many of those dynasts who obeyed the Armenian only ostensibly"⁴.) After the successes of Lucullus in Mesopotamia during 69, Ἀράβων βασιλεῖς ἧκον πρὸς αὐτόν ("Kings of the Arabs came to him"⁵). This group may or may not have contained Emesenes. So too with that which included the king of neighboring Commagene, soon to be closely related to Emesa; Lucullus τόν τε τῆς Κομμαγηνῆς βασιλέα Ἀντίοχον ... καί τινα Ἀράβιον δυνάστην Ἀλχαυδόνιον ἄλλους τε ἐπικηρυκευσαμένους οἱ ἐδέξατο. (Lucullus "received Antiochus [I], King of Commagene, .. and a certain Arab dynast, Alchaudonius, and others who proposed to treat with him."⁶)

II. Sampsigeramus I

Our first specific notice of a dynast of Emesa occurs in a typically disturbed context about this time (i.e., following the expulsion of Tigranes from Syria in 69 B.C.). In the power vacuum that ensued after Tigranes,

---

Oxford 1971) 256—267. The Arabs against whom Antiochus XII Dionysus fought were Nabataeans: Jos. AJ 13.387—391. This passage cannot show Arab dynasts in the region of Emesa just before Tigranes, though Aretas III does gain Coele-Syria in the narrative of Josephus (AJ 13.392). Since the coins of Antiochus XII at Damascus terminate about 85/84, the issues of Aretas III there should probably not be dated before this (pace B. V. HEAD, Historia Numorum [ed. 2, Oxford 1911] 772 and 811). After his conquest of Antioch in 83, Tigranes eventually dislodged Aretas and began a coinage of his own at Damascus. See A. NEGEV, The Nabateans and the Provincia Arabia, in this volume (ANRW II 8), 538, 540. On other North Syrian dynasts, see JONES, ibid., 455, note 41.

² For instance, the coinage of Ptolemaeus of Chalcis, dated by H. SEYRIG to 73/72 B. C. in 'Questions héliopolitaines': ID., Antiquités Syriennes V (Paris 1958) 99—117, esp. 109 (= Syria 31 [1954] 80—98).

³ Plut. Luc. 21.2. This campaign by Tigranes seems a part of his wider conflict with Cleopatra Selene and her son Antiochus XIII Asiaticus: G. DOWNEY, A History of Antioch in Syria (Princeton 1961) 139. But the account in Jos. AJ 13.419—421 is too compressed to offer firm chronological data on the question.

⁴ Plut. Luc. 21.2.

⁵ Plut. Luc. 29.7.

⁶ Dio 36.2.5.

individual cities scrambled for independence, issuing coins with eras reflecting this[9]. The weakened Seleucid, Antiochus XIII Asiaticus, sought to creep back onto his ancestors' throne, with recognition by Lucullus: *rex Syriae . . . ab eodem Lucullo appellatur*[8]. But the Seleucids remained true to form, and he soon found himself in conflict with Philip II Barypous, grandson of Antiochus VIII Grypus (who was himself the grandfather of Antiochus I of Commagene)[9]. Two local dynasts, Azizus and Sampsigeramus, took notable parts in this conflict[10]:

Ὅτι τῶν Ἀντιοχέων τινὲς καταφρονήσαντες Ἀντιόχου τοῦ βασιλέως διὰ τὴν ἧτταν ἀνέσειον τὸ πλῆθος, καὶ συνεβούλευον ἐκ τῆς πόλεως μεταστήσασθαι. γενομένης δὲ στάσεως μεγάλης καὶ τοῦ βασιλέως ἐπικρατήσαντος, οἱ αἴτιοι τῆς στάσεως φοβηθέντες ἔφυγον ἐκ τῆς Συρίας, καὶ καταντήσαντες εἰς Κιλικίαν ἐπεβάλοντο κατάγειν Φίλιππον, ὃς ἦν υἱὸς Φιλίππου τοῦ γεγονότος ἐξ Ἀντιόχου τοῦ Γρυποῦ. ὑπακούσαντος δὲ τοῦ Φιλίππου καὶ καταντήσαντος πρὸς Ἄζιζον τὸν Ἄραβα, ἀσμένως τοῦτον προσδεξάμενος Ἄζιζος καὶ περιθεὶς διάδημα ἐπὶ τὴν βασιλείαν κατήγαγε. — Ὅτι τὰς ὅλας ἐλπίδας ἔχων ἐν τῇ τοῦ Σαμψικεράμου συμμαχίᾳ μετεπέμπετο τοῦτον μετὰ τῆς δυνάμεως. ὁ δὲ ἐν ἀπορρήτοις συνθέμενος πρὸς Ἄζιζον ἐπ' ἀναιρέσει τῶν βασιλέων ἧκε μετὰ τῆς δυνάμεως καὶ μετεπέμπετο τὸν Ἀντίοχον. τοῦ δὲ διὰ τὴν ἄγνοιαν ὑπακούσαντος, ὑποκριθεὶς ὡς φίλος συνέλαβε τὸν βασιλέα, καὶ τότε μὲν δήσας παρεφύλαττεν, ὕστερον δὲ ἀνεῖλεν. ὁμοίως δὲ καὶ Ἄζιζος κατὰ τὰς γενομένας ἐπὶ μερισμῷ τῆς Συριακῆς βασιλείας συνθέσεις ἐπεβάλετο δολοφονῆσαι τὸν Φίλιππον· ὁ δὲ προαισθόμενος τὴν ἐπιβουλὴν ἔφυγεν εἰς τὴν Ἀντιόχειαν. [Exc. Esc. p. 34, 35 FED. 24—26 MÜLL.]

("Certain of the Antiochenes, emboldened against King Antiochus as a result of his defeat, stirred up the populace and proposed that

---

[7] Discussion and bibliography in D. MAGIE, Roman Rule in Asia Minor (Princeton 1950) 296 with 1178 notes 37—38, and 300 with 1180 note 43.
[8] Justin 40.2.2.
[9] For accounts of this, see A. BOUCHÉ-LECLERQ, Histoire des Séleucides, Vol. I (Paris 1913), 436 and G. DOWNEY, op. cit. (note 3) 139—142.
[10] Diodorus 40.1a—1b.

STEMMA ➔

Sources:

PIR² A—L; PIR M—Z.

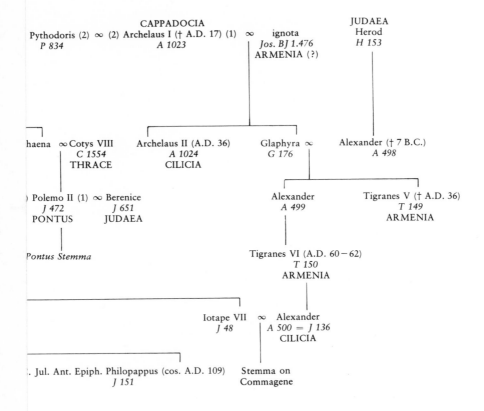

CAPPADOCIA   JUDAEA
Pythodoris (2) ∞ (2) Archelaus I († A.D. 17) (1) ∞   ignota   Herod
    P 834   *A 1023*   *Jos. BJ 1.476* *H 153*
                                                    ARMENIA (?)

haena ∞ Cotys VIII   Archelaus II (A.D. 36)   Glaphyra ∞   Alexander († 7 B.C.)
        C 1554   *A 1024*   *G 176*   *A 498*
        THRACE   CILICIA

) Polemo II (1) ∞ Berenice   Alexander   Tigranes V († A.D. 36)
    J 472   *J 651*   *A 499*   *T 149*
    PONTUS   JUDAEA   ARMENIA

Pontus Stemma   Tigranes VI (A.D. 60–62)
                                                       T 150
                                                    ARMENIA

                        Iotape VII ∞   Alexander
                            J 48 | *A 500 = J 136*
                                    | CILICIA

. Jul. Ant. Epiph. Philopappus (cos. A.D. 109)   Stemma on
                J 151   Commagene

he be banished from the city. There was a great uprising, but when the king prevailed, the ringleaders of the sedition fled in alarm from Syria; gathering in Cilicia they proposed to restore Philip, son of the Philip whose father was Antiochus Grypus. Philip proved receptive to the proposal and arranged a meeting with Azizus the Arab, who gave him a ready welcome, set a diadem on his head, and restored him to the kingship.

Pinning all his hopes on the alliance with Sampsiceramus, he sent for him to come with his army. He, however, having made a secret agreement with Azizus to do away with the kings, came with his army and summoned Antiochus to his presence. When the king, knowing nothing of this, complied, Sampsiceramus acted the part of a friend but placed him under arrest, and though for the time being he merely held him closely guarded in chains, he later had him put to death. So too, in accordance with the agreement to divide up the kingdom of Syria, Azizus intended to assassinate Philip, but Philip got wind of the plot and fled to [Antioch.") (Translation by F. R. WALTON, Diodorus of Sicily, Greek-English, vol. 12 [London–Cambridge/Mass. 1967]).

Who are these Arab dynasts? Although the dynastic name Azizus appears in Emesa, no way exists of determining whether this prince belonged to its royal line. This man may also have assisted Philip I Philadelphus some years before (about 87 B.C.) in his defeat of his brother Demetrius III Eucaerus, who ended his days in Parthian exile. Josephus calls this Azizus τὸν Ἀράβων φύλαρχον ("the phylarch of the Arabs") — a term later used for Sampsigeramus as well[11].

But only with Sampsigeramus does our information become sufficiently extensive to permit a confident account. We know from a remark by Strabo that his possessions also included Arethusa: Ἀρέθουσα ἡ Σαμψικεράμου καὶ Ἰαμβλίχου, τοῦ ἐκείνου παιδός, φυλάρχων τοῦ Ἐμισηνῶν ἔθνους. ("Arethusa, the city of Sampsigeramus and of his son Iamblichus, phylarchs of the nation of the Emesenes."[12]) This appears to be one of the cities with an era on its coinage dating from 64/63 B.C., i.e. from Pompey's local settlement[13]. That in turn permits us another glimpse of the dynastic

---

11 Jos. AJ 13.384. See Strabo 16.2.10.753.

12 Strabo 16.2.10.753; cf. 16.2.11.753, where Strabo notes that Sampsigeramus governed the city well: ἀεὶ δ' οἱ πλησιαίτεροι τοῖς Σύροις ἡμερώτεροι καὶ ἧττον Ἄραβες καὶ Σκηνῖται, ἡγεμονίας ἔχοντες συντεταγμένας μᾶλλον, καθάπερ ἡ Σαμψικεράμου Ἀρέθουσα ("And it is always the case that the peoples are more civilised in proportion to their proximity to the Syrians, and that the Arabians and Scenitae are less so, the former having governments that are better organised, as, for example, that of Arethusa under Sampsiceramus").

13 Against the suggestion of 68/67 by, among others, J. MARQUARDT, Römische Staatsverwaltung (ed. 2, Leipzig 1881—1885; French edition, Paris 1892) 403f.: XXXV. Syria, 4: Arethusa and Emesa, with the coinage in J. ECKHEL, Doctrina Numorum Veterum, III (ed. 2, Vienna 1828), 310. More recent studies bring the date down. Summary in

activity of Sampsigeramus, with whose rule in Arethusa an era of 'freedom' (sc. from the Seleucids) would be compatible. As late as the time of the conspiracy of Caecilius Bassus in 46—43 B.C., Sampsigeramus held the city, if the account of Strabo can be taken as chronologically precise[14]. At least one reference to him by Cicero appears to suggest that he held that area as a tributary to Rome: *Nunc vero, Sampsicerame, quid dices? Vectigal te nobis in monte Antilibano constituisse, agri Campani abstulisse*[15]? In context Cicero is addressing his remark, by a kind of ironic metonymy, to Pompey and not to Sampsigeramus in the course of a letter regarding agrarian legislation in Italy[16]. But clearly on his mind is an arrangement, probably recent, by which Romans recognized the holdings of Sampsigeramus in return for tribute.

This recognition by Pompey accorded with his general adoption of the system of rule by dynasts in the East[17]. From Cappadocia and Commagene southward, Pompey could see the advantages of perpetuating the ancient monarchies of the East; no realistic prospect of dislodging them by force existed in 64—63 B.C., even had Romans wished to[18]. Nor would Romans have yet had an adequate system with which to replace the monarchs over the vast area of the East. Instead, Pompey envisioned a wide Roman hegemony embracing, among others, πάντα τὰ ἔθνη τὰ ἐντὸς τῆς Ποντικῆς καὶ τῆς Ἐρυθρᾶς θαλάττης κατοικοῦντα. ("All the nations dwelling between the Pontic and the Red Seas."[19])

How smoothly the establishment of Sampsigeramus progressed remains difficult to assess. Certainly, some fighting occurred, from

---

ALTHEIM and STIEHL, op. cit. (note 1) 360—361 with note 45, citing H. SEYRIG, Sur les ères de quelques villes de Syrie, Syria 27 (1950) 21f. (= ID., Antiquités Syriennes V, 87).

[14] Strabo 16.2.10.753 (note 12).

[15] Cic. Ad Att. 2.16.2. The suggestion is MARQUARDT's: op. cit. (note 13).

[16] Cicero often does this: Ad Att. II 14.1, 16.1—2, 23.2—3: *ille noster Sampsiceramus*; *Sampsiceramum, nostrum amicum*; etc. As noted by STAEHELIN, in RE I A, 2 (1920) 2227 (s. v. Sampsigeramos no. 1), Cicero takes „*den orientalisch pompös klingenden Namen*" of Sampsigeramus „*als Spitznamen*" for Pompey (probably because of the echo of such words as *pompalis* in the name *Pompeius*). Harmless hilarity back in Rome.

[17] On this system, see MAGIE op. cit. (note 7) 443, 475, 496, 514.

[18] On Pompey's activity in Cappadocia, Cilicia, Commagene: App. Mithr. 105.495 — 106.498: Ἀριοβαρζάνῃ δ' ἀπεδίδου βασιλεύειν Καππαδοκίας καὶ προσεπέδωκε Σωφηνὴν καὶ Γορδυηνήν, ἃ τῷ παιδὶ μεμέριστο τῷ Τιγράνους· καὶ στρατηγεῖται νῦν ἅμα τῇ Καππαδοκίᾳ καὶ τάδε. ἔδωκε δὲ καὶ τῆς Κιλικίας πόλιν Καστάβαλα καὶ ἄλλας. ("To Ariobarzanes he gave back the kingdom of Cappadocia and added to it Sophene and Gordyene, which he had partitioned to the son of Tigranes, and which are now administered as parts of Cappadocia. He gave him also the city of Castabala and some others in Cilicia.") (Transl.: HORACE WHITE.); 114.558—559. Strabo 16.2.3.749: Σελεύκεια . . . φρούριον τῆς Μεσοποταμίας, προσωρισμένον ὑπὸ Πομπηίου τῇ Κομμαγηνῇ ("Seleuceia, a fortress of Mesopotamia, which was included within the boundaries of Commagene by Pompey."). Pompey in Syria: below, note 23.

[19] Diod. 40.4. Discussion by T. LIEBMANN–FRANKFORT, La frontière orientale dans la politique extérieure de la république romaine depuis le traité d'Apamée jusqu' à la fin des conquêtes asiatiques de Pompée (189/8—63), Acad. de Belgique, Cl. des Lettres, Mém. 2e sér. 59 (Bruxelles 1969) 287—311.

Commagene southward[20]. This included Aretas III the Nabataean, whom Pompey apparently dislodged permanently from Damascus[21]. It also involved the Judaean Aristoboulos II, in 63 B.C.[21] But the small, more nimble Arab states might have escaped fighting: Pompey τὴν ἄλλην Συρίαν, ὅση τε περὶ Εὐφράτην ἐστὶ καὶ Κοίλη καὶ Φοινίκη καὶ Παλαιστίνη λέγεται, καὶ τὴν Ἰδουμαίων καὶ Ἰτουραίων καὶ ὅσα ἄλλα ὀνόματα Συρίας, ἐπιὼν ἀμαχεὶ Ῥωμαίοις καθίστατο. ("Advancing into Syria, without fighting he subjected to the Romans the rest of Syria, the region along the Euphrates and those called Coele and Phoenicia and Palestine, as well as the region of the Idumaeans and Ituraeans, and all of the other regions called parts of Syria."[23])

The importance of Sampsigeramus and of Azizus in the struggles which followed the departure of Tigranes in 69 led both Antiochus XIII Asiaticus and Philip II Barypous to rely on their assistance (above). They apparently themselves aspired to a division of Syria, at least Coele-Syria[24]. However unrealistic, this aspiration does suggest the local stature of both princes. Sampsigeramus was the cause of the interrupted reign of Antiochus XIII, whose final period of rule occupied only one year (65/64 B.C.)[25]. When Pompey arrived upon the scene, he refused to recognize the proprietary rights of long Seleucid tenure, preferring those accruing to Rome from its conquest of Tigranes, who in turn had conquered the Seleucids: τοὺς Σελευκίδας, ὑπὸ Τιγράνους ἐκπεσόντας, οὐκ εἰκὸς ἦν ἔτι Συρίας ἄρχειν μᾶλλον ἢ Ῥωμαίους, Τιγράνην νενικηκότας. ("It was not fitting for the Seleucids, driven out by Tigranes, still to rule Syria rather than for the Romans to, after conquering Tigranes."[26]) Antiochus XIII had done

---

[20] App. Mithr. 106.497—498: ὁ δὲ Πομπήιος καὶ τὸν Ταῦρον ὑπερελθὼν ἐπολέμησεν Ἀντιόχῳ τῷ Κομμαγηνῷ, ἕως ἐς φιλίαν ὁ Ἀντίοχος αὐτῷ συνῆλθεν, ἐπολέμησε δὲ καὶ Δαρείῳ τῷ Μήδῳ, μέχρις ἔφυγεν, εἴτε Ἀντιόχῳ συμμαχῶν εἴτε Τιγράνῃ πρότερον. ἐπολέμησε δὲ καὶ Ἄραψι τοῖς Ναβαταίοις, Ἀρέτα βασιλεύοντος αὐτῶν, καὶ Ἰουδαίοις, Ἀριστοβούλου τοῦ βασιλέως ἀποστάντος, ἕως εἷλεν Ἱεροσόλυμα, τὴν ἁγιωτάτην αὐτοῖς πόλιν. ("Pompey then passed over Mount Taurus and made war against Antiochus, the king of Commagene, until the latter entered into friendly relations with him. He also fought against Darius the Mede, and put him to flight, either because he had helped Antiochus, or Tigranes before him. He made war against the Nabathean Arabs, whose king was Aretas, and against the Jews [whose king, Aristobulus, had revolted], until he had captured their holiest city, Jerusalem.") (Transl.: HORACE WHITE); ibid. 117.576.

[21] Ibid. For other sources and discussion, see E. SCHÜRER, A History of the Jewish People, Vol. I, rev. by G. VERMES and F. MILLAR (Edinburgh 1973), 579f. with note 17.

[22] App. Mithr. 106.498.

[23] App. Mithr. 106.499.

[24] Diod. 40.1b: ἐπὶ μερισμῷ τῆς Συριακῆς βασιλείας. On the overall situation here, see ALTHEIM and STIEHL, op. cit. (note 1) 357—358.

[25] Appian Syria 70.367 speaks of him as βασιλεύσαντα ... ἐν ταῖς ἀσχολίαις ταῖς Πομπηίου ἐπὶ ἐν μόνον ἔτος. ("Ruling, ... while Pompey was preoccupied, for one year only.") On the activity of Sampsigeramus, see the discussion of Diodorus 40.1a—1b in: DOWNEY, op. cit. (note 3) 139—142; SCHÜRER (VERMES and MILLAR) op. cit. (note 21) 135f. Source: Diod. 40.1b: above, note 10.

[26] App. Syr. 49.250.

nothing to expel Tigranes; *victo autem eodem Tigrane a Romanis alieni operis praemia postulet*[27].

Where Sampsigeramus stood amidst the settling dust here is hard to discern. He had already achieved high station locally, and probably had to be taken into account[28]. Romans by now faced a bewildering array of 'Arabs', from Syria into Mesopotamia; these promoted confusion by refusing to hold still, μεθιστάμενοι ῥαδίως εἰς ἄλλους τόπους, ὅταν ἐπιλείπωσιν αἱ νομαὶ καὶ αἱ λεηλασίαι. ("Easily moving into other areas whenever pastures and prey became deficient."[29]) Romans had pushed into Arab lands in two directions: across the Euphrates, and southward into Syria. Lands in Mesopotamia brought with them responsibilities of considerable weight, since Arabs preyed on their northern neighbors[30] — joined in this from the other side by the Armenians from time to time — and owed obedience to either Romans or Parthians in accordance with proximity and perhaps even whim. Thus[31] τῶν Ἀράβων οἱ φύλαρχοι . . . οἱ μὲν μᾶλλον ἐκείνοις (sc. the Parthians), οἱ δὲ τοῖς Ῥωμαίοις προσέχοντες, οἷσπερ καὶ πλησιόχωροί εἰσιν. ("The phylarchs of the Arabs . . . some of whom heed the Parthians, others the Romans, to whom they lie adjacent.") Pompey had experience of the sudden incursions Parthians could make into Gordyene, and he respected them, τὰς . . . τοῦ Πάρθου δυνάμεις δείσας. ("Fearing the power of the Parthian."[32])

Hence it was to Pompey's interest to recognize any Arab kingdom which had demonstrated its stability, whether in Mesopotamia or in Syria. Sampsigeramus ruled well in Arethusa, perhaps before Pompey's arrival[33]. His local authority had shown itself in the manoeuvrings involving the last Seleucids, Antiochus XIII and Philip II. He was perhaps one of those included in the account of Dio-Xiphilinus, recording that Pompey τήν τε κοίλην Συρίαν καὶ τὴν Φοινίκην ἄρτι τε βασιλέων ἀπηλλαγμένας καὶ ὑπό τε τῶν Ἀραβίων καὶ ὑπὸ τοῦ Τιγράνου κεκακωμένας συνεστήσατο. ("He unified Coele-Syria and Phoenicia, recently removed from the control of their kings and harrassed by the Arabs and by Tigranes."[34]) Thus, probably Pompey knew of him and considered his holdings an important addition to the chain of kingdoms now to control Syria.

[27] Justin 40.2.3. See the brief discussion by WILCKEN in RE I, 2 (1894) 2486 (s. v. Antiochos no. 36).
[28] His reign may have begun some years before; see ALTHEIM and STIEHL, op. cit. (note 1) 162—163.
[29] Strabo 16.1.26.747, said of the Scenitae but probably of wider application. Discussion in ALTHEIM and STIEHL, op. cit. (note 1), 355. See also JONES, op. cit. (note 1) 267f.
[30] The Scenitae and the Armenians against the people of Northern Mesopotamia: Strabo 16.1.26.747: τοῖς οὖν παρορείοις ὑπό τε τούτων κακοῦσθαι συμβαίνει καὶ ὑπὸ τῶν Ἀρμενίων. ("The people who live alongside the mountains are harassed not only by the Scenitae, but also by the Armenians.")
[31] Strabo 16.1.28.748.
[32] Plut. Pomp. 36.2; Dio 37.7.2.
[33] Strabo 16.2.11.753: above, note 12. On the early inception of his dynastic rule, see ALTHEIM and STIEHL, op. cit. (note 1) 162f.
[34] Dio 37.7a.

No record of Pompey's route exists in sufficient detail to indicate whether or not he passed through Emesa[35]. But Sampsigeramus could easily have gone to Pompey, as many kings did. We hear of πολλῶν μὲν ἡγεμόνων καὶ δυναστῶν, βασιλέων δὲ δώδεκα βαρβάρων ἀφιγμένων πρὸς αὐτόν (sc. Pompey)[36]. ("Many leaders and dynasts, and twelve kings of the barbarians coming to him.") On his way from Armenia to Syria in 64 Pompey dealt with τοῖς βασιλεῦσι καὶ τοῖς δυνάσταις τοῖς προσιοῦσιν αὐτῷ. ("The kings and dynasts who approached him."[37]) The 'Pompeian' era from 64/63 which his city Arethusa took (above) and the *vectigal* which he was sending to Rome in 59 by arrangement of Pompey both suggest that his kingdom was recognized and reconfirmed during this settlement of dynastic arrangements after the final expulsion of the Seleucids in 64 B.C.[38]. The hostile account which sees *Syriam Iudaeorum et Arabum latrociniis infestam* heretofore doubtless fails to include Sampsigeramus either before or after the settlement[39].

Whither from there? The extent of the Kingdom of Emesa after 64 cannot with any certainly be determined[40]. Nor can the activity of Sampsigeramus, though he apparently lived until 46 B.C. or later[41]. This presumably includes him in the group of *reges, tyrannos, dynastas provinciae finitimos ... receptos in fidem* by Caesar during his trip through Syria in 47 B.C.[42].

But he must have shared the rule with his son, Iamblichus I, as a passage in Strabo suggests (below). And during the most traumatic series of events in his reign since the Mithridatic War and the demise of the Seleucids — Parthian and Armenian threats against Asia Minor — we find only his son active.

III. Iamblichus I

Our first notice of Iamblichus shows him concerned at the threat of a Parthian incursion. This invasion had been reported in August of 51 by

---

[35] ALTHEIM and STIEHL, op. cit. (note 1) 359. The passage cited by LIEBMANN–FRANKFORT, op. cit. (note 19) 291 with note 5 (= Strabo 16.2.11.753) does not indicate that Pompey passed through the area.

[36] Plut. Pomp. 38.2.

[37] Dio-Xiphilinus 37.7a.

[38] Cic. Ad Att. 2.16.2.

[39] Justin 40.2.4.

[40] See the discussion by ALTHEIM and STIEHL, op. cit. (note 1), 360—361.

[41] Strabo 16.2.10.753: Βάσσος τε Κεκίλιος ... συμμάχων εὐπόρει τῶν πλησίον φυλάρχων, ἐχόντων εὐερκῆ χωρία· ὧν ἐστι ... Ἀρέθουσα ἡ Σαμψικεράμου καὶ Ἰαμβλίχου ("Cecilius [apparently an error for 'Caecilius'] Bassus ... had plenty of allies, I mean the neighbouring chieftains, who possessed strongholds; and among these places was ... Arethusa, belonging to Sampsigeramus and his son Iamblichus"); see below.

[42] Bell. Alex. 65.

Antiochus I of Commagene, whose *legati primi mihi nuntiarunt, Parthorum magnas copias Euphraten transire coepisse*[43]. Cicero mistrusts the report, possibly because of the poor relationship he had established with Antiochus three years previously[44]. But three weeks later, *cum exercitum in Ciliciam ducerem ... litterae redditae sunt a Tarcondimoto* (the dynast ruling the regions around the Amanus Mountains)[45]. They reported *Pacorum* (I), *Orodi* (II), *regis Parthorum, filium, cum permagno equitatu Parthico transisse Euphraten, et castra posuisse Tybae, magnumque tumultum esse in provincia Syria excitatum*[46]. In mid-November, *Cassius cis Euphraten copias Parthorum esse scripsit; Deiotarus profectas per Commagenem in provinciam nostram* (sc. Cilicia)[47].

To Eastern dynasts who had just witnessed the disaster that had befallen Crassus at Carrhae, the potential seriousness of this Parthian action needed no explaining. Especially in light of the welcome that this same Pacorus was to receive during a similar invasion just over a decade later, we can infer latent popular favor toward the Parthians. In a letter written to M. Cato about two months later (January of 50 B.C.), Cicero worried about that very problem; in the vicinity of the Amanus holdings of Tarcondimotus lived unsubdued tribesmen who *Parthorum adventum acerrime exspectarent*[48]. Even the kings upon whom Cicero had to rely here *etiamsi sunt amici nobis, tamen aperte Parthis inimici esse non audent*[49]. He considers *socios infirme animatos esse et novarum rerum exspectatione suspensos*[50].

In this troubled situation, Sampsigeramus and his son decided to demonstrate their loyalty to Rome: *ab Iamblicho, phylarcho Arabum ... litterae de eisdem rebus mihi redditae sunt*[51]. Whether out of gratitude or relying on information from his advisers, Cicero placed some value on the reliability of Iamblichus, *quem homines opinantur bene sentire amicumque esse reipublicae nostrae*[52]. To be sure, this may be wishful or even formulaic; he speaks in similar terms of Tarcondimotus, Deiotarus of Galatia, and Ariobarzanes III of Cappadocia[53].

But the need for an Arab ally in Syria was clear. Reports to Cicero included mention of 'Arabs' along with the Parthians. One force had

---

[43] Cic. Ad. Fam. 15.1.2. For the date: Ad. Fam. 15.4.3.

[44] Cic. Ad Quint. Frat. 2.12.2.

[45] On this dynasty, see W. HOBEN, Untersuchungen zur Stellung kleinasiatischer Dynasten in den Machtkämpfen der ausgehenden römischen Republik (Diss. Mainz 1969) 195—211 = ID., id.

[46] Cic. Ad. Fam. 15. 1.2.   [47] Cic. Ad. Fam. 8.10.1; a letter to Cicero.

[48] Cic. Ad. Fam. 15.4.10.

[49] Cic. Ad. Fam. 15.4.4.

[50] Cic. Ad. Fam. 15.1.3.

[51] Cic. Ad. Fam. 15.1.2.

[52] Ibid.

[53] Cic. Ad. Fam. 15.1.2: *a Tarcondimoto, qui fidelissimus socius trans Taurum amicissimusque populi Romani existimatur*; ibid. 15.1.6; ibid. 15.2.2: *et Deiotarum, fidelissimum regem atque amicissimum reipublicae nostrae*; ibid. 15.4.5; ibid. 15.2.8: *in rege Ariobarzane ea mihi signa videor virtutis, ingeni, fidei, benevolentiaeque erga vos perspexisse.*

penetrated well into Syria: *magnas Parthorum copias atque Arabum ad oppidum Antiochiam accessisse*[54]. Two months previously, a letter of Caelius to Cicero noted that *in eam opinionem Cassius veniebat, quae diripuisset ipse, ut viderentur ab hoste vastata, finxisse bellum et Arabas in provinciam immisisse eosque Parthos esse senatui renuntiasse*[55]. This suggests the volatility which Romans imputed to some Arab tribes, with consequent pressure on the frontier. In this context a reliable, allied Arab dynasty, strategically located in Syria on the fringe of Scenarchia, must have seemed to Cicero a valuable support. Whether he received any military assistance from either Iamblichus or Tarcondimotus cannot be ascertained, but he did maintain a force at Epiphaneia which dealt successfully with this incursion, though leaving the main force of the invaders intact[56].

The entire incident alarmed Cicero: *vehementer sum commotus cum de Syria, tum de mea provincia, de reliqua denique Asia*[57]. Since he had for some months been receiving *quotidianos ex Syria nuntios* warning of the military necessities there, the support of Iamblichus doubtless furnished at least comfort, if not significant aid[58].

The next notice of Iamblichus comes over three years later, in the spring of 47 B.C. Among the allies flocking to Caesar during the fighting in Egypt after Pompey's death, the Judaean Antipater brought a considerable force and persuaded neighboring Arab and Syrian monarchs to assist as well. These included τοὺς ἐν Συρίᾳ δυνατούς ... τόν τ' ἔποικον τοῦ Λιβάνου Πτολεμαῖον καὶ Ἰάμβλιχον. ("Powerful men in Syria ... Ptolemaeus, who dwelt in the Lebanon, and Iamblichus."[59]) These two wielded considerable influence themselves: δι' οὓς αἱ ταύτῃ πόλεις ἑτοίμως συνεφήψαντο τοῦ πολέμου. ("Through whom the cities in the region readily shared in the war."[60]) We learn elsewhere that Ptolemaeus had as father a prince named Sohaemus, a dynastic name used later in Emesa[61]. But no firm connection can be established between the two neighboring dynasts at this early date, though one is not improbable given the practice of dynastic intermarriage.

This prompt support of the winning side should have brought Emesa the favor of Caesar, and its kings probably joined those *qui omnes ad eum* (sc. *Caesarem*) *concurrerant* in 47 B.C.[62]. But then we find an implication

---

[54] Cic. Ad. Fam. 15.4.7; their cavalry even reached Cilicia.

[55] Cic. Ad. Fam. 8.10.2.

[56] Cic. Ad. Fam. 15.4.7: *cognovi ... magnumque eorum equitatum, qui in Ciliciam transisset, ab equitum meorum turmis et a cohorte praetoria, quae erat Epiphaneae praesidi causa, occidione occisum.*

[57] Ad. Fam. 15.4.4.

[58] Cic. Ad. Fam. 15.2.7.

[59] Jos. BJ 1.188. On Antipater, see: R. SULLIVAN, The Dynasty of Judaea, in this same volume (ANRW II 8), 316.

[60] Ibid.

[61] Jos. AJ 14.129: Ἰάμβλιχός τε ὁ δυνάστης καὶ Πτολεμαῖος ὁ Σοαίμου. ("Iamblichus the dynast and Ptolemaeus, son of Sohaemus.")

[62] Bell. Alex. 65.

in the narrative of Strabo that Emesenes joined the revolt against Caesar of the Pompeian loyalists in Syria under Caecilius Bassus. Emesene loyalty to Pompey would be understandable, to a point, and after sending assistance to Caesar in 47 the kings must have required strong persuasion in 46 and 45 to join the allied group of συμμάχων ... τῶν πλησίον φυλάρχων. ("Allies among the neighboring phylarchs."[63]) But there they are, prominently listed among the regents of powerful towns allied to Bassus: ... καὶ Ἀρέθουσα ἡ Σαμψικεράμου καὶ Ἰαμβλίχου τοῦ ἐκείνου παιδός, φυλάρχων τοῦ Ἐμισηνῶν ἔθνους. ("And Arethusa, the city of Sampsigeramus and his son Iamblichus, Phylarchs of the nation of the Emesenes."[64])

This espousal of the cause of Caecilius Bassus represents an abrupt change of policy, for reasons now obscure. For a brief time in 46 and 45, the Pompeian cause may not have seemed lost to Syrians, despite the death of Pompey himself in 48. The revolt here in fact endured, on a large scale (πόλεμος ... μέγας), until after the murder of Caesar[65].

An unforeseen difficulty further prolonged the war against Caecilius Bassus: Parthian assistance to him. In a letter to Atticus in April of 44, Cicero mentions a message written in December of 45, saying *cum ... Caecilius circumsederetur et iam teneretur, venisse cum maximis copiis Pacorum* (I) *Parthum; ita sibi esse eum ereptum multis suis amissis*[66]. The Parthians retired soon afterwards; οὐ μέντοι καὶ ἐπὶ πολὺ αὐτῷ διὰ τὸν χειμῶνα συνεγένοντο. ("They did not remain with him long because of the winter."[67]) But the lesson was not lost on Caesar, who now if not before began extensive preparations for a "permanent solution" of the Parthian problem, with belated vengeance for the death of Crassus.

---

[63] Strabo 16.2.10.753.

[64] Strabo 16.2.10.753.

[65] Jos. AJ 14.268—272: Βάσσος Καικίλιος εἷς τῶν τὰ Πομπηίου φρονούντων ἐπιβουλὴν συνθεὶς ἐπὶ Σέξτον Καίσαρα κτείνει μὲν ἐκεῖνον, αὐτὸς δὲ τὸ στράτευμα αὐτοῦ παραλαβὼν ἐκράτει τῶν πραγμάτων, πόλεμός τε μέγας περὶ τὴν Ἀπάμειαν συνέστη τῶν Καίσαρος στρατηγῶν ἐπ' αὐτὸν ἐλθόντων μετά τε ἱππέων καὶ πεζῆς δυνάμεως. τούτοις δὲ καὶ Ἀντίπατρος συμμαχίαν ἔπεμψε μετὰ τῶν τέκνων ... Χρονιζομένου δὲ τοῦ πολέμου Μοῦρκος μὲν ἦλθεν ἐκ Ῥώμης εἰς τὴν ἀρχὴν τὴν Σέξτου, Καῖσαρ δ' ὑπὸ τῶν περὶ Κάσσιον καὶ Βροῦτον ἐν τῷ βουλευτηρίῳ κτείνεται ... Τοῦ δ' ἐπὶ τῷ Καίσαρος θανάτῳ πολέμου συνερρωγότος ... ἀφικνεῖται Κάσσιος εἰς Συρίαν ... καὶ λύσας τὴν πολιορκίαν ἀμφοτέρους προσάγεται τόν τε Βάσσον καὶ τὸν Μοῦρκον. ("Bassus Caecilius, one of Pompey's sympathizers, formed a plot against Sextus Caesar, and after killing him, took over his army and made himself master of the country; thereupon a great war began near Apamea, for Caesar's generals marched against him with a force of cavalry and infantry. Antipater also sent them reinforcements together with his sons, ... As the war was prolonged, Murcus came from Rome to take Sextus' command, and (Julius) Caesar was killed by Cassius, Brutus and their followers in the Senate-house, ... On the outbreak of the war that followed Caesar's death ... Cassius arrived in Syria ... And after raising the siege, he won over both Bassus and Murcus.") See also the discussion by ALTHEIM and STIEHL, op. cit. (note 1) 363—364. On the revolt: SCHÜRER (VERMES and MILLAR), op. cit. (note 21) 248—249 and 276—277.

[66] Cic. Ad Att. 14.9.3.

[67] Dio 47.27.5.

Romans felt ἐλπὶς τότε, εἴπερ ποτέ, τοὺς Πάρθους καταστρέψεσθαι. ("A hope that then, if ever, they would subdue the Parthians."[68])

For a time, the situation worked itself out in the opposite direction. The invasion of Parthians from 40 to 38 B.C. detached large portions of Syria, which enthusiastically welcomed Pacorus[69]. Pacorus seemed to Syrians among the best of their rulers ever; they awaited the outcome of the war with mixed feelings[70]. Though we know nothing directly of the role taken by Emesenes in this conflict, it must have included coöperation with the Parthians before the death of Pacorus in 38. Even Commagene under Antiochus I, himself a distant relative of the Parthian invader, dared not defy Parthians openly and found itself receiving first their fugitives and then their pursuers, including Antony and Herod of Judea[71].

One indirect indication of the position of Emesa after this war does exist. Antony had come to believe by 37 B.C. that he might successfully attack Parthia, which had suffered a severe loss at the death of Pacorus the year before: *nec ullo bello Parthi umquam maius vulnus acceperunt*[72]. Encouraged in this by the Parthian aristocrat and commander Monaeses[73], Antony presented three cities to him in 36; among them was Arethusa, which we last saw in the possession of Sampsigeramus and Iamblichus of Emesa[74].

---

[68] Dio 43.51.1; App. Bell. Civ. 58. Discussion in N. DEBEVOISE, A Political History of Parthia (Chicago 1938) 106—107.

[69] Narrative in DEBEVOISE, ibid., 108—120.

[70] Dio 49.20.4: τὸν γὰρ Πάκορον ὅμοια τοῖς μάλιστα τῶν πώποτε βασιλευσάντων καὶ ἐπὶ δικαιοσύνῃ καὶ ἐπὶ πραότητι ὑπερηγάπων ("The Syrians felt unusual affection for Pacorus on account of his justice and mildness, an affection as great as they had felt for the best kings that had ever ruled them.").

[71] A daughter of Antiochus had married Orodes II of Parthia, the father — by a different wife — of Pacorus I: Dio 49.23.4: τούς τε γὰρ ἀδελφοὺς τοὺς ἐκ τῆς τοῦ Ἀντιόχου θυγατρὸς γεγεννημένους ἐδολοφόνησεν ("He [Phraates] treacherously murdered his brothers, sons of the daughter of Antiochus"). Fugitives to him: Dio 49.20.3: οἱ δὲ καὶ πρὸς τὸν Ἀντίοχον ἐς τὴν Κομμαγηνὴν κατέφυγον. ("Others fled for refuge to Antiochus in Commagene"). Antony and Herod: Jos. BJ 1.321f.: οὐ μὴν Ἡρώδης ἐπαύσατο τῆς πρὸς Ἀντώνιον ὁρμῆς· ἀκηκοὼς δ' αὐτὸν μετὰ πολλῆς δυνάμεως προσπολεμοῦντα Σαμοσάτοις, πόλις δ' ἐστὶν Εὐφράτου πλησίον καρτερά, θᾶττον ἠπείγετο τὸν καιρὸν ἐπιτήδειον ὁρῶν πρός τε ἐπίδειξιν ἀνδρείας καὶ τοῦ μᾶλλον ἀρέσασθαι τὸν Ἀντώνιον. ("Herod . . . continued his march to join Antony; the receipt of intelligence that the latter with a large army was assaulting Samosata, a strong city near the Euphrates, quickened his pace, as he saw in this a favourable opportunity for displaying his courage and strengthening his hold upon Antony's affection.") Plut. Ant. 34. Cf. Dio 48.41.5: χρήματα πολλὰ μὲν παρὰ τῶν ἄλλων ὡς ἑκάστων, πολλὰ δὲ καὶ παρὰ τοῦ Ἀντιγόνου τοῦ τε Ἀντιόχου καὶ Μάλχου τοῦ Ναβαταίου, ὅτι τῷ Πακόρῳ συνήραντο, ἐσέπραξε ("Ventidius . . . exacted large sums of money from the rest individually, and large sums also from Antigonus and Antiochus and Malchus the Nabataean, because they had given help to Pacorus").

[72] Justin 42.4.10; cf. Dio 49.20.3.

[73] The situation in Parthia at this time is discussed by DEBEVOISE, op. cit. (note 68) ch. VI.

[74] Strabo 16.2.10.753: above, note 12; Plut. Ant. 37.1 and 46.4; Dio 49.24.2: ὁ Ἀντώνιος, . . . ἐπὶ τῷ Μοναίσῃ πολλὰ ἐπελπίσας (καὶ γὰρ ὑπέσχητο αὐτῷ τῆς τε στρατείας ἡγήσεσθαι καὶ τὰ πλείω τῆς Παρθίας ἀκονιτὶ προσποιήσειν) τόν τε πόλεμον τὸν πρὸς αὐτοὺς

This transfer of an Arethusa from the dynasts of Emesa to Monaeses need not indicate any significant erosion of that little kingdom's holdings. Arethusa was originally a 'free' city, having been wrested from Jewish control by Pompey with many others: ... καὶ Ἀρέθουσαν τοῖς οἰκήτορσιν ἀπέδωκεν. ("And he restored Arethusa to its inhabitants."[75]) On this reconstruction, Emesa loses only its hegemony over the city, presumably retaining its own central territory[76]. In any case, the arrangement did not hold for long: τοῦ δὲ Πάρθων βασιλέως τῷ Μοναίσῃ δεξιὰν καταπέμψαντος, ἄσμενος αὐτὸν ἀπέστειλεν ὁ Ἀντώνιος. ("When the king of the Parthians sent to Monaeses an offer of peace, Antony gladly returned him."[77])

IV. Alexander (A 497)

Despite its possible difficulties with Antony, the kingdom endured. Iamblichus survived as king until the time of Actium, when he fell victim to the increasing anxieties of Antony regarding the loyalty of his allies. Antony ἀπέκτεινεν ... ἄλλους τε καὶ Ἰάμβλιχον Ἀραβίων τινῶν βασιλέα. (Antony "killed ... several, including Iamblichus, the king of some Arabs."[78])

After the battle, we learn of a new dynast in the house of Emesa, Alexander (A497). Octavian τῶν δυναστειῶν ἔπαυσε a number of those who

---

[75] ἐς χεῖρας ἤγετο καὶ τῷ Μοναίσῃ ἄλλα τε καὶ τρεῖς τῶν Ῥωμαίων πόλεις, μέχρις ἂν διαπολεμήσῃ, νέμεσθαι ἔδωκε, καὶ προσέτι καὶ τὴν τῶν Πάρθων βασιλείαν ὑπέσχετο. ("Antony was elated ... and furthermore based great hopes upon Monaeses, who had promised him to lead his army and bring most of Parthia over to him without trouble, and so he took in hand the war against the Parthians and gave Monaeses, in addition to other presents, three Roman cities to occupy until he should finish the war, and promised him the Parthian kingdom besides.")

[75] Jos. AJ 14.75; BJ 1.156.

[76] Another view questions whether this Arethusa is in fact the one associated with Emesa, postulating a coastal city of that name from its position in the list of Josephus. See the note at AJ 14.75 by R. MARCUS in his Loeb edition (London–Cambridge, Mass. 1943). In the absence, however, of independent attestation of this coastal city, we must incline toward the better-known city near Emesa. On its location: H. SEYRIG, op. cit. (note 1) 67, fig. 1; A. H. M. JONES, op. cit. (note 1), Map. V.

[77] Plut. Ant. 37.2; cf. Dio 49.24.5.

[78] Dio 50.13.7. On the pressure of these Eastern allies of Antony's: Plut. Ant. 56.6ff.; Dio 50.6.5: συνεμάχησαν, τῷ δ' Ἀντωνίῳ τὰ ἐν τῇ Ἀσίᾳ τῇ ἠπείρῳ τῶν Ῥωμαίων ἀκούοντα καὶ τὰ ἐν τῇ Θρᾴκῃ, ἥ τε Ἑλλὰς καὶ ἡ Μακεδονία, καὶ οἱ Αἰγύπτιοι οἵ τε Κυρηναῖοι μετὰ τῶν περιχώρων, καὶ οἱ νησιῶται οἱ προσοικοῦντές σφισιν, οἵ τε βασιλῆς καὶ οἱ δυνάσται πάντες ὡς εἰπεῖν οἱ τῇ τῶν Ῥωμαίων ἀρχῇ τῇ τότε ὑπ' ἐκείνου οὔσῃ γειτνιῶντες, οἱ μὲν αὐτοὶ οἱ δὲ δι' ἑτέρων. ("On Antony's side were the regions subject to Rome in continental Asia, the regions of Thrace, Greece, and Macedonia, the Egyptians, the people of Cyrene and the surrounding country, the islanders dwelling near them, and practically all the kings and potentates whose territories bordered upon that part of the Roman empire then under his control — some taking the field themselves and others represented by lieutenants.") Discussion in ALTHEIM and STIEHL, op. cit. (note 1) 365—366.

had joined Antony. Among them he found Ἀλέξανδρον τὸν τοῦ Ἰαμβλίχου ἀδελφόν. (Octavian "deprived of their sovereignty" several. Among them he found "Alexander the brother of Iamblichus."[79]) Dio adds: καὶ τοῦτον, ὅτι μισθὸν αὐτὴν τῆς ἐκείνου (sc. Octavian) κατηγορίας εἴληφει, καὶ ἐς τὰ ἐπινίκια παραγαγὼν ἀπέκτεινε. ("And because this one had received his sovereignty in return for denunciation of him [Octavian], he led him in his triumph and then killed him.") Whatever lay behind this obscure charge, the execution ended — so far as can be determined — the dynasty's uninterrupted tenure of Emesa.

V. Iamblichus II (J 7)

But if there was an interruption, it lasted little more than a decade. In 20 B.C. we find Augustus restoring a number of kingdoms to their traditional rulers. One δυναστεία went to Ἰαμβλίχῳ τε τῷ Ἰαμβλίχου. (One "sovereign territory" went to "Iamblichus the son of Iamblichus."[80]) The notice of Dio is unspecific, but clearly includes Emesa, for Iamblichus receives τὴν τῶν Ἀραβίων τὴν πατρῴαν. ("The hereditary territory of the Arabs."[81])

This restoration parallels a number of others in the neighboring dynasties. Also affected in 20 B.C. were the nearby holdings of the Tarcondimotids, the kingdom of Commagene, and the former possessions in Armenia Minor of Artavasdes I of Atropatene, which went to Archelaus I of Cappadocia[82]. All of these dynasts except Tarcondimotus were demonstrably soon to be related among themselves and to the royal house of Emesa. Iamblichus became father-in-law of the Commagenian princess Iotape III, herself the granddaughter of Artavasdes of Atropatene. Two of his grandchildren married members of the Judaean dynasty, in which descendants of Archelaus of Cappadocia had assumed prominent station. And one of his heirs or descendants apparently married Polemo, King of Pontus and of a portion of Cilicia[83].

Although Iamblichus II has left no distinct record of achievement, his restoration stands as one of several pursuant to the policy of Augustus whereby τὸ ... ἔνσπονδον τῷ πατρίῳ σφίσι τρόπῳ εἴα ἄρχεσθαι. ("The treaty allows for them to be governed in the ancestral manner."[84]) At least some part of this policy reflected the satisfaction of Augustus at

[79] Dio 51.2.2.
[80] Dio 54.9.2. Date: ALTHEIM and STIEHL, op. cit. (note 1) 366—367, with IGLSyr 2085.
[81] Dio 54.9.2.
[82] Dio 54.9.1—3.
[83] See Stemma. These marriages and their consequences have been studied in other articles, dealing with the dynasties concerned, in ANRW II 7 and II 8. On the marriage of Julia Mamaea to Polemo: H. SEYRIG, Polémon II et Julia Mamaea, RN (Sér. 6) 11 (1969) 45—47.
[84] Dio. 54.9.1.

14*

recovery of the standards lost by Crassus to Parthia; he received these ὡς καὶ πολέμῳ τινὶ τὸν Πάρθον νενικηκώς. ("As if having conquered the Parthian in some war."[85]) The desire of Romans for stable relations with the able and accommodating Parthian monarch, Phraates IV, rendered these dynastic adjustments in the Greek East both timely and necessary. In the century to come, Emesenes built steadily on their record of responsible coöperation and internal stability.

VI. Sampsigeramus II (J 541)

From the Roman nomenclature sometimes adopted in ancient references to this man, we can postulate a grant of citizenship to his father by Augustus. But a prior question is whether Iamblichus II was indeed his father. From one inscription, the paternity of Iamblichus is clear; from another and from several mentions in our texts, the progeny of Sampsigeramus II are known[86]. But nothing specifies the relationship of Iamblichus to Sampsigeramus; with understandable confusion, the editors of PIR call him both "*pater*" and "*proavus*" of Sampsigeramus[87].

An approach to the problem may be made through the dynastic marriages of Sampsigeramus and his children. First, his own marriage to Iotape II of the dynasty of Commagene could have occurred as early as about 5 B.C.[88] This assumes that the marriage of Iotape's mother, Iotape I (J 44), to Mithradates III of Commagene did occur in 20 B.C. and that this monarch, though still a παιδίσκος ("a young boy") then, was soon able to produce their two daughters named Iotape (the other became Queen of Commagene)[89].

A later date seems more likely, and it is possible to see a succession by Sampsigeramus and a dynastic marriage in A.D. 5/6, when the dynasty of

---

[85] Dio 54.8.2.

[86] Dio 54.9.2: δυναστείας ... 'Ιαμβλίχῳ τε τῷ 'Ιαμβλίχου ("certain principalities — to Iamblichus, the son of Iamblichus"). Jos. AJ 18.135: ὁ δὲ τρίτος τοῦ 'Αγρίππου ἀδελφὸς 'Αριστόβουλος γαμεῖ 'Ιωτάπην Σαμψιγεράμου θυγατέρα τοῦ 'Εμεσῶν βασιλέως, θυγάτηρ τε αὐτοῖς γίνεται κωφή· ὄνομα καὶ τῇδε 'Ιωτάπη. ("The other brother of Agrippa, Aristobulus, married Iotape, the daughter of Sampsigeramus king of Emesa. They had a daughter also named Iotape, who was a deaf-mute."); AJ 20.158; IGLSyr 2760 = ILS 8958:

> Regi magno
> C(aio) Iulio Sohaemo
> regis magni Sam-
> sigerami f(ilio).

[87] PIR² J 7 and J 541.

[88] On the reconstruction of the dynastic activities of queens and princesses named Iotape in Atropatene, Commagene, Emesa, Judaea, see G. H. MACURDY, Iotape, JRS 26 (1936) 40—42 and EADEM, Vassal Queens and Some Contemporary Woman in the Roman Empire, John Hopkins University Studies in Archaeology 22 (Baltimore 1937) 96—99.

[89] On the date of the marriage, MACURDY, ibid. Dio 54.9.3.

Emesa apparently re-acquired Arethusa[90]. But that must be regarded as conjecture.

In any case, epigraphical evidence allows us to see Sampsigeramus reigning at least by A.D. 17—19[91]. This could leave room for a successor of Iamblichus II in the interval, but no mention of him has survived if there was one.

Sampsigeramus II ruled as Great King, at least in local parlance. An inscription from Baalbek speaks of him as *regis magni Samsigerami* and accords the same title to his son, who also — unlike Sampsigeramus — bears Roman nomenclature in this inscription[92]. Although we have little record of the achievements of Sampsigeramus, one remarkable notice in Josephus shows his status as a full participant in the "Eastern dynastic network"[93]. Agrippa I of Judaea was τοῖς ἄλλοις βασιλεῦσιν περίβλεπτος ("notable among the other kings"). For reasons unspecified by Josephus, ἧκε γοῦν παρ' αὐτὸν Κομμαγηνῆς μὲν βασιλεὺς Ἀντίοχος, Ἐμεσῶν δὲ Σαμψιγέραμος καὶ Κότυς, τῆς μικρᾶς Ἀρμενίας οὗτος ἐβασίλευσεν, καὶ Πολέμων τὴν Πόντου κεκτημένος δυναστείαν Ἡρώδης τε. ("There came to him Antiochus the king of Commagene; Sampsigeramus of Emesa; Cotys, who . . . ruled Armenia Minor; Polemo, who held the sovereignty of Pontus; and Herod.") This notable assemblage at Tiberias in A.D. 42 included some of the most active dynasts yet remaining in the Greek East. Agrippa I was himself the brother-in-law of Iotape IV, the daughter of Sampsigeramus. She had married Aristoboulos (A 1051), one of the children left fatherless in 7 B.C. when Herod the Great executed his sons Alexander and Aristoboulos: τοῦ Ἀγρίππου ἀδελφὸς Ἀριστόβουλος γαμεῖ Ἰωτάπην Σαμψιγεράμου θυγατέρα τοῦ Ἐμεσῶν βασιλέως. ("Agrippa's brother Aristoboulos

---

[90] IGLSyr 2081.

[91] This comes from a reference to him in a Palmyrene inscription which also refers to Germanicus: J. CANTINEAU, Textes Palmyréniens provenant de la fouille du temple de Bèl, in: Syria 12 (1931) 116—141, no. 18 (139—141). Cf. H. SEYRIG, L'incorporation de Palmyre à l'empire romain, in: Syria 13 (1932) 266—277, esp. 266—267 (= ID., Antiquités Syriennes I [Paris 1934] 44—55, esp. 44—45). He is called «roi suprême» in CANTINEAU's translation of line 6: שמ[שגרם מלך] חמץ מל[כא רשיא.

[92] IGLSyr 2760 = ILS 8958:

> *Regi magno*
> *C(aio) Iulio Sohaemo*
> *regis magni Sam-*
> *sigerami f(ilio), philo-*
> *caesari et philo-*
> sic [r]ohmaeo, honora-
> *t[o ornamentis] consulari-*
> ḅ[us – – – – – – – – – – – –],
> *patrono coloniae*
> *(duum)viro quinquenn(ali)*
> *L(ucius) Vitellius L(uci) f(ilius)*
> *Fab(ia tribu) Soss[i]a[nus].*

Cf. CIL VI 35556a: *regis Samsigerami*. See the inscription discussed in my 'Dynasty of Judaea', in this volume (ANRW II 8) 343, note 283.

[93] Jos. AJ 19.338—342.

married Iotape, the daughter of Sampsigeramus, King of Emesa."[94]) The king of Commagene mentioned here is Antiochus IV (J 149). His father, Antiochus III (A 741), married his own sister, Iotape II; the sister of this happy couple was Iotape III, wife of Sampsigeramus[95].

The remaining three dynasts attending the meeting at Tiberias all contributed to the work of promoting stability in the East. Cotys, King of Armenia Minor, was the brother of Polemo II of Pontus[96]. Armenia Minor ranked as an important area of manoeuvre for dynasts in the century following the death of Tigranes the Great of Armenia and the settlement between Nero and the Arsacids[97]. Several relatives of the dynasts assembled at Tiberias controlled parts of it at one time or another, and several others were to become directly involved in the effort to hold Armenia. These included Polemo II himself and the son of Sampsigeramus, Sohaemus[98].

Polemo II joined the Judaean house by a marriage to Agrippa's daughter, Julia Berenice[99]. After the failure of that marriage, he married an apparent princess from Emesa, Julia Mamaea[100]. Her relationship to Sampsigeramus remains unclear. On chronological grounds, she would be either his daughter or his granddaughter.

Finally, Herod of Chalcis, brother of Agrippa I and the last-named dynast at Tiberias, also married Berenice, by whom he had two children. His first marriage, to Mariamme (M 205), produced another king of Armenia Minor, Aristoboulos (A 1052)[101].

All in all, Sampsigeramus II kept very good company.

---

[94] Jos. AJ 18.135. On the execution of Herod's sons: Jos. AJ 16.394: Ἀλέξανδρος δὲ καὶ Ἀριστόβουλος ἀχθέντες εἰς Σεβαστὴν ἐπιτάξαντος τοῦ πατρὸς στραγγάλῃ κτείνονται. ("Then Alexander and Aristobulus were taken to Sebaste and at the command of their father [Herod] were killed by strangling.") And 18.139: Ἀλεξάνδρῳ ... τῷ Ἡρώδου παιδὶ τοῦ βασιλέως τῷ ὑπὸ τοῦ πατρὸς ἀνῃρημένῳ ("Alexander, King Herod's son, who had been put to death by his father"). This other son, Alexander, married Glaphyra, daughter of Archelaus I of Cappadocia; her son and grandson, both named Tigranes, attempted to rule Armenia; her great-grandson, King Alexander, married a Commagenian princess, Iotape VII. See my article on 'The Dynasty of Commagene' and that on 'Papyri Reflecting the Eastern Dynastic Network' in this volume (ANRW II 8), with 'The Dynasty of Cappadocia', in ANRW II 7, section VII. Aristoboulos died in or soon after 48, to judge from the context in Josephus; the couple had a daughter, Iotape V (J 46).

[95] Antiochus IV was, in the three decades of rule left to him, to associate again with dynasts from Emesa; ultimately he faced one in battle — or at least his sons did. See below, p. 218.

[96] See PIR² C 1555 and J 472.

[97] See the discussion in 'Papyri Reflecting the Eastern Dynastic Network', section V.

[98] Below, p. 216.

[99] PIR² J 651.

[100] H. SEYRIG published the coin demonstrating this marriage in his 'Monnaies hellénistiques, XVI. Polémon II et Julia Mamaea': RN (Sér. 6) 11 (1969) 45—47. See the discussion in 'Papyri Reflecting the Eastern Dynastic Network', section V, and in 'Priesthoods of the Eastern Dynastic Aristocracy' (below, note 137), section IV.

[101] Jos. AJ 20.158: Ἀριστόβουλος Ἡρώδου τῆς Χαλκίδος βασιλέως παῖς ("Aristobulus, son of Herod, king of Chalcis"). For a discussion of this meeting at Tiberias, see SCHÜRER (VERMES and MILLAR), op. cit. (note 21) 448—451.

VII. Azizus (A 1693)

That Azizus, the successor of Sampsigeramus, was also his son can be inferred from two pieces of evidence. These are that he was the brother of Sohaemus ('Αζίζου Σόεμος ἀδελφός) and that Sohaemus was the son of Sampsigeramus[102]. But no firm date can be assigned for the succession. The first mention of Azizus dates to A.D. 53, when he is already reigning, over a decade after the final mention of Sampsigeramus II[103]. We find that he, like his sister Iotape IV, sought a marriage into the Judaean dynasty. He was willing to undergo circumcision to gain the hand of Drusilla, daughter of Agrippa I and sister of the current king, Agrippa II; this requirement had already caused the relative of Azizus, Antiochus Epiphanes (J 150) of Commagene, to decline marriage with the same princess[104].

In context, this betrothal might be an effort by Agrippa II at bringing into the royal house of Judaea a dynast whose territories bordered one of several new Judaean acquisitions — the former tetrarchy of Abila[105]. After noting that Agrippa II had received three territories and Abila, Josephus continues: λαβὼν δὲ τὴν δωρεὰν παρὰ τοῦ Καίσαρος 'Αγρίππας ἐκδίδωσι πρὸς γάμον 'Αζίζῳ τῷ 'Εμεσῶν βασιλεῖ περιτέμνεσθαι θελήσαντι Δρού- σιλλαν τὴν ἀδελφήν. ("Accepting this gift from Caesar, Agrippa gave his sister Drusilla in marriage to Azizus, King of Emesa, who was willing to be circumcised."[106])

Azizus did not long enjoy nuptial bliss with Drusilla. Διαλύονται δὲ τῇ Δρουσίλλη πρὸς "Αζιζον οἱ γάμοι μετ' οὐ πολὺν χρόνον. ("But Drusilla's marriage to Azizus dissolved after a short time."[107]) Drusilla found greater attraction in the new procurator of Judaea, M. Antonius Felix (A 828), brother of the imperial favorite, Pallas. If the marriage to Azizus had dynastic purposes, Drusilla would have none of them.

Whether from heartbreak or from natural causes, Azizus died the year after his marriage: τῷ ... πρώτῳ τῆς Νέρωνος ἀρχῆς ἔτει τελευτήσαντος

---

[102] Jos. AJ 20.158. IGLSyr. 2760: *Sohaemo regis magni Samsigerami f(ilio)*.
[103] Mentioned at Tiberias in A.D. 42, Jos. AJ 20.139: λαβὼν δὲ τὴν δωρεὰν παρὰ τοῦ Καίσαρος 'Αγρίππας ἐκδίδωσι πρὸς γάμον 'Αζίζῳ τῷ 'Εμεσῶν βασιλεῖ περιτέμνεσθαι θελήσαντι Δρούσιλλήν ("After receiving this gift from the emperor, Agrippa gave his sister Drusilla in marriage to Azizus king of Emesa, who had consented to be circumcised"), with the date coming from the previous section, 138. Cf. AJ 19.338: 'Εμεσῶν δὲ Σαμψιγέραμος ("Sampsigeramus, king of Emesa"). The dating of the succession to *"paulo post annum 44"* in PIR² J 541 rests on information unknown to me.
[104] Ibid.
[105] Discussion in SCHÜRER (VERMES and MILLAR), op. cit. (note 21) Appendix I, esp. pp. 567—568. On the dynasty, see E. RENAN, Mémoire sur la dynastie des Lysanias d'Abilène, Mémoires de l'Acad. des inscr. et belles lettres 26, 2 (Paris 1869), 49—84.
[106] Jos. AJ 20.139 (cf. above n. 103).
[107] Jos. AJ 20.141.

τοῦ Ἐμέσων δυνάστου Ἀζίζου Σόεμος ἀδελφὸς τὴν ἀρχὴν διαδέχεται. ("In the first year of the reign of Nero, the dynast of Emesa, Azizus, died and his brother Sohaemus received the sovereignty."[108])

VIII. Sohaemus (J 582)

After his succession in A.D. 54, Sohaemus found much to occupy him. Difficult times were at hand and the dynasts mobilized for what was to be nearly two decades of warfare. In this first year of his reign, Sohaemus found himself caught up in the plans of Nero for resisting renewed pressure from the Parthians on Armenia[109]. Nero ordered *et iuventutem proximas per provincias quaesitam supplendis Orientis legionibus admovere legionesque ipsas pro⟨p⟩ius Armeniam collocari ... duosque veteres reges Agrippam* (II of Judea) *et ⟨Ant⟩iochum* (IV of Commagene) *expedire copias*[110]. As part of this mobilization, *et minorem Armeniam Aristobulo* (of Judaea; A 1052), *regionem Sophenen Sohaemo cum insignibus regiis mandat*[111].

Is this Sohaemus the current king of Emesa? Some have resisted the identification on the grounds of distance between the two regions[112]. But the dwindling supply of able royal administrators in the East had begun to force such arrangements. Antiochus of Commagene had, besides this assignment, a kingdom with two portions almost as widely separated (the Regnum Antiochi in Rough Cilicia and Commagene itself). Polemo of Pontus also ruled a portion of Cilicia. The patchwork holdings of Agrippa II covered more than he could administer directly; portions of it had to be allotted to relatives (e.g., the tetrarchy of Chalcis to his brother Herod until his death in 48). To find the Emesene relative of these kings included in the emergency territorial arrangements of 54 constitutes no surprise[113].

How long Sohaemus retained Sophene, if he did successfully gain possession of it, cannot be determined. In 60, an attempted partition of Armenia employed the same dynastic personnel — Polemo, Aristoboulos, Antiochus — with the addition of Pharasmanes of Iberia[114]. This was in support of the effort to install the Judaean Tigranes V, *Cappadocum e nobilitate, regis Archelai nepos*[115]. Though Sohaemus goes unmentioned in this passage, he would be expected to join this group of his relatives if he still held Sophene.

---

[108] Jos. AJ 20.158.

[109] Tac. Ann. 13.6.1: the reports were *prorupisse rursum Parthos et rapi Armeniam*.

[110] Tac. Ann. 13.7.1.

[111] Tac. Ann. 13.7.1.

[112] E. g., MAGIE 1412, note 41.

[113] On these other kings' holdings, see the articles: 'Papyri Reflecting the Eastern Dynastic Network', section V; 'The Dynasty of Commagene'; 'The Dynasty of Judaea', section VII.

[114] Tac. Ann. 14.26.2.

[115] Tac. Ann. 14.26.2.

Sohaemus ruled Emesa as his brother's successor[116]. Josephus knows the rulers of Emesa either as δυνάσται or as βασιλεῖς; to local admirers, they could also merit the title *rex magnus*[117]. In his tenure of Sophene, Sohaemus was to be furnished *cum insignibus regiis*[118]. And in Emesa he ruled a *regnum*[119], with the title *rex*[120]. If the dating suggested for the inscription to him at Baalbek is correct, by A.D. 60 Sohaemus could also claim high honors at Roman hands: *Regi magno C(aio) Iulio Sohaemo . . . honorat[o ornamentis] consularib[us]*. He had reason to assume the titles *philoromaeus* and *philocaesar*, and proved a loyal ally[121]. Like his relative Agrippa, he also added royal patronage of a city (Heliopolis–Baalbek) to his services in the East[122].

The military activities of Sohaemus span his entire known reign. He joined the expedition of C. Cestius Gallus against Ptolemais in 66 at the outbreak of the Jewish War, assisting his relatives Antiochus of Commagene and Agrippa II of Judaea[123]. They composed a formidable force, with the Emesene contingent entirely comparable to the others. Cestius had τὰς παρὰ τῶν βασιλέων συμμαχίας, Ἀντιόχου μὲν δισχιλίους ἱππεῖς καὶ πεζοὺς τρισχιλίους, τοξότας πάντας, Ἀγρίππα δὲ πεζοὺς μὲν τοὺς ἴσους, ἱππεῖς δὲ δισχιλίων ἐλάττους, εἵπετο δὲ καὶ Σόαιμος μετὰ τετρακισχιλίων, ὧν ἦσαν ἱππεῖς ἡ τρίτη μοῖρα καὶ τὸ πλέον τοξόται. ("Auxiliaries from the kings, from Antiochus two thousand cavalry and three thousand infantry, all archers; from Agrippa the same number of infantry but fewer than two thousand cavalry; and Sohaemus followed with four thousand, of whom cavalry formed a third and the rest were archers."[124])

During the manoeuvring in Syria toward recognition of Vespasian as emperor in 69, Sohaemus, *haud spernendis viribus*, joined Antiochus of Commagene, Agrippa II, and others[125]. The next year, A.D. 70, they augmented the forces of Titus advancing on Jerusalem: *comitabantur . . .*

---

[116] Jos. AJ 20.158: τελευτήσαντος τοῦ Ἐμέσων δυνάστου Ἀζίζου Σόεμος ἀδελφὸς τὴν ἀρχὴν διαδέχεται ("Azizus, the overlord of Emesa, died and was succeeded on the throne by his brother Sohaemus").

[117] Jos. AJ 20.158: see note 116; BJ 2.481: Σοαίμῳ τῷ βασιλεῖ ("King Sohaemus.") and ibid., 7.226: συνεμάχουν . . . καὶ βασιλεῖς αὐτῷ τῆς μὲν Χαλκιδικῆς λεγομένης Ἀριστόβουλος, τῆς Ἐμέσης δὲ καλουμένης Σόαιμος. ("He [Paetus] had the further support of two sovereigns, Aristobulus of the region named Chalcidice, and Sohaemus of Emesa, as the other principality is called"). IGLSyr 2760 = ILS 8958:

> *Regi magno*
> *C(aio) Iulio Sohaemo*
> *regis magni Sam-*
> *sigerami f(ilio).*

(For the rest of this inscription cf. above n. 92).

[118] Tac. Ann. 13.7.1.
[119] Tac. Hist. 2.81.1.
[120] Tac. Hist. 5.1.2.
[121] IGLSyr 2760 (cf. above n. 92).   [122] IGLSyr 2759—2760.
[123] On Cestius: SCHÜRER (VERMES and MILLAR) 265.
[124] Jos. BJ 2.500—501.   [125] Tac. Ann. 2.81.1.

Agrippa Sohaemusque reges et auxilia regis Antiochi[126]. Their contingents remained considerable: συχνὸν δὲ καὶ παρὰ τῶν βασιλέων συνήχθη συμμαχικόν, Ἀντιόχου μὲν καὶ Ἀγρίππα καὶ Σοαίμου παρασχομένων ἀνὰ δισχιλίους πεζοὺς τοξότας καὶ χιλίους ἱππεῖς. ("A large allied force was assembled by the kings, with Antiochus and Agrippa and Sohaemus each supplying two thousand infantry archers and a thousand cavalry."[127])

The good working relationship Sohaemus enjoyed with Agrippa II remained unimpaired even when a certain Noarus (or Varus) abused the position of trust in which Agrippa left him[128]. This man was a relative of Sohaemus: Σοαίμῳ τῷ βασιλεῖ προσήκων κατὰ γένος. ("He was related by birth to Sohaemus the king.") That in turn saved him: πυθόμενος Ἀγρίππας ἀνελεῖν μὲν αὐτὸν ᾐδέσθη διὰ Σόαιμον. ("When Agrippa discovered [this abuse], he was reluctant to destroy him because of Sohaemus."[129])

Unfortunately, the relations with Antiochus IV of Commagene were not to prove equally amicable. The many decades of loyalty to Rome in the national heritage of Sohaemus continued unbroken when Romans decided in 72 to depose Antiochus and his sons in a Bellum Commagenicum[130]. In the sudden Roman attack on Commagene, συνεμάχουν ... βασιλεῖς αὐτῷ (sc. Caesennius Paetus) τῆς μὲν Χαλκιδικῆς λεγομένης Ἀριστόβουλος, τῆς Ἐμέσης δὲ καλουμένης Σόαιμος. ("Kings fought alongside him, Aristoboulos of the region called Chalcidice and Sohaemus of that called Emesa."[131])

Our last record of the activity of a certainly-attested Emesene monarch thus carries with it a strongly appropriate overtone in showing him loyally serving Roman policy, and an equally strong irony in observing him engaged in the removal of the last royal representative of a more ancient, previously allied, and closely related kingdom.

IX. C. Iulius Sampsigeramus (J 542) et alii

Whether or not Emesa soon shared the fate of Commagene cannot be determined. A coinage of Domitian, considered «*une monnaie des plus douteuses*», has been taken to indicate replacement of the dynasty[122]. But Imperial coinage at Emesa begins only under Antoninus Pius; dynasts could have ruled Emesa on into the second century[133]. Certainly we have

[126] Tac. Ann. 5.1.2.
[127] Jos. BJ 3.68.
[128] Jos. BJ 2.481—483; called Varus in BJ 2.247 and in Vita 48ff.
[129] Jos. BJ 2.481—483.
[130] On this war, see 'The Dynasty of Commagene' in this volume (ANRW II 8) 792.
[131] Jos. BJ 7.226. This may be the same Aristoboulos who had previously worked with Rome and the dynasts by taking over Armenia Minor: Tac. Ann. 13.7.1.
[132] H. SEYRIG, op. cit. (note 1) 64, note 6.
[133] Ibid. See BMC Galatia, etc. lxiv and 237.

the names of other members of the royal house, though without clear indication of rule. Thus, on a noted sepulchral monument at Emesa we read
of Γάϊος Ἰούλιος, Φαβία, Σαμσιγέραμος ὁ καὶ Σείλας, Γαίου Ἰουλίου Ἀλεξι-
ῶνος υἱός, ζῶν ἐποίησεν ἑαυτῷ καὶ τοῖς ἰδίοις, ἔτους Ϙτ'. ("Gaius Julius,
Fabia, Samsigeramus, also called Silas, son of Gaius Julius Alexio, while
still living made this for himself and his family, year 390."[134])

The date of this monument, year 390 of the Seleucid era, was A.D.
78/79. Our last notice of Sohaemus shows him alive and still ruling in 72.
In the absence of any reason to assume either his death or his deposition
in the short interval, we can in turn conclude nothing from the absence
of regnal titles for Julius Sampsigeramus. His father lacks them too, and
it seems best to regard both as members of the ruling house but neither
as king[135].

Inscriptions from Emesa reveal other members of the royal line, to
judge from nomenclature, on into the second century[136]. Again, we have
no evidence as to their precise activity, though they did form part of the
local aristocracy and continued to date their grave-stones in the grand
manner, by the Seleucid era.

The scions of the dynasty of Emesa could, by the mid-second century,
look back on a distinguished record of achievement stretching into the first
half of the last century before Christ. They continued to use the proud
names of their royal tradition, but little suspected that before the end of
the century a woman from Emesa would be Empress of Rome[137]. Cicero
had sported with the name of Sampsigeramus; other Romans had learned
to pronounce Iamblichus, Azizus, Sohaemus. Now they had to struggle
with such names as Maesa, Domna, Mamaea, Soaemias, and Elagabalus.
There's nothing new under the Sol Invictus.

---

[134] IGLSyr 2212 = OGIS 604.
[135] On the monument: H. SEYRIG, op. cit. (note 2), V, 53: 'Antiquités de la nécropole
d'Émèse', 1—24 = Syria 29 (1952) 204—227; P. COLLART, La Tour de Qalaat Fakra:
Syria 50 (1973) 137—161 and Plate XII.1.
[136] IGLSyr 2212—2217 and 2917.
[137] Julia Domna, PIR² J 663. On the priestly family at Emesa, see my 'Priesthoods of the
Eastern Dynastic Aristocracy', in: Studien zur Religion und Kultur Kleinasiens. Festschr. f. Friedrich Karl Dörner z. 65. Geburtstag, ed. S. SAHIN, E. SCHWERTHEIM and
J. WAGNER, Études préliminaires sur les religions orientales dans l'Empire romain 66
(Leiden 1977) notes 24, 84, 87. On the remaining members of the larger "dynasty", see
Stemma.

Die syrische Dekapolis von Pompeius bis Traian*

von HANS BIETENHARD, Bern

*«Nous savons peu de chose de la Trans-
jordanie. Une seule des villes a été plus ou
moins étudiée: Gérasa. Tout le reste nous
est terra incognita, même Amman, la capitale du nouveau royaume de Transjordanie»* (M. ROSTOVTZEFF, La Syrie Romaine:
Revue Historique 175, 1935, S. 26).

Inhaltsübersicht

* ⟨Überarbeitete und ergänzte Fassung des Aufsatzes H. BIETENHARD, Die Dekapolis von Pompeius bis Traian, Zeitschrift des deutschen Palästina-Vereins 79 (1963), S. 24 bis 58. — H. T.⟩

I. Die Städte der Dekapolis

Wir besitzen zwei Listen, welche die Städte der Dekapolis aufzählen. Schon die ältere, bei Plinius[1] erhaltene Aufzählung läßt eine gewisse Unsicherheit erkennen in bezug darauf, welche Städte der Dekapolis zugerechnet werden sollen: *Iungitur ei latere Syriae Decapolitana regio, a numero oppidorum, in quo non omnes eadem observant, plurimum tamen Damascum epoto riguis amne Chrysorroa fertilem, Philadelphiam, Rhaphanam, omnia in Arabiam recedentia, Scythopolim, antea Nysam, a Libero patre sepulta nutrice ibi Scythis deductis, Gadara Hieromice praefluente, et iam dictum Hippon, Dion, Pellam aquis divitem, Galasam, Canatham. Intercursant cinguntque has urbes tetrarchiae, regnorum instar singulae, et in regna contribuuntur, Trachonitis, Panias, in qua Caesarea cum supra dicto fonte, Abila, Arca, Ampeloessa, Gabe.* Plinius nennt also als Städte der Dekapolis: Damaskus, Philadelphia, Raphana, Skythopolis, Gadara, Hippos, Dion, Pella, Galasa, Kanatha. Das sind 10 Städte. 'Galasa' dürfte Verschreibung für 'Gerasa' sein. Nun wissen wir aber aus Inschriften, daß Abila ebenfalls zur Dekapolis gehört hat, und damit kommen wir auf 11 Städte, was die von Plinius erwähnte Unsicherheit bestätigt.

Der unter Antoninus Pius schreibende Claudius Ptolemaeus[2] gibt eine gegenüber Plinius beträchtlich erweiterte Liste, indem er als Städte von Coelesyrien und der Dekapolis folgende nennt: Heliopolis, Abila Lysaniae, Saana, Ina, Damaskus, Samulis, Abida, Hippus, Capitolias, Gadara, Adra, Skythopolis, Gerasa, Pella, Dion, Gadora, Philadelphia und Kanatha. Das sind 18 Städte. Die Schwierigkeit für uns liegt vor allem auch darin, daß Cl. Ptolemaeus nicht nur eine Liste der Städte der Dekapolis gibt, sondern eine solche, die auch Städte Coelesyriens umfaßt. Das an siebenter Stelle genannte 'Abida' könnte — auch nach den angegebenen geographischen Koordinaten: 68° 15′ / 32° 45′ — mit dem oben erwähnten Abila identisch sein. Raphana fehlt in der Liste des Ptolemaeus, die uns im ganzen für unsere Frage nicht weiterführt[2a].

Da die Listen von Plinius und Ptolemaeus für 10 Städte übereinstimmen (Damaskus, Hippos, Gadara, Skythopolis, Gerasa, Pella, Dion, Raphana, Philadelphia, Kanatha), da andererseits Abila auch inschriftlich als zur Dekapolis gehörig erwiesen ist, bekommen wir 11 Städte! Nun wissen wir von fast allen diesen Städten, mit Ausnahme von Damaskus und Raphana, daß sie pompeianische Ära hatten. Von Raphana ist m. W. die Ära nicht bekannt, Damaskus hatte bis in die Kaiserzeit seleukidische Ära.

---

[1] Plinius, n.h. V 16,74.

[2] Cl. Ptolemaeus, V 7.14—17; vielleicht ist in diesem Text der Ausdruck „und der Dekapolis" zu streichen, vgl. E. Schürer, Geschichte II⁴, S. 149f.

[2a] Josephus bezeugt nur für Skythopolis ausdrücklich die Zugehörigkeit zur Dekapolis, vgl. b. 3,446: ... εἰς Σκυθόπολιν· ἡ δ' ἐστὶ μεγίστη τῆς Δεκαπόλεως καὶ γείτων τῆς Τιβεριάδος ...

Damit dürfte die Annahme gerechtfertigt sein, daß Raphana ursprünglich
zur Dekapolis gehörte, Damaskus dagegen nicht. Wenn Plinius Damaskus
zur Dekapolis rechnet[3], dann wohl darum, weil es später zur Dekapolis
gekommen ist oder doch dazu gerechnet wurde, wie offenbar (nach Plinius)
auch andere Städte. Herrschte aber schon im 1. Jh. n. Chr. Unsicherheit
darüber, welche Städte tatsächlich zur Dekapolis gehörten, dann erklärt
sich die übergroße Liste des Cl. Ptolemaeus; er hat wohl einfach alle Städte
aufgezählt, von denen er hörte, daß sie zur Dekapolis gerechnet wurden.
Dann zeigt diese Unsicherheit wohl auch, daß die Städte der Dekapolis
keine feste Organisation bildeten, sondern wohl einen eher losen Verband
darstellten, eventuell war die Bezeichnung 'der Dekapolis' nicht mehr als
ein Ehrentitel[4] oder wurde zu einem solchen.

Die Liste des Ptolemaeus gibt uns aber noch ein Problem auf. Er
nennt u. a. als Städte der Dekapolis Adra (*der'a*), Capitolias[5] (*bēt rās*) und
Gadora — alles hellenistische Städte des Ostjordanlandes. Warum sind diese
Städte nicht in den Verband der Dekapolis aufgenommen worden (die dann
natürlich anders hätte heißen müssen)? Ihre Namen fehlen ja bei Plinius
und Josephus, auch sind sie inschriftlich nicht als Städte der Dekapolis
bezeugt.

Für die meisten Städte der Dekapolis gilt als Kriterium der Zugehörigkeit, daß sie durch Pompeius von der jüdischen Herrschaft befreit wurden[6], ausgenommen davon ist Philadelphia, das 63 v. Chr. nicht unter
jüdischer Herrschaft stand. Andererseits kann Gadora, das Ptolemaeus zur
Dekapolis rechnet, ursprünglich eben deshalb nicht zur Dekapolis gehört
haben, weil es als Hauptstadt von Peräa eine jüdische Stadt war (heute
es-salṭ), und es das Bestreben des Pompeius war, jüdisches und griechisches
Siedlungsgebiet verwaltungsmäßig auseinanderzuhalten[7].

II. *Die Lage der Städte der Dekapolis*

Auch wenn wir uns in dieser Studie auf die Zeit von Pompeius bis
Traian beschränken, ist es nötig, in aller Kürze die topographische Frage
zu diskutieren. Wir werden dabei auf wesentliche Probleme stoßen.

---

[3] Vgl. unten S. 226.

[4] Daß statt Raphana Samaria jemals zur D. gehört hätte, läßt sich nicht erweisen. Den
Versuch machte (nach MARQUARDT) G. HÖLSCHER, Palästina in der persischen und hellenistischen Zeit, S. 97f., er fand aber m. W. keinen Beifall.

[5] Vgl. dazu unten Anm. 7.

[6] Vgl. unten S. 231f. Auch für Damaskus stimmt der Gesichtspunkt nicht, da Damaskus zur
Zeit des Pompeius wohl nicht zur Dekapolis gehört hat. Wie Philadelphia zeigt, ist der
Gesichtspunkt der jüdischen Herrschaft nicht ausschlaggebend gewesen.

[7] Daß Gadara = *umm kēs* unterschieden werden muß von Gadora = *es-salṭ*, hat m. W. als
erster SCHLATTER, Zur Topographie und Geschichte Palästinas S. 44—51, erkannt und

1. **Abila.** G. SCHUMACHER[8] hat die Lage bestimmt; es liegt am *wādi el-ḳuwēlbe* auf zwei Hügeln. Der nördliche Tell heißt *tell abīl*, der südliche *tell umm el-'amad*[9]. Die Stadt lag an einem perennierenden Fluß, der ca. 1,5 km südlich der heutigen Ruinen in der *'ēn el-ḳuwēlbe* entspringt. Abila ist auf allen Seiten, ausgenommen im Süden, von Tälern umgeben; das gibt ihm, obwohl es nicht über das umgebende Land hinausragt, eine beherrschende Lage. Etwas nördlich des *tell abīl* vereinigen sich die Täler zu einer engen Schlucht. Dicht am Vereinigungspunkt der beiden Täler entspringt eine Quelle, *'ēn el-ḥaǧǧe*. Das *wādi el-ḳuwēlbe* mündet in das *wādi es-siǧil* und dieses wiederum in die *šerī'at el-manḏūr*, d. h. in den Jarmuk, den Hieromices des griechisch-römischen Altertums[10]. Wie erwähnt fehlt Abila in der Liste des Plinius; es gehörte aber zweifellos zur Dekapolis, wie aus einer bei Palmyra aufgefundenen Inschrift aus dem Jahre 133 n. Chr. hervorgeht, die von einem „Agathangelos aus Abila der Dekapolis" redet, ferner aus Angaben bei Ptolemaeus und Euseb[10]. Nach Ausweis der Münzen hieß die Stadt auch Seleukeia[11], und die Einwohner nannten sich Σελευκεῖς Ἀβιληνοί[12].

2. **Dion.** Die Lage dieser Stadt ist heute noch umstritten. Es stehen sich m. W. im wesentlichen drei Versuche, die Ortslage zu bestimmen, gegenüber: a) Dion ist identisch mit *'ēdūn* ca. 10 km ssö von *irbid* bzw. mit dem *tell el-ḥöṣn* bei *'ēdūn*[13]. b) Dion ist identisch mit *'ēdūn* bei *mafraḳ* (5 km nö davon), 8 km osö von *er-riḥāb*; es ist dies eine beherrschende Anhöhe über der Ebene, 790 m ü. M.; es ist kein *tell*, sondern eine natürliche Erhebung[14]. c) Dion ist identisch mit dem heutigen *tell el-aš'ari*; dieser liegt 4 km w von *ṭafas*, das seinerseits 13 km nnw von *der'a* liegt[15]. Für diese zuletzt genannte Ortslage ist schon E. SCHWARZ eingetreten, und ihm pflichtete neuerdings

---

bewiesen. Vgl. BUHL, Geographie des alten Palästina, S. 255, A. 860; ADOLF SCHLATTERS Rückblick S. 157. — Vgl. auch Guide Bleu, Moyen Orient, S. 474: das heutige *ǧadūr* bewahrt noch den antiken Namen Gadora. — Capitolias fällt deshalb außer Betracht, weil es erst unter Nerva oder Trajan gegründet worden ist; seine Aera beginnt im Jahre 97 oder 98; vgl. SCHÜRER, Geschichte I[3.4], S. 651.

[8] Abila of the Decapolis; vgl. auch GLUECK, Explorations in Eastern Palestine IV, Part I, S. 222.

[9] Nach Euseb, Onomastikon ed. KLOSTERMANN, S. 32,16f. liegt es 12 römische Meilen ö von Gadara, von wo es auch heute leicht, über Pisten, erreicht werden kann: Ἀβελ ἀμπελώνων. ἔνθα ἐπολέμησεν Ἰεφθαέ. γῆς υἱῶν Ἀμμῶν. καὶ ἔστιν εἰς ἔτι νῦν κώμη ἀμπελοφόρος Ἀβελὰ ἀπὸ ϛ σημείων Φιλαδελφίας, καὶ ἄλλη πόλις ἐπίσημος Ἀβελὰ οἰνοφόρος καλουμένη, διεστῶσα Γαδάρων σημείοις ιβ τοῖς πρὸς ἀνατολαῖς, καὶ τρίτη τις αὐτὴ Ἀβελὰ τῆς Φοινίκης μεταξὺ Δαμασκοῦ καὶ Πανεάδος.

[10] Ptolemaeus V 15,22 und Euseb (vgl. oben); SCHUMACHER S. 45; NEUBAUER, Géographie S. 260; SCHÜRER, Geschichte II[4] S. 162 A. 267; 163; ABEL, Géographie II S. 234f.

[11] HEAD, Historia Numorum S. 786.

[12] SCHÜRER, Geschichte II[4] S. 163.

[13] So nach vielen älteren Forschern auch BRÜNNOW–VON DOMASZEWSKI, Die Provincia Arabia III S. 265. — Dagegen spricht aber, daß die Römerstraße diesen Ort beiseite läßt, vgl. MITTMANN. Die römische Straße von Gerasa nach Adraa S. 134 A. 36.

[14] GLUECK, a. a. O. S. 81f.

[15] Gütige Mitteilung von A. KUSCHKE (Tübingen).

ABEL[16] bei, der die anderen Ortsbestimmungen als très problématiques
bezeichnet. Die Angaben des Ptolemaeus[17], nach denen Dion $^1/_6°$ ö und
$^1/_6°$ n von Pella lag, helfen hier nicht weiter. Für die Lokalisierung von
Dion auf dem heutigen *tell el-aš'ari* spricht der Umstand, daß in einem
antiken Grab in der Nähe zwei nach der Ära von Dion datierte Münzen
gefunden worden sind, die nicht im Umlauf gewesen sind[18]. Wir haben hier
also den interessanten und bedeutungsvollen Tatbestand vor uns, daß eine
relativ bedeutende hellenistische Stadt des Ostjordanlandes sich topogra-
phisch nicht mehr (oder noch nicht) genau festlegen läßt. Wenn wir hier
weiterkommen wollen, muß an allen zur Debatte stehenden Orten der Spaten
des Ausgräbers angesetzt werden[19].

3. Gadara. Im heutigen *umm kēs* liegen die Ruinen von Gadara[20],
die SEETZEN[21] erkannt und richtig bestimmt hat. Die Stadt liegt 30 km nw
von *irbid*, 364 m ü. M., am Südufer des Jarmuk, der in *el-ḥamme* 121 m
unter Meereshöhe fließt. Der Absturz nach N in die Tiefe des Jarmuktales
ist also ganz beträchtlich und sehr eindrucksvoll. In mehreren Stufen und
Terrassen senkt sich das Gelände gegen W, gegen das Jordantal, zu; der
Blick geht weit über das Land und umfaßt u. a. auch den See Genezareth.
In griechisch-römischer Zeit reichte das Landgebiet von Gadara bis zum
See Genezareth[22].

4. Gerasa. Das Ruinenfeld von Gerasa, heute *ǧeraš*, liegt 59 km im
N von Amman, 580 m ü. M., am *wādi ǧeraš*, dem Chrysorrhoas des Altertums, einem Nebenfluß des *nahr ez-zerḳa* (Jabbok)[23]. Die Stadt nannte sich
noch im 2. Jh. n. Chr. Antiocheia[24].

5. Hippos. Die Stadt lag auf der Höhe zwischen dem Tal des Jarmuk
und dem Tal des *samak*, über dem Ostufer des Sees Genezareth, 370 m ü. M.
Heute sind es die Ruinen von *ḳal'at el-ḥōṣn*, w des Dorfes *fīḳ* (des Apheka

---

[16] ABEL, Géographie II S. 306f.

[17] Ptolemaeus V 15,23.

[18] ABEL, Géographie II S. 306f. unter Berufung auf ALT. — Eine Inschrift vom Tell el-
asch'ari stammt aus der Zeit Vespasians (69—79 n. Chr.), vgl. BRÜNNOW–VON DOMA-
SZEWSKI, Die Provincia Arabia III S. 309. Damit ist natürlich nicht bewiesen, daß die
Stadt Dion an dieser Stelle lag.

[19] ABEL, Géographie II S. 306f. nennt noch weitere Vorschläge für die Lokalisierung von
Dion.

[20] Γάδαρα (Matth. 8,28). πόλις πέραν τοῦ ᾽Ιορδάνου, ἀντικρὺ Σκυθοπόλεως καὶ Τιβεριάδος
πρὸς ἀνατολαῖς ἐν τῷ ὄρει, οὗ πρὸς ταῖς ὑπωρείαις τὰ τῶν θερμῶν ὑδάτων λουτρὰ
παράκειται (Euseb. Onom., ed. KLOSTERMANN, S. 74).

[21] SEETZEN, Reisen durch Syrien I S. 368ff.

[22] LANKESTER HARDING, Auf biblischem Boden S. 59.

[23] SCHUMACHER, Dscherasch S. 1—77 bietet eine gute Beschreibung dessen, was damals
sichtbar war. Die Arbeit ist überholt durch die seitherigen Grabungen und das darüber
publizierte Werk von KRAELING, Gerasa; vgl. auch LANKESTER HARDING, Auf biblischem
Boden S. 85—115.

[24] Vgl. Euseb., Onom. Γεργασεί (Deut. 7,1). ἐπέκεινα τοῦ ᾽Ιορδάνου παρακειμένη πόλις τῷ
Γαλαάδ, ἣν ἔλαβε φυλὴ Μανασσῆ. αὕτη δὲ λέγεται εἶναι ἡ Γερασά, πόλις ἐπίσημος τῆς
᾽Αραβίας. τινὲς δὲ αὐτὴν εἶναι τὴν Γάδαράν φασιν. μέμνηται δὲ καὶ τὸ Εὐαγγέλιον τῶν
Γερασσινῶν (Euseb. Onom., ed. KLOSTERMANN, S. 64).

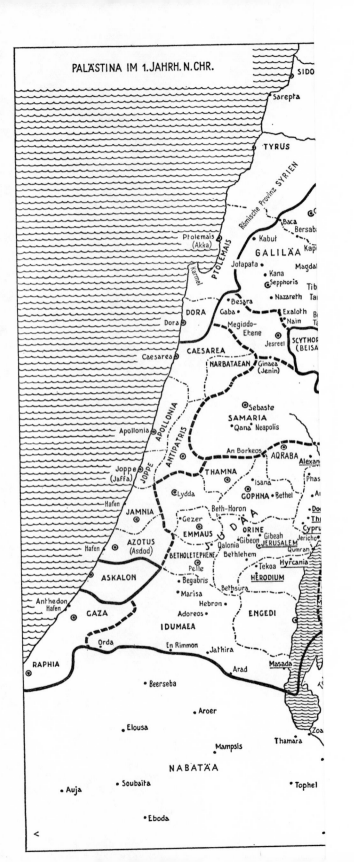

PALÄSTINA IM 1.JAHRH. N.CHR.

SIDO

Sarepta

TYRUS

Römische Provinz SYRIEN

Baca
Bersaba
Kabul
Ptolemais (Akka)
Kapi
GALILÄA

Jotapata
Magdal
Kana
Sepphoris
Tib
Nazareth
Besara
Exaloth
Gaba
DORA
Nain
Megiddo-Ebene
Dora
Jesreel
SCYTHOP
(BEISA)
CAESAREA
NARBATAEAN
Ginaea (Jenin)
Caesarea

Sebaste
SAMARIA
Qana Neapolis
Apollonia
An Borkeos
AQRABA
Alexan
THAMNA
Isana
Phas
Joppe (Jaffa)
Lydda
GOPHNA Bethel
Hafen
Beth-Horon
Doc
JAMNIA
Gezer
Thi
EMMAUS
ORINE
Cyprus
Gibeah Jericho
AZOTUS (Asdod)
Qalonia Gibeon JERUSALEM
Hafen
BETHOLETEPHENE
Bethlehem
Qumran
Pelle
Tekoa Hyrcania
ASKALON
Begabris
HERODIUM
Bethsura
Marisa
Anthedon
Hafen
Hebron
ENGEDI
GAZA
Adoreos
IDUMAEA
Orda
En Rimmon
Jathira
RAPHIA
Arad
Masada

Beerseba

Aroer

Elousa
Thamara
Zoa
Mampsis

NABATÄA

Auja
Soubaita
Tophel

Eboda

des Euseb). Die Stadt hieß, nach Ausweis der Münzen, auch Antiocheia am Hippos[25].

6. **Kanatha.** Heute die Ruinen bei *ḳanawāt* im Hauran (*ğebel ed-drūz*), 7 km nnö von *es-suwēda*, 1200 m ü. M.[26]. Neben diesem Kanatha noch ein Kanata in der *nuḳra* anzunehmen, ist unnötig[27].

7. **Pella.** Nach Euseb lag Pella 6 römische Meilen von Jabis, d. h. dem *wādi jābis*[28]. Es handelt sich dabei um die Ruinen und den *tell* von *ḫirbet ṭabaḳāt faḥil*, 36 km im N von Jericho, auf einer Terrasse ö über dem Jordantal gelegen, in einer Entfernung von 12 km von Skythopolis (Beth-Schean, Beisan). Das *wādi ṭanṭūr* vereinigt sich mit dem einen perennieren-den Fluß führenden *wādi ğurm* zum *wādi malāwi*[29]. Etwa 1 km im N von Pella entspringt im *wādi ḥamme* eine Thermalquelle, die noch heute von den Arabern benutzt wird[30].

8. **Philadelphia.** Es ist das Rabbath Ammon des Alten Testaments[31], das heutige Amman, die Hauptstadt des Königreiches Jordanien, am Ober-lauf des *nahr ez-zerḳa* gelegen, ca. 900 m ü. M.[32].

9. **Raphana.** Das hellenistische Raphana dürfte mit dem in 1. Makk. 5, 37 erwähnten Raphon identisch sein; 13 km onö von *šēḫ saʿad*, 5 km n von *šēḫ meskīn* (in der Nähe der Straße Damaskus—*derʿa*) befindet sich auf dem linken Ufer des *nahr el-ehrēr* das Dorf *er-rāfe*, das an der Stelle des antiken Raphana liegt[33]. Gelegentlich, aber wohl zu Unrecht, wurde Raphana mit Capitolias identifiziert[34].

---

[25] HEAD, a. a. O. S. 786. — Hippos hatte wohl einen Hafen am See Genezareth, vgl. SCHA-LIT, Herodes S. 296.

[26] Κανάθ (Num. 32,42). κώμη τῆς Ἀραβίας εἰς ἔτι νῦν Κανάθα καλουμένη, ἣν ἑλὼν ὁ Ναβαῦ ὠνόμασεν Ναβώθ, καὶ γέγονε φυλῆς Μανασσῆ. κεῖται δὲ εἰς ἔτι καὶ νῦν ἐν τῷ Τραχῶνι πλησίον Βόστρων (Euseb. Onom., ed. KLOSTERMANN, S. 112). In dem Dorfe El-Afine fand sich folgende, sich auf Kanatha beziehende Inschrift (aus der Zeit zwischen 102/3 und 117 n. Chr. stammend): ὑπὲρ σωτηρίας καὶ ὑγείας Αὐτοκράτορος Νέρουα Τραιανοῦ Καί-σαρος Σεβαστοῦ Γερμανικοῦ Δακικοῦ ἀγωγὸς ὑδάτων εἰσφερομένων εἰς Κάνατα ἐκ προνοίας Κορνηλίου Πάλμα πρεσβευτοῦ Σεβαστοῦ ἀντιστρατήγου (DITTENBERGER, OGI II 314).

[27] SCHÜRER, Geschichte II⁴ S. 164—166, der diese These WADDINGTONS eingehend wider-legt. — Vgl. auch die Diskussion bei SCHALIT, Herodes S. 697f., der erklärt: „Ein sicheres Resultat ist jedoch vorläufig nicht zu erzielen."

[28] Ἰαβεῖς Γαλαάδ (Richt. 21,8) ... καὶ νῦν ἐστι κώμη πέραν τοῦ Ἰορδάνου ἀπὸ ϛ' σημείων Πέλλης πόλεως ... (Euseb. Onom., ed. KLOSTERMANN, S. 110).

[29] SCHUMACHER, Pella; GLUECK, a. a. O. S. 126. 213. 254ff.; ABEL, Géographie II S. 405f.; RICHMOND, Khirbet Fahil S. 18—31; über die neuesten Ausgrabungen in Pella orientiert SMITH, Pella of the Decapolis.

[30] RICHMOND, a. a. O.; Plinius, n.h. V 16,74 nennt Pella *aquis divitem*. Die warmen Quellen werden auch im Talmud erwähnt, vgl. jSchebiit VI 1,36c,63.

[31] 2. Sam. 11,1; 12,26—31 u. ö.: Ῥαββάθ (II Sam 12,26). πόλις βασιλείας Ἀμμών· αὕτη ἐστὶν Φιλαδελφία (Euseb. Onom., ed. KLOSTERMANN, S. 146), vgl. ebda. S. 16: Ἀμμᾶν (Deut. 2,19). ἡ νῦν Φιλαδελφία, πόλις ἐπίσημος τῆς Ἀραβίας.

[32] GALLING, BRL Sp. 432. 434f.; GLUECK, a.a.O. S. 2. 14; Guide Bleu, Moyen Orient S. 446—451.

[33] ABEL, Géographie S. 432; GUTHE, Griechisch-römische Städte des Ostjordanlandes S. 13 A. 17.

[34] SCHÜRER, Geschichte II⁴ S. 164.

10. Skythopolis. Das schon im Alten Testament erwähnte Beth-Schean[35] ist die einzige Stadt der Dekapolis, die im W des Jordans lag. Der imposante *tell* liegt ca. 30 km s des Sees Genezareth im Jordangraben[36]. Die Stadt hieß in hellenistischer Zeit — nach dem Dionysoskult in ihr — auch Nysa[37]; auch habe sie Trikomia geheißen, da sie durch einen Synoikismos von drei Dörfern entstanden sei[38].

11. Damaskus. Die uralte Hauptstadt Syriens[39]. Ob Pompeius Damaskus tatsächlich der Dekapolis zugewiesen hat[40], ist umstritten[41]. Vielleicht hat erst Kaiser Nero die Stadt der Dekapolis zugewiesen. Gegen die ursprüngliche Mitgliedschaft spricht der schon erwähnte Umstand, daß Damaskus nicht pompeianische, sondern seleukidische Ära hatte. Für die Zuweisung von Damaskus zur Dekapolis könnte Folgendes sprechen. Josephus[42] berichtet, daß Salome Alexandra (etwa 70 v. Chr.) den Aristobul mit einem Heere gegen Damaskus aussandte, das von Ptolemaeus Mennaei beherrscht war; Aristobul kehrte zurück, ohne etwas dem Einsatz Entsprechendes ausgerichtet zu haben. In einer Parallelstelle[43] heißt es aber, Alexandra habe ein Heer nach Damaskus geschickt und es eingenommen. Dann schließt wieder an die Bemerkung, daß sie dabei nichts Bedeutendes verrichtete. Nun geht aus dem Bericht des Josephus über die Eroberung der Stadt durch die Römer nicht hervor, daß sie im Jahre 64/63 v. Chr. noch unter jüdischer Herrschaft stand; eine genaue Betrachtung des Textes scheint dies vielmehr sogar auszuschließen[44]. Man wird von hier aus also nicht mit Sicherheit sagen können, daß Pompeius die Stadt aus der jüdischen Oberhoheit löste, ihr die 'Freiheit' gab und sie so der Dekapolis eingliederte.

[35] Jos 17,16; Ri 1,17 u. ö.: εἰσὶν δ' ἐπὶ τοῦ Αὐλῶνος πόλεις ἐπίσημοι Τιβεριὰς καὶ ἡ πρὸς αὐτῇ λίμνη, Σκυθόπολις ... (Euseb. Onom., ed. KLOSTERMANN, S. 16), ebd. S. 54: Βηθσαν (Richt. 1,27). ... αὕτη ἐστὶ Σκυθόπολις, ἐπίσημος Παλαιστίνης πόλις.
[36] GALLING, BRL Sp. 101ff.; ROWE, Beth Shan; VILNAY, Israel Guide S. 394—403.
[37] Plinius, n.h. V 18,74.
[38] Malalas V 139f.; TSCHERIKOWER, Die hellenistischen Städtegründungen S. 72. Vgl. jetzt auch B. LIFSHITZ, Scythopolis. L'histoire, les institutions et les cultes de la ville à l'époque hellénistique et impériale, ob. in diesem Band (ANRW II 8), S. 262—294.
[39] GALLING, BRL, Sp. 124. Vgl. Euseb. Onom., ed. KLOSTERMANN, S. 76: Δαμασκός (Gen. 15,2). πόλις ἐπίσημος Φοινίκης.
[40] GALLINGS Hinweis auf Josephus, a. 14,29—33 ist irrig; denn an dieser Stelle sagt Josephus nichts davon.
[41] GUTHE, a. a. O. S. 25; ABEL, Géographie S. 302.
[42] Josephus, a. 13,16,3: καὶ μετ' οὐ πολὺ τὸν υἱὸν Ἀριστόβουλον μετὰ στρατιᾶς ἐξέπεμψεν ἐπὶ Δαμασκόν, κατὰ Πτολεμαίου τοῦ Μενναίου λεγομένου, ὃς βαρὺς ἦν τῇ πόλει γείτων. ἀλλ' ὁ μὲν οὐδὲν ἐργασάμενος σπουδῆς ἄξιον ὑπέστρεψεν ...
[43] Josephus, b. 1,5,3: Ἀλεξάνδρα δ' ἐκπέμψασα ἐπὶ Δαμασκὸν στρατιὰν (πρόφασις δ' ἦν Πτολεμαῖος ἀεὶ θλίβων τὴν πόλιν) ταύτην μὲν ὑπεδέξατο μηδὲν ἀξιόλογον ἐργασαμένην ...
[44] a. 14,29: ... Πομπήιος, αὐτὸς ὢν ἐν Ἀρμενίᾳ καὶ πολεμῶν ἔτι Τιγράνῃ. ὁ δ' ἀφικόμενος εἰς Δαμασκὸν Λόλλιον μὲν καὶ Μέτελλον νεωστὶ τὴν πόλιν ἡρηκότας εὑρὼν αὐτὸς εἰς τὴν Ἰουδαίαν ἠπείγετο. Daß Lollius und Metellus die Stadt Damaskus den Juden abgenommen hätten, steht gerade nicht im Text, auch nicht in den folgenden Ausführungen des Josephus.

III. Der Landschaftsname

Wir stellen uns in diesem Abschnitt die Frage, in welcher Landschaft wir die Dekapolis zu suchen haben bzw. welcher Landschaft oder welchem Land oder Landesteil sie zuzuweisen ist. Wir verstehen die Frage wieder im historischen Sinne: welcher Landschaft wurde die Dekapolis in der Antike zugerechnet? Auf diese Frage sind drei Antworten gegeben worden: a) die Dekapolis gehörte zu Syrien; b) die Dekapolis gehörte zu Coelesyrien; c) die Dekapolis gehörte — ganz oder teilweise — zu Arabien.

Bei der Klärung dieser Frage haben wir zu unterscheiden zwischen den rein geographischen Angaben und Abgrenzungen und den politisch-verwaltungsmäßigen Grenzen der römischen Provinzialeinteilung. Diese Provinzialeinteilung überdeckt nämlich etwa vom 2. Jh. n.Chr. an die Landschaftsnamen. — Daß die Städte der Dekapolis zu Syrien gehören, ist klar, wenn man unter 'Syrien' das ganze Gebiet zwischen Mittelmeer und Euphrat einerseits und zwischen der arabischen Wüste und den Gebirgen des südlichen Kleinasien andererseits versteht. Fraglich ist in diesem Falle nur die Zugehörigkeit von Philadelphia und Kanatha, die denn auch oft zu Arabien gerechnet werden[45].

Sobald aber das ganze riesige Gebiet unterteilt wird, beginnen die Schwierigkeiten. Nach Strabo[46] zerfällt Syrien in Kommagene, Seleukis, Coelesyrien und Phönizien, im Landesinnern liegt Judaea. Er sagt dann auch, daß einige Syrien bewohnt sein lassen von Syrern, Coelesyrern und Phöniziern, zu denen noch Judäer, Idumäer, Gazäer, Azotier kämen. Strabo bezeichnet als 'Coelesyrien' das Tal zwischen Libanon und Antilibanon, die heutige biḳāʿ. Zu dieser Ebene rechnet er dann aber auch alles Land bis und mit dem See Genezareth[47]. Strabo kennt aber auch einen anderen Gebrauch des Namens 'Coelesyrien': es ist dies dann alles Land, welches oberhalb, d. h. südlich, der Seleukis gegen Arabien und Ägypten zu liegt, eigentlich aber nur der vom Libanon und Antilibanon abgegrenzte Teil. Es existierte also die Bezeichnung 'Coelesyrien' für das ganze südliche Syrien; sie liegt vor bei Theophrast[48], aber gelegentlich auch im jüdischen

---

[45] Polybius, vgl. S. 228f.; Plinius, vgl. A. 1 dieser Arbeit.

[46] Strabo XVI 2,2 § 749,1: Μέρη δ' αὐτῆς [sc. Syriens] τίθεμεν ἀπὸ τῆς Κιλικίας ἀρξάμενοι καὶ τοῦ ᾽Αμανοῦ τήν τε Κομμαγηνὴν καὶ τὴν Σελευκίδα καλουμένην τῆς Συρίας, ἔπειτα τὴν κοίλην Συρίαν, τελευταίαν δ' ἐν μὲν τῇ παραλίᾳ τὴν Φοινίκην, ἐν δὲ τῇ μεσογαίᾳ τὴν ᾽Ιουδαίαν.

[47] Strabo XVI 2,16 § 755: ἔνιοι δὲ τὴν Συρίαν ὅλην εἴς τε Κοιλοσύρους [καὶ Σύρους] καὶ Φοίνικας διελόντες τούτοις ἀναμεμῖχθαί φασιν τέτταρα ἔθνη, ᾽Ιουδαίους ᾽Ιδουμαίους Γαζαίους ᾽Αζωτίους, γεωργικοὺς μέν, ὡς τοὺς Σύρους καὶ Κοιλοσύρους, ἐμπορικοὺς δέ, ὡς τοὺς Φοίνικας.

[48] Theophrast, hist. plant. II 6,2: πανταχοῦ γὰρ ὅπου πλῆθος φοινίκων ἁλμώδεις αἱ χῶραι· καὶ γὰρ ἐν Βαβυλῶνί φασιν ... καὶ Φοινίκη· καὶ τῆς Συρίας δὲ τῆς κοίλης, ἐν ᾗ γ' οἱ πλεῖστοι τυγχάνουσιν.

Schrifttum[49]. Strabo sagt weiter, daß das Küstengebiet von Orthosia bis Pelusium — ein schmaler Landstrich, wie er erklärt — 'Phönizien' heiße. Das innere Land aber „zwischen Gaza und dem Antilibanon bis zu den Arabern hin" werde Judaea genannt[50]. Weiter sagt er, daß über Judaea und Coelesyrien bis zum Euphrat gegen Süden zu Arabien liege[51]. Für Strabo liegt also das 'Ostjordanland' in Arabien, und er rechnet es ausdrücklich nicht zu Coelesyrien. Dasselbe ist der Fall bei dem viel früheren Polybius (ca. 210—120 v. Chr.). Polybius berichtet in V 70 von der Eroberung von Itabyrion (= Tabor), Pella, Kamus und Gephrus durch Antiochus III. im Kriege gegen Ptolemaeus IV. Philopator. Dann fährt er fort, daß auf diese Erfolge hin alle Bewohner des benachbarten Arabien auf die Seite des Antiochus traten. Ferner berichtet Polybius, wie Antiochus III. Abila gewinnt und Gadara belagert. „Hierauf, da die Nachricht kam, daß eine größere Abteilung der Feinde in Rabbatamana, einer Stadt Arabiens, sich gesammelt habe und von hier aus das Land der auf seine Seite getretenen Araber verheerend durchziehe . . ." (V 71). Für Polybius gehört das Ostjordanland zu Arabien. Unter 'Coelesyrien' dagegen versteht er das Land westlich des Antilibanon, und er rechnet dazu vor allem auch Palästina westlich des Jordan (V 31. 68). Von Ägypten aus gesehen ist für ihn die erste Stadt Coelesyriens Rhinokorura (V 80)[51a].

Offensichtlich rechnet auch Plinius das 'Ostjordanland' nicht zu Coelesyrien. Wo er über Judaea redet, sagt er: *Pars eius Syriae iuncta Galilaea vocatur, Arabia vero et Aegypto proxima Peraea, asperis dispersa montibus et a ceteris Iudaeis Iordane amne discreta*[52]. Vorher sagt er von den

---

[49] Josephus, a. 14,74f.: καὶ τὰ μὲν Ἱεροσόλυμα ὑποτελῆ φόρου Ῥωμαίοις ἐποίησεν· ἃς δ' οἱ ἔνοικοι πρότερον πόλεις ἐχειρώσαντο τῆς Κοίλης Συρίας, ἀφελόμενος ὑπὸ τῷ σφετέρῳ στρατηγῷ ἔταξε . . . καὶ Γάδαρα μὲν, μικρὸν ἔμπροσθεν κατασκαφεῖσαν, ἀνέκτισε, Δημητρίῳ χαριζόμενος τῷ Γαδαρεῖ, ἀπελευθέρῳ ἑαυτοῦ, τὰς δὲ λοιπὰς, Ἵππον καὶ Σκυθόπολιν καὶ Πέλλαν καὶ Δῖον καὶ Σαμάρειαν, ἔτι τε Μάρισσαν καὶ Ἄζωτον καὶ Ἰάμνειαν καὶ Ἀρέθουσαν, τοῖς οἰκήτορσιν ἀπέδωκε. Vgl. auch a. 14,79: καὶ περὶ μὲν τούτων κατὰ χώραν ἐροῦμεν, Πομπήιος δὲ τὴν Κοίλην Συρίαν ἕως Εὐφράτου ποταμοῦ καὶ Αἰγύπτου Σκαύρῳ παραδοὺς . . . Vgl. b. 1,156.
[50] Strabo XVI 2,21 § 756: Ἅπασα μὲν οὖν ἡ ὑπὲρ τῆς Σελευκίδος ὡς ἐπὶ τὴν Αἴγυπτον καὶ τὴν Ἀραβίαν ἀνίσχουσα χώρα κοίλη Συρία καλεῖται, ἰδίως δ' ἡ τῷ Λιβάνῳ καὶ τῷ Ἀντιλιβάνῳ ἀφωρισμένη· τῆς δὲ λοιπῆς ἡ μὲν ἀπὸ Ὀρθωσίας μέχρι Πηλουσίου παραλία Φοινίκη καλεῖται . . . ἡ δ' ὑπὲρ ταύτης μεσόγαια μέχρι τῶν Ἀράβων ἡ μεταξὺ Γάζης καὶ Ἀντιλιβάνου Ἰουδαία λέγεται.
[51] Strabo XVI 4,3 § 765: Ὑπέρκειται δὲ τῆς Ἰουδαίας καὶ τῆς κοίλης Συρίας μέχρι Βαβυλωνίας καὶ τῆς τοῦ Εὐφράτου ποταμίας πρὸς νότον Ἀραβία πᾶσα χωρὶς τῶν ἐν τῇ Μεσοποταμίᾳ σκηνιτῶν.
[51a] Polybius V 71: μετὰ δὲ ταῦτα πυνθανόμενος εἰς τὰ Ῥαββατάμανα τῆς Ἀραβίας καὶ πλείους ἠθροισμένους τῶν πολεμίων πορθεῖν καὶ κατατρέχειν τὴν τῶν προσκεχωρηκότων Ἀράβων αὐτῷ χώραν . . . Polybius V 31: . . . πρῶτον ἐπιχειρήσομεν δηλοῦν κατὰ τὴν ἐξ ἀρχῆς πρόθεσιν τὸν ὑπὲρ Κοίλης Συρίας Ἀντιόχῳ καὶ Πτολεμαίῳ συστάντα πόλεμον . . . Vgl. Polybius V 40. Polybius V 68: . . . Ἀντίοχος μὲν συνῆγε τὰς δυνάμεις, ὡς εἰσβαλὼν καὶ κατὰ γῆν καὶ κατὰ θάλατταν καὶ καταστρεψόμενος τὰ καταλειπόμενα μέρη τῶν ἐν Κοίλῃ Συρίᾳ πραγμάτων . . . Polybius V 80: (Πτολεμαῖος) . . . κατεστρατοπέδευσε πεντήκοντα σταδίους ἀποσχὼν Ῥαφίας, ἣ κεῖται μετὰ Ῥινοκόλουρα πρώτη τῶν κατὰ Κοίλην Συρίαν πόλεων ὡς πρὸς τὴν Αἴγυπτον.
[52] Plinius, n. h. V 15,70.

Teilen Syriens: *Namque Palaestina vocabatur qua contingit Arabas, et Iudaea, et Coele, exin Phoenice, et qua recedit intus Damascena* . . .[53]. Das Verhältnis von Coelesyrien zu Palästina/Judäa ist hier nicht recht klar. Deutlich ist, daß auch Coelesyrien an Arabien grenzt. Wir vermissen aber eine Angabe darüber, wo etwa die Grenze zwischen Syrien/Coelesyrien und Arabien verläuft. Die Sache wird nicht viel klarer durch die andere Angabe[54] über Damaskus, Philadelphia und Raphana der Dekapolis, von denen er sagt: *Omnia in Arabiam recedentia.* Unklar ist hier vor allem, daß er auch Damaskus zu Arabien zu rechnen scheint. Auf der anderen Seite scheint er auch die *biķā'* als Coelesyrien zu bezeichnen: *A tergo eius Libanus mons orsus MD stadiis Zimyram usque porrigitur Coeles Syriae qua cognominatur. Huic par interveniente valle mons adversus Antilibanus obtenditur quondam muro coniunctus. Post eum introrsus Decapolitana regio praedictaeque cum ea Tetrarchiae et Palaestines tota laxitas*[55].

Josephus bezeichnet oft das 'Ostjordanland' als 'Coelesyrien': ,,Von Moab stammen die Moabiter, die noch jetzt ein großes Volk bilden; von Amman die Ammaniter; beide Völker bewohnen Coelesyrien[56].'' Nach dieser Stelle würde sich Coelesyrien im Süden bis zum *wādi el-ḥesa* erstrecken. Sogar Damaskus kann Josephus zu Coelesyrien rechnen: ,,Nach Antiochus gelangte zur Regierung von Coelesyrien Aretas, der von der Besatzung in Damaskus aus Haß gegen Ptolemaeus Mennaei zur Herrschaft berufen wurde[57].'' Nicht so klar ist die Stelle a. 12, 129, aber es scheint doch, daß mit Coelesyrien vorwiegend das Land im Osten des Jordans gemeint ist[57a]. Ganz deutlich[58] erscheint Gadara als Stadt Coelesyriens, und ebenso wird Skythopolis[59] als Stadt Coelesyriens erwähnt[60]. Nach einer anderen Stelle[61] gehört das ganze südliche Syrien zu Coelesyrien: ,,Pompeius übergab Coelesyrien bis zum Euphrat und bis nach Ägypten hin dem Scaurus . . . .'' Kanatha liegt in Coelesyrien, gehört aber den 'Arabern'[62]. Die Damascener riefen den Aretas herbei und machten ihn zum König von Coelesyrien[63].

---

[53] Plinius, n. h. V 13,66.
[54] Plinius, n. h. V 16,74.
[55] Plinius, n. h. V 17,77.
[56] Josephus, a. 1,20.
[57] Josephus, a. 13,392.
[57a] Josephus, a. 12,129: τοὺς γὰρ Ἰουδαίους ἐπ' Ἀντιόχου τοῦ μεγάλου βασιλεύοντος τῆς Ἀσίας ἔτυχεν αὐτούς τε πολλὰ ταλαιπωρῆσαι τῆς γῆς αὐτῶν κακουμένης καὶ τοὺς τὴν Κοίλην Συρίαν νεμομένους. Von den ca. 30 Stellen, an denen bei Josephus Coelesyrien erwähnt wird, weisen über 20 eindeutig in das Ostjordanland, vgl. SCHALIT, Herodes, S. 775.
[58] Josephus, a. 13,356: ὁ δὲ τῶν ἐκ Πτολεμαίου φόβων ἐλευθερωθεὶς στρατεύεται μὲν εὐθὺς ἐπὶ τὴν Κοίλην Συρίαν, αἱρεῖ δὲ Γάδαρα πολιορκήσας δέκα μησίν . . .
[59] Josephus, a. 13,355: . . . ἡ Κλεοπάτρα πείθεται μηδὲν ἀδικῆσαι τὸν Ἀλέξανδρον, ἀλλὰ συμμαχίαν πρὸς αὐτὸν ἐποιήσατο ἐν Σκυθοπόλει τῆς Κοίλης Συρίας.
[60] Vgl. zum Vorhergehenden BUHL, a. a. O. S. 82, A. 56.
[61] Josephus, a. 14,79.
[62] Josephus, a. 15,112: μετὰ δὲ ταῦτα πολλὴ στρατιὰ τῶν Ἀράβων εἰς Κάναθα συνῄει· χωρία δ' ἔστι ταῦτα τῆς Κοίλης Συρίας. Vgl. b. 1,366: Κάναθα τῆς Κοίλης Συρίας.
[63] Josephus, b. 1,103; a. 13,392: . . . Δαμασκηνοὶ διὰ τὸ πρὸς Πτολεμαῖον τὸν Μενναίου μῖσος Ἀρέταν ἐπάγονται, καὶ καθιστᾶσι Κοίλης Συρίας βασιλέα. Vgl. a. 13,392: βασι-

Interessant ist die Umschreibung Peräas in folgender Stelle: ,,In der Länge
erstreckt sich Peräa von Machärus bis Pella, der Breite nach von Philadelphia zum Jordan. Jenes Pella liegt an der Nordgrenze, der Jordan bildet
die Westgrenze. Die Moabitis ist das im Süden benachbarte Land. Nach
Osten zu grenzt es an Arabien, Silbonitis, das Gebiet von Philadelphia und
Gerasa[64].'' Josephus kann auch sagen, daß Judäa an Arabien grenzt[65], also
nicht an Coelesyrien, wie wir aus anderen, oben erwähnten Stellen schließen
müßten. Das 'Ostjordanland' kann für Josephus als 'Arabien' gelten, so
wenn er sagt, daß die Festungen Alexandrium, Hyrkanium und Machärus
bei dem arabischen Berglande liegen[66,67].

Wir sahen schon[68], daß Ptolemaeus Coelesyrien und die Dekapolis
zusammenstellt. Es ist kaum anzunehmen, daß er beide Landschaften miteinander identifiziert; näher dürfte die Annahme liegen, daß er zwei anein-
andergrenzende Landschaften zusammen nennt. Dabei ist merkwürdig, daß
er unmittelbar vor der Liste der coelesyrischen und dekapolitanischen
Städte Caesarea Paneas als Stadt von Phönizien im Landesinnern nennt;
er scheint es also nicht zu Coelesyrien zu rechnen. Das ist um so verwunder-
licher, als er z. B. Ina und Adra (= der'a) zu 'Coelesyrien und Dekapolis'
stellt[69].

In diesem Zusammenhang kann auch auf Justin den Märtyrer verwie-
sen werden, der Damaskus zu Arabien rechnet, wobei er die angeredeten
Juden als Zeugen für die Richtigkeit dieser Landschaftsbezeichnung aufruft.
Sein Zeugnis ist auch deshalb wichtig, weil es nach der Neueinteilung der
Provinzen durch Traian verfaßt ist und weil Justin sich darüber genau
Rechenschaft gibt: ,,Daß aber Damaskus in Arabien lag und liegt, kann auch
von euch niemand leugnen, wenngleich es jetzt Syrophönizien zugeteilt ist[70].''

Man kann also zusammenfassend sagen: für Polybius, Strabo, Plinius
und Justin gehört das 'Ostjordanland' zu 'Arabien', Josephus rechnet es
oft zu Coelesyrien, gelegentlich aber auch zu Arabien. Die Landschafts-
bezeichnungen sind aber unscharf, insbesondere ist die Bezeichnung 'Coelesyrien' ein sehr dehnbarer Begriff.

λεύει δὲ μετὰ τούτου τῆς Κοίλης Συρίας ᾿Αρέτας, κληθεὶς εἰς τὴν ἀρχὴν ὑπὸ τῶν τὴν
Δαμασκὸν ἐχόντων κτλ.

[64] Josephus, b. 3,46f.

[65] Josephus, a. 14,15: ἔστι δ' ὅμορος τῇ ᾿Ιουδαίᾳ ἡ ᾿Αραβία.

[66] Josephus, b. 1,161.

[67] Abila rechnet sich, wie man aus den Münzlegenden schließen kann, zu Coelesyrien, vgl.
      SCHÜRER, Geschichte II⁴ S. 163, ebenso Philadelphia bis auf Alexander Severus, vgl.
      SCHÜRER, Geschichte II⁴ S. 192f., auch Gadara, vgl. SCHÜRER, Geschichte II⁴ S. 192;
      Stephanus Byz. rechnet zu Coelesyrien: Skythopolis, Pella, Dion, Gerasa.

[68] Vgl. S. 221.

[69] Diese Unsicherheit, die wohl aus einem Mangel an Information oder/und Anschauung
      kommt, zeigt sich z. B. auch bei seinen Angaben über die Städte in Palästina. Zu
      Samaria rechnet er Neapolis (nāblus) und Thena, Sebaste dagegen zu Judaea (vgl. V 15).
      Ähnliches läßt sich für andere Landschaften feststellen, so etwa für das alte Helvetien.

[70] Justin, dial. c. Tryph. Jud. 78,10; vgl. Euseb. Onom., ed. KLOSTERMANN, S. 80: Δεκά-
      πολις (Matth. 4,25). ἐν Εὐαγγελίοις. αὕτη ἐστὶν ἡ ἐπὶ τῇ Περαίᾳ κειμένη ἀμφὶ τὴν ῞Ιππον
      καὶ Πέλλαν καὶ Γαδάραν.

IV. Das Werk des Pompeius

Pompeius erschien im Jahre 64/63 v. Chr. in Syrien. Er hatte wohl schon im Jahre 66 v. Chr. durch seinen aus Gadara stammenden Freigelassenen Demetrios die Lage in Syrien erkunden lassen[70a]. Seine Legaten Lollius und Metellus hatten schon vor seinem Erscheinen Damaskus erobert (vgl. A. 44). Als er persönlich dort erschien, stellte sich ihm die Aufgabe, die ganze ungeheure Länder- und Völkermasse zwischen Mittelmeer und Euphrat zu ordnen, und zwar so, daß sie direkt oder indirekt in das System des römischen Reiches eingefügt wurde. Kleine Dynasten wie die Hasmonäer Aristobul und Hyrkan hatten Pompeius ohnehin zum Schiedsrichter über ihre Streitigkeiten angerufen — und damit auf Unabhängigkeit und Souveränität verzichtet[71]. So war Pompeius auch von dieser Seite her legitimiert zum Eingreifen. Nach bewährtem römischem Brauch ging Pompeius daran, die Könige und Dynasten in ihrer Macht zu schwächen, die Städte dagegen auf ihre Kosten zu stärken[72]. Radikal verkleinerte er das Herrschaftsgebiet des jüdischen Hohenpriesters Hyrkan[73]. Uns interessiert hier vor allem, daß Pompeius eine ganze Anzahl von hellenistischen Städten von der jüdischen Oberherrschaft befreite. Josephus nennt in diesem Zusammenhang Gadara, Hippos, Skythopolis, Pella, Dion, Samaria, Marissa, Azot, Jamnia, Arethusa, Gaza, Joppe, Dora, Stratons Turm[74]. Uns beschäftigen hier die fünf an erster Stelle genannten Städte, zu denen noch fünf weitere kommen, die wir oben[75] erwähnten: Gerasa, Abila, Raphana, Kanatha und Philadelphia. Gerasa war von Alexander Jannai im Kriege gegen den Nabatäer Aretas erobert worden[76]. Abila hatte wohl das Schicksal von Gadara geteilt. Raphana war der Ort einer Niederlage des Timotheus im Kriege gegen Judas Makkabäus[77]; auch diese Stadt wird unter

---

[70a] Gelzer, Pompeius, 85f.

[71] Josephus, a. 14,34: μετ' οὐ πολὺ δὲ Πομπηίου εἰς Δαμασκὸν ἀφικομένου καὶ Κοίλην Συρίαν ἐπιόντος, ἦκον παρ' αὐτὸν πρέσβεις ἐξ ὅλης Συρίας καὶ Αἰγύπτου καὶ ἐκ τῆς Ἰουδαίας. ἔπεμψε γὰρ αὐτῷ μέγα δῶρον Ἀριστόβουλος . . . μετ' οὐ πολὺ δ' ἦκον πάλιν πρέσβεις πρὸς αὐτόν, Ἀντίπατρος μὲν ὑπὲρ Ὑρκανοῦ, Νικόδημος δ' ὑπὲρ Ἀριστοβούλου. Vgl. b. 1,128: παρελθόντος γοῦν εἰς τὴν χώραν πρέσβεις εὐθέως ἦκον παρὰ τῶν ἀδελφῶν, ἑκατέρου βοηθεῖν αὐτῷ δεομένου. Vgl. GELZER, a. a. O., S. 93f.; BURR, Rom und Judäa, S. 875f.

[72] SCHALIT, Herodes S. 744ff.; BENGTSON, Grundriß der römischen Geschichte S. 203f.; ID., Griechische Geschichte S. 500: Pompeius knüpfte an die Städtepolitik der Seleukiden an; er sah in den hellenistischen Städten die größten Stützen für die römische Herrschaft.

[73] NOTH, Geschichte Israels S. 339—341, wo weitere Einzelheiten stehen.

[74] a. 14,75 (vgl. A. 49 dieser Arbeit); b. 1,155f.; vgl. GELZER, Pompeius S. 95f.

[75] Vgl. S. 223—5.

[76] Josephus, b. 1,104: Ἀλέξανδρος δὲ Πέλλαν ἑλὼν ἐπὶ Γέρασαν ᾔει πάλιν, τῶν Θεοδώρου κτημάτων γλιχόμενος, καὶ τρισὶ τοὺς φρουροὺς περιβόλοις ἀποτειχίσας δίχα μάχης τὸ χωρίον παραλαμβάνει. Vgl. a. 13,396. Vgl. b. 1,104f.; NOTH, a. a. O. S. 335f.

[77] 1 Makk. 5,37ff.; Josephus, a. 12,341ff.: χρόνῳ δ' ὕστερον οὐ πολλῷ Τιμόθεος δύναμιν μεγάλην παρασκευασάμενος . . . ἦκεν ἄγων τὴν στρατιὰν πέραν τοῦ χειμάρρου Ῥαφῶν

die Herrschaft des Alexander Jannai gekommen sein. Kanatha stand unter der Herrschaft des arabischen (nabatäischen) Tyrannen Ptolemaeus. Zur Zeit des Johannes Hyrkan war Philadelphia in der Hand eines kleinen Dynasten namens Zeno Kotylas. Weder Johannes Hyrkan noch seine Nachfolger konnten Philadelphia erobern; es scheint, daß die Stadt bis auf die Zeit des Pompeius von örtlichen Herrschern oder von den Nabatäern regiert wurde[78].

Die Maßnahmen des Pompeius richteten sich also nicht speziell gegen die Juden, sondern allgemein gegen die Beherrschung von hellenistischen Städten durch allerlei (semitische) Kleinkönige des Ostens. Es ist wohl möglich, daß Pompeius diese Maßnahmen nicht nur im Sinne des römischen *divide et impera* ergriff, sondern daß er eine kulturpolitische Absicht verfolgte; er wollte das Griechentum gegen das semitische 'Barbarentum' des Ostens fördern und stärken. Wahrscheinlich sah er sich in der Rolle eines zweiten Alexanders von Makedonien — nicht nur als Eroberer des Ostens, sondern auch als Träger und Förderer der Kultur[79]. Indem Pompeius diesen hellenistischen Städten die 'Freiheit' gab, sprengte er aufs neue den Versuch der semitischen Herrscher des Ostens, geschlossene Nationalstaaten zu schaffen[80].

ἄντικρυς (πόλις δ᾽ ἦν αὕτη) . . . ᾽Ιούδας δ᾽ ἀκούσας παρεσκευάσθαι τὸν Τιμόθεον πρὸς μάχην, ἀναλαβὼν πᾶσαν τὴν οἰκείαν δύναμιν ἔσπευδεν ἐπὶ τὸν πολέμιον . . . ἐμπίπτει τοῖς ἐχθροῖς, καὶ τοὺς μὲν αὐτῶν ὑπαντιάζοντας ἀνήρει, τοὺς δ᾽ εἰς δέος ἐμβαλὼν ῥίψαντας τὰ ὅπλα φεύγειν ἠνάγκασε.

[78] Strabo berichtet, daß Pompeius u. a. auch die in der Gegend von Skythopolis und Philadelphia gelegenen Festungen erobert habe, XVI 2,40: κατασπάσαι δ᾽ οὖν ἐκέλευσε τὰ τείχη πάντα καὶ ἀνεῖλεν εἰς δύναμιν τὰ ληστήρια καὶ τὰ γαζοφυλάκια τῶν τυράννων. ἦν δὲ δύο μὲν τὰ ταῖς εἰσβολαῖς ἐπικείμενα τοῦ ᾽Ιερικοῦντος Θρὴξ τε καὶ Ταῦρος, ἄλλα δὲ ᾽Αλεξάνδριόν τε ῾Υρκάνιον καὶ Μαχαιροῦς καὶ Λυσιὰς καὶ τὰ περὶ τὴν Φιλαδέφειαν καὶ ἡ περὶ Γαλιλαίαν Σκυθόπολις.

[79] Von seinem Triumphzug: „Da las man die Namen: Pontus, Armenien, Paphlagonien, Kappadokien, Medien, Kolchis, Iberer, Albaner, Syrien, Kilikien, Mesopotamien, Phönikien und Palästina, Arabien, die Piraten, die Pompeius zu Wasser und zu Lande vernichtet hatte. In diesen Ländern waren ausweislich der Inschriften nicht weniger als tausend feste Schlösser und fast neunhundert Städte erobert worden, den Seeräubern hatte er achthundert Schiffe abgenommen, neue Städte hatte er neununddreißig gegründet" (45). „Damals gab es Leute, die in Pompeius Alexander wiedererstanden glaubten; sie verstiegen sich sogar zu der Behauptung, Pompeius sei in der Zeit, als er seinen dritten Triumph feierte, noch nicht vierunddreißig Jahre gewesen. Tatsächlich ging er schon ins vierzigste. Hätte er damals, als Alexanders Glück nicht zur Seite stand, die Augen geschlossen, wie glücklich wäre er gewesen" (46). (Plutarch, Römische Heldenleben. Übertragen und herausgegeben von WILHELM AX., Kröners Taschenausgabe 67 [Stuttgart, 1934].) Vgl. GELZER, a. a. O. S. 89. 109; vgl. JONES, Cities S. 258.

[80] Münzen zeigen, daß folgende Städte pompeianische Ära hatten: Abila, Dion, Gadara, Gerasa, Kanatha, Pella, Philadelphia, Hippos (SCHÜRER II S. 159. 177. 182. 169. 176. 157; HEAD a. a. O. S. 786f.). — Ob Skythopolis pompeianische Ära hatte, ist nicht sicher, vgl. SCHÜRER II⁴ S. 172; nach A. ALT, ZDPV 55 (1932) S. 128ff. zählte die Stadt ab 64 v. Chr. nach eigener Ära. — Damaskus hatte nicht pompeianische, sondern seleukidische Ära, d. h. es wurde nicht durch Pompeius, sondern erst später — durch Nero? — in die Dekapolis aufgenommen; vgl. GUTHE, Griechisch-römische Städte S. 25.

Die oben genannten 10 Städte sind nun offenbar von Pompeius zu einem Bund zusammengefaßt worden[80a]. Die Maßnahme war einerseits so durchgreifend, daß der Name 'Dekapolis' sich über viele Jahrhunderte hinweg erhielt und alle Neugliederungen von 'Syrien' und 'Arabien' überdauerte. Andererseits aber wissen wir wenig Konkretes über die Organisation der Dekapolis als solcher. Wir wissen nicht, ob diese 10 Städte als geschlossenes Ganzes innerhalb der Provinz standen; ob sie etwa einen gemeinsamen Landtag oder eine gemeinsame Vertretung der Provinz Syrien gegenüber hatten. Es wurde vermutet[81], daß diese Städte durch einen gemeinsamen Kult miteinander verbunden waren, doch fehlen m. W. hierfür die Belege.

Sicher ist dagegen, daß diese Städte — wenn wir von Damaskus zunächst absehen — ein zusammenhängendes Landgebiet bildeten[81a]. Im Westen reichten die Dörfer von Hippos und Gadara bis an den See Genezareth, wo ihr Landgebiet mit demjenigen von Tiberias und Skythopolis zusammenstieß[82]. Auf Münzen von Gadara erscheint als Symbol ein Schiff, was als Hinweis darauf gelten darf, daß sein Gebiet bis an den See reichte[83]. Das Gebiet von Pella reichte im Westen sicher bis an den Jordan, wo es an das Gebiet von Skythopolis anschloß, gegen Norden zu muß es an das Gebiet von Gadara gereicht haben. Wir können heute leider nicht mehr angeben, wo die Grenze zwischen den Landgebieten der beiden Städte durchlief. Im Süden bildete wohl das *wādi jābis* die Grenze gegen das jüdische Peräa. Im Osten ging Pellas Landgebiet wohl — auch hier fehlen die genauen Angaben — bis auf die Höhe des Berglandes des 'a*ğlūn*. Hier stieß Pellas Landgebiet auf dasjenige von Gerasa; auf welcher Linie dies der Fall war, wissen wir nicht. Gerasas Landgebiet dürfte sich im Süden bis zum *naḥr ez-zerḳa* erstreckt haben. Es ist dies eine natürliche Grenze. Von hier aus südwärts erstreckte sich das Landgebiet von Philadelphia. Beider Gebiet wurde im Westen von Peräa begrenzt. Wo hier die Grenze verlief, ist schwer zu sagen. Im Jahre 44 n. Chr. hatte Philadelphia mit den Juden einen Streit um das Dorf Zia[84], heute ḫirbet zei nördlich von *es-salṭ*[84a].

Im Osten von Gadara lag Abila, und zwar so nahe, daß beider Landgebiete sicher aneinandergrenzten. Wir müssen annehmen, daß beider Land-

[80a] Vgl. COLIN, Les villes libres S. 28f.

[81] BRÜNNOW–VON DOMASZEWSKI, Die Provincia Arabia III S. 265.

[81a] Von COLIN a. a. O. S. 28f. bestritten.

[82] Josephus, Vita 42: τότε δὲ πείσας 'Ιούστος τοὺς πολίτας ἀναλαβεῖν τὰ ὅπλα, πολλοὺς δὲ καὶ μὴ θελήσαντας ἀναγκάσας, ἐξελθὼν σὺν πᾶσι τούτοις ἐμπίμπρησι τάς τε Γαδαρηνῶν καὶ 'Ιππηνῶν κώμας, αἳ δὴ μεθόριοι τῆς Τιβεριάδος καὶ τῆς τῶν Σκυθοπολιτῶν γῆς ἐτύγχανον κείμεναι. Vgl. Matth. 8,28.

[83] SCHÜRER, Geschichte II⁴ S. 161.

[84] So ist zu lesen mit Euseb, Onomastikon, S. 94,3f.; vgl. SCHÜRER, Geschichte II⁴, S. 191; Josephus, a. 20,2: Φάδος δ' ὡς εἰς τὴν 'Ιουδαίαν ἐπίτροπος ἀφίκετο, καταλαμβάνει στασιάσαντας τοὺς τὴν Περαίαν κατοικοῦντας 'Ιουδαίους πρὸς Φιλαδελφηνοὺς περὶ ὅρων κώμης Ζιᾶς λεγομένης, πολεμικῶν ἀνδρῶν ἀνάπλεω.

[84a] ABEL, Géographie II S. 490.

gebiete im Süden sich mit demjenigen von Pella berührten, aber wohl auch
mit demjenigen von Gerasa. In bezug auf Einzelheiten tappen wir hier aber
ganz im Dunkeln. Im Norden aber wird der Hieromices (Jarmuk, *šerī'at
el-manḍūr*) die natürliche Grenze für das Landgebiet von Gadara und Abila
gebildet haben[85]. Nördlich des Jarmuk würde natürlicherweise das Gebiet
von Hippos und Dion beginnen und anschließend dasjenige von
Raphana. Relativ klein, und vielleicht auch nicht mit dem Landgebiet
der übrigen Städte der Dekapolis zusammenhängend, scheint das Gebiet
von Kanatha gewesen zu sein; *'atīl*, zwischen *es-suwēda* und *ḳanawāt*,
ca. 3 km von jeder Stadt entfernt, war ein unabhängiges Dorf[86].

Auf Grund der Untersuchungen von NELSON GLUECK dürfen wir sagen,
daß die Grenze zwischen Peräa und dem nabatäischen Gebiet etwa in der
Mitte einer Linie liegt, deren westlicher Endpunkt am Jordan, der östliche
aber in Amman liegt. Wenn wir diese Linie nach Norden bis südlich Pella
verlängern, dürften wir damit ungefähr die Grenze zwischen Peräa und dem
Gebiet der Dekapolis bestimmt haben[87]. Im Süden hätte das *wādi el-wāle*
eine natürliche Grenzscheide für das Stadtgebiet von Philadelphia gebildet;
doch ist die Entfernung — 56 km — offensichtlich zu groß. Wieder geben
uns die Oberflächenuntersuchungen von NELSON GLUECK einen Anhalts-
punkt: nördlich einer vom Nordende des Toten Meeres durch *mādeba* laufen-
den Linie hören die nabatäischen Funde auf[88]. Nun brauchen sich selbstverständlich die politischen und die Kulturgrenzen nicht genau zu decken, auch
werden sie sich im Laufe der Zeit verschoben haben. Aber allgemein wird
man doch sagen können, daß das Stadtgebiet von Philadelphia im Süden
nicht über *mādeba* hinausreichte. Im Osten grenzte das Landgebiet sowohl
von Gerasa wie auch von Philadelphia an das sehr ausgedehnte Territorium
von Bostra (*boṣra*). Es scheint, daß die Straße Aila–Philadelphia–Bostra
(*boṣra*), welche Trajan anlegte, in dieser Gegend weitgehend durch das
Territorium von Bostra (*boṣra*) führte[89]. Auch hier geben die nabatäischen
Funde in verlassenen Siedlungen eine ungefähre Grenze an[90]. Das Bild
wird allerdings dadurch etwas verwischt, daß nabatäische Töpferei als
Handelsware importiert auch in der Dekapolis selber verwendet wurde,
wie die Funde ausweisen.

---

[85] Doch ist das unsicher; aus Inschriften geht hervor, daß zwei Dörfer 15 Meilen im NO
von Abila zu dieser Stadt gehörten, vgl. JONES, Cities S. 260f. Wenn das richtig ist, wie
stand es dann mit dem Landgebiet von Dion?
[86] A. H. M. JONES, The Urbanisation of the Ituraean Principality, JRSt 21, 1931, S. 274.
[87] GLUECK, Explorations in Eastern Palestine III S. 140.
[88] GLUECK, Explorations III S. 139. 141; ID., The Other Side S. 175.
[89] BRÜNNOW–VON DOMASZEWSKI ,a. a. O. III S. 264; Archaeological Map of the Hashemite
Kingdom of the Jordan, Amman (1949). Einen Hinweis für die Ausdehnung des Land-
gebietes von Philadelphia gibt vielleicht auch die Tatsache, daß die Zählung der römischen
Meilensteine von Bostra (*boṣra*) aus bis auf 9 Meilen an Philadelphia herankommt. Vgl.
MITTMANN, Die römische Straße von Gerasa nach Adraa S. 132—135. Das Landgebiet
von Gerasa scheint sich ca. 10 Meilen nach NO erstreckt zu haben, wo es auf das sehr
ausgedehnte Territorium von Bostra (*boṣra*) stieß. Vgl. MITTMANN, ebd. S. 135.
[90] GLUECK, AASOR XXV—XXVIII S. 15f.

Es ist heute wohl praktisch unmöglich, die Landgebiete der einzelnen Städte der Dekapolis genau zu bestimmen; wir wissen also auch nicht genau, wie groß das ganze Gebiet der Dekapolis war[90a].

In Gadara griff Pompeius besonders tief ein. Alexander Jannai hatte die Stadt nach einer Belagerung von zehn Monaten erobert[91]. Sie scheint dabei sehr gelitten zu haben; denn Josephus berichtet[92], Pompeius habe die Stadt seinem Freigelassenen Demetrius zuliebe, der aus Gadara stammte, wieder aufbauen lassen. Die Gadarener hielten dieses Ereignis dankbar für alle Zeiten fest, indem sie sich 'pompeianische Gadarener' nannten[93].

Mit vielen anderen unterstellte Pompeius die Städte der Dekapolis der Provinz Syrien. Sie wurden also nicht *civitates liberae*. Für einige von ihnen ist die Bezeichnung 'autonom' nachgewiesen, so für Gadara und Abila[94]. Diese Autonomie bedeutete nicht Freiheit im vollen Sinne der Unabhängigkeit von der Provinzialverwaltung, sondern nur kommunale Selbstverwaltung[95]. Pompeius verzichtete mit dieser Maßnahme immerhin auf einen straffen Zentralismus in der Verwaltung Syriens, aus der Einsicht heraus, daß dieses weite Gebiet zu heterogen war und Völker und Städte von zu verschiedenartigem Entwicklungsstand umfaßte, als daß eine zentralistische Lösung günstig gewesen wäre[96].

Die Unterstellung der Städte unter die Provinz Syrien und ihre Eingliederung in das römische Imperium leitete noch nicht sofort eine Zeit der Blüte ein. Ganz Syrien wurde auch nach der Zeit des Pompeius durch Einfälle der Araber beunruhigt und geschädigt. Dies bewog den römischen Senat im Jahre 58 v. Chr., Syrien den Rang einer prokonsularischen Provinz zu geben und A. Gabinius mit der Verwaltung zu betrauen[97]. Gabinius trat sein Amt zu Beginn des Jahres 57 an. Aber Syrien geriet damit vom Regen in die Traufe. Ein von Rom erobertes Land galt als *praeda populi Romani*, was sich gelegentlich, und so vor allem in diesem Fall bei Gabinius, dahin auswirkte, daß es die persönliche Beute des Statthalters wurde. Gabinius preßte das Land rücksichtslos aus und füllte hemmungslos seine Taschen. Er trieb es so arg, daß die Klagen der Provinz Rom erreichten, wo ihm der Prozeß gemacht wurde. Die Syrer erklärten, daß für sie die Zeit unter

---

[90a] Josephus, b. 3,446 nennt Skythopolis „die größte Stadt der Dekapolis". Zu ihr gehörte offenbar ein sehr großes Landgebiet; denn Polybius V 70 berichtet, daß Antiochos der Große im Jahre 218 v. Chr. die Stadt einnahm, und daß er sein großes Heer reichlich aus den Vorräten der Stadt und ihrer Umgebung habe versorgen können (vgl. SCHÜRER, Geschichte II[4], S. 173): εὐθαρσῶς ἔσχε πρὸς τὰς μελλούσας ἐπιβολὰς διὰ τὸ τὴν ὑποτεταγμένην χώραν ταῖς πόλεσι ταύταις ῥᾳδίως δύνασθαι παντὶ τῷ στρατοπέδῳ χορηγεῖν καὶ δαψιλῆ παρασκευάζειν τὰ κατεπείγοντα πρὸς τὴν χρείαν.

[91] Josephus, a. 13,356: ὁ δὲ τῶν ἐκ Πτολεμαίου φόβων ἐλευθερωθεὶς στρατεύεται μὲν εὐθὺς ἐπὶ τὴν Κοίλην Συρίαν, αἱρεῖ δὲ Γάδαρα πολιορκήσας δέκα μησίν ... Vgl. b. 1,86.

[92] Josephus, a. 14,75 (vgl. A. 49 dieser Arbeit).

[93] So bezeugt durch Münzaufschriften, vgl. Anm. 80.

[94] Auch für Damaskus und Capitolias, auch Gerasa, vgl. S. 242 A. 138 dieser Arbeit.

[95] GUTHE, Griechisch-römische Städte S. 27f.

[96] JONES, Cities S. 258.

[97] Appian, Syr. 51; SCHÜRER I[3.4] S. 305.

Gabinius schlimmer gewesen sei als die Zeit, da sie unter den 'Räubern' zu
leiden hatten. Ebenso vernichtend lautete Ciceros Urteil, wenn er sagt,
Gabinius habe unmeßbare Mengen Goldes aus den Schätzen Syriens zusammengebracht[98]. Die syrischen Steuerpächter beschwerten sich häufig beim
Senat über Gabinius[99]. Cicero wirft ihm ferner seine finanziellen Machen-
schaften mit den örtlichen Machthabern vor, ja, Enteignung, Raub und
Mord[100]. Auch verließ Gabinius seine Provinz, um in Ägypten in die Thron-
streitigkeiten einzugreifen, zugunsten von Ptolemäus XII. Auletes. Bei dieser Gelegenheit führte er sein Heer mit sich und ließ nur schwache Kräfte
unter seinem Sohne Sisenna in Syrien zurück. Sofort fielen die 'Räuber'
wieder in das Land ein und schädigten die unglückliche Bevölkerung[101].

Dieses düstere Bild wird durch zwei Tatsachen etwas aufgehellt. Gleich
Pompeius förderte auch sein Günstling Gabinius die hellenistischen Städte.
Er ließ Skythopolis wiederherstellen[102]. Diese Stadt hatte offenbar gelitten
während der Zeit — seit Johannes Hyrkan —, da sie unter jüdischer Herrschaft gewesen war. Ferner machte sich Gabinius um Kanatha verdient; wie
das geschah, wissen wir leider nicht. Wir können es nur daraus schließen, daß
die Bewohner sich 'Gabinier' genannt haben[103]. Überhaupt scheint Gabinius
— immer unter Wahrung seines eigenen finanziellen Vorteils — versucht
zu haben, den Städten auch wirtschaftlich zu helfen. Er gab ihnen Autonomie und Steuerfreiheit. Oder er befreite viele Städte aus ihrer Abhängigkeit von den *publicani*; sie konnten die Steuern direkt an die Kasse der Provinz bezahlen. Das erklärt die Klagen der *publicani* gegen Gabinius.
Möglicherweise hat er noch andere Städte von der Oberherrschaft der
'Tyrannen' befreit — natürlich gegen die Bezahlung von hohen Summen.

---

[98] Cassius Dio XXXIX 56: ὁ Γαβίνιος πολλὰ μὲν καὶ τὴν Συρίαν ἐκάκωσεν, ὥστε καὶ τῶν
ληστικῶν, ἃ καὶ τότε ἤκμαζε, πολὺ πλείω σφίσι λυμήνασθαι, πάντα δὲ δὴ τὰ αὐτόθεν
λήμματα ἐλάχιστα εἶναι νομίσας τὸ μὲν πρῶτον ἐνόει καὶ παρεσκευάζετο ὡς καὶ ἐπὶ τοὺς
Πάρθους τόν τε πλοῦτον αὐτῶν στρατεύσων. Vgl. Cicero, pro Sestio 43: *cum sciat duo
illa rei publicae paene fata Gabinium et Pisonem, alterum haurire cotidie ex pacatissimis
atque opulentissimis Syriae gazis innumerabile pondus auri, bellum inferre quiescentibus,
ut eorum veteres illibatasque divitias in profundissimum libidinum suarum gurgitem pro-
fundat.*

[99] Cicero, ad Quintum fr. III 2,2: *Gabinium de ambitu reum fecit P. Sulla (...) Quaeris, quid
fiat de Gabinio. Sciemus de maiestate triduo. Quo quidem in iudicio odio premitur omnium
generum, maxime testibus laeditur, accusatoribus frigidissimis utitur; consilium varium,
quaesitor gravis et firmus Alfius, Pompeius vehemens in iudicibus rogandis.*

[100] Cicero, de prov. cons. 4,9: *Igitur in Syria, imperatore illo, nihil actum est, nisi pactiones
pecuniarum cum tyrannis, decisiones, directiones, latrocinia, caedes, quum palam populi
romani imperator, instructo exercitu, dexteram tendens, non ad laudem milites hortaretur,
sed omnia sibi et emta et emenda esse clamaret. 5,10: Iam vero publicanos miseros (...) tra-
didit in servitutem Iudaeis et Syris, nationibus natis servituti. Statuit ab initio, et in eo
perseveravit, ius publicano non dicere; pactiones sine ulla iniuria factas rescidit, custodias
sustulit, vectigales multos ac stipendiarios liberavit ...*

[101] Cassius Dio XXXIX 56 (vgl. A. 98 dieser Arbeit).

[102] Josephus, a. 14,88: καὶ ἀνεκτίσθησαν Σαμάρεια καὶ Ἄζωτος καὶ Σκυθόπολις καὶ Ἀνθηδὼν ... Vgl. b. 1,166.

[103] SCHÜRER, Geschichte II[4] S. 169.

Auch mit den kleinen Dynasten konnte er solche Steuerabkommen abschließen[104].

Ob Crassus im Jahre 54/53 v. Chr. in Syrien und speziell in der Dekapolis in gleich räuberischer Weise gehaust hat wie im Tempel von Jerusalem[105], wissen wir nicht. Wir wissen auch nicht, ob der nach Crassus' Tod erfolgte Panthereinfall die Dekapolis berührte. C. Julius Caesar führte in Syrien ein mildes Finanzregime ein. Aber seine Maßnahmen waren von kurzer Dauer. Nach Caesars Ermordung begab sich C. Cassius Longinus im Jahre 44 v. Chr. nach Syrien, wo er schon von 53—51 den Oberbefehl geführt hatte. Cassius beutete die Provinz wieder rücksichtslos aus; er brauchte Geld, Truppen und Nachschub für seinen Kampf gegen Marcus Antonius und Octavianus[106]. Als nach der Schlacht von Philippi Marc Anton den Osten erhielt, erlegte er im Jahre 41 v. Chr. Syrien eine ungeheure Kontribution auf[107]. Dies alles schuf die Voraussetzung dafür, daß die Parther wieder in Syrien eindringen und das Land bis zum Meere hin besetzen konnten[108]. Inwiefern dieser Panthereinfall der Dekapolis geschadet hat, läßt sich nicht mehr feststellen. Ein Hinweis ist immerhin die Tatsache, daß in Gerasa keine Spur von Zerstörungen aus jener Zeit hat festgestellt werden können[109]. Möglicherweise ergaben sich die Städte kampflos den Eindringlingen, da ein Widerstand ohne umfassende römische Hilfe sinnlos gewesen wäre.

In den dreißiger Jahren des 1. Jh. v. Chr. geriet Marc Anton immer mehr in den Bann der Kleopatra. Er schenkte ihr große Gebiete in Judäa,

---

104 ROSTOVTZEFF, Die hellenistische Welt II S. 775—777.

105 Josephus, a. 14,105f.: Κράσσος δ' ἐπὶ Πάρθους μέλλων στρατεύειν ἧκεν εἰς τὴν Ἰουδαίαν· καὶ τὰ ἐν τῷ ἱερῷ χρήματα, ἃ Πομπήιος κατελελοίπει (δισχίλια δ' ἦν τάλαντα), βαστάσας, οἷός τ' ἦν καὶ τὸν χρυσὸν ἅπαντα (τάλαντα δὲ καὶ οὗτος ἦν ὀκτακισχίλια) περιδύειν τοῦ ναοῦ. λαμβάνει δὲ καὶ δοκὸν ὁλοσφυρήλατον χρυσῆν, ἐκ μνῶν τριακοσίων πεποιημένην . . .

106 Josephus, a. 14,272: . . . τάς τε πόλεις ἐπερχόμενος ὅπλα τε καὶ στρατιώτας συνήθροιζε, καὶ φόρους αὐταῖς μεγάλους ἐπετίθει· μάλιστα δὲ τὴν Ἰουδαίαν ἐκάκωσεν, ἑπτακόσια τάλαντα ἀργυρίου εἰσπραττόμενος.

107 Appian, Civ. V 7: . . . καὶ Συρίαν τὴν κοίλην καὶ Παλαιστίνην καὶ τὴν Ἰτουραίαν καὶ ὅσα ἄλλα γένη Σύρων, ἅπασιν ἐσφορὰς ἐπέβαλλε βαρείας . . .

108 Cassius Dio XLVIII 26: . . .ὁ Λαβιῆνος . . . ἔπεισε τὸν Πάρθον τοῖς Ῥωμαίοις ἐπιχειρῆσαι . . . κἀκ τούτου παρήνεσεν αὐτῷ τήν τε Συρίαν καὶ τὰ ὅμορα αὐτῇ καταστρέψασθαι... Appian, Syr. 51: Σάξα δὲ μετὰ Βύβλον ἡγουμένου καὶ τὰ μέχρι Ἰωνίας ἐπέδραμον [scil. οἱ Παρθυαῖοι], ἀσχολουμένων Ῥωμαίων ἐς τὰ ἐπ' ἀλλήλους ἐμφύλια. Appian, Civ. V 65: . . . Οὐεντίδιον μὲν ἐς τὴν Ἀσίαν Ἀντώνιος, ἀναστέλλειν Παρθυαίους τε καὶ Λαβιηνὸν τὸν Λαβιηνοῦ, μετὰ τῶν Παρθυαίων ἐν ταῖσδε ταῖς ἀσχολίαις Συρίαν τε καὶ τὰ μέχρι τῆς Ἰωνίας ἐπιδραμόντα. Plutarch, Antonius 30: ,,Während Antonius derlei Possen und Kindereien trieb, überraschten ihn zwei Botschaften (. . .) die zweite, nicht günstiger als die erste, daß Labienus dabei sei, an der Spitze der Parther Kleinasien vom Euphrat und Syrien her bis nach Lydien und Jonien zu unterwerfen. So endlich gleichsam aus dem Schlaf und dem Rausch erwacht, brach er auf, um den Parthern entgegenzutreten, und rückte bis Phoinikien vor." (Plutarch, Große Griechen und Römer. Eingeleitet und übersetzt von KONRAT ZIEGLER, Band V: Die Bibliothek der Alten Welt, begründet von WALTER HOENN, herausgegeben von WALTER RUEGG, Zürich und Stuttgart, 1960). — Vgl. SCHÜRER, Geschichte I³·⁴ S. 313; ROSTOVTZEFF, a. a. O. S. 792—799.

109 KRAELING, Gerasa S. 35.

Arabien, Phönizien und Coelesyrien. Es wird aus den Quellen nicht deutlich,
ob auch das uns interessierende Gebiet der Dekapolis — oder doch Teile
davon — zu diesen Schenkungen an die Ägypterin gehörte. Diese Schenkungen wurden übrigens vom römischen Senat nicht bestätigt[109a]. Herodes
der Große pachtete von Kleopatra die Gebiete in Arabien, die sie von
Antonius erhalten hatte, sowie Jericho[110]. Er hatte aber Mühe, die Abgaben
dafür vom Araberkönig einzutreiben[111]. Marc Anton erteilte ihm daher den
Auftrag, den Araber mit Waffengewalt zum Gehorsam zu zwingen. Herodes
rückte im Jahre 31 v. Chr. gegen Kanatha, wo er zunächst eine Niederlage
erlitt[112], im ganzen aber doch die Oberhand behielt[113]. Wir erwähnen dies
deshalb, weil es scheint, daß damals die Stadt Kanatha wieder in den
Händen der Nabatäer war. Dies scheint angesichts ihrer peripheren Lage
und angesichts der Schwäche der römischen Politik als durchaus wahrscheinlich. Der Hergang wäre also gewesen: Antonius schenkte der Kleopatra u. a. Kanatha, dessen sich aber die Nabatäer bemächtigt hatten, und
Kleopatra verpachtete die 'arabischen' Gebiete an Herodes, der sich die
Pacht aber erst von den Nabatäern erobern mußte.

V. Die Dekapolis und die Herodier

Die Jahre nach dem Siege des Augustus bei Actium brachten dem
Imperium im Innern den lang ersehnten Frieden. Auch Syrien bekam die
starke, ordnende Hand des Augustus zu spüren. Syrien wurde bei der Ver-
teilung der Provinzen in senatorische und kaiserliche zur kaiserlichen,
prokonsularischen Provinz gemacht. Der Statthalter erhielt eine ansehn-
liche Truppenmacht, vier Legionen, zugewiesen, mit deren Hilfe er die
Bedrohung von außen (Parther und Araber) abwehren konnte, mit der er
aber auch die Ruhe im Innern garantierte.

Zudem aber stützte sich Augustus wieder in vermehrtem Maße auf
Vasallenfürsten (*reges socii*) in den 'barbarischen' (Grenz-)Gebieten Syriens.
Im Gegensatz zu Pompeius erweiterte er die Macht dieser kleinen Könige,
überließ ihnen weithin selbständig die Verwaltung und Sicherung ihrer
Gebiete und vertraute ihnen wenigstens zum Teil den Grenzschutz gegen

---

[109a] Josephus, a. 14,88—103; Cassius Dio XLIX 32, der statt 'Coelesyrien' das Land 'Ituraea'
nennt; immerhin muß darauf hingewiesen werden, daß mit dem Jahre 36 v. Chr. in
Damaskus begonnen wurde, Münzen mit dem Bildnis der Kleopatra zu prägen. Vgl.
SCHÜRER II⁴ S. 153 und A. 226; SCHALIT, Herodes S. 776.

[110] Josephus, a. 15,96: Ἡρώδου συντυχόντος αὐτῇ καὶ τῆς τε ᾿Αραβίας τὰ δοθέντα καὶ τὰς
περὶ τὴν ῾Ιεριχοῦντα προσόδους μισθωσαμένου.

[111] Josephus, a. 15,107: ὁ δ᾿ ῎Αραψ Ἡρώδου τὴν φορὰν ἐπιδεξαμένου χρόνον μέν τινα
παρεῖχεν ἐκείνῳ τὰ διακόσια τάλαντα, μετὰ δὲ ταῦτα κακοήθης ἦν καὶ βραδὺς εἰς τὰς
ἀποδόσεις, καὶ μόλις εἰ καὶ μέρη τινὰ διαλύσειεν, οὐδὲ ταῦτα διδόναι δοκῶν ἀζημίως.

[112] Josephus, a. 15,117ff.

[113] Josephus, a. 15,121ff.; b. 1,369ff.

die Steppe und Wüste an. Dabei waren diese Fürsten unter sich nicht gleich-
gestellt, sondern sie genossen je ein abgestuftes Maß von Unabhängigkeit und
Selbständigkeit. So hatte z. B. der Nabatäerkönig eine größere Selbständig-
keit als Herodes. Die neue Konzeption des Augustus in der Organisation
Syriens zeigt sich u. a. an Folgendem: Augustus gab dem Herodes alles Land
zurück, das er an Kleopatra hatte abtreten müssen; ferner erhielt er einige
Städte an der Küste sowie Samaria und die Dekapolis-Städte Gadara und
Hippos[114]. Im Jahre 23 v. Chr. bekam Herodes noch die Trachonitis, die
Auranitis und Batanäa; seine starke Hand sollte dafür sorgen, daß dieses
Gebiet nicht mehr von 'Räubern' beunruhigt wurde. Später, nach dem Tode
des Zenodoros von Abilene, erhielt er das ganze Gebiet zwischen Trachonitis und Galiläa[115]. Um den Hauran allerdings mußte Herodes noch mit
den Nabatäern kämpfen[116]. Das bedeutet dann auch, daß die Stadt Kanatha
zum Gebiet des Herodes gehörte, was durch Inschriften bestätigt wird[117].
Mit alledem gab Augustus die ganze Konzeption des Pompeius auf; er
unterstellte wieder 'griechische' Städte der Herrschaft semitischer Vasallen-
könige. Mit der 'Freiheit' dieser Städte war es — auch dem äußeren Schein
nach — wieder zu Ende. Sie waren lediglich Objekte der kaiserlichen Politik
und dienten dazu, gute Dienste ergebener Vasallen zu belohnen. Streng
genommen bedeuten die Maßnahmen des Augustus auch das Ende der
Dekapolis, insofern diese Städte einen Bund relativ freier Gemeinwesen in
Syrien gebildet hatten[117a]. Der Name 'Dekapolis' haftete aber auch in der
Folgezeit an diesem Gebiet; und zur Dekapolis zu gehören, war für die
Städte östlich des Jordans ein begehrter Ehrentitel. Bemerkenswert — und
zugleich merkwürdig — ist, daß Skythopolis nicht zum Gebiet des Herodes
gehörte, ebensowenig wie Pella. Wie ein Keil ragte das Gebiet dieser beiden
Städte in das von Herodes beherrschte Land hinein[118]. Der Grund kann wohl
kein anderer als ein strategischer gewesen sein: Skythopolis bildete die
strategische Schlüsselposition, indem es die wichtigen Durchgangsstraßen
Nord–Süd durch das Jordantal, aber auch Ost–West von Damaskus durch
die Ebene Jesreel nach dem Meere beherrschte. Diesen Punkt behielten die
Römer sicher gerne in eigenen Händen.

---

[114] Josephus, b. 1,396: ... καὶ τῇ βασιλείᾳ προσέθηκε τήν τε ὑπὸ Κλεοπάτρας ἀποτμηθεῖσαν
χώραν καὶ ἔξωθεν Γάδαρα καὶ Ἵππον καὶ Σαμάρειαν ... Vgl. a. 15,217.
[115] Josephus, a. 15,343ff.; b. 1,398; SCHÜRER, Geschichte I[3.4] S. 405.
[116] Josephus, a. 15,351: οἵ τ' Ἄραβες καὶ πάλαι δυσμενῶς ἔχοντες πρὸς τὴν ἀρχὴν τὴν
Ἡρώδου διεκεκίνηντο, καὶ στασιάζειν ἐπεχείρουν αὐτῷ τὰ πράγματα ...
[117] SCHÜRER II[4] S. 169.
[117a] Allerdings weist SCHALIT, Herodes S. 306f., darauf hin, daß diese hellenistischen Städte
einen wichtigen Rückhalt der römischen Herrschaft im Osten bildeten, und daß Augustus
kaum geduldet haben wird, daß ihre Autonomie geschmälert wurde. Herodes betätigte
sich überall, so wohl auch in den ihm übergebenen hellenistischen Städten, als großer
Freund der 'Griechen'. Das hinderte nicht, daß die 'Griechen' in diesen Städten die Juden
und ihren König haßten (vgl. SCHALIT, ebd. S. 213. 263). Letztlich war die Maßnahme des
Augustus ohne Konsequenz und verfehlt. Das ergibt sich schon daraus, daß Augustus
selbst sie nach dem Tode des Herodes rückgängig machte.
[118] SCHÜRER, Geschichte II[4] S. 164; JONES, The Herods S. 67.

Die Bewohner der dem Herodes übergebenen griechischen Städte waren mit dieser Regelung der Dinge nicht zufrieden. Sie fanden bald Anlaß, sich über Herodes zu beklagen. So erschienen im Jahre 22 v. Chr. Abgesandte von Gadara bei M. Agrippa in Mytilene auf Lesbos, die sich über Herodes beschwerten, jedoch abgewiesen wurden[119]. Die Klagen der Gadarener wiederholten sich, als Augustus selbst im Jahre 20 v. Chr. in Syrien weilte. Die Gadarener warfen dem Herodes vor, er sei herrschsüchtig, hart und tyrannisch. Die Stadt hatte eben ihre Autonomie eingebüßt und war dem Willen (und den Launen) und dem Steuerdruck des Herodes ausgesetzt. Immerhin erließ er gerade in jenem Jahre (!) seinen Untertanen ein Drittel der Steuern. Dies doch vielleicht aus der Erwägung, Augustus könnte den Klagen Gehör schenken und ihm Gebiete ebensogut wieder wegnehmen, wie er sie ihm übergeben hatte, wenn er den Bogen überspannte. Sechs Jahre später erließ Herodes wieder ein Viertel der Steuern[120]. Auch von seinen Maßnahmen zur Bekämpfung der Hungersnot im Jahre 25 v. Chr. dürften die hellenistischen Städte seines Herrschaftsgebietes profitiert haben[121].

Wir können hier nur die Frage stellen, ob Herodes auch die Herrschaft über Dion und Raphana bekommen hat, als er das ganze Gebiet zwischen Trachonitis und Galiläa erhielt. Wahrscheinlich ist die Frage zu bejahen. Andernfalls hätte das Gebiet des Herodes einige Exklaven enthalten.

Die übrigen Städte der Dekapolis standen unter dem Statthalter Syriens und genossen die Segnungen der *pax Romana*. Wie diese im einzelnen aussehen konnten, zeigt die berühmte Stelle aus Velleius Paterculus über Quinctilius Varus, der von 6—4 v. Chr. in Syrien war: *Varus Quinctilius, illustri magis, quam nobili ortus familia, vir ingenio mitis, moribus quietus, ut corpore ita animo immobilior, otio magis castrorum, quam bellicae assuetus militiae; pecuniae vero quam non contemptor, Syria, cui praefuerat, declaravit, quam pauper divitem ingressus, dives pauperem reliquit*[122]. Eine reife Leistung, wenn man die Kürze der Amtszeit in Betracht zieht. Was die Bewohner da wieder gelitten haben, läßt sich nur ahnen.

Nach dem Tode des Herodes wurde sein Gebiet unter seine Söhne aufgeteilt. Bei dieser Gelegenheit wurden Gadara und Hippos wieder der Provinz Syrien unterstellt, erlangten also die Stellung wieder, die sie von Pompeius erhalten hatten[123]. Philippus erhielt Batanäa, die Trachonitis, die Auranitis und einen Teil von Ituräa. Über die in diesem Gebiet liegenden Städte der Dekapolis vernehmen wir nichts. Sie werden, so vor allem

---

[119] Josephus, a. 15,351: Γαδαρέων δέ τινες ἐπ' Ἀγρίππαν ἦλθον κατηγοροῦντες Ἡρώδου, καὶ τούτους ἐκεῖνος, οὐδὲ λόγον αὐτοῖς δούς, ἀναπέμπει τῷ βασιλεῖ δεσμίους. SCHÜRER, Geschichte I⁴ S. 369. Die Klagen dürften übertrieben gewesen sein, vgl. SCHALIT, Herodes S. 306 f.

[120] Josephus, a. 15,354; 16,64: ... ἀγαλλόμενος τὸ τέταρτον τῶν φόρων ἀφίησιν αὐτοῖς τοῦ παρεληλυθότος ἔτους.

[121] Josephus, a. 15,299—316. Wie anderen hellenistischen Städten wandte Herodes auch Damaskus seine Gunst zu und schmückte es mit Bauwerken, vgl. Josephus, b. 1,422—425; a. 16,146—149; SCHALIT, Herodes S. 415 f.

[122] Velleius Paterculus, hist. Rom. II 117.

[123] Josephus, a. 17,317—320; SCHÜRER, Geschichte I³·⁴ S. 422 f.; SCHALIT, Herodes S. 263.

Kanatha, zum Gebiet des Philippus gehört haben[124]. Als Philippus 33/34 n. Chr. starb, überwies Tiberius sein Gebiet der Provinz Syrien. Caligula übergab es im Jahre 37 dem Herodes Agrippa I.[125]. Dieser erhielt durch kaiserliche Gunst wieder das ganze Reich seines Großvaters Herodes d. Gr.[126]. Wir müssen aber annehmen, daß die Städte Gadara und Hippos nicht dazugehörten; Josephus redet wenigstens nur von Judäa, Samaria, Abila Lysaniae und den Gebieten am Libanon, die Agrippa I. erhielt. Schon im Jahre 44 n. Chr. starb Agrippa I., und sein Land fiel an die Provinz Syrien. Als Cuspius Fadus nach Agrippas Tod in Palästina eintraf, hatte er gleich einen Grenzstreit zwischen den Bewohnern von Philadelphia und den Juden Peräas zu schlichten, der wegen des Dorfes Zia ausgebrochen war[127].

Vom Jahre 44 n. Chr. an stehen offenbar alle Städte der Dekapolis wieder unter der Provinz Syrien. Es ist möglich, daß sie im Rahmen der Provinzverwaltung wieder die kommunale Autonomie genossen[127a].

VI. Der jüdische Krieg von 66—70 n. Chr.

Der Aufstand der Juden gegen Rom, der im Jahre 66 n. Chr. ausbrach, berührte auch die Dekapolis in mannigfacher Weise. Josephus berichtet, daß die Juden aus Rache über das Blutbad von Caesarea die umliegenden Städte und Dörfer überfallen und verwüstet hätten, u. a. Philadelphia, Gerasa, Pella, Skythopolis, Gadara und Hippos[128]. Es scheint jedoch, daß nicht diese Städte selbst erobert und verwüstet wurden, sondern lediglich das zu ihnen gehörende Landgebiet und die offenen Dörfer. Positiv wissen wir das in bezug auf Skythopolis: als die aufständischen Juden die Umgebung der Stadt beunruhigten, veranlaßten die heidnischen Einwohner die Juden in der Stadt, mit ihnen gegen die Aufständischen auszuziehen. Die Heiden trauten aber den Juden von Skythopolis nicht, sondern lockten sie in einen Hain, wo sie sie umbrachten — Josephus redet von 13000 Menschen — und

---

[124] Vgl. SCHÜRER, Geschichte I[3.4] S. 428 über die Südgrenze des Gebietes; boṣra und ṣalḥad gehörten nicht mehr dazu, dagegen ḥebrān.

[125] Josephus, a. 18,237.

[126] Josephus, a. 19,274.

[127] Josephus, a. 20,2f. und oben S. 233 und A. 84.

[127a] Daß Skythopolis zum Herrschaftsgebiet von König Agrippa II. gehört habe, hat neuerdings AVI-YONAH behauptet: Skythopolis S. 57. Er beruft sich dafür auf Josephus, Vita 349 und a. 20, 15.179 (Stellenangabe?). Dagegen hat schon SCHÜRER, Geschichte II[4] S. 173 und A. 325 überzeugend dargelegt, daß dies nicht stimmen kann: Josephus sagt nur, daß die Stadt im jüdischen Aufstand loyal war. Da, wo Josephus das Herrschaftsgebiet von Agrippa II. beschreibt, wird Skythopolis nicht erwähnt.

[128] Josephus, b. 2,458f.: πρὸς δὲ τὴν ἐκ τῆς Καισαρείας πληγὴν ὅλον τὸ ἔθνος ἐξαγριοῦται, καὶ διαμερισθέντες τάς τε κώμας τῶν Σύρων καὶ τὰς προσεχεῖς ἐπόρθουν πόλεις, Φιλαδέλφειάν τε καὶ Σεβωνῖτιν καὶ Γέρασαν καὶ Πέλλαν καὶ Σκυθόπολιν. ἔπειτα Γαδάροις καὶ Ἵππῳ καὶ τῇ Γαυλανίτιδι προσπεσόντες . . .

ihre Habe plünderten[129]. Zu Judenmorden kam es auch in Hippos und
Gadara; da wurden die gefährlicheren Juden umgebracht, während man die
Harmlosen ins Gefängnis warf[130]. In Damaskus lockte man die Juden ins
Gymnasium und tötete dort 10000 Mann[131]. In Gerasa blieben die Juden
unbehelligt; wer wollte, konnte die Stadt verlassen und erhielt freies Geleit[132]. Das wäre doch wohl nicht möglich gewesen, wenn die Stadt selbst
oder ihre nächste Umgebung von den aufständischen Juden geschädigt
worden wäre. Indirekt gewann Gerasa im jüdischen Aufstand Bedeutung
dadurch, daß einer der Führer der Juden aus dieser Stadt stammte, Simon
bar Giora[133]. Sein Beiname zeigt, daß er nicht jüdischer Abstammung war;
denn Bar Giora bedeutet 'Sohn des Proselyten'. Wie überall in der damaligen Welt machten die Juden auch in der Dekapolis Proselyten[134]. Das war
um so leichter, als das ganze Gebiet der Dekapolis mit jüdischen Siedlungen
durchsetzt war. Der Fanatismus von Simon bar Giora erklärt sich vielleicht
aus dem geistig-seelischen Zustand des Renegaten-Sprosses, der im Grunde
vom alten Glauben nicht losgekommen ist und darum den inneren
Zwiespalt gegen außen mit um so größerem Eifer ausficht.

Auf der andern Seite war die Dekapolis wohl der gegebene, weil nächste,
Zufluchtsort für alle diejenigen, die nichts mit der Sache der jüdischen
Aufständischen zu tun haben wollten. Josephus berichtet von Juden, die
ziemlich von Anfang an die Sache ihres Volkes im Aufstand gegen Rom verloren gaben. Agrippa II. machte von allem Anfang an nicht mit, sondern
mahnte zum Frieden[135]. Vornehme Juden flüchteten sich nach den ersten
Kämpfen aus der Stadt[136]. Natürlich werden vor allem auch Heiden das
Aufstandsgebiet verlassen haben. Eine in Gerasa aufgefundene Inschrift
scheint sich auf ein solches Ereignis zu beziehen: ein gewisser Theon warf
die Summe von total 10000 Drachmen aus zur Errichtung einer Bildsäule des
Zeus Phyxios. Theon bezeichnet sich als 'Hiketes', also als 'Schutzflehenden',
'Flüchtling'[137]. Gerasa war ja, wie andere Dekapolisstädte auch, Asylstadt[138].

Zu denen, die aus dem jüdischen Machtbereich in die Dekapolis flohen,
gehörte auch die christliche Urgemeinde von Jerusalem[139]. Ungenau im

---

[129] Josephus, b. 2,468; 7,364; Vita 26; SCHÜRER, Geschichte II⁴ S. 173; AVI-YONAH, Skythopolis S. 57.
[130] Josephus, b. 2,477 f.
[131] Josephus, b. 2,559—561.
[132] Josephus, b. 2,480.
[133] Josephus, b. 4,503: υἱὸς ἦν Γιώρα, Σίμων τις, Γερασηνὸς τὸ γένος, νεανίας πανουργίᾳ
μὲν ἡττώμενος Ἰωάννου τοῦ προκατέχοντος ἤδη τὴν πόλιν, ἀλκῇ δὲ σώματος καὶ τόλμῃ
διαφέρων . . .
[134] Matth. 23,15; JOACHIM JEREMIAS, Jésus et les païens S. 7—14.
[135] Josephus, b. 2,343 ff.   [136] Josephus, b. 2,556 f.
[137] KRAELING, Gerasa S. 40.376 f.
[138] Vgl. die Inschrift Nr. 30 bei KRAELING, Gerasa S. 390 f.: *Pro salute Imperatoris Caesaris
nostri Traiani Hadriani Augusti patris patriae Deaniae Augustae Equites Singulares eius
qui hibernati sunt Antiochiae ad Chrysorrhoan quae et Gerasa hiera et asylos et autonomos . . .*
(zitiert mit den Ergänzungen des Herausgebers).
[139] Eusebios, hist. eccl. III 5: . . . καὶ τοῦ λαοῦ τῆς ἐν Ἱεροσολύμοις ἐκκλησίας κατά τινα
χρησμὸν . . . πρὸ τοῦ πολέμου μεταναστῆναι τῆς πόλεως καί τινα τῆς Περαίας πόλιν

Bericht des Euseb darüber ist die Angabe, daß Pella eine Stadt in Peräa gewesen sei; denn streng genommen gehörte Pella gerade nicht mehr zur jüdischen Peräa, aber eine spätere Zeit mochte es dazu rechnen, zumal das jüdische Staatswesen im 4. Jh. n. Chr. längst vergangen war. Aber im 1. Jh. n. Chr. bezeichnet der Name Peräa nur das jüdische Ostjordanland bis zur Grenze gegen die Dekapolis. Wenn Euseb berichtet, daß die christliche Gemeinde auf Grund einer Weissagung, die ihren Führern zuteil geworden war, Jerusalem verließ und nach Pella übersiedelte, fügt sich das gut in die Situation Jerusalems während des Krieges ein. Wir wissen, daß unter den Juden während der Belagerung der Stadt zahlreiche Propheten auftraten, die zum Ausharren aufriefen; andere verhießen wunderbare göttliche Hilfe, wieder andere ließen den Weheruf über die Stadt ergehen[140]. Die christliche Gemeinde trennte sich um so eher von der Judenschaft, als deren Krieg deutliche messianische Züge und Ansprüche an sich trug, die

οἰκεῖν κεκελευσμένου, Πέλλαν αὐτὴν ὀνομάζουσιν, ἐν ᾗ τῶν εἰς Χριστὸν πεπιστευκότων ἀπὸ τῆς Ἱερουσαλὴμ μετῳκισμένων κτλ. Epiphanius, haer. 29,7: ἔστι δὲ αὕτη ἡ αἵρεσις ἡ Ναζωραίων ἐν τῇ Βεροιαίων περὶ τὴν Κοίλην Συρίαν, καὶ ἐν τῇ Δεκαπόλει περὶ τὰ τῆς Πέλλης μέρη κτλ. ἐκεῖθεν γὰρ ἡ ἀρχὴ γέγονε μετὰ τὴν ἀπὸ Ἱεροσολύμων μετάστασιν πάντων τῶν μαθητῶν ἐν Πέλλῃ ᾠκηκότων, Χριστοῦ φήσαντος καταλεῖψαι τὰ Ἱεροσόλυμα . . . καὶ ἐκ τῆς τοιαύτης ὑποθέσεως τὴν Περαίαν οἰκήσαντες ἐκεῖσε ὡς ἔφην διέτριβον. Haer. 30,2: ἐπειδὴ γὰρ πάντες οἱ εἰς Χριστὸν πεπιστευκότες τὴν Περαίαν κατ' ἐκεῖνο καιροῦ κατῴκησαν, τὸ πλεῖστον ἐν Πέλλῃ τινὶ πόλει καλουμένη τῆς Δεκαπόλεως . . . τὸ τηνικαῦτα ἐκεῖ μεταναστάντων καὶ ἐκεῖσε διατριβόντων αὐτῶν κτλ. Epiphanius, de mens. et pond. 15: ἡνίκα γὰρ ἔμελλεν ἡ πόλις ἁλίσκεσθαι ὑπὸ τῶν Ῥωμαίων καὶ ἐρημοῦσθαι προεχρηματίσθησαν ὑπὸ ἀγγέλου πάντες οἱ μαθηταὶ μεταστῆναι ἀπὸ τῆς πόλεως . . . οἵτινες μετανάσται γενόμενοι ᾤκησαν ἐν Πέλλῃ τῇ προγεγραμμένῃ πόλει πέραν τοῦ Ἰορδάνου· ἡ δὲ πόλις ἐκ Δεκαπόλεως λέγεται εἶναι. Vgl. dazu HARNACK, Die Mission und Ausbreitung S. 622f. 631—637; SMITH, Pella S. 42f. 44. 47f. Zur Diskussion von Einzelproblemen vgl. SOWERS, The Circumstances and Recollection of the Pella Flight S. 305—320; GUNTHER, The Fate of the Jerusalem Church S. 81—94; demnächst auch A. F. J. KLIJN, Jewish Christianity in Recent Studies, und L. W. BARNARD, Early Syriac Christianity, in: ANRW II 25, hrsg. v. W. HAASE (Berlin-New York, 1978f.).

[140] Josephus, b. 6,300ff.: Ἰησοῦς γάρ τις υἱὸς Ἀνάνου . . . πρὸ τεττάρων ἐτῶν τοῦ πολέμου . . . ἐλθὼν εἰς τὴν ἑορτὴν ἐν ᾗ σκηνοποιεῖσθαι πάντας ἔθος τῷ θεῷ κατὰ τὸ ἱερόν, ἐξαπίνης ἀναβοᾶν ἤρξατο 'φωνὴ ἀπ' ἀνατολῆς, φωνὴ ἀπὸ δύσεως, φωνὴ ἀπὸ τῶν τεττάρων ἀνέμων, φωνὴ ἐπὶ Ἱεροσόλυμα καὶ τὸν ναόν, φωνὴ ἐπὶ νυμφίους καὶ νύμφας, φωνὴ ἐπὶ τὸν λαὸν πάντα'. τοῦτο μεθ' ἡμέραν καὶ νύκτωρ κατὰ πάντας τοὺς στενωποὺς περιῄει κεκραγώς. Vgl. Tacitus, hist. V 13: *Evenerant prodigia, quae neque hostiis neque votis piare fas habet gens superstitioni obnoxia, religionibus adversa. visae per caelum concurrere acies, rutilantia arma et subito nubium igne conlucere templum. apertae repente delubri fores et audita maior humana vox, excedere deos; simul ingens motus excedentium. quae pauci in metum trahebant: pluribus persuasio inerat antiquis sacerdotum litteris contineri, eo ipso tempore fore ut valesceret Oriens profectique Iudaea rerum potirentur. quae ambages Vespasianum ac Titum praedixerat, sed volgus more humanae cupidinis sibi tantam fatorum magnitudinem interpretati ne adversis quidem ad vera mutabantur.* — Sueton, Vespasianus 4, 9: *Percrebuerat Oriente toto vetus et constans opinio esse in fatis ut eo tempore Iudaea profecti rerum potirentur.* (10) *Id de imperatore Romano, quantum postea eventu paruit, praedictum Iudaei ad se trahentes rebellarunt caesoque praeposito legatum insuper Syriae consularem suppetias ferentem rapta aquila fugaverunt.* Vgl. SCHLATTER, Geschichte Israels³ S. 333f.; A. SCHALIT, Die Erhebung Vespasians nach Flavius Josephus, Talmud und Midrasch. Zur Geschichte einer messianischen Prophetie, ANRW II 1, hrsg. v. H. TEMPORINI (Berlin-New York, 1975) S. 208—327, bes. 214ff.

die Christen aus dem Zentrum ihres Glaubens heraus ablehnen mußten.
Zudem waren in der Urchristenheit Jesusworte lebendig, die sie vor falschen
Messiassen warnten[141]. Andere Jesusworte forderten die Jünger zur Flucht
auf[142]. Die Frage nach der 'Echtheit' dieser Worte spielt in unserem Zusammenhang keine Rolle — genug, daß sie als Jesusworte galten und daß sie
das Verhalten der Urgemeinde bestimmten. Dies wäre ja auch der Fall,
wenn solche Jesusworte Worte christlicher Propheten im Beginn des
jüdischen Aufstandes gewesen sein sollten; sie hätten eben dann das Verhalten der Urgemeinde bestimmt. Die Flucht der jerusalemischen Urgemeinde war nicht nur für die jüdische Geschichte, sondern für die ganze
Christenheit sehr folgenschwer. Die Folgen machten sich geltend bis zur
Entstehung des Islam hin: auf den Handelsstraßen des Ostjordanlandes
und der Nabatäer gelangte christliches Gedankengut bis tief nach Arabien
hinein und beeinflußte schließlich Mohammed[143].

Vespasian machte im Verlauf des Feldzuges vom Sommer 67 n. Chr.
eine Zeitlang Skythopolis zur Operationsbasis, also die von uns erwähnte
strategische Schlüsselposition. Er beorderte auch Titus dorthin, und mit
drei Legionen wurde der Feldzug gegen die aufständischen Orte am See
Genezareth geführt; Sennabris und Tarichaea wurden erobert[144]. Als der
Feldzug gegen Tarichaea beendet war, ließ Vespasian eine größere Zahl von
Juden umbringen; 6000 ließ er in die Zwangsarbeit nach Korinth schicken,
wo sie an dem von Nero geplanten, angefangenen, aber nie vollendeten
Kanal arbeiteten. 30 400 verkaufte er oder schenkte sie Agrippa II. Bei
dieser Gelegenheit erfahren wir nun auch, daß eine große Zahl von Auf-
ständischen aus der Trachonitis, Gaulanitis, von Hippos und aus der
Gadaritis gekommen war[145]. Es wird sich bei diesen Leuten um Juden gehandelt haben, z. T. aber wohl auch um marodierendes Gesindel.

VII. Die Neuordnung unter Traian

Wir können uns in diesem Abschnitt kurz fassen, da es sich hier nur
darum handelt, allgemein Bekanntes in Erinnerung zu rufen. Im Zuge seiner
Orientpolitik ließ Kaiser Traian im Jahre 105/106 durch den Legaten von
Syrien, Aulus Cornelius Palma, den Staat der Nabatäer unterwerfen und
zur römischen Provinz machen[145a]. Arabia, mit der Hauptstadt Bostra,

---

[141] Mt. 24,11.29f.
[142] Mt. 24,15—20.
[143] A. SCHLATTER, Die Kirche Jerusalems S. 90.
[144] Josephus, b. 3,444ff. 462ff.
[145] Josephus, b. 3,532ff.
[145a] Cassius Dio LXVIII 14,6: κατὰ δὲ τὸν αὐτὸν τοῦτον χρόνον καὶ Πάλμας τῆς Συρίας
ἄρχων τὴν Ἀραβίαν τὴν πρὸς τῇ Πέτρᾳ ἐχειρώσατο καὶ Ῥωμαίων ὑπήκοον ἐποιήσατο.
Vgl. Festus 14,3: . . . et per Traianum Armenia . . . et Arabia provinciae factae sunt. — Ammian XIV 8,13: . . . Arabia . . . hanc provinciae imposito nomine rectoreque adtributo obtem-

wurde kaiserliche prätorische Provinz, deren erster Statthalter — *legatus Augusti pro praetore* — eben Palma wurde. Ihm folgte C. Claudius Severus. Zu der neugebildeten Provinz Arabia wurden neben Adra (*derʿa*) auch Philadelphia und Gerasa geschlagen, wahrscheinlich auch Dion[146]. In späteren Zeiten wurde hier noch mancherlei geändert, was die Organisation und die Abgrenzung der Provinzen betrifft.

Es scheint nun, daß gerade für das Gebiet der Dekapolis mit dem Zeitalter Traians und seines Nachfolgers Hadrian eine Ära der Blüte begann[147]. Die Städte, nun fest eingegliedert in die römische Provinzorganisation und aus Randgebieten mehr ins Zentrum ihrer Provinzen gerückt, begannen sich stark zu entwickeln. Für Gerasa z. B. bedeutete dies, daß sein neuer Stadtplan, der um die Mitte des 1. Jh. n. Chr. konzipiert worden war, nun stark gefördert und realisiert wurde. Seine Ausführung gab der Stadt im 2. Jh. n. Chr. ein neues Gesicht[148].

VIII. Verkehr, Handel, Bevölkerung

Die Städte der Dekapolis lagen z. T. an alten Verkehrswegen. Eine uralte 'Straße', die sog. 'Königsstraße', führte von Aila am Golf von Akaba über Rabbath Ammon nach Norden, nach Damaskus. Dieser Karawanenweg war natürlich während Jahrtausenden keine 'Straße' im modernen Sinne oder im Sinne der römischen Straßenbautechnik. Erst Traian ließ in den Jahren 111—114 n. Chr. durch C. Claudius Severus den Karawanenweg zu einer eigentlichen Straße ausbauen, deren Spuren — und Meilensteine — noch heute sichtbar sind[149]. Von Philadelphia führte die Römerstraße über Bostra nach Damaskus[150]. Eine weitere Straße verband Salcha (*ṣalḫad*) über Bostra, Adra (*derʿa*), Capitolias (*bēt rās*) mit Gadara (*umm kēs*)[151]. Es ist unsicher, wann diese Straße gebaut wurde; es sind Meilensteine von Mark Aurel gefunden worden. Auch wenn diese Straße — und

---

perare legibus nostris Traianus compulit imperator incolarum tumore saepe contuso cum glorioso Marte Mediam urgeret et Parthos. — Eutropius VIII 3: *(Traianus) usque ad Indiae fines et mare rubrum accessit . . . Arabiam postea in provinciae formam redegit.* — Hieronymus, ad Euseb. chron. 2118: *Traianus . . . Arabas in fidem accepit . . .*

[146] Brünnow—von Domaszewski, Die Provincia Arabia III S. 264; Kraeling, Gerasa S. 46.

[147] Guthe, Gerasa S. 49.

[148] Kraeling, Gerasa S. 40f.

[149] Thomsen, Die römischen Meilensteine S. 35ff.; Brünnow—von Domaszewski, Die Provincia Arabia III S. 264ff.; Charlesworth, Trade Routes S. 53f.; Glueck, The Other Side S. 10; Alt, Der südliche Endabschnitt der römischen Straße von Bostra nach Aila S. 92ff. Traian ließ die Straße fertigstellen *a finibus Syriae usque ad mare rubrum*, d. h. von Damaskus bis Akaba, mit einer Anschlußstrecke Philadelphia–Gerasa–Pella, vgl. Garzetti, L'impero S. 350f. 380.

[150] Thomsen, a. a. O. S. 12f. 32f.

[151] Thomsen, a. a. O. S. 32.

andere, die wir im folgenden nennen — erst nach dem uns hier beschäftigenden Zeitraum ausgebaut wurden, ist doch anzunehmen, daß sie Wegen folgten, die schon in älterer Zeit als Verbindungen zwischen den einzelnen Orten dienten. Gadara war dann weiter verbunden mit Tiberias[152]. Damaskus war mit Skythopolis durch eine Straße verbunden, die über Aere (*eṣ-ṣanamēn*), Neue (*nawa*), *ḥisfīn* und *fīḳ* führte[153]. Wahrscheinlich unter Commodus wurde eine Römerstraße von Bostra nach Gerasa gebaut, die über *kōm el-menāra* und *ḳalʿat el-fedēn* führte[154]. Von Adra führte eine Straße über Dion nach Gerasa[155]. Auch hier ist die Entstehungszeit der ausgebauten Straße unsicher[155a]. Dann sind natürlich Gerasa und Philadelphia durch eine Straße miteinander verbunden gewesen[156]. Von Gerasa ging eine Straße über *sūf-ʿaǧlūn–bāʿūn–kafr abīl* nach Pella und erreichte von dort Skythopolis. Da Traian diese Straße ausgebessert hat, ist sie in älterer Zeit erstellt worden, vielleicht durch Nero oder Vespasian[157]. Diese Straße stellte die schnellste Verbindung her von der Küste gegen die Gebiete im Südosten. Skythopolis war mit Neapolis (*nāblus*) durch eine Straße verbunden[157a], ebenso mit Jericho über Phasaelis (*ḥirbet faṣāʾil*) und Archelais (*ḥirbet el-ʿōǧa et-taḥta*). Von Gadara führte eine Straße ostwärts über Abila und Astaroth Karnaim nach Adra[158].

Wir haben hier nur summarisch auf die wichtigsten Straßenverbindungen und Römerstraßen in diesem Gebiet aufmerksam gemacht und verweisen für Einzelheiten auf die zitierten Spezialarbeiten[159]. Das Straßennetz der Dekapolis steht naturgemäß in Verbindung mit den großen Handelsstraßen der damaligen Welt. Von Süden nach Norden zog auf der 'Königsstraße' und späteren Traianstraße der Handel von Südarabien und Indien nach Damaskus, Sidon und Antiochia und von diesen Städten aus weiter westwärts. Über Damaskus und Palmyra reichte die Verbindung ins Zweistromland, nach Persien und in den fernen Osten[160].

In dem uns interessierenden Zeitraum scheint relativ wenig für den Ausbau der großen Verbindungsstraßen getan worden zu sein (erst Traian und die Herrscher nach ihm nahmen diese Aufgabe großzügig in Angriff). Mit dem Ausbau der Straßen konnte es auch in den Städten selbst hapern, indem auch da längst nicht alle Straßen gepflastert waren. So wurde in Abila eine Inschrift gefunden, in der sich ein Einwohner rühmt, u. a. auch

[152] STEUERNAGEL, Der ʿAdschlun S. 140f.
[153] THOMSEN, a. a. O. S. 33f.
[154] THOMSEN S. 59; STEUERNAGEL S. 102.
[155] THOMSEN S. 60f.
[155a] Meilensteine sind festgestellt seit der Zeit Hadrians (auf dem Territorium des Königreiches Jordanien), vgl. MITTMANN, Die römische Straße von Gerasa nach Adraa S. 122f.
[156] THOMSEN S. 61; STEUERNAGEL S. 146f.
[157] THOMSEN S. 65; STEUERNAGEL S. 144; SMITH, Pella S. 50—52.
[157a] Im Jahre 162 n. Chr. wurde die Straße gebaut bzw. wiederhergestellt, vgl. AVI-YONAH, A New Dating of the Roman Road S. 75f.; MITTMANN, Beiträge S. 138—163.
[158] P. THOMSEN, Palästina nach dem Onomastikon des Eusebius S. 186ff.
[159] Für alles Weitere verweisen wir auf die Anm. 149 und 152 genannten Arbeiten.
[160] CHARLESWORTH S. 54.

Straßen gepflastert zu haben — die Inschrift stammt aus der Zeit des Tiberius[161]. Noch im ersten Jh. v. Chr. machten die Beduinen der Wüste die Straßen unsicher, und wir haben gesehen, daß gerade Herodes der Große immer wieder mit Räubern zu kämpfen hatte. Als Traian mit dem Straßenbau energisch vorwärts machte, wurde die östlichste durch einen Gürtel von Posten und festen Plätzen gesichert, in denen Truppen lagen. Auch sorgten die Kaiser dafür, daß die Straßen dauernd unterhalten wurden, was mit großer Arbeit und vielen Kosten verbunden war. Durch diese Maßnahmen zogen Frieden, Sicherheit und Wohlstand in das Land[162].

In jüngster Zeit hat vor allem ROSTOVTZEFF auf die große Bedeutung des Karawanenhandels hingewiesen, gerade auch für die Jahrhunderte um die Zeitwende[163]. Im 1. Jh. v. Chr. beobachten wir ein Vordringen der Nabatäer gegen Norden, das durch die Schwäche und den Zerfall des syrischen Reiches der Seleukiden begünstigt wurde. Die Nabatäer erlangten die Kontrolle über mehrere Städte zwischen Petra und Damaskus. Der Aufschwung des Karawanenhandels in Arabien hing zusammen mit dem Niedergang des Handels in Mesopotamien in der gleichen Zeit; die Wege dort waren unsicher geworden, da die lokalen Kleinkönige den Handel bedrohten[164]. Als die Römer Syrien eroberten, tat sich dem Fernhandel natürlich ein ganz neuer Markt auf, das ganze römische Imperium[165]. Die Friedenszeit unter Augustus ließ den Wohlstand wachsen und damit auch den Wunsch nach den Gütern des Ostens, und dies wiederum befruchtete den Fernhandel. Petra und die Städte nördlich davon begannen aufzublühen, vor allem Gerasa; denn über diese Stadt liefen die Straßen von Petra nach Damaskus und Skythopolis und weiter nach Palästina und ans Meer[166].

Der Karawanenhandel war aber nur die eine Seite im Leben Syriens und der Dekapolis. Die Lebensgrundlage bildete die Landwirtschaft. Syrien muß im Altertum landwirtschaftlich viel intensiver bebaut gewesen sein als später, intensiver wohl auch als heute. Produkte Syriens waren vor allem Cerealien, Früchte, Wein, aromatische Pflanzen. Große Mengen von frischen und getrockneten Früchten wurden exportiert. Das setzte voraus, daß mit dem Wasser sehr sorgfältig und umsichtig hausgehalten wurde, was auch tatsächlich der Fall war. Strabo berichtet, daß der Chrysorrhoas in ein System von Bewässerungskanälen geleitet und geteilt war[167]. Überhaupt läßt sich sagen, daß in jenem ganzen Gebiet im griechisch-römischen Altertum und in byzantinischer Zeit die Wasserwirtschaft viel sorgfältiger betrieben wurde als später. Die hunderte von — heute verschütteten — Brunnen, Zisternen, Becken, Reservoiren, Kanälen, aber auch von Däm-

[161] CHARLESWORTH S. 55.
[162] CHARLESWORTH S. 62f.
[163] M. ROSTOVTZEFF, Caravan Cities.
[164] ROSTOVTZEFF, Caravan Cities S. 28f.
[165] ROSTOVTZEFF, Caravan Cities S. 29.
[166] ROSTOVTZEFF, Caravan Cities S. 31.
[167] CHARLESWORTH S. 61.

men und Leitungen reden eine deutliche Sprache[168]. Ein schönes Beispiel
eines antiken Reservoirs wurde in den letzten Jahren in der Nähe von
Amman erschlossen; an der neuen Straße von Amman nach Akaba, bei der
ersten Polizeistation, sind nach meinen Beobachtungen mehrere umfangreiche, gemauerte Becken freigelegt worden, die wahrscheinlich noch heute
zu gebrauchen sind mit nur geringen Reparaturen. Dazu kamen sorgfältige
Terrassierungen der Berg- und Hügelflanken, die das allzu rasche Abfließen
der Winterregen und das Wegschwemmen der fruchtbaren Erde verhinder-
ten und so den Ertrag des Landes vergrößerten[169]. Auch muß damals die
bewaldete Fläche des Landes viel größer gewesen sein als heute.

Ein weiterer Erwerbszweig Syriens war die Textilindustrie, die in vielen
Städten blühte, so vor allem auch in Skythopolis. Hier befand sich — in
späterer Zeit — eine der größten kaiserlichen Leinenmanufakturen.

Auf Grund seiner Untersuchungen schätzt N. GLUECK die Bevölkerung
des Ostjordanlandes für die griechisch-römische und byzantinische Zeit auf
1¼ Million. Zu Zahlen gleicher Größenordnung kommt CUMONT. Er zieht
die Grabinschrift eines Q. Aemilius Secundus bei, der unter Quirinius in
Apamea den Census durchgeführt hat und dort 117000 Bürger regi-
strierte[169a]. Bürger konnte einer nur sein oder werden, wenn er ein bestimm-
tes Einkommen versteuerte, wogegen arme Leute, kleine Handwerker,
Arbeiter usw. nicht Bürger sein konnten. Rechnet man diese unteren
Schichten dazu, dann ergibt sich für Apamea eine Bevölkerung von 400000
bis 500000 Menschen[170]. Diese Daten erklären den Reichtum Syriens, der
durch keine Raubzüge von Nomaden und durch keine Ausbeutungen von
seiten römischer Machthaber oder Prokuratoren dauernd geschädigt werden
konnte. Sie erklären aber auch die starke Verbreitung des Syrertums in
der Spätantike. Unmöglich ist es dagegen, aus diesen Angaben auf die
Bevölkerungszahl in den einzelnen Städten der Dekapolis zu schließen.
Sicher ist nur, daß es sich bei ihnen um bevölkerungsmäßig recht ansehn-
liche Gebilde gehandelt haben muß. Gewisse Stadtanlagen zeigen auch,
daß sie in bezug auf die zu erwartende Einwohnerzahl recht großzügig
geplant wurden; so hat Gerasa den ihm zugedachten Wohnraum nie ganz
ausgefüllt. Das Wachstum der Stadt ging doch offenbar langsamer vor
sich, als ihre Planer und Erbauer es sich in ihren optimistischen Schät-
zungen gedacht hatten. Daß man aber so optimistisch und großzügig planen

---

[168] N. GLUECK, The River Jordan S. 128; GLUECK, The other Side S. 35. 122; GLUECK, AASOR
    XXV—XXVIII S. 254 (speziell für die Umgebung von Pella).
[169] CHARLESWORTH S. 65f.
[169a] *iussu Quirini censum egi Apameae civitatis millium hominum civium CXVII.* Vgl. dazu
    J. et J. CH. VALTY, Apamée de Syrie, archéologie et histoire I. Des origines à la Tétrarchie,
    ob. in diesem Band (ANRW II 8) S. 117ff.
[170] F. CUMONT, The Population of Syria S. 187—189. Wie CUMONT angibt, hat schon
    BELOCH die Bevölkerung Syriens im 1. Jh. auf 5—6 Millionen geschätzt, was der Wirk-
    lichkeit nahe kommen dürfte. Im 5. Jh. n. Chr. hatte Theodoret von Kyrrhos eine Diözese
    von 1600 Quadratmeilen Umfang; in diesem Gebiet hatte er 800 orthodoxe Pfarreien,
    aber daneben gab es viele heterodoxe! Das könnte eine orthodoxe Bevölkerung von 200000
    Menschen in der Diözese ergeben.

konnte, zeigt die Kraft von Wirtschaft und Bevölkerung, der man eben
die Erfüllung der Pläne zutrauen mochte. Die Katastrophe des 7. Jh.
knickte schließlich die Blüte der Stadt und verurteilte sie zu einem lang-
samen Siechtum und endlichen Erlöschen.

IX. Zum kulturellen Leben der Dekapolis

Wie die anderen griechischen Städte des Ostens waren auch die Städte
der Dekapolis gegründet worden, um griechische Kultur und Zivilisation
in ihrem Lande zu verbreiten. Sie sprengten durch ihr Dasein und ihre
Besonderheit die alten Stammesgebiete und Stammesverbindungen der
semitischen Völker[171]. Diese Städte wurden als griechische Poleis gegründet.
Dabei bildete die Bürgerschaft die Polis, nicht das Stadtgebiet oder der
überbaute Raum. Ausländer und Sklaven z. B. gehörten nicht zur Polis,
auch wenn sie in der Stadt selbst wohnten. Die oberste Leitung der Polis
lag bei der Volksversammlung der Bürger. In der hellenistischen Zeit und
auch später unter römischer Herrschaft ist das alte Polis-Ideal nicht mehr
rein erhalten; diese Städte — und das gilt gerade auch für die Dekapolis —
unterstehen einer Dynastie, einem Großstaat oder Imperium. Aber die
Autonomie ist nicht völlig aufgehoben. Es gibt weiterhin Volksversamm-
lungen und Räte in den Städten[172]. Aus Gerasa sind inschriftlich neben der
Volksversammlung (δῆμος) der Rat (βουλή) genannt, ferner Archonten,
von denen der erste Proedros genannt wird und der zweite Dekaprotos;
ferner gibt es den Schreiber von Rat und Volk[173]. Auch wenn diese Städte
weder unter den Seleukiden noch unter Rom eine eigene Politik treiben
konnten, waren sie in der Verwaltung und Ordnung ihrer inneren Angelegenheiten weithin unabhängig[174]. Sie hatten das Recht, eigene Münzen zu
prägen, wie zahlreiche Funde ausweisen[175]. Einige der Dekapolis-Städte
nannten sich 'autonom', so Abila, Gadara und Gerasa. Dazu kommt bei
einigen die Bezeichnung 'heilig' (ἱερά) und 'Asylstadt' (ἄσυλος), d. h. sie
hatten das Recht, den Bluträcher aufzunehmen, ohne ihn ausliefern zu
müssen. Das war der Fall bei Abila, Gadara, Hippos und Skythopolis[175a]. Die
staatliche Zentralgewalt wurde wahrgenommen durch einen 'Strategos'
oder 'Epistates', der etwa auf Denkmälern erscheint. Auch war es immer

---

[171] G. HÖLSCHER, Palästina in der persischen und hellenistischen Zeit S. 58.
[172] Es dürfte ein Irrtum sein, wenn R. BORRMANN, Geschichte der Baukunst S. 289f. sagt,
daß keine der syrischen Städte ein Forum besitze — das herrliche Forum von Gerasa
war kaum das einzige in diesem Gebiet.
[173] Bei KRAELING, Gerasa S. 395f. Nr. 45. 46. Die Inschriften stammen aus den Jahren
66/67 n. Chr.
[174] ROSTOVTZEFF, Gesellschafts- und Wirtschaftsgeschichte II S. 838f.; TSCHERIKOWER
a. a. O. S. 115 stellt als für die Polis wesentlich zusammen: Synoikismos, Ummauerung,
Benennung.
[175] HEAD, Hist. Num., unter den Namen der einzelnen Städte.
[175a] Auch Gerasa, vgl. S. 242 A. 138 dieser Arbeit.

möglich, daß der König oder der römische Statthalter eingriff, vor allem
auf finanziellem Gebiet[176]. In hellenistischer Zeit waren die Städte ferner
gehalten, dem König Truppen zu stellen und Getreide zu liefern, seine
Gesandten und Beamten aufzunehmen und jährlich die Steuern abzulie-
fern[177]. In römischer Zeit wurden überall in den Provinzen Auxiliartruppen
ausgehoben, und die Steuern flossen in den kaiserlichen Fiskus. Wichtig
war auch, daß diese Städte innerhalb der umgreifenden Ordnungen der
Staaten oder des Imperiums nach eigenem Recht leben konnten. Wenn die
Städte als 'heilige Asylstadt' bezeichnet werden, sind sie damit als unver-
letzlich erklärt und sind sicher vor Angriff und Eroberung[178]. Wichtig war
auch der eigene Kult, der wesentlich zur Polis gehörte.

Griechisches Wesen wurde in diesen Städten vor allem auch verbreitet
durch die Erziehung der Jugend, in deren Mittelpunkt das Gymnasium[179]
stand. Auf griechische Bildung legten die Städte denn auch großen Wert
und betonten sie stolz, so wenn sich Hippos als σοφή vorstellt, d. h. als
Stätte griechischer Bildung[180]. Auf einer Inschrift wird Gadara als χρηστο-
μουσία bezeichnet, d. h. als eine Stadt, in der Poesie und Rhetorik gepflegt
werden[181]. Das war auch nicht übertrieben, denn Gadara war tatsächlich
ein Kulturzentrum[182]. Strabo sagt, aus Gadara stamme „der Epikuräer
Philodemos, Meleager, Menippos, der Verfasser von Satiren, und der zu
unserer Zeit lebende Redner Theodoros"[183]. Meleager sammelte ca. 100
v. Chr. Epigramme, die den Grundstock der griechischen Anthologie bildeten[183a]. Der von Strabo erwähnte Rhetor Theodoros war der Lehrer des
Kaisers Tiberius[183b]. Aus Damaskus stammte Nikolaos (64 v. Chr. — 14
n. Chr.), der Erzieher der Kinder des Marcus Antonius und der Kleopatra,
der Freund und Vertraute von Herodes dem Großen. Für diesen verfaßte
er ein großes Geschichtswerk. Damaskus stellte unter Kaiser Traian den
großen Architekten Apollodoros; er konstruierte für den Kaiser eine große
Brücke über die Donau, und später entwarf er die Traianssäule und das
Traiansforum in Rom[184].

Griechischem Wesen entsprachen auch die Theater, die in den Städten
entstanden. Bekannt sind die Ruinen von Theatern in Gadara, Gerasa,

[176] TSCHERIKOWER S. 113; vgl. die Klagen gegen Herodes oben S. 240.
[177] GUTHE, Griechisch-römische Städte S. 16.
[178] GUTHE ebenda.
[179] ROSTOVTZEFF a. a. O. II S. 838f.
[180] SCHÜRER II⁴ S. 157. 161. 262.
[181] SCHÜRER II⁴ S. 161.
[182] Strabo, XVI 2, 29 § 759. Dazu und zur Dekapolis im allgemeinen vgl. SCHNEIDER, Kulturgeschichte I S. 756—763.
[183] Im 2. Jh. v. Chr. lebte in Alexandrien der aus Gerasa stammende Mathematiker Nikomachos, der Verfasser einer Arithmetik. Vgl. zu ihm demnächst die Monographie von
W. HAASE, Nikomachos von Gerasa. Leben, Werk, Wirkung.
[183a] Vgl. SCHNEIDER, a. a. O. S. 759f.: über den im 1. Jh. v. Chr. lebenden, aus Gadara
stammenden Dichter und Philosophen Philodemos. — Aus Gadara stammte der Kyniker
Oinomaos (vgl. SCHNEIDER, a. a. O. S. 916), der auch im rabbinischen Schrifttum erwähnt
wird, z. B. Gen. r. 65, zu 27,22; Ex. r. 13, zu 10,1; bHag 15b.
[183b] Vgl. SCHNEIDER, a. a. O. S. 757f.   [184] CHARLESWORTH S. 60.

Philadelphia, Skythopolis, Kanatha; Reste eines Theaters sind in Pella, Abila und Damaskus festgestellt worden. Vielleicht in spätere Zeit gehören die Hippodrome und Naumachien. Die eigentliche große Bautätigkeit in diesen Städten begann aber erst gegen Ende des 1. Jh. n. Chr. und vor allem nach der Zeit Traians, unter Hadrian und den Antoninen. Immerhin zeigen Funde, daß z. B. Pompeius begonnen hatte, im Tempelbezirk des 'Juppiter Damascenus' in Damaskus zu bauen. Auch im 1. Jh. n. Chr. wurde im dortigen Tempelbezirk gebaut[185]. Schon vor der uns beschäftigenden Zeit durchschnitt in Damaskus die 'Gerade Straße' das Häusergewimmel und den Wirrwarr der Gäßchen — sie hatte ihren Namen vielleicht davon, daß sie wirklich die einzige 'gerade' Straße in der Stadt war; ihre Fahrbahn war von Kolonnaden eingerahmt, die die Pultdächer der Fußsteige trugen. Zwei Theater lagen an dieser Straße, die übrigens heute noch existiert wie schon zur Zeit des Neuen Testaments[186].

Wie viele andere Städte Syriens bildeten auch die Städte der Dekapolis Sprach- und Kulturinseln inmitten der semitischen, aramäisch sprechenden Bevölkerung. Die Griechen sollten ja, nach dem Willen der hellnistischen Herrscher und dann auch nach dem Willen des Pompeius, ihre Eigenart im Osten nicht aufgeben, sondern gerade bewahren. So war die Sprache von Bildung und Kultur, und das heißt auch die Sprache der Städte, das Griechische, während die Leute auf dem Lande aramäisch sprachen. Wie beide Sprachen nebeneinander bestanden, zeigen noch heute die Säulen von Palmyra mit ihren griechischen und aramäischen Inschriften[187]. Diese Unterschiede zwischen Stadt und Land zeigten sich auch etwa in der Tracht der Frauen; die Frauen in den Städten trugen Schleier (wie noch heute häufig), die Frauen auf dem Lande dagegen nicht, gelegentlich tätowierten sich die Frauen auch, so wie heute noch[188]. Der wohlhabende Bürger, der sich Sklaven halten konnte, widmete sich der Kunst, der Schriftstellerei, dem Dienst am Gemeinwesen oder ganz einfach dem Müßiggang und den Vergnügungen[189]. Die Vergnügungen der Städte waren dieselben wie im übrigen römischen Reiche; in Gegenden aber, die an die Wüste grenzten, waren Dromedarrennen und die Jagd sehr beliebt[190]. Aus Juvenal wissen wir, daß aus ganz Syrien Künstler und Artisten aller Art sich über die römische Welt ergossen; Truppen von Schauspielern, von Unternehmern geleitet, durchzogen die Welt[191].

Mit dem Nachfolger Traians, Hadrian, bestieg der Statthalter von Syrien den Thron der Caesaren. Er öffnete den syrischen Intellektuellen

---

[185] C. WATZINGER und K. WULZINGER, Damaskus S. 39f.
[186] WATZINGER—WULZINGER S. 42—45; Ap.-Gesch. 9, 11.
[187] PH. K. HITTI, History of Syria S. 256f. 280. Vgl. auch H. J. W. DRIJVERS, Hatra, Palmyra und Edessa etc., unt. in diesem Band (ANRW II 8) S. 799ff.
[188] HITTI S. 300.
[189] HITTI S. 299f.
[190] HITTI S. 301f.
[191] Juvenal, Sat. III 62—65: *Iam pridem Syrus in Tiberim defluxit Orontes et linguam et mores et cum tibicine chordas obliquas nec non gentilia tympana secum uexit et ad circum iussas prostare puellas*; HITTI S. 301f.

die Wege zur Beamtenlaufbahn im Imperium, das sie bald beherrschen und dessen überlieferte Form sie zerbrechen sollten, bis gebürtige Syrer selber römische Kaiser wurden[192].

X. Die Dekapolis und das Neue Testament

1. Die Magier aus dem Osten (Matth. 2, 1)

Bei den Magiern, die nach dem Bericht des Matthäusevangeliums „aus dem Osten" kamen, um dem neugeborenen König der Juden zu huldigen, denkt man in der Exegese — wie auch in der Legende und Weihnachtsdichtung — vor allem an chaldäische Magier, die aus dem Zweistromland gekommen sein sollen. Die Angabe des Evangelisten, daß die Magier „aus dem Osten" kamen, ist so unbestimmt, daß einer solchen Annahme denn auch nichts im Wege steht. Dem war aber nicht immer so. Der älteste christliche Zeuge für den Besuch der Magier, von dem wir wissen, Justin der Märtyrer, sagte, die Magier seien „aus Arabien" gekommen[192a]. Ihm folgten in späterer Zeit noch viele Kirchenväter. In neuerer Zeit scheinen es nicht viele Exegeten gewesen zu sein, die sich die Annahme Justins zueigen machten. Wir nennen hier nur DALMAN[193] und BENOIT[194]. Für diese Ansicht Justins — besaß er eine exegetische Tradition? — spricht einiges. Einmal weist DALMAN mit Recht darauf hin, daß für den Palästiner Mesopotamien im Norden liegt; wer aus Mesopotamien nach Palästina kommt, erreicht das Land vom Norden her. Zum anderen darf auf die großen Entfernungen hingewiesen werden, die damals nur in sehr langwieriger und beschwerlicher Reise zu überwinden waren. Man konnte natürlich auch damals schon den direkten Weg durch die Wüste wählen; aber die Entfernung Bagdad—Jerusalem, quer durch die Wüste, beträgt rund 1000 km. Auch war damals dieser Weg außerordentlich gefährlich der räuberischen Beduinen wegen und war ohne starkes bewaffnetes Geleit nicht zu wagen. Es war immerhin etwas anderes, wenn parthische Magier Kaiser Nero — dem Herrn des römischen Imperiums — nach Neapel huldigen gingen[195].

---

[192] U. KAHRSTEDT, Kulturgeschichte S. 27. 276. 419.

[192a] Justin, Dialog. c. Tryph. Iud. 78: „Bei der Geburt des Knaben nämlich waren die Magier aus Arabien zu diesem König Herodes gekommen und hatten ihm erzählt, sie hätten aus einem Sterne, der am Himmel erschienen war, erkannt, daß ein König in eurem Land geboren worden sei ... Die Magier aus Arabien gingen nun nach Bethlehem ..." (PH. HAEUSER, Des heiligen Philosophen und Martyrers Justinus Dialog mit dem Juden Tryphon. Aus dem Griechischen übersetzt und mit einer Einleitung versehen von PH. H., Bibliothek der Kirchenväter [Kempten und München, 1917]). RESCH, Das Kindheitsevangelium S. 138f.

[193] G. DALMAN, Orte und Wege Jesu S. 19.

[194] P. BENOIT, L'évangile selon saint Matthieu S. 43.

[195] Die Zeugnisse sind zusammengestellt bei E. KLOSTERMANN, Das Matthäusevangelium S. 11.

Es ist auf alle Fälle plausibler, die Heimat der Magier näher bei Palästina zu suchen, wie das Justin getan hat. Mit diesem „Arabien", das Justin genannt hat, kann natürlich das Gebiet des Nabatäerreichs gemeint sein; nichts steht der Annahme entgegen, daß die Magier aus diesem Gebiet kamen. Es darf aber auch die Annahme erwogen werden, daß die Magier aus dem Gebiet der Dekapolis gekommen sind. Wir sahen ja, daß für Justin das transjordanische Gebiet als 'Arabien' galt[196]. Eine Reise aus einer der Städte der Dekapolis nach Jerusalem war leicht zu bewerkstelligen und nahm nicht allzuviel Zeit in Anspruch. Auch war das ganze Gebiet der Dekapolis durchsetzt mit jüdischen Siedlungen, und Juden lebten in allen Städten der Dekapolis, so daß sich jüdische messianische Hoffnung, die wohl die Veranlassung zum Besuch der Magier gegeben hatte, als die bekannte Konjunktion von Jupiter und Saturn im Zeichen der Fische sich im Jahre 7 v. Chr. bildete, auch bei den Heiden verbreiten konnte. Die Astrologie war ja im ganzen römischen Reiche damals weit verbreitet, und die hellenistischen Städte des Ostens werden in dieser Hinsicht keine Ausnahme gebildet haben. Kaiser Tiberius war trotz — oder gerade wegen? — seiner Erziehung durch Theodoros aus Gadara ein eifriger Anhänger der Astrologie[197]. Es läßt sich selbstverständlich in dieser Sache keine Sicherheit gewinnen, und alles muß hier Hypothese bleiben — aber auch die Herkunft der Magier aus Mesopotamien oder gar Parthien ist eine Hypothese. Wir werden aber bestimmt weniger Schwierigkeiten im Verständnis des Textes haben, wenn wir die Heimat der Magier mit Justin in 'Arabien' suchen, sei damit nun das Nabatäerreich oder die Dekapolis gemeint.

2. Jesus im Gebiet der Dekapolis

In dem Sammelbericht Matth. 4, 23—25 heißt es, daß große Volksmassen aus Galiläa, der Dekapolis, Jerusalem, Judäa und Peräa Jesus folgten. Es ist klar, daß mit dieser Liste einfach das Land diesseits und jenseits des Jordans in seinen einzelnen Gebieten genannt werden soll, um zu zeigen, daß der Ruf Jesu sich überallhin verbreitete. Dazu aber gehört die Dekapolis, die ja mit dem Landgebiet von Hippos und Gadara an den See Genezareth stößt, mit Skythopolis und seinem Gebiet über den Jordan hinüberreicht.

In das Gebiet der Dekapolis führt die Geschichte von der Heilung des besessenen 'Geraseners' (Mark. 5, 1—20 par)[198]. Hier stoßen wir auf die

---

[196] Vgl. oben S. 230.
[197] Tacitus, Ann. VI 20f.: *Non omiserim praesagium Tiberii de Servio Galba tum consule; quem accitum et diversis sermonibus pertemptatum postremo graecis verbis in hanc sententiam adlocutus est: Et tu, Galba, quandoque degustabis imperium, seram ac brevem potentiam significans, scientia Chaldaeorum artis, cuius apiscendae otium apud Rhodum magistrum Thrasyllum habuit, peritiam eius hoc modo expertus.* G. MARAÑÓN, Tiberius S. 219f.
[198] Nach SCHILLE, Anfänge der Kirche S. 185 handelt es sich bei diesen, in der Dekapolis lokalisierten, Erzählungen nicht um Jesus-Überlieferungen, sondern um Missionslegenden der Urchristenheit. Dieser Auffassung kann ich mich nicht anschließen: solange das

Frage, wo sich die erzählte Begebenheit abspielte; denn in Matth. 8, 28
steht die Angabe, daß Jesus in das Gebiet der 'Gadarener' gekommen sei.
Lukas (8, 26) folgt hier Markus, wenn wir den Text von NESTLE[198a] zugrunde-
legen. Der Text der Synopse von HUCK[199] bietet aber in Luk. 8, 26 'Gergesener'. Einige Textzeugen bei Markus haben 'Gergesener', andere 'Gadarener'; entsprechend bieten Textzeugen bei Matthäus auch 'Gerasener' und
'Gergesener', und bei Lukas haben Textzeugen auch 'Gadarener'[200]. Die
Lesart 'Gerasener' muß aus sachlichen Gründen ausscheiden — auch wenn
sie aus Gründen der Kritik im Text zu belassen ist —; denn Gerasa lag zu
weit vom See Genezareth entfernt, und sein Landgebiet reichte keinesfalls
an den See. Von der Sache aus kommen nur die Lesarten 'Gadarener' und
'Gergesener' in Frage. Nun könnte 'Gadarener' richtig sein; denn das Stadtgebiet von Gadara reichte wahrscheinlich bis zum See[201]. Der Fortgang der
Erzählung macht es aber nicht wahrscheinlich, daß wirklich Gadara gemeint
ist; denn nach Mark. 5, 14f. gehen die Schweinehirten in die Stadt und
berichten den Vorfall, worauf die Bewohner aus der Stadt kommen und
Jesus zum Verlassen ihres Gebietes auffordern. Dieses Hin und Her würde
sich im Falle von Gadara über eine allzulange Wegstrecke hinziehen und
brauchte offensichtlich mehr Zeit, als hier vorausgesetzt ist. Somit bleibt
aus sachlichen Gründen nur die Lesart 'Gergesener' übrig. Der Ort 'Ger-
gesa' ist mit *kursi* (oder *kurse*) am Ostufer des Sees Genezareth identifiziert
worden[202]. Die Erwähnung der Schweineherde zeigt, daß wir hier in einem
von Heiden besiedelten Gebiete sind. Juden wohnten zwar auch in den
Dekapolisstädten[203], vor allem aber wird das Landgebiet der Städte sowohl
Heiden wie Juden aufgewiesen haben[204]. Demgemäß haben wir nicht an eine
eigentliche Predigttätigkeit Jesu unter den Heiden der Dekapolis zu denken, wenn er sich dort aufhielt; sondern er wird sich auch da an die Juden
gehalten haben, entsprechend seinem Wort, daß er sich nur zu den verlorenen
Schafen aus dem Hause Israel gesandt wußte (Matth. 15, 24).

   Ein letztes Mal begegnet uns die Dekapolis in den Evangelien Mark.
7, 31: „Und wiederum verließ er das Gebiet von Tyrus und kam durch
Sidon an den See von Galiläa mitten in das Gebiet der Dekapolis." Der
hier angegebene Reiseweg ist ebenso merkwürdig wie unwahrscheinlich, wie
schon ein Blick auf die Karte zeigt, geschweige denn, wenn man das Gebiet
in Wirklichkeit kennt. WELLHAUSEN hat hier den genialen Vorschlag

---

Gegenteil nicht bewiesen ist, müssen diese Erzählungen als Jesus-Überlieferungen
gelten. Auch in der rabbinischen Überlieferung müssen Traditionen solange als einem
bestimmten Rabbi zugehörig gelten, als man nicht beweisen kann, daß sie ihm nicht
zugehören können.

[198a] 22. Aufl. 1956, aber auch frühere Auflagen.

[199] 8. Aufl. Stuttgart, 1931.

[200] Vgl. den kritischen Apparat bei NESTLE und HUCK zu den einzelnen Stellen.

[201] Vgl. oben S. 233 und Anm. 83.

[202] Vgl. die Diskussion bei DALMAN a. a. O. S. 190f.; C. KOPP, Die heiligen Stätten der
Evangelien S. 282—287.

[203] Vgl. oben S. 241f.

[204] J. JEREMIAS, Jésus et les païens S. 23[1].

gemacht, die Erwähnung von 'Sidon' gehe auf einen Hörfehler zurück, und gemeint sei in Wirklichkeit 'Bethsaida' gewesen[205]. In der Tat löst diese Annahme die Schwierigkeiten des überlieferten Textes. Bethsaida liegt dicht beim Gebiet der Dekapolis, die mit dem Landgebiet von Hippos an den See stößt. Dort heilt Jesus dann einen Taubstummen (Mark. 7, 32ff.).

Wenn Jesus nach Mark. 10, 1 par. Matth. 19, 1 Galiläa verläßt und sich ins Gebiet von Judäa „jenseits des Jordans" begibt, dann muß er auf diesem Wege auch durch das Gebiet der Dekapolis gekommen sein, nämlich durch das Gebiet von Skythopolis. Es ist hier darauf hinzuweisen, daß galiläische Pilger, die Jerusalem besuchen wollten, aber samaritanisches Gebiet zu meiden trachteten, eben diesen Weg wählten, also die ġōr-Straße südwärts zogen, um dann bei Jericho den Jordan wieder zu überschreiten, um nach Jerusalem hinaufzuziehen[206].

3. Paulus in 'Arabien' (Gal. 1, 17)

Paulus sagt in Gal. 1, 17, er sei nach seiner Bekehrung nicht nach Jerusalem hinaufgezogen, sondern nach 'Arabien' gegangen. Was heißt das? Wohin genau ging Paulus? Am nächsten dürfte es wohl liegen, an das Ostjordanland zu denken; denn wir haben ja gesehen, daß dieses Gebiet oft als Arabien bezeichnet wird[207] bzw. daß es als Teil von Arabien gilt. Da nun einige Städte der Dekapolis in eben diesem Gebiet liegen, da sie gelegentlich ausdrücklich als Städte Arabiens gelten, darf man füglich bei dem hier erwähnten 'Arabien' an die Dekapolis denken. In diesen Städten hatten Griechen und Syrer den Juden gegenüber das Übergewicht; es waren hellenistische Städte, die ihrer ganzen Struktur nach Paulus vertraut sein mußten. Bei etwa auftauchenden Gefahren von seiten der Juden konnte Paulus sich in diesen Städten auf sein römisches Bürgerrecht berufen und den Schutz der Behörden verlangen. Zugleich aber war er auch nicht allzu weit vom jüdischen Mutterland entfernt und konnte sich schnell wieder dorthin begeben, wenn die Lage es erforderte oder gestattete.

Wenn wir weiter fragen, in welcher Stadt Paulus da gewesen sein möchte, tappen wir leider ganz im Dunkeln. Man könnte immerhin an Pella denken; es liegt — neben Skythopolis — dem eigentlich jüdischen Gebiet am nächsten. Vielleicht ist dort durch die Tätigkeit des Paulus eine erste Christengemeinde entstanden, die der Grund dafür gewesen sein könnte, daß die Christen Jerusalems beim jüdischen Aufstand des Jahres 66 n. Chr. sich dorthin flüchteten[208]. Doch ist hier alles unsicher, und wir kommen über Fragen und Vermutungen nicht hinaus. Selbstverständlich sollte es in der Exegese allerdings sein, daß Paulus nicht irgendwo in der

---

[205] J. WELLHAUSEN, Das Evangelium Marci S. 58; JEREMIAS, Jésus S. 26³.
[206] GLUECK, Jordan S. 245f.
[207] Vgl. oben S. 228. 230.
[208] Vgl. oben S. 242f.

arabischen Wüste sich aufhielt und meditierte; denn in dieser Wüste medi-
tiert man nicht, sondern dort geht man in kürzester Frist zugrunde. Paulus
wird auch in 'Arabien' sich seinen Lebensunterhalt selbst verdient haben
durch seiner Hände Arbeit, und das war ihm am ehesten in einer der be-
triebsamen hellenistischen Städte des Ostjordanlandes möglich.

4. Damaskus und die Nabatäer

Schon um die Wende vom 2. zum 1. Jh. v. Chr. wurde Damaskus die
Hauptstadt eines selbständigen Königreiches Coelesyrien, das unter dem
nabatäischen König Aretas III. stand[209]. Als Pompeius in Syrien erschien,
ließ er Damaskus besetzen, zuerst durch Lollius und Metellus, dann durch
Scaurus. Das bedeutete zunächst das Ende der Nabatäerherrschaft.

Als sich aber der Apostel Paulus in Damaskus aufhielt, war wieder ein
nabatäischer Statthalter (Ethnarch) in der Stadt. Dieser bedrohte, von den
Juden angestiftet, den Apostel, so daß er auf abenteuerliche Weise die
Stadt verlassen mußte[210]. Der in 2. Kor. 11, 32 genannte Nabatäerkönig
ist Aretas IV. Philodemos, der von 9 v. Chr. — 40 n. Chr. regierte, der
Schwiegervater von Herodes Antipas, dem Landesherrn Jesu[210a]. Die Frage
ist hier, wann die Nabatäer wieder die Herrschaft über Damaskus erlangten
bzw. ob sie sie überhaupt wieder erlangt hatten. Denn an sich könnte der
nabatäische Ethnarch auch der Vertreter der nabatäischen Volksgruppe bei
den (römischen) Behörden von Damaskus gewesen sein.

Nun gibt es römische Münzen aus Damaskus für die Zeit des Augustus
und Tiberius, so daß für diese Zeit eine Nabatäerherrschaft über die Stadt
ausgeschlossen erscheint. Dagegen fehlen römische Münzen aus Damaskus
für die Zeit von Caligula, Claudius und die ersten acht Jahre Neros, also
von 37—61 n. Chr. Das scheint darauf hinzudeuten, daß Damaskus in
dieser Zeit tatsächlich nicht unter direkter römischer Herrschaft stand,
sondern daß es dem Klientel-König Aretas IV. und seinen Nachfolgern
Abias und Malchus II. verliehen war[211]. Wir sahen, daß in früherer Zeit
gerade auch Städte der Dekapolis an den römischen Klientel-König Herodes
d. Gr. verliehen worden waren. Dann wissen wir, daß Caligula seinen
Günstlingen aus dem Hause des Herodes reichlich Länder und Städte als
Herrschaftsgebiet zuwies. Gleich hielt es Claudius mit Agrippa I. Es steht
also der Annahme grundsätzlich nichts im Wege, daß Aretas IV. als solche
Gunstbezeugung des Caesars Damaskus erhielt. Wir können auch auf
folgende Parallele hinweisen: die Tetrarchie von Abila (Lysaniae) gehörte
unter Tiberius dem Lysanias II.[212]. Im Jahre 38 n. Chr. verlieh Caligula

[209] Josephus, a. 13,392 (vgl. A. 63 dieser Arbeit); b. 1,89; GALLING, BRL Sp. 124f.
[210] 2. Kor. 11,32f.; Ap.-Gesch. 9,24f.
[210a] Vgl. R. D. SULLIVAN, The Dynasty of Judaea in the First Century, unt. in diesem Band
(ANRW II 8) S. 306ff.
[211] SCHÜRER, Geschichte II⁴ S. 153f.; ROSTOVTZEFF, Caravan Cities S. 32. Nach GARZETTI,
[212] L'impero S. 97 hat Caligula die Stadt Damaskus an Aretas übergeben.
SCHÜRER, Geschichte I³·⁴ S. 718f.

dem Soëmus eine Tetrarchie über die Ituräer[213]. Wir haben hier in gewissem Sinne eine Rückkehr zu der Konzeption des Pompeius und eine Fortsetzung der Politik des Augustus: Schaffung von Klientelfürstentümern am Rande des Imperiums, Belehnung dieser Fürsten mit Städten (wenn man bei dem notorischen Narren Caligula überhaupt von einer Konzeption reden kann und nicht besser einfach mit seinen Launen rechnet).

Wenn also die Nabatäer Damaskus erhielten, bekamen sie damit direkten Anschluß an die über Damaskus führende Handelsstraße vom Zweistromland zum Mittelmeer. Ihr Handelsweg war dann vom Roten Meer bis zu dem Zentrum im Innern Syriens in ihrer eigenen Hand. Die Verbindung zwischen dem südlichen Hauptteil des Nabatäerreiches und dem Außen- oder Randbesitz in Damaskus stellte das *wādi sirḥān* her, das östlich des Hauran sich bis tief nach Arabien hinein erstreckt[214]. Eine Erinnerung an die Nabatäerzeit in Damaskus hat sich bis in die neueste Zeit erhalten, indem ein Stadtteil en-Naibatin hieß[215].

Etwa 61 n.Chr. hat dann Nero Damaskus wieder an das römische Imperium genommen und es von der nabatäischen Herrschaft befreit[216]. Vielleicht datiert die Zugehörigkeit von Damaskus zur Dekapolis von diesem Zeitpunkt an. Der Vorgang wäre also ganz analog dem, der sich unter Pompeius an den Städten der Dekapolis vollzog.

Wenn diese Überlegungen richtig sind, dann muß sich nun auch die Angabe 2. Kor. 11, 32f. mit ihnen vereinbaren lassen. Das ist nur dann möglich, wenn wir diese Flucht des Paulus aus Damaskus an den Schluß seines zweiten Aufenthaltes in der Stadt stellen[217], also zu Gal. 1, 18. Wir bekommen also folgendes Schema für die Zeit nach der Bekehrung des Paulus: 1. Bekehrung und Aufenthalt in Damaskus (Ap.-Gesch. 9, 1—22); 2. Aufenthalt in Arabien (Gal. 1, 16f.); 3. Rückkehr nach Damaskus und Flucht aus der Stadt (Gal. 1, 17f.; 2. Kor. 11, 32f.; Ap.-Gesch. 9, 23—25); 4. Reise nach Jerusalem, drei (nach heutiger Zählung: zwei) Jahre nach der Bekehrung. Oder war Paulus drei Jahre in Arabien (Gal. 1, 18; Ap.- Gesch. 9, 26—31)? Ich glaube also nicht[218], daß der Ethnarch der Nabatäer das Landgebiet um Damaskus besetzt hielt (während die Stadt selbst römisch gewesen sein sollte), und daß er dem Paulus außerhalb der Stadt

---

[213] Cassius Dio LIX 12: Σοαίμῳ τὴν τῶν Ἰτυραίων τῶν Ἀράβων . . . ἐχαρίσατο (sc. Caligula). Tacitus, Ann. XII 23: (unter Claudius) *Ituraeique et Iudaei, defunctis regibus, Sohaemo atque Agrippa, provinciae Syriae additi.* — Vgl. SCHÜRER, Geschichte I³˙⁴ S. 720.

[214] GLUECK, AASOR XXV—XXVIII S. 15f. 34—45; ID., The Other Side S. 40f.; ID. Explorations in Eastern Palestine III S. 142; ABEL, Géographie II S. 165.

[215] WATZINGER—WULZINGER, Damaskus S. 65.

[216] Die Nabatäer behielten aber die Kontrolle über das Landgebiet im O und SO; so war z. B. Admedera (*ḍumēr*), die erste Station auf dem Wege von Damaskus nach Palmyra, in ihrer Hand; vgl. GLUECK, Explorations III S. 142; ABEL, Géographie II S. 165.

[217] Gegen A. SCHLATTER, Paulus S. 658.

[218] Mit SCHÜRER II⁴ S. 153f. gegen SCHLATTER, Paulus S. 658 und K. LAKE, The Beginnings of Christianity V S. 193.

auflauerte[219]; wäre da Paulus denn nicht sicherer innerhalb der Stadt gewesen, wo er sich doch auf sein römisches Bürgerrecht hätte berufen können? Die Flucht in einem Korb über die Stadtmauer zeigt doch wohl deutlich, daß die Hauptgefahr in der Stadt bestand und nicht außerhalb. Auch ist nicht zu vergessen, daß zu jeder antiken Stadt ein Landgebiet gehörte. Es ist durchaus unglaubwürdig, daß ein Nabatäerscheich es hätte wagen dürfen, mitten in einer wichtigen römischen Provinz, in unmittelbarer Nähe einer bedeutenden Stadt und unter den Augen der Römer, die Stadttore dieser Stadt mit einer bewaffneten Schar zu belauern. Es ist auch kaum anzunehmen, daß der Ethnarch des Aretas IV. ,,das Haupt der in Damaskus angesiedelten Nabatäer"[220] war, den die Juden für ihr Vorhaben gewonnen hätten; der dann also die Stadttore von innen bewacht hätte. Diese Möglichkeit scheitert m. E. am römischen Bürgerrecht des Paulus, das ihn an und für sich nicht vor allen Unbilden geschützt hat, das er aber doch gelegentlich zu seinem Schutz angerufen hat. Alle diese Unwahrscheinlichkeiten verschwinden, wenn wir annehmen, daß Damaskus etwa im Jahre 37 n. Chr. unter nabatäischer Herrschaft stand[221].

Aus Ap.-Gesch. 9 geht hervor, daß es in den dreißiger Jahren des 1. Jh. n. Chr. in Damaskus Christen gab. Wir wissen nicht, wann und durch wen das Christentum nach Damaskus kam. Daß früh schon Christen in dieser Stadt waren, verwundert nicht, war doch der Verkehr von Jerusalem nach allen syrischen Städten stark; und es gab gerade auch in Damaskus eine große Judenschaft. Vor allem scheinen zahlreiche Frauen der jüdischen Religion angehangen zu haben[222]. Auf diesem jüdischen Grund wuchs dann eine christliche Gemeinschaft, aber ihre erste Geschichte liegt im Dunkel.

---

[219] So denkt sich den Vorgang wohl auch E. HAENCHEN, Die Apostelgeschichte S. 286. Paulus sagt aber deutlich, daß der Ethnarch die Stadt besetzt hielt; Paulus entging dem Nabatäer dadurch, daß er aus der Stadt floh — im andern Falle wäre er gerade in der Stadt sicherer gewesen. So schon SCHÜRER II⁴ S. 153[228].

[220] So SCHLATTER a. a. O. als zweite Möglichkeit.

[221] Daß Paulus während seines Aufenthaltes im Nabatäerreich missioniert habe und darum ,,in Spannung mit Arethas kam", daß er deswegen nach Damaskus ging, wo der Ethnarch sich seiner zu bemächtigen suchte (so HAENCHEN a. a. O. S. 289), ist durchaus unsicher. Diese Auffassung beruht auf der Annahme, daß Paulus mit 'Arabien' in Gal. 1, 17 das Nabatäerreich gemeint haben müsse (ob Paulus in diesem Fall nicht besser getan hätte, das Nabatäerreich überhaupt zu meiden, also auch Damaskus?). Es geht ferner aus Ap.-Gesch. 9, 24 hervor, daß die Juden hinter dem Anschlag des nabatäischen Ethnarchen standen. Es ist sicher richtig, wenn HAENCHEN im Anschluß an WELLHAUSEN, erklärt: ,,Arabia provincia war außerdem keine Wüste". Nur wäre es besser, für die Zeit des Paulus nicht von der Provincia Arabia zu reden, die es damals als solche noch gar nicht gab, sondern beim Ausdruck 'Nabatäerreich' zu bleiben, das ja alles andere als eine Wüste war.

[222] Die starke Judenschaft von Damaskus erwähnt Josephus, b. 2,560: ἐδεδοίκεσαν δὲ τὰς ἑαυτῶν γυναῖκας ἁπάσας πλὴν ὀλίγων ὑπηγμένας τῇ Ἰουδαϊκῇ θρησκείᾳ. Vgl. b. 7,368: ὅπου γε Δαμασκηνοὶ μηδὲ πρόφασιν εὔλογον πλάσαι δυνηθέντες φόνου μιαρωτάτου τὴν αὑτῶν πόλιν ἐνέπλησαν, ὀκτακισχιλίους πρὸς τοῖς μυρίοις Ἰουδαίους ἅμα γυναιξὶ καὶ γενεαῖς ἀποσφάξαντες.

Bibliographie

F. M. ABEL, Histoire de la Palestine (Paris, 1952), vol. II.

A. ALT, Inschriftliches zu den Aeren von Skythopolis und Philadelphia: ZDPV 55 (1932), S. 128—134.

A. ALT, Der südliche Endabschnitt der römischen Straße von Bostra nach Aila: ZDPV 59 (1936), S. 92—111.

M. AVI-YONAH, Scythopolis: The Beth Shean Valley. The 17th Archaeological Convention (Jerusalem, 1966).

M. AVI-YONAH, A New Dating of the Roman Road from Scythopolis to Neapolis: IEJ 16 (1966), S. 75—76.

H. BENGTSON, Griechische Geschichte. Von den Anfängen bis in die römische Kaiserzeit: HAW III 4 (München, 1977⁵).

H. BENGTSON, Grundriß der römischen Geschichte mit Quellenkunde. I. Band. Republik und Kaiserzeit bis 284 n. Chr.: HAW III 5,1 (München, 1970²).

P. BENOIT, L'évangile selon saint Matthieu (Paris, 1953²).

R. E. BRÜNNOW—A. VON DOMASZEWSKI, Die Provincia Arabia I—III (Straßburg, 1904—1909).

R. BORRMANN, Geschichte der Baukunst des Altertums und des Islams im Mittelalter (Leipzig, 1904).

F. BUHL, Geographie des alten Palästina (Freiburg i. B.–Leipzig, 1896).

V. BURR, Rom und Judäa im 1. Jahrhundert v. Chr. (Pompeius und die Juden) (Berlin, 1972): Aufstieg und Niedergang der Römischen Welt I 1, hrg. v. H. TEMPORINI (Berlin–New York, 1972), S. 875—886.

M. P. CHARLESWORTH, Trade Routes and Commerce of the Roman Empire (Cambridge, 1924; Nachdruck Hildesheim, 1961).

J. COLIN, Les villes libres de l'Orient gréco-romain et l'envoi au supplice par acclamations populaires: Coll. Latomus 82 (Bruxelles–Berchem, 1965).

F. CUMONT, The Population of Syria: JRSt 24 (1934), S. 187—189.

G. H. DALMAN, Orte und Wege Jesu: Beiträge zur Förderung christl. Theologie II 1 a (Gütersloh, 1924³).

Eusebius, Das Onomastikon der biblischen Ortsnamen, hrsg. von E. KLOSTERMANN (Leipzig, 1904; Neudruck Hilderheim, 1966).

K. GALLING, Biblisches Reallexikon (Tübingen, 1937) (abg.: BRL).

A. GARZETTI, L'impero da Tiberio agli Antonini: Storia di Roma 6 (Bologna, 1960).

M. GELZER, Pompeius. Mit einer Einführung von H. DIWALD (München, 1973).

N. GLUECK, Explorations in Eastern Palestine III: AASOR 18/19 (New Haven, 1939).

N. GLUECK, The Other Side of the Jordan (New Haven, 1940).

N. GLUECK, Explorations in Eastern Palestine IV: AASOR 25—28 (New Haven, 1951).

N. GLUECK, The River Jordan (London, 1954²).

Guide Bleu, Moyen Orient (Paris, 1956).

J. GUNTHER, The Fate of the Jerusalem Church. The Flight to Pella: ThZ 29, 2 (1973), S. 81—94.

H. GUTHE, Griechisch-römische Städte des Ostjordanlandes, in: Das Land der Bibel. Gemeinverständliche Hefte zur Palästinakunde, hrsg. von G. HÖLSCHER, II 5 (Leipzig, 1918).

H. GUTHE, Gerasa: Das Land der Bibel III 1/2 (Leipzig, 1919).

E. HAENCHEN, Die Apostelgeschichte: KEK 3 (Göttingen, 1956).

G. L. HARDING, Auf biblischem Boden (Wiesbaden, 1961) [= ID., The Antiquities of Jordan (London, 1960)].

A. VON HARNACK, Die Mission und Ausbreitung des Christentums in den ersten drei Jahrhunderten. II. Die Verbreitung (Leipzig, 1924²).

B. V. HEAD, Historia Numorum. A Manual of Greek Numismatics (Oxford, 1910²).

PH. K. HITTI, History of Syria. Including Lebanon and Palestine (New York, 1951).

G. Hölscher, Palästina in der persischen und hellenistischen Zeit. Eine historisch-geographische Untersuchung: Quellen und Forschungen zur alten Geschichte und Geographie 5 (Berlin, 1903).

Joachim Jeremias, Jésus et les païens: Cahiers Théologiques 39 (Neuchâtel/Paris, 1956).

A. H. M. Jones, The Urbanisation of the Iturean Principality: JRSt 21 (1931), S. 265—275.

A. H. M. Jones, The Cities of the Eastern Roman Provinces (London, 1971²).

A. H. M. Jones, The Herods of Judaea (Oxford, 1938).

U. Kahrstedt, Kulturgeschichte der römischen Kaiserzeit (Bern, 1958²).

E. Klostermann, Das Matthäusevangelium: HNT 2 (Tübingen, 1938³).

C. Kopp, Die heiligen Stätten der Evangelien (Regensburg, 1959).

C. H. Kraeling, Gerasa. City of the Decapolis (New Haven, 1938).

K. Lake, The Acts of the Apostles. Additional Notes to the Commentary: The Beginnings of Christianity, hrg. v. F. J. Foakes-Jackson—K. Lake, I 5 (London, 1933).

G. Marañón, Tiberius. Geschichte eines Ressentiments (Zürich–München, 1952) [= Id., Tibère (Paris, 1941). = Id., Tiberio (Buenos Aires–México, 1939, 1948⁴)].

S. Mittmann, Die römische Straße von Gerasa nach Adraa: ZDPV 80, 2 (1964), S. 113—136.

S. Mittmann, Beiträge zur Siedlungs- und Territorialgeschichte des nördlichen Ostjordanlandes (Wiesbaden, 1970).

S. Mittmann, Zenon im Ostjordanland: Archäologie und Geschichte. Festschrift für Kurt Galling (Tübingen, 1970).

A. Neubauer, La géographie du Talmud (Paris, 1868).

M. Noth, Geschichte Israels (Göttingen, 1950).

St. Perowne, Herodier, Römer und Juden. Deutsche Übertragung von H. Schmökel (Stuttgart, 1958) [= Id., The Later Herods (London, 1958)].

A. Resch, Das Kindheitsevangelium nach Lukas und Matthäus unter Heranziehung der außerkanonischen Paralleltexte: TU X 5 (Leipzig, 1897).

J. Richmond, Khirbet Fahil: PEF Q. St. (London, 1934).

M. Rostovtzeff, Caravan Cities: Petra, Jerash, Palmyra, Dura. Transl. by D. and T. Talbot Rice (Oxford, 1932).

M. Rostovtzeff, Die hellenistische Welt. Gesellschaft und Wirtschaft (Stuttgart, 1955/56) [= Id., Gesellschafts- und Wirtschaftsgeschichte der hellenistischen Welt (Darmstadt, 1955) = Id., The Social and Economic History of the Hellenistic World (Oxford, 1941)].

A. Rowe, The Topography and History of Beth-Shan, with Details of the Egyptian and other Inscriptions Found on the Site: Publ. of the Palestine Section of the Museum of the University of Pennsylvania 1 (Philadelphia, 1930).

F. de Saulcy, Numismatique de la Terre Sainte. Description des monnaies autonomes et impériales de la Palestine et de l'Arabie Pétrée (Paris, 1874).

A. Schalit, König Herodes. Der Mann und sein Werk: Studia Judaica. Forschungen zur Wissenschaft des Judentums, hrsg. von E. L. Ehrlich, 4 (Berlin, 1969).

G. Schille, Anfänge der Kirche: Beiträge zur evangelischen Theologie 43 (München, 1966).

A. Schlatter, Zur Topographie und Geschichte Palästinas (Calw — Stuttgart, 1893).

A. Schlatter, Die Kirche Jerusalems vom Jahre 70—130: Beiträge zur Förderung christlicher Theologie II 3 (Gütersloh, 1898).

A. Schlatter, Geschichte Israels von Alexander dem Großen bis Hadrian (Stuttgart, 1925³).

A. Schlatter, Paulus, der Bote Jesu. Eine Deutung seiner Briefe an die Korinther (Stuttgart, 1934, 1962³).

Adolf Schlatters Rückblick auf seine Lebensarbeit. Zu seinem hundertsten Geburtstag hrsg. von Theodor Schlatter: Beiträge zur Förderung christlicher Theologie, Sonderheft (Gütersloh, 1952).

C. Schneider, Kulturgeschichte des Hellenismus. I (München, 1967).

G. Schumacher, Abila of the Decapolis: PEF Qu.St. (London, 1889).

G. Schumacher, Pella: PEF Qu.St. (London, 1888—1895).

G. Schumacher, Dscherasch: ZDPV 25 (1902), S. 109—177.

E. Schürer, Geschichte des jüdischen Volkes im Zeitalter Jesu Christi I[3.4] (Leipzig, 1901); II[4] (ebd., 1907); III[4] (ebd., 1909); Register (ebd., 1911[4]).

U. J. Seetzen, Reisen durch Syrien, Palästina, Phönicien, die Transjordan-Länder, Arabia Petraea und Unter-Ägypten, hrsg. von F. Kruse, I (Berlin, 1854); IV (Berlin 1849).

R. H. Smith, Pella of the Decapolis. The 1967 Season of the College of Wooster Expedition to Pella. Vol. I (Wooster, 1973).

S. Sowers, The Circumstances and Recollections of the Pella Flight: ThZ 26, 5, 1970, S. 305—320.

C. Steuernagel, Der ʻAdschlun. Nach den Aufzeichnungen von Dr. G. Schumacher beschrieben von C. St. (Berlin, 1927).

P. Thomsen, Palästina nach dem Onomasticon des Eusebius: ZDPV 26 (1903), S. 97—188.

P. Thomsen, Die römischen Meilensteine der Provinzen Syria, Arabia und Palästina: ZDPV 40, 1/2 (1917), S. 1—103.

V. Tscherikower, Die hellenistischen Städtegründungen von Alexander dem Großen bis auf die Römerzeit: Philologus, Supplementband 19 (1927), S. 1—216.

Z. Vilnay, Israel Guide (Jerusalem, 1963[12]).

C. Watzinger und K. Wulzinger, Damaskus, die antike Stadt: Wissenschaftl. Veröffentl. d. deutsch-türkischen Denkmalschutz-Kommandos 4 (Berlin–Leipzig, 1921).

J. Wellhausen, Das Evangelium Marci (Berlin, 1909[2]).

N. Zori, The House of Kyrios Leontis at Beth Shean: IEJ 16 (1966), S. 123—134.

Scythopolis.
L'histoire, les institutions et les cultes de la ville à l'époque hellénistique et impériale

par Baruch Lifshitz, Jérusalem

Table des matières

I. Un aperçu de l'histoire de la ville

L'histoire de Scythopolis pendant les premières décennies après la conquête d'Alexandre n'est pas bien connue. Était-elle une fondation ptolémaïque ou y avait-il à Beisan une colonie grecque ou hellénisée avant l'annexion de la Palestine au royaume de Ptolémée Sôter? Il est peu probable qu'on trouve jamais une réponse satisfaisante à cette question. On a voulu attribuer à Scythopolis certaines monnaies d'Alexandre en y lisant l'abréviation du nom de la ville: Σκυ(θόπολις). C'était l'opinion de

L. Müller[1], que E. Schürer[2] a fait sienne. Mais les trois lettres gravées sur ces monnaies indiquent la date: εκυ' ou ςκυ'[3]. L'explication du nom grec de la ville est sans doute la clé du problème de la date de la fondation. Les historiens anciens et modernes qui se sont intéressés à cette question s'ingéniaient à deviner l'énigme de l'origine du nom de Scythopolis. La tradition gréco-romaine depuis l'époque hellénistique lie la fondation de la ville aux Scythes et au dieu Dionysos, et cela à cause du second nom de Scythopolis, Nysa. Toutes les villes qui portaient ce nom étaient d'importants centres du culte de Dionysos. On verra ci-après que le culte de ce dieu est attesté à Scythopolis à l'époque impériale. Nous rencontrons cette tradition chez Pline l'Ancien[4]: *Scythopolim antea Nysam*; chez Etienne de Byzance: Σκυθόπολις Παλαιστίνης πόλις, ἣ Νύσσα Κοίλης Συρίας. Les monnaies frappées à Scythopolis portaient la légende[5] Νυσα(ιέων) τῶν καὶ Σκυθο(πολιτῶν). On a assez récemment attiré l'attention sur la contremarque ΝΥΣΑ de quelques monnaies de Scythopolis[6]. Les monnaies avec cette contremarque ont été datées par M. Reshef des premières années après la répression de la première révolte juive par Vespasien et Titus.

Nous rencontrons aussi parfois la forme Σκυθῶν πόλις, par exemple chez Polybe[7]. C'est évidemment un essai d'explication de l'origine du nom de la ville. Ce nom apparaît aussi dans la Septante[8]. Il ne s'agit évidemment pas ici d'une confusion de noms[9], mais le traducteur supposait que ses lecteurs connaissaient mieux le nom grec de la ville. Il est également certain que pour les traducteurs de la Bible l'origine du nom de Scythopolis était Σκυθῶν πόλις, la ville des Scythes. Les anciens indiquaient deux raisons aux relations des Scythes avec la ville de Beisan. La première était l'invasion de ce peuple nomade en Palestine vers la fin du VIIᵉ s., décrite par Hérodote[10]. L'explication de l'historien byzantin Georges Syncelle[11] est à la fois raisonnable, logique et sans doute historique-

---

[1] Numismatique d'Alexandre le Grand, Copenhague, 1855, Réimpression Basel, 1957, pp. 304s., Pl. 1429, 1464.

[2] Geschichte des jüdischen Volkes im Zeitalter Jesu Christi, II⁴, Leipzig, 1907, p. 172, note 321.

[3] G. F. Hill, A Catalogue of the Greek Coins in the British Museum, Palestine, London, 1914, Réimpression, Bologna, 1965, Introduction, p. XXXIV.

[4] HN, V, 18, 74.

[5] BMC Palestine, Introduction, p. XXXVII.

[6] M. Reshef, Bulletin de l'Association numismatique en Israël, I, 3 (1967), pp. 41—43 (hébreu). Les monnaies avec cette contremarque sont peu nombreuses. Deux ont été publiées par A. Spijkerman, O.F.M. Some Rare Jewish Coins, Studii Biblici Franciscani Liber annuus, XIII (1962—63), p. 316, N. 66, 67. Trois se trouvent dans la collection numismatique du Kibboutz Beth-Alpha, à 7.5 km à l'ouest de Beisan.

[7] V, 70.

[8] Juges, 1, 27: ἥ ἐστιν Σκυθῶν πόλις, cf. E. Schürer, op. cit., p. 171; PW RE II A 1 (1921), col. 947sq., s. v. Scythopolis (Beer).

[9] C'était l'opinion de Beer.

[10] IV, 105.

[11] Éd. W. Dindorf I, Corpus scriptorum historiae Byzantinae, XI, Bonn, 1829, 405, cf. E. Schürer, op. cit., p. 71, note 320.

ment exacte: Σκύθαι τὴν Παλαιστίνην κατέδραμον καὶ τὴν Βασὰν κατ-έσχον τὴν ἐξ αὐτῶν κληθεῖσαν Σκυθόπολιν. L'explication de Syncelle ne doit aucunement être subordonnée à l'historicité du récit d'Hérodote. Celui-ci parle d'une occupation de cette partie de la Palestine, qui dura 28 ans, ce qui est sans doute peu vraisemblable, tandis que d'après Syncelle la conquête scythe fut de courte durée. Mais l'historien byzantin dit seulement que le nom de la ville dérive du nom des Scythes. Il s'agit donc certainement d'une tradition ou plutôt de la survie de la tradition de la conquête dans le nom de la plus importante ville de la région de la Palestine occupée jadis par ce peuple. Il est donc raisonnable de penser que la tradition qui lie l'origine de Scythopolis à l'invasion scythe du VIIème s. est essentiellement correcte[12]. On peut en tout cas accepter de voir dans le nom de Scythopolis une dernière réminiscence de l'invasion racontée par Hérodote et à laquelle fait allusion Jérémie dans sa prophétie I, 14[13]: Καὶ εἶπεν κύριος πρός με· Ἀπὸ προσώπου βορρᾶ ἐκκαυθήσεται τὰ κακὰ ἐπὶ πάντας τοὺς κατοικοῦντας τὴν γῆν.

Pline l'Ancien nous a conservé une autre explication du nom[14]: *Scythopolim, antea Nysam, a Libero patre sepulta nutrice ibi Scythis deductis.* Cette version a été adoptée par le géographe du IIIème s. Solinus[15].

Il est également possible que des bandes de ce peuple nomade se soient installées à Beisan ou aux environs de la ville[16]. Et il faut aussi prendre en considération une autre éventualité, celle de la complète historicité du récit hérodotéen: pendant une longue période, sans doute des décennies, Beisan était tout proche de la limite méridionale des territoires occupés par les Scythes, qui ne s'étaient pas aussitôt retirés complètement. Cette circonstance fut sans doute l'origine et la raison de la tradition de l'existence d'une agglomération scythe et beaucoup plus tard d'une autre version de la même tradition, d'une 'colonie' fondée par Dionysos: *a Libero patre ibi Scythis deductis.* Il est évident que l'intervention du dieu a été inventée à une époque relativement tardive, quand le souvenir de l'invasion des Scythes s'était évanoui. Or ce qui importe c'est la réminiscence de l'occupation scythe que la tradition grecque et romaine a gardée pendant des siècles.

F.-M. ABEL[17] a souligné à juste titre qu'il est difficile d'admettre qu'une telle dénomination ne repose sur aucun motif. Il a suggéré aussi que s'il n'était pas question des restes d'une ancienne invasion, on pourrait penser à l'installation de quelques cavaliers scythes de l'armée d'Alexandre ou de celle d'Antigonos ou de Seleucos sinon de Ptolémée Philadelphe. L'opinion

---

[12] BMC Palestine, Introduction, p. XXXIV.
[13] Cf. RE, s. v. Scythopolis (BEER).
[14] HN, V, 18, 74 cf. E. SCHÜRER, op. cit., p. 173, note 320.
[15] Éd. TH. MOMMSEN, ²Berlin, 1895, c. 36 cf. SCHÜRER, loc. cit.
[16] RE II A 1 (1921), col. 940, s. v. Scythae (K. KRETSCHMER).
[17] Histoire de la Palestine depuis la conquête d'Alexandre jusqu'à l'invasion arabe, I, Paris, 1952, p. 57.

exprimée par E. Schürer et G. Hölscher[18] et modifiée par Abel est très vraisemblable. Ainsi on ne doit pas avoir recours à la suggestion que Scythopolis aurait reçu son second nom en l'honneur de la nièce du roi Antiochos IV Épiphane, Nysa[19]. La mise en rapport avec les Scythes a été néanmoins combattue par V. Tscherikover[20]. Il n'a pas voulu admettre cette origine, en indiquant que les Grecs de l'époque d'Alexandre le Grand ne pouvaient pas savoir que quatre siècles auparavant les Scythes habitaient à Beisan. Aussi faut-il exclure d'après ce savant la survivance du nom parmi la population autochtone. Qui plus est, les Scythes ne s'appelaient pas ainsi. La préhistoire scythe de la ville n'est donc qu'une hypothèse érudite tardive, inventée pour expliquer l'origine du nom Scythopolis, autrement dit il s'agirait d'un récit étiologique. V. Tscherikover a fait sienne l'opinion de G. A. Smith[21], qu'il a qualifiée de „geistreich": le deuxième élément du nom biblique de la ville, Shean, signifie calme, tranquillité, son synonyme étant sheqet. G. A. Smith a admis une autre forme du nom de la ville, ayant la même signification, Beth-Sheqet. Cette forme du nom hébreu de Beisan aurait donné naissance au nom grec, Scythopolis, qui n'était d'après Smith, qu'une forme populaire du nom, tandis que Beth-Shean était le nom officiel de la ville. Il s'agit donc d'après Smith et Tscherikover[22] d'un équivalent phonétique, 'commode' pour les Grecs, du nom hébreu.

Or V. Tscherikover ne s'était pas aperçu que les arguments mis en avant par lui contre Schürer pouvaient être employés également pour détruire la théorie de Smith. Il ne s'était pas demandé pourquoi les Grecs auraient conçu l'idée originale de chercher un nom qui rappelait les Scythes, s'ils ne connaissaient pas la tradition d'après laquelle ce peuple habitait jadis à Beisan ou dans ses environs. F.-M. Abel[23] a justement indiqué que l'équivalence de deux mots hébreux shean et sheqet, 'repos', n'était pas de nature à influencer les rois grecs, fondateurs de la ville de Scythopolis, ni — ajoutons-nous — les habitants grecs ou hellénisés de Beisan.

[18] Palästina in persischer und hellenistischer Zeit, Berlin, 1903, pp. 43—46.
[19] A. H. M. Jones, The Cities of the Eastern Roman Provinces, ²Oxford, 1971, p. 250.
[20] Die hellenistischen Städtegründungen von Alexander dem Großen bis auf die Römerzeit, Philologus, Suppl. XIX 1, Leipzig, 1924, p. 71.
[21] The Historical Geography of the Holy Land², London, 1896, p. 364.
[22] Op. cit., p. 72: „Dürfte man nicht vermuten, daß neben dem offiziellen Beth-Šean auch das volkstümliche Beth-Šeket gebraucht wurde? Damit hätten wir eine Brücke zu Skythopolis geschlagen, denn eine bessere Übereinstimmung des semitischen Namens mit dem griechischen können wir ja gar nicht erhoffen." Cette opinion est surprenante. On ne comprend guère pourquoi le mot hébreu sheqet serait plus „volkstümlich". Il faut ici faire remarquer que d'après une autre tradition Scythopolis portait à une certaine époque un troisième nom: Trikomia. Ce nom témoigne que la ville fut créée par la réunion de trois villages. C'est donc un synoecisme qui donna naissance à la ville. Si cette tradition est exacte, la ville grecque de Scythopolis n'était nullement identique à la ville biblique de Beth-Shean. Elle nous a été conservée par l'historien byzantin Malalas. V, 139s. cf. V. Tscherikover. op. cit., p. 72; H. Bietenhard, Die Dekapolis von Pompeius bis Traian, Zeitschrift des deutschen Palästina-Vereins, LXXIX (1963), p. 29.
[23] Op. cit., I, p. 57, note 3.

On a récemment essayé de fixer de façon très exacte la date de la fondation de cette ville et d'expliquer à cette occasion l'origine de son nom[24]. L'auteur de cette tentative repousse résolument l'hypothèse de Schürer-Hölscher et déclare qu'elle a été détruite par V. Tscherikover. Il a aussi eu recours à l'étude d'un autre savant israélien[25], en lui empruntant l'argument que l'invasion de la Palestine par les Scythes dura à peine deux ou trois mois. Le sujet de cette étude est la prophétie de Jérémie, XLVII. Malamat voit dans ce chapitre une allusion à l'invasion des Scythes, décrite par Hérodote. D'après l'historien grec, les envahisseurs s'étaient retirés après avoir reçu des dons du roi de l'Egypte Psammétique I, qui avait prié les Scythes d'arrêter leur marche : καὶ ἐπείτε ἐγένοντο ἐν τῇ Παλαιστίνῃ Συρίῃ, Ψαμμήτιχός σφεας Αἰγύπτου βασιλεὺς ἀντιάσας δώροισι τε καὶ λιτῇσι ἀποτρέπει τὸ προσωτέρω μὴ πορεύεσθαι.

En se retirant, les Scythes se sont arrêtés à Ascalon; ils ont saccagé cette ville et aussi le célèbre sanctuaire d'Aphrodite Ourania. Or les liens du récit de l'historien grec avec la prophétie de Jérémie ne sont pas évidents malgré l'assertion résolue de Malamat. Une allusion aux Scythes se trouve, comme nous l'avons rappelé ci-dessus, dans le premier chapitre du livre de ce prophète. Dans le chapitre XLVII il s'agit de chars et on sait très bien d'après le récit d'Hérodote que les Scythes n'avaient pas de chars. Leur armée était composée d'archers montés et Hérodote parle de la cavalerie[26] (ἡ ἵππος) des Scythes et de leurs archers, mais il n'est pas question dans son récit de chars. Le prophète fait probablement allusion aux Babyloniens. Hérodote atteste d'autre part ce que nous avons indiqué ci-dessus, que les Scythes n'avaient pas une armée disciplinée. C'était plutôt une horde désordonnée qui s'est à l'occasion disloquée ou même complètement dispersée. Ce n'est pas toute l'armée scythe qui s'est arrêtée à Ascalon et a saccagé la ville et le sanctuaire d'Aphrodite, mais une petite bande de maraudeurs, et Hérodote est tout à fait formel : τῶν πλεόνων Σκυθέων παρεξελθόντων ἀσινέων ὀλίγοι τινὲς αὐτῶν ὑπολειφθέντες ἐσύλησαν τῆς οὐρανίης Ἀφροδίτης τὸ ἱρόν. Ce passage n'avait évidemment pas été compris par A. Malamat et M. Avi-Yonah ne l'avait même pas lu. Parce qu'en lisant ce récit il pouvait en tirer une conclusion importante pour le problème du nom de Scythopolis. Ce qui s'était passé à Ascalon a pu avoir lieu à Beisan. Une incursion de maraudeurs est toujours possible et une petite bande s'était sans doute installée dans la région de Beisan.

M. Avi-Yonah est allé plus loin, il a voulu fixer exactement la date de la fondation de la ville par Ptolémée II Philadelphe. Ayant pris la décision de fonder à Beisan une ville à la grecque, une colonie de soldats mercenaires Scythes, il a aussi montré par la même occasion une habileté

---

[24] M. Avi-Yonah, Scythopolis, IEJ, XII (1962), pp. 123—134.
[25] A. Malamat, The Historical Setting of Two Biblical Prophecies on the Nations, IEJ, I (1950—51), pp. 149—159.
[26] Hérodote, IV, 121—122, 128.

diplomatique extraordinaire. Voici la théorie vraiment 'séduisante' de M. AVI-YONAH[27]: les soldats 'scythes' de l'armée des Ptolémées étaient sans doute sujets du roi du Bosphore Pairisadès II (284—250), contemporain de Ptolémée II Philadelphe. Au mois de septembre 254 une députation de ce roi a visité le nome d'Arsinoé dans le Fayoum et M. ROSTOVTZEFF[28], cité par AVI-YONAH, a suggéré que cette ambassade avait été envoyée par le roi du Bosphore pour engager des pourparlers au sujet de la sécurité du commerce de blé. Les deux pays étaient comme on sait les plus importants exportateurs de blé. La visite des ambassadeurs du roi du Bosphore était d'après M. AVI-YONAH une excellente occasion pour l'inauguration officielle d'une colonie des soldats scythes qui servaient sous les drapeaux de Ptolémée II Philadelphe. Cette suggestion de M. AVI-YONAH n'a pas besoin d'être réfutée. Il est probable qu'au IIIème s. Scythopolis était une colonie de mercenaires ptolémaïques, ou avait en tout cas un important pourcentage de vétérans de l'armée égyptienne. Mais une fondation à l'époque d'Alexandre le Grand n'est pas à exclure. Le statut juridique de cette fondation n'est pas clair et on s'est demandé si Scythopolis comme Philoteria et Pella étaient des *poleis*[29]. La réponse ne peut être que négative. Le comportement de Josèphe fils de Tobie, fermier des impôts du roi, à Ascalon et à Scythopolis montre que les officiers et les représentants du roi n'avaient jamais de scrupules en exerçant leurs fonctions ou en faisant rentrer les impôts. A Scythopolis comme à Ascalon les habitants récalcitrants ont été atrocement punis[30]: ἐπιχειρούντων δὲ καὶ Σκυθοπολιτῶν ὑβρίζειν αὐτὸν καὶ μὴ παρέχειν τοὺς φόρους αὐτῷ οὓς μηδὲν ἀμφισβητοῦντες ἐτέλουν, καὶ τούτων ἀποκτείνας τοὺς πρώτους τὰς οὐσίας αὐτῶν ἀπέστειλε τῷ βασιλεῖ. A. H. M. JONES[31] a tiré de ce passage la conclusion que l'historien juif a qualifié Scythopolis de cité, comme Ascalon. Mais si Josèphe[32] mentionne des cités (ἵνα τοὺς ἐν ταῖς πόλεσι καταφρονοῦντας ἔχοι βιάζεσθαι) il ne s'agit nullement des *poleis* grecques de l'époque classique ou même hellénistique, mais tout simplement des villes non-autonomes, assujetties au pouvoir royal.

Pendant tout le IIIème siècle Scythopolis comme toute la Palestine appartenait au royaume ptolémaïque. En 218 le pays fut conquis par l'armée d'Antiochos III. C'est à cette occasion que Scythopolis est mentionnée pour la première fois dans les sources littéraires grecques. La ville a capitulé καθ' ὁμολογίαν en même temps que l'autre ville ptolé-

---

[27] Loc. cit., p. 128.

[28] M. ROSTOVTZEFF, Greek Sightseers in Egypt, Journal of Egyptian Archaeology, XIV (1928), pp. 13ss. Nous pouvons ajouter 'The Social and Economic History of the Hellenistic World', Oxford, 1941, I, pp. 232, 592s., 398. Les ambassadeurs du roi du Bosphore sont mentionnés dans un papyrus de Zénon; cf. H. I. BELL, Greek Sightseers in the Fayum in the Third Century B.C., Symbolae Osloenses, V, Oslo, 1927, p. 33.

[29] A. H. JONES, op. cit. (ci-dessus note 19), p. 450, note 20.

[30] Josèphe, Antiquités XII, 183.

[31] Op. cit., p. 450, note 20.

[32] Ant. XII, 180.

maïque sur la côte ouest du lac de Tibériade, Philoteria[33]. Ce passage de Polybe contient un précieux renseignement. L'historien constate que les territoires de ces deux villes pouvaient facilement fournir tout ce qui était nécessaire à la nourriture de l'armée entière[34]. A. H. M. Jones a tiré de la phrase τὴν ὑποτεταγμένην χώραν ταῖς πόλεσι ταύταις la conclusion que l'historien a voulu qualifier Scythopolis et Philoteria plutôt de chefs-lieux de régions administratives que de cités possédant des territoires[35]. Mais cette conclusion n'est pas fondée. Chaque ville grecque avait son territoire, sa χώρα, qui était assujettie, ὑποτεταγμένη, à la *polis*. La phrase de Polybe est correcte grammaticalement et elle décrit une réalité historique, même alors, que la ville elle-même n'était plus libre, mais assujettie au pouvoir royal. Or cette fois la domination séleucide ne fut pas de longue durée. Antiochos III s'est emparé de la Palestine seulement une vingtaine d'années plus tard. Le culte dynastique des Séleucides est attesté à Scythopolis par une inscription plus tardive, que nous reprendrons ci-après.

1. L'administration de la χώρα

Une inscription gravée sur une stèle qui a été trouvée en 1960 à peu près à sept km au nord-ouest de Scythopolis, illustre l'administration des villages pendant la domination Séleucide[36]. Nous reprendrons ici l'étude de ce «précieux ensemble de huit documents, émanant d'Antiochos III ou adressés à lui» d'après l'analyse des éditeurs du Bull. épigr.

Les textes concernent des privilèges, notamment l'ἀνεπισταθμεία, des villages appartenant à Ptolémée fils de Thraséas, stratège et grand-prêtre du culte royal. Ce personnage nous est connu par Polybe[37], comme un des généraux de Ptolémée IV en 219, et par une dédicace trouvée à Soloi de Cilicie[38]. Les documents gravés sur la stèle de Hefzibah sont datés des années de la cinquième guerre de Syrie: 1. septembre 200 (Hyperbérétaios 112 de l'ère séleucide); 3. entre septembre 202 et octobre 201 (111 de l'ère séleucide); 5. du 11 décembre 201 (4 Audnaios 112); 8. de mars 195 (Xandicos de l'an 117 de l'ère séleucide). La première lettre est adressée à Ptolémée; le roi ordonne de faire graver les lettres dans les villages qui appartiennent à Ptolémée. Il faut noter l'importante correction de J. et L. Robert à la l. 3: ἐν [ταῖς] ὑπαρχούσαις [σοι κώμαις] au lieu de ὑπαρχούσαις [κώμαις] du premier éditeur qui a traduit *"the pertaining villages"*, une formule difficilement compréhensible.

---

[33] Polybe, V, 70, cf. E. Schürer, op. cit., p. 172.
[34] Cf. Schürer, p. 172 et note 326.
[35] A. H. M. Jones, op. cit., p. 450, note 20.
[36] Y. H. Landau, A Greek Inscription Found near Hefzibah, IEJ, XVI (1966), pp. 54—70 avec de nombreuses corrections de J. et L. Robert, Bull. épigr. REG, LXXXIII (1970), 627.
[37] V, 65, 3.
[38] Orientis Graeci Inscriptiones Selectae (= OGIS), 230.

Le document 8 est une lettre adressée par Ptolémée au roi Antiochos. Elle contient la seconde demande du stratège et grand-prêtre et elle est beaucoup mieux conservée que la première. Les éditeurs du Bull. épigr. ont restitué dans la lacune de la l. 21 le verbe γραφῆναι:

Ἀξιῶ, ἐάν σοι φαίνηται, βασιλεῦ, [γραφῆναι] πρός τε [Κλέ?]ωνα καὶ Ἡλιοδω[ρο]ν [τοὺ]ς διοικητὰς εἰς τὰς ὑπ[αρχ]ούσας μοι κώμας [ἐγ] κτήσει καὶ εἰς [τ]ὸ πα[τ]ρικὸν καὶ εἰς [ἃς] σὺ προ[σ]έταξας καταγράψ[αι?]
24 [μη]θενὶ ἐξουσίαν εἶναι ἐπισταθμεύειν κατὰ μ[ηδε]μίαν [π]αρεύρεσιν μηδ' ἑτέρους ἐπαγαγεῖν μηδ' ἐπιβολὴν ποιήσασ[θ]αι ἐπὶ τὰ κτήματα μηδὲ λαοὺς ἐξάγειν.

A la l. 23 J. et L. ROBERT ont séparé les deux premiers mots, à la l. 25i ls ont corrigé le participe ἐπαγαγών du premier éditeur en un infinitif, la syllabe γα ayant été ajoutée au-dessus de la ligne, comme a lu LANDAU. Les éditeurs du 'Bulletin' ont aussi corrigé la lecture de LANDAU, qui a transcrit ποιήσας [κ]αί, qui n'a aucun sens. J. et L. ROBERT ont expliqué que dans cette lettre Ptolémée demande l'exemption de logement des soldats et autres privilèges connexes pour les villages qui lui appartiennent et qui semblent bien se composer de deux catégories: d'abord ceux qui lui appartiennent en toute propriété, ensuite ceux que le roi a décidé de lui attribuer et dont le statut juridique doit être différent. Εἰς τὸ πατρικόν comme εἰς τὰ πατρικά signifie que la terre est devenue propriété personnelle[39].

Dans le document 7, une lettre adressée par le roi à un fonctionnaire, Marsyas, il s'agit d'une réclamation de Ptolémée. Celui-ci a informé le roi qu'un bon nombre de ceux qui passent se font héberger par la force dans ses villages et commettent d'autres dommages. Le roi ordonne à Marsyas: «Prends donc soin, que non seulement ils en soient empêchés, mais qu'ils aient à payer des amendes du décuple s'il y a des dommages». A l'époque du gouvernement des Maccabées en Judée, Scythopolis, ville païenne, était hostile aux Juifs[40]. Jean Hyrcan a conquis la ville et l'a rattachée à l'état juif, sans doute en 107. L'annexion de Scythopolis est mentionnée deux fois dans les œuvres de Josèphe. D'après le récit des 'Antiquités'[41], le général d'Antiochos IX Kyzikénos, Epicratès, l'avait cédée

---

[39] J. et L. ROBERT renvoient au Bull. épigr. REG, LXXX (1967), 651.

[40] II Macc. XII, 29—31 cf. SCHÜRER, op. cit., p. 172.

[41] XIII, 280. D'après B. KANAEL, The Beginning of Maccabean Coinage, IEJ, I (1950/1951), pp. 170—175 la ville fut prise par Jean Hyrcan en 109 (voir notamment, p. 173, note 12: "109 B.C. would seem to be the most probable date" mais le même auteur dit un peu plus loin, p. 174: "It seems, therefore, probable that Hyrcanus first minted money about 110 B.C., just after he had captured Samaria and Scythopolis, the first Greek towns to be conquered by him.") Cf. IDEM, Literaturüberblicke der griechischen Numismatik: Altjüdische Münzen, Jahrbuch für Numismatik und Geldgeschichte, XVII (1967), p. 230, N. 158: „Hyrkanus habe die Prägung erst am Ende seiner Regierung, also etwa im Jahre 110 v. Chr., nach der Eroberung von Samaria und Skythopolis, begonnen." Il semble bien que c'est plutôt une confusion et non pas une bévue.

aux Juifs, corrompu par eux. Or on dit que l'historien raconte ailleurs[42]
que la ville a été prise d'assaut. Certains y voient une contradiction[43]. Mais
ce passage n'implique nullement une attaque: προελθόντες ἅμα τῇ δυνάμει
μέχρι τῆς Σκυθοπόλεως ταύτην τε κατέδραμον. Ce composé comme le verbe
simple signifie conquérir, s'emparer. Josèphe a voulu dire que les Juifs
s'étaient emparé de la ville. Il n'y a donc aucune contradiction entre le
récit des 'Antiquités' et l'autre passage qui mentionne la prise de Scythopolis par l'armée de Jean Hyrcan.

La ville fut sous la domination juive pendant le règne d'Alexandre
Jannée (103—76) et de ses successeurs jusqu'à la conquête de la Palestine
par l'armée romaine. Pompée a détaché Scythopolis du territoire juif.
A partir de 64/63 la ville appartint à la Décapole. C'était d'ailleurs la
seule ville de cette confédération située à l'ouest du Jourdain. Pompée a
soumis la Décapole avec d'autres villes à la province de Syrie, elles n'ont
donc jamais été *civitates liberae*. L'autonomie de Scythopolis n'était qu'une
certaine liberté d'administration des affaires municipales. Restaurée par
Gabinius, Scythopolis était dès lors autonome et comme Pella elle ne fut
jamais assujettie au roi Hérode ni à ses successeurs.

Grâce à sa position géographique la ville dominait les deux principales routes, de Damas vers la mer et de Damas par Pella à Gerasa. Les
Romains préféraient donc garder cet important nœud stratégique plutôt
que de le confier au roi Hérode. D'après le témoignage de l'historien Josèphe[44]
Scythopolis était la plus importante des villes de la Décapole: ἥ δ' ἐστὶ
μεγίστη τῆς Δεκαπόλεως. L'ère de Pompée fut employée à Scythopolis.
C'est l'ère qui se rattache à l'autonomie octroyée à la ville. Le début de
l'ère n'est pas le même pour toutes les villes qui l'employaient. A Scythopolis le point de départ de l'ère était l'autonomie de l'an 64, comme à Gadara
et Hippos, tandis que dans trois autres villes de la Décapole, Philadelphia,
Gerasa et Pella, l'ère commençait en 63[45].

2. Les institutions

Il n'est pas aisé de savoir quand Scythopolis a été dotée de l'organisation municipale mais les documents épigraphiques jettent quelque lumière
sur le problème des institutions de la ville. Il s'agit de deux brèves inscriptions grecques qui furent découvertes près du temple hellénistique[46]. L'un de

---

[42] Bell. III, 446.

[43] E. SCHÜRER, op. cit., p. 172 et récemment M. AVI-YONAH, loc. cit., p. 130.

[44] Bell. III, 446.

[45] Voir V. GRUMEL, Traité d'études byzantines, I, La chronologie, Paris, 1958, p. 215;
H. SEYRIG, Antiquités syriennes, 73. Temples, cultes et souvenirs historiques de la Décapole, Syria, XXXVI (1959), pp. 70s. = IDEM, Antiquités syriennes, Inst. franç. d'archéol.
de Beyrouth, Publ. hors sér., XII, Paris, 1966, pp. 43s.

[46] Supplementum Epigraphicum Graecum (=SEG), VIII, 43—44.

ces textes a été gravé sur un bloc de calcaire blanc qui formait la partie
supérieure d'un chapiteau. Il est évident que si le chapiteau avait été posé sur
une colonne l'inscription n'eut pas été visible. Le texte est tout à fait clair sur
la photo malgré l'opinion du premier éditeur[47]: Ἀμφόδου σειτικῆς. L'éditeur a
fait le rapprochement avec ἐπ' ἀμφόδου Ποιμενικῆς dans un papyrus[48], en indiquant qu'il s'agissait à Scythopolis d'un marché du blé, comme d'un marché
des bergers en Egypte. Il a daté l'inscription, d'après l'écriture, du Ier s. p. C.

L'autre texte est gravé sur un fragment de fût de colonne, qui provient du même temple: [Ἀ]μφόδ[ου] Δήμητρ[ος] ou Δημητρ[ίου]. Fitzgerald a daté ce texte, d'après l'écriture, de l'époque romaine ou byzantine.
Il a aussi rappelé que l'empereur Hadrien avait divisé Aelia Capitolina en
sept *amphoda* et avait nommé des personnes privées amphodarques. Chaque
amphodon était désigné par le nom de son amphodarque. Démétrios était
sans doute l'amphodarque d'un quartier de la ville, parce qu'il s'agit évidemment de quartiers comme dans les villes de l'Egypte[49]. Il semble que
même si les deux inscriptions datent du Ier s. de notre ère, Scythopolis
a été dotée d'une organisation municipale bien avant cette époque, probablement à l'occasion de la réorganisation de la ville par Gabinius. C'est
en tout cas le plus ancien témoignage du statut municipal de la ville.

Un personnage historique est sans doute mentionné dans une inscription gravée sur un grand sarcophage de type romain[50]. Le premier éditeur
a lu 'sans obscurité': ἔτ. πϛ' Ἀντιόχου Φαλλίωνος Καβωᾶ. Il a aussi rappelé
que d'après l'historien Josèphe, Phallion était frère d'Antipater, père
d'Hérode[51]. Antiochos serait par conséquent cousin germain du roi Hérode
le Grand. Phallion ayant été tué quelque part dans la région septentrionale
de la Palestine en un combat contre les Romains, au cours de l'an 65 a. C.,
on ne doit pas d'après Vincent s'étonner de rencontrer le sarcophage de
son fils à Scythopolis. Le nombre est obscur; s'il indique l'âge d'Antiochos
nous ne pouvons pas savoir la date de sa mort. Si c'est l'année de sa mort,
elle est à compter suivant l'ère de la ville et l'an 86 correspond à 22/23 p. C.
Les éditeurs du SEG donnent une lecture différente: ἔτ(ους) πετ'. L'an
385 de l'ère de Scythopolis correspond à 321/2 p. C.; l'an 385 de l'ère séleucide à 73/4 p. C. Ils attribuent à A. Rowe le rapprochement avec le récit

---

[47] G. M. Fitzgerald, Two Inscriptions from Beisan, Palestine Explor. Fund Quarterly
    Statement, LIX (1927), pp. 150—154, pl. VI—VII.
[48] P. Oxy. I, LXXV, l. 17, cf. l. 23.
[49] Fitzgerald cite P. Jouguet, La vie municipale dans l'Egypte Romaine, Bibl. des
    écoles franç. d'Athènes et de Rome, CIV, Paris, 1911, pp. 282sq.
[50] L. H. Vincent, Chronique, Rev. Bibl., XXXII (1923), p. 435; A. Rowe, The Topography
    and History of Beth-Shean, Publications of the Palestine Section of the Museum of the
    University of Pennsylvania, I, Philadelphia, 1930, p. 49 (SEG, VIII, 46).
[51] Jos., Ant. II, 33.—Sur le nom du frère d'Antipater, père d'Hérode: A. Schalit, König Hero-
    des, Berlin, 1969, p. 6sq., note 24 affirme que le nom de ce personnage n'était pas Φαλλίων
    — la lecture de B. Niese étant fausse — mais Κεφαλλίων. Cette lecture est attestée
    dans divers mss et dans la traduction latine. — Le texte des Ant. XIV, 33 μεθ' ὧν ἔπεσεν
    καὶ Φαλλίων doit être corrigé en Κεφαλλίων. L'interprétation de L. H. Vincent a été
    ainsi détruite.

de Josèphe mais l'archéologue américain a cité non seulement l'historien juif mais aussi la 'Revue Biblique', où le rapprochement avait déjà été fait.

3. Les nouveaux timbres amphoriques

L'étude des timbres d'amphores trouvés à Scythopolis et dans ses environs peut naturellement servir à l'histoire des relations commerciales de cette ville avec l'étranger. Pendant les fouilles conduites par la mission archéologique de l'université de Pennsylvanie, de nombreuses anses ont été trouvées[52]. On peut maintenant ajouter à cette liste de nouveaux noms des éponymes et des fabricants, d'après l'étude de N. Zori[53]. Il a publié dans son 'Survey' les photographies de dix anses, découvertes dans un tell près de l'enceinte byzantine de Scythopolis, au nord de la ville. Les photographies sont trop petites et assez médiocres mais j'ai pu lire neuf de ces timbres et mes lectures sont presque toujours certaines.

1. Ἐπὶ Διοφάντου. Le timbre avec le nom de cet éponyme est nouveau à Scythopolis mais une anse d'amphore avec ce timbre avait été trouvée à Jérusalem[54].
2. Ἐπὶ Θερσάνδρου. Ἀρταμιτίου. Un timbre avec ce nom a été découvert à Samarie[55].
3. [Ἐπὶ] Εὐφράνορος, avec la tête radiée d'Hélios au centre du timbre rond[56].
4. Ἐπὶ Πανταράτου. Ἀρταμιτίου, avec la tête d'Hélios: nouveau semble-t-il en Palestine.
5. Ἐπὶ Παυσανία, avec une rose: ce timbre a été trouvé à Scythopolis[57] et à Jérusalem[58].
6. Le nom de l'éponyme est douteux, j'ai lu [Τερ?]π[άν]δρου Ὑακινθίου. Nouveau.

Les noms des fabricants que j'ai pu lire sont Μίδας, avec un caducée tourné à droite: nouveau semble-t-il en Palestine. La lecture d'un autre timbre est douteuse: Μᾶλος. Σμινθίου. Si j'ai lu correctement le nom du fabricant, il est inconnu dans ce pays ou nouveau. N. Zori a mentionné aussi trois autres timbres sans publier leurs photographies. Ce sont les

[52] SEG, VIII, 57—82.
[53] An Archaeological Survey of Beth-Shean Valley, The Beth Shean Valley, The 17th Archaeological Convention, Israel Exploration Society, Jérusalem, 1962, pp. 135—198 (hébreu).
[54] SEG, VIII, 226.
[55] SEG, VIII, 115.
[56] M. P. Nilsson, Timbres amphoriques de Lindos, Copenhague, 1909, 211, 212. J. G. Milne, Catalogue général des antiquités égyptiennes du Musée du Caire, Greek inscriptions, Oxford, 1905, p. 115. Ce timbre n'était pas attesté en Palestine.
[57] SEG, VIII, 62.
[58] SEG, VIII, 226.

éponymes [ἐπὶ Ἑρ]μογένους et Μνασαγόρα, qui sont nouveaux. L'éponyme du troisième timbre Ἀρχιλαΐδας est attesté à Jérusalem[59] et à Beth-Sur[60]. N. ZORI a mentionné aussi un timbre avec le nom Ὀνασίοικος — un timbre avec le nom de ce fabricant avait été trouvé à Jérusalem[61]. Ces lectures de N. ZORI ont dû être corrigées.

II. Les cultes de Scythopolis

On sait que les Séleucides favorisaient l'urbanisation des pays de leur royaume et Scythopolis a sans doute reçu d'un roi de cette dynastie son nouveau statut juridique. Comme Ptolémaïs en Galilée et Philadelphie en Transjordanie, Scythopolis est peut-être devenue une *polis* grecque. Cette réforme devait probablement être liée à la réorganisation de la ville et à sa division en *amphoda*, que nous avons mentionnée ci-dessus.

Le culte dynastique des Séleucides est attesté à Scythopolis par une inscription du troisième quart du IIème siècle. Elle a été maintes fois publiée et étudiée[62]. C'est une liste de prêtres éponymes de Zeus Olympios, des Dioscures et du culte royal: du roi Démétrios II Nicator (a. 145—138 et 129—125) et de ses ancêtres. L'inscription très mutilée a été partiellement restituée par R. MOUTERDE d'après deux inscriptions analogues, de Séleucie en Piérie[63] et de Samarie[64]. Dans l'inscription de Scythopolis le nom de Démétrios a été rasé. Il s'agit évidemment dans ces inscriptions du culte du roi et de ses ancêtres célébré par les villes de Scythopolis et de Samarie. Le culte royal de l'état nous est connu par l'édit d'Antiochos III, qui avait établi le culte de sa femme, la reine Laodice. Deux exemplaires de cet édit ont été conservés: l'un trouvé à Dodurga en Phrygie, l'autre en bordure de la ville de Nehavend, au nord-ouest de Suse[65]. L'édit de Nehavend a été publié avec un ample commentaire par L. ROBERT[66]. Dans cette étude il a repris aussi la copie de l'édit trouvée à Dodurga. La distinction entre le culte royal de l'état et celui célébré par les villes du royaume a

---

[59] SEG, VIII, 226.

[60] SEG, VIII, 237.

[61] SEG, VIII, 226. Pour les deux timbres précédents cf. NILSSON, op. cit. 6, 1: ἐπ[ὶ - -] γένευς et 572: ἐπὶ - - σαγ[όρα].

[62] SEG, VIII, 33. Voir l'étude magistrale de M. ROSTOVTZEFF, Πρόγονοι, Journ. hellen. St., LV (1935), pp. 56—66. Les inscriptions de Scythopolis et de Samarie sont analysées pp. 60—61.

[63] Inscriptions grecques et latines de la Syrie, éd. L. JALABERT—R. MOUTERDE, e. a. (= IGLS), 1184.

[64] SEG, VIII, 96.

[65] M. HOLLEAUX, Études d'épigraphie et d'histoire grecques, III, Paris, 1942, pp. 165. 181; C. B. WELLES, Royal Correspondence in the Hellenistic Period, New Haven, 1934, N. 36—37.

[66] Hellenica, VII, Paris, 1949, pp. 5—29.

été établie par E. Bikerman⁶⁷. Le culte de Zeus Olympios a été favorisé surtout par Antiochos IV Epiphane et il symbolisait l'unité du royaume séleucide. Le roi lui-même était la manifestation de Zeus Olympios sur terre. La restitution [θεῶν Σωτή]ρων semble certaine bien que seules les trois dernières lettres de l'épithète soient conservées.

D'après M. Rostovtzeff⁶⁸ il s'agirait dans les inscriptions de Samarie et de Scythopolis d'Apollon et d'Artémis, mais c'est difficilement admissible pour la liste des prêtres de Séleucie de Piérie⁶⁹. Certes, Apollon était l'ancêtre de la famille royale⁷⁰ mais il me semble que dans les inscriptions de Samarie et de Scythopolis il s'agit plutôt des Dioscures. C'est en tout cas le seul texte relatif aux cultes de Scythopolis à l'époque hellénistique; les autres documents sont beaucoup plus tardifs, et proviennent tous de l'époque impériale. Au culte de Zeus Olympios correspond celui de Zeus Acraios, qui est attesté à Scythopolis par une dédicace grecque datée de l'an 159 p. C. Le dédicant est un citoyen romain, L. Varius Quirina Proclus⁷¹. Cette épithète du dieu n'est pas rare, elle est attestée dans les sources littéraires et dans les textes épigraphiques. Dicaiarchos mentionne le culte de Zeus Acraios sur le Pélion⁷², Tite Live parle d'un sanctuaire de ce dieu sur le Pinde⁷³ et Nicolas de Damas de son culte en Arcadie⁷⁴. L'épithète apparaît aussi dans une inscription d'Acrae en Sicile⁷⁵. A Smyrne le proconsul de la province d'Asie, Ulpius Trajanus, le père de l'empereur, a fait construire un aqueduc qui amenait l'eau au *temenos* de Zeus Acraios⁷⁶: ἐκ τοῦ εἰσαχθέντος ὕδατος ἐπὶ τὸν Δία τὸν Ἀκραῖον ἐπὶ Οὐλπίου Τραιανοῦ τοῦ ἀνθυπάτου. Une dédicace atteste son culte à Halicarnasse⁷⁷. Les autres épithètes de Zeus, dieu des montagnes, étaient Ἀκταῖος et Κορυφαῖος. Le culte de Zeus Coryphaios est attesté à Séleucie de Piérie dans la liste de prêtres que nous avons mentionnée ci-dessus⁷⁸. Dans cette inscrip-

---

⁶⁷ Institutions des Séleucides, Bibl. archéol. et hist., XXVI, Paris, 1938, pp. 236 s., cité par L. Robert, Hellenica, VII, p. 13 et note 2.

⁶⁸ Loc. cit., pp. 60 s.

⁶⁹ "*The* Θεοὶ σωτῆρες *of this* [OGI, 245] *and the following two inscriptions is a puzzle. In the two Palestinian inscriptions they may be Apollo and Artemis, but the same is hardly possible for OGI, 245*".

⁷⁰ Voir L. Robert, Monnaies antiques en Troade, Genève–Paris, 1966, p. 11; Idem, Sur un décret d'Ilion et sur un papyrus concernant des cultes royaux, American Studies in Papyrology, I (1966), p. 184.

⁷¹ B. Lifshitz, Der Kult des Zeus Akraios in Beisan (Skythopolis), ZDPV, LXXVII, (1961), pp. 186—189, pl. 8A.

⁷² Descriptio Graeciae, II, 8.

⁷³ XXXVIII, 2.

⁷⁴ FHG, III, Paris, 1849, 377 C. Müller. Pour Zeus dieu des montagnes voir U. v. Wilamowitz-Moellendorff, Der Glaube der Hellenen, Berlin, 1931, Réimpression Darmstadt, 1955, I, p. 91, 325; II, p. 81.

⁷⁵ Inscr. Graecae Siciliae et Infimae Italiae ad ius pertinentes, éd. V. Arangio-Ruiz et A. Olivieri, Mediolani, 1925, 203. L'épithète y a été restituée par Wilamowitz.

⁷⁶ CIG II, 3146.

⁷⁷ Inscriptions grecques et latines recueillies en Asie Mineure, éd. Ph. Le Bas—W. H. Waddington, Paris, 1870, Réimpression Hildesheim, 1972, 501.

⁷⁸ IGLS, 1184.

tion Zeus Olympios est identifié avec Zeus Coryphaios, vénéré sur le Κορυφαῖον ὄρος qui dominait la ville[79].

Le culte de Zeus identifié à une divinité locale, évidemment sémitique, dont le nom commence par Βακα- ou Βακλ- est attesté dans une autre dédicace de Scythopolis, malheureusement mutilée[80]. La lecture de cette inscription a été corrigée par J. et L. ROBERT[81]. La dédicace en caractères carrés pourrait être datée du règne de Tibère, d'après H. SEYRIG[82]. Mais les éditeurs du Bull. épigr. ont lu la date de 193. Si c'est l'ère de la ville, la dédicace est datée de l'an 129 p. C.

Une dédicace métrique atteste le culte d'Arès dans la région de Scythopolis[83]. L'inscription a été gravée sur un autel consacré au dieu. Elle fut trouvée à Samakh à une trentaine de km de Scythopolis. D'après H. SEYRIG[84] elle ne doit pas être regardée comme étant de Scythopolis. Mais dans cette localité aucune agglomération n'existait à l'époque romaine et si l'autel du dieu Mars ne provient pas de Scythopolis, cela ne peut pas servir d'argument contre l'existence du culte de ce dieu aux environs de la ville. Or H. SEYRIG a fait justement remarquer que le rapprochement proposé par F.-M. ABEL avec le médaillon de Gordien III est devenu caduc. Parce que ce médaillon ne porte ni l'image de Mars, ni les mots Θεὸς ὁπλοφόρος qu'avait lus ABEL. On y lit Νείκη ὁπλοφόρος et l'image est celle de la Victoire[85].

Un des cultes les plus importants de Scythopolis, sinon le culte principal, était celui de Dionysos. Le grand sanctuaire était sans doute dédié à ce dieu[86]. Plusieurs trouvailles archéologiques témoignent de son culte. On a retrouvé un fragment de la frise du sanctuaire avec la tête de Dionysos; plusieurs figurines du dieu et des nymphes ont été découvertes dans la nécropole du sud. La tête en marbre blanc, de 42 cm de hauteur, trouvée en 1925, appartenait sans doute à une statue colossale de Dionysos. Il ne faut pas oublier le rôle de ce dieu dans le panthéon de l'Egypte ptolémaïque. L'image de Dionysos enfant avec sa nourrice Nysa apparaît sur les monnaies de Scythopolis[88]. Les divinités principales de la ville à l'époque de la domination ptolémaïque étaient probablement Dionysos et Astarté[89]. Après la conquête de la Palestine par l'armée d'Antiochos III, le dieu

---

[79] Voir les remarques des éditeurs aux ll. 3—5.
[80] ZDPV, LXXVII (1961), pp. 189s. Pl. 8B.
[81] Bull. épigr. RÉG, LXXV (1962) 316; LXXVII (1964), 516.
[82] Note sur les cultes de Scythopolis à l'époque romaine, Syria, XXXIX, (1962), pp. 207, 211.
[83] SEG, VIII, 32.
[84] Loc. cit., p. 207, note 3.
[85] La légende du médaillon de Gordien III a été correctement lue par H. DRESSEL, cité par P. R. FRANKE, Römische Medaillone aus Köln, Kölner Jahrbuch, IV (1959), pp. 22s. Voir SEYRIG, loc. cit.
[86] A. ROWE, op. cit., p. 44.
[87] H. THIERSCH, Ein hellenistischer Kolossalkopf aus Besan, Nachrichten d. Gesellschaft d. Wiss. Göttingen, Phil.-Hist. Kl., 1932, I 9, Berlin, 1932, 52—76.
[88] BMC Palestine, Introduction, p. XXXVI.
[89] A. ROWE, op. cit., p. 45.

tutélaire des Ptolémées a dû céder sa place aux dieux favorisés par les Séleucides.

Or la seule dédicace à Dionysos trouvée à Scythopolis provient de l'époque impériale. Elle a été gravée sur un autel de calcaire haut de 67 cm[90]. L'autel avait été employé au théâtre dans une construction du Vème ou VIème siècle. Mais il est sans doute contemporain du théâtre qui avait été construit à l'époque des Sévères. La dédicace peut être datée d'après l'écriture de la fin du IIème ou du début du IIIème siècle. Elle est très brève et ne contient que le nom du dieu et celui du dédicant, Germanus.

1. Les Saturnales

Assez curieusement la seule mention des Saturnales à Scythopolis se trouve dans une source rabbinique[91]. Un docteur de la Loi demanda à son collègue d'acheter pour lui aux Saturnales de Beisan un petit tissu. Ces deux personnages n'étaient pas Scythopolitains et le récit est intéressant parce qu'il prouve que les Juifs fréquentaient les marchés organisés à l'occasion des Saturnales. La coutume d'envoyer des cadeaux aux amis donnait naissance à un commerce assez actif pendant les sept jours de la fête. On vendait au marché divers objets destinés à être offerts en cadeaux. Une très longue liste de ces objets se trouve dans les deux livres d'épigrammes que Martial composa sur les cadeaux (XIII et XIV). L'objet demandé par notre rabbin était sans doute la *mappa*, plusieurs fois mentionnée par Martial parmi les cadeaux recommandés dans le livre des *apophoreta*[92]. Le passage talmudique ne démontre pas la participation de Juifs aux Saturnales. Ce terme signifie tout simplement dans le passage cité 'marché des Saturnales'.

2. Le théâtre et l'hippodrome

Le théâtre de Scythopolis a été fouillé en 1961/62. Le compte-rendu de ces fouilles n'a pas été publié. Le théâtre, qui avait été construit sous les Sévères, contenait à peu près 8000 places. Or l'édifice ne servit pas très longtemps de théâtre; au milieu du Vème s. des maisons ont été construites près de la porte de l'ouest. Deux inscriptions ont été découvertes

---

[90] B. LIFSHITZ, Notes d'épigraphie grecque, 3. Autel de Dionysos au théâtre de Skythopolis (Beisan) en Palestine, Zeitschr. für Pap. u. Epigr. VI (1970), p. 62, Pl. V a.

[91] Talmud Palestinien, Avodah Zarah, I, 39, 3.

[92] IV, 46; IV, 88; VII, 53. Sur les Saturnales voir RE II A 1 (1921), col. 201sq., s. v. Saturnalia (NILSSON); Dict. des Antiquités IV 2 (s. d.), p. 1080sq., s. v. Saturnalia (J. A. HILD); ROSCHERS Ausführliches Lexikon der griechischen und römischen Mythologie, IV (1903—1915), col. 427sq., s. v. Saturnus (WISSOWA). Pour le commerce des cadeaux et le marché organisé à cette occasion voir Dict. des Antiquités, s. v. Saturnales.

pendant les fouilles du théâtre: la dédicace à Dionysos gravée sur un autel[93] et une autre inscription grecque: ⟨Bonne chance, Absalom fils de Zenodôros a construit.⟩ Seule la traduction de la dédicace fut publiée[94]. Les vestiges de l'hippodrome de Scythopolis qui avait été mesuré par les auteurs du 'Survey' anglais ont complètement disparu. Sa longueur était de 92 m et sa largeur de 53 m[95]. Les concours de Scythopolis sont mentionnés dans deux inscriptions en l'honneur d'athlètes. L'une honore Aelius Aurelius Menander et elle fut trouvée à Aphrodisias de Carie[96]. L'athlète honoré avait été vainqueur aux concours de nombreuses villes de Palestine et de Syrie: Καισάρειαν τὴν Στράτωνος ἀνδρῶν πανκράτιν, Νέαν Πόλιν τῆς Σαμαρίας ἀνδρῶν πανκράτιν, Σκυθόπολιν ἀνδρῶν πανκράτιν. L'autre athlète est Aurelius Septimius Eirenaios de Laodicée de Syrie[97], lui aussi vainqueur dans de nombreuses villes de Palestine et de Syrie[98]: Ταλαντιαῖοι· Ἀσκάλω(να)· Σκυθόπολιν· Σειδονα τρὶς κτλ.

III. Les routes et les bornes milliaires

Depuis la publication de l'étude de P. THOMSEN sur les routes romaines en Palestine et en Arabie[99], de nombreux milliaires des routes menant à Scythopolis ont été découverts et édités ou au moins signalés. En 1946 ont été publiés neuf milliaires de la route Legio (Maximianoupolis) — Scythopolis[100]. Vingt ans plus tard le même auteur a édité deux bornes de la route romaine Scythopolis—Neapolis (Sichem)[101]. Plusieurs autres milliaires ont été découverts, partiellement copiés et édités ou signalés par N. ZORI

---

[93] Voir ci-dessus, p. 276.

[94] Chronique archéologique, Rev. Bibl., LXX (1963), p. 585, pl. XXV, 1. «On ne reconnaît rien sur la photographie, dont la publication est, au point de vue épigraphique, une attrape» (J. et L. ROBERT, Bull. épigr., REG, LXXVII [1964], 518).

[95] C. R. CONDER et H. KITCHENER, Survey of Western Palestine, II, London, 1882, p. 108; une trentaine d'années auparavant l'hippodrome de Scythopolis a été décrit par E. ROBINSON, Later Biblical Researches in Palestine and the Adjacent Regions: a Journal of Travels in the Year 1852, London, 1856, p. 328.

[96] LE BAS—WADDINGTON, 1620b, cf. E. SCHÜRER, op. cit., II⁴, p. 48, note 88.

[97] IGLS, 1265.

[98] L. 20. Voir le commentaire des éditeurs.

[99] Die römischen Meilensteine der Provinzen Arabia und Palästina, ZDPV, XL (1917), pp. 1—103. Les routes reliant Scythopolis avec diverses villes sont étudiées par l'auteur sous les numéros suivants: XIX Damascus—Scythopolis, pp. 33—34; XXV Gerasa—Scythopolis, pp. 65—67; XXXI le Jourdain—Scythopolis—Néapolis, pp. 70—72; XXXII Scythopolis—Jéricho, p. 73.

[100] M. AVI-YONAH, Newly Discovered Latin and Greek Inscriptions, Quarterly of the Department of Antiquities in Palestine, XII (1945/46), pp. 98—100, cf. IDEM, The Roman Road System, IEJ, I (1950—51), pp. 54—60.

[101] IDEM, A New Dating of the Roman Road from Scythopolis to Neapolis, IEJ, XVI (1966), pp. 75s. (Annee épigr., 1966, 497, 498).

dans son étude archéologique de la vallée de Beisan[102]. Nous analyserons
d'abord les milliaires de la route Legio—Scythopolis. Deux bornes sont
datées par la seizième puissance tribunicienne et le troisième consulat
de Marc Aurèle et la deuxième puissance tribunicienne de Verus (162)[103].
Une troisième borne[104] a été justement datée par l'éditeur des années
161—169. L'inscription sur ce milliaire est mutilée, mais les deux empereurs mentionnés étaient les fils d'Antonin, petits-fils de l'empereur
Hadrien, etc. P. THOMSEN a noté dans son étude 29 milliaires datés de
162. Ces travaux de construction et de réparation de routes étaient sans
aucun doute liés à la campagne parthique de Verus[105]. Trois autres
milliaires[106] furent érigés sous le bref règne de Pertinax (193); une borne[107]
est du même mille que celle de Marc Aurèle et Verus, qui marque la distance de Scythopolis: ἀπὸ Σκυθοπόλεως μέχρι ὧδε μίλ(ια) ε΄. La route
a donc été réparée ou reconstruite sous Pertinax, ou les travaux ont été
achevés sous le règne de cet empereur. L'éditeur voit dans les milliaires du règne de Pertinax «une explosion d'énergie réformatrice éton-
nante pour un règne qui ne dura que trois mois»[108]. Mais on ne peut pas
supposer que toutes ces routes, le long desquelles ont été érigées seize
bornes de Pertinax[109], aient été commencées ou même projetées par cet empereur ou sous son règne. Il s'agit évidemment de dédicaces de bornes sur
une route dont la construction fut achevée au moment de l'avènement de
Pertinax à l'empire. Cet empereur n'a ni préparé ni même envisagé aucune
campagne dans l'Est. Les travaux de construction de cette route continuaient sans interruption, la borne du premier mille à partir de Scythopolis est datée du règne de Septime Sévère; elle porte une inscription
bilingue, malheureusement mutilée parce que la pierre a été remployée
sous le règne de Constantin (324—326). L'éditeur n'a restitué que les
lignes 3 et 6 mais on peut semble-t-il suppléer davantage. Il a attribué ce
milliaire à Septime Sévère et a même indiqué la date bien qu'avec un point
d'interrogation: (Septimius Severus A.D. 195—8?). Or dans la partie grecque de l'inscription tous les noms et épithètes qui suivent Αὐ[τοκράτωρ
Κ]αῖσαρ sont au génitif, il s'agit donc évidemment du fils de Septime Sévère,
mais les noms de celui-ci ne sont pas conservés. La titulature dans le texte
grec est habituelle, d'abord les noms *Imperator Caesar*, puis les noms
du père de l'empereur, suivis des noms de celui-ci. On peut donc suggérer
que c'est un milliaire du fils de Septime Sévère et proposer la restitution
suivante de l'inscription grecque:

---

[102] Voir ci-dessus, note 53.
[103] M. AVI-YONAH, loc. cit. (ci-dessus note 100), p. 98, Nn. 17, 18.
[104] p. 98, N. 19.
[105] THOMSEN, loc. cit., p. 89; AVI-YONAH, p. 102.
[106] M. AVI-YONAH, p. 99 Nn. 20—22.
[107] M. AVI-YONAH, N. 21.
[108] Ibid., p. 102.
[109] Treize milliaires de cet empereur ont été notés par P. THOMSEN, loc. cit., p. 20, cité par
M. AVI-YONAH, p. 102, note 3.

Αὐ[τοκράτωρ Κ]αῖσαρ
Λου[κίου Σεπτιμί]ου ⟨Μ⟩
⟨ΜΙΟΥ⟩ Σε[ουήρου Περτ]ίνακο[ς]
4   Σε[βαστο]ῦ Εὐσεβοῦς
[υἱός, Μᾶρκος Αὐρήλιος]
['Αντωνεῖνος]· ἀπὸ Σ-
8   κυθοπόλεως μέχρι
ὧδε μίλια α'.

L. 1: ΔΟΙ Avi-Yonah.
La lettre M à la fin de la l. 2 et les lettres ΜΙΟΥ au début de la l. 3 sont peut-être le résultat d'une dittographie. A la fin de la l. 3 l'éditeur a lu un *omicron*, qu'il a ponctué. J'ai restitué les lignes 2—6.

Il est évident que les noms au génitif appartiennent à la titulature du père de l'empereur et il ne peut donc s'agir que du fils de Septime Sévère. Si donc la restitution suggérée est correcte, la route était en construction après la mort de cet empereur et le milliaire qui porte l'inscription bilingue fut érigé sous le règne de Caracalla.

Une autre borne de la même route atteste des travaux de réparation de ponts et de routes sous le règne de cet empereur. Le milliaire est daté de la seizième puissance tribunicienne et du deuxième consulat de Caracalla. Le chiffre qui indique le consulat manque, la pierre étant brisée à cet endroit. Nous verrons ci-après que plusieurs milliaires marquent les travaux de réparation exécutés sous le règne de Caracalla sur les routes Scythopolis—Néapolis et Scythopolis—Tibériade, d'où la conclusion de M. Avi-Yonah que ces travaux étaient liés à la campagne de l'Est ou à l'activité générale de construction des routes sous Caracalla[110].

1. La route Scythopolis—Gadara—Tibériade

N. Zori a publié dans son étude trois milliaires trouvés récemment. Nous reprendrons l'étude des inscriptions gravées sur ces bornes en commençant par le milliaire le plus proche de la ville. Il fut découvert à 2 km au Sud-Est du Kibboutz Tel-Joseph et à 5 km au Nord-Est de Beisan. Cette borne n'est pas la plus ancienne des trois; elle a été érigée sous le règne de Commode. On peut la restituer d'après la copie de N. Zori et la titulature de cet empereur[111]. Il faut signaler aux lecteurs que les copies préparées par N. Zori sont assez médiocres et on ne peut jamais savoir d'après elles quelles lettres manquent ou sont effacées, illisibles ou difficilement lisibles. La copie du milliaire de Commode n'est malheureusement pas la pire des copies de cet archéologue. Voici le texte de l'inscription:

---

[110] M. Avi-Yonah, loc. cit., p. 102; il cite d'ailleurs Thomsen, pp. 90s.
[111] Cf. p. ex. H. Dessau, ILS, 395, 396, 399.

> *Imp(eratori) Caesar(i) M(arco) A-*
> *urelio Commo-*
> *do Antonino*
> 4   *Aug(usto) [Pio] Sarmati(co)*
> *Germanico*
> *M(aximo) trib(unicia) p(otestate)*
> – – – – – – – – – – – – – – – – –

L. 1: *AM* Zori.

L. 4—5: *AUG* après *SARMATI*; il y a sans doute *M(aximo)* après *Sarmati(co)* aussi.

La borne se trouve maintenant au musée de Beisan. D'après Zori on a trouvé au même endroit 5—6 (sic!) autres milliaires de la même route. P. Thomsen marque ici le troisième milliaire depuis Scythopolis sur la route Scythopolis—Tibériade. Il date sans doute de l'époque de Constance (292—306).

N. Zori donne une copie très défectueuse d'un milliaire de la même route érigé sous le règne de l'empereur Hadrien et découvert à 500 m au Sud-Ouest du village Beth-Joseph[112]. On a trouvé au même endroit quatre autres bornes. L'inscription peut être entièrement restituée d'après un milliaire du même empereur, que j'ai publié en 1960[113]:

> *Imp(erator) Caesar [divi Traiani]*
> *Parth[ici filius, divi]*
> *Nerv[ae nepos,]*
> 4   *[H]adria[nus Aug(ustus) Pont(ifex)]*
> *Max[(imus) trib(unicia) pot(estate)]*
> *XIII [co(n)s(ul) III fecit]*
> – – – – – – – – – – – – – – – – –

L. 5: MΛI Zori.

Ce milliaire est donc d'une année antérieur à la borne découverte sur la route Diocaesarea (Sepphoris)—Legio, datée par la quatorzième puissance tribunicienne de l'empereur Hadrien[114].

Le troisième milliaire de la route Scythopolis—Tibériade a été trouvé avec plusieurs autres — dont un sans doute du dixième mille — à 5 km au Nord de Beth-Joseph. Ce milliaire est brisé, N. Zori en tout cas n'a copié que les cinq dernières lignes de l'inscription. Cependant il est aisé de le restituer parce qu'il appartient à la série des bornes qui marquent la réparation des routes et des ponts sous Caracalla et un des milliaires de cette série de la route Scythopolis—Néapolis a été publié[115]:

[112] N. Zori, loc. cit. p. 182.
[113] Sur la date du transfert de la *legio VI Ferrata* en Palestine, Latomus, XIX (1960), pp. 110s.
[114] Voir la note précédente.
[115] Voir ci-après p. 281.

> [Imp(erator) Caes(ar) M(arcus)
> Aur(elius) Antoninus
> P(ius) Fel(ix) Aug(ustus) Parth(icus)
> 4   Max(imus) Brit(annicus) M(aximus) P(ontifex)
> M(aximus) trib(unicia) pot(estate)]
> XVI imp(erator) II co(n)s(ul)
> III p(ater) p(atriae) proco(n)s(ul) [vias e]t
> 8   ponte[s resti]tuit. ['Aπò]
> Σκυθοπόλ[εως μί]λ(ια)

- -

La copie de ZORI ne contient que les lignes 6—9. La longueur de la
l. 5 dépend de la place des mots *trib. pot.* Cela n'est pas clair d'après la
copie de ZORI.

2. La route Scythopolis—Néapolis

J'ai restitué l'inscription du milliaire précédent d'après la borne de
la route Scythopolis—Néapolis, publiée récemment par M. AVI-YONAH[116].
Les deux milliaires sont datés par la seizième puissance tribunicienne
de Caracalla et tous deux marquent la restauration des routes et des
ponts par cet empereur. On a trouvé des bornes de Caracalla sur la route
Bostra—Gerasa. Un milliaire de cette route est daté de la dix-septième
puissance tribunicienne, du quatrième consulat et de la troisième salutation impériale, c'est-à-dire entre le 10 décembre 213 et le 9 décembre
214[117]. Une autre borne de cette route est datée de la seizième puissance
tribunicienne, du quatrième consulat et de la deuxième salutation impériale (entre le 1er janvier et octobre 213); c'est aussi la date de notre
milliaire. Cette borne découverte à 700 m au Nord-Ouest du Kibboutz
Sede-Eliahou et à 6,5 km au Sud de Beisan porte une inscription, qui
marque la réfection de la route en 213 et non pas en 212, comme ont
indiqué M. AVI-YONAH et les éditeurs de l'Année épigr. Un autre milliaire
trouvé à 3 km au Sud de cette borne[118] prouve que la route a été construite non pas sous le règne de Septime Sévère, comme on le supposait à
cause du milliaire N. 255a de P. THOMSEN[119], mais en 162.
Ce milliaire, le septième depuis Scythopolis, daté de la seizième puissance tribunicienne et du troisième consulat de Marcus Aurelius Antonius
(Marc Aurèle) et de la deuxième puissance tribunicienne et du deuxième
consulat de Lucius Aurelius Verus, montre que la route a été construite
en vue de la guerre contre les Parthes. D'où la juste conclusion de M. AVI-

[116] IEJ, XVI (1966), p. 75s. (Année épigr., 1966, 497).
[117] Année épigr., 1969—1970, 619.
[118] M. AVI-YONAH, loc. cit. (Année épigr., 1966, 497).
[119] Loc. cit., p. 72.

Yonah que les routes Legio—Scythopolis et Scythopolis—Néapolis étaient
de construction contemporaine. Or M. Avi-Yonah ne savait évidemment
pas qu'on avait trouvé en même temps et au même endroit le sixième
milliaire depuis Scythopolis. L'inscription sur cette borne commémore la
réfection de la route sous le règne de Caracalla: elle est datée de sa seizième
puissance tribunicienne. Voici le texte de l'inscription de ce milliaire d'après
la très médiocre copie de N. Zori[120].

Imp(erator) Caesar [M(arcus)]
[Aur(elius) An]ton[inus]
[P(ius) Fel(ix) Aug(ustus) Part(hicus)]
4   *[Max(imus)] Br[it(annicus) Max(imus) Pont(ifex)]*
[M(aximus)] trib(unicia) pot(estate) XVI
[imp(erator) II co(n)s(ul) IIII]
[p(ater) p(atriae) proco(n)s(ul) vias]
8   *[et pontes] restituit.*
VI
[ἀπὸ Σκυθοπόλ(εως μείλια]
ϛ′

J'ai restitué le texte de cette inscription en le rapprochant du cinquième
milliaire de la route Scythopolis—Néapolis. A la l. 11 j'ai restitué le chiffre
grec du mille au lieu du V latin dans la copie de N. Zori, qui est évidemment le résultat d'une fausse lecture.

Un fragment avec la partie inférieure de l'inscription de la borne du
septième mille a été découvert à 800 m au Sud de Tirath-Zevi et à 85 km
au Sud-Est de Beisan; je le restitue ainsi d'après la copie de N. Zori[121].

[Imp(eratori) Caes(ari) M(arco) Aur(elio)]
[Anto]nino [P(io) Fel(ici) Aug(usto)]
ἀπὸ Σκυθοπ[όλ(εως) μείλ(ια) ζ′
4   VII

Au même endroit un autre milliaire a été découvert. Il porte une
inscription que j'ai restituée d'après la copie de N. Zori[122], par analogie
avec la borne publiée par M. Avi-Yonah[123].

Imp(erator) C[aes(ar) M(arcus) Aur(elius)]
Antoni[nus P(ius)]
Fe[l(ix) Aug(ustus) Parth(icus) M(aximus)]
4   *Brit(annicus) [M(aximus) trib(unicia) pot(estate)]* etc.

[120] Loc. cit., p. 181.
[121] Loc. cit., p. 182.
[122] Loc. cit., p. 182.
[123] IEJ, XVI (1966), p. 75 (Année épigr., 1966, 497).

Un petit fragment trouvé à 4.5km au Sud de Beisan marque sans doute les travaux de construction de la route sous le règne de Septime Sévère[124].

> [I]mp(eratori) Caesar(i) Se[ptimio]
> [Severo Aug(usto) Parthic]o Ar[abico]
> [M]ax(imo) F[el(ici)] – – – – –
> – – – – – – – – – – – – –

IV. Les Juifs à Scythopolis

Après la conquête de Scythopolis par Jean Hyrcan ou bien la ville a été détruite, ou sans doute les habitants grecs et hellénisés se sont trouvés devant l'alternative: se convertir au judaïsme ou quitter leurs maisons. C'était conforme à la politique des princes Asmonéens, mais les Scythopolitains ont quitté leur ville natale.

L'historien Josèphe mentionne Scythopolis parmi les villes inhabitées restituées par Gabinius en 64 a. C.[125]: Γαβίνιος μέν ... ὅσαις γ' ἐνετύγχανε καθηρημέναις τῶν πόλεων, κτίζειν παρεκελεύετο. Καὶ ἀνεκτίσθησαν Σαμάρεια καὶ Ἄζωτος καὶ Σκυθόπολις καὶ Ἀνθηδὼν καὶ Ῥαφία καὶ Δῶρα Μάρισσά τε καὶ Γάζα καὶ ἄλλαι οὐκ ὀλίγαι. τῶν δ' ἀνθρώπων πειθομένων οἷς ὁ Γαβίνιος προσέταττε, βεβαίως οἰκισθῆναι συνέβαινε τότε τὰς πόλεις, πολὺν χρόνον ἐρήμους γενομένας.

La ville fut sans doute rendue déserte mais elle ne resta pas longtemps abandonnée. Josèphe raconte que Scythopolis fut le siège de la conférence d'Alexandre Jannée et de Cléopâtre[126]: ἡ Κλεοπάτρα πείθεται μηδὲν ἀδικῆσαι τὸν Ἀλέξανδρον, ἀλλὰ συμμαχίαν πρὸς αὐτὸν ἐποιήσατο ἐν Σκυθοπόλει . . . .

Des colons juifs s'installèrent sans doute immédiatement après la conquête dans la ville abandonnée par ses habitants. La 'théorie' de M. Avi-Yonah pour qui Josèphe emploie l'adjectif ἔρημοι dans un sens 'technique'[127] est superflue.

La 'libération' de Scythopolis par Pompée n'a sans doute pas changé la situation, la ville ayant déjà une population mixte: une majorité grecque ou hellénisée et une forte minorité juive. Or en 66 p. C. toute la population juive de Scythopolis fut anéantie dans un affreux massacre, après avoir aidé les gentils à défendre la ville contre les assauts de leurs coreligion-

---

124 Loc. cit., p. 181.

125 Ant. XIV, 87—88.

126 Ant. XIII, 355.

127 M. Avi-Yonah, Scythopolis, IEJ, XII (1962), p. 130: "The fact also recorded by Josephus — that Jannaeus received Cleopatra III there and concluded an alliance with her shows that it (scil. Scythopolis) was only 'deserted' in a technical sense". L'adjectif ἔρημος ne peut avoir aucune signification 'technique'.

naires. Les biens des Juifs assassinés furent partagés entre les agresseurs.
D'après Josèphe treize mille Juifs ont été tués dans ce pogrom[128]. Pendant
la campagne de l'été 64 Scythopolis fut à cause de sa position stratégique la base des opérations de l'armée de Vespasien.

Après l'extermination totale de la population juive il y eut une longue
interruption dans l'histoire de la communauté juive de Scythopolis. Il semble que c'est seulement au début du IIIème s., et en tout cas pas beaucoup
avant la fin du IIème s., que les Juifs réapparaissent dans la ville. Or il y
avait certainement une population juive dans les villages et bourgades de la
Vallée de Beisan. Dans la 'Mishna' il n'y a aucune mention de Juifs à
Scythopolis. Toutes les mentions d'habitants Juifs de la ville sont postérieures à ce recueil juridique, que fit compiler le patriarche Juda I (vers
180—220).

On parle de Beisan dans le traité de la 'Mishna' Avodah Zarah. Cet
ouvrage est consacré à l'idolâtrie, parce que les docteurs de la loi se pré-
occupaient de la lutte contre le paganisme[128a]. Ils interdirent tout commerce
avec les païens aux jours de fêtes, les jours du culte de l'empereur inclus.
On interdit formellement d'entrer dans une boutique décorée à l'occasion
d'une fête païenne[129], tandis que les Juifs pouvaient faire des achats dans
une boutique qui n'était pas décorée. Voici la traduction de ce passage
mishnaïque:

«S'il y a des offices idolâtriques dans une ville et que certaines boutiques y sont décorées et que d'autres ne sont pas décorées — il y avait un
cas semblable à Beth-Shean — (et) les docteurs de la Loi dirent, ces (boutiques) qui sont décorées sont défendues (aux Juifs) et celles qui ne sont pas
décorées sont permises (aux Juifs, pour y acheter des marchandises)[130].»

L'entrée dans une boutique décorée aux jours de fête était interdite
aux Juifs parce que les docteurs de la Loi regardaient justement la décoration comme un acte d'idolâtrie, et entrer dans une boutique décorée signifiait à leurs yeux participer à cet acte. Ce passage intéressant au point
de vue des conceptions juives et de la lutte contre le paganisme n'a pas
été compris par M. AVI-YONAH qui l'a cité comme une preuve de l'existence d'une population juive à Scythopolis à l'époque de la 'Mishna'[131].

Cette erreur a pénétré dans l'admirable étude de L. ROBERT sur les
cultes royaux[132]. En parlant de la coutume de décorer de guirlandes aux
jours de fête les sanctuaires et les maisons privées l'éminent savant fran-

[128] Bell. II, 466—468; VII, 365 cf. F.-M. ABEL, Histoire de la Palestine, I, p. 486.
[128a] M. HADAS-LEBEL, Le paganisme à travers les sources rabbiniques des IIe et IIIe siècles
etc., ANRW II 19, éd. par W. HAASE, Berlin-New York, 1978sq.
[129] Avodah Zarah, I, 4.
[130] H. ALBEK, Shisha sidrei mishna, IV, Seder Nezikin, Jerusalem, 1959, p. 326 (hébreu);
voir la traduction anglaise, PH. BLACKMAN², Mishnayoth, IV, Order Nezikin, New York,
1963, p. 451.
[131] M. AVI-YONAH Scythopolis, IEJ, XII (1962), p. 131.
[132] Sur un décret d'Ilion et sur un papyrus concernant des cultes royaux, American Studies
in Papyrology, I (Essays in honor of C. Bradford Welles), New Haven, 1966, pp. 175—210.

çais si critique et averti cite avec confiance ce passage de l'article de M. AVI-YONAH[133]: «Je rapproche ces lignes de M. Avi-Yonah, Israel Expl. J., XII (1962), 131: *"In the Mishna (second century A.D.) Beth-Shean* [Skythopolis de Palestine] *is mentioned once as a city where on the days of pagan festivals the garlanded shops of non-Jews jostle the undecorated shops of the Jews[134]."*»

Or il faut d'abord préciser au sujet de ces boutiques non décorées de guirlandes que M. AVI-YONAH n'a jamais vu le passage dans son contexte ni consulté le traité mishnaïque. Il l'a cité comme une mention de Juifs à Scythopolis sans le comprendre, d'après un recueil des *testimonia* sur diverses villes et localités de la Palestine, 'Sepher ha-Yishouv', paru à Jésuralem en 1939. Le passage sur les boutiques décorées et non-décorées est cité dans le recueil avec plusieurs autres mentions de Beisan dans les sources littéraires. Seuls les passages talmudiques inclus dans ce recueil mentionnent des Juifs habitant à Scythopolis. Ils sont peu nombreux et le plus ancien et le plus important témoignage d'une synagogue a échappé aux éditeurs de ce recueil[135].

Il semble que le premier témoignage qui atteste l'existence d'une communauté juive aux environs de Scythopolis soit épigraphique. C'est une inscription gravée sur une pierre calcaire à 16 km au Sud-Ouest de Beisan[136]. Elle contient trois noms juifs: Πάρδος, Ἰώσυπος et Ναοῦμος et elle est datée du règne de l'empereur Nerva. La copie de l'éditeur, qui n'a pas publié de photographie de l'inscription, ne permet pas une lecture certaine de la date.

D'après un passage talmudique on ne confiait pas le service divin dans la synagogue aux gens de Beisan, Haifa et Tiv'on en Galilée à cause de leur prononciation défectueuse. Ils ne savaient pas prononcer le son *'ayin* et le confondaient avec l'*aleph*[137]. Dans le commentaire talmudique du traité sur l'idolâtrie[138] on raconte qu'un rabbin a demandé à son collègue de lui acheter un petit tissu aux Saturnales de Beisan. Nous avons démontré ci-dessus qu'il s'agit du marché qui avait lieu à Scythopolis pendant les sept jours des Saturnales[139].

Le premier témoignage littéraire qui atteste l'existence d'une communauté juive à Scythopolis est un intéressant récit du Midrash Rabbah au livre de la Genèse (Bereshith)[140]: «Rabbi Samuel, fils de Nahman a raconté que dans son enfance il a passé avec son grand-père par Scythopolis et à

---

[133] L. ROBERT, loc. cit., p. 195, note 121.

[134] Je veux souligner que l'erreur de M. AVI-YONAH n'est pas de conséquence pour la thèse exposée dans l'étude de L. ROBERT (ci-dessus note 132).

[135] Voir ci-après.

[136] N. ZORI, Four Greek Inscriptions from the Beth-Shean Valley, Eretz-Israel, X (1971), p. 240 (hébreu).

[137] Talmud Palestinien, Berakhot, II, 4.

[138] Talmud Palestinien, Avodah Zarah, I, 39, 73.

[139] Voir ci-dessus, p. 276.

[140] Chapitre IX, 5.

l'occasion de cette visite il a entendu Rabbi Simon fils de Rabbi Eleazar prêcher, au nom de Rabbi Meïr». Il est évident que Rabbi Simon prononçait ses sermons à la synagogue. Ce récit doit être daté du premier quart du IIIème siècle[141].

L'autre passage du traité mishnaïque sur l'idolâtrie cité par M. AVI-YONAH[142], et concernant l'achat de vin par un Juif à un marchand ou fabricant de vin ne peut pas témoigner de l'existence d'une population juive à Beisan, il atteste seulement des relations commerciales entres Juifs et païens de Scythopolis. Ces rapports sont attestés par un autre passage talmudique[143]. Il s'agit d'une règle juridique concernant la validité d'un contrat signé par des témoins non-juifs. S. SAFRAÏ, qui avait attiré mon attention sur ce passage[144], a fait remarquer que le problème soulevé et débattu par les docteurs de la Loi est caractéristique pour une ville ayant une forte minorité juive. C'est donc un témoignage précieux qui met en lumière les étroites relations commerciales entre Juifs et gentils.

La synagogue juive de Beisan est mentionnée dans un autre récit talmudique[145]. Or les archéologues ont découvert deux synagogues dans la ville et une troisième dans ses environs, tout près du Kibboutz Tirath-Zevi.

1. Les synagogues de Beisan

En 1961 on a découvert une ancienne synagogue à 280 m au Nord de l'enceinte byzantine[146]. Elle avait été construite vers la fin du IVème s. mais l'édifice fut modifié dans la deuxième moitié du Vème s. La synagogue fut encore l'objet d'une restauration dans la première moitié du VIème s. De cette époque provient l'inscription en mosaïque, qui commémore les travaux de restauration. Elle est intéressante parce qu'elle nous a conservé les noms des maîtres-mosaïstes, qui sont connus par l'inscription grecque en mosaïque de la synagogue de Beth-Alpha[147]. Voici le texte de cette inscription d'après la photographie publiée par N. ZORI[148].

---

[141] J'ai pu consulter au sujet des témoignages de la Mishna, du Talmud et des Midrashim mon ami et collègue S. SAFRAÏ, professeur à l'Université Hébraïque. Je l'en remercie vivement. Pour le dernier passage cité, voir Midrash Rabbah translated into English ... under the editorship of H. FREEDMAN and M. SIMON, Midrash rabbah, I. Genesis (Bereshith), I, London, 1939, p. 66: "R. Samuel b. Nahman said: I was seated on my grandfather's shoulder going up from my own town to Kefar Hana via Beth-Shean, and I heard R. Simon b. R. Eleazar as he sat and lectured say in R. Meir's name."

[142] Loc. cit., p. 131 et note 49: Avodah Zarah, IV, 12.

[143] Talmud Palestinien, Ghittin I, 43, col. 3.

[144] Ce testimonium était inconnu des éditeurs du 'Sepher ha-Yishouv'.

[145] Talmud Palestinien, Meghillah, III, coll. 3—4.

[146] Les lecteurs trouveront un compte-rendu détaillé des fouilles et une description minutieuse de la synagogue dans N. ZORI, The Ancient Synagogue at Beth-Shean, Eretz-Israel, VIII (1967), pp. 143—167 (hébreu).

[147] Corpus Inscriptionum Judaicarum (= CIJud), II, 1166.

[148] Pl. 31, 1.

Χιροθε-
σία Μαρια-
νοῦ καὶ το-
4   ῦ ἱοῦ αὐτο-
ῦ ᾿Ανινᾶ.

L. 4: Les mosaïstes ont marqué les signes diacritiques au-dessus du *iota*, N. ZORI a transcrit τούτου.

Traduction: «Le travail de Marianos et de son fils Hanina».

Le terme χειροθεσία était jusqu'ici un *hapax*, conservé chez Athénée; il est employé ici dans un sens nouveau, qui rappelle l'inscription de Beth-Alpha: Μνισθοῦσιν ὑ τεχνῖτε ὑ κάμνοντες τὼ ἔργον τοῦτω Μαριανὸς καὶ ᾿Ανινᾶς ὑός. On peut par conséquent traduire ⟨effort, travail⟩ mais le mot peut signifier aussi ⟨produit du travail⟩, comme κάματος.

Une autre inscription en mosaïque donnait la date des travaux de restauration, exécutés dans la synagogue; elle est malheureusement mutilée.

ἔτους — — —
μη(νὸς) ᾿Ιανουαρίου

Dans une salle adjacente, une inscription samaritaine en mosaïque indique que la synagogue était le siège d'un tribunal de la communauté samaritaine, chargé de dire le droit dans les litiges concernant les biens immeubles. On savait depuis longtemps, d'après les sources littéraires et épigraphiques, que la synagogue était le centre de l'activité sociale et administrative de la communauté juive. On peut se demander pourquoi elle était le siège d'un tribunal samaritain. Deux solutions sont possibles. La synagogue était peut être samaritaine et non juive, comme l'a suggeré N. ZORI. On peut aussi supposer que des relations amicales entre les deux communautés permettaient une collaboration étroite et que la synagogue était commune aux Juifs et Samaritains ou qu'elle abritait les institutions communes. Le tribunal réglait les litiges des paysans de la région de Scythopolis et il semble bien que Juifs et Samaritains aient en recours aux juges qui siégeaient dans l'édifice de la synagogue.

L'autre synagogue de Beisan a été fouillée en 1964[149]. Elle avait été construite au IIIème ou IVème s. Or le pavement en mosaïque provient d'après N. ZORI du Vème s. Une salle rectangulaire et deux pièces adjacentes furent découvertes. Le pavement de la grande salle est fait de mosaïque en pierres de couleurs.

2. Le pavement et les inscriptions

La mosaïque est divisée en trois sections inégales. Le panneau supérieur représente le fameux récit de l'Odyssée XII, 178s.: un bateau avec un jeune

---

[149] N. ZORI, The House of Kyrios Leontis at Beth-Shean, IEJ, XVI (1966), pp. 123—134.

homme lié au mât. Au-dessus du bateau une inscription grecque. Au-dessous
à gauche un animal mythologique chevauché par une Néréide nue. D'après
l'éditeur l'animal serait un ichthyocentaure. Les têtes de la Néréide et de sa
monture manquent parce que la mosaïque a été endommagée dans ce coin.
Au-dessous un autre bateau, un jeune homme assis combat un monstre
marin, en face de lui une sirène joue de la flûte. Cette scène rappelle la rencontre d'Ulysse avec la sirène. Au milieu de cette section de la mosaïque
une autre inscription.

Le panneau médian était entouré de 26 pigeons, dont sept manquent;
dans un cercle une inscription en huit lignes.

La figure principale du panneau inférieur est le dieu du Nil, monté
sur un crocodile. Il tient un oiseau dans la main droite et une branche dans
la gauche. Son coude gauche repose sur une cruche, d'où sortent deux
courants d'eau. A la droite du dieu du Nil est figuré un édifice avec deux
rangées de colonnes et au-dessus de lui une inscription: Ἀλεξάνδρεια.
L'édifice représente donc la capitale de l'Egypte. A côté de l'édifice un
nilomètre à sept divisions, dont chacune porte un ou deux caractères grecs
indiquant l'étiage du fleuve: I IA IB IΓ IΔ IE IS. La troisième et la
quatrième graduation sont endommagées. Sous l'édifice un tigre assaille
un taureau. Le mosaïste a su représenter une scène réaliste et a marqué
les gouttes de sang du taureau tombant sur le sol. Au-dessous deux oiseaux,
l'un à gauche en fuite; à droite est représenté un héron courbé. Au milieu
de cette partie du panneau un bateau à la voile ferlée, à son bord un homme
debout près du mât, à droite trois papyrus avec des fleurs ouvertes.

3. Les inscriptions grecques de la synagogue

Les inscriptions grecques de cette synagogue ont été republiées d'après
le compte-rendu des fouilles et commentées[150]. Il faut rappeler ici que le
premier éditeur, qui a fouillé la synagogue, était convaincu qu'il s'agissait
d'une maison particulière. Il attribua la propriété de l'édifice à l'un des
donateurs, Leontis, d'où le titre du compte-rendu des fouilles, rédigé par N.
ZORI. J'ai eu l'occasion d'indiquer que l'édifice découvert dans ces fouilles
était une synagogue et non pas une maison privée[151]. S'il y avait besoin d'une
preuve, les fouilles conduites postérieurement sur le site ont définitivement
confirmé cette conclusion, tirée des dédicaces dégagées dans la synagogue
et publiées par N. ZORI.

Les fouilles conduites en 1970, 1971 et 1972 sur le site de l'ancienne
synagogue ont été fructueuses: elles ont permis de dessiner le plan général
de l'édifice, dont une partie seulement avait été dégagée par N. ZORI en 1964.
Le pavement en mosaïque dégagé dans ces fouilles a été daté par les archéologues d'après les dessins de la deuxième moitié du VIème s. Or la synagogue

---

[150] Voir B. LIFSHITZ, Donateurs et fondateurs dans les synagogues juives, Paris, 1967, 77a—c.
[151] Op. cit., pp. 69 s.

était sans aucun doute plus ancienne, et la mosaïque a été exécutée à une époque plus tardive. Deux comptes-rendus succincts de ces trois campagnes de fouilles ont été récemment publiés[152]. On a reproduit le plan de la partie de la synagogue dégagée pendant les dernières fouilles; on a aussi publié deux dédicaces araméennes. L'une mentionne le maître mosaïste sans pourtant le nommer: «Qu'on se souvienne en bonne part de l'ouvrier qui a fait ce travail». L'autre inscription araméenne est plus longue, voici sa traduction:

> «Qu'on se souvienne en bonne part de tous les membres de cette sainte communauté qui ont fait effort pour la restauration de ce saint lieu».

C'est la même formule qu'on retrouve dans les dédicaces araméennes des synagogues de Noarah, près de Jéricho[153], et de Tibériade[154]. Comme dans les inscriptions grecques on a employé pour désigner la synagogue la périphrase «le saint lieu», si fréquente dans les inscriptions grecques, juives ou chrétiennes.

Il est donc évident que l'édifice récemment découvert à Beisan était une synagogue et Leontis n'était pas le propriétaire de l'édifice mais un donateur généreux. La dédicace commémore son offrande à la synagogue, comme une inscription sur une plaque de marbre éternise le don d'un autre personnage. Or on a dégagé aussi une dédicace grecque anonyme, à droite sur le plan reproduit par l'auteur du compte-rendu, c'est-à-dire à l'Est. Cette inscription en mosaïque, dont le fac-similé est bien lisible, n'a pas été transcrite par l'auteur, qui a pourtant essayé de résumer le contenu de la dédicace. Mais le texte n'a pas été compris par l'archéologue, qui a publié avec plus d'adresse les dédicaces araméennes. L'inscription grecque est flanquée de deux faisans; voici son texte, tout à fait unique dans l'épigraphie juive en langue grecque:

$$\Pi(\rho o \sigma)\varphi(o \rho \grave{\alpha}) \ \ \~{\omega}\nu \ K(\acute{\upsilon}\rho\iota o)\varsigma \ \gamma-$$
$$\iota\nu\acute{o}\sigma\kappa\iota \ \tau\grave{\alpha}$$
$$\grave{o}\nu\acute{o}\mu\alpha\tau-$$
$$\alpha \cdot \ \alpha\grave{\upsilon}\tau\grave{o}\varsigma$$
$$\varphi\upsilon\lambda\acute{\alpha}\xi\iota \ \grave{\epsilon}\nu$$
$$\chi\rho\acute{o}(\nu\omega).$$

4

---

[152] Chronique archéologique, Rev. Bibl., LXXVIII (1971), pp. 585s.; D. BAHAT, The Synagogue at Beth-Shean. Preliminary Report, Qadmoniot ['Antiquités'], Quarterly for the Antiquities of Eretz-Israel and Bible Lands, V (1972), pp. 55—58 (hébreu). Les auteurs de la communication dans la 'Chronique archéologique' évitent pour une raison quelconque l'indication qu'il s'agit de la maison dite «de Leontis» mais c'est évident. Dans le compte-rendu publié dans la revue Qadmoniot D. BAHAT le dit expressément.

[153] CIJud, II, 1203.

[154] B. LIFSHITZ, L'ancienne synagogue de Tibériade, sa mosaïque et ses inscriptions, Journal for the Study of Judaism, IV (1973), 43—55.

L. 1: Les lettres π et φ en ligature: il s'agit à proprement parler d'un mono-
gramme, qui représente ces deux lettres. Cette abréviation du mot apparait
ici pour la première fois dans l'épigraphie. L'abréviation ΚΣ pour κύριος
est extrêmement rare dans les inscriptions juives.

La formule de la synagogue de Beisan, si fréquente dans les inscriptions
chrétiennes, n'était attestée jusqu'ici dans aucun texte juif. Or le terme
προσφορά apparaît dans la dédicace de Nonnos trouvée dans la même
synagogue et dans une inscription de la synagogue de Césarée[155]. Le développement de cette formule dans notre dédicace n'était pas connu jusqu'ici.
Traduction: «Don de ceux dont Dieu connaît les noms, Lui les gardera
pour de longues années».

Les inscriptions grecques de la synagogue sont importantes pour
l''étude de l'onomastique et des professions des Juifs de Scythopolis et
de leurs relations étroites avec leurs coreligionnaires dans la Diaspora. Elles
témoignent également de la pénétration de la langue grecque et de la culture
hellénique dans la population juive des villes et des bourgades de la Galilée
comme naturellement de toute la Palestine. Nous n'avons pas conservé
d'épitaphes juives de Scythopolis, et la nécropole juive de cette ville n'a
pas été fouillée ni même trouvée. Les dédicaces des synagogues sont donc
le seul témoignage de l'hellénisation des Juifs de Beisan, d'où leur importance pour l'histoire des Juifs en Palestine.

1.

N. ZORI, IEJ, XVI (1966), p. 132, Pl. II. B. LIFSHITZ, Donateurs et fondateurs, 77acf. J. et L. ROBERT, Bull. épigr. REG. LXXXIII (1970), 629.

> Κ(ύρι)ε βοή(θει) Λεοντί-
> ου κλουβ(ᾶ).

La lettre Η a été reproduite au-dessus de la ligne mais elle appartient
au mot βοή(θει). La transcription dans mon édition précédente était erronée.
A l. 2 un signe d'abréviation en forme d'une petite barre oblique au dessous
de la lettre Β, contiguë à elle.
Traduction: «Seigneur secours Léontios le fabricant de paniers (ou de
cages)[156]».

2.

Une inscription en huit lignes:

N. ZORI, loc. cit., Pl. XIII A. B. L., Donateurs et fondateurs, 77b. J. et L.
ROBERT, loc. cit.

> Μνησθῇ
> εἰς ἀγαθὸν κ(αὶ) ἰς

---

[155] B. LIFSHITZ, Donateurs et fondateurs, 64.
[156] Ainsi les éditeurs du Bull. épigr.

εὐλογίαν ὁ κύρ(ιος) Λεόντις

4 ὁ κλουβᾶς ὅτι ὑπέρ

σοτηρίας αὐτοῦ κ(αὶ) τοῦ

ἀδελφοῦ αὐτοῦ ᾽Ιωνάθα

ἐψήφοσεν τὰ ὅδε

8 ἐξ ἡδήων

L. 2: Les éditeurs du Bull. épigr. transcrivent ὁ κῦρ et ajoutent la remarque: ⟨il n'y a pas à compléter κύριος⟩. Ils n'ont pas discerné la petite barre oblique qui coupe la barre de la lettre P. C'est un signe d'abréviation et il faut par conséquent compléter κύρ(ιος).

Traduction: «Qu'on se souvienne pour le bien et pour la bénédiction du seigneur Léontios le fabricant de paniers (ou de cages) parce qu'il a pavé cela (la mosaïque) ici de ses propres ressources pour son salut et pour le salut de son frère Jonathan».

Κλουβᾶς est un nom de métier comme les nombreux noms en -ᾶς qu'on trouve dans les inscriptions et dans les papyrus de la basse époque: κυμινᾶς ⟨marchand de cumin⟩ à Jaffa[157], κυρτᾶς ⟨pêcheur à la nasse⟩ à Corinthe, ξυλινᾶς à Ephèse[158]. Les éditeurs du Bull. épigr. qui traduisent «fabricant de cages» voudraient voir dans l'image de treize couples de pigeons une allusion au métier de Léontis mais le pigeon est un emblème assez répandu dans l'art juif[159]. La suggestion de J. et L. ROBERT est donc semble-t-il superflue.

3.

N. ZORI, loc. cit., p. 133. p. XC. B. L., Donateurs et fondateurs, 77c. J. et L. ROBERT, loc. cit.

Πρ(οσφορὰ) Νόννου patronyme

Κυζηκινοῦ — — —

ὑπὲρ σωτε[ρίας αὐτοῦ]

4 καὶ τοῦ οἴκου [αὐτοῦ].

Traduction: «Don de Nonnos de Cyzique pour son salut et le salut de sa famille».

4.

N. ZORI, loc. cit. p. 133, pl. Xd.

Un fragment de marbre, complet à droite et en haut, brisé à gauche. C'est semble-t-il la fin d'une brève dédicace:

[nomen σ]ὺν τέ-

[κνοις].

---

[157] CIJud, II, 930.

[158] Pour cette catégorie de noms de métiers, voir L. ROBERT, Hellenica, XI—XII, Paris, 1960, p. 43 et note 9 (p. 44).

[159] Voir CIJud, I, Index 6, p. 664, s. v. colombes.

Il s'agit évidemment d'un don offert à la synagogue par un membre de
la communauté qui avait associé ses enfants à l'offrande. D'après l'éditeur
c'est un fragment de linteau.

Nonnos de Cyzique était probablement venu s'installer à Beisan ou a
fait son offrande à l'occasion d'une visite à la ville. Sa dédicace témoigne en
tout cas de rapports entre la communauté juive de Beisan et celle d'une
ville fort éloignée. Les Juifs de Cyzique n'étaient pas mentionnés jusqu'ici
dans les inscriptions juives de la Palestine ni dans celles de l'Europe.

Les dédicaces découvertes dans les deux synagogues de Beisan témoignent du zèle des généreux donateurs pour édifier et orner «le saint
lieu». L'emploi de la langue grecque ne témoigne par conséquent nullement
de la dénationalisation des Juifs. Le grec était aussi une langue de prière.
Les morceaux de parchemin trouvés dans les grottes du désert de Juda[160]
sont un témoignage précieux de l'emploi du grec. Il est évident que non
seulement à Alexandrie mais aussi en Judée on lisait les Petits Prophètes
et sans aucun doute toute la Bible dans une traduction grecque.

Dans toutes les synagogues découvertes en Palestine les inscriptions
hébraïques sont extrêmement rares. A Beth-Alpha, Tibériade et Noarah
près de Jéricho seuls les noms des saisons et des signes du zodiaque sont
écrits en hébreu, tandis qu'à Beth-Alpha comme à Gerasa par exemple les
légendes qui expliquent les représentations des scènes bibliques ont été rédigées en hébreu, qui n'était plus depuis longtemps employé comme une langue
parlée. La rivale du grec était à basse époque la langue araméenne. Dans
les deux synagogues de Beisan on a découvert deux inscriptions rédigées
dans cette langue, à Tibériade deux, tandis que dans la synagogue de
Beth-Alpha il y a une dédicace dans chacune des deux langues. Dans les
synagogues plus tardives, sans doute à partir de la fin du VIème s., les
inscriptions sont rédigées en araméen. C'est le cas des synagogues tardives
des petites bourgades comme Engaddi et Khirbet-Susiya en Judée[161].
Pourquoi la langue grecque a-t-elle cédé la place d'honneur dans la synagogue? C'est un processus assez long et pour déceler et décrire les causes
de cette évolution, qui fut sans aucun doute lente, une recherche doit
être faite. On peut constater que les causes de ce changement ont été
multiples: récession culturelle, déclin de l'éducation, intensification de la
latinisation, et sans doute aussi certaines transformations démographiques
probablement profondes dans la population juive entraînés par un afflux

---

[160] D. BARTHÉLEMY, Redécouverte d'un chaînon manquant de l'histoire de la Septante, Rev.
Bibl., LX (1953), pp. 18—29; IDEM, Les Devanciers d'Aquila, Supplements to Vetus
Testamentun, vol. X, Leyde, 1963; B. LIFSHITZ, The Greek Documents from the Cave of
Horror, IEJ, XII (1962), pp. 201—206; IDEM, Fragments grecs de papyrus et de parche-
min découverts dans le désert de Juda, Scriptorium, XIX, 2 (1965), pp. 286—288.
[161] Pour la synagogue d'Engaddi et la grande inscription en mosaïque voir les études de
B. MAZAR, S. LIEBERMAN et E. E. URBACH, Tarbiz. A Quarterly for Jewish Studies, XL
(1970/71), pp. 18—30 (hébreu). Pour la synagogue tardive dégagée à Khirbet-Susiya voir
S. GUTMAN, Z. YEIVIN, E. NETZER, Excavations in the Synagogue at Khirbet Susiya,
Qadmoniot, V (1972), pp. 47—52 (hébreu).

d'immigrants des régions arriérées de la Palestine et des pays circonvoisins, où la pénétration et l'influence de la culture hellénique étaient moins intenses. Les inscriptions des synagogues tardives de la Palestine sont intéressantes à ce point de vue. A Khirbet-Susiya, dans la synagogue tout récemment fouillée, on a dégagé deux dédicaces rédigées en hébreu, un phénomène extrêmement rare en Palestine comme dans la Diaspora. Dans les synagogues de Palmyre, Doura-Europos, Gerasa, El-Hammeh, Isfiya, comme dans celle de Capharnaum, Tibériade, Beth-Alpha ou Noarah on n'a trouvé aucune inscription hébraïque à l'exception des citations de la Bible. On a employé dans les dédicaces des synagogues les langues parlées par les Juifs, le grec et l'araméen. Je crois avoir démontré, en étudiant les inscriptions de la catacombe des sarcophages (XX) de la vaste nécropole juive de Besara (Beth-Shearim), qu'il ne faut aucunement surestimer l'importance des sept inscriptions hébraïques qui y ont été découvertes[162].

J'ai exprimé à l'occasion de cette étude l'opinion qu'elles témoignent certainement de la tendance à honorer une tradition familiale, parce qu'il s'agissait dans ces inscriptions de membres d'une ou de deux familles qui furent enterrés dans cette catacombe. A une époque où l'hébreu n'était plus une langue parlée, il est redevenu la seule langue de la prière et des inscriptions, dédicaces ou épitaphes. On peut sans aucun doute retrouver un processus et une transformation semblables dans les communautés juives d'Italie méridionale.

En Apulie, notamment à Venosa, et en Calabre, surtout à Tarente s'accroît à l'époque tardive le nombre des inscriptions hébraïques tandis que les épitaphes latines disparaissent des nécropoles juives. Dans les deux cas, en Palestine comme en Italie, il y a évidemment une renaissance de l'hébreu, mais non comme une langue parlée. On a voulu expliquer ce renouvellement de la langue de la Bible par l'influence des Juifs de Palestine à l'époque de l'invasion arabe en Italie du Sud[163]. Or en Palestine même ce passage à l'hébreu dans les inscriptions des synagogues et surtout la disparition des inscriptions grecques a été le résultat de changements dans la composition de la population juive.

Cette transformation démographique était sans doute liée à la conquête arabe, qui avait entraîné l'immigration de Juifs de l'Est et du Sud. Les Juifs de Mésopotamie et surtout ceux de la péninsule d'Arabie ne connaissaient pas le grec et leur langue de prière était l'hébreu. Les nouvelles conditions ne pouvaient pas favoriser l'emploi de la langue grecque. Or le déclin de l'éducation et de la connaissance du grec commença beaucoup plus tôt et fut plus rapide parmi les non-Juifs. Il s'agit donc d'un processus général, qui était sans aucun doute plus lent chez les Juifs. Les causes du déclin du grec parmi les Juifs de la Palestine, que j'ai indiquées sommaire-

---

[162] B. LIFSHITZ, Beiträge zur palästinischen Epigraphik, ZDPV, LXXVIII (1962), pp. 70—79; B. LIFSHITZ, L'hellénisation des Juifs de Palestine, Rev. Bibl., LXXII (1965), p. 533.

[163] LEO LEVI; Ricerche di epigrafia ebraica nell'Italia meridionale, La rassegna mensile di Israel, 1962, pp. 3—24. Sur la question de la renaissance de l'hébreu dans les communautés juives d'Italie du sud voir pp. 11s.

ment, méritent une étude approfondie, mais les données sont assez maigres. Précisément à Scythopolis, vers la fin du IIIème siècle, il fallait traduire dans l'église les prières en araméen, parce que les fidèles ne comprenaient pas le grec[164]. Les Juifs employaient la langue grecque dans les synagogues au VIème siècle, comme en témoignent les inscriptions de Scythopolis, de Beth-Alpha et d'autres villes et villages de la Palestine. La pénétration de nombreux mots grecs dans la langue juive, dans le 'Talmud' et dans les 'Midrashim', est un éloquent témoignage de l'hellénisation de la population juive de la Palestine. Jusqu'à nos jours les Juifs emploient quotidiennement de nombreux mots grecs, assez souvent sans en soupçonner l'origine et sans savoir qu'il s'agit d'emprunts.

Une ancienne synagogue a été découverte à 200 m au Nord du Kibboutz Tirath-Zevi et à 8,5 km au Sud de Beisan[165]. On y a trouvé les vestiges archéologiques d'une agglomération de l'époque byzantine. Un pavement en mosaïque a été dégagé; c'était sans aucun doute le sol de la synagogue parce que les emblèmes juifs y sont représentés: la *menorah* (chandelier) à sept branches et le *shofar* (trompe). Le pavement est endommagé à droite. Aucune inscription n'a été trouvée parmi les vestiges archéologiques de ce site.

[164] Voir E. Schürer, op. cit., II⁴, p. 85, note 243 et p. 535 qui cite Eusèbe, De martyribus Palaestinae, 1, 1; cf. O. Stegmüller, Überlieferungsgeschichte der Bibel, dans: Geschichte der Textüberlieferung der antiken und mittelalterlichen Literatur, I, Zürich, 1961, pp. 186 s.

[165] N. Zori, An Archaeological Survey, loc. cit. (n. 53), p. 165, Pl. XIX, 1 (hébreu).

The Dynasty of Judaea in the First Century*

by RICHARD D. SULLIVAN, Saskatoon, Saskatchewan

Contents

Preliminary Notes

The following study pursues the main themes treated in my other articles on the dynasties of the Near East in ANRW II 8 and elsewhere: the loyalty of Eastern populations to their traditional aristocratic rulers, the extensive intermarriage by which these dynasties sought to strengthen themselves, and the methods they used to reach accommodations with both Romans and Parthians for most of the first century after Christ. Unlike the other studies involving dynasts from Commagene, Emesa, Cappadocia, Atropatene, Armenia, and elsewhere, this one in no way attempts treatment of all the major figures in the dynasty: the stemma on Judaea in

* My thanks for suggestions to Mr. ERIC GRAY and for assistance to the Canada Council. Most translations herein are provided from editions in the Loeb Classical Library series.

this volume, despite its selective nature, contains over one hundred entries! Nor can the article aim at full discussion of the personnel it does include. The principle of selection used places emphasis on individual contributions to dynastic control of Judaea and related areas.

The steady appearance of books on Judaea, in contrast to the prevailing situation with regard to the other dynasties, allows a highly restrictive approach here. Especially useful to readers interested in Judaea will be the revision of SCHÜRER by G. VERMES and F. MILLAR, and E. M. SMALLWOOD's 'Jews' (see 'Bibliography', below, p. 353). The large amount of up-to-date scholarship in these and other recent volumes permits the present article to concentrate — with cross-references as necessary — on the figures most likely to support the points above and to reinforce the conclusions of the other dynastic articles. For the themes pursued here, some of the relatively obscure figures in the Judaean dynasty take on unexpected importance: Herod of Chalcis, for instance, commands as much space as does Herod the Great. This disproportion occurs because the greater Herod's reign has been extensively handled elsewhere, his work had been largely accomplished before the first century (to which the present study confines itself), and the dynastic ramifications in Judaea which form the main theme here did not begin in earnest until the reigns of Agrippa I and Agrippa II.

The article follows an arrangement by dynastic names. The final section points to some more general conclusions which have since been developed in my articles cited in the bibliography, and by other work noted there, especially the books of W. HOBEN and M. PANI.

I. Rome and Judaea

Official Jewish contacts with Rome were early but sporadic. Shortly before 161 B.C., an embassy to Rome was sent by Judas Maccabaeus[1]. Jewish interest in Rome was clearly defensive: current struggles with the Seleucid Demetrius I Soter were severe, and Josephus improves upon I Maccab. 8:18 by specific reference to this[2], saying that the embassy asked the Romans Δημητρίῳ γράψαι ὅπως μὴ πολεμῇ τοῖς Ἰουδαίοις ("to write to Demetrius, [saying] that he should not make war on the Jews"). Roman

[1] I Maccabees 8. For discussion of the early relations of Rome and Judaea, and for a selection from the enormous bibliography, see TH. LIEBMANN-FRANKFORT, Rome et le conflit judéo-chrétien (164—161 B. C.): AntCl 38 (1969) 101—120; J. BRISCOE, Eastern Policy and Senatorial Politics, 168—146 B. C.: Historia 18 (1969) 48—61; SMALLWOOD, Jews, Ch. I.

[2] Jos. AJ 12.415. Cf. BJ 1.38: πρὸς Ῥωμαίους πρῶτος [Judas] ἐποιήσατο φιλίαν. This Demetrius, the son of Seleucus IV, had recently escaped Roman custody, and the Jews had reason to expect a favorable response from Rome: Jos. AJ 12.389; Polyb. 31. 11—15 (19—23).

interests in the affairs of mainland Greece, and Roman alarm at possible
Jewish-Spartan accords, led to the conclusion of a treaty between the two
states. We would not expect this treaty, actually a *senatus consultum*, to
have had the force of a *foedus*, and in practice it became a diplomatic and
trade agreement, with some provision for embargo on the goods of mutual
enemies[3].

The accord — slender as it was — must have soon lapsed: about
144/43 B.C., Jonathan Maccabaeus sent to Rome ἀνανεώσασθαι . . . τὴν
. . . φιλίαν[4] ("to renew . . . the . . . [treaty of] friendship"). The treaty was
activated a third time in or before 139 by Simon Maccabaeus[5]. Strains had
already begun to appear between the Roman authorities and the Jewish
population resident in Rome, if we can accept the remark of Valerius
Maximus that Cn. Cornelius Scipio Hispanus, *praetor peregrinus* in 139,
*Iudaeos qui Sabazi Iovis cultu Romanos inficere mores conati erant repetere
domos suas coegit*[6]. To what extent Valerius Maximus was retrojecting
attitudes from his own day would be difficult to determine, but the defen-
siveness his report implies was not uncharacteristic of Roman conserva-
tives in the second century B.C.[7]. Polybius notes that some Romans
became disgruntled even with those who admired Greece (ca. 146/45 B.C.)[8].

The history of increasing Judaean involvement with Rome is too
complex for inclusion here[9]. What concerns the present inquiry is the study

---

[3] W. WIRGIN, Judah Maccabee's Embassy to Rome and the Jewish-Roman Treaty:
PalEQ 101 (1969) 15—20. SMALLWOOD, Jews 5ff.

[4] Jos. AJ 13.163; BJ 1.48: Ἰωνάθης . . . τῇ πρὸς Ῥωμαίους φιλίᾳ τὴν ἀρχὴν ἐκρατύνατο
("Jonathan . . . strengthened his authority by an alliance with Rome"); I Maccab.
12.1ff.

[5] W. WIRGIN, op. cit. (note 3); Jos. AJ 13.227: ποιησάμενος καὶ αὐτὸς πρὸς Ῥωμαίους
συμμαχίαν ("He also made an alliance with the Romans"); I Maccab. 15:17—21. Noteworthy for assessment of Judaean flexibility, the first two expeditions to Rome each
apparently stopped on the return journey to arrange similar understandings in Greece.
The first called at Athens, with the arrangement possibly reflected in the two states'
coinages. The second renewed the old amity with Sparta: Jos. AJ 13.164 even speaks
of συγγένεια between the two peoples; cf. 12.226, ὡς ἐξ ἑνὸς . . . γένους. Simon Maccabaeus later confirmed and commemorated this: I Maccab. 14: 20—23 and 13: 27—30.

[6] Factorum ac Dictorum Memorabilium 1. 3. 3. The date can be supplied by the words used
in the excerpt of Iulius Paris (PIR² J 449) as given in the Teubner text of C. KEMPF:
Cn. Cornelius Hispalus praetor peregrinus M. Popilio Laenate L. Calpurnio coss. (H. LEON
Jews 2 note 3 suggests identification of the MSS Hispalus with Scipio Hispanus.) It is of
interest in another connection — the penetration of Jews into Phrygia (see § 8, and A.
KRAABEL, Ὕψιστος and the Synagogue at Sardis: GRBS 10 [1969] 81—93, esp. 81 and 85f;
ROSTOVTZEFF, SEHHW 645ff.) — that Jupiter Sabazius was a Phrygian analogue to and
prototype of Bacchus: see LEON Jews 3 and the commentary of E. R. DODDS on the 'Bac-
chae' (ed. 2, Oxford 1960) 76f. (on lines 78—79).

[7] On this see H. J. LEON, One Hundred Per Cent Romanism: South Atlantic Quarterly
26 (1927) 146—160.

[8] Polyb. 39. 1. 3.

[9] For bibliography and the basic account: S. ZEITLIN, The Rise and Fall of the Judaean
State (Philadelphia 1967 and 1969), Vols. I and II; SCHÜRER (VERMES + MILLAR), 243ff.;
SMALLWOOD, Jews, esp. Ch. II and IV.

of the Judaean royal line viewed in its context as a Near Eastern dynasty, closely related to neighboring dynasties on the north and east; together these were crucial to Roman designs in eastern Anatolia and northwestern Mesopotamia. In the summary of Josephus, the period from the Maccabaeans to Pompey saw a virtual Judaean hegemony of local states, followed after Pompey by friendship and alliance with Rome[10]. It is this φιλία which bears examination here, since close Judaean relations with Parthia and associated dynasties were only partly consonant with it.

The great number of individuals in the Judaean house, especially during the period of the dynasty of Herod, and the complexity of the narrative of Josephus about them, forces arrangement by dynastic nomenclature in what follows. The ties of Judaea to the dynasties of Armenia, Pontus, Commagene, Emesa, Galatia, and Parthia — as well as to smaller aristocratic houses in Arabia and west to Pergamon and Ephesus — themselves furnish a partial explanation of Judaea's importance in Near Eastern history throughout the first century A.D.

II. Alexander

The name Alexander (or its feminine variant Alexandra) occurs four times in the first century B.C. alone in the Hasmonaean house of Judaea. Herod's wife (from about 37 to about 29 B.C.) Mariamme I was the daughter of the Hasmonaean Alexander's marriage to his first cousin Alexandra[11]. For obvious reasons the name cannot be considered rare, but it does go some way toward demonstrating the Hellenization that had by now occurred among the Semitic and Anatolian dynasties: it was not unknown in Armenia and Emesa, as well as among the related Greek aristocracy at Alexandria and Ephesus[12]. In Alexandria, which was to furnish relatives of the Judaean house and which contained a high percentage of Jews[13], the name was not rare among Jews[14].

---

[10] Jos. Apion 2.134: ἡμεῖς δὲ ὄντες ἐλεύθεροι προσέτι καὶ τῶν πέριξ πόλεων ἤρχομεν . . . μέχρι Μάγνου Πομπηίου. καὶ πάντων ἐκπολεμηθέντων πρὸς Ῥωμαίων τῶν πανταχοῦ βασιλέων μόνοι διὰ πίστιν οἱ παρ' ἡμῖν σύμμαχοι καὶ φίλοι διεφυλάχθησαν ("while we were not merely independent, but had dominion over the surrounding states . . . up to the time of Pompey the Great. And when war had been declared by the Romans on all the monarchs in the world, our kings alone, by reason of their fidelity, remained their allies and friends").

[11] For Herod's part-Hasmonaean son C. Iulius Alexander (PIR² A 498 and J 137), the great-grandfather of King Alexander, see stemma, p. 300/1.

[12] See PIR² A 497—500 and J 134—143. The name appears in Anatolia among Jews. Cf. the Jewish congregation at Tlos in Lycia: TAM II 612; cf. 453, 636, 642—44.

[13] Perhaps as high as 40%: see L. H. FELDMAN, Asinius Pollio and his Jewish Interests: TAPA 84 (1953) 73 and note 2.

[14] CPapJud III Appendix II: 'Prosopography of the Jews in Egypt', 188.

The widespread use of this name among families demonstrably related should produce caution in attempts to base onomastic arguments on it. Here are five examples of the dangers involved. CURTIUS follows MOMMSEN on C. Iulius Agrippa: „ ... *ist ... in der idumäischen Dynastie zu suchen, da die Namen Alexandros und Agrippa in der Descendenz Herodes ... geläufig sind*"[15]. HICKS retains the assumption: he "may be assumed to belong to the Herodian dynasty from the names Alexander and Agrippa"[16]. Yet these names are simply termed Macedonian by L. ROBERT[17]. Although King Alexander's ancestry lay also in the Armenian and Cappadocian houses, we find him merely described as *„aus dem Hause des Herodes"* on the strength of his great-grandfather's descent from Herod[18]. On Alexander Berenicianus, PIR² J 141 remarks: *"Eum oriundum esse e stirpe regia Iudaeorum e cognominibus apparet"*.

The descent and career of Ti. Iulius Alexander (J 139) are noteworthy. His family had attained high place as Jews of Egyptian nationality: his father Alexander (A 510), the brother of Philo Judaeus, held the office of Alabarch at Alexandria. This was apparently equivalent to controller of customs, and was held by at least two Jews in the first century A.D.[20]

[15] E. CURTIUS, Inschriften aus Ephesos: Hermes 4 (1870) 174—228.
[16] The Collection of Ancient Greek Inscriptions in the British Museum, III (London 1890) no. 537.
[17] L. ROBERT, Inscriptions d'Aphrodisias, I: AntCl 35 (1966) 377—432, esp. 385.
[18] C. HABICHT, Zwei neue Inschriften aus Pergamon, MDAI(I) 9/10 (1959/60) 123, note 44.
[19] For a stemma of the family see MUSURILLO, Pagan Martyrs 170. Jos. AJ 18.259 speaks of Philo as ἀνὴρ τὰ πάντα ἔνδοξος Ἀλεξάνδρου τε τοῦ ἀλαβάρχου ἀδελφὸς ὤν. Cf. AJ 18.159f., 19.276, 20.100.
[20] Jos. AJ 20. 147 (Demetrios, PIR² D 40, brother-in-law of Agrippa II). The office is usually equated with Ἀραβάρχης. See SCHÜRER 132ff. (ed.1); S. BARON, Social and Religious History of the Jews (New York 1952) I, 409f.; A. FUKS, Notes on the Archive of Nicanor: JJurPap 5 (1951) 207—216, esp. 215; V. BURR, Tiberius Iulius Alexander (Bonn 1955) 87f. note 4; J. LESQUIER, L'arabarchès d'Égypte: RA (Ser. 5) 6 (1917) 95—103. H. S. JONES Claudius and the Jewish Question at Alexandria: JRS 16 (1926) 16—35, esp. 22 appears to identify the Alabarch with Tiberius, and has Demetrios succeed Tiberius: no evidence cited for either point. SMALLWOOD, Philo p. 4 says these two Alabarchs "must have had Greek citizenship". Cf. E. G. TURNER, Tiberius Julius Alexander: JRS 44 (1954) 54—64; G. CHALON, L'édit de Tiberius Iulius Alexander (Lausanne 1964) 44 note 6.

STEMMA →

Sources:

W. OTTO, RE Suppl. 2 (1913) 15, s. v. Herodes 14;
PIR² A—J; PIR¹ K—Z; Jos. AJ and BJ as cited.
Other wives, brothers, and sisters of Herod I (H 153) discussed in RE Suppl. 2 (1913).

(† 35/34 BC)   Phallion († 65 BC)

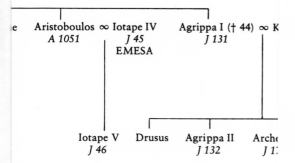

laphyra ∞ Herodes ∞ Mariamme   Herodias ∞ H
G 176   Archelaus   M 204   H 161
           A 1025

e   Aristoboulos ∞ Iotape IV   Agrippa I († 44) ∞ K
         A 1051   J 45   J 131
                      EMESA

         Iotape V   Drusus   Agrippa II   Arch
           J 46   J 132   J 1

The office was important and fell to families of commercial distinction. In a wide-eyed passage Josephus speaks of the Alabarch as Ἀλεξάνδρου ... τοῦ καὶ ἀλαβαρχήσαντος ἐν Ἀλεξανδρείᾳ γένει τε καὶ πλούτῳ πρωτεύσαντος τῶν ἐκεῖ καθ' αὐτόν ("Alexander ... who was Alabarch in Alexandria and was first of the citizenry there both in descent and in wealth")[21]. The family could handle major financial transactions through intermediaries as far away as Puteoli (Jos. AJ 18.159f.). A second son of Alexander the Alabarch, M. Iulius Alexander (J 138), had active business connections with Arab countries and even with India[22]. There may have been another son engaged in trade, if ROSTOVTZEFF is correct in seeing Λούκιος Ἰούλιος Φ .... (TAIT, ostracon 261) as a brother of Marcus (TAIT, ostraca 252, 266f., 271, 282)[23].

The importance of Alexander the Alabarch with Rome was such that he became one of the small number of Jews who attained Roman citizenship even "without leaving the ways of their fathers"[24]. Indeed, the Alabarch was at one time the *procurator* (ἐπιτροπεύσαντα) of Antonia, the mother of Claudius. On the testimony of Josephus, the Alabarch should be listed among the friends of Claudius before his accession: φίλον ἀρχαῖον αὐτῷ γεγονότα ("who was an old friend of his")[25].

The credit of the Alabarch with the Judaean royal house was also high. Josephus (AJ 18.159f.) notes his benefactions to Agrippa I, and his son Marcus was married to Julia Berenice (PIR² J 651), the daughter of Agrippa[26].

The career of Tiberius Iulius Alexander himself shows that his ancestry was no real barrier at Rome. Statements like E. G. TURNER's that "he united the triple handicap of being an Egyptian, an Alexandrian Greek, and a Jew" seem to assume too much in view of his achievements and

[21] Jos. AJ 20. 100. For a pious use to which his great wealth was put — to furnish gold and silver plating for the nine gates of the Temple in Jerusalem — see Jos. BJ 5. 205.

[22] The ostraca of Nicanor for the period 37—44 A. D. reveal something of this activity: see A. FUKS, op. cit. (note 20) 207—216; for further discussion of Marcus, see A. FUKS in Zion 13/14 (1948/49) 10—17, an article in Hebrew, and R. SULLIVAN, Papyri Reflecting the Eastern Dynastic Network: this same volume (ANRW II 8) 934f.

[23] Gnomon 7 (1931) 21—26, a review of TAIT, Greek Ostraca in the Bodleian Library (London 1930).

[24] A. D. NOCK, Downey's 'Antioch': a Review: GRBS 4 (1963) 49—54, esp. 50; Tiberius himself is, however, generally considered an apostate, partly on the testimony of Josephus, AJ 20.100: διήνεγκε καὶ τῇ πρὸς τὸν θεὸν εὐσεβείᾳ τοῦ παιδὸς Ἀλεξάνδρου· τοῖς γὰρ πατρίοις οὐκ ἐνέμεινεν οὗτος ἔθεσιν ("He [the Alabarch] was also superior to his son Alexander in his religious devotion, for the latter did not stand by the practices of his people"). On this question in general, see L. FELDMAN, The Orthodoxy of the Jews in Hellenistic Egypt: Jewish Social Studies 22 (1960) 215—237.

[25] AJ 19. 276; cf. 18. 159ff. Cf. R. SYME, Some Friends of the Caesars: AJP 77 (1956) 264—273, esp. 269; see also J. LESQUIER, A. R. Eg., p. 425f.

[26] AJ 19.276f.: ... καὶ αὐτοῦ υἱὸς Βερενίκην τὴν Ἀγρίππου γαμεῖ θυγατέρα ("The son of Alexander married Berenice, the daughter of Agrippa"); cf. AJP 72 (1951) 163, and WILCKEN, RE III 1 (1897) 287ff., s. v. Berenike no. 15. The marriage of Marcus and Julia Berenice reinforced the links of this family to a major segment of the Eastern dynastic network (Stemma).

the high importance of his family at Rome[27]. As J. CROOK notes, there
was an "oriental group" which was "the second element in the Flavian
party" — and Tiberius led this group[28].

The experience of Ti. Iulius Alexander shows the definite relevance of
family ties to both local and imperial office. At the same time it demonstrates the inability of Rome to 'legitimize' a local against his countrymen:
ambition could ignore nationality, but fellow-nationals would only to a
degree excuse ambition[29]. The deep Hellenism that an educated Alexandrian Jew would possess was also a strong force against Roman interests;
as E. TURNER notes, Judaea was "a province that resented direct government after having kings of its own race". The attempt of Tiberius in 66
to fulfill the duties of his office led him to a strange position, in which
"an ex-Jew was to find that he had no other influence or resource against
his former Jewish brethren than naked military force".

Important modifications were made to Roman systems in accommoda-
tion to the East, partly because an aristocratic family's status in the East
normally preceded rather than followed its contacts with Rome, and les-
sened its dependence on Roman support. The career of Tiberius shows
several of these modifications. His initial equestrian office — in 42 A.D.
as *epistrategos* of the Thebaid — apparently came without the usual prior
military experience, though we have no details on why this requirement
was waived[30]. Despite this anomaly, we find him active in military circles,
and he added the second anomaly of holding commands usually reserved
for senators[31]. The greatest of his certainly-attested achievements were his
Egyptian prefecture and his service as *procurator* of Judaea. His authority
as Prefect of Egypt was in no way diminished in Roman eyes by his non-
Roman origins: the *dies imperii* of Vespasian dates from the day on which
Tiberius recognized him in Alexandria[32]. Alexander has also been considered the first non-Italian to hold the high post of Praetorian Prefect
at Rome. But E. W. GRAY suggests that he may rather have been *praefectus praetorio* at the *praetorium* of Titus, before Jerusalem. If he did serve

[27] E. G. TURNER, op. cit. (note 20) 64.
[28] J. CROOK, Titus and Berenice: AJP 72 (1951) 163.
[29] Rome often gained more than she could grant. Cf. the remark of K. H. WATERS, The Second
    Dynasty of Rome: Phoenix 17 (1963) 198—218, esp. 215: "the real authority may have lain
    with Ti. Julius Alexander" in Judaea when Vespasian left it under the command of Titus.
[30] OGIS 663; E. G. TURNER, op. cit. (note 20) 58.
[31] E.g., Jos. BJ 5.45; Tac. Ann. 15.28, *minister bello datus* (to Corbulo in 63); Jos. BJ
    5.45, πάντων τῶν στρατευμάτων ἄρχων; cf. BJ 6.237, and E. G. TURNER, op. cit. (note
    20) 62.
[32] July 1, 69 A.D.: Jos. BJ 4.616 ff.: Ἀλέξανδρος προθύμως τά τε τάγματα καὶ τὸ πλῆθος
    εἰς αὐτὸν ὥρκωσεν ("Alexander promptly required the legions and the populace to
    take the oath of allegiance to Vespasian"); Suet. Div. Vesp. 6.3; Tac. Hist. 2.79; Dio
    66.8.2; CPapJud II 418a = PFouad 8. On the date of his prefecture, see O. REINMUTH,
    A Working List of the Prefects of Egypt: Bull. Am. Soc. Papyr. 4 (1967) 75—128,
    esp. 83. Cf. A. SCHALIT, Die Erhebung Vespasians nach Josephus, Talmud, Midrasch:
    ANRW II 2 (Berlin—New York 1975) 297 ff.

in Rome, it may date from his tenure that the pinnacle of an equestrian career was no longer the Egyptian prefecture but the praetorian. By the time of Iulius Ursus and Laberius Maximus, Domitian describes it as the highest post[33]. These and the other anomalies in the career of Tiberius show that Roman precedents and procedures could yield to the necessity of operating within the aristocratic framework of Eastern society.

The celebrated Greek edict Tiberius issued in Alexandria July 6, A.D. 68, richly illumines the contemporary interpenetration of Roman administration, Hellenic customary law, and native Egyptian social practice. Its full study by CHALON (text, plates, commentary, and extended quotation of the many relevant passages from inscriptions, papyri, and literary sources) renders superfluous any remarks here. But the document's serious tone implies that Tiberius intended to accomplish more in his native land than the advancement of his own standing in Rome. The heady events of the next year (69) tend to blur in retrospect our appreciation of his activity as Prefect, but two papyrus texts regard some of his decisions as useful precedents long after his tenure of office (one dates to A.D. 200!)[34].

There seems no doubt that the social position of the Alabarch's family far antedates its direct connections with Rome. As TURNER notes, his son Marcus in his trading ventures was "indeed making use of his family's experience in this area" — and important office was held in Upper Egypt by more than one member of the family, since three of them appear in strong roles in the same region — the Alabarch on the eastern frontier, Tiberius as *epistrategos* of the Thebaid, and Marcus as an active merchant at Myos-Hormos and at Berenice. Even the tenure of high Roman office need not force us to postulate the 'Romanization' of Tiberius. Nicely symbolic of his multifaceted position is the relief he co-dedicated at Denderah (OGIS 663) to Claudius, with legend in hieroglyphs and Claudius shown not as deity but as suppliant, himself offering to two Egyptian deities!

The apostasy of Tiberius, far from binding him to Rome, "meant in fact conformity to the norm of Greek behavior" (Josephus calls Herod "more of a Hellene than a Jew")[35]. His uncle Philo seems also to have

---

[33] In a fragmentary papyrus published by A. PIGANIOL, Le codicille impérial du papyrus de Berlin 8334: CRAI (1947) 376—387. E. G. TURNER, Greek Papyri 68 and 179 note 17, and in: JRS 44 (1954) 64f. For more on his career, see REG 79 (1966) 126 Bull. no. 374f.; PFouad 8. 2 and 17f. (cf. H. A. MUSURILLO, Pagan Martyrs, pp. 30f. and 141ff.); CPapJud II 418b = P. Hibeh II, 215; J. LESQUIER, A. R. Eg., nos. 21f. and 425f. His tenure of the praetorian prefecture is not conceded by all scholars; see the 'Nachtrag' on p. 112 of V. BURR's Tiberius Julius Alexander (Bonn 1955) and E. GRAY's suggestion in a review in JHS 92 (1972) 235; arguments against the view that his prefecture was at Jerusalem: E. TURNER, op. cit. (note 20) 61—62.

[34] POxy 899. 27f. (200 A. D.) = Chrestomathie 361 = CPapJud II 418e. PWienBoswinkel I. 19. Cf. CPapJud II 418d = PStrasb. II 226.

[35] E. G. TURNER, op. cit. (note 20) 58; for a similar charge levelled at King Alexander of Judaea (J 136) see Jos. AJ 18.141 (his children abandon Judaism for Hellenic tra-

been thoroughly Hellenized, despite the connections of his family with that of the Emperor Claudius. In this regard the attitudes of Tacitus, however typical or untypical of a Roman aristocrat, cannot be taken as representing Eastern attitudes; his view of the 'apostasy' of Tiberius probably did not reflect even Jewish thought (see below on Agrippa I)[36]. For obvious reasons, Josephus must also be used with caution[37]. All in all, though Rome was in part the avenue to the highest power for this Easterner, his social position preceded his position as a Roman officer.

Another noteworthy feature of the career of Tiberius is the extent to which he was able to pass on his influence to his Eastern descendants: Tiberius Iulius Alexander Iulianus (PIR² J 142), apparently a descendant of Tiberius, may have been the praetorian legate of Trajan at Seleucia[38]. Other relatives seem to have been plentiful, both in public life and as dynastic representatives. His daughter wed a Lysimachus (cf. J 139); this is a cognomen possibly borne by the father of Tiberius, Alexander the Alabarch (PIR² A 510)[39]. The arguments for discounting the attribution by Josephus of a cognomen Lysimachus to Alexander the Alabarch are unconvincing[40]. Most MSS show the name Lysimachus (e.g., at AJ 19.278), and this should not be dismissed as a gloss merely because it is inconvenient. Multiple nomenclature is frequent in the East, and Lysimachus was a name surprisingly frequent among the Jews there[41]. There is a Julius Lysimachus (PIR² J 393) in an apparently high position under the Prefect of Egypt in 63 (PFouad 21), identified in PIR² with the *idiologus Aegypti* whose decisions of 69 and 88 are cited in PFouad 211 (160 A.D.). The *procurator* of Crete under Trajan known from a text found at Ephesus (CIL III, Suppl. 7130), and the Tiberius Iulius Alexander of WILCKEN (Griechische Ostraka aus Ägypten und Nubien [Leipzig–Berlin 1899] I, p. 823, 'eutheniarch' of the β-Quarter

---

ditions): τὸ μὲν ᾿Αλεξάνδρου γένος εὐθὺς ἅμα τῷ φυῆναι τὴν θεραπείαν ἐξέλιπε τῶν ᾿Ιουδαίοις ἐπιχωρίων μεταταξάμενοι πρὸς τὰ ῞Ελλησι πάτρια.

[36] Though Hist. 1. 11 calls him Egyptian (cf. 5. 4f.), Ann. 15. 28 says only knight: *regebat tum Tiberius Alexander, eiusdem nationis* and *Tiberius Alexander, inlustris eques Romanus.*

[37] For a further discussion of this and related points of the career of Ti. Iulius Alexander, see the following: S. TRACY, Philo Judaeus and the Roman Principate (Williams-port 1933) esp. Ch. I & IV; V. BURR, Tiberius Iulius Alexander (Bonn 1955) 11—23; G. CHALON, L'édit de Tiberius Iulius Alexander (Lausanne 1964) esp. 44, note 6, and Addenda. Jos. AJ 20. 100.

[38] See the Arval list for A. D. 118 (CIL VI 32374) and for 145 A. D. (ILS 5038). TURNER (p. 63) calls this handing on of status by a knight to a senatorial descendant "part of the spirit of the age."

[39] But see E. TURNER, op. cit. (note 20) 56.

[40] M. POHLENZ, Philon von Alexandria: NAkG, Phil-hist. Klasse 5 (1942) 413—15 = ID., Kleine Schriften I (Hildesheim 1965) 309—11. Cf. BURR, op. cit., 13f., 16—23, 25ff., 85 note 7, and 112 (Nachtrag). J. SCHWARTZ, Note sur la famille de Philon d'Alexandrie: Ann. Inst. Phil. Hist. Or. Brux. 13 (1953) 591—602, esp. 596 (= Mél. I. Levy).

[41] See Jos. Ap. 1. 304ff., AJ 13. 361, 14. 222 & 307, 15. 252. LEON, Jews 93ff.: Rome has no examples, but three occur in Egypt: see CPapJud III pp. 183f., 'Prosopography of the Jews in Egypt'.

in Alexandria about 158/59 A.D.) could be conjectural namesakes. But the name — though uncommon — and holding of Eastern office constitute only tantalizing hints, not evidence[42].

III. Herodes

The high esteem that members of the family of Herod I (PIR² H 153) enjoyed among both Greeks and Romans should come as no surprise. Herod's own benefactions to Greek cities were considerable[43], and his descendants educated at Rome inhabited the inner circle round Antonia Minor (PIR² A 885; cf. M. Antonius Felix, below), the mother of Claudius and grandmother of Caligula. The two eldest sons of Herod lived in the household of Asinius Pollio (c. 22—17 B.C.)[44]. Four other sons of Herod — Antipater, Herodes Archelaus, Herodes Antipas, and Philip — spent varying periods in Rome. Jos. AJ 17.20 even says the last three "were raised" — τροφὰς εἶχον — in Rome. Herod of Chalcis and both Agrippas were there. Though the later court role of Agrippa I may have been exaggerated, he can even be termed a kingmaker at Rome, as will be discussed below[45]. All descendants of Herod can be properly termed Julii[46], but their dynastic relations are thoroughly Eastern ones. Their given names are usually not Roman but Greek, and the system of nomenclature is basically Greek[47]: for example, C. Julius Agrippa, son of 'King' C. Julius Alexander, would not regularly be known by the formula Gaii filius as in the West, but rather as "Agrippa, son of Alexander" on the Greek model[48].

[42] See H. A. MUSURILLO, Pagan Martyrs 170.
[43] L. ROBERT, Ét. épigr. 136—138.
[44] Jos. AJ 15.342f.: τούτοις ἀνελθοῦσιν καταγωγὴ μὲν ἦν Πολλίωνος οἶκος ἀνδρὸς τῶν μάλιστα σπουδασάντων περὶ τὴν Ἡρώδου φιλίαν ("And when they arrived, they stayed in the house of Pollio, who professed himself one of Herod's most devoted friends"), cf. AJ 16.6; BJ 1.445. BURR, op. cit. 12. LEON, Jews 14. L. FELDMAN, Asinius Pollio and his Jewish Interests: TAPA 84 (1953) 73—80.
[45] Cf. Strabo, quoted by Josephus, AJ 14.110—118, on the influence of Jews generally.
[46] Cf. the discussion by DESSAU at ILS 844.
[47] See C. B. WELLES, The Romanization of the Greek East: BASP 2 (1965) 42—46, 75—77, esp. 43f.; J. A. O. LARSEN, Tituli Asiae Minoris, II, 522 and the Dating of Greek Inscriptions by Roman Names: JNES 5 (1946) 58; A. O'BRIEN-MOORE, M. Tullius Cratippus, Priest of Rome: YCS 8 (1942) 23—49, esp. 35.
[48] The wide ramifications of this family can be graphically seen in the stemma, p. 300/1. Compare the stemma following column 15 of WALTER OTTO, RE Suppl. 2 (1913) with col. 1—199, s. v. Herodes. Even this extensive stemma is only a partial one. Cf. CAH X (1934) end. In addition to the many bearers of these dynastic names dealt with below, there must have been many unknown to us. For a single example, the Semitic name Mariamme, found among Herod's wives and descendants, was still used in Judaea in A. D. 131, as shown by a text in the IEJ (1962) 261. For bearers of the name Herodes, see PIR² H 153—159; C 801f.; C 889; GORDON Album no. 206; others cited below.

306 RICHARD D. SULLIVAN

1. Herodes Antipas

Herodes Antipas (PIR² A 746), Tetrarch of Galilee and Peraea[49], was son of Herod by his fourth wife, Malthake the Samaritan. He and his brother Herodes Archelaus (PIR² A 1025) ἐπὶ ῾Ρώμης παρά τινι ᾿Ιουδαίῳ τροφὰς εἶχον ("they were raised in Rome by a certain Jew")[50], and both took an active part in dynastic affairs as well[51]. Antipas was married to the daughter of Aretas IV (PIR² A 1033), the Nabataean king[52]. The marriage had lasted χρόνον ἤδη πολύν ("for a long time now") by late in the reign of Tiberius, when Antipas suddenly renounced his wife (after how many children is unspecified by Josephus) in favor of marriage to Herodias (PIR² H 161), daughter of his half-brother Aristobulus[53]. Typically, Josephus[54] gives entirely personal reasons for this transfer and for the small Judaean-Arab war which resulted[55]. Herodias (who was — to Josephus — as sister of Agrippa I a highly proud woman) becomes a central figure in the inevitably anecdotal account of the downfall of Herodes Antipas[56].

The defeat of Antipas by the Nabataean forces brings on a revealing chain of events, showing one of the instances of increasing disposition to invoke Roman aid in dynastic quarrels. Tiberius was nervous enough to order Vitellius, his governor of Syria, to attack the Nabataeans in reprisal[57]. The expedition failed for strange reasons; Josephus declines here to delve

[49] Jos. BJ 2.94f.: τὸ δὲ λοιπὸν ἥμισυ διελὼν εἰς δύο τετραρχίας δυσὶν ἑτέροις παισὶν ῾Ηρώδου δίδωσιν, τὴν μὲν Φιλίππῳ, τὴν δὲ ᾿Αντίπα ... ἐγένετο δὲ ὑπὸ τούτῳ μὲν ἥ τε Περαία καὶ Γαλιλαία ("the other half he [Augustus] divided into two tetrarchies, which he presented to two other sons of Herod, one to Philip, the other to Antipas ... Antipas had for his province Peraea and Galilee"), cf. BJ 2.167f.; AJ 17.188. Cf. AJ 17.224ff. & 318; 18.252—55; 19.351.
[50] Jos. AJ 17. 20.
[51] Their sister Olympias was married within the dynasty, to Herod's nephew Joseph (PIR² J 43), eventually becoming mother-in-law of Herod of Chalcis, and grandmother of Aristoboulos (A 1052), king of Armenia Minor under Nero.
[52] Jos. AJ 18.109: ῾Ηρώδης ὁ τετράρχης γαμεῖ τὴν ᾿Αρέτα θυγατέρα ("The tetrarch Herod had taken the daughter of Aretas as his wife"). On the Nabataeans: SCHÜRER (VERMES & MILLAR), Appendix II (bibliography on pp. 574f.); G. BOWERSOCK, A Report on Arabia Provincia: JRS 61 (1971) 219—242; and A. NEGEV, The Nabateans and the Provincia Arabia, in this same volume (ANRW II 8) 520—686.
[53] She had as well been previously married to another of his half-brothers, Herodes (H 155), the son of the Alexandrian Mariamme, Herod's third wife.
[54] AJ 18.109—115, esp. 110: ἐρασθεὶς δὲ ῾Ηρωδιάδος τῆς τούτου γυναικός ... τολμᾷ λόγων ἅπτεσθαι περὶ γάμου ("Falling in love with Herodias, the wife of this half-brother ... he brazenly broached to her the subject of marriage ... ").
[55] A. H. M. JONES, Cities of the Eastern Roman Provinces² (Oxford 1971) pp. 258—260 and 290ff., discusses the considerable state of cohesion which the Nabataean kingdom had attained, and notes that Rome had to keep a careful eye on such disputes (as Tiberius did now).
[56] AJ 18. 240—255. Josephus does acknowledge the conviction among some Jews that the defeat of Antipas by Aretas was divine retribution for his execution of John the Baptist (AJ 18. 116—119; cf. BJ 2. 183).
[57] AJ 18.115: ὁ δὲ ὀργῇ φέρων τὴν ᾿Αρέτα ἐπιχείρησιν γράφει πρὸς Οὐϊτέλλιον πόλεμον ἐξενεγκεῖν ("The latter [Tiberius] was incensed to think that Aretas had begun hostilities and wrote Vitellius to declare war"). Cf. AJ 120—125.

into the complications which the situation entailed. We learn only later (AJ 18.250—253) that Herod of Chalcis, nephew of Antipas, had been himself long since involved in Parthian intrigues against Roman interests in the Levant. But Josephus in AJ 18.120—125 has Vitellius withdraw to Syria in sudden fear of an omen relayed by Aretas and after an opportune message that Tiberius has died — which, Vitellius decides, removes his mandate for the expedition.

But it is of some interest that the advance of Vitellius across Judaea had already met with opposition from ἄνδρες οἱ πρῶτοι ("men of the first rank") there (AJ 18.120—123). Josephus ascribes this to religious dislike of military standards, which would violate the prohibition against images. But remembering that the prohibition was also — and without apparent disruptions — violated by the coinage of Agrippa I and II (see below), and considering these machinations by Herod of Chalcis, we can wonder at the internal strains which may underlie this entire story.

Vitellius had already (A.D. 35) had considerable and mainly unhappy experience of the Parthian monarch later named in Jos. AJ 18.250 as conspirator against Caligula with Herod of Chalcis[58]. This is Artabanus III (PIR² A 1155), whose powerful figure cast its shadow over Roman adherents in Armenia[59]. At that time too Vitellius had suddenly thought better of an expedition far into areas of marginal Roman control; in the Armenian feinting of 35, *Vitellius ostentasse Romana arma satis ratus . . . cum legionibus in Syriam remeavit*[60]. That attempt to install Tiridates as rival to Artabanus III in Armenia followed the collapse of Roman hopes to make similar use of the aged captive Arsacid, Phraates (PIR¹ P 299), last of the sons of Phraates IV[61]. Tiridates was promptly expelled by Artabanus, advancing from the east with forces renewed in Hyrcania among the Sacae and Dahae[62]. After repeated orders from Tiberius to arrange an accord with Artabanus, Vitellius did manage a dramatic meeting on a Euphrates bridge and concluded a short-lived truce; Herod Antipas gleefully fêted both parties on a barge in mid-river[63].

Whatever the degree of Parthian involvement now under Caligula in the specific plans and affairs of Herodes Antipas, Artabanus III entertained deep designs upon Judaean holdings in general. Even this charge

---

[58] Jos. AJ 18. 97—105. Cf. Dio 58. 26. 1—4; Tac. Ann. 6. 31. 1— 37. 4.

[59] Tac. Ann. 6. 31—37. See my article on Armenian dynasts in ANRW II 12.

[60] Tac. Ann. 6. 37. 4.

[61] Tac. Ann. 6. 32. 2 remarks that he died in Syria after an attempt to exchange his Roman habits for the more rigorous Parthian ways: he proved to be *patriis moribus impar*.

[62] Jos. AJ 18.100: πολλὴν . . . στρατιάν, ἀθροίσας Δαῶν τε καὶ Σακῶν καὶ πολεμήσας τοὺς ἀνθεστηκότας κατέσχε τὴν ἀρχήν ("he [Artabanus] gathered together a large army of Dahae and Sacae and, by military action against his opponents, secured the throne"); Tac. Ann. 6.36f. and 41—44.

[63] Jos. AJ 18. 96—105 (partly misdated); Suet. Vitell. 2. 4, Calig. 14. 3 and 19; cf. Tib. 66. Dio 59. 27. 3f.; cf. 59. 17. 5.

of conspiracy (AJ 18.250) is not incredible in light of the chronic divisions within the Judaean house, as well as of the Arsacid monarch's territorial ambitions and considerable difficulties with various factions among the Parthian aristocracy[64]. There seems little of any deep or abiding nature that Rome could have done to remedy these age-old hatreds. Further, only minimal control could as yet be exerted over such monarchs and aristocracies as these. Among the many Greek titles of Artabanus there occurs Φιλέλλην ("lover of Greece"), but no title referring to Rome, such as the more familiar Φιλορώμαιος ("lover of Rome") or Φιλόκαισαρ ("lover of Caesar [or: the Emperor]") met further west. Indeed, retention of Greek for even those titles reminds us that they usually form but the last of a series of titles, all dutifully repeated — and happily equated — by the 'vassal' king, a quite misleading term.

2. Herodes Archelaus

The career of Herod's son Herodes Archelaus (PIR² A 1025) illustrates in several of its details the methods of Herod's house and of Rome in dealing with it. After the now-typical stay at Rome[65], he was given by Augustus a portion of his father's kingdom — specifically Idumaea, Judaea, and Samaria. Recognition of the principle of dynastic inheritance may have led to the inclusion of this last region in his kingdom since his mother, Malthake, was from Samaria (Jos. AJ 17.20). Of further interest is his title, which was apparently 'ethnarch': something of the realities of his position and of the reasons for assigning it to him may be revealed by this name[66]. An ethnarch's powers are detailed by Josephus (quoting Strabo) in AJ 14.117: διοικεῖ τε τὸ ἔθνος καὶ διαιτᾷ κρίσεις καὶ συμβολαίων ἐπιμελεῖται καὶ προσταγμάτων, ὡς ἂν πολιτείας ἄρχων αὐτοτελοῦς ("He governs the people and adjudicates suits and supervises contracts and ordinances, just as if he were the head of a sovereign state." Translated by R. MARCUS in his edition of Josephus, London–Cambridge, Mass. 1943). The emphasis here upon the separate, quasi-sovereign nature of the political entity under

[64] Jos. AJ 18. 99; Tac. Ann. 6. 31. 1. NEUSNER 54f. on Jos. AJ 18. 310—370, esp. 330. Much in the life of Artabanus illustrates the strong dynastic feeling throughout the East. The life of a certain Mithradates of Parthia is spared specifically on the grounds of high birth 'made even higher' by his marriage to the daughter of Artabanus (AJ 18. 357). A certain racial ingredient also disturbed his rule: animosities among Syrians, Greeks, and Jews bordering his kingdom are clearly detailed by Josephus in his discussion of Seleucia-on-the-Tigris (AJ 18. 371—379).

[65] Jos. AJ 17.20: Ἀρχέλαος δὲ καὶ Ἀντίπας ἐπὶ Ῥώμης παρά τινι Ἰουδαίῳ τροφὰς εἶχον ("Archelaus and Antipas were brought up in Rome by a certain Jew").

[66] Jos. AJ 17.317—320: Καῖσαρ ... Ἀρχέλαον βασιλέα μὲν οὐκ ἀποφαίνεται, τοῦ δ' ἡμίσεος τῆς χώρας ἥπερ Ἡρώδη ὑπετέλει ἐθνάρχην καθίσταται ("Caesar ... appointed Archelaus not king indeed but ethnarch of half the territory that had been subject to Herod"); cf. AJ 17.339; 18.93; 20.249—251; BJ 2.93—98.

an ethnarch's care is valuable evidence of legal recognition — by Hellenistic and then by Roman authorities — of the ethnic basis for social loyalties among the Jews. Augustus apparently allowed the continuance of this office[67], and a modified revival of it beginning in the late first century must underlie the office of Exilarch among the Jews of Babylonia[68].

There is some evidence (which STEIN too abruptly dismissed: see PIR² A 1025) that Archelaus bore also the title of King. Josephus calls him ὁ ἐπικατασταθεὶς αὐτῷ [i.e. τῷ ῾Ηρῴδη] βασιλεὺς ᾿Αρχέλαος υἱὸς ὤν ("the king who succeeded Herod, his son Archelaus")[69], and the evangelist Matthew (2:22) says ᾿Αρχέλαος βασιλεύει τῆς ᾿Ιουδαίας ἀντὶ τοῦ πατρὸς αὐτοῦ ῾Ηρῴδου ("Archelaus rules Judaea in place of his father, Herod"). Further, Jerome speaks of him as *rex ... Iudaeae*[70]. Even if inaccurate, these statements — especially those by his countrymen — occur not unnaturally in the context of Judaean dynastic subdividing; if accurate, they furnish oblique evidence on the scope of the office of ethnarch, since he did hold that as well.

The marriages of Archelaus follow the usual Judaean pattern: his first wife was a Mariamme, a kinswoman[71]. She was set aside in favor of a marriage to the princess Glaphyra (G 176), daughter of Archelaus I of Cappadocia (A 1023)[72]; Glaphyra's first marriages had been to Alexander (PIR² A 498), the son of Herod, then to Juba of Mauritania (J 65)[73].

---

[67] Jos. AJ 19.283: τὸν Σεβαστὸν μὴ κεκωλυκέναι ἐθνάρχας γίγνεσθαι ("Augustus did not prevent the continued appointment of ethnarchs"). Philo's remark — In Flacc. 74 — that Augustus appointed a *gerousia* for the Jews does not necessarily contradict this: it may have been later in the reign of Augustus, or the ethnarch might have presided over the *gerousia*, as H. Box suggests (Philonis Alexandrini In Flaccum [Oxford 1939] 103).

[68] See section II. vii, 'Jewish Self-Government in First-Century Babylonia', in: NEUSNER 53—61.

[69] AJ 18. 93; cf. 17. 188.

[70] Onomast. 45 KL.; quoted in PIR² A 1025.

[71] On her see the discussion in note f to the WALTER OTTO, RE Suppl. II (1913) stemma after col. 15, s. v. Herodes, and PIR² M 204.

[72] For discussion of Archelaus, king of Cappadocia (PIR¹ A 1023), possibly eponymous to Herodes Archelaus, see R. D. SULLIVAN, op. cit. (note 73) ch. V.

[73] See Josephus AJ 17.349: Γλαφύρᾳ ... βασιλέως ᾿Αρχελάου θυγατρὶ οὔση, ἧ ... συνῴκει παρθένον λαβὼν ᾿Αλέξανδρος ῾Ηρῴδου μὲν υἱὸς ᾿Αρχελάου δ᾽ ἀδελφός, ἐπεὶ δὲ συμβαίνει τὸν ᾿Αλέξανδρον ὑπὸ τοῦ πατρὸς τελευτῆσαι, ᾿Ιόβᾳ τῷ Λιβύων βασιλεῖ γαμεῖται, μεταστάντος δὲ τοῦ Λίβυος χηρεύουσαν ἐν Καππαδοκίᾳ παρὰ τῷ πατρὶ ᾿Αρχέλαος ἄγεται, τὴν συνοικοῦσαν αὐτῷ Μαριάμμην ἐκβαλών· τοσόσδε αὐτὸν τῆς Γλαφύρας ἀνέστρεψεν ἔρως ("Glaphyra, the daughter of King Archelaus, to whom ... Alexander, the son of Herod and the brother of Archelaus, had been married when she was still a virgin. For when Alexander was put to death by his father, she married Juba, the king of Libya, and when, after the death of the Libyan king, she was living as a widow with her father in Cappadocia, Archelaus divorced his wife Mariamme to marry her, so overwhelming was his love for Glaphyra"); AJ 17.349—353; BJ 2.114—116. An example of the name Archelaus passing latently down through the dynasty is Julius Archelaus (PIR² J 173), first husband of Mariamme (J 681), sister of Agrippa II. See stemma, p. 300/1 and my 'The Dynasty of Cappadocia', ch. VI in ANRW II 7.

3. Herod of Chalcis

Another Herodes, grandson of Herod the Great by his son Aristoboulos (PIR² A 1050) and his niece Berenice (PIR² B 108), was for the years 41—48 A.D. king of Chalcis[74]. His first marriage was with his cousin Mariamme[75], granddaughter of Herod's brother Joseph. By her he had a son, Aristoboulos III (PIR² A 1052; see below), to whom he married another cousin, Salome, granddaughter of Mariamme II from Alexandria. Their three children are a splendid dynastic array: Herodes, Agrippa, Aristoboulos IV (see below). Aristoboulos III was eventually to hold Armenia Minor, but no important functions can be detected for his children. The second wife Herod of Chalcis had was Julia Berenice (PIR² J 651), his niece, by whom he had two sons, Berenicianus (PIR² B 109) and Hyrcanus (PIR² H 246)[76]. After his death in 48 A.D., Claudius kept Chalcis in the dynasty by presenting it to his nephew Agrippa II[77].

IV. Berenice

The name Berenice stands firmly in the Judaean dynastic tradition. A daughter of Salome, the sister of Herod I, was Berenice (PIR² B 108), the friend of Antonia Minor. She was married first to her cousin Aristoboulos (PIR² A 1050), by whom she had five children: Herod of Chalcis; Agrippa I (PIR² J 131); Aristoboulos (PIR² A 1051); Herodias (PIR² H 161); Mariamme (PIR¹ M 206)[78]. One of Berenice's grandsons bore the male variant of the name, Berenicianus[79].

After the execution of Aristoboulos, Berenice was given as wife to Theudion, brother of Herod's first wife, the Idumaean Doris[80], and uncle

[74] PIR² H 156.

[75] PIR¹ M 205.

[76] Jos. BJ 2.221: ὁ βασιλεύων τῆς Χαλκίδος Ἡρώδης τελευτᾷ, καταλιπὼν ἐκ μὲν τῆς ἀδελφιδῆς Βερνίκης δύο παῖδας Βερνικιανόν τε καὶ Ὑρκανόν ("Herod, king of Chalcis, died; he left by his marriage with his niece, Bernice, two sons, Bernicianus and Hyrcanus").

[77] The date Herod of Chalcis died is given as the eighth year of Claudius — A.D. 48/49 — in AJ 20. 104. It was also in this year that Ti. Iulius Alexander was succeeded by Ventidius Cumanus as *procurator* of "the remainder of the province" (Jos. BJ 2. 223; cf. Tac. Ann. 12. 54). It may be no accident that this transfer was soon followed by riots, though as noted above, the Jewishness of Tiberius Iulius Alexander was no protection against his fellows when the duties of his office led him against their interests. In any case, latent popular feeling against Cumanus can be inferred from Jos. AJ 20. 108.

[78] For Mariamme see the discussion in note f of the stemma following column 15 of RE Suppl. 2 (1913), s. v. Herodes.

[79] PIR² B 109.

[80] Berenice's father, the Idumaean Costobar, had tried to revive the Edomite cult of Kose, but Idumaeans adhered to Judaism. Cf. Jos. AJ 15. 253—264.

of Antipater (PIR² A 748). Josephus notes (BJ 1.553) that Antipater's motive in asking Herod to give Berenice to Theudion had been conciliation of his own dangerous enemy, Salome, Berenice's mother and Herod's sister. Salome's influence with Herod remained strong — in fact, an unknown daughter of Salome was married to Herod[81] — and Antipater ultimately resorted to an attempt on Herod's life. Josephus (AJ 17.70) shows Theudion joining the conspiracy.

In the pages of Josephus, Berenice plays an active role both in dynastic affairs and at Rome[82]. Her close friendship with Antonia Minor (PIR² A 885) is repeatedly noted by Josephus. The generally favorable remembrance of Antonia's father in the East may have contributed to this friendship, and the friendship in turn contributed to the rising fortunes of Agrippa[83].

A granddaughter of Berenice and great-granddaughter of Herod I, Julia Berenice (PIR² J 651), is important for any study of the operation of Near Eastern dynastic politics. Her marriage with the Alabarch's son Marcus (PIR² J 138) bore no issue owing to his early death[84], but may show a disposition on the part of the new emperor Claudius to strengthen dynastic ties between the family of his *amicus* Agrippa I, her father, and important Jewish families outside Judaea[85]. Whatever the motivation, the young[86] Berenice was promptly married again, this time to her uncle Herod (H 156). Josephus implies a connection between the marriage and the

[81] See note g to the RE Suppl. 2 (1913) stemma, s. v. Herodes.

[82] Cf. Jos. AJ 18.133: τῷ δὲ πατρὶ τούτων Ἀγρίππας ἐτρέφετο μετὰ καὶ ἑτέρων ἀδελφῶν Ἡρώδου τε καὶ Ἀριστοβούλου· καὶ Βερενίκη καὶ οἵδε παῖδες τοῦ υἱέος Ἡρώδου τοῦ μεγάλου· ἡ δὲ Βερενίκη Κοστοβάρου καὶ Σαλώμης παῖς τῆς Ἡρώδου ἀδελφῆς ("Agrippa, together with his brothers Herod and Aristobulus, was raised by their father, Berenice, the daughter of Costobar and of Herod's sister Salome, and these sons of Aristobulus, Herod the Great's son, were raised together"). The Loeb text of Josephus at AJ 18.133 cannot be right: she is there described as brought up among the sons of Aristoboulos (A 1050), when in fact she was their mother; either the reading of manuscript E or the suggested emendation by Hudson — ἐκ Βερνίκης — would remove the difficulty. Niese, following a Latin version after a postulated lacuna, associates Berenice with the sons of one of Herod's four sons who used his name (q. v., + stemma, p. 300/1).

[83] Jos. AJ 18.143: Ἀγρίππας ἐν Ῥώμῃ διαιτώμενος καὶ ὁμοτροφίας καὶ συνηθείας αὐτῷ πολλῆς γενομένης πρὸς Δροῦσον τὸν Τιβερίου τοῦ αὐτοκράτορος υἱὸν καὶ Ἀντωνίᾳ τῇ Δρούσου τοῦ μεγάλου γυναικὶ εἰς φιλίαν ἀφίκετο, Βερενίκης τῆς μητρὸς τιμωμένης παρ' αὐτῇ καὶ προαγωγῶν ἠξιωκυίας τὸν υἱόν ("Agrippa was living in Rome. He was brought up with and was on very familiar terms with Drusus, the son of the emperor Tiberius. He also won to friendship Antonia, the wife of Drusus the Elder, for his mother Berenice ranked high among her friends and had requested her to promote the son's interest"). Cf. Jos. AJ 18.165.

[84] Jos. AJ 19. 276f.

[85] In this case, the Alabarch had at least one other son, Tiberius, who was already rising in local political service and was soon (A. D. 45/46) to be appointed *procurator* of Judaea by Claudius, whose general policy favored maintenance of the allied-king 'system': Jos. BJ 2. 215—17, 223, 247; 7. 97; AJ 19. 274ff. (cf. 283), 351, 362; 20. 104 and 138. Dio 60. 8. 1. Cf. Magie 1367 note 49.

[86] She had apparently been only thirteen in A. D. 41 when married to Marcus: Wilcken, RE III 1 (1897) 287 s. v. Berenike no. 15; Jos. AJ 19. 276f.

granting of Chalcis by Claudius to Herod: Agrippa I himself bestowed her (as would be his dynastic right), at the same time requesting (αἰτησάμενος) for him the kingdom. This marriage was apparently as early as A.D. 43[87].

After the death of Herod in A.D. 48, Josephus reports that Berenice lived for some years at the court of Agrippa I but eventually married Polemo, king of Cilicia[88]. Whether or not this is the same Polemo, king of Pontus, mentioned in AJ 19.338—41, is a matter of dispute; in my view, they are identical[89]. Magie considers M. Antonius Polemo (PIR² A 864) the husband of Berenice, while admitting that the king of Pontus might also — as Dio says — have received territory in Cilicia to govern. Whatever the case, in this marriage Berenice was also reinforcing the link to the family of Marcus Antonius[90]. After an apparently short marriage to Polemo, Berenice may have hoped for marriage to Titus, with whom she lived for a period, as Dio says, ἐν τῷ παλατίῳ ("in the palace")[91]. Her brother Agrippa II apparently benefited more than she did from this liaison, as we shall see[92].

There is an interesting mention in Josephus (BJ 7.445) of a Berenice, wife of Alexander. The context gives a date around A.D. 73, far too late for the Alabarch's son; Julia Berenice (J 651) was herself still active then, but in the absence of further identification this couple must be considered unknown, though apparently Jews (Alexander is specifically called so).

Others. A Galatian queen named Berenice, known from an inscription found near Ankara, was a member of the house of Deiotarus and a distant relative of the Judaean King Alexander[93]. A text of considerable interest, published with useful commentary as IGLSyr 1264, names a Julia Berenice

---

[87] A. Fuks, op. cit. (note 22) 15ff.; Jos. AJ 19. 277.

[88] Jos. AJ 20.145f.: Βερενίκη δὲ μετὰ τὴν Ἡρώδου τελευτήν, ὃς αὐτῆς ἀνὴρ καὶ θεῖος ἐγεγόνει, πολὺν χρόνον ἐπιχηρεύσασα, φήμης ἐπισχούσης, ὅτι τἀδελφῷ συνείη, πείθει Πολέμωνα, Κιλικίας δὲ ἦν οὗτος βασιλεύς, περιτεμόμενον ἀγαγέσθαι πρὸς γάμον αὐτήν· οὕτως γὰρ ἐλέγξειν ᾤετο ψευδεῖς τὰς διαβολάς. καὶ ὁ Πολέμων ἐπείσθη μάλιστα διὰ τὸν πλοῦτον αὐτῆς· οὐ μὴν ἐπὶ πολὺ συνέμεινεν ὁ γάμος, ἀλλ᾽ ἡ Βερενίκη δι᾽ ἀκολασίαν, ὡς ἔφασαν, καταλείπει τὸν Πολέμωνα ("After the death of Herod, who had been her husband and uncle, Berenice lived for a long time as a widow. But when a report gained currency that she had a liaison with her brother, she induced Polemo, king of Cilicia, to be circumcised and to take her in marriage; for she thought that she would demonstrate in this way that the reports were false. Polemo was prevailed upon chiefly on account of her wealth. The marriage did not, however, last long, for Berenice, out of licentiousness, according to report, deserted Polemo").

[89] Dio 60. 8. 2 identifies the two and is followed in this by PIR² J 472; Magie 1407 note 26. See my 'Priesthoods of the Eastern Dynastic Aristocracy' in: Studien zur Religion und Kultur Kleinasiens (Leiden 1977), and 'Dynasts in Pontus' in ANRW II 7.

[90] See stemma on Pontus in ANRW II 7, as well as PIR² J 516 and J 397.

[91] Dio 65. 15. 3—5; 66. 8. 1.

[92] For the details of her life see Wilcken, RE III 1 (1897), 287, s. v. Berenike no. 15, and Rosenberg, RE X 1 (1917) 150, s. v. Iulius no. 54 (Agrippa II); G. Macurdy, Julia Bernice: AJP 56 (1935) 246—253; J. A. Crook, Titus and Berenice: AJP 72 (1951) 162—175; Syme Tacitus 509f.; Macurdy VQ 84—91. For her son Berenicianus (B 109), see below; for Hyrcanus (H 246) see below, and stemma.

[93] RA (Ser. 6) 2 (1935) 140.

from Laodicea-ad-Mare in 116/17 A.D.[94]. The stone is dedicated to commemorate her having been priestess of Artemis and is, like so many texts
from this region, dated by a local era. Most noteworthy is her claim of
descent from King Seleucus Nicator; a similar claim was made by the last
Commagenian noble, Philopappus, on his monument of the same period[95].

Besides its use among the Ptolemaic queens, there was early Jewish
interest in the name[96]. Their assumption of this Ptolemaic nomenclature
demonstrates a measure of Hellenization, which was to spread eastward
from Egypt[97].

V. Antipater

The entire dynasty of Herod I could properly bear the *nomen* Julius,
in that Herod's father Antipater had obtained Roman citizenship from
Julius Caesar[98]. But as was typical of an Eastern dynasty possessing Roman
nomenclature, members of the house of Herod tended to go by the *cognomen*, in Greek style. Herod's own parentage illustrates typical features
of dynastic intermarriage and transmission of nomenclature: his father
inherited the name Antipater from his own father[99], and the name reappears
among Herod's own descendants. Likewise Herod's Arabian mother Cypros
bequeathed her name to a granddaughter (daughter of Herod and Mariamme), whose marriage to a cousin (Antipater, son of Salome) transmitted
the name for two further generations. A marriage between Cypros's grandchildren Phasael and Salampsio (Herod's daughter) produced Cypros, the
wife of Agrippa I. The children of this same marriage also preserved the
dynastic names Antipater, Alexander (and Alexandra), and Herodes (PIR²
H 157; cf. H 159).

Another interesting dynastic survival here is that of the Hasmonaean
name Hyrcanus, borne by the maternal grandfather of Herod's wife Mariamme I and used as a throne name (Hyrcanus II) by Herod's father,
Antipater. Herod's son Antipater by his first wife, Doris, may have transmitted this name to his unknown son and daughter: Antipater married a
daughter of the Hasmonaean Antigonus, a nephew of the Hasmonaean
Hyrcanus. The name recurs in a cognate line generations later: Herod's

[94] She is now noted as PIR² J 653.
[95] See TH. MOMMSEN's remarks, Die Dynastie von Kommagene, AthMitt 1 (1876) 31 and note,
with my 'Dynasty of Commagene' in this same volume (ANRW II 8) 796f. Relatives of
Philopappus include a Berenicianus (J 141).
[96] CPapJud III 1532A (in Appendix I: 'The Jewish Inscriptions of Egypt').
[97] On Jewish Hellenization generally, see below, with CPapJud III 1440, and B. LIFSHITZ,
L'hellénisation des juifs de Palestine: RBibl 72 (1965) 520—538.
[98] Jos. AJ 14.137: Ἀντιπάτρῳ . . . πολιτείαν ἐν Ῥώμῃ δούς. Discussion by SMALLWOOD,
Jews 39.
[99] He is also called Antipas; cf. Herodes Antipas, PIR² A 746, above.

grandson, Herod of Chalcis (H 156), had a son of this name (H 246) by his second wife, Julia Berenice (J 651). That Herod wished to commemorate this element in his dynasty and its special application to Antipater may be shown by his order that Antipater be buried after his execution in the fortress of Hyrcania, originally built by John Hyrcanus[100]. Josephus notes that Hyrcanus had been instrumental in forcing the Idumaeans (Edomites) to adopt Jewish ways[101].

It is instructive to observe the continued presence of the Idumaean line in the Judaean house. The above-mentioned Berenice (B 108) carried Idumaean lineage from her father Costobar, who is specifically termed Idumaean by Josephus[102]. Her marriage to Aristoboulos (A 1050) thus transmitted the line to Herod of Chalcis (H 156) and may account for the re-emergence of the name Hyrcanus in his son (H 246). Again, the mother of Antipater (A 748), Doris, was an Idumaean, and her brother, Theudion, became the last husband of this same Berenice, thus doubly reinforcing the line[103].

The long and detailed treatment Josephus gives throughout his two main works to Hyrcanus I, son of Alexander Jannaeus and grandfather of Mariamme I, pictures him often against a background provided by Antipater, father of Herod. The account of Antipater's undeniable service to Caesar in 48/47 B.C. leaves little room for exploits of Hyrcanus, who is mentioned mainly as candidate for the office of high priest[104]. Not tribal, but dynastic rivalry produced attacks by Antigonus — the Hasmonaean father-in-law of Antipater (A 748) — upon Hyrcanus, his uncle[105]. Ultimately, Josephus speaks of the virtual termination of Idumaean and Hasmonaean influence in the dynasty under Herod[106]. Despite this, as we have seen, nomenclature suggests their continued commemoration. The son of Josephus himself bears the name Hyrcanus[107]. Agrippa II later still used the Hasmonaean palace in Jerusalem as his residence[108].

---

[100] Jos. AJ 17.187: κελεύει πέμψας τινὰς τῶν δορυφόρων μηδὲν εἰς ἀναβολὰς ἀλλ' ἐκ τοῦ ὀξέος κτείναντας αὐτὸν ἐν Ὑρκανίᾳ ταφὰς ἀσήμους ποιεῖσθαι ("[Herod] sent off some of his bodyguard with orders to kill Antipater without delay and on the instant and to bury him without ceremony in Hyrcania"); cf. 13.417 and BJ 1.664.

[101] AJ 15.254: Ὑρκανοῦ ... τὴν πολιτείαν αὐτῶν εἰς τὰ Ἰουδαίων ἔθη καὶ νόμιμα μεταστήσαντος ("Hyrcanus had altered their way of life and made them adopt the customs and laws of the Jews"); cf. 13.257f.

[102] Jos. AJ 15.253: Κοστόβαρος ἦν γένει ... Ἰδουμαῖος ("Costobarus was of Idumaean race").

[103] Jos. AJ 17.70: διὰ Θευδίωνος μητρὸς Ἀντιπάτρου ἀδελφοῦ τοῦ βασιλέως παιδός ("Through Theudion, the maternal uncle of Antipater the king's son"); cf. BJ 1.553. For the relations of John Hyrcanus with Rome, see AJ 13.259ff.; see too the mention accorded him in the 'Pergamon Decree' of AJ 14.247ff.

[104] Jos. BJ 1. 187—203.

[105] BJ 1. 195f.

[106] AJ 17. 162; BJ 1. 19 and 242; 1. 358; AJ 15. 259—66.

[107] Flavius Hyrcanus: PIR² F 292; cf. F 293.

[108] AJ 20. 189; cf. Berenice's symbolic presence there in 66 (BJ 2. 344).

Herod seems to have felt some uneasiness in regard to the loyalty of his son Antipater (A 748): such at any rate is the conviction of Josephus, and Antipater looms in his pages as a dangerous and hostile figure. Josephus notes Herod's extreme care[109] in rearing the members of his dynasty, in this case the children of his sons Alexander (A 498), the husband of Glaphyra, and Aristoboulos (A 1050), husband of Berenice (B 108). In an apparent attempt to consolidate the various lines of his dynasty, he arranged for children of these two sons to be married to the son and daughter of Antipater, as well as to Herodes (H 155), son of his third wife Mariamme, and to a daughter of his brother Pheroras[110]. Despite this, we read of Antipater's concern over the children of his brother Alexander by Glaphyra: he expected these children to attain higher station than his own or their own father's, because of the assistance he considered likely from their maternal grandfather, Archelaus I Philopatris of Cappadocia. We see here the power still wielded by the stronger kings, and it is specifically as king that Archelaus is considered a threat to Antipater's interests[111]. Josephus himself considers Archelaus to have played a strong role in Rome's relations with dynasts in southern Anatolia, as in fact he did[112].

The account given by Josephus of the plotting, trial, and death of Antipater provides valuable insights into the workings of dynastic politics at this period, especially into the precedents being set for Rome's relations with the Judaean house[113]. The attempts by all factions to play friendships with Rome off against rivals must have been founded upon real hope: in all probability, respective spheres of authority among dynasts and between

---

[109] AJ 17.12: ἀνέτρεφε . . . τὰ τέκνα πάνυ ἐπιμελῶς ("he [Herod] brought up the children . . . very carefully").

[110] Jos. AJ 17.14f.: ἐγγεγυήτό τε εἰς γάμον, ὁπότε ἀφικοίατο εἰς ὥραν τὴν ἐπ' αὐτῷ, τῷ μὲν πρεσβυτέρῳ τῶν Ἀλεξάνδρου παίδων Φερώρου θυγατέρα, τῷ δὲ Ἀριστοβούλου τὴν Ἀντιπάτρου, καὶ θυγατέρα τὴν Ἀριστοβούλου ἐπωνόμαζε παιδὶ τῷ Ἀντιπάτρου, τὴν δὲ ἑτέραν τῶν Ἀριστοβούλου θυγατέρων Ἡρώδῃ παιδὶ τῷ αὑτοῦ ("He also promised in marriage, when they should reach the proper age, the daughter of Pheroras to the elder son of Alexander, and the daughter of Antipater to Aristobulus' son, and he designated one daughter of Aristobulus to marry the son of Antipater, and the other daughter of Aristobulus to marry his own son Herod"). This Pheroras, one of the tetrarchs of Judaea, was apparently in his own right so powerful that he and Antipater could persuade a reluctant Herod to alter these arrangements to promote Antipater's own interests and position with Aristoboulos (and with Pheroras). Herod's eventual refusal to allow Antipater further contact with Pheroras must have arisen from fear of his growing power, though Josephus typically makes this merely a case of family bickering: AJ 17.50f.

[111] AJ 17.16: βασιλέως ἀνδρός ("a royal personage").

[112] AJ 15.105: Ἀρμενίας . . . ἐβασίλευσεν Ἀρταξίας . . . καὶ τοῦτον Ἀρχέλαος καὶ Νέρων Καῖσαρ ἐκβαλόντες Τιγράνην τὸν νεώτερον ἀδελφὸν ἐπὶ τὴν βασιλείαν κατήγαγον ("Artaxias . . . became king of Armenia. Then Archelaus and Nero Caesar expelled him and restored his younger brother Tigranes to the throne"). For a brief summary by Josephus of Herod's nine wives and their family origins, see AJ 17.19—22. On Archelaus, see stemma and my article on 'The dynasty of Cappadocia' in ANRW II 7.

[113] AJ 17.52—57, 61—145, and 182—187.

dynasties and Rome had by no means been clearly worked out. For instance, the presence of Quintilius Varus at Antipater's trial[114] appears inessential: Josephus says that he happened (ἐτύγχανε) to be nearby, and was specifically asked by Herod to take a hand in the situation. Though Varus was to be Antipater's judge[115] the trial itself seems to have been jointly conducted[116], and Antipater addressed his defense directly to Herod. Herod's view here of kingship is especially instructive: its powers devolve in accordance with natural law (φύσεως νόμῳ), and premature seizure of them offends both piety and justice (δυσσεβῶς ... δίκη)[117]. But Herod's willingness to defer to Rome in higher dynastic matters is apparent when a letter arrives from Augustus conferring ἐξουσία ("authority") in Antipater's case[118]. In granting this authority, Augustus specifically recognizes Herod's grounds for it: ὡς πατρὸς καὶ βασιλέως ("as father and king").

Altogether, Antipater proved a thoroughly unworthy namesake of Herod's father, whose influence both at Rome and among his own dynastic circles had been considerable[119]. Constituting one example are the contacts that Antipater the Idumaean had been able to establish for the emergency relief of Caesar in Egypt: these included not only Mithradates of Pergamon, but also men described as τοὺς ἐν Συρίᾳ δυνατούς ("powerful men in Syria")[120].

Varia. Several other bearers of the name Antipater occur in the Judaean house[121] and there was even — in the prevailing style[122] — a city bearing the name Antipatris, built by Herod in honor of his father[123]. Little can be based on the occurrence of this name elsewhere[124]. Even among the Judaeans the name may have not been used for long after the mid-first century[125].

---

[114] AJ 17. 89ff.

[115] AJ 17. 91.

[116] AJ 17. 93ff.

[117] AJ 17. 95.

[118] Jos. AJ 17. 182f.

[119] BJ 1. 19, 181, 194—197, 199ff.; AJ 14. 120—143, 162, 372, 383, 491; 15. 47; 16. 52ff., 143.

[120] BJ 1. 188: this Ptolemy's father bears the Emesene dynastic name Sohaemos; see AJ 14. 129; see R. D. SULLIVAN, The Dynasty of Emesa, ch. III with note 59, in this same volume (ANRW II 8) 207.

[121] See stemma.

[122] Cf. Berenice, Herodion (2), Agrippias, Hyrcania, etc.

[123] BJ 1.417: τῷ πατρὶ μνημεῖον κατέθηκεν πόλιν, ἣν ... ὠνόμασεν Ἀντιπατρίδα ("As a memorial to his father he founded a city ... and named it Antipatris"); cf. AJ 16.143. Notwithstanding the increasing eclipse of Herod's dynasty, the town still bore that name in A. D. 68 when Vespasian reached it: BJ 4.443.

[124] It can be found frequently in the East. See, e. g., ILS 8855 = IGRR III 170; PFLAUM, Carrières 869; TAM II 433 (cf. 521).

[125] See the grandson of Herod by this name on the stemma, with a possible descendant named Antipas, which as in the case of Herod Antipas (A 146) may have been a variant of Antipater.

VI. Aristoboulos

This frequent dynastic name extends as far back into the Hasmonaean house as the son of John Hyrcanus, Aristoboulos I, who inherited a de facto Judaean monarchy[126] from his father and transformed it into an open monarchy[127] about 105 B.C. The key importance of the Judaean high-priesthood[128] in the founding and maintenance of this house is brought out clearly in the account given by Josephus of the grounds for the power of Hyrcanus[129]. It was specifically as ἀρχιερεύς ("high priest") that Hyrcanus renewed the φιλία ("[treaty of] friendship") with Rome, sending an embassy on his own authority but apparently as representative of the δήμου τοῦ Ἰουδαίων ("Jewish people")[130]. Indeed, the seeds of monarchy and perhaps its very 'legitimacy' may lie in the hereditary nature of this priesthood[131], and the conjunction of both high-priesthood and kingship in the same man draws particular note from Josephus in the case of John Hyrcanus[132], where kingship is not yet an overt office, and of Aristoboulos I, called the first to hold both offices[133]. Throughout his account Josephus is careful to note simultaneous tenures of these offices[134].

Herod I was apparently reluctant to assume the high-priesthood himself upon his accession, but effectively neutralized its power by removing it from Hasmonaean hands after the death of his wife's brother Aristoboulos, and by appointing obscure persons whose only qualification was descent from priests[135]. Pompey had apparently understood the equation of high-priesthood and highest civil station: τῷ δ' Ὑρκανῷ πάλιν τὴν ἀρχιερωσύνην ἀποδοὺς τὴν μὲν τοῦ ἔθνους προστασίαν ἐπέτρεψεν, διάδημα δὲ φορεῖν ἐκώλυσεν. ("Giving back to Hyrcanus the high-priesthood, he turned over to him control of the nation but prohibited his wearing the diadem" [after his capture of Jerusalem in 63 B.C.][136].) Josephus remarks that Rome followed an equivalent policy after the reign of Herodes Archelaus (PIR² A 1025), whose reign ended in 6 A.D.: he now calls the government an aristocracy (ἀριστοκρατία . . . ἡ πολιτεία) with the direction of the state

---

[126] BJ 1. 68.
[127] At first he apparently intended a dyarchy: BJ 1. 70.
[128] In general, see Jos. AJ 20. 247—251.
[129] BJ 1. 55f and 68; AJ 13. 230—301.
[130] Jos. AJ 13. 259—264, esp. 259f.
[131] This is all but explicit in Jos. Apion 185—188.
[132] BJ 1.68: τρία γοῦν τὰ κρατιστεύοντα μόνος εἶχεν, τήν τε ἀρχὴν τοῦ ἔθνους καὶ τὴν ἀρχιερωσύνην καὶ προφητείαν ("He was the only man to unite in his person three of the highest privileges: the supreme command of the nation, the high priesthood, and the gift of prophecy").
[133] AJ 20.241; cf. 13.301.
[134] E. g., AJ 20.243.
[135] AJ 20.247: τισιν ἀσήμοις καὶ μόνον ἐξ ἱερέων οὖσιν.
[136] Jos. AJ 20.244. Cf. 15.180 and BJ 1.153.

(προστασία τοῦ ἔθνους) in the hands of priests[137]. The strength of popular sentiment toward the priesthood as late as the reign of Claudius emerges clearly from the controversy over the priestly robe kept in the Hasmonaean citadel[138]. For the depth of religious feeling involved, reaction to the famous attempt of Gaius to set up his own statue is probably the most dramatic indication[139].

The three strands mentioned above in the evolution of the Judaean royal house were woven irregularly into the career of Aristoboulos II[140] — the son of Alexander Jannaeus, nephew of Aristoboulos I, and grandson of John Hyrcanus. At BJ 1.117, Josephus records his self-proclamation as king, but in AJ 14.4ff. he portrays the office as a grant from his brother Hyrcanus I[141]. In AJ 15.180 Aristoboulos is again described as seizing the throne, this time from Hyrcanus. The second strand — the office of high-priest — is similarly tangled, with Aristoboulos alternately granting and repossessing the office held by his brother Hyrcanus. The third strand — relations with Rome — ran the gamut from high favor with Caesar to defeat, seizure, and condemnation at the hands of Pompey; there are even dramatic escapes from Roman custody. But his tenure of the kingship was apparently a 'valid' one: Herod was careful to marry his grand-daughter Mariamme I[142]. Aristoboulos III, the grandson of Aristoboulos II, son of the marriage of the first cousins Alexander and Alexandra, and brother of Mariamme I, is pictured by Herod in his letter to Antony[143] as indispensable to the dynasty: Aristoboulos held the office of high-priest either at the time or soon afterward. Herod goes so far as to maintain that the absence of Aristoboulos from the country would endanger his own throne. Perhaps because of the high standing with the populace that Aristoboulos had attained (at least in the account Josephus gives), Herod considered it necessary to have him murdered.

---

[137] AJ 20.250.
[138] Jos. AJ 15. 403—409; cf. 18. 90—95 and 20. 12.
[139] BJ 2. 184—203.
[140] See also SCHÜRER (VERMES + MILLAR) 233—242.
[141] Indeed, his portrayal of this Aristoboulos is unsteady. He and his brother are blamed in AJ 14. 77 for Judaea's troubles under their administration, but in AJ 15. 52 the populace excites Herod's jealousy against the homonymous grandson of Aristoboulos through attentions motivated, Josephus says, by their pleasant memories of his grandfather. These details may show the difficult process by which Herod dispossessed the Hasmonaeans, and the consequent weakness of his position. See SCHMALLWOOD, Jews, Ch. IV.
[142] AJ 15.23: ᾿Αλεξάνδρα . . . θυγάτηρ μὲν ῾Υρκανοῦ, γυνὴ δὲ ᾿Αλεξάνδρου τοῦ ᾿Αριστοβούλου βασιλέως, ἐξ ᾿Αλεξάνδρου παῖδας ἔχουσα, τὸν μὲν ὥρα κάλλιστον ᾿Αριστόβουλον καλούμενον, τὴν δὲ ῾Ηρώδῃ συνοικοῦσαν Μαριάμμην εὐμορφίᾳ διάσημον ("Alexandra, the daughter of Hyrcanus and the wife of Alexander, son of King Aristobulus, who had (two) children by Alexander, an extraordinarily handsome son, named Aristobulus, and Mariamme, the wife of Herod, who was famed for her beauty"); cf. 14.467.
[143] AJ 15.30: ἀντέγραψεν οὖν ὡς, εἰ μόνον ἐξέλθοι τῆς χώρας τὸ μειράκιον, ἅπαντα πολέμου καὶ ταραχῆς ἀναπλησθήσεται ("He [Herod] therefore wrote in reply that if the youth were merely to leave the country, the whole land would be filled with disorder and war").

The important position held by Herod's son Aristoboulos (PIR² A 1050) in the dynastic arrangement of the house has been discussed above; his five children all played roles in the advance of the dynasty[144]. The dynastic position of his own son Aristoboulos (A 1051) was a strong one, with two powerful brothers (Herod, king of Chalcis, and Agrippa I). A marriage of this younger Aristoboulos to Iotape of the royal house of Emesa joined the bloodlines of these two houses in his daughter (also named Iotape: PIR² J 46), and served to strengthen the Hasmonaean remnant in the dynasty as well: his father was part Hasmonaean, a son of Mariamme. Since the succession devolved first upon his brother Agrippa and then partly upon his brother Herod at Agrippa's death, his only contribution to the dynasty was in linking these houses, and Josephus notes[145] that he died an ἰδιώτης ("a private person")[146]. The comparative unimportance of Aristoboulos may be inferred from a letter of Claudius[147] concerning priestly vestments, written in the summer of A.D. 45, after the death of Agrippa I: it refers to Herod of Chalcis and to an Aristoboulos who was apparently his son (PIR² A 1052) as important friends, but ignores Herod's brother Aristoboulos (A 1051), who may have been still living[148]. Despite his relative obscurity in the higher political workings of the house, he not only joined the deputations dealing with Caligula's statue, but is even spoken of as taking a leading part in this one situation[149].

The career of Aristoboulos (A 1052), the son of Herod of Chalcis, answers in several respects to that of his uncle (A 1051). As contemporary of the dominant Agrippa I and II he took no leading role in the Judaean government, but was rather consigned to the rule of allied kingdoms — in his case parts of Armenia and then of Chalcis. In a careful study of his coinage, REINACH[150] adduces evidence allowing us to distinguish several related dynastic houses in successive possession of Armenia Minor. Before this area was granted as kingdom to Aristoboulos by Nero in 54, it had been held consecutively since the first century by a long series of relatives of the Judaean line. It was held by the Galatian Deiotarus; by Polemo I

---

[144] Though specific evidence is doubtful for his daughter Mariamme; see WALTER OTTO, RE Suppl. 2 (1913) 15 (stemma) note f., s. v. Herodes.

[145] BJ 2.221: θνήκει . . . Ἀριστόβουλος ἰδιώτης, καταλιπὼν Ἰωτάπην θυγατέρα ("Aristobulus died in private station, leaving a daughter Jotape"); cf. AJ 18.135: ὁ δὲ τρίτος τοῦ Ἀγρίππου ἀδελφὸς Ἀριστόβουλος γαμεῖ Ἰωτάπην Σαμψιγεράμου θυγατέρα τοῦ Ἐμεσῶν βασιλέως, θυγάτηρ τε αὐτοῖς γίνεται κωφή· ὄνομα καὶ τῇδε Ἰωτάπη ("The other brother of Agrippa, Aristobulus, married Jotape, the daughter of Sampsigeramus king of Emesa. They had a daughter also named Jotape, who was a deaf-mute").

[146] For the further ramifications of this connection with Emesa see my article on the dynasty of Emesa in this same volume (ANRW II 8) 198 ff.

[147] Jos. AJ 20.10—14.

[148] It is generally thought that Ἀριστοβούλῳ τῷ νεωτέρῳ cannot refer to this elder Aristoboulos, and STEIN regards the term as an indication that he was still alive: see PIR² A 1051.

[149] AJ 18. 273 and 276.

[150] REINACH, Monnaies 1—27 (+ stemma) = REA 16 (1914). See the further treatment in my articles mentioned in notes 72 and 89 above.

of Pontus; by the Atropatenian Artavasdes; by Archelaus of Cappadocia; and finally, under Caligula, by the brother of Polemo II of Pontus[151]. Tacitus records that a part of Armenia Major was also granted Aristoboulos in 60[152]. By the year 72/73, Josephus notes that the invasion of Commagene — undertaken against King Antiochus — was assisted by two local kings, Aristoboulos 'of Chalcis' and Sohaemus of Emesa (an example of self-interest taking precedence over dynastic loyalties: both were related to Antiochus)[153]. This Aristoboulos is apparently our former king of Armenia Minor, and REINACH conjectures that he had been given this territory in compensation for the loss of Armenia Minor, which would now form part of the projected province of Armenia[154]. Aristoboulos would be, as REINACH notes, the 'legitimate' heir of the Lebanese Chalcis which his father Herod had ruled, and which had recently been released by Agrippa II upon his assumption of the former tetrarchy of his childless great-uncle Philip (PIR[1] P 263)[155]. There is some question whether the Chalcis referred to may not be that of northern Syria, but REINACH thinks that the Lebanese Chalcis had been «placée sous séquestre» after Agrippa II relinquished it, and was then, after the deposition of Aristoboulos as king of Armenia Minor, handed over to him as «sa petite principauté héréditaire» about A.D. 72. This would be yet another example of the dynastic principle operating far into the first century in Syrian regions.

Several features in the coinage of Aristoboulos are of particular interest for the student of dynasties. Both he and his father Herod violated Jewish law in their coinage by striking their own portraits[156]. REINACH (p. 14) attributes this to apostasy from Judaism, and calls the strong Hellenic influence crucial; perhaps a better term is not so much 'apostasy' as 'blending', like that which the career of Ti. Iulius Alexander demon-

---

[151] This was Cotys (PIR[2] C 1555). IGRR III 132 shows an 'Armeniarch' named Julius Patroeinos (not in PIR[2]). Though his relation to these dynasts cannot be determined, πρῶτος τῶν Ἑλλήνων and ἡ πατρίς do show him to be of Eastern origin, with Roman citizenship presumably granted by Caesar or Augustus.

[152] Annals 14.26.

[153] BJ 7.226: συνεμάχουν δὲ καὶ βασιλεῖς αὐτῷ τῆς μὲν Χαλκιδικῆς λεγομένης Ἀριστόβουλος, τῆς Ἐμέσης δὲ καλουμένης Σόαιμος ("he [Paetus] had the further support of two sovereigns, Aristobulus of the region named Chalcidice, and Soaemus of Emesa, as the other principality is called").

[154] Monnaies p. 10ff. = T. REINACH, Le mari de Salomé et les monnaies de Nicopolis d'Arménie: REA (1914) 133—158.

[155] Philip, son of Herod the Great and Cleopatra of Jerusalem, had ruled Gaulanitis, Trachonitis, and Batanaea as tetrarch (on these areas, see below under Agrippa II). His marriage to Salome, granddaughter of Mariamme II of Alexandria, apparently bore no issue; Salome then married Aristoboulos (A 1052, son of Herod of Chalcis and himself king of Armenia Minor and of Chalcis, as we've seen). Philip's death occurred in 33/34 A.D. (Jos. AJ 18. 106—108, who remarks that at least part of his holdings were added by Tiberius to Syria, but the revenues from them were to be held in escrow). The reason for this annexation of territory is here explicitly ascribed to Philip's childlessness, and it does seem likely from the sequel that Tiberius would prefer to let the territory remain in dynastic hands.

[156] So did both Agrippas: see below.

strates[157]. Again, REINACH points out that the coinage of Aristoboulos shows divergences even from his father's, of a type explicable by his closer contacts with the dynasties of Commagene and Pontus, with the coins of which his types show strong affinities. Finally, there is the usual use of local eras on the coinage, and there are regnal datings tied to his own reign and not to that of the Roman emperor. In view of his noteworthy career and his three sons, it is worth remark that Aristoboulos took the tradition of vigorous political activity by the Judaean house into the late first century. The five children of his uncle Agrippa I, with all their marriages and progeny, carried it even further[158].

No scope for rule in their hereditary Chalcis was afforded to the sons of Aristoboulos: REINACH shows the kingdom incorporated into the Roman provincial system under Domitian, apparently in 92 A.D.[159]. Regarding Aristoboulos, son of Aristoboulos and Salome, Josephus merely records his birth[160]. He notices the three sons only here, but we cannot postulate their insignificance or lack of progeny: composition of this passage probably preceded the death of Aristoboulos in 92, when the sons were still young[161].

VII. Agrippa

The large number of persons known to us who bear this *cognomen* renders onomastic argument perilous, but it is tempting to see here rare evidence of a *cognomen* adopted from a Roman early in the Judaean dynasty's development, if we can discover Marcus Vipsanius Agrippa behind the name that was to be borne throughout the first century in the Judaean house. Josephus notes a city near the coast bearing the name Agrippias, and ascribes the name to Vipsanius Agrippa[162]. Other foundations of this type, using the names of Caesar, Antony, and Augustus (whose name also appears in the Greek form at the city of Sebaste in Samaria)

---

[157] Above, pp. 300 ff.

[158] See the stemmata on Judaea, Pontus, and Emesa.

[159] REINACH, op. cit. (note 154), esp. section IV. For amusing remarks on the portraits of Aristoboulos and his famous wife Salome see REINACH here. The portraits of Aristoboulos point to a weakness otherwise deducible from the details of his reign, and contrast with the vigorous portraiture commissioned by his fellow dynasts. One wonders why he — like Akhnaton — allowed such unflattering realism.

[160] The following line in the Greek text appears misplaced: it refers to the line of Phasael and Salampsio, discussed immediately after it. It was probably intended for the end rather than the beginning of section 138 (or 132), unless the initial word was τόδε, not τοῦτο.

[161] Josephus nowhere speaks of the death of Aristoboulos, and had finished his 'Jewish Antiquities' by A.D. 93/94: AJ 20.267.

[162] BJ 1. 118. In BJ 1. 87 he notes merely that the renaming of this town was done by Herod, but omits this as the reason; at BJ 1. 416, attribution to Agrippa is again explicit.

appear in Josephus. Certainly the relations of Agrippa to the Jewish dynasts were amicable. The account in Books 16—17 of 'Jewish Antiquities' preserves several instances of his intercession on behalf of Jews; his benefactions extended even to the Jewish community of Asia Minor[163]. Jews at Rome honored him: a Greek text from the Monteverde catacomb refers to a *gerusiarch* of the 'Synagogue of the Agrippesians' (᾽Αγριππησίων)[164].

1. Agrippa I

Whatever the origins of the name of Agrippa I (PIR² J 131: 10 B.C.—44 A.D.), his initial relations with Rome were unpromising — ranging from chronic indebtedness to actual imprisonment[165]. His close connection with the imperial family, especially with Drusus and Claudius, led him into early difficulties but to ultimate success. Josephus views Agrippa's early advantages as due largely to the friendship of his mother Berenice with Antonia, and ascribes the financial straits into which he fell upon her death to the removal of her restraining influence. Driven by debt back to Judaea[166], Agrippa soon secured a position as *agoranomos* at Tiberias through the tetrarch Herodes Antipas (A 746), husband of Agrippa's sister Herodias (H 161). Josephus notes that this position was short-lived and supplied him with scant funds: the need for money led him even to a falling out with L. Pomponius Flaccus, a former Roman friend now governing Syria. Thereupon, Josephus returns him to Rome[167]; there is even a hair-breadth escape from a Roman procurator bent on collecting Agrippa's considerable debt to the fiscus[168]. Antonia now intervenes on his behalf with a loan (why she had not done so before he initially left in despair for Judaea is unexplained). Another freedman promptly turns up to bail him out of his

---

[163] AJ 12. 125—127 and 16. 167ff. Cf. Philo, Legatio ad Gaium 291 and 294—297.

[164] Printed in Leon Jews 329 no. 425. An ᾽Αγρίππας appears among the Jewish inscriptions (in this case, an unpublished graffito) at Besara: B. Lifshitz, L'hellénisation des Juifs de Palestine: RBibl 72 (1965) 520—538, esp. 528 and note 103.

[165] BJ 2.178ff.; AJ 18.142—204.

[166] Josephus adduces no deeper cause for his return: AJ 18.146f.: πενία τε ἐν ὀλίγῳ περὶ αὐτὸν ἦν. καὶ τοῦτο ἦν κώλυμα τῆς ἐν ῾Ρώμῃ διαίτης, καὶ ὁ Τιβέριος τοῖς φίλοις τοῦ υἱέος τετελευτηκότος ἀπειπὼν φοιτᾶν εἰς ὄψιν αὐτῷ, διὰ τὸ ἀνερεθίζεσθαι πρὸς τὸ λυπεῖσθαι μνημονεύων τοῦ παιδὸς θεωρίᾳ τῇ ἐκείνων. — Διὰ μὲν δὴ ταῦτα ἐπὶ τῆς ᾽Ιουδαίας πλέων ᾤχετο κακοπραγῶν καὶ τεταπεινωμένος ὀλέθρῳ τε ὧν εἶχεν χρημάτων καὶ ἀπορίᾳ τοῦ ἐκτίσοντος τὰ χρέα τοῖς δανεισταῖς ("So he was soon reduced to poverty, and this was an obstacle to his living on in Rome. Moreover, Tiberius forbade the friends of his deceased son to pay him visits because the sight of them stirred him to grief by recalling the memory of his son. — For these reasons, therefore, Agrippa set sail for Judaea. He was in dire plight, humiliated by the loss of the money that he had previously possessed and by the fact that he had no one to pay what he owed to the money-lenders").

[167] After noting loans from a wealthy freedman of Berenice and from Alexander the Alabarch, whose son Marcus his daughter Berenice later married.

[168] AJ 18.151—160.

debt to Antonia, and thus frees him to cultivate the friendship of Claudius.
One noteworthy remark emerges from this account: with the impediment
of his indebtedness removed, this Jewish dynast finds himself appointed
to a sort of unofficial protectorate over the emperor's grandson Tiberius
Gemellus[169], though this was to last only until his subsequent imprisonment by Tiberius in 37.

In attempting to penetrate the explanation that Josephus furnishes
for these events, we may see a conscious attempt by Tiberius and his circle
of advisers to utilize the force of dynastic sentiment in the East in strengthening Rome's position there. Though we find only infrequent mention of
proposed intermarriage between Romans and these dynasts, close friendships are the next thing to it. By the time of Titus, even intermarriage could
be considered (with Agrippa's daughter Berenice), and in the house of
Marcus Aurelius this became a reality: two descendants of the Galatian
house married into his family. By the time of Elagabalus, the dynasty
of Emesa was even furnishing a Roman emperor. The development reveals
Rome's gradual recognition of the depth of ethnic sentiment and aristocratic control in the East. Romans were to learn that these forces change
far too slowly, and from causes far too deeply rooted, for the desired political
stability to be brought about easily, especially in the absence of close
geographical proximity of large ethnic groups over long spans of time. The
phenomenon has appeared frequently in history: Sumerian strains long
survived Semitic conquest; Hamites retained their identity under Egyptian
rule, Egyptians under Greeks; Iranian names reappear among Anatolian
dynasts after centuries; pre-Greek elements survive in Lycia and Arcadia;
ancient Greek tribal distinctions persist through periods of rule by even
cognate groups; Ural-Altaic characteristics remain unsubmerged by
Slavs; Lombards retain Scandinavian contacts for centuries; Turkic peoples
stretching deep into China remain distinct even today; India turns from
two centuries of British hegemony; and Greeks are not Turks despite
centuries of firm rule. Differences too subtle for the uninitiated eye and ear
are everywhere noted and felt by natives: one man's Mede is another man's
Persian[170].

It was not until the reign of Caligula that Agrippa received the title
of King, with possession of the vacant tetrarchy left by his uncle Philip
(PIR¹ P 263), son of Herod I by Cleopatra. His fortunes rose sharply under
Claudius, but strains are evident throughout his kingship. As he had during

[169] AJ 18.166: αὐτῷ Τιβέριος ὁ Καῖσαρ συνίστησιν υἱωνὸν τὸν αὐτοῦ κελεύων τὰ πάντα
αὐτῷ ταῖς ἐξόδοις παρατυγχάνειν ("the emperor Tiberius recommended his grandson
to Agrippa and bade him always accompany him on his excursions"). Dio 59.24.1 calls
Agrippa and Antiochus IV of Commagene the τυραννοδιδασκάλους of Caligula: καὶ
μάλισθ᾽ ὅτι ἐπυνθάνοντο τόν τε Ἀγρίππαν αὐτῷ καὶ τὸν Ἀντίοχον τοὺς βασιλέας ὥσπερ
τινὰς τυραννοδιδασκάλους συνεῖναι ("[Romans] were particularly troubled on ascertaining that King Agrippa and King Antiochus were with him, like two tyrant-trainers").
[170] For discussion of this endless question as applying to "Romanization" of the East, see A.
H. M. JONES, The Greeks under the Roman Empire: Dumbarton Oaks Papers 17 (1963)
3—19.

21*

the reign of Gaius, he also under Claudius resisted attempts to place the
emperor's statue in a synagogue (of the Phoenician city of Dora). But it
is useful to note that on this occasion he worked through the Roman
governor of Syria, whose letter Josephus quotes[171]. The governor's letter
reads suspiciously like a composition by Josephus, though its reaffirmation
of Roman tolerance — and even promotion — of local customs must be
genuine. Such recognition is given almost philosophical force in the remarkable phrase τοῦ φύσει δικαιοῦντος ἕνα ἕκαστον τῶν ἰδίων τόπων κυριεύειν
("it is naturally just that each one rule over his own territories").

Serious strains appear in AJ 19.326f., where Agrippa's restoration of
the wall at Jerusalem brings an alarmed warning from Rome, and in AJ
19.338ff., where Josephus records a meeting with him at Tiberias of five
dynasts, all of whom were related to his house (though Josephus knows
only the relationship to his brother Herod of Chalcis). Among them, these
kings controlled large sections of Judaea, southern Asia Minor and even
Pontus. Josephus does not miss the grounds for the uneasiness felt by the
governor of Syria: Μάρσῳ δ' ἡ τούτων ὁμόνοια καὶ μέχρι τοσοῦδε φιλία
πρὸς ἀλλήλους ὑπωπτεύθη συμφέρειν οὐχ ὑπολαμβάνοντι Ῥωμαίοις δυναστῶν τοσούτων συμφρόνησιν ("To Marsus this degree of unanimity and
friendship among themselves seemed grounds for suspicion; he assumed
that this accord of so many dynasts did not benefit Romans"). In reflecting upon the concern this conference evoked, Josephus must have concluded that these dynasts represented a considerable amount of real power.
A clearer statement of the strong social and political forces still commanded
by dynasties in the East would be hard to find[172].

Despite these strains, the reign of Agrippa I ranks in important respects
as the high point of the relations between the Judaean house and Rome.
That Agrippa played some role in the events surrounding the accession of
Claudius is apparent, though it seems risky to go so far as does the account
in PIR² J 131: "*Claudio, cui auctor fuit regni capessendi*"[173]. This claim
rests mainly on the inconsistent testimony of Josephus: in BJ 2.206—210,
Agrippa is summoned by a Claudius already decided upon his course of
action, and serves as an emissary for him to the Senate. (Indeed, there is a
hint of unwillingness on Agrippa's part: he goes only after reflecting that
Claudius is already de facto emperor.) In AJ 19.236—244, the initiative
is Agrippa's: Claudius is irresolute, Agrippa is summoned by the Senate,
and after implying that if matters came to bloodshed he would fight on the
side of the Senate, he offers to act as their ambassador to Claudius. There
are other divergences in the two accounts, especially on the probable
loyalties of the soldiery. Dio alludes briefly to this situation, saying only

---

[171] In AJ 19. 305—311.

[172] See the treatment in my article cited above, note 72. A further cause for alarm to the
Roman interests might well have been the bizarre incident recorded in AJ 19. 343—346,
where Agrippa, officiating at imperial games in Caesarea, was suddenly hailed as a god
by the populace; there is a similar incident involving him in Acts 12. 20—23.

[173] Cf. SYME, Tacitus 508: Agrippa's role "has perhaps been exaggerated".

that Agrippa had worked with Claudius in the matter[174], in return for which he received additional land to rule, and consular rank[175]. Whatever the precise role Agrippa played in Claudius' accession — and it was apparently an important one, based at least partly on his friendship for the family — it can hardly have been a decisive one. Its importance for this study is that it reveals the powerful hold Agrippa must by this time have attained over Claudius, and it may further indicate the high position now occupied by the more influential Eastern dynasts. We shall see further examples of this, but the present instance is one of the clearest hints we have that Roman statesmen had already begun to welcome legitimate spokesmen for the wealthy Orient to address the Senate on matters of common concern, or to foster a climate of amicability, as when Agrippa and his brother Herod of Chalcis came before the Senate to thank Claudius for increasing their domains[176].

In an interesting passage in his letter to Caligula as given by Philo, Agrippa I remarks that although he acknowledges the Roman emperor his superior, he is also among the emperor's companions (ἐν τῇ τάξει τῶν ἑταίρων), and is second in rank to few[177]. In context, this is an implicit comparison among all the inhabitants of the empire, and shows the high position that the dynasts held, at least in their own eves. Within a generation, Romans were to agree by admitting the first of an eventual spate of Agrippa's relatives into the Senate itself.

As so often among Eastern dynasts, and especially those in the Judaean house, the dynastic claims of Agrippa I depended on details of his ancestry. "Agrippa's ancestry was a source of embarrassment to him, as he was part Edomite"[178]. What had apparently occurred in the generations since John Hyrcanus forced the Idumaeans to adopt Jewish ways was their religious but not ethnic assimilation[179]. Though Agrippa's Idumaean ancestry is clearly alluded to in Mishnah, Sotah VII.8, the passage shows,

---

[174] Dio 60.8.2: Ἀγρίππᾳ ... συμπράξαντί οἱ τὴν ἡγεμονίαν ("Agrippa, who had helped him to become emperor").

[175] Ibid.: τιμὰς ὑπατικάς ("and [Claudius] bestowed on him [sc. Agrippa] the rank of consul"). See next note.

[176] Dio 60.8.3: τῷ γὰρ Ἀγρίππᾳ τῷ Παλαιστίνῳ συμπράξαντί οἱ τὴν ἡγεμονίαν (ἔτυχε γὰρ ἐν τῇ Ῥώμῃ ὤν) τήν τε ἀρχὴν προσεπηύξησε καὶ τιμὰς ὑπατικὰς ἔνειμε. τῷ τε ἀδελφῷ αὐτοῦ Ἡρώδῃ τό τε στρατηγικὸν ἀξίωμα καὶ δυναστείαν τινὰ ἔδωκε, καὶ ἔς τε τὸ συνέδριον ἐσελθεῖν σφισι καὶ χάριν οἱ ἑλληνιστὶ γνῶναι ἐπέτρεψεν ("He [Claudius] enlarged the domain of Agrippa of Palestine, who, happening to be in Rome, had helped him to become emperor; and bestowed on him the rank of consul; and to his brother Herod he gave the rank of praetor and a principality. And he permitted them to enter the senate and to express their thanks to him in Greek").

[177] Philo, Legatio ad Gaium, 286. Cf. M. P. CHARLESWORTH, Five Men: Character Studies from the Roman Empire (Cambridge 1936), Ch. I, 'The Native Ruler (Agrippa I)', pp. 3—30. On Eastern attitudes, see R. FLACELIÈRE, Rome et ses empereurs vus par Plutarch: AntCl 32 (1963) 28—47.

[178] Vol. IX of the Loeb Josephus, (London-Cambridge, Mass. 1965), by L. H. FELDMAN, commenting here on AJ 19. 332.

[179] AJ 15. 254; see above, note 101.

as FELDMAN remarks, that the rabbis "did not regard him as a non-Jew."
This probably implies that Edomite (Idumaean) ancestry was considered
no impediment in the practice of Judaism, though FELDMAN instead
explains that Deuteronomy 23.8 would remove an Edomite disability
from Agrippa "since he was more than three generations removed from the
Edomite Antipas, grandfather of Herod the Great". However, Herod's own
father, Julius Antipater, son of Antipas, was Edomite. Further, Herod's first
wife, Doris, was Idumaean, as was his son-in-law Costobar[180], second husband of Salome; indeed this man had tried to revive native Idumaean
cult-feeling (see above). Not only was Agrippa I not "more than three
generations removed" from the Idumaean Antipas, father of Herod, but
his own mother Berenice (B 108), the daughter of this Costobar, was herself
part-Idumaean. Berenice's second marriage, we must remember, was to
Theudion, the Idumaean brother of Doris.

Finally, among the types of evidence available that Idumaeans played
a lingering role in the house of Judaea are possible onomastic arguments.
Both Herod's nephew — son of the Idumaean Costobar — and his own
son by Doris bore the name used by Idumaean monarchs, Antipater (and
the nephew was married to Herod's daughter Cypros). Further, both the
grandson of his brother Phasael and his own son by Malthace bore the
perhaps more Idumaean form of the name, Antipas; the son's full name
conjoins both strains: Herodes Antipas (A 746)[181]. To further strengthen
the bond, the marriage of Herodes Antipas to Herodias (H 161) made him
brother-in-law of Agrippa I.

Philo shows that Agrippa claimed to be fully Jewish by birth: γεγέν-
νημαι . . . Ἰουδαῖος· ἔστι δέ μοι Ἱεροσόλυμα πατρίς ("I was born Jewish;
my native city is Jerusalem")[182]. His high-priesthood is then described as
handed down from his ancestors, and there is no suggestion of infringement
of its powers. In an admittedly rhetorical passage (in the letter that Philo
here records sent to Gaius by Agrippa I), Agrippa — after noting his
descent from generations of kings — remarks that most of them had been
high priests and had considered their kingship secondary to this office.

That Agrippa I was anything but a full dynastic representative of his
house is nowhere indicated[183]. Indeed, Claudius upon his accession gives
him Herod's lands (Judaea and Samaria) as a dynastic right: ταῦτα . . .
ὡς ὀφειλόμενα τῇ οἰκειότητι τοῦ γένους ἀπεδίδου ("These [lands] . . . he
gave Agrippa as his due because of his membership in the family")[183]. He

---

[180] Jos. AJ 15. 253; above, note 102.

[181] The name Antipas was used by a relative of Agrippa II: BJ 2.418 and 556; 4.140—146.

[182] Philo, Legatio ad Gaium 278. But Jos. AJ 19.332 shows that this claim was not beyond
challenge: ἐτόλμησεν αὐτοῦ κατειπεῖν, ὡς οὐχ ὅσιος εἴη, δικαίως δ' ἂν εἴργοιτο τοῦ ναοῦ
τῆς εἰσόδου προσηκούσης τοῖς εὐαγέσιν ("the king ought properly to be excluded from
the temple, since the right of entrance was restricted to those who were ritually clean").

[183] Unless the disgruntled Herodias, wife of Herod Antipas, represents informed opinion
in saying that Caligula had appointed Agrippa king ἐξ ἰδιώτου: Jos. BJ 2.182. AJ
19.275.

already had the other tetrarchies granted by Caligula. His position was so strong that his niece Berenice (J 651), though she never ruled, is nonetheless repeatedly given royal titles: CIG 361 (= OGIS 428) calls her βασί-λισσαν μεγάλην ("Great Queen"). In a text from Beirut she is called *regina*[184], the same word used of her by Tacitus in noting the assistance given Vespasian at his accession by Berenice and three related dynasts (Sohaemus of Emesa, Antiochus IV of Commagene, and Agrippa II)[185].

Widespread contacts with external Jews appear throughout Agrippa's reign. His sense of responsibility for the fate of Alexandrian and other Jews appears in his requesting the intercession of Claudius[186]. His financial relations to Jews, including the power of taxation, extended even to Babylonian Jews resettled in Batanaea[187]. Most instructive is the passage in his letter to Caligula in which he speaks of Jewish colonists (ἀποικίαι) penetrating all lands, and gives many examples in the Levant and Anatolia[188]. His dealings with all these communities involved a wide range of diplomatic and dynastic techniques.

In a study published in 1954, J. MEYSHAN reviews Agrippa's coinage issues[189]. If his Judaean holdings were granted not only as dynastic right (a reason specifically given in AJ 19.275), but at least partly in accordance with the motive of insuring against Jewish unrest, we would expect to see this reflected in his coinage. In fact it is, but perhaps more significant are features of the coinage which might offend either Jewish or Roman opinion. The most striking is pictorial representation of the king and his son (the son, Agrippa II, later carried on this practice). MEYSHAN calls this a deed "strictly forbidden by Jewish law"; like Tiberius Iulius Alexander and his uncle Philo, the two Agrippas could thus be termed "apostate" from strict Jewish practice, but in their case too the more accurate description would probably be "hellenized". The joint representa-

---

[184] Published in CRAI 1927, 243 f. (= AE 1928. 82).

[185] Tac. Hist. 2. 81: *nec minore animo regina Berenice partes iuvabat*.

[186] AJ 19.279—288; 279: πέμπει δὲ καὶ διάγραμμα παρακεκληκότων αὐτὸν ᾽Αγρίππου τε καὶ ᾽Ηρώδου τῶν βασιλέων εἴς τε τὴν ᾽Αλεξάνδρειαν καὶ Συρίαν ("on the petition of Kings Agrippa and Herod, he issued an edict to Alexandria and Syria"); 288: αἰτησα-μένων με βασιλέως ᾽Αγρίππα καὶ ᾽Ηρώδου τῶν φιλτάτων μοι, ὅπως συγχωρήσαιμι τὰ αὐτὰ δίκαια καὶ τοῖς ἐν πάσῃ τῇ ὑπὸ ῾Ρωμαίοις ἡγεμονίᾳ ᾽Ιουδαίοις φυλάσσεσθαι, καθὰ καὶ τοῖς ἐν ᾽Αλεξανδρείᾳ ("Kings Agrippa and Herod, my dearest friends, having petitioned me to permit the same privileges to be maintained for the Jews throughout the empire under the Romans as those in Alexandria enjoy").

[187] AJ 17.23—28; 28: ᾽Αγρίππας μέντοι γε ὁ μέγας καὶ ὁ παῖς αὐτοῦ καὶ ὁμώνυμος καὶ πάνυ ἐξετρύχωσαν αὐτούς, οὐ μέντοι τὰ τῆς ἐλευθερίας κινεῖν ἠθέλησαν. παρ᾽ ὧν ῾Ρωμαῖοι δεξάμενοι τὴν ἀρχὴν τοῦ μὲν ἐλευθέρου καὶ αὐτοὶ τηροῦσιν τὴν ἀξίωσιν, ἐπιβολαῖς δὲ τῶν φόρων εἰς τὸ πάμπαν ἐπίεσαν αὐτούς ("Agrippa the Great, however, and his son of the same name did indeed grind them down and yet were unwilling to take their freedom away. And the Romans, who have succeeded these kings as rulers, also preserve their status as free men but by the imposition of tribute have completely crushed them"). The passage notes Roman successors apparently inheriting the tax-network.

[188] Philo, Legatio ad Gaium 281—283.

[189] The Coinage of Agrippa the First: IEJ 4 (1954) 186—200. All coin legends are Greek.

tion of Agrippa and son shows clearly his dynastic intentions; since this
dynasty would have to govern orthodox Jews, one might ask why he
dared violate Jewish law in his coinage. Perhaps he did not: these prohibi-
tions were sometimes relaxed and "only the worship, not the making, of
images was at all times completely forbidden"[190].

The strong presence of multiple influences in Judaea — Hellenic,
Iranian, Roman, Jewish, and even Arab — renders difficult any assessment
of Agrippa's relations to Judaism and his policies toward Rome. In view of
many deeds on behalf of his people throughout Agrippa's career, and of
his adherence in the main to Jewish rites, there seems full warrant for the
qualifiers in the statement that he was "probably largely a pagan at
heart"[191]. Nor are his benefactions to 'pagan cities' like Berytus evidence
against his Jewish sentiments: though large numbers of Greeks and some
Roman colonists were settled there[192], the Jewish community must also
have been represented. Josephus remarks upon his special favors to the
people in such Greek cities, but apparently sees nothing disloyal to
Judaism in this: growing antisemitic sentiment among the Greeks may
have induced Agrippa to cultivate such cities[193]. Thus in Caesarea Josephus
notes specifically that he celebrated games which he knew had been
instituted in honor of the emperor[194]. In recounting that Herod had
renamed the town Caesarea (and had renamed Samaria Sebaste), Josephus
implies no disaffection with Judaism in the honor thus rendered the
emperor[195]. Agrippa declines excessive honors for himself — after some
apparent hesitation (in AJ 19.346).

In sum, no single label adequately expresses the wide and complex
range of influences which acted upon Agrippa and his fellow dynasts.
His coinage, like that noted above of Aristoboulos III (PIR² A 1025),
indicates in many details strong foreign influence[196]. His coinage betrays
neither inconsistency nor insincerity in speaking of him variously as great

---

[190] E. M. SMALLWOOD, commenting on Philo, Legatio ad Gaium 290, in her edition of the work
(Leiden 1961).

[191] Ibid., 268.

[192] AJ 16.357: περὶ Βηρυτόν, ἐν ᾗ κατοικοῦσιν ῾Ρωμαῖοι ("Berytus, where Romans were
settled as colonists").

[193] AJ 19.335, with AJ 19.356ff.; 335: Πολλοῖς δὲ κατασκευάσας πολλὰ Βηρυτίους ἐξαιρέ-
τως ἐτίμησεν ("He erected many buildings in many other places but he conferred
special favours on the people of Berytus"); 356: ἀλλὰ γὰρ ὅτε ἐγνώσθη τὸν βίον
ἐκλιπὼν ᾿Αγρίππας, Καισαρεῖς καὶ Σεβαστηνοὶ τῶν εὐποιιῶν αὐτοῦ λαθόμενοι τὰ τῶν
δυσμενεστάτων ἐποίησαν ("But when it became known that Agrippa had departed this
life, the people of Caesarea and of Sebaste, forgetting his benefactions, behaved in the
most hostile fashion").

[194] Jos. AJ 19.343: παρῆν εἰς πόλιν Καισάρειαν ... συνετέλει δ᾿ ἐνταῦθα θεωρίας εἰς τὴν
Καίσαρος τιμὴν ὑπὲρ τῆς ἐκείνου σωτηρίας ἑορτήν τινα ταύτην ἐπιστάμενος ("Agrippa
came to the city of Caesarea ... Here he celebrated spectacles in honour of Caesar,
knowing that these had been instituted as a kind of festival on behalf of Caesar's
well-being").

[195] Jos. AJ 15.292f.

[196] MEYSHAN, op. cit. (note 189), p. 189.

king, *philocaesar, philorhomaios*; one coin even speaks of "Friendship and Covenant between Agrippa the King and the Roman Senate and People"[197]. The word for 'Covenant' in this text is συμμαχία, and though formulaic it implies less the 'vassal' position to which these dynasts are by some modern writers relegated'than the 'allied' status they claimed. Indeed, if MEYSHAN (194) is correct in seeing Jerusalem as the mint for both Agrippa's coins and those of the Roman *procurator*, there may have been no primacy accorded to Roman issues. The existence of two coinages circulating side-by-side shows the authority these dynasts still commanded.

2. Agrippa II

When Agrippa I died in 44 A.D. after a quasi-deification at Caesarea (above)[198], he left one son, Agrippa II, and three daughters (Julia Berenice, Mariamme, Drusilla). Another son, Drusus, was apparently dead by now[199]. Of all these, only Berenice was as yet married, to her second husband[200], her uncle Herod of Chalcis. Agrippa I had already arranged for the marriage of the two remaining daughters, Mariamme (J 681) and Drusilla (D 195). Mariamme was married first within the dynasty, to Julius Archelaus (J 173). Mariamme's second marriage was to an Alexandrian, Demetrios (PIR² D 40); the issue was a son named Agrippinus (PIR² A 462). It is interesting to note that this Demetrios, who by marrying Mariamme became an in-law of 'King' Alexander, held the office of Alabarch at Alexandria, as had Ti. Iulius Alexander's father[201].

Drusilla (PIR² D 195), though only six at the death of Agrippa I, had already been promised to C. Iulius Antiochus Epiphanes (PIR² J 150) of Commagene[202]. Despite the advantages to the Judaean house of thus reinforcing the connection to the dynasty of Commagene, the marriage apparently[203] depended on conversion of Epiphanes to the Jewish religion,

---

[197] MEYSHAN 191. He suggests "a solemn covenant . . . which took place in the Forum Romanum in 41 A. D.".

[198] Jos. AJ 19.353 f.; AJ 19.343—347.

[199] Josephus says that he died as a child; AJ 18.132: ὁ Δροῦσος πρὶν ἡβῆσαι τελευτᾷ ("Drusus died before reaching adolescence").

[200] M. Julius Alexander, PIR² J 138, was her first.

[201] Demetrios is described by Josephus in AJ 20. 147 as being in the "first rank of Alexandrian Jews, both for birth and for wealth." Cf. AJ 20. 100 for a similar description of Alexander the Alabarch. This may show a financial basis for that office. For further texts relevant to this office, see OGIS 202, 570, 674, 685; TAIT Ostraca nos. 1516, 2088, 2269; PTebtMich 323. See D. FORABOSCHI, Onomasticon Alterum Papyrologicum (Milan 1967), ἀραβάρχης.

[202] Jos. AJ 19.355: καθωμολόγηντο δ' ὑπὸ τοῦ πατρὸς πρὸς γάμον . . . Δρούσιλλα δὲ 'Επιφανεῖ, τοῦ δὲ τῆς Κομμαγηνῆς βασιλέως 'Αντιόχου υἱὸς ἦν οὗτος ("They had been promised by their father in marriage . . . Drusilla to Epiphanes, the son of Antiochus king of Commagene").

[203] Jos. AJ 20.139: 'Επιφανὴς γὰρ ὁ 'Αντιόχου τοῦ βασιλέως παῖς παρητήσατο τὸν γάμον μὴ βουληθεὶς τὰ 'Ιουδαίων ἔθη μεταλαβεῖν καίπερ τοῦτο ποιήσειν προὔπεσχημένος αὐτῆς τῷ πατρί ("Epiphanes, son of King Antiochus, had rejected the marriage since he was

which he had undertaken to do but then refused at the death of Agrippa I[204]. This abortive marriage does at least demonstrate the desirability to the Judaean dynasty of continued and reinforced ties to Commagene, which possessed strategic value as well as dynastic prestige. The betrothal in any case throws some light upon the later marriage of King Alexander into this dynasty[205]. Further strengthening of the connections between the Judaean house and related dynasties took place through Drusilla's two subsequent marriages. After the abortive engagement to Antiochus Epiphanes, she was given by her brother Agrippa II to Azizus, King of Emesa (PIR² A 1693)[206]. A short account in Josephus reports her repudiation of Azizus in order to marry M. Antonius Felix (PIR² A 828), who is described by Suetonius as the husband of three queens[207]. Their son was named — appropriately enough — Antonius Agrippa (PIR² A 809), and appears to have perished in the Vesuvius eruption of 79 A.D. along with his wife[208].

There is considerable interest in this perpetuation of dynastic names: the *nomen* and *praenomen* of M. Antonius Felix go back to those of Antony the triumvir, and if Tacitus[209] is correct in calling him husband of the Drusilla descended from Antony and Cleopatra (perhaps by way of Cleopatra Selene and Juba), then the Antonian line had been perpetuated and reinforced. It was to be strengthened still further by the marriage of Julia Berenice (J 651) to the dynast Polemo (J 472), who could claim descent from Antony[210]. Descendants of the dynastic connection of the Judaean

---

not willing to convert to the Jewish religion, although he had previously contracted with her father to do so").

[204] For his subsequent marriage to Julia Balbilla (PIR² J 650), see below.

[205] See my articles cited in notes 72 and 89, with 'The Dynasty of Commagene', in this same volume (ANRWII 8) 794.

[206] On the marital ties of Judaeans to the royal house of Emesa, see stemma, p. 300/1, and R. SULLIVAN, 'The Dynasty of Emesa', in this same volume (ANRW II 8) 215.

[207] Jos. AJ 20.141—144; 141f.: Διαλύονται δὲ τῇ Δρουσίλλῃ πρὸς τὸν Ἄζιζον οἱ γάμοι μετ' οὐ πολὺν χρόνον τοιαύτης ἐμπεσούσης αἰτίας· καθ' ὃν χρόνον τῆς Ἰουδαίας ἐπετρόπευε Φῆλιξ θεασάμενος ταύτην, καὶ γὰρ ἦν κάλλει πασῶν διαφέρουσα, λαμβάνει τῆς γυναικὸς ἐπιθυμίαν . . . ἡ . . . παραβῆναί τε τὰ πάτρια νόμιμα πείθεται καὶ τῷ Φήλικι γήμασθαι. τεκοῦσα δ' ἐξ αὐτοῦ παῖδα προσηγόρευσεν Ἀγρίππαν ("Not long afterwards Drusilla's marriage to Azizus was dissolved under the impact of the following circumstances. At the time when Felix was procurator of Judaea, he beheld her; and, inasmuch as she surpassed all other women in beauty, he conceived a passion for the lady . . . She . . . was persuaded to transgress the ancestral laws and to marry Felix. By him she gave birth to a son whom she named Agrippa"). Suet. Divus Claudius 28: *Felicem . . . trium reginarum maritum.*

[208] Jos. AJ 20.144: ὁ νεανίας οὗτος σὺν τῇ γυναικὶ κατὰ τὴν ἐκπύρωσιν τοῦ Βεσβίου ὄρους ἐπὶ τῶν Τίτου Καίσαρος χρόνων ἠφανίσθη ("this youth and his wife disappeared at the time of the eruption of Mount Vesuvius in the times of Titus Caesar").

[209] Hist. 5. 9: *Drusilla Cleopatrae et Antonii nepte in matrimonium accepta, ut eiusdem Antonii Felix progener, ... esset.*

[210] For the close relationship of Drusilla's grandmother Berenice (PIR² B 109) to another daughter of Antony (Antonia Minor), see p. 311. MACURDY VQ 33ff. and 89 suggests cited that Drusilla was named after Caligula's sister. On Polemo's descent, see my articles in notes 72 and 89.

house with Antony's family apparently run at least as far as one Antonia Agrippina (PIR² A 887), whom Groag suggests among the posterity of Felix and Drusilla[211]. The *cognomen* of their son Agrippa (A 809) does not prove, but suggests, consciousness of this as a dynastic name in the Judaean house[212]. The possible survival of an Antonian heir in this way is doubly significant in view of the wide ramifications of the family throughout Pontus, Armenia, Cappadocia, Thrace, and Cilicia — especially through those dynasts linked to Antony's putative grand-daughter Pythodoris[213]. Though Felix's son Agrippa seems to have died childless, there is a daughter Antonia Clementiana (PIR² A 889), by what mother is uncertain[214].

The marriage of Drusilla to Antiochus Epiphanes (J 150) of Commagene never occurred, through his reluctance to undertake the hazards of becoming a Jew; but the incident is of interest for Agrippa's dynastic intentions and even for his orthodoxy. Josephus records that Agrippa had specifically arranged with Antiochus that he be converted[215].

In reporting the death of Agrippa I, Josephus indicates that only the youth of the heir-apparent Agrippa II, who was now 17, induced Claudius to make Judaea a province: οὖ παντάπασιν ὄντος νηπίου ("since he was not yet of age")[216]. We can infer that Agrippa II was considered to have a presumptive claim on his father's domains upon coming of age, probably to insure social stability. Indeed, after Cuspius Fadus had served only a year as procurator, the Alexandrian Jew Ti. Julius Alexander (J 139) was appointed to succeed him: his origin probably accounts for the appoint-

---

[211] See also PIR² A 889. A possible descendant is the veteran Antonius Alexander whose epitaph has been found near Neapolis in Jordan: R. J. Bull, A Roman Veteran's Epitaph from Azzun, Jordan: PalEQ 98 (1966) 163—165. Cf. REG 80 (1967) 556 Bull. no. 648.

[212] Besides Agrippa I and II, others bore the name: Aristoboulos, nephew of Agrippa I, PIR² A 1052, had a son of this name (A 461); for Mariamme's son see above; for King Alexander's son see PIR² J 130.

[213] See stemma on Pontus in ANRW II 7.

[214] For a possible descendant, see PIR² A 620. For discussion of the supposed three royal wives of Felix, see PIR² D 195 and 196. For typical random survivals of the influence of Antonius, see the Lydian inscription published in DenkschrWien 59 (1911) no. 192; and a remote possibility, MélBeyr 1 (1906) 137f., from Syria. See the discussion in BOWERSOCK Augustus 42—66.

[215] In AJ 20. 139; see above, note 203.

[216] BJ 2.200. In AJ 19.362, Claudius is dissuaded on the grounds of Agrippa's age from his resolve to send Agrippa in 44 to take over his father's kingdom: πέμπειν οὖν εὐθέως ὥρμητο τὸν νεώτερον Ἀγρίππαν τὴν βασιλείαν διαδεξόμενον ἅμα βουλόμενος ἐμπεδοῦν τοὺς ὁμωμοσμένους ὅρκους, ἀλλὰ τῶν ἐξελευθέρων καὶ φίλων οἱ πολὺ παρ' αὐτῷ δυνάμενοι ἀπέτρεψαν, σφαλερὸν εἶναι λέγοντες κομιδῇ νέῳ μηδὲ τοὺς παιδὸς ἐκβεβηκότι χρόνους ἐπιτρέπειν βασιλείας τηλικοῦτον μέγεθος, ᾧ μὴ δυνατὸν τὰς τῆς διοικήσεως φροντίδας ἐνεγκεῖν ("He had accordingly resolved to send the younger Agrippa at once to take over the kingdom, wishing at the same time to maintain the sworn treaty with him. He was, however, dissuaded by those of his freedmen and friends who had great influence with him, who said that it was hazardous to entrust so important a kingdom to one who was quite young and had not even passed out of boyhood and who would find it impossible to sustain the cares of administration").

332 RICHARD D. SULLIVAN

ment, and Josephus remarks that both procurators kept τὸ ἔθνος ("the nation") peaceful by respecting native customs (τῶν ἐπιχωρίων ἐθῶν)²¹⁷.

After the death in 48 of Agrippa's uncle Herod of Chalcis, husband of his sister Berenice, Claudius assigned Herod's kingdom to Agrippa II (now 21)²¹⁸. In 53 Claudius granted Agrippa major accessions of territory, though depriving him of Chalcis²¹⁹. These territorial transfers afford useful glimpses of the variegated internal composition of large areas too often discussed only under general names like Syria, Judaea, Arabia. The 'intense localism' of Asia Minor appears as well throughout northern Mesopotamia and the regions west of the middle Euphrates. So in Agrippa's lands. Josephus gives an inconsistent account of these territories in his two passages; in BJ the tetrarchy (here called a province, ἐπαρχία) of Philip includes Trachonitis, Batanaea, and Gaulanitis, but in AJ the first two of these are considered additions. Both passages note that he also received the former territory of Lysanias²²⁰, though AJ calls it a tetrarchy, and BJ a kingdom (βασιλεία). It lay in Syria, and was apparently not considered part of Agrippa's hereditary holdings: a pact concluded by Claudius with Agrippa in the Forum ratified the dynastic lands but added this and some Lebanese territory²²¹. Agrippa I had held both

²¹⁷ Jos. BJ 2.220: οἱ μηδὲν παρακινοῦντες τῶν ἐπιχωρίων ἐθῶν ἐν εἰρήνη τὸ ἔθνος διεφύλαξαν ("who by abstaining from all interference with the customs of the country kept the nation at peace").
²¹⁸ AJ 20.140 is unspecific as to date: see AJ 20.138, dating to 49: τῆς δ' ἀρχῆς δωδέκατον ἔτος ἤδη πεπληρωκὼς δωρεῖται τὸν Ἀγρίππαν τῇ Φιλίππου τετραρχίᾳ καὶ Βαταναίᾳ προσθεὶς αὐτῷ τὴν Τραχωνῖτιν σὺν Ἀβέλᾳ· Λυσανία δ' αὕτη γεγόνει τετραρχία· τὴν Χαλκίδα δ' αὐτὸν ἀφαιρεῖται δυναστεύσαντα ταύτης ἔτη τέσσαρα ("When [Claudius] had completed the twelfth year of his reign, he granted to Agrippa the tetrarchy of Philip together with Batanaea, adding thereto Trachonitis and Lysanias' former tetrarchy of Abila; but he deprived him of Chalcis, after he had ruled it for four years"); BJ 2.223, unspecific: Μετὰ δὲ τὴν Ἡρώδου τελευτήν, ὃς ἦρχε τῆς Χαλκίδος, καθίστησιν Κλαύδιος εἰς τὴν βασιλείαν τοῦ θείου τὸν Ἀγρίππαν υἱὸν Ἀγρίππα ("After the death of Herod, sovereign of Chalcis, Claudius presented his kingdom to his nephew Agrippa, son of Agrippa"). Coins fix the year 50 as the beginning of his reign. There are two other regnal dating systems, from 56 and 61. The reason for these is unknown, though 56 may commemorate a benefaction from Nero, for whom he renamed Caesarea, as recorded in AJ 20.211 and on coins. For discussion of his eras see OGIS 426 and ROSENBERG, RE X 1 (1919) 147, s. v. Iulius no. 54 (Agrippa).
²¹⁹ Jos. BJ 2.247: Χαλκίδος Ἀγρίππαν εἰς μείζονα βασιλείαν μετατίθησιν, δοὺς αὐτῷ τήν τε Φιλίππου γενομένην ἐπαρχίαν, αὕτη δ' ἦν Τραχωνῖτις καὶ Βατανέα καὶ Γαυλανῖτις, προσέθηκεν δὲ τήν τε Λυσανίου βασιλείαν καὶ τὴν Οὐάρου γενομένην τετραρχίαν ("Agrippa he [Claudius] transferred from Chalcis to a larger kingdom, assigning to him Philip's former province, namely Trachonitis, Batanaea, and Gaulanitis: to this he added the kingdon of Lysanias and the old tetrarchy of Varus"); cf. AJ 20.138.
²²⁰ In discussing Agrippa's holdings (BJ 3. 37 and 56—58) Josephus apparently forgets the tetrarchy of Lysanias in calling Gaulanitis the frontier of the kingdom. On Lysanias see below, and Jos. BJ 1. 248, 398, 440; 2. 215, 247; AJ 14. 330ff.; 15. 92, 344; 18. 237; 19. 275; 20. 138.
²²¹ AJ 19.275: καὶ ταῦτα μὲν ὡς ὀφειλόμενα τῇ οἰκειότητι τοῦ γένους ἀπεδίδου· Ἄβιλαν δὲ τὴν Λυσανίου καὶ ὁπόσα ἐν τῷ Λιβάνῳ ὄρει ἐκ τῶν αὐτοῦ προσετίθει, ὅρκιά τε αὐτῷ τέμνεται πρὸς τὸν Ἀγρίππαν ἐπὶ τῆς ἀγορᾶς μέσης ἐν τῇ Ῥωμαίων πόλει ("He restored

adjunct territories, though their precise composition may have differed[222].

Though obscure, both areas had joined the preliminary struggles between Rome and Parthia, and both had long been troubled. That of Lysanias had been leased to outsiders and pillaged[223], then granted in desperation by Augustus to Herod, soon himself invaded by Arabs to whom part of it had been sold[224]. Lysanias himself had intrigued among Jewish and other princes with Parthians and Romans[225]; he was put to death by Antony[226]. His father, Ptolemy of Chalcis, had been a satellite of the Judaean house and was connected to it by marriage[227]. Likewise, a son of Lysanias named Zenodorus (PIR¹ Z 8) followed him as tetrarch and passed the territory in turn to Herod[228]. Among devices used by Zenodorus in struggles with Herod was incitement of neighboring Arabs καὶ πάλαι δυσμενῶς ἔχοντες πρὸς τὴν ἀρχὴν τὴν Ἡρώδου ("long since disgruntled at the rule of Herod")[229].

Though AJ 20.138 and 18.237 mention no further territory for Agrippa II, BJ 2.247 adds that he also took "the former tetrarchy of Varus", who in Vita 48—61 is holding office by appointment of Agrippa II and Berenice as overseer of their kingdom (ὁ τὴν βασιλείαν διοικῶν). But as descendant of one Sohaemus[230], tetrarch of a district in Lebanon, Varus can be described as of kingly descent[231], and could thus be tempted by the Caesareans — here called Syrians — to expect his own succession to Agrippa II! It is noteworthy that his first reaction was to gather support among the inhabitants of Trachonitis and Batanaea (in this passage the

these lands to him as a debt due to his belonging to the family of Herod. But he also added Abila, which had been ruled by Lysanias, and all the land in the mountainous region of Lebanon as a gift out of his own territory, and he celebrated a treaty with Agrippa in the middle of the Forum in the city of Rome").

[222] See PIR² J 131.
[223] AJ 15.344f.
[224] AJ 15.351: οἵ τε Ἄραβες καὶ πάλαι δυσμενῶς ἔχοντες πρὸς τὴν ἀρχὴν τὴν Ἡρώδου διεκεκίνηντο καὶ στασιάζειν ἐπεχείρουν ("the Arabs, who had long been hostile to Herod's rule, were stirred up and now attempted to revolt against his authority").
[225] For a text from Baalbek probably of this Lysanias, see IGLSyr VI 2851.
[226] AJ 14. 330; BJ 1. 248; AJ 15. 92; BJ 1. 440.
[227] AJ 14.126 and esp. 297: Ἀντίγονον δὲ τὸν Ἀριστοβούλου . . . κατῆγε Πτολεμαῖος ὁ Μενναίου διὰ τὸ κήδευμα ("But Antigonus, the son of Aristobulus . . . was brought back to his country by Ptolemy, the son of Mennaeus, because of their kinship").
[228] Jos. AJ 15. 344f., 349, 363; 16. 271. Cf. 17. 319.
[229] Jos. AJ 15. 351—355. Zenodorus may be the son of Lysanias mentioned in IGLSyr VI 2851 = IGRR III 1085 = CIG 4523. On the dynasty, see the study by E. RENAN, Mémoire sur la dynastie des Lysanias d'Abilène: MémAcInscr 26 (1870) 49—74. It had ruled this part of Syria since at least the mid-first century B. C. Cf. MAGIE 512 and 1367 note 48, and SCHÜRER (VERMES + MILLAR) Vol. I, Appendix I.
[230] For this dynastic name in Emesa, see my article 'The Dynasty of Emera' in this same volume (ANRW II 8) 216ff.
[231] For discussion of the ancestry of Varus (a name Romanized perhaps from a native name Noarus: BJ 2. 481), see PIR¹ N 85 and V 201: he may reveal a close link between Emesa and Lebanon, since the Sohaemus to whom he is related in BJ 2. 481 and 501 cannot apparently be the same as in Tacitus, Annals 12. 23, who died in 49 and bore a different title.

first appears a district of the second) for an attack on the Jews Herod I had settled there as protection against Arab raids' and against the population of Trachonitis itself[232]. In Vita 180, Varus has finally been deposed by Agrippa II, but the interest of the situation (in which Josephus himself was involved) lies in the strong ethnic and dynastic feelings it reveals in this region and in Rome's understandably hesitant responses. All systems of political legitimization are clumsy, and based ultimately on force. The dynastic system has at least the merits of clarity in its operation and of minimal force: small wonder the high potential of surviving dynasts for social control.

In this case, the only effective appeal was apparently to force, and even that appeal had to come from the mouth of an Eastern dynast (Vita 59—61). These anti-Semitic feelings were in large measure anti-Roman as well, considering the close identification of Jewish with Roman interests at this period; the considerable number of Jews in the border areas — Josephus estimates many thousands in Caesarea alone — apparently did nothing to alley these dangerous sentiments. Though Agrippa II learned of the intentions of Varus in time to prevent a pogrom and to end his aspirations (Vita 61), the many decades of Jewish and Roman hegemony in the area had little apparent effect on local feeling. In 66, not only was there a general massacre of Jews throughout Syria[233] by the Syrians, but there was also conflict between Jews and their own countrymen in Scythopolis[234]. An explanation for this fraternal bloodshed may lie in BJ 7.367, where every city in Syria is said to have massacred its resident

---

[232] AJ 17.23: βουλόμενος πρὸς Τραχωνίτας ἀσφαλὴς εἶναι, κώμην πόλεως μέγεθος οὐκ ἀποδέουσαν ἔγνω 'Ιουδαίων κτίσαι ἐν μέσῳ, δυσέμβολόν τε ποιεῖν τὴν αὐτοῦ, καὶ τοῖς πολεμίοις ἐξ ἐγγίονος ὁρμώμενος, ἐκ τοῦ ὀξέος ἐμβαλὼν κακουργεῖν. καὶ ἐπιστάμενος ἄνδρα 'Ιουδαῖον ἐκ τῆς Βαβυλωνίας σὺν ἱππεῦσι πεντακοσίοις, ἱπποτοξόταις πᾶσι, καὶ συγγενῶν πλήθει εἰς ἑκατὸν ἀνδρῶν τὸν Εὐφράτην διαβεβηκότα . . . μετεπέμπετο τοῦτον σὺν τῷ πλήθει τῶν ἑπομένων, παρέξειν ὑπισχνούμενος γῆν ἐν τοπαρχίᾳ τῇ λεγομένῃ Βατανέα, ὡρίζετο δὲ αὕτη τῇ Τραχωνίτιδι, βουλόμενος πρόβλημα τὴν κατοίκησιν αὐτοῦ κτᾶσθαι ("Herod, wishing to be safe from attack by the Trachonites, decided to build, between them and the Jews, a village not inferior in size to a city and make his own territory difficult to invade, and also have a place from which to sally out against the enemy close by, and do them harm by sudden incursions. And when he learned that a Jew from Babylonia had crossed the Euphrates with five hundred horseman, all of them mounted archers, and a group of kinsmen amounting to a hundred men . . . he sent for this man with his band of followers, promising to give him land in the toparchy called Batanaea, which bordered on Trachonitis, for he wished to make a buffer-zone out of such a settlement").

[233] BJ 2.457—486, esp. 457: ἀνήρουν Καισαρεῖς τοὺς παρ' ἑαυτοῖς 'Ιουδαίους ("the inhabitants of Caesarea massacred the Jews who resided in their city") — 461f.: Οὐ μὴν οἱ Σύροι τῶν 'Ιουδαίων ἔλαττον πλῆθος ἀνήρουν, ἀλλὰ καὶ αὐτοὶ τοὺς ἐν ταῖς πόλεσιν λαμβανομένους ἀπέσφαττον . . . δεινὴ δὲ ὅλην τὴν Συρίαν ἐπεῖχεν ταραχή ("The Syrians on their side killed no less a number of Jews; they, too, slaughtered those whom they caught in the towns . . . The whole of Syria was a scene of frightful disorder").

[234] BJ 2.466—468, 466: κατατρέχοντες δὲ εἰς Σκυθόπολιν τοὺς παρ' ἐκείνοις 'Ιουδαίους ἐπείρασαν πολεμίους ("when they invaded Scythopolis they [the Jews] found their own nation in arms against them").

Jews, to whom the Syrians bore even more ill will than they did to the Romans (the syntax here, though mixed, yields this interpretation). It may be that the Jews of Scythopolis regarded as enemies their countrymen allied with Rome, and in BJ 2.466, Josephus implies just this. From Vita 349 it emerges that Agrippa had gained some control over Scythopolis, but not so much that Josephus cannot call the movement of Jewish forces to the city in 66 an invasion[235].

In granting Agrippa the territory in 53, Claudius may have been reacting to the recent conflict between the people of Samaria and the Jews (see below); his appointment of Antonius Felix (brother of the court favorite Pallas) as procurator of Judaea in 52, with command also over Samaria, Galilee, and Peraea, may have been to this end[236]. Antonius was related by marriage to Agrippa II, as noted above, and had already been connected with Samaria either as governor or judge[237]. Agrippa continued in favor under Nero, who granted him — apparently early in his reign — four cities in Galilee and Peraea, one of which included possession of fourteen adjacent villages. Josephus notes that Felix was confirmed as *procurator* of "the remainder" of Judaea — τὴν λοιπὴν ᾿Ιουδαίαν — implying a sort of dyarchy[238].

One is tempted to see in this grant more than a symbolic gesture of favor to Agrippa. Though the districts may seem insignificant, Josephus praises the general richness of Galilee in both men and natural resources, and concedes that some parts of Peraea are fertile[239]. This would certainly include the city Julias, now given to Agrippa[240].

Nero may also, like Claudius, have had the motive in these grants of placating local feeling: AJ 20.2 shows strife between Jews and neighbors over boundaries in this area. The city of Tarichaeae in lower Galilee was similarly mixed in population, and Agrippa's aristocracy had difficulties

---

[235] For a study of the difficulties experienced by Jews over some seven centuries with the Hellenized and later Christian population of this oddly named city, see M. AVI-YONAH, Scythopolis: IEJ 12 (1962) 123—134. See also the analogous situation described in AJ 18. 371—379. On the city, see the study by B. LIFSHITZ, Scythopolis. L'histoire, les institutions et les cultes de la ville à l'époque hellénistique et impériale: this same volume (ANRW II 8) 262—294.

[236] BJ 2.247: ᾿Ιουδαίας μὲν ἐπίτροπον Φήλικα τὸν Πάλλαντος ἀδελφὸν ἐκπέμπει τῆς τε Σαμαρείας καὶ Γαλιλαίας καὶ Περαίας ("Claudius sent out Felix, the brother of Pallas, as procurator of Judaea, Samaria, Galilee, and Peraea").

[237] See Tac. Ann. 12. 54 and Hist. 5. 9; Jos. AJ 20. 137; CIL 5. 34; Suet. Divus Claudius 28; Acts of the Apostles 24. 1—10; P. v. RHODEN, RE I 2 (1894) 2617 s. v. Antonius no. 54.

[238] Jos. BJ 2. 252 and AJ 20. 159.

[239] BJ 3. 41—47.

[240] AJ 20.159: δίδωσι . . . ᾿Ιουλιάδα πόλιν τῆς Περαίας καὶ κώμας τὰς περὶ αὐτὴν δεκατέσσαρας ("He [Nero] . . . gave him Julias, a city in Peraea, and the fourteen villages that go with it"); BJ 2.252; AJ 18.27f. notes that it was named for the wife of Augustus. Cf. such cities as Autocratoris, the two Caesareas, another Julias; for the practice applied to members of the dynasty resulting in towns like Phasaelis, Antipatris, Archelais, etc., see above. The Abila added to Agrippa's kingdom at this time cannot be the city of that name in Lebanon: AJ 19. 275; 20. 138.

there (Vita 151); Josephus himself used the town as a sort of sanctuary, as
noted several times in the Vita. The other Galilean city granted to Agrippa
— Tiberias — was not only an important city in its own right, but something of a hotbed of factional strife. In Vita 340—368, Josephus repeatedly
charges the city with initiating the Jewish revolt, even asserting in 342
that a document by Vespasian confirms this.

Josephus can cite long lists of ethnic names everywhere as the
elements of these principalities and provinces, and he tends to think of
political divisions like tetrarchies and kingdoms as existing long after
Roman divisions overlay them. This should both remind us of Strabo's
similar habit[241] and warn us against the prevalent practice on modern
political and ethnic maps of shading or coloring a large blank area with
the appropriate Roman label (or naming the constituents but dismissing
them with the phrase "under Roman suzerainty" or the equivalent).
Whatever the military superiority Rome might claim in these districts, of
far more enduring importance were the ethnic composition and social
attitudes of the population so blandly ignored in this way. Some such
realization underlies the continuing care of Josephus to record names of
varying populations, and these entities definitely influenced politics.

Even within the kingdom of Agrippa II there are many examples of
cities or districts whose allegiance he could not always command[242].
Josephus describes the kingdom as a mixture of Jews and Syrians; Jews
constituted only a minority of the population[243]. This can be proved for at
least the outlying areas of Agrippa's kingdom by passages discussed earlier
regarding such places as Batanaea, Scythopolis, Trachonitis, and Seleucia[244].
We can see here the difficulty of applying standard labels to the strong

---

[241] Strabo 12.4.4—6; 13.4.12: Τὰ δ᾽ ἑξῆς ἐπὶ τὰ νότια μέρη τοῖς τόποις τούτοις ἐμπλοκὰς
ἔχει μέχρι πρὸς τὸν Ταῦρον, ὥστε καὶ τὰ Φρύγια καὶ τὰ Καρικὰ καὶ τὰ Λύδια καὶ ἔτι τὰ
τῶν Μυσῶν δυσδιάκριτα εἶναι, παραπίπτοντα εἰς ἄλληλα· εἰς δὲ τὴν σύγχυσιν ταύτην
οὐ μικρὰ συλλαμβάνει τὸ τοὺς Ῥωμαίους μὴ κατὰ φῦλα διελεῖν αὐτούς, ἀλλὰ ἕτερον
τρόπον διατάξαι τὰς διοικήσεις ("The parts situated next to this region towards the south
as far as the Taurus are so inwoven with one another that the Phrygian and the Carian
and the Lydian parts, as also those of the Mysians, since they merge into one another,
are hard to distinguish. To this confusion no little has been contributed by the fact
that the Romans did not divide them according to tribes, but in another way organised
their jurisdictions"). Both passages complain that imposed political boundaries too
often ignore social composition.

[242] E.g., Gamala in BJ 4.2.

[243] BJ 3.57: οἰκοῦσι . . . αὐτὴν μιγάδες Ἰουδαῖοί τε καὶ Σύροι ("it contains a mixed population
of Jews and Syrians"). Rosenberg sums it up thus in RE X 1 (1919) 148, s. v. Iulius
no. 54 (Agrippa): „Das Reich des Agrippa war im wesentlichen ein syrisch-arabischer Staat
mit griechischer Regierung." But the four passages Rosenberg cites (BJ 3. 37, 57, 445;
4. 2) in no way fix the proportion of Jews in the areas named, and Josephus does not attempt to. Indeed, in BJ 3. 445, we merely find Vespasian resolved to favor Agrippa by
crushing Jews who have rebelled in Galilee.

[244] It would, however, by no means follow from the mixed nature of Agrippa's subjects that
his "Verhältnis . . . zum Judentum" would differ from his father's or that "als Regent war
er nur hellenistischer Fürst und römischer Vasall". See Rosenberg, ibid.

but irregular interpenetrations of cultural and social forces at this time in the Near East.

Religion was already adding another complicating factor, and the collision of Roman political interests with dynastic practices would result in further strains[245]. The interpenetration of these diverse societies was by no means peaceful: a steady stream of robber bands and dissident parties emerged from Arabia and the Trans-Jordan. The Zealots, extreme nationalists, had arisen at the time of Herod I in Gaulanitis. The tetrarchy of Lysanias had, as noted above, suffered repeatedly from brigands; Agrippa II complains in OGIS 424 that he knows not how bands of Arabs in Hauran have lurked "like beasts" so long. Even such comparatively peaceful districts as Judaea, Samaria and Idumaea "could not readily be fitted into the normal provincial scheme" because of the thoroughly Hellenistic "centralized bureaucratic system" so long in use there[246]. Thus it can be no accident that Agrippa I and II both governed essentially the same areas. Rome needed them there, and was soon to learn the force of 'religious nationalism' even in peaceful Judaea, where king and high-priest were in some periods identical and in all periods shared common aims.

Nor should there be any doubt as to the full and traditional nature of the kingship held by members of the dynasty of Herod. Josephus, who must have had intimate knowledge of the realities of power, calls Agrippa II and his predecessors by the name King throughout. Even Julia Berenice shares the royal title in Vita 49[247], and on several occasions in the narratives of Josephus seems to have exercised some power as well[248]. Not only were these dynasts far more than mere figureheads, but even their titulature was more than the arbitrary and insincere mutual flattery too often assumed. In the series of inscriptions for Agrippa II reprinted as OGIS 419—427[249], the titles show a clear pattern. For instance, 419 shows that he and his father both used the same *cognomen* and exact set of titles; CIL III 14387 from Baalbek even shows this series of titles partly translated and partly transliterated into Latin. To the Eastern mind these titles had force, as we see from the inscriptions dedicated to the dynasts by individuals and by whole towns,

---

[245] For Agrippa's meeting with the Apostle Paul, see Acts of the Apostles, 25. 13ff. ROSEN-BERG apparently considers Agrippa a dynastic heir only in the lands east of the Jordan, misled in this perhaps by Roman claims to Judaea and Samaria; the events of 66—70 show the deceptiveness of this view. Against the background of strong and perhaps even paramount influence of Hellenic culture in this area, the almost chaotic social patterns of the entire Near East — stretching far beyond Mesopotamia — and the difficulty of cultural generalizations in this period, have been ably studied by J. B. WARD-PERKINS, The Roman West and the Parthian East: ProcBritAc 51 (1965) 175—99.

[246] A. H. M. JONES, The Herods of Judaea (Oxford 1938) 170.

[247] Cf. Tac. Hist. 2. 2 and 81; Suet. Divus Titus 7; OGIS 428.

[248] In the Athenian decree in her honor (CIG 361 = OGIS 428) she is further described as: μεγάλων βασιλέων εὐεργετῶν τῆς πόλεως ἔκγονον.

[249] The usual reason for assigning them to him rather than to his father is the much longer duration of his reign, usually indicated in the texts.

338   RICHARD D. SULLIVAN

and as appears from the survival of the various dynastic cognomina among royalty and among such commoners as veterans of the dynastic armies.

The sincerity of those who named towns in the East after individual dynasts or Romans may be reflected in the duration of these names. There were exceptions, usually for obvious reasons: Agrippa's renaming of Caesarea Philippi for Nero did not survive Nero's *damnatio memoriae*; the effort to rename Bethsaida after the unfortunate daughter of Augustus caused some embarrassment[250]; the other city bearing the name Julias, in honor of the wife of Augustus, may have originally been Livias before her entry into the Julian *gens*, and returned to this name after perhaps a century of official use of Julias[251]. JONES (loc. cit.) notes that a district in the Jordan valley still bore the name Livias in the sixth century.

In this connection, we have tantalizing glimpses of Alexandrian Greek attitudes toward the close relations between Herod's house and the Julio-Claudians. Josephus records bequests to Julia by Herod and later by his sister Salome, mother of Berenice (B 108)[252]. It is apparently this Salome who is named in contempt by the Alexandrian gymnasiarch Isidorus (PIR² J 53) in the 'Acta Isidori'[253], four papyrus texts relating to a trial before Claudius of Alexandrian Greeks opposed to Jewish privilege there. In column III, lines 11f., he says to Claudius: σὺ δὲ ἐκ Σαλώμη[ς] [τ]ῆς Ἰουδα[ίας υ]ἱὸς [ἀπό]βλητος ("But you are the cast-off son of the Judaean Salome"). Whether or not this adequately represents contemporary Greek attitudes toward Judaean relations with Romans, it apparently stems from an actual occurrence. We know from Josephus that Agrippa II was in Rome in 52 for the trial of Cumanus and some Samaritans in regard to recent conflicts with the Jews[254]. Agrippa is portrayed here as playing a decisive role, and noteworthy is the remark that he worked upon Claudius through the empress Agrippina, who as granddaughter of Antonia may

---

[250] Jos. AJ 18.28: κώμην ... Βηθσαϊδά ... Ἰουλίᾳ θυγατρὶ τῇ Καίσαρος ὁμώνυμον ἐκάλεσεν ("He named the town Bethsaida after Julia, the emperor's daughter"); BJ 2.168. Cf. E. SCHÜRER (ed. 1) II 208.

[251] JONES Cities 275.

[252] Jos. AJ 18.31: Σαλώμη ἡ τοῦ βασιλέως Ἡρώδου ἀδελφή ... Ἰουλίᾳ μὲν Ἰάμνειάν τε καταλείπει καὶ τὴν τοπαρχίαν πᾶσαν, τήν τ' ἐν τῷ πεδίῳ Φασαηλίδα καὶ Ἀρχελαΐδα ("Salome, the sister of King Herod, . . . To Julia she bequeathed Jamnia and its territory, together with Phasaëlis, which lay in the plain, and Archelaïs"); cf. 17.146 and 190. Salome's bequest included the Philistian city of Jamnia and its environs, as well as the dynastic cities Phasaelis and Archelais in the Jordan valley.

[253] Chrestomathie (I, ii) 14 = BGU II 511 (Col. I and II) + P. Cairo inv. 10448 (Col. III). Cf. P. Lond. inv. 2785 + P. Berl. 8877. SMALLWOOD CCN 436. The date is probably 53. For a convenient reprinting of this and other texts in this revealing body of literature, and for review of the scholarship on the Acta Isidori, see MUSURILLO, Pagan Martyrs 18—26 and 117—140. The reading quoted here is from MUSURILLO'S Teubner text (Stuttgart 1961) IV A 50f.

[254] BJ 2.245—246: Κατὰ δὲ τὴν Ῥώμην Καῖσαρ ἀκούσας Κουμανοῦ καὶ Σαμαρέων, παρῆν δὲ καὶ Ἀγρίππας ἐκθύμως ὑπεραγωνιζόμενος Ἰουδαίων ... ("At Rome Caesar gave his hearing to Cumanus and the Samaritans in the presence of Agrippa, who made a spirited defence on behalf of the Jews ..."); AJ 20.134—136.

have retained special feeling for the Judaean house. In another segment of the 'Acta Isidori', Agrippa is the object of a disparaging and perhaps obscene remark by Isidore (lines 17—19), and is apparently warmly defended by Claudius (lines 19—21 and 49f.)[255].

Yet another segment of this account[256] shows resentment at Alexandria of the real or imagined privileges which the Jews enjoyed there, even though these privileges may have amounted to no more than equality with the Alexandrians in the matter of capitation-tax (see below, p. 348). The least we can infer from this and similar documents is that strong feelings against these Jews persisted in the time of Agrippa II, and that this was a matter of real concern to Claudius: Chrestomathie 14 (Col. II) shows him attended at the trial by a *consilium* of twenty senators and sixteen consulars[257].

Further difficulties beset Agrippa from several quarters. In the account of Josephus, when Agrippa arrived with Vespasian in the spring of 67 at Tyre[258] the citizenry rebuked him as an enemy both of themselves and of the Romans, in that his lieutenant Philip had been rumored a rebel from Rome[259]. Vespasian's defense of his ally takes an interesting form: the Tyrians are not to insult a man who is both ally of Rome and a king, but Philip will have to journey to Rome and render an account to Nero.

Most of Agrippa's challenges came not from Alexandria, Samaria, or Tyre, but from within his own kingdom. Conflict with Gamala in Gaulanitis was nearly continuous. The grounds of one revolt against him are given in Vita 185 as desire for recovering freedom; in another incident Agrippa's resolve to destroy the fortress there resulted in a confrontation with forces led by Josephus himself[260]. All too often, the sources of opposition to Agrippa seem to have lain in his attachment to Rome; this is declared

---

[255] P. Lond. inv. 2785 = SMALLWOOD CCN 436 Recension B = MUSURILLO IV B.

[256] P. Berl. 8877 = SMALLWOOD CCN 436 Recension C = MUSURILLO (1961) IV C. For references to Isidore and the group involved in this controversy: PIR² A 1414; D 103; J 53, 72—73, 292, 598a.

[257] The remark πα[ρουσῶν δὲ καὶ] τῶν ματρωνῶν may show the interest also taken in the proceedings by women of the court such as Agrippina, who had maintained relations with the Judaean dynasts. For this reading see SMALLWOOD CCN 436.

[258] Which is strangely described in BJ 3.38 as constituting, with its immediate region, the northern boundary of Agrippa's kingdom: τὰ προσάρκτια δ' αὐτῆς Τύρῳ τε καὶ τῇ Τυρίων χώρᾳ περατοῦται ("on the north Tyre and its dependent district mark its [Agrippa's kingdom] limits").

[259] Vita 407f.: οἱ Τύριοι βλασφημεῖν ἤρξαντο τὸν βασιλέα, Τυρίων αὐτὸν καλοῦντες καὶ Ῥωμαίων πολέμιον· τὸν γὰρ στρατοπεδάρχην αὐτοῦ Φίλιππον ἔλεγον προδεδωκέναι τὴν βασιλικὴν αὐλὴν καὶ τὰς Ῥωμαίων δυνάμεις τὰς οὔσας ἐν Ἱεροσολύμοις κατὰ τὴν αὐτοῦ πρόσταξιν ("The king [Agrippa] was met by the invectives of the citizens, who denounced him as an enemy of their own and of the Romans; because, as they asserted, Philip, his commander-in-chief, had, under orders from him, betrayed the royal palace and the Roman forces in Jerusalem"). He is acquitted of this charge by Josephus in Vita 46—53 and 180—184.

[260] Vita 114ff. For an instance of Agrippa's high statesmanship in dealing with such dissidents, see Vita 390f. and 410.

openly in Vita 39, where dissidents in Tiberias are told all Galilee will join them through hatred of Rome. In AJ 20.211f., Josephus reports that by following his father's and great-grandfather's lead in a building program at Berytus, Agrippa alienated Jewish opinion. The grounds for this would not have been feeling specifically against Greeks or Romans — though Berytus had both — but rather a vague nationalism: Berytus is here described simply as a 'foreign' city[261]. Nor was dissent ever unanimous: the example of Tiberias alone shows steady support for Agrippa by some elements of the population (Vita 34); once he was supported by the leading men among the town's councilors, but this nearly resulted in the sack of the town by the enraged Galilaeans[262]. Despite these symptoms of unrest, Agrippa's control within his kingdom remained for the most part firm during more than 40 years of rule, and scattered evidence such as that from Scythopolis demonstrates some measure of success even in areas where Jews constituted a decided minority[263].

Agrippa exerted at least honorary influence as far away as Emesa, in addition to his dynastic ties with the ruling house there, as shown by a badly damaged edict in his name published by JALABERT and MOUTERDE as IGLSyr 2707 (see below). He had himself given his sister Drusilla in marriage to Azizus (PIR² A 1693) of Emesa[264]. Agrippa's motives must have been dynastic, since Josephus notes that Azizus had agreed to circumcision, as had Antiochus Epiphanes of Commagene[265]. Either Agrippa I or II is honored in a text from Baalbek[266] as *patronus* of Heliopolis. Interestingly enough, another *patronus* of the city is C. Julius Sohaemus of Emesa[267]. The only other example of a king's holding this relationship to a city is that of Juba II as *patronus* of Gades.

At the moment of Agrippa's greatest military and political challenge — the pillage of Jerusalem by Florus in May of 66 — Agrippa himself was absent in Alexandria where he had gone, interestingly enough, to congratulate Tiberius Iulius Alexander, once brother-in-law of Agrippa's sister Berenice, on Alexander's appointment as Prefect of Egypt[268]. Josephus gives no other motive (BJ 2.309) for Agrippa's journey, but the trip — a not improbable one under normal circumstances — appears strange indeed at this dangerous time. In view of the rapidly worsening condition in Alexandria of

[261] On Berytus see Strabo 16. 2. 19. Cf. P. K. HITTI, Lebanon in History from the Earliest Times to the Present (London-New York 1957) 178.
[262] Vita 381—393; Josephus himself takes credit for saving the town.
[263] Jos. Vita 349. But see Vita 26 and BJ 2. 466ff.
[264] She was apparently about fifteen at the time, if the marriage was soon after Agrippa's accession to the tetrarchies of Philip and Lysanias in 53 (Josephus so implies in AJ 20. 139; he says in AJ 19. 354 that she was six in 44, the year of her father's death).
[265] Jos. AJ 20. 139.
[266] IGLSyr 2759.
[267] IGLSyr 2760.
[268] For evidence since 1950 on his prefecture, see O. W. REINMUTH, A Working List of the Prefects of Egypt, 30 B. C. to 299 A. D.: BASPapyr 4 (1967) 83.

what Josephus calls incessant στάσις ("factional strife")²⁶⁹, and of the difficulties already apparent in Judaea, this meeting must have been designed by
these two powerful Jews to work out and reaffirm the policies which they were
both to follow in regard to their own countrymen during the succeeding
turmoil²⁷⁰. The powerful influence which Tiberius Iulius Alexander later
exerted in acclaiming Vespasian (BJ 4.616), and the active part he and
Agrippa both played in the war²⁷¹, allow us with hindsight to guess that
Agrippa probably had more on his mind than mere congratulations,
especially with his insider's knowledge of the lines of power at Rome. The
visit must have been designed to concert their policies before the
approaching storm.

Josephus affords here an interesting sidelight on the position of Berenice — who had remained at Jerusalem — and of the Jewish aristocracy
there. Josephus portrays Florus as ignoring Berenice's high birth (εὐγένεια),
but only after far worse crimes: he dared what no one had ever dared
before — to whip and then crucify men of the equestrian order who had
full claim to that rank "even though of Jewish race" (εἰ καὶ τὸ γένος
Ἰουδαῖον)²⁷².

The details of Agrippa's military activity during the ensuing conflict
need not detain us²⁷³. His position was a difficult one, and Josephus
records several instances of his concerned attempts to dissuade his countrymen from a revolt he knew he must aid in crushing. Josephus also²⁷⁴

269 BJ 2.487—498; 487f.: Κατὰ δὲ τὴν Ἀλεξάνδρειαν ἀεὶ μὲν ἦν στάσις πρὸς τὸ Ἰουδαϊκὸν
τοῖς ἐπιχωρίοις ἀφ' οὗ χρησάμενος προθυμοτάτοις κατὰ τῶν Αἰγυπτίων Ἰουδαίοις Ἀλέξανδρος γέρας τῆς συμμαχίας ἔδωκεν τὸ μετοικεῖν κατὰ τὴν πόλιν ἐξ ἰσομοιρίας πρὸς τοὺς
Ἕλληνας ("At Alexandria there had been incessant strife between the native inhabitants and the Jewish settlers since the time when Alexander, having received from the
Jews very active support against the Egyptians, granted them, as a reward for their
assistance, permission to reside in the city on terms of equality with the Greeks").
He may have this in mind when he says (Vita 4) that the period just before the outbreak
of war in 66 was turbulent; or he may be thinking of the many smouldering resentments
beneath the surface in Palestine.
270 It may be noted in this connection that sufficient time was available for such a meeting
to have been arranged after word of Alexander's appointment reached Agrippa. REINMUTH
cites for the inception of his office BJ 2. 309 and 492—498, with the conclusion "earliest
date 66 (ca. May)"; these passages, however, give no such solid indication of date, but
say merely that Alexander had been sent by Nero to assume the office. Though the context
implies a recent appointment, the Greek nowhere indicates how recent it was; the last known
prefect before Alexander, C. Caecina Tuscus, is given a 'latest date' of 64 by REINMUTH,
citing P. Mich. 179 (17 July). Thus there is ample time for the news to have reached Agrippa
and the meeting to have been planned, and fixing Tiberius's appointment in May unneces-
sarily reduces the available span.
271 Jos. BJ 6. 237 shows him as *praefectus castrorum* under Titus before Jerusalem:
Τιβερίου ... Ἀλεξάνδρου τοῦ πάντων τῶν στρατευμάτων ἐπάρχοντος ("Tiberius
Alexander, the prefect of all the forces").
272 Jos. BJ 2. 308—312.
273 The references are marshalled in PIR² J 132.
274 After duly noting that Berenice was stationed conspicuously (ἐν περιόπτῳ) and sym-
bolically upon the roof of the Hasmonaean palace.

relates a long oration by Agrippa reviewing Rome's power and demonstrating the futility of resistance[275]. The result was Agrippa's banishment from Jerusalem conveniently in company with the archons and aristocrats of the city[276]. For his loyalty (or, to the mass of his countrymen, perfidy), Agrippa was apparently rewarded at war's end by an increase in his kingdom at Vespasian's hands and by the *ornamenta praetoria* while at Rome in 75 with Berenice[277].

For the period after the war the narrative of Josephus — heretofore an indispensable and uniquely detailed look into the working of a 'client kingdom' — for the most part ceases, leaving us with scattered and inferential literary evidence plus a few coins and inscriptions. Among these bits and pieces it would be valuable for us to learn from notices in Josephus that Agrippa had returned to Jerusalem after the war with a building program in his father's tradition, and this implication is given by citations in PIR² J 132. But in fact the references all belong to the period just before the war: (1) AJ 20.189 merely records the addition of a room to the palace (and continues with its vehement and delightful repercussions); (2) BJ 2.426 refers rather to this room than to a separate palace — an unlikely construction; (3) BJ 2.429 must refer to Herod's palace described in BJ 5.176 (173 shows it upon high ground, as necessary for this passage; nothing connects the palace mentioned with Agrippa); (4) BJ 5.36 does note the existence of materials intended by Agrippa for the temple, but ignores the 'impious' uses to which they were instead put during the fighting (Josephus indignantly notes the combatants converting τὴν ἱερὰν ὕλην ["the sacred wood"] into siege-towers).

One feature of Agrippa's reign that served to maintain his rule for its long span was efficient local recruitment of his own forces, which were formidable. Tacitus records in Annals 13.7 that Nero's projected war against the Parthians in 54 involved mobilization of forces by Agrippa and Antiochus, who were to be assisted by Aristoboulos (PIR² A 1052) in Armenia Minor and by Sohaemus in Sophene. Josephus shows in BJ 2.421 that Agrippa was able on short notice and therefore from forces already under arms to dispatch 2,000 cavalrymen recruited from Auranitis, Batanaea, and Trachonitis[278].

Inscriptions allow glimpses of a well-organized dynastic army. For instance, OGIS 422 records an "eparch of the great king Agrippa" (DITTENBERGER thinks Agrippa II the more likely, but only on the grounds of his

---

[275] Jos. BJ 2.342—405; 406f.: τῆς πόλεως αὐτὸν ἐξεκήρυσσον ... ὁ δὲ βασιλεὺς ... τοὺς μὲν ἄρχοντας αὐτῶν ἅμα τοῖς δυνατοῖς ἔπεμπε πρὸς Φλῶρον εἰς Καισάρειαν ("[The Jews] formally proclaimed his [Agrippa's] banishment from the city ... The king ... sent the magistrates and principal citizens to Florus at Caesarea").

[276] Jos. BJ 2.407.

[277] Dio 66.15.3f., where he also notices Berenice's expectations of marrying Titus.

[278] It is noteworthy, for the glimpse it provides of the dynasty's political and military methods, that the general he appointed for this force — Philip the son of Jacimus — was grandson of the man appointed by Herod I to establish the Jewish buffer state in Batanaea: AJ 17. 23—31.

longer reign). Of especial interest is OGIS 425, apparently from late in Agrippa's reign[279]. An officer, Herodes, is honored by his son Agrippa[280]. Herodes had served as 'stratopedarch' (equivalent to *praefectus castrorum*) of a cavalry troop apparently raised by Agrippa. The name given in the text of OGIS for this group is improbable (ἱππέων Κολωνειτῶν ["knights of Colonus"]). It could fit members of the Attic deme Colonus[281]; despite the ties of Agrippa's house to Athens, this would seem a remote source of manpower indeed. The name also occurs near Sparta (Polemo in FHG III p. 121), in the Troad (FHG IV p. 376; cf. CALDER–BEAN A,c—Colonae), and near the Lycus river in Pontus (Nymphis, FGrHist no. 432, F 12; cf. CALDER–BEAN F,b). But a more likely reading would be one indicating recruitment from Gaulanitis. This requires no more than reading an initial *gamma* for the *kappa* now in the text; variant spellings already exist warranting the *omicron* and *omega* (Biblical Golan is a variant for Gaulana, and Gaulanitis sometimes appears Gaulonitis), and the stone was in fact discovered in Palestine[282]. Whatever its origin, cavalry in Agrippa's forces added much to his flexibility and independent effectiveness.

In light of the marriage connections between the Judaean and Emesene houses, an edict of Agrippa found in the Yabroūd district near Emesa is of particular interest[283]. A governor bearing the Emesene throne-name Sampsigeramos has transgressed on the religious sensibilities of his subjects and has apparently misappropriated sacred monies. As the result of a threefold complaint — by the populace, by the keepers of temple revenues, and by a certain Lysanias[284] — Agrippa II intervenes and orders (κελεύω) restitution. The implications are that he held at least appellate jurisdiction far to the north of Helboûn, which was formerly thought to be his northernmost point of control[285]. Even more interesting is his detailed concern over the abuse of native beliefs, even though this apparently involved friction with a presumed Emesene aristocrat in the neighborhood of Emesa itself. The inscription vividly illuminates the bare recital of Josephus that Agrippa had received from Caligula the tetrarchy of Lysanias, which probably included this district bordering Emesa[286]. The Roman appointee

---

[279] DITTENBERGER knows only two regnal eras for Agrippa and so, followed by ROSENBERG in RE X 1 (1919) 149 s. v. Iulius no. 54 (Agrippa), computes a date of either 75 or 80 A. D. for the inscription. A date in 69 would be possible if the first of Agrippa's eras — that beginning from A. D. 50 — were in use here, and would allow us to place the honorand's service in the Jewish War; but the evidence is inconclusive.

[280] This Agrippa's grandfather bears the name Aumos; in LE BAS-WADDINGTON III 2101, 4 there is an Agrippa with a son of this name.

[281] H. G. LIDDELL-R. SCOTT-H. S. JONES (Oxford 1940, repr.) s. v. Κολωνός.

[282] RA (Ser. 4) 27 (1895) 138, no. 78.

[283] IGLSyr 2707 (Vol. V, Paris 1959).

[284] Perhaps connected with the dynasty in nearby Abilene: IGLSyr 2708 and above.

[285] IGRR III 1089 = OGIS 420; cf. CRAI 1928.213f.

[286] Jos. AJ 15.344; 18.237: δωρησάμενος αὐτῷ ... τὴν Λυσανίου τετραρχίαν ("[Caligula] presenting him [Agrippa] ... with the tetrarchy of Lysanias"); AJ 19.275; 20.138; Dio 59.8.2.

Agrippa, a powerful dynast in his own right, had become a vigorous administrator of his new domains.

Agrippa's kingdom was upon his death absorbed into the Roman provinces of Judaea and Syria[287]; Rome, and after it Byzantium, was to have little better fortune than he had had in the border regions and eastward[288]. The full dynastic history of the house of Judaea ends fittingly with Agrippa, in whose reign and person the complex intermingling of Jewish, Roman, and Greek influences[289] are for the last time united with kingly power and the Judaean high priesthood.

As noted above, the use of the name Agrippa by no means disappeared from the Judaean house at the death of Agrippa II. A son of his first cousin Aristoboulos bore the name (PIR² A 461), with brothers who carried on the dynastic name Herodes and Aristoboulos (H 158; A 1053). The marriage of his sister Drusilla (D 195) to Antonius Felix produced a son with that cognomen (A 809), and a conjectural descendant of this match is Antonia Agrippina (A 887), known from IGRR I 1210. Another sister of Agrippa II, Mariamme (J 681), had a son — known to us under the name Agrippinus — by her second husband, Demetrios the Alabarch of Alexandria[290]. The son of King Alexander bore the *cognomen* Agrippa (J 130). Josephus himself, who as native of Jerusalem and as former Jewish priest enjoyed close relations with the royal house (BJ 1.3), had a son with this cognomen[291].

---

[287] A remark traceable to Agrippa's acquaintance, the historian Justus of Tiberias (PIR² J 872), whose history came down to the death of Agrippa, would indicate that he died in 100 A. D. In his study 'Die Vita des Josephos', Hermes 80 (1952) 67—90, MATTHIAS GELZER holds to this date, followed without comment by E. J. BICKERMAN in the 1968 edition of his 'Chronology of the Ancient World', 167. But in AJ 17. 28 and in Vita 359 he is spoken of as already dead; AJ 20. 267 gives A. D. 93/94 as the publication date of AJ, which would place his death about 92 unless these are interpolations. The case for 92 is reviewed by ROSENBERG in RE X 1 (1919) 149f., and PIR² J 132. Recent evidence for a date before 100 A. D. may lie in a second-century Hauran text published by H. SEYRIG, Antiquités Syriennes 88: Deux pièces énigmatiques, no. 2: Syria 42 (1965) 31—34 (= AÉ 1966, no. 493); cf. REG 79 (1966) 437 no. 473. This would show him dead by 98 if SEYRIG's arguments are right, and if ἐπὶ Τραιανοῦ really refers to service under Trajan as emperor.

[288] On Agrippa II see also CRAI 1927. 243 and 1928. 213; SEG 7 (1934) 216; B. HAUSSOULLIER-H. INGHOLT, Inscriptions grecques de Syrie: Syria 5 (1924) 316—341, esp. 324—330, no. 5. For discussion of his regnal eras, see H. SEYRIG, Monnaies hellénistiques, XI—XIII: RN (Sér. 6) 6 (1964) 7—67, esp. 55—65.

[289] In Vita 359, Josephus calls Agrippa and all his family "men deeply imbued with Hellenic culture": βασιλέως Ἀγρίππα περιόντος ἔτι καὶ τῶν ἐκ γένους αὐτοῦ πάντων, ἀνδρῶν τῆς Ἑλληνικῆς παιδείας ἐπὶ πλεῖστον ἡκόντων ("while King Agrippa and all his family, persons thoroughly conversant with Hellenic culture, were still among us").

[290] In AJ 20. 147, Josephus notes the wealth and high position of this Demetrios and announces the intention of giving a full account of Demetrios and Agrippinus; if ever written, the account has perished. See above, note 20.

[291] Vita 427: Σιμωνίδης . . . ὁ καὶ Ἀγρίππας ἐπικληθείς ("Simonides, surnamed Agrippa"). The mother of this son, third wife of Josephus, was of Jewish stock but an immigrant to Crete, where her ancestry is termed among the best in the region.

By a process demonstrably widespread in the East, Agrippa's name percolated down through society among the descendants of his freedmen and lieutenants, or of his relatives. Two examples can be found in OGIS 419 and 425, and the son of King Alexander should be another example. The C. Iulius Agrippa Apamaeanus known from CIL 16.8 is pronounced in PIR² J 131 to be not likely related to Agrippa I, but his Julian *gens* name, *cognomen* Agrippa, and origin from Apamaea do allow the suggestion that he was 'perhaps' related in some way to the Judaean royalty. There is an intriguing Julius Agrippa, paternal uncle of a Julia Domna, known from Digest 32.38.4 and 32.93 (PIR² J 129 and 662). Though the text of Scaevola which mentions her is of the appropriate date[292], she is not considered to be the empress of that name[293].

The name Agrippa occasionally turns up in inscriptions from Syria and neighboring regions[294]. A highly placed and apparently very wealthy citizen of Palmyra is honored in CIG 3482 by the *boulé* and *demos* of the town: Μαλῆν τὸν καὶ ᾿Αγρίππαν ("Males, also called Agrippa")[295]. Again, among benefactions to strangers and citizenry alike, the Agrippa of CIG 4482 is honored as ὑπηρετήσαντα τῇ τ[οῦ] στρατεύματο[ς] ὑπο[δοχ]ῇ ("rendering service by his support of the army") — on which the editors note *"videtur tum in excipiendo exercitu Romanorum praestitisse officia (cf. no. 4483)"*[296].

VIII. Ethnography of the Jews

In summation of the arguments above pertaining to the Judaean house itself, what follows is a rapid survey of Jewish penetration into other portions of the East, viewed in the same three aspects: (1) the extent of Hellenic and Roman influence among the Jews; (2) Jewish 'separatism' and convictions of ethnic distinctiveness; (3) remaining dynastic loyalties. Throughout the preceding and subsequent discussion, Roman influence is treated as if inversely proportional to Hellenic. This assumption is decep-

---

[292] Jörs, RE III 2 (1899) 1989f., s. v. Cervidius no. 1 (Scaevola).

[293] See Stein, RE X 1 (1919) 926, s. v. Iulius no. 565 (Iulia Domna).

[294] For a discussion of the third-century Agrippa named in IGRR III 1326, see Pflaum, La fortification de la ville d'Adraha d'Arabie: Syria 29 (1952) 306—330. See also TAM II 414 and 422.

[295] The date is after Hadrian, here called θεός. For the formula ὁ καὶ see Iiro Kajanto, Supernomina: a Study in Latin Epigraphy (Helsinki 1966) 6ff. Kajanto notes that these agnomina were Greek in origin, and constitute the largest single group of supernomina in Latin epigraphy, occurring in direct ratio to the extent of Greek influence locally.

[296] Another example of this customary dependence on local generosity for Roman logistics in the East is furnished by C. Julius Severus, the Galatian relative of King Alexander, who wintered an entire Roman expeditionary force at his own expense under Trajan: OGIS 544 = IGRR III 173. Compare the activity of Helen of Adiabene (PIR² 891) for her son Izates.

tive if pressed too far, but clear and strong local preference for Greek
modes cannot have been directly in the Roman interest, and could deepen
the dangerous gulf between the two cultures. The case of the Jews is only
one of the more conspicuous facets of an interpenetration of two major
civilizations, of which the 'conquered' shaped the terms upon which the
'conquering' could take partial control of its systems, and remained dominant in its own cultural spheres. With the survival of native languages
and arts went the survival of native attitudes: Horace's *Graecia capta* complaint was a serious one, and the spread of empire could not reverse this
cultural process. Indeed, Greek influence on Rome accelerated steadily. The
final statement of Roman law was largely the work of Greek jurists and
came not in Rome, but in Constantinople. Even such borrowings as the
East made from Rome were only partially new, and were often borrowed
with a definite change in use or sentiment[297].

In regard to the Jews, there seems no question of 'Romanization' in
spirit or attitude for the population at large. Whether reluctant or willing,
acceptance of an administrative system indicates little about the deeper
attitudes of a nation, and acceptance by the Jews was at most provisional,
as the numerous revolts show. In his study of first-century Jewish attitudes
toward Rome, H. YOUTIE ascribes hatred of τελῶναι ("tax collectors")
mainly to the identification of these officials with Rome[298]. Indeed, solid
reasons for "the smouldering hatred of the Jews for anything that suggested Rome" appear on several grounds: YOUTIE sees both "nationalist
opposition" and "class antagonism" operative here. The papyri show how
much more desirable a system was the sophisticated and centralized Ptolemaic apparatus used in Egypt than was the ruinous practice at Rome of
turning whole provinces over to the rapacity of the *ordo publicanorum*.
When "Ptolemaic Egypt sought to establish safeguards for each of the three
parties involved: the government, the tax farmer, and the tax payer" —
then it went Rome at least one better. If moral judgments must be made
in history, Rome bears heavy responsibility for the attitudes which reduced
a well-regulated, centuries-old system to a fiscal and administrative night-
mare[299].

Since Jews were hardly Romanized, the temptation is to speak of them
as at least partly Hellenized, and we have seen that much evidence points
that way. Jewish Hellenization even in the homeland has long been recognized among the city populations and the aristocracy. But only recently
have studies of the many epitaphs from rural districts begun to show strong
elements of Greek culture at all levels of Palestinian society. In a study of

---

[297] In the case of the Byzantine 'borrowing' of the Roman dome, the reasons are specifically
Eastern: J. B. WARD-PERKINS, op. cit. (note 245) 198.

[298] Publicans and Sinners: Zeitschrift für Papyrologie und Epigraphik (1967) 1—20; cf.
his comments in Michigan Alumnus 43 (1937) 650—662; both essays are reprinted in:
H. YOUTIE, Scriptunculae I (Amsterdam 1973) 554—576.

[299] See J. G. MILNE, The Ruin of Egypt by Roman Mismanagement: JRS 17 (1927) 1—13.

the inscriptions of Besara (Beth-Shearim), B. LIFSHITZ[300] shows that the penetration of Hellenism into this Semitic society actually increased during the period of Roman occupation. This occurred at the expense of the Jewish culture itself: by late Hellenistic times, Hebrew was an unknown tongue to many Jews. Down into the fourth century, Besara shows ample evidence both of Hellenism and of Jewish orthodoxy: the two were apparently compatible — and Roman control unacceptable[301].

Besides his use of Greek, Josephus reflects the Hellenic influence among Jews in other ways. He approves of the wide acquaintance with Greek culture that members of the Judaean dynasty demonstrated, and he notes in regard to himself that the Pharisees, the sect he embraced after trying the other two (Sadducees and Essenes), closely resembled the Stoics: παραπλήσιός ἐστι τῇ παρ' Ἕλλησι Στωικῇ λεγομένη ("It is very similar to the philosophy called Stoic among the Greeks"). In TURNER's view, the Jews retained their own 'character' but in much of their thinking were "completely assimilated to a Hellenic outlook"; despite this, TURNER would concede a "shading of opinion" and no real ostracism for deviant behavior or even apostasy[302]. All of this is consonant with "the spirit of the times": under such fluid conditions of cultural blending, no concrete idea is suggested by the term 'Romanization' and it raises more questions than it can answer, for all Eastern populations.

A strong argument against any full assimilation of Jews as a group into Roman society, and to a lesser extent into Greek society, can be made on the basis of their difficulties in obtaining local citizenship in non-Jewish areas and cities. The case of Scythopolis has been reviewed above. Far more troublesome — and potentially more significant — is the problem of their position at Alexandria, the greatest city of the Near East. The presence of Jews there in high station has been noticed already in the case of Alexander the Alabarch and his family, and of Demetrios the Alabarch; but that the city remained principally Greek is everywhere evident[303]. Josephus had no illusions about the tenuous nature of the Jewish position there, as his narrative consistently shows (e.g. AJ 18.257ff. and 19.278ff.).

The question of the exact relationships among the various communities in Alexandria has spawned an enormous literature. Josephus would

---

[300] L'hellénisation des Juifs de Palestine: RBibl 72 (1965) 520—538. Cf. J. and L. ROBERT, Bull. Épigr. no. 65, REG 80 (1967) 460.

[301] Even "the Bar-Kokba revolt was a spontaneous uprising against Roman rule and not a reaction to religious persecutions": H. MANTEL, JQR 59 (1969) 341.

[302] E. TURNER, op. cit. (note 20) 57f.

[303] Of many relevant papyri we need adduce here only P. Mich. 466, one of the letters written home by the legionary Apolinarios, serving under Claudius Severus in Arabia, in March of 107. The remarkably wide circle of his family's acquaintance at Alexandria is evident from the many Roman-Greek names of those who send greetings to Alexandria or are to be remembered there. See the discussion by C. PRÉAUX, Une source nouvelle sur l'annexion de l'Arabie par Trajan: Phoibos 5 (1950—51) 123—139, and the remarks by LEIVA PETERSEN, Iulius Iulianus, Statthalter von Arabien: Klio 48 (1967) 159—67. The papyrus is reprinted in SMALLWOOD NTH 307b.

not be a final authority in any case, and as it is he has left ambiguities in his various remarks upon the subject. In AJ 19.281 he refers to τοὺς ἐν Ἀλεξανδρείᾳ Ἰουδαίους Ἀλεξανδρεῖς λεγομένους ("the Jews in Alexandria called Alexandrians"). This could mean either a separate terminology for these Jews if the term is here used technically (Josephus is quoting an edict by Claudius), or it could mean that the somewhat less orthodox and more Hellenized Jews of the city were commonly called not Jews but Alexandrians, a fact Josephus would notice (see Apion 2.36ff.). Even when in the same passage Josephus reports that the Jews enjoyed ἴση πολιτεία ("equal citizenship"), this could mean either equal rights or identical citizenship. The distinction made in P. London 1912 lines 82ff. (= SMALLWOOD CCN 370) between Alexandrians and Jews may show a legal differentiation, and would at least show that the emperor (again, Claudius) considered a *de facto* distinction to exist, whatever the legal position. Since this edict of Claudius twice mentions that the Jews can retain their own customs and privileges — the Jewish community possessed its own ethnarch[304] — it seems unlikely that full Greek citizenship would have been accorded the group; their *politeuma* (πολίτευμα) seems a sort of city-within-a-city. Josephus remarks in Apion 2.35ff. that Alexander the Great had given to the Jews a quarter of their own in Alexandria, and quotes evidence for the maintenance of their privileges down to the time of Caesar. He attributes the high station of Alexandrian Jews to their assumed possession of full citizenship there, and adduces parallels from Antioch, Ephesus, and Ionia. Again, in BJ 2.487 he speaks of equality within the city between Jews and Greeks, here using the term ἐξ ἰσομοιρίας.

That the Jews enjoyed certain privileges at Alexandria is clear from Apion 2.42—49 and 61—64, and their *politeuma* may have had the right of assessing its own taxes, at least in the matter of the capitation-tax[305]. But this was far from full citizenship, and the 'crucial point' of Claudius's letter has been called this: "the Jews did not have the right to make their way into gymnasium life at Alexandria"[306]. In her discussion of this and its related questions[307] E. M. SMALLWOOD remarks that the disabilities attendant upon the possession of Greek citizenship would have made it undesirable in Jewish eyes, and the Greeks would have been unwilling to accord a citizenship entailing full privileges but restricted duties[308]. We can

---

[304] Jos. AJ 19.283; see above, note 67. On the office of ethnarch, see Jos. AJ 14.117: καθίσταται δὲ καὶ ἐθνάρχης αὐτῶν, ὃς διοικεῖ τε τὸ ἔθνος καὶ διαιτᾷ κρίσεις καὶ συμβολαίων ἐπιμελεῖται καὶ προσταγμάτων, ὡς ἂν πολιτείας ἄρχων αὐτοτελοῦς ("an ethnarch of their own has been installed, who governs the people and adjudicates suits and supervises contracts and ordinances, just as if he were the head of a sovereign state").

[305] See the discussion of P. Berlin 8877 by MUSURILLO, op. cit. 139f.

[306] A. D. NOCK, op. cit. (note 24) 50 note 3.

[307] In: Philonis Alexandrini Legatio ad Gaium (Leiden 1961) 4—14.

[308] We can see from section III of the Cyrene edicts — SEG IX (1938) 8 — that Roman citizenship too could be a mixed blessing, since holders might remain liable for native *munera* besides the Roman.

derive both amusement and consolation from the confusion that existed about this matter even in antiquity, especially in regard to the relation of Alexandrian to Roman citizenship. In Apion 2.41, Josephus maintains — and repeats with greater emphasis in 2.72 — that native Egyptians cannot hold Roman citizenship. That they could at least in some circumstances is shown by Pliny (Epist. 10.5—7), though it is instructive to note that Pliny himself had not been aware that the normal route to Roman citizenship for a native Egyptian was by way of the Alexandrian. In the case of Alexandrian Jews, there seems to be no evidence — and no reason to assume — that the specifically Greek form of the Alexandrian citizenship had to precede the granting of Roman citizenship[309].

The cities of the East are notable for other instances of resident aliens who retained their ethnic identity and some measure of political independence. Thus, OGIS 658 would show that the Phrygians living in Alexandria had, like the Jews, their own *politeuma*[310]. Galatians were present in Egypt as a distinct group: Cleopatra's Galatian bodyguard was handed over after her death as a group to Herod the Great by Octavian, and ILS 2483 shows them part of the Roman forces in Egypt under Augustus. Their 'own' legion, the *legio XXII Deiotariana*, carried the Galatian king's name but a decreasing percentage of his countrymen through more than a century of creditable service, much of it in Egypt[311]. Other instances of foreign residents with their own *politeuma* occur in OGIS 592, for the Caunians at Sidon; OGIS 192, for a group of unknown foreigners at Cos; CIG 5361, for the Jews at Berenice in Cyrenaica.

The Jews of Cyrene seem to have been excluded there too from full citizenship, though otherwise encouraged (Jos. AJ 14.116). Unhappily, they occasionally resorted to force in an effort to gain their ends. In the somewhat wide-eyed account of Dio (68.32.1—3), they are portrayed as attacking Romans and Greeks alike in 117. The response of Rome is noteworthy: an inscription found at Attaleia in Pamphylia shows L. Gavius Fronto leading veterans as colonists to Cyrene[312]. It is interesting to see that Hadrian's main concern in the situation seems to have been the rebuilding

---

[309] For further discussion see the article by H. S. JONES, Claudius and the Jewish Question at Alexandria: JRS 16 (1926) 16—35; for arguments against some of the conclusions above, see M. A. H. EL-ABBADI, The Alexandrian Citizenship: JEA 48 (1962) 106—123.

[310] As H. S. JONES argues, op. cit. (note 20) 28. This evidence that they retained distinct ethnic consciousness into the first century A. D. even when living abroad would throw considerable confirmatory light upon the remarks of Strabo and Pausanias about the mutual exclusiveness of Phrygian natives and Galatians.

[311] A letter of Hadrian shows it there on August 4, 119 A. D. (the text and some references appear in SMALLWOOD NTH 333). The legion was apparently lost early in Hadrian's Jewish War of 132—135: Dio 69. 14. 2—3; RITTERLING, RE XII 2 (1925) 1794f. s. v. *legio*: MILLAR, Dio 69.

[312] Belleten Türk Tarih Kurumü 11 (1947) 101—104 no. 19. Cf. ibid. 22 (1958) 36f. no. 26. P. M. FRASER uses the text to argue that the Jewish revolt had been "put down before the accession of Hadrian", in: Hadrian and Cyrene: JRS 40 (1950) 77—87, with a note by F. APPLEBAUM on 87—90.

of structures damaged by the Jews[313]. This is consonant with the view that standard imperial policy was apparently "to maintain the material advantages Rome had acquired in the province" — a dividend of the stability sought by Rome in Africa and the East[314]. In this regard, Roman and Greek interests coincided in regard to the Jews, who normally enjoyed full *isopoliteia* nowhere, except insofar as "promoting the Jews to Greek citizenship"[315].

Even where Jews were accorded the local citizenship, there could be severe strains in their relations with the dominant populace. For instance, Josephus calls them citizens of Antioch in Syria, but his narrative shows in some two dozen places that the Greeks there continued, at least down to the time of Titus, to disfranchise or even expel the Jews[316]. That the Jews for their part were something less than perfectly loyal Syrians emerges from the long account beginning in AJ 13.135 of their perfidious assistance to Demetrios II against the Antiochians.

Despite these strains the spread of the Jews continued. Recent inscriptions demonstrate considerable but mixed Hellenization and Romanization of the Near Eastern Jews. Selampsione, daughter of one Judas, is given in marriage to another Judas — ἐπικαλούμενος Κίμβερ ("whose surname is Cimber") — and the Jewish Babatha confirms a property declaration by an imperial oath in A.D. 127: ὄμνυμι τύχην κυρίου Καίσαρος ("I swear by the Tyche of the lord Caesar")[317]. In addition to the abundant literary testimony, onomastics can furnish occasional clues. For instance, the name Aquila, borne by the son of Ti. Iulius Celsus Polemaeanus at Ephesus, has been found frequently as a Jewish name in the first century A.D.[318], and turns up on random inscriptions from Syria[319]. Even this name Polemaeanus may derive from a name frequently borrowed by the Jews, Ptolemaios[320].

There was a reciprocal influence of the Jews upon the native populations of the Near East. In a text at Sibidounda in Pisidia apparently

---

[313] See E. M. SMALLWOOD, The Hadrianic Inscription from the Caesareum at Cyrene: JRS 42 (1952) 37f.

[314] P. M. FRASER, Hadrian and Cyrene: JRS 40 (1950) 77—90.

[315] A. D. NOCK, op. cit. (note 20) 50 f. There were frequent exceptions for individuals, as noted above, and the situation in such cosmopolitan cities as Ephesus and Sardis differed. In NOCK's words here, "citizenship was freely extended [to the Jews] in an emergency, as at Ephesus ca. 85 B. C. (SIG 742), and came to be sold (cf. L. ROBERT, Hellenica I [1940] 37ff.)." The Jews of the Alexandrian aristocracy (above, pp. 299ff.) of course held the citizenship of that city, on which see M. EL-ABBADI, op. cit. (note 309) 106—123.

[316] Apion 2. 39; AJ 12. 119f. BJ 7. 100—111. The practice in such situations of appealing to Rome — in this case the appeal comes from the Jews themselves — was by now time honored since the days of Antony. AJ 14. 323; 440; 451.

[317] IEJ 12 (1962) 260.

[318] ROMAN D'ORBELLIANI, Inscriptions and Monuments from Galatia: JHS 44 (1924) 24—44.

[319] E. g., the Arsinoe in MélBeyr 19 (1935) 81f. is daughter of Μᾶ ᾽Ακύλου.

[320] MélBeyr 2 (1907) 336—45 gives the numismatic and epigraphical evidence for a Colonia Claudia Nova Ptolemais(!) in Syria. Polemaeanus had a son related to the Judaean 'King' Alexander: OGIS 544.

naming the God of Israel, L. ROBERT sees «un témoignage précieux de la pénétration des doctrines juives en Asie Mineure sous l'Empire»[321]. W. M. RAMSAY remarks of the period around 50 A.D.: "the Phrygian and Lyca- onian Churches of the Roman Province Galatia tended to follow the Jewish-Christian rather than the Pauline teaching"; to RAMSAY, the Jews in that area — and Anatolians in general — had a "natural affinity" for the "Semitic type" of religion[322]. Jews may have shared in the Attalid and Seleucid κατοικίαι from an early period, and had penetrated even Phrygia long before the advent of Rome[323].

In such important cities as Sardis, Jewish influence stretches far back into Hellenistic times. The synagogue there can show inscriptions from before 200 B.C.[324]. Excavations on the synagogue permit intriguing insights into the Jewish position there. Large-scale work by Roman architects appears likely, and renovations to the building using parts of its ancestor from 200 A.D. seem to have been carried on as late as 400 A.D.[325]. Further excavation has suggested that the synagogue was adapted from earlier use as a basilica[326]. This would suggest that the Jewish community had grown sufficiently important for the city to recognize it as a distinct group, with legitimate claim to separate religious status and to such occasional bene- factions as this from the state. The flourishing condition of the building through the third and fourth centuries attests the strength of the Jews as a religious if not an ethnic group, and their presence in the city was strong enough to warrant speaking of a *topos Judaeon* there[327].

Abbreviations and Bibliography

(Note: Papyri are usually cited as in E. G. TURNER, Greek Papyri [Oxford 1968] 154—171.)

AÉ   L'année épigraphique (Paris)
AJP   American Journal of Philology (Baltimore)
AnatSt   Anatolian Studies. Journal of the British Institute of Archaeology
                    at Ankara (London)

[321] REG 78 (1965) 169 Bull. 412.
[322] W. M. RAMSAY, The Intermixture of Races in Asia Minor: Some of its Causes and Aspects: ProcBritAc 7 (1915/16) 359—422.
[323] ROSTOVTZEFF SEHHW 645ff.; LEON Jews 3; A. T. KRAABEL, Ύψιστος and the Synagogue at Sardis: GRBS 10 (1969) 81—93. Cf. ID., Diaspora Synagogue: Archaeological and Epi- graphic Evidence since Sukenik, ANRW II 19, ed. by W. HAASE (Berlin—New York 1978).
[324] JOHN PEDLEY, Studies in the History and Archaeology of Sardis, diss. Harvard, 1965; cf. his dissertation summary in HSCP 71 (1966) 336ff., and continuing reports by G. M. A. HANFMANN et alii in AnatSt, TürkArkDerg, BASOR, M. MELLINK's 'Archaeology in Asia Minor' annually in AJA, and elsewhere.
[325] D. H. FRENCH, Recent Archaeological Research in Turkey: AnatSt 16 (1966) 42.
[326] D. H. FRENCH, Recent Archaeological Research in Turkey: AnatSt 17 (1967) 29.
[327] L. ROBERT, Nouvelles inscriptions de Sardes I (Paris 1964) 41f. and 47 (see his Chapter III for a discussion of the topic in detail). A large number of texts from MAMA VI (found in Phrygia) are called Jewish by ROBERT in REG (1939) 511f. Cf. Sardis 7. 1 no. 187.

ANRW	Aufstieg und Niedergang der römischen Welt. Geschichte und Kultur Roms im Spiegel der neueren Forschung, ed. H.TEMPORINI-W. HAASE (Berlin-New York 1972ff.)
Ant Cl	L'antiquité classique (Louvain)
Ath Mitt	Mitteilungen des deutschen Archäologischen Instituts, Athenische Abteilung ('Athenische Mitteilungen') (Berlin)
BASPapyr	Bulletin of the American Society of Papyrologists (Toronto)
CAH	Cambridge Ancient History, ed. by J. B. BURY-S. A. COOK, et alii (Cambridge 1923ff.)
Chrestomathie	L. MITTEIS-U. WILCKEN, Grundzüge und Chrestomathie der Papyruskunde (Leipzig 1912; all citations are to vol. I, part 2)
CIG	Corpus Inscriptionum Graecarum, ed. A. BOECKH, I—IV (Berlin 1828—77)
CIL	Corpus Inscriptionum Latinarum, consilio et auctoritate Academiae Litterarum (Regiae) Borussicae editum (Leipzig-Berlin 1862ff.)
CPap Jud	Corpus Papyrorum Judaicarum, ed. V. TCHERIKOVER-A. FUKS, I—III (Cambridge, Mass. 1957—64)
CRAI	Comptes rendus de l'Académie des inscriptions et belles lettres (Paris)
Denkschr Wien	Akademie der Wissenschaften, Wien. Denkschriften (Wien)
FGr Hist	Die Fragmente der griechischen Historiker, ed. F. JACOBY (Berlin 1923—58, repr. Leiden 1954—57)
FHG	Fragmenta Historicorum Graecorum, ed. C. MÜLLER-TH. MÜLLER (Paris 1841ff.)
GORDON Album	A. E. GORDON, Album of Dated Latin Inscriptions, I—IV (Berkeley-Los Angeles 1958—1965)
GRBS	Greek, Roman, and Byzantine Studies (Durham, N. C.)
HOBEN	W. HOBEN, Untersuchungen zur Stellung kleinasiatischer Dynasten in den Machtkämpfen der ausgehenden römischen Republik (Diss. Mainz 1969)
HSCP	Harvard Studies in Classical Philology (Cambridge, Mass.)
IEJ	Israel Exploration Journal (Jerusalem)
IGLSyr	Inscriptions grecques et latines de la Syrie, ed. L. JALABERT-R. MOUTERDE, et alii, I—VI (Paris 1929—1967)
IGRR	Inscriptiones Graecae ad Res Romanas Pertinentes, ed. R. CAGNAT, et alii, I, III, IV (Paris 1909—1927)
ILS	Inscriptiones Latinae Selectae, ed. H. DESSAU (Berin 1892—1916)
Ist Mitt	Mitteilungen des deutschen archäologischen Instituts, Abteilung Istanbul ('Istanbuler Mitteilungen'), (Berlin)
JEA	Journal of Egyptian Archaeology (London)
JHS	Journal of Hellenic Studies (London)
JJurPap	Journal of Juristic Papyrology (Warsaw)
JNES	Journal of Near East Studies (Chicago)
JONES Cities	A. H. M. JONES, The Cities of the Eastern Roman Provinces (Oxford 1937, 2nd ed., Oxford 1971)
JQR	Jewish Quarterly Review (Philadelphia)
JRS	Journal of Roman Studies (London)
LE BAS-WADDINGTON	P. LE BAS-W. H. WADDINGTON, Voyage archéologique en Grèce et en Asie Mineure fait pendant les années 1843 et 1844, I—VI (Paris 1853—1870)
LEON Jews	H. LEON, The Jews of Ancient Rome (Philadelphia 1960)
LESQUIER A. R. EG.	J. LESQUIER, L'armée romaine d'Égypte d'Auguste à Dioclétien (Cairo 1918)

MACURDY VQ	G. MACURDY, Vassal Queens (Baltimore 1937 = Johns Hopkins Studies in Archaeology 22)
MAMA	Monumenta Asiae Minoris Antiqua I—VIII (Manchester 1928—1962)
MélBeyr	Mélanges de la Faculté Orientale de l'Université Saint-Joseph (Beyrouth)
MémAcInscr	Mémoires présentés par divers savants à l'Académie des inscriptions et belles lettres (Paris)
MUSURILLO Pagan Martyrs	The Acts of the Pagan Martyrs: Acta Alexandrinorum, ed. H. A. MUSURILLO (Oxford 1954)
NAkG	Nachrichten von der Akademie der Wissenschaften zu Göttingen (Göttingen)
NEUSNER	J. NEUSNER, A History of the Jews in Babylonia, I. The Parthian Period (Leiden 1969)
OGIS	Orientis Graeci Inscriptiones Selectae, ed. W. DITTENBERGER, I—II (Leipzig 1903/05, repr. Hildesheim 1960)
PalEQ	Palestine-Exploration Quarterly (London)
PANI	M. PANI, Roma e i re d'oriente da Augusto a Tiberio (Bari 1972)
PFLAUM Carrières	H. G. PFLAUM, Les carrières procuratoriennes équestres sous le Haut-Empire romain (Paris 1960/61 = Bibliothèque archéologique et histórique 57, Institut français d'archéologie de Beyrouth)
PIR¹	Prosopographia Imperii Romani, ed. H. DESSAU, e. a. (Berlin 1897/98)
PIR²	Prosopographia Imperii Romani, ed. II, ed. E. GROAG-A. STEIN-L. PETERSEN (Berlin 1933 ff.)
Proc Brit Ac	Proceedings of the British Academy (Oxford)
Proc Phil Soc	Proceedings of the American Philosophical Society (Philadelphia)
RA	Revue archéologique (Paris)
RBibl	Revue biblique (Paris)
RE	PAULYS Realencyclopädie der classischen Altertumswissenschaft, neue Bearbeitung, begonnen v. G. WISSOWA (Stuttgart 1893 ff.)
REA	Revue des études anciennes (Paris)
REG	Revue des études grecques (Paris)
REINACH Monnaies	T. REINACH, L'histoire par les monnaies (Paris 1902)
RN	Revue numismatique (Paris)
ROBERT Ét. épigr.	L. ROBERT, Études épigraphiques et philologiques (Paris 1938)
ROSTOVTZEFF SEHRE	M. ROSTOVTZEFF, Social and Economic History of the Roman Empire (2nd ed., Oxford 1957)
Sardis	W. H. BUCKLER-D. M. ROBINSON, Publications of the American Society for the Excavation of Sardis, vol. VII, 1. Greek and Latin Inscriptions (Leiden 1932)
SCHÜRER	E. SCHÜRER, Geschichte des jüdischen Volkes im Zeitalter Jesu Christi⁴, I—III (Leipzig 1901—1909), Register (ibid. 1911)
SCHÜRER (VERMES+MILLAR)	E. SCHÜRER, The History of the Jewish People in the Age of Jesus Christ, rev. ed. by G. VERMES-F. MILLAR, I (Edinburgh 1973)
SHERK Documents	Roman Documents from the Greek East: Senatus Consulta and Epistulae to the Age of Augustus, ed. R. K. SHERK (Baltimore 1969)
SIG	Sylloge Inscriptionum Graecarum, ed. W. DITTENBERGER³, I—IV (Leipzig 1915—23)
SMALLWOOD CCN	Documents Illustrating the Principates of Gaius, Claudius, and Nero, ed. E. M. SMALLWOOD (Cambridge 1967)
SMALLWOOD Jews	E. M. SMALLWOOD, The Jews under Roman Rule (Leiden 1976)

SMALLWOOD NTH	Documents Illustrating the Principates of Nerva, Trajan, and Hadrian, ed. E. M. SMALLWOOD (Cambridge 1966)
SMALLWOOD Philo	Philonis Alexandrini Legatio ad Gaium, ed. E. M. SMALLWOOD (Leiden 1961)
SYME Tacitus	R. SYME, Tacitus (Oxford 1958)
TAIT Ostraca	Greek Ostraca in the Bodleian Library at Oxford and Various Other Collections, ed. J. G. TAIT-C. PREAUX (London 1930ff.)
TAM	Tituli Asiae Minoris conlecti et editi auspiciis Caesareae Academiae Litterarum Vindobonensis, I—III (Wien 1901—46)
TAPA	Transactions and Proceedings of the American Philological Association (Ithaca)
TURNER Greek Papyri	E. G. TURNER, Greek Papyri (Oxford 1968)
YCS	Yale Classical Studies (New Haven)

Judaea as a Roman Province;
the Countryside as a Political and Economic Factor

by Shimon Applebaum, Tel Aviv

Contents

It is doubtful if the time is ripe for a comprehensive work on the Roman province of Judaea. At best, such a composition must at present confine itself, in the main, to the written sources, since serious archaeological investigation of the period is in its incipient stage and ancient history written without the support of archaeology is no longer history. All historiography, it is true, must be in the nature of an interim report; it seems advisable, therefore, to restrict the present essay to the treatment of a few chosen themes. I have selected as a general subject the agrarian situation in Judaea, seeing this as a central factor influencing the fate and future of the country down to the time of Hadrian.

I. The Hasmonean Basis

No apology need be offered for commencing this contribution with a discussion of certain aspects of the reign of Herod, whom historians often term 'the Great'. Although constitutionally Herod's principality was not a Roman province, but an independent allied kingdom, Herod owed his position to Rome, was subservient to her in the last resort, and prepared

23*

the way, unconsciously or intentionally, for the conversion of Judaea to a province of the Empire. Both his accession and his reign decisively influenced the history of the Roman province inaugurated in AD 6; whether his influence was positive or negative is a matter of evaluation.

In such a situation it seems better to avoid moral judgements and to devote attention to the discovery of such facts and factors as are likely to acquaint us with real conditions and to pave the way for a realistic appreciation.

Essential to a grasp of the situation in Judaea which was faced by Herod and which prevailed under the rule of the Roman procurators down to the war of 66—73, is an understanding of the agrarian position. Few historians have investigated the agrarian problems underlying later Hasmonean rule, and such an enquiry must necessarily precede a study of conditions in the succeeding period. Contributions to the question have nevertheless been made by A. MITTWOCH,[1] A. SCHALIT[2], H. KREISSIG[3] and B.-Z. LURIA[4]. The condition of the Jewish peasantry prior to the Maccabean rising need not concern us here, but it is fairly plain that the rural element constituted an important factor, if not the backbone, of the Jewish resistance to hellenization. V. TCHERIKOVER[5] noted that the insurgents confiscated the

---

[1] Tribute and Land-tax in Seleucid Judaea, Biblica 36, 1935, pp. 352sqq.
[2] Herod, the Man and his Work (Heb.), Jerusalem, 1961, pp. 96sqq.; König Herodes, der Mann und sein Werk, Studia Judaica 4, Berlin, 1969, pp. 171sq., 702sq., 753sqq.
[3] Der Makkabäeraufstand. Zur Frage seiner sozialökonomischen Zusammenhänge und Wirkungen, Studii Classici 54, 1962, pp. 166sqq.
[4] King Yannai (Heb.), Jerusalem, 1961, pp. 38sqq.
[5] Hellenistic Civilization and the Jews, Philadelphia, 1959, p. 213.

→

Explanation of signs:

O   Urban centres
—·—·—   Limit of hill country
— — —   Approximate limits of tower concentrations as at present known

List of placenames:

1. Quaddesh Naphtali.	17. Ḥirbet Teenah.
2. Gush Ḥalav (Gischala).	18. Qarwat Bene Ḥassan.
3. Ḥirbet Gedor near Qiriat Byalik.	19. Ḥaris.
4. Siḥin.	20. Gador.
5. Gamala.	21. Tirat Yehudah.
6. Gaba Hippeon.	21A. Naḥlat Yehudah.
7. Beth Sheʿarim (Besara).	22. Patros.
8. Moshav Habonim.	23. ʿEqron.
9. Beth Yannai.	24. Beth Nattif.
10. Ḥephtziba.	25. Bethar.
11. Narbatta.	26. Beth Ramatah.
12. Yishuv (?)	27. Ḥirbet Qumran.
13. Gasr Bint esh-Sheikh.	28. ʾEin Geddi.
14. Amatha.	29. Naḥal Ḥever.
15. Ḥirbet Zir.	30. Masada.
16. ʾAzzoun.	31. Tzoar.

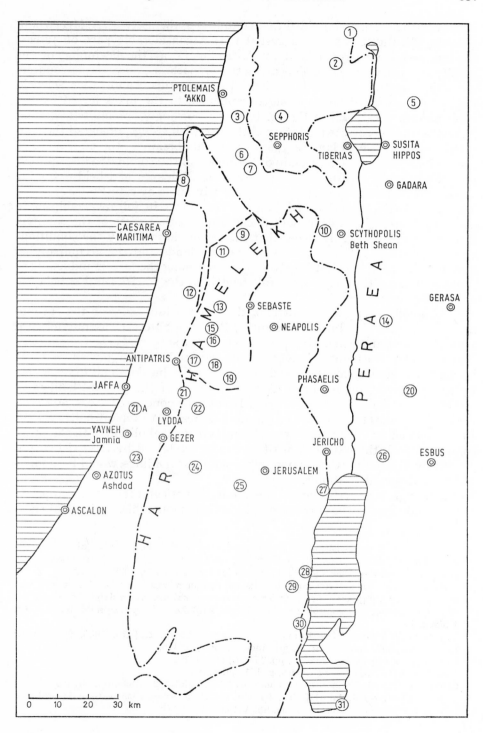

PTOLEMAIS
ʿAKKO

③

④ SEPPHORIS

⑥

⑦

TIBERIAS

⑤

SUSITA
HIPPOS

GADARA

⑧

CAESAREA
MARITIMA

⑨

⑩ SCYTHOPOLIS
Beth Shean

⑪

⑫

⑬ SEBASTE

NEAPOLIS

⑭

GERASA

⑮

⑯

ANTIPATRIS ⑰ ⑱

⑲

JAFFA

PHASAELIS

⑳

㉑

㉑A

㉒ LYDDA

YAVNEH
Jamnia

GEZER

㉓

JERICHO

㉖

ESBUS

㉔

JERUSALEM

AZOTUS
Ashdod

㉕

㉗

ASCALON

HAR HAMELEKH

PERAEA

㉘

㉙

㉚

0 10 20 30 km

㉛

lands of hellenizers and divided them out among themselves[6]. A. MITTWOCH, following E. BICKERMANN[7], suggested that a considerable part of Judaea was converted into royal land by Antiochus IV at the beginning of the revolt, as a penal measure. This attractive hypothesis, however, encounters the objection that the taxes remitted by Demetrius I[8] and other Seleucid rulers to Jonathan bear a strong resemblance to the taxes levied by the Ptolemies on royal land in Egypt. It may accordingly be doubted whether H. KREISSIG was correct in stating that the Jewish rising prevented the conversion of Jewish-held land in Judaea to royal domain — the more so since the discovery in the eastern Plain of Esdraelon of the Hephtziba inscription[9], the text of which makes it evident that the Ptolemies had held extensive crown estates in that area, some subsequently made over to Ptolemy son of Thraseas; Antiochus III ceded him further tracts in full ownership or in permanent lease, both near Beth Shean and in other areas of the country. It therefore seems highly likely that the régime imposed by the conditions of the Ptolemaic and Seleucid royal domain lands and the accompanying gruelling taxation which it involved, figured among the factors inducing the prolonged and ultimately successful struggle of the Jewish rural population against Seleucid rule.

Although we know very little of the relationships between the Hasmonean rulers and the Jewish peasantry, Professor SCHALIT has put forward some pertinent and persuasive suggestions on the subject. He has suggested[10] that the later Hasmonean rulers distributed lands to the Jewish peasants in the conquered areas and freed them from the burdensome taxes levied by the Seleucids, on condition of the readiness of the peasant-holders to serve in their forces in time of need. Part of the conquered areas, however, became, in SCHALIT's opinion, royal domain leased to tenant cultivators[11]. LURIA, indeed, has suggested[12] that John Hyrcanus' abolition of the 'avowal' connected with the payment of tithe, can be explained by the existence of Jewish royal tenants who, as non-owners of their holdings, would be exempted from this contribution[13].

Although SCHALIT's suggestions are hypothetical, they are appropriate to the conditions in the surrounding hellenistic monarchies which had ruled

[6] I Macc. 6, 24: The Jewish hellenizers, complaining to Antiochus V: καὶ αἱ κληρονομίαι ἡμῶν διηρπάζοντο. — Cf. II Macc. 8, 28—9: καὶ λάφυρα πλειόνα ἐμερίσαντο ἰσομοίρους.

[7] Les institutions des Séleucides, Bibl. archéol. et hist. 26, Paris, 1938, p. 179.

[8] I Macc. 10,29—30: καὶ νῦν ἀπολύω ὑμᾶς καὶ ἀφίημι πάντας τοὺς 'Ιουδαίους ἀπὸ τῶν φόρων καὶ τῆς τιμῆς τοῦ ἁλὸς καὶ ἀπὸ τῶν στεφάνων, καὶ ἀντὶ τοῦ τρίτου τῆς σπορᾶς καὶ ἀντὶ τοῦ ἡμίσους τοῦ καρποῦ τοῦ ξυλίνου τοῦ ἐπιβάλλοντός μοι λαβεῖν ἀφίημι . . . Cf. I Macc. 11,34.

[9] Y. LANDAU, A Greek Inscription found near Hefzibah, IEJ 16, 1966, pp. 66sqq.; L. ROBERT, Bull. épigr., Rev. ét. grecques 83, 1970, p. 470.

[10] Herod, pp. 96sqq.; Kön. Herodes, pp. 171sq.; cf. pp. 702sqq.

[11] Herod, p. 400, n. 92; Kön. Herodes, p. 171 and n. 92.

[12] Changes in Taxation under the Hasmoneans (Heb.), Molad 23, 1965, pp. 697sqq.

[13] LURIA, loc. cit., on M. Sota IX,10: Jonathan, the High Priest, abolished the Avowal concerning the [second] tithe. Cf. Ma'as. Sh. V,15, B. Sota 47b.

Judaea and continued to influence her, and to the economic and military needs of the Hasmonean rulers. Further, the existence of Hasmonean royal estates finds some support in the sources: A good case can be made for thinking that 'Eqron[14] had been acquired by Simon as a personal appanage[15]; Hyrcanus II held villages in the Plain of Esdraelon[16]; his house exercized special rights in the region of Lydda[17], and Jewish scholarly tradition credited Alexander Yannai with the ownership of numerous villages in the so-called 'King's Mountain Country'[18], which appears to have included extensive tracts along the western fringes of the Samaritan and Judaean mountains[19]. LURIA[20] has convincingly used rabbinical texts to show that these were the areas conquered by Alexander Yannai from the Greek-speaking population; talmudic evidence indicates that areas here were assigned to notable families[21], but other tracts appear to have remained in royal possession at least down to the period of Roman procuratorial rule, otherwise it is difficult to explain the persistence of the name of 'the King's Mountain Country'. (See below, p. 386). It is accordingly not at all improbable that one of the main causes of the struggle between Yannai and the Jewish popular party, which erupted into open war in 88 BC, was, as SCHALIT suggests[22], a trend on the part of the Hasmonean king to reassert his control of lands assigned to Jewish cultivators by his predecessors and himself, so reintroducing the

---

[14] I Macc. 10,89: καὶ ἔδωκεν (sc. Alexander Balas) αὐτῷ (Jonathan) τὴν Ἀκκάρων καὶ πάντα τὰ ὅρια αὐτῆς εἰς κληροδοσίαν. Cf. Ant. 13,102: εἰς κληρουχίαν. The distribution of the known hellenistic sites in the north and east of this area suggests a planned colonization; cf. M. DOTHAN, The Archaeology of the Lower Rubin River, IEJ 2, 1952, pp. 104sqq.; Y. KAPLAN, An Archaeological Survey of the Gadera-el-Ma'ar Area (Heb.), BIES 17, 1953, pp. 138sqq.

[15] Cf. I Macc. 14,10 on Simon the Hasmonean: ταῖς πόλεσιν ἐχορήγησεν βρώματα .... suggesting that he disposed of royal lands. For the supplying of grain to cities in Asia from the Seleucid royal domains, see C. B. WELLES, Royal Correspondence in the Hellenistic Period, Rome, 1966, nos. 3/4, pp. 15sqq., para. 10 (Antigonus to Teos): ... πλησίον οὔσης τῆς φορολογουμέ[νης χώρας ὥστε ἐὰν χρεία]/[γ]ίνηται σίτου, κτλ.

[16] Ant. 14,207: τάς τε κώμας τὰς ἐν τῷ μεγάλῳ πεδίῳ, ἃς Ὑρκανὸς καὶ οἱ πρόγονοι πρότερον αὐτοῦ διακατέσχον, ...

[17] Ib. 208: τοῖς δικαίοις χρῆσθαι αὐτοῖς (sc. Hyrcanus II and his successors) ἐξεῖναι ἐν Λύδδοις. On these and the question of the villages in the Great Plain, see SCHALIT's discussion in: Kön. Herodes, pp. 754sqq.

[18] B. Gitt. 57a: ... ששה רבוא עיירות שהיו לינאי המלך בהר המלך. "King Yannai possessed six-hundred thousand townlets in Har ha-Melekh".

[19] A. BUECHLER, Die Schauplätze des Bar Kokhbakrieges, JQR 12, 1904, pp. 180sqq.

[20] Op. cit., pp. 39sqq.

[21] Ele'azar ben Ḥarsum held extensive estates ("a thousand villages") here; Jer. Ta'an. IV,69a: עשרת אלפים עיירות היו בהר המלך ולר׳ אלעזר בן חרסום אלף מכולם. "there were ten-thousand townlets in Har ha-Melekh, and R. Ele'azar Ḥarsum possessed a thousand of them." (The Second Temple period). They were inherited from his family: cf. B. Yoma, 35b: ר׳ אלעזר אמרו עליו על ר׳ אלעזר בן חרסום שהניח לו אביו אלף עיירות ביבשה וכנגדן אלף ספינות בים ... פעם אחת מצאוהו עבדיו ועשו בו אנגריא וכו׳. "Of Ele'azar ben Ḥarsum it was said that his father left him a thousand townlets on the land and beside them a thousand ships on the sea ... once his slaves found him and forced him to perform an angaria ..." And see BUECHLER, loc. cit., pp. 172—174.

[22] Op. cit., loc. cit.

taxation and conditions previously prevalent on the Seleucid royal domains. Here again, though direct proof of this is lacking, the suggestion is attractive because Yannai's continual wars had created a need of money and provisions which could not be satisfied without the imposition of heavier taxation and the closer supervision of cultivated areas. It is further apparent that some compromise had been reached between Yannai and his subjects before his death[23]; the reign of Shelomtziyyon Alexandra, at any rate, was notably free of foreign wars, and is specifically stated to have been a period of agricultural prosperity[24].

It therefore seems permissible to conclude that on the eve of the Roman advent the greater part of the Jewish peasants of Judaea had vindicated their traditional right to be masters of their own lands, and that the smallholder was the predominant figure on the Jewish agrarian scene, although it is evident that estates of the Hasmonean nobility also existed[25], and royal domains among them.

II. Pompey's Legacy

The advent of Pompey was the prelude to the breakup of the Hasmonean kingdom and to a drastic curtailment of its territory. The separation of the restored Greek cities[26] of the coastal plain, Samaria and Transjordan

---

[23] Y. NEVEH, Dated Coins of Alexander Jannaeus, IEJ 18, 1968, pp. 20,25, on Yannai's latest coins, suggesting that the 'semi-formal' Hebrew lettering used is a reflection of Pharisaic influence.

[24] B. Ta'an. 23a: בימי שמעון בן שטח . . . נעשו חטים ככליות ושעורים כגרעיני זיתים ועדשים כדינרי זהב. . . "In the days of Shim'on ben Shetaḥ the wheat-grains grew large as kidneys and the barley as olive-stones and the lentils as gold *denarii*."

[25] E.g. I Macc. 16,11: Καὶ Πτολεμαῖος ὁ τοῦ ᾿Αβούβου ἦν καθεσταμένος στρατηγὸς εἰς τὸ πεδίον ῾Ιεριχω καὶ ἔσχεν ἀργύριον καὶ χρυσίον πολύ· Ant. 16, 154—156; 17,305 — Herod's confiscations of property; here the Sadducee nobility are not mentioned specifically, but they would inevitably have been the first victims of confiscation.

[26] As a result of archaeological enquiry it is now clear that several of the Greek cities and townlets captured by the Hasmoneans were reoccupied by them and continued to exist as Jewish urban or minor urban centres. Gezer and Jaffa were permanently occupied without destruction: I Macc. 13,47.48: καὶ ἐξέβαλεν (Σιμων) αὐτοὺς ἐκ τῆς πόλεως, καὶ ἐκαθάρισεν τὰς οἰκίας . . . καὶ κατῴκισεν ἐν αὐτῇ ἄνδρας, . . . I Macc. 13,11: καὶ ἀπέστειλεν Ιωναθαν τὸν τοῦ Αψαλωμου καὶ μετ᾿ αὐτοῦ δύναμιν ἱκανὴν εἰς Ιοππην, καὶ ἐξέβαλεν τοὺς ὄντας ἐν αὐτῇ καὶ ἔμεινεν ἐκεῖ ἐν αὐτῇ.
At the following sites excavation has found evidence of Hasmonean reoccupation; Gerasa, Ashdod (Azotus), Samaria, Marissa, Scythopolis. At Dor and Strato's Tower the evidence is equivocal. The literary testimony must be interpreted to show that Gamala was recolonized by the Jews after Yannai's capture. For these places, with references, see S. APPLEBAUM, Hellenistic Cities of Judaea and its Vicinity — Some New Aspects, in B. LEVICK (ed.), The Ancient Historian and his Materials, Essays in honour of C. E. Stevens, Farnborough, 1975, pp. 62—64, where my statement concerning Strabo's text on Scythopolis requires correction. The Geographer (XVI,763) says that the city was a Hasmonean stronghold (τὰ τείχη πάντα . . . καὶ ἡ περὶ Γαλιλαίαν Σκυθόπολις).

from Judaea would have created, as SCHALIT noted[27], a considerable Jewish agricultural proletariat consisting of peasant holders who had lost their lands in those areas and had been forced to remigrate to Judaea. In addition, the successive régimes of the Roman triumvirs and the civil wars which afflicted the late Roman republic, brought with them gruelling taxation and the successive mulctings of the country by arbitrary impositions.

The period from 63 BC to 38 BC, moreover, was a period of continuous and repeated armed conflict between the Hasmonean princes and the Roman power, in the last stage represented by Herod, for the control of the country; it ended with the Parthian invasion and the catastrophic siege of Jerusalem by the Roman forces. The Hasmonean elements found ample support for their struggle amongst the oppressed and expropriated Jewish peasantry, who furnished the bulk of the troops for their campaigns[28]; the mass-expulsion of Jews from the Greek areas, and the concomitant loss of trade and income suffered by the Jewish populations of the coastal cities in the same process, must therefore be considered as among the main causes for the stormy and rebellious atmosphere that characterized the entire period down to the Jewish social revolution of 66—73.

III. The Rural Settlement Pattern in the Second Temple Period

The expropriation of Jewish populations from the coastland and from the territory east of Jordan came in a period when the population of Judaea was reaching, or had already reached, its highest point. This is abundantly evident from the contemporary growth of the Jewish Diaspora, as witnessed by the first book of the Maccabees[29], Philo Judaeus[30], Josephus[31], the Sibylline Oracles[32], Strabo[33], and by the testimony of the Diaspora centres themselves[34].

---

[27] SCHALIT, op. cit, pp. 168—169 (Heb.); Herodes, pp. 323,753—9.

[28] B. J. 1, 153: . . . καὶ διότι τὸ κατὰ τὴν χώραν πλῆθος ἀπέστησεν (Pompeius) Ἀριστο-βούλῳ συμπολεμεῖν. Cf. Ant. 14,334: ἐκ δὲ τῶν περὶ Κάρμηλον τὸ ὄρος Ἰουδαίων πρὸς Ἀντίγονον ἐλθόντων καὶ συνεισβαλεῖν ἑτοίμως ἐχόντων, . . .

[29] I Macc. 15,16—24, the wellknown letter of the Roman Senate to the various Diaspora centres possessing Jewish communities.

[30] In Flacc. 7,45: Ἰουδαίους γὰρ χώρα μία διὰ πολυανθρωπίαν οὐ χωρεῖ.

[31] B. J. 7,43: Τὸ γὰρ Ἰουδαίων γένος πολὺ μὲν κατὰ πᾶσαν τὴν οἰκουμένην παρέσπαρται τοῖς ἐπιχωρίοις, . . .

[32] III, 271: πᾶσα δὲ γαῖα σέθεν πλήρης καὶ πᾶσα θάλασσα.

[33] Ap. Jos. Ant. 14,114: τοῦ ἔθνους ἡμῶν ἡ οἰκουμένη πεπλήρωτο.

[34] J. JUSTER, Les Juifs dans l'empire romain, I, Paris, 1914, pp. 209 sqq.; E. SCHÜRER, Geschichte des jüdischen Volkes im Zeitalter Jesu Christi, III, Leipzig, 1909, pp. 2 sqq.; S. W. BARON, Social and Religious History of the Jews[2], New York, Philadelphia, 1952, I, pp. 165 sqq., 370 sqq., n. 7; S. APPLEBAUM, The Expansion of the Jewish Diaspora along the Shores of the Mediterranean in the Hellenistic and Roman Periods, in: The Mediterranean: its Place in Jewish and General History, The 13th Congress of the Jewish Historical Society of Israel, Jerusalem, 1969, pp. 49 sqq. (Heb.).

The matter seems to be clearly demonstrated by the results of the archaeological surveys conducted in Israel in recent years and in the administered areas as far as the west bank of the Jordan, since 1967[35]. In Samaria and Judaea, for instance, 312 Roman rural sites were recorded, but as in the Wilderness of Judaea and the Central Jordan Valley alone no fewer than 138 were noted, clearly a number in the other areas remain to be registered. Since the above figures excluded the Jerusalem corridor and the areas west of the 1948 armistice line, it is probable that the total number of known sites in Judaea and Samaria is nearer 600, giving a population-figure betwen 300,000 and 600,000 outside the towns[36]. As there are areas known to me within the surveyed area where the recorded sites can be quadrupled, and the average area of 6 square kilometres per site results from the present figure, this may well be an underestimate. (See here below, p. 376).

In any case the arithmetical number of village-sites cannot be an accurate reflection of the actual state of settlement of the country in the period of the Second Temple, since areas of cultivation extended far beyond the vicinity of the villages themselves[37]. The study of the settlement pattern of Judaea from period to period is only at its beginning[38], but here some first impressions may be gained from an examination of talmudic sources and from work on an archaeological survey of western Samaria and north-western Judaea which is at present in progress[39]. S. KRAUSS seems to have been the first Jewish scholar to have paid attention to the various terms applied in the Talmud and other rabbinical literature to the rural settlements of the first four centuries of the present era in Judaea[40]. The four relevant terms were *kefar*, *'ir*, *'ayarah* and *qiriah*. The first is a general name for any nucleated rural settlement; the second is first and foremost an isolated farm, corresponding roughly to the Roman villa, and only later does it come to

[35] M. KOKHVI (ed.), The Archaeological Survey of Judaea, Samaria and the Golan, 1967 to 1968, Jerusalem, 1972 (Heb.).

[36] M. AVI-YONAH, A Survey of Population Density and Numbers in Ancient Palestine (Heb.), Essays and Studies in the Lore of the Holy Land, Tel Aviv-Jerusalem, 1963, p. 121, arrived at an estimate of c. 1,460,000 souls for the population of the hill-country of Western Palestine in the Byzantine period. With due allowance for increase of sites from the Roman period, this would mean 524,400 in the latter period for Judaea; but cf. Dio's figure of 580,000 casualties in that region, without additional losses by famine and captivity (69,12—14).

[37] See C. H. J. DE GEUS, The Importance of Archaeological Research into the Palestinian Agricultural Terraces, with an Excursus on the Hebrew Word *gbi*, PEQ 107, 1975, pp. 65sqq. and especially p. 70 and n. 34, for a justified stricture on some previous underestimates of the ancient population of Judaea, arising from ignorance of the ancient agricultural techniques and conditions in the country, and lack of attention to the existing archaeological evidence for the extent of cultivation in various periods.

[38] For the extent of ancient cultivation in the Judaean hill country, see DE GEUS (above, n. 37), with a comprehensive bibliography.

[39] The work is being carried out under the auspices of the Society for the Archaeological Survey of Israel and in cooperation with SHIM'ON DAR, YIGAL TEFFER, ZEEV SAFRAI, LEAH KUPERMAN, and Major MOSHE LEVI.

[40] City, Town, and Village in the Talmud (Heb.), He-'Atid, 3, 1923, pp. 10sqq.

denote an urban settlement[41]. The last two terms nearly always refer to villages in relation to a larger centre to which they are in some way attached, administratively or tenurially, whether these were cities on whose territories they were situated or estates within which they formed distinguishable units, one supposes as tenancies[42]. From these characterizations a certain pattern can be deduced, which corresponds to what we know of the archaeological remains and even to the pattern predominating down to recently in the Arab hill-areas[43]. The greater part of rural settlement was concentrated in nucleated villages for reasons of security, water-supply and mutual aid. Only in certain periods or under certain conditions were isolated buildings or farms to be found constituting the centres of estates or the residential and managerial headquarters of a holding. But the remains of ancient agriculture[44] are traceable among the hills of Samaria and Judaea far beyond the immediate vicinities of the ancient villages; the ubiquity of ancient cultivation terraces, dams, cisterns, field-boundaries, rural roads, and stone heaps indicative of ancient clearance work for purposes of cultivation, stretch with impressive continuity between the inhabited centres, reflecting centuries of persistent and incredibly strenuous labour impelled by a situation in which every square inch of land, however unpromising, had to be brought under cultivation. One archaeological feature is especially important as a key to the period that interests us, namely the isolated towers which are to be found distributed in large numbers throughout the ancient fields of western Samaria. There are said to be over a thousand of them, and they are closely associated with the cultivated areas; opinions are at present divided as to whether they were mausolea or built to shelter the cultivators during seasons of sowing and harvest in areas remote from their villages (cf. Pl. I, 1.2; II, 3).

Whatever the answer to this question, three statements can be made concerning them: 1) Somewhat similar structures (*mumterot*)[45] in central Judaea were till recently used by the Arabs as temporary residences in seasons of olive-picking and were the product of the expansion of cultivation

---

[41] Cf. eg. M.'Erub. V,6: עיר של יחיד ונעשית של רבים . . . ושל רבים ונעשית של יחיד וכו׳. "If a 'town' (*'ir*) having a single owner was made into a 'town' having many owners . . . but if a 'town' having many owners was made into a 'town' having a single owner . . ." M. B. B. IV,7: המוכר את העיר, מכר בתים, בורות, שיחין, ומערות, מרחצאות ושובכות, בית הבדין ובית השלחין. "if a man sold a 'town', he has sold also the houses, cisterns, trenches, vaults, bath-houses, dovecots, olive-presses, and irrigated fields."

[42] Jer. Gitt. II,43b: עיירות בתחום ציפורין הסמוכות לעכו כבתחום עכו וכו׳. "The *ayarot* in the territory of Tzippori (Sepphoris) and those near 'Akko are as those in the territory of 'Akko"; Jer. Ket., XII,35a: ואל תספידוני בעיירות | מפני המחלוקת. "R. Judah the Prince said: Do not mourn for me in the '*ayarot*"; B. Yoma 35b: see note 21; Jer. Sanh. I,18c: מעשה בעשרים וארבע קריות של ביתרבי וכר׳. "It is related at the twenty-four *qrayot* of Rabbi etc."; B. Sukk. 44b: קרייתא אית לי. "I own villages".

[43] S. Applebaum, in: The Roman Period in Eretz Yisrael, Tel Aviv, 1973, p. 132 (Heb.).

[44] For a bibliography of these, see de Geus, n. 37.

[45] These have been studied by Z. Ron, of the Department of Geography of the Tel Aviv University, and I am indebted to him for information on the subject. See also his paper 'The *melunot* in the Mountains of Judaea' (Heb.), Teva' va-Aretz 8, 1966, pp. 228sqq.

into areas removed from nucleated settlements; 2) The ancient towers were a product of a similar development; 3) They indicate agricultural units held in severalty by those that worked them, and may be utilized to trace the incidence, the bounds and the areas of such units.

The date of the said towers is still a matter to be accurately decided, nor is this the place to enter into the details of the problem. Suffice it to say that structurally they can hardly be before the hellenistic period, and that in areas where numbers of them exist, and where some of them have been the objects of archaeological excavations, the pottery finds so far have been virtually uniform, and certainly included hellenistic material; on present evidence occupation may have continued into the early Roman period. A small percentage of the sherds are Byzantine, and there is indeed evidence that some towers were reconditioned in the Byzantine period. This accords with the already known fact, that a second peak in population-growth and agricultural expansion took place in this country between the 4th and 6th centuries AD. Nor, though funerary mausolea certainly existed in these areas, has any convincing evidence been found that the towers themselves were used for the burial of the dead.

The precise political and economic situation which caused these towers to be constructed in western Samaria, to which region they appear to have been confined — with a southern extension to north-western Judaea as far as Modi'in — requires further study, and discussion would at present be premature. But on the assumption that they belong to the later hellenistic and early Roman periods, they cast considerable light on the conditions of the peasantry in that epoch. In the area near Ḥirbet Tzir[46], for example, there are six such structures within an area of about 152 dunams, standing on artificial terraces amid well-marked walled enclosures and other installations. But the lower north-west part of the area is nearly free of structures and was certainly occupied by arable, as it is today. Each tower, therefore, had an average of 2.5 hectares, and it may be conjectured that the three western towers held areas divided between the terraces and the arable, which was possibly cultivated in the open field. The limits of the area concerned are at the moment arbitrary, but it is defined on the south and east by a prominent ancient stone fence and road, that clearly constituted a boundary; this was either a property boundary or marked off one village area from another. To south and southwest of the area other towers and cultivated tracts exist, but are not continuous to 'Azzoun, where the epitaph of a Roman veteran who seems to have died in the early 3rd century has been found[47]. If the boundary demarcated property it could be regarded as indicating that the holdings represented by the towers subsequently became tenant holdings subordinated to some large landowner. Whatever the case, the average figure of 2.5 has, from

---

[46] This village is about 9 kilometres east of Qalqilia.

[47] R. J. BULL, A Roman Veteran's Epitaph from 'Azzun, Jordan, PEQ 98, 1966—67, pp. 163sqq.

which perhaps 25 % must be subtracted for rock, roads and stone-heaps, is less than the area represented by forty *batei saah*, calculated as 3.13 hectares by A. BEN DAVID[48], who sees this unit as the average arable on which a Jewish family of the talmudic period could support itself. The total holding, with fallow and dwelling, however, he believes would have covered some seven hectares. The only other definite farm-unit of which we have information for the period in Judaea is that of the two Galilean kinsmen of Jesus who, when questioned by Domitian, declared their holding to cover 39 *plethra*, or about 4.78 has[49]. As this supported two families, the subsistence unit would presumably have been half that area, that is, 2.39 has. In the Tzir region, on the other hand, the distribution of the towers indicates that the terraces on which olives, vines, and vegetables were grown, may not have been equally divided, and the same may well have applied to the arable. The holding attached to one tower in the extreme east of the area, indeed, covered roughly a hectare. The evidence of talmudic sources relating to the post-destruction period (post-70), and probably not inapplicable before it, in fact shows that fields themselves could be very restricted in size; the minimal divisible plot, according to *halakhah*, measured 0.1 ha.[50], and some plots possessed a plough-length of no more than 22 metres[51]. Y. FELICKS has noted rabbinical records of holdings covering 0.3—0.35 has.[52]; the Ben Kosba leases mention a tenure of five *saah*, representing a similar area[53]. Ancient field-units of approximately the same size still survive in the Khirbet Teenah zone to east of Migdal Apheq (near Rosh ha'Ayyin); this is a level area of continuous ancient cultivation where the plots are divided from each other by roadways, and would therefore appear to have been held in severalty.

It is clear, therefore, that the Jewish and Samaritan peasants of the later Second Temple period had to eke out their livelihoods from a minimal plot of soil, and that this may have applied not only to the hill-country but also to the more fertile plainland.

We have seen that the Tzir holdings perhaps reflect, in some phase, tenant-holdings. They are also the concomitant of a nucleated village pattern. As the term '*ir* shows, dispersed farmsteads also existed, sometimes, doubt-

---

[48] A. BEN DAVID, Talmudische Ökonomie. Die Wirtschaft des jüdischen Palästina zur Zeit der Mischna und des Talmud, I, Hildesheim—New York, 1974, pp. 136sq. M. BB VII,1, where a *kor* equals 40 *batei saah*, i.e. the area sufficient for the sowing of a *saah* of grain. BEN DAVID (ibid.) calculates one *beth saah* as 784 square metres, but the area varied according to locality and soil (Y. FELICKS, Agriculture in Palestine in the Period of the Mishnah and the Talmud, Tel Aviv, 1963, p. 155 [Heb.]).

[49] Hegesippus ap. Euseb., Hist. Eccles., III, 20,1—2.

[50] M. BB I,6: ‏ואין חולקין... את השדה, עד שיהא בה תשעה קבין לזה ותשעה קבין לזה‎. "... nor may a field be divided unless there is nine *kabs*' space of ground to each joint holder". A *kab*'s space is sufficient ground for the sowing of a *kab* of seed; it is 416 2/3 square cubits; 9 *kabs* are approximately 30 by 30 metres.

[51] Targ. Jonath. ad I Sam. 14,14.

[52] Encyc. Hebraica, XVII, 1965, s.v. Ḥaqlaut, col. 967 (Heb.).

[53] P. BENOIT, T. MILIK, R. DE VAUX, Les grottes de Murabba'at, Discoveries in the Judaean Desert II, Oxford, 1961, p. 145, no. 30A, line 5.

less, the centres of estates; such, apparently, was the fortified farmhouse recently investigated at Khirbet Moraq near Hebron, occupied in the 1st century AD[54]. Others can be cited in western Galilee, and isolated farms of the hellenistic and Roman periods are known on the coastal plain[55]. But an evident landowner-tenant relationship is traceable, for instance, at Qarwat bene-Hassan, a Samaritan hill-village some 25 kilometres south-west of Nablus (Shechem). To east of this village stands a rockcut tomb complex, known as Deir el-Derb[56], with monumental façade characteristic of the later Second Temple period, evidently the burial place of a wealthy family. On the hill to the north of Qarwat bene-Hassan and directly connected by road with it, lies an ancient village site which has yielded pottery from the Early Iron Age to the Arab period and a coin of the later Hasmonaeans; its traditional Arab name, Khirbet Furedis, links it with Herod. In Qarwat bene-Hassan itself, a cistern of exceptionally fine structure and inscribed column-drums found embodied in the impinging mosque indicate an important building of the Roman period. Further north in the village is a tall fortified structure of characteristically drafted Herodian masonry reused or, more probably, in situ. The eastern valley slope between Deir el-Derb and Khirbet Furedis is terraced, some of the terraces standing to three metres; they are associated with towers of the type discussed above. Further towers are to be found in the hill-area extending for two and a half kilometres to west-north-west of Qarwat. It is evident, then, that we have before us a tenurial pattern in which the original village of Khirbet Furedis and its associated fields became subordinated in the Herodian period to the seigneurial family of Qarwat bene-Hassan whose ornate burial place overlooked their fields from Deir el-Derb. Three and a half kilometres to the east lies Ḥaris, the ancient ʿArous, known to have been a village on the estate of Ptolemy of Rhodes, minister of Herod[57]; the hilltop close to the present village is crowned by a fortified enceinte of hellenistic type which marked the centre of the domain. Other ancient village-sites associated with monumental tomb-complexes of the Second Temple period are known to west and south-west of Ḥaris, and must represent further aristocratic estates of some size (cf. Pl. II, 4; III, 5. 6; IV, 7).

Several aspects of the agrarian society revealed by our initial study may therefore be noted: 1) Individual smallholdings extending far beyond the

---

[54] Archaeological News of the Dept. of Antiquities, Israel Ministry of Education 33, 1970, pp. 5sqq. (Heb.).

[55] Tirat Yehudah (Hellenistic period) — Z. YEIVIN, G. EDELSTEIN, Excavations at Tirat Yehudah, Atiqot, 6, 1970, pp. 56sqq. (Heb.); Naḥlat Yehudah — Y. KAPLAN, Two Groups of Pottery of the 1st Century A. D. from Jaffa and Vicinity, Tel Aviv—Jaffa, 1964.

[56] H. H. KITCHENER, C. R. CONDER, The Survey of Western Palestine. Memoirs of the Topography, Orography, Hydrography, and Archaeology, II, London—Samaria, 1882, pp. 313—315, Sheet XIV (Lp); FR. PAUL — M. SÉJOURNÉ, Thimnath-Serach et Thimnath-Heres, ou le lieu de la sépulture de Josué, Rev. bib. 2, 1893, pp. 612sqq.; M. R. SAVIGNAC, Chron., ibid. N. S. 7, 1910, pp. 123sqq.; Z. YEIVIN, Archaeological Activities in Samaria (Heb.), in: Samaria, ed. Y. ABIRAM, Jerusalem, 1974, pp. 157—158.

[57] Ant. 14,378; 16,191; 17,195 etc.; F. M. ABEL, Sappho et Arous, JPOS 7, 1927, pp. 89sq.

nucleated village-centres and expressing a rising population compelled to exploit even the poorest soils and terrains of the region; 2) the restricted dimensions of the individual holdings, as demonstrated by the evidence of the Tzir area and also by the talmudic record, although not necessarily in all the areas investigated; 3) an evolution towards the subordination of peasant-holdings to large estate-owners having their centres in villages or at fortified points. This development appears to have been a product of the later Second Temple period[58].

IV. Herod and the Land

Some of the factors making for a considerable increase of the tenant class in Judaea in the Herodian period are not difficult to discern. The displacement of Jewish population from the coastal plain and Transjordan under Pompey would have converted large numbers of Jewish cultivators into landless labourers; in addition, Herod's numerous confiscations of the property of his political opponents[59] (especially of the Hasmonean nobility) must have increased the areas of royal-owned land, or of domains alienated to Herod's gentile supporters, who manned his civil service and figured prominently in his administration[60]. The ex-soldiers to whom Herod allotted land in Samaria and elsewhere would also have used tenants to farm their properties. This meant a breaking of long-standing allegiances and the subjection of numerous Jewish tenants to hellenized administrative machines and to non-Jewish landlords. There were also, of course, Jewish aristocrats who continued to hold large estates[61], but it may have been no coincidence

---

[58] For parallel developments of villages which became subordinate to estates, and of estates which became the centres of nucleated villages, cf. G. TCHALENKO, Villages antiques de la Syrie du nord, I, Bibl. archéol. et hist. L, Paris, 1953, pp. 377sqq.

[59] Ant. 16,155 (of Herod): ... τὸ μὲν ἐπανορθοῦσθαι τὰς ἁμαρτίας οὐ ῥᾴδιον ἐνόμιζεν· οὐδὲ γὰρ εἰς τὰς προσόδους λυσιτελὲς ἦν. ἀντεφιλονείκει δὲ τὴν δύσνοιαν αὐτὴν εὐπορίας ἀφορμὴν ποιούμενος. Ant. 17,305—307: πολλῷ δυστυχεστέρους τοῦ πάθους ἐκείνων τοὺς ζῶντας εἶναι, οὐ μόνον ὧν ὄψει καὶ διανοίᾳ ἐπ᾽ αὐτοῖς ἀνιαθεῖεν, ἀλλὰ καὶ ὧν ταῖς οὐσίαις. πόλεις τε τὰς μὲν περιοικίδας καὶ ὑπὸ ἀλλοφύλων οἰκουμένας κοσμοῦντα † ὧν ἐκ παύσασθαι καὶ καταλύσεώς τε καὶ ἀφανισμῷ τῶν ἐν τῇ ἀρχῇ αὐτοῦ κατῳκημένων. πενίας δὲ ἀπόρου τὸ ἔθνος ἀναπεπληκέναι σὺν ὀλίγοις εὔδαιμον παρειληφότα, τῶν τε εὐπατριδῶν ὁπότε κτείνειεν αὐτοὺς ἐπ᾽ ἀλόγοις αἰτίαις τὰς οὐσίας ἀποφερόμενον κτλ.

[60] Over ten-thousand, according to FrGrHist II A 90 (Nicolaos of Damascus), F 136 (8), p. 424: ἦσαν δὲ πλείους μυρίους.

[61] Eg. Jos., Vita, 422 (9); Mid. Lam. R., II,5 (19) (BUBER, p. 104): עשרת אלפים עיירות היו בהר המלך, ולר׳ אלעזר חרסום היו אלף מהם וכו׳. (For the English translation see n. 77). B. Yom Tov, 23a: תריסר אלפי עגלי הוה מעשר רבי אלעזר בן עזריה מעדריה כל שתא ושתא. (R. Ele'azar ben 'Azariah gave 12,000 calves annually from his herds as tithe); Ant. 15,266 (Costobarus); Matt. 27,57 (Joseph of Arimathea), and cf. numerous mentions in parables of the NT (e.g. Mk 16,21; Luke, 19,19), which must reflect the current reality.

that one of the main centres of the widespread revolt that broke out immediately after Herod's death was located in the three districts of the Peraea[62]
which seem to have remained under direct administration as crown domain[63],
while another was located in the royal estate of Jericho[64]. The increase of
tenancies throughout the country, then, would have meant a growth of
tension and a distinct deterioration of the social and economic position of
large sections of the peasantry. This assumption is indeed borne out by the
synoptic Gospels, which presumably describe the situation as it was in the
first decades of the current era, but may well have been influenced by the
period immediately before the rebellion of 66—73. The relevant passage in
Matthew[65] is too well-known to require repetition; it pictures a savage
hostility between the landlord and his tenants producing the logical determination on the part of the latter to liquidate the owner's heir and to expro-
priate the owner. The parable is a clear comment upon the social agrarian
situation as it is alluded to, if not described, in the pages of Josephus, when
he records the history of the revolutionary activists of the great rebellion[66].

V. Tenure and Taxation

Three other topics demand consideration if we are to arrive at a fuller
comprehension of the Jewish peasant's position in the period under review,
namely: The economic relationship between the big landowner and the
smallholder, the alleged antagonism between town and country, and the
weight of taxation. To the first subject, more especially, KREISSIG has
devoted some attention[67].

KREISSIG expresses the view that the big landowner could always undersell
the small man thanks to the quantity of his produce, and could manipulate
the market in his own favour; this process he sees as part and parcel of the
general process of commercialization through which the country was pas-

---

[62] B. J. 2,57: Κατὰ δὲ τὴν Περαίαν Σίμων ... τὰ ἐν Ἱεριχοῖ βασίλεια καταπίμπρησιν ...
Ant. 17,277: κατεπρήσθη δὲ καὶ τὰ ἐπ' Ἰορδάνῃ ποταμῷ ἐν Ἀμμάθοις βασίλεια ...

[63] Georg. Cyp. 1016; 1088; 1089; cf. B. Shab. 26a, mentioning the opobalsam of Amatha,
followed by a reference by R. Joseph to the planters of opobalsam on the royal estates
of Ramatah (Tell er-Rama).

[64] Ant. 15,96: Ἡρώδου ... τὰς περὶ τὸν Ἱεριχοῦντα προσόδους μισθωσαμένου (sc. from
Cleopatra). Cf. Georg. Cyp. 1017.

[65] Matt. 21,30—40.

[66] E.g. B. J. 2,427: μεθ' ἃ τὸ πῦρ ἐπὶ τὰ ἀρχεῖα ἔφερον ἀφανίσαι σπεύδοντες τὰ συμβόλαια
τῶν δεδανεικότων καὶ τὰς εἰσπράξεις ἀποκόψαι τῶν χρεῶν, ... B. J. 2,652: Κατὰ δὲ
τὴν Ἀκραβετηνὴν τοπαρχίαν ὁ Γιώρα Σίμων πολλοὺς τῶν νεωτεριζόντων συστησάμενος
ἐφ' ἁρπαγὰς ἐτράπετο καὶ οὐ μόνον τὰς οἰκίας ἐσπάρασσεν τῶν πλουσίων, ἀλλὰ καὶ τὰ
σώματα κατηκίζετο ...

[67] Die landwirtschaftliche Situation in Palästina vor dem Judäischen Krieg, Acta Antiqua
Acad. Scientiarum Hungaricae 17, 1969, pp. 241sqq.

sing in the decades before the war of the Destruction. An examination of the situation as the evidence presents it, however, creates difficulties for KREISSIG's views. A scrutiny of the considerable written testimony bearing on the question of the commercialization of Judaea in this period has led the author to the conclusion that the process affected chiefly the Greek sector of the country, and that it was far less intensive among the Jews, whom it influenced indirectly rather than directly. This subject cannot be dealt with here in extenso, but it is relevant to remark, that KREISSIG's theory requires the existence of a countrywide economic structure and a single large market whose prices could be swayed by speculation. This was certainly not the case except on the occasion of a general famine or nation-wide 'corner' — and the second case must have been very rare indeed. Large markets in produce must have been limited to a few major centres such as Jerusalem, Caesarea, Gaza, Scythopolis, and Ascalon[68]; bulk trading anywhere was severely restricted by the difficulties of transport, and further by the network of customs and tolls which hampered internal trade and had to be not only at the ports but also at the frontiers of principalities and the boundaries of city-territories[68a]. The system of currency also placed considerable obstacles before any but the wealthiest; the circulation of the locally-struck bronze coinage was restricted to the respective tetrarchies in which they were minted[69], hence a virtual monopoly was guaranteed to the imperial gold and silver currency when large payments were concerned and this was obviously to the advantage of the bigger producer and merchant possessed of liquid capital in the larger denominations. But by and large trade, more particularly in agricultural produce, must have been localized; in the region between Lydda and Caesarea alone three local markets, Antipatris, Patros and Yishuv, are recorded in the pre-destruction period[70], and this was probably typical. In other words, it was in the sale and purchase of large quantities, needing transport over long distances, that the big producer had the advantage, and if he was a landlord, he could utilize the produce extracted from his tenants as rent, to enlarge his stocks; he could further swell the supply by extending loans to them in grain which had to be repaid in kind. But the number of landowners able to operate on more than a local scale must have been small. On the other hand the lack of self-sufficiency of the small cultivator, whether smallholder or tenant, due to absence of

---

[68] The Scythopolis grain market is known from an inscription (SEG VIII,43: ἀμφόδου σειτικῆς); that at Ascalon from Tos. Ohol. XVIII,18: אמר להן מוכרים חטים בבסילקאות שלהן. "They said to him, what do you do in Ascalon? He replied: We sell wheat in the basilicas"; for the Jerusalem flour market, M. Men. X,5: שוק יוצאין ומוצאין. ירושלים שהוא מלא קמח וקלי.... "They used to go out and find the market of Jerusalem full of meal and parched corn."

[68a] See n. 98.

[69] Y. MESHORER, The Coins of the Jews in the Second Temple Period, Jerusalem, 1966, pp. 41,46; Cf. F. HEICHELHEIM, An Ancient Economic History, Leiden 1970, III, p. 213.

[70] Tos. Dem. I, 11, p. 46: כיפת היישוב וכיפת אנטיפטריס ושוק של פטרוס וכו'... "The market hall of Yishuv and the market hall of Antipatris and the market of Patros — originally their produce was regarded as untithed..."

reserves in a lean year and in the face of heavy taxation, was such, that he was frequently driven to ask for loans. It was not the ability of the big proprietor to undersell the small man that constituted the source of tension between them, but the pressure exercized by the former by means of loans and the consequent threat of expropriation. How critical this factor was can be gauged by Hillel's promulgation of the *prozbul* some time in Herod's reign[71]; this halakhic regulation rendered possible the prior waiving of the right to a seventh-year cancellation of the debt when a loan-contract was signed. Such a grave modification of a fundamental Jewish principle must have been the result of a situation in which the pressure for loans was extreme[72]. The sequel is recorded: the burning of the debt-contracts in the public records office of Jerusalem was one of the first acts of the revolutionary activists after the outbreak of the great revolt of 66[73].

The antagonism between the urban and the village population in both late hellenistic and Roman times has been emphasized by M. ROSTOVTZEFF[74], and H. KREISSIG[75]. S. YEIVIN has described this phenomenon in relation to the social developments which accompanied the great rebellion culminating with the destruction of the Temple in 70[76]. The phenomenon is alluded to with reference to that catastrophe in a striking midrash that relates the hatred prevailing between the Jerusalem aristocracy and the inhabitants

---

[71] M. Shev. X,3: זהו :4 .פרוזבול, אינו משמט. זה אחד מן הדברים שהתקין הלל הזקן וכו'. גופו של פרוזבול; מוסר אני לכם איש פלוני ופלוני הדינים שבמקום פלוני, שכל חוב שיש ‏לי, שאגבנו כל זמן שארצה. "(A loan secured by) a *prozbul* is not cancelled (by the Seventh Year). This is one of the things that Hillel the Elder ordained. 4. This is the formula of the *prozbul*: I affirm to you, such-a-one and such-a-one, the judges in such a place, that, touching any debt due to me, I will collect it whensoever I will."

[72] The endeavour to abolish the Seventh Year suspension of cultivation was doubtless not unconnected with the desire to facilitate the advancing of loans; the fight to maintain the practice, however heavily it weighed on the small cultivator without appreciable reserves, would have been a defense of the debtor. The sabbatical year was naturally enforced under the Hasmoneans (I Macc. 6,49): καὶ ἐποίησεν εἰρήνην μετὰ τῶν ἐκ Βαιθσουρων, καὶ ἐξῆλθον ἐκ τῆς πόλεως, ὅτι οὐκ ἦν αὐτοῖς ἐκεῖ διατροφὴ τοῦ συγκεκλεῖσθαι ἐν αὐτῇ, ὅτι σάββατον ἦν τῇ γῇ. Ant. 14,202: Γάιος Καῖσαρ αὐτοκράτωρ δικτάτωρ τὸ δεύτερον ἔστησεν κατ' ἐνιαυτὸν ὅπως τελῶσιν ὑπὲρ τῆς Ἱεροσολυμιτῶν πόλεως Ἰόπης ὑπεξαιρουμένης χωρὶς τοῦ ἑβδόμου ἔτους, ὃν σαββατικὸν ἐνιαυτὸν προσαγορεύουσιν, κτλ. It was in force, apparently, when Tacitus wrote his 'Histories' (V,4: *septimum quoque annum ignaviae datum*). Whether it was suspended when Judaea became a Roman province we do not know (cf. S. APPLEBAUM, The Zealots: The Case for Revaluation, JRS 61, 1971, p. 162, where it is suggested that the cancellation of Caesar's remission of tribute in that year was a main cause for the beginning of the Jewish resistance movement); the Seventh Year was certainly enforced by Ben Kosba (BENOIT et al., DJD, II, 1961, no. 24B, pp. 124sqq., L. 13—14: הכול חכרתי המך מן היום עד סוף ‏ערב השמטה... "I have leased the whole from you from today and to the eve of the seventh year."

[73] B. J. II, 427: see here n. 66.

[74] The Social and Economic History of the Roman Empire, ²Oxford, 1957, Chap. 9, passim.

[75] Die socialen Zusammenhänge des jüdischen Krieges, Schr. zur Geschichte und Kultur der Antike I, Berlin, 1970, pp. 25sqq.

[76] The War of Bar Kokhba, Jerusalem, 1946, pp. 9—10 (Heb.).

of Bethar[77]. The tension between the townsmen of Tzippori (Sepphoris) and the Jews of the city's rural area is again described in the time of Judah the Prince, in the last decades of the 2nd century[78]. But the matter is complicated and easily misconceived. A high percentage of the town population

[77] Mid. Lam. R., II,5 (19): נ"ב שנה עשתה ביתר אחרי חורבן בית המקדש. ולמה נחרבה?
על שהדליקו. אמרו: מקום של בולוטין של בני ירושלים היה באמצע המדינה. היה אדם
מביתר עולה לתפילה, והיו אומרים לו: כיון ששמענו עליך שאתה מבקש להיעשות
ארכנטס ובולווטס... והוא אומר: אין בדעתי. (היו אומרים לעולה): כיון ששמענו עליך
שאתה מבקש למכור את נחלתך... והוא אומר: אין בדעתי. והיה חברו (של המדבר אל
העולה) אומר לו: מה אתה רוצה מזה? כתוב, ואני חותם. (והיו אומרים) לו: שב אתנו
זמן מה ואנו ממנים אותך אדם גדול. והיה אומר לו: אין אני רוצה. אמר לו אחד מהם:
אתה מוכר לי כרמך פלוני? אתה מוכר לי שדך פלונית? והיה אומר להם: לא! היה
חברו (של המדבר אל העולה) אומר לו: יילך לו... היו כותבים שטר-מכר מזוייף
ומחתימים אותו. היה לוקח את שטר-המכר המזוייף ויורד לשם. היה (העולה) חוזר בא
להכנס לכרמו או לשדהו, ולא היה מניחו... היו הולכים (אל) טוב העיר... היה טוב
העיר אומר לו: מה יש לי לעשות לך? "Bethar lasted fifty-two years after the destruction of the Temple. Why was it destroyed? Because they lit candles (at its destruction). Why? They said: The councillors of Jerusalem possessed a place in the midst of the city. When a man from Bethar came up to pray, they would say to him: Since we have heard of you that you desire to become an archon and councillor ... and he would say to them: I do not (they would say to him): Since we have heard that you wish to sell your holding ... and he would say: I do not; a friend would say to the councillor, What do you want? Write, and I will sign. And they would say to the pilgrim, Stay with us a little, and we shall make you a great man. He would reply, I do not desire to be. One of them would say: Will you sell one of your vineyards to me? or one of your fields? And he would reply, No! The friend would say to the councillor: Let him depart, and would write a forged sales contract and have it signed. (The fraudulent purchaser) would take the contract and go down to Bethar; when the pilgrim, returning (home), came to enter his vineyard, he would be prevented by the fraudulent purchaser ... They would go to the chief man of the city ... who would say to him, What can I do? ..." — There are several strata in the above midrashic story, and some are clearly late. While the story sets out to explain the reason for the fall of Bethar in Hadrian's time, it does so by describing events before 70. On the other hand the attempt to force the villager into undertaking municipal office is characteristic of the 3rd century, when increased difficulties were being encountered in filling the curial ranks. See A. H. M. JONES, The Later Roman Empire, II, Oxford, 1964, pp. 737—740; and the words of R. Yohanan in the 3rd century, cited in Jer. Mo'ed Qatan, II,3,81a: אמר רבי יוחנן אם הזכירוך לבולי יהא הירדן בעל גבולך. "If you are proposed for the boule, let the Jordan be your frontier." On the other hand the underlying tradition of antagonism between the wealthy men of Jerusalem and the villagers of the vicinity seems to me authentic for the period to which it is ascribed.

[78] Jer. Horayot III,48c: תרתין זרעין הוון בציפרין בולווטייא ופגייא הוון עלין ושאלין בשלמיה דנשיא בכל יום. והוון בלווטייא עליו קדמאי, אזלון פגייא וזכון באורייתא. אתון בען מיעול קדמאי. אישתאלית לרבי שמעון בן לקיש. שאלה רבי שמעון בן לקיש לרבי יוחנן עאל רבי יוחנן ודרשה בבית מדרשא דרבי בנייה: אפילו ממזר תלמיד חכם וכהן גדול עם הארץ, ממזר תלמיד חכם קודם לכהן גדול עם הארץ. "There were two families in Tzippori (Sepphoris): The Councillors (bouleutai) and the villagers (pagani), and every day they came to greet the Patriarch. The Councillors entered first and left first. The villagers came early and asked to be admitted first. R. Simon ben Lakish was consulted, and he consulted R. Yohanan, who expounded in the seminary of R. Baniyah (saying): If a man is a bastard but learned, and a man of high priestly descent is an ignoramus, the learned bastard takes precedence over the ignorant high priest."

cultivated lands in the city's vicinity[79]; the greater part of the Jewish city-aristocracy was composed of men who held lands in various parts of Judaea[80]. While there is little reason to doubt that the rural elements formed the most dynamic factor in the war against Rome in 66—73, and in the drive to social change in Jewish society itself, — there were certainly radical elements in the towns, and more especially in Jerusalem, among the lesser priesthood, the free labouring elements and the craftsmen[81]. Clearly class antagonism cut across town and country alike. What was true, however, was the identity of the ruling stratum in both sectors; the owners of the large rural properties were the councillors and upper religious hierarchy in Jerusalem, and in the other urban centres. In the 2nd century, at least, the authorities of the Jewish towns fixed the market prices for their rural territories[82]. But only the wealthiest men could afford to transfer bulk produce to Jerusalem, and only there could a 'corner' be created likely to raise prices abnormally[83], or stocks accumulated which were such as to enable their owner to undersell the small man[84]. Smaller proprietors wielded influence in their local markets; if they raised the prices, the smaller men would benefit; they would seldom dispose of such quantities as to make it worthwhile to undersell him. The basic antagonism originated in what the landlord

[79] E.g. Acts 4,34: ... ὅσοι γὰρ κτήτορες χωρίων ἢ οἰκιῶν ὑπῆρχον, κτλ. 36: ... ὑπάρχοντος αὐτῷ ἀγροῦ, πωλήσας κτλ. 5,1: ... ἐπώλησε κτῆμα κτλ. and cf. M. FINLEY, The Ancient Economy, London, 1973, p. 95.

[80] I Macc. 2,1: ... Ματταθίας υἱὸς Ἰωάννου τοῦ Συμεων ἱερεὺς τῶν υἱῶν Ιωαριβ ἀπὸ Ιερουσαλημ ...; Matt. 27,57: Ὀψίας δὲ γενομένης ἦλθεν ἄνθρωπος πλούσιος ἀπὸ Ἀριμαθαίας τοὔνομα Ἰωσήφ, ...; Jer. Ta'an. TV, 69a (cited n. 21); Siph. Dent. 105: It was said, that the storehouses of the family of Ḥanan were destroyed three years before Eretz Yisrael because they set forth their produces to discharge their tithes (beforehand). Mid. Lam. R. II, 5 (19) (cited above, n. 77); B. Yom Tov 23a (cited above, n. 61); Jos. Vita 422: ... Τίτος, εἰκάσας τοὺς ἀγροὺς οὓς εἶχον ἐν τοῖς Ἱεροσολύμοις ἀνονήτους ἐσομένους μοι διὰ τὴν μέλλουσαν ἐκεῖ Ῥωμαίων φρουρὰν κτλ.

[81] Cf. II Macc. 4,39—42 (with reference to Lysimachus and Menelaus): ... ἐπισυνήχθη τὸ πλῆθος ἐπὶ τὸν Λυσίμαχον ... ἐπεγειρομένων δὲ τῶν ὄχλων ... cf. V. A. TCHERIKOVER, Hellenistic Civilization and the Jews, Philadelphia, 1959, pp. 123,188; Jos. B. J. 2,410: The radical group of Elea'zar son of Ananias, captain of the Temple, πολὺ μὲν καὶ τῷ σφετέρῳ πλήθει πεποιθότες, καὶ γὰρ τὸ ἀκμαιότατον τῶν νεωτεριζόντων ... 417: προσεῖχεν δὲ οὐδεὶς τῶν νεωτεριζόντων, ἀλλ᾽ οὐδὲ προσίεσαν οἱ ληστρικοὶ καὶ τὴν τοῦ πολέμου καταβολὴν ἐνσκευαζόμενοι. συνιδόντες οὖν οἱ δυνατοὶ τήν τε στάσιν ἤδη δυσκαθαίρετον ... κτλ.

[82] M. BM V,7: אין פוסקין על הפרות עד שיצא השער. "No bargain may be made over produce before its market-price is known." Jer. BM V,8,10b: כל העיירות הסמוכות לטבריא כיוון שיצא שער של טבריא פוסקין. "All the townlets in the vicinity of Tiberias fix (their prices) because (= when) they have been fixed at Tiberias" (3rd century).

[83] Cf. however Mid. Lam. R. I,5; B. BB. 90b: תנו רבנן: אוצרי פירות ומלוי ברבית ומקטיני איפה ומפקיעי שערים עליהן הכתוב וכו'. "The Rabbanim taught: Of those who hoard agricultural produce, lend at interest, give short weight and inflate the prices it is written etc." (Post-70).

[84] The local 'corner' made by John of Gush Ḥalav (Gischala) (BJ 2, 591sqq.) resulted in a bulk sale at an inflated price outside Judaea. I suspect that this transaction was facilitated by the existence among the Galilean villages of a cooperative marketing organization similar to that traced among the villages of north-western Syria by TCHALENKO (Villages antiques, I,377) (see n. 58) from the 2nd century onwards.

took from his tenant or his debtor, and in the power which he accumulated thereby.

KREISSIG, intentionally or by default, lays little emphasis on the weight of taxation which Judaea had to bear[85], yet it is axiomatic that in ancient civilizations the main weight of contribution fell upon the cultivator. Several historians have considered that Augustus remitted to Herod the obligation to pay tribute for Judaea; we are told by Appian that he paid on Samaria and Idumaea[86]. But A. MOMIGLIANO (and following him SCHALIT)[87] is almost certainly right in his view that there is no basis for supposing that Antony had released Herod from such an obligation, and if Julius Caesar taxed Hyrcanus II, his favoured ally, that Augustus would have behaved otherwise to Herod[88]. It is to be assumed, accordingly, that Herod's subjects had both to pay tribute to Rome and to cover the King's enormous expenditure on his ambitious programme of urbanization and building, as well as the cost of his elaborate administration[89] and the numerous grants that he made to his friends and to Greek cities outside Judaea. This burden, moreover, came after twenty years of destructive warfare, and a series of arbitrary and oppressive monetary exactions imposed by a succession of Roman potentates, including Antony himself.

Unfortunately, we have too little information on the details of Herodian, or even Roman taxation in Judaea in the 1st centuries BC and AD. 12½ percent was paid as *tributum soli* under Julius Caesar[90]; the hostile reaction to Quirinius' census in AD 6[91], which related first and foremost to the tax on land, might be interpreted to mean that the latter had not been paid under Herod, but this is inherently improbable, and I have suggested[92] that the resistance roused to the Roman census might have been caused by the possible cancellation of its remission (granted by Julius Caesar) in the sabbatical year. The *laographia* was also levied, at a rate of one denarius per head[93], and evidently the *tributum capitis*[94], nor is it clear whether they

---

[85] Die socialen Zusammenhänge, p. 48.

[86] Bell. Civ., V,75.

[87] Ricerche sull'organizzazione della Giudea sotto il dominio romano, Bologna, 1934, pp. 41—43; cf. SCHALIT, Herod (Heb.), p. 90; Herodes, pp. 161—162.

[88] Cf. Appian, l. c.; SCHALIT, ibid. accordingly proposes to see in the word Ἰδουμαίων a corruption of Ἰουδαίων.

[89] W. OTTO, Herodes (RE, Supp. VIII, 1913, cols. 918sqq.) paras. 59—64; SCHALIT, Herod (Heb.), pp. 85—239; Herodes, pp. 146—262; M. STERN, The Jewish People in the First Century, Compendia Iudaica, I, Assen, 1974, pp. 248sqq.

[90] Ant. 14,203: καὶ ἵνα ἐν Σιδῶνι τῷ δευτέρῳ ἔτει τὸν φόρον ἀποδιδῶσιν τὸ τέταρτον τῶν σπειρομένων, . . .

[91] Ant. 18,2—3: παρῆν δὲ καὶ Κυρίνιος εἰς τὴν Ἰουδαίαν προσθήκην τῆς Συρίας γενομένην ἀποτιμησόμενός τε αὐτῶν τὰς οὐσίας καὶ ἀποδωσόμενος τὰ Ἀρχελάου χρήματα. οἱ δὲ καίπερ τὸ κατ' ἀρχὰς ἐν δεινῷ φέροντες τὴν ἐπὶ ταῖς ἀπογραφαῖς ἀκρόασιν ὑποκατέβησαν κτλ.

[92] The Zealots: the Case for Revaluation, JRS 61, 1971, pp. 162—163.

[93] Mk. 12,14—17: . . . ἔξεστιν δοῦναι κῆνσον Καίσαρι ἢ οὔ; . . . φέρετέ μοι δηνάριον . . .

[94] Appian, Syr. 50 (8): φόρος τῶν σωμάτων.

were one and the same tax or two distinct imposts[95]. In addition taxes on houses[96] and sales[97] are known, and the internal tolls and customs appear to have been extremely oppressive[98], to judge by the attitude of the Jewish scholars to those of their countrymen who acted as farmers of this revenue[99]. Ad hoc impositions in the form of forced labour and the requisitioning of beasts and supplies for military purposes may further be assumed.

Ben David has calculated[100], on the basis of a seven-hectare plot, 3.13 hectares of which were under crop, that the net annual income of the cultivator, with an addition to the cereals of 50 percent other produce, and after deduction of taxation and religious dues (12½ and 20.6 percent. respectively), was 150 *denarii*[101]. This calculation is based on data furnished by the Mishnah, redacted towards the end of the 2nd century AD, and therefore relating to the post-Destruction period. In that epoch the minimum subsistence income was 200 *drachmae* per year; the minimal sum for a widow's support was 100 *drachmae*[102]. But at this time both prices and wages had risen considerably; the labourer's wage of one *denarius* per day[103] is probably post-70; we know, that Hillel, who lived in Herod's time, earned half that for a day's[104] woodcutting. Ben David's calculation, moreover, is based on the seven-hectare plot of the independent peasant, whereas, as we have seen, many holdings covered considerably less. Nor is the percentage of produce paid in rent by a tenant likely to have been less than the percentage taken in taxation, and no allowance is made for the repayment of loans. On the other hand, serious problems are raised by the recent work of D. Webley, who in a detailed study of the cultivated area of ancient Gezer, conducted on the basis of soil analysis, topographical data and consideration

---

[95] See Stern's discussion, Compendia Iudaica, I, pp. 331—332.

[96] Ant. 19,299: ... ἀνῆκε γοῦν (Ἡρώδης) αὐτοῖς τὰ ὑπὲρ ἑκάστης οἰκίας, ...

[97] Ant. 18,90: ... Οὐϊτέλλιος τὰ τέλη τῶν ὠνουμένων καρπῶν ἀνίησιν εἰς τὸ πᾶν τοῖς ταύτῃ κατοικοῦσιν ...

[98] Stern, loc. cit. (n. 95); S. J. de Laet, Portorium, Rijksuniversiteit te Gent. Werken uitgegeven door de faculteit van de wijsbegeerte en letteren, 105e aflevering, Brugge, 1949, pp. 331—344; L. Herzfeld, Handelsgeschichte der Juden, Brunswick, 1894, p. 61; L. Goldschmidt, Les impôts et droits de douane en Judée sous les Romains, Rev. ét. juives, 34, 1897, p. 199.

[99] E.g. M. BQ X,1: אין פורטין לא מתבת המוכסין וכו'. "None may take change for money from the counter of an exciseman;" Tos. Dem. III,4: בראשונה היו אומרין חבר ונעשה גבאי דוחין אותו מחבריותו וכו'. "Aforetime ... an associate who became a collector was to be removed from membership," and various references in the Synoptic Gospels.

[100] Talm. Ökon., p. 293.

[101] Ibid., p. 297.

[102] M. Ket., I,2: בתולה כתבתה מאתים. ואלמנה מנה. "The *ketubah* of a virgin is two-hundred (dinars) and of a widow one *mina* (a hundred dinars)"; M. Peah, VIII,8: מי שיש לו מאתים זוז, לא יטול לקט, שכחה ופאה ומעשר עני. "If a man had two-hundred *zuz* (dinars) he may not take gleaning."

[103] Matt. 20,2: συμφωνήσας δὲ μετὰ τῶν ἐργατῶν ἐκ δηναρίου τὴν ἡμέραν ...

[104] B. Yom. 35b: אמרו עליו על הלל הזקן שבכל יום ויום היה עושה ומשתכר בטרפעיך וכו'. "It was said of the elder Hillel that he earned a tropaic (half a *drachma* or dinar) a day."

of ancient methods of cultivation[105], concluded that in the Bronze Age two square kilometres of land, of which one sixth was under plough, here supported a thousand souls. According to this calculation 30 souls could be supported on a hectare of cultivated land. This contrasts strangely with BEN DAVID's 6—9 souls per seven hectares (including fallow); the difference can be narrowed if we assume (as seems to be the case) that WEBLEY has not taken account of secular and religious taxation, while BEN DAVID has omitted to add open pasture as a source of income. It is further to be observed that his assumed average cereals yield, namely, 7 : 1, may be too low if the heavy scale of organic manuring recorded by the Mishnaic scholars[106] was generally applied. Nor do the rabbinical literature and the archaeological evidence leave us in doubt that many families subsisted on smaller plots.

We have two statements bearing on the total revenue derived by Herod from Judaea. Agrippa II is quoted by Josephus[107] as saying that the total annual revenue of the country was the equivalent of the revenue obtained from Egypt in a month. We know from Strabo[108] that Ptolemy Auletes' income was 13,500 talents, which would mean an annual Judaean revenue of some 1000 talents, and this accords reasonably with Josephus' statement[109] that Herod's yearly income just before his death amounted to somewhat over 900 talents. Jerome, on the other hand, reports[110] that the Judaean revenue equalled one seventh of the Ptolemaic, which was 14,800 talents; this attributes to Judaea 2,100 talents per annum. Josephus' talents are

---

[105] Soils and Site-location in Prehistoric Palestine, Papers in Economic Prehistory, ed. E. S. HIGGS, Cambridge, 1972, pp. 169sqq.

[106] The equivalent is five tons per dunam (0.1 hectare) or 20 tons per acre. — M. Shev. III2: עד כמה מזבלין, עד שלש אשפתות לבית סאה של עשר עשר משפלות של לתך, לתך. "How much dung may they lay down? Three dung-heaps in every saah's space, ten skeploads of dung to every heap, one lethek to every skep-load." — A saah's space is 784sq. metres. One lethek equals half a kor, the seed necessary to sow 11,750sq. metres of land, the equivalent of approximately 145½ kg. Cf. FELICKS, Enc. Hebraica, XVII, 1965, s.v. Ḥaqlaut, col. 973 (Heb.).

[107] B. J. 2,386: ... τοῦ δὲ ἐνιαυσιαίου παρ' ὑμῶν φόρου καθ' ἕνα μῆνα πλέον 'Ρωμαίοις παρέχει ...

[108] XVII,798: ... τῆς Αἰγύπτου δὲ τὰς προσόδους ἔν τινι λόγῳ Κικέρων φράζει, φήσας κατ' ἐνιαυτὸν τῷ τῆς Κλεοπάτρας πατρὶ τῷ Αὐλητῇ προσφέρεσθαι φόρον ταλάντων μυρίων δισχιλίων πεντακοσίων.

[109] Ant. 17,318—320: καὶ τούτῳ μὲν ἥ τε Περαία καὶ τὸ Γαλιλαῖον ὑπετέλουν, φορά τε ἦν τάλαντα διακόσια τὸ ἐπ' ἔτος. Βαταναία δὲ σὺν Τραχωνίτιδι καὶ Αὐρανῖτις σύν τινι μέρει οἴκου τοῦ Ζηνοδώρου λεγομένου Φιλίππῳ τάλαντα ἑκατὸν προσέφερεν· τὰ δ' 'Αρχελάῳ συντελοῦντα 'Ιδουμαία τε καὶ 'Ιουδαία τό τε Σαμαρειτικόν, τετάρτου μέρους οὗτοι τῶν φόρων παραλέλυντο, Καίσαρος αὐτοῖς κούφισιν ψηφισαμένου διὰ τὸ μὴ συναποστῆναι τῇ λοιπῇ πληθύι. καὶ ἦσαν πόλεις αἳ 'Αρχελάῳ ὑπετέλουν Στράτωνός τε πύργος καὶ Σεβαστὴ σὺν 'Ιόππῃ καὶ 'Ιεροσολύμοις· Γάζα γὰρ καὶ Γάδαρα καὶ "Ιππος 'Ελληνίδες εἰσὶν πόλεις, ἃς ἀπορρήξας αὐτοῦ τῆς ἀκροάσεως, Συρίας προσθήκην ποιεῖται. προσῄει δὲ 'Αρχελάῳ φορὰ χρημάτων τὸ κατ' ἐνιαυτὸν εἰς τάλαντα ἑξακόσια ἐξ ἧς παρέλαβεν ἀρχῆς.

[110] Hieron. ad Dan., 11,5, p. 1122.

[111] Ant. 19,352: (Agrippa I) προσωδεύσατο δ' ὅτι πλείστας αὐτῶν προσφορὰς διακοσίας ἐπὶ χιλίαις μυριάδας, ...

Attic, that is, a talent was valued at 10,000 *drachmae*. We may assume that
Strabo's statement was not subject to the difference in value between the
Egyptian *drachma* and that in the other provinces of the Roman Empire,
where the former was worth a mere quarter of the latter[112], and as his figure
appears to confirm Josephus', let us scrutinize it.

I believe that the Jewish population of Herod's kingdom numbered
not less than 1½ million; this is the number adopted ba A. BEN DAVID for
Judaea alone[113]. M. AVI-YONAH, basing his calculations on restricted archaeological surveys of selected areas, reached a figure of four million for the
entire country in the Byzantine period, and 1,466,00 for the hill-country
west of Jordan alone[114]. Adjusting his figures to allow for known increases
from the Roman period[115], the rural population of the hill-country may be
halved for that period, i.e. it numbered some 733,000. This is not too much
at variance with Dio's figure of 985 Jewish villages in Judaea at the time of
the Second Revolt (132—135), and with his report of 580,000 Jewish casualties during the same war, not counting deaths by plague and famine, or the
large number of Jews who were sold into slavery[116]. If we compare these
figures with the provisional estimate of 600,000 souls for Judaea and Samaria
furnished by recent archaeological surveys (above, n. 36) — an estimate
that does not include the towns — we shall not be exaggerating if we suppose
the Jewish population of Herod's entire kingdom, which included also Galilee,
the Peraea, Bashan and Hauran, to have numbered some two million; we
can hardly add fewer than a million for the Greek coastal towns, the Decapolis and their attached territories.

On the revenue estimated from the data of Strabo and Josephus, then,
we obtain an average per capita payment in Judaea of 3.3 *drachmae* per
year. The Egyptian *fallaḥ*, who was miserably poor, paid 60 *drachmae* out
of an average yearly income of 210 *drachmae*[117], i.e. the equivalent of rather
less than 15 *drachmae* in Judaea; if his family numbered seven souls, this
was a little over two *drachmae* per head per annum. But this sum, paid out
of a total income of 210 *dr.*, amounted to 34 percent; if the Jewish family
paid in sum (accepting BEN DAVID's calculation) 3.3 *dr.* per head, this was
13.4 percent of their total income of 307 *drachmae* for seven souls. However,
the latter income may be too large, as it is based on post-Destruction
scales, when prices and wages had risen considerably; further, I believe
BEN DAVID's estimate of the size of the average Jewish family of the time
— 6—7 souls — to be too high; evidence from Cyrenaica (1st century BC—

---

[112] A. C. JOHNSON, Roman Egypt, in: T. FRANK, Economic Survey of Ancient Rome, II,
Baltimore 1936, p. 433.
[113] Op. cit., pp. 300—301.
[114] Essays and Studies in the Lore of the Holy Land, Tel Aviv-Jerusalem, 1963, p. 121 (Heb.,
see above, n. 36).
[115] M. KOKHVI (ed.), Archaeological Survey of Judaea etc. (above, n. 35), pp. 23, 155, 200
(Heb.).
[116] Dio 69,12,14.
[117] JOHNSON, in: FRANK, Ec. Surv., p. 301.

1st century AD)[118] and from Edfu in Egypt (Nero—Trajan[119]), points to five as being the commoner norm. In that case, the average total payment per family would have been 16.5 *dr.* and the percentage would have more like 11 percent; to this must be added the payment of religious dues. It is therefore more than possible that Herod's income has been reported too low, and that the tax payment was in effect higher.

Have we any other means of testing the reliability of Josephus' annual revenue figure of 1000 talents? We are told by Josephus that Salome enjoyed a yearly income of 60 talents, part of which came from the towns of Iamnia (Yavneh), Azotus (Ashdod) and Phasaelis, bequeathed to her by Herod[120]. Now Azotus was, and Iamnia had till recently been, a self-governing city on the Greek model[121], which means that each would have possessed at least a hundred families each financially qualified to contribute at least one councillor to the city's boule. The minimal annual income of each such family is hardly likely to have been less than 3,600 *dr.*[122]. If each paid 10 percent. of its income in taxation, Azotus and Iamnia alone would have yielded not less than 72 talents (360 × 100 × 2) annually, as compared to Josephus' figure of 60 talents. If Herod's income therefore looks too low, we can only gain a higher per capita payment by regarding 3 million as too high a population figure, but I regard that figure as minimal. Our conclusion is that the incidence of Herodian taxation was heavy, and that Herod's actual revenue has been understated, particularly in view of his vast expenditure. If the additional burden of Roman tribute was added — but it may have been defrayed out of the revenue already discussed — then the situation would have been more than intolerable. Whatever the case, complaints of overtaxation[123] were certainly neither exaggerated nor unjustified.

[118] S. APPLEBAUM, Jews and Greeks in Ancient Cyrene, Jerusalem, 1969, pp. 152—154, (Heb., Eng. résumé); ID., The Jewish Community of Hellenistic and Roman Teucheira in Cyrenaica, Scripta Hierosolymitana 7, 1961, pp. 43—45.

[119] V. A. TCHERIKOVER, A. FUKS, Corpus Papyrorum Iudaicarum, II, Oxford, 1960, p. 117; cf. ID., Hellenistic Civilization and the Jews, p. 293.

[120] Ant. 17,321: Σαλώμη δὲ πρὸς οἷς ὁ ἀδελφὸς ἐν ταῖς διαθήκαις ἀπονέμει, Ἰάμνεια δὲ ἦν ταῦτα καὶ Ἄζωτος καὶ Φασαηλὶς καὶ ἀργυρίου ἐπισήμου μυριάδες πεντήκοντα, Καῖσαρ χαρίζεται καὶ τὴν ἐν Ἀσκάλωνι βασίλειον οἴκησιν. ἦν δὲ καὶ ταύτῃ πρόσοδος ἐκ πάντων ταλάντων ἑξήκοντα τὸ ἐπ' ἔτος.

[121] A. H. M. JONES, The Cities of the Eastern Roman Provinces (CERP), Oxford, 1937, ²1971, p. 276.

[122] This sum is obtained by considering the minimal census permitting citizenship in Cyrene in the late 4th century BC according to the timocratic constitution dictated by Ptolemy Lagu — viz. 2000 *drachmae* per annum, or 1,200 Attic *drachmae* (SEG IX,1, para. 1, lines 4—5). This income must be tripled to reach an equivalent sum in the 1st century BC. It may be assumed that the Greek cities of the east were not constitutionally democratic in the hellenistic period, still less so after the Roman advent.

[123] B. J. 2,85: βεβασανικέναι γὰρ οὐ μόνον τὰ σώματα τῶν ὑποτεταγμένων, ἀλλὰ καὶ τὰς πόλεις· τὰς μὲν γὰρ ἰδίας λελωβῆσθαι, τὰς δὲ τῶν ἀλλοφύλων κεκοσμηκέναι καὶ τὸ τῆς Ἰουδαίας αἷμα κεχαρίσθαι τοῖς ἔξωθεν δήμοις. Ant. 17,308: καὶ χωρὶς μὲν πράσσεσθαι φόρους ἐπιβαλλομένους ἑκάστοις τὸ ἐπ' ἔτος, χωρὶς δὲ εὐπορίας εἶναι παρακαταβολὰς αὐτῷ τε καὶ οἰκείοις καὶ φίλοις καὶ τῶν δούλων οἳ ἐπ' ἐκπράξει τῶν φόρων ἐξίοιεν, διὰ τὸ μὴ εἶναι κτήσει τοῦ ἀνυβρίστως μηδ' ὅπως μηδ' ἀργυρίων διδομένων.

Part of Herod's wide expenditure was no doubt covered from direct resources, such as the Cypriotic copper mines[124], and part from excise, not all of which fell upon residents of the kingdom. The proceeds of the royal domains on the other hand, were in effect wholly or partly rent, constituting a burden qualitatively synonymous with taxation.

We may sum up by concluding, that the Jewish peasant at the end of the last century BC was suffering the effects of expropriation from the coastal plain, Samaria and Transjordan; he had been afflicted by a succession of wars and arbitrary impositions, was desperately short of land and reserve capital, and continued to experience gruelling taxation coupled, where a considerable section of his class was concerned, with an oppressive and humiliating tenurial régime exacerbated by debt and the non-Jewish or pro-Roman attitude of its administrators and landlords.

It is probable that Herod was not completely unaware of the problem constituted by the above situation. But it is doubtful if his development of the royal plantations of the central Jordan Valley, the products of which yielded a high revenue[125], could be regarded as primarily a colonization scheme capable of absorbing a large number of displaced peasantry; much more probably it required select teams of skilled nurserymen and irrigation experts. More important was Herod's settlement and development of Bashan, Hauran and the Trachonitis, as indeed SCHALIT has emphasized[126]. Here the first cadres appear to have been the mounted archers of the Babylonian Jew Zamaris[127] and a considerable body of Idumaean military settlers transferred direct from the south[128]. The Zamarids were certainly settled as technical *katoikoi* on the hellenistic model; much the same may be inferred concerning the Idumaeans[129]; on the other hand we are told by Josephus that these settlers were joined by a large number of Jewish cultivators attracted by the piety of the Zamarids and by the fiscal exemptions which they enjoyed[130]. We may acknowledge the first inducement; the

---

[124] Ant. 16,128: Καῖσαρ δὲ αὐτῷ τοῦ μετάλλου τοῦ Κυπρίων χαλκοῦ τὴν ἡμίσειαν πρόσοδον καὶ τῆς ἡμισείας τὴν ἐπιμέλειαν ἔδωκεν κτλ.

[125] Diod. 2,48,9: γίνεται δὲ περὶ τοὺς τόπους τούτους ἐν αὐλῶνί τινι καὶ τὸ καλούμενον βάλσαμον, ἐξ οὗ πρόσοδον ἁδρὰν λαμβάνουσιν, κτλ. Strabo XVI, 763: ... Ἱερικοῦς ... ἐνταῦθα δ᾽ ἐστὶν ὁ φοινικών, ... διάρρυτος ἅπας ... ἔστι δ᾽ αὐτοῦ καὶ βασίλειον καὶ ὁ τοῦ βαλσάμου παράδεισος ... μεγάλη οὖν ἀπ᾽ αὐτῶν ἡ πρόσοδος.

[126] Herodes, pp. 322sqq.; 327sq.

[127] Ant. 17,24—31: καὶ ἐπιστάμενος (sc. Ἡρώδης) ἄνδρα Ἰουδαῖον ἐκ τῆς Βαβυλωνίας σὺν πεντακοσίοις ἱπποτοξόταις πᾶσι καὶ συγγενῶν πλήθει εἰς ἑκατὸν ἀνδρῶν τὸν Εὐφράτην διαβεβηκότα ..., μετεπέμπετο τοῦτον σὺν τῷ πλήθει τῶν ἐπομένων, παρέξειν ὑπισχνούμενος γῆν ἐν τοπαρχίᾳ τῇ λεγομένῃ Βατανέᾳ, ὡρίζετο δὲ αὐτη τῇ Τραχωνίτιδι, βουλόμενος πρόβλημα τὴν κατοίκησιν αὐτοῦ κτᾶσθαι, ...

[128] Ant. 16,285: ... τρισχιλίους Ἰδουμαίων ἐπὶ τῇ Τραχωνίτιδι κατοικίσας ἦγεν λῃστὰς τοὺς ἐκεῖ, κτλ.

[129] S. APPLEBAUM, The Troopers of Zamaris (Heb., Engl. résumé), Studies in the History of the Jewish People and the Land of Israel, I, Haifa, 1970, pp. 79sqq.

[130] Ant. 17,26—27: ... πολλοί τε ὡς αὐτὸν (sc. Ζάμαρις) ἀφίκοντο καὶ ἀπανταχόθεν, οἷς τὰ Ἰουδαίων θεραπεύεται πάτρια. καὶ ἐγένετο ἡ χώρα σφόδρα πολυάνθρωπος ἀδείᾳ τοῦ ἐπὶ πᾶσιν ἀτελοῦς, ἃ παρέμειναν αὐτοῖς Ἡρώδου ζῶντος.

second would be credible if we could be sure that these civilian newcomers were granted the same privileges as the Babylonian settlers. Josephus says they were[131]; it may be doubted. What is clear is that the Babylonians were a privileged body; their commanders, at least, possessed estates worked by non-Babylonian tenants[132], who may have been indigenous inhabitants or may have been new Jewish settlers. The importance of the Zamarid force, moreover, was more than local. They guarded the western sector of the pilgrim's route from Babylonia and Mesopotamia[133], but they also formed the nucleus of what became the main component of the later Herodian army and assumed an increasingly Romanized character[134]. Divided or transferred, it would seem, by Trajan[135], the epigons of this Jewish force are still traceable in the 4th century in the Roman army of Cappadocia[136].

Herod's work of colonization in this region was important; he pacified an area at that time preponderantly nomadic and a prey to brigandage, and developed it into a productive agricultural region whose Jewish element was appreciable by the 2nd century and its village life flourishing in the 3rd and 4th[137]. Precisely how far his project went to solve the problem of the displaced and landless Jewish peasants of Judaea is difficult to estimate; subsequent developments suggest that the solution was far from complete.

VI. The Origins of the Jewish Rural Revolutionary Movement

The Jewish cultivator's predicament, as we have endeavoured to describe it, was undoubtedly a principal factor in the development of the activ-

---

[131] N. 134, ibid.

[132] Jos. Vita 47 (11): ὁ Φίλιππος (ὁ ᾿Ιακείμου) ... παραγενόμενος εἴς τινα τῶν ἑαυτοῦ κωμῶν κατὰ τοὺς ὅρους Γάμαλα ...

[133] Ant. 17,26: πρόβλημά τε ἦν οὗτος ὁ ἀνὴρ (i. e. Ζάμαρις) καὶ τοῖς ἐγχωρίοις τὰ πρὸς τοὺς Τραχωνίτας καὶ ᾿Ιουδαίων τοῖς ἐκ Βαβυλῶνος ἀφικνουμένοις κατὰ θυσίαν ἐπὶ ῾Ιεροσολύμων ...

[134] S. APPLEBAUM, loc. cit. (n. 129), pp. 86—88.

[135] H. SEYRIG, Antiquités syriennes, LXXXVIII. Deux pièces énigmatiques, 2. Un officier d'Agrippa II, Syria, 42, 1965, pp. 31—34 = IDEM, Antiquités syriennes, VI, Inst. franç. d'archéol. de Beyrouth, Publ. hors sér. 12, Paris, 1966, pp. 147—150, an inscription from the Hauran or the Jebel Druze, dated AD 108, commemorates an officer who had served as centurion under Agrippa II for eighteen years and under Trajan for twelve. Part at least of Zamaris' force fought against the Alani in Cappadocia in 134 (῎Εκταξις ἐπὶ τῶν ᾿Αλάνων, I,9) under Arrian, who refers to them as οἱ ἀπὸ εἴλης ᾗ ὄνομα κολωνοί, presumably the *ala I Gemina Colonorum* (CIL VIII,8934). The inscription from Hauran appears to show that Agrippa II survived at least to the year AD 98.

[136] Not. Dig. Or. (SEECK), XXXVIII, 21, the *ala I Augusta Colonorum*, at Chiaca.

[137] See generally the inscription published by W. H. WADDINGTON, Recueil des inscriptions grecques et latines de la Syrie, in: PH. LE BAS, Voyage archéologique en Grèce et en Asie Mineure, Paris, 1870, and subsequently also A. H. M. JONES, The Cities of the Eastern Roman Provinces (CERP), Oxford, 1937, ²1971, p. 464, nn. 79—81; ID., The Urbanization of the Ituraean Principality, JRS 21, 1931, pp. 269sqq.

ist revolutionary currents which many historians have been accustomed in the last fifty years to call the Zealot movement. In a caustic and salutary paper entitled 'Zealots and Sicarii, their Origins and Relations' published in 1971[138], Professor MORTON SMITH called us to order on a number of points: he reminded us that the term 'Zealot', while a general term applied to a given religious attitude[138a], was otherwise strictly limited in its application to any political movement in the period of 66—73 or before it. Josephus applied it solely to an extremist group active in Jerusalem, but derived mainly from the countryside[139], that came under the leadership of El'eazar son of Gion or Simon[140] during the revolt of 66 onwards, and could claim no known lineal or formal connection with the group ("the fourth philosophy")[140a] founded by Judah of Gamala or Galilee. Nor did Professor SMITH think that the said Judah was the son of the Hezekiah who appears as an active revolutionary in Galilee in 47 BC[140b]. The distinct term which attached itself to Judah of Gamala's group — or rather to its lineal successors — was, indeed, 'the Sicarii'[141].

Healthy as are Professor SMITH's corrections and criticisms, much of his argument is entirely semantic; in a public discussion that took place among Jewish scholars in Jerusalem in 1974 on the subject of "the Zealots", one of the participants observed that Professor SMITH had pulled the theme to pieces, but that at the end of his article the reader had gained little that was positive[141a]. Professor SMITH has in fact obscured a central point; whatever the fragmentation, times of origin, names or relationship of the groups collectively misnamed the Zealots, they all had something basically in common, and they all possessed roots in a common situation. It is also

---

[138] Zealots and Sicarii; their Origins and Relations, Harvard Theological Review, 64, 1971, pp. 1sqq., to which the reader is referred for the views and literature discussed.

[138a] Cf. Num. 28,7; B. J. 7,268; M. HENGEL, Die Zeloten. Untersuchungen zur jüdischen Freiheitsbewegung in der Zeit von Herodes I. bis 70 n. Chr., Arbeiten zur Geschichte des Spätjudentums und Urchristentums I, Leiden, 1976², pp. 64sqq.

[139] B. J. 4,135sqq. and specifically, ib. 160: οἵ τε δοκιμώτατοι τῶν ἀρχιερέων, Γαμάλα μὲν υἱὸς Ἰησοῦς Ἀνάνου δὲ Ἄνανος, πολλὰ τὸν δῆμον εἰς νωθείαν κατονειδίζοντες ἐν ταῖς συνόδοις ἐπήγειρον τοῖς ζηλωταῖς· τοῦτο γὰρ αὐτοὺς ἐκάλεσαν ὡς ἐπ' ἀγαθοῖς ἐπιτηδεύμασιν.

[140] B. J. 4,224: . . . ἵνα δὲ καὶ τοὺς ἡγεμόνας τῶν ζηλωτῶν ἰδίᾳ παροξύνῃ, τὸν Ἄνανον εἴς τε ὠμότητα διέβαλλε . . . ἦσαν δὲ Ἐλεάζαρος μὲν υἱὸς Γίωνος, κτλ.

[140a] Ant. 18,23: τῇ δὲ τετάρτῃ τῶν φιλοσοφιῶν ὁ Γαλιλαῖος Ἰούδας ἡγεμὼν κατέστη, κτλ. Cf. B. J. 2,118; 119—166.

[140b] B. J. 2,56: ἐν δὲ Σεπφώρει τῆς Γαλιλαίας Ἰούδας, υἱὸς Ἐζεκία τοῦ κατατρέχοντός ποτε τὴν χώραν ἀρχιληστοῦ καὶ χειρωθέντος ὑφ' Ἡρώδου βασιλέως, κτλ.

[141] B. J. 7,252—253.

[141a] Qatedrah on Jewish History, I. L. LEVIN, The Qanaim at the End of the Second Temple Period as a Problem of Historiography, The Ben Zvi Institute, Jerusalem, 1974; the observation was that of U. RAPAPORT, pp. 14—15. Important as an analysis of the history and mutual relationships of the activist currents is Professor MENAHEM STERN's 'The Leaders of the Militant Liberation Groups in the late Second Temple Period', in: Personality and Period, pub. in the Papers of the Eighth Congress of the Israel Historical Society, Jerusalem, 1964, pp. 70sqq. (Heb.). Especially valuable here is a reappreciation of the rôle and social background of John of Gush Ḥalav (Gischala).

fundamental that when Josephus set out to describe what he regarded as the four most important trends of contemporary Jewish thought in the last decades of the Second Temple period in Judaea, he described Judah the Galilee's group (the Sicarii) as the fourth philosophy, and this was the only group with a proven continuity from the first decade of the century down to the fall of Masada in 73, if we except the 'Yaḥad' of Khirbet Qumran, whose ideology certainly contained militant and messianic elements. The Sicarii were also the one group that is recorded to have exercized some influence on Jewish communities in the Diaspora[142].

Two additional points may be made which have an important bearing on our endeavour to interpret and estimate the Jewish activist movements before and down to 73. Firstly, concerning the time of origin and degree of continuity of the body associated with Judah of Galilee. Three talmudic traditions have come down to us which testify that Jewish scholarly memory regarded Hezekiah as the father of Judah and the ancestor of Menahem who was murdered in Jerusalem in AD 66. The earliest is Jerus. Berakhot (II,5a)[142a], which appears, on the basis of a parallel text (Mid. Lam., I,57 [17]) to relate to the Jewish rebellion of 132—135. A Jewish peasant, hearing the tidings that the Messiah is born, asks his name, and receives the answer: Menahem; and on asking his father's name, is told that it is Hezekiah. The third tradition is found in 'Midrash Ecclesiastes Rabba' (ad 1, 11)[142b], which calls R. Yehudah son of R. Hezekiah, and stating that he was a *ḥassid*

---

[142] B. J. 7,409 sqq.: ἔτι δὲ καὶ περὶ 'Αλεξάνδρειαν τὴν ἐν Αἰγύπτῳ μετὰ ταῦτα συνέβη πολλοὺς 'Ιουδαίων ἀποθανεῖν· τοῖς γὰρ ἐκ τῆς στάσεως τῶν σικαρίων ἐκεῖ διαφυγεῖν δυνηθεῖσιν οὐκ ἀπέχρη τὸ σῴζεσθαι, πάλιν δὲ καινοτέροις ἐνεχείρουν πράγμασι καὶ πολλοὺς τῶν ὑποδεξαμένων ἔπειθον τῆς ἐλευθερίας ἀντιποιεῖσθαι, κτλ. ibid. 437 sqq.: ἥψατο δὲ καὶ τῶν περὶ Κυρήνην πόλεων ἡ τῶν σικαρίων ἀπόνοια καθάπερ νόσος. κτλ.

[142a] Jer. Berakh., II,5a: וכא מסייעא להו דמר ר' יודן ר' אביי הוה בחד יהודיא דהוה קאים, רדי געת תורתיה, קומיי עבר חד ערביי... ושמע קלה, א"ל, בר יהודיא בר יהודיא, שרי תורך ושרי קנקנך, דהא חריב בית מקדשא. געת גמן תניינות, א"ל, בר יהודיא בר יהודיא, קטור תוריך וקטור קנקניך דהא יליד מלכא משיחא. א"ל, מה שמיה? מנחם. א"ל ומה שמיהו דאבוי? א"ל, חזקיה. א"ל, מן הן הוא? א"ל, מן בירת מלכא דבית לחם יהודה וכו'. "This supports (the words) of R. Judan who received them from R. Eibo . . . A Jew was ploughing, his ox lowed, and an Arab passed, and hearing the sound, said to him: Son of a Jew, loose your ox and your plough, for the Temple is destroyed. The ox lowed a second time, and he said to him: Son of a Jew, tie up your ox and your plough, for the King Messiah is born. He said to him: What is his name? (The Arab replied) Menahem. He said to him: And what is his father's name? He said: Hezekiah. He said to him: Whence is he? He said: From the royal city of Bethlehem in Judah."

[142b] Mid. Eccles. R., ad 1, 11: א"ר זעירא כמה חסידים ובני תורה היו ראויים לימנות כגון יהודה ב"ר חזקיה עליהם הוא אומר וגם לאחרונים. אבל לעתיד לבא הקב"ה עתיד להמנות לו חבורה של צדיקים משלו ומושיבין אצלו בישיבה גדולה. "R. Zei'ra said: How many pious men and sons of the Torah were as worthy of ordination as R. Judah son of R. Hezekiah. Of such it is written (Eccles 1,11): And even of the later men (there will be no recollection). But in the (messianic) future the Holy One, blessed be He, shall ordain his own fellowship of the righteous and seat them with him in a great assembly."

(saint) worthy of ordination, predicts that a company of such men shall sit before God in the great assembly of the righteous[143].

The significance of these traditions surely is that an opinion long survived which was favourable to the Sicarii and to their founders, believed in their messianic mission, and in both the learning and saintliness of Judah. It is therefore not entirely unreasonable to suppose that the Sicarian movement, as the originator of a certain attitude and mode of action in respect of Roman rule, exercized a considerable influence upon later and kindred bodies[144].

The second point follows from the first, which very much strengthens the position of those who believe that Hezekiah was the father of Judah of Galilee and the ancestor of Menahem[145]. It is, that despite the period of over a century (47 BC—AD 66), which divided them, the genesis of the resistance movement led by Hezekiah in Galilee and that led by John of Gush Ḥalav (Gischala) in the same region, took place in similar circumstances and this is all the more significant in view of the very different character attributed by Josephus, if not to Hezekiah (who, however, appears to have enjoyed the support of the Sanhedrin at Jerusalem)[146], then to his son Judah on the one hand[147], and to John of Gush Ḥalav on the other. Hezekiah met his death at the hands of Herod, then governing Galilee, after he had been raiding the Syrian villages on the Galilean border; his death occasioned special rejoicing among the Syrians because Herod had saved their property. The significance of the episode is illuminated by M. Antony's communication to Tyre in the year 42 BC, whereby he orders Tyre to restore to the Ethnarch Hyrcanus property taken during the Civil War[148]. This consisted of farms or villages (χωρία); it is therefore evident that the Syrians of the Tyrian countryside had exploited the confusion of the Civil War to annex Jewish villages on the north border of Galilee, and that Hezekiah's activity had been a reaction to this depredation.

But the border-conflict over village lands in northern Galilee can be shown independently to have continued many years after the execution of Hezekiah. In the first years of the great revolt of 66—73 we hear that the razzias of John of Gush Ḥalav were carried out with a band of followers "most of whom were refugees from the countryside of Tyre and its villages"

---

[143] See also J. KLAUSNER, Jesus of Nazareth. His Life, Times, and Teaching, London, 1944, p. 276, n. 364; ID., A History of the Second Temple, Jerusalem, 1951, V, p. 149, n. 37 (Heb.).

[144] Cf. S. APPLEBAUM, JRS 61, 1971, pp. 164—165; 170 (see above, n. 92).

[145] For the following, S. APPLEBAUM, The Struggle for the Soil and the Revolt of 66—73 C. E., Eretz Yisrael 12, 1975 (N. Glueck Memorial Volume), pp. 125sqq. (Heb., Eng. résumé pp. 123*—125*).

[146] Ant. 14,167: καὶ γὰρ ῾Ηρώδης ὁ παῖς αὐτοῦ ᾿Εζεκίαν ἀπέκτεινεν καὶ πολλοὺς σὺν αὐτῷ παραβὰς τὸν ἡμέτερον νόμον, ὃς κεκώλυκεν ἄνθρωπον ἀναιρεῖν καὶ πονηρὸν ὄντα, κτλ.

[147] B. J. 2,433: σοφιστὴς δεινότατος.

[148] Ant. 14,317: ... εἴ τινα χωρία ῾Υρκανοῦ ὄντα τοῦ ἐθνάρχου ᾿Ιουδαίων ... νῦν ἔχετε, ἀποδοῦναι αὐτῷ ... 314: ... ἐμφανισάντων μοι ἐν ᾿Εφέσῳ ῾Υρκανοῦ τοῦ ἀρχιερέως καὶ ἐθνάρχου πρεσβευτῶν καὶ χώραν αὐτῶν ὑμᾶς κατέχειν λεγόντων, ... κτλ.

(οἱ δὲ πλέον ἐκ τῆς Τυρίων χώρας καὶ τῶν ἐν αὐτῇ κωμῶν φυγάδες ἦσαν)[149]. John's own townlet, Gush Halav, was inhabited chiefly by cultivators (καὶ γὰρ ἦσαν τὸ πλέον γεωργοί).[150] At the beginning of the revolt, as a result of the massacre of Jews by the Greeks of Caesarea, the Jewish population delivered violent attacks on various Greek centres, towns and districts, those listed being, first, the Syrian villages; Philadelphia, Heshbon, Gerasa, Pella and Scythopolis; next Gadara and Hippos, then Cadasa (Qaddesh), Ptolemais, Gabba and Caesarea[151]. Of the individual places named, the two lacking certain city-status are Heshbon and Cadasa. (Qaddesh Naphtali)[152].

Qaddesh Naphtali has something to tell us of the conflict with which we are concerned. It was pro-Greek in the time of Jonathan the Maccabee, and is described at the time of Titus' capture of Gush Halav as "a very strong inland village of the Tyrians, continually at war with the Galileans, whom it hated, possessing a large population and much violent aggressiveness in its quarrel with the (Jewish) people"[154].

In short, the conflicts of Hezekiah and of John of Gush Halav with their non-Jewish neighbours arose from a common circumstance — the struggle for cultivable areas in a period when such land was becoming more and more scarce and debatable; naturally, this conflict asserted itself earliest and most acutely in the marginal zones where the Jewish and the non-Jewish population-areas met. But the continuum of the contemporary Jewish activist movement is to be perceived in the economic problem in which it was generated and developed.

Two interesting inscriptions, quite remote from one another, throw some light on the social development of Qaddesh, and by extension on the situation that concerns us[155]. The first is a Greek 'curse tablet' (*tabella defixio-*

---

[149] B. J. 2,588.   [150] B. J. 4,84.

[151] B. J. 2,458: ... διαμερισθέντες τάς τε κώμας τῶν Σύρων καὶ τὰς προσεχούσας ἐπόρθουν πόλεις, Φιλαδέλφειάν τε καὶ Ἐσεβωνῖτιν καὶ Γέρασα καὶ Πέλλαν καὶ Σκυθόπολιν. ἔπειτα Γαδάροις καὶ Ἵππῳ καὶ τῇ Γαυλανίτιδι προσπεσόντες τὰ μὲν καταστρεψάμενοι, τὰ δ' ὑποπρήσαντες ἐχώρουν ἐπὶ Κάδασα τὴν Τυρίων καὶ Πτολεμαΐδα Γάβαν τε καὶ Καισάρειαν. ἀντέσχον δ' οὔτε Σεβαστὴ ταῖς ὁρμαῖς αὐτῶν οὔτε Ἀσκάλων, ἀλλ' ἐπὶ ταύταις πυρποληθείσαις Ἀνθηδόνα καὶ Γάζαν κατέσκαπτον. πολλαὶ δὲ καθ' ἑκάστην τούτων τῶν πόλεων ἀνηρπάζοντο κῶμαι, καὶ τῶν ἁλισκομένων ἀνδρῶν φόνος ἦν ἄπειρος.

[152] Gabba (Gabba Hippeon in the western Plain of Jezreel) evidently enjoyed city-status, since it possessed a territory of some size on the evidence of a boundary-stone found near Hirbet Gadora, east of Qiryat Byalik, in 1958 (Arch. News of the Dept. of Antiquities, 10, 1964, p. 22). Heshbon (Esbous) is first mentioned as a city only under Elagabalus (JONES, CERP, p. 294).

[153] Ant. 13,154: τῶν δὲ Δημητρίου στρατηγῶν ἀκουσθέντων αὐτῷ (sc. Ιωναθαν) προελθεῖν εἰς Κέδασαν ... κτλ. 162: ... ὥρμησαν αὐτοὺς (i. e. τοὺς Σύρους) διώκειν, καὶ τοῦτ' ἐποίησαν μέχρι Κεδέσων, οὗ τὸ στρατόπεδον ἦν τοῖς πολεμίοις.

[154] B. J. 4,104—105: ... πρὸς Κυδασοῖς· μεσόγειος δ' ἐστὶ Τυρίων κώμη καρτερά, διὰ μίσους ἀεὶ καὶ πολέμου Γαλιλαίοις, ἔχουσα πλῆθός τε οἰκητόρων καὶ τὴν ὀχυρότητα τῆς πρὸς τὸ ἔθνος διαφορᾶς ἐφόδια.

[155] So also S. APPLEBAUM, Eretz Yisrael 12, 1975 (see above, n. 145); and ID., in: B. LEVICK (ed.), Ancient Historian and his Materials (n. 26), pp. 65—66.

nis) found at Selinus in Sicily[156]. It belongs to the 5th century BC, when there was a large Carthaginian population in the city. A number of the names in the document are Greek, but several persons are designated specifically as Φοίνικες, and obvious Semitic names — presumably Punic — occur, one of them being Κάδοσις ὁ Ματυλαῖο. These two names of son and father can hardly be other than derivations from the names of two neighbouring localities, namely Qaddesh Naphtali and a district represented by the villages of the Metualim to the north of Mount Ḥermon. The name Metualim, which is today that of a Moslem Shi'ite community occupying these villages, is thought to have originated several centuries ago[157], but there appears to be no ascertainable reason for thinking that it could not have existed earlier[158]. Presumably it originally represented a district, which subsequently gave its name to the sect.

The names of father and son, therefore, represent their respective places of origin, and it would seem that some time in the 5th century BC the father moved from the district north of the present Metullah to Qaddesh, and that subsequently his son migrated to Selinus. Now in the Roman period we know from ample epigraphical evidence of the development of semi-nomadic tribal groups in Golan, Bashan, Hauran and Trachonitis, into settled village-communities within which they retained their former tribal organization intact[159]. The epigraphical evidence for the resultant emergence of organized village-life with responsible democratic institutions and communal property belongs chiefly to the 3rd and 4th centuries, but its first appearance has still to be dated.

An inscription from Qaddesh would suggest that a similar development had taken place in the social structure of Qaddesh from the 5th century BC onward. This is a dedication belonging to the time of Hadrian[160]: ["Ετους] γμτ' Θεο|ῦ ἁγίου οὐρανίου σ|υγγένια ἐποίησεν | διὰ ἐπιμελητῶν 'Αν|νίου Ναγδᾶ καὶ Λισ|εμέσεος Δάματος |

The era is that of Tyre, viz. AD 117/118; the names of the responsible men are pronouncedly Semitic. The structure concerned is erected by the "*syngeneia* of the god of heaven", that is, by a group of related families whose patron deity he is; he was also known as Zeus Hadad and Ba'al Shamin. It is clear therefore that the social structure of this Tyrian townlet consisted, at least in part, of kinship groups, the equivalent of the Arab *ḥamulot*. We may assume, therefore, that this crystallization of a populous Tyrian village as a hellenized community, wholly or in part composed of kinship groups derived from rural, more probably pastoral elements of the surrounding region, had been taking place from the 5th century at least. In the 1st century AD the town was engaged in a struggle with the Jewish ru-

---

[156] SEG, XVI,573.

[157] The Encyclopedea of Islam, Supplement, Leiden-London, 1938, s. v. Mutuwali, pp. 163 sq.

[158] This is the provisional opinion of Mr. A. E. HOURANI, to whom my thanks are due for advice and information on this problem.

[159] A. H. M. JONES, JRS 21, 1931, pp. 269 sqq.

[160] SEG VIII,2.

1. Ancient hill-cultivation terraces east of Qarwat bene Ḥassan, Samaria; certainly in use in the later Second Temple period

2. Ancient rural road to east of Qarwat bene Ḥassan, Samaria. The use of such roads is established in the Roman period, but must be much more ancient.

PLATE II   APPLEBAUM

3. Gasr bint-esh-Sheikh, an ancient tower in the midst of a contemporarily cultivated area in north-western Samaria. Excavation has shown that it belongs to the later Hellenistic and early Roman periods.

4. The ornamental tomb of Deir ed-Derb to east of Qarwat bene Ḥassan. It is of later Second Temple date.

5. The façade of Deir ed-Derb. To the right of the entrance to the burial chambers is the recess for the rolling stone (*gollel*) which closed the door.

6. Ornamental detail of the façade of Deir ed-Derb; the style of the frieze combines Doric with Ionic features in a manner characteristic of the late Hellenistic period.

PLATE IV   APPLEBAUM

7. A circular Roman structure on the north-western edge of the village of Qarwat bene Hassan, probably a mausoleum, representing a landowning family of the period after the Destruction of the Second Temple

ral population of the vicinity[161]; by Hadrian's time it was thoroughly hellenized and belonged officially to the territory of Tyre.

The analogous social structure of the townlet's population, whole or part, and that of the Bashan and Golan villages of the later Roman period, may suggest some of the causes for the exacerbated conflict between Qaddesh, other Tyrian villages, and the Galilean Jewish rural communities, in the 1st centuries BC and AD. The precise factors inducing the migration of pastoral elements to such centres as Qaddesh are unknown; the reason for the growth of corresponding Jewish centres is more apparent. But the formation of such social units as Qaddesh seems to have meant a growth of compact social consciousness and economic potential; it also meant better organization and cohesion. Such communities, moreover, could more successfully resist the encroachments of city-domination because they retained a social machinery with inherent democratic tendencies[162]. The reinforcement of a community of cultivators, however, meant the need of larger agricultural tracts, hence the origin of Qaddesh's conflict with the Jews of Galilee becomes clear.

We may therefore sum up, that there was a close connection between the origins of the Jewish activist movement which had begun to develop in Galilee in the middle of the 1st century BC and the struggle for cultivable soil, and that the emergence of John of Gush Ḥalav's group over a century later was connected with the same problem[163]. Both were an outcome of the position of the Jewish peasant, expressing itself more acutely in the marginal areas, but reflecting the more widespread problem of land-shortage, exacerbated by heavy taxation and tenurial oppression.

VII. The Agrarian Position after the Destruction

We know that Vespasian concentrated at Yavneh (Iamnia) and Lydda a number of prominent Jewish collaborationists and individual Jews who

---

[161] B. J. 4,104—105.

[162] Cf. A. H. M. JONES, The Greek City from Alexander to Justinian, Oxford, 1940, pp. 268, 274.

[163] Almost certainly arising out of the same causes was the border clash between the Jews of Peraea and the village of Zea in the governorship of Cuspius Fadus (AD 44—46?) (Ant. 20,2); one of the leaders of the Jews in this incident was significantly connected by rabbinical tradition (Mid. Cant. R. II,7) with the messianic movement: דור שדחקו את הקץ ונכשלו ... אחד בימי עמרם וכי׳. "A generation that strove to hasten the coming of the Messiah and failed ... one of them in the days of Omram etc." See S. APPLEBAUM, The Struggle for the Soil and the Revolt of 66—73 C. E. (Heb., Engl. résumé), Eretz Yisrael 12, 1975, pp. 127—128. The razzias of the 'robber chief' Ptolemy, carried out, it would seem, from Judaea against Arabia and Idumaea (Ant. 20,2) and put down by Cuspius Fadus, may have been motivated by similar conditions, but we do not know whether Ptolemy was a Jew or a gentile, and no details remain of his exploits.

had come over to the Roman side before the end of the war[164]. But with regard to Judaea as a whole Josephus states explicitly that the Emperor kept the χώρα for himself, founding no cities there, yet κελεύων πᾶσαν γῆν ἀποδόσθαι τῶν 'Ιουδαίων[165]. The reasonable explanation of this apparently paradoxical statement is, as Schürer saw, that ἀποδόσθαι meant, not the selling up, but the leasing out, of the lands confiscated. This would at least be in line with Vespasian's policy on the imperial domains in Africa[166], and his tendency, exemplified by his recovery of the *subseciva*[167], and by his persistent recovery of state lands in Cyrenaica[168] and elsewhere, to retain and develop the imperial domains. The question is, what was meant by the χώρα? We may accept MOMIGLIANO's conclusion, that, in view of the differential treatment accorded to various elements among the conquered Jewish population, some of which retained their lands or were granted new estates[169], confiscations were resticted to those localities where the holders had been active in the revolt against Rome[170]. It may further be noted that peasants who had proved collaborative were also resettled in some areas; such was the case in the Peraea, where the Roman commander Placidus seems to have recolonized such elements[171]. If so, which tracts were referred to by Josephus' term χώρα?

It is possible that the reference was to the Har ha-Melekh or King's Mountain Country which has already been briefly discussed, and which was shown by LURIA on rabbinical evidence to have constituted the areas of western Judaea and Samaria, also a zone extending from Lydda to the Dead Sea, recovered by the later Hasmoneans, and more particularly by Alexander Yannai, who retained a number of villages in the region. The King's Mountain Country would logically have coincided, in hellenistic terminology, with the βασιλικὴ χώρα[172]. It is very difficult to establish what happened to these tracts under Roman rule, but a partial and tentative reconstruction may be hazarded. In the coastal plain part of them would have

---

[164] B. J. 4,444: καταστρεψάμενος δὲ τὰ περὶ τὴν Θαμνᾶ τοπαρχίαν ἐπὶ Λύδδων καὶ 'Ιαμνείας ἐχώρει καὶ προκεχειρωμέναις ἑκατέραις ἐγκαταστήσας οἰκήτορας τῶν προσκεχωρηκότων ἱκανοὺς εἰς 'Αμμαοῦντα ἀφικνεῖται.

[165] B. J. 7,216—217.

[166] Cf. M. ROSTOVTZEFF, Studien zur Geschichte des römischen Kolonates, Archiv für Papyrusforschung, Beiheft 1, Leipzig, 1910, p. 32; A. SCHULTEN, Die römische Grundherrschaft, Weimar, 1896, p. 62.

[167] F. BLUME, K. LACHMANN, A. RUDORFF, Die Schriften der römische Feldmesser (Gromatici Veteres), II, Berlin, 1852, p. 133. (Hyg. de controv.)

[168] E.g. Hyginus, BLUME et AL., op. cit., I, p. 122; SEG IX,165,166,167,352.

[169] E.g. Josephus, who received a tract apparently in the Plain of Jezreel (ἐν τῷ πεδίῳ) to compensate him for the loss of property near Jerusalem (see n. 80); and the priestly family of Elea'zar ben Ḥarsum who retained considerable holdings in the coastal plain (n. 21).

[170] MOMIGLIANO, Ricerche (above n. 87), p. 86.

[171] B. J. 4,438: Πλάκιδος δὲ δεξιᾷ τύχῃ χρώμενος ὥρμησεν ἐπὶ τὰς πέριξ πολίχνας τε καὶ κώμας, καταλαμβανόμενός τε "Αβιλα καὶ 'Ιουλιάδα καὶ Βησιμὼ τάς τε μέχρι τῆς 'Ασφαλτίτιδος πάσας ἐγκαθίστησιν ἑκάστη τοὺς ἐπιτηδείους τῶν αὐτομόλων.

[172] See S. APPLEBAUM, The Agrarian Question and the Revolt of Bar Kokhba, Eretz Yisrael 8, 1967, p. 284 (Heb., Eng. résumé).

reverted to the territories of the Greek cities rehabilitated by Pompey; Herod is likely to have utilized other areas for the foundations of his new cities of Antipatris and Caesarea. A considerable area continued to be held after 70 by Ele'azar ben Ḥarsum, whose possessions appear to have reached the coast south of Caesarea (above)[173]. As it is known that the Hasmoneans held rights in Lydda, it may be conjectured that the estates assigned near this town by Vespasian to moderate Jewish elements[174] whose identity can be established from talmudic sources[175], were derived from neighbouring royal lands. Some of the Har ha-Melekh, on the other hand, would have continued to be held by the heirs of Herod; Agrippa I, who ruled all Judaea and Samaria, may well have controlled most of it; smaller tracts would seem to have remained in the hands of other members of Herod's family, to judge from the information that Antipas had estates in Narbattene[176], Agrippa II retained estates outside his kingdom in Galilee (Tzippori = Sepphoris)[177], and his sister Berenice[178] in the western Plain of Esdraelon[179]; that the crown-land here extended beyond her limits is indicated by the property there granted to Josephus, also by the existence of δεσποτικαὶ χῶραι in the vicinity of Scythopolis (Beth Shean) in the late 3rd century[180], probably perpetuating the Ptolemaic royal holdings alluded to by the Ḥephtziba inscription (above, n. 9).

Talmudic literature affords additional information on the agrarian position after 70, and on the relations of the Roman power to the Jewish peasantry.

---

[173] Above, n. 21.   [174] B. J. 4,444; see n. 164.

[175] A. BUECHLER, The Economic Condition of Judaea after the Destruction of the Second Temple, London, 1912, passim; this invaluable study, based on talmudic sources, is more important as a social than as an economic analysis.

[176] Georgius Cedrenus, Hist. Comp., PG, MIGNE, 121, p. 369, 333 C.

[177] B. Shabb. 121a: מעשה ונפלה דליקה בחצירו של יוסף בן סימאי בסיחין ... מפני שאפיטרופוס של מלך היה וכו׳. "A fire broke out in the yard of Joseph ben Simai at Siḥin, ... he was the King's procurator (epitropos)." And cf. S. SAFRAI, The Relations between the Roman Army and the Jews of Eretz Yisrael after the Destruction of the Second Temple, in: Roman Frontier Studies, 1967, Proceedings of the 7th Intern. Congress held at Tel Aviv, ed. S. APPLEBAUM, Tel Aviv, 1971, pp. 226—227.

[178] Jos. Vita 118 (24): καὶ περὶ Βήσαραν πόλιν γενόμενος ... στήσας τοὺς ὁπλίτας ἔξωθεν τῆς κώμης καὶ φρουρεῖν αὐτοῖς ἀσφαλῶς τὰς ὁδοὺς προστάξας ... ἕως τὸν σῖτον ἐκφορήσομεν, πολὺς γὰρ ἀπέκειτο Βερενίκης τῆς βασιλίδος ἐκ τῶν πέριξ κωμῶν εἰς τὴν Βήσαραν συλλεγόμενος, κτλ.

[179] Cf. Ḥirbet Bernike, recorded by A. ALT between Antipatris (Rosh ha-'Ayyin) and Jaljulia (Galiläische Probleme, III. Hellenistische Städte und Domänen, in: ID., Kleine Schriften zur Geschichte des Volkes Israel, II, Munich, 1953, p. 386, n. 3). Another place so named is referred to by H. H. KITCHENER and C. R. CONDER, The Survey of Western Palestine. Memoirs of the Topography, Orography, Hydrography, and Archaeology, II, Samaria, 1872, p. 329, Sh. XIV (Jp).

[180] SEG XX,455: ... d n Imp Caes Galer Maximiano PF semp invicto Aug Valentinianus praes provinc Syr Pal numini maiestq eius semper devotissimus feliciter (vacat) διὰ τῶν ἐν δεσποτικαῖς χώ[ραις(?)] στρατηγ(ῶν) πόλ(εων) κολ(ωνειῶν).—See B. LIFSCHITZ, Une dédicace à Galère trouvée à Beisan (Skythopolis), in: Hommages à Albert Grenier, II, Coll. Latomus LVIII, Berchem—Brussels, 1962, pp. 1063—1064; M. AVI-YONAH, Scythopolis, IEJ 12, 1962, pp. 123—134.

25*

The Tosephta, Mishnah and Jerusalem Talmud all contain references
to Jews who were compelled to lease land, frequently their own ancestral
plots, from gentiles[181]. As the Mishnah and Tosephta were assembled at the
end of the 2nd century of the current era, the *halakhah* involved is likely
to have originated in the conditions of the first and second revolts. Such
a situation must have been the result of confiscation by the Roman government, and further halakhic evidence indicates that this took place under
the *lex Cornelia de sicariis et venificis* which was framed to deal with robbery
by violence and armed revolt[182]. The Jewish scholars found it necessary
to make rulings to safeguard the rights of Jews whose land had been thus
confiscated; to this end the *halakhah* prohibited other Jews from acquiring
such holdings unless the agreement of the original owners had been obtained.
The lands concerned, the Jews who acquired them in contravention of the
halakhah, and the regulations made to restrict their operations were all
referred to in talmudic literature under the term *siqariqon*, and the deriva-
tion of the term from the Roman *lex Cornelia* under which such confiscations
were carried out is clearly the most reasonable explanation[183].

The period in which such rulings originated is made evident, if not
clear, by a passage in M. Gittin (V,6), which reads: "There was no *siqariqon*
in Judaea in respect of those killed in the war (but) from the (time of those)
killed in the war onward the *siqariqon* applied"[183a]. Tos. Gittin (V,1) adds:
"for the sake of the resettlement of the country", i.e. to safeguard the Jewish character of Judaea[183b]. Jer. Gittin (V 47b) appears to describe the
situation after the Second Revolt (132—135) when the application of the

---

[181] Eg. Jer. Dem. VI,25a: החוכר שדה מן הגוי תורם ונותן לו. "He who leases a field from a
gentile deducts the heave-offering and pays him;" M. Dem. VI,1—2: החוכר שדה מן
הנכרי, מעשר ונותן לו... אף המקבל שדה אבותיו מן הנכרי, מעשר ונותן לו. "If a man
hired a field from a gentile he must set aside tithes and then make payment; 2. Also if
he leased from a gentile the field of his fathers" etc. Tos. Dem. V,6: המקבל שדה מן
הנכרי מעשר ונותן לו. "He who leases a field from a gentile tithes (the produce) and
pays him."

[182] Paulus, Sententiae, 31,1.

[183] S. SAFRAI, Siqariqon (Heb.), Zion 17, 1952, pp. 56sqq.; D. ROQEAH, Comments on the Revolt of Bar Kokhba (Heb.), Tarbiẓ 35, 1966, pp. 125sqq. I fear I am unable to concur with
Dr. ROQEAH in his treatment of the three very difficult rabbinical passages cited here,
when he dates all of them to the period immediately before and during the Second Revolt
(AD 132—135). Nor can I accept the arguments he advances to explain the difference in
the application of the *siqariqon* rulings to Judaea and Galilee respectively. Some of Dr.
ROQEAH's confusion derives, I believe, from the different denotations of the term *siqariqon*. The enforcement of the *lex de sicariis et venificis* did not inevitably mean the
confiscation of lands to the same degree; the existence of halakhic legislation did not
necessarily imply its equal application in all situations and places, and the enforcement
of the Roman law did not involve the same frequency of acquisition of the confiscated
tracts by other Jews.

[183a] M. Gitt., V,6: לא היה סיקריקון ביהודה בהרוגי המלחמה; מהרוגי המלחמה ואילך יש
בה סיקריקון.

[183b] Tos. Gitt., V,1: ארץ יהודה אין בה משום סיקריקון מפני יישוב המדינה. במה
דברים אמורים? בהרוגין שנהרגו לפני מלחמה בשעת מלחמה ואילך יש בה משום
סיקריקון.

rabbinical restrictions to Judaea subsequent to 70 opened the way to whole-
sale seizures of Jewish holdings by non-Jews[184]. What is important here is
that they were not applied in Judaea (as distinct from Galilee) to the holdings of Jews who had fallen in the war of 66—73 itself and whose lands
were taken by the fiscus. The explanation for the Jewish ruling (M. Gitt.,
V,6) must be that losses had been such, that in the interest of maintaining
a Jewish population in Judaea no obstacle was placed before Jews wishing
to acquire land thus left vacant. This does not imply, however, that large
tracts of this category were in the market; just the opposite is likely to
have been the case; and this would confirm the belief that there had been
a considerable growth of imperial domain-land in Judaea.

Further material for a study of the situation is furnished by the *mi-*
drashim. The two chief sources are 'Midrash Siphri de-Bei Ra' on 'Deuteronomy', and 'Midrash Tannaim' on the same book. Both these commentaries
were attributed, traditionally, as their titles show, to the end of the 2nd
century of the current era, but they certainly contain a great deal of older
material, as the extracts here discussed will demonstrate. It should be noted
that both works utilize the framework of commentary to make satirical
observations on current phenomena.

The passages that interest us concern a new type of social figure who
emerges after the Destruction, the *matziq*. This Hebrew word means one
who plagues or harasses, being derived from the Hebrew verb *hatziq* (הציק).
Both *midrashim* include the same texts on this subject, with slight varia-

---

[184] Jer. Gitt., V,47b: בראשונה גזרו שמד על יהודה, שכן מסורת בידם מאבותם: יהודה הרג
את עשו דכתיב, ידך בעורף אויביך. והיו הולכין ומשעבדין בהן ונוטלין שדותיהן ומוכרים
אותן לאחרים והיו בעלי בתים באין וטרפין והיתה הארץ חלוטה ביד סיקריקון. נמנעו
מליקח; התקינו שלא יהא סיקריקון ביהודה בד"א בהרוגי המלחמה לפני המלחמה, אבל
הרוגים שנהרגו מן המלחמה והילך יש בהן משום סיקריקון. והרוגים שלפני המלחמה לא
כלאחר המלחמה הן. "Aforetime they decreed religious extirpation upon Judaea, for they
possessed a tradition from their fathers that Judah had slain Esau, it being written: 'Let thy
hand be upon the neck of thine enemies.' And they enslaved them and seized their fields and
sold them to others and the well-to-do owners were coming and snatching them and the
country was helpless in the grip of *siqariqon*. (Jews) refrained from buying (these lands), so
a regulation was made that there should be no *siqariqon* in Judaea. On another matter:
With regard to those slain in the war before the war *siqariqon* does not apply, but with
regard to those slain from the war onward, *siqariqon* applies. And (the position) with
regard to the slain before the war is not as that after the war."
In this difficult and controversial passage, I believe, as the word here translated "religious extirpation" (שמד) (*shemad*) is normally applied to the Second Revolt, and indeed
can only apply to it (the First Revolt was not accompanied by an attempt to suppress
Judaism), that we have here an account of the agrarian aftermath of the rising of Ben
Kosba. The "well-to-do" owners here (בעלי בתים) (*ba'alei batim*) are not Jews, but
members of the Greek-speaking landowning group (in NT language, the οἰκοδεσπόται;
this indeed follows from the reference to Esau, whose name always symbolizes the gentiles).
The statement beginning with the words "On another matter" is a historical appendix,
explaining the position between the two revolts (70—132). "Those slain in the war
before the war" means in the war of 66—70 before the war of 132—135. The last sentence
of the quotation refers to the Second Revolt.

tions, and both carry nearly identical passages which list the regions of
Judaea that were subject to the depredations of the *matziqim* ("who are harassing them"), beginning with Dan in the north and ending with the Negev in
the south; a little later in the text we find added (p. 357), "unto Zoar,
these are the *matiziqim* (harassers) of Israel, such as the *balashim* (בלשים)
(secret agents, spies) who dwell with the government and will be destroyed
with it[184a]". It may be noted that Zoar was outside the Roman Empire till
the establishment of Provincia Arabia in 106, and this mention may therefore furnish a terminus post quem for the present material; on the other
hand the fact that these sentences stand apart from the rest of this particular theme, may indicate that they are a later addition and put the chief
material safely back into the 1st century of the era.

The text of 'Midrash de-Bei Rav' treats of the same figures in para-
graph 317, where it comments on 'Deuteronomy' as follows: "And he shall
eat the fruits of my field, these are the kingdoms (i.e. the Roman government) and they shall suck honey from rock ... these are the *matziqim* who
have taken hold of the Land of Israel and it is as hard to keep a farthing
from them as (from) a rock; and tomorrow Israel inherits their properties
which are as sweet to them as honey; butter of kine, these are their consuls
and hegemons; with milk of sheep; these are their cleruchs; and rams;
these are their *beneficiarii*; the breed of Bashan; these are their centurions
who collect money from both of them; and goats; these are their senators:
with the milk of roast wheat-ears; these are their highborn ladies (*ma-
troniot*)[184b].

The above commentary also appears in 'Midrash' Tannaim, but the
latter text contains an interesting variation; here we read: "These are the
matziqim who have taken hold of the Land of Israel and expelled them (i.e.
the Jewish inhabitants) from their homes and they are as hard as etc."[184c].

Several things therefore emerge from the above passages: The *matziqim*
are present throughout the country from Dan to the Negev and Zoar (Tell
es-Safi at the south end of the Dead Sea); they hold lands and harass the
original possessors, levying continual exactions from them, and they are
balashim, associated with the Roman administration, i.e. government agents
who conduct searches. But evidently the land they control can ultimately
be recovered by their original owners or their successors[185]. The composi-

---

[184a] ... אל הגלעד מלמד שהראה ארץ גלעד יושב בשלוותה וחזר וראה מסיקין רודים בה וכו׳
עד צוער, אלה מציקי ישראל, כגון הבלשים הדרים עם המלכות ויאבדו עמה.
[184b] ויאכלו תנובות שדה — אלו מלכויות ויניקהו דבש מסלע... אלו מציקים שהחזיקו בה
בארץ ישראל והם קשים להוציא מהם פרוטה כצור ומחר הרי ישראל יורשים את נכסיהם
והם עריבים להם כדבש ושמן. חמאת בקר — אלו הפטקים והגמונים שלהם: עם חלב
(כליות כרים) — אלו כלירוקים שלהם; ואילים — אלו בניפיקרין שלהם; בני בשן — אלו
קנטריניך שמכנים מבין שניהם; ועתודים — אלו סינקלטין שלהם; עם חלב כליות חטה —
אלו מטרוניות שלהם.
[184c] HOFFMANN, p. 193: אלו הבלשים ... [ש] באו והחזיקו בא״י והוציאו אותן מבתיהם והם
קשים וכו׳.
[185] Cf. the words in the commentary cited above: "and tomorrow Israel inherits their properties and they are as sweet to them as honey."

tion of these people is further described in some detail. They fall into two groups, the first consisting of officers and 'other ranks' of the Roman forces, the second of Roman aristocrats. Of some interest among the military group are "the centurions who collect money from both of them" (i.e. the cleruchs and *beneficiarii* mentioned just before the centurions)[186]. The sentence appears to reflect some function fulfilled by the centurions that calls to mind the duties of the *primi pili* whose task was to collect supplies from the military lessors (*conductores*) of the *territorium legionis* in the 3rd century AD[187]. It is possible, indeed, that we have here a reference to the leasing of the *pratum legionis*, (in this case, presumably, of the *legio X Fretensis*) to military *conductores* as early as the later 1st or early 2nd century of the present era. But here further evidence must be awaited.

The second group of *matziqim* consisted of Roman aristocrats, — consuls, senators and matrons. One may assume that most of these dignitaries were in actuality represented in Judaea by their agents or stewards. That such a group received lands in the conquered country is eminently probable; there is abundant evidence that Augustus distributed crown-domain to his relatives and supporters in Egypt; some of these were women[188]. Vespasian too was no doubt required to reward those who had helped him to power and to ensure their continued loyalty to the new dynasty. A Roman matron who held land near Lydda in this period[189] is independently attested by the Jerusalem Talmud[190]. In addition, there appear to have been Jews among the said *matziqim*; so much is deducible from Jerus. Demai, VI 25b, which says: "He who rents his ancestral plot from a gentile (*matziq*), tithes (his produce) and pays him"[190a]. It may be supposed that such Jews had aided Rome and were rewarded with grants of real estate.

The problem arises, what was the juridical status of these lands? M. Baba Qama X,5 states: "If a man robs (his fellow) of a field, and *maseqim*

---

[186] The Hebrew text reads: אלו קונטרינים. שמכינים לבין שניהם The verb הכין normally means "prepare", but cf. Mid. Levit. R. 19g: שהושיב בורגיות בירושלים שהיה הורג את בעליהם ומענה את נשיהן ומכינים ממונם לטמיון. "Who placed garrisons (or ruffians) in Jerusalem, who slew their husbands and tortured their wives and consigned their money to the treasury". The word here translated "consigned" is מכינים.

[187] CIL III,14356,3a; III,8112; V,808; XIII,6730 etc.; also A. Móczy, Zu den 'prata legionis', in: Studien zu den Militärgrenzen Roms, Vorträge des 6. internat. Limeskongresses in Süddeutschland, Bonner Jb., Beih. 19, Köln, 1967, pp. 211—214. These arrangements are connected by A. Móczy (ibid.) with the *annona militaris* rather than with the *territorium legionis*; the present evidence suggests, however, that they may have been instituted a good deal earlier in Judaea, and the subject invites closer enquiry.

[188] Dio 55,13,6; Rostovtzeff, Soc. and Econ. Hist. Rom. Emp., pp. 293,669—672, n. 45; cf. R. Syme, The Roman Revolution, Oxford, 1939, p. 380.

[189] Jer. Sota III,19a: מטרונה שאלה את רבי לעזר ... אמר לו הורקנוס בנו בשביל שלא להשיבה דבר אחד מן התורה איבדת ממני שלש מאות כור מעשר בכל שנה. "A matron asked R. Lazar ... His son Hyrcanus said to him, Because you have not answered her question on Torah, I lose three-hundred kors in yearly tithe."

[190] The proselyte Veluria who asked Gamliel II awkward questions concerning the scriptures at Lydda or Yavneh (B. Rosh Hash., 17b) might have been another of these landowning matrons.

[190a] Jerus Demai, VI,25b: החוכר שדה מן הגוי תורם ונותן לו וכו׳. Cf. B BM 101a.

(sic) took it, if this is the result of state action, (the robber) shall say to him:
'There is your field!'"[190b] . . . Here it is clear that the *matziq* may have state
support, but not invariably. It is this *halakhah* which places difficulties before the interpretation of M. GIL[191], who has proposed to see the word *matziq*
as a hebraization of the Greek μεσίτης, an officer in charge of the confiscation of mortgaged properties, and from the beginning of the 2nd century
AD the equivalent of a *sequester*. He appears originally to have been a
mediator selected by the parties to keep their deposits and mortgages. From
the time of Antoninus Pius the *sequester* had the right to initiate an action to
transfer the ownership of the mortgaged property and became in effect a
judge who supervised the relations of creditors and debtors[192]. Apart from
the philological difficulties involved in deriving the word *matziq* from μεσίτης,
it must be observed that the right of initiating an action leading to the se-
questration of property belongs to a period of some seventy years after the
revolt of 66—73, whereas it is fairly clear that the *matziqim* belong to the
period beginning immediately after the rebellion; were they to be associated with the aftermath of the revolt of 132—135, they could not have
been active in Judaea, where the Jewish population had been virtually annihilated by Hadrian. GIL's definition of the *matziqim* further ignores what is
said of their identity in the *midrashim* cited above. Finally, it is extremely unlikely that the seizure of the lands subject to these people was the result of
legal action arising out of undischarged mortgages; the Roman government,
when faced with armed rebellion and its suppression had a speedier and less
cumbersome machinery of dispossession, to wit, confiscation by right of
war, or under the *lex Cornelia*. The first appears to have been practised by
Tineius Rufus, within the province of Judaea, from the very outset of the
rising of Ben Kosba[193]. There is no reason to regard Vespasian's action as
different, although it would appear from the talmudic evidence already
discussed that the *lex Cornelia* was cited in legitimization of his order.

It remains to determine the legal status of those who benefited from
these confiscations. Two answers have been given: ALON supposed that the
matziqim were *conductores* of *praedia Caesaris*, subletting to Jewish *coloni*[194].
In favour of this solution it can be argued that Vespasian himself regula-
rized this system on the African *praedia*, and very probably began the same
process in Cyrenaica (see above footnote 166). Moreover the *conductores* of
crown domain in Africa and Asia in both the 2nd and 3rd centuries gained
a bad reputation for oppressing their *coloni*, and compelled the emperors

[190b] BQ X,5: הגוזל שדה מחברו ונטלוה מסיקין: אם מכת מדינה היא — אומר לו: הרי שלך
לפניך! ואם מחמת הגולן — חייב להעמיד לו שדה אחרת.
[191] Land Ownership in Palestine under Roman Rule, Revue internat. des droits de l'antiquité, III 17, 1970, pp. 40—44.
[192] For the sources of these details, GIL, loc. cit.
[193] Euseb., Hist. Eccles., IV,6,1.
[194] G. ALON, A History of the Jews of Eretz Yisrael in the Period of the Mishnah and the
Talmud, I, Tel Aviv, 1954, p. 37.

in both periods to take steps to check their abuses[195]. Forced labour on the imperial estates in Egypt was known under Trajan[196].

But the objection to ALON's view is that the original Jewish owners of the lands held by the *matziqim* were able, apparently, to regain possession of their holdings, which would have been impossible had the latter constituted permanent units of the *praedia Caesaris*. A further objection is the identity of the various people who constitute the *matziqim*: Roman aristocrats and matrons would have been prevented both by convention and dignity from taking over such tracts in the capacity of *conductores*; most veterans were primarily interested in obtaining their own land. Finally we have learned that *matziqim* sometimes seized land with government authorization, sometimes without it.

The legal definition of the proprietorship that can apply to all these conditions and social categories can only be that of full ownership enjoyed *optimo, iure*, i.e. that title under which the occupier had full disposal of his holding according to a legal recognition accorded before or after the acquisition of the property concerned. A number of the grantees involved were discharged servicemen of various ranks (not to be confused with serving soldiers who contracted for the collection of produce from land controlled by the forces). In the former case, they might have seized their holdings as *agri captivi* before hostilities had formally ended, and obtained legalization of title from the authorities retrospectively. This form of acquisition is described by Siculus Flaccus[197], and appears to have applied in relation to the territory of the Roman colony of Colchester in Britain[198].

To sum up, much or most of the χώρα of Judaea which Vespasian retained for himself and leased out, may have coincided with western Judaea, reaching across from Lydda to the Dead Sea. Parts of this area were granted to Jewish 'moderates' or collaborators; confiscations probably affected principally districts active during the revolt (Upper Galilee, Narbattene, Antipatris, Jaffa, Lydda, Jerusalem and parts of Peraea); but very considerable tracts were made over to members of the Roman aristocracy and to

---

[195] A. HEITLAND, Agricola, Cambridge, 1921, pp. 342sqq.; T. FRANK, The Inscriptions of the Imperial Domains of Africa, Amer. Jour. Phil. 47, 1926, pp. 55sqq.; ID., A Commentary on the Inscription from Henchir Mettich in Africa, ibid., 153sqq.; CIL VIII,2,5902,25943, 24616.

[196] CPJ II, Cambridge, Mass., 1960, no. 431, lines 15—17: ἐλήλυθεν γὰρ Τεύφιλος 'Ιουδαῖος λέγων ὅτι ἦχθεν ἰς γεωργίαν. U. WILCKEN and M. ROSTOVTZEFF both explain this as forced labour on state land (ibid., p. 219 ad lines 17sq.).

[197] De cond. agrorum, F. BLUME et al., Die Schriften der röm. Feldmesser, I, Berlin, 1848, p. 138: *Horum ergo agrorum nullum est aes, nulla forma, quae publicae fidei possessoribus testimonium reddat; quoniam non ex mensuris actis unus quisque miles modum accepit, sed quod aut excoluit aut in spem colendi occupavit.*

[198] Tac., Ann., 14,31,5: *in coloniam Camulodunum recens deducti pellebant domibus, exturbabant agros, captivos servos appellando.* Cf. Euseb. Hist. Eccles., IV,6 (n. 193); I. A. RICHMOND, The Four Colonies of Roman Britain, Arch. Jour. 103, 1946, p. 61, and here, p. 390, the citation from Mid. Tannaim: "these are the *matziqim* who have taken hold of the Land of Israel and expelled them (the Jewish inhabitants) from their homes."

Roman veterans[199]. It is clear that where the latter were concerned, a good deal of uncontrolled seizure of Jewish lands had occurred before the end of the war and, to judge from Jewish halakhic literature, may have continued after it. Numerous Jewish peasants were compelled to become tenants of the new owners, often on their own ancestral holdings, and suffered greatly from the oppressive behaviour and harassing exactions of the new proprietors or their agents. To what extent *praedium Caesaris* was retained under direct imperial control and leased to *conductores* it is hard to say, but Jericho and the three districts of Peraea (Beth Ramatah, Gador and Amatha), originally Herodian crown lands, were still *regiones* in the Byzantine period (see n. 63), and hence remained *praedia*[200]. Other such areas certainly existed[201]. Some of the Jewish *matziqim* could conceivably have been *conductores* of such estates. On the areas around Jerusalem, survivors of the Jewish population would have had to pay considerable parts of their produce to the legionary commissariat, — collected (if we accept the testimony of the *midrashim*) by *beneficiarii* leasing from the legionary centurions.

The words of the *midrashim* are to be interpreted that some at least of the original Jewish owners (or their heirs) were able ultimately to recover possession of their holdings. If the commentary was composed at latest in the last decades of the 2nd century AD, the question arises, when and where did this occur? If it took place after the Second Revolt (132—135), the process would have been confined to Galilee, since the Jewish agricultural population of Judaea was virtually annihilated in the war. This would at least agree with the record that the restrictions of the *siqariqon* were in force there, indicating that much confiscated land was then on the market. But the interesting possibility exists that the process of recovery had begun before 132, as is indeed likely, since Roman veterans were not always suc-

---

[199] As examples of Roman veterans settled on the Judaean countryside in the 1st century AD may be cited M. AVI-YONAH, The Epitaph of T. Mucius Clemens, IEJ 16, 1966, pp. 258—264 (Moshav Habonim on the coast of Samaria) and IGR III,1207,1208 (Beth Nattif).

[200] We may note in this context R. Joseph's comment on Jerem. 52,16, interpreting "the vinedressers" as "the gatherers of opobalsam (*apharsamon*) from 'Ein Geddi unto Ramatah" (B. Shab. 26a: ‏ומדלת הארץ השאיר נבוזראדן רב הטבחים לכורמים וליוגבים‎. ‏תני רב יוסף אלו מלקטי אפרסמון מעין גדי ועד רמתא; יוגבים אלי ציידי חלזון‎ ‏מסולמות של צור ועד חיפה‎. "But Nebuzaradan the captain of the guard left of the poor of the land to be vinedressers and husbandmen. R. Joseph taught, These are the gatherers of apharsamon (opobalsam) of 'Ein Geddi and unto Ramatah; the husbandmen, these are the fishers of the murex (*ḥilazon*) from the Ladder of Tyre and unto Haifa."), which would imply, as ALON has suggested (Hist. of the Jews of Er. Yis., I, p. 97) that the opobalsam of that area became, after 70, the property of the *fiscus*; whether it was sublet to *coloni* is problematic.

[201] Near Scythopolis (n. 180); Yavneh (Ant. 18,31: Σαλώμη ... μεταστᾶσα ᾽Ιουλίᾳ μὲν ᾽Ιάμνειάν τε καταλείπει — καὶ τὴν τοπαρχίαν πᾶσαν...; M. AVI-YONAH, Newly Discovered Latin and Greek Inscriptions, The Quarterly of the Dpt. of Antiquities in Palestine 12, 1946, p. 84). The five-year lease (*lustrum*), normal on Roman public and imperial land, appears to have left its traces in the lease-contracts of Ben Kosba's administration — BENOIT et al., DJD II, Murabba'at, pp. 122sq., n. 24 A,B.

cessful or persistent cultivators[202], and those who were not would have begun to give up their plots before Hadrian's reign. On the imperial domains, the tendency of Hadrian himself, as expressed by his *lex de rudibus agris*[203], to accord permanence of occupation to tenants who had proved themselves good farmers of the plots in question, might have aided Jewish *coloni* to recover, in effect, their ancestral plots when they remained without lessees.

How long purely military administration lasted in Judaea we do not yet know. Whatever the case, Jewish tradition remembered it as rigorous and sadistic. 'Megillat Ta'anit' (6) is referring to this period when it relates that "they (the Romans) station *castra* in the townlets to torture brides, so that no man seeks to wed a wife because of them"[203a]. The period in which the Jewish population was officially deprived of all legal institutions and powers of registration is perhaps reflected in the wellknown bill of divorce from the Murabba'at cave, dated at Masada (apparently) in the year AD 111[204]. If this date has been correctly read, the place of registration was probably the Roman camp F 2 at the foot of the rock, then still held by a Roman garrison[205], and the document may well have been drawn up by a Jewish scribe under the eye of the camp commandant exercizing his authority as a military governor. Were this conclusion possible (and I would emphasize that it is tentative), it would be graphic evidence that the status of *dediticii* was still in force for the Jews of Judaea in the year 111; shortly afterwards the camp was evacuated by its Roman garrison[206].

There is, however some talmudic evidence suggesting that Vespasian was interested from the very first in rebuilding a degree of Jewish autonomy as a way to normalization of life in the province. It is an interesting fact that Yavneh, where the germ of such legal and legislative autonomy was born, was the centre of an imperial estate; there is a tradition, derived from an early source, of actual military supervision of the Jewish legal studies carried on there in the initial period[207].

[202] For a discussion of this subject with regard to the Republican period see P. A. BRUNT, Italian Manpower, Oxford, 1971, pp. 310—311, where he concludes that "an unknown but probably large proportion of the Sullan veterans failed to make good, mostly for no fault of their own." He points out (p. 310) that most of them had not been professional soldiers and for them agriculture was no new experience. Most of the released men of the imperial age, however, were by way of being professionals, and by Hadrian's time were serving for twenty-five years. Cf. Tac. Ann. 14,27,3—4, on the unsuccessful veteran colonization of Tarentum and Antium in AD 60, *dilapsis pluribus in provincias in quibus stipendia expleverant*; also Tacitus' criticism of the lack of cohesion of the veterans — *numerus magis quam colonia*. This project need not have been agricultural, but nevertheless looks symptomatic.

[203] CIL VIII 4, 25943 (II), ll. 2—14; CIL VIII 4, 26416 (I), ll. 7—(II), l. 3; M. ROSTOVTZEFF, Studien zur Geschichte röm. Kolonates, pp. 321, 323; T. FRANK, Am. Jour. Phil. 47, 1926, pp. 55sqq. (above, n. 195).

[203a] See n. 186.

[204] BENOIT et al., DJD II, Murabba'at, pp. 104—106, no. 19.

[205] Y. YADIN, Masada and the Limes, IEJ 17, 1967, pp. 43sqq.

[206] See n. 205.

[207] See Jer. BQ IV,4a: מעשה ששלח (sic) המלכות שני איסטרטיוטות ללמוד תורה מרבן גמליאל ולעכל ממנו מקרא משנה תלמוד הלכות ואגדות. ובסוף אמרו לו כל תורתכם

List of Illustrations

Photos by SHIMON DAR, Archaeological Survey of North-West Samaria.

נאה ומשובחת חוץ משני דברים הללו שאתם אומרים בת ישראל לא תיילד לנכרית. אבל
נוכרית מיילדת לבת ישראל... בדבר הזה אין אנו מודיעין למלכות. "It is related
that the government sent two soldiers to study Torah under R. Gamliel, ... and at
the end they said to him: All your Law is apposite and praiseworthy, except for
these two things: When you say that an Israelite woman shall not be a midwife to a
gentile, yet a gentile woman shall be a midwife to a Jewish woman etc... But we shall
not inform the government of this."

Aspects of Agrarian Life in Roman Palestine I: Agricultural Decline in Palestine during the Later Principate*

by Daniel Sperber, Jerusalem

Contents:

I. Decline in Land Fertility

"It is generally agreed that there was a decline in agriculture in the later Roman empire[1], but little attempt has been made to estimate how serious it was, and on its causes debate has been inconclusive,

* This research was supported (in part) by the Research Committee, Bar-Ilan University.

Abbreviations
B = Bavli = Babylonian Talmud
M = Mishna
T = Tosefta
Y = Yerushalmi = Palestinian Talmud.

[1] See the article of Ellsworth Huntington, Climatic Change and Agricultural Exhaustion as Elements in the Fall of Rome, Quarterly Journal of Economics 31, 1917, for an

398 DANIEL SPERBER

whether due to the general exhaustion of soil, to shortage of agricultural manpower, or, as contemporaries believed, partly to barbarian invasions and depredations but predominantly to overtaxation."

So writes Professor A. H. M. JONES in his monumental work 'The Later Roman Empire'[2]. And in summing up his conclusions on this very complex problem, he writes as follows:

"That there was some recession in the major industry of the empire — agriculture — cannot be disputed ... The decline may have been in some areas due to exhaustion of the soil by overcropping, in others to the progress of denudation, sometimes it may have been due to lack of labor. Some of the loss was attributable to the direct pressure of

extreme stand on the influence of climate on human history. See further his 'Civilization and Climate' (New Haven, 1914), and 'Palestine and its Transformation' (London, 1911). Contra HUNTINGTON, see M. ROSTOVTZEFF, The Social and Economic History of the Roman Empire[2] (= SEHRE[2]) (Oxford, 1957), p. 702, note 31; IDEM, The Decay of the Ancient World and its Economic Explanations, Economic History Revue 2, 1929—1930, pp. 197—214; W. F. ALBRIGHT, From Stone Age to Christianity (Baltimore, 1940), pp. 72—74. The important work of K. W. BUTZER, Quaternary Stratigraphy and Climate in the Near East (Bonn, 1958), pp. 121—122, asserts that in the last two thousand years there have been no more than small climatic fluctuations in the Near East. However, most students of climatic history nowadays agree that there have been climatic fluctuations over the past two thousand years. See, most recently, H. H. LAMB, The Changing Climate (London, 1966), chapter III, 'On the nature of certain climatic epochs which differed from the modern (1900—39) normal', pp. 58—112. HUNTINGTON's critics have attacked his very one-sided explanations for the rise and fall of civilizations as the direct result of climatic 'pulsations', rather than for his paleoclimatological assertions. On the contrary, these have recently been largely reasserted by the great climatologist, C. E. P. BROOKS, in his 'Climate through the Ages' (London, 1949), pp. 314—16, 319, 336—37, etc. The best introduction to the agricultural history of Palestine (and indeed the Levant) is A. REIFENBERG's classic 'The Struggle Between the Desert and the Sown — Rise and Fall of Agriculture in the Levant' (Jerusalem, 1955), which contains a full bibliography. (Also, contra HUNTINGTON.) REIFENBERG's book owes much to W. E. LOWDERMILK's 'Palestine — Land of Promise' (London, 1945), chapters 4—5. See also H. L. STRACK and P. BILLERBECK, Kommentar zum Neuen Testament aus Talmud und Midrasch, 1. Das Evangelium nach Matthäus (Munich, 1926, repr. [2]1956), pp. 655—659, to Matthew 13.8, for a fairly full, but uncritical collection of Rabbinic material. Also, 'Economic Survey of Ancient Rome' (hereafter 'Econ. Surv.'), ed. TENNEY FRANK, 5 (Baltimore 1940), p. 201.

[2] See, e.g. G. ALLON, Toldot ha-Yehudim be-Erez-Yisrael bi-Tekufat ha-Mishna ve-ha-Talmud (Tel-Aviv, 1955), 2, pp. 22—23, 209, 253; AVI-YONAH, Bimei Roma u-Bizantion (Jerusalem, 1946) (= RB), pp. 5—6, 67, et seq., 88; J. FELIKS, Agriculture of Palestine in the Period of the Mishna and Talmud (= Agriculture) (Jerusalem, 1963, Hebrew), pp. 157—159; S. W. BARON, Social and Religious History of the Jews[2] (= SRHJ), 2, (New York, 1952), pp. 263—264, 418; D. SPERBER, Costs of Living in Roman Palestine, JESHO 13, 1970, p. 11, note 3. A general survey of agriculture in Palestine may be found in G. ALLON, Toldot, 1, pp. 93, 96—101; F. M. HEICHELHEIM in 'Econ. Surv.', 4 (Baltimore, 1938), pp. 127 et seq. For a fine survey of the agricultural history of the period, see most recently J. FELIKS' article in: Encyclopaedia Judaica, 2 (Jerusalem, 1971), pp. 395—397.

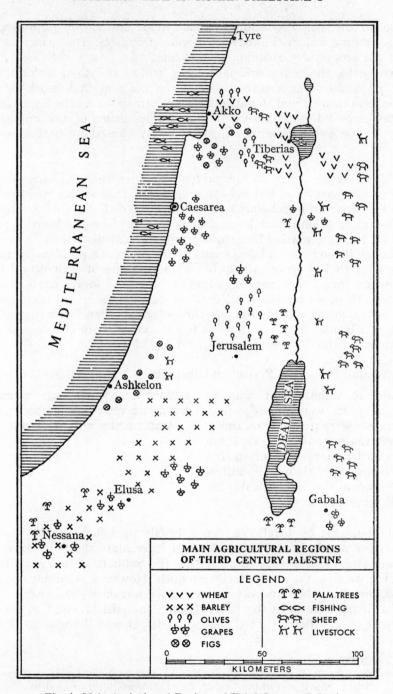

Fig. 1. Main Agricultural Regions of Third Century Palestine

barbarians, whose continual razzias made cultivation unprofitable if
not impractical in the exposed border provinces. The principal cause
of the progressive abandonment of land was, however, as contemporaries held, the heavy and increasing load of taxation, which on land
of marginal value absorbed so much of the rent that landlords could
make no profit, and might incur a loss. In so far as the high taxation
was caused by the heavy military expenditure of the empire, the
decline in agriculture was thus indirectly caused by barbarian pressure[3]."

The following pages do not pretend to solve the problems posed by
this very involved issue, but only to present the Palestinian evidence bearing on this theme. For scholars have already noted that Rabbinic literature
contains information indicating a decline in agriculture during this period.
However, this information has, thus far, not been systematically examined.
And though it too is partial, fragmentary and often of a problematic nature,
it may nevertheless serve to help build up a picture of agricultural trends
in Palestine during the Amoraic period (= third and fourth centuries).

First, then, we present a selection of major notices and texts pertaining to this issue, arranged in roughly chronological order. From this material
certain conclusions may be drawn as to the extent, both chronological and
geographic, of the decline of agricultural in Palestine.

1) Yerushalmi Pe'a 5.1 = Yerushalmi Shekalim 1.2 (cf. Bavli Sanhedrin 12a):

Said R. Mana: That was so
when the years were in order (i. e.
the harvests were regularly on time).
But nowadays that the years are
not in order (i. e. and often the
harvests are late)[4] there is no difference between the Sabbatical year
and all other years.

אמר ר' מנא: הדא דתימר בראשונה
שהיו השנים כסדרן. אבל עכשיו שאין השנים
כסדרן, היא שביעית היא שאר שני שבוע.

The halachic (= legal) context is briefly as follows: Only when the
harvests are regularly early does one not intercalate the Sabbatical year[5]
with an extra month, since intercalating the Sabbatical year would mean
extending its strictures for a further month. However, nowadays that the
harvests are irregular, and often late, one intercalates the year at need,
with no distinction as to the years. (From Tannaitic texts, i. e. pre-third
century texts, we learn that the Land of Israel was thought to ripen its

[3] Ibid., p. 1039.
[4] So according to R. Meshullan's commentary to Y. Shekalim 1.2, ed. J. SOFER (New
York, 1954), p. 8, and also to the Pnei Moshe of R. Moses Margaliot, ad loc.
[5] See Leviticus 25. 1—7, etc.; Jewish Encyclopedia, 10 (New York, 1905), pp. 605—06.
[6] Ed. FINKELSTEIN, p. 73.

fruits quicker than all other countries: Sifré Deuteronomy 37[6]; Tanḥuma Deuteronomy, Reé 8; Bavli Ketubot 112a, etc.)[7]

The R. Mana who makes this distinction could be one of two personalities bearing this name. The first lived about 230—70, the second about 350—75. It seems most likely that the R. Mana of this text is the earlier one, since R. Avin seeks to refute his statement[8]. R. Avin here must be the earlier R. Avin (floruit circa 290—350), and not the later one (of the latter part of the fourth century), since he occurs in context with R. Zeira and R. Abbahu, both of whom lived about 280—320. Thus, this text is probably from around the middle of the third century[9].

---

[7] So also from early Amoraic sources, e.g. B. Bava Batra 146a: Said Rav (left Palestine c. 219, and since this tale relates to Palestine ,it happened pre-219): "It once happened that a man sent his father-in-law new wine, new oil, and new linen garments around Pentacost . . . etc." Cf. Y. Bava Batra 9.5: "A certain person sent his fiancée twenty-four carriages [loaded] with kinds of vegetables (?) between Passover and Pentecost. And the Rabbis were not surprised at anything there but from whence had he brought linen-seed and olives." From these two versions of one tale (?) we may deduce that most products ripened very early; hence, there was no particular surprise at seeing such a wealth of new fruit, etc., so early in the season.

[8] So according to R. Meshullam, and the pupil of R. Samuel b. R. Shneur to Y. Shekalim 1.2, ed. SOFER, p. 8. However, according to other commentators (ad loc.), e.g. Pnei Moshe (of R. Moses Margaliot) and Korban ha-Edah (of R. David Fraenkel), R. Avin's refutation refers to an earlier issue and is unrelated to R. Mana's statement. According to this latter interpretation one cannot easily determine which R. Mana is being referred to. However, it seems most likely that it is R. Mana I.

[9] Note that to prove R. Mana's point the Yerushalmi (Pe'a and Shekalim ibid.) cites a beraita (teni — which is however not found in the Tosefta, in T. Sanhedrin 2.10): "The house of R. Gamliel intercalated immediately following the Sabbatical year." And in the parallel in B. Sanhedrin 12a we read: "The house of R. Gamliel used to intercalate at the end of the Sabbatical Year." (The Sabbatical Year both begins and ends in Tishri, around September, while intercalation consists of adding an additional Adar, around February, six months later.) The Palestinian version of this tradition suggests that this was a unique event, while the Babylonian one suggests that R. Gamliel used regularly to intercalate in this fashion. The Babylonian version is apparently influenced by the general trends of argumentation of the sugya in which it is embedded, according to which R. Gamliel held the view that one might intercalate thus. On this point he differed from the author of the basic text (T. Sanhedrin 2.10) which constitutes the starting point of the discussion both in B. Sanhedrin and in Y. Pe'a ibid. And if he believed such intercalation was permitted, why should he not do so regularly? In the Palestinian version, on the other hand, this story is brought to prove that there existed a recorded precedent for such a kind of intercalation. R. Mana argued that, when the times demanded it, such intercalation should be practised. It would appear that the Palestinian version is the more accurate one. The R. Gamliel here mentioned is either the first (flor. c. 60 c. e.) or the second (flor. c. 90—115 c. e.). We find the phrase "shel beit R. Gamliel" — of the house of R. Gamliel — in connection with both of them, see B. Berachot 53a, B. Shabbat 19a, B. Beża 22b, referring to R. Gamliel II, and Y. Shekalim 3.5, referring to R. Gamliel I (?). See also R. RABBINOVICZ, Dikdukei Soferim = Variae Lectiones (= Var. Lect.) (Monachii 1867—97; Jerusalem, 1960) to B. Sanhedrin, p. 21 note 7. If we accept the Palestinian version, that this was a one-time event, the R. Gamliel of this text is unlikely to refer to R. Gamliel III. For in his time, after his father had permitted the import of vegetables from outside Palestine, there would be little reason not to intercalate regularly in this manner (see Y. Pe'a, ibid., B. Sanhedrin, ibid.). On the other hand, it might

2) Yerushalmi Pe'a 7.3 = Yerushalmi Sota 9.14 = Yerushalmi Sota 1.8 =
Midrash Tannaim to Deuteronomy 26.9[10]:

Said R. Johanan (Jonathan, in
Sota and in Midrash Tannaim): The
late fruits (i. e. the worst of them)
that we used to eat in our youth
were better than the peach (apricot?
Sota) that we would eat in our old
age. ⟨For in his day (i. e. Johanan's
or Jonathan's) the world was changed
(i. e. for the worse). — Not in
Midrash Tannaim.⟩

אמר ר' יוחנן (יונתן — בסוטה ובמדרש
תנאים): יפה סיפוף שאכלנו בילדותינו
מפרסקי' שאכלנו בזקנותינו. (דביומי אישתני
עלמא — ליתא במדרש תנאים).

The text before us consists of two parts, the first, "The late fruits . . .
in our old age", in Hebrew, and the second, "For in his days the world
was changed", in Aramaic. This second part, absent in Midrash Tannaim,
is the Yerushalmi redactor's comment on the statement (in Hebrew) of
R. Johanan or Jonathan.

The reading "Jonathan" is probably to be preferred. It is not altogether clear whether this R. Jonathan is the *tanna* of the middle second
century, or the *amora*, R. Jonathan [b. Eleazar] of the third century.
However, whichever the case may be, it seems clear that the author of
the Aramaic comment was referring in his comment to the Amoraic period.
In other words, he took the Hebrew statement to be an Amoraic one.

Both R. Johanan and R. Jonathan [b. Eleazar] were roughly contemporary. The period of their youth falls into the first quarter of the third
century and that of their old age into the third quarter. Thus, the change
which the world underwent was thought to have taken place around the
second quarter of the third century[11].

be argued that R. Gamliel III ruled for a relatively short while, and that during his reign
of office there was no more than one occasion on which he had to intercalate thus. The
editors of Babylonian *sugya* certainly did not think that the R. Gamliel of this text was
R. Gamliel III, since they considered this act to have taken place before the time of
R. Judah the Prince, R. Gamliel III's father. Finally, note that R. Abbahu died in autumn
309. See S. LIEBERMAN, The Martyrs of Caesarea, Annuaire de l'Institut de Philologie
et d'Histoire Orientales et Slaves, 7 (1939—44), p. 402.

[10] Ed. HOFFMAN, p. 174.

[11] The establishment of the correct reading is, in this case, crucial to the dating of the whole
text. We have before us two different readings, R. Johanan in Y. Pe'a, and R. Jonathan
in Y. Sota and Midrash Tannaim. (See also Midrash Ha-Gaddol, Deut., ed. S. FISCH
[Jerusalem, 1972], p. 589.) Now, while the R. Johanan in Y. Pe'a undoubtedly is the
famous Palestinian *amora* R. Johanan [b. Nappaḥa] (d. 279), and R. Jonathan in Y. Sota
could be R. Johanan's elder contemporary R. Jonathan [b. Eleazar], the R. Jonathan in
Midrash Tannaim (which is a Tannaitic text) can only be the mid second century *tanna*
of the name. Thus, if we accept the version as it appears in Midrash Tannaim as authentic,
it would follow that this is a Tannaitic statement which was cited in the Yerushalmi.
R. Jonathan was probably comparing the situation before the Bar-Kochba uprising to

(Continuation of footnote 11)

that after it. The reading in Y. Sota would be the correct one, according to this, while the reading in Y. Pe'a is some kind of copyist's error. (The two names are frequently interchanged, sometimes were even consciously substituted one for the other. See, e.g., B. Shabbat 54b = B. Sukka 4b = B. Megila 7a.) However, the nature of Midrash Tannaim is such that one cannot be certain whether we have here a genuine Tannaitic statement, or merely a quotation from Y. Sota which the compilator (of Midrash ha-Gaddol, from which Midrash Tannaim is taken) included in this section, considering it to be of R. Jonathan the *tanna*. Or again, perhaps the compilator of Midrash ha-Gaddol never intended the statement to be considered Tannaitic, and this is the mistaken interpretation of the editor of Midrash Tannaim, D. Z. HOFFMANN. (On Midrash Tannaim, see D. Z. HOFFMANN's introduction to his edition, his subsequent remarks in his 'Kritische Bemerkungen zur talmudischen Literatur', JJLG, 7,1909, pp. 304—23, and J. N. EPSTEIN's summarizing comments in his 'Mevo'ot le-Sifrut ha-Tannaim' [Jerusalem, 1959], pp. 631—33.) If this latter construction be correct, we may as well have here an Amoraic as a Tannaitic statement.

In support of the authenticity of the Midrash Tannaim text, it should be noted that the Aramaic comment "For in his days the world was changed" is omitted there. Only the original Hebrew statement is there to be found. It is then unlikely that Midrash Tannaim is dependent upon Y. Sota (which has the Aramaic comment), but that, on the contrary, the Yerushalmi text (in all its places) quoted a (Hebrew) Tannaitic statement which was later commented upon in Aramaic by the Amoraic redactor. This speaks for the correctness of the reading "Jonathan". Indeed, this reading seems preferable since it appears not only in Midrash Tannaim and in both the Y. Sota places, but also in Y. Pe'a according to Ms. Vatican 133. (And though, generally speaking, this is an inferior Ms., it does some times preserve good readings; see S. LIEBERMAN's comments in 'On the Yerushalmi' [Jerusalem, 1929], p. 53.) Seen in this light, the reading "Johanan" in Y. Pe'a is a copyist's error in Ms. Leiden which entered subsequently into all the printed editions. (All the printed editions base themselves originally on the Venetian editio princeps, which, in turn, was based, inter alia, on Ms. Leiden. See S. LIEBERMAN(N), Hayerushalmi Kifshuto [Jerusalem, 1934], p. 15, and J. N. EPSTEIN's earlier comments in 'Some Variae Lectiones in Jerushalmi. The Leiden Ms.' [hebr.], Tarbiz 5/4, 1934, p. 257 note 1.) On the other hand, it should be noted that Esthori ha-Farḥi, in his Kaftor ve-Feraḥ (ed. H. EDELMANN [Berlin, 1852], included in the GROSSBERG ed. [Jerusalem, 1949]), completed in c. 1322, and thus based on independent manuscript traditions, quotes (in chapter 42, p. 92) Y. Pe'a as reading R. Johanan! Thus, there is early evidence of this reading too.

Now, whichever be the correct reading, and whether our text actually be Tannaitic or Amoraic, one thing seems clear, namely that in the Yerushalmi this text was understood to be Amoraic. For while the *amoraim* R. Johanan and R. Jonathan (b. Eleazar) were extremely well-known, the *tanna* R. Jonathan was very little known. (See A. HYMAN, Toldoth Tannaim Ve'amoraim [London, 1910], pp. 697—698, and M. MARGULIES, Encyclopedia of Talmudic and Geonic Literature [Israel, 1952], 514—515.) It seems improbable that the late Amoraic redactor of the Yerushalmi text would have known that in the time of R. Jonathan, the *tanna*, the world was changed. On the other hand, he certainly would have known, from numerous texts (including some of the passages in the Y. Pe'a *sugya*), that in the time of R. Johanan and/or R. Jonathan, the *amoraim*, things took a turn for the worse.

Perhaps we may find further confirmation of this in a text in (the late) Midrash Shemuel (13.7, ed. BUBER, p. 86). There a story is told of how when R. Ḥanina [b. Ḥama] (d. c. 240) first came to Palestine he saw a huge carob tree. (See below p. 409, text a, for the full version of this story.) And directly after this story comes the phrase "For in their days — not 'his days' note — the world was changed." In Yerushalmi Pe'a this story precedes our text; in other words, first comes the R. Ḥanina text, then the R. Johanan—Jonathan text and then the (Aramaic) comment. It would appear that in the source that was before the author of Midrash Shemuel there were likewise both these statements (of R. Ḥanina and R. Johanan—Jonathan), and the comment referred to both of them: "For in their days,

3) Bavli Ketubot 112a[12]:

R. Joshua b. Levi came to Gabala, he saw these vines with ripe clusters that look like calves, (they were so big). He said: Calves among vines?! They replied to him: [No]. They are clusters of grapes. Said he: Land, O land, take in your fruits. For whom are you bringing them forth? For these Arabs, who stood against us in our sins. A year or so later R. Ḥiyya came to that place, and saw them looking like goats (i. e. smaller than calves). He said: Goats among the vines?! They said to him: Get away, and do not do as your friend did.

ר' יהושע בן לוי איקלע לגבלא. חזנהו
להנהו קטופי דהוו קיימי כי עיגלי. אמר:
עגלים בין הגפנים? אמרו ליה: קטופי נינהו.
אמר: ארץ, ארץ, הכניסי פירותייך. למי
את מוציאה פירותייך? לערביים הללו
שעמדו עלינו בחטאתינו? לשנה איקלע ר'
חייא (בר' אבא — בהגדות התלמוד) להתם.
חזנהו דהוו קיימי כעיזי. אמר: עיזים בין
הגפנים? אמרו: זיל, לא תעביד לן כי חברך.

R. Joshua b. Levi (floruit circa 230—60) was a southerner (from Lydda), and here we find him visiting Gabala, south of the Dead Sea, (now a-Jibal)[12a]. We should probably read R. Ḥiyya b. Aba — his name is frequently abbreviated in this fashion — since R. Ḥiyya lived somewhat earlier than R. Joshua b. Levi. In fact, we do find R. Ḥiyya b. Aba visiting Gabala in Bavli Yevamot 46a: R. Ḥiyya b. Aba came to Gabala. [There] he saw daughters of Israel that were pregnant by proselytes that had been circumcised but had not undergone the ritual ablution. And he saw Jewish wine that had been poured out by non-Jews and was being drunk by Jews. And he saw lupines that had been cooked by non-Jews being eaten by Jews. And he said nothing to them. He came before R. Johanan. He

i.e. R. Ḥanina's and R. Johanan—Jonathan's, the world was changed." The author of Midrash Shemuel, for reasons of his own, omitted the second text, but, nonetheless, did not alter the editorial comment. It seems clear from this that the author of this comment considered R. Johanan—Jonathan as roughly contemporary with, i.e. in the same "days of", R. Ḥanina. (ALLON's suggestion in 'Toldot', 2, p. 253 note 68).
R. Johanan was the leading Palestinian Talmudic personality of the third century. He died in 279. R. Jonathan [b. Eleazar] was his older contemporary, and lived on into R. Johanan's old age (see HYMAN, Toldoth, p. 699b). The period of their old age falls into the third quarter of the third century, and that of their youth in the first quarter. The redactor understood the change to have taken place between these two periods, thus, probably during the second quarter of the third century. This would also be the time of R. Ḥanina's old age.
Note that M. AVI-YONA, in RB p. 88, A. MARMORSTEIN in 'The Age of R. Johanan and the "אותות המשיח"' (hebr.), Tarbiz, 3/2, 1932, p. 173, and ALLON in 'Toldot', 2, p. 253, all take the reading "Johanan" for granted! On further readings in the Y. Pe'a text, see B. RATNER, Ahavat Ziyyon vi-Yerushalayim (Wilna, 1901—17), ad loc., p. 63.
[12] = Midrash Shir ha-Shirim, ed. L. GRÜNHUT, (Jerusalem, 1897), fol. 14b.
[12a] S. KLEIN, Sefer ha-Yishuv (hereafter Yishuv), 1, (Jerusalem, 1939), p. 26.

(R. Johanan) said to him: Go out and announce that their children are illegitimate and their wine is *yayin nesekh* (wine forbidden to Jews), and their lupines are the "cooking of idolators" (also forbidden to Jews), since they are not acquainted with the law (*bnei Torah*). (Cf. Yerushalmi Avoda Zara 2.8.)

We see then that this visit took place within the lifetime of R. Johanan. It would appear that this is the same R. Ḥiyya [b. Aba]. In fact, the full reading of his name is found in Haggadot ha-Talmud (Constantinople 1511, folio 63a, bottom). (Ms. Munich reads: R. Aba b. Ada? The version in Midrash Shir ha-Shirim, ed. GRÜNHUT, folio 146 reads: R. Ḥiyya Rabba, probably an error from b. Aba.) If we assume that these two stories relate to the same single visit to Gabala, we may deduce that there was a decline in Gabalian viticulture[13] between the time of R. Joshua b. Levi (second quarter of the third century), and that of R. Ḥiyya b. Aba (third quarter of the century), and before the death of R. Johanan in 279. (The phrase "a year or so later" is not to be taken literally.) This change was attributed to R. Joshua b. Levi.

4) Yerushalmi Pe'a 7.3:

Story: R. Abbahu and R. Jose b. Ḥanina and R. Simeon b. Lakish passed by the orchard of Duron. A tenant brought them out a peach. They ate of it, they themselves and their asses, and they had some left over; and they measured it [as being as large] as a stew-pot of Kfar Ḥanania, which can hold a *se'ah*[14] of lentils. Some time later they [again] passed by there and the tenant brought them out two or three of them (i.e. peaches) to a hand [-full]. They said to him: We would like [them] from that [same] tree [you gave us from last time]. He replied to them: They are from it. And concerning it (*aloi*) they cited the verse, "A fruitful land into a salt waste, for the wickedness of them that dwell therein." (Psalm 107.34).

דלמא: ר' אבהו ור' יוסי בן חנינא ור'
שמעון בן לקיש עברו על כרם דורון. אפיק
לון אריסא חדא פרסיקא. אכלון אינון
וחמריהון ואייתרון ושערונא כהדין לפיסא
דכפר חנניא מחזיק סאה של עדשים. בתר
יומין עברון תמן. אפיק לון תרי תלת לגו
ידא. אמרו ליה: מן ההוא אילנא אנן בעיין.
אמר לון: מיניה אינון. וקרון עלוי, "ארץ
פרי למלחה מרעת יושבי בה" (תהלים ק"ז
ל"ד).

---

[13] For the decay of Italian viticulture, see ROZTOVTZEFF, SEHRE², p. 740 note 21. For general trends in Italian agriculture, see W. E. HEITLAND in: The Legacy of Rome, ed. C. BAILEY (Oxford, 1923), pp. 507—08.

[14] On the *se'ah*, see my discussion in 'Costs of Living in Roman Palestine', JESHO 8, 1965, p. 266 et seq.

= Bavli Ketubot 112a:

R. Ḥelbo and R. Avira and R. Jose b. Ḥanina came to this place. They brought before them a peach that was [as large] as a stew pot of Kfar Hino. And a stew pot of Kfar Hino contains how much? Five *se'ahs*. They ate a third [of it], gave away (to charity?) a third (*hifkiru*), and gave a third to their animals. A year or so later, R. Eleazar came there, and they brought him [a peach] and he took it in his hand (i.e. held it in only one hand, it was so small), and said, "A fruitful land into a salt waste, for the wickedness of them that dwell therein."

ר' חלבו ור' עוירא ור' יוסי בר חנינא איקלעו להההוא אתרא. אייתו קמייהו אפרסקא דהוה כאילפס כפר הינו. ואילפס כפר הינו כמה הוי? ה' סאין. אכלו שליש, והפקירו שליש, ונתנו לפני בהמתן שליש. לשנה איקלע ר' אלעזר להתם, ואייתו לקמיה. נקטו בידיה ואמר, ״ארץ פרי למלחה מרעת יושבי בה״, (תהלים ק״ז ל״ד).

These two recensions are very close to one another, excepting for the names. The Palestinian version is probably the more original. (E.g. note how the Babylonian version answers the problem posed by the Palestinian one, of what was done with the third third, or how the interpolation on Kfar Hino-Ḥanania is dealt with.) Duron is generally identified with Ḥirbet Diran[15], near present say Reḥovot[16]. Kfar Hino is identical with Kfar Ḥanania[17]; it is on the border of the upper and the lower Galilee. (Its stew-pots are mentioned in Lamentations Zuta 1.5; see also Bavli Shabbat 120b, Tosefta Bava Meẓia 6.3 = Bavli ibid. 74a[18].) The stew-pots of Kfar Ḥanania were far larger than the normal stew-pots[19]. This makes the whole tale even more miraculous.

Despite the differences in the names between the two versions, all these personalities belong to the later third century[20]. R. Simeon b. Lakish, mentioned in the Yerushalmi version, died c. 275. R. Eleazar, mentioned in the Babylonian recension, died circa 280. Thus the text is probably from the third quarter of the third century.

5) Yerushalmi Pe'a 7.3 = Yerushalmi Sota 1.8:

Said R. Ḥiyya b. Ba: A *se'ah* of Arbel [standard] used to produce

אמר ר' חייא בר בא: סאה ארבלית היתה מוציאה סאה סולת, סאה קמח, סאה

---

[15] See KLEIN, Yishuv, p. 35.

[16] Contra the suggestion of Y. DAN, in his article 'Kerem Doron', Tarbiz 41, 1972, p. 342.

[17] See KLEIN, Yishuv, pp. 91—92.

[18] See also W. RABBINOVITZ's remark in 'ירושלים', Yerushalayim of Luncz, 7/4, 1907, pp. 365—66.

[19] See Y. BRAND, Klei Haḥeres Besifrut Hatalmud (Jerusalem, 1953), p. 17.

[20] On R. Avira, see CH. ALBECK, Mavo la-Talmudim (Tel-Aviv, 1969), pp. 345—46. Ms. Munich reads Azaria?

a *se'ah* of fine flour, a *se'ah* of
[ordinary] flour, a *se'ah* of cibar
[flour], a *se'ah* of coarse bran, [and]
a *se'ah* of flour containing all sorts
of colours[20a]. And nowadays, there
is not even one measure for a
measure.

קיבר, סאה מורסן, סאה גייגין. וכדון אפילו
חדא בחדא לא קיימא.

There are slight variations in the Sota parallel, but not of significance
for our purposes. See also Bavli Ketubot 112a et alia. Arbel is in the lower
Galilee, near Tiberias[21].

R. Ḥiyya b. Ba (= Aba) floruit circa 250—310. In the main, he was a
disciple of R. Johanan. This text is probably from the last quarter of the
third century.

It should, however, be noted that while the whole text about the
se'ah of Arbel is in Hebrew, the last line "And nowadays, there is not even
one measure for a measure" is in Aramaic. It may therefore be that only
the Hebrew part is R. Ḥiyya b. Aba's, while the Aramaic is a later editorial
gloss (from some time in the fourth century). Alternatively, R. Ḥiyya may
have been quoting an earlier Hebrew text, in which case the Aramaic is his
own comment from the later third century. This latter explanation seems
to be borne out by the fact that in Bavli Ketubot 112a we find a text very
similar to this one cited as a *beraita* ("*Tania*") in the name of R. Jose
(middle second century). For an interpretation of this and related texts,
see below, p. 424—28.

6) Yerushalmi Demai 1.1:

Said R. La: In the beginning
grapes were plentiful and the grape-
shells were not considered of importance. However, now that grapes
are not plentiful, grape-shells are
considered of importance.

אמר ר' לא: בראשונה היו הענבים
מרובות ולא היו חרצנים חשובות, ועכשיו
שאין ענבים מרובות חרצנים חשובות.

This statement of R. La (= Ilai) comes to solve an apparent contradiction between two earlier statements of the *tanna* R. Jose, floruit middle
second century (in Tosefta Demai 1.2, and in Mishna Ma'asrot 5.6). Now,
though this statement relates to the views of the middle second century,
they no doubt reflect conditions prevailing during R. Ilai's time[22].

[20a] On *cibar*, see my remarks in Tarbiz, 33, 1967, pp. 99—107. For the last kind of flour
mentioned, see M. A. JASTROW, A Dictionary of the Targumim, The Talmud Babli and
Yerushalmi and the Midrashic Literature (London, New York, 1903), p. 259b s. v. See
also S. KRAUSS, Talmudische Archäologie, 1 (Leipzig, 1910), pp. 98—99. On the *se'ah*,
see above note 14.

[21] See KLEIN, Yishuv, pp. 7—8.

[22] This contradiction could have been resolved by suggesting that while T. Demai 1.2, which
refers to Judaea, reflects the advanced viticulture of the Judaean lowlands, the text of

R. Ilai, disciple of R. Johanan, floruit circa 260—320. This text is probably from the last quarter of the third century.

7) Bavli Bava Meẓia 105b:

How much is *kedei — nefillah* (the amount of fallen grain)? R. Ammi in the name of R. Johanan: Four *se'ahs* to the *kor*. (30 *se'ah* = 1 *kor*.) R. Ammi himself said: Eight *se'ahs* to the *kor*. This old man said to [Rav][23] Ḥamma son of Rabbah b. Abuha: Let me explain [it] to you: in the days of R. Johanan the land was fat, [while] in the days of R. Ammi the land was lean.

וכמה כדי נפילה? ר' אמי אמר ר' יוחנן: ארבע סאין לכור. ר' אמי דיליה אמר: שמונה סאין לכור. אמר להו ההוא סבא לרב חמא בריה דרבה בר אבוה: אסברא לך. בשני דר' יוחנן הוה שמינה ארעא. בשני דר' אמי הוה כחישא ארעא.

For an explanation of the whole legal context, and the different interpretations of the term *kedei-nefillah* (and a different reading in the text), see below, section II.

Ḥamma was a Babylonian, floruit second quarter of the fourth century. He visited Palestine (Bavli Ketubot 85a), and may have heard the 'old man's' explanation there. The explanation is probably of the second quarter of the fourth century, and, if Palestinian, the 'old man' would have known of the change from fat years to lean ones, a change that came about between the time of R. Johanan (died 279) and R. Ammi (died early fourth century). If we accept this explanation as historical, it is further evidence of the decline of the later third century[24]. And in any case, it shows that later authorities thought there had been such a decline.

The above texts all come from, or describe, more or less the same period of time, the second half of the third century. When put together, the picture that emerges from them is of a decline in several different branches of agricultural activity: wheat growing (5, 7), viticulture (3, 6), and the production of fruits of various kinds (2, 4). Furthermore, this decline is not limited to a single locality, but is a widespread geographic phenomenon: Duron in Judea (4), the Galilee (2, 5), Gabala, south of the Dead Sea (3).

M. Ma'asrot 5.6 reflects R. Judah's native Galilean background, where vines were far less plentiful and well-developed (Cf. B. Nazir 21b). The explanation offered by R. Ilai would seem, then, to mirror the conditions of his time.

[23] See RABBINOVICZ, Dikdukei Soferim (= Variae Lectiones) ad loc., p. 309 note 100. (For readings of this text see RATNER, Ahavat Ẓiyyon vi-Yerushalayim, ad loc., p. 83.)

[24] Babylonian scholars, when discussing this text in their academies, could quite easily have worked out for themselves that the difference between R. Johanan's statement and that of his pupil R. Ammi might well be due to worsened circumstances. They hardly needed the 'old man' to teach them this. Clearly, then, what we have here is not an academic construction of the Babylonian academy, but the genuine recollection of an old man (Palestinian?) who had lived through these changes and on the basis of his personal experience interprets the texts under discussion.

In addition to these texts, there are quite a number of tales and descriptions, albeit of semi-legendary character, which describe in somewhat fabulous terms the wonders of Palestinian fertility. These extravaganzas were intended to paint a glowing picture of the golden age of Palestinian agriculture and contrast it with the grayer light of contemporary conditions. The homilist using these tales would, no doubt, draw his own moralistic conclusions from them. Discounting any element of exaggeration, these texts presuppose a rather drastic fall in the quality of Palestine's produce. Here are but a few characteristic examples:

a) Yerushalmi Pe'a 7.3 = Yerushalmi Sota 1.8[25]

Said R. Ḥanina: When I came here (to Palestine from Babylonia), I took my own girdle and my son's girdle and the girdle of my ass to tie [them] round the trunk[26] of a Palestinian carob tree, and [even so] they did not go round [it]. I cut down a carob and my hands were filled with honey.

אמר ר' חנינא: כד סלכא להכא, נסיבת (איזורי ו – ליתא בסוטה) איזורי' דברי ואיזורי' דחמרי מקפא בירתא (כורתא בסוטה ובכ"י רומי) דחרובתא דארעא דישראל, ולא מטין. קצת חד חרוב ונגד מלא ידוי דובשי.

The R. Ḥanina spoken of here is R. Ḥanina b. Ḥama who reached Palestine from Babylonia early in the third century, and settled in Sepphoris to study under R. Judah the Prince (died circa 220). Thus, this text is describing what happened around the turn of the century. The audience hearing this tale would be able to compare it with what they knew to be conditions in their own times[27].

b) Yerushalmi Pe'a 7.3 = Bavli Ketubot 111b:

Said R. Simeon b. Ḥalafta: I had in my [garden] a mustard stalk, and I would climb up it, just as one climbs up to the top of a date palm.

אמר ר' שמעון בן חלפתא: קלח אחד של חרדל היה לי בתוך שלי, והייתי עולה בו כעולה בראש התאינה. (בבלי: א"ר שמעון בן חלפתא: קלח של כרוב הניח לנו אבא והיינו עולים ויורדים בו כסולם).

See the version in Bavli Ketubot 111b, which mentions a cabbage stalk. R. Simeon b. Ḥalafta spans the transitional period from the Tannaitic to the Amoraic eras; floruit circa 170—230. His reminiscences here relate to the turn of the century.

---

[25] = Midrash Shemuel 13.7, ed. BUBER, pp. 86—87.

[26] בירתא in Pe'a; כורתא in Sota; and so in both places according to Ms. Vat.; קורתו in Midrash Shemuel.

[27] For a similar example of this motif, see Strabo 2.1.14, C 73. However, Prof. FELIKS assures me that this is no idle exaggeration, and that there is in the vicinity of Jerusalem nowadays a carob tree of such dimensions. Nonetheless, this still suggests that normally carob trees were far smaller, and thus it fits in with the 'golden age' motif.

c) Yerushalmi Pe'a 7.3 = Bavli Ketubot 111b[28]

Rabbi [Judah the Prince] said to R. Perida: Will you not show me that [renowned] grape-cluster in your vineyard? He replied to him: If you wish to go out, I will show it to you. While they were still far away, R. (i.e. Rabbi) saw what looked like an ox in it (i.e. the vineyard). He said to him: Does that ox not do damage to your vineyard? He replied to him: That ox which you think [you are seeing] is the cluster of grapes. And concerning this he (Rabbi) cited the verse: "While the king sat at his table, my spikenard sent forth its fragrance" (Canticles 1.12). The Temple is destroyed, and you continue in your obstinacy? (i.e. you earth continue in your obstinacy to produce such fine fruit, even after the Temple has been destroyed!). Immediately, they searched after it (i.e. the grape-cluster) and found it not (since the earth had swallowed it up in response to Rabbi's exhortations).

רבי אמר לר' פרידא: לית את חמי לי ההוא סגולה בגו כרמך? א"ל: אין. נפיק, בעי מחמייא ליה עד דהוא רחוק. צפה ביה כמין תור. א"ל: לית הדין תורה מחבל בכרמים? א"ל: הדין תורא דאת סבר הוא סגולה. וקרא עליו "עד שהמלך במסבו נרדי נתן ריחו" (שיר השירים א' י"ב) — בית מקדשא חריב ואת קאים בקשיותך! מיד אתבעון ולא אשגח.

The verse in Canticles is here exegetically interpreted through a clever play on the Hebrew word bi-mesibo — 'at his table' — explained as though derived from the root 'haseb' — to turn away —; thus: While the King is turned away (from his Temple, which is destroyed), my spikenard still sends forth its fragrance?! (As though to say, "The cheek of it!".) Rabbi's exhortation finds a close parallel in Tanḥuma Exodus Teẓaveh 13, where R. Judah b. Ilai (middle second century) states: The Land of Israel is impudent to bear fruit. This in turn should be related to Mishna Sota 9.12 (also found in Tanḥuma Exodus Teẓaveh 13): R. Simeon b. Gamliel (early second century) says in the name of R. Joshua (late first century): From the day the Temple was destroyed, there is no day that has not in it a curse, and the dew does not descend beneficially, and the [fragrant] taste was taken from the fruits. R. Jose says (middle second century): The fat too was taken from the fruits[29]. This text should also be compared with no. 3 above, with which it has some points in common.

[28] = Midrash Shir ha-Shirim, ed. L. GRÜNHUT (Jerusalem, 1897), fol. 14a, ed. J. C. WERTHEIMER (Jerusalem, 1971), pp. 38—39.
[29] See also Y. Sota 9.14, and B. Sota 49a.

Rabbi floruit circa 180—220, and this text is intended to describe the richness of R. Perida's orchards around the turn of the century[30].

d) Yerushalmi Pe'a 7.3 = Yerushalmi Bava Batra 9.5:

They brought him (Rabbi) two radishes [which had grown] between the New Year (i.e. 1 Tishri) and the Great Fast (= Yom Kippur, 10 Tishri — usually around September-October time), and it was the end of the Sabbatical year, and they weighed the weight of a camel. He said to them: Are they not forbidden? Are they not the aftergrowths of the Sabbatical year, (i.e. were they not planted in the previous year, well before the New Year, and hence forbidden)? They replied to him. [No.] They were sowed after the New Year.

אייתון קומי תרין פוגלין מבין ריש שתא
לצומא רבא, והוה אפוקי שמיטתא, והוו בעון
טעיני' דגמלא. אמר לון: ולית אסיר? ולית
ספיחי' אינון? א''ל: באיפוקי ריש שתא
אזדרעין.

Another tale from the same period, according to which these radishes grow to immense proportions within the space of nine days. Despite the apparent legendary nature of this episode, it is linked, in the continuation of the passage, with a very definite and historically important legal enactment, which was said to have been based upon Rabbi's learning this fact of rapid summer growth. See further Bavli Bava Batra 146a[31].

e) Yerushalmi Pe'a 3.3 = Sifrei Deuteronomy 316:

Said R. Simeon b. Ḥalafta: It once happened that R. Judah said to his son in Sichnin: Go up (to the attic) and bring [us] in dried figs from the casks. He went up, put his hand in [to the cask] and found honey in it. He said: Father, it is full of honey. He said to him: Put your hand in deeper, and you will bring up dried figs.

אמר ר' שמעון בן חלפתא: היה מעשה
שאמר ר' יהודה לבנו בסיכנין: עלה והביא
לנו גרוגרות מן החביות. עלה והושיט ידו
ומצאה של דבש. א''ל: אבא, של דבש היא.
א''ל: השקע ידך ואת מעלה גרוגרות.

---

[30] See also Z. FRANKEL's remarks in 'Mevo ha-Yerushalmi' (Breslau, 1870), fol. 122a.

[31] See FELIKS, Agriculture, p. 154, but see S. SAFRAI's very pertinent remarks in 'The Practical Implementation of the Sabbatical Year after the Destruction of the Second Temple' (hebr.), Tarbiz, 36, 1966, p. 6. On the last two texts see further, S. KLEIN, Eretz Yehudah (Tel-Aviv, 1939), pp. 177—78.

Here, R. Simeon b. Ḥalafta (see text b) tells a tale about R. Judah (b. Ilai) of the middle second century, according to which even dried figs produced rich (fig) honey. (Sichnin is in the lower Galilee, and now called Suchnin)[32]. Apparently R. Simeon b. Ḥalafta, in the early third century, also noted a decline from the middle second century. (See below, text f)

f) Yerushalmi Pe'a 3.3 = Sifrei Deuteronomy 316:

<table>
<tr>
<td>It once happened that R. Jose said to his son in Sepphoris: Go up and bring dried figs from the attic. He went up and found the attic flooded in honey.</td>
<td dir="rtl">מעשה שאמר ר' יוסי לבנו בציפורין:
עלה והביא לנו גרוגרות מן העליה. ומצא את
העליה צף עליה בדבש. (= ספרי דברים,
פינקלשטיין עמ' 358: "ויניקהו דבש מסלע"
(דברים ל"ב י"ג) — כגון סכני וחברותיה.
מעשה שאמר ר' יהודה לבנו: צא והבא לי
קציעות מן החבית. אמר לו: אבא, של דבש
היא. אמר לו: השקע ידך ואתה מעלה
קציעות מתוכה. "ושמן מחלמיש צור" (שם)
— אלו זיתים של גוש חלב. מעשה שאמר ר'
יוסי לבנו בצפורי": עלה והבא לנו זיתים מן
העליה. הלך ומצא את העליה שצפה בשמן.)</td>
</tr>
</table>

See text e. However, the sounder reading of both of these texts is in the parallel in Sifrei Deuteronomy 316: "And He made him to suck honey out of the crag" (Deuteronomy 32.13). — Just like Sichni[n] and her neighbouring place. It once happened that R. Judah said to his son ... "And oil out of the flinty rock" (Deuteronomy 32.13). — These are the olives of Gush Ḥalav. It once happened that R. Jose said to his son in Sepphoris: "Go up and bring us olives from the attic." He went and found the attic flooded in oil[33]. In the Yerushalmi version the link to the verse was lost and the second tale was harmonized with the first. (Gush Ḥalav is in the Upper Galilee[34].)

The R. Jose here referred to is R. Jose b. Ḥalafta, who lived in Sepphoris (Bavli Sanhedrin 19a, 32b, 109a, 113a; Bavli Eruvin 86b, etc.) in the middle second century[35].

g) Midrash Tannaim p. 174 = Yerushalmi Pe'a 7.3:

<table>
<tr>
<td>Once it happened R. Eliezer went to Sichnin and found [there] a goat crouching beneath a fig tree and with milk dripping from it and honey coming out from the fig tree, and they were mixed one with the other.</td>
<td dir="rtl">פעם אחת הלך ר' אליעזר לסכנין
ומצא שם עז רבוצה תחת התאינה וחלב
שותת ממנה ודבש יוצא מן התאנה ומתערבין
זה בזה.</td>
</tr>
</table>

---

[32] KLEIN, Yishuv, p. 112.
[33] See ed. FINKELSTEIN, pp. 358—59, and in apparatus criticus, ibid.
[34] See KLEIN, Yishuv, p. 29.
[35] On storing olives in the attic, see Columella, 12.52. 3—5.

This tale is a homily on the verse in Deuteronomy 26.9, "A land flowing with milk and honey"[36]. (Honey is fig honey.) See the parallel in Bavli Ketubot 111b, where it is stated that Rami b. Ezekiel (middle third century, Babylonian) saw this in Bnei Brak (near present-day Tel-Aviv). See also Tanḥuma Exodus Tezaveh 13, where it is stated that R. Jonathan b. Eleazar (early third century) saw this[37]. The original version of the tale, as found in Midrash Tannaim tells of R. Eliezer, late first and early second century. But in the parallel in Yerushalmi Pe'a 7.3 we read: "R. Ḥuna in the name of R. Idi (floruit first half of the fourth century): It once happened that someone tied a goat to a date-palm ... etc." The fourth century homilist clearly wished to contrast conditions in his own with those of (the here undefined) rosey past.

There are many more such texts (in Yerushalmi Pe'a ibid., Bavli Megila 6a, Bavli Ketubot 111b—112a, etc.)[38], but the above have been selected because, unlike the others, they are fairly closely datable. From these texts we may infer a decline in the quality of grapes (c), olives (f)[39], figs (e, g), the carob (a), mustard (b)[40], radishes (d).

[36] In B. Ketubot 111b (= B. Megila 6a) R. Simeon b. Lakish (d. c.276) says: "I myself saw the flowing milk and honey of Sepphoris and it was sixteen miles by sixteen miles." Rabba b. b. Ḥana (later third century) said "I myself saw the flowing milk and honey of all the Land of Israel ... etc." In Ketubot, ibid., and in Megila, ibid., we read: "Rabba b. b. Ḥana said [in the name of] R. Johanan: I myself saw the flowing milk and honey of all the Land of Israel ... twenty-two parasangs in length and six in width ..." (The use of the Persian term 'parasang' shows that this text has undergone Babylonian edition.) The third century personalities are recalling what they saw, probably in the early third century, a condition which presumably was no more. That in the later period the situation was rather different becomes clear from B. Megila, ibid., where we read: "And should you say that it (Sepphoris) has no milk and honey? Surely Resh Lakish said: I myself saw the milk and honey of Sepphoris ..." In B. Ketubot, ibid., we read: "Said R. Jacob b. Dostai (later fourth century): From Lydda to Ono is three miles. Once I rose early in the morning and walked [there] in my bare-feet on the honey of figs." (On Lydda, see KLEIN, Yishuv, pp. 99—103; on Ono, ibid., pp. 2—3; both are in west Judaea.) It appears that by his time the situation in this area had improved. However in Y. Bikkurim 1.8 we read: "R. Jose in the name of R. Simeon b. Lakish, R. Jona, R. Zeira in the name of R. Ḥanina (b. Ḥama, probably): sixteen miles around Sepphoris this is 'a land flowing with milk and honey'." Apparently, they, probably c. 340—50, had to bring this as a tradition in the name of R. Johanan and Resh Lakish, but could not point to it being a fact in their own day. However, note that (ibid.) R. Jona claims that parts of Beisan and the Valley of Ginossar also belong to the "land of milk and honey". When his pupils ask him (ibid.) does not the Biblical verse in Exod. 3.8 suggest that the whole Land of Israel should be flowing with milk and honey, he replies, No. It is a land in which there are areas which flow with milk and honey. Clearly his reply reflects contemporary conditions.
[37] Ed. BUBER, 10, p. 102. See also Midrash Ha-Gaddol, Deut., ed. S. FISCH (Jerusalem, 1973), p. 589, which quotes the Tanḥuma version.
[38] See M. GUTTMANN, Clavis Talmudis, 3/2 (Breslau, 1930), Eretz-Yisrael, pp. 24—26.
[39] The olive industry had suffered very severe setbacks in the aftermath of the Bar-Kochba uprising (c. 135), but recovered during the later second and early third centuries. So we learn from Y. Pe'a 7.1: "Said R. Simeon b. Yakim: R. Jose only said that [the law of the Forgotten Sheaf does not apply to olive trees (M. Pe'a 7.1)] when olives were not available, because Hadrian, the wicked, devastated all the land. (Since they were not readily available they were considered as important, and could never be regarded as 'forgotten'.)

II. Reduction in Crop-Yields

In the preceding section we have tried to show that throughout the whole of the third century and also into the early fourth century there was a distinct decline in agriculture. This made itself evident in almost all sectors of agricultural activity, and throughout the whole of Palestine. Now such a decline normally manifests itself most clearly in a reduction in crop-yields. There is in Rabbinic literature evidence, mainly of a halachic nature, which bears out the conclusions we have reached thus far, namely, that

But now that they are available, the law of the Forgotten Sheaf does apply to them." R. Simeon b. [El]yakim, disciple of R. Johanan (flor. c. 260—310), tells that olives were available in his time. The main devastation that Hadrian brought about was, in any case, in Judaea, while R. Simeon b. Elyakim, was, no doubt, talking of the Galilee where he lived. Furthermore, "it is easier for a person to grow a legion of olive-trees in the Galilee than a single child in Eretz-Yisrael" (= Judaea, here) (Genesis Rabba, 20.6, ed. THEODOR, p. 190 — a statement of R. Eleazar b. R. Simeon, c. 200. See AVI-YONAH, RB, pp. 8, 12). On the above text see ALLON, Toldot, 2, p. 22 (contra BÜCHLER). On oil, see S. KRAUSS, Talmudische Archäologie 2 (Leipzig, 1911), pp. 214 et seq.; AVI-YONAH, Masot u-Mehkarim bi-Yedi'at ha-Arez (Jerusalem, 1964), pp. 137 et seq., HEICHELHEIM, Econ. Survey, 4, pp. 136—137. For the protection of olive-trees, see B. Bava Kama 81a. However, one should note that in late third cent. Caesarea oil was apparently expensive (Lament. Rab. proem. 17, ed. BUBER, p. 14, R. Abbahu. Cf. Tanḥuma Exod., ed. BUBER, p. 103). Of course, olives were always more common in the Galilee, in the mountainous regions, than in the lowlands. (Cf. B. Nazir 31b, that in the Galilee wine was dearer than olives.) See also ALLON's remarks in Toldot, 2, p. 157. Also Jos. Wars 3.10.7. Avi-YONAH (RB, p. 67) cites the following text from Avot de R. Nathan, 1, 27 ad fin. (ed. SCHECHTER, p. 85), referring it to the third century: "In the beginning they used to say: Grain is in Judaea, straw in the Galilee, and chaff in Transjordan. Later they said: There is neither grain in Judaea, but straw, nor straw in the Galilee but chaff, and in Transjordan nither the one nor the other." However, there is no evidence that this is not from an earlier period, some time during the second cent. It appears that the text has been displaced, and it may belong in the following chapter there (editor's note 18). On the terms 'straw' and 'chaff', see FELIKS, Agriculture, pp. 279—89.

[40] Another mustard tale, undated, worth citing reads as follows: "Once in Shichin (= Kfar Shichin in the lower Galilee, KLEIN, Yishuv, p. 154) a mustard trunk had three branches, one of which burst open, and they used it for covering a potter's hut, and they found in it three *kavs* of mustard." (3 *kavs* = 1 *se'ah*; see note 14.) The parallel in B. Ketubot 111b says nine *kavs*. Kfar Shichin was known for its natural richness. T. Eruvin 4(3) 17 (= Y. ibid. 9, B. ibid. 51b): "Said R. Judah (mid. second cent.): It once happened that the house of Mamal and the house of Gurion in Rome (see KLEIN, Yishuv, p. 155 note 4) were distributing dried figs to poor people, for there were years of drought. And the poor people of Kfar Shichin used to come in and eat figs after dark." This text cannot be dated closely, see KLEIN, Yishuv, p. 155 note 5. Further tales of this nature are as follows: Y. Pe'a, ibid.: "A certain person happened to have a line of fig trees. Once he came and found them fenced in by a wall of honey . . . A certain fox came and made his nest in the head of a turnip." The Bavli version in B. Ketubot 111b adds: "and they weighed it and found [it weighed] sixty *litras* (= librae) in the *litras* of Sepphoris." There are further stories of this nature about beans (Y. Pe'a ibid.), and a fabulous vine in the third quarter of the third century (Ḥiyya b. Ada — Aba in Ms M. — and R. Simeon b. Levi, B. Ketubot, ibid.), etc. This vine yielded 1800 *gerevs* of grapes (!). See below, pp. 417—18 note 48.

there was a marked reduction in crop-yields during the third century, and a slight alleviation of the situation from the middle of the fourth century onwards. In order truly to appreciate this evidence, we must begin with sources from the first and second centuries (the Tannaitic period), and then compare the Amoraic material (of the third and fourth centuries) with them. We begin then with a close examination of some rather complex Tannaitic sources, and then move on to Amoraic interpretations of them. We shall see that the Tannaitic sources reflect conditions of an earlier period, which are quite different from those reflected in the Amoraic discussions.

There is evidence in Tannaitic sources of very high crop-yields, at least for certain times and places.

(1) Mishna Pe'a 3.6

(a) R. Eliezer (floruit circa 80—110, Lydda) says: "Ground the area of a *beit rova* is subject to the law of *Pe'a* (= gleanings)"[41] (A *beit rova* is approximately $10\frac{1}{2} \times 10\frac{1}{2}$ cubits.)[42]

ר' אליעזר אומר: קרקע בית רובע חייבת בפאה.

(b) R. Joshua (floruit circa 80—110, Pekiin) says: "[Ground] which will produce two *se'ahs*."

ר' יהושע אומר: העושה סאתים.

(c) R. Tarfon (floruit circa 80—110, Lydda) says: "[Ground measuring] six hand-breadths, (= one cubit) by six."

ר' טרפון אומר: ששה על ששה טפחים.

(d) R. Judah[43] b. Bathyra (floruit circa 100—130, Yavne) says: "[Ground large enough] for two strokes of the sickle." And the *halacha* is according to him (i.e. R. Judah b. Bathyra).

ר' יהודה בן בתירה אומר: כדי לקצור ולשנות. והלכה כמותו.

(e) R. Akiva (floruit circa 100—130, Bnei Brak) says: "Any ground, of whatsoever size (*kol-shehu*, i.e. however small an area) is subject to the law of *Pe'a* . . . etc."

ר' עקיבא אומר: קרקע כל שהוא חייבת בפאה . . .

Disregarding for the moment (b), since the exact area referred to is (as yet) uncertain, we may see, even at a cursory glance, a clear structural

---

[41] See Lev. 19.9 et seq.; Lev. 23.22 et seq.; Deut. 24.19—21.

[42] See M. Kila'im 2.9 and commentators, ad loc.

[43] A number of manuscripts, early commentators, and the Yerushalmi, read Joshua instead of Judah. This in no way alters the chronology, as these two scholars were contemporaries.

416 DANIEL SPERBER

pattern in this Mishna: the arrangement is that of a progressive decrease in the area spoken of[44]. Thus (a) ten and a half cubits square; (b) (that which will produce two *se'ahs*?); (c) one cubit square; (d) enough for two strokes of the sickle[45] (fig 2) and (e) the smallest possible area (in fact, sufficient for only one ear of corn, according to the Yerushalmi, ad loc.). Assuming this pattern is consistent throughout the whole Mishna, it would follow that an area in which two *se'ahs* grow (b) is smaller than an area of a *beit rova* (a). Now a *beit rova* is the area in which a *rova* (= quarter) *kav* of seed is sown. And

Fig. 2.

Above: Reaping with a sickle. Below: Palestinian sickle from the second century A.D. (Cf. Y. YADIN, Judaean Desert Studies. The Finds from the Bar-Kokhba Period in the Cave of Letters, Jerusalem, 1963, Plate 24, no. 30.)

[44] See commentators ad loc., e.g. Obadiah of Bertinoro.

[45] When reaping, the reaper would hold a handful of ears in one hand, and cut with the sickle in the other hand. The amount that can be grasped in a hand is relatively small. See FELIKS, Agriculture, p. 214. See K. D. WHITE, Agricultural Implements of the Roman World (Cambridge, 1967), pp. 78—85 (on the *falx stramentaria*), and Y. ROTH, Toldot ha-Magal be-Erez-Yisrael (Tel-Aviv, 1967), pp. 6, 20, 33—35, etc.

since the area in which this amount is sown is larger than that in which two
se'ahs grow, it follows that the crop-yield of a quarter *kav* of seed is more
than two *se'ahs*. There are six *kavs* to the *se'ah*, and forty-eight quarter-*kavs*
to two *se'ahs*. Hence, the yield of a quarter *kav* of seed must be more
than forty-eight-fold.

This conclusion is indeed borne out by the famous parable of the sower
in Matthew 13.8[46]: "But other fell into good ground and brought forth
fruit, some an hundred-fold, some sixty-fold, some thirty-fold." And somewhat earlier, the Roman author on agriculture, Varro (116—27 b.c.e.)
writes (1.44.2)[47]: "Around Sybaris in Italy the normal yield is said to be
even a hundred to one, and a like yield is reported near Gadara in Syria, and
for the district of Byzacium in Africa[48]."

[46] Cf. Mark 4.8, Luke 8.8. On the parable of the sower, see further K. D. WHITE's detailed
analysis in his article 'The Parable of the Sower', Journal of Theological Studies, N.S. 15,
1964, pp. 300—307, (contra J. JEREMIAS, The Parables of Jesus, transl. S. H. HOOKE
[London, 1954], pp. 9—10). Concerning the numbers 30, 60 and 100 he writes (ibid., pp.
9—10): "They do not refer to 'yields' in the modern sense of the term, viz. 30 bushels of
grain reaped per bushel of grain sown, but to returns of seeds reaped for seeds sown;
in other words they are concerned with the fertility of individual plants . . ." In this connection he suggests that Pliny (in Hist. Nat. 18.94—95) mistakenly substituted *gemina*
(shoots) for *grana* (grains). In this article he also examines the problem of whether in
Palestine there was sowing before ploughing, as would appear from B. Shabbat 73b,
etc. (See G. DALMAN, Viererlei Acker, Palästina-Jahrbuch, 22, 1926, pp. 120—132.) However, his conclusions are generally rejected in Jeremias' counter-study, entitled 'Palästina-
kundliches zum Gleichnis vom Sämann, Mark iv. 3—8 par.', New Testament Studies,
13, 1966—67, pp. 48—53. He holds that there was indeed a practice of sowing before
ploughing, referring, inter alia, to Jubilees 11.11 (first cited in this connection by
W. G. ESSAME, Sowing and Ploughing, The Expository Times, 72/2, Nov. 1960, p. 54b).
Prof. FELIKS also assures me that this is (sometimes) practised by Palestinian Arabs to
this say. The numbers 30, 60 and 100, Jeremias sees as of eschatological significance (referring to his Patables, ibid., pp. 149—151). See finally FELIKS, Agriculture, p. 42, and note
112 there, for a further discussion of B. Shabbat 73b.

[47] Loeb ed., p. 275.

[48] FELIKS, Agriculture, p. 158. On Byzacium see Pliny (Hist. Nat. 18.21.94—95) who writes:
"Nothing is more prolific than wheat — nature having given it this attribute, because it
used to be her principal means of nourishing man — inasmuch as a peck of wheat, given
suitable soil like that of the Byzacium plain in Africa, produced a yield of 150 pecks . . .
At all events the plains of Leontini and other districts in Sicily, and the whole of Andalusia
and particularly Egypt reproduce at the rate of a hundred-fold." See, however, TENNEY
FRANK's sceptical remarks in 'Econ. Surv.', 5 (Baltimore, 1940), p. 141, note 4, and RACK-
HAM's comment in the Loeb edition of Pliny, ibid., p. 248, note e. For Leontini, cf. Cicero,
2, Verr. 3.112, who mentions an eight or ten-fold crop-yield. (See below note 58.) As for
Egypt, the IV cent. Ammianus Marcellinus writes (22.15.13): "But if there is a more
moderate rise (of the Nile), seeds sown in a place where the soil is very rich sometimes
return an increase of nearly seventy-fold" (Loeb ed., vol. 2, p. 287). And cf. Expos. Tot.
Mund. 35—36. But see A. C. JOHNSON's sceptical comments in 'Econ. Surv.', 2 (Baltimore,
1936), pp. 1, 59. On Mesopotamia, Pliny writes (Hist. Nat. 18.45.162, Loeb ed. vol. 5,
p. 291): "Even so the exceptional fertility of the soil returns crops with a fifty-fold increase,
and to more industrious farmers even with a hundred-fold." See also Theophrast., Hist.
plant. 8.7.4, and see Strabo, 16.1.14, C 742 (Loeb ed. vol. 7, p. 215): "The country (Babylonia)
bears larger crops of barley than any other country (bearing three hundred-fold, they

418   DANIEL SPERBER

This then is evidence of a very high crop-yield, probably well over fifty-fold in Judaea in the latter part of the first century c.e. (a)[49].

Further evidence for this may be deduced (albeit in a somewhat indirect fashion) from yet another Mishna.

(2) Mishna Pe'a 5.1:

If the wind scattered the sheaves [over ground from which gleanings had not yet been taken], one estimates what amount of gleanings [the area covered] was likely to have yielded, and this is given to the poor. R. Simeon b. Gamliel (floruit circa 135—70, Usha, lower Galilee) says: "They give to the poor *kedei nefila*, (literally: the amount that falls)."

הרוח שפיזר את העומרים, אומדים אותה כמה לקט היא ראויה לעשות ונותן לעניים. רבן שמעון בן גמליאל אומר: נותן לעניים כדי נפילה.

This phrase *kedei nefila* occurs once more in the Mishna, in Mishna Bava Meżia 9.5:

If a man leased a field to his friend and it was not fruitful, and there was only produce enough to make a heap (*kri*), he must still

המקבל שדה מחברו ולא עשתה, אם יש בה כדי להעמיד כרי, חייב לטפל בה. א"ר יהודה: מה קצבה בכרי? אלא אם יש בו כדי נפילה.

say) . . .'' See HEICHELHEIM, Econ. Surv., 4, p. 127, and his note 1. Cf. Chapter I, note 40. See also the aggadic statement of R. Isaac in Tanḥuma, Genesis, section 12; cf. J. MANN, The Bible as Read and Preached in the Old Synagogue (Cincinnati, 1940), pp. 282, 288; Genesis Rabba 34.11, ed. THEODOR-ALBECK, p. 322. However, see K. D. WHITE's important remarks in 'Wheat-Farming in Roman Times', Antiquity 37, 1963, p. 209, IDEM, Roman Farming (New York, 1970), p. 509 note 19.

[49] R. Eliezer lived in Lydda (B. Sanhedrin 32b) which, as we have seen above (I, note 36) was a place of great fertility. Likewise, Peki'in, R. Joshua's abode, between Yavne (= Jamnia) and Lydda (B. Sanhedrin, ibid.). As to Bnei-Brak, Rabbi once came there and saw a cluster lying there as big as a three year old calf (Midrash Tannaim, ed. HOFFMANN, pp. 173—74; parallel in B. Ketubot 111b). All these speakers were members of the great academy of Rabban Gamliel at Yavne. On agricultural conditions in Judaea during this period see A. BÜCHLER, Economic Conditions of Judaea after the Destruction of the Second Temple (London, 1912), pp. 31—50. When reading of these enormous crop-yields in Tannaitic Palestine, we should bear in mind that during that period fields were probably left fallow every other year (cf. Varro 1.44.2—3), or else half a field was worked and the other half left fallow (FELIKS, Agriculture, pp. 31—34). And this fallow land was very frequently ploughed. However, from the early third century onwards, farmers tended to plough their fallow land less often (FELIKS, Agriculture, pp. 34,42). This must have had a considerable effect in reducing the productivity of the land. It should also be borne in mind that at times more than a *se'ah* was sown in a *beit se'ah*, and at times less (FELIKS, Agriculture, pp. 155—56). However, a *se'ah* to the *beit se'ah* is close to the Roman five *modii* per *iugerum* (about 16—17 litres per *dunam*; cf. Agriculture, pp. 160—63). See also the remarks of C. J. KRAEMER in: Excavations at Nessana, 3 (Princeton, 1958), p. 238, who thinks that in Nessana the amount sown was 5 mod. per *iugerum*.

cultivate it. Said R. Judah [b. R. Ilai] (floruit circa 135—70, Usha): "What manner of measure is 'a heap'? But rather, [he must cultivate it] even if it yields only *kedei nefila*."

There is no doubt that the phrase *kedei nefila* in Mishna Bava Meẓia means the amount of seed sown, or in the words of R. Abbahu (floruit circa 250—309): "the amount of seed that falls in it" (i.e. during sowing)[50]. This is a common usage of the root '*nafol*'[51].

It would seem that the same meaning should be given to this phrase as it appears in the Mishna in Pe'a. Understood thus, the Mishna may be interpreted as follows: According to the first view one assessed how much 'gleanings' were likely to have fallen over the area covered, and the poor receive this conjectured amount. R. Simeon b. Gamliel, however, suggests that the poor should be given the equivalent of the amount sown in that area. And as a farmer knows how much seed he puts into a given area, he will know exactly how much to give to the poor.

Now this explanation, obvious though it be[52], was apparently not the interpretation given in the Palestinian academies of the later third century. For in Bavli Bava Meẓia 105b we read the following:

And how much is *kedei nefila* (of Mishna Bava Meẓia)? R. Ammi said R. Johanan (floruit circa 250—79) [said]: Four *se'ah* to the *kur*, (= 1:7½) ... We have learned in a Mishna there (i.e. in Mishna Pe'a 5.1): The wind which scattered the sheaves ... etc. And how much is *kedei nefila* (there in Pe'a)? When Rav Dimi came (from Palestine to Babylonia in the early fourth cen-

וכמה כדי נפילה? ר' אמי אמר ר' יוחנן: ארבע סאין לכור. ר' אמי דיליה אמר: שמונה סאין לכור ... תמן תנינן: הרוח שפיזר את העומרים ... וכמה כדי נפילה? כי אתא רב דימי אמר ר' אלעזר ואיתימא ר' יוחנן: ארבע כבין לכור ...

---

[50] Y. Bava Meẓia 9.4, and Y. Pe'a 5.1 with slight variations.

[51] See Sifrei Deut. 43, ed. FINKELSTEIN, p. 100 (Midrash Ha-Gaddol Deut. 11.17, ed. FISCH, p. 220 line 3), also T. Kilaim 1.16. See further FELIKS, Agriculture, pp. 129—30; S. LIEBERMAN, Tosefta ki-fshuṭah (New York, 1955), 2, p. 605, note 49; H. VOGELSTEIN, Die Landwirtschaft in Palästina zur Zeit der Mishna, 1 (Breslau, 1894), p. 43.
Note also the parallel concept of *kedei tefilatah*, the amount, as it were, invested in it, with regard to a tree (Y. Orlah 1.1). When one gets out the amount one puts in (be it seed or expenses in caring for a tree), this is no longer considered a real loss. Hence, trees under such circumstances are subject to *orlah* (ibid.).

[52] This is the interpretation given by Maimonides in his Mishna commentary ad loc., and by R. Nathan Av ha-Yeshiva. Likewise, in our days by ALBECK in his Mishna commentary ad loc., and LIEBERMAN, Tosefta kifshuṭah, 2, p. 605 note 49.

tury), he said R. Eleazar [b. Pedat]
(floruit circa 250—79), and some say
R. Johanan [said]: Four *kavs* to the
kur (= 1:45) . . .

Thus in the school of R. Johanan — R. Eleazar was a friend and pupil
of R. Johanan — two separate measures (and meanings) were given for
kedei nefila. In Mishna Bava Meẓia, where the only plausible meaning was
the amount of seed sown in a given area, the measure given was four *se'ahs*
to the *kur* (1:7½). However, as regards the Mishna in Pe'a the measure
given was four *kavs* to the *kur* (1:45), and the (new) meaning of *kedei nefila*
was, according to this, "the amount that falls [at the time of reaping]"[53].

The Yerushalmi to Pe'a 5.1 leads one to the same conclusion, namely
that Palestinian scholars of the later third century explained the two *kedei
nefilas* as bearing different meanings:

R. Zera, R. Abbahu in the name of	ר' ז(עירא) ר' אבהו בשם ר' יוחנן:
R. Johanan: Four *kavs* to the *kur*[54]	ארבע קבין לכור . . . תמן תנינן: אמר ר'
. . . There we have learned in a	יהודה: מה קיצבה בכרי ? אלא אם יש בה

---

[53] See commentators in B. Bava Meẓia, ibid. The text as it stands appears to refute Maimonides' interpretation in his Mishna commentary (preceding note). Perhaps for this reason
the *gaon* Elijah of Wilna emended our Bavli text, reading "four *kavs* to the *kur*" in both
places. However, this emendation (followed by FELIKS, Agriculture, pp. 156—59) has no
real textual basis. See RABBINOVICZ, Var. lect., ad loc.

[54] Note the interesting and instructive continuation of the text.
At this point in the Yerushalmi, R. Zera asks R. Abbahu whether when he said "four
kavs to the *kur*", he really meant "four *kavs* to the *kur* or four *kavs* to a *beit kur*". Now a
beit kur is defined as that area wherein a *kur* of seed is sown. During R. Zera's and R.
Abbahu's time (later third or early fourth century), a *beit kur* would probably have produced about four *kurs* (since in their time, which is the same as R. Ammi's time, the ratio
of seed to crop was approximately 1:4, as we have seen above). Hence, four *kavs* to a *beit
kur* is about 1:80. In other words, R. Zera is asking whether the gleanings should in this
case be calculated at 1/45 of the crop or at 1/180 of the crop. While it is true that *kur* can
sometimes mean *beit kur*, it is still surprising that R. Zera should raise this question.
Why should he have wished so radically to reduce the measure of gleanings to be given
to the poor man? FELIKS (Agriculture, p. 159 note 347) suggests that as a result of the
worsening economic conditions, scholars wished to reduce the measures given to the poor.
However, if the crop-yields were lower, then insofar as these measures were a fixed percentage of the crop-yields, so was the amount given to the poor automatically smaller.
I would tentatively suggest that quite a different consideration led R. Zera to raise this
question. It is generally assumed that the measure of 'gleanings' (= *leket*) is a smaller one
than of "the corner [of the field]" (*Pe'a*). Now M. Pe'a 1.2 teaches that one must not give
less than one-sixtieth of a field as Pe'a. It seemed strange to R. Zera that the minimum
measure of *Pe'a* is smaller than that of *leket* as defined by R. Abbahu. Hence, he asked
whether it might not be that "four *kavs* to the *kur*" means "four *kavs* to the *beit kur*",
so that the measure of *leket* be about 1/180, far lower than the minimum for *Pe'a*. In the
Bavli (B. Bava Meẓia 105b) we find: "[Four *kavs*] to a *kur* of seed or to a *kur* of yield?"
This is the same question, formulated slightly differently, which is here being asked by
R. Jeremiah. Furthermore, he adds, "if to a *kur* of seed, hand-sown or oxen-sown?" (On
these latter terms, see FELIKS, Agriculture, pp. 88,180, where he suggests that only the
hand-sowing technique was known in Palestine. See also B. Arachin 25a.)

Mishna (i. e. in Mishna Bava Meẓia 9.5): Said R. Judah: What manner of measure is 'a heap'? But rather [he must cultivate it] even if it yields only *kedei nefila*. Said R. Abbahu: The amount needed for sowing it. And here (i. e. in Pe'a) you say thus!

כדי נפילה. אמר ר' אבהו: בנופל לה כדי לזורעה, וכא את אמר הכין!

This latter sentence "And here you say thus" is that of the anonymous redactor of this Yerushalmi *sugya* (= unit of argumentation). What he appears to be doing in his very laconic style is to be protesting as follows: With regard to the Mishna in Pe'a you explain *kedei nefila* as being four *kavs* to the *kur*, i. e. 1:45, whereas with regard to the Mishna in Bava Meẓia, you state that *kedei nefila* is the amount sown! How is it that you give the same phrase different meanings in these two texts[55]? Now it is nowhere stated explicitly in this *sugya* that four *kavs* to the *kur* (1:45) is not the same as the ratio of seed to yield. Nevertheless, our anonymous redactor apparently *knew* this was not the case. Indeed we have seen in the *sugya* in Bavli Bava Meẓia 105b that the ratio between seed and yield was four *se'ahs* to the *kur*, or 1:7½. Despite the protests of the anonymous redactor, it is clear that R. Johanan and his pupils (R. Eleazar, R. Ammi, R. Abbahu, etc.) propagated two different meanings for the one identical phrase in its differing contexts. And yet it is equally clear that the true meaning of *kedei nefila* in both sources is (only) "the amount of seed sown". For the verb used in connection with the falling of ears of corn at the time of reaping is *nashor* and not *nafol*[56]. Why then did R. Johanan offer this new, and rather strange, explanation for *kedei nefila*?

The reason seems to be as follows. Undoubtedly R. Johanan did not of his own accord invent the measure of "four *kavs* to the *kur*"; undoubtedly he received an early tradition that the meaning of *kedei nefila* was four *kavs* to the *kur* (1:45). It was acceptable that the amount of grain likely to fall during reaping was about 1/45 of the amount in any given area. Hence, R. Johanan could readily apply this measure of four *kavs* to the *kur* to the *kedei nefila* of Mishna Pe'a. However, in his time (circa 250—75), in the upper Galilee (Tiberias and Sepphoris), the established ratio between seed and crop-yield was 1:7½ (as we have seen in Bavli Bava Meẓia 105b). If *kedei nefila* in Mishna Pe'a were taken to mean the amount of seed sown in a given area, it would follow that in the case discussed in the Mishna in Pe'a, where a field had been covered up with sheaves by the wind, the landowner would have to give the poor people 1/7½ (= 2/15) of his field, even though the average gleanings in it would only have been

---

[55] See commentators ad loc. My own explanation differs from the classical ones offered.

[56] E.g. M. Pe'a 4.10; T. Pe'a 2.12, 14, Y. Pe'a 7.3. (*Nafol* in M. Pe'a 4.10 [and Sifrei, ed. WEISS, 87d] describes the kind of natural falling which is not considered *Pe'a*.)

1/45. This seemed to R. Johanan to be totally unreasonable. Hence, he preferred to give *kedei nefila* in Mishna Pe'a a different meaning, namely, the amount that falls during reaping, which indeed might be four *kavs* to the *kur*.

According to R. Johanan's explanation, the difference between the two views given in Mishna Pe'a is that the first one states each case must be individually assessed, while R. Simeon b. Gamliel, in giving *kedei nefila* as the amount of seed sown, was giving a fixed measure of 1/45.

Such an explanation was forced upon R. Johanan by the fact that in his day the ratio between seed and crop-yield was low, only about 1:7, far from a measure that might reasonably be fixed for the law of 'gleanings'. However, during earlier times, as we have seen above, crop-yields were very high indeed, a hundred-fold, sixty-fold, and certainly fifty-fold. Indeed, at some early period (probably during the middle second century) the rate of *kedei nefila* was fixed at four *kavs* to the *kur*, meaning that four *kavs* of seed were sufficient to produce a *kur*. This measure could very reasonably be applied by R. Simeon b. Gamliel and fixed as the amount to be given as 'gleanings'. Thus, both in Mishna Bava Meẓia and in Mishna Pe'a the phrase *kedei nefila* has only one meaning: the amount sown. In Mishna Pe'a two views are given, the first that one assesses how much gleanings the covered area was likely to have made, while R. Simeon b. Gamliel ruled that the land-owner gives the equivalent to the amount sown[57].

It appears then that between the times of Mishna Pe'a 3.6 (R. Eliezer, Judaea, circa 80—110) and Mishna Pe'a 5.1 (R. Simeon b. Gamliel, lower

[57] In the above I have accepted in part and rejected in part FELIKS' arguments in 'Agriculture', pp. 156—59. See above, note 13. Prof. FELIKS believes that even in R. Johanan's time the crop-yields were very high. (He bases himself on an emended reading of the text in B. Bava Meẓia ibid., see above, note 53.) He brings additional proof for this thesis from a statement of R. Eleazar [b. Pedat] (died c. 280) recorded in B. Pesaḥim 87b: "The Lord did not send Israel into captivity amongst the nations but that she might increase her numbers with proselytes, as it is said, 'And I will sow her into Me in the land . . .' (Hosea 2.25) — Does a man sow a *se'ah* but to bring in out of it several *kurim*?" (Thus in Ms. M. R. Eleazar stresses the "unto Me" in Hosea, that the "sowing" amongst the nations is to the Lord's benefit. The reading "R. Eleazar" is quite certain, especially since his friend R. Johanan follows him with proof for this idea from a different verse.) Since there are 30 *se'ahs* to a *kur*, and R. Eleazar stated that a man sows a *se'ah* to bring in several (כמה) *kurim*, it would appear that in his time there were at least hundred-fold crop-yields! (FELIKS, ibid, p. 158, note 340.) This argument is, however, by no means conclusive. For it would appear that R. Eleazar was talking of the total accumulated yields a person could get out of one *se'ah*, not in a single crop-yield, but over the years. Each year a farmer will keep (the best) part of his crop for the following year's seed. Thus, the initial investment in a single *se'ah* is likely to bring in hundred-fold returns over the years, even though each year's individual yield may be quite low. (This interpretation is borne out by the use of the term להכניס — to bring in —, rather than לעשות etc., which suggests accumulated returns. But see RABBINOVICZ, Var.lect., ad loc., p. 267 note 90.) In the same way, over the generations, the additional proselytes will increase in number (by marrying and having children) and thus greatly increase the numbers of Israel.

Galilee, middle second century) and that of R. Johanan (upper Galilee, later third century) there was a marked decrease in the productivity of the land, a fall in crop-yields from fifty-fold yields and more to seven-fold yields. Indeed, this process of ever-decreasing productivity continued after the death of R. Johanan (279) on into the early fourth century[58]. This is explicitly stated in Bavli Bava Maẓia 105b (above, text 7):

And how much is *kedei nefila*? R. Ammi said R. Johanan [said]: Four *se'ahs* to the *kur* (= 4:30). R. Ammi (circa 280—310) himself said: Eight *se'ahs* to the *kur* (8:30)[59]. An old scholar told R. Ḥamma the son of Raba b. Abahu: Let me explain this to you: In the days of R. Johanan the land was fat, while in the days of R. Ammi the land was lean.

וכמה כדי נפילה? ר' אמי אמר ר' יוחנן: ארבע סאין לכור. ר' אמי דיליה אמר: שמונה סאין לכור. אמר להו ההוא סבא לרב חמא בר בריה דרבה בר אבוה: אסברא לך. בשני דר' יוחנן הוה שמינה ארעא. בשני דר' אמי הוה כחישא ארעא.

The "fat land" of R. Johanan was really very lean compared with the richness of the preceding centuries[60]. And although, as we shall see below (pp. 427, 429—31), there is evidence that the situation once again improved in the later fourth century, the land never reached that degree of productivity that it had had during the Tannaitic period. This is evident from the

[58] An eight-fold crop-yield of wheat is about 1036 kilogramme/hectare. This is more than we find in Greece, Turkey and Tunisia for the years 1934—38 (see 'International Year Book of Agriculture and Statistics', 1941—42, 1945—46, Rome, 1947, pp. 4—7). See also K. D. WHITE in: Antiquity 37, 1963, p. 211. This is also the yield given by Cicero (2 Verr. 3.112) for Leontini, the most fertile region of Sicily: "eight-fold under favourable conditions, or ten-fold by the special blessing of heaven". See 'Econ. Surv.', 3 (Baltimore, 1937), pp. 260—61 (V. M. SCRAMUZZA). See also Cant. Rab. 1.1.11, Tanḥuma Teẓaveh 5, Tanḥuma Teẓaveh 1, Exod., ed. BUBER, p. 95; Pliny, Hist. Nat., 20.86—91.

[59] This gives a ratio of just below 1:4, which is indeed what Columella writes in the first century (3.3.4): "I can hardly remember when wheat yielded four-fold throughout the larger part of Italy." However, this statement is problematic and should be treated with some reserve. See TENNEY FRANK's remarks in 'Econ. Surv.', 5, p. 141, and JOHNSON in 'Econ. Surv.', 2, p. 59, and K. D. WHITE's discussion in: Antiquity 37, 1963, pp. 209, 212, where he suggests that the practice of intercultivation may have produced lower yields.

[60] One must, of course, also take regional differences into account. Thus Varro (1.44.2) writes that "the locality and type of soil is so important that the same seed in one district yields ten-fold, and in another fifteen-fold — as at some places in Etruria" (Loeb ed., p. 275). See also B. Bava Batra 122a: "Said R. Judah [b. Ilai]: A *se'ah* in Judaea equals five *se'ahs* in the Galilee." May we interpret this as meaning: A *[beit] se'ah* in Judaea (= the area in which a *se'ah* of grain is sown) equals five *[beit] se'ahs* in the Galilee — this because the crop-yields in Judaea were so much higher than in the Galilee. (*Se'ah* can sometimes mean *beit se'ah*, just as *kur* can sometimes mean *beit kur*; see FELIKS, Agriculture, p. 132. But see ibid., p. 133, note 156, for different interpretations of this text. See also above, note 54. See also FELIKS' remarks in his 'Kla'ei Zeraim ve-Harkava' [Tel-Aviv, 1967], pp. 199—201.)

comment of the anonymous redactor of the *sugya* in Yerushalmi Pe'a, who
probably flourished in the later fourth century, who knew that the ratio
of seed to crop-yield could never be as much as 1:45 (see above), but was
far lower[61].

Finally, we again return to a text we quoted above (section I, text 5),
but did not analyze and interpret.

Yerushalmi Pe'a 7.3:

Said R. Ḥiyya b. Ba: A *se'ah*
of Arbel [standard] used to produce
a *se'ah* of fine flour, a *se'ah* of ordi-
nary flour, a *se'ah* of cibar [flour],
a *se'ah* of coarse bran, and a *se'ah*
of flour containing all sorts of colours. And nowadays, there is not
even one measure for a measure.

אמר ר' חייא בר בא: סאה ארבלית
היתה מוציאה סאה סולת, סאה קמח, סאה
קיבר, סאה מורסן, סאה גייינין. וכדון אפילו
חדא בחדא לא קיימא.

We already noted above that the whole text is in Hebrew, excepting the
last sentence "And nowadays . . . etc.", which is in Aramaic. We suggested
that perhaps R. Ḥiyya b. Aba was q u o t i n g an earlier Hebrew text, which
told of the *se'ah* of Arbel, and added to it his own comment in Aramaic.
Such a suggestion seems to be borne out by an almost parallel version of
this text found in Bavli Ketubot 112a, which reads as follows:

It is stated in a *beraita* (*Tania*
i. e. a Tannaitic text): Said R. Jose
(middle second century): A *se'ah* in
Judaea used to make five *se'ahs:*
a *se'ah* of flour, a *se'ah* of fine flour,
a *se'ah* of bran, a *se'ah* of bruised
grain and a *se'ah* of coarse grain.

תניא: אמר ר' יוסי: סאה ביהודה היתה
עושה חמש סאין: סאה קמח, סאה סולת,
סאה סובין, סאה מורסן, וסאה קיבורא.

It thus seems clear that R. Ḥiyya b. Aba had been quoting (closely) such
a Tannaitic tradition, formulated in Hebrew, adding his own personal
plaint in Aramaic.

Now basing himself on this latter text, HEICHELHEIM wrote[62] that
"a five-fold harvest was considered normal in Palestine". However, such
an interpretation of this text, namely that it is referring to crop-yields,

---

[61] Note, however, that in Nessana (Hebrew: Niẓana), in the dry region of the Palestinian
Negev — about 52 kilometres southwest of Beersheba — there is evidence from the later
seventh century c. e. of between 5½ and 7-fold crop-yields (for wheat). See P. Nessana 83
(ed. C. J. KRAEMER, p. 242): 14 mod. wheat yielding 78 mod. = 1:5½ (684/85 c. e. ?).
P. Ness. 82 (ibid. pp. 237—38, VII c.), 40 mod. wheat yield 270 mod., = 1:6 3/4; 40 mod.
yield 288 mod., = 1:71/5; 180 mod. yield 1555 mod. = 1:6 4/5.
[62] Econ. Survey, 4, pp. 128—29, note 13.

seems impossible to accept. For we have seen above that during the middle second century crop-yields in Palestine were close to fifty-fold. R. Jose (the *tanna*) is actually referring to a period anterior to his own, when the yields may even have been higher. Certainly, in his time such yields would have been considered extremely low. Furthermore, it is difficult to imagine that in R. Ḥiyya b. Aba's time, late third century, a person would scarcely receive a yield equal to the amount sown. Under such conditions no one would even bother to begin sowing.

Clearly, these texts must be understood differently, and a key to their understanding lies in the word 'Judaea' — a *se'ah* in Judaea — that is found in R. Jose's statement. This finds a parallel in a statement in Yerushalmi Demai 1.1 (= Tosefta Demai 1.2 = Bavli Pesaḥim 42b), already referred to above in passing (Chapter I). There we read:

Tania, Said R. Judah [b. Ilai], (middle second century): Originally, the vinegar in Judaea was not subject to tithes. For they (the Judaeans) used to make their wine in purity [so as to be ritually fit] for libations on the [Temple] altar, and it did not go sour, and they used to bring [vinegar] from *tamad* (= grape husks and kernels soaked in water, which is not subject to tithes). But nowadays that the wine [itself] does go sour, [their vinegar] is subject to tithes.	תניא: אמר ר' יהודה: בראשונה היה חומץ שביהודה פטור מן המעשרות, שהיו עושין יינן בטהרה לנסכין ולא היה מחמיץ, והיו מביאין מן התמד. ועכשיו שהיין מחמיץ חייב.

Thus, descriptions of what went on in Judaea often may indicate some miraculous happenings due to the extraordinary powers of the Temple.

Indeed, confirmation that this is so with regard to our *se'ah* texts too may be found in yet a third version of this tradition. In Tanḥuma Exodus, Teẓaveh 13[63] we read:

Said R. Ḥiyya b. Aba: When sacrifices used to be brought (i. e. in Temple times), a *se'ah* of Arbel used to make (*'oseh*), a *se'ah* of fine flour, a *se'ah* of [ordinary] flour, a *se'ah* of kibar, a *se'ah* of coarse bran, a *se'ah* of bran, and a *se'ah* of many-coloured flour. But nowadays a man	אמר ר' חייא בר אבא: כשהיו הקרבנות קריבין היתה סאה ארבלית עושה סאה סולת, סאה קמח, סאה קיבר, סאה סובין, סאה מורסן, סאה גבונין. אבל עכשיו אדם מוליך סאה חטים לטחון, ואינו מביא אלא כשהוא מוליך ויותר מעט. למה? שבטל לחם הפנים.

[63] Ed. Buber, ibid. 10, p. 102. This is the version found in Midrash Ha-Gaddol to Deut., ed. S. Fisch (Jerusalem, 1972), p. 589.

takes a *se'ah* of wheat to be milled,
and does not bring [back] but that
which he took and a little more.
Why so? Because the Show Bread
is no more.

Thus, this text, and indeed its other parallel versions, is not talking of
crop-yields, but of the increase of volume through milling[63a] which in
Temple times in Judaea was of a miraculous nature. However, nowadays,
adds R. Ḥiyya b. Aba (in Aramaic), one barely gets back the amount one
handed in to be milled.

Indeed, the same text in the Tanḥuma, when it wishes to speak of
the ratio between seed and yield uses quite a different terminology:

ואתה מוצא ביום שגלו ישראל לבבל היה
אומר להם עזרא: עלו לארץ ישראל, ולא
היו רוצים. אמר הקב״ה: כשהייתם מקריבים
לחם הפנים הייתם זורעים מעט ומביאים
הרבה, אבל עכשיו זרעתם הרבה והבאתם
מעט . . .

... And you find that when
Israel went into exile to Babylonia,
Ezra said to them: Immigrate to
Palestine. But they did not wish to.
Said the Holy One Blessed be He:
When you used to bring up the
Showbread [to the Temple — First
Temple], you would sow a little and
bring forth (*meivi'im*) a lot, but now
you sow a lot and bring forth a
little ... [64].

Although this Midrash ostensibly describes the changes that took place
after the destruction of the First Temple (in the sixth century b. c. e.),
undoubtedly it reflects contemporary conditions from the time of the
homilist (late third or early fourth century c. e.). Indeed, the crop-yields
of this time, fourfold or thereabouts, could certainly be described as "sowing a lot and bringing forth a little".

The traditions concerning the '*se'ah* in Judaea' and the '*se'ah* of Arbel'
are, in fact, one and the same tradition. R. Jose, the *tanna*, spoke of a
se'ah in Judaea to indicate where and why this miraculous increase in
volume (by milling) took place. R. Ḥiyya b. Aba, the Tiberian Amora,
when quoting this early and apparently well-known tradition, added, for
the benefit of his audience, that this *se'ah* was of Arbel, i. e. of the Arbelite
standard[65], not a *se'ah* of wheat produced in the Vale of Arbel in the

---

[63a] This is a natural phenomenon, and in Roman times the usual increase was between 25%
and 33%. See L. A. Moritz, Grains, Mills and Flour in Antiquity (Oxford, 1958), p. 184.

[64] Ibid., ed. Buber, p. 103. The basis for this motif is already found in Tannaitic sources.
See Avot de R. Nathan, ed. Schechter, II, Chapter 5, pp. 18—19, and cf. ibid. I,
Chapter 4, pp. 19—20. See also J. Mann, The Bible as Read and Preached in the Old
Synagogue, 1 (Cincinnati, 1940), 260; 2 (Cincinnati, 1966), with the collaboration of
I. Sonne, Hebrew section, p. 97.

[65] See, most recently, Lieberman's remarks in 'Siphre Zutta' (New York, 1968), p. 103.

Galilee. The mention of the different qualities of wheat, *solet, kemaḥ, kibar, subin, mursan, geniinim,* makes it quite certain that what is being described is the qualities of grain[66] being brought back from the mill, and not the yield of a field[67]. A five-fold crop-yield was quite usual in R. Ḥiyya b. Aba's time, but could certainly not be used to exemplify the golden days of the Temple times, when crop-yields were in their sixties and their hundreds.

One final point remains to be noted. According to the Yerushalmi version the text reads: "And nowadays there is not even one measure for a measure", whereas the Tanḥuma version states that: "But nowadays one does not bring [back] but that which he took and a little more." Now, the phenomenon of increase in volume through milling is a natural and well-known one. If, according to the Yerushalmi, there was no increase in the volume of the milled grain, but rather a decrease, it must be that the quality of this grain was so inferior that a certain percentage of it went to waste during the process of milling. Apparently this wastage was in excess of the natural increase in volume, so that in the final analysis there was a net loss of volume rather than gain. This presumably was the case in the late third or early fourth century, when R. Ḥiyya b. Aba made his comment. The Tanḥuma version, however, with its great elaboration on the succinct Yerushalmi text, clearly represents a later recension of this tradition — although it too presents itself in the name of R. Ḥiyya b. Abba — probably from the middle or late fourth century (or even after), when the great bulk of the Tanḥuma was (first) compiled and edited. During this period, it seems, the quality of grain had once again improved and the natural increase in volume by milling had been restored. The editor had, therefore, to modify the text to make it accord with contemporary conditions. He presented the whole text in Hebrew, added to it, elaborated upon it, and modified it to fit his times. His editorial modifications suggest an improvement in agricultural conditions from the middle or late

---

[66] These terms are similar to the modern miller's terms which refer to varying degrees of purity and fineness: Semolina, middlings, and dunst. These three products of the modern roller mills "are practically identical in composition, but represent different stages in the process of reducing the endosperm of the wheat to flour. A wheat berry is covered by several layers of skin, while under these layers is the floury kernel or endosperm". This is torn and broken up in the process of milling. "The largest of these more or less cubical particles are known as semolina, while the medium-sized are called middlings and the smallest sized termed dunst." There is also a certain amount of wheat offal produced. "This consists of husk or bran, more or less comminuted, and with a certain proportion of floury particles adherent. It is only fit for feeding beasts." (See Encyclopaedia Brittanica[11], 1910, vol. 10, p. 549b, s. v. flour and flour manufacture.) The terms in our text likewise define differing degrees of purity and fineness; see KRAUSS, Talmudische Archäologie, 1 (Leipzig, 1910), pp. 98—99, 456—458, notes 306—314, and again in: Kadmoniot, ha-Talmud (Tel-Aviv, 1929), 2/1, pp. 168, 170—171, where he understood this fact and defined the terms closely. (However, there too some slight corrections are required.) See also G. DALMAN, Arbeit und Sitte, 3 (Gütersloh, 1933), p. 297, and L. A. MORITZ, Grain Mills and Flour in Antiquity, pp. 156—158, 172—178.

[67] I have discussed this matter with Prof. FELIKS, who himself reached similar conclusions.

fourth century onwards, and thus confirm our earlier conclusions on this point (see above, section I, ad fin., and below p. 441).

III. Principal Causes of Decline

As we have seen above, at the beginning of section I, Professor JONES lists several principal causes which together contributed to bring about the agricultural decline of the third century: soil exhaustion by overcropping; denudation; lack of labour; pressure of barbarians, i. e. warlike incursions; and, most important of all, abandonment of land resulting from excessive taxation. To these may be added one further factor: successive years of drought, which were especially damaging in Palestine, a country primarily dependent on rains (as opposed to Egypt and Babylonia)[68]. Let us see to what extent these different factors were operative in Palestine.

1. Soil Exhaustion

Although there were Rabbinic interdicts against the breeding of 'small cattle' (= sheep, goats) in certain areas of Palestine (Mishna Bava Kama 7.7, Tosefta Sukka 2.5)[69], undoubtedly a good deal of such breeding was carried on, especially in view of the fact that the textile industry (wool) was highly developed in Palestine[70]. In the third century small cattle breeding was particularly lucrative. For example, in Bavli Ḥulin 84a we find R. Johanan advising: "He who wishes to become wealthy should devote himself to breeding small cattle." The resultant increase in the pasturing of small cattle no doubt had the effect of overcropping.

---

[68] See GUTTMANN, Clavis Talmudis, 3/2, Eretz-Yisrael, p. 23.
[69] See S. KRAUSS, La défense d'élever du menu bétail en Palestine et questions connexes, REJ, 53, 1907, pp. 14—15; BÜCHLER, Economic Conditions of Judaea etc., p. 45; BARON, SRHJ², 1, p. 407 note 5; HEICHELHEIM, Econ. Surv., 4, pp. 152—53. B. Bava Kama 79b—80a, 81a; Tosefta, ibid., 8, 10—4, ed. ZUCKERMANDEL, pp. 361—62 (B. Ta'anit 25a; B. Temura 15b; Exodus Rabba 2, 3 and parallels; Ginzei Schechter, ed. L. GINZBERG, 1 [New York, 1928], p. 46; etc.). See also 'Encyclopedia Talmudit', 2, 1949, pp. 370—371. See ALLON, Toldot, 1, pp. 173—178, contra A. GULAK in: Al ha-Ro'im u-Megadlei Beheima-Daka bi-Tekufat Ḥurban ha-Bayit, Tarbiz 12, 1941, pp. 181—189. See E. E. URBACH's remark on ALLON in: Ha-Yehudim be-Arẓam bi-Tekufat ha-Tannaim, Beḥinot 4, 1953, pp. 70—71. (I am grateful to Prof. M. BER for this last reference.) See also FELIKS' remarks in: Ha-Eẓ ve-ha-Ya'ar be-Nofah ha-Kadum shel ha-Arez, Teva va-Arez 8/2, Nov. 1965, pp. 73—74, where he argues that this interdict had nothing to do with the protection of forests.
[70] AVI-YONAH, RB, pp. 6—7, 123, 126; HEICHELHEIM, Econ. Surv., 4, pp. 191—192, also p. 153; A.S. HERSZBERG, Ha-Kedem, 2, pp. 57—80; IDEM, Hayyé ha-Tarbut be-Ereẓ-Yisrael bi-Tekufat ha-Mishna ve-ha-Talmud (Warsaw, 1924), pp. 10—42; KRAUSS, Kadmoniot ha-Talmud, 2/2 (Tel-Aviv, 1945), pp. 36—50; see also B. Bava Kama 79b—80a, and cf. L. GINZBERG, Ginzei Schechter, 1 (New York, 1928), p. 46.

2. Denudation

Overcropping leads to denudation over a period of time. But a far more rapid cause, of course, is war, often with its scorched-earth policy[71]. Without a doubt, certain areas, especially of Judaea, were devastated in the aftermath of the Bar-Kochba uprising (circa 135). Thus R. Johanan says in Yerushalmi Ta'anit 4.5[72]:

From Gevet to Antipatris[73] there were sixty myriad towns; the smallest of them was Beit Shemesh. But surely it is written, "And he smote the people of Beit Shemesh because they had gazed upon the ark of the Lord, and he smote the people, seventy men and fifty thousand men ..." (I Samuel 6. 19). And these [men] were only from one side [of the city] (the south). And now if you fill the place with canes (equal in number to the slaughtered) it will not hold them! Said R. Ḥanina: The Land of Israel jumped (= shrank).

אמר ר' יוחנן: מגבת ועד אנטיפטרוס ששים רבוא עיירות היו. הקטנה שבהן היא היתה בית שמש, דכתיב, "ויך באנשי בית שמש כי ראו בארון ה' וגו'" (שמואל א' י י"ט). ואילו מרוח אחת היו אין אתה מבצע לה קניי לא נסייה. אמר ר' חנינה: קפצה לה ארץ ישראל.

R. Ḥanina's statement (probably R. Ḥanina of the late third or early fourth century) seems to imply a considerable reduction in the area of arable (and, hence, settled) land in Judaea, while R. Johanan is clearly describing an enormous devastation and loss of life[74].

---

[71] See Y. Kilaim 9.3 (on verse in Deut. 29.22); Lament. Rabba, proem 34; Y. Ta'anit 4.5 — scorched earth in Arbel in Galilee (third cent.?). However, this is but slender and questionable evidence. Scorched earth could come about through the burning of stubble after the harvest earlier on in the season. Furthermore, it may be that the text is talking of seed being eaten away (not burned) by over-potent manure. See below, note 74.

[72] Cited according to corrections in BUBER's 'Lament. Rabba', p. 107, note 111, who brings the parallels. See also ibid., pp. 105—09, and parallels.

[73] Gevet was in south Judaea, near the desert, KLEIN, Yishuv, p. 27; Antipatris was on the northern border of Judaea, KLEIN, Yishuv, p. 7. Further on Gevet (or Gavat), see KLEIN, Ereẓ Yehuda (Tel-Aviv, 1939), p. 84. The exact position of this place is as yet uncertain. I. S. HOROWITZ, in: Erez-Yisrael u-Shecheinoteha (Vienna, 1929), pp. 185—186, regards this Gevet as the Galilean town by this name. See also the discussion of JEHO-SEPH SCHWARTZ, in his 'Tevu'ot ha-Arez', ed. M. LUNCZ (Jerusalem, 1900), pp. 145—146.

[74] R. Zeira (II? probably early fourth cent.) asks (in Y. Ta'anit 4.5) how it is that the Land of Israel (despite its having been scorched) still produced fruit — and presumably fruit of quality. The answer given is as follows: Two amoraim (probably early fourth cent.), one said: Because they manure it, and the other said: Because they turn over it soil (i. e. uncover the untouched earth, and plough in the scorched earth). There then follows a story of a certain person who was sowing in the valley of Arbel (near Tiberias), and he plunged his hand deep [into the soil] and came up with scorched earth and set

This process continued, in a lesser degree, throughout the third century when several times Palestine became the arena of direct military engagements, in addition to being close to the main area of battle on the Roman-Persian front[74a]. Likewise, in the fourth century there were a number of Palestinian Jewish insurrections which brought in their wake widespread bloodshed and destruction of property[74b].

The process of denudation, which was constant, and generally speaking gradual, continued throughout the centuries. Cutting down trees for military purposes was a contributory factor. We read in Yerushalmi Nedarim 3.5: "If he saw the king's sappers — *kazuzot*, those who cut down trees

aflame his seed. This story presumably teaches that the scorched earth — which was still smouldering — had already been ploughed under, beneath the new top-soil. Apparently, even the (very fertile) valley of Arbel in the Galilee, had been subjected to scorching. (See above, note 71; cf. Genesis Rabba 98.19, ed. ALBECK, p. 1269, and Midrash Psalms 120.4, ed. BUBER, p. 504.) R. Zeira's question, and the *amoraim*'s answers, are significant, in that they show that large tracts of land were reclaimed and again constituted rich arable land. The scholars were surprised at the rapid recovery of the land, and sought agricultural explanations for it. However, other explanations for this 'scorched earth' text may be found in S. KRAUSS, Talmudische Archäologie, 2 (Leipzig, 1911), p. 174; G. DALMAN, Arbeit und Sitte, 2 (Gütersloh, 1932), p. 186, and FELIKS, Agriculture, p. 25 note 1. Cf. K. D. WHITE, Roman Agriculture (New York, 1970), p. 129, that unrolled manure can burn crops.

[74a] See AVI-YONAH, RB, p. 55, who writes that "Palestine herself entered the arena of real military activity several times" during the third century, e.g. 194, 244, 253, 273, etc. (See also A. BÜCHLER, Studies in Jewish History [Oxford, 1956], p. 216 et seq., who finds evidence of warlike activities taking place in Judaea proper during the time of Rabbi, therefore probably c. 194). Evidence for such incursions and engagements may be found in Posikta de R. Kahana, Shuva, 18, ed. MANDELBAUM, p. 377, and ibid., Be-shalaḥ, 1, ed. MANDELBAUM, pp. 175—177. See my discussion of the dating of these incursions in 'Patronage in Amoraic Palestine', JESHO, 14, 1971, pp. 239—40. See also Exodus Rabba 22.2, R. Abbahu. Furthermore, we find evidence from the third quarter of the third century of the repair of city walls that had fallen into disuse and decay. But see AVI-YONAH's remark in: Ereẓ Kinarot, ed. S. YEIVIN and H. Z. HIRSCHBERG (Jerusalem, 1950), p. 40. (Cf. Herodian 8.2. 3—6, Aquileia.) See B. Bava Batra 7b—8a, and B. Sanhedrin 101b, and my remarks in JESHO, ibid., pp. 241—42, concerning Tiberias. (Tiberias apparently had high walls. Certainly the city gates were lofty, see S. BUBER, Likkutim [Vienna, 1895], p. 27, section 29, R. Johanan. Deuteronomy Rabba, ed. LIEBERMAN, p. 33, etc.) In Deuteronomy Rabba, ed. LIEBERMAN, p. 19 we find the Southerner R. Judah b. Simon (flor. c. 290—340) discussing the importance of city walls. (Cf. BUBER, Likkutim, pp. 20—21.) See also Pesikta Rabbati, 14, ed. FRIEDMANN, fol. 59b.

[74b] See AVI-YONAH, RB, pp. 121—122, 124—128, 147; Y. BRASLAVSKY, Milḥama ve-Hitgonenut shel Ereẓ-Yisrael, (Palestine, 1943), pp. 21—28. But see S. LIEBERMAN's sceptical remarks in JQR, 36, 1946, pp. 336—341. However, BARON's general assessment of the material, in SRHJ², 2, p. 398 note 11, seems somewhat more balanced. The archeological findings at Beit She'arim appear to confirm Christian reports of a rebellion during the time of Gallus and its savage repression (in 352); see Beth She'arim, 1, ed. B. MAZAR (Jerusalem, 1957), pp. 18, 26; ibid., 3, ed. N. AVIGAD (Jerusalem, 1971), p. 2 (noted by BARON, who remarks on LIEBERMAN's ignorance of this evidence). Likewise, archeological evidence suggests the destruction of (parts of) Khorazin during the later fourth century; see Encyclopedia le-Ḥafirot Archeologiot be-Ereẓ Yisrael, 1 (Jerusalem, 1970), p. 260.

for war purposes[75] — coming [to raze the plantations] . . .''[75a]. And writes Professor JONES[76]:

"In Mediterranean lands, if the forests on the uplands are cut and not replanted or allowed to renew themselves naturally, the heavy seasonal rains will wash away the soil. What have been perennial streams, watering the lower areas, become occasional torrents, which will often ruin the plains below by covering them with the stones and boulders which they wash down when they are in spate . . . ."

The terracing would also be damaged[77], and this is almost irreparable damage (cf. pl. I and II). This danger was fully appreciated by the Rabbis who teach in a Tannaitic text, Bavli Ta'anit 22b:

"I will give your rains in the season" (Leviticus 26.4) — [that the soil be] neither soaked nor thirsty. For whenever the rains are too excessive, they wash away the soil so that it yields no fruit.

תנו רבנן: "ונתת גשמיכם בעתם" (ויקרא כ"ו ד') — לא שכומה ולא צמאה אלא בינונית. שכל הזמן שהגשמים מרובין מטשטשין את הארץ ואינה מוציאה פירות.

---

[75] JASTROW, Dictionary etc. (New York, 1903), p. 1404b s. v.

[75a] See Canticles Zuta, ed. BUBER, p. 33 (to Cent. 5.9) = Agadath Shir Hashirim, ed. S. SCHECHTER (London, 1896), pp. 40, 88 (an anonymous text), where the typical enemy (in this case the Israelites) is said (by the Amorites) to come "to cut down trees and burn down the cities". See also Exodus Rabba 20.16. See AVI-YONAH, RB, p. 19. T. Sukka 2.5; Sifrei Deut. 203; B. Makkot 22a; B. Pesachim 50b; B. Sukka 29a, against cutting down trees. See further, M. GUTTMAN, Clavis Talmudis, 2 (Budapest, 1917), pp. 340—41 (Hebrew). See also S. LIEBERMAN, Tosefta ki-fshuṭah to T. Bikkurim ad fin., vol. 2 (New York, 1955), p. 855. A serious concern for the state of the forest may also be seen in the words of R. Johanan (in the name of R. Simeon b. Va = Aba) in Y. Bava Batra 2.10 (referring to M. ibid. 2.11): "Thus will R. Jose reply to the Sages: Just as you see social welfare (yishuv ha-'olam) as [depending] on wells, so I see social welfare as [depending] on trees." Note also (ibid.) that R. Johanan, living in Tiberias on the shores of the sweet waters of Lake Galilee, sees less importance in wells than does R. Joshua b. Levi, his Southern contemporary, who lived in Lydda. (See also Y. Kiddushin 1.4, where R. Joshua b. Levi discusses the sale of a well.) See also FELIKS' article in: Teva Va-Arez, 8/2, Nov. 1965, pp. 71—74, especially p. 73—74, where he shows that there were relatively few woods in ancient Palestine.

[76] JONES, p. 817.

[77] On terracing, see FELIKS, Agriculture, pp. 26, 50—51, 135—36. On denudation, over-cropping, deforestation, etc., see STEVENS in: Cambridge Economic History of Europe, 1, ed. POSTAN (Cambridge, 1966) (= CEHE), p. 105. On the washing away of hill soil into the valleys, turning them into swamps etc., see Sifre Ekev 39 (to Deut. 11.11), ed. FINKELSTEIN, p. 79. See also Genesis Rabba 23.6 (ed. THEODOR-ALBECK, p. 227) and parallels. (See also R. Samuel b. Naḥmani's exegesis in B. Ta'anit 8b?) See further on terracing M. Shevi'it 3.8, M. Kila'im 6.2, (Y. Kila'im, ibid.), T. Pe'a 1.9 (19), T. Kila'im 3.7—8 (77), M. Oholot 17.4. R. Johanan's example of a field 50 by 2 cubits (Y. Pe'a 2.1) probably is referring to a terrace. R. Johanan lived in the Galilee. (However, see T. Kila'im 2.1, and LIEBERMAN, Tosefta ki-fshuṭah, 8, p. 608, and Y. FELIKS, Kla'ei Zera'im ve-Harkava [Tel-Aviv, 1967], pp. 235—36.)

And also, R. Eleazar's question (Bavli Ta'anit, ibid.):

Till when (i. e. how long) must the rains come down without our being permitted to pray that they come down no more?

שאלו את ר' אלעזר: עד היכן גשמים יורדין ויתפללו שלא ירדו?

demonstrates the interest in this problem during the later third century[78].

Finally, the increased needs of the towns, with their bursting population (see below) must also have put considerable strain on the wood resources. This too served to accelerate the process of denuding, until it reached disturbing proportions in the middle third century[79].

3. Lack of Labour — Pressure of Barbarians

These two causes are in many ways interrelated. Elsewhere we have shown that throughout the third century there were frequent incursions into Palestine, either full-scale military engagements, or the work of marauding bands, plundering the villages and countryside. This frightened many people away from the land into the cities, which were now considerably overpopulated. It is from this period, too, that we find the cities repairing their walls, and large private estates building up private armies[80]. The overpopulated cities were tense and unquiet, with an attendant decline in social morality[81].

R. Johanan reminisces wistfully (Bavli Bava Batra 91b):

I remember when a boy and girl of sixteen and seventeen could walk together through the market-place, and they would do no wrong.

ואמד ר' יוחנן: נהירנא כד הוו מטיילין טליא וטלייתא בשוקא כבר שית עשרה וכבר שב עשרה ולא הוו חטאן.

This drift away from the land is reflected in the wishful declaration of R. Eleazar b. Pedath (died circa 270) that even professional people (i. e.

---

[78] Cf. parallel in Y. Ta'anit 3.9.

[79] Note the characteristic comment of the third century Babylonian scholar, Rav Ḥisda, that one measure of wheat requires sixty measures of wood (to prepare bread, etc.), B. Gittin 56a. (Cf. Vitruvius 5.9.8.) The number sixty, of course, is not to be taken literally. See the general remarks of R. J. FORBES, Studies in Ancient Technology, 6 (Leiden, 1966), pp. 15—16, 18, 20—21. On fuel in Palestine, see G. DALMAN, Arbeit und Sitte in Palästina, 4 (Gütersloh, 1935), pp. 4—140.

[80] See my discussion in JESHO 14/3, 1971, p. 242. See B. Bava Batra 7b—8a. Cf. Cod. Theod. 15.1.34 (396). See above, note 74a. See also A. E. R. BOAK, Manpower Shortage and the Fall of the Roman Empire in the West (Ann Arbor, 1955), pp. 57—58. I hope to discuss this problem in greater detail in a study dealing with urban developments in Amoraic Palestine.

[81] See my article 'On Pubs and Policemen in Roman Palestine', in ZDMG, 120, 1971, pp. 257—263, with bibliography.

Developed Terrace Culture — Judaean Hills (by courtesy of the Keren Kayemet le-Yisrael)

PLATE II   SPERBER

Decaying Terrace Culture — Judaean Hills (by courtesy of the Keren Kayemet le-Yisrael)

with urban professions, artisans etc.) will eventually go back to the land
(Bavli Yevamot 63a). However, he himself is appreciative of the great
difficulties involved in working the land: for though he had once stated
that "a man who has no land is not a man" (ibid.), he later declared:
"There is no profession more degrading than [work on] the land" (ibid.)[82].
And his friend and contemporary R. Simon b. Lakish said (Bavli Sanhedrin 58b):

What is this that is written
"He that tilleth ('oved) the land shall
have plenty of bread?" If a man
makes himself as a slave ('eved) to
the land, he shall have plenty of
bread, but if not, he shall not have
plenty of bread.

ואמר ריש לקיש: מאי דכתיב ״עובד
אדמתו ישבע לחם״ (משלי י״ב י׳) ? אם
עושה אדם עצמו כעבד לאדמה ישבע לחם,
ואם לאו לא ישבע לחם.

Clearly, then, there was a diminution of the labour force working the
soil; this was part and parcel of the process of increased urbanization which
was quickened during the third century[83].

4. Abandonment of Land

Likewise, we have shown elsewhere that already in the early part of
the third century the phenomenon of flight, especially the flight of large
land-owners who feared oppressive liturgies, was widespread. It was even
under certain circumstances, encouraged by the Rabbis, who in the 260's

[82] See my remarks in: On Social and Economic Conditions in Third Century Palestine, Archiv
Orientalni, 38, 1970, pp. 18—22; FELIKS, Agriculture, p. 26, note 8; BARON, SRHJ², 2,
p. 245.

[83] See Genesis Rabba 90.5, p. 1105, of the mid second century, from which we learn that the
extensive populations of Tiberias and Sepphoris could no longer be supported by the
production of those areas alone: The Sages say: If all the inhabitants of Tiberias were
to come and eat what is in the region of Tiberias, all the inhabitants of Sepphoris to eat
what [grows] in the region of Sepphoris, they would not even get each a handful. (Stated
by contemporaries of R. Judah and R. Nehemiah, who appear there in the context, and,
hence, of the mid second century.) Compare the statement in B. Ketubot 112a (= Sifrei,
Ekev 37, p. 73; Tanḥuma Re'é 8, Cant. Rabba 1 ad fin.): Just as the deer, when you
strip it of its skin, the skin cannot hold its flesh, so also the Land of Israel cannot contain
its fruits when Israel carries out the Law. (A homily on Jeremiah 3.19.) In other words,
while Israel kept the Law, the country was more than self-sufficient and could even
export its surplus. The decline from a situation of surplus production is attributed to
moralistic reasons. On population densities of ancient Palestine, see AVI-YONAH, Masot,
pp. 114—24. The basic study on the subject is A. H. M. JONES, The Urbanization of
Palestine, JRS 31, 1941, pp. 78—85. See also ALLON, Toldot, 2, pp. 254—55, etc. On the
problem of population trends during this period, see A. E. R. BOAK's Jerome Lectures,
'Manpower Shortage and the Fall of the Roman Empire in the West' (Ann Arbor, 1955),
especially p. 113, and see M. I. FINLEY's very penetrating review in JRS 48, 1955,
pp. 156—64.

and 270's legislated to protect these *agri deserti* from would-be squatters[84]. Direct taxation on the land, taken in kind, the crippling *annona militaris*, were serious contributory factors in this trend[85]. Throughout the course of the century the Rabbis were forced to ease the laws of the Sabbatical year because of this taxation[86].

5. Drought

Some of the most characteristic misfortunes that were the lot of the third century Palestinian peasant — and townsdweller — were the continuous droughts[87], famines and subsequent plagues, which considerably thinned the population[88]. Text number 1, cited above in section I, fully

---

[84] D. SPERBER, Flight and the Talmudic Law of Usucaption, RIDA 3/19, 1972, pp. 29—42 (English), and Bar-Ilan 9, 1972, pp. 290—296 (Hebrew).

[85] See my remarks in: On Social and Economic Conditions in Third Century Palestine, Archiv Orientální, 38, 1970, pp. 20—21; Costs of Living in Roman Palestine, JESHO, 13, 1970, p. 6.

[86] See Y. Shevi't 4.2; from R. Yannai, early third century, until R. Jeremiah, early fourth century. This problem requires a detailed study in its own right; in the meanwhile, see ALLON, Toldot, 2, pp. 62—63 note 60; S. SAFRAI, Tarbiz 36, 1966, pp. 1—21; see also Y. D. GILAT, Le-Tokfan shel Ḥarisha u-Melachot Aherot ba-Shevi'it, Sinai 70, 1972, pp. 200—210. See further my articles on different aspects of taxation during this period: 'The Centurion as a Tax-collector', Latomus, 28/1, 1969, pp. 186—188, and: 'Angaria in Rabbinic Literature', L'Antiquité Classique, 38, 1969, pp. 164—168. See also FELIKS in: Abstracts of the Sixth World Congress of Jewish Studies (Jerusalem, 1973), 8—54.

[87] For the effect of even a slight reduction in water supply upon crop-yields, see JEN-HU CHANG, Climate and Agriculture (Chicago, 1968), pp. 211 et seq. (Chapter 20, 'Water and Yield relationship', pp. 208—24); on p. 211 he writes: "When the actual evapo-transpiration falls short of the potential, the actual yield will also be less than maximum."

[88] Archiv Orientální, 38, 1970, p. 21 note 170, citing numerous texts from B. and Y. Ta'anit passim and classical sources. See also AVI-YONAH, RB, pp. 66—67; A. E. R. BOAK, Man-power Shortage and the Fall of the Roman Empire in the West (Ann Arbor, 1955), passim; see further Genesis Rabba 25.3 (ed. THEODOR-ALBECK, p. 241), 34.7 (p. 316), 33.3 (pp. 304—05), etc. See also Genesis Rabba 20.10 (ed. THEODOR-ALBECK, p. 194) and parallels on the verse in Genesis 3.18 "and thou shalt eat the grass (*'esev*) of the field", "Said R. Isaac (Nappaḥa, flor. c. 250—320): Concerning these generations does it say 'and thou shalt eat the grass of the field', for a man plucks from his field and eats it while it is still *'esev* (literally: grass, here meaning green and unripe)." THEODOR, ad loc., explains (basing himself on W. BACHER, Aggadot Amora'ei Eretz-Yisrael, 2/1 [Tel-Aviv, 1926], p. 192) that through lack of food people would pluck the ears of corn from their fields while they were yet green. (So also AVI-YONAH, RB, p. 67.) Such an explanation becomes even more plausible in view of our observation that frequently the harvests were late. However, JASTROW, Dictionary, p. 1587b s. v. שלף: עַל ... שאדם משליף שדיהו אוכלה, translates this passage differently: ". . . when one plucks his field over and again and root *shalof*" (s. v. and see also H. VOGELSTEIN, Die Landwirtschaft in Palästina zur Zeit der Mishna [Breslau, 1894], p. 48), does not take into account the exegetical content of the statement, and its relationship to the Biblical word *'esev*. Finally, see S. LIEBERMAN's remark in his article 'The Martyrs of Caesarea', Annuaire de l'Institut de Philologie et d'Histoire Orientales et Slaves, 7, 1939—44, p. 435, who finds in this statement of R. Isaac a parallel to Eusebius observation (Hist. Exxles. 9.8) that during times of famine people ate hay. On eating grass during famines, see further Galen, de probis pravisque alimentorum succis, ed. KUHN, 6, 749 (mid second century), and

bears this out, since it was certainly droughts and unreliable rainfalls that brought about the irregularity of the harvests. However, this irregularity would appear to have begun already in the middle second century, as may be seen from the following text in Tosefta Shevi'it 7.18:

When must one not walk on [private] footpaths through fields? When the second rainfall comes down, (since then one may damage the fields). Said R. Jose: When was this stated? When the years were in order, but now that the years are spoilt, even if only the first rain [has come down] one must get permission [to walk there][89].

עד מאימתי פורשין משבילין שבשדות? שתרד רביעה שנייה. אמר ר' יוסי: במי דברים אמורים? בזמן שהשנים כתקנן. עכשיו שנתקנסו שנים, אפילו לא ירד אלא גשם אחד בלבד צריך להלך.

(We have dealt with the problem of drought in JESHO 17, 1974, pp. 272—98.)

Libanius, Or. 27.6.14 (Antioch, 384). See also Avot de R. Nathan, ed. SCHECHTER, I, Chapter 6, p. 33, II, Chapter 7, p. 20, Lament. Rab. 1.31. A. MARMORSTEIN, Ha-Maẓav ha-Kalkali ... be-Doro shel R. Yoḥanan, in: Freimann-Festschrift (Berlin, 1937), p. 7, cites a text in B. Pesahim 118a, which purports to show that in the time of R. Simeon b. Lakish (died c. 275) people ate "grasses of the field". The whole text, as it is found in the printed editions, runs as follows: "Said R. Joshua b. Levi: When the Lord said to Adam, 'Thorns also and thistles shall it bring forth to thee, [and thou shalt eat the herb of the field]' (Gen. 3.18), his eyes were filled with tears. He said before Him: Lord of the Universe, shall I and my ass eat from the same trough? As soon as He said to him, 'In the sweat of thy face shalt thou eat bread' (ibid. 19), his mind was calmed down. Said R. Simeon b. Lakish: Blessed are we if we have stood [the trial] of the first [verse]. (Thus far in Hebrew.) But we have still not completely escaped it, for we do eat the herb of the field." (This latter in Aramaic.) According to this, it would appear that in R. Simeon b. Lakish's time people were driven to eat grass. Now, while this may be possible, a closer examination of this text, its difficulties and its other readings will show that this is not what the text says. For are we fortunate in that we endure the trials of the first curse? And if we have to endure them, obviously we have not been completely saved from this curse. We have not been saved from it at all. However, the reading in Haggadot ha-Talmud is as follows: "Said R. Simeon b. Lakish (so also in Ms. M. and other sources, see RABBINOVICZ, Var.Lect., ad loc., p. 372, note 1): When the Lord said to Adam, the first [man], 'And thou shalt eat the herb of the field', his eyes were filled with tears ... Said R. Simeon b. Lakish: Blessed are we that we have not stood as in the beginning (so also in 'Ein Ya'akov', ed. princ., VL, ibid. note 2) (i. e. that we do not have to endure the curse as it was first formulated). Said Rava (Babylonian scholar, died 353): But we have still not completely escaped it, for we do eat the herbs of the wilderness" (*midbera*, correct to *dabra*-field, as in the Biblical verse, VL ad loc. note 2). Ms. M. reads Abbaye (friend of Rava, Babylonian, died 339) instead of Rava; (see VL ad loc. note 2). Thus, while R. Simeon b. Lakish says people are fortunate not to have to eat the herbs of the field as in the original curse, Babylonian scholars of the following century comment that (sometimes) one still does. This reading makes sense of the change from Hebrew to Aramaic. דְּבָרָא (? עישבי דדברא) or חקלא according to some Mss. (VL ibid. note 2) are targumic variations on עשב השדה. Cf. Onkelos, Pseudo Jonathan, Peshitta.

[89] Thus, according to LIEBERMAN's emendation in Tosefta ki-fshuṭah ad loc, p. 581, ALLON, Toldot, 2, p. 22, emends "one must [not] walk [there] ..." See the interesting text in

We have seen that several factors contributed to an agricultural recession which became markedly apparent around the middle of the third
century: climatic causes, shortage of man-power on the land due to flight,
taxes, marauders, plague, famine, and the general trend of increased urbanization, denudation, deforestation, etc. These factors had the effect of
bringing about a very considerable reduction in crop-yields. We have also
found (above, section II) an impressive array of evidence to show that in
the first centuries of the common era the crop-yields in Palestine were very
high indeed[90]. Professor FELIKS, who first noted this point, explains this
phenomenon as having been possible only in view of the generally-speaking
small area of the average holding and the intensity of its cultivation[91]. He
showed (in much the same way as we have above, p. 423), that the

Tanḥuma, Deuteronomy, ed. BUBER, p. 23 (Re'é, section 9), a text suggestive of recurrent
drought. Cf. Mechilta, ba-Ḥodesh, 5 ad fin, ed. HOROVITZ-RABIN, p. 222. See further,
R. PATAI, Ha-Mayim (Tel-Aviv, 1936), pp. 79—80.

[90] FELIKS, Agriculture, pp. 157—65. The figures he brings are remarkably high. (See above,
p. 417.) See, e.g., STEVENS in CEHE, p. 104, and see Varro, Rerum Rusticarum, 1.44.1—3.
(See also Genesis Rabba 22.10, ed. THEODOR—ALBECK, p. 212.)

[91] Rabbinic literature is replete with incidental information indicative of this intensive
cultivation, see FELIKS, Agriculture, passim. Every inch of land was utilized; the hills
were terraced (see above, p. 431 note 77), and where the incline was too steep for terracing,
instead of ploughs, mattocks were used (Pe'a 2.2, Sitrei Deut., Ekev 39, ed. FINKELSTEIN,
pp. 77—78). See also S. AVITSUR, Ha-Maḥreisha ha-Ereẓ-Yisraelit (Tel-Aviv, 1965),
pp. 24—25, 51, on the use of martocks. (Cf. Pliny, Hist. Nat. 18.173; WHITE, Roman
Farming, p. 484 note 5; IDEM, The Productivity of Labour in Roman Agriculture, Antiquity
39, 1965, p. 105.) Small plots and intensive cultivation, these are ALLON's conclusions too,
in 'Toldot', 1, p. 94. They are borne out by archeological evidence; see 'Israel and Her
Vicinity in the Roman and Byzantine Periods' (Tel-Aviv University, 1967), pp. 16—17.
See also S. APPLEBAUM, Ha-Yehudim be-Ereẓ-Yisrael le-Or Mediniut ha-Severim ba-
Provinkiot, Zion 23—24, 1958—59, p. 42. See also Sifrei, Ekev 38 (to Deut. 11.11), ed.
FINKELSTEIN, p. 76. See also Midrash Psalms 24.5, ed. BUBER, p. 205, a text from the first
half of the IV cent. (In the Arab village community of Yanuah, in the upper Galilee, 3,300
dunam of cultivated land is split up into 543 lots, i.e. an average of six dunam per lot.
This, of course, in a hilly area, where the topography is an essential factor in determining
size and shape of lots. See S. AVITSUR, Ha-Maḥreisha, p. 25, citing M. HAREL's study,
'Yanuaḥ' [Jerusalem, 1959], pp. 12, 41—42.) An indication of the small size of potls may
be gathered from the fact that one of the standard forms of reaping in Palestine during
this period was by hand (i.e. without a sickle). This may be seen from M. Pe'a 4.10. T. Pe'a
2,14(20), etc. See LIEBERMAN, Tosefta ki-fshuṭah, 1, pp. 139—141; FELIKS, Agriculture,
pp. 218—219. However, some of these cases of 'plucking' undoubtedly refer to flax, which
is better plucked by hand from the roots, since this preserves the full length of the fibres
(Y. Megila 4.1, FELIKS, Agriculture, pp. 219—220, note 243). For a different interpretation,
see S. APPLEBAUM's remarks in 'Ha-Tekufah ha-Roma'it be-Ereẓ Yisrael' (Hoẓa'at ha-
Mador li-Yediat ha-Areẓ ba-Tenn'ah ha-Kibbuẓit, 1973), p. 134. For a more complete
discussion of 'plucking', see S. AVITSUR, Klei Ha-Asif (Tel-Aviv, 1966), pp. 17—21, and
I—II (English summary). According to AVITSUR (p. I): "All kinds of pulses were
formerly harvested in this fashion, and sesame as well; likewise wheat and barley if they
did not grow properly, i.e. if the crop was sparse or less than 50 cm. in height."
Probably only in small fields would manure be dug into the soil with a spade rather
than ploughed in (FELIKS, Agriculture, p. 112). Small fields of about a third and two-
thirds of an acre are mentioned in M. Shevi'it 3.4, T. Shevi'it 2.15 (FELIKS, Agriculture,
p. 115).

third century saw a sharp drop in crop-yields; he bases himself in part on (an emended reading of) text 6[92].

Here we may add some further observations: It is known that the third century heralds the beginning of the new manor economy of later centuries[92a]. Large estates were being built up by ruthless, wealthy, power-hungry men, estates on which the former small peasant proprietor now was turned into a tenant farmer (*colonus*). These large estates were, in all probability, less intensively cultivated[93], not only because of their size, new administrative structure, etc., but also because people tend to work less wholeheartedly on land not their own. Add to this the fact that the tenants were labouring for a landlord who had himself extortionately extracted the land from their own possession! The mood of dismay and apathy that must have overtaken these hapless peasants surely affected the quality of their work, and hence the quality of the yield[94].

All we have shown above serves to bear out BARON's conclusions when he writes[95]:

> "Before the Roman oppression, the dense population of Palestine necessitated intensive cultivation. The Tannaim therefore favoured, we recall, intensive grain and fruit cultivation, as against the more extensive cattle raising. They prohibited the cutting down of trees and plants which constituted the main source of nourishment for the major part of the population, simultaneously trying to discourage the raising of flocks as much as possible ... After the conclusion of the Mishna, however, (c. 220)[96] the burdensome Roman taxes, primarily based upon the state's extensive share in agricultural produce, made agriculture as a whole even less profitable economically. The decrease of both the general and the Jewish population caused a labour shortage, thereby adding to landowners' difficulties. To transform farm into pasture land became more profitable and, in a sense, more beneficial to the whole people. Now the Rabbis, too, changed their opinion; they began to advise landowners to devote themselves to cattle rather than to grain.

---

[92] Agriculture, pp. 157—159, and ibid., note 347. See above p. 420, note 53.

[92a] See my article in JESHO 14/3, 1971, pp. 227—252.

[93] See also T. R. S. BROUGHTON's remark in 'Econ. Surv.', 4, p. 692, on the need of a greater labour force on a large estate, and K. D. WHITE's comments in his 'Roman Farming' (New York, 1970), p. 453. See also OERTEL's remarks in: Cambridge Ancient History 12 (1939), p. 260. BOAK (Manpower Shortage and the Fall of the Roman Empire in the West, Ann Arbor, 1955, p. 37 and passim) thinks that a general decline in population caused the rural population to be depleted and, as a result, there was a decreased labour force to work the land. But see M. I. FINLEY's critique of BOAK's general thesis in his review in JRS 48, 1958, pp. 156—64.

[94] See STEVENS in CEHE, 1, pp. 123—24, citing St. John Chrysostom on the relationship between landlord and tenant.

[95] SRHJ², pp. 263—64 (cf. BOAK's remarks in 'Manpower Shortage etc.', p. 37, and SRHJ², 1, pp. 406—07). See above, note 82.

[96] Our addition.

Not only did R. Johanan state that "he who wishes to get rich shall raise small cattle", but the Biblical proverb, "The lambs will be for thy clothing and the goats the price for a field" (Prov. 27.26), was interpreted as an advice to investors to sell a field and buy sheep but never to sell sheep in order to buy a field (Ḥulin 84ab)[97]."

We may bring one further piece of evidence, demonstrating the growing importance of cattle raising in the early third century. In Bavli Gittin 52a we are taught, in the Tannaitic stratum (i. e. pre-circa 220), that the guardian of orphans may not, under normal circumstances, sell fields in order to buy slaves (and similarly sheep and cattle). There follows the following episode:

A guardian that lived in the vicinity of R. Joshua b. Levi (floruit circa 220—60) used to sell land and buy oxen, and he (R. Joshua b. Levi) said nothing to him, (i. e. did not stop him)[98].

ההוא אפוטרופוס דהוה בשיבבותיה דר' יהושע בן לוי דהווה קא מזבין ארעא וזבון תורי, ולא אמר ליה ולא מידי.

The marginal profits that could be made of land were immediately absorbed by taxation (see JONES, beginning of this section), whereas the profits made by renting out oxen, and later selling their meat, would probably go unnoticed by the tax assessors[99]. Thus, it became more profitable to invest in oxen, and even to sell one's land. Since such an investment was now to the orphans' benefit — unlike in earlier times — R. Joshua b. Levi permitted it.

[97] This latter is also a Palestinian statement, but would appear to be Tannaitic. See also S. LIEBERMAN in: Tosefta ki-fshuṭah to T. Bikkurim ad fin., vol. 2, p. 855, and the relevant statement in Kala Rabbati, chap. 10, ed. M. HIGGER, p. 340 et seq. It is perhaps significant that in B. Bava Batra 15b R. Jose b. Ḥanina (later third century) understands the word ומקניהו in Job 1.10 ("and his herds are increased in the land", see Targum וגיתוי) to refer to goats!

[98] The text there continues thus: "He held as did R. Jose. For we have learned in a beraita (of the mid second cent.): Said R. Jose: In all my days I never called my wife my wife, nor my ox my ox, but my wife my house and my ox my field." This latter section is undoubtedly an editorial gloss of the later Babylonian Amoraic stratum. (See parallel of R. Jose's statement in B. Shabbat 118b, in its totally different context.) Thus, R. Joshua b. Levi did not base his decision on R. Jose's adage (which, in any case, is of a more aggadic nature). However, it is significant that the Talmudic redactor saw fit to make this somewhat forced link between the two statements. He wished to find an earlier Tannaitic precedent (here rather more by free association than logical parallel) for this apparently discordant note in the sugya.

[99] Of course an ox was open to the dangers of the angareia, government expropriation. See my article 'Angaria in Rabbinic Literature', L'Antiquité Classique 38, 1969, pp. 164—168. But there was a good chance of getting the animal back (ibid.). See also my remark in JESHO 13, 1970, p. 11 note 2, citing Gulak on Y. Ketubot 10,5, according to which land could be sunk in debts worth more than its own value (a mid fourth century text).

It would appear that during the course of the fourth century there was some kind of improvement in the state of Palestinian agriculture. Certainly, in relationship to the third century things were on an upward trend. R. Jacob b. Dostai (mid fourth century) tells how he walked from Lydda to Ono, three miles, in the honey of figs (I, note 36). A fourth century scholar tells of the extreme richness and fertility of the area around Sepphoris (I, note 16 end). R. Zeiri (II?, probably of the early fourth century) is surprised at the rapid recovery of the soil from being wasted tracts of scorched earth to rich arable soil, and scholars discuss how this came to be so (above, note 74). These scattered and fragmentary tit-bits of information suggest (a) that people were no longer obsessed with the mood of decline[100], and (b) that, in fact, circumstances had taken a definite turn for the better. These conclusions are, indeed, borne out by non-Talmudic Byzantine sources, which tell of oil being exported from Palestine to Egypt, of Palestinian wines as valued export items, and of new areas being expanded for viticulture, etc.[101]. Thus, the 'Expositio totius mundi et gentium' (29), an Egyptian (or Syrian) text of about 350, mentions the wines of Ascalon and Gaza as being shipped to every region of Syria and Egypt. JOHNSON and WEST comment on this that "to be so mentioned one must infer that these importations were on a considerable scale"[102]. Yet in Diocletian's 'Edict of Maximum Prices', of about half a century earlier (301), Palestinian wines do not figure in the section on

---

[100] See STEVENS in CEHE, 1, p. 92, citing St. Cyprian (Carthage, third cent.).

[101] See AVI-YONAH's article 'Economics of Byzantine Palestine' in IEJ 8/1, 1958, pp. 49—50, who brings numerous sources. It should, however, be noted that Jerome's Epist. 150, which AVI-YONAH cites, ibid., note 89, is not of the early fifth century, but of the sixth century. It is from Procopius to Jerome, and since it is also extant in the letters of Procopius of Gaza, to whose works it properly belongs, and this Procopius flourished a century later than Jerome, the letter cannot be addressed to him. See the note to this letter on p. 295 of the Select Library of Nicene and Post-Nicene Fathers, etc., ed. H. WACE and P. SCHAFF, vol. 6 (Oxford, 1893), ed. and transl. W. H. FREMANTLE, G. LEWIS and W. G. MARTLEY. Likewise he cites St. Jerome, Comment. in Osee 12.1 (PL, 25, c. 923) that oil was exported to Egypt from the area of the 'Ten Tribes', adding that "parallel rabbinical sources also record the increase in olive trees and therefore in oil production", referring to Jer. Talmud Pe'a 20a (p. 49, notes 82—83). Presumably he is referring to Y. Pe'a 7.1; however, the rabbinic sources there are primarily from the second century, see above, section I, note 40. (See below, note 104.) Evidence of the spread of viticulture may be found in parables included in homilies of the fourth century, e.g. Exod. Rab. 43.9: ... It is like unto a king who had a field which was running to waste, He said to the tenant go tend it and make of it a vinyard ... (The names of the traditionaries, R. Avin in the name of R. Simeon b. Yehoẓadek, the former a middle or late fourth century personality, the latter an early third century one, are somewhat problematic.)

[102] A. C. JOHNSON and L. C. WEST, Byzantine Egypt. Economic Studies (Princeton, 1949), p. 145. See also BARON, SRHJ², 2, p. 414, note 26ª, citing alia, T. SINKO, Die Descriptio orbis terrae. Eine Handelsgeographie aus dem 4. Jahrhundert, Archiv für lateinische Lexicographie 13 (Leipzig, 1904), p. 551 (Chapters 29.31). See also N. PIGULEWSKAJA, Byzanz auf den Wegen nach Indien (Berlin, 1969), pp. 46—50; A. A. VASILIEV, Expositio totius mundi. An Anonymous Geographic Treatise of the Fourth Century A.D., Seminarum Kondakovianum 8, 1936, p. 31.

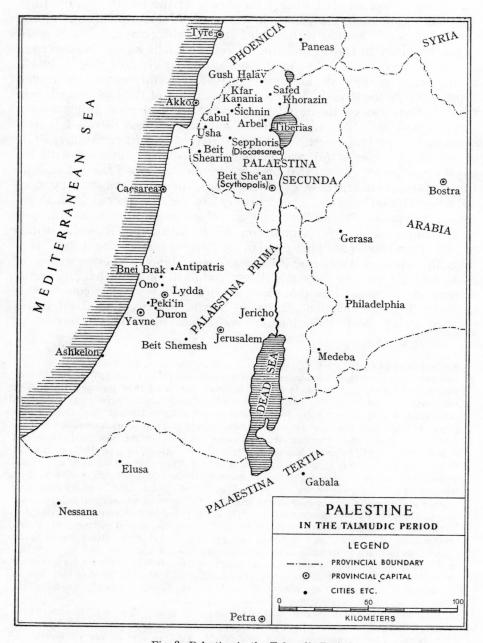

Fig. 3. Palestine in the Talmudic Period

beverages which lists a number of famous wines[103]. Indeed, this is not surprising since "Palestine was not (during the pre-Diocletianic period) a wine exporting country"[104]. However, by the middle of the fifth century Palestinian wines ranked among the best. Thus, Sidonius Apollinaris in his poem to Ommatius comments: "As for wines, I have none of Gaza, no Chian or Falernian, none sent by the vines of Sarepta for you to drink[105]."

Finally, this picture of improved agriculture and more settled and prosperous conditions is reflected in Ammianus Marcellinus' brief description of Palestine, written in the late fourth century. He writes us follows (14.8.11):

> The last region of the Syrias is Palestine, extending over a great extent of territory and abounding in cultivated and well-kept lands — *cultis abundans terris et nitidis* — ...[106].

[103] Ed. Diocl. chapter 2. Could this, however, be because Palestinian wines, while reaching Egypt (not a wine producing country), never were able to make any inroads upon Asia Minor, and the Edict reflects conditions mainly in Asia Minor and the surrounding area, rather than Egypt. The wines of Asia Minor renowned throughout the whole of the Roman Empire, especially the Chian variety; Strabo 14.1.15 describes it as one of the best wines. See Broughton, in 'Econ. Surv.', 4, pp. 609—11, for numerous sources concerning the wines of Asia Minor. Palestinian wine could never hope to compete with these wines. Even the wine of Tyre was cheaper than Palestinian wine, see B. Avoda Zara 34b, and my article in: Archiv Orientální 38, 1970, pp. 1—25. On vinyards in the Negev, see Y. KEDAR, Hakla'ut ha-Kedumah be-Harei ha-Negev (Jerusalem, 1967), pp. 99—101.

[104] So writes HEICHELHEIM in 'Econ. Surv.', 4, p. 140. (My own addition in brackets.) Note that Rabbinic law forbade the export of wine and oil from Palestine, T. Avoda Zara 5.2, ed. ZUCKERMANDEL, pp. 465—66, and B. Bava Batra 91a. For a late Roman parallel to this law, see Cod. Just. 4.1 (Valentinian 368, 370 or 373, see SEECK, Regesten [Stuttgart, 1919. Nachdr. Frankfurt/M. 1964], pp. 31, 124, 232). See HEICHELHEIM's comments on this in 'Econ. Surv.', ibid. But see ALLON's serious reservations as to HEICHELHEIM's view in 'Toldot', 1, p. 99 note 38 (and see above, note 101). See also HEICHELHEIM in 'Econ. Surv.' ibid., p. 130 notes 123—25, p. 204 note 54.

[105] Carm. 17.15; Loeb ed. and transl. 1, p. 255. (See also ibid, note 3.) Falernian wine is mentioned in Ed. Diocl. 2.7, ed. GRASER, p. 321. Palestinian opobalsamum is also mentioned as being in Egypt in P. Holm. 190 (WEST and JOHNSON, Byzantine Egypt. Economic Studies, p. 148). This papyrus, though undated, is almost certainly post third century c.e. In Gregory of Tours, Liber in gloria Confessorum (ed. B. KRUSCH, MGH, Scriptores rerum Merovingicarum, 1 [Hannover, 1885]), chapter 64, we find *vinum Gazetum*, a strong wine of Gaza used for the sacrament. In his 'History of the Franks', 7.29 (transl. O. M. DALTON, 2 [Oxford, 1927], p. 306) he mentions the wines of Latium and of Gaza as strong wines. Further references to Gaza wine are to be found in Cassiodorus, Var. 12.12; Isidore, Origines, 20.3.7; Corippus, De Laude Iustini, 3.87. See DALTON's notes ibid., vol. 1, p. 447, 2, p. 568.

[106] Loeb. ed. and trans., 1, p. 71. This improvement around the mid fourth century corresponds to a moistening of the climate during this same period, and a general cooling of the temperature. See K. W. BUTZER, Quaternary Stratigraphy and Climate in the Near East (Bonner geograph. Abhdlg. 24, Bonn, 1958), pp. 121—123. However, the first half of the fourth century was still dry. This may be seen from the statements in Y. Ta'anit 2.1, that "Whenever R. Haggai used to go out to [proclaim] a fast" (in the Galilee), and R. Judah [b. Simon] b. Pazi (in the South) "whenever he used to go out to [proclaim] a fast ..." Apparently, in the first half of the fourth century, when both these scholars were active, the proclamation of a fast, both in Judah and the Galilee, was a common occurrence. This

442 DANIEL SPERBER

Bibliography

1. General Bibliography — Background Studies

ALLON, G., Toldot ha-Yehudim be-Erez-Yisrael bi-Tekufat ha-Mishna ve-ha-Talmud, Tel-Aviv, 1955. (The History of the Land of Israel in the Period of the Mishna and the Talmud)

APPLEBAUM, S., Ha-Kefar be-Erez-Yisrael ba-Tekufa ha-Roma'it, in: Ha-Tekufah ha-Roma'it be-Erez-Yisrael, Hoza'at ha-Madov li-Yediat ha-Arez ba-Tenu'ah ha-Kibbuzit, 1973. (The Village in the Land of Israel in the Roman Period)

AVI-YONAH, M., Bimei Roma u-Bizantion, Jerusalem, 1946. (In the Days of Rome and of Byzantium)

— Masot u-Mehkarim bi-Yedi'at ha-Arez, Jerusalem, 1964. (Essays and Studies in the Lore of the Holy Land)

— The Economics of Byzantine Palestine, IEJ, 8/1, 1958, pp. 39—51.

— and SAFRAI, S., Carta's Atlas of the Period of the Second Temple, the Mishnah and the Talmud, Jerusalem, 1966 (Hebrew).

BARON, S. W., A Social and Religious History of the Jews[2], 2, New York, 1952.

HEICHELHEIM, F. M., Roman Syria, in: An Economic Survey of Ancient Rome, ed. T. FRANK, 4, Baltimore, 1938, pp. 121—257.

HUNTINGTON, E., Civilization and Climate, New York, 1914.

JONES, A. H. M., The Later Roman Empire, Oxford, 1964.

KLEIN, S., Sefer ha-Yishuv, 1, Jerusalem, 1939. (The Book of Settlement.)

LIEBERMAN, S., Palestine in the Third and Fourth Centuries, JQR, 36, 1946, pp. 329—70; 37, 1946, pp. 31—54.

— Tosefta ki-fshutah, New York, 1955—67 (in progress). (A Comprehensive Commentary on the Tosefta)

OERTEL, F., The Economic Life of the Empire, chapter 7 of 'The Cambridge Ancient History', 12, Cambridge, 1939.

SPERBER, D., On Social and Economic Conditions in Third Century Palestine, Archiv Orientální, 38, 1970, pp. 1—25.

2. Special Bibliography — Palestinian Agriculture, etc.

AVITSUR, S., Ha-Mahreisha ha-Erez-Yisraelit, Tel-Aviv, 1965. (The Native Art of Eretz-Yisrael.)

— Klei he-Asif ba-Hakla'ut ha-Masoratit shel Erez-Yisrael, Tel-Aviv, 1966. (Implements for Harvesting and Similar Purposes used in the Traditional Agriculture.)

DALMAN, G., Arbeit und Sitte in Palästina, 1—8, Gütersloh, 1923—42.

FELIKS, J. (Y. F.), Ha-Hakla'ut be-Erez-Yisrael bi-Tekufat ha-Mishna ve-ha-Talmud, Tel-Aviv, 1962. (Agriculture in Palestine in the Period of the Mishna and Talmud.)

— article entitled 'Agriculture', in: Encyclopaedia Judaica, 2, Jerusalem, 1971, 381—98.

— Kla'ei Zera'im ve-Harkava, Tel-Aviv, 1967. (Mixed Sowing Breeding and Grafting.)

— Tosefet Shevi'it vi-Sedei ha-Ilan, Bar-Ilan, 9, 1972, pp. 149—220. (The Prohibition of Ploughing in the Summer Preceding The Seventh Year.)

agrees with the conclusions that HUNTINGTON arrived at in his 'Palestine and its Transformation' (Boston—New York, 1911), who wrote that in the year 311 it was still very hot. He was basing himself on the description of the Dead Sea as it appears in the 'Itinerarium Burdigalense'. However, S. KLEIN proved conclusively that this text is from some years before that date (Zion, 6, 1934, pp. 12, 25—29, citing, inter alia, R. HARTMANN, Die Palästina-Route des Itinerarium Burdigalense, ZDPV 33, 1910, pp. 183—188). See also O. CUNTZ, Itineraria Romana, 1, 1929, pp. 86—102. (M. ISH-SHALOM, Massa'ei Nozrim le-Erez-Yisrael [Tel-Aviv, 1965], pp. 16—17 gives little addotional information.) For an analysis of the palaeolimnology of the Dead Sea, see D. NEEV and K. O. EMERY, The Dead Sea-Depositional Processes and Environments of Evaporites (State of Israel, Ministry of Development Geological Survey, Bulletin no. 41, Jerusalem, 1967), pp. 24—34.

GOLOM, B., and KEDAR, Y., Ancient Agriculture in the Galilee Mountains, IEJ 21/2—3, 1971, pp. 136—40.

HUNTINGTON, E., Palestine and its Transformation, London, 1911.

KRAUSS, S., Talmudische Archäologie, 2, part 4, pp. 148—244, Leipzig, 1911.

LÖW, I., Die Flora des Juden, 1—4, Vienna, 1923—34.

LOWDERMILK, W. C., Palestine — Land of Promise, London, 1945.

REIFENBERG, A., The Struggle between the Desert and the Sown. Rise and Fall of Agriculture in the Levant, Jerusalem, 1955.

SPERBER, D., Agricultural Trends in Third Century Palestine, JESHO 15/3, 1973, pp. 227—55.

STEVENS, C. E., Agricultural and Rural Life in the Later Roman Empire, chapter 2 in 'The Cambridge Economic History of Europe', 1, Cambridge, 1966.

VOGELSTEIN, H., Die Landwirtschaft in Palästina zur Zeit der Mishna, 1, Breslau, 1894.

WHITE, K. D., Agricultural Implements of the Roman World, Cambridge, 1967.

— Roman Farming, New York, 1970.

List of Illustrations

Jérusalem sous la domination romaine.
Histoire de la ville depuis la conquête de Pompée jusqu'à Constantin (63 a. C. — 325 p. C.)

par Baruch Lifshitz†, Jérusalem

Table des matières

I. Le commencement de la domination romaine

Pendant deux générations, aucune armée ennemie ne s'était approchée des murs de Jérusalem mais la ville était souvent le théâtre de luttes fratricides. Les mercenaires d'Alexandre Jannée durent réprimer la violente résistance de la population. Le règne d'Alexandra, la veuve de Jannée (76—67), fut pour Jérusalem une période de calme et de prospérité. Mais, après la mort de la reine, une guerre se déclencha entre ses deux fils, Hyrcan II et Aristobule. Ce conflit sanglant a accéléré l'intervention étrangère dans les affaires de la Palestine et la conquête de l'état juif par les légions romaines.

En 65, Pompée alors en Arménie avait envoyé à Damas le tribun Gabinius et le questeur Aemilius Scaurus. Ils devaient y préparer la visite du commandant en chef des forces romaines. Après avoir reçu des renseignements sur le conflit entre les deux prétendants au trône des Maccabées, Scaurus décida de gagner la Judée. Ayant rencontré les ambassadeurs des frères engagés dans la lutte, Scaurus vit bien qu'il y avait plus d'avantages à concéder son alliance au frère cadet, car celui-ci possédait le trésor, et un siège de la capitale juive aurait été difficile pour les maigres forces du questeur. Mais le succès d'Aristobule fut de courte durée. Le verdict de Scaurus devait être ratifié par Pompée, qui une fois installé à Damas au printemps de 63 convoqua les deux parties. Mais trois ambassades furent envoyées auprès du généralissime romain; la troisième était celle des Pharisiens. Hyrcan demanda la royauté au titre de la primogéniture, Aristobule fonda sa demande sur l'incapacité de son frère aîné. Les envoyés des Pharisiens arguèrent que les Asmonéens avaient asservi le peuple en abolissant le régime traditionnel, théocratique, de l'état juif. Ils demandèrent donc la restauration du pouvoir des grands prêtres. Aristobule, qui soupçonnait que Pompée avait l'intention de céder aux instances d'Hyrcan, quitta Damas à l'insu du général romain. Mais à l'approche des légions et des auxiliaires syriens de Pompée, Aristobule changea d'avis et accourut au-devant du Romain. Il livra Jérusalem et sa personne même pour mettre fin aux hostilités. Gabinius avec un détachement militaire fut dépêché pour prendre livraison de la ville et d'un important tribut. Mais les partisans d'Aristobule refusèrent d'ouvrir les portes de Jérusalem à Gabinius. La ville était en proie à des conflits sanglants entre

les belliqueux partisans d'Aristobule et leurs antagonistes, qui voulaient
capituler. Ceux-ci triomphèrent de leurs adversaires et ouvrirent les portes
aux Romains. Les partisans d'Aristobule se fortifièrent dans le Temple.
On en était au troisième mois du siège quand les légionnaires réussirent
à conquérir la forteresse. Dans le massacre qui suivit, environ douze mille
Juifs périrent, et parmi eux les chefs du parti de la guerre. Aristobule et
sa famille furent envoyés à Rome comme prisonniers. La royauté des
Asmonéens fut abolie, mais le sacerdoce devint une dignité religieuse sans
aucune prérogative politique. Les remparts de Jérusalem furent abattus
et elle devint une ville tributaire des Romains. Gabinius (57—55) partagea
la Judée en cinq circonscriptions. Au chef-lieu de chacune siégeaient
les *conventus* ou *synedria*. Les membres de ces conseils étaient les notables
des districts, investis de pouvoirs judiciaires et administratifs, mais ils
délibéraient sous le contrôle du gouverneur romain. En 54, Licinius Crassus
vint à Jérusalem. Il pilla le trésor du Temple, en enlevant l'argent monnayé
— 2000 talents — que Pompée avait respecté et tout l'or, évalué à 8000
talents. En 47, Jules César nomma Hyrcan ethnarque et grand prêtre.
Antipater reçut du dictateur la citoyenneté romaine[1] et la procuratèle de
toute la Judée. Il fut aussi autorisé à relever les murs de Jérusalem, abattus après la conquête de la ville par Pompée.

II. *Hérode le Grand et les constructions hérodiennes*

Le fils d'Antipater, le futur roi de Judée et le bâtisseur de Jérusalem
la Grande, s'empara de la ville en juin 37 après un siège long et difficile;
la ville fut livrée au pillage et aux massacres. Hérode sauva avec peine la ville
et le Temple de la destruction par ses alliés, les soldats de Sosius, un des
lieutenants d'Antoine. Les concours fondés par son patron pour commé-
morer la victoire d'Actium ont fourni à Hérode l'occasion de doter la capitale
d'un théâtre, d'un hippodrome et d'un amphithéâtre. Mais le couronnement
de l'œuvre monumentale d'Hérode fut le Temple. Ce grand projet
n'était pas seulement un plan cher au roi bâtisseur: en premier lieu il
fallait soumettre à un contrôle la forteresse du Sanctuaire, qui servit
maintes fois de refuge aux rebelles et insurgés. La Baris des princes
Asmonéens, située à l'angle nord-ouest de l'esplanade du Temple, ne pouvait
plus héberger la forte garnison qui devait assurer le calme et la paix
d'une grande ville. Elle fut donc reconstruite et la nouvelle forteresse
reçut le nom d'Antonia, en l'honneur du *triumvir* et maître de l'Orient.
L'Antonia était une puissante fortification quadrangulaire bâtie sur un roc long
de 120 mètres sur 40 de large, qui se prolonge vers le sud de façon à former

[1] Sur l'octroi de la citoyenneté romaine à Antipater voir mon article 'Etudes sur l'histoire
de la province romaine de Syrie', supra p. 5, note 8.

l'angle où viendront se rencontrer les portiques nord et ouest de l'enceinte du Temple. A chacun de ses angles l'Antonia était flanquée d'une tour. Mais elle n'était pas seulement une forteresse. Le roi habita dans ce château avant la construction de son palais dans la ville haute. Vers l'année 23 fut élevé le palais royal, entouré d'un mur haut de quinze mètres. Les deux vastes et splendides salles de banquet du palais furent nommées l'une Kaisareion, l'autre Agrippeion en l'honneur des nouveaux patrons du roi, Auguste et Agrippa.

III. *La reconstruction du Temple*

Le projet d'édifier un nouveau Temple a été sans doute conçu pour désarmer l'hostilité juive. Mais les sujets du roi Hérode repoussèrent ce plan grandiose, craignant qu'une fois démolie, la maison de Dieu soit remplacée par un temple profane. Hérode répondit à cette défiance de ses sujets par la promesse de ne pas démolir le vieux temple avant d'avoir réuni tous les matériaux nécessaires aux travaux de reconstruction. Il ne fallait donc pas craindre la cessation de l'œuvre par manque de ressources suffisantes. Les travaux de construction commencèrent au mois de janvier 19. Vers le milieu de l'an 18 le nouveau *naos*, la partie essentielle du Sanctuaire, était achevée. La construction des parvis et de l'enceinte extérieure dura huit ans, mais les travaux ne furent achevés qu'environ 80 ans plus tard, vers l'an 64 p. C. En avant des portiques du Temple s'étendait le «parvis des Gentils», dont l'accès était permis même aux païens. Mais il leur était défendu de franchir la balustrade qu'on rencontrait du côté de l'enceinte intérieure. Cette prohibition, rédigée en grec et en latin, était gravée sur des stèles fixées à chaque ouverture de la balustrade. Deux exemplaires de cette inscription ont été découverts, l'un complet, l'autre fragmentaire. Nous reviendrons plus tard sur cette inscription, dont le texte confirme l'information de Josèphe[2]. L'enceinte intérieure s'appelle dans les textes bibliques *hêl*. Le même nom est employé dans les sources mishnaïques et talmudiques pour désigner l'espace libre entre la balustrade et la grande enceinte[3]. Le plan général de ce projet grandiose devait être conforme aux exigences de la tradition et à la disposition des différentes parties de l'ancien sanctuaire, mais les bâtisseurs employés par Hérode ont laissé leur empreinte sur l'œuvre. Ces architectes s'inspiraient du style grec de leur temps. Les portiques, colonnes, chapiteaux et portes, comme leurs décorations étaient des œuvres de l'art hellénistique. Puisque les sources littéraires juives ne mentionnent aucune protestation des milieux pharisiens

---

[2] Voir ci-dessous, p. 454.
[3] Les passages de la Mishna et du Talmud sont cités dans: E. BEN-IEHUDA, Thesaurus totius hebraitatis, III, Berlin, 1912, p. 1531.

contre le style grec appliqué par les architectes du roi, on est amené à la conclusion que l'art des païens ne heurtait pas les sentiments des croyants. La
dédicace de l'édifice eut lieu vers l'an 10[4].

Jérusalem n'était pas seulement la capitale de l'état. Cette ville était
à la fois le cœur du pouvoir hérodien et le centre de toute la résistance nationale contre le roi iduméen[5]. La tour Antonia ne pouvait pas assurer la surveillance de toute la ville. Hérode a donc fortifié l'angle nord-ouest
de la ville haute en faisant ériger un château fort avec trois puissantes tours,
nommées Hippikos, Phasaël et Mariammé. Pendant le règne d'Hérode
Jérusalem a été totalement transformée; la petite localité qu'elle était sous
les Asmonéens devint une métropole bâtie conformément au style hellé-
nistico-romain[6] et une des plus magnifiques villes de tout l'Orient.

En l'an 14 Hérode amena en Judée le puissant ministre et gendre
d'Auguste, Agrippa, qui venait de reprendre la direction des affaires de
l'Orient. A Jérusalem l'illustre hôte fut accueilli par les acclamations de
tout le peuple et offrit à la population de la capitale un banquet et à Dieu
une hécatombe. Un luxueux festin en l'honneur d'Agrippa eut lieu dans les
salles de banquet du palais royal.

IV. Jérusalem sous Archélaos et les procurateurs romains

Par le troisième et dernier testament d'Hérode, le royaume fut partagé entre Archélaos, Hérode Antipas, fils de Malthaké la Samaritaine,
et Philippe, fils de Cléopâtre. Archélaos recevait l'essentiel du pays avec
la capitale et le titre royal. Mais ces dispositions du roi mort devaient être
confirmées par Auguste.

Les constructions grandioses et l'édification du magnifique Temple n'a-
vaient pu changer l'attitude du peuple et des docteurs de la Loi envers la dynastie iduméenne. Ils regardaient Hérode comme le destructeur de leurs institutions traditionnelles, l'assassin de leurs rois et l'agent d'un pouvoir étranger.
Il était détesté par tous les Juifs fidèles à la Torah et à la liberté nationale.
Sous le règne d'Hérode naquit la doctrine des Zélotes, qui repoussaient tout
pouvoir étranger et toute autorité sauf celle du royaume céleste. La première
irruption de ce fanatisme eut lieu quelques jours avant la mort d'Hérode.
Des Zélotes, avec deux pharisiens à leur tête, Judah de Sepphoris et
Mathithyahu fils de Margalith, abattirent l'aigle d'or de la façade du Temple.
Le dernier acte du roi mourant fut de décréter l'exécution des coupables.
Après sa mort, l'explosion de la rage du peuple se dirigea contre

[4] Josèphe, Ant. XV, 421—423.
[5] A. SCHALIT, Koenig Herodes, Der Mann und sein Werk, Studia Judaica IV, Berlin, 1969,
   p. 365.
[6] Ibid., p. 366.

son héritier. Après les funérailles de son père, Archélaos assis sur un trône
d'or remercia les Hiérosolymitains de l'accueil qu'il avait reçu. A cette occasion,
le jeune prince fit au peuple des promesses qu'il remplirait après la ratifica-
tion du testament d'Hérode par Auguste. Mais les honneurs accordés à la dé-
pouille du père d'Archélaos avaient irrité les Zélotes, qui organisèrent un deuil
à la mémoire des gens exécutés par ordre d'Hérode pour avoir abattu
l'aigle d'or. Ils demandèrent également le châtiment de ses favoris et la
destitution du grand prêtre nommé par lui, Joazar, de la famille de Boéthos.
La cohorte conduite contre la multitude des insurgés fut à peu près anéantie.
L'armée d'Hérode, composée comme on sait d'un grand nombre d'étrangers,
étouffa cette insurrection; trois mille Juifs furent tués, le reste s'enfuit
dans les montagnes qui environnent la capitale. Les agissements du procurateur d'Auguste en Syrie, Sabinus, provoquèrent de nouveaux conflits
sanglants. Le zèle pour les finances de l'empereur amena Sabinus en Palestine afin de mettre sous scellés les trésors d'Hérode. Varus, le gouverneur
de la province de Syrie, s'y opposa et étant monté de Césarée à Jérusalem,
il laissa dans cette ville une de ses trois légions. Mais après le départ du
gouverneur, Sabinus occupa le palais royal et lança ses gens à la recherche
des trésors. La Pentecôte (fin du mois de mai de l'an 4) fit affluer dans la
ville une multitude innombrable de Juifs de tout le pays et même de la
Diaspora. Les Romains, avec le procurateur d'Auguste, furent assiégés par
la multitude dans le palais royal. Les légionnaires mirent le feu aux portiques, un grand nombre de Juifs périt et les Romains s'emparèrent du trésor
du Temple. Or les rebelles n'en poursuivirent pas moins le siège du palais.
Ayant reçu un message du procurateur, Varus organisa un corps expédi-
tionnaire comprenant deux légions, quatre ailes de cavalerie et plusieurs
contingents alliés. Les rebelles firent leur soumission et Varus leur fit grâce.
Il envoya à Rome les chefs de la rebellion pour y être jugés, et Auguste par-
donna à la plupart.

Varus avait laissé à Jérusalem la légion qu'il y avait détachée dès le début
et avait quitté la ville. Après la déposition et l'exil d'Archélaos, la Judée fut
rattachée à la province de Syrie. Le pays était désormais tributaire et sa
population soumise à la capitation (*tributum capitis*) et à l'impôt foncier (*tributum soli*). Comme dans toutes les provinces, ces impôts levés par les autorités
romaines étaient les marques de la conquête et de la servitude. Le chef de
l'administration du pays était le procurateur, gouverneur de rang équestre,
qui résidait à Césarée, la fondation d'Hérode, et non pas à Jérusalem. Le
premier procurateur fut Coponius. Pendant ses visites dans l'ancienne
capitale de la Judée, il résidait dans le palais royal. L'Antonia reçut une garnison permanente, une cohorte accompagnée d'un contingent de cavalerie
(*cohors equitata*). Les soldats cantonnés là surveillaient le Temple et la ville
basse. Le palais royal était également gardé par des soldats romains.
Mais les Juifs jouissaient toujours d'une certaine autonomie, bien que très
limitée. D'après l'historien juif, le régime, monarchique sous Hérode et
Archélaos, était maintenant aristocratique. L'institution la plus vénérée
par le peuple était le Sanhédrin, présidé par le grand prêtre, qui était le

prostatès de la nation[7]. Les Juifs devaient offrir quotidiennement deux sacrifices pour le salut de l'empereur et du peuple romain. Auguste, qui établit cette institution, fit lui-même les frais de la fondation.

Pendant le gouvernement de Ponce Pilate (27—37) éclata l'affaire des enseignes. Une unité envoyée à Jérusalem pour prendre ses quartiers d'hiver avait des enseignes qui comprenaient l'effigie de Tibère. Le procurateur fit prudemment entrer les enseignes de nuit et voilées pour ne pas heurter les sentiments de la population de la ville. Mais l'émotion ne put être évitée; une foule de Hiérosolymitains arriva à Césarée pour demander le retrait des enseignes. Sur le refus du procurateur, les Juifs se prosternèrent autour de son palais. Au bout de cinq jours, convoqués au stade et entourés par les soldats, ils furent sommés d'admettre le maintien des enseignes à Jérusalem. Les Juifs tendirent le cou aux épées des soldats et Ponce Pilate capitula; il ordonna le retrait des enseignes de la ville sainte des Juifs. Pilate organisa l'adduction d'eaux lointaines à Jérusalem; la longueur de l'aqueduc était de 37 km. Pendant trois années la Judée et sa capitale furent soumises au roi Hérode Agrippa Ier, héritier du royaume d'Hérode le Grand. Jérusalem devint la résidence royale et la capitale du pays. Agrippa exempta les Hiérosolymitains de l'impôt dû pour chaque maison, il entreprit aussi la construction des murs qui devaient entourer les nouveaux quartiers qui s'étaient formés au nord de la ville. La mort du roi en 44 interrompit les travaux de construction de la nouvelle enceinte. Sous le règne d'Agrippa les travaux des parvis du Temple furent continués selon le projet de son aïeul. Les monnaies d'Agrippa frappées à Jérusalem ne portent aucune effigie tandis que celles qui ont été émises dans les nouvelles fondations, Césarée, Panéas et Tibériade, portent l'effigie d'Agrippa ou de l'empereur, Caligula ou Claude.

Sous le procurateur Ventidius Cumanus (48—52) le comportement incongru d'un soldat de faction dans les portiques du Temple provoqua, lors de la fête des Azymes, une agitation. Les Juifs demandèrent la punition du soldat. L'arrivée des renforts mandés par le procurateur provoqua une panique parmi la multitude, qui s'écrasa dans les étroites issues de l'enceinte du Temple.

L'administration incompétente et corruptrice de Gessius Florus hâta la révolte des Juifs contre l'empire romain. L'enlèvement de dix-sept talents au trésor du Temple mit un comble à l'indignation de la population. Au cours de l'émeute populaire, des plaisants avaient raillé l'avarice notoire du procurateur. Florus, furieux, monta sans retard à Jérusalem. Les soldats avaient deviné la volonté du gouverneur et organisèrent un massacre et un pillage dans le «marché haut». Le grand prêtre et les notables supplièrent en vain le procurateur d'arrêter le pogrom (mai 66). Sous la pression du peuple les soldats durent le lendemain regagner leur camp. Or le plan de Florus

---

[7] F.-M. ABEL, Histoire de la Palestine, I, Paris, 1952, p. 431, note 1, cite Josèphe, Ant. XX, 211: après Hérode et Archélaos ἀριστοκρατία μὲν ἦν ἡ πολιτεία, τὴν δὲ προστασίαν τοῦ ἔθνους οἱ ἀρχιερεῖς ἐπεπιστεύοντο.

consistait à réunir les troupes pour occuper les terrasses des portiques extérieurs. Il laissa une cohorte à Jérusalem et avec le reste de ses troupes quitta la ville. Dans son rapport envoyé au gouverneur de la province de Syrie, il accusa les Hiérosolymitains de s'être révoltés contre l'empereur. Le légat Cestius Gallus chargea un de ses aides de se renseigner sur la situation mais celui-ci se rendit compte qu'un esprit de soumission régnait dans la ville et s'en retourna à Antioche. Agrippa reçut à Alexandrie la nouvelle de l'émeute, il se hâta de reprendre le chemin de Jérusalem. Là, il convoqua le peuple au Xyste et prononça un discours en indiquant devant ses auditeurs la folie qu'il y aurait à se soulever contre les Romains, parce qu'une guerre avec l'empire serait une tentative désespérée. Le peuple répondit qu'il était prêt à obéir aux ordres de l'empereur. On se mit à rebâtir la galerie détruite pendant l'émeute et les magistrats réunirent quarante talents pour payer l'arriéré du tribut de la ville et de son territoire. Mais l'essai d'apaisement fut anéanti par une grave maladresse d'Agrippa. qui conseilla au peuple d'obéir à Florus et d'attendre patiemment que l'empereur lui envoyât un successeur. Agrippa rentra dans son royaume et sa retraite montrait la force et l'influence des partisans de la rupture avec Rome. Sur la proposition d'Eléazar, fils d'Ananias le grand prêtre, les prêtres interdirent tout sacrifice offert par un étranger. Cet acte n'avait qu'une signification: c'était une déclaration de guerre, parce que l'interruption du sacrifice pour le salut de l'empereur et du peuple romain était regardée comme un crime de lèse-majesté. Une tentative des notables pour changer la décision ne réussit pas. On envoya donc des députés au roi Agrippa et au procurateur. Le roi expédia à Jérusalem une unité de cavalerie. Les partisans de la paix occupèrent la ville haute, tandis que les insurgés se fortifièrent dans la ville basse et dans le Sanctuaire. Pour se venger des partisans de la paix, la multitude incendia le palais du grand prêtre, et celui de Bérénice, la sœur du roi Agrippa. L'anéantissement des titres de créances dans l'incendie des archives publiques devait attirer la sympathie de la masse des débiteurs reconnaissants. Les insurgés conquirent l'Antonia et égorgèrent les soldats de la cohorte laissée dans la tour par Florus (milieu d'août 66). Les vainqueurs remontèrent ensuite à la ville haute afin d'enlever le palais royal. Les soldats du roi Agrippa stationnés dans le palais ne pouvaient pas assurer la défense de l'édifice. Entre-temps arriva à Jérusalem Manahem, fils de Judas le Galiléen, qui prit en main la direction du siège du palais royal. Les défenseurs ayant demandé à capituler, Manahem n'accorda la permission de sortir qu'aux soldats du roi Agrippa et aux indigènes. Les soldats romains se réfugièrent dans les trois tours hérodiennes, Hippikos, Phasaël et Mariammé, tandis que le grand prêtre Ananias et son frère étaient assassinés par les gens de Manahem. Eléazar riposta bientôt. Manahem et tous ceux de ses compagnons qui n'avaient pas réussi à s'enfuir succombèrent sous les coups des gens d'Eléazar. Les Romains, sortis des tours hérodiennes sur la promesse jurée d'avoir la vie sauve, furent massacrés sauf le commandant de la cohorte, Metilius.

Le légat de Syrie se décida enfin à agir. Il réunit à la *legio XII
Fulminata* 6000 hommes tirés des trois autres légions et les contingents
alliés. Gallus établit son camp à une dizaine de km de Jérusalem. Là les
Juifs attaquèrent ses troupes; les Romains perdirent dans cette bataille
400 fantassins et 115 cavaliers. Les jours de la fête des Tabernacles l'armée
de Gallus vint camper sur le Scopus. Il occupa et incendia un faubourg de
la ville mais l'attaque du Temple ne réussit pas. Le légat se décida à la
retraite, jugeant que ses troupes étaient insuffisantes pour enlever la forteresse. La retraite devint bientôt une déroute quand les Juifs attaquèrent
l'armée romaine près de Beth-Horon. Les vainqueurs rentrèrent en triom-
phateurs à Jérusalem; l'enthousiasme patriotique régnait sur la ville. Le mois
de novembre 66 s'ouvrait sur un affreux désastre de l'armée du légat de
Syrie, qui fut à Jérusalem l'occasion d'un triomphe retentissant. Seuls
quelques partisans de la paix quittèrent la ville et avec eux les chrétiens, qui se
réfugièrent à Pella. Les insurgés se mirent aux préparatifs de défense. La direction des affaires était dans les mains des notables et des grands prêtres. A
l'assemblée générale, réunie dans le Sanctuaire, furent élus les commandants. Jérusalem se préparait à la guerre sous la direction de Josèphe fils
de Gourion et du grand prêtre Ananos. Le premier acte révolutionnaire,
décisif, des insurgés avait été le refus d'accepter les offrandes et les sacrifices
des Gentils. Cette décision signifiait l'abolition des sacrifices pour l'empereur
et était donc une formelle déclaration de guerre. Mais c'était aussi un acte
d'hostilité contre tous les Gentils, qui empêcha une collaboration des autres
nations accablées par Rome[8]. L'auteur de cet acte était, comme nous l'avons
vu, Eléazar, fils d'Ananias le grand prêtre, et lui-même intendant (στρατηγός) du Temple, un jeune homme très audacieux (νεανίας θρασύτατος).
C'est précisément l'opinion de l'historien juif: l'initiative d'Eléazar
fut, dit-il, le commencement (καταβολή) de la guerre avec les Romains:
τὴν γὰρ ὑπὲρ τούτων θυσίαν Καίσαρος ἀπέρριψαν. Pour apprécier l'importance de l'initiative d'Eléazar, il faut remarquer qu'il s'agissait d'une
institution ancienne et vénérée. On faisait des sacrifices pour l'empereur
romain au même lieu où l'on avait sacrifié pour le roi des Perses, puis pour
les rois Ptolémées et Séleucides[9].

V. *L'hellénisation de Jérusalem*

Les procurateurs de Judée ne s'ingéraient pas dans les affaires de
Jérusalem et dans son administration. La direction des affaires de la ville

---

[8] Jos. Bell. II, 409; voir les remarques pertinentes de M. ABERBACH, The Roman-Jewish
War (66—70 A. D.), London, 1966, p. 31.
[9] E. STAUFFER, Jerusalem und Rom im Zeitalter Jesu Christi, Dalp-Taschenbücher 331,
Bern, 1957, p. 15.

était dans les mains des grands prêtres et du Sanhédrin, qui remplissait les fonctions de conseil municipal, comme la gérousie à l'époque hellénistique. On sait que la gérousie est mentionnée pour la première fois dans une déclaration du roi Antiochos III, qui l'exempte des impôts comme les prêtres. Le roi regarde la gérousie comme la plus importante institution des Juifs et il la mentionne en tête de la liste de ceux qu'il a jugés dignes de ce privilège. Le Sanhédrin est appelé parfois *boulé* et ses membres bouleutes. Jérusalem était le symbole de l'unité de la nation et cela à cause du Temple et du tribunal suprême qui y siégeait. Jérusalem était le lieu du pèlerinage des Juifs de toute la Palestine et de l'étranger, trois fois par an elle accueillait une multitude d'hommes et de femmes qui entraient à Jérusalem pour y fêter les jours des Azymes, de la Pentecôte et des Tabernacles. Les écoles des Pharisiens attiraient des étudiants de tous les pays. Philon l'Alexandrin fait remarquer que Jérusalem était la métropole non seulement de la Judée mais aussi de nombreux autres pays. Il compare les communautés juives de la Diaspora à des *apoikiai* fondées par des villes grecques. Les Juifs ont ainsi colonisé — dit Philon — non seulement les pays voisins de la Judée, l'Egypte, la Phénicie et la Syrie, mais aussi les contrées de l'Asie Mineure et de l'Europe, les îles et les pays de l'Est[10]. D'après Pline l'Ancien Jérusalem était de son temps la ville la plus célèbre de tout l'Orient. La classe supérieure de la population juive de la Palestine s'y concentrait: les familles des grands prêtres, les notables, les héritiers d'Hérode, même s'ils gouvernaient parfois des états assez éloignés. Jérusalem était aussi un important centre financier et commercial, et cela principalement à cause du Temple et de l'afflux des visiteurs et des pèlerins. Jérusalem était avant la Première Guerre et la destruction de la ville et du Temple à l'apogée de sa gloire. Nous n'avons malheureusement pas de données qui permettraient une évaluation plus ou moins certaine du chiffre de sa population vers l'an 66. Les historiens de la Palestine varient sur ce point de 30—40 000 jusqu'à 80—100 000. Au moment des trois fêtes principales des Juifs, la population de Jérusalem grossissait grâce à l'afflux de foules de visiteurs. Avant la Révolte, la tension sociale et religieuse perturbait l'ordre public. A l'hostilité envers les Romains s'ajoutaient les conflits internes entre les divers groupes de l'oligarchie et des familles des grands prêtres. Ces conflits prirent la forme de luttes sanglantes et de guerres fratricides et hâtèrent le désastre. Il y avait à Jérusalem un nombre considérable de synagogues de Juifs originaires des divers pays de la Diaspora. On croit qu'il y avait une différence sensible entre les juifs palestiniens, qui parlaient l'hébreu et l'araméen, et ceux qui venaient de l'Egypte, la Cyrénaïque et l'Asie Mineure, plus ouverts à la culture hellénique et parlant le grec. Il serait utile de reprendre le problème linguistique des Juifs de Jérusalem et d'étudier ces différences d'après les inscriptions.

[10] Leg. ad Gaium, 281s.

1. Les plus anciennes inscriptions grecques

Les plus anciens textes épigraphiques grecs de Jérusalem confirment cette opinion. Pourtant ils ne sont pas très nombreux. La plus ancienne inscription grecque découverte à Jérusalem est celle qui défendait aux étrangers de franchir la balustrade et de pénétrer à l'intérieur de la barrière et du parvis qui entourait le Temple. L'exemplaire découvert par Ch. Clermont-Ganneau et publié par lui est conservé au musée d'Istanbul[11].

> Μήθ᾽ ἕνα ἀλλογενῆ εἰσπο-
> ρεύεσθαι ἐντὸς τοῦ πε-
> ρὶ τὸ ἱερὸν τρυφάκτου καὶ
> 4 περιβόλου· ὃς δ᾽ ἂν λη-
> φθῇ ἑαυτῶι αἴτιος ἔ-
> σται διὰ τὸ ἐξακολου-
> θεῖν θάνατον.

«Que nul étranger ne pénètre à l'intérieur de la balustrade et du parvis qui entoure le Temple. Celui (le coupable) qui serait pris serait lui-même l'auteur de (sa) mort qui s'ensuivrait». Le texte de l'inscription confirme pleinement l'information de Josèphe[12]: Μηδένα ἀλλόφυλον ἐντὸς τοῦ ἁγίου παριέναι, τὸ γὰρ δεύτερον ἱερὸν ἅγιον ἐκαλεῖτο. D'après le récit de l'historien juif, la balustrade était munie à chacune de ses ouvertures de stèles portant ce texte, gravé en grec et en latin. Ces stèles étaient placées à distances égales. Celles où l'inscription était rédigée en latin devaient porter la défense à la connaissance des soldats romains postés dans la Tour Antonia, qui était elle aussi à proximité du Temple. Th. Mommsen a donc constaté justement que les Romains eux-mêmes ont placé les stèles, parce que les rois juifs ne pouvaient pas ajouter une traduction latine, et la formulation anonyme de l'avis serait difficilement explicable[13]. Il faut aussi remarquer que la langue officielle de l'administration était le grec.

L'ordonnance était ancienne et elle a été promulguée par le roi Antiochos III. Le récit de Josèphe est presque identique à celui que nous avons cité ci-dessus: le roi a publié dans le Temple et dans tout son royaume l'avis suivant[14]: Μηδενὶ ἐξεῖναι ἀλλοφύλῳ εἰς τὸν περίβολον εἰσιέναι τοῦ ἱεροῦ. Or l'interdiction décrétée par Antiochos III ne mentionne pas

[11] Ch. Clermont-Ganneau, Une stèle du temple de Jérusalem, Rev. Arch., N. S. XXIII (1872), pp. 290—296; Id., Une stèle du temple d'Hérode le Grand, dans: CRAI, 1885, p. 13; OGIS, 598; CIJud. II, 1400; M. Schwabe, Sepher Yerushalaïm, Jérusalem, 1956, pp. 358—362, cf. E. J. Bickerman, The Warning Inscription of Herod's Temple, dans: The Jewish Quarterly Review, XXXVII (1946/47), pp. 387—405. F.-M. Abel, op. cit. p. 376s. Un autre exemplaire a été découvert en 1936; il est conservé au Musée archéologique de Jérusalem (Rockefeller Museum).

[12] Bell. V, 192s. Ant. XV, 417.

[13] Th. Mommsen, Römische Geschichte, V. Die Provinzen von Caesar bis Diocletian³, Berlin, 1886, p. 513, note 1. Il cite aussi l'interrogation de Titus in Bell. VI, 126: οὐχ ἡμεῖς δὲ τοὺς ὑπερβάντας ὑμῖν ἀναιρεῖν ἐπετρέψαμεν, κἂν Ῥωμαῖός τις ᾖ;

[14] Ant. XII, 138s.

la peine capitale mais seulement une amende de trois mille drachmes. Il est donc évident que les Juifs demandèrent la peine capitale, et les Romains acquiescèrent à cette demande. Philon et Paul ont lu cette inscription[15]. Elle peut être datée du Ier s. a. C.

2. Les Juifs hellénisés de la Diaspora et de la Palestine

Selon E. BICKERMAN, le mot ἀλλογενής ne désigne pas l'étranger mais l'infidèle, étant donné que le prosélyte devenait membre de la communauté juive avec tous les droits des Juifs de naissance. C'est juste, mais ἀλλογενής comme ἀλλόφυλος chez Josèphe n'est pas l'infidèle. Les deux mots désignaient les Gentils. Dans les sources bibliques on emploie indifféremment ἀλλότριος et ξένος pour *zar* et *nokhri* hébreux, et dans l'inscription ἀλλογενής traduit sans aucun doute *nokhri* ou *ben-nêkhar*. Dans les passages talmudiques il s'agit toujours de non-juifs et non pas d'infidèles[16]. L'emploi du synonyme ἀλλόφυλος par Josèphe en est un témoignage irréfutable.

E. BICKERMAN a expliqué dans le même article pourquoi la menace de la 1.5 est précisée par διὰ τὸ ἐξακολουθεῖν θάνατον. Le législateur a voulu satisfaire à la fois la loi juive, qui veut que le transgresseur soit prévenu des conséquences du crime, et la procédure archaïque du châtiment du sacrilège par les membres de la communauté, essentiellement par la lapidation. E. BICKERMAN indique que le terme ἀλλογενής est employé seulement dans Ezéchiel, 44,9 mais que le prophète parle du personnel du Temple. Ce n'est pas exact: les chapitres 44—46 contiennent la description du culte dans le sanctuaire. Les ἀλλογενεῖς qu'on emploie dans le culte profanent le Temple de Dieu. Il s'agit évidemment ici des *nethinim*, ἱερόδουλοι, esclaves du Temple, qu'on employait pour les travaux les plus rudes. Mais le verset en question contient la défense d'entrer et non seulement de participer au culte: πᾶς υἱὸς ἀλλογενής . . . οὐκ εἰσελεύσεται εἰς τὰ ἅγιά μου. Dieu non seulement interdit le travail des étrangers dans Son Temple; il leur est même défendu d'entrer dans Sa maison. Etant donné que l'inscription était destinée aux Gentils, la version grecque ne peut pas servir de témoignage de l'expansion du grec parmi les Juifs de la Palestine[17].

En 1914 R. WEILL, qui avait fouillé à l'Ophel, annonça la découverte d'une inscription relative à une synagogue. Le même savant la publia six ans plus tard[18]. Elle peut être datée du temps d'Hérode.

---

[15] Leg. ad Gaium, 212; Act. Ap. 21, 27.

[16] E. BEN-IEHUDA, Thesaurus totius hebraitatis, VII, Berlin, 1927, p. 3672.

[17] Voir B. LIFSHITZ, Du nouveau sur l'hellénisation des Juifs en Palestine, dans: Euphrosyne, N. S. IV (1970), p. 124.

[18] R. WEILL, La Cité de David. Compte rendu des fouilles exécutées, à Jérusalem, sur le site de la ville primitive, dans: Revue des Etudes Juives, LXXI (1920), pp. 30—34 (CIJud. II, 1404; SEG, VIII, 170); B. LIFSHITZ, Donateurs et fondateurs dans les synagogues juives. Répertoire des dédicaces grecques relatives à la construction et à la réfection des synagogues, Cahiers de la Revue Biblique 7, Paris, 1967, N. 79).

Θ[ε]όδοτος Οὐεττήνου, ἱερεὺς καὶ
ἀ[ρ]χισυνάγωγος, υἱὸς ἀρχισυν[αγώ]-
γ[ο]υ, υἱωνὸς ἀρχισυν[α]γώγου, ᾠκο-
4   δόμησε τὴν συναγωγὴν εἰς ἀν[άγν]ω-
σ[ιν] νόμου καὶ εἰς [δ]ιδαχ[ὴ]ν ἐντολῶν, καὶ
τ[ὸ]ν ξενῶνα, κα[ὶ τὰ] δώματα καὶ τὰ χρη-
σ[τ]ήρια τῶν ὑδάτων εἰς κατάλυμα τοῖ-
8   ς [χ]ρῄζουσιν ἀπὸ τῆς ξέ[ν]ης, ἣν ἐθεμε-
λ[ίω]σαν οἱ πατέρες [α]ὐτοῦ καὶ οἱ πρε-
σ[β]ύτεροι καὶ Σιμων[ί]δης.

«Théodotos, fils de Vettênos, prêtre et *archisynagogos*, fils d'*archisynagogos*, petit-fils d'*archisynagogos*, a fait construire la synagogue pour la lecture de la Loi et pour l'enseignement des commandements, ainsi que l'hôtellerie et les chambres et les aménagements des eaux, pour servir d'auberge à ceux qui, venus de l'étranger, en auraient besoin, (la synagogue) dont les fondements avaient été posés par ses pères et les Anciens et Simonides». Un passage talmudique nous apprend qu'il y avait à Jérusalem quatre cent quatre-vingt synagogues, et chacune avait une école pour l'enseignement de la Bible et une autre pour l'enseignement de la Mishna[19]. M. SCHWABE, qui interprète le nom du père de Théodotos comme une forme du *cognomen* Vettianus, suggère qu'il s'agit d'un des Juifs amenés à Rome par les légions de Pompée en 63 et affranchi par son maître, qui était un membre de la gens Vettia. Il a daté l'inscription du règne d'Hérode.

La synagogue avait des chambres annexes dont la destination était l'hébergement des Juifs venus à Jérusalem de l'étranger. On peut donc faire le rapprochement avec l'inscription araméenne d'Er-Rama en Galilée[20] et la célèbre inscription de la synagogue de Stobi[21].

La dédicace de Théodotos ne contient aucune indication sur l'origine des fondateurs de la synagogue; il faut donc admettre qu'il s'agit de Hiérosolymitains. En ce cas nous aurions dans cette inscription un précieux témoignage de l'hellénisation des Juifs de Jérusalem.

En 1902 a été découvert dans une cave du Mont Scopus un ossuaire portant l'inscription suivante[22]:

'Οστᾶ τῶν τοῦ Νεικά-
νορος 'Αλεξανδρέως
ποιήσαντος τὰς θύρας.

La quatrième ligne est hébraïque:

Nicanor l'Alexandrin.

«Ossements des membres de la famille de Nicanor l'Alexandrin, qui a fait les portes».

[19] Talmud Pal. Meghilla, III, 1, p. 73, cité par M. SCHWABE, loc. cit. p. 362.
[20] CIJud. II, 979.
[21] CIJud. I, 694. Voir la bibliographie dans la récente édition de ce Corpus, New York, 1974.
[22] CIJud. II, 1256; M. SCHWABE, loc. cit. p. 367.

Nicanor, qui fut enterré au Mont Scopus, est sans aucun doute et malgré l'opinion des savants qui repoussent cette identification, identique à Nicanor, le donateur des portes du Temple[23]. Il est allé à Alexandrie afin d'y faire fabriquer des portes pour le Sanctuaire de Jérusalem. A cause de la tempête il dut sacrifier une porte. La tempête ne s'étant pas calmée, on demanda à Nicanor de jeter l'autre dans l'eau. «Jetez moi avec elle» répondit Nicanor. La tempête se calma aussitôt. Au port d'Acre fut retrouvée l'autre porte.

3. Les inscriptions funéraires et l'onomastique des Juifs

Les inscriptions juives de Jérusalem sont pour la plupart des épitaphes. Le problème de l'hellénisation des Juifs de Jérusalem doit donc être étudié conjointement avec l'étude des épitaphes et de l'onomastique des Juifs. Parmi les deux cents épitaphes juives rédigées en hébreu, grec ou araméen, incluses dans CIJud II[24], il y a une centaine d'inscriptions grecques. On peut maintenant ajouter quelques dizaines d'épitaphes éditées après la publication du 'Corpus' de J.-B. FREY. Les nouvelles inscriptions funéraires proviennent pour la plupart de la vallée du Cédron. Elles sont presque toutes rédigées en grec ou bilingues. En 1937 fut publiée une bilingue gravée sur un ossuaire: Ἀπφίας Ἀθηνα(γόρου). Il n'y a pas d'abréviation du nom gravé en hébreu[25]. Un ossuaire découvert en 1941 dans la nécropole juive de Jérusalem, à l'ouest de la vallée du Cédron, porte une inscription qui contient quatre noms[26]. Les noms des défunts sont bibliques, Ἰωσήφ sans la terminaison grecque -ος, qui apparaît deux fois, et Ἐλιέζερ ont gardé leur forme hébraïque, le nom de femme a été grécisé: Μαρία. Onze ossuaires ont été trouvés dans une chambre funéraire découverte en 1941 pendant les fouilles exécutées dans la vallée du Cédron. La découverte n'a été publiée qu'une vingtaine d'années plus tard[27]. L'examen de la céramique trouvée dans la chambre funéraire a prouvé qu'il fallait la dater du Ier s. a. C. Elle appartenait à une famille originaire de la Cyrénaïque, mais installée à Jérusalem. Neuf ossuaires portent des inscriptions, une seule en caractères hébreux; une autre est bilingue. Il s'agit de textes brefs qui ne contiennent pour la plupart que le nom du défunt. Les noms sont grecs et hébreux. Sara apparaît sur trois sarcophages; une des femmes enterrées

---

[23] Mishna Yoma, 3, 6 et un récit plus détaillé dans: Talm. Bab. Yoma, 38, 1.

[24] Nos. 1210—1414.

[25] E. L. SUKENIK, A Jewish Tomb in the Kedron Valley, dans: Palestine Exploration Quarterly (= PEQ), 1937, pp. 126—130.

[26] L'ossuaire et son inscription ont été publiés par E. L. SUKENIK dans: Kedem, Studies in Jewish Archaeology, II (1945), pp. 28—30 (hébreu). L'épitaphe a été reprise par M. SCHWABE; voir B. LIFSHITZ, Notes d'épigraphie grecque. Une inscription sur un ossuaire de Jérusalem, dans: Revue biblique (= RB), LXX (1963), pp. 264—265.

[27] N. AVIGAD, A Depository of Inscribed Ossuaries in the Kidron Valley, Israel Exploration Journal, XII (1962), pp. 1—12.

dans cette chambre avait aussi un autre nom: Σόρρα 'Αρριστοβόλα. La forme
du nom trahit la provenance d'un pays dorien. Un autre nom appartient
à une famille de noms très répandus parmi les Juifs, spécialement en Egypte.
Σαβατὶς μήτηρ (les lettres τηρ en ligature) Δάμωνος. Le nom du fils se retrouve
dans une épitaphe juive en Cyrénaïque[28]. Deux autres noms de la vallée
du Cédron étaient fréquents en Cyrénaïque, mais pas seulement dans
ce pays: Φιλίσκος et Θαλίαρχος (ἐτῶν) κ'. Le nom du père de ce jeune
homme était extrêmement fréquent parmi les Juifs: Δωσίθεος. Un autre
ossuaire porte l'inscription Μνασοῦς. Le nom Μνασώ apparaît dans une inscription juive de la Cyrénaïque. Une des défuntes avait le beau nom
'Ωρήα. Les autres noms sont 'Αλέξανδρος et Σίμων, qui était comme on sait
la forme grecque du nom biblique: Σάρα Σίμωνος Πτυλεμαϊκή (de Ptolémaïs
en Cyrénaïque comme l'a bien vu l'éditeur) et 'Αλέξανδρος Σίμωνος. Le nom
du patriarche Jacob est gravé sur un ossuaire en caractères hébreux. Il
est en tout cas possible que les propriétaires de la chambre funéraire de la
vallée du Cédron aient apporté la culture hellénistique et la connaissance de
la langue grecque de leur pays d'origine. C'est sans doute aussi le cas de
'Αφρεικανὸς Φούλειος et Φουλεία 'Αφρεικανά[29], comme de Μαρία 'Αλεξάν-
δρου γυνὴ ἀπὸ Καπούης[30]. Mais on ne peut pas admettre que les dizaines
d'épitaphes grecques gravées sur les ossuaires appartenaient toutes à des Juifs
de la Diaspora. Un sarcophage contenait les dépouilles mortelles de deux
frères, originaires de Béthel, Βεθήλ, au nord de Jérusalem[31]. Trois bilingues commémorent des hommes et femmes de Scythopolis. Toutes les
autres épitaphes appartenaient sans doute à des Hiérosolymitains, qui
n'avaient naturellement pas besoin d'indiquer leur ethnique. Il faut aussi
faire remarquer le nombre assez considérable de noms grecs dans les épitaphes hébraïques: Théophila, Boéthon, Theudas, Kallôn, Théophylactos,
Anastasia et le *cognomen* romain Sisenna[32]. Comme à Besara l'emploi de la
langue grecque par les Juifs ne signifiait pas le renoncement à leur tradition.
On trouve sur des ossuaires l'inscription διδασκάλου, *rabbi* en hébreu[33].
Plusieurs inscriptions grecques ont été trouvées dans la nécropole juive
découverte pendant les fouilles du 'Dominus flevit'. Deux épitaphes mentionnent des prosélytes et nous reprendrons ci-dessous leur étude. Une autre
commémore un Juif de Cyrène[34]: Φίλων Κυρηναῖος. Les autres noms grecs
mentionnés dans les inscriptions de cette nécropole juive sont 'Αβάσκαντος,
Στοργή, Χρήσιμος, qui était le père de Δημαρχία[35]. Trois autres noms appa-

---

[28] L'éditeur cite J. Gray, The Jewish Inscriptions in Greek and Hebrew at Tocra, Cyrene
and Barce, Manchester, 1956, N. 15.
[29] CIJud. II, 1227.
[30] CIJud. II, 1284.
[31] CIJud. II, 1283.
[32] CIJud. II, 1241, 1246, 1255, 1266, 1352, 1398.
[33] CIJud. II, 1266, 1268, 1269.
[34] B. Bagatti et J. T. Milik, Gli scavi del 'Dominus flevit', I, La necropoli del periodo romano, Jérusalem, 1958, p. 81, N. 9.
[35] P. 94., N. 28; p. 99, N. 41.

raissent dans une épitaphe qui est gravée en cinq versions, l'ordre des noms
est différent dans chacune[36].

Πρωτᾶτος
γυνὴ
Δωσοῦς θυ-
4   γάτηρ Τει-
μεισείωνος

«Δωσοῦς, la femme de Prôtas, la fille de Timisiôn». De tous ces noms seul
Ἀβάσκαντος a été déjà attesté comme juif.

Les noms hébreux de la nécropole sont Ἀζαρίας Ζαχαρίου[37], Ἰάειρος[38],
Ἰωάνης Ἰούδας ὁ υἱὸς αὐτοῦ[39], Μαριάμη, Ἐλεαζάρου, Σίμωνος[40]. Μαρα est
aussi un nom sémitique[41].

L'onomastique et la langue des épitaphes du 'Dominus flevit' ne peuvent
donc pas changer l'aspect général de l'épigraphie juive de Jérusalem. La
proportion des textes épigraphiques grecs par rapport à la quantité des inscriptions découvertes à Jérusalem témoigne de l'emploi de la langue grecque par une partie assez considérable de la population de la ville.

4. Les prosélytes

Le prosélytisme et l'intense propagande religieuse des Juifs sont bien
attestés dans les sources littéraires. Les auteurs juifs, grecs et romains, la
littérature rabbinique et les évangiles nous renseignent sur le zèle des Juifs
à faire des prosélytes et l'immense succès de leur propagande. Il n'est pas
nécessaire de citer ici les nombreux textes qui décrivent cet intéressant
phénomène historique, débattu maintes fois par les auteurs anciens et les
historiens modernes[42]. Il est tout à fait naturel que Jérusalem et le Temple
aient attiré les prosélytes. Josèphe nous a laissé un récit détaillé de la conversion
au judaïsme d'Hélène d'Adiabène, un royaume tributaire de l'empire parthe[43]. Elle fut convertie par un commerçant juif. En 46, sous le procurateur Tibère Alexandre, eut lieu en Judée une grande famine. La reine Hélène vint à Jérusalem à cette occasion. Pour secourir la population, elle
fit acheter du blé à Alexandrie et un chargement de figues à Chypre.
Izatès, fils de Monbaz et d'Hélène, converti par un autre Juif, envoyait
beaucoup d'argent aux notables de Jérusalem.

---

[36] P. 107.
[37] P. 95, N. 30.
[38] P. 70, N. 1.
[39] P. 88, N. 18.
[40] P. 97, N. 37.
[41] P. 99, N. 41.
[42] Le lecteur trouvera quelques indications bibliographiques dans mon article, 'Du nouveau
sur les 'Sympathisants'', Journal for the Study of Judaism, I (1970), pp. 77—84.
[43] Ant. XX, 24—53.

Des prosélytes sont mentionnés également dans les textes épigraphiques. Trois inscriptions grecques attestent des prosélytes à Jérusalem. L'une était connue depuis longtemps[44].

'Ιούδατος
Λαγανίωνος
προσηλύτου

«[Ossuaire] de Juda fils de Laganiôn, le prosélyte». Deux autres inscriptions ont été découvertes pendant les fouilles du 'Dominus flevit'[45].

'Ιούδαν προσήλυτο[ς] Τύρου ou τυρᾶ[ς]

La lecture de BAGATTI et MILIK 'Ιούδα ν(εώτερος) n'est pas fondée et la forme 'Ιούδαν est répandue dans les inscriptions. Juda le prosélyte était originaire de Tyr, selon le premier éditeur, ou „fabbricante di formaggio" (τυρᾶς, une forme du nom de métier τυροποιός) selon l'interprétation de J. T. MILIK[46].

Le prosélyte mentionné dans la troisième inscription n'avait pas adopté un nom hébreu et lui comme son père avaient des noms théophores païens[47].

Διογένης προσήλυτος
Ζηνᾶ

«Diogénès, fils de Zênas, le prosélyte». Cette lecture est assurée grâce à une autre inscription sur le même ossuaire, dans laquelle les trois mots sont disposés sur une ligne:

Διογένης Ζηνᾶ π[ρ]οσήλυτος.

5. La communauté chrétienne

Le groupe des disciples et des adeptes de Jésus qui s'étaient rassemblés à Jérusalem quelque temps après la mort de leur Maître n'était nullement une «assemblée», ἐκκλησία; c'était plutôt une communauté, συναγωγή, comme tant d'autres «synagogues» juives. Le chef spirituel de cette petite société — 120 membres environ — était Simon – Kêphas – Pierre, qui dirigea la secte pendant les premières années de sa croissance. Ses adversaires juifs appelaient la société Ναζωραίων αἵρεσις, la secte des Nazaré-

---

[44] CI Jud. II, 1385.

[45] B. BAGATTI et J. T. MILIK, op. cit. p. 84, N. 13; B. LIFSHITZ, Beiträge zur palästinischen Epigraphik. Zwei Inschriften aus Jerusalem, dans: Zeitschr. d. deutschen Palästina-Vereins, LXXVIII (1962), p. 79 (d'après B. BAGATTI, Scoperta di un cimitero giudeo-cristiano al Dominus flevit, Studii Biblici Franciscani Liber Annuus III [1952/53], p. 163).

[46] Voir aussi B. LIFSHITZ, Varia epigraphica, dans: Euphrosyne, N. S. VI (1973), p. 23 ss.

[47] B. BAGATTI et J. T. MILIK, op. cit. p. 89, N. 21.

ens[48], mais eux s'appelaient «frères», ἀδελφοί. Aux Galiléens s'étaient associés des Juifs de la Diaspora, venus pour une visite ou pour s'installer à Jérusalem. Les uns et les autres étaient des Juifs et comme leur Maître ils portaient la Loi de Moïse à sa plénitude. Il n'y avait qu'une seule différence: la croyance en un Messie non pas futur et vainqueur mais en un Messie qui avait souffert la mort sur la croix, et était ressuscité trois jours plus tard. Comme Juifs, ils visitaient le Temple et y prêchaient le principe de leur croyance. Simon-Kêphas et Jean fils de Zébédée guérissaient même des malades au nom de leur Maître. Ces pratiques et sans doute une certaine négligence des préceptes de la Loi des Juifs — en tout cas de la part des «hellénistes» — irritaient les prêtres et le «stratège» du Temple. Ce fut la cause des premières persécutions de la communauté «nazaréenne»; Simon-Kêphas et Jean furent arrêtés. Leur argumentation devant les archontes, les presbytres et les «secrétaires» n'était pas incompatible avec la doctrine des Pharisiens; comme eux ils croyaient en la résurrection des morts et ils affirmaient que Dieu avait ressuscité Jésus-Christ. Les magistrats regardèrent les deux Nazaréens comme ἄνθρωποι ἀγράμματοι et les libérèrent. Les frictions et les désaccords entre les Juifs palestiniens membres de la secte et leurs plus récents «frères» provoquèrent des plaintes des «hellénistes», disant qu'on leur faisait du tort. Pour remédier à cette discrimination la communauté élut sept diacres (διάκονοι). C'était sans aucun doute l'équivalt du *hazan* dans la synagogue juive, qui d'après les sources rabbiniques lisait la Loi devant les membres de la Communauté et enseignait aux enfants[50]. Un des sept diacres était Etienne, Stephanos; son nom araméen était sans doute Klila, mais il semble que c'était un Juif de la Diaspora hellénisée, ou en tout cas venu à Jérusalem après un long séjour à l'étranger, où il avait pu apprendre la langue grecque et se familiariser avec la culture hellénistique. Stephanos était le plus distingué de tous les membres «hellénistes» de la communauté, «plein de foi et du saint Esprit»[51]. Les judéochrétiens avec Stephanos à leur tête, zélés prédicateurs de la Parole de leur Maître, menaient des disputes avec des Juifs des autres synagogues[52]. Ceux-ci s'opposaient évidemment au zèle missionnaire de Stephanos et de ses émules. Ce dernier déclara même que Jésus détruirait ce lieu et changerait les lois qu'avait léguées Moïse. C'était trop pour les Juifs «hellénisés» fidèles à la Loi, et ils témoignèrent devant le Sanhédrin. Parmi eux était probablement un jeune juif cilicien, Saul de Tarse. La harangue de Stephanos irrita la multitude rassemblée près du siège du Sanhédrin et des zélotes le jugèrent passible de mort. Le supplice par lapidation de Stephanos, premier martyr du christianisme (entre 31 et 36), a donc été un lynchage. Le verdict du Sanhédrin n'a pas été rendu: conformément à

---

[48] Act. Ap. 24, 5.

[49] Act. Ap. 4, 5—12.

[50] Pour la fonction du διάκονος on peut rapprocher Epiphane, Haereses 30, 11:
... ἀζανιτῶν τῶν παρ' αὐτοῖς διακόνων ἑρμηνευομένων ἢ ὑπηρετῶν.

[51] Act. Ap. 6, 5.

[52] Act. Ap. 6, 8—9.

la doctrine des Pharisiens il eût été puni de flagellation, comme Pierre et Jean avant sa mort et Paul plus tard. La lapidation de Stephanos, πρωτόμαρτυρ de l'Eglise, a été un événement important dans la vie de la communauté. Il était évident que non seulement les Saducéens mais une écrasante majorité des Juifs s'opposaient aux croyances de la jeune secte. Les disciples «hellénistes», craignant les persécutions, quittèrent la ville mais les apôtres ne jugèrent pas nécessaire de s'éloigner de Jérusalem[53]. Pendant une douzaine d'années il n'y eut aucune persécution des judéo-chrétiens. Saul de Tarse avait été envoyé à Jérusalem par son père. Il y vint dès sa jeunesse[54], ἐκ νεότητος et étudia sous la direction de Rabbi Gamaliel. Etant un adepte des Pharisiens rigides il persécutait la secte des Nazaréens, détestant les disciples du Maître[55]. Certains des persécutés se réfugièrent à Damas et Saul, craignant leur activité parmi les Juifs de cette ville, demanda au grand prêtre des lettres pour les *archisynagogoi* de Damas. Terrassé par une force surnaturelle sur le chemin, il fut converti au christianisme et devint le deuxième fondateur de l'Eglise, sous le nom de Paul.

Après l'avènement d'Agrippa I er, qui régna sur toute la Palestine (41—44), recommencèrent les persécutions des judéo-chrétiens. Le roi se comportait, à Jérusalem du moins, comme un Pharisien. Afin de plaire aux Pharisiens il ne pouvait que faire attention aux plaintes contre la secte judéo-chrétienne. Il fit exécuter Jacques, frère de Jean[56] et selon certains historiens, Jean lui-même fut la victime du zèle exorbitant du roi. Il est donc tout à fait naturel que les Nazaréens aient regardé la mort inattendue d'Agrippa comme une punition pour l'exécution de Jacques. Simon Kêphas quitta Jérusalem et sa place à la tête de la communauté fut prise par Jacques, fils d'Alphée (43/44). Jusqu'en l'an 62 l'Eglise de Jérusalem put jouir de la paix et de la sécurité. En 62, le grand prêtre Ananos fils d'Ananos fit prononcer un verdict de mort par lapidation contre Jacques par le Sanhédrin, qu'il convoqua lui-même. Ce jugement des Saducéens irrita les Pharisiens et Agrippa II réagit à ce verdict par la déposition du grand prêtre[57]. Les Pharisiens voyaient dans les Nazaréens une secte juive comme toutes les autres. Seuls les Saducéens étaient opposés à la communauté judéo-chrétienne. C'était certainement la cause de l'expansion assez rapide de la secte. Jusqu'à la I ère Révolte il y eut trois persécutions, le lynchage d'Etienne, l'exécution de Jacques fils de Zébédée, frère de Jean (Jacques dit le Majeur) en 44, et celle de Jacques le Mineur en 62. Les persécutions n'étaient donc que sporadiques et la communauté pouvait mener ses activités et se développer dans la paix, guidée par les presbytres. La communauté de Jérusalem entretenait des relations actives avec les chrétiens des autres villes. La solidarité de la secte s'est manifestée pendant la grande famine

---

[53] Act. Ap. 8, 2.
[54] Act. Ap. 26, 4.
[55] Ἐμπνέων ἀπειλῆς καὶ φόνου εἰς τούς μαθητὰς τοῦ κυρίου dit l'auteur des Act. Ap. 9, 1.
[56] Act. Ap. 12, 1—3.
[57] Josèphe, Ant. XX, 200—203.

de 46. Les chrétiens de Syrie organisèrent une collecte et envoyèrent leurs secours aux presbytres de l'Eglise de Jérusalem par les mains de Barnabé et de Paul[58].

Appendice: Les graffites de Talpioth

En 1945, dans une chambre funéraire découverte dans un faubourg de Jérusalem, Talpioth, on trouva onze ossuaires pour la plupart décorés de rosettes. D'après la céramique de l'époque hérodienne et une monnaie d'Agrippa Ier, on a daté la chambre funéraire du début du Ier s. de notre ère. La découverte, largement annoncée par la presse, fut publiée par l'archéologue qui avait exécuté les fouilles[59]. Sur l'un des ossuaires (N. 7) on a écrit, sans doute au charbon, des lettres grecques interprétées par l'éditeur comme ᾿Ιησοῦς ἰού (hélas). Sur un autre ossuaire (N. 8), il y a une croix latine dessinée sur chacune des quatre faces et sur le couvercle un autre graffite: ᾿Ιησοῦς αλωθ. L'éditeur a interprété ces graffites comme une lamentation d'un des disciples sur la crucifixion de Jésus. Cette interprétation n'a pas trouvé beaucoup d'adhérents. M. L. JANSEN a indiqué[60] que le nom de Jésus était très fréquent chez les Juifs — nous pourrions renvoyer les lecteurs aux inscriptions de Besara (Beth-Shearim) et Jérusalem —; il n'y a donc pas à conclure à l'origine chrétienne du graffite sur l'ossuaire. E. STAUFFER[61] a fait remarquer qu'une croix à branches égales est dessinée sur des monnaies de Bar-Kokheba[62]. Mais cette critique de l'interprétation de SUKENIK était certainement inconnue de B. GUSTAFSSON[63]. Il est d'avis que les graffites sur les ossuaires de Talpioth remontent aux années 40; il accepte l'interprétation de SUKENIK pour le graffite ᾿Ιησοῦς ἰού, qui signifierait «Jésus hélas». Mais GUSTAFSSON pense qu'il s'agit d'une prière et d'une demande de secours, et il repousse la suggestion du premier éditeur qui voit là une forme de lamentation, parce que l'Eglise primitive était imbue de la croyance en la Résurrection de Jésus-Christ. Le groupe de lettres αλωθ serait pour GUSTAFSSON la transcription de l'infinitif du verbe hébreu signifiant «se lever» et il cite II Rois 2, 1. D'après l'interprétation de GUSTAFSSON ce graffite serait ici aussi une prière: «Jésus, ressuscite-le (celui qui repose ici)». Les deux prières adressées à Jésus, comme au Seigneur vivant et délivré de la mort, comme à Celui qui délivre l'homme de la mort serait donc un remarquable témoignage de la croyance

---

[58] Act. Ap. 11, 27—30.
[59] E. L. SUKENIK. The Earliest Records of Christianity, dans: Amer. Journ. of Arch. LI (1947), pp. 351—365; cf. J. et L. ROBERT, Bulletin épigraphique, dans: Revue des études grecques (= REG) LXII (1949), 198.
[60] Notes on the Ossuary Inscriptions of Talpioth, dans: Symbolae Osloenses, XXVIII (1950), p. 109s.
[61] Zu den Kreuzeszeichen von Talpioth, dans: Zeitschrift für die neutestam. Wissenschaft (= ZNW), XLIII (1950/51), p. 262.
[62] Voir Y. MESHORER, Jewish Coins of the Second Temple Period, Tel-Aviv, 1967, N. 196.
[63] B. GUSTAFSSON, The Oldest Graffiti in the History of the Church, dans: New Testament Studies, III (1956/57), pp. 65—69 (Pl. I, 1—2).

de l'Eglise en Jésus comme le Seigneur vivant. Tout cela est peu convain-
cant, mais le plus grave est que GUSTAFSSON s'est mépris sur l'emploi de
l'infinitif *aloth*; le verbe est intransitif et toute cette théorie s'écroule. Dans
le passage biblique cité par GUSTAFSSON, c'est la forme *hiph'il* du verbe qui est
employée; cette forme est naturellement transitive. Une confusion regrettable a amené ce savant à une conclusion erronée.

IV. La Première Révolte

La description des causes de la guerre par Josèphe est-elle exacte et
correcte ? La thèse de l'historien juif selon laquelle les fauteurs, responsables et
organisateurs de la guerre étaient les zélotes et les classes pauvres, est-elle vraie
du point de vue historique ? Cette question a été débattue par A. SCHALIT[64].
Si l'opinion de Josèphe était juste, on pourrait difficilement expliquer la
création d'un gouvernement national avec les notables à sa tête. La majorité
de l'aristocratie et des riches désirait la guerre mais il ne faut pas conclure
que les notables voulaient remettre la direction des affaires aux zélotes, qui
appartenaient pour la plupart à la classe pauvre, bien qu'il y eût parmi
eux des notables comme il arrive dans chaque révolution et dans chaque
mouvement populaire. Les pauvres ne désiraient pas seulement une guerre de
libération nationale. Comme dans la révolte de Bar-Kokheba, ils espéraient
que la guerre de libération nationale leur apporterait la libération de la misère.
Dans les deux guerres l'élément social joua un rôle important et il ne faut
pas méconnaître cet aspect du soulèvement contre les Romains; il pré-
domina aussi dans la deuxième révolte. L'aristocratie juive et les riches
comprenaient bien que s'ils se détournaient de la lutte pour la libération
nationale, elle se transformerait en une guerre sociale contre eux. Ainsi pour-
rait-on expliquer la composition du gouvernement provisoire de l'an 66,
qui était une coalition de tous les éléments désireux de lutter pour la libération de la patrie de l'oppression romaine. Ce gouvernement dirigea la
guerre pendant la première année de la révolte. Mais les fâcheuses nouvelles
arrivées des champs de batailles ont fourni aux zélotes l'occasion qu'ils
cherchaient. Ils établirent le règne de la terreur, à la fois contre les Romains
et les Juifs riches. A leur tête était Jean de Gischala. Un afflux in-
interrompu d'éléments extrémistes changea le rapport des forces. Les
zélotes ont pu soulever les masses de la population contre les aristocrates
parce que le peuple avait l'impression que les notables ne soutenaient
pas la cause de la nation de tout leur cœur. Les privilèges des familles des
grands prêtres furent abolis et les zélotes choisirent les candidats à cette
haute fonction par tirage au sort et justement parmi les membres des familles
inférieures. Alors le peuple se souleva avec les deux grands prêtres à sa

---

[64] Sepher Yerushalaïm, éd. M. AVI-YONAH, I, Jerusalem–Tel-Aviv, 1956, p. 254.

tête. Les zélotes se réfugièrent au Temple et demandèrent du secours aux Iduméens. Ceux-ci se portèrent par milliers contre Jérusalem. Les notables fermèrent les portes mais les zélotes les ouvrirent. Un carnage s'ensuivit dont furent aussi victimes les grands prêtres Ananos fils d'Ananos et Jésus fils de Gamala. La victoire des zélotes était complète, bien que les Iduméens se soient aperçus qu'ils servaient d'instrument à la vengeance des zélotes et aient quitté la ville. Pendant cette guerre civile atroce les Romains n'intervinrent pas. Entre-temps était apparu un autre chef extrémiste, Simon Bargiora, donc un prosélyte, originaire des environs de Sichem (Néapolis) et non pas de Gerasa. Au mois de xanthikos (mars) 69 il entra dans la ville. La bataille avec les gens de Jean de Gischala se termina par une victoire de ces derniers.

Le 1er juillet, le préfet d'Egypte, Tibère Alexandre, fit prêter serment à Vespasien par ses troupes, le 3 les légions de Judée saluèrent le nouvel empereur. A Bérytus, Titus se chargea de continuer la guerre; il reçut de son père les légions V, X, XII et XV. Au mois de xanthicos, quelques jours avant la fête des Azymes, l'armée romaine s'approcha des faubourgs de Jérusalem. Entre-temps le processus d'émiettement des forces juives n'avait pas cessé. Eléazar fils de Simon, héros de la guerre de Cestius Gallus, quitta avec ses partisans le camp de Jean. Ce groupe occupa la cour intérieure du Temple. Les trois rivaux commettaient des atrocités et leur obstination aboutissait à un suicide national: ils incendièrent les immenses magasins à blé qu'on avait préparés pour le siège, faisant ainsi la besogne de l'ennemi. Le 25 mai 70, au quinzième jour du siège, le troisième mur de Jérusalem fut pris par les Romains. La ligne de défense fut partagée en deux secteurs, Simon Bargiora tenait le secteur occidental et Jean de Gischala gardait l'Antonia. Les Romains dirigèrent leur assaut contre la tour médiane — ὁ μέσος πύργος — de la seconde enceinte et leur bélier ébranla la tour. Mais il fallut cinq jours aux Romains pour s'emparer du second mur. Le quartier enveloppé par cette enceinte exigea une autre bataille parce que la contre-attaque des défenseurs repoussa les soldats pressés dans les ruelles. Après un nouveau siège de trois jours, les défenseurs quittèrent le quartier. Les Romains organisèrent une attaque contre la tour Antonia vers le palais royal afin d'envahir la ville haute. Jean de Gischala réussit à miner des *aggeres* romains et les détruisit. Deux jours après ce succès, Bargiora attaqua les terrassements du tombeau du grand prêtre et incendia les machines de guerre des Romains. Les Romains furent repoussés avec une ténacité sans pareille. Une sortie audacieuse des défenseurs, qui engageaient le combat avec les postes du camp, découragea les Romains. Ces échecs èrent amen un changement de tactique et Titus conçut l'idée d'une circonvallation complète de la ville assiégée. Ce cordon fut réalisé en trois jours. Entre-temps une famine cruelle avait affaibli les défenseurs, mais leur fureur sévissait contre ceux qui songeaient à passer du côté des Romains. Malgré les répressions, le nombre des transfuges s'accrut d'une nuit à l'autre. Les Romains reprirent leurs attaques et la tour de l'Antonia fut prise. Titus aurait voulu exclure le

Temple de la bataille de Jérusalem. Il convoqua les prêtres, installés par lui à Gophna, qui vinrent pour persuader les défenseurs de consentir à la neutralité du Temple. Ceux-ci repoussèrent la demande de Josèphe et des prêtres transfuges. Les défenseurs furent les premiers à porter atteinte au Sanctuaire en incendiant le 12 août les parties du portique extérieur qui se rattachaient à l'Antonia. Deux jours après les Romains coupèrent les communications entre l'esplanade du Temple et la forteresse. Le lendemain les défenseurs feignirent d'abandonner la galerie adossée au mur de l'ouest. Les légionnaires entrèrent mais les zélotes avaient rempli l'intervalle entre les poutres et le faîtage avec du bois sec, du bitume et de la poix. Bientôt les assaillants et les défenseurs furent environnés par les flammes.

Les légionnaires achevèrent deux terrassements, l'un contre l'angle nord-ouest du parvis, l'autre contre une exèdre, entre deux portes au nord du même parvis, mais il semble qu'on ait évité de se servir des terrassements pour employer le bélier de crainte d'endommager le sanctuaire intérieur. Les Romains appliquèrent des échelles mais les défenseurs du Temple les renversèrent avec les soldats. Après cet échec, Titus donna l'ordre d'incendier les portes. L'incendie gagna les portiques et environna les défenseurs. Le lendemain, 28 août, Titus fit éteindre le feu et rendre praticables les entrées des parvis pour préparer l'attaque de l'armée.

Nous avons conservé deux récits de la réunion du conseil de guerre auquel participèrent les commandants des légions et Tibère Alexandre.

Selon le récit succinct de Sulpice Sévère[65], Titus aurait proposé la destruction du Temple afin de déraciner la religion des Juifs et des Chrétiens: *alii, et Titus ipse, evertendum templum imprimis censebant, quod plenius Iudaeorum et Christianorum religio tolleretur. Quippe has religiones licet contrarias sibi iisdem tamen auctoribus profectas. Christianos ex Iudaeis exstitisse, radice sublata stirpem facile perituram.*

Josèphe au contraire raconte[66] que Titus s'était décidé à épargner le Temple même si les défenseurs ne s'abstenaient pas d'en user comme d'une forteresse. Mais les légionnaires poursuivirent les Juifs jusqu'au Temple

[65] Chron. II, 30, 6—8. Jacob Bernays a émis l'hypothèse que l'historien chrétien trouva le récit du conseil de guerre réuni par Titus dans le livre V des 'Histoires' de Tacite. Il a étudié ce problème dans un mémoire publié à Berlin en 1861: 'Über die Chronik des Sulpicius Severus'. Après la parution de cette étude la question a été maintes fois débattue. Voir en dernier lieu l'intéressant article de H. Montefiore, Sulpicius Severus and Titus' Council of War, dans: Historia, XI (1962), pp. 156—170. Il rejette l'opinion que Sulpice Sévère aurait copié Tacite. D'après ce savant il est probable que Josèphe a donné un récit formellement correct du Conseil de guerre; parce que Titus avait un caractère complexe, il a pu donner l'ordre d'épargner le Temple bien que sachant qu'il ne serait pas obéi. H. Montefiore arrive à la conclusion qu'il y a de bons arguments pour rejeter l'hypothèse d'un emprunt de Sulpice Sévère à Tacite. Pour une bibliographie du problème voir p. 158 notes 1—7. L'opinion courante est défendue par I. Weiler, Titus und die Zerstörung des Tempels von Jerusalem — Absicht oder Zufall, dans: Klio L (1968), pp. 139—158. Il nie l'historicité du récit de Josèphe, qui n'est pour lui qu'un panégyrique.

[66] Bell. VI, 236—243.

et un soldat «poussé par une sorte d'impulsion surnaturelle» lança un tison enflammé à travers une fenêtre. Pendant que les défenseurs cherchaient à éteindre les flammes, Titus accourut mais il était déjà trop tard et les soldats ne l'écoutèrent pas. Quel historien est digne de foi? F.-M. ABEL préfère le récit de Josèphe à la thèse de Sulpice Sévère, les historiens israéliens J. KLAUSNER, G. ALON et A. SCHALIT donnent la préférence au récit de l'historien chrétien en arguant que Josèphe a déformé la réalité parce que le récit exact aurait été contraire à la tendance générale de son histoire de la guerre juive. Mais la question se pose de savoir si cette déformation était possible. Josèphe écrivant à Rome pouvait-il mentir ouvertement, les participants au conseil de guerre étant encore en vie? A cette époque il y avait sans aucun doute à Rome des personnes qui avaient en l'occasion de recevoir un compte rendu assez détaillé de cette réunion fatale et on ne peut pas mentir en sachant que les lecteurs sont très bien renseignés.

D'après l'opinion courante Sulpice Sévère emprunta son récit à Tacite, qui avait décrit le conseil de guerre de l'armée de Titus dans la partie perdue du livre V des 'Histoires'. L'historien romain y avait rapporté les opinions des commandants sur la question: la destruction du Temple juif est-elle recommandable? L'historien chrétien aurait pieusement substitué *religio* à la *superstitio* de Tacite et *religiones* à *superstitiones*[67]. Nous pouvons admettre avec H. FURNEAUX que Tacite connaissait bien les différences entre Juifs et chrétiens et qu'il a trouvé dans ses sources l'information que le nom des adeptes de la nouvelle religion était bien connu à Rome à l'époque qu'il décrivait[68]. Mais nous ne pouvons pas facilement accepter l'opinion que les généraux romains qui participaient au conseil de guerre avant la destruction du Temple étaient préoccupés des chrétiens autant que des Juifs et peut-être même davantage. Somme toute, les Romains faisaient la guerre avec les Juifs et non pas avec les chrétiens, et si les officiers de Titus connaissaient si bien la situation en Judée, ils devaient savoir aussi que la communauté chrétienne de Jérusalem avait quitté la ville avant le commencement du siège. Il faut aussi faire remarquer que les arguments cités par l'historien chrétien n'étaient sans doute pas pertinents, et les raisons indiquées n'étaient pas relatives au problème débattu par les commandants des légions réunis sous la présidence de Titus. Car en lisant la description de Sulpice Sévère on a l'impression que les Romains désiraient plutôt le déracinement de la religion chrétienne que la suppression du soulèvement juif et la prévention de toute tentative de révolte. Il semble bien en tout cas que la dernière phrase *christianos ex Iudaeis exstitisse, radice sublata stirpem facile perituram* n'est nullement pertinente, ni tacitéenne, mais sans aucun doute anachronique. Tout s'éclaire si nous admettons que Sulpice Sévère a pieusement voulu rendre gloire aux chrétiens. Il a donc mis en lumière la genèse du christianisme et il a aussi fait une claire allusion à la détermination des Romains de déraciner cette

---

[67] The Annals of Tacitus, edited by H. FURNEAUX, II, Oxford, 1907, p. 421, note 1.
[68] Les dernières années du règne de Néron cf. H. FURNEAUX, op. cit. p. 420.

religion. Et c'est cette détermination qui semble être anachronique au temps du conseil de guerre de Titus et non pas le rapprochement des deux religions. Après tout les chrétiens n'étaient pas persécutés à l'époque de Titus en tant que chrétiens.

Près des ruines fumantes du Temple juif, Titus fut salué par les légionnaires du titre d'*imperator*.

Après la prise de la ville basse les soldats romains mirent le feu aux Archives et incendièrent le quartier nommé Akra, la salle du Conseil et le quartier de l'Ophel; cette fois ils profitèrent de l'autorisation expresse du généralissime.

Pour réduire le palais royal et toute la ville haute, il fallait utiliser des machines de siège. Ces travaux demandèrent dix-huit jours et furent achevés le 25 septembre. Cependant les Iduméens passèrent en masse du côté des Romains ainsi qu'une partie considérable de la population civile. Mais les défenseurs abandonnèrent le rempart sans attendre l'assaut des Romains, qui purent dresser les enseignes des légions sur les tours du palais royal. Après un atroce massacre on fit une sélection parmi les survivants; les combattants furent soumis à un jugement, exécutés ou réservés pour le triomphe de Vespasien et de son fils. Les autres furent envoyés en Egypte ou en d'autres provinces pour être employés aux travaux publics. Des milliers de prisonniers trouvèrent la mort dans l'arène des divers amphithéâtres[69]: Πλείστους δ' εἰς τὰς ἐπαρχίας διεδωρήσατο Τίτος φθαρησομένους ἐν τοῖς θεάτροις σιδήρῳ καὶ θηρίοις. Jean de Gischala fut condamné à la prison perpétuelle et Simon réservé pour le triomphe, à la fin duquel il devait être immolé.

Jérusalem a été prise après un siège de cinq mois. La ville fut complètement détruite, mais les trois tours d'Hérode, Hippikos, Phasaël et Mariammé, ont été épargnées par Titus afin de témoigner devant la postérité de la puissance des fortifications de Jérusalem et de la grandeur de sa victoire.

Le total de l'armée de Titus s'élevait à 65 000 hommes; les évaluations du nombre des assiégés varient du chiffre tout à fait exagéré de 2 700 000 de Josèphe à celui de 600 000 chez Tacite, qui est plus probable[70].

Le 9 Ab selon la tradition des docteurs de la Loi ou le 10 d'après Josèphe fut détruit le Temple de Jérusalem, le sanctuaire le plus révéré du peuple juif en Palestine et dans la Diaspora. Ce désastre atroce priva la nation des quatre piliers de son existence dans son pays: Jérusalem, le Sanhédrin, le Sacerdoce et le Temple. Depuis la restauration de la nation et de la religion juives par Esdras et Néhémie, Jérusalem était la tête et le cœur de la Palestine juive. Tout le pays n'était que la χώρα de la capitale. Aux yeux des Juifs et des Gentils, Jérusalem symbolisait l'état juif.

Le Sanhédrin était l'assemblée représentative de la nation et l'autorité religieuse, politique et juridictionnelle suprême. Elle était aussi associée au grand prêtre dans la direction des affaires politiques et administratives du pays. Après la défaite de Cestius Gallus le gouvernement tirait son

---

[69] Jos. Bell. VI, 418.
[70] Bell. VI, 420—424; Hist. V, 13. Voir F.-M. ABEL, op. cit. II, p. 39, note 1.

autorité du Sanhédrin. A côté du Sanhédrin le grand prêtre jouissait d'une immense autorité nonobstant les vicissitudes qui affectèrent le Sacerdoce dans la dernière période de l'histoire de l'état juif. Le Temple de Jérusalem était jusqu'à sa destruction le centre unique du culte national et le fondement de l'Etat. Lydda et Jamnia (Yabneh), où se sont installés avec la permission de Vespasien, avant le siège de Jérusalem, plusieurs docteurs de la Loi, transfuges de la ville, devinrent les nouveaux centres du judaïsme — d'un judaïsme intellectuel et doctrinal. Le nouveau centre fut fondé par Rabbi Yohanan ben Zakkaï.

VII. Jérusalem depuis la destruction du Temple jusqu'à la Seconde Révolte (70—132)

1. Les terres juives domaine particulier de l'empereur

Le pays juif, conquis par les légions sur les ennemis déclarés du peuple romain, devenait la propriété des vainqueurs. Selon le droit romain les terres du peuple vaincu étaient annexées à l'*ager publicus*. Sous l'Empire elles pouvaient être revendiquées par l'empereur. En 72 Vespasien ordonna à Lucilius Bassus d'affermer les terres juives et le procurateur Laberius Maximus fut chargé de l'exécution de l'ordonnance impériale. La propriété de Josèphe située près de Jérusalem fut confisquée et attribuée aux troupes stationnées dans cette ville, mais il reçut de Titus des domaines dans la plaine maritime. Huit cents vétérans obtinrent de Titus les terres d'Ammaous à trente stades de Jérusalem. Cette colonie a donné son nom au village de Qoloniya, un souvenir de la fondation de Titus.

Les cultivateurs qui ne furent pas expulsés pouvaient jouir des fruits de la terre, mais cette jouissance n'était pas fondée sur un titre de propriété, parce que l'empereur était le propriétaire des terres. Il y avait une différence entre les domaines impériaux et l'*ager publicus*, mais dans les provinces impériales comme la Judée les biens de l'empereur et les terres de l'état étaient gérés par la même administration. Les documents des grottes du désert de Judée témoignent d'une nette distinction entre les deux catégories de biens parce qu'il est évident que Bar-Kokheba était l'héritier légitime de l'empereur et que tous les biens impériaux appartenaient au chef de l'état juif. Nous reviendrons à cet intéressant problème juridique dans le chapitre consacré à la Seconde Révolte.

2. Le camp de la *legio X Fretensis*

La *legio X Fretensis* est restée à Jérusalem après la guerre. Le gouverneur de la province était également commandant de la légion: *leg(atus) Aug(usti) leg(ionis) X Fret(ensis) et leg(atus) pr(o) pr(aetore)*

[*pr*]*ovinciae Iudaeae*[71]. Après le transfert de la *legio VI Ferrata* en Palestine le gouverneur est devenu commandant en chef de l'*exercitus* de la province et la Xème légion a reçu son propre commandant. La *legio X Fretensis* a laissé en Palestine de nombreux monuments; les timbres de la légion sur briques et tuiles sont très fréquents[72]. Pendant les fouilles exécutées en 1949 à Giveat-Ram, près du campus de l'Université Hébraïque on a découvert une agglomération juive du Ier s. de notre ère, évidemment avant la destruction du Temple, et sur elle une tuilerie de la Xème légion. De nombreuses briques et tuiles avec les timbres de la légion y ont été découvertes.

Parmi les inscriptions relatives à cette légion, plusieurs témoignent des travaux effectués par ses détachements. Deux inscriptions identiques ont été trouvées l'une à Jérusalem, l'autre dans le village d'Abou-Gosh, à 13 km à l'ouest de la ville[73]. Les autres inscriptions relatives à cette légion sont plus tardives[74]. Jérusalem était un camp plutôt qu'une ville. La légion avait établi son camp derrière les tours Hippikos, Phasaël et Mariammé épargnées par Titus, au nord, et la muraille qui garantissait le palais royal, à l'ouest.

3. Les vétérans: l'épitaphe de Tiberius Claudius Fatalis Romanus

Jusqu'à la fondation d'Aelia Capitolina il n'y avait pas à Jérusalem de colonie de vétérans libérés du service militaire. Mais le territoire de la ville pouvait être exploité par des soldats du service actif, étant donné que l'empereur était le propriétaire de ces terres. Les soldats de la légion se mariaient et leurs familles vivaient sans doute non loin du camp. Nous avons conservé une inscription qui atteste qu'un centurion de la *X Fretensis* était installé à Jérusalem avec sa famille. Nous reprendrons l'étude de ce texte[75].

> *Ti(berius) Cl(audius) Ti(berii) f(ilius) Pop(lilia) Fatalis*
> *Roma(nus) (centurio) leg(ionis) II Aug(ustae) leg(ionis) XX*
> *Vic(tricis) leg(ionis) II Aug(ustae) leg(ionis) XI Cl(audiae) P(iae)*
> *F(idelis)*
> *leg(ionis) XIV G(eminae) M(artiae) V(ictricis) leg(ionis) XII Ful(minatae)*
> 5 *leg(ionis) X Fr(etensis) (tertius) hast(atus) vix(it) an(nos)*
> *XLII mil(itavit) ann(os) XXIII. Cl(audia) Ionice lib(erta)*
> *et heres ob merita eius. O(ssa) t(ibi) b(ene) q(uiescant) t(erra) t(ibi)*
> *l(evis) s(it).*

[71] H. DESSAU, ILS, 1036, cf. 1035.
[72] Les timbres du Musée archéologique de Jérusalem ont été publiés par J. H. ILIFFE, Greek and Latin Inscriptions in the Museum, dans: Quarterly of the Department of Antiquities in Palestine (= QDAP), II (1933), p. 124s. L'un de ces timbres est en grec, SEG, VIII, 222.
[73] B. LIFSHITZ, Légions romaines en Palestine, Hommages à Marcel Renard, II, Collection Latomus, CII, Bruxelles, 1969, pp. 458—469.
[74] Ibid. p. 460.
[75] M. AVI-YONAH, Greek and Latin Inscriptions from Jerusalem and Beisan. Tombstone of Tiberius Claudius Fatalis, dans: QDAP, VIII, (1938), pp. 54—57 (Année épigraphique, 1939, 157).

Le premier éditeur a transcrit les noms du défunt au datif malgré le nominatif *Fatalis* et les verbes *vix(it)* à la l. 5 et *mil(itavit)* à la l. suivante. Il n'a pas vu que Claudia Ionice avait fait graver le *cursus* du centurion en ajoutant la formule habituelle. Il n'y a d'ailleurs pas de pronom relatif avant *vix(it)* et *mil(itavit)*.

Ionice, l'esclave et concubine de Ti. Cl. Fatalis Romanus avait été affranchie par lui et nommée son héritière. Comme ailleurs il y avait à Jérusalem des *canabae*, où vivaient les militaires avec leurs familles. Cette agglomération n'a pas été découverte.

4. L'agglomération juive

Jérusalem n'était pas entièrement déserte pendant les soixante années qui suivirent la destruction du Temple juif. Le camp de la légion et le ravitaillement des soldats devaient encourager la présence à Jérusalem des commerçants et des artisans. L'accès de Jérusalem n'était pas interdit aux Juifs. Plusieurs habitants furent épargnés par les Romains ou sauvés par l'intermédiaire de Josèphe. Certains passages dans les sources littéraires juives et chrétiennes attestent sans doute l'existence d'une petite colonie juive à Jérusalem. Le plus ancien témoignage se trouve dans le discours d'Eléazar fils de Iaïr, adressé aux défenseurs de la dernière forteresse juive, Massada[76]: «des vieillards misérables sont assis près des cendres du Temple et des femmes peu nombreuses gardées pour la plus honteuse insolence». Mais d'après l'opinion de l'éminent historien de l'époque de la Mishna et du Talmud, G. ALON, on peut difficilement voir dans ce passage une allusion à une agglomération juive permanente. Tout au plus s'agit-il d'une description des restes misérables d'une métropole qui avait jadis des myriades de défenseurs et était alors complètement détruite. Josèphe n'a pas pu faire une allusion à la continuité de la population juive de Jérusalem.

Les sources juives ne contiennent, semble-t-il, aucun témoignage formel d'une agglomération juive permanente à Jérusalem. Or certains historiens affirment qu'après le désastre de l'an 70 plusieurs familles juives et chrétiennes revinrent à Jérusalem, mais ils ne citent aucun texte rabbinique qui attesterait formellement la présence de Juifs dans leur ancienne capitale[77]. Plusieurs passages parlent des visites de Juifs à Jérusalem, du pèlerinage pour prier près des ruines du Sanctuaire. On déduit de là que les pèlerins devaient trouver à Jérusalem un hébergement même si le séjour était bref. Mais un docteur de la Loi venu de la Galilée à Jérusalem séjourna au village de Bethphagé[79] et il y avait là sans doute une petite aggloméra-

---

[76] Bell. VII, 377.

[77] Voir à ce propos AD. BUECHLER, The Economic Conditions after the Destruction of the Second Temple, London, 1912, p. 15.

[78] S. YEIVIN, La guerre de Bar-Kokheba, Jérusalem, 1946, p. 17 (hébreu).

[79] Tosephta based on the Erfurt and Vienna Codices, edited by M. S. ZUCKERMANDEL, p. 557 l. 8.

tion juive, où se concentraient tous ceux qui préféraient vivre près des ruines du Temple; autrement dit à Bethphagé habitaient presque tous les Juifs de Jérusalem. Un midrash raconte que Rabbi Ismaël fils de Rabbi José est allé prier à Jérusalem et près de Sichem-Néapolis a entendu d'un Samaritain que Jérusalem n'était qu'un dépotoir[80]. Les autres passages de la littérature rabbinique relatifs aux Juifs de Jérusalem racontent des événements qui ont pu avoir lieu avant la destruction du Temple[81]. Ces passages sont cités par J. PRESS et F.-M. ABEL: on y parle de Rabbi Eléazar fils de Zaddoq et de Rabbi Abba Saul fils de Botnit qui furent commerçants à Jérusalem toute leur vie et qui mesuraient la veille des fêtes les denrées qu'ils livraient le lendemain à leurs clients, probablement non juifs[82].

On nous apprend que le même Rabbi Eléazar avait acheté la synagogue des Alexandrins à Jérusalem[83]. Or dans ces récits nous ne trouvons aucun indice relatif à la date plus ou moins précise de l'événement relaté, et si un docteur de la Loi fait mention d'une foule (de Juifs évidemment), il s'agit probablement de visiteurs[84]. Un intéressant passage de la littérature rabbinique est cité par A. BUECHLER. Rabbi Simeon fils de Rabbi Eléazar, qui enseignait dans la IIème moitié du IIème s. a raconté que Rabbi Gamaliel II avait à Jamnia (Yabneh) une tombe pour l'enterrement provisoire des membres de sa famille, d'où leurs dépouilles mortelles étaient plus tard transportées à Jérusalem[85]. A. BUECHLER ajoute que Rabbi Simeon n'a pas précisé si cette pratique était adoptée par d'autres familles juives, mais c'est probable. Dans ce cas il devait exister un service assurant le transport de corps, la préparation du lieu de la sépulture et l'entretien des tombes ou des chambres funéraires. L'existence d'un service semblable est attestée dans les inscriptions de la nécropole de Besara (Beth-Shearim) et il faut la supposer à Jérusalem. On devait aussi pourvoir aux besoins des vivants, c.-à-d. des foules de pèlerins dont l'afflux à Jérusalem pleinement attesté dans les sources rabbiniques encourageait le développement de certains services et d'une population juive permanente.

Eusèbe raconte que les chrétiens qui avaient quitté Jérusalem pendant le siège et émigré à Pella revinrent peu de temps après la prise de la ville par les légions de Titus[86]. Après la fondation d'Aelia Capitolina et la répression de la révolte de Bar-Kokheba, la communauté chrétienne élut un évêque

---

[80] Beréshit Rabba, I, 3.
[81] S. YEIVIN, op. cit. p. 196, note 59 (hébreu).
[82] J. PRESS, Eretz-Israël, Encyclopédie topographique et historique, II, Jérusalem, 1948, p. 414 (hébreu), d'après Tosephta, Yom-Tov, III, 8 (ZUCKERMANDEL, p. 205); cf. F.-M. ABEL, op. cit. II, p. 48.
[83] J. PRESS ibid. d'après Tosephta, Meguilla, III (II), 6 (ZUCKERMANDEL, p. 224); cf. F.-M. ABEL, ibid.
[84] Talm. Pal. Berakhot, 9—21, p. 3. J. PRESS cite ce passage comme un témoignage de la présence permanente des Juifs à Jérusalem. Semah, X; cf. A. BUECHLER, op. cit., p. 15.
[85] F.-M. ABEL, op. cit. pp. 48s.
[86] Hist. eccl. IV, 5s.; V, 12.

non-juif, Marc. On peut donc en déduire qu'entre les deux révoltes l'élément judéo-chrétien était encore assez fort et les liens avec les Juifs pas encore complètement rompus. Epiphane raconte que l'empereur Hadrien visitant Jérusalem l'avait trouvée ruinée sauf quelques habitations sur la colline haute avec sept synagogues et une petite église[87]. Le nombre de synagogues est sans doute trop élevé pour une ville ruinée, où il n'y avait que quelques maisons. En résumé, les indices que nous venons d'énumérer attestent l'existence à Jérusalem d'une population juive peu nombreuse, dont les habitations se trouvaient probablement dans un faubourg ou dans un village près de la ville. L'affluence de Juifs pieux qui visitaient les ruines du Temple pour des prières et lamentations ainsi que l'usage d'acheter des tombes à Jérusalem encourageaient le développement d'une agglomération juive. Telle était sans doute la situation à Jérusalem à la veille de la Seconde Révolte ou plus exactement avant la fondation d'Aelia Capitolina.

VIII. La Seconde Révolte

1. La fondation d'Aelia Capitolina et le déclenchement de la guerre de Bar-Kokheba

La mort de Trajan, l'avènement d'Hadrien et les mesures prises par le nouvel empereur étaient susceptibles d'apporter un soulagement aux souffrances des Juifs pendant la guerre dite de Quietus et même de soulever des espoirs parmi eux. On a pu interpréter ces mesures comme une preuve d'une décision de l'empereur de changer la politique ouvertement antijuive de Trajan et d'améliorer les relations entre l'administration romaine et les Juifs de la Palestine et de la Diaspora. Ces mesures étaient le verdict favorable aux Juifs d'Alexandrie après une éruption du conflit perpétuel avec leurs voisins grecs et l'exécution du gouverneur de la province de Judée avec trois autres sénateurs. On sait très bien qu'Hadrien voulut écarter un des généraux de Trajan et tous ceux qui étaient susceptibles de prendre la direction d'une opposition contre la politique de la paix qui prit la place des tendances impérialistes de son prédécesseur. Lusius Quietus fut condamné par le sénat et exécuté pendant l'absence d'Hadrien, avec A. Cornelius Palma, L. Publilius Celsus et C. Avidius Nigrinus. Il est évident que l'exécution sommaire des participants de la «conspiration des quatre consulaires» n'avait rien à voir avec la population juive de la Palestine, bien qu'on puisse admettre une intention d'établir un régime plus libéral; mais les Juifs pouvaient voir dans la mort de l'un de leurs pires oppresseurs le commencement d'une nouvelle époque. Or il y a dans les sources rabbiniques des indices suggérant la tradition d'un édit de l'empereur au sujet de la

---

[87] De mensuris, 14; cf. AD. BUECHLER, op. cit. p. 15; F.-M. ABEL, op. cit. p. 83.

reconstruction du Temple et de la ville. La même tradition parle aussi de l'affluence des Juifs à Jérusalem afin d'user de la permission d'Hadrien. La tradition est anonyme et certainement peu digne de confiance, le midrash en question est daté du Vème siècle. Mais il y a sans doute dans cette légende un noyau de vérité. Il s'agit dans le récit d'une promesse des autorités — le nom de l'empereur n'est pas mentionné — de reconstruire le Temple et de l'annulation de cette promesse, ce qui a causé une émotion parmi les Juifs, qui voulaient se soulever contre Rome. En tout cas, il est évident que l'annonce des intentions du nouvel empereur et la publication du programme d'urbanisation et de reconstruction des ruines dans tout l'empire étaient naturellement susceptibles de faire naître l'espoir d'une reconstruction du Temple et de la capitale juive. Mais Hadrien n'était pas un second Cyrus, il ressemblait plutôt à Antiochus IV Epiphane[88].

L'autre tradition est chrétienne. Notre autorité est Epiphane, un historien chrétien du IVème siècle. Dans le récit de la visite d'Hadrien à Jérusalem[89], en l'an 47 (après la destruction du Temple, c.-à-d. 117 p. C.), il affirme que l'empereur a décidé de reconstruire la ville mais non pas le Temple juif. Epiphane mentionne à cette occasion Aquilas de Sinope, évidemment le traducteur de la Bible, qui était d'après lui chargé de la surveillance des travaux de construction de la ville d'Aelia. Ce récit soulève de graves soupçons. Epiphane a daté les événements qui ont immédiatement précédé la guerre de Bar-Kokheba de l'an 117/118. Les savants qui nient l'existence d'un projet de rebâtir Jérusalem indiquent avec raison qu'il ne peut s'agir que du voyage des années 129/130. Mais Epiphane affirme qu'Aquilas a été nommé inspecteur des travaux et sans doute architecte d'Aelia. Il est donc évident que l'historien chrétien a confondu deux traditions ou deux événements différents: la nomination d'Aquilas en 117 et la fondation d'Aelia Capitolina en 130. Dion Cassius est formel à ce sujet: «A Jérusalem, comme il avait fondé à la place de celle qui avait été détruite, une ville à laquelle il donna même le nom d'Aelia Capitolina, et élevé sur l'emplacement du temple du dieu un autre temple dédié à Zeus, il en résulta une guerre importante et prolongée[90].» L'assertion d'Epiphane que la reconstruction du Temple juif n'entrait pas dans le projet de l'empereur est superflue et même bizarre s'il s'agissait de la fondation d'une nouvelle ville qui devait porter le gentilice de l'empereur et l'épithète de la plus importante divinité de la religion romaine. Il est évident qu'il n'y avait pas de place pour le Temple du Dieu des Juifs à Aelia Capitolina. C'est donc sans aucun doute une confusion d'un compilateur qui utilisait diverses sources. Mais il ne faut pas y voir la réfutation d'une tradition juive sur un édit impérial au sujet de la reconstruction du Temple comme le veut l'historien G. ALON[91]. D'après l'historien de l'Eglise Eusèbe de Césarée, la fondation était le résultat de la guerre de Bar-Kokheba et un châtiment infligé aux Juifs. Selon

[88] F.-M. ABEL, op. cit. II, p. 83.
[89] Voir ci-dessus, note 87.
[90] Dion Cassius, LXIX, 12, cité par F.-M. ABEL, op. cit. p. 85.
[91] L'histoire des Juifs à l'époque de la Mishna et du Talmud, I, Merhavia, 1953, p. 277.

cette version, le Temple fut labouré après la prise de la dernière forteresse de
Bar-Kokheba[92]. Le fait du labourage de la montagne du Temple est attesté
aussi par un texte rabbinique[93]. Les sources littéraires sont donc contra-
dictoires et ne permettent pas de décider si la guerre de Bar-Kokheba a
été déclenchée après la fondation d'Aelia Capitolina et était au moins partiellement causée par la déception des Juifs parce que la politique de l'empereur était dirigée contre les principes les plus vénérés du judaïsme. La fondation
d'une ville comportait la construction d'un temple du culte impérial. L'installation de la principale divinité des païens à Jérusalem ne pouvait que
causer une résistance farouche d'un «peuple pénétré du sentiment de sa
supériorité religieuse[94]». D'après les autres textes littéraires, le labourage
de la montagne du Temple, la fondation de la ville romaine et l'abolition
du nom même de Jérusalem furent le résultat d'une guerre prolongée et
atroce. Or cette question a été naguère tranchée grâce à une trouvaille
fortuite. Le numismate israélien Y. MESHORER a eu l'occasion d'étudier chez
un commerçant une partie d'un trésor qui a été trouvé dans le désert de
Judée. Dans ce trésor, il y avait cinq monnaies de Bar-Kokheba et parmi
elle un bronze. Après le nettoyage de ce bronze, Y. MESHORER a pu constater
que c'était une monnaie d'Aelia Capitolina[95]. Presque toutes les monnaies
juives de la Seconde Révolte étaient refrappées sur des pièces romaines
parce que les Juifs n'avaient pas de métal. La monnaie vue par Y. MESHO-
RER était donc une pièce romaine et a fourni une preuve que la nouvelle
fondation de l'empereur existait déjà et frappait ses monnaies bien avant
le déclenchement de la Seconde Guerre juive. La numismatique nous a
donc aidé à trancher une question difficile de l'histoire de la Révolte de
Bar-Kokheba et a confirmé la version de Dion Cassius sur la décision prise
par Hadrien pendant son voyage de 129/130 et la réaction des Juifs de la
Palestine. Mais on ne peut pas savoir si l'empereur entreprit de relever Jérusalem et le Temple juif, et si certaines promesses formelles avaient été données
aux Juifs. Il est cependant certain que les habitants de la Judée avaient fait bon
accueil en 130 à cet empereur qui les avait vengés par l'exécution de
Quietus[96]. Ils ne pouvaient pas deviner son intention d'introduire dans les
provinces orientales les idées de l'hellénisme, ce qui pouvait inclure la prohibition de la circoncision, d'après la loi qui défendait la castration et était en
vigueur depuis Domitien. C'est cette mesure anti-juive, et non pas la fondation
d'Aelia Capitolina et du temple de Zeus, qui a été la cause de l'insurrection de
Bar-Kokheba d'après le récit de l'auteur de la 'Vie' de l'empereur Hadrien[97].

---

[92] Eus. Hist. eccl. IV, 6; Jérôme, in Zach. 8, 19, cité par F.-M. ABEL, p. 27, note 2.

[93] Mishna Ta'anith, IV, 6.

[94] F.-M. ABEL, op. cit., II, p. 85.

[95] L. KADMAN, The Coins of Aelia Capitolina, Tel-Aviv, 1956, N. 4. On peut lire cet intéres-
sant récit dans le livre de Y. MESHORER, Jewish Coins of the Second Temple Period, p. 93.
C'est une monnaie du type Tyche tenant la corne d'abondance au revers avec la légende
COL(onia) AEL(ia) CAP(itolina).

[96] F.-M. ABEL, op. cit., II, p. 83.

[97] Spartianus SHA, Hadr. 14, 2.

Nous ne savons pas si les promesses de l'empereur et les pourparlers avec les délégations des Juifs à Alexandrie et en Judée sont une réalité historique et s'il y a un certain noyau de vérité dans les récits que nous trouvons dans les sources rabbiniques. Mais ce qui importe, c'est la profonde émotion causée par la mort de Trajan et l'exécution de Lusius Quietus. Les vraies intentions de l'empereur n'étaient pas connues mais on pouvait interpréter certaines mesures prises par lui comme le signe d'une politique favorable aux Juifs. On avait entendu parler des plans ambitieux de l'empereur qui convoitait la gloire d'un grand bâtisseur, mais on ignorait qu'il avait l'intention de fonder sur les ruines de Jérusalem une ville hellénique et d'installer le culte de Jupiter Capitolin sur la montagne du Temple de Dieu. La déception ne pouvait qu'encourager les partisans de la guerre de libération et accélérer son déclenchement. Mais ces faits ont été déformés par l'imagination populaire et les récits incorporés dans les sources rabbiniques sont légendaires. Or ils confirment le témoignage de Dion Cassius, l'auteur le plus rapproché de la guerre de Bar-Kokheba, que nous avons cité ci-dessus. Une guerre importante et prolongée a été le résultat de la fondation d'Aelia Capitolina et de la construction du Temple de Zeus sur l'emplacement du Temple juif[98]. Le transfert de la *legio VI Ferrata* en Judée a été causé par la tension des dernières années précédant la guerre de Bar-Kokheba; en 130 le camp de la légion à Caparcotna-Legio existait déjà, comme nous l'apprend un milliaire découvert sur la route Diocaesarea-Caparcotna; Sepphoris avait déjà son nouveau nom. Ce milliaire est daté de la XIVème puissance tribunicienne de l'empereur Hadrien[99]. Une violente explosion était donc imminente et les Juifs aussi préparaient la guerre: «Ils se contentèrent de fabriquer à dessein de mauvaises armes quand on leur en commandait, afin qu'on les refusât et qu'ils puissent s'en servir eux-mêmes[100]».

2. Les monnaies juives frappées pendant la guerre (132—135)

Toute tentative de résoudre la question épineuse de l'histoire de Jérusalem pendant la guerre de Bar-Kokheba doit être fondée sur la documentation numismatique. Les monnaies de la Seconde Révolte peuvent nous fournir les données indispensables pour trouver la solution; nous discuterons donc d'abord les aspects de l'étude du monnayage de Bar-Kokheba qui sont relatifs au problème de Jérusalem: les légendes, notamment le nom de la capitale juive sur les monnaies et sa signification, la datation et les symboles représentant le Temple et les objets du culte juif.

---

[98] Dion Cassius, LXIX, 12 (d'après Xiphilin et Zonaras), cf. F.-M. ABEL, op. cit. II, 85. Voir ci-dessus, p. 474.

[99] B. LIFSHITZ, Sur la date du transfert de la *legio VI Ferrata* en Palestine, dans: Latomus, XIX (1960), pp. 109—111; cf. ID., Légions romaines en Palestine, Hommages à Marcel Renard, II, p. 461.

[100] Dion Cassius, loc. cit.; cf. F.-M. ABEL, ibid.

Les légendes des monnaies de la première année de la guerre sont les suivantes: «Simon, le prince d'Israël» et le nom de Jérusalem au droit; «l'an un de la libération (ou rédemption) d'Israël» au revers. Dans les légendes des autres monnaies de la même année apparaît le nom d'Eléazar le prêtre et la forme abrégée du nom du prince: «Šema». C'est sans doute une forme hypocoristique du nom, mais il ne s'agit aucunement d'une abréviation comme on croyait ou croit encore à tort[101].

Les légendes de la deuxième année de la guerre sont: «an deux de la liberté d'Israël» au revers et les noms de Simon, avec ou sans le titre de prince d'Israël, et de Jérusalem au droit. Les monnaies de la troisième année portent la légende «pour la liberté de Jérusalem» et les noms du chef de l'Etat et de Jérusalem. Nous avons déjà indiqué que le gouvernement de Bar-Kokheba n'avait aucun stock de métal pour frapper de la monnaie et qu'on utilisait les pièces romaines, qui furent refrappées par les Juifs. On a donc émis l'opinion très vraisemblable que les insurgés pouvaient trouver à Jérusalem une quantité considérable de monnaies et qu'ils y établirent leur atelier. Mais on a aussi suggéré une autre interprétation de la légende «Jérusalem»: elle n'était qu'une proclamation et elle exprimait le souhait et l'aspiration à la libération de la Ville Sainte[102]. G. ALON au contraire pense que le nom indique le lieu de l'atelier, il croit que Jérusalem a été prise par les forces juives et fut la capitale de l'Etat juif pendant une année ou même davantage[103]. B. KANAEL voit dans la légende «pour la liberté de Jérusalem» une forme abrégée de la datation «an trois de la liberté de Jérusalem», qu'on trouve dans un acte de vente de terrain en araméen, découvert dans une grotte du désert de Juda[104]. Ce document a été daté par l'éditeur (J. T. MILIK) de l'an 133 et par KANAEL de 134. KANAEL suggère aussi que les monnaies de la première année de l'indépendance ont été émises vers la fête des Tabernacles de l'an 132, quand les Juifs de Judée ont pu venir à Jérusalem libérée. Une suggestion plausible sans aucun doute, mais on ne peut pas prouver cette hypothèse. KANAEL propose la traduction suivante de la formule des documents des grottes du désert de Juda: «An un de la libération d'Israël par Simon bar Kosba, le prince d'Israël». Cette interprétation de la formule qui suit la date dans les documents de Murabba'at, bien que simpliste, a trouvé

---

[101] Voir B. LIFSHITZ, Papyrus grecs du désert de Juda, dans: Aegyptus, XLII (1962), pp. 240—250. Cette forme est expliquée pp. 243s.

[102] L. MILDENBERG, The Eleazar Coins of the Bar Kochba Rebellion, Historia Judaica, XI, 1, New York, 1949, pp. 77—108 (discussion de la légende p. 91).

[103] G. ALON, op. cit. II, p. 32. S. ABRAMSKI, Bar Kokheba, Prince d'Israël, Tel-Aviv, 1961, p. 87 (hébreu) est attaché à la même opinion: il est d'avis que le gouvernement de Bar-Kokheba ne pouvait pas frapper de monnaie avant la prise de Jérusalem par les forces juives.

[104] B. KANAEL, Notes on the Dates Used during the Bar Kockba Revolt, Bar Ilan 1, Ramat-Gan (1963), pp. 149—155 (hébreu). Cf. ID., Altjüdische Münzen, dans: Jahrbuch für Numismatik und Geldgeschichte, XVII (1967), pp. 159—298, N. 258. Pour l'acte en question voir P. BENOIT, J. T. MILIK et R. DE VAUX, Les grottes de Murabba'at, Oxford, 1961, N. 25.

curieusement des adeptes. La formule avait été brillament interprétée par l'éditeur des documents hébreux et araméens des grottes de Murabba'at. J. T. MILIK traduit ainsi cette formule[105]: «Le vingt de Šebat an deux de la Libération d'Israël, par l'autorité de Simon, fils de Kosba, le prince d'Israël en campagne, qui réside à Hérodium». D'après l'interprétation de KANAEL il faudrait mettre un point après le titre de Simon et rattacher les mots «en campagne» à la suite. Il s'agirait donc de l'indication du lieu où le contrat a été rédigé et signé (une formule un peu bizarre qui resterait d'ailleurs en l'air!). J. T. MILIK propose les acceptions suivantes de la formule hébraïque *al-yad*: «en dépendance de, agissant comme délégué et subordonné» ou «par disposition, par ordre», ou, ce qui est plus probable, «par l'autorité» comme «au nom de . . .» dans un contrat araméen inédit. Il est évident que ce dernier emploi de la formule est exigé par le contexte. Les passages bibliques cités par J. T. MILIK à l'appui de ses interprétations ne sont pas tous convaincants mais la preuve la plus importante a échappé à J. T. MILIK et à ses critiques. Ils n'ont pas vu que la formule en question apparaît dans tous les actes d'affermage de terrains mais qu'on ne la trouve jamais dans un acte de vente.

Mur. 24B: «Le vingt de Šebat, an deux de la Libération d'Israël, par l'autorité de Simon fils de Kosba, le prince d'Israël, en campagne, qui réside à Hérodium». La même formule apparaît dans 24C, D et E. Les documents 24A et F sont endommagés et par conséquent fragmentaires. Dans Mur. 22 il est dit: «Le 14 de Marhesvan, an un de la libération d'Israël». Il s'agit d'un acte de vente de terrain et le nom du prince n'apparaît pas. Mur. 29 I et II: «. . . an deux de la libération d'Israël», c'est également un acte de vente et on ne trouve pas le nom du prince d'Israël. La formule n'apparaît pas dans un contrat de vente publié par J. T. MILIK en 1954: «le 10 de Iyyar, an trois de la liberté d'Israël, à Kephar Bébayou». Il s'agit d'un acte de vente d'une maison[106]. Il est donc évident qu'il y avait d'après ces documents deux catégories de terres. Les terrains de l'une pouvaient être vendus comme naturellement les maisons; ceux de l'autre catégorie ne pouvaient être vendus mais on pouvait les affermer et cela seulement avec l'autorisation du prince d'Israël. Nous reviendrons plus tard à la question de ces deux catégories de terres. En tout cas c'est la signification de la formule «par l'autorisation de Simon». Seul le chef de l'Etat pouvait autoriser l'affermage des terrains d'une certaine catégorie.

Revenons au problème de la chronologie des monnaies de Bar-Kokheba. Il est certain que J. T. MILIK a trouvé la solution: les trois dénominations employées dans les légendes des monnaies de Bar-Kokheba, «la Libération d'Israël», «la Liberté d'Israël« et «la Liberté de Jérusalem» sont interchangeables, sans aucune portée sur la chronologie de la Révolte[107]. Les monnaies de

[105] Mur. 24B, p. 126.
[106] J. T. MILIK, Un contrat juif de l'an 134 après J.-C., RB LXI (1954), pp. 182s. Cf. aussi Mur. 22, 25, mentionné ci-dessus et 30 (acte de vente d'un terrain de l'an quatre de la Libération d'Israël).
[107] J. T. MILIK, op. cit. p. 135.

la première année de la Révolte marquèrent le commencement d'une nouvelle ère. La légende «Jérusalem» sur ces monnaies signifie certainement que la nouvelle ère a été introduite après la prise de la capitale de Judée par les forces juives[108]. Somme toute, il semble que dans les premiers jours ou semaines de la Révolte les Romains aient été contraints à évacuer la nouvelle fondation. Les préparatifs clandestins des insurgés ont abouti à l'encerclement complet de Jérusalem parce que la ville était entourée par une population juive assez dense. Il est même possible qu'on ait restauré le culte de Dieu sur la montagne du Temple et on a sans doute renouvelé les sacrifices. Mais nous ne savons pas si l'on peut interpréter ainsi les symboles représentés sur les monnaies. Les tétradrachmes de Bar-Kokheba reproduisent la façade du Temple, quatre colonnes avec une architrave; au-dessus on voit une étoile ou une croix ou une ligne sinueuse, symbole de la nuée qui planait sur le Sanctuaire. La représentation de l'étoile a soulevé une discussion animée entre numismates et historiens. On a voulu y voir une allusion au caractère messianique du Chef de la Révolte juive. On dit que Rabbi Aquiba, partisan de Bar-Kokheba et semble-t-il chef spirituel du Mouvement, a vu dans Simon, le Prince d'Israël, l'étoile de l'Oracle de Balaam[109]: «Une étoile sort de Jacob et un sceptre s'élève d'Israël, il brise les tempes de Moab, il extermine tous les fils du Tumulte». La thèse de Bar-Kokheba Messie guerrier a été vigoureusement défendue par J. T. MILIK[110]. B. KANAEL est allé plus loin. Il imagine que certaines modifications des légendes des monnaies de la deuxième année reflètent un changement du régime: conformément à une résolution d'une assemblée dont le caractère n'est pas précisé par le savant israélien, Simon aurait renoncé à l'emploi du titre Prince d'Israël dans les légendes et le grand prêtre désigné, Eléazar, aurait renoncé à l'émission des monnaies à son nom. On a donc substitué l'ère de la Liberté à celle de la Libération à cause de l'allusion au caractère messianique de Bar-Kokheba. L'étoile a dû disparaître, on l'a remplacée par une ligne sinueuse[111]. Mais nonobstant la citation de l'oracle de Balaam par Rabbi Aquiba, Bar-Kokheba n'était pas Messie et son titre de Prince d'Israël correspond à celui d'ethnarque, sar 'am-el, président de la nation, comme l'avait expliqué G. ALON[112], qui a bien vu que l'étoile au-dessus du Temple n'était qu'un ornement. Y. MESHORER est d'avis que ce n'est pas une étoile, mais une rosette[113].

---

[108] Voir P. KAHANE, Les monnaies de Bar-Kokheba, Hagalgal I, 7, 1943 (hébreu, un résumé allemand dans: B. KANAEL, loc. cit. N. 257).

[109] Num. 24, 17 (quatrième oracle).

[110] Une lettre de Siméon Bar Kokheba, RB, LX (1953), pp. 276—294; Les grottes de Murabba'at, p. 43 et p. 126.

[111] B. KANAEL, loc. cit. N. 258.

[112] Op. cit. II, p. 36.

[113] Op. cit. N. 199; sur le N. 196 apparaît une croix. E. STAUFFER, Zu den Kreuzeszeichen von Talpioth, dans: ZNW, XLIII (1950—51), p. 262 a remarqué qu'une croix à branches égales apparaît sur les monnaies de Bar-Kokheba. Le symbole est interprété comme une croix ou une rosette par B. PICK, Contributions to Palestinian Numismatics, dans: The Numismatic Review, Avril—Juin, 1945, pp. 6—11; B. KANAEL, Altjüdische Münzen, N. 90.

Il est possible que le beau mot de Rabbi Aquiba ait donné naissance au surnom de généralissime des forces juives. Dans les sources chrétiennes il est connu à travers son surnom messianique, repris par les compilateurs juifs du Moyen Age. Mais ses contemporains avaient une notion différente du Messie. Pour eux le Messie était celui qui achèverait la libération du peuple juif et de sa patrie de l'occupation romaine. Le prince d'Israël n'était pas un chef eschatologique du Peuple comme le veut J. T. MILIK mais son libérateur et son chef séculier. Il ne s'est pas manifesté pour donner au mouvement de libération un caractère messianique comme le pense F.-M. ABEL[115]. Mais il a pris la direction du mouvement pour achever ce qu'on attendait de la part du Messie, la libération du peuple. Ce sont des notions bien différentes et l'attribution au chef de la Révolte d'un messianisme d'une époque beaucoup plus tardive est un anachronisme qui est susceptible de causer une grave confusion. Rabbi Aquiba a cité le passage biblique parce que l'étoile indique une victoire du peuple d'Israël et c'était exactement ce que les Juifs attendaient de leur chef militaire. Ce n'est pas par hasard que Simon est désigné sous le nom de Bar-Kokheba précisément par les auteurs chrétiens. Le vrai nom de Simon n'était pas Kozba mais Khosiba comme l'atteste la lettre grecque où son nom est mentionné: Σίμων Χωσιβᾶ; c'est le génitif de Χωσιβᾶς, une forme de Χωζηβα biblique[116].

Les autres objets représentés sur les monnaies de Bar-Kokheba sont le *lulab* et l'*ethrog*, des instruments musicaux, et les vases à eau et à huile d'olive: amphores et hydries. Les instruments musicaux, la harpe, la lyre et la trompette accompagnaient le chant pendant le service divin; les vases étaient des objets de culte. L'*ethrog* et le *lulab*, comme d'ailleurs le chandelier et la *mahtah* (encensoir), étaient des symboles extrêmement fréquents. L'amphore apparaît aussi assez fréquemment. La question se pose de savoir si l'emploi de ces symboles, notamment des instruments musicaux et des objets de culte, témoigne du renouvellement du culte du Temple et des sacrifices. Il semble que cette conclusion ne serait pas correcte. Rien n'atteste une tentative quelconque de renouveler le culte du Temple et les symboles reflètent seulement les aspirations des insurgés et non pas une réalité historique. Il semble aussi que les monnaies de Bar-Kokheba ne peuvent pas nous fournir une preuve que le sacerdoce juif ait reprit ses fonctions et nous ne connaissons pas exactement les fonctions du prêtre Eléazar. Or il est probable qu'on a envisagé ou même installé un gouvernement basé sur un certain équilibre politique entre le chef séculier, le *nassi*, et le grand prêtre. Simon Bar-Kokheba n'était pas regardé comme un roi et le régime n'était pas monarchique, comme l'a pensé M. MANTEL[117]. Il est probable que pour les contemporains le gouvernement du *nassi* républicain, à côté duquel était le prêtre Eléazar, se dessinait comme la restauration du régime des

[114] J. T. MILIK, op. cit. p. 126.
[115] Op. cit. II, p. 86.
[116] I Chron. 4, 22, voir l'interprétation dans: Aegyptus, XLII (1962), pp. 250s.
[117] H. MANTEL, Studies in the History of the Sanhedrin, Cambridge, Mass., 1961, pp. 36 et 42.

Asmonéens, rétrospectivement idéalisé. Les documents des grottes du désert de Juda peuvent nous aider à dépeindre avec une certaine exactitude le portrait du chef de la Révolte; son attachement aux commandements de la Loi ne contredit pas l'hypothèse que le régime de l'Etat juif était théocratique, le prêtre Éléazar était associé au pouvoir, le Sanhédrin sans doute restauré et la reconstruction du Temple et le renouvellement du culte envisagés. Les récits talmudiques sur le rôle joué par Rabbi Aquiba corroborent cette hypothèse. Bar-Kokheba n'était donc pas le Roi-Messie mais le chef du gouvernement et le généralissime des forces juives; l'étoile sur la façade du Temple — s'il s'agit d'une étoile — est certainement une allusion à l'oracle de Balaam et elle symbolise la renaissance de l'indépendance du peuple d'Israël. On peut sans doute suggérer cette interprétation du dicton de Rabbi Aquiba. On a déjà fait remarquer que l'épithète fils de l'Etoile se réfère plutôt à cette étoile sur la monnaie et non pas le surnom Bar-Kokheba à l'étoile[118].

Note additionnelle:

Pour le problème du monnayage de Bar-Kokheba j'ai pu profiter des conseils de mon ami et ancien élève, Y. MESHORER. Il a récemment étudié quatre trésors de monnaies de la Deuxième Révolte, découverts dans la région d'Hébron. Voici ses conclusions: les plus anciennes monnaies romaines de ces trésors étaient des pièces de l'empereur Hadrien de l'année 131. Y. MESHORER a vu parmi ces pièces plusieurs monnaies d'Aelia Capitolina refrappées par les Juifs. Ces monnaies ont fourni une preuve irréfutable que la nouvelle colonie a été fondée pendant la visite de l'empereur dans la province de Judée en 130.

Les monnaies de Bar-Kokheba ont été refrappées sur des pièces romaines pour effacer le portrait de l'empereur et les symboles détestés des occupants et pour les remplacer par les symboles juifs. C'est pourquoi on a renoncé à la refonte des monnaies romaines. Y. MESHORER a également attiré mon attention sur l'annulation des monnaies de Bar-Kokheba par les autorités romaines après la suppression de la Révolte. L'annulation des monnaies de Bar-Kokheba est fréquemment mentionnée dans les sources talmudiques et Y. MESHORER y voit une preuve de l'importance que les Romains comme d'ailleurs les Juifs avaient attachée aux monnaies comme moyen de propagande.

Y. MESHORER est aussi d'avis que l'étoile, la croix et la rosette représentées sur les monnaies de la Deuxième Révolte ne sont que des formes stylisées de la même figure, plus ou moins simplifiée. C'est l'effet décoratif qu'on a voulu atteindre. Nous avons vu que la même interprétation du symbole de l'étoile avait été suggérée par l'historien G. ALON.

---

[118] C. ROTH, Messianic Symbols in Palestinian Archaeology, dans: PEQ, LXXVII (1955), p. 151.

3. La conquête de Jérusalem par les forces juives

Nous avons fait remarquer que la légende «Jérusalem» sur les monnaies de Bar-Kokheba indique probablement le lieu de l'atelier et n'est pas une devise. Nous avons aussi cité l'opinion que c'est seulement à Jérusalem, certainement au camp de la légion romaine stationnée dans l'ancienne capitale de Judée, qu'on a pu trouver une quantité considérable de monnaies à refrapper. On en trouve des preuves aussi dans les sources littéraires. Les midrashim tardifs mentionnent la prise et la destruction de la ville par Hadrien. Appien est formel[119]: «Jérusalem que Ptolémée, roi d'Egypte, avait renversée, se repeuple; Vespasien la détruisit et, de mon temps, Hadrien fit de même». Les auteurs chrétiens à partir d'Eusèbe font souvent mention de la prise de Jérusalem par Hadrien. Jérôme mentionne le siège de la ville: *usque ad extremas ruinas Hadriani eos* (scil. les Juifs) *perduxit obsidio*[120]. La destruction de Jérusalem est mentionnée par Jérôme dans le «texte le plus caractéristique sur cet épilogue de la seconde guerre juive»[121]: *Ultima captivitate sub Adriano quando et urbs Jerusalem subversa est, innumerabilis populus diversae aetatis et utriusque sexus in mercatu Terebinthi venumdatus sit.* C'est la foire célèbre organisée pendant les fêtes du Térébinthe à Mambré près d'Hébron.

Le seul historien qui ne fait pas mention du siège et de la prise de Jérusalem, probablement vers la fin de la Révolte, est Dion Cassius. Mais nous n'avons pas conservé les livres relatifs à la guerre de Bar-Kokheba, et dans l'épitomé le nom du *nassi* et celui de la dernière forteresse, Béthar, n'apparaissent pas. L'interprétation de la représentation de divers objets de culte et des instruments musicaux comme une expression des aspirations des Juifs est essentiellement correcte. Nous n'avons pas conservé de récit ni de mention du renouvellement du culte du Temple et des sacrifices. Nos sources littéraires ne mentionnent pas de tentative des Juifs de reconstruire le Sanctuaire de Jérusalem. Les représentations ne reflètent donc aucune réalité historique, mais elles expriment l'aspiration au renouvellement du culte et à la construction du Temple de Dieu.

La prise de Jérusalem devança le siège de Béthar. La date traditionnelle de la prise de la dernière forteresse de Bar-Kokheba est le 9 Ab (août) 135. Hadrien fut de retour à Rome le 5 mai 134 et étant donné que son départ suivit probablement la chute de Jérusalem, on peut dater la prise de cette vil'e du mois de janvier ou de février. Au même moment fut envoyée au sénat la lettre de l'empereur dans laquelle il annonçait sa victoire en omettant, à cause des pertes subies par les légions romaines, la formule habituelle: «Si vous allez bien, tant mieux; moi et les armées sommes en bonne santé»[122]. Les récits talmudiques du dernier acte de la tragédie décrivent le siège de Béthar comme la plus importante bataille de la Seconde Révolte et comme le pire désastre. Les chiffres des effectifs de Bar-Kokheba et des

---

[119] Syr. 50; cf. F.-M. ABEL, op. cit. II, p. 93.
[120] In Habacuc, 2, 14.
[121] F.-M. ABEL, op. cit. II, p. 97. Il cite Jérôme, in Jer. 31, 15.
[122] Dion Cassius, LXIX, 14; cf. F.-M. ABEL, op. cit. II, p. 93.

pertes juives sont certainement très exagérés mais le siège a été prolongé et les Romains n'ont pu prendre Béthar d'assaut. Pour Hadrien, la guerre était sans doute finie avec la prise de Jérusalem ou un message reçu de la capitale a causé son départ pour Rome.

4. Bar-Kokheba et le domaine particulier de l'empereur; contrats de fermage et de vente

Nous avons vu que la formule «par l'autorité de Simon bar Kosiba» suit la date dans les contrats de fermage découverts dans les grottes du désert de Juda[123], d'où la conclusion qu'il y avait deux catégories de terres. Car cette formule n'apparaît jamais dans les actes de vente. Les terres de la première catégorie ne pouvaient être vendues mais seulement affermées. Le possesseur pouvait céder l'usufruit mais une autorisation du Prince d'Israël était requise. Il est donc évident que le statut de ces terres n'a pas été changé après le rétablissement du gouvernement de Bar-Kokheba parce qu'elles appartenaient avant la révolte à l'empereur romain. L'existence de ces deux catégories, attestée par les documents des grottes du désert de Juda, rédigés en hébreu et araméen, est importante pour la compréhension de la situation juridique des terres juives après la Première Révolte. Les paysans juifs ne furent pas chassés si les terres n'ont pas été confisquées mais ils n'étaient que des usufruitiers, la nue-propriété appartenant à l'empereur.

Les actes de vente dans lesquels manque la formule «par l'autorisation du Prince» sont relatifs aux terrains dont la propriété appartenait à des personnes privées. Le propriétaire avait naturellement le droit de disposer de ses biens d'une façon absolue.

Or il est possible que dans les contrats de fermage il s'agisse des terres qui appartenaient jadis aux membres de la famille royale et après la création de la province de Judée au domaine impérial, comme par exemple Jéricho et ses environs, et Engadi. Le prince d'Israël était en tout cas l'héritier de l'empereur romain.

IX. Aelia Capitolina

1. L'étendue de la nouvelle fondation; ses institutions

L'œuvre de la fondation a été interrompue par la guerre et il était nécessaire de renouveler les rites. Le labourage de la montagne du Temple est attesté par des sources talmudiques et par plusieurs auteurs chrétiens[124].

---

[123] Voir ci-dessus p. 478.
[124] Talm. Pal. Ta'anith, IV, 6; Talm. Bab. Ta'anith 29a; Jérôme in Zach. 8, 19; cf. F.-M. ABEL, op. cit. II, p. 97.

La scène du labourage est reproduite sur les monnaies d'Aelia. La nouvelle
ville a été placée sous le patronage du dieu suprême de Rome, son nom pré-
tend perpétuer le souvenir du fondateur. En pratique le nom d'Aelia tout
court sera plus employé que le nom officiel. L'acte de la fondation a été com-
mémoré par une monnaie qui porte la légende COLONIA AELIA CAPITOLI-
NA CONDITA[125]. Une monnaie de ce type porte au revers les lettres LE V et
atteste que la *legio V Macedonica* participait à la guerre. Le nom de la légion
apparaît aussi dans une inscription latine découverte près des ruines de
Béthar[126].

La population de la colonie était composée de vétérans, de Grecs et
Orientaux hellénisés de Syrie et de Phénicie. La légion a reconstruit
son camp; elle était sans aucun doute le noyau de la population. L'étendue
de la ville était beaucoup plus restreinte que celle de l'ancienne Jérusalem.
Le tracé de l'enceinte de la colonie laissait en dehors de la ville le Bézétha,
l'esplanade du Temple, l'Ophel et le quartier du Cénacle. Son site avait
la forme d'un parallélogramme partagé du nord au sud par le *cardo maximus*
et d'ouest en est par la rue transversale dite *decumanus maximus*. Des voies
secondaires divisaient la ville en sept quartiers, administré chacun par un
amphodarque[127]. Au milieu de la ville, près de l'intersection des deux grands
axes, était situé le Forum, le long duquel fut élevé le Capitole, mentionné
par Jérôme[128]: *Ab Hadriani temporibus ad imperium Constantini, per annos
circiter centum octoginta, in loco Resurrectionis simulacrum Iovis, in Crucis
rupe statua ex marmore Veneris a gentibus posita colebatur*. Jérôme affirme
aussi qu'à l'endroit où naguère se trouvaient le Temple et la religion de
Dieu, là furent placées la statue d'Hadrien et l'idole de Jupiter[129]. L'historien du Vème siècle Orose raconte qu'Hadrien a fait élever une enceinte
et on sait que chaque colonie avait droit à un mur[130], mais à l'instar de
Césarée, Aelia Capitolina ne fut pas dotée du *ius italicum* et elle était soumise
à la *capitatio* et au *tributum soli*.

Le 'Chronicon Paschale' mentionne les édifices publics de la colonie, le
théâtre, les bains publics, le Tetrapylon, le Dodecapylon et la Quadra.

La ville avait son conseil municipal, la *curia*; la fonction de *decurio*
était héréditaire. Le conseil nommait les *duumviri* et les édiles.

La χώρα de la ville s'étendait de l'ancienne frontière de Judée et de Samarie
jusqu'à la Mer Morte et Hébron vers le sud et jusqu'aux limites des territoires
d'Eleutheropolis, Nicopolis et Diospolis vers l'ouest. Quatre-vingt petites
villes et villages étaient inclus dans le territoire d'Aelia.

[125] L. KADMAN, The Coins of Aelia Capitolina, N. 1.
[126] CH. CLERMONT-GANNEAU, Une inscription romaine découverte à Bettîr, CRAI, 1894,
pp. 13s.; ID., L'inscription romaine de Bettîr et la Bethar de Barcocheba, Études d'Archéologie Orientale, I, Bibl. de l'École des Hautes Études 44, Paris, 1880, pp. 141s.; ID.,
Archaeological Researches in Palestine during the years 1873—74, I, London, 1899,
pp. 465f. L'inscription a été publiée aussi par GERMER-DURAND, RB, III (1894), p. 614.
[127] Chronicon Paschale, ed. DINDORF, I, p. 474.
[128] Ep. 58 ad Paulinum (P.L. XXI, 581) cité par F.-M. ABEL, op. cit. II, p. 99.
[129] In Is. 2, 9 (P.L. XXIV, 49) cf. F.-M. ABEL, op. cit. II, p. 100.
[130] Hist. VII, 13; F.-M. ABEL, II, p. 101.

Une médaille avec les bustes de Septime Sévère et Julia Domna au droit et Geta et Caracalla debout au revers, commémore la visite de l'empereur en 201[131]. Une monnaie d'Herennius Etruscus nous apprend que vers l'an 250 la Xème légion était encore stationnée à Aelia[132]. Elle a été transférée à Aïla au temps de Dioclétien.

Aelia Capitolina émit des monnaies jusqu'au règne de Valérien (253—260).

2. Le titre *Commodiana*

Pendant les fouilles conduites le long du mur méridional du Temple on a trouvé une plaque de calcaire (97 × 108 cm) avec un fragment d'inscription latine. Voici son texte[133].

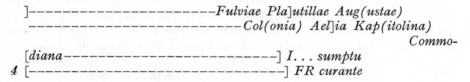

```
]------------------------Fulviae Pla]utillae Aug(ustae)
 ------------------------Col(onia) Ael]ia Kap(itolina)
                                                Commo-
[diana------------------------] I... sumptu
4 [------------------------] FR curante
```

L'éditeur du fragment a restitué la titulature de Septime Sévère, de Julia Domna, de leurs fils et de la femme de Caracalla, Fulvia Plautilla. A la l. 3 il a restitué [*suo*] *sumptu* et à la l. 4 il a lu [*decem*] *Pr(imo) curante*. M. AVI-YONAH a supposé que la dédicace avait été faite par la ville par l'intermédiaire d'un des *decemprimi*. Cette restitution est impossible parce que la lettre *P* n'apparaît pas avant le mot *curante:* ce n'est pas une boucle qu'on peut discerner sur la photo de la pierre, mais on voit clairement une ligne droite, c'est donc la lettre *F*, et il faut lire *Fr(etensis)*. A la l. précédente on peut sans doute restituer [*rem*]*i*[*sso*] *sumptu*. La restitution de l'éditeur laisse la lettre *I* en dehors du texte de l'inscription. A la dernière ligne manque le nom et le titre du personnage par les soins duquel la dédicace a été faite. C'était le légat de la légion stationnée à Aelia ou un de ses officiers.

Le titre d'Aelia, *Commodiana*, apparaît ici pour la première fois dans une inscription mais il était attesté par plusieurs types de monnaies de la colonie. Aelia se trouve d'ailleurs en bonne compagnie, Rome porte ce titre honorifique: *Colonia Commodiana*; l'acte de cette fondation a été célébré par la dédicace d'une statue d'argent du fondateur[134]. Le sénat a été proclamé *Commodianus*[135], le peuple romain a reçu le titre de *populus*

[131] L. KADMAN, The Coins of Aelia Capitolina, N. 87.

[132] N. 186.

[133] M. AVI-YONAH, A Fragment of a Latin Inscription from the Excavations in the Old City of Jerusalem, dans: Eretz-Israel, IX (1969), pp. 175s. (hébreu avec un titre en anglais).

[134] SHA, Vita Commodi, 8; Dion Cassius, LXXII, 15, 2. Cf. FR. TAEGER, Charisma, Studien zur Geschichte des antiken Herrscherkultes, II, Stuttgart, 1960, p. 395.

[135] Vita, 8; Dion Cassius, LXXII, 15, 5.

Commodianus[136], comme toutes les légions, les mois et même le jour où ces résolutions furent prises[137]. Les autres villes qui reçurent le titre étaient Alexandrie et Carthage[138].

Quelle est la date de l'octroi du titre à Aelia Capitolina? L. KADMAN a démontré que le titre n'a pas été accordé à Aelia par Commode, mais par Septime Sévère huit années ou même davantage après la mort de Commode; B. KANAEL était d'avis que seul cet empereur a pu accorder le titre[139]. L'éditeur de la dédicace penche pour l'opinion de KANAEL. KADMAN argue que les quarante spécimens des neuf types différents de monnaies de Commode portent tous le vieux nom de la ville sans le titre *Commodiana*[140]. Il a aussi fait remarquer qu'en 195 Septime Sévère décida de s'intégrer par adoption à la dynastie des Antonins et de prendre Commode pour son frère divin. Il semble que ces arguments soient décisifs, bien que la date 195 ne soit pas exacte. La décision de s'intégrer aux Antonins a été prise après la victoire sur Clodius Albinus et cela pour satisfaire l'attente de l'armée; la divinisation de Commode fut alors formellement décrétée. Le titre *Commodiana* apparaît pour la première fois sur des monnaies de Geta qui portent la légende P. SEP. GETA CAESAR AUG. Geta a reçu le titre d'Auguste en 209. Le titre *Commodiana* a donc été accordé avant 209 mais après 201 parce que la médaille commémorative émise à l'occasion de la visite de la famille impériale en 201 ne porte pas ce titre. KADMAN a aussi rappelé qu'en 201 de nouveaux titres ont été octroyés à Diospolis, Eleutheropolis, Sébasté et Césarée. Il est donc probable qu'Aelia fut honorée en même temps, mais la médaille a été émise peu de temps avant la visite impériale.

La dédicace a été datée par l'éditeur du mois de septembre 202 au mois de janvier 205, et cela d'après la mention de Plautilla.

3. Les cultes d'Aelia

Le type le plus répandu dans le monnayage d'Aelia Capitolina est celui de Tyche: 82, c.-à-d. 40% des types du monnayage de la colonie. Ce

---

[136] Vita, 15.

[137] Dion Cassius, LXXII, 15, 2—4; cf. TAEGER, op. cit., II, p. 395s.

[138] Vita, 17. Pour les concours Δεῖα Κομόδεια et Hadrianeia Kommodeia ('Αδριάνεια Κομόδεια) voir L. ROBERT, Etudes d'épigraphie grecque, XXII. Inscriptions agonistiques de Tralles, dans: Revue de Philologie, Ser. 3, vol. IV, 1930, p. 35 (= ID., Opera minora selecta II, Amsterdam 1969, p. 1135); ID., Etudes Anatoliennes. Recherches sur les inscriptions grecques de l'Asie Mineure, Et. orient. publ. par l'Inst. franç. d'archéol. de Stamboul 5, Paris, 1937, pp. 424s.

[139] L. KADMAN, The Coins of Aelia Capitolina, pp. 32—34; B. KANAEL a exposé son opinion dans son compte rendu de l'ouvrage de KADMAN, Israel Exploration Journal, VII (1957), pp. 268—272. La réplique de KADMAN a été publiée dans IEJ, IX (1959), pp. 137—140.

[140] Le raisonnement de M. AVI-YONAH, pour qui ce serait un argumentum e silentio, n'a pas de portée.

[141] F. TAEGER, op. cit. II, p. 406, cf. 420.

[142] L. KADMAN, The Coins of Aelia Capitolina, Ns. 94—96.

culte est attesté précisément dans un texte rabbinique qui mentionne le Gadeion de Siloé[143]. Près de la piscine s'élevait un édicule dédié au culte de la Fortune.

Le culte de Sérapis est attesté par 31 types de monnaies (16%) et par une dédicace faite par un détachement ramené en Judée par Lusius Quietus, pour le salut et la victoire de l'empereur Trajan[144]. Le type de Sérapis apparaît sur les monnaies d'Aelia sous le règne d'Antonin le Pieux et persiste jusqu'à la fin du monnayage de la ville, à la seule exception du règne de Septime Sévère.

Il est intéressant que la divinité suprême de Rome, sous le patronage de laquelle Hadrien a placé sa fondation, soit représentée dans le monnayage d'Aelia Capitolina par six types sur 206, mais trois des types de Jupiter sont suspects.

Dionysos a trois types comme d'ailleurs Dea Roma, les Dioscures et la Victoire, Mars n'a qu'un seul type. Les divinités syriennes et celles d'Asie Mineure n'apparaissent jamais dans le monnayage d'Aelia. Le culte de Vénus est attesté par Jérôme qui parle d'une statue de cette déesse, érigée par Hadrien *in crucis rupe*[145].

4. La communauté chrétienne

L'accès d'Aelia Capitolina a été interdit aux Juifs; même une visite dans les environs de la colonie leur était défendue. Au IIème siècle cette défense était en vigueur mais sous les Sévères existait sans doute à Aelia une petite communauté juive. Or l'interdiction ne fut pas annulée. La population juive d'Aelia est attestée par plusieurs mentions de la «sainte synagogue de Jérusalem» dans le Talmud.

Nous avons mentionné le premier évêque d'Aelia d'origine non-juive, Marc de Césarée, nommé après la guerre de Bar-Kokheba. Les chrétiens d'Aelia étaient peu nombreux au IIème siècle et la communauté chrétienne dépendait du métropolite de Césarée. Les judéo-chrétiens ne formaient qu'une minorité. Tel était le résultat de la guerre, de la défense de circoncire et de l'afflux des nouveaux habitants venus des villes de Palestine et d'autres provinces orientales.

Les survivants des judéo-chrétiens constituaient une petite secte appelée les *ebionim*, pauvres.

En 212 vint à Jérusalem Alexandre, évêque en Cappadoce et condisciple d'Origène à Alexandrie. L'évêque Narcisse n'avait plus la force de remplir ses fonctions et Alexandre dirigea la communauté d'Aelia. Il créa dans la ville épiscopale une bibliothèque; il a aussi donné une impulsion au déve-

---

[143] Tosephta, Sab. I, 10, p. 677 cité par F.-M. ABEL, op. cit. II, p. 63.

[144] L. VIDMAN, Sylloge inscriptionum religionis Isiacae et Sarapiacae, Religionsgeschichtliche Versuche und Vorarbeiten, vol. XXVIII, Berlin, 1969, 362.

[145] Jérôme, Ep. 58 ad Paulinum (P.L. XXI, 581); cf. F.-M. ABEL, op. cit. II, p. 99.

loppement du pèlerinage à Jérusalem et dans toute la Palestine. Un
des plus illustres pèlerins fut Pionios de Smyrne. Parmi les évêques
qui se réunirent à Antioche en 264, Eusèbe nomme Hyménée de Jérusalem[146], successeur de Mazabanès (250—264), dont le nom est palmyrénien,
comme celui de Zabdas successeur d'Hyménée. Constantin a voulu donner
à Jérusalem le caractère d'une ville sainte des chrétiens. Macaire, l'évêque
d'Aelia, rencontra l'empereur au concile de Nicée (a. 325); il persuada Constantin de faire nettoyer le Golgotha, où Hadrien avait fait édifier le Capitole de la nouvelle colonie. Aussi une construction nouvelle fut-elle décidée.
L'année suivante Hélène, la mère de l'empereur Constantin, arriva à Jérusalem. Deux architectes étaient chargés de la réalisation de cette grande
œuvre: Zénobius et Eustathe de Constantinople. Au VIème siècle Jérusalem était déjà une ville d'églises, de monastères et d'hospices pour les
pèlerins, comme elle est représentée sur la carte de Madaba.

Bibliographie générale

F.-M. Abel, Histoire de la Palestine depuis la conquête d'Alexandre jusqu'à l'invasion arabe,
    I—II, Études Bibliques, Paris, 1952.
M. Aberbach, The Roman-Jewish War (66—70 A. D.), its Origins and Consequences,
    London, 1966.
B. Bagatti et J. T. Milik, Gli scavi del 'Dominus flevit', I, La necropoli del periodo romano,
    Jérusalem, 1958.
S. W. Baron, A Social and Religious History of the Jews, I, New York, 1952.
P. Benoit, J. T. Milik et R. de Vaux, Les grottes de Murabba'ât (= Discoveries in the
    Judean Desert, II), Oxford, 1961.
J.-B. Frey, Corpus Inscriptionum Judaicarum, II, Rome, 1952.
E. R. Goodenough, Jewish Symbols in the Greco-Roman Period, I, New York, 1953.
F. M. Heichelheim, Geschichte Syriens und Palästinas von der Eroberung durch Kyros II.
    bis zur Besitznahme durch den Islam (547 v. Chr.—641/2 n. Chr.), dans: Handbuch der
    Orientalistik, I 2, 4, 2, Leiden, 1966, pp. 99—290.
B. W. Henderson, The Life and Principate of the Emperor Hadrian, Londre, 1923.
M. Hengel, Die Zeloten. Untersuchungen zur jüdischen Freiheitsbewegung in der Zeit von
    Herodes I. bis 70 n. Chr. Arbeiten zur Geschichte des Spätjudentums und Urchristen-
    tums, I, Leiden/Köln, 1961 (²1976).
J. Jeremias, Jerusalem in the time of Jesus, Londres, 1969. (Traduit de la IIIème édition alle-
    mande, Göttingen, 1962.)
L. Kadman, The Coins of Aelia Capitolina, Tel-Aviv, 1956.
B. Kanael, Altjüdische Münzen, dans: Jahrbuch für Numismatik und Geldgeschichte, XVII
    (1967), pp. 159—258.
H. Mantel, Studies in the History of the Sanhedrin, Cambridge, Mass., 1965.
R. Marcus, A Selected Bibliography (1920—1945) of the Jews in the Hellenistic-Roman
    Period, dans: Proceedings of the American Academy of Jewish Research, XV (1946/47),
    pp. 97—181.
Y. Meshorer, Jewish Coins of the Second Temple Period, Tel-Aviv, 1967.

[146] Hist. Eccl. V, 1

B. D'ORGEVAL, L'empereur Hadrien, oeuvre législative et administrative, Paris, 1950.

S. PEROWNE, Hadrian, Londres, 1960.
ID., The Later Herods. The Political Background of the New Testament, Londres, 1958.
ID., The Life and Time of Herod the Great, Londres, 1957.

U. RAPPAPORT, Bibliography of Works on Jewish History in the Hellenistic and Roman Periods, 1946—1970, dans: Studies in the History of the Jewish People and the Land of Israël, Haïfa, II (1972), pp. 247—321.

A. SCHALIT, König Herodes. Der Mann und sein Werk, Studia Judaica IV, Berlin, 1969.
E. SCHÜRER, Geschichte des jüdischen Volkes im Zeitalter Jesu Christi, II⁴, Leipzig, 1907.
E. STAUFFER, Jerusalem und Rom im Zeitalter Jesu Christi, Dalp-Taschenbücher 331, Bern, 1957.

V. TCHERIKOVER, Corpus Papyrorum Judaicarum, I, Cambridge, Mass., 1957 (Prolegomena).

W. WEBER, Untersuchungen zur Geschichte des Kaisers Hadrianus, Leipzig, 1907 (réimpression Hildesheim 1973).

Césarée de Palestine, son histoire et ses institutions

par Baruch Lifshitz†, Jérusalem

Table des matières

I. L'histoire de l'exploration du site et de la région

Il convient de commencer cette étude par l'histoire de l'exploration de la ville ancienne et de ses environs. J'énumérerai dans l'ordre chronologique les voyageurs qui ont parcouru la région au XIXe siècle et les explorateurs et archéologues qui ont étudié les antiquités de Césarée au XXe siècle.

Deux officiers de la marine anglaise, Ch. L. Irby et J. Mangles, ont visité les ruines de Césarée au cours de leur voyage en Egypte, Nubie, Syrie et Asie Mineure.

C'était une courte visite; ils gagnèrent le site le 16 Octobre 1817 et ils consacrèrent à Césarée une seule page de leur livre[1]. Ils ont pu regarder au sud de la ville une stèle de marbre qui portait une inscription avec le

---

[1] Ch. L. Irby et J. Mangles, Travels in Egypt, Nubia, Syria and Asia Minor, during the Years 1817 and 1818, London, 1823, pp. 189—190.

nom de Septime Sévère. Plus tard un certain Mr. BANKES consulté par les voyageurs reconnut dans cette stèle un milliaire.

Une brève description des ruines de Césarée a été donnée par VERE MONRO qui visita le site en Avril 1833 en venant de Tantoura (ancienne Dôra)[2].

On ne trouve dans ce livre aucune mention du théâtre ni de l'hippodrome. La description du site a été résumée en 1852 par CARL RITTER dans son grand ouvrage[3]. Il a décrit les ruines de Césarée surtout d'après PROKESCH[4] et BARTH. Cependant, RITTER utilisa aussi les descriptions des voyageurs antérieurs, comme IRBY et MANGLES[5]. Il raconte la trouvaille du milliaire que nous avons mentionné ci-dessus et il décrit brièvement, d'après PROKESCH, l'hippodrome qu'il appelle stadium et qui se trouve près de la porte du sud, l'obélisque qui sera décrit plus tard par V. GUÉRIN et les bornes de granite, sur l'une desquelles PROKESCH avait lu le nom Fibianus Candidus[6].

La première description détaillée, systématique et scientifique des ruines de Césarée et de ses environs a été donnée par le voyageur français VICTOR GUÉRIN[7].

Les pages consacrées à Césarée résument les résultats de l'exploration effectuée en juin 1870. Ce n'était pas le premier voyage de GUÉRIN en Palestine. Pendant la mission scientifique qu'il avait accomplie dans ce pays en 1863, il avait exploré avec soin «tout le territoire de l'ancienne Judée, depuis Jaffa au nord jusqu'à El-A'rich au sud»[8]. Or en 1870 il fut chargé «d'une nouvelle mission pour ce même pays, afin d'y parcourir et d'y étudier en détail la Samarie et la Galilée»[8a]. C'est en venant de Dôra que GUÉRIN arriva le 20 Juin 1870 à Césarée. En longeant la côte il a pu observer les restes d'un ancien aqueduc: il s'agit évidemment de l'aqueduc supérieur de Césarée. Il constata, comme plus tard les explorateurs anglais, que l'aqueduc était de construction romaine et remontait selon toute apparence à Hérode.

GUÉRIN a donné une description détaillée de l'aqueduc comme du site de Césarée. Il décrit ensuite l'enceinte de l'époque des Croisés. Suit la description du port créé par le roi Hérode. GUÉRIN n'oublia pas de préciser que déjà au XIIe siècle ce port était loin d'offrir un asile sûr aux vaisseaux[9]. GUÉRIN a pu voir les vestiges de la forteresse bâtie par les

---

[2] VERE MONRO, A Summer Ramble in Syria, I, London, 1835, pp. 70—75. La description des ruines, pp. 74—75.

[3] C. RITTER, Die Erdkunde, 16ter Theil, Berlin, 1852, pp. 598—607.

[4] A. PROKESCH RITTER VON OSTEN, Reise ins heilige Land, Wien, 1831, non vidi.

[5] Voir ci-dessus note 1.

[6] P. 606: „Nahe vor dem südlichen Thore sieht man noch die Form eines Stadiums, dem aber die Bekleidung entrissen ist, bis auf ein Paar Granitsäulen und Quadern, auf deren einem man den Namen Fibianus Candidus lesen konnte."

[7] V. GUÉRIN, Description géographique, historique et archéologique de la Palestine, IIe partie. Samarie, tome II, Paris, 1875, pp. 321—330.

[8] Op. cit., I, 1874, p. 1.   [8a] Ibid.

[9] Il cite Guillaume de Tyr, X, 15.

Croisés et qui succédait sans doute à un château fort musulman, construit lui-même selon toute apparence sur les ruines de la tour de Drusus[10]. Il a fait remarquer que pendant ses voyages de 1854 et 1863 il avait pu admirer les restes d'une belle salle ogivale, dont les nervures des voûtes reposaient sur des consoles triangulaires. En 1870 il n'a plus trouvé que d'énormes pans de murs renversés qui gisaient dans les flots. Sous les constructions du Moyen Âge, il a pu distinguer les arasements de trois chambres contiguës pavées en mosaïque, qui datent vraisemblablement dit-il de l'époque hérodienne[11]. GUÉRIN a bien vu, comme les explorateurs postérieurs de Césarée, la cause de cette destruction. «On y a pratiqué d'innombrables excavations pour en extraire, comme d'une carrière, des pierres, des morceaux de marbre et des colonnes ... l'intérieur de cette enceinte abandonnée est, depuis de longues années, une véritable ruine de matériaux de toutes sortes»[12]. Il a fait aussi remarquér que la ruine la plus importante était l'église du Moyen Âge dont il a donné une description détaillée. GUÉRIN suggéra qu'elle avait été bâtie, «selon toute apparence, sur le même emplacement que le magnifique temple élevé en l'honneur d'Auguste par Hérode». Ce temple devint la cathédrale de la ville et, après la conquête arabe, s'élevait là la principale mosquée de Césarée. Lorsqu'en 1101, la ville tomba au pouvoir des Croisés, ils y massacrèrent une multitude immense de musulmans qui s'y étaient réfugiés[13]. L'édifice redevint une église métropolitaine. D'après l'évaluation de GUÉRIN, l'enceinte des Croisés ne comprenait que la neuvième partie de la cité ancienne. GUÉRIN sortit de la cité du Moyen Âge par la porte du sud, qui était encore debout, ainsi qu'une partie des deux tours qui la flanquaient[14], et il a pu observer à gauche, sur les pentes d'une colline, les vestiges d'un théâtre dont tous les gradins ont disparu. A l'endroit où était la scène, qui était complètement détruite, il a vu une dizaine de fûts de colonnes en granite rose. GUÉRIN a bien vu qu'il s'agissait de l'édifice décrit par Josèphe[15]. Il nota également comme les autres voyageurs que l'amphithéâtre mentionné par Josèphe dans le même passage des 'Antiquités' a été entièrement démoli.

En s'avançant à l'est de l'enceinte des Croisés il a fallu parcourir au moins 900 mètres pour retrouver vers l'Orient les vestiges de l'enceinte hérodienne.

GUÉRIN visita ensuite l'hippodrome: «. . . Ce qui a frappé particulièrement mon attention c'est, au milieu d'un champ, un bel obélisque en granite rose gisant à terre. Arraché de sa base . . . il a été brisé et scié en plusieurs endroits, afin de pouvoir être plus facilement emporté; néanmoins . . . il paraît avoir déjoué par sa masse les efforts de ceux qui voulaient l'enlever

[10] V. GUÉRIN, op. cit., II, p. 323.
[11] P. 324.
[12] P. 325.
[13] P. 326s., l'auteur cite Guillaume de Tyr X, 16, qui a décrit le massacre des musulmans à Césarée.
[14] P. 328.
[15] Ant., XV, 341.

et il est toujours là . . . mesurant 14 m de long . . . Dans le même champ, on remarque trois bornes gigantesques, également en syénite rose, et qu'on a commencé à scier. Ces bornes n'indiqueraient-elles pas que nous sommes sur l'emplacement d'un ancien cirque, dont elles terminaient la «spina», l'obélisque en occupant le centre?»[16] On peut ajouter que l'obélisque et les bornes sont toujours là, mais l'inscription mentionnée par les devanciers de GUÉRIN a disparu.

Le chapitre de l'ouvrage de GUÉRIN consacré aux sites et aux ruines de Césarée se termine par la description de deux aqueducs et de l'ancien égout mentionné par Josèphe[17].

Le voyageur passe à l'analyse de l'histoire de Césarée.

Deux ans après le dernier voyage de GUÉRIN, un explorateur anglais, TYRWHITT DRAKE, a visité Césarée. Il résuma les résultats de son exploration dans la revue du 'Palestine Exploration Fund'[18]. Il donna une description assez détaillée du port hérodien et une discussion du passage de Josèphe concernant sa construction; il décrivit brièvement le théâtre et nota l'absence de vestiges de l'amphithéâtre. DRAKE nota également les anciens égouts, mentionnés par l'historien juif et découverts par Conder. En outre, il donna les dimensions de l'hippodrome situé à l'Est de la ville: 350 yards de longueur et 90 de largeur.

Il mentionna aussi l'obélisque et les bornes, dont il donna les dimensions. Il explora ensuite les traces de l'enceinte romaine et les aqueducs. DRAKE fit remarquer que l'aqueduc supérieur a deux conduits et amenait l'eau de Sabbarin. A cette occasion, il raconte la légende locale, d'après laquelle l'aqueduc a été construit par deux filles d'un roi qui firent un pari: qui apporterait le plus vite de l'eau à la ville. DRAKE nota également que l'aqueduc inférieur amenait l'eau du fleuve Zerka. La description détaillée des aqueducs est la partie la plus importante du rapport de ce voyageur.

Après la mort de DRAKE, l'exploration de la Palestine a été continuée par son compagnon C. R. CONDER. Les résultats de cette exploration ont été publiés dans un volume qui est resté fondamental pour la géographie historique et archéologique de la Palestine[19].

La mission archéologique anglaise a visité le site de Césarée le 5 et le 6 Avril 1873. Les auteurs commencèrent par la description de l'enceinte romaine; ils donnèrent les dimensions de l'espace enclos dans les murs romains, 1600 yards de longueur et 900 de largeur (de l'Est à l'Ouest). Ils décrivirent ensuite le théâtre qui leur sembla avoir été converti en une forteresse. Ils donnèrent ses dimensions en faisant remarquer la nécessité de fouilles pour explorer cet édifice.

---

[16] P. 329.
[17] P. 330; Jos. Ant., XV, 340.
[18] Mr. C. F. TYRWHITT DRAKE's Reports, XIV, Palestine Exploration Fund Quarterly Statements, 1873, pp. 107—110.
[19] C. R. CONDER et H. H. KITCHENER, The Survey of Western Palestine, I—II, London, 1882. La description de Césarée, pp. 13—29.

Ce vœu ne fut accompli que presque 90 ans après la parution
du 'Survey' anglais. Ils ont pu observer les fûts de granite mentionnés par
GUÉRIN. Les auteurs citèrent le passage de Josèphe concernant le théâtre
en pierre et l'amphithéâtre «qui est capable de contenir un grand nombre
de gens» et qui est situé au sud du port et donne une vue sur la mer. Ils
firent remarquer que l'édifice décrit par eux semble convenir au récit
de l'historien, mais ils oublièrent que Josèphe parle de deux édifices différents.

Les dimensions de l'hippodrome données par les auteurs du 'Survey'
diffèrent un peu de celles de DRAKE: 1056 pieds de longueur, 264 de largeur.
Ils mentionnèrent naturellement l'obélisque et les bornes et donnèrent aussi
leurs dimensions; suit la description du port; les ruines près de la cathédrale leur semblent être les vestiges du temple d'Auguste et de Rome
édifié par Hérode, du fait que les ruines sont de pierre blanche comme
l'édifice hérodien tandis que la maçonnerie des Croisés était en calcaire
brun.

La description des aqueducs est très détaillée et leurs dimensions sont
enregistrées avec soin. Les auteurs pensent que ces derniers datent probablement de l'époque d'Hérode. Cependant on ne trouve chez les explorateurs anglais aucun argument de nature architectonique. Ils ne peuvent
imaginer une ville de cette importance sans aqueduc et dépendante des
puits et citernes pour l'approvisionnement en eau. Cet argument sera
repris plus tard par un archéologue israélien[20].

Le pillage des antiquités de Césarée se poursuivit sans cesse, l'exploitation et le commerce de pierres se développèrent et s'intensifièrent quand
les musulmans réfugiés de Bosnie s'installèrent en 1885 à Césarée.
Ils reçurent du sultan les ruines de la ville et une exemption d'impôts
pour dix ans. Les réfugiés habitaient sur les murs de l'enceinte ancienne
tandis que les fossés étaient transformés en potagers. Ils utilisaient les
pierres anciennes pour bâtir leurs maisons mais surtout pour le commerce,
et on pouvait voir à Jaffa des navires chargés de pierres de Césarée[21].
Les beaux marbres de cette ville étaient transportés aussi à Acre et même
à Jérusalem pour y orner les mosquées.

Quand A. ALT visita en 1913 les ruines de Césarée, il put constater
que plusieurs des monuments notés dans le 'Survey' anglais avaient depuis
lors disparu. Une riche famille turque avait acheté tout le territoire de
l'ancienne Césarée pour l'exploiter comme carrière. La moitié Sud avait
été cédée au patriarche grec de Jérusalem malgré les protestations de la
colonie juive voisine de Hadera. Les autorités turques permirent au patriarche
de construire à Césarée un couvent[22]. Il n'a jamais été bâti. Dans l'été 1921,

---

[20] Voir ci-après p. 498.
[21] J. BENZINGER, Der heutige Zustand der alten Denkmäler in Syrien und Palästina, ZDPV,
XIV (1891), p. 71.
[22] H. THIERSCH, 2. archäologischer Jahresbericht, 3. Caesarea Palaestinae, ZDPV, XXXVII
(1914), p. 62.

L. HAEFELI visita Césarée et étudia le site et les ruines[23]. Les résultats de son exploration furent résumés dans une monographie qui a été publiée deux ans plus tard[24]. La première partie de ce mémoire (pp. 2—38) est une étude géographique et topographique, tandis que l'autre partie (pp. 39—76) est consacrée à l'histoire de Césarée d'après Josèphe et les 'Actes des Apôtres'. En outre, comme ses devanciers dans l'étude du site de Césarée, HAEFELI a publié un plan de la ville. La description des aqueducs est très brève parce que l'attention de l'auteur était centrée sur les vestiges des édifices. A son avis, la basilique des Croisés avait été bâtie sur les ruines du temple d'Auguste et de Rome, dont il a discerné, dit-il, les fondements. Au pronaos du temple appartenait d'après HAEFELI une colonne en granite rose qui gisait là. Il s'étonnait que ces débris ne se trouvent pas vis-à-vis de l'entrée du port hérodien mais un peu plus au nord, au milieu du village des réfugiés de Bosnie[25]. HAEFELI ne s'efforça pas de trouver la solution de cette difficulté. Quant à l'amphithéâtre mentionné par Josèphe, HAEFELI a voulu le trouver au sud du port, derrière (ὄπισθεν) le théâtre. Cependant il ne put discerner les vestiges de cet édifice. HAEFELI étudia également l'hippodrome, où il vit une statue acéphale d'une déesse ou d'une femme[26]. Parmi les édifices publics de Césarée, il a mentionné le tetrapylon qui se trouvait, selon les sources rabbiniques, dans la partie Est de la ville[27]. Cet édifice a été mentionné également par l'auteur anonyme d'un ouvrage géographique, rédigé au milieu du IVe siècle à Antioche ou Alexandrie et qui a été traduit en latin[28].

HAEFELI a rappelé aussi les synagogues de Césarée, dont une avait été mentionnée par Josèphe[29].

Il n'y a pas de différences essentielles entre les explorateurs dont nous avons énuméré les études. Les chercheurs anglais étaient surtout attirés par les aqueducs tandis que GUÉRIN et HAEFELI les décrirent brièvement. Ce sont plutôt des différences d'attitude parce que les explorateurs s'intéressèrent, parfois, à différents monuments archéologiques.

L'exploration du site a fait de considérables progrès grâce à l'application des méthodes nouvelles et surtout de la photographie aérienne. Les résultats de ces recherches ont été résumés, il y a une vingtaine d'années,

---

[23] La collection du patriarcat grec orthodoxe à Jérusalem possède d'assez nombreuses inscriptions provenant de Césarée cf. B. LIFSHITZ, Inscriptions de Césarée en Palestine, RB, LXXII (1965), p. 107.

[24] LEO HAEFELI, Cäsarea am Meer, Topographie und Geschichte der Stadt nach Josephus und Apostelgeschichte, Münster i. W., 1923.

[25] Op. cit., p. 19.

[26] P. 22.

[27] Tosephta Ohalot, 18, 13.

[28] C. MUELLER, Geographi Graeci minores, II, Paris, 1861 (rééd. Hildesheim, 1965), 517(26): *Iam etiam Caesarea civitas est similiter deliciosior et abundans omnibus, et dispositione civitatis in multa eminens: tetrapylon enim eius nominatur ubique, quod novum unum et aliquod spectaculum.*

[29] HAEFELI, Op. cit., p. 28.

par A. REIFENBERG[30]. La photographie aérienne a permis d'établir avec
précision le tracé de l'enceinte romaine, mais la ville s'étendait environ
deux km au-delà, c'est-à-dire au sud du Kibboutz Sedoth-Yam. On a pu
compter sur la photo environ 300 *insulae*, chacune de 90 m de longueur et
50 m de largeur. Cependant, on n'a pu arriver à une conclusion certaine au
sujet des grands édifices publics. A. REIFENBERG n'accepte pas l'opinion
des auteurs du 'Survey' anglais et de HAEFELI qui voulaient situer le sanctuaire d'Auguste et Rome sur l'emplacement de la basilique des Croisés.
Il veut assigner à ce temple une autre place: sur la colline à l'est du Kibboutz, où la photographie aérienne a permis de discerner le contour d'un
immense édifice (100 × 100 m) dont on a trouvé des vestiges. REIFENBERG
n'explique pas pourquoi on avait construit le sanctuaire en dehors de l'enceinte de la ville; il constate seulement que le temple était visible de loin[31].
Ceci n'est pas pourtant dit dans le récit de Josèphe. REIFENBERG ne semble
pas avoir compris le passage qu'il a cité. L'historien ne dit pas que le
sanctuaire était visible à une grande distance du port ou de la ville:
περίκεινται δὲ ἐν κύκλῳ τὸν λιμένα λειοτάτου λίθου κατασκευῇ συνεχεῖς οἰκήσεις κἀν τῷ μέσῳ κολωνός τις, ἐφ᾽ οὗ νεὼς Καίσαρος ἄποπτος τοῖς εἰσπλέουσιν,
ἔχων ἀγάλματα, τὸ μὲν Ῥώμης, τὸ δὲ Καίσαρος[32].

Josèphe dit expressément que le sanctuaire d'Auguste et Rome était
situé ἐν μέσῳ, parmi les autres édifices et il était visible, τοῖς εἰσπλέουσιν,
aux équipages des navires qui entraient dans le port. C'est une manière
d'indiquer l'emplacement du temple et son éminence. La colline dont parle
Josèphe n'était sans doute qu'une élévation artificielle du terrain effectuée
pour établir les fondations de l'édifice.

Grâce à la photographie aérienne, a été tranché enfin le problème
épineux de l'emplacement de l'amphithéâtre. Il a été découvert assez loin
du théâtre, au Nord-Est de la ville des Croisés, près de l'enceinte romaine.
A. REIFENBERG a donné les dimensions de l'arène: 95 m de longueur et 62 m
de largeur, tandis que l'arène du Colisée a 86 m de longueur et 54 m de
largeur[33]. Mais le récit de Josèphe[34] ne convient pas à l'emplacement de l'amphithéâtre, et l'édifice au sud du port était un théâtre. REIFENBERG propose
donc de changer le mot θέατρον en ἀμφιθέατρον et vice versa. Mais les mots
ἐκ πέτρας, qui se trouvent dans six mss des 'Antiquités', décrivent exactement la topographie du théâtre, ce qui avait été bien vu par V. GUÉRIN. Voici
ce que dit le voyageur après avoir cité le passage en question de Josèphe:
«Le théâtre dont je viens de signaler les débris avait été effectivement
creusé en partie dans le roc puisqu'on avait profité, pour le construire, des
flancs demi-circulaires d'une colline formée à la fois de terre et de roc»[35].

---

[30] Caesarea. A Study in the Decline of a Town, Israel Exploration Journal, I (1950—51),
pp. 20—32.
[31] Op. cit., p. 23.
[32] Jos. Ant., XV, 339.
[33] A. REIFENBERG, Op. cit., p. 25.   [34] Ant. XV, 341.
[35] V. GUÉRIN, Op. cit. ci-dessus dans la note 7, p. 328. L'utilité de la lecture des voyageurs
et des explorateurs est évidente.

On a déjà fait remarquer que la situation des théâtres de Philadelphie (Amman), Gerasa et Jérusalem était semblable[36]. Il n'y a donc rien a changer dans le texte des Antiquités parce que l'indication ἐκ πέτρας est relative au théâtre et ne peut aucunement avoir rapport à l'amphithéâtre. Josèphe savait bien qu'Hérode avait construit à Césarée les deux édifices et il les note parmi les constructions remarquables du roi[37]. Or les anciens confondent ces deux termes; on appelle souvent 'amphithéâtre' un simple théâtre[38] et vice versa. Josèphe lui même écrit dans un passage de la 'Guerre des Juifs': πλείστους δ' εἰς τὰς ἐπαρχίας διεδωρήσατο Τίτος φθαρησομένους ἐν τοῖς θεάτροις[39].

A. REIFENBERG a étudié aussi les aqueducs. Il commença leur description par la mention de deux inscriptions découvertes sur l'aqueduc supérieur. Il s'agit de dédicaces des vexillations des légions *VI Ferrata* et *X Fretensis*[40]. Mais il n'a pas connu une autre dédicace d'une vexillation de la *VI Ferrata*[41]. REIFENBERG, qui n'a pas lu la description de GUÉRIN, pense que l'aqueduc supérieur a été construit dans la première moitié du IIe siècle, c'est-à-dire sous Hadrien.

Il a fait aussi le rapprochement avec le récit de Choricius de Gaza sur la réparation de l'aqueduc de Césarée sous le règne de Justinien[42]. Quant à l'aqueduc inférieur, REIFENBERG indique la date approximative de son barrage septentrional, qu'il date du IIIe siècle. La question de la date de la construction des aqueducs de Césarée a été reprise par l'archéologue israélien A. NEGEV. En 1961, la mission archéologique italienne à Césarée a découvert une section de l'aqueduc supérieur[43]. En 1963 A. NEGEV, en continuant la fouille italienne, a mis au jour une section de 335 m de longueur du même aqueduc et a découvert deux dédicaces des détachements militaires. Ces inscriptions attestent les travaux effectués par ces vexillations: une nouvelle inscription de la *X Fretensis*[44] et une dédicace de la *II Traiana Fortis*[45]. A. NEGEV a résumé les résultats de ses fouilles dans un article paru en 1964[46]. Il n'accepte

---

[36] HAEFELI, op. cit., p. 21, note 32. Pour le théâtre de Gerasa cf. C. C. McCOWN, in: C. H. KRAELING, Gerasa. City of the Decapolis, New Haven, 1938, p. 162.

[37] Jos. Bell. I, 415.

[38] L. ROBERT, Les Gladiateurs dans l'Orient grec, Bibl. de l'École des hautes études, sect. IV fasc. 278, Paris, 1940, réimpr. Amsterdam, 1971, p. 33, note 6.

[39] Bell. VI, 418, cité par L. ROBERT, op. cit., p. 36, note 2.

[40] J'ai réédité ces dédicaces dans: 'Sur la date du transfert de la legio VI Ferrata en Palestine', Latomus, XIX (1960), p. 110, nos. 3—4.

[41] Voir ibid. no 5. Je reprendrai ci-après les inscriptions de l'aqueduc de Césarée.

[42] REIFENBERG a cité cette source d'après F.-M. ABEL, Géographie de la Palestine, I, Paris, 1933, p. 449.

[43] A. FROVA, Gli scavi della Missione Archeologica Italiana a Caesarea (Israele), Annuario della Scuola Archeologica di Atene XXIII—XXIV (1961—62), pp. 650—652.

[44] J'ai édité cette dédicace d'après une photo publiée dans un quotidien israélien: Inscriptions latines en Césarée (Caesarea Palaestinae), Latomus, XXII (1963), p. 784 (cf. Légions romaines en Palestine, Hommages à Marcel Renard, II, Coll. Latomus CII, Bruxelles, 1969, p. 460).

[45] J'ai republié cette inscription dans Hommages à Marcel Renard, II, p. 469.

[46] A. NEGEV, The High Level Aqueduct at Caesarea, Israel Exploration Journal, IV (1964), pp. 237—249.

pas la datation de REIFENBERG mais, comme ce dernier, il n'a pas connu
le livre de GUÉRIN. A. NEGEV a constaté que l'aqueduc supérieur est composé
de deux conduits; celui de l'Est s'était conservé intact tandis que le conduit
de l'Ouest avait été réparé maintes fois. Bien qu'il ne décrive pas la maçonnerie de l'aqueduc, il indique qu'il a été construit à l'époque d'Hérode.
Ceci parce que NEGEV ne veut pas admettre que jusqu'au règne de
l'empereur Hadrien les habitants de Césarée buvaient l'eau des puits et
des citernes. Il constate que les détachements des légions ont effectué
des travaux de réparation et non pas de construction de tout l'aqueduc.

Je reprendrai les dédicaces découvertes sur l'aqueduc en étudiant l'histoire de Césarée d'après les inscriptions et les monnaies.

II. L'histoire de Césarée

Je me propose de résumer dans cette partie de l'article la contribution
de l'épigraphie et de la numismatique à l'étude de l'histoire de Césarée et
de ses institutions. Le nom officiel de la nouvelle ville, Καισαρία ἡ πρὸς τῷ
σεβαστῷ λιμένι, apparaît pour la première fois sur les monnaies d'Agrippa Ier
émises en 43 et 44[47] et ensuite sur les monnaies frappées à Césarée en 66/67[48].
Le nom *Portus Augusti* apparaît sur une monnaie de l'empereur Dèce[49].
Ces titres ne sont pas attestés dans nos sources littéraires ni dans les inscriptions de Césarée. Josèphe ne mentionne jamais ce nom apparemment officiel
de la ville; l'historien dit seulement que le roi Hérode a appelé la ville Césarée
en l'honneur d'Auguste[50].

Elle a été élevée au rang de colonie par Vespasien[51]. Son nom officiel
Colonia Prima Flavia Augusta Caesarea apparait sur de nombreuses monnaies[52], mais on ne le trouve que dans une seule inscription, la dédicace
des décurions de la ville à un ancien *duovir*; je reprends ici l'interprétation
de cette dédicace.

K. ZANGEMEISTER, Inschrift der vespasianischen Kolonie Cäsarea
in Palästina, ZDPV, XIII (1890), pp. 25—30 (CIL, III Suppl., 12082,
H. DESSAU, ILS, 7206), E. VON MUELINEN, Beiträge zur Kenntnis des
Karmels, ZDPV, XXXI (1908), p. 240.

---

[47] A. REIFENBERG, Ancient Jewish Coins, Jérusalem 1947, Nos. 60a, 62, cité par L. KADMAN,
The Coins of Caesarea Maritima, Jérusalem, 1957.
[48] L. KADMAN, op. cit., Nos. 1—11.
[49] Ibid., No. 152.
[50] Bell., I, 413.
[51] Plin., NH, V, 69 ... *Caesarea, ab Herode rege condita, nunc Colonia Prima Flavia, a Vespasiano imperatore deducta.*
[52] KADMAN, op. cit., Nos. 20—86.

> *Marcum Flavium AGRIPPAM PONTIFicem*
> *II VIRALem*
> *COLoniae I FLaviae AUGustae CAESAREAE ORA*
> 4   *TOREM EX DECreto DECurionum PECunia PUBLica.*

Le premier éditeur suit Mommsen dans l'interprétation de la dédicace et entend que les génitifs *Coloniae . . . Caesareae* sont régis par les mots *oratorem* et *ex decreto decurionum*. Il ne me semble pas qu'on puisse accepter cette interprétation; l'intervalle entre la ligne 2 et la suite de l'inscription ne peut servir d'argument en sa faveur. Il faut expliquer cet intervalle par des raisons de symétrie. Le personnnage honoré était *duovir* de la ville et orateur, c'est-à dire sans aucun doute professeur de rhétorique et probablement aussi ambassadeur de Césarée auprès des autorités romaines. On sait que les villes chargeaient souvent les rhéteurs d'ambassades auprès des autorités romaines.

La statue de l'ancien *duovir* a été érigée, conformément au décret du conseil municipal, aux frais de la ville. On peut rapprocher la formule si fréquente dans les inscriptions latines: *locus datus e decreto decurionum*. Si M. Fl. Agrippa était un rhéteur, on peut rapprocher un discours de Libanius qui exhorte les membres du conseil municipal d'Antioche à mieux payer les professeurs de rhétorique afin d'empêcher leur exode vers d'autres villes, plus généreuses, comme Césarée de Palestine[53]. Il est évident qu'à cette époque on appréciait à Césarée l'art de la rhétorique et on s'efforçait d'attirer les rhéteurs célèbres d'autres villes.

De nombreuses inscriptions trouvées en Palestine témoignent d'une activité des détachements militaires dans l'œuvre du développement de la province. Ces documents attestent l'intérêt de l'empereur Hadrien pour l'urbanisation de la Palestine. Sept dédicaces, dont une complètement illisible, ont été découvertes sur l'aqueduc supérieur de Césarée: deux de la *legio VI Ferrata*, trois de la *X Fretensis* et une de la *II Traiana Fortis*[54]. A. Negev est d'avis que les inscriptions des détachements des légions gravées sur l'aqueduc supérieur sont relatives à des travaux de réparation et non pas de construction, comme le pensait A. Reifenberg[55]. Nous

---

[53] Lib. Or. 31 cité par P. Petit, Libanius et la vie municipale à Antioche au IVe siècle après J.-C., Paris, 1955, p. 177.

[54] Pour les dédicaces des détachements des légions sur l'aqueduc de Césarée, voir mes articles dans Latomus, XIX (1960), p. 110; XXII (1963), p. 784; Hommages à Marcel Renard, II, pp. 459, 460, 469. La troisième dédicace de la *X Fretensis* a été découverte au mois de Septembre 1973 par un habitant du village de Beth Hanania, près de la route Haifa–Hadera, à 37 km de Haifa et à 3 km de Césarée. C'est une inscription gravée dans une *tabula ansata*, dont le texte est identique à celui de la dédicace de la même légion, Hommages à Marcel Renard, II, p. 459. Tout près de cette inscription on en a trouvé une autre dans une couronne, avec un aigle de la légion au-dessus et une statuette de la Victoire au-dessous de la couronne. La brève inscription que portait la pierre a été très abîmée à la suite du nettoyage mais il me semble qu'on peut reconnaître les vestiges de la dédicace *Traiano Hadriano Augusto* (voir infra, p. 517, 'Addendum'). On ne peut pas savoir de quelle légion émane la septième dédicace.

[55] A. Negev, op. cit. ci-dessus, note 46.

32*

avons vu que la maçonnerie de l'aqueduc supérieur est hérodienne, la thèse de REIFENBERG n'est pas donc acceptable. Mais les dédicaces des détachements militaires attestent sans aucun doute des travaux importants de construction de sections entières de l'aqueduc supérieur.

Les terrains sablonneux et marécageux de la région nécessitaient assez souvent des travaux de réparation. En réunissant ces documents, j'ai conclu que le transfert de la *VI Ferrata* en Palestine a eu lieu à une date antérieure à la guerre de Bar-Kokheba, contrairement à l'opinion courante, selon laquelle le transfert a été effectué en 133 ou 134 pour compenser les pertes infligées à l'armée romaine par les insurgés[56]. La question a été tranchée et ma conclusion confirmée grâce à une heureuse trouvaille: un milliaire découvert sur la route Diocaesarea (Sepphoris)-Caparcotna apporta une preuve décisive. Il est daté de la quatorzième année de la puissance tribunicienne de l'empereur Hadrien[57]. A ce moment la route, et naturellement le camp, existaient; Caparcotna (Legio) était le *caput viae*, comme l'indique le chiffre V, le cinquième mille à partir du camp, tandis que l'inscription grecque à la fin, ἀπὸ Διοκαισαρίας μίλια ι΄, indique la distance de Diocésarée. A. NEGEV, qui ne connaissait pas ce milliaire, affirmait en 1964 et en 1966 que la légion avait été transférée en Palestine en 130[58].

Le titre *Fidelis Constans* a été accordé à Césarée par Septime-Sévère car elle s'était ralliée à lui aussitôt après les premiers échecs de Pescennius Niger. On sait que les conflits entre les villes de la Palestine ont joué un rôle important dans la lutte entre les deux rivaux. Ce titre est extrêmement fréquent sur les monnaies de la ville. La *legio VI Ferrata* était fidèle à Septime-Sévère comme la plupart des villes de Galilée et de Samarie, tandis que la *legio X Fretensis* s'était ralliée à Niger comme les villes grecques de Judée. On sait aussi que le titre *F(idelis) C(onstans)* apparaît souvent dans les inscriptions relatives à la *legio VI Ferrata*.

Les sympathies et tendances politiques des légions étaient liées aux conflits locaux entre les villes et régions. Le vainqueur punissait les villes qui lui résistaient et accordait privilèges et honneurs à celles qui lui étaient fidèles. L'empereur Sévère Alexandre accorda à Césarée le rang de métropole: ce titre apparaît fréquemment sur les monnaies de Césarée. La ville a érigé un arc pour la commémoration de cet heureux événement. Trois blocs de cet arc, avec fragments de l'inscription, ont été conservés. Ils se trouvent maintenant dans la cour du musée local de Césarée au Kibboutz Sedoth-Yam. Deux fragments ont été publiés.

F.-M. ABEL—A. BARROIS, Découverte d'un tombeau voûté à Talbiyeh, RB, XL (1931), p. 294s. (SEG, VIII, 136):

a) [– – – – τὴ]ν μητρόπολιν ἔκτισ[εν – – – –]

b) [αὔξοις vel αὔξει vel αὐξίτω μ]ητρόπολι.

[56] Voir Latomus, XIX (1960), p. 109.

[57] Ibid., p. 110—111.

[58] Voir son article, cité ci-dessus, note 46, p. 247s, une traduction hébraïque de cette étude a paru en 1966.

Les éditeurs ont rapproché pour l'acclamation l'inscription d'Ascalon[59] : αὔξι Ἀσκάλων, αὔξι Ῥώμη. On trouve une acclamation adressée à une ville sur l'aqueduc de Sidè en Pamphylie et à Vasada[60]. La formule était fréquente au Bas-Empire et à l'époque byzantine. Elle est employée aussi dans les saluts adressés à des personnages[61].

Un troisième fragment est inédit:

$$[----\mu]\eta\tau\rho\acuteo\pi o\lambda\iota\varsigma.$$

III. Les gouverneurs de Judée et Palestine

Pendant les fouilles de la mission archéologique italienne au théâtre de Césarée on a découvert une pierre qui avait été réemployée dans un escalier de l'orchestre. C'était la dédicace déjà célèbre de Ponce Pilate. Elle a été publiée et discutée maintes fois (pl. I 1).

A. FROVA, L'iscrizione di Ponzio Pilato a Cesarea, Rendiconti dell'Istituto Lombardo, Accademia di Scienze e Lettere, Classe di Lettere, XCV (1961), pp. 419—434; B. LIFSHITZ, Latomus, XXII (1963), p. 783; A. DE-GRASSI, Sull'iscrizione di Ponzio Pilato, Rendiconti della classe di Scienze morali . . . Accademia dei Lincei, XIX (1964), p. 59—65; A. FROVA et al., Scavi di Caesarea Maritima, 1965, pp. 217—220.

> [TIberio AUGUSTO COn]Sule TIBERIEUM
> [ca. 7 l.   PON]TIUS PILATUS
> [PROCurator AUGusti PRAEF]ECTUS IUDA[EA]E
> [DEDit DEDicavit]
> L. 1.   [CAESARIEN]Sibus FROVA
> [DIS AUGUSTI]S DEGRASSI
> L. 2 [-Po]ntius Pilatus DEGRASSI.
> L. 3 [Praef]ectus DEGRASSI
> L. 4 [fecit, d]e[dicavit] DEGRASSI

Les restitutions de DEGRASSI aux lignes 2, 3 ne sont pas compatibles avec les dimensions de la surface inscrite. Il est évident que nous avons conservé précisément une moitié de la pierre. On peut donc suppléer dix lettres à la l. 1 et cinq seulement à la l. 3.

Durant les fouilles dirigées par A. NEGEV au sud de l'enceinte des Croisés, on a découvert en 1961 une colonne de marbre gris qui portait trois inscriptions, deux latines et une rédigée en grec. La plus importante de ces inscriptions contient le *cursus honorum* de Lucius Valerius Valerianus

---

[59] Bulletin-Palestine, RB, XXXI (1922), p. 636.
[60] L. ROBERT, Hellenica, XI—XII, Paris 1960, p. 23.
[61] L. ROBERT, Hellenica, IV, Paris 1948, p. 62 (au théâtre d'Ephèse), cf. XI—XII, p. 23.

qui était gouverneur de la province de Palestine et Syrie au début du IIIe
siècle[62].

Le texte grec gravé sur la même colonne est une dédicace à Aurelius
Maro, gouverneur de la Palaestina Tertia[63].

IV. *Commandants de légions*

J'ai publié il y a une dizaine d'années une dédicace à la mémoire de
Flavius Potens, commandant de la *legio VI Ferrata*[64] (pl. I 2).

Il porte le titre de *praefectus*. Des préfets des légions stationnées en Palestine n'étaient attestés jusqu'ici. Avant la fin du IIe siècle, il n'y avait de
préfets à la tête des légions qu'en Egypte. La province de Mésopotamie
était aussi gouvernée par des chevaliers et les trois légions parthiques créées
par Septime-Sévère étaient commandées par des officiers du rang de préfets
et non par des *legati* sénatoriaux. L'empereur Gallien a écarté les sénateurs
du commandement militaire et a nommé des préfets dans toutes les légions.
Notre inscription ne peut être antérieure au règne de cet empereur. Les
dédicants étaient Claudius Protianus centurion de la légion *X Fretensis*,
et *procurator* des biens du défunt et ses trois affranchis: Hilarius, Damas et
Symphorus. Tous étaient nommés *secundi heredes* de Potens.

Un autel avec un relief trouvé à Césarée porte l'inscription:

> *IULIUS MAGNUs*
> *LEGio XII FuLMinata.*[65]

Julius Magnus était-il *legatus legionis*?

V. *Les cultes païens*

La source principale de nos connaissances sur les cultes de Césarée est le monnayage, car les inscriptions relatives aux divinités adorées
dans cette ville ne sont pas nombreuses. D'après les statistiques de
L. KADMAN, Tychè apparaît sur 75 types (33%) des monnaies de Césarée,

---

[62] M. AVI-YONAH, Lucius Valerius Valerianus, Governor of Syria Palaestina, Israel Exploration Journal, XVI (1966), pp. 135—141; B. LIFSHITZ, Hommages à Marcel Renard, II,
1969, pp. 462—467; J. FITZ, La carrière de L. Valerius Valerianus, Latomus, XXVIII
(1969), pp. 126—140.

[63] Op. cit., p. 467s.

[64] Latomus, XIX (1960), p. 111 avec une correction de H. G. PFLAUM, A propos d'une inscription
funéraire de Césarée. Un préfet de la Legio VI Ferrata, Latomus, XX (1961), p. 926.

[65] B, LIFSHITZ, Inscriptions latines de Césarée en Palestine, Latomus, XXI (1962), p. 149.

Sarapis sur 26 (11%)[66], on trouve aussi la triade de Césarée Tychè, Dionysos et Déméter (15 types, 7%) mais les types de monnaies avec les dieux Olympiens sont peu nombreux: Zeus n'apparaît pas avant Dèce et seulement sur deux types sous le règne de cet empereur et de Trebonianus Gallus, Poseidon a 1 type avant Dèce, 2 sous cet empereur, Apollon 3 et 2; Helios, Ares et Hygieia n'apparaissent pas avant Dèce et n'ont qu'un seul type chacun[67]. Rome n'apparaît sur les monnaies de Césarée qu'à partir de Sévère Alexandre (8 types)[68].

Le culte de Zeus Sôsipolis est attesté dans un fragment inédit de marbre blanc brisé à gauche et en bas, longueur 15 cm, largeur 11 cm, épaisseur 38 mm:

[Διὶ] Σωσιπόλε –
[ιδι – – – – – – –]

La restitution du nom propre Σωσίπολις est moins probable parce que la pierre n'est sans doute pas un fragment d'un monument funéraire.

La mission archéologique italienne a découvert pendant les fouilles du théâtre le fragment suivant:

Scavi di Caesarea Maritima, 1965, p. 223, No. 9; B. Lifshitz, Inscriptions de Césarée, RB, XXIV (1967), p. 56.

θεῷ μεγάλωι Δεσ[πότη] (Supplevi).

Comme je l'ai indiqué, le culte des θεοὶ Δεσπόται était déjà attesté dans le Hauran[69].

Une récente trouvaille atteste l'existence du culte de Jupiter Dolichenus à Césarée. C'est la première dédicace grecque en l'honneur de ce dieu trouvée en Palestine, et le premier texte épigraphique où son nom est mentionné dans ce pays[70].

Οὐίκτωρ εὐξ[ά]-
μενος ἀνέ-
θηκεν κὲ ἠρ-
4   γάσετο τῷ Δ[ιὶ]
Δολιχηνῷ.

La formule dédicatoire ἀνέθηκεν κὲ ἠργάσετο est l'équivalent de *fecit et dedicavit*[71]. Le bloc de grès portant la dédicace appartenait à un autel que Victor, ayant fait un vœu, dédia à Jupiter Dolichenus[72].

---

[66] L. Kadman, op. cit., p. 50.
[67] Ibid., p. 58.
[68] Ibid., p. 61.
[69] D. Sourdel, Les cultes du Hauran à l'époque romaine, Bibl. archéol. et hist. 53, Paris, 1952, pp. 54s.
[70] J'ai publié cette dédicace dans: Notes d'épigraphie palestinienne, RB, LXXIII (1966), pp. 255s.
[71] Voir pour la formule latine ILS, 2627, 2628.
[72] Pour les inscriptions grecques du Dolichenum de Doura-Europos voir: The Excavations at Dura-Europos, Preliminary Report, Part III, New Haven, 1952, pp. 107—124.

VI. Les cultes égyptiens

Les cultes égyptiens sont attestés à Césarée dans une inscription qui a été récemment publiée[73]. Cette curieuse épitaphe qui avait été trouvée au sud du théâtre n'a malheureusement pas été comprise par l'éditeur, qui n'avait pas su la lire ni, a fortiori, l'expliquer. Il me semble par conséquent utile de reprendre l'étude de cette inscription. Voici son texte:

Εὐψυχ[εῖτε φίλα?] μου τέ-
κνα, εὐψ[ύχει] Πρεῖσκε
Νεμωνιανέ, ἐτῶν ιε̅.
4　δοῖ σοι ὁ Ὄσειρις τὸ ψυχρὸν ὕ-
δωρ σὺν τῇ ἀδελφῇ σου τῇ μονο-
ώρῳ ἁρπασθείσῃ σύν σοι. καὶ σὺ
Ἰσίδωρε εὐψύχει, ἐτῶν ζ΄, δοῖ
8　σοι ὁ Ὄσειρις τὸ ψυχρὸν ὕδωρ
σὺν τῷ ἀδελφῷ σου τῷ μονοώ-
ρῳ ἁρπασθέντι σύν σοι. Γῆ ὑ-
μῖν ἐλαφρὰ καὶ τὰ κατὰ δοὺς
12　　　　ἀγαθά.

J'ai restitué la l. 1 au lieu de [δύο ἐ]μοῦ de l'éditeur qui a supposé que deux enfants avaient été enterrés par leur mère, une fille de quinze ans et un fils de sept, parce que A. NEGEV a pris le vocatif Πρεῖσκε Νεμωνιανέ pour un nom de femme, Πρείσκη Νεμωνιανή. Il a dû aussi admettre qu'aux ll. 8—10 «la mère a trouvé nécessaire de se référer de nouveau à la mort de sa fille». Nous ne pouvons pas savoir qui parle aux enfants morts, mais il me semble certain que les défunts étaient un garçon, Priscus Nemonianus[74] avec sa soeur et Isidoros, un enfant de sept ans avec son frère.

Deux fois se retrouve dans l'épitaphe la formule bien connue δοῖ σοι ὁ Ὄσειρις τὸ ψυχρὸν ὕδωρ et trois fois apparait l'acclamation adressée au défunt εὐψύχει. L'éditeur de l'inscription a indiqué que «la relation d'Osiris avec l'eau du Nil remonte au temps du Moyen Empire», mais il ne semble pas avoir compris la signification de cette acclamation. Il n'a évidemment pas connu les remarques judicieuses de F. CUMONT, que «sous le ciel brûlant de l'Egypte ... ce qu'on souhaite au mort pour ses pérégrinations post-humes, c'est qu'il trouve une source limpide»[75]. Ce savant a indiqué que

---

[73] A. NEGEV, Inscriptions hébraïques, grecques et latines de Césarée Maritime, RB, LXXVIII (1971), p. 262s., N. 39, pl. IX, 39.

[74] A. NEGEV a cité pour ce nom F. PREISIGKE, Namenbuch, Heidelberg, 1922, col. 229 et 343; il faut ajouter Μᾶρκος Ἄννιος Νεμωνιανός dans: D. FORABOSCHI, Onomasticon alterum papyrologicum, Milan, 1971, p. 189 (d'après SB, 9545).

[75] F. CUMONT, Les religions orientales dans le paganisme romain[4], Paris, 1929, pp. 94, 243 (note 98) et 246 (notes 111, 112). Voir aussi la bibliographie citée par L. ROBERT, Les

l'espoir d'une existence au-delà du tombeau s'affirma surtout dans le culte d'Osiris[76]. L'inscription de Césarée exprime la certitude que le dieu égyptien remplira la promesse de l'immortalité bienheureuse[77]. Osiris est donc doublement bienfaisant, il nourrit les hommes pendant leur vie terrestre et il assure leur bonheur dans l'autre monde. Cet espoir est exprimé dans la formule finale qui est tout à fait originale parce qu'elle unit le voeu fréquent dans les inscriptions funéraires, que la terre soit légère au mort, et le souhait qu'Osiris rende la vie de l'au-delà agréable au défunt. Il est évident que le dieu qui est prié d'accorder des bienfaits dans l'autre monde est Osiris. On lui adresse aussi la prière d'accorder aux défunts l'eau fraîche. Le verbe εἴη est naturellement sous-entendu[78]. A. NEGEV, qui n'a pas compris cette formule, a entendu ἡ κάθοδος ἀγαθή et a traduit bizarrement: «la terre vous soit légère et bonne, la descente».

Pour une formule qui unit deux souhaits on peut rapprocher une épitaphe métrique de l'Egypte[79]: ἀλλὰ κόνιν σοι κούφην καὶ δοίη ψυχρὸν Ὄσειρις ὕδωρ.

Pour le culte de Mithra, voir ci-après.

VII. Les magistrats et les institutions de Césarée

La dédicace en l'honneur de Marcus Flavius Agrippa est le seul document qui mentionne un *duovir* et les décurions. Mais plusieurs inscriptions d'époque romaine et byzantine attestent l'activité de divers autres magistrats et dignitaires municipaux.

J'ai publié il y a une dizaine d'années un poids de plomb trouvé près du Kibboutz Sedoth-Yam[80] (pl. II 3).

Le magistrat nommé dans l'inscription était l'agoranome, préposé au marché, aux poids et mesures. Son nom était Rusticianus Iuncus. Un agoranome juif est mentionné dans une inscription de l'époque de l'empereur Trajan, découverte à Jaffa (inédite). Tout récemment j'ai publié un poids tardif de Césarée[81]. Cette fois le magistrat était un ἐπίσκοπος.

inscriptions grecques et latines de Sardes, Rev. Arch. 1936, I, 236, note 1 (= ID., Opera minora selecta, III, Amsterdam, 1969, p. 1609) et par E. BERNAND, Inscriptions métriques de l'Égypte gréco-romaine. Recherches sur la poésie épigrammatique des Grecs en Égypte, Ann. litt. Univ. de Besançon 98, Paris, 1969, p. 218, note 10.

[76] Religions orientales, p. 92.
[77] Ibid., p. 93.
[78] Pour l'emploi du participe avec εἶναι voir F. BLASS, A. DEBRUNNER et R. W. FUNK, A Greek Grammar of the New Testament, Cambridge, 1961, § 355.
[79] E. BERNAND, op. cit., N. 47, 5—6.
[80] Inscriptions grecques de Césarée en Palestine (Caesareae Palaestinae), RB, LXVIII (1961), p. 121, No. 13.
[81] Notes d'épigraphie grecque, RB, LXXVII (1970), p. 80, No: 18.

Les fonctions des ἐπίσκοποι sont ainsi définies dans le 'Digeste':
*Episcopi qui praesunt pani et ceteris venalibus rebus, quae civitatum populis
ad cotidianum victum usui sunt personalibus muneribus funguntur*[82]. Il ne
faut pas confondre ces magistrats avec les inspecteurs qui surveillaient
la construction d'édifices publics et qui s'appelaient eux aussi *episcopi*[83].

Un *augustalis* est mentionné dans un fragment inédit d'une inscription trouvée pendant les fouilles conduites par A. NEGEV à l'intérieur de
l'enceinte des Croisés.

Elle est assez intéressante, voici son texte:

> *D(eo) I(nvicto) M(ithrae).*
> *Augustalis*
> *Col(oniae) pro*
> *Augustali fec(erunt)*
> *ex d(ecreto) d(ecurionum).*

L'éditeur a lu *D(is) i(nferis) m(anibus)*, mais cette lecture ne peut être
exacte, parce qu'il s'agit évidemment d'une dédicace. Malgré l'avis de
A. NEGEV l'inscription est bien complète. D'après l'éditeur l'inscription
«dans son état actuel ne semble pas signifier grand'chose»[84]. Bien au contraire, c'est un important document qui atteste l'existence à Césarée du
culte de Mithra et, comme l'avait vu A. NEGEV, celle de l'ordre des Augustales.
C'est sans aucun doute la dédicace d'un autel de Mithra ou d'un mithraeum,
faite par le collège des Augustales en l'honneur d'un collègue, conformément
au décret des *decuriones* de la ville de Césarée. Il se peut aussi que le personnage honoré par les Augustales de Césarée soit un préfet de l'empereur.
On sait que les gouverneurs de l'Egypte et les préfets impériaux en général
portaient à basse époque le titre *Augustalis*.

Les inscriptions de l'époque byzantine mentionnent des dignitaires et
des fonctionnaires de la province et de la ville: une inscription sur un bloc
de calcaire trouvé dans la région de Cabbara atteste la réparation des deux
aqueducs de Césarée sous le proconsul de Palaestina Prima, Flavius Florentius[85] (pl. III 4):

> Ἐπὶ Φλ(αβίου) Φλωρεντίου
> τοῦ μεγαλοπρεπεστάτου
> ἀνθυπάτου τὰ δύο
> 4 ὑδραγώγια ἐκ θεμελίων
> ἀνενεώθη.

---

[82] Dig. L, 4, 18, 7; cf. W. LIEBENAM, Städteverwaltung im römischen Kaiserreiche, Leipzig,
1900, p. 370, qui cite ce passage.
[83] Voir W. LIEBENAM, op. cit., p. 384, note 2.
[84] A. NEGEV, RB, LXXVIII (1971), pp. 258sqq., pl. V, 33.
[85] H. HAMBURGER, A New Inscription from the Caesarea Aqueduct, Israel Exploration
Journal, IX (1959), pp. 188—190.

Fl. Florentius était proconsul en 385[86]. Trois autres inscriptions du VIe siècle mentionnent des gouverneurs de Palaestina Prima. Le *comes et consularis* Fl. Procopius Constantius Severus Alexander a fait ériger un *burgus* à Césarée[87]. Le titre ὑπατικός, *consularis Palaestinae Primae*, nous permet d'établir le terminus ante quem de l'inscription, l'an 536, quand le titre de proconsul a été accordé au gouverneur de province[88].

En 1951, après la découverte des deux statues romaines à l'est de l'enceinte des Croisés, la Direction des Antiquités de l'Etat d'Israël a exécuté des fouilles en cet endroit.

Un édifice important a été dégagé; dans un pavement de mosaïque, on a découvert une inscription de six lignes encadrées dans une *tabula ansata*. Voici son texte:

'Επὶ Φλ(αουίου) 'Εντολίου ἐνδοξωτ(άτου)
στρατηλ(άτου) καὶ ἀνθυπάτου
Φλ(άουιος) Στρατήγιος περίβλ(επτος) πατὴρ
4 καὶ πρωτε(ύων) τὴν ἀψῖδα σὺν τῷ τοίχῳ
καὶ τῇ ἀναβάθρᾳ ἀπὸ πολιτικῶν
ἰνδ(ικτιῶνος) δεκάτης εὐτυχῶς.

Les deux personnages mentionnés dans la dédicace ne sont pas attestés ailleurs. Flavius Entolius, sans aucun doute gouverneur de la Palaestina Prima, est postérieur à Stephanos mentionné dans la 103e Novelle de Justinien[89], dans laquelle l'empereur accorde au gouverneur de cette province la dignité proconsulaire[90]. Flavius Strategius, *spectabilis*, père de la ville et 'premier', a fait ériger l'ἀψίς — une porte à trois voûtes — avec l'enceinte de l'escalier en utilisant à ces fins les ressources municipales[91]. D'après W. Liebenam, les titres πρῶτος τῆς πόλεως et πρωτεύων n'indiquent souvent pas des fonctions déterminées mais des personnalités importantes de la ville[92]. Or dans notre inscription il s'agit d'une fonction bien déterminée.

Les πρῶτοι se sont transformés en fonctionnaires municipaux ou plutôt au service du pouvoir central[93]. Ces dignitaires, qui ont remplacé les *decaproti* (*decemprimi*) du IIIe siècle, administraient les finances de la ville[94]. En tant qu'administrateur des biens municipaux, Fl. Strategius a fait

---

[86] Cod. Theod. X, 16, 4.
[87] Voir RB, LXVIII (1961), pp. 123—126. Je reviendrai sur cette inscription ci-après.
[88] Voir ci-dessous p. 512.
[89] Nov. 103, 2: Στέφανος ὁ περίβλεπτος ὁ νῦν πρῶτος ἐπ' αὐτῆς γενόμενος.
[90] Ταύτην (sc. la province Palaestina I) τοίνυν πῶς οὐκ ἂν τιμήσαιμεν καὶ ἐπανάξομεν αὐτὴν πρὸς τὸ τῆς ἀνθυπατείας αὐτῆς σχῆμα καὶ δώσομεν τῷ τὴν ἀρχὴν ἔχοντι ταύτην ἀνθυπάτῳ τε εἶναι καὶ καλεῖσθαι.
[91] Sur les pères de la ville, cf. L. Robert, Hellenica, IV, pp. 130—132.
[92] W. Liebenam, Städteverwaltung, 295, note 2.
[93] Sur cette transformation voir P. Petit, Libanius et la vie municipale à Antioche, pp. 288—289.
[94] Cf. sur cette évolution la discussion de P. Petit, op. cit., pp. 82—91.

exécuter des travaux publics. Il s'agit d'un édifice très important, comme l'indiquent ses dimensions.

Le sens du mot πολιτικά — ressources publiques — ne semble pas attesté ailleurs. Nous rencontrons le titre πατὴρ τῆς πόλεως dans une autre inscription de Césarée, concernant un édifice[95].

'Επὶ Φλ(αουίου) Εὐελπιδίου τοῦ μεγαλοπρ(επεστάτου) κόμ(ητος) καὶ 'Ηλίου λαμπρο(τάτου) πατρὸς τῆς πόλεως καὶ ἡ βασιλικὴ μετὰ καὶ τῆς πλα-κώσεως καὶ τῆς ψηφώσεως καὶ τῶν βαθμῶν τοῦ 'Αδριανίου γέγοναν ἐν ἰνδ(ικτιῶνι) (πρώτῃ) εὐτυχῶς.

Quant à l''Hadrianeum' mentionné dans cette inscription, W. J. MOUL-TON pensait qu'il s'agissait d'un sanctuaire de l'empereur Hadrien di-visé. Mais je suis enclin à accepter l'opinion de S(AVIGNAC)[96]: «Par ΑΔΡΙΑ-ΝΙΟΝ on est porté à penser au sanctuaire de ce saint Hadrien, dont Eusèbe raconte qu'il fut exécuté à Césarée en 310»[97]. C'était l'un des derniers martyrs chrétiens et le culte de ce saint est tout à fait naturel à Césarée, tandis qu'on ne peut pas admettre un sanctuaire d'un empereur païen au VIe siècle. Le seul 'Hadrianeum' en dehors de l'Egypte, Hadriani Mauso-leum, Moles Hadriani, a été érigé par Antonin en 145 quand il avait persuadé le sénat d'accorder à l'empereur défunt le titre Divus. On connaît l'oppo-sition des sénateurs à la divinisation de cet empereur. Le témoignage d'Epi-phane sur un sanctuaire d'Hadrien à Tibériade est assez vague[98]: ναὸς δὲ μέγιστος ἐν τῇ πόλει προϋπῆρχε· τάχα, οἶμαι, 'Αδριανεῖον τοῦτο ἐκάλουν.

Dans une épitaphe du Ve ou VIe siècle, un ἀρχιπερίπολος est men-tionné[99]. C'était le chef de περίπολοι, soldats-patrouilleurs ou gendarmes. Ce titre est un hapax.

Un scriniarius est mentionné dans un fragment (inédit) de marbre blanc de 15 × 13 cm.

AI
CKPI
OVA

[95] R. P. GERMER-DURAND, Mélanges, 3. Inscriptions romaines et byzantines de Palestine, RB, IV (1895), 75s.; cf. 240s.; F. T. ELLIS et A. S. MURRAY, Inscription Found at Caesarea, Pal. Expl. Fund Quart. Stat., I, 1896, 87s.; W. J. MOULTON, Gleanings in Archaeology and Epigraphy, Annual Amer. School Oriental Res., I, 1919/20, 87s. avec une excellente photo; cf. L. ROBERT, Inscriptions grecques de Sidè en Pamphylie (époque impériale et bas empire), Rev. Phil., XXXII, 1958, 49. La pierre a été revue par W. J. MOULTON en 1913. Elle a disparu.

[96] S(AVIGNAC), Mélanges III. Inscriptions romaines et byzantines, 3. Inscriptions byzantines, RB, IV (1895), pp. 240s.

[97] S(AVIGNAC) cite Eusèbe, Mart. Palaest. 11, 30.

[98] Haereses, 30, 12; cf. L. H. VINCENT, RB, XXX (1921), p. 440, F.-M. ABEL, Histoire de la Palestine, II, 81s.

[99] R. P. GERMER DURAND, Épigraphie chrétienne, RB, I (1892), p. 246; cf. CH. CLERMONT-GANNEAU, Epigraphie chrétienne. Epitaphes du sixième siècle trouvées à Gaza et sur la côte de la Palestine, Rec. d'arch. Or., IV (1901), p. 141; L. ROBERT, Hellenica, X, Paris, 1955, p. 284, note 2.

VIII. Une affranchie des empereurs

Avant l'étude des autres inscriptions byzantines il me semble utile de reprendre la seule épigramme trouvée à Césarée.

M. Schwabe, A New Greek Epitaph from Palestine, The Journal of Juristic Papyrology, IV (1950), pp. 309—315 (W. Peek, Griechische Vers-Inschriften, I, Berlin, 1955, p. 514); cf. J. et L. Robert, Bulletin Épigraphique, RÉG, LXVI (1953), 221.

Ζωσίμης εὐμοίρου σορὸς ἥδε δέμας κατακρύβει,
'Ιταλικὴν τὸ γένος, πότε δούλην τῶν βασιλήων.

Le lapicide a disposé les deux hexamètres de l'épigramme en cinq lignes. L'épitaphe est très simple; après le nom de la défunte vient une paraphrase poétique de la formule populaire εὐμοίρει. La forme composée κατακρύβει est nouvelle.

L'épigramme nous apprend que Zosimè était une esclave affranchie originaire d'Italie. L'inscription date d'après la forme des lettres du milieu du IIe siècle, et peut même être plus ancienne. Selon l'éditeur les βασιλεῖς seraient les empereurs romains ou les rois de la dynastie d'Hérode. Si Zosimè était juive elle pourrait être une esclave du roi Agrippa II, qui est mort à Rome en l'an 100 après J.-C. Mais rien dans l'épitaphe n'atteste le judaïsme de Zosimè, ni dans les formules, ni dans la décoration[100]. Il semble aussi que le terme βασιλεῖς désigne les empereurs.

Pour l'emploi de βασιλεῖς comme équivalent d'empereurs, J. et L. Robert[101] citent des inscriptions d'Argos[102] et d'Ephèse[103].

IX. Les jeux: le théâtre, l'amphithéâtre, l'hippodrome

Nous savons par Josèphe que le roi Hérode a créé à Césarée des concours pentétériques en l'honneur d'Auguste[104]. L'inauguration de la nouvelle ville a été célébrée par des concours et des combats de gladiateurs[105]. Ces concours et combats avaient lieu sans aucun doute dans l'amphithéâtre et les courses de chevaux certainement sur l'hippodrome. Mais aucune inscrip-

---

[100] Bulletin épigraphique, RÉG, LXIV (1951), 32.
[101] J. et L. Robert, Bulletin épigraphique, RÉG, LXVI (1953), 221.
[102] IG, IV, 590, 20—24; cf. J. et L. Robert, Bulletin épigraphique, RÉG, LXIV (1951), 32: «sans doute sous Hadrien».
[103] Bulletin épigraphique, RÉG, LXV (1952), 137. C'est l'inscription Ephesus, III, 72, 19sqq.
[104] Bell. I, 414. Ant., XVI, 138.
[105] Ant. XVI, 137.

tion de Césarée ne mentionne ces concours, bien qu'ils fussent renommés; nous connaissons deux athlètes célèbres qui furent vainqueurs au concours de Césarée: l'un est Aelius Aurelius Menander, dont les victoires sont énumérées dans un décret, en son honneur, de la ville d'Aphrodisias en Carie[106]. Cet athlète a été vainqueur dans de nombreux concours à Damas, Berytos, Τυr, Καισάρειαν τὴν Στράτωνος ἀνδρῶν πανκράτιν, Neapolis, Scythopolis, Gaza, Césarée Panéas, Philadelphie. Un autre athlète célèbre a reçu la couronne à Césarée de Palestine, c'est Aurelius Septimius Eirenaios, lui aussi vainqueur dans de nombreuses villes de Palestine[107].

Le théâtre de Césarée est mentionné dans les sources rabbiniques[108], or une dédicace trouvée récemment atteste la visite à Césarée d'un comédien d'Antioche: κωμῳδὸς [πρω]τολόγος. Le dédicant, Quintus Caecilius, était l'acteur principal, il jouait les premiers 'rôles'; c'est un terme technique à l'époque impériale[109].

L'hippodrome de Césarée n'est mentionné ni dans une inscription ni dans les sources littéraires. Cependant une grande inscription découverte en 1954, à une distance de 150 m environ au nord-est de l'hippodrome[110], se rapporte sans doute à ceux qui avaient la charge des écuries impériales et qui fournissaient des chevaux à l'hippodrome de Césarée. L'état byzantin veillait à l'entretien des cirques et se considérait comme responsable de la régularité de leur fonctionnement. Il faudrait certainement interpréter ainsi le mot ἱπποτρόφοις à la l. 1. Le développement des courses dans les cirques a causé la prospérité de l'élevage des chevaux. Mais la région de Césarée était dénuée de pâturages. Toujours est-il que notre inscription reste importante pour l'étude des impôts à l'époque byzantine et non pas pour l'histoire des jeux. La colonne de droite contient une liste de taxes dont les revenus étaient consacrés partiellement ou totalement aux écuries et mis à la disposition des ἱπποτρόφοι. Je reprendrai ici l'étude des impôts mentionnés dans l'inscription.

L. 4: (ἀπὸ) στόλου — Dans ce paragraphe il s'agit des revenus des impôts sur les transports (probablement de l'*annona civica* pour Constanti-

[106] PH. LE BAS—W. H. WADDINGTON, Inscriptions grecques et latines recueillies en Asie Mineure, dans: Voyage archéologique en Grèce et en Asie Mineure, III 5, Paris, 1870, réimpr. Hildesheim, 1972, 1620b.

[107] Inscriptions grecques et latines de la Syrie, éd. L. JALABERT—R. MOUTERDE, e. a., IV, Paris, 1955, 1265 (Laodicea ad mare).

[108] S. LIEBERMAN, Greek in Jewish Palestine, New York, 1942, p. 31—33. LIEBERMAN est d'avis que dans le passage cité par lui il s'agit probablement d'un mime ou pantomime (ὀρχηστής) d'un petit théâtre à Césarée (p. 33). Nous ne connaissons qu'un seul théâtre à Césarée et celui-ci n'était pas petit. C'est sans aucun doute le théâtre construit par le roi Hérode dont parle le récit talmudique.

[109] Scavi di Caesarea Maritima, p. 224, N. 11; B. LIFSHITZ, Inscriptions de Césarée, RB, LXXIV (1967), p. 57, N. 3; une importante correction dans J. et L. ROBERT, Bulletin épigraphique, RÉG, LXXX (1967), 645.

[110] B. LIFSHITZ, Une inscription byzantine de Césarée en Israël (Caesarea Maritima), RÉG, LXX (1957), pp. 118—132; cf. J. et L. ROBERT, Bulletin épigraphique, RÉG, LXX (1959), 514.

nople ou Rome). Un texte juridique indique qu'il y avait aussi un impôt sur les transports maritimes[111].

L. 5: (ἀπὸ) τοῦ μεσίτου — A l'époque byzantine, le μεσίτης, investi du pouvoir de représenter les contribuables, était chargé de répartir la taxe parmi ses concitoyens. Il est bien difficile de déterminer avec précision le caractère de la taxe et du revenu dont il s'agit ici.

L. 6—7: (ἀπὸ) τοῦ δικερατίου, (ἀπὸ) τοῦ τετρακερ(ατίου) — Les sources antérieures à l'avènement de Léon l'Isaurien ne mentionnent aucun impôt de ce nom. Léon imposa une taxe appelée *dikeration* pour la restauration de l'enceinte de Constantinople, très endommagée lors du tremblement de terre du 26 Octobre 739. On percevait cet impôt sous la forme de supplément à la taxe principale selon le taux d'un *miliarense* (deux *siliquae*) pour chaque *solidus* — d'où le nom de l'impôt.

L. 8: (ἀπὸ) τῶν συναρχιῶ(ν) — Ce paragraphe est tout aussi difficile à expliquer. Les συναρχίαι étaient en Palestine, comme partout ailleurs, l'une des institutions administratives de la cité grecque. Peut-être s'agit-il ici d'une allocation de la municipalité de Césarée[112].

L. 9: (ἀπὸ) ἐπικεφ(αλαίου) κ(αὶ) ὑπὸ πύρ(γου). La capitation romaine continue à être perçue pendant l'empire byzantin, et nous la retrouvons sous des noms divers: le terme ἐπικεφάλαιον est fréquent dans les documents papyrologiques.

La signification du terme πύρ(γος?) ainsi que son rapport avec la capitation sont difficiles à interpréter. Il s'agit sans doute des revenus du château[113].

L. 10: (ἀπὸ) ὀκταβαρ(ίων) κ(αὶ) μυρεψ(ῶν) — Si cette résolution des abréviations est juste, il y aurait ici un paiement dont on taxait les fermiers des droits de douane; mais il se peut qu'on doive lire ἀπὸ ὀκταβαρ(ίου), ce qui signifierait ἀπὸ ὀκταβαρίου τέλους comme dans l'inscription de Beyrouth[114]; ἐπὶ τῷ ἑκατοσταρίῳ (τέλει) ou (νόμῳ).

L'*octava* ou *vectigal octavarii* (taxe de 12½), établie au IVe siècle, resta ensuite en vigueur jusqu'à l'époque de l'empereur Justinien. La perception des droits de douane aux frontières orientales de l'empire avait sans doute été affermée aux *octavarii*, qui n'étaient donc pas des employés de l'empereur[115].

Le commerce des parfums en Palestine rapportait au trésor de gros revenus. Ici, ainsi que dans l'avant-dernière ligne, il s'agit d'impôts dont on taxait les marchands.

---

[111] C. J. XI, 29,1; cf. A. C. JOHNSON, L. C. WEST, Byzantine Egypt: Economic Studies, Princeton, 1949, 104s.

[112] R. MOUTERDE, Monuments et inscriptions de Syrie et du Liban, II: Télos hékatostarion de la Béryte Byzantine, Mélanges de l'Université Saint-Joseph, XXV (1942/43), 33sqq.

[113] Voir BGU, 1194, 9: ὁ ἐπὶ τῶν προσόδων τοῦ ἱεροῦ πύργου.

[114] Cf. R. MOUTERDE, Mélanges de l'Université Saint-Joseph, XXV (1942/43), p. 33sqq.

[115] S. J. DE LAET, Portorium. Étude sur l'organisation douanière chez les Romains, surtout à l'époque du Haut-Empire, Rijksuniversiteit te Gent. Werken uitgegeven door de Faculteit van de Wijsbegeerte en Letteren 105, Brugge 1949, p. 479.

L. 11: (ἀπὸ) ζυγ(ῶν) (καὶ) νομισμ(άτων) — Des documents égyptiens nous renseignent sur un supplément d'impôts au compte de la différence entre des ζυγά divers. Nous n'avons aucun renseignement sur l'existence d'un impôt semblable en Palestine ou en Syrie.

L. 12: (ἀπὸ) χρυσοτε(λείας) βουλευ(τῶν) — On désigne ainsi sans doute l'*aurum coronarium*, auquel étaient assujettis les membres du conseil municipal (*curiales*). C'était un impôt visant une seule classe sociale, comme le *follis senatorius* ou la *collatio glebalis* des sénateurs et le *chrysargyron* des marchands et artisans.

L'*aurum coronarium* était, à l'origine, une couronne d'or que la population des villes offrait spontanément aux généraux romains ou aux empereurs lors de leurs victoires ou de leur avènement à l'empire. A ces occasions, on accordait aux soldats des *donativa* en argent, ce qui nécessitait des sommes exorbitantes. Peu à peu, l'*aurum coronarium* se transformera en impôt annuel régulier.

L. 13: τὰ μηνίεα — Dans les papyrus égyptiens, le terme a une double signification: salaire mensuel et bilan. S'agirait-il ici du bilan mensuel de tous les revenus destinés à l'hippodrome? L'inscription est malheureusement ici brisée et une restitution n'est pas possible.

J'ai réédité il y a une dizaine d'années une inscription de Césarée relative à un *burgus* (pl. III 5):

+ Ἐπὶ Φλ(αουίου) Προκοπίου Κωνστ(αντίου)
  Σευήρου Ἀλεξάνδρου τοῦ περιβ(λέπτου)
  κόμ(ητος), ἀπὸ ἡγεμόν(ων) καὶ ὑπατικοῦ
4 ὁ βοῦργος ἐκ θεμελίων ἐγένετο.
  +

Le titre d' ὑπατικός du gouverneur, *consularis Palaestinae I*, nous permet d'établir le terminus ante quem de l'inscription, l'an 536, quand le titre de proconsul lui a été accordé[116].

Le terme βοῦργος ne se trouve pas dans les dictionnaires et il est attesté ici pour la première fois. Il n'a pas été enregistré dans le Supplément du dictionnaire de LIDDELL—SCOTT—JONES (A Greek–English Lexicon), qui a paru en 1968. Or il se rencontre assez souvent dans l'épigraphie latine. Le terme apparaît en composition dès le premier siècle de notre ère[117], le mot lui-même se rencontre pour la première fois dans une inscription de Thrace[118]. En 155 Antonin le Pieux a renforcé la défense de la province en construisant des *burgi*. L'œuvre a été continuée par Commode et les Sévères le long des frontières de Germanie supérieure, Pannonie, Numidie, Maurétanie. Trois inscriptions attestent la fortification des frontières de l'Arabie, du Norique

---

[116] Voir ci-dessus, p. 507 et note 82.
[117] M. LABROUSSE, Les Burgarii et le cursus publicus, Mél. Ec. fr. de Rome, LVI (1939), p. 152.
[118] Ibid.; Année épigr., 1927, 49.

1. La dédicace de Ponce Pilate

2. L'épitaphe de Flavius Potens

3. Un poids de Césarée

4. L'inscrîption du proconsul Flavius Florentius

5. L'inscription du *burgus*

6. La dédicace de Béryllos

7. Une inscription de la *legio X Fretensis* sur l'aqueduc de Césarée

et de la Pannonie sous Valentinien Ier, Valens et Gratien[119]. Le terme se
retrouve dans le Code de Justinien; en Occident il est passé dans le latin
médiéval. Procope n'emploie pas βοῦργος comme appellatif; or il y a dans
son livre De aed. de nombreux composés formés sur ce mot: Ἁλικανβούρ-
γου, Μαρεβούργου, Στλιβούργου sur le Danube[120], Βουργονόβορε et Λακκό-
βουργο eux aussi le long du Danube[121], Βουργουνόης dans le Pont[122], Σκουλ-
κόβουργο et Τουλκάβουργο en Illyrie[123].

Les *burgi* se rencontraient le long des grandes routes et des routes
voisines du *limes*. Végèce (fin du IVe ou première moitié du Ve siècle) re-
commande l'érection d'un *burgus*, qu'il définit comme une petite redoute,
près de la ville, pour la protection de la source d'eau[124]. Le Code de Justinien
fait allusion à une série de *burgi* — le long du *limes* africain. Une autre
définition est donnée par Isidore de Séville: *Burgarii a burgis dicti, quia
crebra per limites habitacula constitua burgos vulgo vocant*[125]. Aucune de ces
définitions ne convient au *burgus* de Césarée. La pierre a été trouvée au nord-
est de l'hippodrome, près de l'ancienne enceinte de la ville. Les aqueducs
qui amenaient l'eau à Césarée ne sont pas visibles de cet endroit, le *burgus*
n'était donc pas construit pour leur protection. La plaine à l'est et au nord-
est de la ville était très bien visible de l'enceinte elle-même, et aucune construction près des murs n'était nécessaire pour la protection des champs
et de la route Césarée-Sébasté. Il ne faut cependant pas supposer que l'inscription ait été trouvée loin de l'emplacement où se trouvait l'édifice, la
pierre étant pareille aux pierres de l'enceinte que l'on peut voir à
Césarée.

L'inscription ne nous fournit aucun renseignement sur la fonction du
burgus césaréen. Elle est la seule à employer ce terme, tandis que nous
avons conservé de nombreux textes épigraphiques grecs de Syrie et d'autres
pays qui parlent des πύργοι.

Le problème est, semble-t-il, plutôt philologique, car il s'agit de l'usage
de deux termes désignant la même construction. On se servait de ces deux
termes indifféremment. Nous lisons chez Procope: καὶ πύργον ἕνα ἑστῶτα
μόνον, Λουκεναριαβούργου καλούμενον, ἐς φρούριον ἀξιοθέατον μετεστήσατο
(sc. Justinianus)[126]. On expliquait le terme *burgus* comme une transcription latine du πύργος[126].

---

[119] Princeton Arch. Exped. Syria (= PAES), III A 233 (ILS, 733), ILS, 774 (Norique, a. 370), 775 (Pannonie, a. 371), 8949 (Germanie Sup., a. 371). Voir le commentaire de PAES III A, 233.

[120] De aed. IV, 6, 18.

[121] Ibid. IV, 6, 20.

[122] IV, 6, 24.

[123] IV, 4.

[124] Mil. IV, 10: *Castellum parvulum, quem burgum vocant, inter civitatem et fontem convenit fabricari ibique ballistas sagittariosque constitui, ut aqua defendatur ab hostibus.*

[125] Etymol. IX, 4, 28, cf. IX, 2, 99.

[126] De aed. IV, 6, 36, cf. IV, 6, 21: καὶ πύργον ἕνα 'Ιουδαῖος καλούμενον, φρούριον διεσκευ-
άσατο κτλ.

Des glossateurs antiques confirment cette hypothèse: *haec turris,
bu(r)gus* (Gloss. II, 426, 46); *burgus turris* (570, 24); *burgos castra* (IV, 27,
1). Il est donc évident que *burgus* signifiait originellement une tour. Ajoutons aussi le témoignage significatif des sources hébraïques. On sait que dès
le IIe siècle, le mot *burgus* a pénétré dans l'hébreu, et les sources talmudiques
l'identifient parfois à une tour. On nous raconte que les routes Tibériade-
Sepphoris (Diospolis) et Tyr-Sidon étaient sûres grâce aux grottes et *burgi*
— les unes et les autres pouvaient abriter les passants en cas de danger.
Or une version de cette notice parle des grottes et des tours. On est donc
amené à conclure que dans l'inscription de Césarée il s'agit d'une tour
construite sans doute à l'occasion d'une réparation des murailles.

Notre inscription se place ainsi parmi les nombreux documents épigraphiques qui commémorent la construction de tours. Ils sont gravés
assez souvent sur des linteaux[128].

X. *La langue des inscriptions*

Les monnaies frappées à Césarée sous le règne de Néron portent des
légendes grecques; à partir de Domitien[129] il n'y a que des légendes latines.
Les inscriptions latines de Césarée émanent pour la plupart des autorités
romaines ou des détachements militaires; les fragments des épitaphes
rédigées en latin ne sont pas nombreux. La plupart des textes épigraphiques
latins de Césarée datent des IIe et IIIe siècles. La dernière inscription
latine qui peut être datée est la dédicace en l'honneur de Dioclétien[130].
Aucun texte épigraphique latin du Bas-Empire n'a été conservé. Le grec
est devenu la seule langue officielle du gouvernement et des autorités
municipales.

XI. *La communauté juive de Césarée*

La nouvelle ville avait certainement dès sa fondation une forte population juive, même si les Grecs et les Orientaux hellénisés étaient plus nombreux que les habitants juifs. Notre source pour cette époque — jusqu'à
la guerre de 66—70 et l'extermination de la communauté juive de Césarée,

---

[127] PAES, III A 233, commentaire.
[128] Cf. les exemples rassemblés, RB, LXVIII (1961), 125s. A ajouter SEG, XVI, 820 (Dibon,
Arabie); voir aussi Inscr. Syrie, VI, p. 121.
[129] Nous n'avons pas conservé de monnaies du règne de Vespasien et de Titus, voir
L. KADMAN, op. cit. ci-dessus dans la note 46, p. 34.
[130] Voir Hommages à Marcel Renard, II, p. 467.

est Josèphe; cet historien donne un récit minutieux des conflits qui opposaient sous le règne de Néron les deux communautés[131].

En 66 presque toute la population juive de Césarée a été massacrée. Selon les données de l'historien, plus de vingt-mille Juifs ont trouvé la mort dans ce pogrom[132]. Or dès le IIe siècle, il y avait à Césarée une florissante communauté juive. Notre source principale pour les IIe—IVe siècles est le Talmud. Au IIIe siècle, le célèbre docteur de la Loi Rabbi Abbahu, un des piliers du Talmud palestinien, enseignait à Césarée.

Ce savant connaissait la langue et la littérature grecque et était imbu de la culture hellénique[133].

Les inscriptions greco-juives déconvertes à Césarée ne sont pas semble-t-il antérieures au IVe siècle et nous n'avons pas conservé de textes épigraphiques concernant l'histoire de la communauté juive aux trois premiers siècles de notre ère. Deux récentes découvertes archéologiques restent importantes pour l'étude de l'histoire des Juifs de Césarée. La fouille de l'ancienne synagogue a mis au jour des dédicaces qui ont contribué à nos connaissances sur l'organisation de la communauté juive. La découverte de l'ancienne nécropole juive de la ville et de nombreuses épitaphes est importante pour l'étude de l'onomastique et des professions des Juifs de Césarée. Dans une dédicace en mosaïque, trouvée en 1956 pendant les fouilles de la synagogue[134] (pl. IV 6), il est dit que Béryllos, archisynagogos et phrontistés (intendant), a fait faire la mosaïque de la salle à manger de ses propres ressources. Le cumul de ces deux fonctions n'était pas attesté en Palestine.

Un texte rabbinique rapporte que le cimetière juif de Césarée était situé à l'est de la ville. On a trouvé il y a une dizaine d'années, à l'est de l'hippodrome, deux sarcophages dont l'origine juive ne me paraîssait pas prouvée[135]. Cependant, une autre trouvaille a confirmé le témoignage du texte talmudique: plus tard on a découvert à cet endroit trois inscriptions grecques avec des symboles juifs[136].

Une épitaphe découverte au même endroit fait mention d'un fonctionnaire subalterne de la communauté juive[137]. C'est le *hazan*, serviteur et héraut à la synagogue, si souvent mentionné dans les sources rabbiniques. Le mot est transcrit en grec ἀζανα. Cette transcription était déjà attestée

---

[131] Jos. Bell. II, 266—270, 282—292.

[132] Bell. II, 457.

[133] S. LIEBERMAN, Greek in Jewish Palestine, 1942, pp. 21—24.

[134] Voir mes 'Donateurs et fondateurs dans les synagogues Juives', Cahiers de la RB, VII, Paris 1967, N° 66.

[135] Voir B. LIFSHITZ, Inscriptions grecques de Césarée en Palestine, RB, LXVIII (1961), p. 115sqq., Nos. 1 et 3.

[136] Voir B. LIFSHITZ, La nécropole juive de Césarée, RB, LXXI (1964), pp. 384—386; ID., Inscriptions de Césarée, ibid., LXXIV (1967), pp. 50—53.

[137] J'ai publié cette épitaphe dans Bull. Israel Explor. Society, XXII (1958), 64s. (hébreu); cf. J. et L. ROBERT, Bulletin épigraphique, RÉG, LXXII (1959), 475.

dans une des dédicaces en mosaïque de la synagogue d'Apamée[138]: ἀζζανα. Dans une autre inscription de la nécropole juive sont mentionnés les prêtres[139], ἱερεῖς.

Le titre se rencontre ici pour la première fois à Césarée. Son emploi est significatif. Depuis la destruction du Temple de Jérusalem et la disparition des sacrifices, le titre de prêtre ne pouvait être qu'une appellation honorifique. Or les *cohanim* prononçaient et prononcent aujourd'hui aux jours de fêtes des bénédictions sur le peuple. Le titre est très répandu dans les inscriptions juives, en grec, en hébreu ou en araméen.

Le fréquent emploi du titre honorifique *cohen*, ἱερεύς, dans les inscriptions funéraires juives témoigne de l'estime dont jouissaient les descendants d'Aaron parmi les Juifs. Elle avait ses racines dans la tradition. On a gardé dans les synagogues des listes des vingt-quatre 'classes' ou familles de prêtres, dont chacune était à tour de rôle de service au Temple de Jérusalem. Des fragments de ces listes gravées sur des plaques de marbre ont été trouvés à Césarée et à Ascalon[140]. L'appartenance à la race d'Aaron était donc regardée comme une distinction sociale. La condition sociale distinguée des prêtres n'avait rien de commun avec les fonctions et les magistratures de la communauté juive. Les prêtres pouvaient être chargés de ces fonctions comme tous les autres membres de la communauté.

Le cas des deux frères Judas et Joses, «archontes et prêtres»[141] à Rome, n'est donc nullement significatif. H. LEON a rappelé qu'au IVe siècle les *hiereis* étaient, comme les *patres* et les *archisynagogi*, exempts des *munera sordida*. Cette exemption atteste l'état privilégié des *cohanim*. H. LEON attribue une signification particulière au fait que les cinq inscriptions juives de Rome contenant le titre *hiereus* proviennent de la catacombe du Monteverde, dont les 'usagers' étaient plus conservateurs que ceux des autres catacombes. Or le fréquent emploi de ce titre dans les épitaphes juives de la Palestine ne confirme pas l'explication suggérée par H. LEON.

Le titre du *hiereus* n'était pas reconnu seulement dans les communautés plus ou moins conservatrices. Les fragments des listes des vingt-quatre familles sacerdotales trouvés à Ascalon et à Césarée, villes maritimes dont la population juive était ouverte à la culture hellénique, prouvent que les Juifs hellénisés ne renonçaient pas à leur religion ni à leur tradition. L'emploi du grec comme langue parlée ne témoigne nullement de la dénationalisation des Juifs[142].

---

[138] Voir Inscr. Syrie, 1321. Cf. le commentaire des éditeurs pour ce fonctionnaire de la communauté. Ils citent aussi S. Epiphane, Haeres. XXX, 11.

[139] RB, LXXIV (1967), p. 50—52.

[140] Pour le fragment d'Ascalon, voir CI Jud., II, 962; pour celui trouvé dans la synagogue de Césarée, voir M. AVI-YONAH, A List of Priestly Courses from Caesarea, Israel Exploration Journal, XII (1962), pp. 137—139.

[141] CI Jud., I, 347 cf. p. ci; H. LEON, The Jews of Ancient Rome, 1960, p. 193.

[142] Cf. à ce propos mon article, 'L'hellénisation des Juifs de Palestine', RB, LXXII (1965), pp. 520—538.

Toutes les dédicaces de la synagogue ont été rédigées en langue grecque; on n'a trouvé à Césarée que quatre minuscules fragments d'inscriptions hébraïques, dont deux bilingues[143]. Le grec était la langue parlée par les Juifs de Césarée, ils l'employaient pour rédiger les épitaphes sur les tombes de leurs morts ainsi que dans la synagogue. Le témoignage des inscriptions est conforme à celui des écrits rabbiniques. Il est dit dans un passage du Talmud palestinien qu'il y avait à Césarée des Juifs qui disaient les prières en grec[144]. Il y avait également dans cette ville des docteurs de la Loi qui portaient des noms grecs, comme Rabbi Parégorios, cité dans le Talmud palestinien[145].

Addendum:

Deux nouvelles inscriptions de l'aqueduc de Césarée

Deux inscriptions de la *legio X Fretensis* ont été découvertes sur l'aqueduc de Césarée près du village de Beth Hanania (pl. IV 7). Ce sont des dédicaces de la Xème légion commémorant les travaux d'un détachement. Celle de droite est gravée dans une *tabula ansata*.

Hauteur 65 cm, longueur 100 cm, surface écrite 45×45 cm, hauteur des lettres 4—6 cm. Voici le texte de l'inscription:

> *Imp(erator) Caes(ar)*
> *Traianus*
> *Hadrianus*
> 4   *Aug(ustus) fecit*
> *per vexillatione(m)*
> *leg(ionis) X Frete(nsis)*

A gauche un bloc de calcaire (92×58 cm), avec un relief: en haut un aigle dans une niche rectangulaire; la tête de l'aigle est brisée. Sous la niche une bosse circulaire entourée d'une couronne (diam. 30 cm) et sous elle une figure de la Victoire, dont la tête, les mains et les jambes sont brisées. Sur la bosse, une inscription assez abimée, à l'exception de la l. 3:

> *Imp(eratori) Tr(aiano)*
> *Hadr(iano) [Aug(usto)]*
> *Vex(illatio) Leg(ionis)*
> 4   *Fr(e)te(nsis).*

---

[143] CI Jud., II, 886, 887; M. SCHWABE, Paix sur Israël à Césarée de Palestine et en Thessalie, Bull Jew. Palest. Explor. Society, XII (1945—1946), pp. 65—68 (hébreu).

[144] Sotah, VII, 1, 21b (IVe siècle), cité par S. LIEBERMAN, op. cit., p. 30.

[145] Terumoth, XI 5b (47d). M. I. Roï a attiré mon attention sur ce passage. Je l'en remercie vivement.

518   BARUCH LIFSHITZ

Liste des illustrations

The Nabateans and the Provincia Arabia

by Avraham Negev, Jerusalem

To my wife.

Contents

I. *Early beginnings — the late Persian and the Hellenistic Periods*

A. The historical background

It is quite normal for historians to begin the history of the Nabateans with an inquiry into the earlier, pre-Hellenistic history of Petra, which they

Abbreviations:

AASOR	— Annual of the American Schools of Oriental Research.
ABEL, Géographie	— F. M. ABEL, Géographie de la Palestine, Paris, Vol. I, 1936; Vol. II, 1938.
ADAJ	— Annual of the Department of Antiquities of Jordan.
B & D	— R. E. BRÜNNOW and A. VON DOMASZEWSKI, Die Provincia Arabia, Strasbourg, Vol. I, 1904; Vol. II, 1905; Vol. III, 1909.
BASOR	— Bulletin of the American Schools of Oriental Research.
CANTINEAU	— J. CANTINEAU, Le Nabatéen, Paris, Vol. I, 1930; Vol. II, 1932.
CIS	— Corpus Inscriptionum Semiticarum.
DALMAN, NPF	— G. DALMAN, Neue Petra-Forschungen, Leipzig, 1912.
EEP	— N. GLUECK, Explorations in Eastern Palestine, Vol. II, AASOR 15 (1935); Vol. III, AASOR 18—19 (1939).
Gerasa	— C. H. KRAELING, ed., Gerasa, City of the Decapolis, New Haven, Conn., 1938.
HORSFIELD QDAP 9	— G. and A. HORSFIELD, Sela-Petra, QDAP 9, 1942, pp. 106 ff.
IEJ	— Israel Exploration Journal.
JBL	— Journal of Biblical Literature.
JDAI	— Jahrbuch des Deutschen Archäologischen Instituts.
KAMMERER	— A. KAMMERER, Pétra et la Nabatène, Paris, I Texte, II Atlas, 1929/1930.
MESHORER, Coins	— Y. MESHORER, Nabatean Coins, Jerusalem, 1975.
Mission	— A. JAUSSEN and R. SAVIGNAC, Mission Archéologique en Arabie, Paris, Vol. I, 1909; Vol. II, 1914.
NEGEV, Chronology	— A. NEGEV, The Chronology of the Middle Nabatean Period at Egra, PEQ CI (1969), pp. 5—14.
NEGEV, NPWO	— A. NEGEV, The Nabatean Potter's Workshop at Oboda, Bonn, 1974.
NEGEV, Egra	— A. NEGEV, The Nabatean Necropolis at Egra, RB 83, 1976, pp. 203—236.

consider to be the biblical הסלע, the Rock[1]. This attempt is futile for the simple reason that at present there is no positive evidence for identifying this biblical 'Rock' with the site on which in later times the Nabateans founded their capital Πέτρα. On the contrary, recent research indicates that it was only in the northern parts of Edom, close to Wadi el-Hesa, biblical Naḥal Zered, the border between the more populated Moab and the land of Edom, that traces of sedentary settlements of the biblical period may be found.

It is thus legitimate to begin the early history of the Nabateans with the last century of Persian rule over Palestine, to which period belongs Diodorus Siculus' description of the expedition of Antigonos Monophtalmos against the Nabatean Arabs. The Nabateans are referred to twice in Diodorus' 'Bibliotheca', once in a general description of Asia (II, 48, 1—9; 49, 1), and again in conjunction with Antigonos' expedition (XIX, 94, 1—10; 97, 1—4; 100, 1—2).

Diodorus bases his detailed description on the writings of Hieronymus of Cardia. This description contains two important elements: a detailed description — the most detailed that we possess — of the Nabateans, their country, their manners, as well as the earliest account of the relations of the Nabateans with the West.

The country of the Nabateans and its qualities are described in the following words:

Nessana I	— V. Grace in H.D. Colt, ed., Excavations at Nessana, Vol. I, London, 1962.
PAAES	— H. C. Butler, Publications of an American Archaeological Expedition to Syria in 1899—1900, Part II: Architecture and other Arts, New York, 1903.
PEF Ann.	— Palestine Exploration Fund Annual.
PEQ	— Palestine Exploration Quarterly.
PPUAES	— H. C. Butler, Publications of the Princeton University Archaeological Expeditions to Syria in 1904—1905 and 1909, Div. II: Architecture, Sect. A: Southern Syria, Leiden, 1919.
QDAP	— Quarterly of the Department of Antiquities in Palestine.
Qst.	— Quarterly Statement.
RB	— Revue Biblique.
RE	— Paulys Real-Encyclopädie der classischen Altertumswissenschaft.
RES	— Revue des Études Sémitiques.
Starcky, Dictionnaire	— J. Starcky, Dictionnaire de la Bible, Supplément, Vol. VII, Paris, 1966.
Wiegand, Petra	— W. Bachmann, C. Watzinger, Th. Wiegand, Petra, Wiss. Veröff. d. Deutsch-Türkischen Denkmalschutz-Kommandos, Berlin, 1921.
Woolley & Lawrence	— C. L. Woolley and T. E. Lawrence, The Wilderness of Zin, PEF Ann. III, 1914.
ZDPV	— Zeitschrift des Deutschen Palästinavereins.

---

[1] Starcky, Dictionnaire, cols. 886—900.

Τούτων δ' ἡμῖν διευκρινημένων μεταβιβάσομεν τὸν λόγον ἐπὶ τὰ ἕτερα μέρη τῆς 'Ασίας τὰ μὴ τετευχότα τῆς ἀναγραφῆς, καὶ μάλιστα τὰ κατὰ τὴν 'Αραβίαν. αὕτη γὰρ κεῖται μὲν μεταξὺ Συρίας καὶ τῆς Αἰγύπτου, πολλοῖς δὲ καὶ παντοδαποῖς ἔθνεσι διείληπται. τὰ μὲν οὖν πρὸς τὴν ἕω μέρη κατοικοῦσιν 'Άραβες οὓς ὀνομάζουσι Ναβαταίους, νεμόμενοι χώραν τὴν μὲν ἔρημον, τὴν δὲ ἄνυδρον, ὀλίγην δὲ καρποφόρον. ἔχουσι δὲ βίον ληστρικόν, καὶ πολλὴν τῆς ὁμόρου χώρας κατατρέχοντες ληστεύουσιν, ὄντες δύσμαχοι κατὰ τοὺς πολέμους.

"But now that we have examined these matters we shall turn our account to the other parts of Asia which have not been described, and more especially to Arabia. The land is situated between Syria and Egypt, and is divided among many peoples of diverse characteristics. Now the eastern parts are inhabited by Arabs, who bear the name of Nabateans and range over a country which is partly desert and partly waterless, though a small section of it is fruitful. And they lead a life of brigandage, and overrunning a large part of the neighbouring territory they pillage it, being difficult to overcome in war". (All translations, unless otherwise stated, are from Loeb Cassical Library).

(II,48,1—2; a very similar account in XIX,94,2—4).

The skilfullness of the Nabateans of obtaining water in the 'waterless region':

κατὰ γὰρ τὴν ἄνυδραν χώραν λεγομένην κατεσκευακότες εὔκαιρα φρέατα, καὶ ταῦτα πεποιηκότες τοῖς ἄλλοις ἔθνεσιν ἄγνωστα, συμφεύγουσιν εἰς τὴν χώραν ταύτην ἀκινδύνως. αὐτοὶ μὲν γὰρ εἰδότες τὰ κατακεκρυμμένα τῶν ὑδάτων, καὶ ταῦτ' ἀνοίγοντες, χρῶνται δαψιλέσι ποτοῖς· οἱ δὲ τούτους ἐπιδιώκοντες ἀλλοεθνεῖς σπανίζοντες τῆς ὑδρείας διὰ τὴν ἄγνοιαν τῶν φρεάτων, οἱ μὲν ἀπόλλυνται διὰ τὴν σπάγιν τῶν ὑδάτων, οἱ δὲ πολλὰ κακοπαθήσαντες μόγις εἰς τὴν οἰκείαν σώζονται.

"For in the waterless region, as it is called, they have dug wells at convenient intervals and have kept the knowledge of them hidden from the peoples of all other nations, and so they retreat in a body into this region out of danger. For since they themselves know about the places of hidden water and open them up, they have for their use drinking water in abundance; but such other peoples as pursue them, being in want of a watering-place by reason of their ignorance of the wells, in some cases perish because of the lack of water, and in other cases regain their native land in safety only with difficulty and after suffering many ills".

(II,48,2—3).

Still more important is the parallel account:

φιλελεύθεροι δέ εἰσι διαφερόντως καὶ ὅταν πολεμίων δύναμις ἁδρὰ προσίῃ, φεύγουσιν εἰς τὴν ἔρημον, ταύτῃ χρώμενοι ὀχυρώματι· ἄνυδρος γὰρ οὖσα τοῖς μὲν ἄλλοις ἀνεπίβατός ἐστι, τούτοις δὲ κατεσκευακόσιν ἀγγεῖα κατὰ γῆς ὀρυκτὰ κεκονιαμένα μόνοις παρέχεται τὴν ἀσφάλειαν. τῆς γὰρ γῆς οὔσης τῆς μὲν ἀργιλλώδους, τῆς δὲ πέτραν ἐχούσης μαλακὴν ὀρύγματα μεγάλα ποιοῦσιν ἐν αὐτῇ, ὧν τὰ μὲν στόμια μικρὰ παντελῶς κατασκευάζουσι, κατὰ βάθους δ' ἀεὶ μᾶλλον εὐρυχωρῆ ποιοῦντες τὸ τελευταῖον τηλικοῦτ' ἀποτελοῦσι τὸ μέγεθος ὥστε γίνεσθαι πλευρὰν ἑκάστην πλέθρου. ταῦτα δὲ τὰ ἀγγεῖα πληροῦντες ὕδατος ὀμβρίου τὰ στόματ' ἐμφράττουσι καὶ ποιοῦντες ἰσόπεδον τῇ λοιπῇ χώρᾳ σημεῖα καταλείπουσιν ἑαυτοῖς μὲν γιγνωσκόμενα, τοῖς δ' ἄλλοις ἀνεπινόητα.

(XIX,94,6—8).

"They are exceptionally fond of freedom; and, whenever a strong force of enemies comes near, they take refuge in the desert, using this as a fortress; for it lacks water and cannot be crossed by others, but to them alone, since they have prepared subterranean reservoirs lined with stucco, it furnishes safety. As the earth in some places is clayey and in others is of soft stone, they make great excavations in it, the mouths of which they make very small, but by constantly increasing the width as they dig deeper, they finally make them of such size that each side has a length of one *plethrum*. After filling these reservoirs with rain water, they close the openings, making them even with the rest of the ground, and they leave signs that are known to themselves but are unknown by others".

The Nabatean Arabs derive their richness from:

τρέφουσι δ' αὐτῶν οἱ μὲν καμήλους, οἱ δὲ πρόβατα, τὴν ἔρημον ἐπινέμοντες. οὐκ ὀλίγων δ' ὄντων Ἀραβικῶν ἐθνῶν τῶν τὴν ἔρημον ἐπινεμόντων οὗτοι πολὺ τῶν ἄλλων προέχουσι ταῖς εὐπορίαις, τὸν ἀριθμὸν ὄντες οὐ πολὺ πλείους τῶν μυρίων· εἰώθασι γὰρ αὐτῶν οὐκ ὀλίγοι κατάγειν ἐπὶ θάλασσαν λιβανωτόν τε καὶ σμύρναν καὶ τὰ πολυτελέστατα ἀρωμάτων, διαδεχόμενοι παρὰ τῶν κομιζόντων ἐκ τῆς Εὐδαίμονος καλουμένης Ἀραβίας.

(XIX,94,4—5).

"Some of them raise camels, others sheep, pasturing them in the desert. While there are many Arabian tribes who use the desert as pasture, the Nabateans far surpass the others in wealth although they are not much more than ten thousand in number; for not a few of them are accustomed to bring down to the sea frankincense and myrrh and the most valuable kinds of spices, which they procure from those who convey them from what is called Arabia Eudaemon".

The Nabateans are fond of freedom:

διόπερ οἱ ταύτην τὴν χώραν κατοικοῦντες Ἄραβες, ὄντες δυσκαταπολέμητοι, διατελοῦσιν ἀδούλωτοι, πρὸς δὲ τούτοις ἔπηλυν μὲν ἡγεμόνα τὸ παράπαν οὐ προσδέχονται, διατελοῦσι δὲ τὴν ἐλευθερίαν διαφυλάττοντες ἀσάλευτον. διόπερ οὔτ᾽ Ἀσσύριοι τὸ παλαιὸν οὔθ᾽ οἱ Μήδων καὶ Περσῶν, ἔτι δὲ Μακεδόνων βασιλεῖς ἠδυνήθησαν αὐτοὺς καταδουλώσασθαι, πολλὰς μὲν καὶ μεγάλας δυνάμεις ἐπ᾽ αὐτοὺς ἀγαγόντες, οὐδέποτε δὲ τὰς ἐπιβολὰς συντελέσαντες.

"Consequently the Arabs who inhabit this country, being difficult to overcome in war, remain always unenslaved; furthermore, they never at any time accept a man of another country as their over-lord and continue to maintain their liberty unimpaired. Consequently neither the Assyrians of old, nor the kings of the Medes and Persians, nor yet those of the Macedonians have been able to enslave them, and although they led many great forces against them, they never brought their attempts to a successful conclusion".

(II,48,4—5).

The Nabatean rock-shelter:

Ἔστι δὲ ἐν τῇ χώρᾳ τῶν Ναβαταίων καὶ πέτρα καθ᾽ ὑπερβολὴν ὀχυρά, μίαν ἀνάβασιν ἔχουσα, δι᾽ ἧς κατ᾽ ὀλίγους ἀναβαίνοντες ἀποτίθενται τὰς ἀποσκευάς.

"There is also in the land of the Nabateans a rock, which is exceedingly strong since it has but one approach, and using this ascent they mount it a few at a time and thus store their possessions in safety".

(II,48,6).

And in the parallel passage:

Τὰ μὲν οὖν νόμιμα τῶν Ἀράβων τοιαῦτ᾽ εἶναι συμβέβηκεν. ὑπογύου δ᾽ αὐτοῖς οὔσης πανηγύρεως, εἰς ἣν εἰώθασιν οἱ περίοικοι καταντᾶν οἱ μὲν ἀποδωσόμενοι τῶν φορτίων, οἱ δ᾽ ἀγοράσοντές τι τῶν αὐτοῖς χρησίμων, εἰς ταύτην ἐπορεύθησαν, ἀπολιπόντες ἐπί τινος πέτρας τὰς κτήσεις καὶ τοὺς πρεσβυτάτους, ἔτι δὲ τέκνα καὶ γυναῖκας. τὸ δὲ χωρίον ὑπῆρχεν ὀχυρὸν μὲν καθ᾽ ὑπερβολὴν ἀτείχιστον δέ, καὶ τῆς οἰκουμένης ἀπέχον δυεῖν ἡμερῶν ὁδόν.

"It appears that such are the customs of the Arabs. But when the time draws near for their national gathering at which those who dwell round about are accustomed to meet, some to sell goods and others to purchase things that are needful to them, they travel to this meeting, leaving on a certain rock their possessions and their old men, also their women and their children. This place is exceedingly strong but unwalled, and it is distant two day's journey from the settled country".

(XIX,95,1—2).

The attitude of the Nabateans towards agriculture:

αὐτοὶ δὲ χρῶνται τροφῇ κρέασι καὶ γάλακτι καὶ τῶν ἐκ τῆς γῆς φυομένων τοῖς ἐπιτηδείοις· φύεται γὰρ παρ' αὐτοῖς τὸ πέπερι καὶ ἀπὸ τῶν δένδρων μέλι πολὺ τὸ καλούμενον ἄγριον, ᾧ χρῶνται ποτῷ μεθ' ὕδατος. ἔστι δὲ καὶ ἄλλα γένη τῶν Ἀράβων, ὧν ἔνια καὶ γεωργεῖ μιγνύμενα τοῖς φορολογουμένοις καὶ μετέχει τῶν αὐτῶν τοῖς Σύροις πλὴν τοῦ κατασκηνοῦν ἐν οἰκίαις.

"They themselves use as food flesh and milk and those of the plants that grow from the ground which are suitable for this purpose; for among them there grow the pepper and plenty of the so-called wild honey from trees, which they drink mixed with water. There are also other tribes of Arabs, some of whom even till the soil, mingling with the tribute-paying peoples, and have the same customs as the Syrians, except that they do not dwell in houses".

(XIX,94,10).

The Nabateans exploit also the richess of the Dead Sea:

λίμνη τε μεγάλη φέρουσα πολλὴν ἄσφαλτον, ἐξ ἧς λαμβάνουσιν οὐκ ὀλίγας προσόδους.

"--- And a large lake is also there which produces asphalt in abundance, and from which they derive not a little revenue".

(II,48,6; later, in 7—9, will be found a detailed description of the Dead Sea).

The language which the Nabateans use in writing: --- πρὸς δ' Ἀντί-γονον ἐπιστολὴν γράψαντες Σύροις γράμμασι ---, "But to Antigonus they wrote a letter in Syrian characters." (XIX,96,1).

The authority on which Diodorus bases his account, Hieronymus of Cardia, was present in the land of the Nabateans at the time at which these events took place:

ἐπὶ δὲ τῷ κατασκέψασθαι τὴν λίμνην καὶ δοκεῖν εὑρηκέναι τινὰ τῇ βασιλείᾳ πρόσοδον ἐπαινέσας ἐπὶ μὲν ταύτης ἐπιμελητὴν ἔταξεν Ἱερώνυμον τὸν τὰς ἱστορίας συγγράψαντα.

"In charge of this he placed Hieronymus, the writer of the history ---".

(XIX,100,1).

This last reference, to the presence of Hieronymus "the writer of the histories" is most valuable, and should be taken as proof for the authenticity of all of the above descriptions.

Which land is the subject of Hieronymus' description? In view of the mention of "a certain rock" in the land of the Nabateans, it has been suggested that Petra, the capital, of the Nabatean kingdom in a much later period is meant. This conjecture is not, however, borne out by the text, and the natural stronghold could be any other rock in the region extending south, west, southwest or southeast of the Dead Sea.

In fact Hieronymus' description contains quite clear indications of the nature of the region in which the Nabateans live: that country is partly waterless and partly desert, and only a small part of it is fruitful (cf. II, 47, 1). What is still more indicative: it is partly clayey and partly of soft stone (XIX, 94, 7).

This description does not fit the region of Petra, nor the rest of the land of Edom. The region of Petra abounds in rain, the annual rainfall amounting to about 400 mm. p. a., falling to 200 mm. p. a. at the extreme south of the country, some 50 km. northeast of the northern tip of the Gulf of Elath. Furthermore, geologically most of Edom is formed by granite rocks and formations of Nubian sandstone, and certainly not of soft limestone and of the deep deposits of clayey loess to which our authority must have referred[2].

On the other hand, on the western side of the Arabah there is a region which consists geomorphologically of limestone ridges between which are broad valleys covered by very deep deposits of clayey loess[3]. In this region (the central Negev) the amount of rainfall diminishes from about 200 mm. p. a. in the Beersheba Plain in the north, to 100 mm. p. a. in the mountains of the central Negev, and drops to 50—25 mm. p. a. as one progresses southwards towards the Arabah and the Gulf of Elath. Very deficient in springs, as opposed to the large number of springs in the land to the east of the Arabah, the central Negev may indeed be described as "waterless" and should thus be identified with the country in which the Nabateans lived at the time when the events of 312 B. C. occurred.

The origin of the Nabateans, and the time at which they penetrated the region of the central Negev, are matters which for the present must remain unsolved[4], although an Arabian origin for the Nabateans may quite safely be taken as a working hypothesis. In any case, it is most probably in the central Negev that the Nabateans first appear as a noticeable element, distinct from other Arabs, and, if the evidence of Diodorus is taken into account, it is quite safe to assume that the Nabateans were already established in that region in the Persian period, certainly in the fourth, if not indeed in the fifth century B. C.

At this early stage, the Nabateans were still complete nomads: "It is their custom neither to sow corn, plant fruit-bearing trees, use wine, nor construct any house; if anyone is found acting contrary to this, death is his penalty. They follow this custom because they believe that those who possess these things are, in order to retain the use of them, easily compelled

---

[2] On these matters see A. NEGEV, The Early Beginnings of the Nabatean Realm, PEQ, 1976, pp. 125—133.

[3] Atlas of Israel, Jerusalem, 1956, maps VII/2; 2/III.

[4] KAMMERER, passim.

by the powerful to do their bidding" (XIX, 94, 3—4). These provisions have been compared more than once with the laws of the Rechabites: "We will not drink wine, for our forefather Jonadab, son of Rechab, laid this command to us: You shall never drink wine, neither you nor your children. You shall not build houses or sow seed or plant vineyards. You shall have none of these things. Instead you shall remain tent-dwellers all your lives, so that you may live long in the land where you are sojourners" (Jer. 35:6—10).

These words were spoken at the end of the 7th century B. C. and may reflect similar circumstances under which the Nabateans began to take form as a noticeable ethnic phenomenon.

In any case, at the period described by Diodorus-Hieronymus the Nabateans were still tent-dwellers (this fact, it seems, our authorities took for granted, and for this reason they failed to mention it). Both stories, the Greek and the biblical, make special mention of the fact that the tent-dwellers were forbidden to produce and to consume wine. The reason for this prohibition is quite obvious: whereas the sowing of grain does not compel the farmer to spend all his time in his fields, the planter of a vineyard becomes practically the slave of his plot, there being no season of the year in which the grape does not need attention. Moreover once the grapes have been pressed, the juice must be stored in jars in a wine-cellar for many months until fermentation is completed. This whole process lasts at least a year, and thus year after year. During this whole cycle the vintner must remain at home to guard his precious possession. Thus the cultivating of vines and the production of wine may be considered as the ultimate phase in the long process by which a nomad is transformed into a farmer or a city-dweller.

The other point in Diodorus' account is less important, but still noteworthy, namely, the events which caused the Greeks to invade the land of the Nabateans. The campaign took place at the season of the Nabateans' national gathering (πανηγύρεως). The Greek army marched from the district of Idumea (i. e., to the south of Judea) to the country of the Nabateans in three days and three nights and captured the Rock. The booty which the Greeks collected included

τοῦ μὲν λιβανωτοῦ καὶ τῆς σμύρνης συνεσκευάσαντο τὸ πλεῖον μέρος, ἀργυρίου δὲ περὶ πεντακόσια τάλαντα.

"and of the frankincense and myrrh he gathered together the large part, and about five hundred talents of silver".

(XIX,95,3).

The Nabateans pursued the Greeks and regained the booty taken by them. There followed an exchange of diplomatic letters, written in "Syrian" (i. e. Aramaic). A new Greek attack, this time under the command of Demetrius son of Antigonus brought no better results, for the Nabateans had posted a strong garrison on the Rock, and dispersed their flocks — the capture of which had been one of the main objectives of the hungry Greeks — to different places in the desert. According to Diodorus, a moving speech of the Nabatean elders convinced the Greeks to receive hostages and costly gifts and to retreat to the vicinity of the Dead Sea, a distance of 300 stades from the 'Rock', and to leave the Nabateans in peace (XIX, 95, 2—98, 1). The distance thus given equals 53 km., whereas the actual distance from Petra to the southern end of the Dead Sea is some 80 km. as the crow flies. This is not, however, the only reason for regarding the identification of the 'Rock' of Diodorus with Petra as doubtful.

Diodorus' account, is important not only by reason of its evident authenticity, but also because it is completely free of later interpolations and anachronistic contaminations. The latest event to which the author refers in conjunction with the Nabateans is the setting up of the bronze tablet by Pompey, who recorded on it his achievements in Asia. The tablet, set up in 63 B. C., reads:

<table>
<tr><td>

Ὅτι ὁ Πομπήιος τὰς ἰδίας πρά-
ξεις ἅς συνετέλεσεν ἐπὶ τῆς Ἀσίας
ἀναγράψας ἀνέθηκεν, ὦν ἐστιν ἀντί-
γραφον τόδε – – – ὑποτάξας δὲ βασι-
λέα – – – Ἀρέταν Ναβαταίων Ἀρά-
βων – – –.

(XL,4).

</td><td>

"Pompey had inscribed on a tablet, which he set up as a dedication, the record of his achievements in Asia. Here is a copy of the inscription: "– – – brought into subjection – – – Aretas king of the Nabatean Arabs – – –".

</td></tr>
</table>

This Aretas is no doubt Aretas III, entitled *philhellene*, the conqueror of Damascus (see below).

To the early Hellenistic period may be attributed two additional documents. One is a mention in Stephanus Byz. of the expedition of Antigonus:

<table>
<tr><td>

Μωθώ, κώμη Ἀραβίας ἐν ἦ
ἔθανεν Ἀντίγονος ὁ Μακέδων ὑπὸ
Ῥαβίλου τοῦ βασιλέως τῶν Ἀράβων,
ὡς Οὐράνιος ἐν πέμπτῳ. ὅ ἐστι τῇ
Ἀράβων φωνῇ τόπος θανάτου.

(Steph. Byz. 466,5—7)

</td><td>

"Motho, a village in Arabia, at which Antigonus the Macedonian was killed by Rabilus the king of the Arabs, as told by Uranius in his fifth book. Motho means the place of death in the Arab language" (A. N.).

</td></tr>
</table>

This text presents some difficulties. Antigonus did not die in Arabia but in the vicinity of Ipsos, and not in 312, as the text would imply, but in 301 B. C. (cf. Diod. XXI, 1). Although Stephanus apparently bases his account on a generally reliable source, Uranius, whose books Τὰ Ἀραβικά are lost, here he must be wrong. The name of the place Motho is curious at which, according to this account, Antigonus died. There are two places which are likely candidates for identification; one is in Moab, el-Mawtha, the meaning of which, in Arabic, is death, as also explained by Uranius-Stephanus in the etymological remark. The other is Motha, a military post east of Bostra, where in the late Roman period the *equites scutarii Illyriciani* were stationed (Not. Dign. Or. 37, 14), identified at Imthan. Probably it was the etymological meaning of the word, the meaning of which could hardly have escaped the Nabateans, that gave rise to a legend of the death of Antigonus, a bitter enemy of the Nabateans. The earliest Nabatean king, known by the name of Rabilos-Rabel, belongs to the end of the second century B. C., and so the legend must have arisen at a much later date.

The other source is a document connected with the visit of Zenon in 259 B. C. It contains a list of quantities of flour received and distributed[5]. The lists are arranged in four columns; in the first column are listed eleven towns in the west and east of Palestine, whereas the other three columns contain names of persons to whom flour has been distributed for the baking of bread. There are no topographical references accompanying these names. It is in this part of the document that we find the following lines:

κζ 'Απελλεῖ σεμιδάλιος ἀρ L Περιτίου τοῖς παρὰ/ 'Ραββήλου ἀλεύρων
ἀρ α/

"To Apelles, ... *artabae* of finest wheaten flour. In (the month of) Peritios, to those about Rabel 1 *artaba* of wheat-meal" (A. N.).

(lines 27—29).

There is no way of learning from this document whether or not Rabbe-los was a Nabatean, nor do we know where he lived. He could have well lived in any other place in the south of Palestine, and not necessarily to the east of the Jordan.

In dealing with the political division of Syria-Phoenicia in the early Hellenistic period, AVI-YONAH[6] concludes that the country to the east of the Jordan was divided into the following units (from north to south): Galaaditis, Ammonitis, Moabitis and Gabalitis. The two last mentioned territories extended along the eastern shore of the Dead Sea, Wadi el-Hesa, biblical Naḥal Zered, forming the border between the two. East and South of Gabalitis were, according to AVI-YONAH, the territories of the Nabateans, extending as far south as the northern tip of the Gulf of Elath, where the Ptolemaic harbour of Berenike was situated.

The history of the name and the extent and boundaries of the region of Gabalitis are not easy to define. The existence of a region of that name is inferred from a passage in Josephus (Ant. XII, 113). From another passage in Josephus we learn that Γοβολῖτις was identical with Edom (Ant. II, 6),

---

[5] C. C. EDGAR, Catalogue du Musée du Caire, 79, Zenon Papyri, I, Cairo, 1925, repr. Hildesheim, 1971, N°. 59004.

[6] M. AVI-YONAH, Geographical History of Palestine, Jerusalem, 1951, p. 30 (Hebrew). However, in a later publication AVI-YONAH assumed that the territory of Gabalene was a matter of dispute between the Nabateans and the Ptolemies. Cf. M. AVI-YONAH, The Holy Land, Grand Rapids, Mich., 1966, p. 40.

and in yet another, the connection between this region and Petra is established (Ant. III, 40). The mention of Gebal together with Edom and Amalek
goes back to the Psalms: The families of Edom, the Ishmaelites, Moabites
and Hagrees, Gebal, Ammon and Amalek (Ps. 83: 6—7). A region by the name
of Gabalene was also known to Eusebius, who, in fact, identifies it with
Edom:

'Ιδουμαία (Gen. 36:16). χώρα 'Ησαῦ, ἐξ αὐτοῦ παρωνύμως ὀνομα-σθεῖσα, ἐπείπερ αὐτὸς 'Εδὼμ ἐκαλεῖτο. ἔστι δὲ ἡ ἀμφὶ τὴν Πέτραν Γεβαληνὴ καλουμένη.	"Idumaea (Gen. 36:16), the land of Esau, named after him, since his own name has been Edom. Around Petra there is a region named Gebalene" (A. N.)

(Onom. ed. KLOSTERMANN, 102,23—25; and cf. also 8,10; 62,8; 92,3;
124,18—23; 128,18; 142,14; 150,24).

Although there is no direct statement of the fact, AVI-YONAH's suggestion
is credible, that Gebalene (formerly Edom) constituted the southernmost
district of Ptolemaic Trans-Jordan. We cannot, however, accept the boundaries of that region as drawn up by him[7]. It is true that most of the country
of Gebalene-Edom was of little economic and political inportance, both in
biblical and in later times. The importance of this unfruitful region lay
principally in the King's Highway, and, later, the Via Nova, running
along the spine of the mountains of Edom down to the Red Sea. It is
only this road, connecting the northern Ptolemaic districts with Arabia
and the Far East, which gives sense to the establishment of the port of
Berenike in that region. On the other hand, the presence of the port of
Berenike may be taken as proof that the Ptolemaic district of Gebalene
extended over the whole of the former territory of Edom, and that in the
third century B. C. the Nabateans did not occupy this country at all, or
at least were not any menace to Ptolemaic administration of that
region.

The final matter needing explanation is the possible meaning of the name
Gabalitis, a matter which has never before been commented on. The name
Edom comes most probably from the Hebrew אדים, meaning red, signifying
the colour of the mountains of that region. It seems that the meaning of
gebal too must be sought in the Semitic languages, in which it may be translated as 'mountain', like the Arabic *jabal-jibal*, Gebalene thus meaning
the 'country of mountains', a name well-suited to the country of
Edom. This ancient Semitic name (cf. Ps. 83:5) could have been given by
the Nabateans or any other of the Arabian tribes who lived in that region
during the Persian period.

---

[7] In his atlas AVI-YONAH seems to have forgotten to mention the district of Gebalene
altogether. Cf. Y. AHARONI and M. AVI-YONAH, The Macmillan Bible Atlas, London,
1968, map 178.

1. Nabatea under the Seleucids (cf. Fig. 1)

There is every reason to believe that there was no significant penetration of the Nabateans into the country east of the Arabah in the Ptolemaic period. Things begin to change after the conquest of Palestine by the Seleucids.

The earliest indirect reference to the presence of Nabateans in that region is found in the Books of Maccabees, relating the flight of Jason, former High Priest, "Having been shut up in the court of Aretas the prince of the Arabians" (The Books of the Maccabees, London, 1949, p. 83), from Jerusalem to Ammanitis: ἐγκλεισθεὶς πρὸς 'Αρέταν τὸν τῶν 'Αράβων τύραννον (II Macc. 5:8). This event took place in 168 B. C. This Arab *tyrannos* is identified as Aretas I, the first in the line of Nabatean kings. We do not, however, know how long this king reigned.

In 163 B. C. Judas and Jonathan, the Maccabean brothers,

ἐπορεύθησαν ὁδὸν τριῶν ἡμερῶν ἐν τῇ ἐρήμῳ. καὶ συνήντησαν τοῖς Ναβαταίοις καὶ ἀπήντησαν αὐτοῖς εἰρηνικῶς καὶ διεγήσαντο αὐτοῖς πάντα τὰ συμβάντα τοῖς ἀδελφοῖς αὐτῶν ἐν τῇ Γαλααδίτιδι.

(I Macc. 5:25—26).

"and went three days in the wilderness, and they met with the Nabateans, and these met them in a peaceful manner, and told them all that had befallen their brethren in the land of Gilead" (Op. cit., p. 19).

This peaceful meeting between the Maccabean brothers and the Nabateans took place in the desert, three days' march from the Jordan. We do not know where this meeting took place, but quite certainly it was not in the Hauran, as has been suggested for no obvious reason[8]. The account in the parallel passage in II Macc. 12:10—12 is somewhat different. Here the encounter between the Maccabees and the Arabs (referred to as νομάδες) was from the start unfriendly and ended in a victory over the Arabs. Nowhere in this account are we told where it took place. The outcome of this clash was:

ἐλαττονωθέντες οἱ νομάδες ἡξίουν δοῦναι τὸν 'Ιούδαν δεξιὰν αὐτοῖς, ὑπισχνούμενοι καὶ βοσκήματα δώσειν καὶ ἐν τοῖς λοιποῖς ὠφελήσειν αὐτούς.

(II Macc. 12:11).

"After having suffered a defeat the nomads chose to give Judah their right hand, promising to give them sheep and to help them in any other way".

At the end the Arabs εἰς τὰς σκηνὰς ἐχωρίσθησαν, "Retreated to their tents."

A few years later, when pressed by Bacchides, Judas sent his brother Jonathan to ask for help and to deposit their property with the Nabateans

---

[8] STARCKY, Dictionnaire, col. 905.

(I Macc. 9:35). However, on the way the υἱοὶ Ἰαμβρι, another Arab tribe, attacked the Jews in the vicinity of Madaba in Moab, — a deed which was soon avenged (I Macc. 9:36—42).

From the preceding accounts nothing definite may be concluded, except for the mere possibility of the presence of Nabatean nomadic tribes in the country to the east of the Arabah.

To the latter part of the 2nd century B.C. belongs the following account of Diodorus, probably based on the work of Agatharchides of Cnidus:

Παραπλεύσαντι δὲ ταύτην τὴν χώραν ἐκδέχεται κόλπος Λαιανίτης, περιοικούμενος πολλαῖς κώμαις Ἀράβων τῶν προσαγορευομένων Ναβαταίων. οὗτοι δὲ πολλὴν μὲν τῆς παραλίου νέμονται, οὐκ ὀλίγην δὲ καὶ τῆς εἰς μεσόγειον ἀνηκούσης χώρας, τόν τε λαὸν ἀμύθητον ἔχοντες καὶ θρεμμάτων ἀγέλας ἀπίστους τοῖς πλήθεσιν. οἱ τὸ μὲν παλαιὸν ἐξῆγον δικαιοσύνῃ χρώμενοι καὶ ταῖς ἀπὸ τῶν θρεμμάτων τροφαῖς ἀρκούμενοι, ὕστερον δὲ τῶν ἀπὸ τῆς Ἀλεξανδρείας βασιλέων πλωτὸν τοῖς ἐμπόροις ποιησάντων τὸν πόρον τοῖς τε ναυαγοῦσιν ἐπετίθεντο καὶ ληστρικὰ σκάφη κατασκευάζοντες ἐλῄστευον τοὺς πλέοντας, μιμούμενοι τὰς ἀγριότητας καὶ παρανομίας τῶν ἐν τῷ Πόντῳ Ταύρων· μετὰ δὲ ταῦτα ληφθέντες ὑπὸ τετρηρικῶν σκαφῶν πελάγιοι προσηκόντως ἐκολάσθησαν.

(III,43,4—5).

"After one has sailed past this country the Leanites Gulf comes next, about which are many inhabited villages of Arabs who are known as Nabateans. This tribe occupies a large part of the coast and not a little of the country which stretches inland, and it has a people numerous beyond telling and flocks and herds in multitude beyond belief. Now in ancient times these men observed justice and were content with the food which they received from their flocks, but later, after the kings in Alexandria had made the ways of the sea navigable for their merchants, these Arabs not only attacked the shipwrecked, but fitting out pirate ships preyed upon the voyagers, imitating in their practices the savage and lawless ways of the Tauri of the Pontus; some time afterwards, however, they were caught on the high seas by some quadriremes and punished as they deserved".

In the present state of information, it is very difficult to analyze this passage. It may refer to encampments of Nabateans along the coast and in the interior of the Arabian peninsula, where about a century later Nabatean commercial centres, such as those of Egra and Leuke Kome (see below), existed; it could also, however, point to the as yet scarcely investigated Sinai region and the western coast of the Gulf of Suez, which were at least as early as the first century B.C. quite densely populated by the Nabateans. On the other hand, the Leanitic Gulf mentioned in this account is quite certainly the Aelanitic Gulf, and this points more to the first possibility.

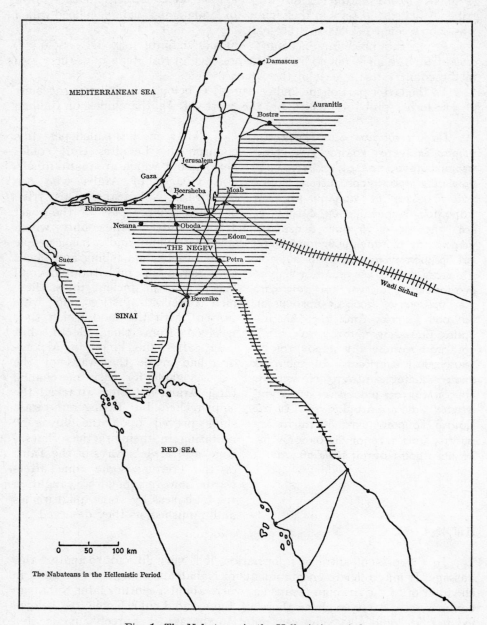

The Nabateans in the Hellenistic Period

Fig. 1. The Nabateans in the Hellenistic period

Some scholars would place a monarch by the name of Rabel at about the middle of the 2nd century B. C.[9], but the evidence for this supposition is very frail, and the existence of such a personality is highly doubtful.

With their king Aretas II the Nabateans slowly begin to emerge from the darkness of their prehistory. This is the end of the 2nd century B. C. The political and economic power of the Seleucids were at their end, and both the Nabateans and their Jewish neighbours were doing their utmost to slice off as many segments as possible from the domains of the Syrian kings.

The first historical event involving the Nabateans is the campaign of Alexander Jannaeus against Zoilus and the people of Gaza, who were expecting the help of Ἀρέτας ὁ Ἀράβων βασιλεύς, ἐπίδοξος ὢν ἥξειν αὐτοῖς σύμμαχος, "Aretas, the King of the Arabs, would come to their assistance". (Jos. Ant. XIII, 358—364). The siege and the subsequent conquest of Gaza by Alexander Jannaeus must have taken place after the departure from Palestine of Cleopatra III, who died in 101 B. C., and before the death of Antiochus VIII Gryphus in 96 B. C.[10]. The conquest of Gaza by the Jews had very grave consequences for the Nabatean district of the central Negev, as one may learn from the archaeological data (see below).

To this period, it would appear, belongs a notice preserved by Justin: . . . *ut adsidius proeliis consumpti in contemptum finitimorum venerint praedaeque Arabum genti, imbelli antea, fuerint; quorum rex Herotimus, fiducia septingentorum filiorum, quos ex paelicibus susceperat, divisis exercitibus nunc Aegyptum nunc Syriam infestebat magnumque nomen Arabum viribus finitimorum exsanguibus fecerat* (Hist. XXXIX, 5, 5—6). This Herotimus is generally identified with Aretas II[11], to whom are attributed the earliest Nabatean coins[12].

Obodas I.

Hostilities between the Jews and the Nabateans continued. Around 93 B. C. Alexander Jannaeus

συνάψας δὲ μάχην πρὸς Ὀβέδαν τὸν Ἀράβων βασιλέα καὶ πεσὼν εἰς ἐνέδραν ἐν χωρίοις τραχέσι καὶ δυσβάτοις, ὑπὸ πλήθους καμήλων εἰς βαθεῖαν κατερράχθη φάραγγα κατὰ Γάραδα κώμην τῆς Γαυλανίδος καὶ μόλις αὐτὸς διασώζεται, φεύγων δ' ἐκεῖθεν εἰς Ἱεροσόλυμα παραγίνεται.

(Jos. Ant. XIII, 375).

"Then he engaged in battle with Obedas, the king of the Arabs, and falling into an ambush in a rough and difficult region, he was pushed by a multitude of camels into a deep ravine near Garada, a village of Gaulanis, and barely escaped with his own life, and fleeing from there, came to Jerusalem".

---

[9] CANTINEAU I, pp. 6—9; STARCKY, loc. cit.
[10] STARCKY, Dictionnaire, loc. cit.
[11] KAMMERER, p. 146 and note 3.
[12] E. S. G. ROBINSON, Coins from Petra, etc., The Numismatic Chronicle, 1936, pp. 290ff.; MESHORER, Coins, pp. 9ff.

No Golan village by the name of Garada is known, and all attempts to locate this battlefield are purely conjectural[13]. If the account of Josephus in the following section (Ant. XIII, 376) is correct, then the Hasmonean king must have suffered a severe defeat at the hands of the Nabateans. The Nabatean king Obedas is identified as Obodas I, who probably was the son of Aretas II, as may perhaps be inferred from an inscription found engraved on the wall of a cult triclinium at Petra: "Obodas, King of the Nabateans, son of Aretas, King of the Nabateans". This inscription belongs to the first regnal year of Obodas[14]. The dating of this inscription to the early years of the 1st century B.C. is generally accepted[15]. If this is correct, then it is the earliest known evidence for the presence of the Nabateans at Petra.

It was, perhaps, the same king to whom Alexander Jannaeus was forced to cede his conquests in Moab (which was later to become one of the most important Nabatean districts) and Galaaditis:

καὶ τὸ τελευταῖον εἰς τοῦτο ἀνάγκης ἀγόντων ὥστε ἦν κατεστρέψατο γῆν ἐν Μοαβίτιδι καὶ Γαλααδίτιδι καὶ τὰ ἐν αὐτῇ χωρία τῶν Ἀράβων τῷ βασιλεῖ παραδοῦναι, ὅπως ἂν μὴ ξυνάρηται σφίσι τὸν κατ' αὐτοῦ πόλεμον, ἄλλα τε μυρία εἰς ὕβριν αὐτοῦ καὶ ἐπήρειαν πραξάντων.

(Ant. XIII, 382).

"and at last reduced him to the necessity of surrendering to the king of the Arabs the territory which he conquered in Moab and Galaaditis and the strongholds therein, in order that he might not aid the Jews in the war against him; and they committed countless other insulting and abusive acts against him".

These events took place around 90 B.C. Thus the first decade of the 1st century B.C. saw the penetration of the Nabateans into Moab and the Gilead.

At 88/87 B.C. Antiochus XII Dionysus captured the city of Damascus and immediately afterwards he marched twice into Arabia. Details of the first campaign are missing, but in the second campaign Antiochus planned to march through Judea, attacking the Nabateans from the rear (Ant. XIII, 391). The story of this battle is still more vividly told in the 'Jewish War'. Antiochus Dionysus, brother of Demetrius broke through the defences set up by Alexander Jannaeus and pushed his way to Arabia (War I, 99—101). And this is how the battle developed:

θέμενος δ' ἐν δευτέρῳ τὴν πρὸς κωλύσαντα ἄμυναν εὐθὺς ἐπὶ τοὺς Ἄραβας ᾔει. τῶν δ' ὁ βασιλεὺς ἀνα-

"Deferring his vengeance on the author of his obstruction he at once pushed on against the Arabs.

[13] Cf. ABEL, Géographie II, p. 149, note 3.
[14] DALMAN, NPF, pp. 99—100.
[15] CANTINEAU, I, p. 7; STARCKY, Dictionnaire, col. 906.

χωρῶν εἰς τὰ χρησιμώτερα τῆς χώρας πρὸς τὴν μάχην, ἔπειτα τὴν ἵππον ἐξαίφνης ἐπιστρέψας, μυρία δ' ἦν τὸν ἀριθμόν, ἀτάκτοις ἐπιπίπτει τοῖς περὶ τὸν Ἀντίοχον. κρατερᾶς δὲ μάχης γενομένης, ἕως μὲν περιῆν Ἀντίοχος ἀντεῖχεν ἡ δύναμις αὐτοῦ, καίπερ ἀνέδην ὑπὸ τῶν Ἀράβων φονευόμενοι· – – – τοὺς δὲ λοιποὺς καταφυγόντας εἰς Κανὰ κώμην – – –.

(War XIII,101—102).

The Arabian king began by retiring to territory more favourable for battle, and then suddenly wheeling round his cavalry, ten thousand strong, fell upon the troops of Antiochus while in disorder. A hard battle ensued. So long as Antiochus lived, his forces held out, though mercilessly cut up by the Arabs. – – – The bulk of the army perished either on the field or in the flight; the rest took refuge in the village of Cana, where all save a few succumbed in starvation".

Both kings who participated in this battle died. Antiochus died near the village of Kana. A place of this name is known in the north-eastern Negev, west of the southern end of the Dead Sea[16]. The route over Judea which the Seleucid king took, and the whole set-up of the battle, point perhaps to the possibility that the battle took place in the Nabatean Negev rather than in the country east of the Arabah.

It has already been suggested by MILIK[17] that the passage from Steph. Byz. about *Motho* (see p. 529 above) refers to a battle and victory of Obodas I over Antiochus XII instead of Rabel over Antigonus. This is most probably the king Obodas, who, according to Uranius, was deified after his death in battle, and buried in the city Oboda, which was named after him:

Ὄβοδα, χωρίον Ναβαταίων. Οὐράνιος Ἀραβικῶν τετάρτῳ "ὅπου Ὀβόδης ὁ βασιλεύς, ὃν θεοποιοῦσι, τέθαπται".

(Steph. Byz. 482,15—16).

"Oboda, a place of Nabateans. Uranius in his fourth book on Arabia: "in which the deified king has been buried" (A. N.).

Aretas III

The successor of Obodas I was Aretas III. From another passage in Steph. Byz. one may learn that Aretas was the son of Obodas:

Ἄυαρα πόλις Ἀραβίας, ἀπὸ χρησμοῦ δοθέντος Ὀβόδᾳ κληθεῖσα ὑπὸ τοῦ υἱοῦ αὐτοῦ Ἀρέτα. ἐξώρμησε γὰρ Ἀρέτας εἰς ἀναζήτησιν τοῦ χρησμοῦ. ὁ δὲ χρησμὸς ἦν αυαρα

"Auara, a city of Arabia, named after a prophecy given to Obodas, by his son Aretas. Aretas set out to seek the fulfillment of the prophecy, the prophecy being to look

---

[16] ABEL, Géographie, I, p. 273; II, p. 149 and map VIII, marked Qana.
[17] STARCKY, Dictionnaire, col. 906.

τόπον ζητεῖν, ὅ ἐστι κατὰ Ἄραβας
καὶ Σύρους λευκήν. καὶ φθάσαντι
τῷ Ἀρέτᾳ καὶ λοχῶντι ἐφάνη φάσμα
αὐτῷ λευκοείμων ἀνὴρ ἐπὶ λευκῆς
δρομάδος προϊών. ἀφανισθέντος δὲ
τοῦ φάσματος σκόπελος ἀνεφάνη
αὐτόματος κατὰ γῆς ἐρριζωμένος,
κἀκεῖ ἔκτισε πόλιν.

for a place by the name of Auara,
this meaning white in the Arabian
and Syrian languages. And to Aretas,
as he was lying in wait in advance,
there appeared the image of a man
dressed in white proceeding on a
white dromedary. When the image
disappeared, a round hill appeared,
standing firm above the ground,
and on this spot he built the city."

(Steph. Byz. 144,19—26).

The name Auara, Ḥauara in the Semitic languages, has been preserved
in a site northeast of Elath to the present day. The early history of the site
is unknown, but in the late Roman and Byzantine periods it was an important military post.

At the invitation of the people of Damascus, Aretas became ruler of
that city (Ant. XIII, 392; War I, 103). From there he marched on Judea,
defeated Alexander Jannaeus near the fortress of Adida in the vicinity of Lod,
and retired after signing an agreement (Ant. XIII, 392). At Damascus
during the years 84—72 B. C., he minted coins on which he bears the title
of *philhellene*.

From Josephus' account of the final state of the boundaries of the kingdom of Alexander Jannaeus, one may also infer the boundaries
of the Nabatean kingdom at this time (cf. Ant. XIII, 395—397; War I, 103
—105). In the country to the west of the Jordan, the Nabateans appear to
have had no access to the Mediterranean — unless perhaps by way of the
harbours on the Sinaitic coast southwest of Rhinocorura, which marked the
border of Jannaeus' kingdom. Inland, the border must have run along the
Beersheba Plain, whereas to the east of the Arabah it embraced the whole
of Edom and probably the southern part of Moab. The conquest of Damascus by Aretas II implies that the Hauran was already in the hands of the
Nabateans in the early 1st century B. C. If this is true, communications
between the southern and northern Nabatean districts must have been
maintained by roads running along the fringes of the Syrian desert. It
seems that Petra was not yet important enough at that period to deserve
mention.

From Diodorus, we can perhaps gain some additional information.
The passages which we cited at the beginning of this study drew on early
Hellenistic sources, such as Hieronymus of Cardia. However, there are some
chapters in Diodorus' work which are based on later writers; thus, for
instance, some references to Nabatean Arabia, in the third book of his
work. These texts are ascribed to Agatharchides of Cnidus, whose books
were written in the latter part of the 2nd century B. C.[18]

---

[18] Cf. the introduction of C.H. OLDFATHER, Diodorus of Sicily, London, 1951, p. viii.

After a reference to Poseidion, identified with Ras Muhammad, the southernmost projection of Sinai, the description moves northwards(?) to the Φοινικών, a well watered oasis (Pharan?) with a celebrated palm-grove, and then, from the island of Phocae (Diod. III,42, 3):

τὸ δὲ προκείμενον ἀκρωτήριον τῆς νήσου κεῖται κατὰ τὴν καλουμένην Πέτραν καὶ τὴν Παλαιστίνην. εἰς γὰρ ταύτην τόν τε λίβανον καὶ τἆλλα φορτία τὰ πρὸς εὐωδίαν ἀνήκοντα κατάγουσιν, ὡς λόγος, ἐκ τῆς ἄνω λεγομένης Ἀραβίας οἵ τε Γερραῖοι καὶ Μιναοῖοι.

(III,42,5).

"And the promontory which stretches out in front of the island lies over against Petra, as it is called, and Palestine; for to this country, as it is reported, both the Gerrhaeans and Minaeans convey from upper Arabia, as it is called, both the frankincense and the other aromatic wares".

Whether Diodorus refers to Petra, or to the earlier 'Rock', is not clear.

And later on:

παραπλεύσαντι δὲ ταύτην τὴν χώραν ἐκδέχεται κόλπος Λαιανίτης, περιοικούμενος πολλαῖς κώμαις Ἀράβων τῶν προσαγορευομένων Ναβαταίων. οὗτοι δὲ πολλὴν μὲν τῆς παραλίου νέμονται, οὐκ ὀλίγην δὲ καὶ τῆς εἰς μεσόγειον ἀνηκούσης χώρας, τόν τε λαὸν ἀμύθητον ἔχοντες καὶ θρεμμάτων ἀγέλας ἀπίστους τοῖς πλήθεσιν. οἳ τὸ μὲν παλαιὸν – – – προσηκόντως ἐκολάσθησαν.

(III,43,4—6).

"After one has sailed past this country the Leanites Gulf comes next, about which are many inhabited villages of Arabs who are known as Nabateans. This tribe occupies a large part of the coast and not a little of the country which stretches inland, and it has a people numerous beyond telling and flocks and herds in multitude beyond belief. Now in ancient times these men – – – were punished as they deserved".

On reading this passage, one must picture the 'villages' of the Nabateans as encampments of sheep-and-goat-raising semi-nomads, who dwelt along the coast of Sinai and northern Arabia and who occasionally plundered the ships sailing in the Gulfs of Suez and Elath. The story of Nabateans plundering ships will be repeated from time to time. The passage τῆς Ἀλεξανδρείας βασιλέων πλωτὸν τοῖς ἐμπόροις ποιησάντων τὸν πόρον, "after the Kings in Alexandria made the ways of the sea navigable", may indeed be taken as evidence that this has happened not earlier than in the late 2nd century B. C., and quite certainly later, when large-scale navigation in the Red Sea began.

During the reign of Alexandra, the widow and heiress of Alexander Jannaeus, a balance of power was preserved between the Nabateans and the

Jews. Furthermore, Aretas was willing to give shelter to the adversaries
of the Pharisees (Ant. XIII, 414; War I, 111). It seems that the events
connected with the invasion of Tigranes, king of Armenia, in 72/71 B. C.
caused the retreat of the Nabateans from Damascus (Ant. XIII, 419 ff.),
but we do not know whether Tigranes' campaign affected the Nabateans
in any other way.

After Alexandra's death and the ensuing struggle for power between
Hyrcanus and Aristobulus, it was the latter who was forced to abdicate.
At this point began the rise of the family of Antipater, a descendant of a
noble Idumean family, who himself later married a Nabatean woman.
Antipater secured the help of the Nabateans for Hyrcanus:

οὗτος ἄμα καὶ τὸν Ὑρκανὸν Ἀρέτα προσφυγόντα τῷ βασιλεῖ τῆς Ἀραβίας ἀνακτήσασθαι τὴν βασιλείαν ἔπειθεν, καὶ τὸν Ἀρέταν δέξασθαί τε τὸν Ὑρκανὸν καὶ καταγαγεῖν ἐπὶ τὴν ἀρχήν.	"It was he who now persuaded Hyrcanus to seek refuge with Aretas, king of Arabia, with a view to recovering his kingdom, and at the same time urged Aretas to receive him and to reinstate him on the throne."

(War I, 124 ff.).

This, in fact, is the earliest account in which we hear of Petra as the
capital of Arabia, i. e. Nabatea (cf. Ant. XIV, 16).

In return for the help which Aretas promised Hyrcanus, the latter was
supposed to cede to the Nabateans a considerable part of Alexander Jannaeus'
conquests in Moab:

οὐ μὴν ἀλλὰ καὶ Ὑρκανὸς ὑπέσχετο αὐτῷ καταχθεὶς καὶ τὴν βασιλείαν κομισάμενος ἀποδώσειν τήν τε χώραν καὶ τὰς δώδεκα πόλεις ἃς Ἀλέξανδρος ὁ πατὴρ αὐτοῦ τῶν Ἀράβων ἀφείλετο. ἦσαν δ' αὗται Μήδαβα, Λίββα, Δαβαλώθ, Ἀράβαθα, Ἄγαλλα, Ἀθώνη, Ζώαρα, Ὠροναίν, Γοβολίς, Ἄρυδδα, Ἄλουσα, Ὤρυβδα.	"Moreover Hyrcanus also promised him that if he were restored and received his throne, he would return to him the territory and the twelve cities which his father Alexander had taken from the Arabs. These were Medaba, Libba, Dabaloth, Arabatha, Agalla, Athone, Zoara, Oronain, Gobolis, Arydda, Alusa and Orybda".

(Ant. XIV, 18).

There has been some discussion about the identification and location
of the names in this list. Whereas ABEL[19] and others maintained that some
were in Idumea and the Negev, SCHALIT[20] has shown quite convincingly

---

[19] ABEL, Géographie, II, p. 148.
[20] A. SCHALIT, Alexander Yannai's Conquests in Moab, Eretz Israel, 1, 1951, pp. 104—121 (Hebrew).

that they were all situated in Moab. In any case, the acquisition of Moab was of utmost importance for the fate of the Nabatean kingdom, Moab being in fact the only region in the south of the country which had both ample precipitation and an extensive agricultural hinterland. This country seems to have formed the bread-basket of the Nabatean kingdom for two centuries.

In return for the ceded territory Aretas promised to supply Hyrcanus with a large military force. With the help of these troops, Aristobulus was defeated, but he was saved from total disaster by Scaurus, Pompey's general, who arrived in 65 B. C. to relieve Syria from the hands of Tigranes king of Armenia. For the Nabateans this intervention meant that Aretas was forced to raise his siege of Jerusalem (Ant. XIV, 20, 29—30; War I, 126 to 129). In the following year, Aristobulus defeated the combined forces of the Nabateans and of Hyrcanus at Papyron (War I, 130; Ant. XIV, 33). Possibly the allied army was already retreating to Nabatea when this occurred.

Still in the same year 65 B. C. Pompey decided to punish the Nabateans, possibly with the aim of annexing their territory to the newly created Roman province of Syria (Ant. XIV, 46). However, events in Judea prevented him from carrying out his scheme (Ant. XIV, 48).

Pompey entrusted the governship of Syria to Scaurus in 62 B. C. One of the new governor's acts was to pursue the Nabateans by marching against Petra. With the payment of 300 talents the Nabateans bought their freedom for the coming 144 years (Ant. XIV, 80—81; War I, 159). Scaurus was content with the outcome of his expedition, and on returning to Rome he minted a coin commemorating his victory over the Nabateans. It shows the Nabatean king kneeling at the feet of a camel — the symbol of the Nabatean caravan-state; in the margin is the legend REX ARETAS[21].

The two immediate successors of Scaurus, Marius Philippus and Lentulus Marcelinus

ἀλλὰ τῶνδε μὲν ἑκατέρῳ διετὴς ἐτρίφθη χρόνος τοὺς γείτονας ἐνοχλοῦντας Ἄραβας ἀμυνομένῳ.
(Appian, The Syrian Wars 8,51).

"Each of these spent the whole of his two years in warding off the attacks of the neighbouring Arabs".

No additional details concerning these campaigns of the years 61—60 and 59—58 B. C. are known.

Malichus I

The exact date of the end of the reign of Aretas III is not known, and we are equaly ignorant concerning the date when his successor, Malichus I, acceded to the throne. However, the approximate chronology may be

[21] KAMMERER, p. 168, fig. 10.

542 AVRAHAM NEGEV

worked out with the help of numismatics. Malichus' latest coin was struck in the 28th year of his reign, 33/32 B. C.[22]. His successor, Obodas II began his reign in 30 B. C. Assuming that there was no king between the reigns of Malichus I and Obodas II, the reign of Malichus must have lasted for 30 years and should thus have begun in 60 B. C. Such a long term of reign was normal for the Nabatean kings[23]. Some scholars have preferred to inter-polate an additional king, but there is no evidence for this[24]. The same year, 60 B.C., would also have been the last year of Aretas III's reign.

We have little information concerning the long reign of Malichus I. At 55 B.C. Gabinius, the proconsul of Syria ἐπὶ Ναβαταίους ἔρχεται, καὶ κρατεῖ μὲν τούτων τῇ μάχῃ, "And marched against the Nabateans, whom he overcame in battle." (Ant. XIV,103; War I,178). STARCKY[25] assumes that the reforms of Pompey, and subsequently those of Gabinius (Ant. XIV, 74—76; 88—91) under which terms the non-Jewish and some of the mixed cities to the east and on the west of the Jordan gained autono-my, included Gaza, important for the Nabateans. STARCKY believes that this event strengthened the Nabatean kingdom, but this is very doubtful. In none of the liberated cities were discovered any remains which would indicate a connection with the Nabateans and, conversely none of the regions known to be in the Nabatean sphere of interest in the later 1st century B. C. were touched by these reforms. The crystalization of the Nabatean state took place in regions which were neither under the con-trol of the Jews nor in the Roman sphere of interest. This in fact is one of the main reasons for the survival of the Nabatean state as an independent political unit longer than any other state in that part of Syria-Palaestina.

In 47 B. C., when Caesar needed help, Antipater came

ἄγων Ἰουδαίων ὁπλίτας τρισχι-λίους, ἐξ Ἀραβίας τε συμμάχους ἐλ-θεῖν ἐπραγματεύσατο τοὺς ἐν τέλει.

"with three thousand heavy-armed Jewish soldiers, and also managed to get the chiefs of Arabia to come to his aid".

(Ant. XIV,128; War I,178).

The fact that Malichus came to the help of Caesar is mentioned by Caesar himself (De Bello Alexandrino 1).

When in 40 B. C. the Parthians invaded Judea, Antigonus was able to return with them from exile. In Judea, Herod replaced his father Antipater (poisoned several years earlier) as councillor to Hyrcanus. In the internation-al struggle for power which raged in the eastern part of the Mediterra-nean, Hyrcanus and Herod supported Mark Antony and the Romans,

[22] MESHORER, Coins, p. 24.
[23] Some scholars assumed that there was an additional king by the name of Obodas, who reigned after Aretas III and Malichus II; e. g. CANTINEAU, I, p. 8.
[24] See STARCKY, Dictionnaire, cols. 908—910.
[25] Op. cit., col. 910.

whereas Malichus, the Nabatean king, gave his support to the Parthians. For this reason and others, Malichus refused to assist Herod, who was then preparing to go to Rome (Ant. XIV, 370—374; War I, 274—276). When Malichus later regretted this decision, it was too late, for Herod was already on his way to Rome (Ant. XIV, 374—375; War I, 277—278).

Herod was made king of Judea and the Parthians were expelled by the Romans in 39 B. C. As far as the Nabateans are concerned, Malichus was held responsible for helping the enemies of the Roman people:

καὶ ὁ μὲν ταῦτά τε διῆγε, καὶ χρήματα πολλὰ μὲν παρὰ τῶν ἄλλων ὡς ἑκάστων, πολλὰ δὲ καὶ παρὰ τοῦ Ἀντιγόνου τοῦ τε Ἀντιόχου καὶ Μάλχου τοῦ Ναβαταίου, ὅτι τῷ Πακόρῳ συνήραντο, ἐσέπραξε.

"Besides accomplishing all this he exacted large sums of money from the rest individually, and large sums also from Antigonus and Antiochus and Malchus the Nabatean, because they had given help to Pacorus".

(Dio Cassius XLVIII,41,5).

For the next few years, very little is heard of the Nabateans. In 34 B. C., we hear that Cleopatra received revenues from the possessions of Herod and Malichus as a present from Antony (Ant. XV, 92; War I, 360; Dio Cassius XLIX, 32, 5). The parts of the Nabatean kingdom which fell to Cleopatra are specified by Plutarch: καὶ τῆς Ναβαταίων Ἀραβίας ὅση πρὸς τὴν ἐντὸς ἀποκλίνει θάλασσαν, "that part of Arabia where the Nabateans extend to the internal sea." (Ant. XXXVI). STARCKY[26] suggests that this 'internal sea' might either be the Red Sea, where Cleopatra could have acquired the revenues of some Nabatean harbours, or the Nabatean parts of the Dead Sea, where she could have benefited from the exploitation of bitumen. Herod later leased from Cleopatra these Arabian revenues (Ant. XV, 96) and thus became responsible for their payment. For some time Malichus fulfilled his obligations, but then became tired of the payments (Ant. XV, 106—107).

The refusal of Malichus to pay his debts was the ultimate cause for the war which Herod waged against the Nabateans. The battle between the two parties took place at the same time as the Battle of Actium, from which Herod had been explicitly exempted by Antony (Ant. XV, 108—112; War I, 366—388). As far as place-names are concerned, these accounts are somewhat corrupt, and there is hardly any doubt that Διοσπολις should be corrected to Διον πολις, as suggested by ABEL[27]. If this is correct, than Herod mustered his troops at the southeastern corner of Batanea on the border of Auranitis, which most probably was already in the hands of the Nabateans. The battle itself took place at Kanatha, which a few years later was to become an important Nabatean centre. At first the Jews

[26] Loc. cit.
[27] ABEL, Géographie, II, p. 150.

were victorious, then the tide turned, and once again, with the help of Athenion, one of Cleopatra's generals, the Nabateans prevailed (Ant. XV, 108 to 120; War I, 364—372).

In this long account there is one detail which may help in ascertaining that the battle indeed took place in the Hauran:

συνάψαντες τὸ πλῆθος περὶ πε-
τρώδη καὶ δύσβατα χωρία, τοὺς
Ἡρώδου τρέπονται πλεῖστόν τε αὐτῶν φόνον εἰργάσαντο.

(War I, 368).

"Encouraged by their allies' attack, the Arabs faced about and, after uniting their forces on rocky and difficult ground, routed Herod's troops with immense slaughter".

This description fits the Hauran well.

After a very long speech, in which Herod makes some remarks on the unreliable character of the Arabs (Ant. XV, 121—146; War I, 373—379), he decided to attack the Nabateans in the southern part of their kingdom. Herod crossed the Jordan to the north of Jericho and camped in the vicinity of Philadelphia, just north of the Nabatean territories in Moab. The six-day battle ended in a great victory for Herod (Ant. XVI, 147; War I, 380—385), and led the Nabateans to proclaim Herod as προστάτην (ἀπεφήναντο) τοῦ ἔθνους, "ruler of their nation." (Ant. XV, 159, and cf. War I, 385). This battle also took place in 31 B. C.

During the year of 30 B. C., the last year of Malichus' life, Hyrcanus attempted to seek refuge with the Nabatean king, but Herod intercepted the correspondence between the parties and put the aged Hyrcanus to death (Ant. XV, 161—179). Of Malichus' death we learn through a casual remark made by Josephus (War I, 440).

With the death of Malichus I, we come to the end of the formative stage of the Nabatean kingdom. Again, we have no direct evidence for the extent and the boundaries of the Nabatean kingdom, but these may be quite safely inferred from Josephus' description of Herod's kingdom. To the west of the Jordan, his territories extended as far south as the boundaries of the city territory of Gaza on the Mediterranean coast, whereas, inland, Idumea formed his southernmost territory, the border probably crossing somewhere along the Plain of Beersheba. South of this extended the Negev district of the Nabatean kingdom. At around 23 B. C. Augustus gave Herod the territories of Trachonitis, Batanaea and Auranitis (War I, 398—400). This would leave the Nabateans whith the whole of Edom and part of Moab, whereas the land between the Nabatean territories on the south and those of Herod in the north was occupied by the Jewish Peraea and the territories of cities of the Decapolis. It is possible that the desert belt along these territories was also in the hands of the Nabateans, serving as a link between the southern Nabatean districts and the part of the Hauran which they occupied. The Hauran, despite the fact that politically it formed part of Herod's realm, was nevertheless inhabited by Nabateans.

The death of Malichus I and the accession to the throne of Obodas II (30—9/8 B. C.) open a new era for the Nabatean kingdom, an era to which belongs almost everything in every field of the arts and crafts which may be identified as Nabatean. At this point we shall turn back, in order to review the material remains left from the early, formative stage of the Nabatean realm.

B. Archaeological remains of the Hellenistic period

It should be said at the outset: archaeological finds, as would befit a nomadic nation, are both sparce and sporadic. Finds pertaining to this period were discovered at Elusa, Nessana and Oboda in the central Negev, and on some sites in the northeastern part of that region adjacent to the shores of the Dead Sea. East of the Arabah some remains of the Hellenistic period were discovered mainly at Petra, and some were reported from Ma'an.

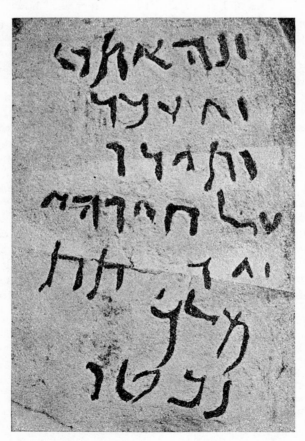

Fig. 2. Elusa. The earliest known Nabatean inscription

At Elusa the earliest Nabatean inscription was discovered[28]. It reads: זנה אתרא/ זי עבד/ זי נתירו(?)/ על חיוהי/ זי חרתת/מלך נבטו. "This is the place which Nuthairu(?) made for the life of Aretas, king of the Nabateans" (Fig. 2).

The publisher of this insciption interprets the word 'place' as 'chapel' or 'votive pilar'. The phrase "for the life of" should perhaps better be understood as "during the lifetime of". On account of the archaic script and of certain grammatical forms, the first publisher dated the inscription to the times of Aretas II, whose help was expected at Gaza. This identification has been contested by CROSS[29], who attributes the inscription to Aretas I, mentioned in the Books of the Maccabees.

The other finds at Elusa, modern Khalasa — all surface finds — are potsherds of the 3rd—2nd centuries B. C.[30] (Pl. I, 1). At Nessana-Aujah Hafir larger quantities of Hellenistic pottery were found, including 13 Rhodian and 20 Koan stamped jar-handles[31], dated to the period between the middle of the 2nd to the second quarter of the 1st century B. C. The rest of the pottery[32] includes a large quantity of 'Megarian' bowls and Eastern Sigillata vessels[33] which are certainly pre-Roman, but their publisher has made no serious attempt to date them. The early coins[34] include one coin of 212 B. C., one of 127/126 B. C., and two coins of either John Hyrcanus I (135—104 B. C.) or of Alexander Jannaeus (103—74 B. C.). The time-range of the coins thus fits that of the pottery.

The pottery (and probably also the coins) at Nessana were found in trenches dug on the acropolis. It mostly comes from loci identified as dumps, in which mixed pottery was found, containing vessels from the Hellenistic to the Byzantine period. Thus the earliest stamped jar-handles[35] came from the highest level in a trench, which, among other things, contained Nabatean ostraca dated to the 3rd century C. E.

One building on the acropolis, above which the North Church was later built, has been identified by the excavators as 'Hellenistic'[36]. The dating of this building (it measures 27.50×26.0 m. and is preserved in places to a height of 4.0m.) is based on pottery which the excavators claim to have found in foundation trenches of the building and in floor levels. The excavators believe that the dating of this building to the Hellenistic period is supported by the results of a preliminary dig which the same excavators made at Oboda[37], where they excavated the foundations of a tower, the pot-

---

[28] A. COWLEY in WOOLEY and LAWRENCE, pp. 145—146.

[29] F. M. CROSS, The Oldest Manuscripts from Qumran, JBL, 74, 1955, p. 160, note 25.

[30] Cf. A. NEGEV, L'Histoire de l'antique cité d'Elousa, Bible et Terre Sainte 164, 1974, p. 10.

[31] V. GRACE in Nessana, pp. 106—130, Pls. XXXIV—XXXIX.

[32] J. T. COLIN BALY in Nessana I, pp. 270—303, Pls. XXVIII, XLV—XLVII.

[33] Op. cit., Pls. XLIII—XLIV.

[34] BELLINGER in Nessana I, p. 70.

[35] Op. cit., p. 114.

[36] KENDALL in Nessana I, pp. 29—30, Pl. LXIV.

[37] Op. cit., LXVIII for the plan of the building.

tery of which they identified as Hellenistic. An analysis of the report of the pottery from Nessana shows that no pottery was found in foundation trenches, nor was any originating from floor levels of the Hellenistic period published. On the other hand we had a chance to reexcavate the 'Hellenistic' building at Oboda, and in its foundations we were unable to find any pottery which could be dated earlier than the early Roman Middle-Nabatean period. In the present state of our knowledge, there is thus no reason to date the fortress at Nessana to the Hellenistic period; on the contrary it quite certainly belongs to the early Roman period, to which the bulk of the pottery and the numerous coins of Aretas IV also belong. The Hellenistic pottery found at Nessana should thus be attributed to a settlement of tent-dwelling semi-nomads, who acquired the pottery by way of trade rather than from their own manufacture.

At Oboda fragments of Hellenistic pottery were found in crevices in the rock of the acropolis, among which were Rhodian stamped jar-handles of the period 220—180 B. C.[38]. More Hellenistic pottery came from a dump in the Nabatean town. Here were found sherds of Hellenistic Eastern Sigillata and 'Megarian' bowls[39]. Coins of the Hellenistic period were found both in the dump and in the Nabatean potter's workshop[40]. Some were dated to the late 4th century and the 2nd century, but others could only be identified as 'Hellenistic'. The latest coin of this period was a coin of Alexander Jannaeus, found on the surface. No building remains could be associated with these finds. During the 1976 season of excavations at Nabatean Oboda an early Nabatean encampment was discovered, underlying a Middle Nabatean building. The pottery in this early level, which included campfires, was purely Hellenistic, antedating the pottery of the upper, Middle Nabatean level by 150—200 years. All of this early pottery was imported.

The pottery found on small sites in the northeastern part of the central Negev is described as Hellenistic[41] and could have belonged to Nabateans who exploited the bitumen of the Dead Sea. The building remains on these sites are either of the Iron Age, or of the Roman and later periods.

A comparatively large quantity of Hellenistic pottery was found at Petra[42]. The pottery comes in part from trial trenches, but mainly from dumps which abound around the city. Some stamped jar-handles were found in trenches on bed-rock, while others came from the dumps. The handles at Petra, like those of Oboda, are dated to the 3rd—2nd centuries B. C.[43]. Some of the Sigillata wares seem to be pre-Roman[44]. Quite early

---

[38] Report in preparation.
[39] Report in preparation.
[40] NEGEV, NPWO, p. 23.
[41] For a list of the sites and for bibliographical references see A. NEGEV, The Early Beginnings of the Nabatean Realm, PEQ 108, 1976, pp. 125—133.
[42] HORSFIELD, QDAP 9, pp. 106ff.
[43] Op. cit., pp. 131—133.
[44] E. g., op. cit., p. 129, Nos. 83, 86.

35*

are some of the black-glazed pieces[45], and one lamp is Attic—early Hellen-istic[46]. Some of these finds are certainly of the 3rd century B. C. A glance through the plates of the publication of the material from Petra convinces one that there must indeed have been some activity going on here during the third and second centuries B. C.

Whereas no attempts were made by the earlier excavators at Petra to connect the find of the Hellenistic period with any building remains, such an attempt was made by PARR in his work at Petra[47]. In his trial trench-es, 18 phases of occupation were observed, belonging to three main occu-pation stages. To the earliest stage belong phases I—VIII, representing the occupation of Petra before any ambitious building activities took place on the site. To these earliest phases belong a fragment of an imported amphora and some untypical sherds; a mid-third century B. C. coin was found out of stratigraphic context. The pottery of the subsequent phases includes some Hellenistic fragments, mainly of the 2nd and early 1st centuries B. C. One coin of Aretas II also belongs here. To these phases belong the remains of a modest building, the nature of which could not be determined due to the restricted area of the excavations.

It is not easy to interpret the Hellenistic remains found in the Negev and at Petra. Normally, in the north of Palestine, pan-Hellenistic types of pottery are found together with types of pottery which are typically local. This is not the case in the Negev and Petra, where pan-Hellenistic types of pottery by themselves have been discovered. It is not before the beginning of the last quarter of the 1st century B. C. that specifically Nabatean pottery makes its appearance.

The attribution of these material remains to the Nabateans has been made on the basis of a certain interpretation of external historical sources, which point to the Negev as the place where the Nabateans began to emerge as a distinct ethnic element. One such piece of evidence is the early Nabatean inscription found at Elusa which was to become the capital of the central Negev; a second is the fact that all of these sites on which Hellenistic pottery was found are known in the late 1st century B. C. to have been important Nabatean sites, forming links in the chain of caravan routes covering the central Negev and Edom. The absence of locally made pottery and of build-ing remains can be explained by the nomadic character of early Nabatean society, which avoided any activity which would compell them to stay longer on any site than needed.

Pottery is cumbersome and breakable and for this reason ill-fitted to the nomadic way of life. In place of pottery, the nomads used goat-skins for the storage and transportation of water, for keeping grain, and possibly for transporting the spices in which they traded. In this way, pottery, a

---

[45] Op. cit., p. 128, Nos. 80, 81, Pl. XV, etc.

[46] Op. cit., p. 134, N°. 108, Pl. XVI.

[47] P. J. PARR, A Sequence of Pottery from Petra, in J. A. SANDERS, ed., Near Eastern Archaeology in the Twentieth Century, Essays in Honor of Nelson Glueck, New York, 1970, pp. 348—381.

product typical of even the most primitive rural society, was completely absent from the necessities of life of nomads like the Nabateans at this stage of their history. Apart from that, however, the Nabateans were by no means primitive people, as shown by their ability to provide drinking water by elaborate systems of collection and storage in a region extremely low in precipitation. The ability to communicate in writing is another indication of their high cultural level in the Early Nabatean period.

II. The Middle Nabatean Period

A. The historical background[48] (cf. Fig. 3)

The main historical source for the early phases of this period is Strabo, who himself was an eye-witness to some of the events which determined the fate of the Nabatean kingdom in the coming decades.

Strabo refers twice to Nabatean Arabia, once in describing Syria, which lies to the north of it and, again, in the traditional way, in the description of the Red Sea and the surrounding countries.

After describing the mountains of Lebanon, he goes on to describe the region which borders these mountains:

τελευτῶσι δ' ἐγγύς πως τῶν Ἀραβίων ὀρῶν τῶν ὑπὲρ τῆς Δαμασκηνῆς καὶ τῶν Τραχώνων ἐκεῖ λεγομένων εἰς ἄλλα ὄρη γεώλοφα καὶ καλλίκαρπα.

(Geogr. XVI,2,16).

"and somewhere in the neighbourhood of the Arabian mountains above Damascene and the Trachones, as they are called, the two mountains terminate in other mountains which are hilly and fruitful".

This region, referred to as the Arabian mountains and the Trachones, is the Trachonitis and the Auranitis, the gloomy and barely-fertile basalt-covered land in which the Nabateans began about this time to erect large temples.

And more specifically:

τὰ μὲν οὖν ὀρεινὰ ἔχουσι πάντα Ἰτουραῖοί τε καὶ Ἄραβες, κακοῦργοι πάντες, οἱ δ' ἐν τοῖς πεδίοις γεωργοί.

(XVI,2,18).

"Now all the mountainous parts are held by Ituraeans and Arabians, all of whom are robbers, but the people in the plains are farmers".

---

[48] See NEGEV, Chronology, pp. 5—14.

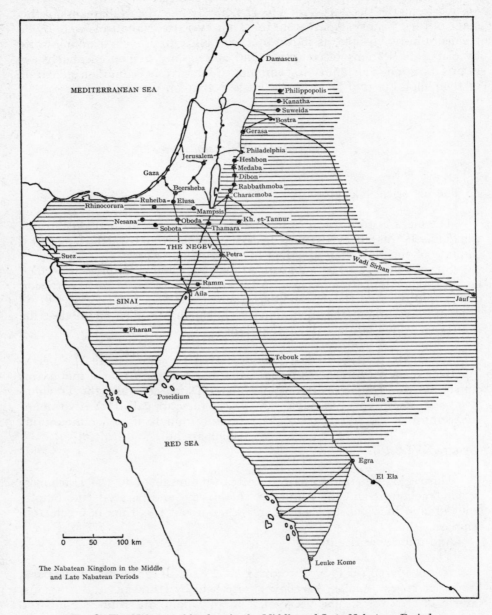

Fig. 3. The Nabatean kingdom in the Middle and Late Nabatean Periods

It is quite certain that the Arabian neighbours of the Ithuraeans were the Nabateans.

The region in which these Arabians live is not far from Damascus:

ὑπέρκεινται δ' αὐτῆς δύο λεγό-μενοι Τράχωνες· ἔπειτα πρὸς τὰ Ἀράβων μέρη καὶ τῶν Ἰτουραίων ἀναμὶξ ὄρη δύσβατα, ἐν οἷς καὶ σπήλαια βαθύστομα, ὧν ἓν καὶ τετρα-κισχιλίους ἀνθρώπους δέξασθαι δυ-νάμενον ἐν καταδρομαῖς, αἳ τοῖς Δαμασκηνοῖς γίνονται πολλαχόθεν. τὸ μέντοι πλέον τοὺς ἀπὸ τῆς εὐδαί-μονος Ἀραβίας ἐμπόρους λεηλατοῦσιν οἱ βάρβαροι· ἧττον δὲ συμβαίνει καταλυθέντων νυνὶ τῶν περὶ Ζηνό-δωρον λῃστῶν διὰ τὴν ἐκ τῶν Ῥωμαίων εὐνομίαν καὶ διὰ τὴν ἐκ τῶν στρατιωτῶν ἀσφάλειαν τῶν ἐν τῇ Συρίᾳ τρεφομένων.

(XVI,2,20).

"and above it are situated the two Trachones, as they are called. And then, towards the parts inhabit-ed promiscuously by Arabians and Ituraeans, are mountains hard to pass, in which there are deep-mouthed caves, one of which can admit as many as four thousand people in times of incursions, such as are made against the Damasceni from many places. For the most part, indeed, the barbarians have been robbing the merchants from Arabia Felix, but this is less the case now that the band of Zenodorus has been broken up through the good government established by the Ro-mans and through the security established by the Roman soldiers that are kept in Syria".

One would wish to be able to distinguish between the Nabateans (Arabians of Strabo), who were no doubt concerned about the well-being of the caravan-trade, and the robbers, who were punished by the Romans.

Strabo himself travelled in Syria (XVI, 2, 22), and it is for this reason that he knows well of its geopolitical division:

τῆς δὲ λοιπῆς ἡ μὲν ἀπὸ Ὀρθω-σίας μέχρι Πηλουσίου παραλία Φοι-νίκη καλεῖται, στενή τις καὶ ἀλιτενής, ἡ δ' ὑπὲρ ταύτης μεσόγαια μέχρι τῶν Ἀράβων ἡ μεταξὺ Γάζης καὶ Ἀντι-λιβάνου Ἰουδαία λέγεται.

(XVI,2,21).

"Of the remainder the seaboard from Orthosia to Pelusium is called Phoenicia, which is a narrow coun-try and lies flat along the sea, whereas the interior above Phoeni-cia, as far as the Arabians, between Gaza and Antilibanus, is called Judaea".

That is to say, that Strabo knew of the country of the Arabs which extends to the south of Judea.

Gaza and Pelusium were connected by overland passages with the region of Aelanites (the southern part of the Arabah, adjacent to Aila):

Εἶθ' ὁ τῶν Γαζαίων λιμὴν πλη-
σίον· – – –· ἐντεῦθεν δ' ὑπέρβασις
λέγεται χιλίων διακοσίων ἑξήκοντα
σταδίων εἰς Αἴλαν πόλιν (the distance, 233 km., is very accurate,
which implies the existence of a road-
map of this region) ἐπὶ τῷ μυχῷ τοῦ
Ἀραβίου κόλπου κειμένην. διττὸς δ'
ἐστίν· ὁ μὲν ἔχων εἰς τὸ πρὸς τῇ
Ἀραβίᾳ καὶ τῇ Γάζῃ μέρος ὃν
Αἰλανίτην προσαγορεύουσιν ἀπὸ τῆς
ἐν αὐτῷ πόλεως, ὁ δ' εἰς τὸ πρὸς
Αἰγύπτῳ κατὰ τὴν Ἡρώων πόλιν,
εἰς ὃν ἐκ Πηλουσίου ἡ ὑπέρθεσις ἐπι-
τομωτέρα· δι' ἐρήμων δὲ καὶ ἀμμω-
δῶν χωρίων αἱ ὑπερβάσεις ἐπὶ καμήλων. πολὺ δὲ καὶ τὸ τῶν ἑρπετῶν
ἐν αὐταῖς πλῆθος.

"Then, near Ascalon, one comes
to the harbour of the Gazaeans. – – –
Thence there is said to be an overland passage of one thousand two
hundred and sixty *stadia* to Aela,
a city situated near the head of the
Arabian Gulf. This head consists
of two recesses: one extending into
the region near Arabia and Gaza,
which is called Aelanites, after the
city situated on it, and the other, extending to the region near Aegypt,
in the neighbourhood of the City
of Heroes, to which the overland
passage from Pelusium is shorter;
and the overland journeys are
made on camels through desert
and sandy places; and on these
journeys there are also many repti-
les to be seen".

(XVI,2,30).

This is the only extant description of the road which crossed the Nabatean desert of the Negev.

Strabo confuses the Idumeans with the Nabateans:

τῆς δ' Ἰουδαίας τὰ μὲν ἑσπέρια
ἄκρα τὰ πρὸς τῷ Κασίῳ κατέχουσιν
Ἰδουμαῖοί τε καὶ ἡ λίμνη. Ναβαταῖοι
δ' εἰσὶν οἱ Ἰδουμαῖοι. κατὰ στάσιν
δ' ἐκπεσόντες ἐκεῖσεν προσεχώρησαν
τοῖς Ἰουδαίοις καὶ τῶν νομίμων τῶν
αὐτῶν ἐκείνοις ἐκοινώνησαν.

"As for Judaea, its western
extremities towards Casius are
occupied by Idumaeans and by
the lake. The Idumaeans are Nabateans, but owing to a sedition they
were banished from there, joined
the Judeans, and shared the same
customs with them".

(XVI,2,34).

Strabo's information is thus somewhat blurred: he probably knew that
the Idumeans once inhabited Edom, the country which in his days was
occupied by the Nabateans, and, that, for some reason unknown to him,
they left Edom and settled with the Jews.

Strabo cites Erathostenes:

Ἐπάνειμι δὲ ἐπὶ τὰς Ἐρατοσθέ-
νους ἀποφάσεις, ἃς ἑξῆς περὶ τῆς
Ἀραβίας ἐκτίθεται. φησὶ δὲ περὶ τῆς
προσαρκτίου καὶ ἐρήμης, ἥτις ἐστὶ

"But I return to Eratosthenes,
who next sets forth his opinion
concerning Arabia. He says concerning the northerly, or desert, part

μεταξὺ τῆς τε εὐδαίμονος Ἀραβίας
καὶ τῆς Κοιλοσύρων καὶ τῶν Ἰουδαίων, μέχρι τοῦ μυχοῦ τοῦ Ἀραβίου
κόλπου, διότι ἀπὸ Ἡρώων πόλεως,
ἥτις ἐστὶ πρὸς τῷ Νείλῳ μυχὸς τοῦ
Ἀραβίου κόλπου, πρὸς μὲν τὴν
Ναβαταίων Πέτραν εἰς Βαβυλῶνα
πεντακισχίλιοι ἐξακόσιοι, πᾶσα πρὸς
ἀνατολὰς θερινάς, διὰ δὲ τῶν παρα-
κειμένων Ἀραβίων ἐθνῶν Ναβαταίων
τε καὶ Χαυλοταίων καὶ Ἀγραίων·

of Arabia, which lies between Arabia Felix and Coele Syria and
Judea, extending as far as the recess
of the Arabian Gulf near the Nile,
the distance in the direction of the
Petra of the Nabateans to Babylon
is five thousand six hundred *stadia*,
the whole of the journey being in
the direction of the summer sunrise
and through the adjacent countries of
the Arabian tribes, I mean the Nabateans and Chaulotaeans and the
Agraeans".

(XVI,4,2).

The Agreans are quite certainly the inhabitants of Egra (cf. 16, 4, 24).
Artemidorus, a friend of Strabo, left the most detailed account of the
Nabateans: first he describes the peninsula of Sinai, beginning at the southern end, at Poseidium, identified with Ras Muhammad; according to
him, however, Poseidium does not lie on the coast but inland, close to the
grove of palms, which should most probably be identified in the large oasis
of Pharan, where thousands of palm-trees still bear fruit, and where traces
of Nabatean occupation have been observed. Next comes the island of
Phocae, probably one of the small islands at the entrance to the Gulf of
Elath (Tiran? Senafir?); there begins the gulf itself, which extends to the
land of the Nabatean Arabians.

The qualities of the land of the Nabateans:

εἴθ' ὁ Αἰλανίτης κόλπος καὶ ἡ
Ναβαταία, πολύανδρος οὖσα χώρα
καὶ εὔβοτος· οἰκοῦσι δὲ καὶ νήσους
προκειμένας πλησίον· οἱ πρότερον
μὲν καθ' ἡσυχίαν ἦσαν, ὕστερον δὲ
σχεδίαις ἐληίζοντο τοὺς ἐκ τῆς Αἰγύπτου πλέοντας· δίκας δ' ἔτισαν, ἐπ-
ελθόντος στόλου καὶ ἐκπορθήσαντος
αὐτούς.

"Then to the Aelanitic Gulf,
and to Nabataea, a country with a
large population and well supplied
with pasturage. They also dwell
on islands situated off the coast near
by; and these Nabataeans formerly
lived a peaceful life, but later, by
means of rafts, went to plundering
the vessels of people sailing from
Aegypt. But they paid the penalty
when a fleet went over and sacked
their country".

(XVI,4,18),

and again on the same matter:

Πρῶτοι δ' ὑπὲρ τῆς Συρίας
Ναβαταῖοι καὶ Σαβαῖοι τὴν εὐδαίμονα

"The first people who dwell in
Arabia Felix are the Nabataeans

Ἀραβίαν νέμονται καὶ πολλάκις κατ-
έτρεχον αὐτῆς, πρὶν ἢ Ῥωμαίων
γενέσθαι· νῦν δὲ κἀκεῖνοι Ῥωμαίοις
εἰσὶν ὑπήκοοι καὶ Σύροι.

(XVI,4,21).

and the Sabaeans. They often
overran Syria before they became
subject to the Romans; but at
present both they and the Syrians
are subject to the Romans".

Petra was the metropolis of the Nabateans:

μητρόπολις δὲ τῶν Ναβαταίων
ἐστὶν ἡ Πέτρα καλουμένη· κεῖται γὰρ
ἐπὶ χωρίου τἆλλα ὁμαλοῦ καὶ ἐπι-
πέδου, κύκλῳ δὲ πέτρᾳ φρουρουμέ-
νου, τὰ μὲν ἐκτὸς ἀποκρήμνου καὶ
ἀποτόμου, τὰ δ' ἐντὸς πηγὰς ἀφθό-
νους ἔχοντος εἴς τε ὑδρείαν καὶ
κηπείαν. ἔξω δὲ τοῦ περιβόλου χώρα
ἔρημος ἡ πλείστη, καὶ μάλιστα ἡ πρὸς
Ἰουδαίᾳ· ταύτῃ δὲ καὶ ἐγγυτάτω
ἐστὶ τριῶν ἢ τεττάρων ὁδὸς ἡμερῶν
εἰς Ἱερικοῦντα, εἰς δὲ τὸν φοινικῶνα
πέντε.

(XVI,4,21).

"The metropolis of the Nabataeans is Petra, as it is called, for
it lies on a site which is otherwise
smooth and level, but it is fortified
all around by a rock, the outside
parts of the site being precipitous
and sheer, and the inside parts
having springs in abundance, both
for domestic purposes and for watering gardens. Outside the circuit
of the rock most of the territory
is desert, in particular that towards
Judaea. Here, too, is the shortest
road to Hiericus, a journey of three
or four days, as also to the grove of
palm trees, a journey of five days".

Petra was ruled by kings:

βασιλεύεται μὲν οὖν ὑπό τινος
ἀεὶ τῶν ἐκ τοῦ βασιλικοῦ γένους,
ἔχει δ' ὁ βασιλεὺς ἐπίτροπον τῶν
ἑταίρων τινά, καλούμενον ἀδελφόν·
σφόδρα δ' εὐνομεῖται.

(XVI,4,21).

"Petra is always ruled by some
king from the royal family; and the
king has as Administrator one of
his companions, who is called 'brother'".

The wisdom and manners of the Nabateans:

γενόμενος γοῦν παρὰ τοῖς Πε-
τραίοις Ἀθηνόδωρος ἀνὴρ φιλόσοφος
καὶ ἡμῖν ἑταῖρος, διηγεῖτο θαυμάζων·
εὑρεῖν γὰρ ἐπιδημοῦντας ἔφη πολλοὺς
μὲν Ῥωμαίων, πολλοὺς δὲ καὶ τῶν
ἄλλων ξένων· τοὺς μὲν οὖν ξένους
ὁρᾶν κρινομένους πολλάκις καὶ πρὸς
ἀλλήλους καὶ πρὸς τοὺς ἐπιχωρίους,

"It is exceedingly well governed; at any rate, Athenodorus,
a philosopher and companion of
mine, who had been in the city
of the Petraeans, used to describe
their government with admiration,
for he said that he found both many
Romans and many other foreigners

τῶν δ' ἐπιχωρίων οὐδένας ἀλλήλοις ἐγκαλοῦντας, ἀλλὰ τὴν πᾶσαν εἰρήνην ἄγοντας πρὸς ἑαυτούς.

(XVI,4,21).

sojourning there, and that he saw the foreigners often engaged in lawsuits, both with one another and with the natives, but that none of the natives prosecuted one another, and that they in every way kept peace with one another".

The structure of the Nabatean society:

Σώφρονες δ' εἰσὶν οἱ Ναβαταῖοι καὶ κτητικοί, ὥστε καὶ δημοσίᾳ τῷ μὲν μειώσαντι τὴν οὐσίαν ζημία κεῖται, τῷ δ' αὐξήσαντι τιμαί. ὀλιγόδουλοι δ' ὄντες ὑπὸ τῶν συγγενῶν διακονοῦνται τὸ πλέον ἢ ὑπ' ἀλλήλων ἢ αὐτοδιάκονοι, ὥστε καὶ μέχρι τῶν βασιλέων διατείνειν τὸ ἔθος. συσσίτια δὲ ποιοῦνται κατὰ τρισκαίδεκα ἀνθρώπους, μουσουργοὶ δὲ δύο τῷ συμποσίῳ ἑκάστῳ. ὁ δὲ βασιλεὺς ἐν ὄγκῳ μεγάλῳ πολλὰ συνέχει συμπόσια· πίνει δ' οὐδεὶς πλέον τῶν ἕνδεκα ποτηρίων ἄλλῳ καὶ ἄλλῳ χρυσῷ ἐκπώματι. οὕτω δ' ὁ βασιλεύς ἐστι δημοτικός, ὥστε πρὸς τῷ αὐτοδιακόνῳ καί ποτε ἀντιδιάκονον τοῖς ἄλλοις καὶ αὐτὸν γίνεσθαι· πολλάκις δὲ καὶ ἐν τῷ δήμῳ δίδωσιν εὐθύνας, ἔσθ' ὅτε καὶ ἐξετάζεται τὰ περὶ τὸν βίον·

(XVI,4,26).

"The Nabataeans are a sensible people, and are so much inclined to acquire possessions that they publicly fine anyone who has diminished his possessions and also confer honours on anyone who has increased them. Since they have but few slaves, they are served by their kinsfolk for the most part, or by one another, or by themselves; so that the custom extends even to their kings. They prepare common meals together in groups of thirteen persons; and they have two girl-singers for each banquet. The king holds many drinking-bouts in magnificent style, but no one drinks more than eleven cupfuls, each time using a different golden cup. The king is so democratic that, in addition to serving himself, he sometimes even serves the rest himself in turn. He often renders an account of his kingship in the popular assembly; and sometimes his mode of life is examined".

In essence this description may be taken as a faithful one; the king, not much different from a bedouin *sheikh*, is equal to the other elders of the tribe. The numerous *triclinia*, both in open-air and in the temples, as well as the large variety of drinking vessels which the Nabateans began to produce about this time, give support to Strabo's account of the banquets celebrated by the Nabatean kings.

House and country:

οἰκήσεις δὲ διὰ λίθου πολυτελεῖς, αἱ δὲ πόλεις ἀτείχιστοι δι' εἰρήνην· εὔκαρπος ἡ πολλὴ πλὴν ἐλαίου, χρῶνται δὲ σησαμίνῳ. πρόβατα λευκότριχα, βόες μεγάλοι, ἵππων ἄφορος ἡ χώρα· κάμηλοι δὲ τὴν ὑπουργίαν ἀντ' ἐκείνων παρέχονται.

(XVI,4,26).

"Their homes, through the use of stone, are costly; but on account of peace, the cities are not walled. Most of the country is well supplied with fruits except the olive; they use sesame-oil instead. The sheep are white-fleeced and the oxen are large, but the country produces no horses. Camels render service in their place".

Natural resources:

εἰσαγώγιμα δ' ἐστὶ τὰ μὲν τελέως, τὰ δ' οὐ παντελῶς, ἄλλως τε καὶ ἐπιχωριάζει, καθάπερ χρυσὸς καὶ ἄργυρος καὶ τὰ πολλὰ τῶν ἀρωμάτων, χαλκὸς δὲ καὶ σίδηρος καὶ ἔτι πορφυρᾶ ἐσθής, στύραξ, κρόκος, κοστάρια, τόρευμα, γραφή, πλάσμα οὐκ ἐπιχώρια·

(XVI,4,26).

"Some things are imported wholly from other countries, but others not altogether so, especially in the case of those that are native products, as for example, gold and silver and most of the aromatics, whereas brass and iron, as also purple garb, *styrax*, *crocus*, *costaria*, embossed works, paintings, and moulded works are not produced in their country."

The attitude towards the dead body:

ἴσα κοπρίαις ἡγοῦνται τὰ νεκρὰ σώματα, καθάπερ Ἡράκλειτός φησι· Νέκυες κοπρίων ἐκβλητότεροι· διὸ καὶ παρὰ τοὺς κοπρῶνας κατορύττουσι καὶ τοὺς βασιλεῖς.

(XVI,2,26).

"They have the same regard for the dead as for dung, as Heracleitus says: 'Dead bodies are more fit to be cast out than dung'; and therefore they bury even their kings beside dung-heaps".

This last statements must not be taken literally, it seems rather to indicate a practice of exposing the dead body before the clean bones were brought to burial. We shall have more to say about the practice of bone-collecting further on.

Religious worship:

ἥλιον τιμῶσιν ἐπὶ τοῦ δώματος ἱδρυσάμενοι βωμόν, σπένδοντες ἐν αὐτῷ καθ' ἡμέραν καὶ λιβανωτίζοντες.

(XVI,4,26).

"They worship the sun, building an altar on the top of the house, and pouring libations on it daily and burning frankincense".

The information gained from Strabo may be supplemented by that of Plinius:

Ultra Pelusium Arabia est, ad Rubrum Mare pertinens et odoriferam illam ac divitem et beatae cognomine inclutam. haec Cattabanum et Esbonitarum et Scenitarum Arabum vocatur, sterilis praeterquam ubi Syriae confinia attingit, nec nisi Casio monte nobilis, his Arabes iunguntur, ab oriente Cancheli, a meridie Cedrei, qui deinde ambo Nabataeis. Heroopoliticus vocatur alterque Aelaniticus sinus Rubri maris in Aegyptum vergentis, $\overline{CL}$ intervallo inter duo oppida, Aelana et in nostro mari Gazain. Agrippa a Pelusio Arsinoem Rubri maris oppidum per deserta $\overline{CXXV}$ p. tradit. tam parvo distat ibi tanta naturae diversitas.

"Beyond the Pelusiac mouth of the Nile is Arabia, extending to the Red Sea, and to the Arabia known by the surname of Happy and famous for its perfumes and its wealth. This bears the names of the Catabanes, Esbonitae and Scenitae tribes of the Arabs; its soil is barren except where it adjoins the frontier of Syria, and its only remarkable feature is Mount Cassius. The Arabian tribe of the Canchlei adjoin those mentioned on the east and that of the Cedrei on the south, and both of these in their turn adjoin the Nabataei. The two gulfs of the Red Sea where it converges on Egypt are called the Heroopolitic Gulf and the Aealanitic Gulf; between the two towns of Aelana and Gaza, which is on the Mediterranean, there is a space of 150 miles. Agrippa says that the distance from Pelusium across the desert to the town of Arsinoe on the Red Sea is 125 miles: so small a distance in that region separates two such different regions of the world!".

(N.H. V, 65).

The distance of 150 miles from Gaza to Arabia (218 km.) is very close to that given by Strabo; the slight difference may possibly be due to the system of measurement or to a change of routes.

The Nabateans and Petra:

Nomadas infestatoresque Chaldaeorum Scenitae, ut diximus, cludunt, et ipsi vagi, sed a tabernaculis cognominati quae ciliciis metantur ubi libuit. deinde Nabataei oppidum incolunt Petram nomine in convalle, paulo minus $\overline{II}$ p. amplitudinis,

"Bordering on the nomads and the tribes that harry the territories of the Chaldaeans are, as we have said, the Scenitae, themselves also a wandering people, but taking their name from their tents made of goat's-hair cloth,

circumdatum montibus inaccessis, amne interfluente. abest ab Gaza oppido litoris nostri $\overline{DC}$, a sinu Persico $\overline{DCXXXV}$. huc convenit utrumque bivium, eorum qui ex Syria Palmyram petiere et eorum qui a Gaza venerunt.

which they pitch whereever they fancy. Next are the Nabataeans inhabiting a town named Petra; it lies in a deep valley a little less than two miles wide, and is surrounded by inaccessible mountains with a river flowing between them. Its distance from the town of Gaza on the Mediterranean coast is 600 miles, and from the Persian Gulf 635 miles. At Petra two roads meet, one leading from Syria to Palmyra, and the other coming from Gaza."

(N.H. VI, 143—144).

The distance from Petra to Gaza is incorrect, unless the road running down from Petra to Aila and then north-westwards to Gaza is meant. Such a detour is highly improbable, unless Plinius or his source measured the distance without knowing how the road really ran.

Another Nabatean region:

sinus intimus in quo Laeanitae, qui nomen ei dedere. regia eorum Agra et in sinu Laeana vel, ut alii, Aelana; nam et ipsum sinum nostri Laeaniticum scripsere, alii Aelaniticum, Artemidorus Alaeniticum, Iuba Leaniticum.

"Then a bay running far inland on which live the Laeanitae, who have given it their name. Their capital is Agra, and on the bay is Laeana, or as others call it Aelana; for the name of the bay itself has been written by our people Laeanitic, and by others Aelanitic, while Artemidorus gives it as Alaeanitic, and Juba as Laeanitic".

(N.H. VI, 156).

This other Nabatean region seems to extend from the southern end of the Arabah to northern Arabia. Agra (= Egra) is inland, whereas Aela is its harbour. Leuke Kome, further down on the eastern shores of the Gulf of Elath, is not mentioned, and was probably a Roman harbour when Plinius wrote his account.

1. Obodas II (30—9 B. C.)[49]

It was at the beginning of this king's reign that the expedition of Aelius Gallus to Arabia took place. Of this expedition we have two accounts, one

---

[49] Cf. Steph. Byz. 144, 19—26, where the etymological meaning of the name is explained.

by Josephus, and a more detailed one written by Strabo. Josephus mentions
that

Περὶ δὲ τὸν χρόνον ἐκεῖνον καὶ
συμμαχικὸν ἔπεμψε Καίσαρι πεντακοσίους ἐπιλέκτους τῶν σωματοφυ-
λάκων, οὓς Γάλλος Αἴλιος ἐπὶ τὴν
Ἐρυθρὰν θάλασσαν ἦγεν.

"It was at that time also that
he sent to Caesar five hundred
picked men from his bodyguards as
an auxiliary force, and these men
were very useful to Aelius Gallus,
who led them to the Red Sea".

(Ant. XV,317).

Josephus will have more to say about Syllaeus, one of the leaders of
this expedition.

Strabo's account is the fullest and possibly the most reliable, because
he himself visited Egypt at about the time when the event took place.
This is what Strabo has to say about the expedition and its purpose:

Πολλὰ δὲ καὶ ἡ τῶν Ῥωμαίων ἐπὶ
τοὺς Ἄραβας στρατεία νεωστὶ γενη-
θεῖσα ἐφ' ἡμῶν, ὧν ἡγεμὼν ἦν
Αἴλιος Γάλλος, διδάσκει τῶν τῆς
χώρας ἰδιωμάτων. τοῦτον δ' ἔπεμψεν
ὁ Σεβαστὸς Καῖσαρ διαπειρασόμενον
τῶν ἐθνῶν καὶ τῶν τόπων τούτων τε
καὶ τῶν Αἰθιοπικῶν, ὁρῶν τήν τε
Τρωγλοδυτικὴν τὴν προσεχῆ τῇ Αἰγύπτῳ γειτονεύουσαν τούτοις, καὶ
τὸν Ἀράβιον κόλπον στενὸν ὄντα
τελέως τὸν διείργοντα ἀπὸ τῶν
Τρωγλοδυτῶν τοὺς Ἄραβας· προ-
σοικειοῦσθαι δὴ διενοήθη τούτους ἢ
καταστρέφεσθαι. ἦν δέ τι καὶ τὸ
πολυχρημάτους ἀκούειν ἐκ παντὸς
χρόνου, πρὸς ἄργυρον καὶ χρυσὸν
τὰ ἀρώματα διατιθεμένους καὶ τὴν
πολυτελεστάτην λιθίαν, ἀναλίσκοντας
τῶν λαμβανομένων τοῖς ἔξω μηδέν·
ἢ γὰρ φίλοις ἤλπιζε πλουσίοις χρή-
σεσθαι ἢ ἐχθρῶν κρατήσειν πλουσίως.
ἐπῆρε δ' αὐτὸν καὶ ἡ παρὰ τῶν
Ναβαταίων ἐλπὶς, φίλων ὄντων καὶ
συμπράξειν ἅπανθ' ὑπισχνουμένων.

"Many of the special characteristics of Arabia have been dis-
closed by the recent expedition of
the Romans against the Arabians,
which was made in my own time
under Aelius Gallus as commander.
He was sent by Augustus Caesar
to explore the tribes and the places,
not only in Arabia, but also in
Aethiopia, since Caesar saw that the
Troglodyte country which adjoins
Aegypt neighbours upon Arabia,
and also that the Arabian Gulf,
which separates the Arabians from
the Troglodytes, is extremely narrow. Accordingly he conceived the
purpose of winning the Arabians
over to himself or of subjugating
them. Another consideration was
the report, which had prevailed
from all time, that they were very
wealthy, and that they sold aromatics and the most valuable stones
for gold and silver, but never
expended with outsiders any part
of what they received in exchange;
for he expected either to deal
with wealthy friends or to master
wealthy enemies. He was encourag-

ed by the expectation of assistance from the Nabateans, since they were friendly and promised to co-operate with him in every way."

(XVI,4,22).

The main objectives of the expedition were thus: to explore the countries neighbouring Roman Egypt, little of which Caesar himself had seen; to gain the friendship of the Arabs, and to win them over, in order to change the negative balance of international trade, which hitherto was overwhelmingly in favour of the Arabs. In order to achieve his aims Caesar hoped for the help of the Nabateans.

The blame for the failure of the expedition was put down to the treacherous behaviour of Syllaeus, the Nabatean epitrope:

'Επὶ τούτοις μὲν οὖν ἔστειλε τὴν στρατείαν ὁ Γάλλος· ἐξηπάτησε δ' αὐτὸν ὁ τῶν Ναβαταίων ἐπίτροπος Συλλαῖος, ὑποσχόμενος μὲν ἡγήσεσθαι τὴν ὁδὸν καὶ χορηγήσειν ἅπαντα καὶ συμπράξειν, ἅπαντα δ' ἐξ ἐπιβουλῆς πράξας, καὶ οὔτε παράπλουν ἀσφαλῆ μηνύων, οὔθ' ὁδόν, ἀλλὰ ἀνοδίαις καὶ κυκλοπορίαις καὶ πάντων ἀπόροις χωρίοις, ἢ ῥαχίαις ἀλιμένοις παραβάλλων ἢ χοιράδων ὑφάλων μεσταῖς ἢ τεναγώδεσι· πλεῖστον δὲ αἱ πλημμυρίδες ἐλύπουν, ἐν τοιούτοις καὶ ταῦτα χωρίοις, καὶ αἱ ἀμπώτεις.

"Upon these considerations, therefore, Gallus set out on the expeditions; but he was deceived by the Nabataean administrator Syllaeus, who, although he had promised to be guide on the march and to supply all needs and to co-operate with him, acted treacherously in all things, and pointed out neither a safe voyage along the coast nor a safe journey by land, misguiding him through places that had no roads and by circuitous routes and through regions destitute of everything, or along rocky shores that had no harbours or through waters that were shallow or full of submarine rocks;"

(XVI,4,23).

The remaining part of the chapter is an apology for the failure of Gallus: the ships which he built were unfit for this kind of voyage, no naval battle being expected because:

οὐδὲ γὰρ κατὰ γῆν σφόδρα πολεμισταί εἰσιν, ἀλλὰ κάπηλοι μᾶλλον οἱ Ἄραβες καὶ ἐμπορικοί, μήτι γε κατὰ θάλατταν.

"For the Arabians are not very good wariors even on land, rather being hucksters and merchants, to say nothing of fighting at sea".

(XVI,4,23).

After his first failure Gallus built 130 transport vessels (σκευαγωγά)

ἔπλευσεν περὶ μυρίους πεζοὺς
τῶν συμμάχων, ὧν ἦσαν ᾿Ιουδαῖοι
μὲν πεντακόσιοι, Ναβαταῖοι δὲ χίλιοι
μετὰ τοῦ Συλλαίου. πολλὰ δὲ παθὼν
καὶ ταλαιπωρηθεὶς πεντεκαιδεκαταῖος
ἧκεν εἰς Λευκὴν κώμην τῆς Ναβαταίων γῆς.

"on which he set sail with about
ten thousand infantry, consisting
of Romans in Egypt, as also of
Roman allies, among whom were
five hundred Jews and one thousand
Nabateans under Syllaeus. After
many experiences and hardships
he arrived in fourteen days at
Leucē Comē in the land of the
Nabateans".

(XVI,4,23).

Leuke Kome was an important key-point in Nabatean trade in northern
Arabia:

εἰς ἣν καὶ ἐξ ἧς οἱ καμηλέμποροι
τοσούτῳ πλήθει ἀνδρῶν καὶ καμήλων
ὁδεύουσιν ἀσφαλῶς καὶ εὐπόρως εἰς
Πέτραν καὶ ἐκ Πέτρας, ὥστε μὴ δια-
φέρειν μηδὲν στρατοπέδου.

"and yet camel-traders travel
back and forth from Petra to this
place in safety and ease, and in
such numbers of men and camels
that they differ in no respect from
an army".

(XVI,4,23).

The source of Syllaeus' power had been the weakness of the Arab king,
as was often the case among the Nabateans:

Συνέβαινε δὲ τοῦτο τοῦ μὲν
βασιλέως τοῦ ᾿Οβόδα μὴ πολὺ φρον-
τίζοντος τῶν κοινῶν, καὶ μάλιστα
τῶν κατὰ πόλεμον (κοινὸν δὲ τοῦτο
πᾶσι τοῖς ᾿Αράβων βασιλεῦσιν),
ἅπαντα δὲ ἐπὶ τῇ τοῦ ἐπιτρόπου
ποιουμένου ἐξουσίᾳ τοῦ Συλλαίου.

"This came to pass because Obodas, the king, did not care much
about public affairs, and particularly military affairs (this is a trait
common to all the Arabian kings),
and because he put everything in
the power of Syllaeus."

(XVI,4,24).

To a certain extent Strabo's theory of the weakness of the Nabatean
kings and their complete dependence on their viziers may be correct, and
would thus account for the long years of rule of these kings (Obodas II
reigned 21 years, Aretas IV — 49 years, Malichus II — 30 and Rabel II —
36 years).

According to Strabo, Syllaeus had aims of his own, which he hoped
to achieve with the help of the Romans:

τούτου δ᾿ ἅπαντα δόλῳ στρατη-
γοῦντος καὶ ζητοῦντος, ὡς οἶμαι,

"and because Syllaeus treacherously out-generalled Gallus in every

κατοπτεῦσαι μὲν τὲν χώραν καὶ
συνεξελεῖν τινὰς αὐτῶν πόλεις καὶ
ἔθνη μετὰ τῶν Ῥωμαίων, αὐτὸν δὲ
καταστῆναι κύριον ἁπάντων, ἀφα-
νισθέντων ἐκείνων ὑπὸ λιμοῦ καὶ
κόπου καὶ νόσων καὶ ἄλλων, ὅσων
δόλῳ παρεσκεύασεν ἐκεῖνος.

(XVI,4,24).

way, and sought, as I think, to
spy out the country and, along with
the Romans, to destroy some of its
cities and tribes, and then to establish himself lord of all, after the
Romans were wiped out by hunger
and fatigue and diseases and any
other evils which he had treacherously contrived for them."

In the following passage Strabo conveys a very important piece of
information, concerning the change in the course of international trade which
took place in the generation which commenced at the time of the expedition
and culminated at the end of it:

ἐκ μὲν οὖν τῆς Λευκῆς κώμης εἰς
Πέτραν, ἐντεῦθεν δ' εἰς Ῥινοκόλυρα
τῆς πρὸς Αἰγύπτῳ Φοινίκης τὰ
φορτία κομίζεται, κἀντεῦθεν εἰς τοὺς
ἄλλους. νυνὶ δὲ τὸ πλέον εἰς τὴν
Ἀλεξάνδρειαν τῷ Νείλῳ. κατάγεται
δ' ἐκ τῆς Ἀραβίας καὶ τῆς Ἰνδικῆς εἰς
Μυὸς ὅρμον.

(XVI,4,24).

"Now the loads of aromatics
are conveyed from Leuce Come to
Petra, and thence to Rhinocolura,
which is in Phoenicia near Egypt,
and thence to the other peoples;
but at the present time they are
for the most part transported by
the Nile to Alexandria; and they
are landed from Arabia and India
at Myus Harbour".

This change in destination was one of the main objects of the Roman
expedition, and when it occurred it caused the decline of the Nabatean
kingdom at the end of the period which is the subject of this chapter.

From Leuke Kome the expeditionary force went for many days until

ἧκεν εἰς τὴν Ἀρέτα γῆν, συγ-
γενοῦς τῷ Ὀβόδᾳ. ἐδέξατο μὲν οὖν
αὐτὸν Ἀρέτας φιλικῶς καὶ δῶρα
προσήνεγκεν, ἡ δὲ τοῦ Συλλαίου
προδοσία κἀκείνην ἐποίησε τὴν χώραν δυσπόρευτον.

(XVI,4,24).

"and therefore it took many
days to arrive at the land of Aretas,
a kinsman of Obodas. Now Aretas
received him in a friendly way and
offered him gifts, but the treason of
Syllaeus made difficult the journey
through that country too".

We do not know exactly where this land of Aretas was, perhaps in the
region of Egra.

The remaining part of the journey southwards led through regions
which were outside the boundaries of the Nabatean territories, belonging

to the middle and southern Arabian states, which will not be dealt with here. In any case, not knowing that they were only two days distant from the spice-producing country, the Romans turned back, following other roads. After a march of 60 days

εἶτα δι' ἐρήμης ὀλίγα ὑδρεῖα ἐχούσης ὁδὸς μέχρι Ἐγρᾶς κώμης. ἔστι δὲ τῆς Ὀβόδα, κεῖται δ' ἐπὶ θαλάττης.

"and then through a desert country, which had only a few watering places, as far as a village called Egra. This village is in the territory of Obodas; and it is situated on the sea".

(XVI,4,24).

Strabo's account informs us that already at the beginning of Oboda's reign the Nabateans established their commercial centre in northern Arabia. The most important Nabatean settlements there were Egra and its harbour Leuke Kome. This region was ruled by Aretas, "a kinsman of Obodas". These Nabatean settlements formed links in the system of Arabian spice trade. Egra will be described later on, Leuke Kome is probably to be identified with a site at the outlet of Wadi Hams, where BURTON discovered remains of a small typically Nabatean temple[50].

There are two additional sources of minor importance concerning the expedition of Aelius Gallus. Plinius writes:

Romana arma solus in eam terram adhuc intulit Aelius Gallus ex equestri ordine; nam C. Caesar Augusti filius prospexit tantum Arabiam. Gallus oppida diruit non nominata auctoribus qui ante scripserunt: Negranam, Nestum, Nescam, Magusum, Caminacum, Labaetiam, et supra dictam Maribam circuitu VI, item Caripetam, quo longissime processit.

"Aelius Gallus, a member of the Order of Knights, is the only person who has hitherto carried the arms of Rome into this country; for Gaius Caesar, son of Augustus, only had a glimpse of Arabia. Gallus destroyed the following towns not named by the authors who have written previously — Negrana, Nestus, Nesca, Magusus, Caminacus, Labaetia; as well as Mariba above mentioned, which measures 6 miles round, and also Caripeta, which was the farthest point he reached".

(N.H. VI, 160).

The other source, Dio Cassius, writes:

Ἐν ᾧ δὲ ταῦτ' ἐγίγνετο, καὶ ἄλλη τις στρατεία καινὴ ἀρχήν τε

"While this was going on, another and new campaign had at

---

[50] R. F. BURTON, The Land of Midyan, II, London, 1897, pp. 217—233; plan and details on p. 222.

ἄμα καὶ τέλος ἔσχεν. ἐπὶ γὰρ ᾿Αραβίαν τὴν Εὐδαίμονα καλουμένην, ἣν Σαβὼς ἐβασίλευσεν, Αἴλιος Γάλλος ὁ τῆς Αἰγύπτου ἄρχων ἐπεστράτευσε. καὶ εἰς μὲν ὄψιν οὐδεὶς αὐτῷ τήν γε πρώτην ἦλθεν οὐ μὴν καὶ ἀπόνως προεχώρει· ἥ τε γὰρ ἐρημία καὶ ὁ ἥλιος τά τε ὕδατα φύσιν τινὰ ἄτοπον ἔχοντα πάνυ αὐτοὺς ἐταλαιπώρησεν ὥστε τὸ πλεῖον τοῦ στρατοῦ φθαρῆναι – – – πρῶτοι μὲν δὴ ῾Ρωμαίων οὗτοι, νομίζω δ᾿ ὅτι καὶ μόνοι, τοσοῦτον ἐπὶ πολέμῳ τῆς ᾿Αραβίας ταύτης ἐπῆλθον· μέχρι γὰρ τῶν ᾿Αθλούλων καλουμένων, χωρίου τινὸς ἐπιφανοῦς, ἐχώρησαν.

once its beginning and its end. It was conducted by Aelius Gallus the governor of Egypt, against the country called Arabia Felix, of which Sabos was king. At first Aelius encountered no one, yet he did not proceed without difficulty; for the desert, the sun, and the water (which had some peculiar nature) all caused his men great distress, so that the larger part of the army perished – – – These were the first of the Romans, and I believe, the only ones, to traverse so much of this part of Arabia for the purpose of making war; for they advanced as far as the place called Athlula, a famous locality".

(LIII,29,3—4,8).

Turning to the north, it is possibly at the end of the first decade of Obodas' reign that Zenodorus, a powerful landowner and leader of a band of robbers, sold to Obodas for the price of 50 talents the part of Auranitis which he owned (Jos. Ant. XV, 352). This transaction caused a dispute with Herod, who, as mentioned above, was granted Auranitis together with other territories by Caesar. The struggle between the two parties took various forms:

πολλάκις μὲν ταῖς καταδρομαῖς καὶ τῷ βιάζεσθαι θέλειν, ἄλλοτε δὲ καὶ πρὸς δικαιολογίαν ἰόντες.

"Sometimes they overran his territory and attempted to take it by force, and at other times they resorted to legal proceedings".

(Ant. XV,352).

Herod, however, tried to pacify the Arabs (XV, 353). These events took place in, or before, the 17th year of Herod, 21/20 B. C. In that year Caesar paid a visit to Judea, at the end of which the Emperor granted Herod Zenodorus' territory (XV, 363). It is not specifically stated whether Auranitis was included, but, due to Herod's policy, the Nabateans were free to use the barren Hauran as a base for their commercial activities in Syria. The foundations of a large temple at Seeia, in the heart of the Hauran, in the vicinity of Canatha (Pl. II, 2), were laid in 33/32 B. C., just at the end of Aretas III's reign, before Herod acquired Auranitis, but it was not completed until 2/1 B. C., at the beginning of the reign of Aretas IV[51]. The construction of this huge

[51] CIS II, 163.

religious centre occupied the whole lifetime of Obodas II. This may be taken as evidence for the kind of relationship between the Nabateans and the Jews at that time. It is otherwise difficult to explain the great prosperity of the international trade, which was in the interest of both parties. Without the cooperation of both, it would be impossible to imagine its safe conduct, and without this, it would be impossible to explain the great prosperity of both kingdoms.

Thus the eastern part of the Nabatean kingdom must have included northern Arabia, Edom, and a large part of Moab and the Hauran. Petra became at this time the metropolis of the whole kingdom. A road running along the desert connected the southern part of the kingdom with the Nabatean possessions in the Hauran. We have no positive evidence indicating the situation in the Nabatean Negev at this period. Its importance must have declined temporarily after the conquest of Gaza by Alexander Jannaeus, but, the construction of a Nabatean temple at Oboda, completed possibly at the beginning of Aretas IV's reign[52], implies a renewal of activity here already during the reign of Obodas II. This may also apply to the Nabatean settlement of the Sinai and the adjacent region to the west of the Gulf of Suez.

We are not well informed about the events in the Nabatean kingdom during most of the lifetime of Obodas II. The best information may be gained from his coins, of which we have issues from the regnal years 2, 3, 5, 6, 7, 8, 10, 13, 17, 18, 19, 20[53].

The lack of any references in the historical sources during most of the lifetime of Obodas II may be taken as an indication of prosperous, peaceful and stable conditions in the Nabataeo-Jewish region[54]. It is only at the end of Obodas' reign that his name is mentioned again:

Ἦν μὲν γὰρ ὁ τῆς ᾿Αραβίας βασιλεὺς ᾿Οβόδας ἀπράγμων καὶ νωθὴς τὴν φύσιν, Σύλλαιος δ᾿ αὐτῷ διῴκει τὰ πολλά, δεινὸς ἀνὴρ καὶ τὴν ἡλικίαν νέος ἔτι καὶ καλός.

"The king of Arabia, Obodas, was inactive and sluggish by nature; for the most part his realm was governed by Syllaeus, who was a clever man, still young in years and handsome".

(Ant. XVI,220).

Syllaeus, the same man who was held responsible for the failure of the Aelius Gallus expedition, fell in love with Salome, Herod's sister, and hoped by marriage to satisfy both his romantic desires and his political ambitions. The whole matter came to nothing, however, because of religious obstacles (Ant. XVI, 220—228; War I, 487, 534, 566).

---

[52] A. NEGEV, Nabatean Inscriptions from Avdat (Oboda), IEJ 11, 1961, pp. 127—138.
[53] MESHORER, Coins, p. 35, Pl. 3: 28—39 A, all marked as coins of Obodas III.
[54] However, the lack of information on this period may result from Josephus' ignorance of the writings of Uranius and Glaucus, of whom we know from Stephanus Byz. only.

Syllaeus' failure, according to Josephus, was the cause of a war between the Jews and the Nabateans. When Herod was away in Rome on a state visit, a rumour of his death spread through Trachonitis. This caused an uprising of the local population, who returned to their ancient practice of brigandage. The king's generals crushed the revolt, but forty of the ringleaders escaped to the embittered Syllaeus, who gave them shelter, and from Nabatea they overran and pillaged Judea and Syria. On Herod's return from Rome (10/9 B. C.) he avenged their deeds by the massacre of their relatives in Trachonitis. This only aggravated the situation, and Herod was forced to bring the matter before Sarturninus and Volumnius, the procurators of Syria, from whom he demanded the punishment of the brigands. The rebellion spread quickly as more and more people joined the rebels; towns and villages were pillaged and captives were slaughtered, in an attempt to overthrow Herod's kingdom. At this time Herod demanded from Oboda the payment of an old debt of 200 talents. Syllaeus repudiated Herod's accusations and delayed payment of the money. The matter was brought again before the authorities in Syria who decided that the debt should be paid within 30 days and that captives on both sides should be exchanged (Ant. XVI, 271—281).

As the Nabateans did not comply with this decision, Herod got permission to punish the wrong-doers. He marched on the Nabateans, captured the robbers and defeated the Nabatean commander Nakebos, who lost 25 of his men. Herod settled 3000 Idumeans in Trachonitis in order to strengthen his positions there (Ant. XVI, 282—285). Both parties rushed to Rome, Syllaeus clad in black, with tears in his eyes, lamenting the 2500(!) Nabatean casualties and the loss of Nakebos, a kinsman of his (Ant. XVI, 286—288). This one-sided information (Josephus would have us believe) moved the heart of Caesar. This made the Arabs bolder and they

οὔτε τῶν λῃστῶν ὅσοι διέφυγον ἐξεδίδοσαν οὔτε τὰ χρήματα διευλύτουν, νομάς τε ἃς ἐκείνου μισθωσάμενοι διακατεῖχον, ἀμισθὶ ταύταις ἐχρῶντο, τεταπεινωμένου τοῦ τῶν Ἰουδαίων βασιλέως διὰ τὴν ὀργὴν τοῦ Καίσαρος.

(Ant. XVI,291).

"refused to give up the brigands who had taken refuge with them or to pay back the money which they owed; and the grazing land which they had rented from Herod and now held in their possession they used without paying rent, now that the king of the Jews had been humiliated by the angry Caesar".

This last piece of information is of interest. The grazing-ground which the Nabateans leased from Herod could have been in the Plain of Beersheba at the foothills of the mountains of Hebron. It is in fact the practice of the bedouins to this very day to move with their flocks from the Negev northwards after the harvest (June-July) in search of grazing-grounds, because the Negev may hardly afford any food for the flocks during the summer months.

2. Aretas IV (9/8 B. C.—40 C. E.)

During the events described above, or as a result of them, Obodas died. Our only source on the ascension to the throne of the new king is Josephus:

ὁ μὲν γὰρ Ὀβόδας ἐτεθνήκει, παραλαμβάνει δὲ τὴν τῶν Ἀράβων ἀρχὴν Αἰνείας ὁ μετονομασθεὶς αὖθις Ἀρέτας.

"For Obodas had died, and the rule of the Arabs was taken over by Aeneas, whose name was later changed to Aretas".

(Ant. XVI, 294).

Aretas won the favour of the court in Rome by distributing lavish gifts and sent a letter of accusation against Syllaeus, who was accused of murdering the old king (Ant. XVI, 296).

The accession of the new young king produced renewed tension between the Nabateans and the Jews. Herod sent his able advocate, Nicolaus of Damascus, to Rome to plead his case (Ant. XVI, 299). At the hearing Nicolaus was so successful in averting Caesar's anger, that the emperor was prepared to extinguish Nabatean independence, were it not for the internal troubles in Herod's kingdom which advised against it (Ant. XVI, 335—354). At the end of the negotiations, Aretas' unlawful accession to the throne was recognized by the Senate (Ant. XVI, 355). The matter of Syllaeus was brought again before the Senate, but we do not hear how the old villain was disposed of (Ant. XVII, 54—56). On one of his journeys to Rome Syllaeus (Shulai) left a dedicatory inscription at Miletus[55], thus lending authenticity to the events which led to the end of the life of the Nabatean vizir:

שלי אח מלכא בר תימ [ו...]

Shulai, brother of the king, son of Taymu

Συλλ]αιος ἀδελφὸς βασιλ[έως ἀν-έθηκεν Διὶ Δου[σάρει

"Syllaeus, the brother of the king, has dedicated to the God Dusares".

Although most of the archaeological finds and a great part of the epigraphical documents which we possess belong to the half-century-long reign of Aretas IV, we are nevertheless badly informed by the ancient authorities on the events of this period in the Nabatean kingdom. Josephus tells us that Aretas sent troops to the aid of Varus, the Roman procurator, to calm disturbances that broke out in Judea after Herod's death. But the eagerness of the Nabatean soldiers to fill their pockets with loot caused their speedy discharge from that duty (Ant. XVII, 287—297; War II, 66—79).

In 4 B. C., Augustus confirmed the division of Herod's kingdom among his sons. As far as the Nabateans are concerned, Philippus acquired the terri-

---

[55] CANTINEAU II, pp. 45—46, the text and bibliographical annotations.

tories of Batanaea, Trachonitis and Auranitis (Ant. XVII, 318); Archelaus got both Judea and Idumea, whereas the city of Gaza was one of the Greek cities which were detached from his territories and annexed to the province of Syria (Ant. XVII, 319—320; War II, 96—97). We may thus assume that there was little change in the territory which Aretas inherited from Obodas. It seems that not all of the Trachonitis was in Philippus' hands, because at the end of Herod's life the king built up a city in that region in which he settled Babylonian Jews, to serve as a buffer between his kingdom and that of his enemies (Ant. XVII, 23).

On the other hand, we hear nothing of the region south of Gaza, which must thus certainly have belonged to the Nabateans, or at least have been freely used by them, since, as Strabo recounts (cf. above), their ships used the harbour of Rhinocorura.

There is no mention of Aretas or of the Nabateans in the historical sources of the whole of the first quarter of the 1st century C. E. At about 27 C. E., Aretas is heard of again in conjunction with the divorce of his daughter, the wife of Herod Antipas. The woman was sent to Machaerus, at the border of the Jewish territory east of the Jordan, governed by a Nabatean *strategos* (Ant. XVIII, 112) and thence

πάντων εἰς τὴν ὁδοιπορίαν ἡτοιμασμένων ὑπὸ τοῦ στρατηγοῦ ἅμα τε παρῆν καὶ ἀφωρμᾶτο εἰς τὴν ᾿Αραβίαν κομιδῇ τῶν στρατηγῶν ἐκ διαδοχῆς παρῆν τε ὡς τὸν πατέρα ᾗ τάχος . . .	"all preparations for her journey had been made by the governor. She was thus able to start for Arabia as soon as she arrived, being passed from one governor to the next as they provided transport. So she rapidly reached her father – – –".

This short report reveals that the Nabatean kingdom was divided into small districts, each of which was under the custody of a *strategos*, who was in charge of communications in his district.

This family matter was a *casus belli* for Aretas, who saw therein an opportunity to settle the dispute over the border of Gabalitis (Ant. XVIII, 113). We have already dealt with this problematic region in endeavouring to define the boundaries of Ptolemaic Palestine, and we suggested that this was the name given to the region which was named Edom in former times. Unfortunately, we are not helped in this matter by Josephus' account.

After the Jewish army was beaten by the Nabateans the matter was brought up by Herod Antippas before Tiberius. Tiberius, who was convinced that Aretas was thewrongdoer, ordered Vitellius, the procurator, to declare war on the Nabateans and to capture the king alive or dead (Ant. XVIII: 115). Vitellius prepared to obey the orders, but the death of the emperor saved Aretas and Petra (Ant. XVIII, 120—125).

According to this interpretation the cause of the hostilities — Gabala — was in the southern part of the Nabatean kingdom, not far from Petra.

STARCKY[56], however, reads Gamala for Gabala, thus transferring the scene of hostilities to the northern region, north of the River Arnon, on the border of the territory of Herod Antipas. This is not very likely, because Gamala borders on the territories of the Decapolis on the south and Jewish Batanaea on the east, far away from any Nabatean territory.

The transference of the territory of Philippus to Agrippa I (37 C. E.) and the gradual enlargement of his kingdom did not affect the Nabateans. Just about this time, in the last year of Aretas' life, as we learn from the epistles, an *ethnarchos* of king Aretas, responsible for keeping the city of Damascus under observation, arrested Paul (II Cor. 11:32—33, and cf. Gal. 1:15—17). The existence of a Nabatean ruler at Damascus at this time has never been satisfactorily explained.

The unusually rich coinage of Aretas is attested for from the first year of his reign, 9/8 B.C., to his last, 39/40 A.D., with very few lacunae in between[57]. Until the 24th year of reign, 15/16 C. E. Aretas ruled together with his queen consort, Huldu, whereas from his 27th year to the last she was replaced by Shaqilat[58]. Numismatic as well as epigraphic evidence shows that from an early date in his reign Aretas bore the title of רחם עמה, 'lover of his people', equivalent to the Greek *philodemos*.

3. Malichus II (40—70 C. E.)

Meagre as the historical evidence for the Nabatean history during the reign of Aretas is, we are almost completely in the dark with regard to the events of the reign of Malichus, Aretas' son. His coinage extends from the first year of his reign to the 25th, 64/5 C. E. The queen consort during all these years was Shaqilat (II)[59]. The number of inscriptions dated by the regnal years of Malichus II is far less numerous than those of his father, but they also show a wider territorial distribution, from Egra, Moab and the eastern part of the Hauran. No inscriptions of Malichus were found in Edom, the Negev or the Sinai.

A passage in the 'Periplus maris Erythraei', 19, has given rise to some discussion:

Ἐκ δὲ τῶν εὐωνύμων Βερενίκης ἀπὸ Μυὸς ὅρμου δυσὶ δρόμοις ἢ τρισὶν εἰς τὴν ἀνατολὴν διαπλεύσαντι τὸν παρακείμενον κόλπον ὅρμος ἐστὶν ἕτερος, καὶ φρούριον, ὃ λέγεται Λευκὴ κώμη, δι' ἧς {ὁδός} ἐστιν εἰς Πέτρας πρὸς Μαλίχαν, βασιλέα Ναβαταίων.

"Now to the left of Berenice, sailing for two or three days from Mius Harbour eastward across the adjacent gulf, there is another harbour and fortified place, which is called White Village, from which there is a road to Petra, which is

---

[56] STARCKY, Dictionnaire, col. 914.
[57] MESHORER, Coins, pp. 46—47.
[58] Op. cit., pp. 94—105.
[59] Op. cit., pp. 106—108.

ἔχει δὲ ἐμπορίου τινὰ καὶ αὐτὴ τάξιν τοῖς ἀπὸ τῆς Ἀραβίας ἐξαρτιζομέ-νοις εἰς αὐτὴν πλοίοις οὐ μεγάλοις. Διὸ καὶ εἰς αὐτὴν καὶ παραλήπτης τῆς τετάρης τῶν εἰσφερομένων φορτίων καὶ παραφυλακῆς χάριν ἑκατοντάρ-χης μετὰ στρατεύματος ἀποστέλλεται.

subject to Malichas, King of the Nabateans. It holds the position of a market-town for the small vessels sent there from Arabia; and so a centurion is stationed there as a collector of one-fourth of the mer-chandise imported, with an armed force, as a garrison". (Transl. W. H. SCHOFF, The Periplus of the Ery-thraean Sea, London/N. Y., 1912).

This passage seems to indicate that at the time of the composition of the 'Periplus' (sometimes in the 1st century C. E.) the harbour of Leuke Kome was already in the hands of the Romans, who, under the custody of a centurion, collected dues there.

The only known historical event involving Malichus was the help which he gave Titus in A. D. 66, when the latter was recruiting allies to assist him in his war against the Jews (War III, 68).

With the death of Malichus II, or at the beginning of the reign of Rabel II, his successor, the most important period in the history of the Nabatean kingdom comes to an end. The decline had in fact already set in during the reign of Malichus, and in this way the times of Malichus II and the first decades of the reign of Rabel II may be considered as an intermediate period during which the Nabateans gathered forces for their final renascence. We shall, however, describe first the archaeological remains of the Middle Nabatean Period.

B. The archaeological remains of the Middle Nabatean Period

1. Northern Arabia

To-date there have been no archaeological excavations in northern Arabia; we derive our knowledge mainly from the results of the extensive surveys made at the beginning of the century by MUSIL and by JAUSSEN and SAVIGNAC. In 1910 MUSIL covered a large area[60]. MUSIL travelled in northern Arabia along the route leading from Aqabah to the Land of Midian, identified with the northwestern part of Arabia, running down to the large oases of Tebuk and Madain Saleḥ. At Tebuk, identified with Midian, MUSIL found a large Nabatean Necropolis, named by the local Arabs Mughai-jir Shuaib, 'The Caves of Jethro'. It occupies a strip 200 m. wide and one km. long. No funerary inscriptions were observed on the façades, but on the plaster covering the walls inside there were traces of Nabatean letters[61]. At

---

[60] A. MUSIL, The Northern Hegaz, New York, 1926; ID., The Northern Negd, New York, 1928.
[61] MUSIL, Northern Hegaz, pp. 109—115.

a small distance from the necropolis there was a large reservoir, a typically Nabatean structure[62]. The necropolis, the reservoir and the remains of a fortress are all situated in a large oasis, most probably a Nabatean caravan-halt on the routes running from Edom and the Negev to northern Arabia.

Along the road running from Tebuk southwards towards Egra more ruins probably of Nabatean origin have been observed, notably at Rwafa. Among the beautiful ashlars scattered there[63] MUSIL noted a bilingual Greek-Naba-tean inscription engraved on a large lintel, containing a dedication made by Thamudians, of a temple constructed around the middle of the second century C. E.[64].

2. Egra (El-Hegr, Madain Saleḥ) (Fig. 4)

Further on the road, southeast of Tebuk, is situated El-Hegr, which preserved the Nabatean חגרא, Greek Ἔγρα.

The site, far away from western influences in ancient times, is seldom mentioned in ancient literature. Strabo (XVI, 4, 24) mentioned it as a settle-ment in the territory of King Obodas. According to Strabo it was close to the sea, and already MUSIL has suggested that inland Egra had a harbour by the same name[65]. Plinius made Agra the capital of the Leanitae, a people who gave the name to the gulf adjoining their country, but he knew that other authorities named the same gulf Aelaniticum, after the city of Aila. MUSIL suggested identifying the Leanitae with the people of Leḥyan, an Arabian tribe dwelling in northern Arabia, who left numerous graffiti in their own script, many in the region of El-Hegr[66]. These graffiti are usually considered 'early' (i. e., before the common era). In this connection, it is worthwhile mentioning several Nabatean graffiti found in the region of El-Hegr; two of them read: משעודו מלך לחין כתב דנה and משעודו מלך לחין, meaning "this was written by Mas'udu king of Leḥyan" und "Mas'udu king of Leḥyan"[67]. These graffiti are not earlier than the second half of the 1st century B. C. and may belong to the period when the Nabateans established their commercial centre at Egra, or even later, when the help of an ally was needed to repel an incursion of other Arabian tribes (see below). Egra is still further mentioned by Ptolemy:

Πόλεις δὲ λέγονται τῆς Εὐδαί-μονος Ἀραβίας καὶ κῶμαι μεσόγειοι αἵδε· — — — Σόακα, Ἔργα, Σαλμα.

"These are the cities and the villages of Arabia Felix: — — — Soaka, Egra, Salma".

(Geogr. VI,7,29).

---

[62] Op. cit., fig. 53, p. 119.
[63] Op. cit., figs. 70—71, pp. 186—187.
[64] No photographs have been published and we depend on the verbal description of MUSIL.
[65] Op. cit., p. 299.
[66] Loc. cit.
[67] Mission II, pp. 220—222.

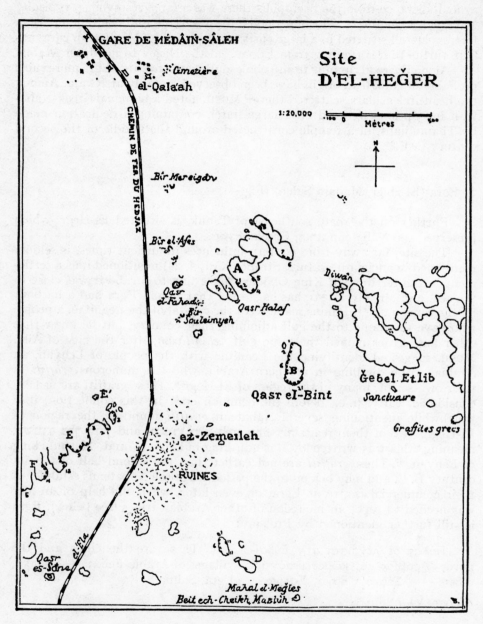

Fig. 4. Egra. General map of the site

And Stephanus Byz. writes: Ἔγρα, πόλις Ἀραβίας πρὸς τῷ Αἰλανίτη κόλπῳ "Egra, a city of Arabia in the Aelanitic gulf" (260, 11).

The region of El-Hegr has been thoroughly investigated by JAUSSEN and SAVIGNAC[68]. The French scholars did not venture any excavations, but the detailed description of the monuments and meticulous recording of the inscriptions and graffiti permits us to carry on their work and to adjust it according to the results of more recent research.

The site[69] contains three separate agglomerations of ruins, which have not yet been fully studied, and thus their dating is not known. To the east and south of these ruins are located several sandstone rocks of various sizes, numbered A to F, in which were hewn 79 funerary monuments, constituting the large necropolis of Egra. To the northeast of the necropolis is situated a mountain named Gebl Etlib which houses a rock-cut sanctuary. There are numerous cult niches and hundreds of Nabatean and Greek *graffiti* among the rocks around the shrine. The main importance of Egra lies at present in the 79 rock-cut funerary monuments.

The French scholars have described many of the 79 monuments in great detail, with plans and numerous photographs. Each monument consists of a more-or-less richly sculptured façade, behind which are rather simple hollowed-out tombs. These monuments were arranged typologically into groups, according to typical features of the decoration, beginning with the simple forms and terminating with the more elaborate ones. Thus Type Ia1 consists of façades decorated by a single row of crenelations on the upper part of the monuments (Fig. 5). These façades, of simple form, have a plain, undecorated door and at the upper part of the façade is a simple architrave decorated by a torus, above which rise, as the crowning element, the crenelations, similar to those which crowned parapets of walls of cities and palaces in the ancient Near East[70]. Type Ia2 is basically the same as the former, with the addition of pilasters with simple capitals at the sides of the façade. In one case a door was decorated by two griffins standing heraldically on both sides of a rosette — a much employed decorative element. In the more elaborate monuments of this type the simple torus is replaced by an Egyptian cornice. Type Ib consists of monuments with two rows of crenelations instead of one (Fig. 6). This type too has two sub-types; The first, Ib1, has a simple façade, a plain door and two rows of crenelations lined by toruses, forming the crowning element of the façade. In one case two large rosettes were carved in the frieze between the crenelations; in another the upper row of crenelations was set above an Egyptian cornice. Sub-type Ib2 is basically the same as Ib1, but more richly adorned. One tomb has a door surmounted by a flat arch above which stand small urns, and in another there is an eagle in the *tympanon* of the arch.

The second type, Type II, has two large steps replacing the crenelations as a crowning element. This type, to which belong numerous monuments,

---

[68] Mission I.   [69] Op. cit., Pl. III.
[70] See op. cit., pp. 307 ff., for a description of the monuments.

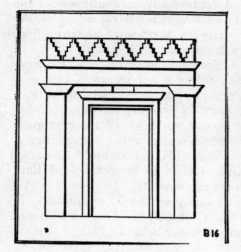

Type Ia:

B 10 = 34 CE. Wshuḥ daughter of
          Bagrat and Qaynu and Nash-
          kuya her daughters, from Teima.

E 6 = 39 CE. Shabbai son of Moqi-
          mu and Nubayqat daughter of
          . . . and for Tilm daughter of
          Male.

E 14 = 72 CE. Hinat daughter of
          'Abdobodat.

E 16 = 74 CE. 'Amat daughter of
          Kamulat.

Fig. 5. Egra. Tombs of Type Ia

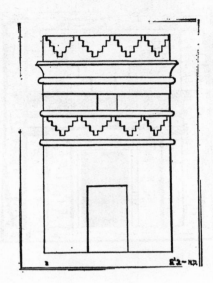

Type I b:

B 19 = 1 CE. Kamkam daughter of Wa'ilat, daughter of Ḥaramu and Kulaybat her daughters.

C 17 = 16 CE. Taym'allahi son of Hamilat. He gave this tomb to 'Amah his wife, daughter of Gulhumu.

C 14 = 60 CE. Hinat daughter of Wahbu.

Type II a:

E 19 = 56 CE. 'Abda and 'Ali'el and Gaddu sons of 'Aftu, and for 'Ahakli their mother.

Fig. 6. Egra. Tombs of Type I b (above) and II a

Type II b:

E 1   = 7 CE. Mun'at and Hagiru son of 'Amirat.

C 6   = 36 CE. 'Anamu son of Gazaiyat and Arsaksah daughter of Taymu, *strategos*.

E 3   = 9 BC—40 CE. Sa'ad' allahi, *centurio*, son of Zabda.

A 8   = 42 CE. Shubaytu son of 'Eli'u, Judaeus.

B 9   = 48 CE. Ba'nu son of Su'aydu.

B 11 = 57 CE. Hagaru daughter of Ḥubbai and by Maḥmiyat daughter of Wa'ilat.

D   = 75 CE. Mugiro, *GḤR'A*, son of Mugiru.

Fig. 7. Egra. Tombs of Type II b

was subdivided into three sub-types. IIa has very simple façades and simple doors; it is crowned by the Egyptian cornice, which is found in all three sub-types, and above it rise the large steps (Fig. 6). One of these monuments is decorated in addition by two large rosettes. Type IIb is very similar to the preceding, with the addition of pilasters at the sides of the façade (Fig. 7). The better monuments of this sub-type have 'classic' Nabatean capitals replacing the simpler ones, and a gable above the door, with or without *acroteria* at the apex and the corners of the gable. Sometimes an eagle replaces the upper urn. Type IIc is the most elaborate in this group (Fig. 8). It has an attic between the architrave and the Egyptian cornice, which makes this type of monument taller than the preceding ones. Most of the doors have gables and are decorated by Doric friezes, in which rosettes replace the regular metopes. The urns and eagles are always present, and the *tympanon* of the gable above the door is decorated by a mask with flanking snakes, resembling the Greek Medusa. The gable is sometimes replaced by an arch.

Type III, represented by a single monument, is made in the form of an arch surmounting a door (Fig. 9).

The great importance of the finds at Egra lies in the fact that about one half of the monuments have dated epitaphs. According to these, the tombs of Type Ia were made during the years 34, 39, 72 C. E.; Ib—16, 60 C. E.; IIa—56, 74 C. E.; IIb—36, 9 B. C.—A. D. 40 (the exact date is missing), 42, 48, 57, 75 C. E.; IIc—1, 4, 8, 26, 27, 31 (4 monuments were made in the same year), 39, +11 C. E., 50, 63, 40—70 C. E.

A glance at these dates will show that all types of monuments were produced during the period covering the first three quarters of the 1st century C. E. 19 monuments were made during the reign of Aretas IV, 8 during that of Malichus II and 3 only during the first five years of the reign of Rabel II.

The only possible interpretation is that at Egra there occurred no chronological development of types from simple to elaborate forms (as assumed by the researchers of Petra, and see below). This indeed was also the conclusion reached by the French scholars. In order to explain this absence of development, it has been suggested that, by the time monument construction began at Egra, the process of development had already been completed at Petra, and Egraean artists were free to draw at random from the existing artistic repertoire of the metropolis. During the past half-century no better solution has been offered, save for minor modifications of the basic theory.

We may approach this problem from a completely different angle[71], that is, by analysis of the funerary texts, each of which is a legal document in the full sense of the word; each contains the name of the owner or owners of the monument (in the case of partnerships), states the names and the relationships of the people entitled to use the tomb and the conditions under which this may be done; it forbids violation or other forms of illicit use, states

---

[71] NEGEV, Egra, pp. 203—236.

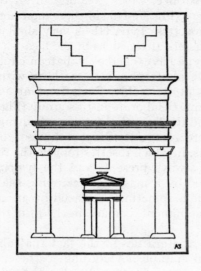

Type IIc:

B 6 = 1 CE. ʿAydu son of Kohaylu son of
Elkassi.

A 3 = 5 CE. Ḥushabu son of Nafiyu son
of Alkuf, from Teima.

Q.S. = 8 CE. Malkiun *petura*, under Ḥon-
aynu, for Hephestiun, *chiliarchos*, his
father.

C 7 = 15 CE. Manʿat son of Alin.

B 22 = 26 CE. Kahelan, *medicus*, son of
Waʾalan.

B 5 = 27 CE. ʾArus son of Farwan, for
himself and for Farwan his father,
hipparchos.

Fig. 8. Egra. Tombs of Type IIc

B 1 = 31 CE. Hani'u son of Tafṣa.

E 18 = 31 CE. Ḥalafu son of Qosnatan.

A 5 = 31 CE. Ḥushayku son of Ḥumaydu.

B 7 = 35 CE. 'Abdobodat son of 'Aribas.

E 4 = 39 CE. Maṭiyu, *strategos*, son of Euphronios, *hipparchos*.

D' +11 CE. Shullai son of Raḍwa.

B 23 = 50 CE. 'Aydu, *hipparchos*, son of 'Aydu.

F 4 = 63 CE. Tarṣu, *hipparchos*, son of Taymu.

B 4 = 40—70 CE. Shullai, *strategos*, son of 'Aydu, *hipparchos*.

Fig. 9. Egra. A tomb of Type III

the amount of the fine which a violator is likely to pay, and to whom this fine should be paid (the temple of the god, the king, the ruling *strategos* at Egra), and contains finally the date of construction and the signature of the artists.

An analysis of the ownership of the monuments shows that tombs of the very simple Type Ia were made by partners of different families, by a woman and her two daughters, by a man and two women, each of a different family, and by a single woman (2 monuments). Type IIa: three brothers made a tomb which they presented to their mother; a woman by herself. The authors of the tombs of Type IIb were: two brothers; a man and a woman, each of a different family (the woman was the daughter of a *strategos*); a man who served as a centurion; a Jew; a single man; a man of some standing (his title could not be explained); two woman of different families. Type IIc: a nobleman (stating a three-generations-long pedigree); a man from the neighbouring town of Teima (likewise a nobleman); a man who served as an *augur*, who made the tomb for his father who served as a *chiliarchos*; men whose status has not been specified (5 monuments); a *medicus*; a man who made the tomb for his father, a *hipparchos*; a *strategos* son of a *hipparchos* (2 separate monuments); a *hipparchos* (2 separate monuments)

This evidence, I believe, is self explanatory: clearly it reflects the structure of the Nabatean society of Egra. At the head stand the representatives of the higher administration (civic and military) (Type IIc monuments); among these one finds the *strategoi*, the *hipparchoi*, a *chiliarchos*, a doctor (military?), an augur (military?), members of the higher nobility (people of predigree, one of whom came from neighbouring Teima), and a relatively small number of rich caravaneers and merchants (possibly those named by their name and their father's name only). All of these were people who could well afford the costly monuments of the Type IIc sort. There were no women represented in this group. One grade below (Type IIb) stands the middle class represented by a centurion; a Jew (merchant?); a man of some title; the daughter of a *strategos* who shared the monument with another man; a partnership of two women. The third grade from the top (Type IIa) is represented mostly by monuments made by women or partnerships of men and women. At the bottom (Types Ib and Ia) are mostly women, or partnerships of men and women. No people of distinction are present in monuments of Type IIa—Ib—Ia.

As the documented monuments number 30 out of a total of 79, this evidence may be taken as conclusive. It is perhaps surprising to find so many women of such a high social standing. The Nabatean woman had the right to own property of her own and to dispose of it in any way she wished (the documents mention the rights of reselling, leasing and donating parts of a monument). The distribution of the classes in Egraean society, as reflected in these epitaphs, is the inverse of the normal one. The high-class people at Egra form the broad base of the social pyramid; below this base come the smaller number of middle-class men and women. This inverted social order is not surprising, however, if one considers Egra not as a normal human settlement, but as an important commercial entrepôt, the key-point of the whole system of Nabatean trade, drawing the presence of the cream of Nabatean civic, military and mercantile society. This, of course, does not mean that there was no lower class at Egra; such people, however, were most probably buried in simpler graves, which as yet remain undiscovered.

Besides the funerary monuments, there also was a large number of cult niches, probably also connected with funerary rites. Opposite the large rocks A and B, in which the largest and most elaborate tombs were excavated, stands a large rock-cut sanctuary, called 'Diwan' by the local people; they also call it 'the council-chamber of the Sultan'. This sanctuary consists of a single hall, 11.85—12.05 × 8.35—9.80 m. large. The façade and the inner corners were decorated by flat pilasters[72]. It has never been excavated, but the French scholars have suggested that it could have been a *triclinium* where funerary meals were held by the mourners, whose relatives found rest in the nearby tombs. In view of similar finds at Petra and Mampsis this seems likely.

South of the Diwan opens a very narrow passage in Gebl Etlib, along which numerous cult niches were cut into the rock. These too are most probably connected with funerary rites, and some were indeed made in the form of a gabled door of a tomb, with apexes surmounted by small urns[73]. Other niches house small rectangular *stelae*[74], similar to actual *stelae* found above Nabatean tombs in the Hauran and at Mampsis.

Most of the niches are rounded at their tops, sometimes they are surmounted by urns and eagles, housing one or three *stelae*. Many of the niches have inscriptions stating ownership. Regularly the name is accompanied by a short benediction, but some texts are longer, and of more interest, such as the one of 'Animu son of Damasippos, *strategos*, "who took this 'rest-place' (or rather 'reclining-place')"[75]. As there are no tombs in the vicinity, 'reclining-place' (i. e., for funerary meals) seems more likely. Another inscription states that Rabib'el *strategos* "possessed this place"[76]. Some inscriptions reveal the origin of the possessor, or of the engraver of the inscription, as that of Muslimu the Egraean[77], or of Wa'ilu son of Qashru from Aila[78].

The inscriptions from Egra, mainly the dated ones, shed much light on the military history of Egra as well[79]. Egra was an important Nabatean commercial centre from as early at least as the time of the Aelius Gallus expedition. In terms of dated monuments, of the first quarter of the 1st century C. E., however, the Nabatean army is represented at Egra by one

---

[72] Mission I, pp. 404ff.
[73] Op. cit., p. 414, fig. 204.
[74] Op. cit., pp. 416—417, fig. 205, Pl. XLI.
[75] Op. cit., p. 206, N°. 40.
[76] Op. cit., pp. 207—208, N°. 43.
[77] Op. cit., p. 237, N°. 150.
[78] Op. cit., p. 247, N°. 189.
[79] NEGEV, Egra, pp. 228—231.

centurion and one *chiliarchos* only. Towards the end of the reign of Aretas IV one hears for the first time of an *hipparchos* (27 C. E.), a *strategos* (36 C. E.) and a *strategos*, son of a *hipparchos* (39 C. E.). During the reign of Malichus II there are a *strategos*, son of a *hipparchos*, and two other *hipparchoi*, whereas during the first five years of Rabel II, there is only one *strategos* mentioned. Besides these persons mentioned in the epitaphs, five other *strategoi* are mentioned in the *graffiti*; some of them certainly are to be dated to the times of Malichus and of Rabel.

The *strategos* was the highest ranking official who resided at Egra, and according to one funerary text fines were paid to him: לאסרתגא די הוא בחגרא — "to the *strategos* who is at Egra"[80]. This inscription is from 64 C. E. As in Hellenistic and Roman Egypt, the *strategos* at Egra most probably headed both the civil and military administration.

The high number of high-ranking military personnel at Egra during the middle decades of the 1st century C. E. calls for explanation. The increase in Nabatean forces at Egra at this time coincides with the sharp decline in dated monuments during the reign of Malichus II, ending completely in the 5th year of Rabel, 75 C. E. It is possible that the Nabatean army was transferred to northern Arabia at this time to check the movements of the newly arriving nomadic tribes whose incursions posed a serious threat to the welfare of the whole of the Nabatean kingdom.

Alongside the large number of Nabatean inscriptions and *graffiti*, there are at Egra numerous Lihyanite texts, some of considerable length, possibly written by the allies of the Nabateans[81]. Still more numerous are the Thamudic *graffiti*[82]. Thousands of Thamudic and Ṣafaitic *graffiti* cover the rocks of northern Arabia, southern Transjordan, the eastern parts of the Hauran and of the Nabatean Negev, reaching as far as central Sinai. The exact chronology of these texts is still to be worked out, but it is agreed that they make their first appearance sometime in the 1st century C. E. In the central Negev, these *graffiti* seem to coincide with the destruction of Middle Nabatean Oboda and Mampsis and of sites along the road leading from Petra to Oboda. Independently of the finds at Egra, we have attributed the destruction of these sites to the nomadic tribes, who burnt down the settlements and took over their water supply in order to water their flocks[83].

It thus seems that the Nabatean army was summoned to Egra with the object of arresting the movements of these tribes, but to no avail. It would otherwise be very difficult to account for the presence of the Nabatean army at Egra in the middle of the 1st century C. E., since no military campaigns are otherwise known to have taken place at this time. It is also

[80] Mission I, p. 203, N°. 38.
[81] Op. cit., pp. 250—270.
[82] Op. cit., pp. 271—291.
[83] NEGEV, Chronology, passim.
[84] F. V. WINNETT and W. L. REED, Ancient Records from North Arabia, Toronto, 1970, map, p. 2 and journal pp. 3 ff.

difficult to explain otherwise the disruption after 75 C. E. of the Nabatean commercial centre at Egra.

The other parts of northern Arabia have been very little investigated. In 1962, the desert region to the northeast of Egra and Teima was surveyed[84]. The surveyors found Nabatean *graffiti* on isolated rocks on their way from 'Ar'ar to Sakaka, leading down to Teima and Egra[85]. On their way back from Egra, they travelled in the huge Wadi Sirhan, which was one of the main arteries leading to Edom and the Nabatean Hauran. At Ithra, in that part of northern Arabia bordering on the Nabatean Edom, the remains of a Nabatean temple have been discovered[86]. The plan of the temple is typically Nabatean: a rectangular *temenos* wall enclosing an inner shrine. Around the sanctuary, typically fine Nabatean pottery was found. Thamudic inscriptions engraved on limestone slabs induced WINNETT to conclude that the site was taken over by the Thamud after the collapse of Nabatean power. A Nabatean inscription found there complements the pottery finds[87].

In the immediate vicinity of Ithra is situated Kaf. There, on the top of a mountain, the remains of a building 6 × 11 m. large have been observed. On account of the pottery it has been identified as Nabatean[88].

3. Nabatean Edom

The northern part of Arabia, which has been surveyed by WINNETT and REED, constitutes the eastern desert bordering on Edom. We shall begin the description of Edom at the northern tip of the Gulf of Elath, from which a road ascended to the mountains of Edom. This region was occasionally visited by travellers in the 19th century, but their accounts are not very enlightening, since none of them were familiar with the Nabatean pottery, without the knowledge of which it is hardly possible to identify a Nabatean site with certainty. The discovery and correct identification of the Nabatean pottery by GEORGE and AGNES HORSFIELD in 1929 supplied NELSON GLUECK with the necessary tool for carrying out the extensive survey of Edom, Moab, the Arabah and the Negev which he began in May 1933.

Nabatean pottery was found on a large site 1 km. northeast of Aqabah, identified by GLUECK with Roman Aila[89], originally a Nabatean site. According to GLUECK "Aila is the southern end of the Nabatean trade-route which led thence westward to Sinai and eastward and southward to Arabia. No sherds earlier than the Nabatean were found".

[85] Op. cit., pp. 7, 11, 19 — at the large oasis of El-Jauf; p. 37, 20 miles to the north of El-Hegr.
[86] Op. cit., pp. 58—60, fig. 74.
[87] Op. cit., p. 161, N°. 130.
[88] Op. cit., p. 62.
[89] EEP II, pp. 46—47 and map.

An account of a small section of the surveyed area covered by GLUECK will suffice to show how important this survey has been for delineating the extent of Nabatean occupation. From Aila, the road ran northeastward into Wadi Yitm, leading into the plain of Hisma; from which the ascent to the higher mountains of Edom begins. At the junction of Wadi Yitm with Wadi Imran a large building dominates the road. The pottery is Nabatean[90]. Advancing upstream in the Wadi Imran, one reaches Wadi Ramm, where remains of a Nabatean temple were discovered on the lower slope, and in a small plain below, where 14 springs are located (named esh-Shellaleh); the remains of a building and tombs have been observed. The pottery associated with all of these buildings is Nabatean[91]. This place has later been identified as Nabatean Iram. In the vicinity of Iram is Site 27, where Thamudic inscriptions were found[92]. Travelling further north, in the vicinity of Kuweirah, a Nabatean tower with Nabatean sherds has been observed[93]. Still further north is the large Nabatean reservoir of Rekh-metein[94], and at Kuweirah, Site 29, remains of a large Arab *caravanserai* were found; Nabatean and Roman pottery indicates an earlier Nabatean post as well[95]. To the northeast of Kuweirah is el-Menjir, Site 30, where there is a cistern surrounded by Nabatean sherds. From this point, the road climbs the artificial ascent of Naqb esh-Shtar[96], leading up to the higher mountains of Edom. There, there is a much-ruined fortress, possibly Edomite in origin, but some Nabatean sherds found there point to Nabatean occupation as well. A watch-tower nearby was identified as Nabatean on account of the typically Nabatean oblique stone-dressing. To the northeast are two more small Nabatean sites[97], at both of which Nabatean pottery was found. On the mountain-top, there is a large number of springs and small Nabatean sites[98] with some Nabatean sherds. The largest Nabatean site in this region is Kh. el-Qaraneh[99]: the remains of a large *caravanserai* some 50 × 50 m. large, and of another building were discovered in association with much Nabatean pottery. South of these are two other, small Nabatean sites[100]. To the north of Site 36 is another large Nabatean site[101], where there is also a spring. Further north are additional Nabateans sites, the small Site 41 and the larger Site 42, both Nabatean[102].

[90] Op. cit., p. 54.
[91] Op. cit., pp. 54—55.
[92] Op. cit., p. 55.
[93] Op. cit., p. 56, Site 28.
[94] Op. cit., pp. 56—57, Site 28 (sic!).
[95] Op. cit., pp. 57—58.
[96] Op. cit., pp. 58—59, Site 31.
[97] Op. cit., p. 60, Sites 32, 33.
[98] Op. cit., pp. 60—61, Sites 34, 35, 40.
[99] Op. cit., p. 61, Site 36.
[100] Op. cit., p. 62, Sites 37, 38.
[101] Op. cit., pp. 62—63, Site 39.
[102] Op. cit., p. 63.

We have described this region in some detail because it is typical of the rest of Edom south of Petra. All of these small sites are connected in one way or other with the Nabatean trade-routes and with the services offered to the caravans. Hardly anything has been discovered which would indicate the presence of regular rural and urban settlements in this region, which, though rich in springs, is quite poor in arable land[103].

NELSON GLUECK'S survey yields a picture of a quite dense Nabatean occupation, concentrated mainly along the routes leading from northern Arabia to Aila and thence to Petra and to Moab. This picture may, however, be quite misleading. In the survey no distinction was made between small military outposts along the road and larger agglomerations of houses. Neither could GLUECK distinguish between the various phases of Nabatean occupation. The typical Nabatean pottery, which has been GLUECK'S faithful servant, is good for the Middle Nabatean period only, the pottery of the later phases was completely unknown to him, and research on it is still in the early stages. When all of this is taken into account, the density of Nabatean occupation in Edom may well appear somewhat different to the distribution represented on GLUECK'S maps.

4. Iram

The ancient name of the site, ארם, as it occurs in an inscription found on the site, has been preserved in the name of Wadi Ramm (or Rumm) (Pl. III, 3). This site was discovered by G. HORSFIELD in 1930[104].

The site of Iram consists of a small plain bordered on the west by Gebl Ramm and by Wadi Shellaleh on the south. There are 14 springs in the wadi, the waters of which have been channeled into a reservoir. The presence of such rich sources of water, situated at a place two days' march distant from Aila (about 50 km.) was the cause of the foundation of this large Nabatean centre, comprising a large military camp, a necropolis and a spacious temple. Only the temple has been partly excavated, first by G. HORSFIELD and R. SAVIGNAC, and then further investigated by DIANA KIRKBRIDE in 1959 (Pl. IV, 4,5).

In its original plan, the temple consisted of an outer building 35 × 50 m. large, enclosing an inner shrine. On account of the partly ruined state of the building, and of the limited archaeological work done on it, the plan of the building as reconstructed by the excavators must be accepted with some reserve[105]. This plan shows that the enclosing building had its main façade to the west, and halls to the north and south. There is a single entrance

---

[103] EEP III, passim.
[104] R. SAVIGNAC, Le Sanctuaire d'Allat à Iram, RB 41, 1932, pp. 581—597, Pls. XVII—XIX; 42, 1933, pp. 405—422, Pl. XXIV; 43, 1934, pp. 572—589; R. SAVIGNAC and G. HORSFIELD, Le Temple de Ramm, RB 44, 1935, pp. 245—278, Pls. VII—XIII, plans.
[105] RB 44, 1935, Pls. VII—IX.

in the middle of the western wall, and two staircase-towers at the corners. According to this plan, the back or eastern side was left open. This is highly improbable, and it seems that this part, where the excavators dumped the stones taken out from the excavated building, must be re-excavated[106].

Within this enclosure there is a colonnade on three sides, in the middle of which stood the inner shrine, 4×5 m. large, open on the east side. In all likelihood, there was also a colonnade and another wing of the building on the east side. That this was the case may be inferred from the new plan drawn by D. KIRKBRIDE[107].

This plan of a building, in which an outer building encases a shrine, is a well known Nabatean plan, common both in Arabia as well as in the Hauran.

In the original building there was a free-standing colonnade. In the second phase the columns were encased by walls, and the free-standing colonnades transformed into engaged half-columns. The half-columns, and the partition walls between, were stuccoed and painted. The columns were grooved, to resemble columns made of marble.

A large number of inscriptions, *dipinti* and *graffiti* has been found in the precinct of the temple and at the springs below. Some were official dedications, others were written by the artisans who built the temple; most are in Nabatean, but some of the last ones are in Greek, The dating of the various phases of use of the building depends on the interpretation of one inscription, which refers to the dedication of the temple to the 'Great Goddess'. The third and fourth lines of the inscription contain a date: 41 or 45[108]. Assuming that the era of the Provincia Arabia is referred to, the excavators dated the inscription to 146 or 151 C. E.. This dating, however does not take into account what is otherwise known of Nabatean sacred architecture. It seems that the inscription was dated by the regnal years of a Nabatean king, probably Aretas IV, being the only Nabatean monarch to have reigned more than 40 years; thus the inscription, the last line of which is mutilated, would indicate 32 or 37 C. E.

To a very late phase belongs a large stone altar, possibly from the time of Marcus Aurelius[109].

In the vicinity of the spring, another important inscription was found. In this text, only five lines long, members of the family of Rabel are mentioned; it should thus be dated to the years 70—106 C. E. Possibly this inscription refers to some work which was done on the water installations[110].

The main goddess venerated in the temple of Iram was the Great Goddess, most probably Allat, the consort of Dushara, the Baal of the mountains of Edom. the other deities venerated in this temple were Baal Shamin, the Master of Heavens, a northern deity to which also a temple at Seeia

[106] Op. cit., Pl. VIII.
[107] D. KIRKBRIDE, Le Temple Nabatéen de Ramm, RB 67, 1960, pp. 65—92, Pl. III.
[108] RB 44, 1935, pp. 265—268.
[109] Op. cit., pp. 258—261.
[110] RB 42, 1933, pp. 407—411.

was dedicated, and El-Uzza, the Master of Springs. The last two deities
are mentioned only in the *graffiti* in the vicinity of the springs.

The staircase-towers at the sides of the façade indicate that incense
was burnt on top of the roof, and that a solemn procession took place at the
temple, one staircase being used to ascend to the roof and the other to descend from it. The halls along the court were most probably used as *triclinia*
for ritual meals.

Iram was a large caravan-halt, and the temple was built to serve this
trade. A large necropolis where the bones of those who died *en route* were
brought to burial has also been found. No settlement of any size has yet been
located in the vicinity of Iram, and thus Iram resembles not only other large
Nabatean religious centres in the north, but also, to some extent, Petra.

5. Petra

It is not easy to deal with Petra. Although the site has been visited
by hundreds of scholars since its discovery by BURCHARDT in 1812, and
although it has been described by scores of others who made general surveys of the site or investigated single monuments, our knowledge of the site
remains limited. As the site has been excavated to a very slight extent,
the following analysis of the Nabatean metropolis must rest mainly on the
results of the surveys.

Petra is situated on a small plateau enclosed on all sides by steep, high
mountains. The only easy approach to the site lies to the east, where a road
branches off the main south-north highway, which by-passes Petra. This
branch-road runs westwards along Wadi Musa, in which a large spring,
the main source of drinking water for the large city is situated. Breaking
through the mountain massif of es-Serat, Wadi Musa forms a narrow
passage partly in the form of a tunnel, known as es-Siq, which leads into
the 1 km.-wide plain[111] (Pl. V, 6).

Before entering the narrow passage, there are tombs on the lower
slopes of the mountain named el-Khuthbah, on the north, and a rock-sanc-
tuary in the mountain of el-Madras on the southeast. Then comes the narrow
Siq which suddenly widens at one place, as if prepared from the beginning
of time for the construction of the most famous monument at Petra — the
Khazneh. Where Wadi Musa opens onto the plain, monumental tombs line
the northeastern escarpment of el-Khuthbah (Pl. VI, 7), and the slopes of the
mountains of en-Negr and el-Farasa on the southwest. A large holy place is situated at the last-mentioned site; whereas some additional tombs are located
on its lower slopes.

At the centre of this huge necropolis is situated the large theatre of
Petra (Fig. 10). Along Wadi Musa, which cuts the small plain into two halves,

---

[111] B & D I, maps. For a recent description of Petra see also P. C. HAMMOND, The Nabateans —
Their History, Culture and Archaeology, Göteborg, 1973.

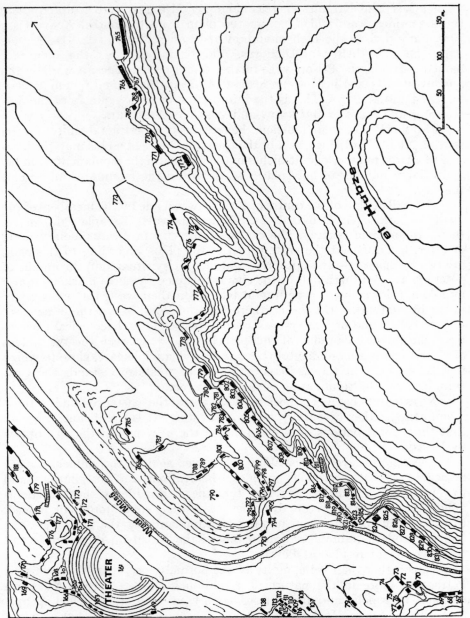

Fig. 10. Petra. Plan of theatre and northern necropolis

there are remains of other buildings. At the western end, stands the temple named Qasr Bint Faraun, whereas monumental tombs were sculpted along the steepsided wadi which enters the plain from the north. Above Qasr Bint Faraun rises the high mountain of Umm el-Biyara (Pl. VII, 8), perhaps the rock-shelter of Diodorus, and behind it rises the mountain named el-Habis, the Prison, with further tombs on its slopes. A wadi on the northwest of Qasr Bint Faraun leads to ed-Deir, the second famous monumental tomb at Petra. This is the information one may gain from the descriptions and maps of BRÜNNOW and VON DOMASZEWSKI.

DALMAN[112] noted, in addition, the remains of a peripteral temple on the south bank of Wadi Musa, east of the Qasr, and marked on his map the location of a large number of cult-niches in the vicinity of the monumental tombs, and a large number of holy places scattered on the mountains all around the city.

A detailed plan of the centre of the city was made by the members of the Deutsch-Türkischen Denkmalschutz-Kommandos[113]. The plan drawn by the German team portrays the centre of the city in a way no one before, or after, has done. At the eastern end of the plain, according to this plan, are two *nymphaea* — an appropriate gate for a city situated in the middle of a desert. The southern half of the city is occupied by three markets, upper middle and lower, with a peripteral temple on their west, the one already noted by DALMANN. On the northern bank of Wadi Musa, the remains of a large palace and of two *gymnasia* are noted. Only archaeological excavations can prove how much of this plan is reality. Between the two halves of the city runs a monumental street ending at a triple gate, close to which is a large bath. At the western extremity of this street stands the Qasr Bint Faraun, the terminating goal of the street.

No attempts have ever been made to verify the existence of all of these monuments, either by survey or by excavation. It is significant, however that these constructions do not appear on the new map of the city drawn by HORSFIELD[114].

There is however one striking fact: over against the immense space dedicated to the necropolis, religious institutions and installations and to the large urban centre (provided that the plan made by the Germans is valid), the number of private dwellings is strikingly small, too small, indeed, to lodge even the minimum number of attendants for the necropolis, the temples, and the administration (if indeed the Nabatean royal house and the government resided at Petra).

Thus rather than being a city in the normal sense, it would seem that Petra was more in the nature of a national shrine, housing a central national necropolis and institutions connected with it, to which people from all over Edom, Moab and beyond were brought to burial. It also housed

[112] DALMANN, NPF, map.
[113] WIEGAND, Petra, fig. 1 and Beilage.
[114] HORSFIELD, QDAP 9, map and Pl 1.

the central national temple. The people probably did not live in Petra itself, but rather in Gaia, modern el-Gi, east of Petra, where better climatic conditions prevail than in the closed-in plain of Petra (not to speak of the atmosphere created by the surrounding necropolis). Other residence sites are also possible, or perhaps the inhabitants lived in tents in the higher mountains around the city. In any case, the Jewish sources knew of a Reqem of (= near) Gaia — רקם דגיעא — Reqem being an ancient name for Petra (Talmud Jer. Shebiit IV, 36ᶜ), a name still known to Eusebius:

Γαί· ἐπὶ τῆς ἐρήμου σταθμὸς τῶν υἱῶν Ἰσραήλ· καὶ ἔστιν εἰς ἔτι νῦν Γαῖα πόλις τῇ Πέτρᾳ παρακειμένη.

"Gaia, a station of the children of Israel in the desert. At this time there is the city of Gaia in the vicinity of Petra".

(Onom. 62,17—18),

and also Steph. Byz: Γέα, πόλις πλησίον Πετρῶν ἐν Ἀραβίᾳ "Gaia, a city of Arabia, in the vicinity of Petra" (200, 5). However, no ancient remains have as yet been found at El-Gi[115].

a) The necropolis (Pl. VIII, 9)

The most extensive survey of the huge necropolis was made by BRÜN-NOW and v. DOMASZEWSKI[116] who recorded 512 funerary monuments. DALMAN and others, who added some further monuments, continued to use the terminology and numbering of the German scholars. Like that of the French, the German terminology is based on the architectural decoration of the façades, progressing from simpler to more complex forms. As against the four types of monuments present at Egra, seven have been counted at Petra, each type including a larger number of monuments, of greater artistic variegation. The Petraean monuments were classed into the following division: Pylons (Type I, subdivided into four sub-types: Ia — free-standing pylons; Ib — three-quarter free-standing; Ic — with one row of crenelations; Id — two rows) (Pl. IX, 10). Stepped tombs (Type II, IIa of Egra); Proto-Hegr tombs (Type III, IIb of Egra); Hegr tombs (Type IV, IIc of Egra) (Pl. X, 11); Gabled tombs (Type V); Roman Temple tombs (Type VI) (Pl. XI, 12); Arched tombs (Type VII, III of Egra).

To Type I belong all the tombs crowned by one or two rows of crenelations; Type II has two large steps placed above an Egyptian cornice; Type III is marked by pilasters with 'classic' Nabatean capitals on both sides of the façade, the crowning element being the same as that of Type II; Type IV has an attic placed between the elements of Types II and III. Typical for this type of monument are gabled doors, sometimes decorated by a Doric frieze; sometimes an additional pair of pilasters or half-columns is

---

[115] B & D I, pp. 429—431.
[116] B & D I pp. 125—428.

placed alongside the door; Type V is made in the form of a gabled shrine, with an architrave and a gable supported by pilasters with 'classic' capitals. The doors are always richly decorated, like those of the better monuments of Type IV. Type VI consists of larger monuments resembling the façade of a temple. Every monument is decorated individually. Type VII comprises smaller monuments made in the form of a rectangle surmounted by an arch.

A statistical comparison of the monuments of Petra and of Egra is significant:

Type	Petra	%	Egra	%
I	283	55.3	19	24.0
II	43	8.3	6	7.6
III	64	12.3	18	23.0
IV	57	11.0	23	29.0
V	12	2.3	—	—
VI	22	4.0	—	—
VII	31	6.0	1	1.3
Unidentified	—	—	12	16.5

On the assumption that the history of the Nabateans at Petra began sometime in the 6th or 5th century B. C., BRÜNNOW and v. DOMASZEWSKI dated the monuments accordingly, suggesting that monuments Types I—IV cover the centuries before the Christian era, whereas the remaining three types belong to the first two centuries C. E. In principle this chronology, which is an adjustment of a typological division to a chronological framework, has been accepted by later scholars, in their discussions of the dating of individual monuments. The publication, early in the century, of the monuments of Egra somewhat complicated the matter, but soon an explanation was found which satisfied everybody, namely, that all the artistic forms employed at Egra had already been developed centuries earlier at Petra[117].

Discussion turned mainly the dating of the monuments of the Roman temple type. Whereas VON DOMASZEWSKI dated them all to the period following the annexation to Rome, PUCHSTEIN[118] and WATZINGER[119] suggested that some of them were made in a Hellenistic tradition, and that these forms were thus already present at Petra in the 1st century C. E. contemporary with monuments of Type IV.

These discussions were based merely on stylistic grounds. Therefore they failed to take into account the historical and archaeological elements. We have seen that, historically, Petra could not have played an important rôle much earlier than the times of Obodas II, and that the

[117] On the complicate matter of chronology cf. STARCKY, Dictionnaire, cols. 956—973.
[118] O. PUCHSTEIN, Die Nabatäischen Grabfassaden, JDAI, AA 25, 1910, cols. 4—46.
[119] WIEGAND, Petra, pp. 92ff.

decline of the city set in the later years of Malichus II. This would mean that
the construction of monuments at Petra could not have begun before the
last quarter of the 1st century B. C., and the majority of the elaborate
monuments were not constructed until the 60's—70's of the 1st century
C. E., and not later than 100 C. E.

This is indeed a very short time for the rise, development and decline
of an artistic tradition. Sculpture is not however the only field of Nabatean
art to which this abnormality applies. Nabatean pottery (see Oboda, below)
did not make its *début* before 25 B. C., and the period after 50—70 C. E.
is already one of steep decline. Thus it seems that Nabatean culture, that is,
the culture of a people of nomadic origin, does not follow the rules laid down
for the research of rural and urban cultures, and that a new set of rules
should be formulated, which would accommadate the specific nature of such
cultures.

Thus Nabatean art does not leave much room for a normal, gradual
development of types; on the contrary, it seems that right from the beginning, in the last quarter of the 1st century B. C. at least Types I—IV, and
possibly also Type VII were developed, and that once these monuments appeared at Petra, they appeared at Egra as well, with little difference in time.

The difference between the various types of monuments should, therefore, not be explained as a result of an artistic development, but rather as a
consequence of the difference in the social standing between the owners
of the monuments. At Egra this is obvious. 52 % of the more elaborate and
costly monuments were owned by the higher administrative, military and
mercantile classes, and only 31.6 % pertained to people of lower social
standing, to women of the upper class and to partnerships of people of lesser
means. This abnormal structure of the local society is explained by the social
composition of a Nabatean trading-centre, where the inhabitants held
the fate of the whole kingdom in their hands.

At Petra things were somewhat different. This city did not play such a
significant rôle in the economic life of the kingdom; its importance seems
rather to lie in the spiritual and symbolic spheres, where it must have played
a rôle similar to that of the amphictionic centres of the other eastern peoples. At the head of the Petraean society stood the royal house, a class of
people completely missing at Egra. People of this class were most probably
interred in the 34 monuments of the Gable and Roman Temple types of
tombs, constituting 6.3 % only of all funerary monuments at Petra. Below
these come the Hegr and Proto-Hegr types (22.3 % at Petra, 52 % at Egra).
One of the most elaborate monuments of the Hegr type at Petra referred
to "Unaishu, 'brother' of Shaqilat[120], Queen of the Nabateans, son of . . .".
Brother in the sense of this inscription means *vizir*, attendant to the queen,
wife of Aretas IV, or wife of Malichus II. This tomb occupies a very prominent place opposite the theatre[121]. Unhappily, this is almost the only
tomb at Petra, of which the name of the owner is known, but it furnishes a

---

[120] B & D I, pp. 400—402, fig. 452.   [121] Cf. Op. cit., map, Taf. XIX.

valuable clue for identifying the class of people who were among the owners
of the better type of the Hegr tombs at Petra. Below these upper classes
come the larger numbers of simpler monuments of the Pylon and stepped
tombs with 63.6 % of the total, as against 31.6 % at Egra.

Bearing in mind that the type of monument does not so much represent
a chronological scheme as the class-divisions of the Nabatean society, we
may procede now to analyze some of the more elaborate monuments at
Petra.

The chronology of the Nabatean funerary monuments is closely related
to the difficult problem of the origins of Nabatean art. The earlier scholars
assumed that all the monuments lacking noticeable Greek elements were made
under 'Eastern' influence. These 'Eastern' elements were the form of the pylon,
the Egyptian cornice, the crenelations and the steps. Whereas the first two
elements were considered to be of Egyptian origin, the others were taken as
Persian or Arabian. In fact, it is impossible to make a clear-cut division
between Eastern and Western elements. Even the simpler monuments,
not to speak of the elaborate Proto-Hegr and Hegr monuments, are decorated by gables, arches, Doric friezes, the western origin of which nobody
has doubted. The more obvious western influences include the conception
of a tomb made in the form of a Graeco-Roman temple, or the use of elements
borrowed from temple architecture, e. g., the complete and broken gables,
the Doric frieze, the *tholos*, among the major elements, and the urn, the *medusa*, the eagle, etc. among the minor ones. The contribution of Nabatean
artists, according to this view, would have been the development of the
'classic' Nabatean capital, for which there is no parallel in any other art,
and, perhaps, also the un-orthodox way of combining architectural elements,
borrowed from various traditions, in a style which has been termed 'baroque', a term valid also for contemporary Jewish funerary art at Jerusalem.

We have already alluded to Nabatean pottery. In the attempt to
locate the sources of influence of this ceramic art, one of the finest of its time,
more than one element draws our attention to Alexandria. Among these are
the late Hellenistic techniques inherited by early Roman potters, certain
· shapes of the vessels, the late Hellenistic decoration, and the Greek *graffiti*
scratched on vessels produced by the potters of Oboda. Apparently
Alexandria also provided the sources for the Nabateans' funerary art.

Nabatean funerary art could not have begun much before 50 B. C.,
and most probably made its first ventures only after the accession of Obodas II to the throne. In his reign began the construction of the sumptuous
religious centre at Seeia in the Hauran, and perhaps in other places as well.
Obodas was buried at Oboda:

"Οβοδα, χωρίον Ναβαταίων.   "Oboda, a settlement of Naba-
Οὐράνιος 'Αραβικῶν τετάρτῳ "ὅπου   teans. Uranius says in his fourth
'Οβόδης ὁ βασιλεύς, ὃν θεοποιοῦσι,   book, there is buried there Obodas
τέθαπται."   the king, who has been deified".

(Steph. Byz. 482,15—16),

so that Aretas IV was probably the first Nabatean monarch to be laid to rest at Petra[122].

If the dated evidence of Egra is taken into account, then the large-scale appearance of Greek elements at that necropolis began after 25 C. E.[123]. This is also a likely date for Aretas, already more than 30 years on the throne, to provide for a tomb for himself. Economically the Nabatean kingdom was at its zenith in this period and it would only be natural in such a time, to build a monument like the Khazneh, the most magnificent of the Petraean monuments (Pl. XII, 15).

The construction of the Khazneh at the widening of the Siq could not have been better placed, and it must have impressed every visitor to Petra in ancient times, just as it does today. In much the same way the slightly earlier palace of Herod on the northern slope of Massada impresses the traveller. The Khazneh has since then been the symbol and the gateway of Petra[124].

Among the better class of Nabatean funerary monuments, from Type III and upwards, the Khazneh is the only one in which not a single Nabatean artistic element is to be found. The monument is completely hewn out of the rock. It is 38.77 m. high, 24.90 m. wide. The tall façade is divided into two orders, a lower order carved in the form of a hexastyle portico of a temple, and an upper one, with a *tholos* standing within a pavilion. Two of the columns of the lower order are free-standing; the other four are engaged. The space between the side columns was decorated by riding figures, possibly the Dioscuri, now badly weathered. A *vestibulum* behind the middle columns leads into a large chamber, with a single large niche at the back wall and a single loculus in each of the lateral walls. A door on either side of the *vestibulum* leads into a large chamber.

The main order has beautifully carved floral capitals, very close to the Corinthian — a style unique at Petra. The frieze above consists of antithetic griffins facing amphorae. The short gable is decorated by a vine trellis growing out of a damaged vessel. At the apex of the gable, there is an acroterion — a Crown of Isis (Pl. XIII, 14). On account of this symbol, some scholars preferred to identify the construction as a temple rather than a tomb.

The pediment of the lower order is inscribed in an attic, which forms a podium for the upper order. The upper order consists of a three-sided pavilion, decorated by engaged columns, creating the illusion of a peristyle court, in the middle of which stands a *tholos* with a conical roof (Pl. XIII, 15). The capitals of this order are quasi-Corinthian, with one row of leaves, compared to two rows in the capitals of the lower order. On top of the *tholos* is a large capital supporting an urn. At the ends of the gables stand birds of prey (eagles?). In the space between the columns of the *tholos* stands the figure Tyche, whereas Nike is depicted on the back walls and Amazons on the front walls of the pavilions.

[122] STARCKY, Dictionnaire, col. 906.
[123] Cf. NEGEV, Egra, analytical tables, pp. 220—223.
[124] G. R. H. WRIGHT, The Khazneh at Petra: A Review, ADAJ 6—7, 1962, pp. 24—52 and a full bibliography there.

The Khazneh is unique at Petra in its splendour, and it is significant that none of the decorative elements employed in its decoration is repeated elsewhere at Petra. What is still more significant, not a single specifically Nabatean artistic element appears in its decoration.

The inevitable conclusion from these facts is that the Khazneh cannot be considered as a local work of art, but rather as an imported monument made by foreign artists, who were familiar with the late Hellenistic orders, decoration and mythology. In view of the general pattern of Nabatean foreign connections, Alexandria, is the most likely place from which these artists could have come.

However, unique as the Khazneh is, it caused an upheaval in the local artistic conceptions. In its basic composition though not in detail, it did not remain unique. The façade of two superimposed orders was employed twice again at Petra, once in the Corinthian tomb (no. 766), situated north-west of the theatre, opposite the Qasr, and the other is Ed-Deir (no. 462), to the north of this temple. The first monument belongs to a large complex of monumental tombs[125]; among them the tomb of Sextius Florentinus (no. 736), the Palace Tomb (no. 765), two highly ornate Hegr tombs (nos. 770, 771), the Tomb of the Urn (no. 772), and as one nears the theatre one encounters again simpler monuments of the Pylon type mixed with some Proto-Hegr and Hegr tombs.

It is the general principles only of the Khazneh which were preserved in the Corinthian Tomb: on a high podium were placed eight quasi-Corinthian columns, between which were placed some plain and some baroque style doors, leading into small burial chambers. A door in the middle of the façade leads into the main burial chamber[126], some 9×12 m. large. The capitals of the main order have usually been identified as Corinthian, but in fact they are in a typical Nabatean style, to which plant embellishment has been added, a phenomenon encountered also in the Nabatean Hauran and in the Nabatean Negev. The capitals support an architrave terminating in a cornice, with a shallow arch above the main door. The arch was placed in an attic, decorated also by eight short floral pilasters; the six pilasters support a very flat broken gable. The upper order consists of a three-sided pavilion, with floral capitals and a Doric frieze with metopes and biglyphs, instead of the usual triglyphs. In the middle of the pavilion stands a *tholos*, continuing the decoration of the pavilion. On top of the roof of the *tholos* a 'classic' capital serves as a base for the usual urn. The flat empty space between the columns has no decoration. Although similar in structure to the Khazneh, it is much closer in its artistic conception to the surrounding monuments.

Ed-Deir is the third monument made in the style of the Khazneh (Pl. XIV, 16). This monument has been hewn out of a comparatively small rock,

---

[125] B & D I, Taf. XVIII, pp. 385—399, figs. 436, 439, 444.
[126] Op. cit., fig. 433.

situated on a small elevated plateau. To it leads an artificially-made ascent, along which are several monumental tombs and a large number of cult-niches, some with invocations.

The Ed-Deir monument, 47 × 42 m. large, likewise consists of two orders. The lower order has six attached half-columns and two end-pilasters, all of hybrid Ionic-Nabatean capitals, similar to those of the upper order of the Palace Tomb. The single door is cut in the form of a gabled *aedicula*, whereas on the flanks are rectangular *aediculae* with flat arches, reminiscent of the style employed in the Palace Tomb[127]. The rather low architrave supports the pavilions and the *tholos* of the upper order. Except for the Doric frieze, all other decorative elements of the upper order are Nabatean. Between the columns of the pavilions deep niches were cut, probably intended for statuary, but no trace of these has been found. The *tholos* is crowned by a huge urn, placed on a large 'classic' capital.

Ed-Deir, on account of its style, is supposed to have been the sepulchre of Rabel II, and must accordingly have been made around 100 C. E.[128]. This is very likely, and the choice of this form of monument by Aretas IV as his eternal abode could well have inspired other Nabatean kings. If this is correct, the Corinthian Tomb could have been the sepulchre of Malichus II, and would thus date to about 60 C. E. Such a chronological scheme would be in keeping with what is otherwise known of Nabatean history, and the bulk of Nabatean funerary monuments at Petra would cover the whole of the 1st century C. E.

This chronological scheme is disturbed by one monument, No. 763, the tomb on the narrow frieze of which the following epitaph has been engraved (Pl. XIV, 17).

> *L(ucio ..ninio L(ucii) fil(io) Pap(iria) Sextio Florentino (trium)viro*
> *aur(o) arg(gento) flando trib(uno) milit(ium) leg(ionis) I Minerviae*
> *quaest(ori) prov(inciae) A[c]haiae tri(buno) pleb(is) leg(ato) leg(ionis)*
> *VIIII Hisp(anae) proco(n)s(uli) pr[ov(inciae)] Narb(nonensis) le-*
> *g(ato) Aug(usti) pr(o) pr(aetore) prov(inciae) Arabiae patri piis[simo]*
> *ex testam[e]nto ipsius.*

Sextius Florentinus' name is recorded in a papyrus of A. D. 127 as the procurator ruling in Arabia[129]. On account of this evidence the funerary monument in which he was laid to rest should be dated to about the middle of the 2nd century C. E. As this is the only monument at Petra which bears a date, this dating has never been contested.

Although a little distant, this monument (No. 763) belongs to the same group of monuments as the Palace Tomb (Pl. XV, 18) and the Corinthian

---

[127] A similar decoration was recently observed on an ossuary found in Jerusalem, dated to the period before 70 C.E. Unpublished.

[128] STARCKY, Dictionnaire, col. 972.

[129] Y. YADIN, The Expedition to the Judean Desert, 1961, Expedition D, IEJ 12, 1962, p. 259.

Tomb[130]. In its style the tomb of Sextius Florentinus is highly reminiscent
of the Hegr type of tombs, although the decorative architectural elements are
differently arranged. The lower part of the façade is made in the form of a
tetrastyle shrine. The four columns were placed on a podium, of 'classic'
Nabatean capitals. The door, as if placed in the depth of a portico, has two
Nabatean pilasters, carrying an architrave and a gable. A strange-looking
acroterion in the form of a Nabatean capital helps in supporting the main
architrave. In the attic above there is an arch, above which stands an eagle.
The dedicatory inscription has been ingraved in a very inconspicuous
place — the very narrow frieze above the columns of the main order.

Of interest is also the inner arrangement of the tomb: the single burial
chamber, 11 × 7 m. large, has five regular *loculi* on the wall opposite the
entrance, and two additional ones on the wall to the right. Two *loculi* were
joined together to make room for a sarcophagus, perhaps the burial place of
the procurator. This is the plan of a regular family sepulchre[131]. Analyzing the
decorative elements, one notes that the composition is in complete keeping
with that of the surrounding monuments, which most probably all date
to about the middle of the 1st century C. E.

In any case, there is nothing in this monument which would compel
to date it to the 2nd century C. E. The probable solution is that the procurator, who for some sentimental reason chose Petra as his rest place, was brought
to burial in an already existing tomb, constructed a full century before his
time. As the city was already in decline, this tomb could have been neglect-
ed, or a local family gave permission, leased or sold part of the tomb — all
practices for which we have the evidence of the documents of Egra — to the
son of this distinguished personage. The inscription was thus added to the
façade, which was carved a century or so earlier.

Other funerary monuments may be summarily treated. The Palace
Tomb (No. 765) has already been mentioned above[132]. It was planned to
represent a multi-storied building in diminishing perspective. The lower
storey is composed of four Hegr-type façades combined into one structure,
from which the crowning element was removed. Each unit consists of a
door flanked by two massive engaged Nabatean pilasters of quarter-columns,
and two Nabatean pilasters framing the door. Above the architraves of the
side units, there are arches, and above those of the middle units, gables.
A Nabatean pilaster of a quarter-column terminates the façade on either
side. Each of the four doors leads into a rectangular chamber with no
loculi at all. The question remains of the way people were buried in this
tomb. It is, however, possible that these chambers served as *triclinia* for
the performance of funerary meals. No investigation was ever made into the
interior of the monument.

---

[130] B & D I, pp. 382ff., figs. 194, 428, 429, 430, map, Taf. XVIII.
[131] Op. cit., fig. 222, a Hegr type; 223, a Stepped tomb; 406, Proto-Hegr, a larger number
      of *loculi*; 443, Hegr.
[132] Op. cit., pp. 385—387, figs. 193, 432, 436, 439.

A tall attic above the lower order serves as a podium for the second storey decorated by two short end pilasters and 16 engaged half-columns of a curious type of Nabatean capital. There are some shallow niches between the columns. Four additional, squat, storeys, one with 'classic' capitals, complete the façade. All elements employed in the decoration of this façade occur in the decoration of the Corinthian Tomb, Ed-Deir and the tomb of Sextius Florentinus.

The Tomb of the Urn (No. 772)[133] (Pl. XVI, 19) is an extremely tall monument, unique at Petra in combining a podium formed by ashlar vaults with a monument hewn out of the rock. The podium supports a spacious court with two porticoes on its sides, the columns of which have been cut out of the rock. The façade, set at the back of the court, has an additional podium on which stand two Nabatean engaged half-columns and two pilasters of quarter-columns. This podium is interrupted in its middle by a door, framed by very flat Nabatean caps, supporting a gabled Doric frieze. The main door and the side entrances at the porticoes lead into a hall (17.70 × 18.0 m.), in which are some *loculi*. Two additional *loculi* were placed high up on the façade, between the side columns. These were most probably used during the construction of the monument, which proceeded from the top downwards. The massive columns of the façade support an attic decorated by four Nabatean pilasters, much in the same way as in the Palace Tomb. A gable surmounted by a large urn (and hence the name of the monument) completes the tomb.

We shall conclude the description of the necropolis of Petra with a short reference to the burial-ground of Wadi Farasa, west of the theatre[134]. Except for the absence of 'royal' tombs, this necropolis exhibits the usual repertoire, including some simpler pylons and Hegr tombs, with a larger proportion of Temple-type tombs. In the decoration of the last mentioned type one finds all the decorative elements already referred to, and it will suffice to describe the most elaborate monument, the Tomb of the Roman Soldier[135] (Pl. XVII, 20). This monument is a smaller version of the Tomb of the Urn. The two Nabatean end-pilasters of quarter-columns and the two engaged half-columns butt directly on to the ground. The single door has Nabatean pilasters and the gabled Doric frieze. High up on the façade are three niches with statues which have been identified as Roman soldiers, but they are more likely Nabatean high-commanders. A gabled architrave terminates the façade.

b) The city of Petra (Fig. 11)

Only three of the monuments pertaining to the city of Petra have been investigated: the large theatre, the monumental gate and Qasr Bint Faraun.

[133] Op. cit., N°. 772, pp. 393—398, figs. 181, 444—447.
[134] Op. cit., pp. 271—282, Taf. IX.
[135] Op. cit., p. 273, figs. 182, 305.

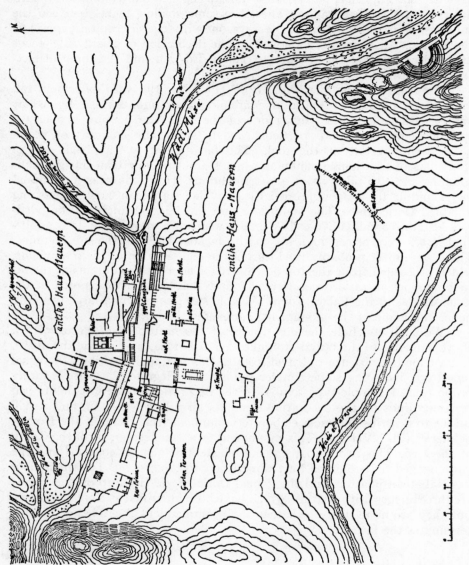

Fig. 11. Petra. General plan of the city

The theatre[136] (Pl. XVIII, 21) is situated in the middle of the main necropolis of Petra, at a distance of about 1 km. from the centre of the city. It is described by its excavators as "a place of public assembly, for entertainment, and other purposes". The whole of the *cavea*, consisting of 40 tiers of seats, was hollowed out of the sandstone rock. The stage building was constructed of stone, whereas the main entrances were excavated in the rock and lined with ashlars. The plan of the theatre has been recognized as Vitruvian. The capacity of the structure was estimated at 7000 to 8500 spectators. The location of the theatre at such a great distance from the centre of the city was explained by the excavators as depending on "geological, rather than sociological factors, in view of local preferences in building techniques"[137]. HAMMOND had been much troubled by the problem of location, but eventually this explanation seemed to satisfy him. Chronologically the construction of the theatre is attributed to Aretas IV, "possibly between 4 B. C. (the death of Herod) and A. D. 27 (the beginning of military actions once more)". It was also used in the times of Malichus II "after 40 A. D. and perhaps before A. D. 53—63, when Nabatean affairs began to decline once more". A third period of use came under the Romans: "after A. D. 106 and probably by c. A. D. 150, when the city rose to some prominence under the Antonines"[138]. The theatre was finally destroyed by the earthquake of 365 C. E.

In the construction of the theatre a certain number of tombs were destroyed. This means that the structure had to be inserted into an already existing necropolis, which surrounded it on all sides. If practical reasons are considered, this was a most unhappy choice. To have a place of entertainment and assembly at such a distance from the centre of the city, in these climatic conditions would be utterly unthinkable; not to speak of the smell which every light breeze would bring to the noses of the spectators. It would seem that the site must have been chosen because of, rather than in spite of, the presence of the necropolis. In fact, the *theatron*, תיאטרא in Nabatean, had a very prominent place in the cult life of the Nabateans, as shown both by an inscription from the temple at Seeia (see below), and by numerous archaeological finds. In the opinion of the present author it was in the theatre that the funerary rites as well as the funerary meal took place. If, as seems most likely, Aretas IV was the man who constructed the theatre, then this should have been done in conjunction with the construction of the Khazneh as his sepulchre. It would only be natural for the king to provide not only for his sepulchre — the most magnificent at Petra — but also for an appropriate place to perform the funerary rites.

The monumental gate (Pl. XIX, 22) is situated at the end of the central part of the city, which is not longer than 400 m. To the gate leads a paved

---

[136] P. C. HAMMOND, The Excavations of the Main Theatre at Petra, Final Report, London, 1965.
[137] Op. cit., pp. 55—56.
[138] Op. cit., p. 65.

street, sections of which have been excavated[139]. The excavators identified
this street as the *cardo maximus*, a name which does not fit at all the city-
plan of Petra, which is Un-Roman (Pl. XX, 23); *via sacra* would be a much
more appropriate name, because the main object of the construction of
this street was to lead to the *temenos* of Qasr Bint Faraun, the main temple
of Petra. The excavators tend to date the construction of the street to the
period after 106 C. E. This is, however, uncertain, if not unlikely, in view
of the history of the other monuments at Petra.

The monumental gate no doubt served the main approach to the *temenos*
of the temple. This interpretation finds confirmation in the presence of a
large bath (unexplored) on the south side of the street, close by the gate,
as was also the case with the large religious centre of Seeia. Evidently it
served for the purification of the worshippers before entering the sacred
precinct.

The gate occupied the whole width of the street, some 18 m. wide. The
triple arch had a central opening 3.50 m. wide, and side entrances 2.0 m.
wide. On the eastern side, facing the city, the gate was decorated by three
free-standing columns, one in front of each of the piers, whereas the western
face was decorated by half-columns on the sides of the central arch, and by
pilasters of quarter-columns on the flanks, much in the same way as the monumental tombs. The free-standing columns bore unique Nabatean animal-
shaped capitals, whereas the engaged columns and pilaster had the regular
'classic' type of capital. On account of its plan, the gate was dated by its
excavators to the 2nd century C. E., but STARCKY has rightly pointed out[140]
that a triple gate is found as early as 21 C. E. at Orange. There is nothing
in the decoration of the gate which is not in keeping with the art both of
the funerary monuments and of the Qasr, to which the gateway gives entrance.

The gateway leads into the large *temenos* of Qasr Bint Faraun[141] (Fig.
12) which, as in the case of Seeia, included more than one temple. Close by
the gate, on the south side of the street are the remains of a small *prostylos
hexastylos* temple, placed on a podium 18 × 20 m. large. This building has
not yet been investigated.

Within the *temenos*, the *via sacra* had benches along its southern side
and led ultimately to a large court, where the ruins of the large temple still

[139] G. R. H. WRIGHT, Structure et date de l'Arc Monumental de Pétra, RB 73, 1966, pp. 404
to 419 (bibliography); ID., Petra — the Arched Gate, PEQ 1961, pp. 124—135, figs. 1—6,
Pl. 17—18.

[140] STARCKY, Dictionnaire, col. 947.

[141] P. J. PARR, G. R. H. WRIGHT, J. STARCKY, C. M. BENNETT, Découvertes récentes au
sanctuaire du Qasr à Pétra, Syria 45, 1968, 1—66 (several contributions); G. R. H. WRIGHT,
Structure of the Qasr Bint Far'un, A Preliminary Review, PEQ 1961, pp. 8—37, figs. 1—11,
Pls. 1—2; P. J. PARR, Recent Discoveries in the Sanctuary of the Qasr Bint Far'un at
Petra, I, Account of the Recent Excavations, ADAJ 12—13, 1968, pp. 5—19, Pls. I—II;
G. R. H. WRIGHT, Some aspects Concerning the Architecture and Sculpture, ibid., pp. 20—29,
Pls. 12—20; J. STARCKY, C. M. BENNETT, The *Temenos* Inscriptions, ibid., pp. 30—50,
Pls. 21—26.

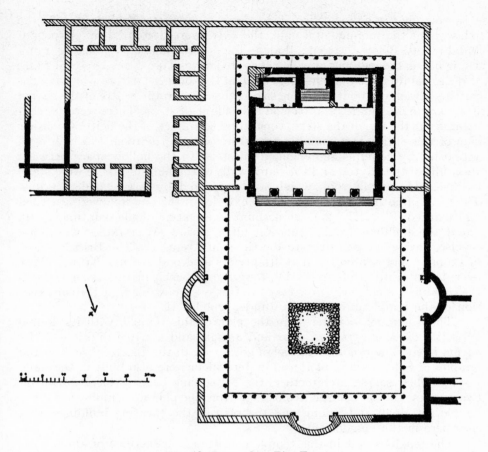

Fig. 12. Petra. Qasr Bint Faraun

rise to a height of 23 m, almost the full original height of the structure. This
is the best preserved building at Petra, displaying the unusually good
quality of Nabatean planning and masonry.

The *temenos* is about 150 m. square. In it were two buildings; the temple,
placed in a court of its own, and the remains of another large building,
with a large inner court flanked by numerous rooms. The temple proper
measures 60 × 120 m. It consists of a forecourt with rounded *exedrae*
and porticoes on three sides, with benches along the walls. This forecourt
is the *theatron* already mentioned above, the place at which the solemn meals
were partaken. The altar, some 12 m. sq.; has not yet been thoroughly investigated. The whole court in front and around the temple was beautifully
paved.

The temple stands on a huge podium, faced in part by orthostats and
mounted by a flight of steps 40 m. wide, originally covered with marble (Pl.
XXI, 24). From the top of the podium an additional flight of steps leads up

to a *tetrastylos in antis* portico. This opens on a *pronaos* 9 m. deep. Like the pilasters of the monumental gate, the *antae* were decorated by plaques of floral reliefs. Below the roof, all along the outer walls of the building, ran a Doric frieze, the metopes of which consisted of rosettes. A single portal 12 m. wide leads into the 25×9 m. large *cella*, at the southern part of which is a tripartite *adyton*, of about the same size as the *cella*. In the centre of the *adyton* is a room 5 m. square, approached by a flight of steps. There were six thin columns at the top of the steps, concealing the image of the deity. On either side of this shrine is a chamber two storeys high, the roofs of which were supported by columns and engaged pilasters. In the hollow space between the walls of the adyton and the outer walls of the building there were staircases leading to the roof, which was supported by large wooden beams. The walls of both the interior and the exterior of the building were stuccoed and painted (Pl. XXII, 25). On account of the style of the painting, KOHL dated the building to the Julio-Claudian period; WATZINGER was more precise, dating the paintings to the times of Aretas IV. The British school of thought represented by WRIGHT prefers a second century dating. However, an inscription of Aretas IV, found on a bench in the *temenos*, dates the building conclusively to Aretas IV. It is even possible that the construction of the temple already began under Obodas II.

There is much of interest in the plan of this temple, with its double tripartite division: *pronaos*, *naos* and *adyton*, and a triple division of the *adyton* itself. The origin of this plan goes back to the Bronze Age, and the temples of Solomon and of Herod in Jerusalem were also built in the same way. In their sacred architecture, the Nabateans seem to have drawn on two sources; the old Semitic Bronze Age-Iron Age plan was employed for the temples of Moab and Edom, and the plan of the encasing buildings used elsewhere in the kingdom.

The religious cult in this temple consisted of a sacrifice of animals on the great altar in the court, a procession through the temple to the roof, where incense was burnt, and a solemn meal, for which space was provided in the *theatron* and in bad weather in the *triclinia*, possibly in the large building situated near the temple.

Besides the two temples, and another situated at the centre of the city[142], there also was a large number of open-air holy-places and cult niches situated in the mountains around the city[143]; here also there are altars and rock-cut *triclinia*. These have as yet been little studied (Pl. XXII, 26; XXIII, 27; XXIV, 28, 29).

The extremely large number of tombs, the exceedingly large number of cult places of all kinds, the large theatre, etc., give the city of Petra a special atmosphere, that of a huge national shrine and necropolis. Thus, I believe, a "city" of Petra, in the sense of a large settlement with thousands of inhabitants, will be sought in vain, because it never existed.

---

[142] WIEGAND, Petra, Beil. 1.
[143] G. DALMAN, Petra und seine Felsheiligtümer, Leipzig, 1908, passim.

6. Khirbet et-Tannur[144] (Pl. XXV, 30)

There are only three known religious centres in Edom: Iram in the south, Petra in the centre and Khirbet et-Tannur in the north, in the vicinity of et-Tafile, closer to the border between Edom and Moab.

The temple of Khirbet et-Tannur (Fig. 13) was discovered in the early 30's by a Jordanian police-officer and excavated in 1936 by NELSON GLUECK. The site is completely isolated, situated on a precipitous hill, accessible by a single artificial ascent. The temple compound, 36 × 47 m., houses the temple and its large court, with annexes on the north and south. The whole compound is surrounded by a wall with a single entrance, on the east side. The gate has pilasters of 'classic' Nabatean capitals. The whole court was beautifully paved.

In the court, in front of the temple, there was an altar, 2 m. sq. The temple itself, occupying the western part of the court, is a rather small building, 11.50 × 12.50 m., built of highly polished ashlars, decorated by the typically Nabatean oblique stone-dressing. As indicated by scanty remains, the temple was surrounded by colonnades. The temple consists of an outer hypaethral shrine enclosing the inner shrine (Pl. XXV, 31). Three of the walls of the outer shrine were decorated with flat pilasters, whereas the main eastern façade was adorned with massive engaged Nabatean half-columns in the middle and quarter-column pilasters at the ends of the façade — much like the better tombs at Petra. The architrave of the façade bears a Doric frieze.

The inner shrine is a solid structure, unique in this class of temples. The shrine, 3.70 × 4.00 m., faces east, towards the entrance of the outer shrine and the altar. A flight of steps leads to the roof of the shrine.

GLUECK has observed three phases in the life of the temple. In the first two phases, Nabatean capitals were employed; in the third phase these were replaced by Corinthian capitals of a curious variety. Three phases were observed also in the structure of the inner shrine. At the beginning this was a small cube 1.5 m. sq.; in the second phase an ashlar casing decorated by corner-pilasters was added; and in the final phase thick encasing walls were added again on the north and south, and stairs were constructed on the west. The same three phases were observed also in the decoration, but hardly anything was found *in situ*. The most lavishly decorated part of the temple was the main façade of the inner shrine. This has been reconstructed from stones found in the debris. It had a false entrance surmounted by a flat arch,

[144] N. GLUECK, Deities and Dolphins — The Story of the Nabateans, New York, 1965. See also the earlier works on khirbet et-Tannur: N. GLUECK, The Nabatean Temple of Khirbet et-Tannur, BASOR 67, 1937, pp. 6—16, figs. 1—8; ID., A Newly Dicovered Temple of Atargatis and Haddad at Khirbet et-Tannur, Transjordania, AJA 41, 1937, pp. 361—376, figs. 1—15; ID., The Early History of a Nabatean Temple (Khirbet et-Tannur), BASOR 69, 1938, pp. 7—18, figs. 1—2; M. AVI-YONAH, Oriental Art in Roman Palestine, Rome, 1961, pp. 47—50; J. STARCKY, Le temple nabatéen de Khirbet Tannur, RB 75, 1968, pp. 206—235, figs. 1—2, Pls. 15—20.

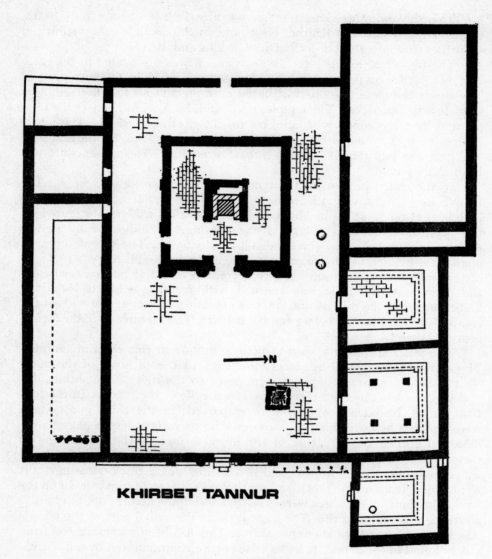

Fig. 13. Khirbet et-Tannur. Plan of temple

above which was a continuous band of vine trellis, with a conch in the middle. There were rosettes in the loops of the vines. The flat pilasters in the corners of the façade were decorated by rosettes. To each of these pilasters probably belonged six medallions with representations of deities.

No inscriptions identifying the deities were found, and in this way all identifications are purely conjectural. No statues were found; instead, all images are in relief in keeping with the Nabatean artistic tradition, which is very oriental in the treatment of the eyes, the hair and the general appearance. The main goddess portrayed appears to be Atargatis-Atarata-Aphrodite, the Semitic goddess of vegetation, portrayed also as the Goddess of Dolphins, on account of the two creatures adorning her head. She is also represented as the Grain Goddess, on account of the ears of corn on either side of her head, and as the Vegetation Goddess, in the shape of a woman wearing her hair long, on a beautifully carved background of trellises and flowers of every kind, with an eagle above her head. The other female deities were identified as Nikē and Tychē. Among the male deities were Zeus-Hadad; Helios with torches behind his back; Hermes; Cronos; Jupiter. Of much interest is a winged Nikē supporting a circle of the zodiac on her head, in the middle of which is the bust of Tychē. The order of the symbols of the zodiac is different to what is known from other sources: here they are divided into two halves, from Aries to Virgo, the summer half of the year on the left, Libra to Pisces, the winter half, on the right of the goddess' head, possibly indicating two New Year feasts, one in the spring and the other in the autumn, as was the custom among the Jews.

The temple of Kh. et-Tannur contains all the necessary elements of the cult: an altar of holocausts (ashes and bones of victims were found in pits in the floor of the court), a place for burning incense on top of the shrine, and a place for festive meals in the rooms of the annexes, in some of which *triclinia* proper were discovered.

The dating of the three phases of the temple is problematic. The early phase is dated by the excavator to the late 2nd—early 1st century B. C. On account of an inscription of the 2nd year of Aretas, 7 B. C., found in the debris, the second phase is dated to the 1st century B. C.. The third phase, to which belongs most of the architectural decoration, is dated to the 2nd century C. E.

On the basis of all that is known of Nabatean history, the dating of the first phase is much too early, and that of the third much too late. No Hellenistic pottery or coins to support an early date were found. On the other hand, the large quantity of typical Nabatean pottery and related early Roman wares cannot be related to any particular phase. It thus seems that the temple was constructed at the beginning of the reign of Aretas IV, or in the latter part of the reign of his predecessor, when the Nabatean pottery made its appearance. The enlargement of the shrine (Phase II) must also belong to the reign of Aretas, and to the same period the bulk of the architectural decoration.

7. The temples of Moab (Fig. 14)

The survey of Moab made by NELSON GLUECK proved how dense Nabatean occupation of Moab had been[145]. The presence of the Nabateans in the region of Wadi el-Hesa (Naḥal Zered), the southern border of Moab up to Madabah in the north is attested both by large quantities of Nabatean pottery as well as by extensive remains of buildings. The map indicates that in the southern part of Moab, Nabatean settlement followed mainly the main highway, running beside the higher mountains and avoiding the western parts of Moab along the descents to the Dead Sea. On the other hand, Nabatean colonization was denser in the central part of Moab, reaching down to the Dead Sea, along the valley of Wadi el-Mojib (Naḥal Arnon). Traces of Nabatean settlement extend as far as Amman, but are much less frequent than in the southern part of the country. The bulk of the pottery collected by GLUECK[146] is of the types which we have dated to the Middle Nabatean period. It is however difficult to ascertain the fate of Nabatean settlement in Moab during the 2nd and 3rd centuries C. E. from these finds alone.

Archaeological research has hardly reached the country of Moab. The architectural remains of that region were surveyed by BRÜNNOW and v. DOMASZEWSKI[147] who produced a considerable number of plans and photographs, but, not being familiar with the pottery of the region, the German scholars had no means of identifying a building, unless an inscription was found, and these were rare. Some of the buildings which they described may now be attributed to the Nabateans, but final proof is still missing.

To the northeast of Petra the main highway divides, one branch of the road running northwards, along the higher plateau, reaching a height of 1500 m. above sea level. It is on this road that et-Tafile is situated; close to it is Kh. et-Tannur. The other arm of the road runs along the lower ridges to the east, some 1150—1250 m. high. This arm of the road became in the early 2nd century C. E. the *via nova (Traiana)*. On this road is situated Thoana (Θοάνα, Ptol. Geogr. V, 16,4) or *Thornia* (Tab. Peut. seg. IX), today Tawaneh. Here is situated a fortress measuring 86 × 113 m.[148] within which are remains of a building identified as a temple[149]. This construction measures 20 × 23.60 m. and consists of three oblong halls, the larger one in the middle. There were three doors in the broad northern façade, each leading into a hall. The halls were also interconnected by doors on the interior. The identification of this tripartite building as a Nabatean temple is possible on account of its similarity to other buildings. Much Nabatean pottery was found there[150].

[145] EEP I, Pl. I, map.
[146] Op. cit., Pls. 25a, b, 26a, 27a, b.
[147] B & D I, pp. 15—100.
[148] Op. cit., pp. 81—100.
[149] Op. cit., fig. 81.
[150] EEP I, pp. 80—81.

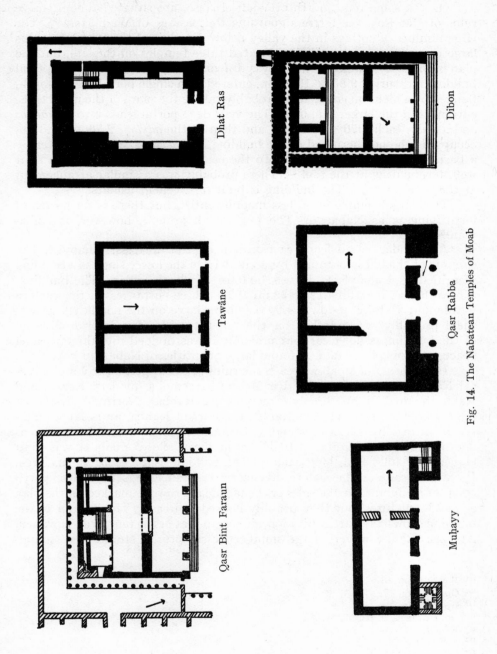

Fig. 14. The Nabatean Temples of Moab

On the same road, north of Wadi el-Hesa, are situated the extensive ruins of Dat Ras, the fortress guarding the passage of Wadi Hesa[151]. The large number of springs in the valley below determined the location of this large post. The German scholars located three temples on the site, but the plan of one only, named "small", was drawn. The plan[152] shows a peripteral building measuring 9.85 × 13.85 m., entered by a single portal on the south, flanked by a niche on either side, probably taking the place of the usual three entrances in the larger buildings. The very deep portal leads into a *pronaos* and a *naos*, each 3.70 × 2.40 m., and then to the *adyton*, 2.73 × 4.23 m., occupying the northern end of the building. The *adyton* was roofed over by a barrel-vault, preserved intact. To the east of the *adyton* there is a stair well, terminating at the roof[153]. There probably was a similar arrangement at the opposite side. The building is built of excellent ashlars.

The 'large' temple is no less magnificent[154], but there is no means of identifying it as Nabatean. The pottery all around, however, is Nabatean[155].

A secondary road leads eastward to another fortress, Mhayy[156]. The summit of the hill is occupied by a citadel. On the lower slope is a building identified as a temple[157]. It was built of excellent ashlars. The building, a broadhouse, measures 12 × 32 m. It has three entrances on the eastern façade and a staircase-tower 4.05 × 5.5 m. large on the northeast corner; there probably was another on the opposite side. The interior division of the building is not clear, but probably it was divided into three parallel spaces. At this place GLUECK found large quantities of Nabatean pottery[158].

In the heart of Moab we reach the ruins of the larger, unexplored, biblical Nabatean-Roman sites of Kir Moab-Characmoba (modern Kerak) and Rabbath Moab-Rabbathmoba-Areopolis (Er-Rabba). North of Er-Rabba are situated the ruins of Qasr Rabba, the Fort of Rabba, an isolated building identified by BRÜNNOW and v. DOMASZEWSKI as a temple[159]. This is one of the most magnificent buildings in the whole of Moab. It was built of very carefully laid, long ashlars. The building is 27 × 31.60 m. large. Its main façade on the eastern side has two entrances[160], set in a deep portico of four columns. At the sides of the façade are towers, marked on the plan as solid structures, but they possibly housed staircases. The interior of the building shows a tripartite division, similar to that of the temple at Tawaneh. At Qasr Rabba a very large number of sculptured stones were found,

[151] B & D I, pp. 61—63.
[152] Op. cit., fig. 47.
[153] Op. cit., figs. 48—50.
[154] Op. cit., figs. 51, 53, 55, 57.
[155] EEP I, pp. 63—65, fig. 32.
[156] B & D I, pp. 69—75.
[157] Op. cit., fig. 67.
[158] EEP III, pp. 67—69.
[159] B & D I, pp. 36—53.
[160] Op. cit., fig. 35.

mostly friezes decorated by rich floral *rinceaus* in which are portrayed deities, animals, both real and imaginary. A lion's head served as a water-spout or a fountain-head[161]. Here too GLUECK found very large quantities of Nabatean pottery.

Due north of Qasr Rabba is situated Diban, biblical Dibon. The destruction of the last Moabite town is attributed to Nebuchadnezzar at 582 B. C., and it was not inhabited before the end of the 1st century B. C., by the Nabateans. This site has been quite extensively excavated during the years 1950—1953 by the American School of Oriental Research, in the course of which a Nabatean temple was also unearthed[162].

The temple occupies the highest part of the site. It was placed on a podium, the outer walls of which are 2.15—2.40 m. thick, forming an outer enclesure for the building (14.50 × 15.50 m. large). It is approached by two broad flights of steps which lead into a *pronaos, distylos in antis*. A wide entrance leads into the *naos* (5 × 13 m.). Three steps, of the width of the *naos*, lead up to the *adyton*, of a triple division, as at Petra. There were sub-terranean chambers below the *adyton*, of vaulted roofs. These were either a crypt, as suggested by the excavators, or, more likely, part of the sub-structure of the podium.

The superstructure of the temple was completely dismantled when a church was built on the site. The Nabatean pottery found at the foundation helped to identify the builders of the temple as Nabateans. In the debris 'classic' capitals and stones dressed by the typically Nabatean oblique stone-dressing were also found. Using the chronology suggested by the present writer for the sites of the Nabatean Negev, the excavators dated the construction of the temple to Aretas IV[163]. Besides the temple proper, remains of a pavement, possibly that of the *temenos*, were discovered. Likewise, the remains of a grand staircase were found leading from the plain below. On the basis of a coin found there, the excavators dated the staircase to the times of Rabel II.

There is a striking similarity between the temples of Dibon and Qasr Bint Faraun, the main difference lying in the smaller dimensions of the temple of Dibon. Due to the ruined state of the building an attempt to reconstruct the ritual is hardly possible.

As this is the only temple in the region of central Edom, southern and central Moab which has been thoroughly investigated, a detailed study of the temples of this region is premature. However, the tripartite division of the plan of these temples, as against the encasing buildings of the other Nabatean regions, is strikingly different.

---

[161] Op. cit., figs. 36—41.
[162] F. M. WINNETT and W. L. REED, The Excavations at Dibon (Dhiban) in Moab, Part I: The First Campaign, 1950—1951; Part II: The Second Campaign, 1952, AASOR 36—37, 1964; A. D. TUSHINGHAM, The Third Campaign, 1952—1953, AASOR 40, 1972, plan, Sheet 4.
[163] Dhiban III, pp. 50—53.

8. Scattered Nabatean remains in norhtern Moab, Ammanitis and Galaaditis

The distribution of the specifically Nabatean pottery terminates somewhere on a line stretching from the northern tip of the Dead Sea to Madaba and eastwards to the desert[164].

At Madaba an important funerary inscription was found: "This is the tomb and the two memorials (*nepheshs*) which are above it, made by 'Abd' obodat, *strategos*, for 'Ithaybel, *strategos*, his father, and for 'Ithaybel, commander of the camps which are at Luḥito and at 'Obodta, son of 'Abd'obodat, the above-mentioned *strategos*; at the seat of their government, which they have exercised, during two periods of time, in the course of 36 years, under the reign of Aretas king of the Nabateans, who loves his people. The (above-mentioned) work was done during the 36th year of his reign"[165].

The exact whereabouts of these inscriptions (two identical copies were found) are not known, but they certainly belonged to a monumental tomb at Medaba. From this text one may infer that the Nabatean kingdom was subdivided into districts, similar to the Egyptian nomes, at the head of which stood a *strategos*. Luḥito, mentioned in the inscription is biblical Luhit (Is. 15:5; Jer. 48:4), in the vicinity of Madaba, whereas 'Obodta is most probably Oboda in the Negev, where a large military camp was discovered.

Nabatean remains of occupation were found also at Amman (Philadelphia), where a Nabatean tomb was found[166]. This was one of the few Nabatean tombs found undisturbed, and here Nabatean pottery could closely be dated to the first half of the 1st century C. E.

Still more important are the remains of a Nabatean temple discovered at Gerasa[167]. This temple, called Temple C by the excavators, was located on the highest part of the acropolis of Gerasa, north of which the huge temple of Artemis was later erected, and later still a church of St. Theodore, proving the great sanctity of that place. The *temenos* of the original small temple measured 24 × 27 m. In the eastern half of the *temenos*, there are remains of three colonnades, and parts of a fourth adjoining the walls of the temple. The court in front of the temple was originally paved, and in its centre was located an altar 1.6 m. sq. The temple had a portico of four columns. There was a crypt below the portico. The *cella* was of the shape of an inverted T, the smaller space at the back forming the *adyton*. There was a series of small rooms on the north side of the court. The plan of this temple may be compared with that of the tripartite temple of Moab. The only capital found was of the Corinthian order. The excavators found it hard to date the temple; however, in view of the large quantities of Nabatean and early Roman pottery found in a cave below the entrance, it seems that it was erected in the

---

[164] EEP III, pp. 128ff.
[165] Cantineau II, pp. 44—45.
[166] G. L. Harding, A Nabatean Tomb at Amman, QDAP 12, 1946, pp. 58—61, Pls. 19—20.
[167] Gerasa, pp. 139—148, Plans I, XXII.

early days of Aretas. On account of a cemetary found in the vicinity of the temple, the excavators tended to identify it as a *heroon*. This is very likely. The pottery found in most of these tombs included cups[168] which were most probably used for funerary meals, replacing the painted and plain bowls used for the same purpose in the Nabatean necropolis of Mampsis.

Although there is not very much positive evidence as yet for the presence of a Nabatean settlement at Gerasa, it nevertheless had a Nabatean name, גרשו, as is attested by an inscription found recently at Petra, and by the large number of Nabatean coins found there[169].

9. The Nabatean Hauran

It is only in the Hauran that we again find a comparatively dense Nabatean settlement. However, contrary to the territories of northern Arabia, Edom, Moab and the Negev, there is no typical Nabatean pottery to be found in the northern Nabatean district of the Hauran. The reason for this is as yet unknown, but it certainly makes the identification of a site as Nabatean difficult. No excavations were ever made in this region, we thus depend for the identification of Nabatean sites on Nabatean inscriptions and on specifically Nabatean architectural elements.

This region, northeastern Jordan and southern Syria, consists of the large, fertile plain of Bostra, בצרא in Nabatean inscriptions (Pl. XXVI, 32, 33), and of the still larger, rugged, region, covered by coagulated streams of lava, difficult of access, inhospitable for communication, and for this reason always infested by robbers. The main road running from Arabia to Damascus crossed Bostra and skirted the Hauran on the west, in the direction of Damascus. It seems that the Nabateans penetrated first from the desert on the east to the lava-covered parts, which in many respects resemble the desert of the Negev, and only in the later phases did they occupy the fertile plain of Bostra.

Suweida-Soada was the largest Nabatean settlement in the Hauran. This place is situated at the western border of the rugged area. Like many other ancient sites in that region, Suweida was never abandonned, and the modern settlers occupy ancient houses, so solidly built by the Nabateans, that they needed but little repair. These and other reasons did not further archaeological research in this region. Much of the ancient architectural decoration has been re-used in modern structures, and many others were collected into the small local museum, which possesses a wealth of Nabatean art[170]. At the village itself two ancient buildings were observed by early scholars[171], one of them being identified as a temple. The temple, of the typi-

---

[168] Op. cit., p. 500, 28 Nabatean coins as against 8 Jewish coins only.
[169] Op. cit., figs. 32, 36, 37, 38, 41, 43, 45, 46.
[170] M. DUNAND, Le Musée de Soueida, Paris, 1934, passim.
[171] M. DE VOGÜÉ, Syrie Centrale, Architecture Civile et Religieuse, I, Paris, 1865—1877, pp. 39—40; cf. also PAAES, pp. 327—334, Pl. 21.

cal 'northern' type, consists of an encasing building surrounded by a colonnade of 6 × 7 columns. This encasing building is an outer shrine, measuring
12.05 × 14.75 m., embracing an *adyton* in which are 4 × 5 columns. The order of the capitals is of a most curious Nabatean type, little known in the
southern Nabatean districts (Pl. XXVII, 34). The lower part of the capital
has retained two rows of acanthus leaves, the *caliculi* are made of a rope,
much employed in Nabatean art, but between the *caliculi* there is a bust of a
young man. We shall meet again this capital in the other Hauranite sites as
well. This temple serves today the lower part of a modern house.

The other monument at Suweida in the monumental tomb of Hamrath,
which, since its discovery in the 19th century, has been dismantled completely[172]. When discovered, the building was complete save for the crowning
pyramid. It was 9 m. square, built of excellent ashlars, decorated by five
engaged Doric half-columns, carrying a purely Doric frieze. Between the
columns were reliefs with military symbols[173]. The monument carried a
bilingual Greek-Nabatean inscription, stating that the monument (*nephesh*)
was built by Odainat for Hamrath, his wife. The monument was a solid
structure, crowned by a pyramid, of which two courses only were preserved. The woman's tomb was probably within the pyramid, or somewhere in
the near vicinity of the monument.

The road runs from Suweida northwards toward Kanawat, ancient
Kanatha. This must have been a very important site, but in the present
state of the ruins no building may be identified[174].

a) Seeia (Fig. 15). At a small distance to the southeast of Kanatha is
situated the largest Nabatean religious shrine in the whole of the kingdom[175].
The site is situated in complete isolation, disconnected from any town or village. Its only functions were to serve as a 'high-place' and, like Egra and Petra, as a central necropolis. The huge sacred precinct contained three temples and several other service buildings, not all of which could be identified.
No archaeological excavations have yet been undertaken on the site (Pl.
XXVII, 36, 37).

From the valley below, a road 7 m. wide and 300 m. long leads up to
the sacred precinct. This *via sacra* is made of huge blocks of basalt, nicely
polished. At the end of the road, on the south side of it, is a large bath-
house, occupying the same position as at Petra. A gate of a single archway
gives entry into the precinct. 150 m. further to the northwest there is a second, triple gate opening on the *temenos* of the first temple. At this place
the road widens and assumes the form of a 200 m. wide court. Below the court
there is a terrace with remains of a large building, now in ruins. On the opposite side, to the south of the court, is a terrace by 5 m. higher, supported
by huge retaining walls, on which stands the first temple. At the northern

[172] Syrie Centrale I, Pl. I; PAAES, 325—327; B & D III, pp. 97—101.
[173] B & D III, figs. 994, 995.
[174] PPUAES II, pp. 346—352.
[175] Op. cit., pp. 365—399.

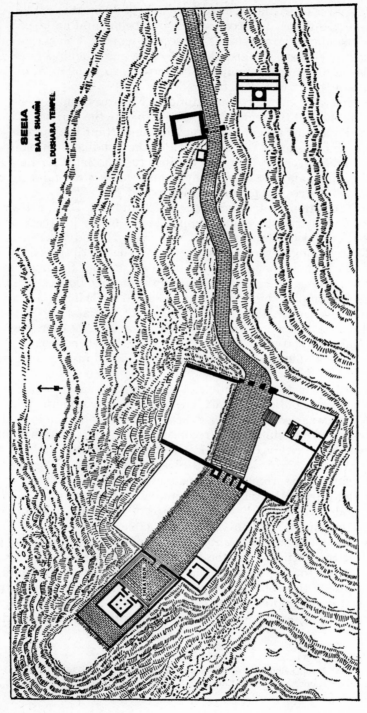

Fig. 15. Seeia. General plan of sacred precinct

end of this lower court there is another triple gate, opening into the middle court. Here too there are two terraces, one below and another above the court; on the upper terrace stands the second temple. A single gate 6 m. wide, flanked by elegant engaged pilasters, opens into the upper court, which is the *temenos* of the main temple. This terrace, 25 × 50 m. large, contains a peristyle forecourt of three colonnades.

A considerable number of inscriptions, Nabatean and Greek, has been found in the ruins of the temple. These help to date the various phases in the life of this important religious centre. Most important is a large inscription placed on the occasion of the dedication of the building: "In pious remembrance of Malikat son of Ausu, son of Moaieru, who built for Baal Shamin, the inner temple, and the outer temple, and the *theatron* (and its cover?), from year 280 to year 311, and let him live in peace!"[176].

This inscription, dated between 33/32 and 2/1 B.C., attests to the fact that the construction of the temple, begun in the last year of reign of Malichus I, occupied the whole reign of Obodas II, and was not completed before the beginning of the reign of Aretas IV. The inscriptions help in identifying the various components of a Nabatean temple: the inner and outer shrines, the *theatron*, and in all probability the covered porticoes in the court in front of the temple. This temple was dedicated to Baal Shamin, a northern Semitic deity, venerated also at Iram in the south, and later also by the Palmyrenes. The later history of the site is given by a dedication engraved on the pedestal of a statue, dating to 29/30 C. E.[177], when Seeia was already in the hands of Philip son of Herod. The latest dated inscription is from the years 41—54 C. E.[178].

We shall begin the description of the sacred precinct with the earliest temple, the temple of Baal Shamin. The entrance gate from the middle court to the *theatron* was decorated by a delicate vine *rinceau*. The portal had an arch surmounted by a small gable, reconstructed from fragments found in the debris; both were richly decorated. The key-stone of the arch showed the bust of a young man, possibly Baal Shamin, with rays radiating from his head. The gable was surmounted by palmette *acroteria*, and eagles probably stood on the tops of the pilasters. Assuming this reconstruction to be correct, we find here the earliest appearance of this composition with arch and gable, forming a 'broken' or 'Syrian' gable.

The gate opens on the *theatron* of three colonnades with benches along the walls of the porticoes. At the back there is a portico of four columns, flanked by two towers, forming the southern façade of the outer shrine. On the sides of the columns of the portico, there are four statue-bases with dedicatory inscriptions. The capitals and the frieze were all decorated with floral designs, eagles found in the debris probably crowned the gable

[176] CANTINEAU II, p. 11.
[177] E. LITTMANN, Publications of an American Expedition to Syria in 1899—1900, Part IV, Semitic Inscriptions, New-York–London, 1905, N°. 100.
[178] Op. cit., N°. 103.

and the tops of the towers. The outer temple measures 19 × 20 m. A corridor behind the entrance from the portico leads into three doors of the inner shrine and to the flanking towers.

The inner shrine measures 8.28 × 7.26 m., and has four free-standing columns forming an *adyton* in the middle. The space between the outer and inner shrines, 4 m. wide, must have been hypaethral, but the space between the inner shrine and the columns of the *adyton*, only 2.45—2.60 m. wide, was most probably covered. The *adyton*, again, was open to the sky.

This is the 'northern' plan of temple in its fullest developed form. In most other temples of this plan, one detail or other is omitted. The ritual in this temple was probably performed in the following way: sacrifice was performed on an altar which probably stood in the middle of the *theatron*; incense was burnt at the roof of the inner shrine and a solemn procession was performed, using the two staircase-towers giving access to the roof; a festive meal then took place in the *theatron*.

The temple of Dushara, the Nabatean national god, occupied the upper terrace of the middle court. The identification of the deity venerated in the temple was made with the aid of a relief showing a young man against a background of ivy leaves and bunches of grapes, Bacchic attributes associated with the images of Dushara, who was also a wine-god[179]. On stylistic grounds the temple of Dushara was dated slightly later than the temple of Baal Shamin.

The outer temple measures 14 m. square. It has a deep *distylos in antis* portico, reconstructed as of a Syrian gable[180]. The inner temple is 7.5 m. sq., reconstructed with an *adyton* of four columns. The whole building, except for the *adyton*, was probably roofed-over. There is no connection between this building and the *theatron*. The decoration of this outer temple consisted of quasi-Corinthian capitals, with one row of leaves, *calliculi*, rosettes at the *abacus*, replaced sometimes by human busts[181].

The third temple, occupying the upper terrace of the lower court, is completely different in plan. It is a Graeco-Roman *prostylos tetrastylos*, much like numerous other temples of the region, but the presence of both types of capitals, the quasi-Corinthian and the 'classic' Nabatean, identify this building as a Nabatean shrine[182]. It is 12.80 × 8.30 m. large and stands on a podium 5 m. high and 19.30 × 8.30 m. large. The very deep portico is approached by a flight of steps. The single portal was decorated by a vine *rinceau*. The *cella* was of a tripartite division, formed by the arches and their supporting pilasters. On stylistic grounds the temple was dated by Butler to the period of the Antonines, but there is no further evidence to support such a late date.

---

[179] PPUAES II, A, fig. 337.
[180] Op. cit., fig. 335.
[181] Op. cit., figs. 336, 337.
[182] Op. cit., fig. 341.

On the slopes of the mountain where the temples were erected, there is a large necropolis with some unique types of funerary monuments. Some were made in the form of a circular tower, each containing a single rectangular chamber; other sepulchres were made in the form of miniature temples of the classic type, and one was made in the form of a triangular open-air podium, on which sarcophagi were placed[183].

10. The Ledja (Trachonitis)

This basaltic region is situated to the northwest of the Hauran. It forms a trapezoid (ca. 50 × 35 km.). Like the Hauran this plain was covered by streams of lava from the higher Hauran; subsequent erosion transformed it into a region hard of access and difficult for transportation. Today the region is inhabited by Druzes who live there in small villages built amidst the Nabatean-Byzantine sites. This region, like the Hauran, has been very little investigated. Two of the ancient ruins have been identified with certainty as Nabatean; one is Sur situated in the southwestern part of the region, the other is Saḥir in its northeastern part (Fig. 16).

At Sur there is a *temenos* measuring 45 × 50 m.[184]. A single portal on the north leads into an oblong *theatron*, 18 × 13 m. large, with porticoes and benches along three sides. At their southern ends, the porticoes are connected with towers, placed very close to the temple. The small temple measures only 10 × 12 m. It had a single entrance with two niches at either side replacing the side doors. Within the outer shrine, there is the usual *adyton* of four columns. The inner shrine has been omitted, possibly because of the small dimensions of the building. What little decoration was found, consisted of a vine *rinceau* in flat relief, adorning the portal. There were halls on either side of the *theatron*, possibly for the performance of festive meals, when the icy winter prevented an outdoor meal.

At Saḥir the plan of the temple is similar to that of Sur, differing only in minor details[185]. A gate-tower at the southeastern corner of the *temenos* leads into the square *theatron* (18.10 × 19.50 m.). There are the usual three porticoes with benches. In the middle of the open court, remains of a structure 3.32 m square have been observed. BUTLER identified this as a base for statuary, but it was more likely the altar. At the southern end of the *theatron* stood the temple. It had a portico of two columns only, flanked by two towers in all, much the same arrangement as at Iram. A single portal leads into the outer shrine (about 11 × 12 m.), where an inner shrine measuring 7.40 m. square with the usual four-column *adyton* stands.

At a distance of 15.80 m. to the west of the temple is a small theatre. It has a diameter of 20 m., with a round *orchestra* and a *cavea* of several rows

---

[183] Op. cit., figs. 346—351.
[184] Op. cit., pp. 428—431, fig. 371.
[185] Op. cit., pp. 441—446, figs. 387, 388.

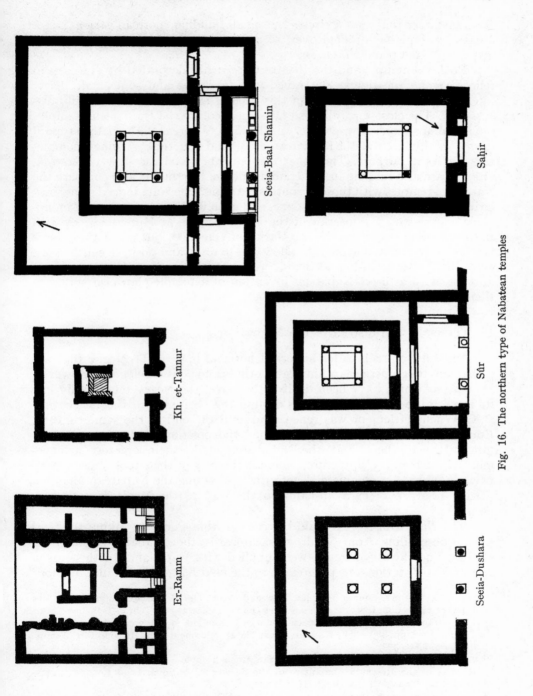

Fig. 16. The northern type of Nabatean temples

of seats, larger than half a circle. This small building, more an *odeion* than a theatre, was perhaps roofed over, so as to be used during the cold winter instead of the open-air *theatron*.

Both the temple and the theatre were richly decorated by statuary in relief. Among the figures portrayed were a Tyche and some male deity.

The problem of the origin of this type of temple has been broadly discussed[186]. The closest parallels so far suggested are the Iranian fire-temples Such a comparison is however very misleading. Whereas the Nabatean type of *adyton* was hypaethral, the Iranian are all of solid structures, serving a completely different purpose. The other components — staircase-tower, *theatron*, altar — are also missing in the Iranian sphere. One might also compare the Nabatean temples with those of southern Arabia. There are indeed some similarities in the quality of the masonry, and even in the arrangement of monolithic columns on the interior of the Moon Temple at Hureidha[187] or with the temple and the mausolea at Marib in Yemen[188], but all of these have not been investigated enough to allow one to draw any positive conclusions. With no better solution at hand, we must also reckon, for the present at least, with a direct Nabatean invention of a temple-plan best suited to their religious needs.

11. The Nabatean district of the Negev

Viewed from a broader historical horizon, it is in the Negev that the Nabateans first emerge as a noticeable ethnic and political element. However, for reasons which have been dealt with above, the Negev temporarily lost its importance for the Nabateans around the beginning of the 1st century B. C. When settlement was renewed around the end of the same century, Edom, Moab and the Hauran assumed the position of dominant importance. It was there that the Nabateans made their greatest achievements in art and architecture, whereas the Negev then took a secondary place in Nabatean commercial activities, providing the Nabatean kingdom with a network of caravan-halts on the way to the Mediterranean harbours.

The Nabatean Negev could be reached from Petra by taking the road slowly descending from Wadi Musa towards the Arabah. Crossing Bir Madhkur northwest of Petra, well supplied with water and for this reason an important station, one progressed to the next halt, at a distance of about

---

[186] G. R. H. WRIGHT, Square Temples, East and West, The Memorial Volume of the Vth International Congress of Iranian Art and Archaeology, Tehran-Isphahan-Shiraz 11th—18th April 1968, Vol. I, Special Publications of the Ministry of Culture and Arts, Tehran, 1968, pp. 380—388; K. SCHIPPMAN, The Development of the Iranian Fire Temple, ibid., pp. 353—362.

[187] G. CATON THOMPSON, The Tombs and the Moon Temple of Hureidha (Hadhramaut), Reports of the Research Committee of the Society of Antiquaries of London 13, Oxfort, 1944, Pls. V, VI, IX, LXXIII, LXXIV.

[188] R. W. BOWEN and F. P. ALBRIGHT, Archaeological Discoveries in South Arabia, Baltimore, 1958, figs. 153, 154, 160, 161 (a *theatron*-like entrance-hall), 163, 164, 167, etc.

20 km. in the heart of the Arabah. Just west of the Arabah lay Moyet Awad[189]. In surveys made at this place the present author found enormous quantities of typically Nabatean — early Roman pottery at the well-preserved, but completely silted over, site of the 45 m. sq. caravan halt. This halt, most probably also a military fortress, lay at the opening of the road leading up to the central Negev[190]. The Wadi which skirts the *caravanserai* is named Wadi Umm Quseir — the Wadi of the Mother of Fortresses — a most appropriate name for the wadi along which ran one of the most important Nabatean routes. Running westward the wadi forms a narrow gorge, at times with very steep sides. In this part of its course, the wadi is named Wadi es-Siq, just as is the name of the narrow entrance leading into the valley of Petra in the east. The road running in this part of the wadi is well guarded by a chain of fortresses ingeniously supplied with water, in a region where there is not a single spring. On entering the Ramon Crater, a huge, steep-sided depression, the 7—10 m. wide road is marked by curbstones the length of its course, and by anepigraphic milestones, many of which were found. The road climbs up the 300 m.-high walls of the crater, ascending the plateau on which it runs in a north-northwesterly direction to reach Oboda, terminating at a military camp, the one which is most probably referred to in the inscription from Madaba.

The three ancient sites occupied in the Early Nabatean Period were reoccupied now, and new caravan-halts were added at Mampsis on the eastern fringes of the central Negev, at Sobata in the southwest and at Ruheibah in the west. Between these six major halts there were numerous small posts of various kinds, fortlets, watering places, etc., few of which have been investigated[191].

a) Oboda (Pl. XXVIII, 38; Fig. 17, 18)

Oboda in the Middle Nabatean period focused mainly on three centres: the military camp, a large temple, and a great number of camel-sheds. The small Nabatean settlement squeezed in between the three.

The camp was situated at the northern end of the mountain on which Oboda is situated, just before the road descends into the valley below. Plans of this camp were already drawn by JAUSSEN-SAVIGNAC-VINCENT and by MUSIL early in the century[192]. During our work at Oboda in 1959, we estab-

---

[189] The ancient name of the place is not known. On account of the similarity of the Arab name of the site with late Roman Moa, this unlikely identification has been suggested. Cf. F. FRANK, Aus der Araba I, ZDPV 57, 1934, pp. 274—275; A. ALT, Aus Der Araba II, ZDPV 58, 1935, pp. 54—55.

[190] A. NEGEV, The Date of the Petra-Gaza Road, PEQ 98, 1966, pp. 89—99; Z. MESHEL and Y. TSAFRIR, The Nabatean Road from 'Avdat to Sha'ar Ramon, PEQ 106, 1974, pp. 103—118, Pls. 15—18.

[191] ELEANOR K. VOGEL, Negev Survey of NELSON GLUECK, Summary, Eretz-Israel 12, 1975, pp. 1*—16*, Pls. 1—16.

[192] A. MUSIL, Arabia Petraea, II, 2. Edom, Vienna, 1908, figs. 65, 88; A. JAUSSEN, R. SAVIGNAC, H. VINCENT, 'Abdeh (4—9 février 1904), RB 14, 1905, p. 414.

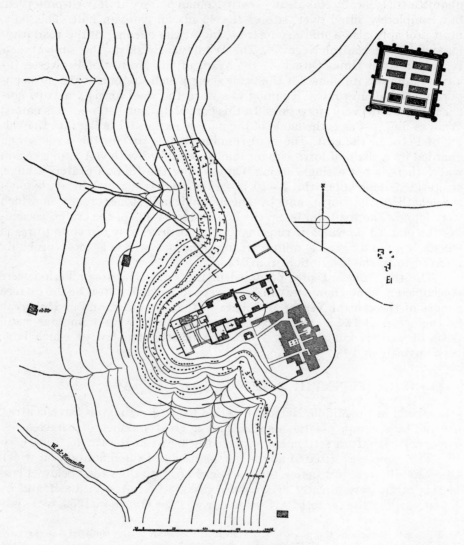

Fig. 17. Oboda. General plan

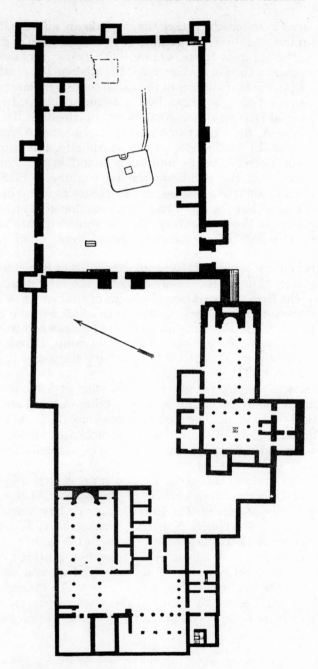

Fig. 18. Oboda. Plan of the acropolis after excavations

lished that it was a Nabatean rather than a Roman military installation. We renewed our investigations in 1975 and 1976 with the aim of gaining more information[193]. The camp is 100 m. square, with two gates, the main gate facing east, opening on the Petra-Gaza road, the other on the south, facing the Nabatean town. At the four corners of the camp there were large rectangular towers (and not round ones, as drawn by the earlier scholars). In the interior there are two broad streets, running east-west, north-south. In each of the quarters thus formed, there are two barracks, ten rooms to each, arranged in two rows of five. In the interior of the south gate, there are two large guard-rooms. The pottery, lamps and coins found in the barrack-rooms were all not later than the middle of the 1st century C. E. Save for the fragmentary pottery and the few coins, nothing else was found in the excavated *loci*, and it seems that the camp had been abandoned in an orderly manner by the middle of the 1st century. At the southern gate fragments of charred wood, probably of the wooden gates, were found covering the threshold.

The walls and the towers of the camp were built of large blocks of hammer-dressed stones. Many of these were uprooted at a later date, at the times of Constantine the Great, as witnessed by coins of that emperor found in the debris left by stone-robbers. These stones were re-used in the construction of the much smaller, late-Roman, citadel erected on the acropolis of Oboda. This may be taken as positive evidence that this camp, abandonned by the middle of the 1st century C. E., could never have formed part of a Roman *limes* system (Pl. XXVIII, 38; Fig. 18).

The Nabatean temple was erected on a spur of a mountain running westward from the main ridge. This rock projection was enclosed by massive retaining walls 4—6 m. high. The rock face was smoothed and large sections were paved by large slabs of limestone. The whole area enclosed by the retaining walls formed a huge podium above which stood the temple (Pl. XXIX, 39).

Access to the podium was given by two staircase-towers placed at the southwestern and northwestern corners of the podium. The southwestern tower has been fully preserved. The tower is preceded by a small court with four massive piers — a typically Nabatean arrangement. The effect is that of a small court covered on the sides and open in the middle. Then one enters a small *vestibulum*, roofed over by three arches, leading into the tower itself. The staircase-tower consisted of a heavy pier around which turn the tiers of steps and the landings between the tiers[194]. The upper landing leads onto a spacious portico, which occupied the western part of the podium. At the southern end of the portico there was a small room placed on the

---

[193] The excavations during the summer of 1975 and 1976 were undertaken by the present author in collaboration with Mr. R. COHEN, on behalf of the Hebrew University, Jerusalem, and the Department of Antiquities and Museums.

[194] A. NEGEV, The Staircase-Tower in Nabatean Architecture, RB 80, 1973, pp. 364—383, Pls. 2—6.

above-mentioned arched *vestibulum*. This seems to have been the treasury
of the temple. With the destruction of the temple the room collapsed and all
of its contents were buried by the debris. There were several Nabatean inscriptions found, all of the time of Aretas IV, one mentioning members of
the royal family (Pl. XXX, 40). Another inscription is possibly from the
2nd year of Aretas, 7 B. C.[195]. Among the other finds there were numerous
early Roman bronze objects; one was a lamp on which a dedication in Nabatean has been engraved. The pottery found in the debris of the treasury
was not later than the middle of the 1st century C. E.

Very little survived of the superstructure of the Nabatean temple.
By the middle of the 3rd century C. E. the building was re-dedicated to
Zeus Oboda, as attested by a large number of inscriptions (see below, chapter III). About the middle of the 4th century C. E. it was dismantled, and
a church was built in the northern part of the temple compound. The walls
of the church and its floor made use of the beautiful architectural members
of the temple. The filling below the floor of the church, which is the original fill of the podium, contained much Nabatean pottery, some of which were
fragments of miniature painted bowls, of a type used in ritual.

WOOLLEY and LAWRENCE[196] and WIEGAND[197] attempted to reconstruct
the plan of the Nabatean temple; such an attempt is, however, futile, because
in doing so these scholars combined remains of buildings of all three periods,
as well as those of the 4th century Christian basilica.

Except for the dedicatory inscriptions of the late Roman temple, all other
architectural details, including a large number of 'classic' capitals, are purely Middle Nabatean, and find their parallels in the architectural repertoire
of the temples of Iram and of Kh. et-Tannur, both of which were built of
the same hard-quality limestone, as used in the construction of the temple
at Oboda.

To the same Middle Nabatean period belongs a third gate-tower, situated at the eastern end of the northern retaining wall. This tower, preserved
intact save for the roof, has been re-used as a flour-mill in the Byzantine
period, but originally it led into the large open court to the east of the temple.
At the filling below the pavement of the Byzantine period there were found
numerous early Roman—Middle Nabatean sherds as well as a Nabatean
dedicatory inscription of the time of Aretas IV[198].

To the same period belongs a portal of a large public building, re-used
as the main entrance to the 5th century south church. In the colonnades
of both churches segments of columns made of hard limestone were used;
on them were found the marks of Nabatean stone-dressers[199] (Pl. XXX, 41).
The immense quantity of Middle Nabatean architectural stones and columns

[195] See above, note 52.
[196] WOOLLEY and T. E. LAWRENCE, fig. 25.
[197] TH. WIEGAND, Sinai, fig. 86, pp. 88ff.
[198] A. NEGEV, Nabatean inscriptions from Avdat (Oboda), IEJ 11, 1961, pp. 128—129, Pl. 29 A.
[199] A. NEGEV, Stonedresser's Marks from a Nabatean Sanctuary at 'Avdat, IEJ 15, 1965,
pp. 185—194, Pls. 33—37.

which were re-used in later building, or were found scattered around the acropolis, attest to the size and beauty of the Nabatean temple.

The third component of Middle Nabatean Oboda consists of the large camel-sheds situated at the southern part of the mountain. These are large enclosures constructed of fieldstones, in each of which there is a small hut, for the camel-attendant. No investigations were made in this part of the town, but the pottery all around is purely Middle Nabatean.

Between the Military camp, the temple and the camel-sheds, are dispersed the houses of the rather small Nabatean town of Oboda — if an agglomeration with so few houses deserves the name of a town. Hardly anything of this settlement remains. Like the walls of the military camp, the walls of the houses were made of good ashlars, dismantled in the 4th century C. E. and re-used in the construction of the outer face of the walls of the citadel on the eastern part of the acropolis. Many of these stones carry the marks of typical Nabatean stone-dressing.

Miraculously a Middle Nabatean potter's workshop escaped destruction, situated at the eastern outskirts of the town[200] (Fig. 19); it is the only one of its kind yet discovered. Typologically, it differs little from similar installations in the other parts of the Roman world. It includes a room with a basin sunk in the floor for the preparation of the clay; then a room with a conical structure for the potter's wheel and benches on three sides for the display of finished products (a pile of complete bowls was found upturned at the feet of the bench), and the kiln having a diameter of 2 m. and standing 2 m. high. The furnace at the lower part of the kiln was built of bricks in the fashion of the *suspensurae* of a hypocaust (Pl. XXX, 42).

Large quantities of pottery fragments have been found in the installation and around it, and numerous coins have also been found. The bulk of the coins dates from the reign of Aretas IV, only a few being either Hellenistic of the 4th—2nd centuries B. C., or late Roman coins of the 2nd—4th centuries C. E. — both periods when the potter's workshop was not active. Besides producing pottery, the Oboda potter was a very active importer, his wares coming from all the major ceramic centres of Europe and Asia Minor. Thus a considerable number of Arretine and Puteolan vessels were found, representing the manufactures of C. Atteius, Acatus, Primus, C. Sentius, Rufus, C. Volusenus, and others. The Gallo-Belgic factories and the potteries of Asia Minor were represented to a lesser extent. There also were numerous imported lamps, mainly from Italy, all from the Augustan period. Some lamps were also imported from Judea; they are of the variety known as 'Herodian', and date not later than 70 C. E.

With the help of the coins and the imported wares, and on account of historical considerations gained from other parts of the site, it is possible to date the period of activity of the potter's workshop not earlier than the last quarter of the 1st century B. C. and not much later than the middle of the 1st century C. E. The interruption of the production was sudden, as

[200] A. NEGEV, NPWO.

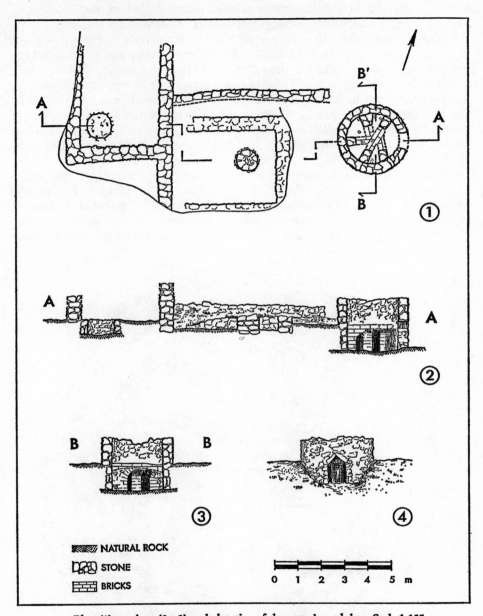

NATURAL ROCK
STONE
BRICKS

0 1 2 3 4 5 m

Plan (1), sections (2—3) and elevation of the potter's workshop. Scale 1:125.

Fig. 19. Oboda. The potter's workshop, plan and sections

witnessed by the abandonment of unsold pieces found in the showroom, and, still more clearly, by evidence found at other *loci* on the site.

The main interest in this unique Nabatean potter's workshop lies not so much in the im ported pottery (which was important for the dating of the installation, and for revealing the extent of Nabatean commercial activities), as in the local products. The Nabatean potter produced every kind of pottery; from storage-jars to flasks, from mortaria to fine bowls used at the table. On the one hand, he produced pottery which is specifically Nabatean, for which there are no parallels outside of the Nabatean sphere, and, on the other, he was very familiar with all types of pottery which belonged to the *koine* of the Roman East.

Several of the Nabatean wares are outstanding. Foremost is the painted pottery famous for its eggshell thinness, 0,5—2.0 mm. thick. The ware is metallic, fired to various shades of red, decorated by painted designs in reddish-brown. The painting consists of stylized floral designs, the palm branch forming the commonest decorative motif, although other plants

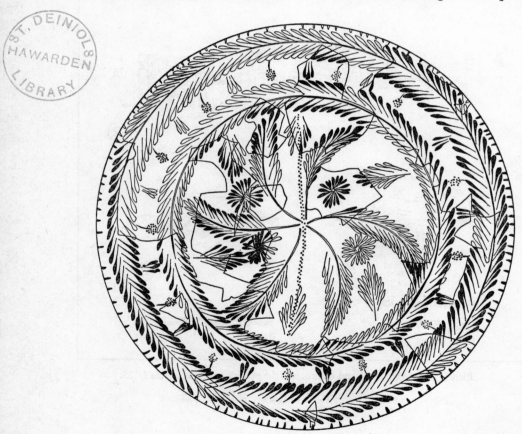

Fig. 20. Oboda. Nabatean painted bowl

were employed as well. This pottery, too thin to be thrown on the wheel, was possibly made in a combined technique of wheel and mould. A mould in the form of a bowl (open shapes only were made in this technique) was placed upside down. The soft, levigated clay was applied on the exterior of the mould in a thin layer. In a leather-hard state the mould would then be placed on the wheel and by the use of a sharp knife the required thinness could be achieved — wheel marks and stripes of knife-paring are seen on the exteriors of the finished vessels only. In this state, the bowl was removed from the wheel. The inside was wet-smoothed and painted. The application of the paint was done when the wheel was either stationary or in slow motion. In the first case, the result was that of a pattern radiating from the centre of the bowl, in three, six or nine zones, regularly repeated; in the second case, the pattern was arranged in concentric circles, always in multiples of three. The better results were achieved in the first system, at times the delicate palm fronds or other leafy branches appearing as if blown by a gentle breeze. Almost all vessels produced at Oboda were fired red throughout, small particles of white limestone being used as a degraissant. Potters on other Nabatean sites fired their vessels differently, producing a sandwich-ware, of a greenish or greyish core, or used a different degraissant, such as flint particles or sand. By these methods, products of other pottery producing centres may be distinguished from those of Oboda (Fig. 20, 21, 22).

Another type of specifically Nabatean ware is the one named Nabatean Sigillata[201]. It is similar to Western Sigillata in the quality of the clay, but is harder when fired, being more metallic, with a different, less glossy, glaze; sometimes two different shades of red-brown cover different parts of the vessel, with a sharp line separating the two shades. The forms are typically Nabatean, as is the case of a crater standing on three knuckle-bone feet. Closed forms, quite rare in this type of pottery, were decorated by a cut-glass technique.

Still another type of specifically Nabatean pottery are jugs and juglets with very thin walls, sometimes slightly warped. These were decorated by impressed decorations with floral and geometric motifs arranged in geometric patterns and made in a technique similar to *repoussé*. Complete, or even half complete vessels of this type are rare.

Besides the lamps which the Nabateans imported from the east and the west, they developed a lamp-type of their own. However, in contrast to most other Nabatean forms, which have affinities with early Roman wares, these lamps are closest to Hellenistic products both in the shape of the body and in the decoration, which consists of rays, small impressed circles and rosette-motifs, all very close to those of Hellenistic lamps of the 2nd and 1st centuries B.C. On the bases of many of these lamps are stamped Nabatean inscriptions (slogans?), not all of which have been explained.

What is the origin of this pottery? We have already alluded several times to the fact that, as in the case of Nabatean funerary art, the art of the

[201] A. NEGEV, Nabatean Sigillata, RB 79, 1972, pp. 381—398, Pls. 32—34.

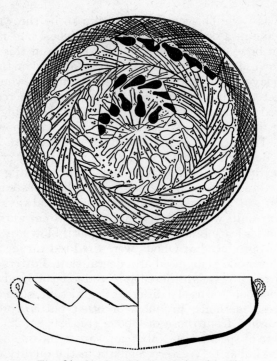

Fig. 21. Oboda. Nabatean painted bowl

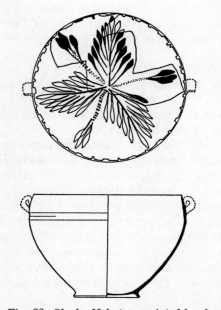

Fig. 22. Oboda. Nabatean painted bowl

Nabatean ceramics sprang up without a preceding period of development, either long or short, as is the case for most other ceramic traditions. Nabatean pottery, like the rest of Nabatean material culture, evidently developed in a way different from all that is known of other rural and urban societies. It appeared suddenly at its full artistic peak, then declined very quickly. Then, with the complete disappearance of the great majority of the types and the techniques, it assumes the normal proportions of a ceramic art of a small out-of-the-way nation.

The matter of the origin of Nabatean pottery is not an easy one to deal with. There is nothing in the whole Middle East region that resembles Nabatean pottery. The similarity of the Nabatean shapes to late Hellenistic-early Roman prototypes is a very general one. Although the decorative motifs, which are employed on the Nabatean painted pottery, also occur in late Classic and Hellenistic ceramics of Alexandria, one cannot speak of direct influences, to the point of copying, by the producers of the Nabatean pottery. There is an extensive use of floral wreaths in the Nabatean painted pottery, and elements common with the Hellenistic pottery of Alexandria, but the concept of symmetrical division of the pattern is specifically Nabatean. On the other hand, all *graffiti* found on vessels in the potter's workshop are in Greek, whereas all other inscriptions found at Oboda are in Nabatean. Although I am inclined to look to Alexandria as the place of origin for the producers of the Nabatean pottery, there is no actual proof for this, and the problem must be left for further research.

The inscriptions found at Oboda, most of the coins, the pottery, and the archaeological evidence, all point to the middle of the 1st century C. E. as the turning-point in the history of the Nabateans at Oboda. The important caravan-halt of Oboda seems to have met a violent end, which we would attribute to the arrival from northern Arabia of new nomadic tribes, whose *graffiti* in Thamudic and Ṣafaitic were found on the rocks in the vicinity of Oboda, mostly around the watering places and grazing grounds. They seem to have devastated and burned the town, and then occupied the water-sources, grazing their flocks in the surrounding valleys. This period of transition seems to have lasted for about one generation.

b) Mampsis (Pl. XXXI, 43)

Mampsis is situated on a secondary road leading from Petra north-westwards, crossing the Arabah possibly at Ein Hasb, identified with Thamara, a place where remains of a roadstation and plenty of Nabatean pottery were found. From this place the road runs up to Kurnub, identified with Mampsis[202]. The site is very poorly-off for water, and not rich in arable soil, but the imperative need for a roadstation at this region compelled

---

[202] R. HARTMANN, Materialien zur historischen Topographie der Palaestina Tertia, ZDPV 36, 1913, pp. 100—113.

the Nabateans to choose it. They solved the water-problem by constructing several dams in the wadis to the northwest and southwest of the town. The massive dams formed large pools in which flood water was stored (one may expect 2—3 floods every year at least). The water was then transported from the pools to cisterns excavated in the rock, each house having at least one such cistern.

As the town of Mampsis underwent complete rebuilding[203] after its destruction at the end of the Middle Nabatean period, most of the buildings of the earlier phase were almost completely dismantled or were incorporated into new buildings of the Late Nabatean period of the early 2nd century C. E. However, already in the earlier Middle Nabatean period a school of Nabatean architecture seems to have flourished there. This school produced architectural elements which have much in common with other Nabatean sites, both in the Negev and in other Nabatean districts, but some elements have as yet found no parallels at any other site in the Nabatean kingdom.

Of Middle Nabatean Mampsis there remain one, or possibly two, towers; one guarding an ascent from the wadi skirting the town to the south, and the other, on the west (Building II), protecting the dams in the wadi to the northwest of the town. Both towers were of standard measurements, 10 m. sqare. There were four rooms in each of the towers, one of the rooms always housing the Nabatean type of staircase, leading to the upper floor of the tower. The better preserved tower, on the west of the town, has unusually large stones in its lower courses, a method of construction employed in the Middle Nabatean period only.

Traces of Middle Nabatean occupation (coins, pottery) were found below floors in one wing of Building I (see chapter III), and remains of two other Middle Nabatean buildings were discovered adjacent to, and below, Late Nabatean Buildings V and VII. One of these early buildings, Building XIX, was much destroyed when a public reservoir (Building VII) was built above it. It had a large court with living rooms on its north and east, and oblong storerooms on the south. The pottery in the foundations of this building was Middle Nabatean. The other building, Va, above part of which a public bath, Building V, was built, retains some very important architectural elements. It consisted of a rather small paved court, with a large vaulted cistern below it. There are rooms around the court. In the court traces of a stylobate in the form of a L were observed. The stylobate supported free-standing piers which in turn supported a balcony giving access to rooms at the upper floor. Access to the balcony was by means of a staircase-tower, set at the eastern end of the L-arrangement.

This arrangement, unique in the Roman world, was to be employed again thrice in the Late Nabatean period at Mampsis.

---

[203] A. NEGEV, Mampsis, a Town in the Eastern Negev, Raggi. Zeitschrift für Kunstgeschichte und Archäologie, Vol. 7, No. 3/4, 1967, pp. 77—87; ID., Mampsis — eine Stadt im Negev, Antike Welt, 4, 1972, pp. 13—28 (bibliography in both articles).

Remains of the Middle Nabatean period were also discovered in the cemetery to the north of the town. These will be discussed below, with the other remains of Late Nabatean Mampsis.

c) Nessana, Sobata, Elusa

In neither of these towns have the Nabatean remains been properly studied. At Nessana[204], the excavators discovered extensive remains of a fortress, occupying the eastern part of the acropolis hill, above which a church was built in the 4th century. On account of unstratified pottery, in which both Hellenistic and early Roman-Middle Nabatean sherds were found together, as well as coins of all periods, the excavators dated the fortress to the Hellenistic period. However, an analysis of the methods of construction, as well as historical probability, induce us to re-date these remains to the Middle Nabatean period. The complete absence of traces of a Late Nabatean occupation at Nessana point to the possibility that Nessana was abandoned at that time.

At Sobota, an inscription of the time of Aretas IV was re-used in a later construction. During the excavations of the Colt Expedition on the site, Middle Nabatean-early Roman pottery was found in a dump to the southwest of the town[205] and erroneously dated to the 2nd century C. E. The Nabatean town itself, although extensively excavated, was not at first recognized as Nabatean. In surveys made at Sobata by the present author in recent years, a typically Nabatean staircase-tower was located in the southern region of the town, and in the southwestern part, a Nabatean stable of the Mampsis type was located. It now seems that Middle Nabatean Sobata (the name of the town is Semitic, possibly deriving from the Nabatean personal name שביתו) occupied the northern bank of Wadi el-Abyad (= Naḥal Lavan, in modern Hebrew) where the greater part of the town's water supply lies.

On the basis of the scanty information at hand, Nabatean Sobata may be reconstructed as a town not smaller than Mampsis. It consisted of well-built houses and had an elaborate water-supply system. There are no springs in the vicinity of the town, so the city depended for drinking water on cisterns excavated in the town, this supply being supplemented by two large reservoirs built at the northern limits of the town. In order to fill these reservoirs, rainwater was collected from the gently sloping terrain above. From the reservoirs, the water was then transported into the private and public cisterns excavated in the rock. The necessity not to interfere with the proper functioning of the water-collection system determined the plan of the Byzantine town which was later built to the north of the Nabatean one; here the streets followed the older water conduits.

---

[204] Nessana I, pp. 28—30, Pl. LXIV.
[205] G. M. CROWFOOT, The Nabatean Ware of Sbaita, PEF QSt. 1937, pp. 14—27, Pl. 1—4.

Elusa seems to have been the most important Nabatean town in the central Negev (Pl. XXXI, 44). The earliest known Nabatean inscription found there has already been referred to. Numerous Hellenistic-Middle Nabatean-early Roman sherds lie scattered on the ground. In recent survey-excavations[206] the Nabatean town was located at the eastern half of the site, extending over an area of some 200 acres. Due to the short duration of the work at Elusa only general information could be gathered, and there is no full certainty to which Nabatean phase the remains belong. On the surface, a large number of Nabatean architectural stones were found. Some of these were typical capitals of the 'classic' type (Pl. XXXII, 45), whereas others were of a type not found elsewhere in the Nabatean kingdom[207]. In the latter, the upper part of the capital retained the typically Nabatean features, whereas the lower part, normally left undecorated, was here decorated with motifs taken from classical art. Among these are the beed and reel, metopes and triglyphs, dentils, all borrowed from the West, and palmettes, rope designs and arcuated shrines of Oriental origin (Pl. XXXII, 46). A combination of all these elements later gave rise to the late Roman-Byzantine art of the Negev.

Virtually every scholar who visited Elusa has believed that this large city was completely robbed of its stones, which were apparently re-used in the construction of modern Arab towns. This, however, was certainly not the case, for a Nabatean house was found in our excavations lying three metres below the present ground-level, buried under a deep cover of wind-blown sand and dust.

At the southeastern part of the mound of Elusa, rising above the wide Wadi Khalasa, a small theatre was discovered[208] (Pl. XXXIII, 47). It is a completely artificial structure, built on an originally flat ground. The outlines of a surrounding corridor were cleared and a section through the *cavea* was made (Pl. XXXIII, 48). The pottery found in both places was Middle Nabatean-Early Roman. We discovered that the theatre is situated between a Nabatean cemetery on the east, and a large building on the west. Of this building only part of a portico facing the theatre has been excavated. Due to lack of time, many details of these buildings, and their relation to each other are still an enigma, although their attribution to the Middle Nabatean period seems quite safe. Here too, as at Petra, there is a complex of units, consisting of a necropolis, a theatre, and possibly a shrine. At the foot of the above mentioned portico, a most elaborate water supply system has been discovered. It consists of a tunnel at a depth of 12—15 m. below the surface, connected with the surface by a narrow shaft. This tunnel ran towards the water level below the wadi on the south, drawing water from

[206] A. NEGEV, 20 Jours de Fouilles a Elusa, Bible et Terre Sainte 164, 1974, pp. 8—18, and see bibliography in A. NEGEV, Die Nabatäer, Antike Welt, Sondernummer 1976.

[207] A. NEGEV, Nabatean Capitals in the Towns of the Negev, IEJ 24, 1974, pp. 153—159, Pl. 27—29.

[208] A. NEGEV, Survey and Trial Excavations at Ḥaluza (Elusa), 1973, IEJ 26, 1976, pp. 89—96, Pls. 20—21; and cf. NEGEV, Chronology, passim.

it by gravitation into the city. There must have been a series of similar piers along its course, by which the water was pumped. All of these elements give Elusa the appearance of the largest and the most important city of the Nabatean Negev, a fact which is well reflected in the literature of the late Roman and Byzantine periods.

III. *The Late Nabatean Period and the Formation of the Provincia Arabia*

A. The historical background

1. The Late Nabatean period

We have no direct evidence for a division of Nabatean history into a Middle and Late phase. When such a division has been proposed it was done so on account of the archaeological evidence of Oboda, Mampsis and the roadstations on the Nabatean Petra-Gaza road[209]. It now seems that additional evidence for such a division may derive also from the rich epigraphical material of Egra. This material has already been dealt with on pp. 571 ff. above. It may only be repeated at this point that the steep decline or abandonment of the town, which occurred about the middle of the 1st century C. E., could have been caused by an invasion of newly arriving Arab tribes, an invasion which necessitated the mobilization of the entire Nabatean army in defence. The failure to stop this invasion brought the end of the prosperous Middle Nabatean period. When the Nabatean kingdom began a new period of prosperity — the period which we suggest calling the Late Nabatean Period — Egra had completely lost its importance as a commercial centre.

The historical evidence for the reign of Malichus II (40—70 C. E.) and Rabel II (70—106 C. E.) is frail. Some scholars have assumed that Abias, the Arab king mentioned by Josephus in conjunction with the story of the conversion of Monobazus and Izates, the Adiabene brothers (Ant. XX, 75—80), could have been a Nabatean, but there is no supporting evidence[210].

Malichus II

Malichus was the son of Aretas IV, and thus the date of his accession to the throne is certain. We have coins from the third (42 C. E.) to the 22nd year of his reign (61 C. E.)[211]. An inscription of the first year of Malichus

---

[209] NEGEV, Petra-Gaza (supra, note 190).
[210] STARCKY, Dictionnaire, col. 916.
[211] MESHORER, Coins, p. 74.

was found at Umm e-Resas in Moab. This is the tombstone of 'Abdmaliku
(i. e., 'servant of Malichus'), *strategos*, son of 'Obaishu, *strategos*[212]. From the
same year is an altar found at Egra[213]. From the same place comes a funerary
text of year 3[213]. From the 5th year is a dedication of a sanctuary at el-Jauf,
the northeastern extremity of the north Arabian Nabatean district[214],
made by 'Animu, commander of some unidentified fort. More funerary
monuments at Egra were made in the years 9[215] and 11[216] of Malichus.
From the same year (11) comes an inscription from Bostra in the Hauran[217].
The 17th year is represented by an epitaph from Egra[218], and by a dedication of a shrine to the goddess Allat, at Salhad in the Hauran[219]. It is this
inscription which mentions the relationship between Malichus and Aretas.
There is a funerary text at Egra from the 21st year[220] and at Salhad a dedication of a statue of Baal Shamin represents the 33rd year of the king[221].
From outside the Nabatean kingdom, comes a text of year 8[222] (dated by
others to the reign of Malichus I)[223], which was found in Italy and is now in
the museum of Naples.

The above are dated inscriptions. Another inscription, undated, comes
from Salhad[224]. An inscription found at Oboda mentions the names of three
of the sons of Aretas IV[225]. As the name of Malichus is missing in this list,
STARCKY[226] suggested dating it to the reign of this monarch rather than to
that of Aretas, as proposed the publisher of that inscription. This correction
seems doubtful, however, for the name of Malichus is not the only missing
name from the sons of Aretas.

The above epigraphic survey points to the growing importance of the
Hauran, especially in the region of Bostra. STARCKY has rightly pointed out
that this should be taken as evidence for the accelerated sedentarization of
the Nabateans[227]. This process was ultimately to result in the transference
of the balance of power within the Nabatean kingdom to that northern region. The districts to the north and northeast of Bostra had long been outside Nabatean domination. The northern part of the Hauran had belonged

[212] CIS II, 197.
[213] CIS II, 218.
[214] R. SAVIGNAC and J. STARCKY, Une Inscription Nabatéenne Provenant du Djof, RB 64,
1957, pp. 196—217.
[215] CIS II, 220.
[216] CIS II, 221.
[217] CIS II, 174.
[218] CIS II, 222.
[219] CIS II, 182.
[220] CIS II, 223.
[221] E. LITTMANN, Semitic Inscriptions, Leyden, 1914, Sect. A, Nabatean Inscriptions, N°. 23.
[222] CIS II, 150.
[223] CANTINEAU II, p. 114.
[224] CIS II, 184.
[225] A. NEGEV, Nabatean Inscriptions from 'Avdat (Oboda), IEJ 11, 1961, pp. 127—138,
Pl. 28B.
[226] STARCKY, Dictionnaire, col. 917.
[227] STARCKY, Dictionnaire, col. 916.

first to Agrippa II, and had been later incorporated into the Provincia Syria, as we learn from a dedication found at Seeia, dated to the 7th year of Claudius Caesar[228].

Turning to the south, there is evidence for Nabatean occupation in the region of Madaba, from which comes the military inscription of Umm er-Resas (see above). As no inscriptions come from Edom, it seems that that region declined greatly in importance. Northern Arabia seems to have been in the hands of the Nabateans during the whole of Malichus' reign. Turning to the west, the Negev was lost at quite an early date in the reign of Malichus.

At the end of the reign of Malichus, at 66 C. E., the Nabatean king was among those who sent troops to help Titus in his war against the Jews:

συχνὸν δὲ καὶ παρὰ τῶν βασιλέων συνήχθη συμμαχικόν – – – τοῦ
δὲ ῎Αραβος Μάλχου χιλίους πέμψαντος ἱππεῖς, ἐπὶ πεζοῖς πεντακισχιλίοις, ὧν τὸ πλέον ἦσαν τοξότ ι.

(War III,68).

"A further considerable force of auxiliaries had been mustered – – – the Arab Malchus sent a thousand cavalry and five thousand infantry, who were, for the most part, archers."

Rabel II

We are no better informed concerning this last Nabatean king, who was never mentioned in any historical text. Thus his history must be reconstructed from his coins and inscriptions only. Rabel's coinage is prolific. We possess coins from the first year of his reign to the 31st. During the first six years, probably because he was too young to reign by himself, he ruled together with Shaqilat, his mother, the wife of Malichus II. On the coins struck from the 7th year, 77 C. E. onwards, Rabel figures with Gamilat, his first wife. Gamilat is seen on the coins until Rabel's 32nd year, 102 C. E. On one undated coin Rabel's second wife, Hagiru, is mentioned[229].

The most important inscription of the times of Rabel II is the one engraved on the four sides of an altar found at Demir, some 40 km. east of Damascus[230], where it was erected by a family, two members of which were *strategoi*. The inscription is dated in the Seleucid era, named here 'the era of the Romans', and by the regnal years of Rabel: בירח איר/שנת 405 במנין לרבאל/מלכא 24 שנת הו די ארהומיא/די, which means: "Month of Iyar, year 405 according to the era of the Romans, which is the 24th year of Rabel the king". The 24th year of Rabel corresponds to 381 S. E., 93/94 C. E., and his accession to the throne would accordingly fall in 70/71 C. E.

There are numerous inscriptions dated by the regnal years of Rabel. The earliest are an inscription of year 2[231] and of year 4[232], both funerary

---

[228] CIS II, 170.
[229] Cf. MESHORER, Coins, pp. 142—164.
[230] CIS II, 161.
[231] CIS II, 224.
[232] CIS II, 226.

texts from Egra. The title of the king in these inscriptions is רבאל מלכא מלך נבטו, "King Rabel, king of the Nabateans". An inscription of the same year (4) was found on a lintel now in a church at Umm es-Surab in the Hauran[233]. From the 5th year comes an inscription from the Hauran, now in the museum of Suweida[234]. After these early inscriptions comes a long anepigraphic period.

Dated inscriptions begin again in the 18th year of Rabel. An inscription of that year, 88 C.E., was found engraved on a libation altar at Oboda[235]. In this inscription occurs for the first time the new title of Rabel: רבאל מלכא מלך נבטו די אחיי ושיזב עמה, "King Rabel, king of the Nabateans, who brought life and deliverance to his people". This title will become common on all inscriptions from now on to the last year of Rabel's reign.

From the 23rd year of Rabel are two inscriptions, one from Imtan, southeast of Bostra[236], originating from the small shrine at Tell Ma'az, and another from Umm el-Qotain, in the Hauran as well[237]. Still from the same year is a document found in the Dead Sea Caves[238], signed at a place in Moab, the name of which has not been preserved. From Salhad in the north comes an inscription of year 24[239], whereas from Tell Ghariyeh, south of Salhad, is an inscription of year 26[240], engraved on a sarcophagus. From the year 28 is another document from the Dead Sea Caves[241], drawn up in the district of 'Agaltain, on the southeastern coast of the Dead Sea, on the border between Moab and Edom. This document refers to a garden of palms, neighbouring the garden of Rabel. Of the same year is a dedicatory inscription engraved on an altar from Oboda[242]. After several anepigraphic years come two inscriptions of the 36th year of Rabel, the last year of his reign, one of these was found at Imtam[243], and the other is a *graffito* found at Teima, at the southern extremity of the kingdom.

To complete the list there is a small number of undated inscriptions, or inscriptions in which part only of the date has been preserved. Among these, one is from Petra[244], Salhad[245], and another a large, partly mutilated inscription from the temple of Iram[246]. As the names of both wives of Rabel,

---

[233] RES, 2036.
[234] J. T. MILIK, Nouvelles Inscriptions Nabatéennes, Syria 35, 1958, pp. 231—237.
[235] NEGEV, Inscriptions (supra, note 225), pp. 131—138, Pls. 30, 31; ID., IEJ 13, 1963, pp. 113—117, Pl. 17 A; O. EISSFELDT, Neue Belege für nabatäische Kultgenossenschaften, Mitteilungen des Instituts für Orientforschung 15, 1969, pp. 217—227; J. NAVEH, Sinaitic Remarks, Sepher Shemuel Yeivin, Jerusalem, 1970, pp. 371—374 (Hebrew).
[236] RES 83.
[237] RES, 468.
[238] Y. YADIN, Expedition D — The Cave of the Letters, IEJ 12, 1962, p. 239.
[239] CIS II. 183.
[240] RES, 471.
[241] YADIN, op. cit., pp. 239—241.
[242] Supra, note 225.
[243] JAUSSEN and SAVIGNAC, Rabel II et Malichos III, RB 8, 1911, pp. 273—277.
[244] RES, 1434.
[245] CIS II, 185.
[246] M. R. SAVIGNAC, Le Sanctuaire d'Allat à Iram, RB 42, 1933, pp. 407—411.

Gamilat and Hagiru are mentioned, the inscription cannot date to the 13th, or 14th year of Rabel, as suggested by the publishers, but must belong to the last years of the monarch's reign.

From the inscriptions dated to the reign of Rabel, the following conclusions may be drawn: the beginning of the reign of Rabel saw the abrupt end of the prosperity of the Nabatean district of northern Arabia. This does not, however, mean that Nabatean life ceased there. That this was not the case, is shown by the *graffito* of 106 C. E., as well as by other inscriptions, which will be dealt with later on. On the other hand, the decline of Edom, which had begun already during the reign of Malichus, accelerated under Rabel.

The weakening of the southern districts was counterbalanced by the intensified activities in the Hauran. A comparatively large number of inscriptions comes from the region of the southern Hauran, extending from Bostra on the northwest to Imtan on the west and Umm el-Qotain on the south. This region was one of the most fertile in the whole Nabatean kingdom.

Though the inscriptions, few in number, originating in the well-watered and fertile region of Moab, attest to the continued Nabatean domination of at least the southern part of that country.

The same applies to the central Negev. The inscriptions dating to the year 88—98 C. E. found at Oboda hint to their possible connection with agriculture.

The title "He who brought life and deliverance to his people" by which Rabel was decorated, calls for comment. Already on the publication of these inscriptions[247] I suggested that this title, which the king assumed during the middle years of his reign, is due to his efforts to replace the lost economic resources of the international trade by encouraging the former nomads to take the last steps towards full rural and urban sedentarization, and to take up the long-abhorred practice of agriculture. Such an explanation would account for the expansion of Nabatean settlements and towns in the southern Hauran and Moab, where favourable climatic conditions, and good soil were to be found. Establishing rural life in the desert of the central Negev, however, called for unusual efforts.

In order to maintain the network of roads running mainly through deserts, the Nabateans had long ago mastered the art of collecting and conservating the meagre rainfall in those regions. The elaborate systems of collection of water discovered all over the central Negev, bear evidence for Nabatean ingenuity in that field.

The principle underlying the Nabatean system of collection of water was the very simple idea of channelling the rain water falling over a large area into cisterns. Where this was impossible, dams were constructed in wadis with a gentle gradient so as to form large pools, from which the water was then transported into the cisterns of the town. Where both of these

[247] Supra, note 225.

methods were impracticable, wells were dug down to the upper water table, which in the Negev lies at depths of 5—10 metres. At present we have no evidence that the Nabateans were able to reach the deeper water tables, lying at depths of 50—100 metres, found in some of the towns of the Negev.

The transition from water collection to field irrigation is only slight once the psychological barriers have been overcome. But this step was probably not an easy one for the former nomads, who must have needed much help and encouragement. This was probably provided by King Rabel, who in this way gave life and deliverance to his people. Instead of collecting the water from large areas into relatively small containers, the Nabateans now had to collect the water from the same slopes and divert it into the lower valleys, which were terraced, in order to ensure a better absorption of the water and to prevent erosion. The ratio of the catchment area to the irrigated field is 20:1—30:1. With this innovation the Nabateans laid the foundations for the prosperity of the central Negev towns, which was to endure until the Arab conquest of Palestine in 636 C. E.

2. The formation of the Provincia Arabia (Fig. 23)

The outright annexation of the Nabatean kingdom — a long-standing vasal state — to the Roman empire, and the formation of the Provincia Arabia, were not very important events, and were only casually mentioned in the writings of Roman historians. According to Dio Cassius:

κατὰ δὲ τὸν αὐτὸν τοῦτον χρόνον καὶ Πάλμας τῆς Συρίας ἄρχων τὴν Ἀραβίαν τὴν πρὸς τῇ Πέτρᾳ ἐχειρώσατο καὶ Ῥωμαίων ὑπήκοον ἐποιήσατο.

(LXVIII,14,5)[248].

"About this same time Palma, the governor of Syria, subdued the part of Arabia around Petra and made it subject to the Romans".

The dating of this event to 105 C. E. was based on the 'Chronicon Paschale' 472 in which it is said:

ὑπατείᾳ Κανδίδου καὶ Κουαδράτου — — — Πετραῖοι καὶ Βοστρηνοὶ ἐντεῦθεν τοὺς ἑαυτῶν χρόνους ἀριθμοῦσι.

"In the consulship of Candidus and Quadratus — — — the Petraeans and the Bostrenes are calculating their years from that time".

---

[248] On the annexation see B & D III, p. 250; STARCKY, Dictionnaire, cols 920—921; C. PRÉAUX, Une source nouvelle sur l'annexation de l'Arabie par Trajan: Le papyrus de Michigan 465 et 466, Phoibus 5, 1950, pp. 123—139; G. B. BOWERSOCK, A Report on Arabia Provincia, JRS 41, 1971, pp. 219—242; ID., The Annexation and the Initial Garrison of Arabia, Zeitschrift für Papyrologie und Epigraphie 5, 1970, pp. 37—47.

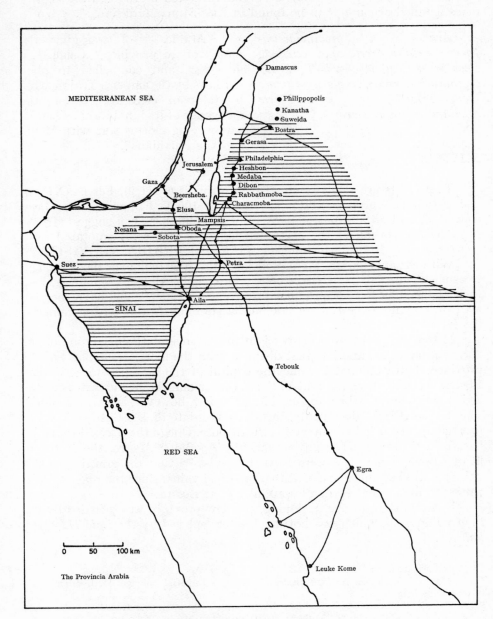

Fig. 23. The Provincia Arabia

The consulate of Candidus and Quadratus fell in 105 C. E. A slightly more detailed account is to be found in Ammianus Marcelinus:

Arabia ——— hanc provinciae im-posito nomine, rectoreque attributo obtemperare legibus nostris Traianus compulit imperator, incolarum tumore saepe contunso, cum glorioso Marte Mediam urgeret et Parthos.

"Arabia ——— It was given the name of a province, assigned a governor, and compelled to obey our laws by the emperor Trajan, who, by frequent victories, crushed the arrogance of its inhabitants when he was waging glorius war with Media and the Parthians".

(XIV,8,13).

These facts are also recounted by Eutropius (VIII, 2), Festus (XIV, 3) and Eusebius (Chron. a. 2118). The date of 105 C. E. however has been contested, and an alternative date, 22 March 106, has been suggested[249].

The annexation of the Nabatean kingdom was commemorated by a coin struck in Rome, which bears the legend ARABIA ADQVISITA[250].

With the annexation, the provincial authorities took over the Nabatean treasury. The Nabatean silver money was defaced by hammering, and then restruck as Roman provincial drachme. The new coins have the portrait of Trajan on the reverse side, and a standing Arabia with a camel at her feet[251].

It seems that because of its slight importance at the beginning of the 2nd century C. E., and its great distance from the more fertile parts of the province, Petra did not become the capital of the new province; instead Bostra was chosen as the seat of the governor and the headquarters of the legion which was destined to guard it. This view, however, is much disputed. The Judean Desert documents, by which the date of 106 C. E. has finally been confirmed help little in setting the dispute. One of the Greek documents has the epithet of Πέτρα μητρόπολις τῆς ᾽Αραβίας[252] 'Petra, the metropolis of Arabia' I tend to accept STARCKY's view[253] that the granting of this title to Petra had more honorific than political value, since the real administrative, military and economic capital was at Bostra.

It seems that, at the beginning, the new province was guarded by the *legio VI Ferrata*, which was not much later replaced by the *legio III Cyrenaica*[254].

[249] W. KUBITCHEK, RE I, 1, 1894, cols. 641—642, s. v. Aera.
[250] H. MATTINGLY and E. A. SYDENHAM, The Roman Imperial Coinage, II, London, 1926, pp. 250—261.
[251] A. NEGEV, Notes on some Trajanic drachms from the Mampsis Hoard, Jahrbuch für Numismatik und Geldgeschichte 21, 1971, pp. 115—120, Pls. 9—12; W. E. METCALF, The Tell Halak Hoard and Trajan's Arabian Mint, The American Numismatic Society, Museum Notes 20, 1975, pp. 39—108, Pls. VII—XIV.
[252] H. J. POLOTSKY, The Greek Papyri from the Cave of the Letters, IEJ 12, 1962, p. 258.
[253] STARCKY, Dictionnaire, col. 920.
[254] BOWERSOCK, 1970 (supra note 248).

We have no direct evidence for the boundaries of the new province. Indirectly, however, they can be located with the aid of the inscriptions dated by the new era of the province. The Negev and the Sinai certainly belonged to the province from the beginning. At Oboda two inscriptions were found dated by this era. The province is named הפרכיא, 'eparchy', in the inscriptions. One inscription reads שנת תרתין להפרכיא, "year two of the eparchy", 107 C. E., and the other שנת עשרין להפרכיא, "year twenty of the eparchy", 126 C. E. This era was then used at Oboda and the other towns of the central Negev to the Arab conquest of 636 C. E. In the Byzantine period this era is sometimes referred to as κατὰ ᾿Ελούσην, the district capital, or κατὰ Γαζαίους, both synonymous with the era of Bostra (never is an era of Petra referred to!).

The same applies to the Sinai, where late Nabatean *graffiti*[255] have been found. The earliest of these *graffiti* is from 150/151 and the latest from 267/268 C. E. In one of them the term 'eparchy' is explicitly used.

The northern limit of the Negev-Sinai part of the Provincia Arabia may be fixed by the same method. At Beersheba, 16 dated inscriptions were found, of which one is dated by the old era of Gaza and one possibly by the era of the new province, whereas the remaining inscriptions were dated by the era of Eleutheropolis[256], employed at Idumaea. Beersheba, situated beyond the northern limit of the Nabatean Negev, never belonged to it, at least not before the late Roman-Byzantine reorganization of that part of the world, and seems never to have belonged to the Provincia Arabia.

Turning to the east there are few inscriptions found in northern Arabia pertaining to this period. At Egra and in its vicinity two inscriptions were found dated by the new era. One is of "year twenty of the eparchy"[257], and the other of the "year 162" or 268 C. E.[258]. Another Nabatean inscription, from the region of el-Jauf, is likewise probably dated by the era of the province and thus would be from 226 C. E.,[259]. From el-'Ula, south of Egra, come two inscriptions, one of year 201 of the eparchy or 307 C. E.[260], and the other of 200 + or about 306 C. E.[261]. These inscriptions attest to the depth of Roman penetration into Arabia.

To these dated texts, one must add a group of undated inscriptions of a clearly military nature. The site where these inscriptions were found is named Kubur el-Gindi, the Tombs of the Soldiers![262] Some of them are in Nabatean, others in Greek. The Nabatean inscriptions include names of people who were פרשיא, *equites*, whereas the Greek ones have the title

---

[255] A. NEGEV, New Dated Nabatean Graffiti from the Sinai, IEJ 17, 1967, pp. 250—255.
[256] A. ALT, Die Griechischen Inschriften der Palaestina Tertia Westlich der 'Araba, Berlin and Leipzig, 1921, pp. 13—24.
[257] Mission I, p. 239, N°. 159.
[258] Mission I, p. 172, N°. 17.
[259] STARCKY and MILIK, op. cit., note 84, pp. 146—147, N°. 17.
[260] Mission II, pp. 231—232, N°. 386.
[261] CIS II, 333.
[262] Mission II, pp. 193, 197, Nᵒˢ 645—648.

δρομεδάριος and ἱπ(π)εύς. With some of the inscriptions the name of the unit in which these soldiers served is mentioned: Σευῆρος εἴλης δρομιδάριος Φ, and ἄλα Γετουλῶν²⁶³. These undated inscriptions furnish a terminus post quem only. Thus the *ala Flavia Dromedariorum*, not mentioned elsewhere, could not have been recruited earlier than 70 C. E. On the other hand the *Getulae*, a Lybian tribe, were subdued by the Romans in 6 B. C., but the earliest mention in the literature of recruits of this tribe is in the 'Notitia Dignitatum'²⁶⁴. Recently a valuable piece of military evidence was found at Egra, when a stele, found in a well mentions the *legio III Cyrenaica*²⁶⁵. It now appears that northern Arabia, like the Negev and the Sinai, and some of the other regions of the old Nabatean kingdom which will be mentioned later, assumed some importance after the annexation, and for this reason the above mentioned military units were sent down to protect the southern border from further incursions of nomadic tribes.

From the land of Midyan in northwestern Arabia comes additional evidence. As mentioned above, MUSIL discovered at Ruwafa a large bilingual Greek-Nabatean inscription commemorating the dedication of a temple to Marcus Aurelius and Lucius Verus by the tribe of the Thamudenoi²⁶⁶. PHILBY found an additional inscription on the same site, mentioning Κλαυδίου Μοδέστου ἀντιστρατήγου, "Claudius Modestus, *propraetor*". This man was the governor of a province in the 2nd century C. E.²⁶⁷.

In contrast to the comparative richness of the epigraphic material originating in the border regions of the Provincia Arabia, the material from Edom and Moab is extremely poor.

To the time of Marcus Aurelius belongs an altar found in the ruins of the temple of Iram²⁶⁸. No other inscriptions of the provincial period have been found in Edom, including Petra. From Moab originates a bilingual epitaph found at Madaba²⁶⁹ which has ἔτους τρίτου ἐπαρχείας in the Greek part and בשנת תלת להפרכ בצרא, "in the year three of the eparchy of Bostra", thus connecting explicitly the name of the new province with Bostra (its capital). To the documents pertaining to Moab one must add also the Greek and Nabatean papyri found in the Cave of the Letters, in which a triple system of dating was employed: by the consulships, the regnal years of Hadrian, and by the era of the province על מנין הפרכה דא — "according to the era of the province"²⁷⁰, and in the Greek papyri: κατὰ τὸν ἀριθμὸν τῆς νέας ἐπαρχείας ᾿Αραβίας²⁷¹, "according to the reckoning of the new province of Arabia". The documents were drawn at Petra, which bears the title of

---

²⁶³ NEGEV, Egra, pp. 228—231.
²⁶⁴ Ibid., pp. 126—127. This is the first mention in historic literature. An earlier one is in CIL V 7007 = ILS 2554.
²⁶⁵ T. C. BORGER, Greek Inscription Deciphered, Archaeology 22, 1969, p. 139.
²⁶⁶ A. MUSIL, The Northern Hegaz, New York, 1926, p. 185.
²⁶⁷ BOWERSOCK, 1971 (supra, note 248), p. 231.
²⁶⁸ M. R. SAVIGNAC and G. HORSFIELD, Le Temple de Ramm, RB 44, 1935, pp. 259—261.
²⁶⁹ MILIK (supra, note 234), pp. 243—246.
²⁷⁰ YADIN, op. cit. (note 238), pp. 241—242.
²⁷¹ POLOTSKY, op. cit., pp. 258—262.

μητρόπολις τῆς Ἀραβίας, "Metropolis of Arabia", and at Ῥαββαθμωβα in
Moab. That Petra, Rabbathmoba and Characmoba were regional capitals is
also obvious from the seal-impressions found at the Nabatean necropolis of
Mampsis[272], where Ἀδριανὴ Πέτρα μητρόπολις, Χαρακμώβα πόλις and
Ῥαββαθμοωβ are mentioned (the last name is given in various forms of
spelling) (Pl. XXXIV, 49, 50, 51, 52).

As far as the garrison of Arabia is concerned, the documents from the
Cave of the letters mention a centurion of *cohors I miliaria Thracum*, and
epitaphs found in the military cemetery of Mampsis[273] mention an *eques*
of *I Augusta T(h)racum* alongside a centurion who served in the *legio III
Cyrenaica* and the *II Traiana Fortis*.

From the Hauran, comes an inscription from Deir el-Mashquq, dated
by the seventh year of Hadrian, 124 C. E.[274]. From Bostra itself, comes a
stele dedicated to Dushara, which is of "the last day of Nisan, year 42 of the
eparchy", 148 C. E.[275]. Umm ej-Jimal, another important Nabatean site
in the southern Hauran, has contributed a funerary stele, dated on synchro-
nistic grounds to about 270 C. E.[276]. This is the latest dated Nabatean inscription found in that region.

The Nabatean and allied Greek epigraphic material shows that, at the
eve of the formation of the Provincia Arabia, the distribution of the Nabateans covered southern Hauran, southern Moab, Edom (which had lost
its importance), the Negev, the Sinai and northern Arabia. At the formation
of the Provincia Arabia there were added those parts of the country which
separated the two parts of the Nabatean kingdom. This region consisted of
the former territories of cities of the Decapolis, such as Dium in the north,
Gerasa in the centre and Philadelphia in the south[277]. For the first time since
the Hellenistic period the whole country to the east of the Jordan formed a
single unified political unit, uniting the descendants of nomads and semi-
nomads, who now took their first steps towards agriculture and urbanism,
with the city-dwellers and farmers of long standing tradition.

B. The archaeological evidence in the formerly Nabatean regions

1. *Via nova*

One of the major works of the governor of the newly founded province
was the construction of a road running from the borders of Syria to the Red

[272] A. NEGEV, Seal-Impressions from Tomb 107 at Kurnub (Mampsis), IEJ 19, 1969, pp. 89 to 106, Pls. 9—10.
[273] A. NEGEV, Oboda, Mampsis and Provincia Arabia, IEJ 17, 1967, pp. 52—54, Pl. 8A, 9C; ID., The Nabatean Necropolis of Mampsis, IEJ 21, 1971, pp. 124—125, Pl. 25A—C.
[274] RES, 2053.
[275] RES, 676.
[276] CANTINEAU II, p. 25; RES, 1097.
[277] H. BIETENHARDT, Die Decapolis von Pompeius bis Traian, ZDPV 79, 1963, pp. 25—58.

Sea. A milestone found in the vicinity of Madaba tells the story of the construction[278]:

IMP CAESAR DIVI NERVae f	*ARABIA VIam no*
NERVA TRAIANVS AVG	*uam a finibus Syriae*
GERM DACICVS PONt	*uSQVE ad mare rubrum*
MAX TRIB POT XV IMp	*aPERVIT ET STRAVIT*
COS V PP REDACTA IN	*PER claudium severum*
FORMAM PROVINCIae	*leg aug pr pr*

The 108 milestones found along the road help in reconstructing its course, as well as the history of its use and repair. In the later Roman period, this road and its branches formed part of the *limes* system of Palestine (the so-called *limes Arabicus*). The construction of the initial stretch of the road lasted from 111 to 114 C. E. The road, crossing to the east of Petra, left the metropolis on the side, just as the older Nabatean road had done, and in both periods only a link road connected the city with the main road.

2. Northern Arabia, Edom and Moab

Due to the poor state of archaeological research in these regions, it is very difficult to determine which of the archaeological remains should be dated to the 2nd century C. E. The major Nabatean sites described in Chapter IIb must have flourished also in this century, but in the absence of sufficient data, it is extremely difficult to isolate the later remains from the earlier ones. This situation is well reflected in the archaeological reality of Petra. Were this chapter written by a scholar of the British school of thought, many of the monuments which we prefer to date to the Middle Nabatean period (e. g., the Khazneh, the *via sacra*, the triple arch, and some of the monumental tombs), would certainly find their place here in the provincial period. Moreover much more research will be needed to determine whether Petra was a *metropolis* in the strict sense of the word, or simply the bearer of an empty honorific title? An answer to this question holds the clue to the shape of Petra in the 2nd and 3rd centuries C. E.

From the documents found in the Cave of the Letters, and from the seal-impressions of Mampsis (see above) we learn that, besides Petra, the metropolis of Edom, Rabbathmoba was also already raised to the status of a *polis* in the first half of the 2nd century C. E. It thus seems certain that, as early as the time of Trajan and Hadrian, urbanization set in at least in the region of Moab and that it did not begin later, as was formerly assumed[279].

---

[278] B & D I, p. 29. For a bibliography on the construction of the road and on the milestones found along it see PREAUX, p. 125, and note 7.
[279] Cf. M. AVI-YONAH, The Holy Land, Grand Rapids, Mich., 1966, p. 117.

The problem which remains unsolved is why the new *poleis* did not mint coins of their own[280] before the 3rd century.

3. The Negev (Pl. XXXV, 53)

It is most convenient to begin the treatment of the archaeological remains of the Late Nabatean period with the discoveries at Mampsis, a town which was completely rebuilt in this period (Fig. 24).

Mampsis must have been abandoned at about 50—70 C. E. to account for the destruction of most of the buildings of the Middle Nabatean period. In any case, when the new town was built, the new plan had little regard for the old one.

The reason for the rebuilding of the town in the early 2nd century C. E. is probably to be sought in the construction of the *via nova*, from which a connecting road ran to the western Nabatean district, now part of the *provincia Arabia*. This road required the construction of an elaborate artificial ascent, now popularly known as the "Roman Scorpions Ascent"[281]. This stretch of road crossed the Arabah at Ein Hasb (ancient Thamarah ?), situated 100 m. below sea level; it then ran northwards to cross Nahal Zin at ± 0 m, where the major ascent begins, climbing to a height of $+300$ m. over a short horizontal distance. In order to overcome this obstacle, the road was cut into the steep slopes in wide serpentines rising in shallow steps to make the ascent for men and beasts easier. Three small fortresses guard the foot, the middle and the top of the ascent. In the middle part of the ascent small dams were built in the wadi, to provide drinking water, which was stored in rock-cut cisterns. This ascent is situated midway between the Arabah and Mampsis. A slight climb of some 200 m. over a distance of 15 km. brings one to Mampsis, where a station of the *cursus publicus* was probably located[282].

The town, which covers about 10 acres, was bordered on the south, east and west by the deep ravines of the wadis, where the only water resources of the town lay; only on the north and the northwest does a comparatively wide plain open up. A shallow gulley running in the middle of the town formed the main street, dividing the town into two unequal parts, a smaller one on the west, and a larger one on the east.

The western part of the town formed a kind of small acropolis. Here three buildings were excavated, Building I, probably the palace of the local governor, Building II, an administrative tower with some dependencies, and Building XI, a private dwelling.

---

[280] G. F. HILL, Catalogue of the Greek Coins of Arabia, Mesopotamia and Persia, London, 1922, p. 27: Characmoba, Elagabalus; 34—36: Petra, Hadrian, Antoninus Pius, etc.; 37—41: Philadelphia, quasi-autonomous at 83/84 C.E., and from about that time onwards the city minted coins with portraits of Roman emperors; 44: Rabbathmoba, Septimius Severus, etc.

[281] M. HAREL, The Roman Road at the Maaleh Aqrabim, Bulletin of the Israel Exploration Society 22, 1958, pp. 148—152, Pls. 6—9 (Hebrew).

[282] Supra, note 203.

These three buildings, with the addition of Building XII, another private dwelling, Building V, a bath-house, Building VII, a public reservoir, and Building VIII, a large *caravanserai* outside of the limits of the town, are our main source for the study of Nabatean private architecture.

The principles of construction were determined by the complete lack of timber for roofing, a shortage which was compensated for by the presence of large quantities of good-quality building-stone. Due to the restricted length of the stone roofing-slabs, which could not be made longer than 0.80—1.20 m., the roofs were built over supporting arches. The employment of the arch restricted the width of the rooms to about 5—6 m., but the length of the rooms was unlimited, depending on the number of arches. This method of construction was employed also by the Nabateans in the Hauran, likewise a region poor in timber. At present we cannot determine in which region this method first developed: in any case, in the Negev we have evidence for the employment of this method from as early as the beginning of the Middle Nabatean period, and it fell to the architects of the 2nd century C. E. to bring it to perfection.

The Negev, like the Hauran, is a very hot region in summer and extremely cold in winter. The lack of wood for heating compelled the architects to build the houses in such a way as to protect the dwelling from both the heat and the cold. For this reason the number of windows was kept to the minimum, and they were constructed in the form of narrow slots placed just below the ceiling. The walls were thick, and of three layers: on the outside the wall was faced with excellent ashlars, preventing the penetration of moisture; then came a middle layer of rather small, loosely packed stones set in mud mortar — this layer contained much air and served for isolation —; finally the inner face of the wall was made of hammer-dressed stones, sealed by a thick layer of crude plaster mixed with chopped straw to form a base and then covered with fine lime plaster, thus hermetically sealing the wall. This 60—70 cm. thick wall kept the rooms comparatively warm in the winter and cool in the summer, the difference in temperature between the interior of the house and the outside ranging between 10—15° C.

Another typical feature of domestic Nabatean architecture is the spaciousness of the dwellings, the smallest excavated at Mampsis extends over an area of 700 m², whereas the largest unit, that of a rich horse-breeder, measures 2000 m². It should be remembered that these measurements include the ground floor only, so that normally one must add some 30—50 % of living space in the upper floors. Thus the size of the Nabatean dwelling is large not only by Palestinian standards, but also by the standards of Western house planning. The only explanation for this phenomenon which I can offer is that by constructing houses of such magnitude, the Nabateans — former tent-dwellers — sought to compensate for the loss of freedom and spaciousness resulting from the transition from tent to house.

The Nabatean dwellings at Mampsis were built as self-contained fortresses. Each had a single entrance, protected by a guardroom, leading into a court. Buildings I and II, to which we ascribe public functions, had relatively small courts. In the plan of Building I (Pl. XXXVI, 54; Fig. 25, 26), there is a sharp distinction made between the business area and the living quarters. Along one side of the court there were storerooms (these are distinguished by the failure to level off the rock floor), whereas on the opposite side there was a large reception hall, placed in the immediate vicinity of the entrance (Pl. XXXVII, 55). This representative hall was partly hypaethral and partly covered. It had a floor, made of wood brought from the Lebanon. Next to the reception hall there was an archive or library, with book-cases built into the wall. Next came the kitchen-bakery, rooms for servants (with earthen floor) and two deep cells for refrigeration. An arched *vestibulum* at the northern part of the court separated this part of the house from the living quarters, occupying the northern wing. The rooms in this wing had decorated door-post capitals. All the doors were facing south, as prescribed by Vitruvius, so that the rooms would get as much sunshine as possible. The floors were all made of small stone slabs. Each of these rooms, about 6 × 6 m. large, were spanned by three arches which supported the roof. A staircase-tower at the entrance side of the house, and a balcony resting on rectangular piers in the court and arranged in the form of a L, gave access to the rooms of the first floor. Various indications point to the existence of a second floor as well, the rooms of which were reached from a second balcony, resting above the piers of the lower one. This second balcony was reached by an upper flight of steps in the staircase-tower, some remnants of which have survived. This *gamma* arrangement, also employed at Mampsis in Building Va of the Middle Nabatean period and in several buildings of the Late Nabatean period, is still unique, and has no parallels elsewhere.

Building II consisted of a tower, with, a well-paved court before the entrance, a living room to the south of the court and a kitchen-bakery on the other side. Oblong storerooms occupied the whole length of the western side. In order to facilitate the loading and unloading of goods (taxes were probably paid in kind), a loading platform was built against the northern wall of the court, facing the street, with steps leading up to the platform. To the south of the tower there was a flour-grinding mill, of an elaborate type, made of basalt.

Building XII, the largest of the excavated buildings, is situated in the eastern part of the town (Pl. XXXVII, 56; XXXVIII, 57, 58, 59; Fig. 27, 28). A spacious *vestibulum* leads into the building from a large open square to the north of the house. There were two small rooms on the side of the *vestibulum*, probably guardrooms. Then comes a large irregularly shaped court. At the northeastern corner of this court is placed another small *vestibulum*, the inner doors of which have 'classic' Nabatean door-post capitals. The projecting boss of these capitals was replaced on each side by a bull's head, a human face and an amphora. From this *vestibulum* one enters a small inner court, around which the living-rooms are arranged. Under the floor of one of these rooms is a large rock-cut cistern, 6 m. deep.

A staircase-tower at the western end of the court and a gamma-type balcony gave access to the rooms on the first floor. The floors of these rooms

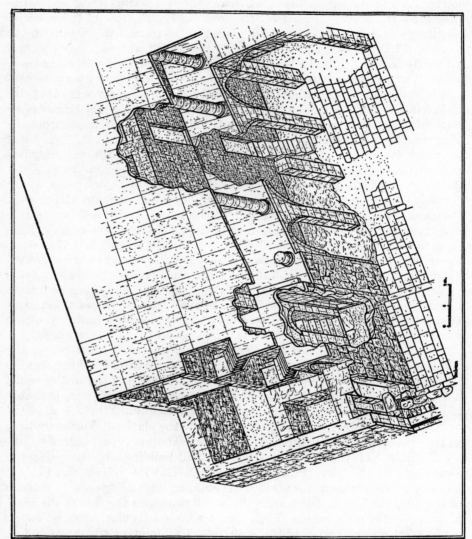

Fig. 25. Mampsis. Building I. Reconstruction of western wing

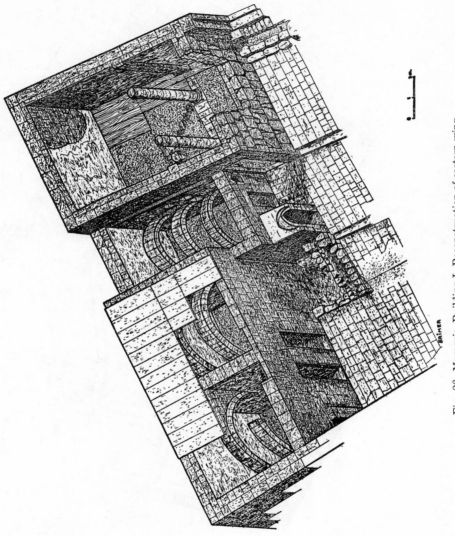

Fig. 26. Mampsis. Building I. Reconstruction of eastern wing

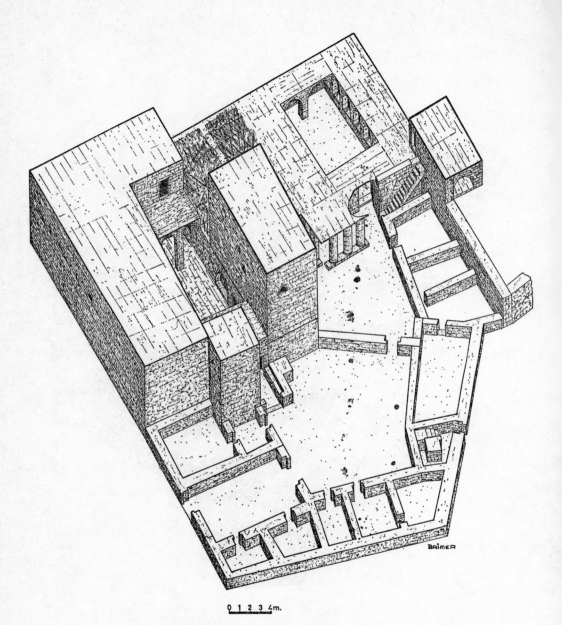

0 1 2 3 4m.

Fig. 27. Mampsis. Building XII. Reconstruction

were inlaid with multi-coloured mosaics, as evidenced by *tesserae* found in the debris (there is no certainty whether these mosaics belong to the 2nd century structure or to the 4th century C. E. when the building perhaps became a bishop's palace). The whole court and the rooms around it were plastered and painted with frescoes. Geometric and floral designs prevail in the court, whereas human figures appear in a small room, a *vestibulum* leading to a staircase-tower. Among the figures were Eros and Psyche, Leda and the swan, figures of winged women and of naked men. On one side of the *vestibulum* was a staircase-tower, and on the other was a room for the safe-keeping of valuables. Below a landing in the staircase-tower a bronze jar was discovered; apparently a kind of safe, for it was found to contain 10,500 tetradrachms and drachms of the 2nd and early 3rd centuries C. E.[283]

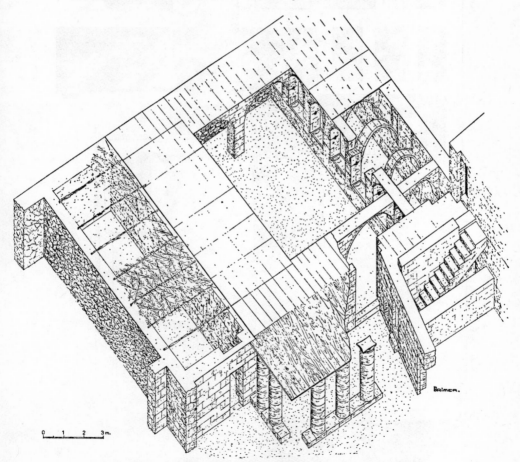

Fig. 28. Mampsis. Building XII. Reconstruction of stable

[283] A. NEGEV, The Mampsis (Kurnub) Hoard. Preliminary Note, Israel Numismatic Journal, 1970, pp. 27—31.

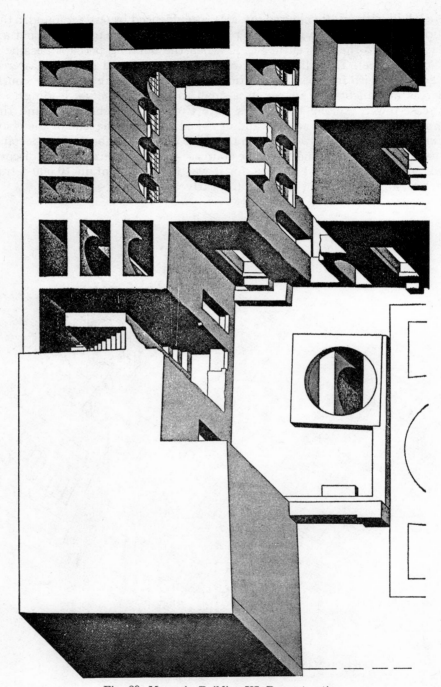

Fig. 29. Mampsis. Building XI. Reconstruction

Coming back to the large irregularly shaped court: this is flanked on the west by a wing of the house which has not been excavated. This wing, too, had a staircase-tower of its own, and possibly also a gamma-arrangement for ascending to its upper floor. To the south are several rooms which have been badly damaged by an earthquake (this house had been in constant use for about 400 years). On the east of the court is a large stable made to accommodate 20 horses (a stable for 16 horses has been discovered in Building XI which we have not described here, cf. Fig. 29). The stable was of basilical form, including a large hall in the middle with narrow oblong spaces on the sides, where the horses stood. Each pair of beasts shared a trough, made in the form of an arched window, the sill of which was hollowed out of large stones. Holes for chains for tethering the horses and grilled windows for ventilation complete the installation. The stables on both sides were roofed over by the same roofing system of arches and slabs. These roofs carried a gallery above the stable, connected by passages resting on arches at both ends of the central hall. The central hall, as well as a large storeroom adjacent to the stable, served for storing fodder.

Access to the galleries, from which prospective buyers could view the animals at leisure, was provided by another gamma-arrangement placed in front — to the west — of the stable-building. This consisted of 3×2 free-standing columns with 'classical' Nabatean capitals, supporting a balcony. Access to this balcony was given by a stairwell to the south of it. The same stairwell gave access also to a most elaborate water closet, placed beyond the southern wall of the house.

Even this short description of building XII is sufficient in itself to testify to the economic strength of the town in the 2nd and 3rd centuries C. E., and may account for the huge amount of money found in its private treasury. The richness of the owners of this house seems to derive from the raising and sale of race-horses. The stable of Building XII, the smaller stable of Building XI (and probably others in the unexcavated parts of the town) together with the Nabatean stable at Sobata, all speak for the importance of horse-breeding during the Late Nabatean-provincial period in the central Negev. Numerous stables of a similar type have been discovered throughout the Hauran as well. These may all be taken as evidence for the rôle of the Nabateans during this period in the breeding of the new type of the Arabian horse, which makes its first appearance about this time. These horses were most probably supplied to the numerous hippodromes which were constructed all over the neighbouring provinces, some in Arabia itself. The fodder, mainly barley and chopped straw, could easily have been brought from the vast barley fields in the neighbouring Plain of Beersheba.

To the north of Building XII is situated a large public reservoir, Building VII (Fig. 30), measuring $18 \times 10 \times 3$ m., built of excellent ashlars on the outside and plastered on the interior; it is roofed over by arches. In this reservoir was stored water brought from the dams in the low-lying wadis, after the cisterns in the town were filled up. The water of this large reservoir, with a capacity of more than 400 m³ was used to feed the bathhouse, Building V, constructed nearby and connected with the reservoir by means of a short aqueduct. The bath is of the regular Roman type, including two *frigidaria* basins, a shallow *tepidarium* and two hypocaust rooms.

In contrast to the spaciousness of these buildings at Mampsis, stands the small number of houses in the town. By calculating an average size of 1000 m² for a house, deducting the space occupied by the streets and open squares, the maximum number of houses in the whole town may be estimated at 20. In this way one may hardly speak of urbanization in the proper sense of the word, at least not in the case of Mampsis.

The relative chronology of Nabatean Mampsis has been established by the relation of the buildings destroyed in the first half of the 1st century C. E. to the later ones which were built to replace them. In the absence of any inscriptions pertaining to this later period, the date of Late Nabatean Mampsis can only be fixed by the help of finds in the cemeteries to the north and northeast of the town.

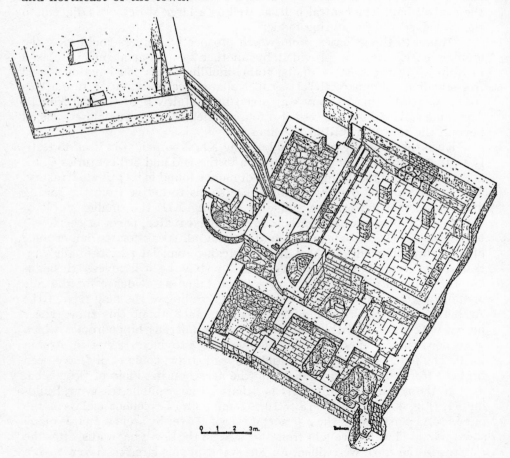

Fig. 30. Mampsis. Building VII, public reservoir, Building V, public bath

At a distance of about 1 km. to the north of the town is located the Nabatean necropolis (Pl. XXXIX, 60), where 25 funerary installations were unearthed. The Nabatean tombs at Mampsis took the form of a simple shaft excavated in the soft loess, 2—4 m. deep. The body with or without a wooden coffin, was deposited at the bottom of the shaft, sometimes directly in the ground, sometimes in an ashlar structure[284]. No offerings were placed in the graves, except for a coin in the mouth of the deceased, and the personal jewellery of women. In a single case, a box was placed at the feet of a woman. The box was burnt during the funeral rites and only clay-sealings were preserved[285]. After the burial the grave was covered by heavy cover-stones, and the rest of the shaft was sealed with earth and stones up to ground level. Above the ground, the tomb was marked by a monument in the form of a stepped pyramid. All but one monument have been plundered by stone-robbers in later times. In all of the tombs of this type the body was deposited and never disturbed again.

A second form of burial practised in this cemetery was the deposition of the loose bones of people who had died far away from the town. Contrary to the uniformity of the shaft graves, such bone collections take various forms. In one case, a Judean type of stone ossuary was deposited in a shaft. The ossuary contained a small bundle of bones and two miniature glass *phialae*. Two ossuaries were built above the surface of the cemetery; each contained loosely placed bones of a single person. A third form of bone-collection was that of the large charnell-house for mass collection of bones, or rather bone-dust mixed with numerous beads and single coins (Pl. XL, 61, 62).

Around the perimeter of the cemetery, tables were built at which the funerary meals were celebrated (Pl. XL, 63). In the vicinity of these tables and at some distance from the tombs, hundreds of pottery vessels were found. Evidently these were considered ritually unclean, and thus were broken and discarded after use in the funerary rites. With the vessels were found also remains of food (kernels of olives, palm dates, bones of animals). In some cases the fireplaces on which the meals were cooked were also found.

The earliest burials in this necropolis took place in the first half of the 1st century C. E.. To this period belongs the mass bone-collection, dated by a coin of 74 C. E., and by pottery typical of the first half of that century; however most of the other tombs, as well as most of the pottery found at the sites of funerary meals, belongs to the 2nd century C. E. This date is corroborated by coins of Trajan found in several tombs and by the seal-impressions mentioned above, which are all Hadrianic. The latest use of the cemetery was in the late 3rd-early 4th century C. E.. These are dated by typical lamps and by a large number of coins of the first decade of the 4th century, deposited with a mass bone-collection above the coverstones of the 1st century C. E. charnell-house.

[284] A. NEGEV, Necropolis . . . Mampsis (supra, note 273), pp. 110—129, Pls. 21—24.
[285] NEGEV, supra, note 272; cf. Pl. XXXIV, 49—52. On the pottery of the cemetery see A. NEGEV and RENÉE SIVAN, The Pottery of the Nabatean Necropolis at Mampsis, Rei Cretariae Romanae Fautores, Acta XVII/XVIII, 1977, pp. 109—131.

A most valuable contribution towards the history of the formation
of the Provincia Arabia was the discovery of a Roman military cemetery
at Mampsis, situated about 200 m. to the northeast of the town[286] (Pl.
XLI, 64). A dozen funerary monuments were discovered here. Some of the
monuments were made in the form of a stepped pyramid, built of ashlars,
similar to the monuments in the Nabatean cemetery, but more frequently
they consisted of oblong heaps of large boulders. However, contrary to the
inhumation of the body practised in the Nabatean-Semitic cemetery, the
soldiers of the Roman army were cremated. The cremation was done in the
cemetery. The pyre was placed on a bare, leveled-off, rock, and once the
cremation was completed, a monument was built on the spot. There were
no urns used for the deposition of the ashes, and there were no coins deposited, nor any other offerings; neither was a funerary meal held at the tomb.
Two epitaphs were discovered, both in Latin: *Dis M(anibus) Diogenes
Alexandri, eques c(o)hortis I Augustae T(h)racum*[287]. The other epitaph,
badly weathered, belonged to a centurion, who served in the *legio III Cyrenaica* and the *legio II Traiana Fortis*. These two inscriptions, and another,
of a centurion of *legio III Cyrenaica* discovered in the vicinity of Elath[288],
are the only military records found in the Negev.

4. Late Nabatean-Provincial Oboda

The lack of dated material at Mampsis was fully compensated by the
finds at Oboda. We have already referred to the inscriptions of the years
18 and 28 of Rabel. These were engraved on large trough-like objects,
which I believed to be libation altars[289]. These stone objects were found in
pairs, always one larger, and the other smaller[290]. Two were found on the summit of the acropolis, two in a valley 2 km. south of Oboda, and the last
pair comes from another valley, 5 km. to the southwest. The last two pairs
were found near large farmhouses, in the middle of large farms. We have
already alluded to the possibility that Rabel played a decisive role in the
development of Nabatean agriculture. The Nabatean inscriptions of year
2 and year 20 of the eparchy, the first engraved on a lintel, found in a cave
on the western slope of the acropolis (Pl. XLII, 65), and the other a building
stone, re-used in the construction of the late Roman citadel on the acropolis have also been mentioned (Pl. XLII, 66). Both of these inscriptions speak
explicitly of construction.

This epigraphic material attests beyond any shadow of doubt that the
transition from an independent state to a Roman province was not only

---

[286] NEGEV, Oboda, Mampsis (supra, note 273), pp. 51—55, Pl. 9C.

[287] Ibid., pp. 52—53.

[288] A. ALT, Aus der 'Araba II, ZDPV 58, 1935, pp. 61—64.

[289] For a different view see EISSFELDT (op. cit., note 235), who using a different reading of the
opening words in these texts, suggested that these stone objects were measuring uten-
sils, out of which wine was distributed to participants in certain religious rites.

[290] For a description of these stone objects see NEGEV, op. cit., note 235.

peaceful, but had a positive effect on the aging kingdom. Unfortunately the inscriptions on the acropolis were found out of archaeological context, and we do not know to which buildings they once belonged. On the other hand, the agricultural hinterland, where the libation altars were found, has not yet been investigated from a chronological point of view, so that at present we are not able to distinguish Nabatean beginnings in agriculture from the more extensive farms of the later periods. However, the much better known archaeological remains at Oboda of the 3rd century may well reflect the situation in the previous century as well.

There is no evidence as to the fate of the large Middle Nabatean temple of Oboda after the destruction of the town in the middle of the 1st century C.E. However, by the middle of the 3rd century C.E. a temple had been dedicated on the western part of the acropolis. We have no way of knowing whether the old temple was renewed, or a completely new temple built out of the old stones. The builders of the new temple left a very large number of dedicatory inscriptions. These inscriptions reveal the basic change which took place at Oboda: the Nabatean language, used in the earlier Nabatean temple, was now replaced by the Greek, whereas the Nabatean deities gave way to new gods, or, at least, to the old gods under new disguise. Several inscriptions mention Zeus Oboda — either a local Zeus, a phenomenon observed in other localities of Arabia as well, or the deified king Obodas — and Aphrodite, the Greek counterpart of Allat. In contrast the names of the builders of this temple (and of the other buildings at Oboda in this period) were all Nabatean. On the lintel leading from the old portico to the temple were engraved numerous dedications. One reads: Μνησθῇ Ζάμνος ὁ οἰκοδόμος. ἔτους ΡΞΒ., "Let Zamnos, the builder, be remembered. Year 162". Another: Μνήσθεθι Νακέβος. μνησθῇ Αὖσος, "Remember Nakebos. Let Ausus be remembered". On the lower border of the lintel: Πᾶς φιλῶν ”Οβοδα, "All Friends of Oboda". On a column in the portico: 'Ραῖσος 'Αβδάλγου εὐχαριστῶν ἀνέγειρεν τὸν στέ(γον), "Raisos, son of Abdalga, built the roof out of thankfulness". On a building-stone the following dedication has been engraved, typical of many others (Pl. XLIII, 67):

Ζεῦ 'Οβόδα· μνήσθη 'Αβδομάνος καὶ 'Αβδομαίος καὶ Σοαίδος καὶ Οὐάλλος καὶ Σααδάλλος καὶ – – –.

"Zeus Oboda; remember Abdomanos, and Abdomaios, and Soaidos, and Uallos, and Saadallos, and – – –".

Finally, an inscription mentioning Aphrodite (Pl. XLIII, 68):

[Εὐ]σεβ(ῶν) καὶ προνοίᾳ Αὐσοέβδου τοῦ 'Εράσου ἐγένετο ἡ πλάκοσις 'Αφροδείτης [– – – ἐκ τὰ] ἰδία 'Αβδαίσει καὶ 'Αμέου οἰκοδ(όμου)[291].

"Out of devotion and by the foresight of Ausoebdos, son of Erasos, was made the facing with stone of (the house of?) Aphrodite, from his own means. Abdaisei and Ameos, the builder".

[291] All of these inscription have not yet been published.

All of the names mentioned in these inscriptions are pure Nabatean rendered in a Greek form, a phenomenon known elsewhere from Arabia.

The latest inscription found at Oboda pertaining to this period is the one found by MUSIL[292]:

'Αγαθῇ τύχῃ. Ζεῦ 'Οβόδα βοή-
θει Εἰρηναίῳ οἰκοδομοῦντι ἐπ' αἰσίοις
τὸν πύργον ἔτο(υς) ρπη'. διὰ Οὐα-
λέου οἰκοδόμου Πετρείου καὶ Εὐτύχους.

"Good Fortune! Zeus Oboda assist Eirenaius who has built this tower from the ground, in the year 293 n. Chr., by Ualeus the builder from Petra and Eutichus".

The epigraphic material of the 2nd and 3rd centuries, the extensive agricultural remains, and the small, but well-built, town at Oboda, all reflect the state of affairs in the Negev during the first two centuries of the existence of the Provincia Arabia, a picture which is very similar to the state of affairs in the southern Hauran at that time.

5. The Southern Hauran

As early as the reign of Rabel II, and perhaps still under Malichus II, the southern Hauran together with the Nabatean Negev attained importance in the development of the later Nabatean kingdom, forming one of the most densely populated regions of the Provincia Arabia.

The most important city in the region of the southern Hauran was Bostra. This is well attested by the rich epigraphic material found there, as well as by the extensive architectural remains[293]. Hardly any excavations were made at Bostra and any chronological analysis of the city-plan must be made with utmost care and reserve.

The planning of Bostra introduced a completely new element into town-planning in Arabia, not known before in that region. The transformation of Semitic-Nabatean Bostra (בצרה) into Νέα Τραιανή Βόστρα seems to have been a turning point in the history of the city. In its later form, the city had as its backbone a *cardo maximus* dividing the city into two unequal parts, about two thirds of the area lying to the west of the *cardo*, and about one third to the east of it. Whereas the western part shows a regular division of *decumani*, this regularity may not be followed in the eastern part[294].

The eastern, pre-Traianic part of the city was built on higher ground. This area measures approximately 200 × 400 m., only twice as large as Late

---

[292] A. MUSIL, Arabia Petraea, II, 2. Edom, Wien, 1908, p. 246.

[293] PPUAES II, A, pp. 215—295; B & D III, pp. 1—84.

[294] The city-plan of Bostra has been analyzed by A. SEGAL in his doctoral thesis on 'The Planning of Cities along the Via Traiana Nova in the Roman Period'. In his thesis Mr. SEGAL attempted to reconstruct the division of the large insulae of the town into smaller units portraying a very regular Roman plan of the city.

Nabatean-early provincial Mampsis. Besides the lack of regular planning, an indication of the greater antiquity of this part of the town is the fact, that most of the Nabatean architectural remains were found here.[295] (Nabatean inscribed material was found in secondary use all over the city.) The entrance to the Nabatean town was probably given by the 'East Arch'[296] to which later led the southern, colonnaded, *decumanus*. The arch, a simple construction, consisted of two piers (5 × 6.25 m.), supporting a vault of a span of 5.07 m. On the lower storey the piers were pierced by perpendicularly placed vaulted passages, 2.18 m. wide. The main vault was supported by engaged pilasters of 'classic' Nabatean capitals. The northern pier was decorated by an arcuated niche above, and a rectangular one below. Such an arrangement was no doubt employed also on the other pier[297]. The reconstruction of the arch, which is deeply buried by debris, shows a high podium on which stand four engaged Nabatean pilasters, decorated by the above mentioned niches, surmounted by small gables. A cornice above the gables carries a second order, decorated by shorter engaged pilasters. The reconstruction of the crowning part of the arch is purely conjectural. The similarity of this arch to the Hegr and Proto-Hegr types of tombs is striking, and the arrangement of the niches is similar to that of the Palace Tomb and ed-Deir at Petra.

At a short distance from the eastern gate stands a Nabatean half-column attached to a segment of a wall built of excellent ashlars[298]. This half column, now rising 3.50 m. above the roof of a modern house, has a diameter of 1.32 m., and must have originally been 8—10 m. high. This column must have belonged to a huge Nabatean building, tentatively named 'palace' by 19th century explorers[299].

At a distance of about 100 metres to the east of the half-column stands another group of four similar half-columns which have lost their capitals, but the lower part of one of the capitals indicates that these too were of the 'classic' type[300]. These columns form a rectangle 8 × 12 m. large. The extant capital faces towards the inside of the rectangle, and could thus have formed an inner shrine of a temple of the well-known type. However BUTLER[301] was of the opinion that these four columns, together with the half column 100 metres to the west, formed part of a colonnaded street, running from the 'East Arch' into that part of the town, which he named the 'acropolis'.

That this part of the town housed a temple is very likely. The existence of a famous Nabatean shrine in the earlier Nabatean period is attested by numerous Nabatean inscriptions found at Bostra itself and elsewhere. Further-

---

[295] PPUAES II, A, pp. 236—247, figs. 211—218.
[296] PPUAES II, A, figs. 214, 216.
[297] PPUAES II, A, fig. 217.
[298] PPUAES II, A, figs. 211, 212.
[299] B & D III, p. 24.
[300] PPUAES II, A, fig. 213.
[301] PPUAES II, A, p. 239.

more, the presence of four churches in this part of the town, one of which
was a cathedral, and of a large ecclesiastical residence, to which may be
added an early Moslem mosque built in the same quarter, point to a tradition
of sanctity attached to that part of the town, which might well have originated in Nabatean times (if not earlier), as is the case in other towns in Arabia.

There is a striking difference in the nature of the architectural orders
employed in the eastern and the western parts of the town. As against
the Nabatean columns employed in the eastern part of the city, the most
common order in the western part was the Corinthian.

Adjacent to the Nabatean town on the south is a large reservoir, 119 ×
148 m. large[302], still in use today. In its method of construction — the inner
wall is decorated by flat pilasters at regular distances — it resembles the
decoration of the gates and the arches. There is another large reservoir to
the east of the town. These two reservoirs, and the cemeteries to the south
and northeast of the eastern quarter of the town help in tracing the boundaries of the Nabatean town[303].

Regarding the western, planned part of the town, as yet no criteria
are available to reconstruct its development from its foundation under Trajan to later times. A general idea of the development, however, may be
gained by looking at the coin history of the city[304]. The Bostra coinage began
under Trajan, continued under Hadrian, and was not interrupted until
the times of Herennius and Hostilianus and Trebonianus Gallus (?). The
coins from the times of Antoninus Pius to Elagabalus bear the legend of
NEA TRAIANA BOSTRA; under Severus Alexander, it became COLONIA
BOSTRA and under Philip Senior COLONIA METROPOLIS BOSTRA.

This coin history does not help in the least in the analysis of the city-
plan and its chronological development. The dividing line between old
Bostra and the new city lay somewhere to the east of the *cardo maximus*.
At some time the old and new city were surrounded by a wall. On the north
side, there were four gates, indicating the course of four *cardines*, two of
which have been traced. On the west there were two gates, from both of which
ran colonnaded *decumani*. There was a further colonnaded *decumanus*
between these two. The main junction in the city was not at the centre, but
rather at the meeting point between the *cardo maximus* and the eastern end
of the southern *decumanus*. The location of this intersection was determined
by the necessity of linking the two parts of the city, old and new. The west
gate[305] consists of a simple vaulted passage 5.40 m. wide, flanked by two
square towers, 6.75 m. large, decorated by corner pilasters, between which were
rounded niches, surmounted each by a segment of a flat arch and by a
gable[306]. There is a six-petalled rosette in the *tympanon* of the small gable, an

---

[302] B & D III, fig. 926.
[303] B & D III, plan, fig. 865.
[304] PPUAES II, A, Appendix 2, pp. XXXVII—XLIII.
[305] B & D III, pp. 6—11, figs. 874—885; PPUAES II, A, pp. 226—228, figs. 200—202.
[306] B & D III, figs. 879, 881.

element much employed in Nabatean funerary art. The square rooms of the towers seem to have contained staircases leading up to the roof of the second storey, which is at present blocked up (Pl. XLIV, 69, 70).

From the gate runs a colonnaded street 7.90 m. wide, paved, with covered porticoes 5.50 m. wide along both sides. There were shops behind the porticoes on both sides of the street. At the eastern end of the street stood a triple arch[307]. The three openings of the arch were decorated by pilasters with Corinthian capitals on the north face and Ionic on the south. Brackets for statues project from the pilasters. Above the central arch, BUTLER reconstructed a gable, for which there is no actual evidence, as may be seen from the photographs taken by VON DOMASZEWSKI.

A colonnaded street ran from the triple arch southward, towards the large theatre[308]. At the junction of the southern *decumanus* and the *cardo maximus* were situated a *nymphaeum* and a building named Kalybe in a dedicatory inscription, otherwise resembling the *nymphaeum* which stood opposite it[309]. A *nymphaeum* of this type was to become a shrine common to every large city in Arabia.

The other large public buildings in the city included a hippodrome situated to the south of the theatre, and a sunken area in the northwestern quarter of the city, which has been identified as a *naumachia*. This identification is supported by the presence of rich sources of water at that place. In the central part of the city there were two large bath-houses, one in the centre, the other to the south of it. There were some large public houses in the *insulae* to the west of the *cardo maximus*, perhaps an *agora*. Despite the epigraphic evidence that Bostra was the seat of the *legio III Cyrenaica*, there is no evidence that its camp was situated within the borders of the built up area, as believed by earlier scholars.

The region of Bostra abounds in ruined sites, small towns, villages and isolated farm-houses. Little of the material, however, which was found in the surveys, can help date these remains with certainty. Nevertheless, one of the larger sites, which has been better investigated, deserves mention. This site is Umm el-Jimal (the Mother of Camels!) extensively investigated by the Princeton Archaeological Expedition; it has been identified by BUTLER with Thantia of the 'Tabula Peutingeriana'[310].

If Bostra in its later form represents a type of city in which the public functions outweigh those of the private citizens, Umm el-Jimal is more of a town of the sort represented by Mampsis in the Negev, a town in which the whole area is divided between private owners, a kind of agglomeration of houses forming an urban unit[311].

---

[307] B & D III, pp. 14—19, figs. 889—899; PPUAES II, A, pp. 243—246, figs. 215, 218.
[308] B & D III, pp. 47—84, figs. 928—982, Pls. L—LI; PPUAES II, A, pp. 273—277, fig. 243, Pls. XIV—XV.
[309] PPUAES II, A, fig. 226.
[310] PPUAES II, A, pp. 149—213.
[311] PPUAES II, A, map N°. 2.

The history of the town is told by the inscriptions found by the Princeton Expedition. There were 31 Nabatean, 276 Greek, 5 Latin and a number of Safaitic and early Moslem inscriptions. Some of the inscriptions are bilingual, Greek-Nabatean, and many of the Greek inscriptions were inscribed by the Nabateans in the period following the annexation. The number of dated inscriptions is however small, and does not permit one to draw any definite conclusion regarding the development of the town. There are numerous funerary inscriptions of the 2nd and 3rd centuries C. E. Besides the names of Nabateans, these include a considerable number of names of Thamudic origin. It seems that these tribes, which flooded the Nabatean kingdom in the 1st century C. E., were finally absorbed by the Nabateans in the succeeding centuries[312].

The paucity of the dated archaeological material, and the fact that Umm el-Jimal was a prosperous town also in the late Roman and Byzantine periods (there were 15 ancient churches discovered on the site), cause the blurring of the picture of the 2nd century town. Nevertheless, the basic lay-out of the town has been preserved through the ages. In its final form, the town covered about 100 acres. It lay on flat ground and lacked a natural acropolis. From the distribution of the churches all over the town, some pressed against the town wall (just as was the case at 4th century C. E. Mampsis), one may infer that the city lacked a single 'sacred area'. The lay-out of the houses does not leave place for colonnaded streets, triumphal arches and other large public institutions, like the ones found at Bostra and other large cities in Arabia. In one corner of the town[313] was situated a small Nabatean temple, a *distylos in antis*, close to its southwestern end. The rest of the town, in which there is no trace of regular planning, is divided between the spacious dwellings. Around the 2nd century C. E. the town was enclosed by a wall. The main gate, at the northwestern corner of the wall, bears a dedicatory inscription in which Marcus Aurelius Antoninus and Lucius Aurelius Commodus are mentioned. The town was supplied with water from a large spring situated on the northwest and connected with the town by means of an aqueduct, which brought the water to a reservoir, 35 × 45 m. large, situated in the eastern section. There was another large cistern, connected with the same aqueduct, at the southeastern corner. There also was a large number of smaller reservoirs all over the town.

Umm el-Jimal is the place in the Hauran where domestic architecture may best be studied. The determining factors in the development of local architecture were the paucity of timber for roofing, compensated by the unlimited quantities of hard basalt, which could be cut to any required length. Twenty houses were surveyed at Umm el-Jimal by the Princeton Archaeological Expedition. None of them was dated, but due to the excellence of construction and the durability of material there is no reason to doubt that at least parts of the houses date back to the 1st and 2nd centuries C. E.

[312] PPUAES II, A, pp. 131—223.
[313] PPUAES II, A, pp. 155—156, figs. 131—132.

Houses XVII—XVIII (Fig. 31) are situated at the eastern part of the town[314]. The first house measures about 20 × 30 m. It is bordered by two narrow streets and by a garden enclosed by a wall. It consists of a 11 × 12 m. large court on the west of the house. To the south of the court is a spacious hall, entered by an open logia of four columns and roofed over by three arches. On the northern side of the court stands a tower of five storys, originally rising to a height of 15 m., a feature typical of most private houses in the southern Hauran. Adjacent to the tower is a *vestibulum* giving entry to a large living room (7.05 × 3.40 m.), in the corner of which is a *latrina*,

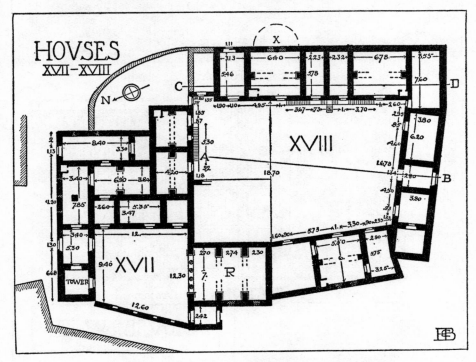

Fig. 31. Umm el-Jimal, plan of houses XVII—XVIII

another feature found in most local houses. From this large room, one entered two other large halls, which were likewise accessible from a room on the eastern side of the court. Two rooms on this side of the court were disconnected from all other interior rooms and must have served as guestrooms. The roofs of these rooms, all less than 3.40 m. wide, were constructed of long basalt slabs resting on corbelled courses. Only the wider halls were roofed over by slabs resting on arches.

House XVIII (Fig. 32) is the larger of the two, measuring 30 × 33 m. It had a court 16.70 × 18.70 m. large. Entrance to the house was given by a

Fig. 32. Umm el-Jimal, reconstruction of houses XVII—XVIII

vestibulum to the south, flanked by one large and two small rooms. The most important part of the house lies to the east of the court. This part contains two large and high-ceilinged rooms, arranged in two storeys, with large arched windows on the street side. Between the large rooms, their height corresponding to that of the halls, are small towers, each four storeys high. The entrance to the rooms in the upper storeys was provided by stairs and landings forming small balconies inserted into the wall of the house facing the court[315]. This is the universal arrangement in all domestic architecture in the Hauran, and it constitutes the main difference between the domestic architecture of that region and that of the central Negev. This difference was determined by the nature of the building-stone in each region. The capitals employed in the upper storeys windows of building XVIII are very similar to those which have been identified as Nabatean, and thus, perhaps, indicate the identity of the builders of this house.

Umm el-Jimal lies in the heart of a fertile plain, and, as in Mampsis and Sobata, many of the farmers were evidently engaged in the breeding of horses, and possibly of cattle as well (the Damascene cow was famous for its sturdiness, and the region of the Hauran is far richer in pasture than the Negev). For this purpose elaborate stables were constructed, very much like the ones found at Mampsis and Sobata, though less elaborate. A farmhouse discovered at Subhiyeh, east of Umm el-Jimal, may serve as an example[316]. It consists of a two storeyed house: the living quarters were mostly in the upper storey, whereas the lower space contains a large vaulted hall, with oblong halls 2.40—2.65 m. wide on either sides. These oblong halls served as the stables. Troughs were built into the window-stills facing the central hall. At other places, as at Kara'a, at the eastern border of the Hauran, a special building was constructed to serve as a stable, disconnected from any living quarters[317].

We may conclude this summary description of the southern Hauran by a statistical survey of the dated epigraphic material found in that region[318]:

1st century C. E.		2 inscriptions	
106—200	,,	15	,,
200—300	,,	11	,,
300—400	,,	42	,,
400—500	,,	19	,,
500—600	,,	13	,,
600—785	,,	4	,,

Except for very few inscriptions dated by various eras (regnal years of emperors, consulships and the Pompeian era), all other inscriptions were

---

[315] PPUAES II, A, fig. 181.
[316] PPUAES II, A, pp. 111—112, fig. 88.
[317] PPUAES II, A, pp. 142—143, fig. 126.
[318] PPUAES III, A, pp. 485—486. Index VII.

dated by the era of the province. This dating-method was only natural for those Nabatean towns and villages which until then had used the regnal years of their kings for dating, or which began their development after the foundation of the Provincia Arabia. For places whose history goes back to the Hellenistic period, or for the cities forming the Decapolis, however, this was not the case.

The large number of building inscriptions of all kinds, especially those of the 2nd century C. E. (the century in which the province was established) as well as those of the 4th century (when churches and monastic buildings were first built in that region) indicate the economic strength and political stability of the Hauran in the first three centuries of the Provincia Arabia.

6. Gerasa (Pl. XLV, 71)

Progressing to the south, we come to a region which probably was never under direct Nabatean domination. Gerasa was the main city in the northern part of that region. The early history of this city is not at all clear. A late tradition[319] based on an etymological explanation of the name supposing that it meant γέροντες, connected the foundation of Gerasa with the settlement of a company of veterans at that place. The modern theories connecting the foundation of Gerasa with the names of Antigonus or Perdiccas are no better founded. After 301 B. C. the land of Ammanitis, to which Gerasa belonged, became part of the Ptolemaic kingdom. Nevertheless all sources of the 3rd century B. C. fail to mention this place. The only find from that period at Gerasa is a single coin of Ptolemy II. After 200 B. C. the whole country became part of the Seleucid kingdom. There is a complete silence of the historical sources during the whole of the 2nd century B. C., and the only evidence found in the excavations for the existence of an occupation of some kind are the seven, Rhodian stamped, jar-handles found at Gerasa[320], and nine coins of the late 2nd century B. C., four of which are Hasmonean[321]. The earliest historical record discovered in the city itself is a lead weight of 10/11 C. E. on which the following legend is written[322]:

(ἔτους) ὁγ'. ᾽Αντιοχέων τῶν πρὸς Χρυσ(ορόᾳ) ἐπὶ Μενοδώρου ὄγδουν.

"(in the year) 70. The Antiochene which are on the Chrisoroas. In the period of office of Menodorus. One eighth".

The very same name of the city is found also on an altar of 130 C. E.[323]: *Pro salute Imp(eratoris) Caes(aris)n(ostri) Traian(i) Hadriani Aug(usti) P(at-*

---

[319] Cf. C. H. Krealing, Gerasa, City of the Decapolis, New Haven, Conn. 1938, p. 28 and notes 6, 7.
[320] Gerasa, p. 460, Nos. 241—247.
[321] Gerasa, p. 500.
[322] Gerasa, pp. 461—462, N°. 251.
[323] Gerasa, pp. 390—391, N°. 30.

ris) P(atriae) Deaniae Augustae Equites Sing(ulares) eius qui hibernati sunt Antioch[i]ae ad Chrysoroam quae et Gerasa hiera et asylo(s) et autonomos –––. It is this name of the city which gave rise to the idea that Gerasa was refounded by Antiochus III or IV[324]. KRAELING tends to assign the foundation of Gerasa-Antiocheia to Antiochus IV, mainly on account of his role in the introduction of the cult of Zeus Olympius into Syria-Palaestina, a deity which was venerated at Gerasa in the Roman period. Kraeling bases this assumption on the evidence of Josephus (War I, 86—87, 104; Ant. XIII, 393) who tells how Alexander Jannaeus laid hands on the treasures of the tyrant Zenon, which were deposited at Gerasa for safe-keeping. He thus presupposes the existence at Gerasa of a temple of Zeus Olympius, which had the right of asylum. This is, however, nowhere stated, and no trace of any building of the Hellenistic period has as yet been found there. In fact, the earliest dated architectural monument at Gerasa is Temple C, already dealt with on p. 612f.

After its conquest by Alexander Jannaeus, the territory of Gerasa remained in the hands of the Jews until the arrival of Pompey in Syria[325]. Although not mentioned by Josephus it is generally assumed that Gerasa formed one of the original cities of the Decapolis on its foundation by Pompey. This is quite logical because the Pompeian era was used at Gerasa from before the middle of the 1st century to as late as 611 C.E.[326] Only occasionally were regnal years and consulships employed, but the era of the province was never used at Gerasa. The mention of a βουλή[327] and a δῆμος[328] indicates that in the Roman period Gerasa was a *polis*.

The history of Gerasa in the first half of the 1st century C. E. is not well known. From the first quarter of the century, there is only a single inscription mentioning the cult of Zeus; the second quarter is represented by two inscriptions, one of the end of the period, also referring to the cult of the same deity. It is only from the second half of the century that dated inscriptions abound. The epigraphical history of the city may be summarised as follows:

10—22 C. E.	2 inscriptions		Domitian	1	inscription
Claudius	2	”	Nerva	1	”
Nero	3	”	Trajan	8	”
Vespasian	5	”	Hadrian	3	”

---

[324] Gerasa, pp. 30—31.

[325] Cf. R. O. FINK, Jerash in the first century A.D., JRS 33, 1933, p. 110 on the friendly relations between the Gerasenes, the Jews, and the rulers of Philadelphia at that period.

[326] Gerasa, inscriptions Nos. 2, 22/23 C.E.; 3, 42 C.E.; 4, 43/44 C.E.; 5, 69/70 C.E.; 8, 66/67 C.E.; 11, 163/164 C.E.; 15, 143 C.E.; 17, 73/74 C.E.; 21, 150 C.E.; 22, 155/156 C.E.; 24, 159/160 C.E.; 26, 238 C.E.; etc., found also in later times: 74, 259 C.E.; 275, 447 C.E.; 278, 533 C.E.; 279, 535 C.E.; 297, 584 C.E.; 355, 611 C.E., which is the latest inscription at Gerasa dated by the Pompeian era.

[327] Gerasa, inscriptions Nos 15, 141, 181, 189.

[328] Gerasa, inscriptions Nos 3, 4, 15, 141.

Antoninus Pius	9 inscriptions	Elagabalus	1	inscription
Marcus Aurelius	4 "	Severus Alexander	3	"
Commodus	2 "	238 C. E.	1	"
Septimius Severus	3 "	Valerian/Gallienus	1	"

The epigraphical summary, as well as architectural history reveal that the development of Gerasa lagged behind that of the other cities of the Decapolis. This phenomenon has not yet been satisfactorily explained[329]. The rise of Gerasa as a place of importance began after the outbreak of the First Jewish Revolt, when the Jewish community left Gerasa unmolested by the pagan community (Jos. War II, 480). The rise of Gerasa thus coincides with the end of the Middle Nabatean period. Whether there is any connection between these facts is open to research. The coin history of Gerasa, too, shows a great rise in the activities of the town from the times of Trajan onwards:

Hellenistic-early Roman (300—1 B. C.)	13 coins
Nabatean, Aretas IV (9 B. C.—40 C. E.)	21 "
Jewish, procurators — 44 C. E.	7 "
Claudius (41—54) — Nerva (54—68)	8 "
Nabatean, Rabel II (70—106)	3 "
Domitian (81—96) — Nerva (96—98)	6 "
Trajan (98—117) — Commodus (180—192)	54 "
Severus (193—211) — Decius (249—251)	95 "
Gallus (251—253) — Maximian (285—305)	30 "
Constantius (292—305) — Constantius II (337—361)	329 "
Valentinian I (364—375) — Zeno (474—491)	425 "
Anastasius I (491—518) — Constans II (641—668)	113 "

It is true that activities at Gerasa accelerated from the times of Trajan onwards. One should not, however, overlook the comparatively rich coin-finds from the time of Aretas IV, a period which is not represented at all in the epigraphic finds[330]. The abundance of early Roman-Middle Nabatean pottery in tombs at Gerasa, although not recognized by the excavators as such, also points to the extensive activities of the Nabateans there.

The only finds at Gerasa which may safely be dated to the late Nabatean period are the coins of Rabel II, and a bilingual Nabatean-Greek inscription[331], much damaged. In the Nabatean text is recorded the erection of a statue of Aretas son of Rabel "during the lifetime of Rabel"; it is dated to "year twenty-one", presumably of Rabel II, 91 C. E. In the more damaged Greek text may be read the words "west" and "south", possibly

---

[329] Gerasa, p. 30.
[330] This fact has not escaped KRAELING (Gerasa, pp. 36—39), who also draws attention to the fact that Arabian deities are still mentioned in the middle of the 2nd century C.E.
[331] Gerasa, pp. 371—372, Pl. XCV, a.

designating the boundaries of a plot of land. It seems that the old Nabatean town was located in the region of the later 'forum' in the southern part of the city, where some of the earliest remains of the Roman period were found, whereas on the higher ground to the northwest, the temple of the Nabatean town, Temple C, was located. The necropolis at which the above mentioned pottery was found extends to the south and southwest of the 'forum'[332].

The second half of the 1st century C. E. seems to have been a period of transition in the history of Gerasa, when Gerasa was transformed from a small Semitic-Nabatean town into a city of the western type (Pl. XLV, 71). According to the excavators, the *cardo* and the *decumani*, the backbone of the new planning, were laid-out about 75/76 C. E. This is inferred from an inscription engraved on a *voussoir* of an arch in the northern gate[333]. Two other inscriptions of 66/67 C. E.[334], one found at the south gate, and the other found in fragments in the region of the 'forum', were set up probably in conjunction with the construction of the city-wall. If the attribution of this inscription to the construction of the city-wall is correct, it would verify the early date of the laying out of the *cardo* and *decumani*. The construction of the temple of Zeus, which belonged to the earlier pre-Roman town-planning, must have begun much earlier. An inscription in which the cult of Zeus is referred to, appears to have been cut as early as 22/23 C. E.[235] and inscriptions of 69/70 C. E. speak of donations of large sums of money for the temple[336].

Along the whole length of the *cardo* ran a colonnade. The northern third of the street is made in the Ionic order, whereas the other two thirds are Corinthian. It is supposed that the employment at Gerasa of the Ionic order preceded that of the Corinthian. The latter is dated to the second quarter of the 2nd century C. E. The construction of the *decumani* belongs probably to the late 1st century C. E. The employment of the Ionic style, and the correspondence between the older temple of Zeus and the 'forum', which also appears to be early, point to a dating of this early Roman city to the second half of the 1st century C. E.

The construction of the south gate called for enormous contributions, a fact which is recorded by several inscriptions of the second half of the 1st century C.E. During the reign of Domitian, in 83 C.E., contributions were made for seats in the southern theatre (Pl. XLVI, 72), which encroaches the *temenos* of the temple of Zeus on the west[337]. Other inscriptions found in the same area speak of contributions towards τῆς Σεβαστῆς Εἰρήνης[338], a fur-

---

[332] Gerasa, pp. 449ff. Thus Tomb 4 contained coins of Berytus, Rabel II and Domitian, and then a coin of Commodus; Tomb 8 had coins of the 1st century C.E. and 1 Arabic coin. All of the tombs were re-used in various periods.

[333] Gerasa, pp. 397—398, N° 50, and see Plan I.

[334] Gerasa, pp. 395—396, Nos 45, 46.

[335] Gerasa, pp. 373—374, N° 2.

[366] Gerasa, pp. 375—378, Nos 5, 6.

[337] Gerasa, pp. 398—399, Nos 51, 52.

[338] Gerasa, pp. 395—396, N° 45.

ther inscription speaks of the building of a κοκάριον (?)[339] and the third of
a dedication of an altar[340].

At 79/80 C. E. a *stoa* and a λάκκος were donated to the temple
of Artemis, which was possibly erected at the same place where later the
new temple was constructed[341]. In the *propylaea* of the temple of Artemis
was found *in situ* an altar dedicated at 98 C. E.[342]. South of this temple a
certain Sarapion donated at 67/68 C. E. an ἀνδρών[343].

An inscription of 73/74 C. E. records the construction of a temple dedicated to the Arab god Pakidas and to Hera[344]. After the outbreak of the Jewish War, Vespasian established a garrison at Gerasa, consisting of the
ala Thracum Augusta[345].

At 106 C. E. Gerasa, until then a remote city the Provincia Syria,
came to lie in the heart of the Provincia Arabia. Although it lay far to the
west of the *via nova*, a network of roads connected it with this road and
with the other parts of the province[346]. In 115 C. E., a new gate was constructed at the northern end of the *cardo*[347], corresponding to the new road which
entered the city from the north. During the reign of Trajan, a priest of the
cult of that emperor dedicated a statue of Zeus Olympius[348]. About the
same time a statue of the emporer himself was also dedicated[349]. The
same emperor is also mentioned in a dedicatory inscription in the new north
gate, in where he is referred to as κτίστης. This matter is somewhat abscure,
because no building in the town was constructed under Trajan. From Hadrian
onwards, the city minted coins, all of which bear the bust of the city-goddess
with the legend Ἄρτεμις Τύχη Γερασῶν, 'Artemis, Fortune of the Gerasenes', without any additional title[350].

By the end of the reign of Trajan and the beginning of the reign of Hadrian, Gerasa was already important enough to be included in the itinerary
of Hadrian, who visited it in the winter of 129/130 C. E. The visit of the
emperor, and the benevolence which he expressed on that occasion are witnessed by three inscriptions[351]. According to the first of these, *equites singulares* formed the bodyguard of the emperor[352]. On the occasion of the emperor's visit a triumphal arch was erected[353]. The arch is situated 400 m. to

---

[339] Gerasa, pp. 378—379, N° 8.
[340] Gerasa, p. 317, N° 117.
[341] Gerasa, p. 389. N° 28.
[342] Gerasa, pp. 389—390, N° 29.
[343] Gerasa, p. 397, N° 49.
[344] Gerasa, pp. 383—384, N° 17.
[345] Gerasa, pp. 446—447, Nos 199, 200, tombstones of *equites*.
[346] Gerasa, pp. 462—463, Nos 252—257, milestones set up by C. Claudius Severus at 112 C.E.
[347] Gerasa, p. 401, Nos 56/57.
[348] Gerasa, pp. 379—380, N° 10.
[349] Gerasa, p. 424, N° 14.
[350] HILL, supra, note 280, pp. 31—32.
[351] Gerasa, pp. 390—391, N° 30; 402—403, N° 58; 425, N° 144.
[352] Gerasa, pp. 390—391, N° 30.
[353] Gerasa, pp. 403—494, N° 58.

1. Hellenistic pottery from Elusa

PLATE II

NEGEV

2. Seeia. Architectural remains on the site

3. Wadi Ramm. The road leading from Aila

PLATE IV   NEGEV

4. Iram. The temple. Two phases in the inner colonnade of the temple

5. Iram. The inner shrine of the temple

6. Petra. General view, looking west

PLATE VI   NEGEV

7. Petra. Tombs at the eastern approach to the city

8. Petra. Umm el-Byara from Qasr Bint Faraun

PLATE VIII   NEGEV

9. Petra. General view of the Necropolis

10. Petra. Pylon tombs

PLATE X

NEGEV

11. Petra. Hegr type tombs

12. Petra. General view of monumental tombs

PLATE XII

NEGEV

13. Petra. The Khazneh, general view

14. Petra. The Khazneh. The gable

15. Petra. The Khazneh. The *tholos*

PLATE XIV   NEGEV

16. Petra. Ed-Deir

17. Petra. The tomb of Sextius Florentinus. Detail

18. Petra. The Palace Tomb (left), the Corinthian Tomb (middle), the Tomb of the Urn (right)

PLATE XVI

NEGEV

19. Petra. The Tomb of the Urn

20. Petra. The Tomb of the Roman Soldier

PLATE XVIII

NEGEV

21. Petra. The theatre

22. Petra. The monumental gate

PLATE XX

NEGEV

23. Petra. The *via sacra*

24. Petra. Qasr Bint Faraun

PLATE XXII   NEGEV

25. Petra. Qasr Bint Faraun, eastern wall

26. Petra. A cult niche

27. Petra. A cult niche

PLATE XXIV   NEGEV

28. Petra. The approach to the great high-place

29. Petra. The great high-place

30. Khirbet et-Tannur. General view

31. Khirbet et-Tannur. The inner shrine of the temple

PLATE XXVI   NEGEV

32. Bostra. The Nabatean gate. Detail

33. Bostra. A Nabatean capital, in situ

35. Suweida. The grape-frieze

37. Seeia. A Nabatean capital of human figures

34. Suweida. A Nabatean capital of human figures

36. Seeia. A Nabatean capital of human figures

PLATE XXVIII

38. Oboda. General view. Portico and Nabatean retaining walls in the foreground

39. Oboda. Site of Nabatean temple

PLATE XXX   NEGEV

40. Oboda. Nabatean inscription of the times of Aretas IV, found in the debris of the gate of the Nabatean temple

41. Oboda. Nabatean mason's mark

42. Oboda. Potter's kiln

43. Mampsis. General view, looking north

44. Elusa. General view, looking south

PLATE XXXII   NEGEV

45. Elusa. Nabatean 'classic' capital found in debris

46. Elusa. Hybrid Nabatean capital

47. Elusa. Site of Nabatean theatre

48. Elusa. Nabatean theatre, section through *cavea*

PLATE XXXIV

NEGEV

49. Mampsis. Seal impression.
Tyche of Petra Metropolis

50. Mampsis. Seal impression.
Tyche of Characmoba polis

51. Mampsis. Seal impression.
Characmoba, Aquarius

52. Mampsis. Seal impression.
Rabbathmoba, Libra

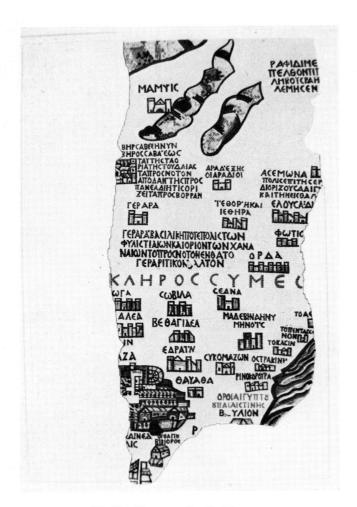

53. The Negev on the Madaba map

PLATE XXXVI   NEGEV

54. Mampsis. Building I. General view

55. Mampsis. Building I. Entrance to a residence

56. Mampsis. Building XII. Inner court

PLATE XXXVIII   NEGEV

57. Mampsis. Building XII. Capital at entrance to inner court

59. Mampsis. Building XII. Bronze jar of hoard. Detail

58. Mampsis. Building XII. Stable

60. Mampsis. Nabatean necropolis

PLATE XL

NEGEV

61. Mampsis. Nabatean necropolis. Tomb 108

62. Mampsis. Nabatean necropolis.
Ossuary from Tomb 108

63. Mampsis. Nabatean necropolis.
Funerary meal

64. Mampsis. Military cemetery

PLATE XLII   NEGEV

65. A Nabatean building-inscription of 'year two of the eparchy'

66. Oboda. A Nabatean building-inscription of 'year twenty of the eparchy'

67. Oboda. Building-inscription of 294 A. D., referring to Zeus Oboda

68. Oboda. Building-inscription from the acropolis, mentioning Aphrodite

PLATE XLIV   NEGEV

69. Bostra. The western arch

70. Bostra. The western arch. Detail

71. Gerasa. General view, looking north

PLATE XLVI

NEGEV

72. Gerasa. Southern theatre

73. Gerasa. *Propylaea* of the Temple of Artemis

PLATE XLVIII

NEGEV

74. Philadelphia. *Cavea* of theatre

the south of the south gate[354], in the vicinity of the gate and the hippodrome. The arch consisted of three passages formed by three heavy piers, decorated on each façade by Corinthian half-columns placed on high pedestals. At a later stage, pavilions with Nabatean-type staircase-towers were added at the flanks. At the top of the gate, there was a covered passage, possibly indicating an intention to connect this gate to a new city-wall, a plan which was never realized.

At about the same time, a new south gate was also constructed[355], similar in plan and arrangement to the triumphal arch. In the valley to the southwest of the gate and west of the triumphal arch, a hippodrome was constructed[356]. There is however no positive evidence for the exact date of the construction of this institution. There are some indications that an attempt was made during these times to extend the living quarters beyond the limits of the city-walls on the south[357]. It is possible that for this reason the dedicatory inscription on the triumphal arch was engraved on its northern face, facing the exit out of the city, instead of on the southern side, where there was a large *tabula ansata* with no inscription.

Gerasa reached the peak of its development in the Antonine period. The enormous architectural undertakings which, no doubt, were planned under former emperors were completed in the second half of the 2nd century C. E. These huge buildings accentuate the rôle of the city in Arabia, as a monumental centre for the entire region, leaving but little space for the regular citizen body. This should be kept in mind, when considering the extremely large temple compound dedicated to Artemis, the main goddess of the city. For the construction of the temple the higher ground of the northwestern quarter of the city was chosen, the very same place where once the Nabatean Temple C stood[358]. The *temenos* of the temple occupies an area of 34.000 m², but it involved considerable engineering work also on the eastern half of the city, to the east of River Chrysorhoas. The elaborate system of approaches to the temple consisted of a paved street and a bridge over the river. Then a triple arch was constructed from which opened the *via sacra*, a very wide, colonnaded street opening on its western end onto a trapezoid court decorated by *exedrae*. Then came a *propylaea* which opened on the *cardo*. This part of the building is dated by an inscription found in the ruins of the triple arch dating from 161—169 C. E.[359].

As the ground to the west of the *cardo* is on a much higher level, the whole western side of the street was terraced, shops occupying the whole length of the *temenos*. In the middle of this terrace a grand staircase was constructed, leading up to another triple gate. This was the main *propylaea*

---

[354] Gerasa, Plans I, IV.
[355] Gerasa, Plans I, XXIII.
[356] Gerasa, Plans I, VI—IX.
[357] Gerasa, pp. 50—51.
[358] Gerasa, Plan I.
[359] Gerasa, p. 426, N° 146, and cf. also pp. 405, N° 64, 433, N° 162—166, the last one is of the mid-2nd century C.E.

leading up to the temple (Pl. XLVII, 73). This part of the complex was dedicated under Antoninus Pius in 150 C. E.[360]. The staircase terminated at the outer court of the temple. A wide flight of steps opening on a portico led finally to the inner court, measuring 88 × 124 m. The court was enclosed by a wall and had porticoes on all sides. The temple, a Corinthian building[361], was placed on a podium. It was a *peripteros* of 6 × 11 columns, with two additional columns placed in front of the *antae*, to form a deep *pronaos*. There was a Nabatean type of staircase-tower in the massive south *anta*. The *adyton* at the western end of the oblong *naos* was approached by the flight of steps. The *adyton* consisted of three chambers. Remains of the main altar were found in the court in front of the building.

A certain similarity to the classical Nabatean temples, such as the presence of the staircase-tower at the side of the entrance[362], and the triple *adyton*, as in the temples of Moab discussed in the previous chapter, calls for comment. Unfortunately thorough research has never been made in regard to the form of ritual performed in this and in the other temples of Arabia[363]. No inscriptions have as yet been found in the temple compound, which has only partly been excavated.

When the temple was under construction, the *cardo maximus* was widened in the section extending from the south gate to the northern end of the *temenos* of the temple of Artemis and the order was changed from Ionic to Corinthian to conform with the order of the temple and its *propylaea*. An elaborate drainage system was built below the new pavement of the street. At the southern end of the *cardo*, a new gate was constructed at the point where the street meets the colonnades of the 'forum', whereas at the intersection of the *cardo* and the southern *decumanus*, a *tetrakionia* formed a central square[364]. Possibly about this time, a second, smaller *propylaea* was built, leading up to a temple situated to the south of the larger temple of Artemis[356]. This temple was later built over by the 4th century cathedral. East of this *propylaea*, facing the *cardo*, stood the *nymphaeum*, the most ornate building at Gerasa[366], built in 191 C. E.[367].

All of the structures enumerated above were constructed in the northern half of the city. However during the Antonine period, the temple of Zeus[368], dated to 163 C. E.[369] was also rebuilt. It occupied the southwestern hill, adjacent to the older part of the town. The whole complex consisted of three terraces, the lower two terraces each containing a court, whereas the temple itself was constructed on the highest terrace on the west. The building was

[360] Gerasa, pp. 402—403, N° 60.
[361] Gerasa, Pls. XXIV—XXVII.
[362] NEGEV, supra, note 194; R. AMI, Temples à Escaliers, Syria 28, 1950, pp. 82—186.
[363] Cf. AMI, op. cit.
[364] Gerasa, Plans I, XII—XVI, Pls. XVIII—XXI.
[365] Gerasa, Plan XXIX.
[366] Gerasa, Plans I, XVIII.
[267] Gerasa, p. 406, N° 69.
[368] Gerasa, Plans I, XXVI.
[369] Gerasa, p. 380, N° 11.

a *peripteros* of 8 × 12 Corinthian columns, with two additional columns in the *pronaos*. The inner arrangement of the temple, the staircase-towers in the *antae*, the tripartite division of the *adyton*, are all identical with the arrangement of the temple of Artemis.

North of the temple of Artemis stood a small north theatre[370]. This little investigated structure faces the northern *decumanus*. The theatre was built under Marcus Aurelius and Lucius Verus[371]. The large North Baths[372], situated to the east of the *cardo* probably also belong to this period.

The rich epigraphic material pertaining to this period sheds light on one additional aspect of the life of the city. The financing of such sumptuous building projects necessitated the active participation of a large number of people. That this indeed was the case is attested by numerous dedications engraved on altars[373], pedestals[374], statues[375], and stelae[376]. Among these rich citizens, not a single one is mentioned as holding any public office other than that of *epimeletes* (overseer) of the public works, mentioned in several inscriptions, e. g. the "overseers" of the construction of the temple of Nemesis[377], of an unnamed building[378], of a monument dedicated to a governor's wife[379] and of a building dedicated to a governor[380]. Although the institutions of the *polis* are mentioned here and there[381], they evidently did not stand in the foreground of the life of the city. Furthermore, as far as dating is concerned, these inscriptions in which officials of the *polis* are mentioned, are either early, of the 1st century C. E., or late, of the 3rd century C. E.. This material is, however, too ambiguous, and does not permit any definite conclusions.

The crisis which affected the empire in the 3rd century C. E. was not felt at Gerasa. It seems that Caracalla raised the status of the city to that of *Colonia Aurelia Antoniniana*[382]. However, in the 3rd century there was a strong decrease in building activities in the town. To this period probably belongs the construction of the east baths[383], where the base of a statue of

---

[370] Gerasa, Plan I, Pl. II.
[371] Gerasa, p. 405, N° 65, dated 162—166 C.E.
[372] Gerasa, Plan I.
[373] Gerasa, pp. 385, N° 21, 150 C.E.; 387, N° 24, 159/160 C.E.; 391, N° 32, 150/151 C.E.; 419, N° 124, 158 C.E.; 419—420, N° 125, middle of 2nd century C.E.
[374] Gerasa, pp. 392, N° 39, second half of 2nd century C.E.; 433—434, N° 168, 166 or 167 C.E.; 436, N° 174, middle of 2nd century C.E.; 439, N° 182, same date; N° 183, second half of 2nd century C.E.
[375] Gerasa, pp. 382, N° 15, 143 C.E.; 386, N° 22, 155/156 C.E.; 387, N° 25, 2nd century C.E.; 394, N° 43, 156(?) C.E.; 418, N° 121, middle of 2nd century C.E.; 419, N° 122, same date; N° 123, 2nd century C.E.; 424, N° 143, 150 C.E.
[376] Gerasa, p. 436, N° 175, 2nd century C.E.
[377] Gerasa, p. 393, N° 40.
[378] Gerasa, p. 417, N° 114.
[379] Gerasa, pp. 434—435, N° 168.
[380] Gerasa, p. 435, N° 172.
[381] Gerasa, pp. 603—604, Index I, 2.
[382] Gerasa, pp. 438, N° 179; 422, N° 191, and cf. p. 57.
[383] Gerasa, Plan I.

43*

that century was found[384]. Possibly the hippodrome was also built at that time[385], for, although the dating of this structure is disputed, all the relevant inscriptions found there are of the 3rd century[386]. To this period are also ascribed the festive theatre at the water source to the north of the city, as well as some changes introduced into the planning of the streets and the intersections. The latter half of the 3rd century C. E. saw the steep decline of the city, from which it did not recover before the reforms of Diocletian, which opened a new era in the history of the Provincia Arabia.

7. Philadelphia

This is the southernmost large city of Arabia, situated in the southern end of the territory of Ammanitis, not far from its border with Moab. Philadelphia is one of the few cities in Arabia whose history goes back to the Iron Age and the Persian period, and has never been abandoned since. The former name of the city, Rabbath Ammon was supposedly changed by Ptolemy Philadelphus, but for this we depend on traditions which are not earlier than the Roman period:

Φιλαδέλφεια – – – καὶ τρίτη τῆς Συρίας ἐπιφανὴς πόλις, ἡ πρότερον Ἄμμανα, εἶτ' Ἀστάρτη, εἶτα Φιλαδέλφεια ἀπὸ Πτολεμαίου τοῦ Φιλαδέλφου. – – – οὕτω γὰρ Ἰώσηπος κ' τῆς Ἰουδαϊκῆς ἀρχαιολογίας.

"Philadelphia – – – a third by this name is the famous city in Syria, formerly name Ammana, and then Astarte, and then Philadelphia after Ptolemy Philadelphus. – – – This is also told by Josephus in his Jewish Antiquities".

(Steph. Byz. 665,7,11—14), and: Ῥαββατάμμανα, πόλις τῆς ὀρεινῆς Ἀραβίας, "Rabbatamana, a city of hilly Arabia" (542,1—2). All other sources, including Josephus, do not go beyond stating the new name of the city: Strabo XVI,2, 40; Plin. N.H. V, 16,74 (a city of the Decapolis); Jos. Ant. XIII, 235; XX, 2; War I, 60, 380; II, 458; III, 47 (Zenon Kotylas was the tyrant of Philadelphia); Ptol. V,15,23 (a city of the Decapolis). The latter sources: Eusebius, Onom. 16,15: Ἀμμᾶν. ἡ νῦν Φιλαδελφία, πόλις ἐπίσημος τῆς Ἀραβίας, "Amman, which is now named Philadelphia, the famous city of Arabia". (and cf. also 21,1; 24,2; 102,21; 126,17). It should be noted that neither Amman, Rabbath Ammon, nor Philadelphia is mentioned in the Zenon Papyri, a source which should have mentioned a city supposedly founded by Ptolemy II.

Summing up the historical evidence, Philadelphia, despite its name, is never mentioned before the end of the 2nd century B. C. when it was held by Zenon Cotylas (Jos. War I: 60), and later by his son Theodorus (War I, 86—

---

[384] Gerasa, p. 383, N° 16.
[385] Gerasa, Plans I, VI—XI, pp. 85—102.
[386] See Gerasa, pp. 57—58 for an argument on the dating.

87). At the conquest of Judea by Pompey, the city was held by the Nabateans, and it was to Philadelphia that Aretas III Philhellene withdrew from Judea (War I, 129). Later it was among the first ten cities of the Decapolis, founded by Pompey (Plin. H. N. V, 74; Ptol. V, 15, 23). When the Provincia Arabia was founded, Philadelphia was incorporated into it.

As a member of the Decapolis, Philadelphia minted semi-autonomous coins of which a few only, from the years 83/84 and 164/165 C.E., are known; all are dated by the Pompeian era[387]. The legends on these coins are ΦΙΛΑΔΕΛΦΕΩΝ and ΦΙΛ ΚΟΙ ΣΥΡΙΑΣ.   The series of coins carrying effigies of emperors begins with Titus and Domitian, dated by the same Pompeian era[388]. The city likewise minted under Hadrian, Antoninus Pius, Marcus Aurelius, Lucius Verus, Commodus and Elagabalus[389]. Besides the legends already mentioned, there also are the legends of ΤΥΧΗ ΦΙΛΑΔΕΛΦΕΩΝ, ΗΡΑΚΛΕΙΟΝ ΑΡΜΑ, ΘΕΑ ΑΣΤΗΡΙΑ, which attest to the various cults practised in that city[390].

Due to its position on the main North-South road, Philadelphia has never been abandoned, and for this reason earlier buildings were destroyed when new ones were constructed. The best archaeological surveys were made at ʿAmman in the latter part of the 19th and in the early 20th century[391]. No large scale excavations, however, have ever been carried out. This is now extremely difficult because modern ʿAmman covers a great part of the ancient sites.

The city of Philadelphia consisted of two main components[392]: an extremely large acropolis hill and a lower city, constructed on the slope of a hill opposite the acropolis (Fig. 33). Both parts were separated by a deep wadi and its tributaries. The buildings on the acropolis have suffered much damage. The only building which earlier surveyors were able to recognize was the ruin of a large Corinthian temple[393]. It was a *prostylos tetrastylos* with two additional columns in front of the *antae*, which themselves consisted of half-columns. The temple stood on a high podium. The magnitude of this building may be judged by the diameter of the columns, which measured 1.65 m. From this figure, one can reckon a height of some 20 metres from podium to gable. The complex was situated on the southern part of the acropolis and the temple itself stood at the southern part of a huge court, surrounded by a wall, entered by a gate at the southeast.

To the north of this large temple compound, there was another court, built on the highest terrace of the acropolis hill[394]. Probably there were

---

[387] HILL, supra, note 280, p. 37.
[388] Loc. cit.
[389] Op. cit., pp. 38—41.
[390] Op. cit., pp. XXXIX—XLI.
[391] C. R. CONDER, The Survey of Eastern Palestine I, London, 1899, pp. 19—64; PPUAES II, A, 1, pp. 34—62; B & D II, pp. 216—220.
[392] PPUAES II, A, Plan.
[393] PPUAES II, A, pp. 38—41, figs. 24, 25.
[394] PPUAES II, A, pp. 41—43, figs. 26, 27.

porticoes on three or four sides of this court. The back walls of these porticoes were decorated by alternating niches and pilasters. The spacious
court (about 80 × 100 m.) is now filled with ruins, no plan of which may be
made. To the north of this court is another, a smaller one, with porticoes
on two sides. The porticoes seem to end in square towers. Within this court
stand the ruins of a building which seems to be of a later date than the courts.

Judging by scattered fragments of architectural decoration, BUTLER
suggested an Antonine date for the whole complex. This is, however, too
hasty a judgement on a matter which will not be settled before the site
has been excavated. Nevertheless, one is attracted by the similarity in
plan between the acropolis of Philadelphia and that of the huge Nabatean
religious centre of Seeia. The acropolis of Philadelphia is L shaped, consisting
of three terraces surrounded by walls. The lower terrace is 2640 feet above
sea level, the one above is 2740 feet high, and the uppermost rises to a height
of 2820 feet. We do not know how the approach from one terrace to the other
was made. The similarity in planning of these two large religious centres
(Philadelphia seems never to have been fortified) cannot be accidental,
but, due to the present state of the ruins, nothing else can be said at present
on this matter.

The ruins in the lower city are in a somewhat better state of preservation[395]. Along the whole course of the main river separating the lower city
from the acropolis there ran a colonnaded street. At the eastern end of the
street are ruins of a large building identified as a *propylaea*[396]. It consisted
of a double *porticus* with six columns on the front and four at the back,
each approached by a flight of steps. The openings in the inner portico
opened onto the colonnaded street, 8.40 m. wide. The width of the *propylaea*
which is about 25 m., suggests the presence of porticoes on both sides of the
street.

At a distance of some 250 m. to the west of the gate there must have
been a bridge, from which a short street ran southwards towards the most
important centre of the life of the city, the theatre, an *odeum* and the *agora*
stood[397]. For the *cavea* of the theatre, a natural slope was chosen, and it is
only the sides of the structure which were supported by vaults (Pl. XLVIII,
74). The *scaenae frons* has mostly disappeared. The *odeum*, on the other hand,
was a completely artificial structure, built on flat ground. The large colonnaded square onto which the theatre and the *odeum* open has been identified as a *forum*.

Further west, not far from the junction of the main east-west street
with another shorter colonnaded street, running north-northwest, stands
a huge *nymphaeum*[398], the largest in Arabia. South of the *nymphaeum*
flows the 'Amman River, whereas under the structure flows a small tributary.

[395] PPUAES, II, A, Plan.
[396] PPUAES, II, A, pp. 43—46, figs. 28, 29.
[397] PPUAES, II, A, Plan, pp. 47—54, figs. 31—35.
[398] PPUAES II, A, pp. 54—60, figs. 37, 38.

In the vicinity of the *nymphaeum* are extensive ruins of large public buildings. The *nymphaeum* consisted of two orders placed one above the other,
the whole rising to a height of 20 m. The lower order consisted of a podium in
which were four openings in the lower part and four niches in the upper part.
Three flights of steps led up to the upper order, one to the central *exedra*, and
the other two to the projecting flanks of the building. The back wall of the
structure was decorated with numerous niches surmounted by arches
and gables. The whole structure was 70 m. wide. In front of the *nymphaeum*
was a basin 9 m. deep, into which flowed the waters of the perennial stream.
The city was well supplied with water by means of aqueducts from the permanently flowing streams.

The extreme paucity of epigraphic material at Philadelphia makes any
attempt to reconstruct the history of Philadelphia futile. The earliest
dated remains are those in a Nabatean tomb[399] which can now be safely
dated to the first half of the 1st century C. E., the Middle Nabatean period.
If Philadelphia had a constructional history in the Hellenistic period it
still has to be discovered.

The city-plan of Philadelphia is much dependent on the natural lie
of the land, and no attempt has ever been made to change it by human effort. Comparing Philadelphia — not only the southernmost city in the Provincia Arabia but also the largest in that region — with other cities there,
one is impressed by the contrast to both Bostra and Gerasa with their regular
plan with *cardo* and *decumani*. In all, Philadelphia most resembles the plan
of Petra.

If Philadelphia were a city in the proper sense of the word it would be
natural to find the dwellings of the citizens scattered on the slopes rising above
the centre, south and southwest of the theatre, where the modern town
now stands. However, the plan made by the Survey of Eastern Palestine[400]
shows numerous tombs and sarcophagi scattered at the places where these
houses should have been built. In the present state of knowledge this is
all that may be said on this matter.

Epilogue

The history of the Nabateans and of the Provincia Arabia as presented
in this study is far from complete. Various subjects, such as language, religion, etc. have been left aside, since at present little can be added to what
has already been said in older publications. The incompleteness of this work
has a further aim, however, namely to show just what the state of research
into this culture really is.

It has been the main aim of this study to point out some of the peculiari-
ties of the Nabatean culture. The drawback of most of the scientific systems

---

[399] G. L. HARDING, A Nabatean Tomb at Amman, QDAP 12, 1946, pp. 58—62, Pls. XIX—XX.
[400] CONDER (supra, note 391), plan facing p. 24.

in terms of which the Nabatean problem has been approached lies in the application of methods designed for the research into traditional rural-urban civilizations. Adherents of these methods tend to see a gradual development of processes, in which elaborate forms develop from simpler ones, and these from still more primitive ones. Thus they are inclined to interpret the development stages as chronological phases, developed over a very long period of time.

Such an approach generally holds good in the case of traditional rural-urban cultures. It is, however, wrong to apply it to the research of a culture whose bearers are of a comparatively recent nomadic origin; here quite different rules apply. These Nabatean nomads were on the one hand responsible for a very important section of the international indo-Arabian spice trade in the Hellenistic, or even late Persian period, and were breeders of sheep and camels (for food and transport) on the other. They possessed a very good knowledge of hydraulic engineering, but, being nomads, they followed strictly the taboos against settled occupations, such as the production of pottery, agriculture, and the building of houses. As far as we know, this stage of nomadic life lasted about four or five hundred years.

Then came the clash between the desert nomads and the dwellers of the settled countries. The *Lebensraum* of the Nabateans in the late Persian and the Hellenistic periods was bordered by the Arabian desert to the south, the Syro-Mesopotamian desert to the east and the Ammonite and Judean kingdoms to the north, thus it bordered on the VIth Persian satrapy, replaced by the Ptolemaic and Seleucid kingdoms in the Hellenistic period.

The disintegration of the Seleucid kingdom in the late 2nd century B.C. invited contenders for the heritage of the kingdom. Due to his superior geographical position, the main contender was the Jewish king Alexander Jannaeus, the builder of the large Jewish kingdom. Jannaeus' scheme was to lay hands on the whole of the Mediterranean coast, as far as the border of Egypt to the west, to establish his rule over the comparatively fertile Plain of Beersheba to the south, and to conquer the country to the east of the Jordan, as far north as Gaulanitis, and as far south as Ammanitis and Moab.

Had the Nabateans accepted this scheme, their rôle in history would quickly have come to an end, since it would have meant giving up completely the part which they played in international trade. Instead, the Nabateans fought back. When Alexander Jannaus blocked the way from the central Negev to the Mediterranean harbours, the Nabateans pressed northwards along the Syro-Mesopotamian desert to the inhospitable Hauran region, which was difficult of access for a regular army, like that of the Jews, but well suited to the highly mobile Nabateans, who at that stage of their history were probably still organized on a family or tribal basis. By this counteraction the Nabateans opened a road to Damascus, and hence to the Mediterranean.

The three generations which elapsed between the death of Alexander Jannaeus and the accession of Herod the Great to the throne were decisive for the fate of the Nabateans. During this time they evidently underwent considerable transformation. This was probably caused by a natural diminution of the urge to wander, and by the simultaneous absorption of influences from the peoples with whom they had established contacts. The Nabateans must also have realized that, in the changing political conditions, a standing army was needed to protect the kingdom and the trade-routes, that banks or equivalent financial institutions had to be established, and a network of roadstations and protected water supply points constructed. This could have happened at the transition from the Hellenistic to the Roman period. That this indeed was the case may perhaps be inferred from the nomenclature employed by the Nabatean army. Thus, the names for the commanders of the larger units, e. g. *strategoi, hipparchoi* and *chiliarchoi*, were borrowed from the Hellenistic-Ptolemaic establishment, and are compatible with an organization in terms of tribes and clans headed by local sheikhs. In contrast the smaller, more flexible units were placed under the command of officers called 'centurions', a term drawn from the more systematic organization of the Roman army.

The permanent military installations, the *caravanserais* and the waterpoints need no special explanation, because there is ample archaeological evidence to testify to their presence and their quality. But one matter does require further comment, namely the existence of banking institutions, without which commercial activities on the scale practised by the Nabateans could hardly have functioned properly. According to earlier eastern precedents taken up by the Greeks in Classical times, the natural place for such an institution would be the temple, but things become more complicated in the Hellenistic and the Roman periods, when, as in the Ptolemaic kingdom, state banks and, as in Roman times, private banks came to assume these financial activities. The only evidence for monetary transactions performed by the Nabateans comes from the necropolis of Egra. From the documents found there we learn that the fines paid for the violation of tombs were generally paid to the temple, in same cases both to the temple and the king, and once to the *strategos* residing at Egra (at a rather late date in the history of the necropolis). This piece of indirect evidence may point to the temple, along with the royal treasury, as the Nabatean institutions occupied with banking. Indeed, from the last quarter of the 1st century B. C. onwards the most conspicuous buildings constructed by the Nabateans were the temples which they built along the trade routes. These buildings were detached from village and town and were at times the only sign of civilization in the whole region. Thus, leaving the district of northern Arabia one finds the temples of Iram, Petra, Kh. et-Tannur, Qasr Rabba (Rabbathmoba), Dibon (Philadelphia?), Gerasa, Bostra, and further Seeia, Sur and Sahir in the northern Hauran, on the border of the Nabatean kingdom. All of these temples are situated along the main routes leading from Arabia to Damascus. Although there is no direct evidence to confirm this idea, the temple would indeed have been the most likely institution to have carried out the necessary banking activities. It is difficult to imagine the Nabateans carrying around with them the huge sums of money necessary to maintain their caravans over the course of the many months during which they were under way.

Whatever the explanation, the fact is that all of a sudden at the end of the 1st century B. C. the Nabateans emerge as master builders. Not only the temples, the waterworks and the military installations but also the finely carved funerary monuments at Egra and Petra testify to the excellence of their workmanship. In the same unexpected way, Nabatean ceramic art makes its appearance. Its fine qualities have been generally described, and it will suffice to remind the reader that, right from the beginning of production, it was the finest of its time in the whole Near east, far better than any other ceramic traditions, despite the fact that these often had more than five thousand years of development behind them. This ceramic art appears suddenly at the peak of perfection without any traceable stages of development.

These are the facts. How this has happened is still unknown. It is certainly possible that the Nabateans were assisted by artists originating in Egypt or in other countries of the late Hellenistic-early Roman world, but the number of Nabatean names among the artists known from Egra, Iram and Petra, is too large to attribute everything to the work of foreign artists.

Once the Nabateans reached the stage of constructing temples, army camps, *caravanserais*, water installations, tombs, and began to produce pottery, the transition towards full sedenterization was an easy matter. Some private houses were already built in the 1st century C. E., but larger agglomerations of houses remain unknown before the 2nd and 3rd centuries C. E. At Mampsis, Sobata and possibly also at Elusa in the central Negev, and at Umm el-Jimal in the southern Hauran we find the closest thing to a Nabatean urbanization, although these beautifully built houses are far from arranged in any known urbanistic scheme.

The transition to this stage was connected with a drastic change in the occupation of the Nabateans. The international trade, from which they had previously derived their wealth, had been wrested from them by the Romans and their agents (Palmyrenes and others), leaving the proud ex-nomads without their traditional means of sustenance. At this point the Nabateans took the final step in their departure from ancestral habits, employing their great skill in hydraulic engineering for the invention of an irrigation system allowing them to cultivate fields, orchards and vineyards. More than anything else, it is the planting of the grapevine, that best symbolizes this departure from traditional Nabatean ways.

This departure and transition saved the Nabateans from the fate which they suffered in other parts of their kingdom. Thanks to the homogeneity of the ethnic element occupying the Negev for hundreds of years, we still find the Nabateans there as the most conspicuous ethnic element well into the 3rd century C. E. Although the Greek language had replaced the Nabatean, and although their traditional deities had to be amalgamated with those of the Romans, the builders of the 3rd century temple at Oboda all bore traditional Nabatean names. The process of disintegration in the Sinai, even further distant from foreign influence, was slower still, so that we find the Nabatean script and language still in use there in the second half of the 3rd century C. E., and the same holds for northern Arabia as well. Thus one can trace Nabatean identity in the central Negev well into the late Roman and even Byzantine periods, and even the equalizing effects of Christianity did not succeed in eradicating all traces of this identity. It is much more difficult to trace the Nabateans in the eastern and northern districts of their former kingdom.

With the formation of the Provincia Arabia, the Romans united two different socio-ethnic traditions; that of the former nomads and that of the settled farmers and city-dwellers. At the commencement of my research, I tended to accept the view that Gerasa and Philadelphia, which together with Bostra formed the urbanistic nucleus of the new province, had a long standing Hellenistic tradition behind them. Today I find this theory doubtful. The few archaeological remains found at Gerasa consist of a few sherds and a few coins only and are hardly different from those found at Petra and the early Nabatean sites of the central Negev. At Philadelphia even this much has not yet been found. At both Gerasa and Philadelphia, no buildings of the Hellenistic period have yet been discovered, and nothing there would appear to be earlier than the Middle Nabatean period, to which the Nabatean temples and cemeteries belong (the case of Philadelphia is not as clear in this matter as the case of Gerasa). Thus the legend of the founding of the *polis* of Antiocheia ad Chrysorhoam may represent an attempt by later settlers, perhaps at the time of the foundation of the Decapolis or even later still, to acquire fame and antiquity by adoption. In any case, the history of the Hellenistic period in the land east of the Jordan deserves much more attention than that hitherto given to it.

When the Provincia Arabia was founded, the process of Romanization was generally very slow. Bostra on the north, chosen to serve as the new capital of the province and the seat of the legionary command, quickly assumed the appearance of a Roman town. At Gerasa, more distant, but in the heart of the province, there is a mixture of both urbanistic systems. The main importance of the city lay in its huge religious institutions. The outer casing of these temples was made after current western fashions, but the interior arrangement retained the traditional Nabatean plan. This aspect of the religious functions of the temples at Gerasa has not yet been sufficiently investigated. The public aspect of Gerasa is still more accentuated by the presence in the city of three theatres, a hippodrome and large public squares. The *cardo maximus* and the two *decumani* are in fact all that Gerasa borrowed from western town-planning.

At Philadelphia, further south, the appearance of a huge religious centre is still more striking, and no attempt was ever made by the builders of the city to force western town-planning on that city.

As to Petra we are still in the dark. Its rôle in this period is a matter which needs more serious research than it has hitherto received. It seems,

however, that at the beginning of the 2nd century Petra was little more
than a fading memory of the once famous capital of the Nabatean
kingdom.

List of Illustrations

I. Plates:

The Roman Army in Arabia

by Michael P. Speidel, Honolulu, Hawaii

"Arabia ... is rich from a variety of products and studded with strong fortresses and castles, built by the watchful care of former generations on suitable and readily defendable heights to repel the raids of neighbouring tribes. It has among its towns some great cities, Bostra, Gerasa, and Philadelphia, strongly defended by mighty walls."

Ammianus Marcellinus, 14,8,13

Contents

I. Introduction

Rome's Arabian army prevailed for over five-hundred years. It was called into existence when in A.D. 106 the emperor Trajan annexed the kingdom of the Nabataei. Joining to it some of the cities of the Syrian Decapolis — Philadelphia ('Ammān), Gerasa (Jerash), Dium (unidentified) and Adraa (Der'ā) — he organized the former kingdom into a province that encompassed a fair-sized territory. The new *Arabia provincia* stretched from the Hauran mountains in the north down to the Red Sea, including the Negev, the Sinai Peninsula, and much of the Ḥijāz. It gave Rome control over profitable trade routes, especially the Frankincense Road from Southern Arabia to the Mediterranean and the road from Syria to the Red Sea port of Aila (Aqaba). The strategic needs of the province thus called for a solid defense of the agricultural and urbanized areas in the north, for a continuous *limes*, i.e. a deep zone of roads, guard posts, and forts down to Aila and Madian (Bad'), and for a far-flung net of road stations in the outer areas. Needles to say that the province also provided a greatly extended zone of security for Palestine and the Decapolis, — an aspect of growing importance with the increasing reliance on first-line defense in the overall strategy of the empire and with the renewing strength of the desert Arabs.

The army to which Trajan entrusted these tasks was kept with customary Roman military parsimony to a minimum. Medium-sized in comparison to other provincial armies, it consisted of only one legion and a corresponding number of *alae* and *cohortes*, all in all perhaps some ten thousand men. Foreigners at the beginning, the soldiers and the units became firmly rooted in the country where they built their camps and forts. They saw themselves as an integral army corps, the *exercitus Arabicus*, glorified on the coins of Trajan's new Arabian mint. The tradition they established was to last, with only gradual change, over half a millennium, long enough, in fact, to command still the respect of the prophet Mohammad[1].

---

[1] For the province as a whole see BRÜNNOW and DOMASZEWSKI (3 vols., 1904—1909) and BOWERSOCK (1971); for the *limes Arabicus* see BOWERRSOCK (1976); for the important

The history of the Roman Army in Arabia thus draws attention to itself. It is, moreover, capable to shed some light on the rest of the Roman imperial army, some features of which are uniquely documented in this province, such as the earliest unit of Gothic tribesmen and examples of the continuity of auxiliary units from the High Empire to the Later Empire. Surprisingly, though, the epigraphical evidence that has accrued since the middle of the last century has never been used for a systematic study of the Arabian army which remains one of the least known provincial armies of the empire[2]. Hence the following is the first attempt to trace the composition and the history of the *exercitus Arabicus* from Trajan to the Muslim conquest.

II. Legiones

Arabia, from the beginning, was a one-legion province where the commander of the legion was at the same time governor of the province. That was the case in nearly all one-legion provinces, i.e. in Upper Dacia, Iudaea, Noricum, Numidia, Lower Pannonia, Raetia, etc., but for Arabia it is explicitly documented already in the first year after the creation of the province at which time the commander of the legion there is called ὑπατικὸς τῆς λεγεῶνος (*consularis legionis*)[3]. *Consularis* was the unofficial, popular designation for senatorial governors, whether they had already been consul or whether they were only expecting nomination to that honor while still serving in a praetorian province; the term ὑπατικὸς τῆς λεγεῶνος thus combines the two positions, commander of the legion and commander of the province[4].

towns beyond Aila, especially Madian (Bad') which recently produced a fragment of a monumental Latin inscription suggesting a strong military fortification, see PARR— HARDING—DAYTON (1969 and 1971); H. DUSSAUD, La pénétration des Arabes en Syrie avant l'Islam, Paris 1955, p. 150ff. suggests the port of Leuke Kome was located near Madian (Bad') at Kheraybe, rather than at Wajh or farther south (see the literature in: Der Kleine Pauly III [1969], s. v. Leukekome [A. DIETRICH]). For the *exercitus Arabicus* see below, note 119b; for coins: METCALF (1975), plate XIII. Mohammad: Koran 30, 1ff.

This paper was researched with the help of a grant from the National Endowment of the Humanities: the views put forward here are not necessarily those of the Endowment.

[2] See the bibliography given below. BOWERSOCK (1971) 237 rightly remarked that 'Limeskongresse' have not shown a particular interest in the *limes Arabiae*, although work on the *limes Palaestinae* is sometimes relevant. Six years, three congresses, and some two-hundred 'Limeskongress'-papers later, that remark is as valid as before. My own two former studies concerning the subject are superseded by this paper.

[3] P. Mich. 466, quoted below. Cf. DESSAU, ILS 2400: *cons. leg. III Aug.*

[4] Cf. A. STEIN, Die Reichsbeamten von Dazien, Budapest, 1944, 54. For *consularis* in use in Trajan's time see M. SPEIDEL, The Captor of Decebalus, JRS 60, 1970, 142—153, esp. p. 152, n. 116; contra: R. SYME, Consulates in Absence, JRS 48, 1958, 4f.

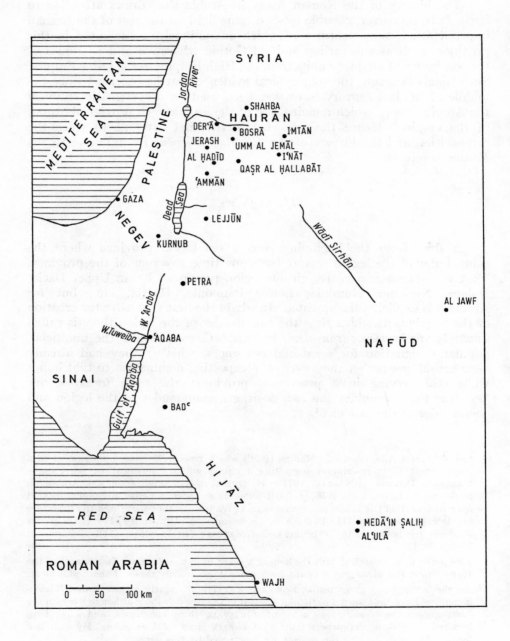

Which legion served as the initial garrison of the province? The question cannot be answered with assurance until new material comes to light. What is certain is only that a group of Egyptian soldiers served in the Arabian legion by March 26 A.D. 107. Hence a legion from Egypt is a likely candidate, in particular *legio III Cyrenaica* which from the time of Antoninus Pius on at the latest served as Arabia's permanent garrison legion.

1. Legio III Cyrenaica

Evidence for the likely presence of *legio III Cyrenaica* in Arabia in A.D. 107 is a letter, found in Karanis in Egypt dating to March 26, A.D. 107. Written from Arabia by one Iulius Apollinarius it reads as follows[5]:

Ἰ[ο]ύλιος Ἀπ[ολινάριος Ἰο]υλίῳ Σαβείνωι τῶι
  γλυκυ[τάτῳ πα]τρὶ – – – etc.
γίνετα[ι δὲ καλῶς μοι. μετὰ τὸ] τὸν Σάραπιν
εὐτυχῷ[ς ἐνθάδε με εὐοδῶσαι ἄ]λλων ἀλ-
[λ.]..[± 17   ].ε....
[.....]...[..]..[.]ν [ὅ]λης τῆς
[ἡμέρ]ας λίθους κοπτ[ό]ντων καὶ
[ἄλλα π]οιούντων, ἐγὼ μέχρι σή-
[μερον] οὐθὲν τούτων ἔπαθον, ἀλλὰ
[καὶ ἐρω]τήσαντός μου Κλαύδιον
Σε[ουῆ]ρ[ο]ν τὸν ὑπατικὸν εἶνα με
λιβράριον ἑαυτοῦ ποιήσῃ, εἰπόντος
δὲ [α]ὐτοῦ ὅτι τόπος οὐ σχολάζ[ι], ἐν
τοσούτῳ δὲ λιβράριόν σε λεγεῶνος
ποιήσω ἐφ᾽ ἐλπίδων, κλήρῳ οὖν
ἐγενόμην ἀπὸ τοῦ ὑπατικοῦ τῆς
λεγεῶνος πρὸς τὸν κορνικουλάριον. – – – etc.
ἐργασίαν δὲ δώσω εὐθέως ἐὰν ἄρ-
ξηται ὁ ἡγεμὼν διδόναι κομμεᾶτον
εὐθέως ἐλθῖν πρὸς ὑμᾶς. ἀσπάζεταί
σε Οὐολύσσιο[ς] Πρόκλος Λονγεῖνος Πάκκιος
Οὐαλέριος Σεμπρώνι[ο]ς Οὐαλέριος Ἑρμα....
Ἰούλιος Πρίσκος Ἀπολλινάριος ....ίων [καὶ ο]ἱ κοντ[ουβε]ρ[ν]άριοι
  πάντες. ἀσπάζου Ἰουλίαν τὴν κυρίαν
μου ἀδελφήν, ὁμοίως Σαραπιάδα καὶ τ[ὴ]ν μητέραν, τὴν μάμαν Σαμ-
  βάθιον, Θερμοῦθιν καὶ τὰ
τέκνα αὐτῆς, τὸν πατέρα Πακκίου καὶ πάντας τοὺς κολλήγας σου κατ᾽
  ὄνομα καὶ τοὺς ἐν οἴκωι.
ἐρρῶσθαί σε εὔχομαι. ἔτους ῑ Τραιανοῦ τοῦ κυρίου Φαμενὼθ λ̄.

---

[5] P. Mich. 466 (in parts). See also P. Mich. 465.

44*

εὐχαριστῶ Οὐολυσσίῳ καὶ Λονγείνῳ τῷ Βαρβάρῳ. μεταδώσις τοῖς
παρὰ Ἀφροδᾶτος τοῦ τοῦ ἀρτυματοπώλῳ[υ]
ὅτι ἐστράτευσάν ⟨με⟩ ἰς χώ[ρ]την εἰς Βόστραν. κάθηται [π]ρὸ ῆ ἡμερῶν Πέτρας καὶ τ⟨   ⟩

"Julius Apollinarius to Julius Sabinus, his dearest father, – – – –
Things are going well for me. After Sarapis conducted me hither in
safety, while others [. . . .] all day long were cutting building stones
and doing other things, until today I endured none of these hardships;
but indeed I asked Claudius Severus the *consularis* to make me a secretary on his own staff and he said, 'There is no vacancy, but meanwhile
I shall make you a secretary of the legion with hopes of advancement.'
With this assignment, therefore, I went from the *consularis* of the
legion to the *cornicularius*. – – – – I shall take pains, as soon as the
commander begins to grant furloughs, to come to you immediately.
Volusius Proclus salutes you, as do Longinus Paccius, Valerius
Sempronius, Valerius Herma[. . . .], Julius Priscus, Apollonarius
[. . . .]ion, and all their comrades. Salute Julia my lady sister, likewise
Sarapias and my mother, my grandmother Sambathion, Thermouthis
and her children, the father of Paccius, and all your colleagues individually, and those at home. I pray for your good health. The 10th year
of Trajan, our lord, Phamenoth 30.

I am grateful to Volusius and Longinus Barbarus. You will tell the
firm of Aphrodas, the son of the condiment dealer, that they enrolled me
in the cohort going to Bostra. It lies 8 days' journey from Petra and [. . . .]"

The fact that the comrades (*contubernales*) of the letterwriter salute
his Egyptian father shows that they were Egyptians, and since few
Egyptians are found in legions outside Egypt, one may assume the legion
came from Egypt[6]. Iulius Sabinus, the father, must have been a soldier too,
because of his colleagues (κολλήγας) mentioned in the letter, and indeed,
a contract found in the same house in Karanis shows him to have been a
soldier of *legio III Cyrenaica*[7]. A further letter, found in the same house
reveals that Iulius Apollinarius himself twelve years later was a soldier
of *legio III Cyrenaica*[8]. The two Iulii Apollinarii must be one and the same

---

[6] Cf. J. L. F. KEPPIE, The Legionary Garrison of Judaea under Hadrian, Latomus 32,
1973, 859—864, who rightly rejects BOWERSOCK's inference (1971, 233, n. 95) from the
transfer of Egyptian sailors to *legio X Fretensis* that Egyptians are not uncommon as
legionaries abroad (PSI IX, 1026c). The material is collected by G. FORNI, Il reclutamento
delle legioni da Augusto a Diocleziano, Milano–Roma 1953; there the following
Egyptians are shown serving abroad: CIL VIII, 2551; 2565 a 18; 2789; 2823; cf. AE
1917—1918, 57; CIL VIII, 18084 (all in *legio III Augusta* in Africa); AE 1944, 118 (*I
Adiutrix*); P. Tebt. II 583 (*II Adiutrix*); CIL VI, 37263 (*II Parthica*); BGU III 899 (*V
Macedonica*), rather few altogether, and none in the Syrian legions.

[7] P. Mich. 571. For a study of Apollinaris' identity and relations see E. M. HUSSELMANN,
Papyri from Karanis, Third Series, Cleveland, Ohio, 1971, 5ff.

[8] P. Mich. 562: Γάιος Ἰούλιος Ἀπολλινάριος στρατιώτ(ης) λε(γεῶνος) γ̄ Κυρ(ηναικῆς) φρου-
μεντάριος Ῥώμη[ς] etc.

man: their identification rests not only on the name which admittedly is common enough, it is based on the additional cumulative facts that both men are legionary soldiers from the same house, that they were in service at the same time (the writer of the letter of A.D. 107 was just made *librarius* and thus presumably was still a young soldier) and that both were non-commissioned staff officers, the writer of the later letter appropriately holding the somewhat higher ranking position of *frumentarius*[9]. In addition, a will from the same house attests the same praenomen Gaius for the writer of the earlier letter[10]. In the face of all this one will not accept a deterioration of Apollinarius' handwriting over these twelve years as a reason to dispute the identity of the two letter writers[11]. Granted his identity, one could still argue that Apollinarius needed not belong to the same legion in A.D. 107 and A.D. 119, but since he and his comrades were Egyptians and since his father belonged to *legio III Cyrenaica* it would seem that he belonged to the same unit already in A.D. 107.

Egypt in A.D. 106 could well spare a legion, for a decade and a half later its garrison was permanently reduced to one legion[12]. Moreover, from the way the legion and its commander and a cohort of the legion are mentioned in the letter of Apollinarius, one must assume that a full legion, not just a detachment, was present in Arabia. Yet while it is very likely that *legio III Cyrenaica* was Arabia's first garrison, it may, after a few years, have left the province again, for its winter quarters at Nicopolis/ Alexandria are mentioned in A.D. 119[13]. Perhaps the legion left Arabia for Trajan's Parthian war and then returned to Egypt to help crush the Jewish revolt as it still had a stake in that country, and only thereafter did it move to Arabia for good[14]. The earliest documents of the legion's

[9] For the difference between *librarius legionis* and *frumentarius* see D. BREEZE, The Organization of the Career Structure of the Immunes and Principales of the Roman Army, BoJb. 174, 1974, 245—292, esp. p. 268.

[10] P. Mich. 549, line 11: Γαίου 'Ιουλίου 'Απο[λλιναρίου] − − − −. The Apollinarius of the Arabian letters must be meant, because the name of his father Iulius Sabinus and even that of his 'grandmother' Sambathion is mentioned here.

[11] Thus G. W. BOWERSOCK (1975). Plate 10 of HUSSELMANN, l.c. shows that the hand of Apollinarius in A.D. 119 (P. Mich. 562) was not all that 'exsecrable'.

[12] Sometime after A.D. 119, see E. RITTERLING, Legio, RE 12, 1/2, 1924/25, 1211—1829, esp. 1292. G. W. BOWERSOCK, (1971) 233 by contrast, considers withdrawal of the legion unlikely because it would mean "cutting the Egyptian garrison in half", an assessment that takes no account of the auxilia nor of what happened after A.D. 119. For the legionary mouvements in Egypt at the time see also J. F. GILLIAM, An Egyptian Cohort in A.D. 117, in: Bonner Historia-Augusta-Colloquium 1964/65, Antiquitas IV 3, Bonn, 1966, 91—97, esp. p. 95.

[13] BGU 40, cf. A. STEIN, Die Präfekten von Ägypten in der römischen Kaiserzeit, Bern 1950, 62 and PRÉAUX (1950). One may, of course, ask whether the old winterquarters of *legio III Cyrenaica* did not just keep its name without substance, cf. M. AVI-YONAH, When did Judaea Become a Consular Province ?, IEJ 23, 1973, 209—213.

[14] RITTERLING, l.c. 1509f. For participation of the whole legion in Trajan's Parthian war see R. FINK, in: The Excavations at Dura-Europos etc., Report VI, ed. M. I. ROSTOVTZEFF et al., New Haven, 1936, 480—482. A vexillation was at Jerusalem in A.D. 116 (CIL III, 13587), also subduing Jewish rebels, it seems. For the revolt in Egypt see GILLIAM, l. c.

694   MICHAEL P. SPEIDEL

final transfer to Arabia are coins of the years A.D. 140 to 144 found in the
province, bearing the legend LEG III CYR.[15] Thereafter inscriptions
attesting the legion in its fortress at Bostra become plentiful and the
'Notitia Dignitatum' by A.D. 395 still reports (Or. 37, 22) *praefectus legionis
tertiae Cyrenaicae, Bostra*[16].

The garrison place of the legion was Bostra throughout, except at the
very beginning in A.D. 107: Apollinarius in the papyrus quoted above
says he is enrolled in the Bostra-cohort, which implies that the entire legion
had not yet moved there. Surprisingly, the camp of the legion at Bostra
is not yet found. While stationed as far north as possible, the legion nevertheless served the entire province. Recently an inscription came to light
from an ancient well in Madāʿin Ṣāliḥ in the Ḥijāz, showing that soldiers
of the legion were also active in the southern corner of the province[17]:

Τύχη Βόστρων Ἀδριανὸς ζωγράφος σὺν λεγ(ιῶνι) III Κυ(ρηναϊκῇ).

"To the guardian god of Bostra! Hadrian, a painter with the Third
Cyrenaican Legion set this up[18]."

Another, still unpublished inscription comes from far to the east of
Bostra, from the Oasis of Al Jawf on the northern edge of the Nafūd desert[19]:
it is a dedication *pro salute domm(inorum) nn(ostrorum) Augg(ustorum)*, to
the well-being of two emperors, which points to Marcus Aurelius and Lucius
Verus (A.D. 161—165) or Septimius Severus and Caracalla (A.D. 197—211).
Vowed to the gods *I(ovi) o(ptimo) Hammoni et sancto Sulmo* by a certain
Flavius Dionysius, centurion of *legio III Cyrenaica*, it shows that soldiers
of the legion patrolled the desert this far east, almost half the way from the
Mediterranean ot the Persian Gulf. Ammon is the god especially venerated
by the legion at Bostra, and Sulmos an Arab god worshipped also at
Umm al Jemal near Bostra[20].

A third document, attesting the legion in the Southwest of the province,
in the southern Sinai, was found in the Wadi Tuweiba, west of Aila[21]:

*Immora te fiator, (h)ic operabat, ex anim(a) iit T(itus) Atilius Turbon
leg(ione) III Cyr(enaica) (centuria) Ant(onii) Vale(n)tis.*

[15] KINDLER (1975); SEYRIG (1941).
[16] Cf. RITTERLING, l.c.
[17] BARGER (1969); BOWERSOCK (1971) 230 with plate XIV, 1.
[18] Zographos, painter, is not listed among the posts of legionary soldiers in A. v. DOMA-
SZEWSKI, Die Rangordnung des römischen Heeres, Köln 1908, 2nd. edition by B. DOBSON,
Köln 1967, — apparently the word σύν expresses the fact that the painter was associated
with, but not part of the legion.
[19] I owe knowledge of the stone to the generosity of Prof. G. W. BOWERSOCK/Harvard
Univ.
[20] SOURDEL (1952) 87: Θεῷ Σόλμῳ Σαρειδος Ἀουειδου εὐ[σεβ]ῶν ἀνέθηκεν. For Ammon see
ibidem 89—92 and SEYRIG (1941), cf. also H. SEYRIG, Les dieux armés et les Arabes en
Syrie, Syria 47, 1970, 77—112, esp. p. 95f.
[21] AE 1972, 671 = AE 1936, 131. Not all of KOLLMANN's (1972) readings are convincing.
Cf. n. 23.

"Stay wayfarer, here worked and died Titus Atilius Turbo of *legio III Cyrenaica*, of the *centuria* of Antonius Valens."

The text was found near a coppermine, which might explain the work done here by a soldier of the legion[22]. From nearby Wadi Umm Sideira comes the obviously also military rock inscription[23]:

Victoria Augg(ustorum)

What is evident from these texts is that the legion at Bostra took care of the entire province including its most outlying areas[24].

As one would expect, the staff of the governor was drawn from *legio III Cyrenaica*, e.g. Apollinarius in the papyrus quoted above had asked him for an appointment as secretary. Of military importance was the legionary guard of *stratores* on the governor's staff. The *stratores* stood under the command of a *centurio strator* and thus formed a separate division on the governor's staff, supplemented by the auxiliary *singulares* discussed below[25]. The guard, naturally was stationed at Bostra, as the following inscription proves[26]:

G(aio) Iul(io) Proculino (centurioni) leg(ionis) III, stratori Pomponi Secundiani leg(ati) Aug(usti) pr(o) pr(aetore), stratores eius.

Stratores of the legion of the staff of the Arabian governor also supervised the fortification of cities during the later third century[27], a function for

---

[22] ROTHENBERG (1971) 221.

[23] ROTHENBERG (1971) 221 with plate. ROTHENBERG reads, unconvincingly, *Aug(usti) C(aesaris)*, while B. LIFSHITZ, Inscriptions de Sinai et de Paléstine, ZPE 7, 1971, 151 et 163, nr. 3 omits the second C or G altogether.

[24] ROTHENBERG) l.c. n. 52 may be right that a rock inscription *ANT VALENS* near 'Ain Khudrah, much farther south in the Sinai, refers to the same centurion Antonius Valens mentioned above. Another C. Antonius Valens, *equ. leg. III Cyr.* is recorded on an inscription from Petra to be published by D. L. KENNEDY in Levant 10, 1978.

[25] For *stratores* and their command structure see M. SPEIDEL, Guards of the Roman Armies, Bonn, 1977 (forthcoming); also M. SPEIDEL, Stablesiani, Chiron 4, 1974, 541—546. For a *(centurio) strator* of *legio III Cyrenaica* who later on became the first centurion of his legion *(primus pilus)* see ILAlg. II, 634: *[P(ublio) I]ulio P(ublii) fil(io) Quir(ina tribu) [Ge]minio Marciano [co(n)s(uli)], sodali Titio, proco(n)s(uli) provin[cia]e Macedoniae, leg(ato) Aug(ustorum) pro pr(aetore) [pr]ovinciae Arabiae, leg(ato) Aug(ustorum) su[per] vexillationes in Cappa[do]cia, leg(ato) Aug(usti) leg(ionis) X Geminae, [leg(ato)] pro pr(aetore) provinc(iae) Africae, [pr]aetori, trib(uno) pleb(is), quaestori, [tr]ibuno laticlavio leg(ionis) X [Fr]etensis et leg(ionis) IIII Scy[th]icae, IIIviro kapitali [op]timo constantissimo. [D]urmius Felix primi[pi]laris leg(ionis) III Cyreneicae, [st]rator in Arabia maioris [te]mporis legationis eius [h]on(oris) causa d(ecreto) d(ecurionum).*

[26] SEYRIG (1941) whence AE 1947, 164. The governorship of Pomponius Secundianus is not yet datable. The *eius* refers to the governor, not to the centurion as SEYRIG seems to assume.

[27] AE 1900, 160 = IGR III, 1287 = OGIS 614; AE 1922, 123. For both texts see PFLAUM (1952).

stratores nowhere else known yet, but consistent with their being members of the governor's staff.

Another centurion of *legio III Cyrenaica* served on the staff of the legate in a function known only from a text of A.D. 238—244 found at Bostra[28]:

Οὔλπι(ον) Φίλιππον (ἑκατόνταρχον) λεγ(ιῶνος) γ´ Κυρ(ηναϊκῆς) Γορ-
διανῆς πραιπόσιτον κουστωδιῶν, τὸν ἀσύνκριτον πραιπόσιτον, οἱ
ὀφφικιάλ[ι]οι τῶν δεσμ[ω]τῶν, ΩΧ

"To Ulpius Maximus, centurion of legion *III Cyrenaica, praepositus* of the jail. To the incomparable *praepositus*, the jail wardens."

The inscription, reveiling an entirely new function, significantly increases our knowledge of centurions detached to headquarters[29]. Curiously, of all the gubernatorial staffs, it is only with the Arabian governor that the Notitia Dignitatum' (Or. 37, 46) mentions *ordinarios*, i.e. centurions on the staff. Our inscription documents in a unique way the ever increasing role of the military in public administration and how they came to judge and jail the civilian population: Trajan forbade soldiers to be detached as wardens for the public jail (at least in some of the provinces); then a military *optio custodiarum* assisted by *clavicularii* got the job which we see here finally dignified by the special appointment of a legionary centurion with an *officium* of his own[30]. Finally, the inscription shows that the *custodiae* as the state jail were different from the *carcer*, the military jail, which was inside the legionary camp and therefore hardly needed a special centurion as *praepositus*[31].

---

[28] AE 1973, 556; J. and L. ROBERT, Bulletin Epigraphique 1973, 501.

[29] For centurions detached to headquarters see DOMASZEWSKI l.c. above (n. 18) 79; A. PASSERINI, Legio, in: E. DE RUGGIERO, Dizionario epigrafico, vol. 4, Rome, 1949—1950, 549—692, esp. p. 600ff.; SPEIDEL, Guards (above n. 25). An unpublished inscription from Caesarea Palaestinae adds another function of centurions detached to headquarters, *centurio strator* of the procurator: *C(aio) Furio Timesitheo, proc(uratori) Aug(usti), Aur(elius) Iustinus, 7 (centurio) strator eius.*

[30] Pliny, Ep. 10, 19 and 20 *Nihil opus est, mi Secunde carissime, ad continendas custodias plures commilitones converti. Perseveremus in ea consuetudine, quae isti provinciae est, ut per publicos servos custodiantur.* Perhaps Arabia as a late province had soldiers as jail wardens from the beginning. *Optio custodiarum* and *clavicularii*: CIL III, 15190; 15191; CIL XIII, 6739. For a centurion *agens curam cust[odiarum]*, very comparable to our text see AE 1957, 161 (Ephesus) of A.D. 232—235. For soldiers in the administration see e.g. R. MACMULLEN, Soldier and Civilian in the Later Roman Empire, Cambridge, Mass. 1963, esp. p. 49—76.

[31] For *custodiae* see P. Oxy II, 294.20 (A.D. 22); P. Ryl. II, 189.2; BGU I, 341.3; P. Aberd. 78.4. Different from *carcer*: DOMASZEWSKI, l.c. (above n. 18) 46; contra: PASSERINI, l.c. (above n. 29) 608, and J. and L. ROBERT, l.c. (above n. 28). An *imm(unis) ka(rcerarius?) leg(ionis) III Ky(renaicae)* at 'Anz/Arabia: DUNAND (1934) no. 219; for an *optio kark(eris)* of the urban cohorts see CIL VI, 531 = DESSAU, ILS 3739; for the praetorian cohorts: AE 1884,33; for the *vigiles*: DOMASZEWSKI, Rangordnung (above, note 18) 12. For the remains of the prison in the legionary camp of Carnuntum see H. v. PETRIKOVITS, Die Innenbauten römischer Legionslager während der Prinzipatszeit, Opladen, 1975 (= Wiss. Abh. d. Rhein.-Westfälischen Akad. d. Wiss. 56) 81f.

A remarkable tombstone from Bostra mentions a member on the legate's staff in the following terms:

D(is) M(anibus) L(ucius) Cassius Longinu(s),
benefic(iarius) leg(ati) leg(ionis) III Cyr(enaicae).

One would expect here the legate to be called *consularis* or *legatus Augusti pro praetore provinciae.* Instead he is given the lesser rank of *legatus legionis.* Barring an unlikely carelessness there are two possible explanations of this: either the legionary commander was not also provincial governor at the time, or the governor had two staffs of *beneficiarii,* one for his duties as governor and one for his duties as commander of the legion, — compare the two sets of *librarii* mentioned in the letter of Iulius Apollinarius quoted above and the unparalleled duplication of staffs for the *dux et praeses Arabiae* in the 'Notitia Dignitatum' quoted below. However, a duplication of *beneficiarii,* staff members for general purpose, seems to be known from nowhere else and would constitute an important novelty in our knowledge of Roman military staffs.

The other, and perhaps more likely possibility, is that the legionary commander at this time was not also governor of the province. Our tombstone thus may date from the years A.D. 166 to 175 when Avidius Cassius was entrusted by Marcus Aurelius with an *imperium maius* over the Orient, a fact that left its traces in Arabia, too, for an inscription from Salkhad of A.D. 169—170 is dated, apparently, ἐπὶ [᾽Αουιδίου Κασσίου τοῦ] λα[μπροτάτου ὑπατικοῦ]. Alternatively, the legion could have left the province for a Parthian war, in which case a special legate would have been appointed, different from the governor[31a].

2. *Legio VI Ferrata* (?)

About the annexation of Arabia Dio-Xiphilinus says[32]: "At that time Palma, the governor of Syria, conquered Arabia Petraea and made it subject to the Romans." Since the governor of Syria orchestrated the annexation, one might have expected a Syrian legion to become the first garrison of the new province. To judge from Apollonarius' letter this was apparently not the case. However, *legio III Cyrenaica* may have left Arabia again after a few years, and then a Syrian legion or detachments from the Syrian legions may have taken its place, unless the *auxilia* of the Arabian army alone held the province until the return of *legio III Cyrenaica.* Two

---

31a The tombstone: LITTMANN—MAGIE—STUART (1921) 544. For *beneficiarii legati legionis* see A. v. DOMASZEWSKI, Die Rangordnung des römischen Heeres, Köln, 2nd. ed., 1967 (= Beiheft der Bonner Jahrbücher 14) 38. For Avidius Cassius and Arabia see LITTMANN—MAGIE—STUART (1921) 155 and 666. Special legates when on expedition: M. SPEIDEL, Eagle-Bearer and Trumpeter, Bonner Jahrbücher 176, 1976, 123—163, esp. p. 132.

32 Dio-Xiphilinus 68, 14: κατὰ δὲ τὸν αὐτὸν τοῦτον χρόνον καὶ Πάλμας τῆς Συρίας ἄρχων τὴν ᾽Αραβίαν τὴν πρὸς τῇ Πέτρᾳ ἐχειρώσατο καὶ ῾Ρωμαίων ὑπήκοον ἐποιήσατο.

inscriptions point to a temporary stay of the Syrian *legio VI Ferrata* in Arabia. The first of these, found at Gerasa, preserved only fragmentarily, reads[33]:

pr]aef(ecto) coh(ortis)[
trib(uno) mil(itum) leg(ionis) X] piae fideli[s]
proc(uratori) provinc(iae)]Arabiae
vexillarii   ?   ]leg(ionis) VI Ferr(atae)
Imp(eratore) Caes(are) T]raiano Hadriano
Aug(usto) trib(unicia) pot(estate)   ]V III co(n)s(ule)
III   fece]runt ex AUN[

The large letters of line 4 mark the dedicants, but whether they were *milites* or *vexillarii* or even *centuriones* cannot be made out, and accordingly it cannot be said whether the legion as a whole or only a detachment was at Gerasa, or even whether the dedication was simply made where the honored person then served while the dedicants were members of a legion stationed elsewhere: they may have been favoured by him in an earlier position, perhaps as primipilus.

A second inscription claimed to be proof for the presence of *legio VI Ferrata* in Arabia comes from Bostra[34]:

T. Flavius M. [f.] Col(lina) Marcianus, domo Philad(elphia), op(tio) hast(ati) leg(ionis) VI Ferr(atae), Luculla mat(e)r et Fl(avia) Lalla soror her(edes) eius.

If one assumes the Philadelphia of the deceased was ʿAmmān, then the man might be recruited in Arabia and perhaps right into *legio VI Ferrata*. While that seems rather likely, it cannot be excluded that his mother and sister had moved to Bostra and there made a tomb for their son and brother who may (recently) have been stationed elsewhere. It follows that until now the presence of *legio VI Ferrata* in Arabia is not attested beyond doubt: if it was in the province in its entirety, this will have been before its final transfer to Palestine perhaps as early as A.D. 117[35].

3. *Legio I Parthica Philippiana*

The temporary presence of this legion in Arabia is inferred from the inscriptions quoted below, referring to *ala Celerum Philippiana* and *ala nova Firma cataphractaria Philippiana*. Like the two *alae*, *legio I Parthica*, or its prefect, will have belonged to the emperor Philip's retinue during his stay in Arabia after the abortive Persian expedition. The legion belonged

[33] WELLES (1938) p. 435, no. 171; cf. BOWERSOCK (1970) 43.
[34] LITTMANN—MAGIE—STUART, no. 541. Cf. M. SARTRE, Note sur la première légion stationnée en Arabie romaine, ZPE 13, 1974, 85—89.
[35] H. G. PFLAUM, Remarques sur le changement de statut administratif de la province de Judée, IEJ 19, 1969, 225ff.; KEPPIE, l.c. (above n. 6); AVI-YONAH, l.c. (above n. 13).

to the Mesopotamian army and was hardly part of Arabia's garrison even temporarily.

4. *Legio IV Martia*

The 'Notitia Dignitatum' describing the army of the *dux Arabiae* at the end of the fourth century has the entry (Or. 37, 22)

praefectus legionis quartae Martiae, Betthoro.

This is the only written evidence we have for the legion. Clearly the unit was created from the outset for the reinforcement of the Arabian army, for it continues the number of *legio III Cyrenaica*[36]. It has recently been suggested that its name reflects the special relation of Galerius with Mars[37]. If so, the legion was created in or after A.D. 293 and thus is part of the strengthening of the frontier-defense by Diocletian and the schematic endowment of each frontier province with two legions. It seems less likely, therefore, that the legion took its origin from Aurelianus and his restoration of the Eastern frontier after the defeat of Palmyra in A.D. 272[38]. Betthoro, the garrison place of *legio IV Martia* is in all probability Lejjūn, east of the Dead Sea, where a legionary fortress can be recognized, still awaiting excavation[39].

For nearly 200 years Arabia had been a one-legion province. Now, with *legio IV Martia*, its legionary garrison was doubled. Excavations at Lejjūn, therefore, would be of particular interest in order to establish whether the new legion had the old standard strength of 6000 men and for what length of time it stayed on the Arabian frontier.

III. Auxilia

No military diploma listing the *auxilia* of the Arabian army has come to light yet. This may be the reason why in 1914 when writing his survey of the *auxilia* in the Roman imperial army G. CHEESMAN entered under the heading Arabia the remark *"auxilia as yet unknown"*[40]. That was not quite correct already then, but even today, when we know perhaps as much as half the auxiliary regiments stationed in the province during the second

---

[36] RITTERLING, l.c. (above, n. 12) 1556.
[37] D. HOFFMANN, Das spätrömische Bewegungsheer (2 vols.), Düsseldorf 1969—70, chapter VI, n. 589; cf. ibid. 175; 515.
[38] RITTERLING, ibidem.
[39] RITTERLING, ibidem; HOFFMANN, l.c. (above, n. 37) chapter VII, n. 225. An air-photograph of the camp: BOWERSOCK (1971), plate XV.
[40] G. L. CHEESMAN, The Auxilia of the Roman Imperial Army, Oxford, 1914, 163.

and third centuries A.D. we are still far less well informed about the Arabian army than about the armies of most other provinces. A military diploma, if found, thus would provide much basic information still lacking: it might reveal the geographical and strategical distribution of the *alae* and *cohortes* during the second century and it would considerably increase the number of units known, thereby making it possible to assess the size, the proportion of infantry to cavalry, and the origin of the Arabian auxiliary army.

For the second-century *exercitus Arabicus* one has only the evidence of the inscriptions and papyri. The initial garrison very likely matched the legion in numbers, hence it will have included some twelve units. Among them, possibly, were the following:

    ala dromadariorum
    ala veterana Gaetulorum
    cohors I Augusta Canathenorum equitata
    cohors I Hispanorum
    cohors VI Hispanorum
    cohors I Thebaeorum
    cohors I Augusta Thracum equitata
    cohors I Thracum milliaria.

All the other units are demonstrably later arrivals. The high proportion of cavalry in this list would seem to suit the steppe and the desert conditions demanding horsemen and *dromadarii*, but the evidence is too fragmentary to admit such a conclusion and even the similar distribution of *alae* and *cohortes* in the 'Notitia Dignitatum' (six and five) is apparently due to other reasons as will be shown below.

For the third-century auxiliary garrison, inscriptions are the most important source, but they can be supplemented with some inferences from the 'Notitia Dignitatum': one of the six *alae* and four of the five *cohortes* supplied by that document can be matched with third-century inscriptions. In two of these cases the units in question are attested in other provinces which shows they arrived in the province during the third century:

    cohors III Alpinorum
    cohors VIII voluntariorum

Altogether, the following *alae* and *cohortes* seem to have stayed permanently, or for some time, in the province during the third century:

    ala Celerum
    ala dromadariorum
    ala veterana Gaetulorum
    ala nova firma milliaria cataphractaria Philippiana
    ala VI Hispanorum
    cohors V Afrorum Severiana
    cohors III Alpinorum equitata

cohors I Hispanorum
cohors VI Hispanorum
cohors I Thebaeorum
cohors I Augusta Thracum equitata
cohors I Thracum milliaria
cohors VIIII voluntariorum

It is unlikely that the Arabian army ever comprised all these units together at any one time; the length of the list only reflects the fact that we do not know when the various units left the province.

The fourth — and early fifth — century frontier army of Arabia is well known. It is set forth by the 'Notitia Dignitatum' in the chapter on the *dux Arabiae* (Or. 37):

Sub dispositione viri spectabilis ducis Arabiae:
    Equites scutarii Illyriciani, Motha.
    Equites promoti Illyriciani, Tricomia.
    Equites Dalmatae Illyriciani, Ziza.
    Equites Mauri Illyriciani, Areopoli.
       Equites promoti indigenae, Speluncis.
       Equites promoti indigenae, Mefa.
       Equites sagittarii indigenae, Gadda.
    Praefectus legionis tertiae Cyrenaicae, Bostra.
    Praefectus legionis quartae Martiae, Betthoro.
       Equites sagittarii indigenae, Dia — Fenis.

  Et quae de minore laterculo emittuntur:
    Ala nona miliaria, Auatha.
    Ala sexta Hispanorum, Gomoha.
    Ala secunda Constantiana, Libona.
    Ala secunda Miliarensis, Naarsafari.
    Ala prima Ualentiana, Thainatha.
    Ala secunda felix Ualentiniana, apud Adittha.
       Cohors prima miliaria Thracum, Adtitha.
       Cohors prima Thracum, Asabaia.
       Cohors octaua uoluntaria, Ualtha.
       Cohors tertia felix Arabum, in ripa Uade Afaris fluuii in castris
           Arnonensibus.
       Cohors tertia Alpinorum, apud Arnona.

Officium autem viri spectabilis ducis Arabiae et praesidis habet ita:
    Principem de scola agentum in rebus.
    Numerarios et adiutores eorum.
    Commentariensem.
    Adiutorem.
    A libellis siue subscribendarium.
    Exceptores et ceteros officiales.

Item officium praesidis eiusdem prouinciae:
    Principem de eodem officio.
    Cornicularium.
    Ordinarios.
    Commentariensem.
    Numerarios et adiutores eorum.
    Adiutorem.
    A libellis siue regerendarium.
    Exceptores et ceteros officiales.

At least one unit of the fourth-century field army was also stationed in Arabia, the

    equites Nonodalmatae.

The preponderance of cavalry in this fourth-century army is apparent, even if only *alae* and *cohortes* are taken into account: six *alae* correspond to five *cohortes*. On the evidence of neighbouring armies, the proportion of *alae* to *cohortes* in the fourth century allows no inferences for that proportion in the second and third centuries. Egypt, for example, had only three *alae* in the second century A. D., while the army of the *comes limitis Aegypti* in the 'Notitia Dignitatum' (Or. 28) alone comprises 16 *alae* and that of the *dux Thebaidos* (Or. 31) another 16. The fighting quality of these *alae* will have deteriorated accordingly, and the case of *ala VI Hispanorum* that was promoted to an *ala* from *cohors* makes one wonder whether the unit actually received mounts at that point or whether it was simply raised in status.

No specific units of the later fifth and the sixth century are known yet but very possibly several of the earlier units survived until the Persian and Muslim Conquest. In the following, an enumeration is given of the individual units that are likely to have belonged, at one point or another, to the Arabian army.

1. *Alae*

a) *ala Celerum*

The area north of Bostra, attributed to Arabia under the Severi emperors, included Shahba, the home of the future emperor Philip the Arab. As emperor, Philip had Shahba rebuilt magnificently under the name Philippopolis and perhaps placed a temporary garrison there as suggested by an unpublished inscription set up by the horsemen of an

    ala Celerum Philippiana[41].

---

[41] DUNAND (1926) 328, whence AE 1928, 153f. Prof. E. WILL/Beyrouth, writes me that after discussing the problem with M. DUNAND it appears the inscription was lost during the Druse rebellion.

Celeres were the cavalry of the period of the Kings of Rome in the far distant past — an altogether unusual name for an *ala* of the imperial army. It is a compelling thought, therefore, that this high-sounding historical reminiscence of the origins of Rome reflects the millenary celebrations of Rome under Philip. The name undoubtedly designates a special honor given to the emperor's cavalry retinue. If so, the *ala* was raised by Philip the Arab[42]. The unit consisted, fittingly, of oriental archers, witness a tombstone of a *hexarchus alae Celerum* from Virunum/Noricum which also shows that the *ala* eventually moved to the western empire[43]. The name of the *ala* likens its soldiers to the equestrian class of ancient Rome. Hence, if a conjecture be allowed, one may surmise that the new ranks in the cavalry of the later third century, i. e. *centenarius, ducenarius,* and eventually *senator,* have their origin in this deliberate assimilation of the emperors' elite cavalry to the old equestrian order. This is supported by the fact that the *ala Celerum* uses the new ranks which are not otherwise found among the *alae*[44]. The new titles are known before A. D. 256 and afterwards the officers of the *protectores* rank as *ducenarii*; from there the new titles kept spreading[45].

b) *ala secunda Constantiana*

This unit is known only from the 'Notitia Dignitatum'. Founded by Constans II, it will have been part of Arabia's garrison throughout the fourth century.

c) *ala dromadariorum*

A detachment of this *ala,* consisting of horsemen and *dromadarii,* guarded a road-station between Madā'in Ṣāliḥ and Al Ulā in the Ḥidjāz. They left among others the following rock-inscriptions[46]:

[42] Cf. H. G. PFLAUM, Les carrières procuratoriennes équestres sous le haut-empire romain, Paris, 1960, 847f. Other romantic names of Roman military units harking back to the ancient past are the Latini and Sabini among the *auxilia palatina* of the fourth century (Notitia Dignitatum Oc. 5, 194 and 195), cf. HOFFMANN, l.c. (above, n. 37) 168.

[43] CIL III 4832 (cf. III, 11506) = DESSAU 2528. Cf. W. WAGNER, Die Dislokation der römischen Auxiliarformationen in den Provinzen Noricum, Pannonien, Moesien und Dakien von Augustus bis Gallienus, Berlin, 1938, 25f. The position of the *hexarchus* dates the Virunum tombstone to the mid-third century at the earliest, cf. R. GROSSE, Römische Militärgeschichte von Gallienus bis zum Beginn der byzantinischen Themenverfassung, Berlin, 1920, 109f. WAGNER prefers a second-century date, similarly G. ALFÖLDY, Noricum, London, 1974, 257; see also CIL XIII, 5684b.

[44] The *hexarchus* is one of the new titles, even though not listed by Hieronymus in his famous passage on these titles, cf. GROSSE, l.c.

[45] M. ROSTOVTZEFF et al., The Excavations at Dura-Europos, Preliminary Report 9, Part 3, New Haven, 1952, 42, no. 952: *ducenarias, item centenarias. Ducenarii protectores*: DESSAU 569 (A.D. 269); as honorific title: DESSAU 9478, cf. PFLAUM, l.c. (above, n. 42) 948ff. See also D. VAN BERCHEM, in: M. I. BELL et al., The Abinnaeus Archive, Oxford 1962, 15; A. MÓCSY, Gesellschaft und Romanisation in der römischen Provinz Moesia Superior, Budapest, 1970, 109.

[46] JAUSSEN and SAVIGNAC (1914) 644ff., whence SEYRIG (1940) 163.

1. μνησθῆ Κάσσι(ς) δρομεδάρις τόρμα Μαρίνι.

2. μνησθῆ Μάγνος Ŧ (= *turma* ?) Κάσσις[.

3. μνησθῆ Σεουῆρος εἴλης δρομεδάριος β(ενε)φ(ικιάριος).

4. μνησθῆ Οὔλπις Μάγνος ἱππαῖς εἴλης δρομεδάριος (= δρομεδαρί[ων] ?).

5. μινησθῆ (sic) Δημήτρις Ζαννίων δρομ(εδάριος) Πιπ(ε)ρᾶς.

6. μνησ[θῆ] Οὐλπιανὸς ἱπεύς.

7. (Nabataean) ʿUṣem, horseman.

8. (Nabataean) The son of Ashadu and his companions, horsemen of the guard.

9. (Nabataean) Ṣabru, son of Awsu, from Salkhad, hail!

10. *BENEΓIT | TITUS | λME* (probably a *beneficiarius*)

Perhaps the name Ulpius of one of the riders can be taken to point to a second-century date; the use of Nabataean language and the explicit naming of Salkhad in the Hauran show that these dromedarians and horsemen were Arabians[47]. Another text probably referring to this *ala* comes from the southern Leja, also part of the province of Arabia in the third century[48]:

> *Iulius Candidus | vet(e)ranus ex dup/l(icarius) V al(ae) drum(eda-riorum)*

The Syrian *ala I Ulpia dromedariorum* shows that *dromedarii* units were part of the Roman army from the beginning of the second century A. D. at the latest[49], consequently the Arabian *ala dromadariorum*, not otherwise known, may have formed already part of the initial garrison of the province.

d) *ala nova Firma cataphractaria Philippiana*

A unit of mailed cavalry recruited in the Near East[50], the *ala* is recorded in Germany in A. D. 234—238 and later in Pannonia[51]. Obviously it was

[47] SEYRIG (1940) 167.

[48] CIL III, 123 = DESSAU 2541. However, if the inscription dates from the second century, it may refer rather to *ala I Ulpia dromedariorum*, see H. SEYRIG, Syria 22, 1941, 234f. (= Antiquités Syriennes 3, Paris, 1946, 178f.). A reference to the late fourth-century *ala Valentiana* is not likely, because the term *veteranus ex duplicario* is not found that late.

[49] Cf. AE 1947, 171; CIL XVI, 106 = DESSAU 9057.

[50] CIL III, 10307 = DESSAU 2540; CIL XIII, 7323 = DESSAU 9148. For *cataphractarii* see HOFFMANN, l.c. (above, n. 37) 265ff.

[51] CIL XIII 7323 = DESSAU 9148 belongs to the time of Maximinus Thrax, cf. Herodian 8, 1, 3 who describes Maximinus entering Italy with several alae of cataphracts; see also J. EADIE, The Development of Roman Mailed Cavalry, JRS 57, 1967, 161—173 n. 37; E. STEIN, Die kaiserlichen Beamten und Truppenkörper im römischen Deutschland unter dem Prinzipat, Wien, 1932, 128. Pannonia: WAGNER, l.c. (above, n. 43) 34; M. SPEIDEL, The Rise of Ethnic Units in the Roman Imperial Army, ANRW II/3, ed. H. TEMPORINI, Berlin/New York, 1975, 202—231, esp. p. 229.

part of the growing imperial field army for it came to the East with
Gordian III's Persian campaign; afterwards, sometime between A. D.
244 and 249 its commander erected at Bostra the following inscription[52]:

*Iulio Iuliano v(iro) e(gregio) ducenar(io), praef(ecto) leg(ionis) I
Parthicae Philippianae, duci devotissimo, Trebucius Gaudinus, prae-
f(ectus) alae novae firmae (milliariae) catafract(ariae) Philippian(a)e,
praeposito optimo.*

In the Persian war of Gordian III the *ala* had apparently belonged
to the command of Iulius Iulianus and had now, after the war, retreated
to Bostra[53]. It may not have stayed very long in Arabia; perhaps, like
ala Celerum, it accompanied Philipp on a visit to his home province before
he went on to Rome.

e) *ala veterana Gaetulorum*

This unit fought under Vespasian in A. D. 68 in the Jewish War and
remained afterwards for some time in the province of Judaea where it is
listed in a diploma of A. D. 86[54]. Horsemen of the *ala* left graffiti on a toll-
station of the Frankincense Road in the plain of Madā'in Ṣāliḥ[55]:

1. μνησθῆ [ὁ δ.] ἕκκυης ἄλα Γετουρῶ[ν] (sic), μνησθῆ ὁ τόπος.
2. μνησθῆ Οὐρβανὸς καὶ ὁ ἀναγινώσκων, ὅπου ἂν ἦ.
3. Φολσκιανὸς Σεουῆρος ἔκυης δισ(πενσάτωρ?) ἄλε Γετουλῶν.
4. μνησθῆ Γερμανός.

The many latinisms in the Greek of these graffiti show that Latin
was the official army language even here in the military post farthest
away from Rome, 900 km south of Bostra[56].

An altar from Tomis on the Black Sea in Lower Moesia was dedicated
by a prefect of this ala[57]:

'Αγαθῆι τύχηι Ἥρωι Μανιβάζῳ Σηδάτιος
['Α]πολλώνιος ἔπαρχος ἱππέων εἴλης Γαιτουλῶν
τῶν ἐν Ἀραβίᾳ εὐχήν.

"'Good fortune! To the Heros Manibazos', Sedatius Apollonius, prefect
of *ala Gaetulorum* in Arabia."

---

[52] CIL III, 99 = Dessau 2771 = Littmann-Magie-Stuart (1921) 527.
[53] Ritterling, l.c. (above, n. 12) 1436.
[54] CIL V, 7007 = Dessau 2544; CIL XVI, 33.
[55] Jaussen and Savignac (1914) 647ff., nos. 14—17, whence Seyrig (1940) 163.
[56] For the role of Latin in the army of the Orient see J. F. Gilliam, Romanization in the Greek
East, The Role of the Army, BASP 2, 1965, 65—73.
[57] A. Radulescu, Inscriptii inedite din Dobrogea, in: Noi monumente epigraphice din Scy-
thia Minor (ed. A. Aricescu et al.), Constanta, 1964, no 10 = SEG 24, 1964, 1064.

Sedatius Apollonius, sojourning in Lower Moesia, apparently had just been appointed prefect of the *ala*, — there is no need to assume the unit itself had come to the lower Danube[58]. The phrase ἐν Ἀραβίᾳ served perhaps to distinguish the Arabian unit from the Lower Moesian *ala I Flavia Gaetulorum*[59]. The editor dated the altar to the time of Marcus Aurelius, — if that is correct it will point to an early transfer of the unit from Iudaea to Arabia, perhaps as early as the time of the creation of the province. Nothing is known of the unit's later fate.

f) *ala VI Hispanorum*

This unit is known from no other sources than the Arabia chapter of the 'Notitia Dignitatum'. Still, its former history can be traced. E. RITTERLING in 1927 tentatively identified it with *cohors VI Hispanorum* on account of the common name and number[60]. He did so without yet being aware of an inscription from Qaṣr al Ḥallabāt that alone provides indisputable proof for this identification[61]:

> *Pro salute domini imp(eratoris) Aug(usti) n(ostri) M(arci) Aureli Antonini Pii Felicis Arabici Adiab(enici) Parthici Britannici Maximi castellum novum aedificaverunt mil(ites) c(o)h(ortium) VI Hisp(a-norum), I Thrac(um), V Afr(orum) Sev(e)r(ianae), IIII ṚṚ, per Phurnium Iulianum leg(atum) Aug(usti) pr(o) pr(aetore).*

Since *cohors VI Hispanorum* was actually stationed in Arabia in A. D. 212, there can be no doubt that at some time between then and A. D. 395 the cohort was upgraded into an *ala*. Exactly when, how, and why, is unknown; the recasting of an infantry *cohors* into a cavalry *ala* may reflect the increasing emphasis on cavalry in the Later Roman Empire, but it would be unwise to exclude a purely honorific raise in status and pay with no actual change in the function and equipment of the unit. Parallel cases of promotions of *cohortes* to *alae* can be shown to exist[62], and the upward

---

[58] Contra: RADULESCU, l.c. Frequently new appointments are mentioned already at the place of former service, cf. e. g. CIL VI, 3211 (Rome): *D(is) m(anibus) T(ito) Aurelio Mansue-tino, eq(uiti) sing(ulari) tur(ma) Lucaniana, nat(ione) Noricus, vix(it) an(nis) XXV, mil(itavit) annis VII, P(ublius) Aelius Lucanus, (centurio) leg(ionis) VII G(eminae), her(es) fac(iendum) cur(avit)* — the decurion Lucanus of the *equites singulares Augusti* in Rome had been appointed centurion in the legion in Spain and styled himself according to his new position while still in his former garrison place.

[59] Cf. DESSAU, ILS 8851, n. 5 and IOAN PISO, La carrière équèstre de P. Aelius Hammonius, Dacia 20, 1976, 251—257. WAGNER, l. c. (above, note 43) 35 wrongly assumes *ala I Flavia Gaetulorum* was stationed in Pannonia inferior in the second half of the second century A.D.

[60] E. RITTERLING, Military Forces in the Senatorial Provinces, JRS 17, 1927, 28—32.

[61] LITTMANN-MAGIE-STUART (1921) 22f. no 17. Their reading supersedes that of BRÜNNOW & v. DOMASZEWSKI (1909) 291 which I had mistakenly followed in my 1974 paper.

[62] See the fine list dressed by M. ROXAN, Pre-Severan Auxilia Named in the Notitia Digni-tatum, in: R. GOODBURN and P. BARTHOLOMEW (ed.), Aspects of the Notitia Dignitatum, British Archaeological Reports, Supplementary Series 15, 1976, 59—72.

mobility of entire units into a higher class is a distinctive feature of the Roman army of the late third and the fourth century A. D. For the earlier history of the unit see *cohors VI Hispanorum*.

g) *ala nona miliaria*

This unit is known only from the 'Notitia Dignitatum', so its history cannot be traced. Its high number suggests an origin in the late third or fourth century A.D.

h) *ala secunda Miliarensis*

Known only from the 'Notitia Dignitatum', the unit will owe its name to its original strength of 1000 men.

i) *ala prima Valentiana* and

j) *ala secunda felix Valentiniana*

These units, both known only from the 'Notitia Dignitatum'[63], were raised according to their names during the reigns of Valens and Valentinian (A. D. 364—378), and since the Eastern parts of the 'Notitia Dignitatum' were written under Theodosius (A. D. 379—395)[64] the date of the arrival (or the raising) of the two *alae* in Arabia can be determined with some accuracy. The High Command of the Eastern Empire must have considered the presence of a sufficient number of *alae* in the province of importance even at that late a date. The numerals of the two units refer to each other, so they will have been raised together.

Apparently not part of the army of Arabia was *ala II Ulpia Auriana*, even though its prefect M. Ulpius Andromachus was honored by the decurions of the unit with a statue at Petra[65]. Since the ala is known to have belonged to the Cappadocian army throughout its history[66] it seems that Ulpius Andromachus was honored at Petra because that was his home town[67]. Similarly *ala I Thracum Augusta*, stationed at Gerasa in Syria during the first century A.D.[68], will have left that city before it became part of

---

[63] Alluded to, in CIL III, 123, but see above, note 48. The objection of the editor of CIL III 123 that *dromadarii* would not serve in *alae* is superseded by the inscriptions of *ala Gaetulorum*.

[64] HOFFMANN, l.c. (above, n. 37), passim.

[65] AE 1968, 528.

[66] CIL III 6743; Arrian, Extaxis, 1; Notitia Dignitatum Or. 38, 22.

[67] See the commentary to AE 1968, 528. Comparable cases are e. g. CIL V, 7007 = DESSAU 2554; CIL V, 8660 = DESSAU 1364 = PFLAUM, l.c. (above, n. 42) 409.

[68] WELLES (1938) no. 199. = CIL III, 14159 = AE 1899, 27 = IGR III, 1374. Cf. WELLES, ibidem nos 200 and 201 = AE 1930, 89 and 90 = SEG 7, 1934, 901.

Arabia in A.D. 106, for it is recorded in Raetia in A.D. 107 at the latest[69].

2. *Cohortes*

a) *cohors V Afrorum Severiana*

Known only from the Qaṣr al Ḥallabāt inscription of A.D. 212/213
quoted above. Its imperial surname, *Severiana*, is of interest, for it documents the beginning of the use of variable imperial surnames under
Septimius Severus, which sometimes is ascribed only to Caracalla[70].

b) *cohors III Alpinorum equitata*

Stationed during the first two centuries A.D. in Dalmatia, thereafter
in Pannonia[71]. While the 'Notitia Dignitatum' mentions its presence in
Arabia, the same document still lists a *tribunus cohortis tertiae Alpinorum*
at Siscia in Pannonia Secunda, hence the two cohorts were seen as altogether
independent of each other[72]. However, since *cohors VIII voluntariorum*
(see below) came from neighbouring Dalmatia to Arabia it seems likely
that a detachment of *cohors III Alpinorum* came at the same occasion,
i.e. probably under Aurelianus, and established itself here as a permanent
unit[73]. Such splitting off is characteristic for legions and *equites* at the end
of the third century and it may well have occurred also in *auxilia*.

c) *cohors III felix Arabum*

Mentioned only by the 'Notitia Dignitatum' it may be a late local
levy. It's name hardly refers to Arabia Felix (Yemen), for *felix* is often
part of the names of late Roman units.

---

[69] STEIN l.c. (above, n. 51) 154 and M. G. JARRETT, Thracian Units in the Roman Army,
IEJ 19, 1969, 215—224, no 1 identify this unit with the one recorded on the Raetian diploma of A.D. 107, CIL XVI, 55. After the civil war of A.D. 69/70 Raetia needed and received
several new units, among them very likely this one.

[70] J. FITZ, Les premières épithètes honorifiques Antoniniana, Oikumene 1, 1976, 215—224.
Correct: G. M. BERSANETTI, I soprannomi imperiali variabili degli auxilia dell' esercito
romano, Athenaeum NS 18, 1940, 105—135, esp. p. 111 with reference e. g. to AE 1934,
212 and DESSAU 9086. See also RITTERLING, l. c. (above, n. 12) 1436 and PASSERINI,
l.c. (above, n. 29) 559ff. For civilian examples see M. TORELLI, Le curie di Leptis Magna,
Quaderni di archeologia della Libia 6, 1971, 1—22.

[71] WAGNER, l.c. (above, n. 43) 85f.; G. ALFÖLDY, Die Auxiliartruppen der Provinz Dalmatien,
Acta Archaeologica Hung. 14, 1962, 259—296, esp. p. 263ff.; AE 1966, 301.

[72] Not.Dign. Oc. 32, 57; cf. ibidem 53 *tribunus cohortis tertiae Alpinorum Dardanorum*.
Independent: C. CICHORIUS, Cohors, RE 3, 1, 1900, 231—356, esp. p. 240.

[73] RITTERLING (1903). ROXAN, l.c. (above, n. 62) 66 even considers *cohors III Alpinorum* of
Dalmatia to be a different unit from that of Pannonia; if so, *cohors VIII Voluntariorum*
and *cohors III Alpinorum* would have come together from Dalmatia, yet *cohors III Alpinorum* is not known in Dalmatia after the mid-second century A.D., see WAGNER, l.c.
(above, n. 43) 85f. and ALFÖLDY, l.c. (above, n. 71) 263ff.

d) *cohors I Augusta Canathenorum equitata*

Known only from a fragmentary dedication at Motha (Imtān)[74].

— — — — —] mil(ites) et equ(i)tes coh(ortis) I Aug(ustae) Canaṭhen(orum) et .ACHI.T fece(runt).

The reading not being very reliable, the editors suggested to recognize here *cohors I Flavia Canathenorum*, in which case the cohort would have left Arabia for Raetia by A.D. 125[75]. The second group of dedicants may have been soldiers of *cohors I Augusta Thracum*, also stationed at Motha (see below).

e) *cohors I Hispanorum*

Recorded by inscriptions in Egypt from A.D. 83 onwards, the cohort was transferred in A.D. 105 to Iudaea, perhaps for the conquest of Arabia[76]. Since it is not thereafter known amongst the troops of Palestine[77], it may have come to Arabia at the time the province was created, together with *cohors I Thebaeorum* (below). Nothing is heard of its later fate.

f) *cohors VI Hispanorum*

Recorded in Arabia by the inscription from Qaṣr al Ḥallabāt quoted above, of A.D. 212/213. Since it is listed in the 'Notitia Dignitatum' as *ala VI Hispanorum* the unit will have stayed in the province thoughout the third and fourth centuries.

Before it came to Arabia the cohort was stationed on the Syrian frontier halfway between Damascus and Palmyra. The tombstone from which its presence there is deduced seems to be as early as the turn of the first century, so perhaps the cohort was part of Arabia's initial garrison; if so, it is noteworthy that it came from Syria[78].

g) *cohors I Thebaeorum*

This unit was, like the preceding cohort, transferred from Egypt to Iudaea in A.D. 105 and is absent from the Palaestinian diplomata there-

[74] CIL III, 14379.
[75] H. J. KELLNER, Exercitus Raeticus, Bayerische Vorgeschichtsblätter 36, 1971, 206—215.
[76] CIL XVI, 29. H. G. PFLAUM, Un nouveau diplome militaire d'un soldat de l'armée d' Egypte, Syria 44, 1967, 339—362 (whence AE 1968, 513), esp. p. 355.
[77] CIL XVI, 87. B. LIFSHITZ, Un fragment d'un diplome militaire de Hebron, Latomus 35, 1976, 117—122.
[78] AE 1933, 215 with the corrigenda of H. SEYRIG, Antiquités Syriennes 6, Paris 1966, index s.v.; IGR IV, 728 of Eumeneia in Asia (cf. CIL XI, 4376) is a *cursus honorum* and therefore does not indicate where the cohort was stationed; contra RITTERLING, l.c. (above, n. 60) 31 who hesitatingly considered Eumeneia as the cohort's garrison place, while ROXAN (1976) 66 reports it as a fact.

after[79]. It may have left Egypt for the annexation of Arabia as suggested by a passage in the papyrus Cattaoui where a veteran of the cohort records in A.D. 114 that he had served "under Severus"[80]:

ἐστρα[τεῦσθαι ἐν] σπείρῃ πρώτῃ Θηβαίων ὑπὸ Σεουή[ρου].

The Severus mentioned here is likely to be Claudius Severus, governor of Arabia from A.D. 107 to 115[81]. If so, the cohort was part of the initial garrison of Arabia, probably together with other Egyptian units such as *legio III Cyrenaica* and *cohors I Hispanorum*.

h) *cohors I Augusta Thracum equitata*

The unit was in Syria in A.D. 88, and a tomb plaque from the beginning of the second century A.D. found at Kurnub in the Negev suggests an early transfer to Arabia[82]:

Dis M(anibus) Diogenes Alexandri (filius), eques c(o)hortis I Augusta(e) T(h)racum.

Conceivably, the cohort came already at the time of the annexation. If so, it will document the Syrian army's participation in the annexation and the initial garrison[83]. Two undated inscriptions, one from Imtān and one from Umm al Quttein, show that the cohort indeed belonged to the Arabian army[84]:

coh(ors) I Aug(usta) Thr(acum) eq(uitata)
co(hors) I Aug(usta) Thr(acum) eq(uitata).

Moreover, a *cursus honorum* from the end of the reign of Antoninus Pius, found at Palmyra and recording exclusively eastern army positions, mentions an

ἔπαρχον σπείρης πρώτης Ἀυγούστης Θρακῶν ἱππέων.[85]

[79] PFLAUM, l.c. (above, n. 76); CIL XVI, 87; LIFSHITZ, l.c. (above, n. 77).
[80] P. Catt. II, col. 3, 11—22 = L. MITTEIS — U. WILCKEN, Grundzüge und Chrestomathie der Papyruskunde II 2, Leipzig/Berlin, 1912, no. 372, col. 3, 11—22.
[81] PIR, 2nd. ed. C 1023.
[82] R. MELLOR & E. HARRIS, A New Roman Military Diploma, ZPE 16, 1975, 121—124. A. NEGEV, Oboda, Mampsis and Provincia Arabia, IEJ 17, 1967, 46—55 (whence AE 1967, 530 = AE 1969/70, 632; the text reproduced in AE is faulty, see plate 9C of NEGEV which shows *Dis* spelled out and no E at the end of *Augusta*). J. C. MANN, A Note on an Inscription from Kurnub, IEJ 19, 1969, 211—214.
[83] My earlier suggestion (1974) that this might be a Judaean cohort, following MANN (1969), is superseded by the new Syrian diploma (MELLOR, l.c.). M. G. JARRETT, Thracian Units in the Roman Army, IEJ 19, 1969, 215—224 in his no. 10 does not envisage the first-century vicissitudes of this cohort.
[84] CIL III 109, cf. 110; DUNAND (1926) 328, whence AE 1928, 154; SEG 7, 1100 (Seeia) may refer to a different cohort, cf. ibidem 970.
[85] AE 1947, 171, cf. AE 1967, 530.

It is not very likely that this cohort is identical with *cohors I Augusta Thracum civium Romanorum* recorded in Lower Pannonia in A.D. 167, for the Arabian cohort does not show the distinction *civium Romanorum* while the Pannonian cohort is not called *equitata*[86]. It may be that this cohort is identical with

i) *cohors I Thracum*

Mentioned in the Qaṣr al Ḥallabāt inscription and in the 'Notitia Dignitatum'. Even if the two cohorts are identical, *cohors I Augusta Thracum equitata* could have gone to Pannonia to fight in Marcus Aurelius' northern wars and thereafter returned to Arabia.

j) *cohors I miliaria Thracum*

Known in Arabia only from the 'Notitia Dignitatum'. It could either be the homonymous unit named on the Palaestinian diploma of A.D. 186[87], or the *cohors I milliaria Thracum* named in the Syrian diplomata of A.D. 88 and 91, in which case it would have been transferred to Arabia in A.D. 106[88]. It might even be that this is the Thracian cohort named in the Qaṣr al Ḥallabāt inscription, but the fact remains that *cohors I milliaria Thracum* is not known reliably in Arabia before the end of the fourth century A.D.

k) *cohors VIII voluntariorum*

Stationed in Dalmatia until at least A.D. 245[89], the unit was transferred to Arabia probably by Aurelianus, perhaps together with *cohors III Alpinorum*[90]. The unit is not known to have included horsemen[91]. The only record for its stay in Arabia is the 'Notitia Dignitatum'.

---

[86] CIL XVI, 123. See the commentary to AE 1967, 530 and MANN, l.c. (above, n. 82) n. 5, who points out that the title *Augusta* for the Pannonian cohort may be a mistake. For the identity of the two units: JARRETT, l.c. (above, n. 83) 219 (with a mistaken reference to DESSAU 9471). WAGNER, l.c. (above, n. 43) 189 leaves the question open, but on page 188 he observes that the title *equitata* is given in diplomata only rarely, which contradicts the commentary to AE 1967, 530. Against the identification: SEYRIG, Syria 22, 1941, 234 (= Antiquites Syriennes 3, 1946, 178) n. 2.

[87] LIFSHITZ, l.c. (above, n. 77), — thus JARRETT, l.c. (above, n. 83) no. 21 and MANN, l.c. (above, n. 82). ROXAN, l.c. (above, n. 62) suggests the Palaestinian cohort stayed on in Syria Palaestina and is simply named *ala prima miliaria* in the 'Notitia Dignitatum' (Or. 34, 36).

[88] Thus ROXAN, l.c. (above, n. 62) 65 referring to CIL XVI, 35 and AE 1961, 319.

[89] CIL III 9724 names the *cohors Philippiana*.

[90] RITTERLING (1903).

[91] The suggestion by A. v. DOMASZEWSKI, Die Fahnen im römischen Heere, in: Abh. Arch.-Ep. Seminar Wien, 5, 1885, 1—80, esp. p. 26 that this cohort was *equitata* is not yet born out by the inscriptions, cf. ALFÖLDY, l.c. (above, n. 71). *Vexillarii* are also known among infantrymen of the cohorts, cf. M. SPEIDEL, Die Equites Singulares Augusti, Antiquitas I 11, Bonn, 1965, 38ff.

l) other *cohortes*

The presence of a *cohors III Thracum* in Arabia has been deduced from the Qaṣr al Ḥallabāt inscription but the evidence is altogether unreliable; equally well a *cohors IIII Frygum* or *cohors IIII Bracaraugustanorum* could be meant and nothing is gained by speculation[92].

3. *Gothi Gentiles*

At I'nāt in the southern Hauran, some five kilometers southwest from Imtān (Motha) and perhaps an outpost of the latter town[93] the following inscription was found carved onto a slab within a raised dovetailed frame[94]:

Μνημεῖον Γούθθα, υἱοῦ Ἐρμιναρίου πραιποσίτου γεντιλίων ἐν Μοθανοῖς ἀναφερομένων, ἀπογεν(ομέν)ου ἐτῶν ιδ΄. Ἔτι ρβ΄ Περιτίου κα΄.

"Monument of Guththa, son of Erminarius, commander of the tribal troops stationed among the Mothani. He died at the age of 14 years. In the year 102, Peritius the 21st." (= February 28, A.D. 208).

The commander of these *gentiles*, Erminarius, bears a true Germanic name[95]. For his son one would expect the same, yet Guththa was assumed to be a Semitic Γαύτος, frequently attested in the Hauran[96], or at best a misspelling of the Germanic name Guda[97]. Recent finds, however, leave no doubt that Guththa is the name of the nation of the Goths used as a personal name: the spelling Γούθθαι/Γούθθοι for Goths in third-century Greek is now known from the Res Gestae of Shaphur I written on the Kaaba i Zerdusht at Persepolis[98], while the use of the tribal name as a personal name is common in such examples as Ostrogotha, Ustrigothus, Ostraustaguta[99], not to speak of a Γόθθος buried at Bostra[100]. This fits perfectly with

[92] LITTMANN-MAGIE-STUART (1921) 22f. no. 17. If indeed a *cohors III Thracum* was present in Arabia, then P. Primi 25, V, 12 of A.D. 127 may refer to Arabia: ἔπαρχος σπείρης γ΄ καὶ α΄ Θρακῶν.

[93] I'nāt, however had military significance of its own: in A.D. 348 a *burgus* was built there (LITTMANN-MAGIE-STUART, 1921, no. 224, cf. ibidem no. 213: the ἔπαρχος ἀπὸ προτήκτορος mentioned there could have commanded any type of unit).

[94] LITTMANN—MAGIE—STUART, 1921, no. 223 whence AE 1911, 244 = O. FIEBIGER (1943) = O. FIEBIGER, Inschriftensammlung zur Geschichte der Ostgermanen, Zweite Folge, Brünn, 1944, 20 = J. and L. ROBERT, Bulletin Epigraphique 1943, 76.

[95] M. SCHÖNFELD, Wörterbuch der altgermanischen Personen- und Völkernamen, Heidelberg 1965, 76f. FIEBIGER, ll.cc.

[96] LITTMANN-MAGIE-STUART (1921) p. 124; cf. H. WUTHNOW, Die semitischen Menschennamen in griechischen Inschriften und Papyri des vorderen Orients, Leipzig 1930, who lists many a Γαυτος, even Γαυθος, but no Γαυθθος or Γουθθος let alone Γουθθα. FIEBIGER, ll.cc. recognized the impossibility of a Semitic such name here.

[97] FIEBIGER, ll.cc.

[98] A. MARICQ, Res Gestae Divi Saporis, Syria 35, 1958, 295—360 (= ID., Classica et Orientalia, Paris, 1965, 37—101) line 7.

[99] SCHÖNFELD, l. c. (above, n. 95) 178; 248.; HOFFMANN, l. c. (above, n. 37) 82; cf. V. STRUVE et al., Corpus Inscriptionum Regni Bosporani, Moscow 1965, no. 226: [Τι]ράνης Γότο υἱός.

[100] REY-COQUAIS (1965) no. 21=AE 1965, 27 = J. and L. ROBERT, Bulletin Epigraphique 1966, 474. 'Goth' was apparently Syriac colloquial for 'soldier', see JONES (below, note 162) 1263.

the use of the name Erminarius = Ermanaricus among the Goths of which nation our *praepositus* obviously was a member[101].

An unromanized Germanic *praepositus* could, in A.D. 208, hardly command any other tribal troops than those to which he himself belonged. Erminarius' troops, therefore, were *Gothi gentiles*[102]. It was manifestly wrong to translate the word ἀναφερόμενος as 'enrolled' — there is no evidence for that meaning of the word[103]. Inscriptions and papyri have made it clear that ἀναφερόμενος means 'posted to', 'detached to'[104]. Erminarius' troops thus were not an Arab irregular *militia*[105].

The presence of *Gothi gentiles* in the Roman army A.D. 208 is exciting news. It constitutes the earliest documentary evidence for Goths altogether, except for an inscription from India vaguely dating to the second century A.D.[106]. Our text then means additional confirmation for the tribal name of Guta rather than Gauta at a very early time, and it documents an arrival of the Goths on the lower Danube early enough to have caused the Marcomannic wars under Marcus Aurelius as well as clashes with the Roman army under Septimius Severus[107].

The importance of Goths in the Roman army during the first half of the third century A.D. is widely underestimated but its true proportion is apparent in the description by Shapur I of the army of Gordian III whom he conquered in A.D. 244[108]:

[101] For usage of the name see SCHÖNFELD, l.c. (above, n. 95) 76f.

[102] For a later, but exactly identical occurrence of this term see the inscription from Carcaliu/ Rumania of A.D 337—340, CIL III 12483 = DESSAU 724 = E. POPESCU, Inscripțiile grecești și latine din secolele IV—XIII descoperite în România, București 1976, 238.

[103] Contra: LITTMANN—MAGIE—STUART (1921) p. 124; FIEBIGER, ll. cc.

[104] BGU 2024; P. Abinn. 60 etc.; compare J. and L. ROBERT, Bulletin Epigraphique 1966, 257. A reinterpretation is also needed for the inscription W. K. PRENTICE, Syria-Princeton III B, no. 1107 from Burdakli: Ἔτους ηντ´, μηνὸς Πανήμου ζ´, Οὐαλέριος Ῥομύλλος, οὐετρανός· ἀναφερόμενος ἦν ἐν Παννωνίας Ἀνωτέρας· ἐποίησεν μάκραν, ἅμα συνβίῳ. Valerius Romullus was not enrolled but stationed in Pannonia. (The text should be added to A. DOBÓ, Inscriptiones extra fines Pannoniae Daciaeque repertae ad res earundem provinciarum pertinentes, Budapest 1975.)

[105] Contra- LITTMANN—MAGIE—STUART (1921) 124; FIEBIGER, ll. cc

[106] ST. KONOW, Goths in Ancient India, Journal of the Royal Asiatic Society, 1912, 379—385.

[107] For the controversy over the name and the inferences for the origin of the nation derived from it see N. WAGNER, Göttinger Gelehrter Anzeiger 222, 1970, 94—109 (review of J. SVENNUNG, Jordanes und Scandia, Stockholm, 1967). For the history of the Gothic migration see e. g. L. SCHMIDT, Die Ostgermanen, 2nd. ed. München, 1941, 195ff. and E. SCHWARZ, Die Urheimat der Goten und ihre Wanderungen ins Weichselland und nach Südrußland, Saeculum 4, 1953, 13—26. Clashes: see below, p. 714.

[108] MARICQ, l.c. (above, n. 98). The Greek text is not at all ambiguous in its meaning, nor is the Parthian version (both are equally valuable translations from the Middle Persian originals) rendered by MARICQ, ibidem, thus: *MN hmk Prwm Gwt W Grm'ny hstr* "of the entire country of the Romans, of the Goths, and of the Germans". However, M. I. ROSTOVTZEFF, Res Gestae Divi Saporis and Dura, Berytus 8, 1943, 17—60, 22 in a preconceived notion that "Germans . . . in the Roman army . . at that time were not numerous and were kept in a subordinate position" paraphrased "The Emperor Gordian collected from the whole Empire a strong army, which consisted chiefly of military units of the Danube and the Rhine frontier"; in this he was followed by W. ENSSLIN, Zu den Kriegen des Sassa-

MICHAEL P. SPEIDEL

Γορδιανὸς Καῖσαρ ἀπὸ πάσης τῆς ῾Ρωμαίων ἀρχῆς Γούθθων τε καὶ
Γερμανῶν ἐθνῶν [δύναμιν συνέλεξ]εν [καὶ εἰ]ς [τὴ]ν ᾿Ασσ]υρίαν ἐ[πὶ
τὸ] τῶν ᾿Αριανῶν ἔθνος καὶ ἡμᾶς ἐπῆλθεν.

"Gordianus Caesar raised an army from the entire Roman empire,
and from the lands of the Goths and of the Germans and marched to
Assyria against the land of the Arians and against us."

This prominent presence of Goths in the field army of Gordian III and their
presence as *gentiles* in the Roman army by A.D. 208 makes it now more
than plausible that Caracalla's favourite troops on his Parthian campaign
in A.D. 217, his Σκύθαι and Κελτοί were indeed Goths and Germans
(Alamanni), nations he first fought, then enlisted as hostages and allies
for his eastern campaign, and which he finally made his imperial guard[109].
It is very likely that Septimius Severus acquired the *Gothi gentiles* of
Motha in a similar way and for a similar purpose; the phrase ἐν Μοθανοῖς
ἀναφερόμενοι suggests they had not been at Motha for very long, hence
the likeliest occasion for their coming to Motha is Septimius Severus'
second Parthian campaign in A.D. 197—199. The Goths would have been
needed for this Parthian campaign as they were for the later ones, and at
the same time they provided Septimius Severus with hostages so that the
nation on the Lower Danube would keep its peace during the absence of
the field army in the Orient. This explains a report by Cassius Dio (75,3)
that Σκύθαι i.e. Goths had planned to open hostilities against Septimius
Severus in about A.D. 196; apparently they were indeed Goths. Clearly, it was
not only thunder that made them back down as Dio reports but such action,
or threat of action, on the part of Septimius Severus as allowed him to collect
recruits from them as hostages or allies[110]. If after the Parthian campaign

---

niden Schapur I, Sb. Bayer.Akad.Wiss. phil.-hist. Klasse 1947/5, München 1949, 95,
by M. SPRENGLING, Third Century Iran, Sapor and Kartir, Chicago 1953, 81, and to some
extent even by MARICQ, l.c. who translates «le César Gordien leva dans tout l'Empire romain
une armée de Goths et de Germains.» Even in the very same line 7 of the text the word
ἔθνος (᾿Αριανῶν) means 'land' as it does elsewhere (see e. g. AE 1972, 626), hence the troops
of Germans and Goths were collected in their lands, i. e. they were mercenaries or allies
and hostages, i. e. *gentiles*. For Goths in the Roman army generally see B. SCARDIGLI,
Die gotisch-römischen Beziehungen im 3. und 4. Jh. n. Chr. Ein Forschungsbericht
1950—1970. I. Das 3. Jh., ANRW II 5. 1, ed. H. TEMPORINI, Berlin/New York, 1976,
200—285. The yearly tribute paid to the Goths already before A.D. 238 (A. ALFÖLDI,
Studien zur Geschichte der Weltkrise des 3. Jhs. nach Christus, Darmstadt 1967, 315,
ID., The Invasions of Peoples from the Rhine to the Black Sea, CAH 12, 1939, 141) was
almost certainly a form of pay for *gentiles* troops, cf. GROSSE, l.c. (above, n. 43) 84.

[109] Dio 79, 5 and 6, see B. RAPPAPORT, Die Einfälle der Goten in das römische Reich bis auf
Constantin, Leipzig, 1899, 22; contra: SCHMIDT, l.c. (above, n. 107) 201. Guards: SPEIDEL,
l.c. (above, n. 51) 226.

[110] For a possible war of Septimius Severus with the Goths see the opinions of L. BARKÓCZI,
Die Grundzüge der Geschichte von Intercisa, in: M. R. ALFÖLDI et al. (edd.), Intercisa II,
Budapest 1957, 497—544, esp. p. 517f.; and J. FITZ, A Military History of Pannonia
from the Marcoman Wars to the Death of Alexander Severus (180—235), Acta Arch.Hung.
14, 1962, 25—112, esp. p. 92—96. Contra: SCHMIDT, l.c. (above, n. 107) 200. Hence
Caracalla could indeed have been Geticus = Goticus (SHA, Ant. 10,6), just as Maximinus

they were stationed on the Arabian frontier that was in accordance with Roman policy to send troops gained from defeated tribes to far-away frontiers[111].

Gentiles as a category of troops are well known in the fourth century[112]. From the second and early third century, however, only three instances are found in documentary sources[113]:

Mauri gentiles	A.D. 158
(Gothi) gentiles	A.D. 208
Brittones gentiles	A.D. 232.

Gentiles are tribesmen, whether from within the borders of the empire, from the client kingdoms around it, or from the free nations beyond[114]. Such tribes must frequently have contributed troops to the Roman army, whether voluntarily and for hire, or as a condition for peace and protection, but unfortunately as barbarians they were not given much to writing and thus left few monuments. Certainly the 8000 Sarmatian soldiers obtained by Marcus Aurelius in a peace treaty (Dio 71,16) were *gentiles*, and from the same reign is known also a *praepositus equitibus gentium Marcomannorum, Naristorum, Quadorum ad vindictam orientalis motus pergentium*, i.e. tribesmen from the Danube went with Marcus Aurelius on his oriental expedition[115]. From the reign of Septimius Severus comes an inscription mentioning a *praepositus ... [vexill(ationum)* or *gentium] peregrinarum*[116]. Hence the *Gothi gentiles* of Imtān belong to a category of troops one might fully expect at this time. Nor will the climate of their garrison place surprise, for not only were Goths the main allied troops in the Parthian and Persian wars to come, but a closely comparable *cohors Gotthorum* was similarly stationed on the Syrian desert frontier (Not. Dign. Or. 33,32).

Thrax might indeed have been a Goth (SHA, Maxim. 1,5), contra: LORIOT, ANRW II 2, ed. H. TEMPORINI, Berlin/New York, 1975, 667 and R. SYME, Ammianus and the Historia Augusta (Oxford 1968) 36 with a misconception about *protectores* for which see SPEIDEL, Guards (below, n. 119a).

[111] Dio 72 (71), 11, 4.

[112] O. SEECK, Notitia Dignitatum, 1876, Index p. 318. TH. MOMMSEN, Die Walldürner Inschrift, Limesblatt 1897, nr. 24, 660—667 = ID., Gesammelte Schriften vol. 6. Histor. Schriften III, Berlin, 1910, repr. Berlin, 1965, 166—172.

[113] Mauri: CIL XVI, 108, cf. SPEIDEL, l.c. (above, n. 51) 208f.; Brittones: CIL XIII, 6592 = DESSAU 9184, well discussed by MOMMSEN, l.c. (above, n. 112) and by TH. ROWELL, The Honesta Missio from the Numeri of the Roman Imperial Army, YCS 6, 1939, 73—108. The *n(umerus) gen(tilium)* of AE 1971, 343 — the reading *ducen(arius)* is plainly impossible — seems to refer to the *schola gentilium* of the Later Empire, cf. CIL XIII, 8331 and HOFFMANN, l.c. (above, n. 37) chapter VIII, n. 149.

[114] MOMMSEN, l.c. (above, n. 112); GROSSE, l.c. (above, n. 43) 80ff.; STEIN (above, n. 51) 242f.

[115] AE 1956, 12, cf. PFLAUM, l.c. (above, n. 42) 488. For earlier *gentiles* see e. g. Tacitus, Ann. 12, 30; Hist. 3, 21; Dio 67, 7.

[116] AE 1969/70, 612, cf. A. BIRLEY, Septimius Severus, the African Emperor, London, 1971, 178. There is no parallel for the reading *cohortium peregrinarum*. No basic difference existed between *numeri, nationes,* and *gentiles* among the irregulars of the Roman army of the principate. cf. SPEIDEL l.c. (above, n. 51).

The history of the *Gothi gentiles* of Imtān is not known. During the second century *cohors I Augusta Canathenorum* and *cohors I Augusta Thracum equitata* had been stationed there and the *Gothi gentiles* may have joined or replaced them there. From the year A.D. 306 comes a remarkable inscription found at Imtān[117]:

Τοῦτο τὸ μνῆμα Λαιτιλα δουκην(άριος)
πριμάκηρος, ἐτῶν νζ΄, ἔτι σα΄

Laitila, who bears an apparently Gothic name, has the rank of *ducenarius* and the function of *primicerius*, both pointing to the elite units of the later Roman army. Thus either the *Gothi gentiles* had become an elite *vexillatio*[118] or, more likely, they had been replaced by the new elite cavalry regiment of the *equites scutarii Illyriciani* mentioned by the 'Notitia Dignitatum' as stationed at Motha. In the latter case the *Gothi gentiles* may have gone back to their nation, or they may have become a regular unit such as the Syrian *cohors Gotthorum* or even the *legio palatina* of the *Scythae*[119].

4. *Singulares* Guards

Like every governor of a province, the legate of Arabia had a guard of *equites* and *pedites singulares* selected from his *auxilia*[119a]. Their number depended on the military importance of the province. Thus, while the governor of Syria Coele, to judge from the Dura-Europos papyri, may have had as many as 1000 *singulares*, the Arabian *singulares* will have numbered far less. Their cavalry components only are known, from an inscription of some time before A.D. 198 found at Bostra[119b]:

M(arco) Caecilio Fusciano Crepereiano Florano, leg(ato) Aug(usti) pr(o) pr(aetore) et M(arco) Caecilio Rufino filio eius, eq(uites) sing(u-lares) exerc(itus) Arab(ici) item drom(edarii).

It is noteworthy that the *singulares* are here called the guard "of the Arabian army" rather than the guard of the governor. This is nowhere else the case and implies to some extent that the men were not so much "singled out" by each governor but continued as guards no matter who was governor. The *dromadarii* attached here to the *equites singulares* will have been selected from the *ala dromedariorum* or perhaps other *alae* comprising camel riders[119c]. Certainly they, too, served at headquarters and

---

[117] AE 1933, 185 = SEG 7, 1194.
[118] Cf. SPEIDEL, l.c. (above, n. 51) for the rise of such units. For Motha's garrison see below, p. 718.
[119] Notitia Dignitatum Or. 6, 44; HOFFMANN, l.c. (above, n. 37) 223 ff.
[119a] M. SPEIDEL, Guards of the Roman Armies, Bonn, 1977 (forthcoming).
[119b] LITTMANN-MAGIE-STUART (1921) 528 = CIL III, 93; for the date of Floranus' governor-ship see AE 1957, 271.
[119c] While *alae singularium* were at times raised from the *equites singulares* of a governor, there is no specific evidence to suggest as C. CICHORIUS, Ala, RE 1, 1893, 1223—1270 esp. 1240 does, that these *dromedarii singulares* gave rise to the *ala dromedariorum* of Syria, for which see above, p. 704.

thus it is likely that the text is meant to read *drom(edarii singulares)*, even though *dromedarii singulares* are not yet known from anywhere else.

The Arabian governor needed this guard for security at Bostra and for the many tasks a gubernatorial staff had to fulfill, but in particular he will have needed his *singulares*, and among them the *dromedarii*, when travelling to other places in the province. In fact, a report survives of such travels by the governor through the desert in an inscription from Jathum in northern Jordan[119d]:

'Ο βίος ωὐδέν ἐστιν. Διομήδης κιθαρῳδὸς καὶ 'Αβχορος κο[υρ]εὺς ἐξῆλθαν οἱ δύο εἰς τὸν ἔρημον μετὰ στρατηγοῦ ὁπλειτῶν κὲ ἔστακαν ἐγγὺς τόπῳ λεγομ[έ]νῳ πό[λις] 'Αβγάρ[ου].

This singer and barber who accompanied the Roman commander in the desert were not part of his military staff, but their presence indicates the astonishing size and composition of such parties.

IV. Elite Cavalry Units (vexillationes) of the Later Empire

In all the duchies from the Tigris to the Red Sea the 'Notitia Dignitatum' lists the same elite cavalry forces: four *equites Illyriciani* regiments of *Scutarii, Promoti, Mauri* and *Dalmatae*, followed by two regiments of *equites promoti indigenae* (the cavalry of the legions stationed in the duchies), and finally two or more regiments of *equites sagittarii indigenae*.

The Illyriciani are clearly parts of Gallienus' great cavalry army[120] and the question is at what time and for what reason they were stationed along the oriental frontier. It seems Aurelianus not only brought this army to the Orient for his campaign against Palmyra in A.D. 272, but also used it to restore the Roman armies in the provinces that had been overrun by the Palmyrenians, for only at this time was there an undisputable need for large-scale transfer of troops to all the provinces from Mesopotamia to Palestine[121]. However, since no documentary sources have come to light yet proving the arrival of the Illyriciani already under Aurelianus, Diocletian has also been credited with this strategic reform — all the more since literary sources report for his reign a strengthening of the frontier defenses[122]. The case for Diocletian rests largely on less reliable general arguments and leaves one wondering why at that time a province like

---

[119d] J. and L. ROBERT, Bulletin Epigraphique 1955, 248 = AE 1956, 183.

[120] RITTERLING (1903); ALFÖLDI, l.c. (above, n. 108) 1—15; D. VAN BERCHEM, L'armée de Dioclétien et la réforme constantinienne, Paris 1952; HOFFMANN, l.c. (above, n. 37) 247—256; SPEIDEL, l.c. (above, n. 51).

[121] I. e. the *equites Illyriciani* of Notitia Dignitatum Or. 32—37.

[122] VAN BERCHEM, l.c. (above, n. 120) passim, followed e. g. by HOFFMANN l.c. (above, n. 37) 256. Cf. SPEIDEL, l.c. (above, n. 51) 224.

Arabia should have received so many elite units; but the question cannot be answered decisively before more documentary evidence will be found.

By A.D. 306 the new units seem to have arrived in the province, for at that date one finds the *ducenarius primicerius* of the inscription from Imtān (Motha) quoted above. Even more likely referring to the *equites scutarii Illyriciani* listed for Motha by the 'Notitia Dignitatum' is the following text of A.D. 350 from the same place[123]:

Οὖρσος ἀκτουάρις οὐιξιλλατίονος Μοθανῶν τῷ μνῆμα οἰκοδομήσας ἐκ θημελίων ἔ[τ]ους σμε', μηνὶ 'Ιουνίου κγ'. 'Ενθάδη κῖτε Οὖρσος βίαρχος πατὴρ τοῦ ὑποτεταγμένου Οὐρσου διὰ τῆς ἐπιμηλίης [Τ]ι. Κλ. Αὐξίτω. Οἰκεία τῆς ἀναπαύση[ω]ς οἰ[χ]ομένῳ. Χαίαμ[ο]ς οἰκοδόμος. ['Ανήλωσα δραχμὰς] μ(υρίας) χιλίας Σύρο[υς] ἐγὼ ὁ "Ορσος ἐξ ἰδίων [π]ό[νων.

The other fourth- and fifth-century units of the frontier army of which we have the complete list in the 'Notitia Dignitatum' cannot yet be matched by documentary evidence. But at least one unit of the imperial field army temporarily stationed in the province, is known. The fortress of Umm al Jemāl, south of Bostra and situated at the rear as is proper for units of the field army, has produced the following inscription of A.D. 371[124]:

Salvis d(ominis) n(ostris) Valentiniano, Valente, et Gratiano victoriosissimis semper Aug(ustis), dispositione Iuli, v(iri) c(larissimi), com(itis), magistri equitum et peditum, fabricatus est burgu[s] ex fundamento mano devotissimorum equitum VIIII Dalm(atarum) s(ub) c(ura) Vahali trib(uni), in consulatum d(omini) n(ostri) Gratiani, perpetui Aug(usti) iterum et Probi v(iri) c(larissimi).

The unit, even though listed by the 'Notitia Dignitatum' (Or. 5,37) among the first palatine army of the Eastern Empire, has no parallel among the second court army and thus will not have belonged to the initial units of the court armies when they were established in A.D. 388. Our *equites Nonodalmatae*, a *vexillatio comitatensis*, thus must have been called into the court army at a somewhat later date, but before A.D. 395, if that is the date of the eastern section of the 'Notitia Dignitatum'[125].

It is very likely the same unit of the Nonodalmatae of which another commander is mentioned at Umm al Jemāl a decade or so before the text above[126]:

Fl. Lycianus p(rae)p(ositus) civis Filipop(o)lis Th(r)acensia[n]e, trib(unus) mil militante inter scutarios d(omini) n(ostri) Constanti ani (sic) XXV S.

---

[123] WADDINGTON (1876) no. 2037.

[124] LITTMANN-MAGIE-STUART (1921) 233 = CIL III, 88 = DESSAU 773.

[125] HOFFMANN, l.c. (above, n. 37) index vol II, 281. Consequently Count Iulius of our text will have been *magister militum Orientis*, contra: CIL III, 88, WADDINGTON 2058.

[126] AE 1961, 197 = AE 1959, 196. Cf. HOFFMANN, l. c. (above, n. 37) 293 and chapter VIII, n. 873.

Flavius Lucianus apparently originated from Philippopolis in Thrace and became tribune of the *equites Nonodalmatae* after he had served for 25½ years as *scutarius* in the guard (mostly) of Constantius II (A.D. 337—361). Very likely there were more units of the field army stationed in the province for some time, but as they loathed construction work, no building inscriptions tell us of them[127].

A tombstone from Al Ghāriye, 9 km to the West of Imtān, might be taken as referring to *scutarii*, for its inscription has been published as follows:

'Ερένιο(ς) Σαβεινιανὸς οὐετρ(ανὸς) ἀπὸ ὁπλοφόρων, ἐτ(ῶν) ξ'.

Indeed, ὁπλόφοροι might be *scutarii*, for the Egyptian *cohors scutata civium Romanorum* is called in Greek σπεῖρα ὁπλοφόρων πολιτῶν 'Ρωμαίων (AE 1906, 35; BGU 741); yet a drawing of the text shows the abbreviation ἀπὸ ὁπλοφ( ) and as ἀπὸ is commonly used to indicate the rank of veterans but rarely, if ever, their unit, the expansion almost certainly will be ἀπὸ ὁπλοφ(υλάκων), i.e. Herennius Sabinianus was a guard of the armory (*ex armorum custode*), a rank of the 2nd or third century which fits Herennius' good, oldfashioned name[128].

V. History

The army that first occupied Arabia was, by necessity, an army of foreigners. The troops came however from the neighbouring provinces: *legio III Cyrenaica* and apparently *cohors I Hispanorum* and *cohors I Thebaeorum* from Egypt, *ala veterana Gaetulorum* from Palestine, *cohors I Augusta Thracum* and, possibly *cohors VI Hispanorum*, as well as *cohors I milliaria Thracum* from Syria. If the Red Sea fleet installed itself at Aqaba or Leuke Kome, it also came from Egypt[129]. Such native troops as there were in the country were removed to other oriental provinces where one finds at least six *cohortes Ulpiae Petraeorum*, two or more of them milliary, which amounts to some four or five thousand men. The Nabataean cavalry was not given the status of *alae*; instead they served with the inferior status of *equites cohortales* in the *cohortes Petraeorum*, most of which were part-mounted[130]. These cohorts may have been raised for three reasons: 1) to

[127] For construction work by units of the field armies see HOFFMANN, l.c. (above, n. 37) 229 with note 197.

[128] Text: DUNAND (1933) no. 100 with plate 19, whence AE 1933, 190. 'Απὸ for rank of veterans: e. g. ἀπὸ ὀπτίονος see IGR III 275; 1202; 1208; 1219; 1183; 1300. For ὁπλοφύλαξ see IGR IV, 733; 736.

[129] For the Red Sea fleet see e. g. O. TAIT (Greek Ostraca in the Bodleian Library, ed. J. G. TAIT and C. PREAUX, London, 1930ff.) no. 279 (Myos Hormos); for the discussion see D. KIENAST, Untersuchungen zu den Kriegsflotten der römischen Kaiserzeit, Antiquitas I 13, Bonn, 1966, 84f. However, since it is now obvious that the Romans occupied the Red Sea littoral (BOWERSOCK, below, n. 131), they will have had a fleet there.

[130] CICHORIUS, l. c. (above, n. 72) 324. For the Nabataean army see Josephus, Bell. Iud. 3,68 (A.D. 66): τοῦ δὲ ˏΑραβος Μάλχου χιλίους πέμψαντος ἱππεῖς ἐπὶ πεζοῖς πεντακισχιλίοις, ᾧ τὸ πλέον ἦσαν τοξόται.

remove a possibly rebellious native standing army from the new province,
or 2) to remove a good many young men able to fight and possibly rebellious,
or 3) to gain replacements for the units withdrawn from other provinces
for the occupation of Arabia. Possibly all three reasons applied.

As elsewhere in the empire, however, local recruitment for the *auxilia*
was instituted almost immediately, witness the rock inscriptions of *ala
Dromedariorum* near Al Ula quoted above. Nor will it have taken long
before Arab tribes were enlisted as allies in the outer areas[131]. Later, in the
fourth century an entirely new unit could be raised in the province and
stationed there: *cohors III felix Arabum*, comparable to the *equites Thamu-
deni* of the Notitia Dignitatum (Or. 34,22). New units that came later into
the province such as *cohors III Alpinorum, cohors VIII Voluntariorum* and
the *Gothi gentiles* brought a new influx of foreigners, presumably soon mixed
with local recruits. The *exercitus Arabicus*, basically, was Arabian in the
ethnical sense as well.

Legio III Cyrenaica, likewise turned to local recruitment. A fine
example of this is preserved in an inscription from Namara, mentioning a
Nabataean horseman[132]:

Μεσάμαρος ἱππεὺς Κυρ(ηναικῆς), γένο[ς] Νάβας.

All of this does not, of course, exclude such well known phenomena as the
distribution of Thracian recruits over the empire[133] or the frequent
transfer of centurions from one legion to another which brought, for example
a centurion from Mantua/Italy to Bostra[134].

---

[131] IGR I, 1247; 1254. GRAF (1977) adds other possibilities, some doubtful. — Imru'lqais the
Lakhmid in his Nemara inscription of A.D. 328 did not send 'horsemen' to the Romans,
cf. G. W. BOWERSOCK, The Greek-Nabataean Bilingual Inscription at Ruwwāfa, Saudi-
Arabia in: Le monde Grec, ed. J. BINGEN et al., Brussels, 1975, 513—522. For the al
'Ula texts quoted above see SEYRIG (1940) 165.

[132] IGR III 1257; for a reasonably complete list of known origins of the legionaries see FORNI,
l.c. (above, n. 6) 221f. and 203.

[133] CIL III, 104 (Bostra): *D(is) m(anibus) L(ucio) Valerio) Bito, natione Bessus, mil(iti)
leg(ionis) III Cyr(enaicae)* etc. Cf. M. SPEIDEL, One Thousand Thracian Recruits for
Mauretania Tingitana, Antiquités Africaines, 1977, forthcoming.

[134] CIL III, 102; for other centurions from abroad see e.g. CIL VIII, 217; 825; 14854 and
CIL VI, 414 = DESSAU, ILS 4315b = M. SPEIDEL, The Religion of Iuppiter Dolichenus in
the Roman Army, Leiden, 1977 (= EPRO 63) no. 48. For a possibly African *centurio
strator* and *primuspilus* see ILAlg. II, 634, quoted above, n. 25; for a Pannonian centurion
see LITTMANN—MAGIE—STUART 537. The reverse case, where an Arabian soldier was
made centurion abroad may be illustrated by LITTMANN—MAGIE—STUART no. 531.
Perhaps it is to *legio III Cyrenaica* that around A.D. 126 the African *legio III Augusta*
sent *cohortem et qua[ternos] ex centuris in supplementum comparum tertianorum* to
strengthen it (CIL VIII 18042 = DESSAU, ILS 2487), which in turn might explain a strange
altar from Bostra (AE 1947, 138) *Mercurio Aug(usto) [s]acrum, [T]husdr[i]tani Gen(io)
col(oniae) s(uae) f(ecerunt)*: there were many Thusdritani in the Third Augustan legion
in Hadrian's time, see R. CAGNAT, L'armée romaine d'Afrique et l'occupation militaire de
l'Afrique sous les empereurs, 2nd. ed., Paris, 1913, 287ff., Mercurius was the *praeses et
conservator numen* of Thysdrus (DESSAU, ILS 5777, cf. R. MOUTERDE, Africains et Daces

Finally, foreign recruits were enrolled when detachments of the legion served abroad[135]. It is difficult to say which of the last two phenomena brought to Bostra a centurion and his freedman with family names typical of the Germanic provinces[136]:

D(is) m(anibus) Ael(io) Vitalinio Valentino (centurioni) leg(ionis)
III Cyr(enaicae) Ianuarinius Florinus libertus et heres f(aciendum)
c(uravit).

The veterans of the Arabian army (as well as those who had served in army units abroad) came to be the local aristocracy in the villages and towns that were greatly multiplying during the first three centuries of the Roman presence — numerous inscriptions tell of the buildings and monuments the veterans erected there for themselves and for their families[136a].

Participation in campaigns outside the province is known in several instances for *legio III Cyrenaica*: in Trajan's Parthian War[137], in Hadrian's Jewish War[138] and in Caracalla's Parthian War[139] to which seems to belong a tombstone of A.D. 220 from Bostra[140]:

Φλ(άουιος) Μάξιμος στρ(ατιώτης) λεγ(εῶνος) γ΄ Κυρ(ηναικῆς), στρα-
τευσάμενος ἔτη κγ΄, ἀποθανὼν [ἐν] τῆ Μεσοπ[οταμί]ᾳ [ο]ὗ τὰ ὀ[σ]τᾶ
ἐν[θ]άδε κ[ῖτ]ε... ἔτ(ε)ι εἰρ΄.

Apparently a detachment of the legion fought also in a campaign in Lower Germany during the third century, for in Iversheim a fragmentary altar was found with the following inscription[141]:

à Bostra, MUSJ 25, 1942—43, 50—56), and there exists, it is said, in the Ammān Museum an inscription with the letters *Vexil[..] leg V[..]* that may, or may not, refer to this detachment of *legio VIII Augusta*.

[135] For this phenomenon see e. g. M. SPEIDEL, Eagle-Bearer and Trumpeter, BoJb 177, 1977, 123—163.

[136] AE 1965, 26. The Germanic type of the names was recognized by G. ALFÖLDY, Epigraphisches aus dem Rheinland III, Epigraphische Studien 5, 1968, 1—98, esp. p. 25, who also suggests that the centurion was transferred to *legio III Cyrenaica* when a detachment of it served on the Rhine.

[136a] See e. g. M. ROSTOVTZEFF, The Social and Economic History of the Roman Empire, 2nd. ed. Oxford, 1957, 272, with note 35.

[137] FINK (1936).

[138] RITTERLING, l.c. (above, n. 12) 1511. RITTERLING's inferences for the Parthian war of Lucius Verus etc. must be seen in the light of the fact that Avidius Cassius was not governor of Arabia, cf. BOWERSOCK (1971) 234ff.

[139] Vexillations of *legio IV Scythica* and *III Cyrenaica* built the amphitheater in Dura-Europos in A.D. 216, see ROSTOVTZEFF, l.c. (above, n. 45) Report 6, 1936, 75ff.

[140] IGR III,1329, cf. RITTERLING, l.c. (above, n. 12) 1513.

[141] ALFÖLDY, l.c. (above, n. 136) 23 no. 10. J. BOGAERS, Civitates und Civitates-Hauptorte in der nördlichen Germania inferior, Bonner Jahrbücher 172, 1972, 310—333, esp. p. 331f. assigns another text to this period that had been assigned by RITTERLING, l.c. (above, n. 12) 1508 to the Egyptian period of the legion: CIL XIII, 3592 (a bronze tabula ansata) *Vihansae Q. Cattus Libo Nepos Centurio leg(ionis) III Cyrenaicae scutum et lanceam d(e)d(icavit)*, but the question of the date remains open.

[– – –] Q(uintus) Coel̦[i]us(?) [Procu]leianus s[ig(nifer)] v(otum)
s(olvit) l(ibens) m(erito) leg(ionis) III Cyr(enaicae) [– – –]

Of the *auxilia* of the province, only *ala Celerum,* if it ever belonged to the
Arabian army, shows a certain mobility as it is found in Noricum in the later
third century[142]. Finally, the army of Valerian that was defeated by Sapor
in A.D. 260 included ἀπὸ ᾿Αραβίας ἔθνους (= province) ...δύναμις[143].

All in all the evidence for foreign campaigns is rather scanty in comparison to what is known about the British, German or Illyrian armies:
perhaps this is to be explained with the inferior quality of the oriental
armies. The same reason has been invoked for the absence of Arabian —
and generally oriental — contributions to the field army of the Later
Empire[144]. Possibly the oriental soldier was indeed inferior in hand-to-hand
fighting, but that view must be balanced by a look at the numerous *sagittarii*
regiments of the field army that usually do not indicate their origin but
generally come from the Orient. The chief strength of the oriental armies
were their bowmen, especially in the later periods, so much so that one has
to regard the Syrian and Arab archers as elite soldiers of the Roman empire
second only to the Illyrians.

One example of a native from the Hauran mountains who served
abroad in the mid-fourth century as *(centurio) ordinarius,* very likely of
the field army, is recorded in a building inscription from Al Meshquq[145]:

᾿Αγαθὴ Τύχη. Εὐτυχῶς ἐκοδομήθη ὁ πύργος. Βάσσος ὁαυτρνὸς ἐξ
ὁρδεναρίῳ σ(τ)ρατιόμενος, ἐμ Μεσοποταμίας. ᾿Οράνιος οἰκοδό[μος]. ᾿Ανε-
λ(ώ)θ(η) μύρια δην(άρια) ε′ (or θ′) χιλι(ά)δες. ῞Ητους σμε′.

"Good fortune! The tower was successfully built. Bassus, veteran in the
rank of ordinarius having served in Mesopotamia (erected it). Uranius
(was) the builder. There were expended 15 000 (?) denarii. In the
year 245. (A.D. 351.)"

In the civil wars of the empire the lone Arabian legion will in most
cases have joined the cause of the other oriental armies. In one case, though,
legio III Cyrenaica took an astonishing risk: in A.D. 196 when Septimius
Severus was campaigning against Clodius Albinus in the West, the legion
defected from him, alone of all the legions in the Orient (SHA S. 12,6):

eodem tempore etiam legio Arabica defecisse ad Albinum nuntiata est.

This information has been doubted, but apparently prosopography supports
it[146]. If it is true, the legion and the province were brought back to obedience
with much bloodletting according to the civil-war style of Septimius Severus.

[142] See above, p. 702f.
[143] Maricq, l.c. (above, n. 98) line 23.
[144] Hoffmann, l.c. (above, n. 37) 233.
[145] Littmann-Magie-Stuart (1921) 177.
[146] G. Alföldy, Septimius Severus und der Senat, BoJb 168, 1968, 112—160, esp. p. 119,
n. 52. Contra: Ritterling, l.c. (above, n. 12) 1513.

Turbulent years came with the Persian attacks by Shapur I and Palmyra's rise to power. The Arabian army was not absorbed by Palmyra without a fierce fight. An inscription of the lintel over the entrance to the temple of Iuppiter Hammon, the tutelary god of the legion at Bostra, reports[147]:

]templum Iovis Hammonis a Palmyrenis hostibu[s dirutum – – –
(vac.) *quem refecit cum statua argentea et ostea ferra(—)* (vac.)

"– – – the temple of Iuppiter Hammon, destroyed by the Palmyrenian enemies – – – rebuilt, with a silver statue and iron doors (?)."

This text, in turn lends credence to a report by Malalas that Zenobia took Arabia from the Romans by force, killing the Roman commander with all his troops in the reign of Claudius in A.D. 268—270[148].

Ζηνοβία – – – – παρέλαβε τὴν Ἀραβίαν, κατεχομένην τότε ὑπὸ τῶν Ῥωμαίων φονεύουσα καὶ τὸν δοῦκα Ῥωαίων Τράσσον καὶ πᾶσαν τὴν σὺν αὐτῷ βοήθειαν ἐπὶ τῆς – – – – Κλαυδίου βασιλείας.

What happened to the various units of the Arabian army in and after this event, can only be surmised. *Legio III Cyrenaica* functioned again in the final campaign against Palmyra: the inscription quoted above, reporting the destruction of the Ammon temple lends credence to an otherwise suspect passage in the 'Vita Aureliani' where in a letter the emperor says: *Templum sane Solis, quod apud Palmyram aquiliferi legionis tertiae cum vexilliferis et draconario et cornicinibus atque liticinibus diripuerunt ad eam formam volo, quae fuit, reddi.* (SHA, Aur. 31.) — Apparently the standard bearers and the hornblowers that give the signals for the standards, i.e. the leaders in the religious life of the legion, took formal revenge on the Palmyrenian sun temple for the destruction of their own temple at Bostra[149]. It is particularly noteworthy that one can now

147 SEYRIG (1941), whence AE 1947, 165. SEYRIG reads *[.]ERRA* but describes the missing letter as either a *T* or an *F*. If our reading suggestion is right then a verb like *adiecit* will have to be supplied.

148 Ioh.Malalas, Chronogr. XII, 299, 4 as cited but misinterpreted by A. SCHENK VON STAUFFENBERG, Die römische Kaisergeschichte bei Malalas, Leipzig 1931, 379ff.; cf. SEYRIG (1941). For the Palmyrenian campaigns and their chronology see J. SCHWARTZ, Les Palmyréniens et l'Egypte, Bulletin de la société royale archéologique d'Alexandrie, 40, 1953, 63—81.

149 Cf. E. WILL, Le sac de Palmyre, in: Mélanges d'archéologie et d'histoire offerts à A. Piganiol, ed. R. CHEVALLIER, vol. 3, Paris, 1966 (= École pratique des hautes études, VIe sect., 3), 1409—1416. (WILL's suggestion that *legio III Cyrenaica* then guarded Syria must be a typographical error). For Ammon see above, note 20. For the religious aspect of the wars in the East see J. GAGÉ, Basileia. Les césars, les rois d'Orient et les «mages», Paris, 1968, 325; GAGÉ's wording does not take into account that it was the Arabian legion who despoiled the Palmyrenian temple. The temple was robbed, rather than destroyed, for its administration went on as before, cf. M. GAWLIKOWSKI, Inscriptions de Palmyre, Syria 48, 1971, 407—422; for the spoils being brought to Rome see Zosimus 1, 61, 2. For several *aquiliferi* in one legion see SPEIDEL (above, note 135).

add *ala* (*cohors*) *VI Hispanorum* to the list of units that survived the Palmyrenian debacle (another likely candidate is *cohors I Augusta Thracum*), for it shows that at least part of the auxiliary units also survived intact or were restored by Aurelian.

One may surmise that most of the soldiers of the Arabian army were pressed into the Palmyrenian forces that invaded Egypt. An inscription from the Hauran refers to this[150]:

Αἴγυπτος στυγερὴ ψυχὰς ὤλεσε σύν σεο πολλάς
ἀλλὰ σ' ἐνκτερέϊξε θῖος καὶ πότνια μήτηρ
κεῖνους δ'οὔτις· οἰωνοῖσι δὲ κύρμ' ἐγένοντο.
θάρσει, – – – –

"Hateful Egypt has taken many lives, together with yours. But while your uncle and the lady your mother buried you properly, no one buried the others — they fell prey to the birds. Courage . . ."

After the Palmyrenian campaign Aurelian added *cohors III Alpinorum* and *cohors VIII Voluntariorum* and the four *equites Illyriciani* regiments to the Arabian army, but apparently *legio IV Martia* was a later, Diocletianic addition. The army at the end of third century hardly differed much from the army known a hundred years later by the 'Notitia Dignitatum', except for the addition of several *alae* and *cohors III felix Arabum*, either to compensate for the loss of some other *auxilia* or, more likely, for their reduction in size while facing a growing threat from the Desert Arabs. Throughout the fourth century, therefore, a strong continuity can be observed in the Arabian army, a continuity, moreover, that may also be presumed to have obtained during the third century, for compared to the provinces farther north, Arabia and Palestine show a much higher proportion of second and third century *alae* and *cohortes* in the lists of the 'Notitia Dignitatum'. The reason for this stronger continuity is probably the greater distance of Arabia and Palestine from the line of the Persian attacks.

The main task of the Arabian army was always the defense of the province against the desert Arabs, whether they acted on their own or on Persian instigation. However, from the mid-third century onwards the growing establishment of an imperial field army that removed the necessity to detach units for campaigns elsewhere, and the increasing insecurity of the empire that encouraged the tribes beyond the borders to raid the provinces must have made this defense the only military task of the Arabian army. While fortification of military camps was continuous from the second century on, it has been shown convincingly that the fortification of such cities as Der'ā and Bostra under the supervision of the governors' *beneficiarii* and *stratores* began before the ominous rise of Palmyra and continued after its fall[151], hence it was a response to the Persian

---

[150] SEYRIG (1954) = J. and L. ROBERT, Bulletin Epigraphique 1956, 336.
[151] PFLAUM (1952). See also A. D. TUSHINGHAM, An Inscription of the Roman Imperial Period from Dhîbân, BASOR 138, 1955, 29—34.

invasions, especially the one of A.D. 256 when Shapur even took Antioch. Arabia had to fear both, a direct Persian descent onto the province and raids by the desert Arabs stirred by the defeats of the Roman armies in Mesopotamia, — armies that included detachments from Arabia as documented e.g. for the year A.D. 260[152]. How dangerous the situation had become is revealed by an inscription apparently from Al Hadid, the Aditta of the 'Notitia Dignitatum'[153]:

> [---- O.I.I.I. ... i]mp(eratores) Augg(usti) tute[lae] gratia ex
> Palaes[tina in Arabia]m tra[nstu]lerunt, [c]astra quoque (e)x solo
> oppo[rtuno loco] exstruxerunt per Aurel[ium Theone]m leg(atum)
> Aug(ustorum) [------]

Different from the editors of this text one may assume the emperors to be the subjects for the verb *transtulerunt*: they transferred troops from Palestine to Arabia. *Tutelae gratia* would then mean for the protection of the country rather than for the protection of the emperors. What is undisputed is the fact that troops were brought into Arabia and that they built a fortress from scratch. If the name of the legate is correctly restored this was in the years A.D. 253/259[154], i.e. during the years of the Persian danger. The Palaestinian troops may have replaced Arabian ones that went to Mesopotamia, or they may have reinforced them; in either case their construction work proves there was danger for Arabia, danger that is similarly reflected in the fortification of Der'ā and Bostra.

During the later third century Aurelian and Diocletian added new troops to the Arabian army and later still Constans II and Valens and Valentinian raised new *alae* in a firm intent to keep the Arabian frontier well manned. At the same time the territory of the province was considerably reduced: by the end of the third century the southern half of the province south of Wadi al Ḥāsā was transferred to Palestine and defended as the *limes Palestinus* by the Palaestinian army[155]. Reckoning the legions at some 3000 men and milliary units at face value, while counting all other units as 500 strong, one can derive from the 'Notitia Dignitatum' a paper strength

---

[152] See above, p. 722 PFLAUM (1952) excludes a Persian threat, observing that the Persian armies marched north once they had broken into Syria. Yet they also turned south and attempted the siege of Hemesa (Homs), cf. ROSTOVTZEFF, l.c. (above, n. 108) 39 and ENSSLIN, l.c. (above, n. 108) 102. If the siege of Emesa is legend then Arethusa/Aristia is the southernmost point of the Persian advance in A.D. 256, see E. HONIGMANN-A. MARICQ, Recherches sur les Res Gestae Divi Saporis, Académie Royale de Belgique, Classe des lettres et des sciences morales et politiques, Mémoires in 8°, tom. 47, fasc. 4, Brussels, 1953, 153 and for the date 256 ibidem 131ff.

[153] LITTMANN-MAGIE-STUART (1921) 9no. 9 with appendix p. V and VI.

[154] For the legate M. Aelius Aurelius Theo see BOWERSOCK (1971) 236.

[155] BRÜNNOW and VON DOMASZEWSKI (1909) 276; BOWERSOCK (1976). It is to this *limes Palaestinus* that the legionary camp of Udruḥ belongs (BOWERSOCK, 1976, 226). PARKER (1976) no. 30 reports ceramic finds of the period 284—324 at Udruḥ, but no early Roman finds.

of the fourth-century Arabian army of 17 000 men[156]. This is certainly erring
on the high side; considering that the territory was now only half its former
size it would mean more than three times the forces Trajan gave the province initially. Still, there is no doubt that the fourth century saw a much
stronger concentration of troops in Arabia than earlier periods. This is now
also proved by archaeological finds — pottery shows more sites occupied
along the *limes* than ever before or after[157].

   No doubt, this increase of troops was a response to the mounting
pressure from the nomad tribes. The church historian Rufinus, for example,
reports serious attacks by the Saracens in the reign of Valentinian and
Valens (A.D. 364—378)[158]: *Mauvia Sarracenorum gentis regina vehementi
Palaestini et Arabici limitis oppida atque urbes quatere vicinasque simul
vastare provincias coepit.* — The term *quatere* may be used deliberately
to show that no cities were actually taken, but the countryside was
scoured. It was very likely in response to Mauvia's raids that Valens
raised *ala prima Valentiana* and *ala secunda felix Valentiniana* as reinforcements for the regular Arabian army.

   Significantly, the passage of Rufinus quoted above is the only mention
of the *limes Arabicus* in antiquity. The fact that it comprises towns and
cities shows the term did not mean a single (or double) line of camps and
watchtowers along a road, and it precludes the assumption of an 'inner'
and an 'outer' *limes*[159]. In fact, the whole province had become a *limes* in
that economic, urban, and military life were inextricably linked as in the
description of the province by Ammianus Marcellinus quoted as the motto
of this paper[160] and the reunification, at this time, of the civilian governor-
ship with the military command[161]. It is all the more remarkable, therefore,
that under the protection of the fourth-century Roman army the land that

---

[156] A. H. M. JONES, The Later Roman Empire, Oxford 1964, Appendix II, p. 1450.

[157] PARKER (1976).

[158] Historia Ecclesiastica 2,6, Migne PL 21. See also BOWERSOCK (1976) 223 ff. with reference
to fortifications built against Mavia (LITTMANN—MAGIE—STUART, nos. 229 and 233;
add CIL III 14381 and 14382). That the province of Arabia was abandoned to Mavia is
an utterly unconvincing supposition of F. ALTHEIM and R. STIEHL, Die Araber in der
Alten Welt, vol. 2, Berlin, 1965, 329. Certainly one has to see both, troop increase and
fortifications, in the context of the general measures taken in this direction by Valens and
Valentinian throughout the empire (see JONES, below, n. 162, p. 149).

[159] See BOWERSOCK (1976).

[160] *Arabia – – – –opima varietate commerciorum, castrisque oppleta validis et castellis quae ad
repellendos gentium vicinarum excursus sollicitudo pervigil veterum per opportunos saltus
erexit et cautos. Haec quoque civitates habet inter oppida quaedam ingentes, Bostram et Gera-
sam atque Philadelphiam, murorum firmitate cautissimas. Hanc provinciae imposito nomine,
rectoreque adtributo, obtemperare legibus nostris Traianus compulit imperator,* etc.

[161] For the date when *dux et praeses* became one see now SARTRE (1973). R. S. O. TOMLIN,
Notitia dignitatum omnium, tam civilium quam militarium in: Aspects of the Notitia
Dignitatum, ed. R. GOODBURN and P. BARTHOLOMEW, London, 1976, 189—209, esp.
p. 195, infers, perhaps rightly, from a similar case in Tripolitania, that this was done on
the wish of the civilian population.

is now Jordan supported a larger population than at any other period in history until the present.

Queen Mavia's Sarracens saved Constantinople from the Goths in A.D. 378 after the Eastern Roman field army had been annihilated at Adrianople[162]. They had arrived too late for the battle itself, but the fact that they, now imperial allies, are credited, with the repulse of the victorious Goths, strikingly illustrates that conditions in Arabia were no exception to those in the rest of the empire: — the allied tribes everywhere proved to be of superior fighting quality, while the regular troops, *limitanei* and *comitatenses* sank in reputation.

There is little doubt, however, that the regular units remained in place throughout the fifth and the sixth centuries much as the 'Notitia Dignitatum' describes them. Prokopius, in the usual exaggeration of his 'Anecdota' suggests a drastic decline among the *limitanei*[163]:

"The former Roman emperors stationed a very large number of soldiers all along the frontiers of the empire to guard the boundaries, especially in the Orient, thus checking the inroads of the Persians and the Saracens. Those were called *limitanei*. These the emperor Justinian from the beginning treated so negligently and meanly that their paymasters were four or five years behind in their payments to them, and when peace was made between the Romans and the Persians (in A.D. 532) these wretches were compelled, on the supposition that they, too, would profit by the blessings of the peace, to make a present to the treasury of the pay owed to them for a specified period. Later he took even the name of soldiers away from them, for no reasons at all. From then on, the frontiers of the Roman empire remained without guards and the soldiers suddenly had to look for charity handouts."

Justinian's cutting down on *limitanei* may be no more than a normalization after an extraordinary military buildup in the Orient before the Eternal Peace with the Persians was concluded. Such a buildup is documented in Arabia by an inscription from Qaṣr al Ḥallabāt three years before that peace[164]:

---

[162] Ammianus Marcellinus 31, 16, 5—6. Cf. A. H. M. JONES, The Later Roman Empire 284—602, Oxford, 1973, 154.

[163] Anecdota 24, 12ff.: οἱ ῾Ρωμαίων βεβασιλευκότες ἐν τοῖς ἄνω χρόνοις πανταχόσε τῶν τῆς πολιτείας ἐσχατιῶν πάμπολυ κατεστήσαντο στρατιωτῶν πλῆθος ἐπὶ φυλακῇ τῶν ὁρίων τῆς ῾Ρωμαίων ἀρχῆς, κατὰ τὴν ἑῴαν μάλιστα μοῖραν ταύτῃ τὰς ἐφόδους Περσῶν τε καὶ Σαρακηνῶν ἀναστέλλοντες, οὕσπερ λιμιταναίους ἐκάλουν. τούτοις ᾽Ιουστινιανὸς ὁ βασιλεὺς κατ᾽ ἀρχὰς μὲν οὕτω δὴ παρέργως τε καὶ φαύλως ἐχρῆτο, ὥστε τεσσάρων ἢ πέντε αὐτοῖς ἐνιαυτῶν τῶν συντάξεων τοὺς χορηγοὺς ὑπερημέρους εἶναι, καὶ ἐπειδὰν ῾Ρωμαίοις τε καὶ Πέρσαις εἰρήνη γένοιτο, ἠναγκάζοντο οἱ ταλαίπωροι οὗτοι ἅτε καὶ αὐτοὶ τῶν ἐκ τῆς εἰρήνης ἀγαθῶν ἀπολαύσοντες χρόνου ῥητοῦ τὰς ὀφειλομένας σφίσι ξυντάξεις τῷ δημοσίῳ χαρίζεσθαι· ὕστερον δὲ καὶ αὐτὸ τὸ τῆς στρατείας ὄνομα αὐτοὺς ἀφείλετο οὐδενὶ λόγῳ.
For this passage see also E. STEIN, Histoire du Bas-Empire, vol 2., Amsterdam, 1968, 445f. and A. H. M. JONES, l. c. 284f.

[164] LITTMANN—MAGIE—STUART (1921) 18.

Ἐπὶ Φλ(αουίου) Ἀναστασίου ὑπερφυεστ(άτου) κ(αὶ) πανευφ(ήμου) ἀπ(ὸ)
ὑπάτων κ(αὶ) δοὺξ ἀνενεώθη τὰ κάστραν ἐν ἔτι υκδ', χρ(όνοις) ζ' ἰνδ(ικτιῶνος).

"Under Flavius Anastasius, the most excellent and renowned, of the
rank of the ex-conculs and dux, the camp was restored in the year 424,
in the time of the 7th indiction." (March 22—Sept. 1, A.D. 529).

Another strengthening of the frontier defense of Arabia by Justinian,
four years after the peace, involved the transfer of some units of the
comitatenses to the command of the provincial governor (now called *moder-
ator*) to whom he assigned τῶν καταλόγων τῶν ἱδρυμένων ἐκεῖσέ τινα
(Nov. CII,2). Even if that measure were a compensation for the loss of some
limitanei, it would still prove a commitment of the government to maintain the peace in Arabia, as does the rebuilding of the walls of Bostra in
A.D. 540[165]. To be sure, the strategic position of Arabia could not be
compared with that of the Italian, Danubian, or Persian frontier, but
all signs point to the fact that its army was kept up as effective as needed,
and it was under the protection of this very army that the Prophet
Muhammad travelled with caravans from Mecca to Syria. When the final
deluge came, it came over the entire empire: the Persian and the Muslim
conquest of A.D. 613 and 636 were part of a much larger revolution of the
world[166]. They will have met, in the province of Arabia, defenders that still
preserved the old names and ranks of the regiments and perhaps even
some of the pride of having provided security to the towns and the trade
of Arabia for more than fivehundred years.

The excavation of Roman military sites, now beginning in Jordan, and
hopefully soon also in Saudi Arabia, will no doubt bring to light roads,
fortifications, graffiti, inscriptions, and papyri to reveal, before long, a
much closer and more vivid view of this half-millenary tradition.

Bibliography and sources for the Arabian Army

A. ALT, Neue Untersuchungen zum Limes Palaestinae, Beiträge zur biblischen Landes- und
    Altertumskunde 71, 1955, 82—94.

TH. BARGER, Greek Inscription Deciphered, Archaeology 22, 1969, 139—140.
H. BIETENHARD, Die Dekapolis von Pompeius bis Trajan, Zeitschrift des deutschen
    Palästina-Vereins 79, 1963, 24—58.
G. W. BOWERSOCK, The Annexation and Initial Garrison of Arabia, ZPE 5, 1970, 37—47.

---

[165] REY-COQUAIS (1965) 12; J. MASPERO, L'organization militaire de l'Égypte byzantine,
    Paris, 1912, 114ff. suggests that in the comparable case of Egypt on the eve of the Arab
    conquest troops were still plentiful (30,000) even though his figures are very uncertain.
    For the continuity of regiments in the East see JONES, l. c. 654f. For the strengthening of
    the Palaestinian *limitanei* with a regiment of *pseudocomitatenses* or *Theodosiaci* see JONES,
    l. c. 1274, n. 124, which supersedes the discussion by C. J. KRAEMER, Excavations at
    Nessana, vol. 3, Non-Literary Papyri, Princeton, 1958, 5f. and 19ff.
[166] For the Persian conquest in collaboration with the desert Arabs see now F. V. WINNETT,
    An Epigraphical Expedition to North-Eastern Transjordan, BASOR 122, 1951, 49—52.

G. W. Bowersock, A Report on Arabia Provincia, JRS 61, 1971, 219—242.
G. W. Bowersock, Old and New in the History of Judaea, JRS 65, 1975, 180—185.
G. W. Bowersock, Limes Arabicus, Harvard Studies in Classical Philology 80, 1976, 219—229.
E. Brünnow and A. von Domaszewski, Die Provincia Arabia, vol. 3, Straßburg, 1909.
V. Chapot, La frontière de l'Euphrate de Pompée à la conquête Arabe, Paris, 1907.
M. Dunand, Rapport sur une mission archéologique au Djebel Druze, Syria 7, 1926, 326—335.
M. Dunand, Nouvelles inscriptions du Djebel Druze et du Hauran, Revue Biblique 41, 1932, 397—416 and 561—580. Ibid 42, 1933, 235—254.
M. Dunand, Le musée de Soueida, Paris, 1934.
M. Dunand, Nouvelles inscriptions du Djebel Druze et du Hauran, Archiv Orientální 18, 1950/I, 144—164.
E. Fabricius, Limes, RE 13, 1926, 572—671, esp. p. 656—659.
O. Fiebiger, Herminarius, Zeitschrift des deutschen Palästina-Vereins 66, 1943, 69—71.
R. O. Fink, An Addition to the Inscription of the Arch of Trajan, in: M. I. Rostovtzeff et al., The Excavations at Dura-Europos, Preliminary Report of the Sixth Season of Work, New Haven, 1936, 480—482.
D. Graf, The Saracens and the Defense of the Arabian Frontier, Bulletin of the American Schools of Oriental Research 227, 1977, forthcoming.
P. P. Jaussen and Savignac, Mission archéologique en Arabie, vol. 2 (Paris, 1914).
A. Kindler, Two Coins of the Third Legion Cyrenaica Struck Under Antoninus Pius, IEJ 25, 1975, 144—147.
E. D. Kollmann, A Soldier's Joke or an Epitaph? IEJ 22, 1972, 145—147.
E. Littmann—D. Magie—D. R. Stuart, Syria, Publications of the Princeton University Archaeological Expeditions to Syria in 1904 and 1909 Division III, Greek and Latin Inscriptions, Leiden, 1921.
J. C. Mann, A Note on an Inscription from Kurnub, IEJ 19, 1969, 211—214.
W. E. Metcalf, The Tell Kalak Hoard and Trajan's Arabian Mint, American Numismatic Society Museum Notes 20, 1975, 39—108.
A. Negev, Oboda, Mampsis and Provincia Arabia, IEJ 17, 1967, 46—55.
S. T. Parker, Archaeological Survey of the Limes Arabicus, A Preliminary Report, ADAJ 1976, forthcoming.
P. J. Parr, G. L. Harding, and J. E. Dayton, Preliminary Survey in N. W. Arabia, 1968, Bulletin of the University of London, Institute of Archeology, 8—9 (1969) 193—242. and 10 (1971) 23—61.
H. G. Pflaum, La fortification de la ville d'Adraha d'Arabie (259—260 à 274—275) d'après des inscriptions récemment découvertes, Syria 29, 1952, 307—330.
H. G. Pflaum, Les gouverneurs de la province romaine d'Arabie de 193 a 305, Syria 34, 1957, 128—144.
A. Poidebard, La trace de Rome dans le désert de Syrie, Paris, 1934.
Cl. Préaux, Une source nouvelle sur l'annexion de l'Arabie par Trajan: les papyrus de Michigan 465 et 466, Phoibos 5, 1950, 123—139.
J. P. Rey-Coquais, Nouvelles inscriptions grecques et latines de Bostra, Annales Archéologiques de Syrie 15, 1965, 65—86.
E. Ritterling, Zum römischen Heerwesen des ausgehenden dritten Jahrhunderts, Festschrift Otto Hirschfeld, Berlin, 1903, 345—349.
B. Rothenberg, The 'Arabah in Roman and Byzantine Times in the Light of New Research, in: Roman Frontier Studies 1967, Tel Aviv, 1971, 211—223.
M. Sartre, Inscriptions inédites de l'Arabie romaine, Syria 50, 1973, 223—233.
M. Sartre, Note sur la première légion stationnée en Arabie Romaine, ZPE 13, 1974, 85—89.
O. Seeck, Notitia Dignitatum, accedunt notitia urbis Constantinopolitanae et laterculi provinciarum, Berlin, 1876.

H. Seyrig, Postes romains sur la route de Medine, Syria 21, 1940, 218—223 (= Id., Antiquités Syriennes 3, Paris, 1946, 162—167).

H. Seyrig, Les inscriptions de Bostra, Syria 22, 1941, 44—48 (= Id., Antiquités Syriennes 3,
   Paris, 1946, 137—141), cf. 'Additions et corrections', in: Antiquités Syriennes 6, Paris,
   1966, VII—VIII.

H. Seyrig, Epigramme funeraire du Hauran, Syria 31, 1954, 214—217 (= Id., Antiquités
   Syriennes 5, Paris, 1958, 120—123).

D. Sourdel, Les cultes du Hauran à l'époque romaine, Paris, 1952.

M. P. Speidel, Arabia's First Garrison, ADAJ 16, 1971, 111—112.

M. P. Speidel, Exercitus Arabicus, Latomus 33, 1974, 934—939.

A. Stein, Surveys on the Roman Frontier in Iraq and Trans-Jordan, Geographical Journal
   95, 1940, 428—438.

Bengt E. Thomasson, The One-Legion Provinces of the Roman Empire during the Principate,
   Skrifter Utgivna av Svenska Institutet i Rom, 4to, 33, Opuscula Romana 9, Stockholm
   1973, 61—66.

W. H. Waddington, Inscriptions grecques et latines, in: Ph. LeBas, Voyage archéologique
   en Grèce et en Asie mineure, vol. 3, Paris, 1870—1876.

C. B. Welles, The Inscriptions, in: C. H. Kraeling (ed.), Gerasa, City of the Decapolis,
   New Haven, 1938, 355—616.

The Dynasty of Commagene*

by RICHARD D. SULLIVAN, Saskatoon, Saskatchewan

Contents

Abbreviations:

Note: Papyri are usually cited as in E. G. TURNER, Greek Papyri (Oxford 1968) 154—171.
Many translations are provided from texts in the Loeb Classical Library series.

AÉ	L'année épigraphique (Paris)
AJA	American Journal of Archaeology (Princeton)
AJP	American Journal of Philology (Baltimore)

* My thanks for suggestions to SIR RONALD SYME, Professor FERGUS MILLAR, Mr. ERIC GRAY, Professor MICHAEL SWAN and Professor MORTIMER CHAMBERS. Some of this material appeared in a lecture at the 'Westfälische Wilhelms-Universität' in Münster at the invitation of Professor Dr. FRIEDRICH KARL DÖRNER, whom I thank for permission to repeat it here.
I am grateful to the Canada Council and the University of Saskatchewan for support.

Annuario	Annuario della Scuola Archeologica di Atene e delle Missioni Italiane in Oriente (Rome)
ANRW	Aufstieg und Niedergang der Römischen Welt. Geschichte und Kultur Roms im Spiegel der neueren Forschung, ed. H. TEMPORINI—W. HAASE (Berlin-New York 1972ff.)
Arch. Mitt. Iran	Archäologische Mitteilungen aus Iran (Berlin)
BCH	Bulletin de correspondance hellénique (Paris)
BMC Galatia	Catalogue of the Greek Coins in the British Museum. Galatia, Cappadocia, Syria, ed. W. WROTH (London 1899; repr. Bologna 1964)
BMC Lycaonia	Catalogue of the Greek Coins in the British Museum. Lycaonia, Isauria, Cilicia, ed. G. F. HILL (London 1900; repr. Bologna 1964)
BMC Parthia	Catalogue of the Greek Coins in the British Museum. Coins of Parthia, ed. W. WROTH (London 1903; repr. Bologna 1964)
BMC Rom. Imp. I	Coins of the Roman Empire in the British Museum, I. Augustus to Vitellius, ed. H. MATTINGLY (London 1965)
BMC Seleucids	Catalogue of the Greek Coins in the British Museum. The Seleucid Kings of Syria, ed. P. GARDNER (repr. Bologna 1963)
BSA	Annual of the British School of Archaeology at Athens (London)
CAH	Cambridge Ancient History, ed. J. B. BURY—S. A. COOK, et alii (Cambridge 1923ff.)
FGrHist	Die Fragmente der griechischen Historiker, ed. F. JACOBY (Berlin 1923—1958, repr. Leiden 1954—1957).
HEAD HN²	B. V. HEAD, Historia Numorum (Oxford, 2nd ed., 1911)
IGLSyr	Inscriptions grecques et latines de la Syrie, ed. L. JALABERT—R. MOUTERDE, et alii (Paris 1929—1967)
ILS	Inscriptiones Latinae Selectae, ed. H. DESSAU (Berlin 1892—1916)
JHS	Journal of Hellenic Studies (London)
JRS	Journal of Roman Studies (London)
MDAI (A)	Mitteilungen des Deutschen Archäologischen Instituts (Athen. Abt.) (Berlin)
MDAI (I)	Mitteilungen des Deutschen Archäologischen Instituts (Abt. Istanbul) (Tübingen)
NC	Numismatic Chronicle (London)
Num. Notes & Monogr.	Numismatic Notes and Monographs (New York)
OGIS	Orientis Graeci Inscriptiones Selectae, ed. W. DITTENBERGER, I—II (Leipzig 1903—1905, repr. Hildesheim 1960)
PIR	Prosopographia Imperii Romani, ed. H. DESSAU, et alii (Berlin 1897/1898)
PIR²	Prosopographia Imperii Romani, ed. II, ed. E. GROAG—A. STEIN—L. PETERSEN (Berlin 1933ff.)
ProcBritAc	Proceedings of the British Academy (London)
RE	PAULYS Realencyclopädie der classischen Altertumswissenschaft, neue Bearbeitung begonnen von G. WISSOWA (Stuttgart 1893ff.)
REG	Revue des études grecques (Paris)
RN	Revue numismatique (Paris)
SEG	Supplementum Epigraphicum Graecum

I. Introduction

Since MOMMSEN first dealt with this dynasty a century ago, further excavations have considerably increased our knowledge of ancient Comma-

734   RICHARD D. SULLIVAN

gene[1]. This paper confines itself to four aspects of the dynasty of Commagene: its composition; its policies; its participation in dynastic intermarriage; and its activity as the *duo imperia summa Romanorum Parthorumque* (Plin. N.H. 5.88) allied themselves with, or incorporated, dynasties on both sides of the Euphrates during its period of independence from 163 B.C. to A.D. 72. Despite paucity of data for much of the kingdom's dynastic history, the recoverable facts fit a discernible pattern and permit useful conclusions when put into the wider context of Near Eastern politics. In particular, explication of this material requires consideration of several figures from the royal houses of Judaea, Emesa, Media Atropatene, and Cappadocia.

Commagene lay west of the Euphrates between Cappadocia and Syria[2]. So placed, it controlled important crossings into Mesopotamia as well as trade routes north through the Taurus, east into Cilicia, and south to Syria[3]. Its consequent prosperity and the fertility of its land drew the notice of several classical writers. To the last, Commagene could be called wealthiest of the kingdoms allied to Rome[4].

---

[1] Two articles on the dynasty have appeared: T. Mommsen, Die Dynastie von Kommagene: MDAI(A) 1 (1876) 27—39, and T. Reinach, La dynastie de Commagène: REG 3 (1890) 362—380 = Id., L'histoire par les monnaies (Paris 1902) 233—248. Summary by E. Honigman, Kommagene: RE Suppl. IV (1924) 979ff. Recent short study by R. D. Sullivan, Die Stellung der kommagenischen Königsdynastie in den Herrscherfamilien der hellenistischen Staatenwelt: Antike Welt 6 (1975), Sondernummer 'Kommagene', pp. 31—39.

[2] Strabo 16.2.1—3.749: Ἡ δὲ Συρία πρὸς ἄρκτον μὲν ἀφώρισται τῇ Κιλικίᾳ καὶ τῷ Ἀμανῷ· ἀπὸ θαλάττης δ' ἐπὶ τὸ ζεῦγμα τοῦ Εὐφράτου στάδιοί εἰσιν (ἀπὸ τοῦ Ἰσσικοῦ κόλπου μέχρι τοῦ ζεύγματος τοῦ κατὰ Κομμαγηνὴν) οἱ τὸ λεχθὲν πλευρὸν ἀφορίζοντες οὐκ ἐλάττους τῶν χιλίων καὶ τετρακοσίων· πρὸς ἕω δὲ τῷ Εὐφράτῃ ... — Μέρη δ' αὐτῆς τίθεμεν ἀπὸ τῆς Κιλικίας ἀρξάμενοι καὶ τοῦ Ἀμανοῦ τήν τε Κομμαγηνὴν καὶ τὴν Σελευκίδα καλουμένην τῆς Συρίας, ἔπειτα τὴν Κοίλην Συρίαν, τελευταίαν δ' ἐν μὲν τῇ παραλίᾳ τὴν Φοινίκην, ἐν δὲ τῇ μεσογαίᾳ τὴν Ἰουδαίαν ("Syria is bounded on the north by Cilicia and Mt. Amanus; and the distance from the sea to the bridge of the Euphrates [from the Gulf of Issus to the bridge at Commagene], which forms the boundary of that side, is not less than fourteen hundred stadia. It is bounded on the east by the Euphrates ... — We set down as parts of Syria, beginning at Cilicia and Mt. Amanus, both Commagenê and the Seleucis of Syria, as the latter is called; and then Coelê-Syria, and last, on the seaboard, Phoenicia, and, in the interior, Judaea"); Pliny, N.H. 5.86: Commagene ended north of Zeugma. *Cingilla Commagenem finit, Imeneorum civitas incipit. oppida adluuntur Epiphania et Antiochia [quae ad Euphraten vocatur], item Zeugma LXXII p. a Samosatis, transitu Euphratis nobile.* A. H. M. Jones, Cities of the Eastern Roman Provinces, 2nd ed. (Oxford 1971) 241—242 and 450—451 notes 21—22.

[3] On the longstanding role of Commagene here, see J. David Hawkins, Von Kummuh nach Kommagene: Antike Welt, op. cit. (note 1), 5—10. Commagene was always linked in the minds of the ancients to the adjoining parts of Mesopotamia across the Euphrates. Strabo 16.1.22.746 speaks of τοῦ κατὰ Κομμαγηνὴν Ζεύγματος, ἥπερ ἐστὶν ἀρχὴ τῆς Μεσοποταμίας ("The Zeugma at Commagene, where Mesopotamia begins").

[4] Strabo 16.2.3.749: ἡ Κομμαγηνὴ μικρά τίς ἐστιν· ἔχει δ' ἐρυμνὴν πόλιν Σαμόσατα, ἐν ᾗ τὸ βασίλειον ὑπῆρχε· νῦν δ' ἐπαρχία γέγονε· χώρα δὲ περίκειται σφόδρα εὐδαίμων, ὀλίγη δέ ("Commagenê is rather a small country; and it has a city fortified by nature, Samosata, where the royal residence used to be; but it has now become a province; and the city is surrounded by an exceedingly fertile, though small, territory"). Tacitus, Annals 2.81.1, speaks of Antiochus IV of Commagene as *vetustis opibus ingens et*

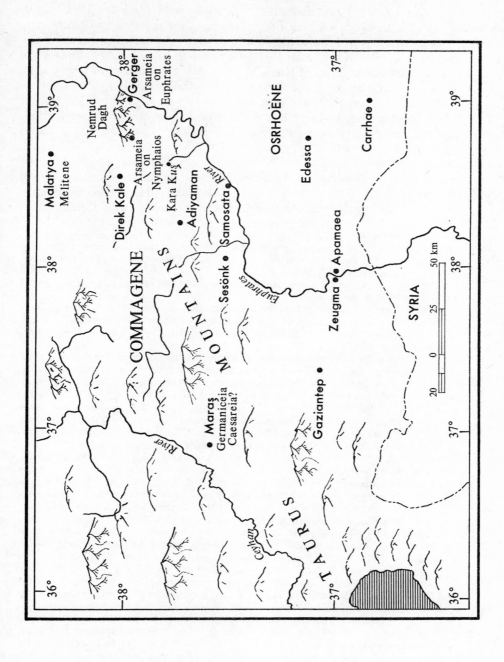

The Commagenian royal house claimed descent from the Orontids, a family of Persian satraps which ruled Armenia and apparently Commagene in the fourth and third centuries before Christ[5]. A marriage between the founder of the Orontid house and an Achaemenian princess also allowed the kings of Commagene to trace their lineage back to Darius the Great himself — a useful claim for dynasts ruling near the Parthians, who likewise claimed descent from the Persians[6]. Finally, conquest of the last Orontid by Antiochus the Great of Syria brought Commagene under Seleucid rule[7]. Subsequent intermarriage permitted the kings of Commagene to claim Seleucid ancestry as well.

In the generation following their defeat at Magnesia in 190 and the ensuing treaty at Apameia, the Seleucids lost effective control of Asia Minor north of the Taurus and east of the Halys. They had to tolerate successful revolts against them in Atropatene, Galatia, and Commagene,

---

servientium regum ditissimus. Jos. B.J. 5.461: εὐδαιμονῆσαι γὰρ δὴ μάλιστα τῶν ὑπὸ Ῥωμαίοις βασιλέων τὸν Κομμαγηνὸν συνέβη ("For of all the monarchs owing allegiance to Rome the king of Commagene enjoyed the highest prosperity"). F. CUMONT, Études syriennes (Paris 1917) 74ff. For a discussion of the civic structure of Commagene, see JONES, op. cit. 263—265. (On p. 264, his second and third references to Antiochus III should have been to Antiochus I.)

[5] See F. K. DÖRNER, Die Ahnengalerie der kommagenischen Königsdynastie: Antike Welt, op. cit. (note 1) 26—31 and ID., Zur Rekonstruktion der Ahnengalerie des Königs Antiochos I. von Kommagene: MDAI(I) 17 (1967) 195—210. IGLSyr I, p. 10, with no. 1, lines 29—31.

[6] Arrian, Parthica Fr. 1 (Syncellus p. 539, 14 Bonn): Ἀρσάκης τις καὶ Τηριδάτης ἀδελφοὶ τὸ γένος ἕλκοντες ἀπὸ τοῦ Περσῶν Ἀρταξέρξου ... καὶ βασιλεύει Περσῶν Ἀρσάκης, ἀφ' οὗ οἱ Περσῶν βασιλεῖς Ἀρσακίδαι ἐχρημάτισαν ("A certain Arsaces and Tiridates, brothers, [were] descendants of Artaxerxes, King of the Persians ... and Arsaces became king of the Persians; from him the kings of the Persians took the name Arsacids"). Plut. Artax. 27.4: πλειόνων οὐσῶν βασιλεῖ θυγατέρων ὡμολόγησε Φαρναβάζῳ μὲν Ἀπάμαν δώσειν γυναῖκα, Ῥοδογούνην δὲ Ὀρόντῃ, Τηριβάζῳ δὲ Ἄμηστριν. καὶ τοῖς μὲν ἄλλοις ἔδωκε, Τηρίβαζον δὲ ἐψεύσατο γήμας αὐτὸς τὴν Ἄμηστριν ("The king had several daughters, and promised to give Apama in marriage to Pharnabazus, Rhodogune to Orontes, and Amestris to Teribazus. He kept his promise to the other two, but broke his word to Teribazus and married Amestris himself"). Cf. Strabo 11.14.531: Ὀρόντης ἀπόγονος Ὑδάρνου, τῶν ἑπτὰ Περσῶν ἑνός ("Orontes, the descendant of Hydarnes, one of the seven Persians"). On the Orontids of Armenia and their connection with Commagene, see C. TOUMANOFF, Studies in Christian Caucasian History (Washington 1963) 277—305, and ID., Manuel de généalogie et de chronologie pour l'histoire de la Caucasie chrétienne (Arménie—Géorgie—Albanie) (Rome 1976), 403—409.

[7] Strabo 11.14.15.531: κατεῖχον τὴν Ἀρμενίαν Πέρσαι καὶ Μακεδόνες, μετὰ ταῦτα οἱ τὴν Συρίαν ἔχοντες καὶ τὴν Μηδίαν· τελευταῖος δ' ὑπῆρξεν Ὀρόντης ἀπόγονος Ὑδάρνου, τῶν ἑπτὰ Περσῶν ἑνός· εἶθ' ὑπὸ τῶν Ἀντιόχου τοῦ μεγάλου στρατηγῶν ... διῃρέθη δίχα, Ἀρταξίου τε καὶ Ζαριάδριος· καὶ ἦρχον οὗτοι, τοῦ βασιλέως ἐπιτρέψαντος· ἡττηθέντος δ' ἐκείνου, προσθέμενοι Ῥωμαίοις καθ' αὐτοὺς ἐτάττοντο, βασιλεῖς προσαγορευθέντες ("The Persians and Macedonians were in possession of Armenia; after this, those who held Syria and Media; and the last was Orontes, the descendant of Hydarnes, one of the seven Persians; and then the country was divided into two parts by Artaxias and Zariadris, the generals of Antiochus the Great ... and these generals ruled the country, since it was turned over to them by the king; but when the king was defeated, they joined the Romans and were ranked as autonomous, with the title of king").

with a *de facto* detachment of Cappadocia as well. Judaea too broke free. Apart from internal Seleucid disorders, which after all constituted nothing new, the two forces most likely to explain this series of disasters were the rise of Parthia to full imperial status in the east and the approach of Rome from the west[8].

The successes of Parthia at Seleucid expense came rapidly. Already Mithradates I (ca. 171—138 B. C.) αὐτομάτην ἔσχε τὴν ἐπίρροιαν τῶν ἀγαθῶν καὶ τὴν βασιλείαν ἐπὶ πλεῖον ηὔξησε[9] as he skillfully made himself πολλῶν ἐθνῶν ἐγκρατής ("master of many peoples"). Besides the loss of Media Atropatene, Armenia, and Sophene, appalled Seleucid monarchs were to endure as well the detaching of Elymaïs, Persis, Gabiene, and Babylonia[10], with the foundation of two small but long-lived kingdoms: Characene[11] and Osrhoëne[12]. By the end of the second century Parthians had replaced Seleucids beyond the Euphrates in a movement that Strabo and others ascribed at least in part to the precarious position in which the last heirs of Seleucus found themselves through erosion of international confidence in the empire. What Strabo expresses as ἡ τῶν βασιλέων οὐδένεια and κακία τῶν ἀρχόντων may have rather been Parthian strength and the distractions besetting the Seleucids from the Roman world, but in any case the Parthians ἁπάσης τῆς ἐντὸς Εὐφράτου κύριοι κατέστησαν[13]. The process achieved its most vigorous expression at the end of the second century and beginning of the

---

[8] The second-century contacts of Rome with Asia Minor have been studied. Fundamental are D. MAGIE, Roman Rule in Asia Minor (Princeton 1950); T. LIEBMANN-FRANKFORT, La Frontière Orientale dans la politique extérieure de la république romaine (Bruxelles 1969), and individual articles cited below, such as that by J. BRISCOE, Eastern Policy and Senatorial Politics, 168—146 B. C.: Historia 18 (1969) 49—70, and the studies by E. M. SMALLWOOD, The Jews under Roman Rule (Leiden 1976), SCHÜRER, op. cit. (note 27), and E. BADIAN, Foreign Clientelae (Oxford 1958).
[9] Diodorus 33. 18: "He kept the influx of goods steady and increased the kingdom still more".
[10] U. KAHRSTEDT, Artabanos III und seine Erben (Berne 1950) 38, 43, 59, 68.
[11] At the death of Antiochus III Epiphanes: A. NODELMAN, A Preliminary History of Characene: Berytus 13 (1960) 83—121, esp. 97—100. On the activity of Mithradates II of Parthia in supplanting Hyspaosines of Characene, see E. T. NEWELL, Mithradates of Parthia and Hyspaosines of Characene: a Numismatic Palimpsest: Num. Notes & Monog. 26 (1925) 1—18.
[12] About 132, probably during the reign of Samos in Commagene across the Euphrates.
[13] Strabo 11.9.2.515: ἴσχυσαν ἀφαιρούμενοι τὴν πλησίον ἀεὶ διὰ τὰς ἐν τοῖς πολέμοις κατορθώσεις, ὥστε τελευτῶντες ἁπάσης τῆς ἐντὸς Εὐφράτου κύριοι κατέστησαν ("they [Parthians] grew so strong, always taking the neighbouring territory, through successes in warfare, that finally they established themselves as lords of the whole of the country inside the Euphrates"); 14.5.2.668—669: 668: ἡ τῶν βασιλέων οὐδένεια τῶν τότε ἐκ διαδοχῆς ἐπιστατούντων τῆς Συρίας ἅμα καὶ τῆς Κιλικίας ("the worthlessness of the kings who by succession were then reigning over Syria and at the same time over Cilicia"); 669: Ῥωμαῖοι ... ἔγνωσαν δὲ κακία τῶν ἀρχόντων συμβαῖνον τοῦτο ... τοῦτο δὲ συμβὰν τῆς μὲν χώρας ἐποίησε κυρίους Παρθυαίους, οἳ τὰ πέραν τοῦ Εὐφράτου κατέσχον ("Romans ... decided that the above mentioned piracy was due to the incompetence of the rulers ... And this is what made the Parthians masters of the country, who got possession of the region on the far side of the Euphrates").

first, when the great Mithradates II of Parthia *multa . . . bella cum finitimis magna virtute gessit multosque populos Parthico regno addidit*[14]. During the last years of King Samos of Commagene and the first ones of Mithradates Kallinikos, Mithradates of Parthia pursued with great energy and success the consolidation of his empire in the fissiparous lands from Babylon to the Euphrates opposite Commagene. Only with this work tolerably well completed could he meet the major threat of the Sacae to the east[15]. After securing the outer limits of Parthia he could begin to style himself 'King of Kings' and to conduct a formal survey of the empire[16]. The Parthians ultimately proved too much for Seleucids. In flying back and forth to hold the realm together, more than one Seleucid met disaster at Parthian hands. Antiochus III fell to them[17]; Antiochus IV died in Persian territory about 163[18]; Demetrius II would be captured there in 138 and held nearly a

[14] Justin 42. 2. 4. He describes the rise of Parthia, in Books 41 and 42, to the point where *Parthi, penes quos velut divisione orbis cum Romanis facta, nunc Orientis imperium est.* N. DEBEVOISE, A Political History of Parthia (Chicago 1938), Ch. 1—2, esp. pp. 18—30 and 40—51.

[15] E. HERZFELD, Sakastan: Arch. Mitt. Iran 4 (1932).

[16] One related work existed in Strabo's day: . . . ὡς ἐν τοῖς Ἀσιατικοῖς σταθμοῖς ἀναγέγραπται. Strabo 15.2.8.723: Ἐρατοσθένης . . . φησι . . . πλάτος δὲ τῆς χώρας τὸ τοῦ Ἰνδοῦ μῆκος τὸ ἀπὸ τοῦ Παροπαμισοῦ μέχρι τῶν ἐκβολῶν, μύριοι καὶ δισχίλιοι στάδιοι (οἱ δὲ τρισχιλίους φασί)· μῆκος δὲ ἀπὸ Κασπίων πυλῶν, ὡς ἐν τοῖς Ἀσιατικοῖς σταθμοῖς ἀναγέγραπται, διττόν ("Eratosthenes . . . says that the breadth of the country is the length of the Indus from the Paropamisus mountain to the outlets, a distance of twelve thousand stadia [though some say thirteen thousand]; and that its length from the Caspian Gates, as recorded in the work entitled Asiatic Stathmi, is stated in two ways"). Cf. the ἀναγραφὴ τῶν σταθμῶν of 15.1.11.689: ἔσται δὲ τὸ πᾶν, ᾗ βραχύτατον, μυρίων ἑξακισχιλίων, ὡς ἔκ τε τῆς ἀναγραφῆς τῶν σταθμῶν τῆς πεπιστευμένης μάλιστα λαβεῖν Ἐρατοσθένης φησί ("The entire length of the country [India], at its minimum, will be sixteen thousand stadia, as taken from the Register of Days' Journeys that is most commonly accepted, according to Eratosthenes"). TARN suggests in his article 'Parthia', in CAH IX (1932) 586 note 2 that both the 'Peutinger Table' and the 'Parthian Stations' of Isidore of Charax used this survey. DEBEVOISE, loc. cit. (note 14). Cf. Athenaeus 11.500 D; 12.529 E; 2.67 A; Aelian 17.17.

[17] Diod. 28.3: Ἀντίοχος δὲ τὸ κατὰ τὴν Ἐλυμαΐδα τέμενος τοῦ Διὸς συλᾶν ἐπιβαλόμενος πρέπουσαν τὴν καταστροφὴν εὗρε τοῦ βίου, μετὰ πάσης τῆς δυνάμεως ἀπολόμενος ("As for Antiochus, his project of pillaging the sanctuary of Zeus at Elymaïs brought him to appropriate disaster, and he perished with all his host").

[18] Jos. AJ 12.354—355: ὁ βασιλεὺς Ἀντίοχος τὴν ἄνω χώραν ἐπερχόμενος ἀκούει πόλιν ἐν τῇ Περσίδι πλούτῳ διαφέρουσαν Ἐλυμαΐδα τοὔνομα . . . κινηθεὶς οὖν ὑπὸ τούτων ὥρμησεν ἐπὶ τὴν Ἐλυμαΐδα, καὶ προσβαλὼν αὐτὴν ἐπολιόρκει. τῶν δ' ἐν αὐτῇ μὴ καταπλαγέντων τὴν ἔφοδον αὐτοῦ μηδὲ τὴν πολιορκίαν, ἀλλὰ καρτερῶς ἀντισχόντων, ἀποκρούεται τῆς ἐλπίδος· ἀπωσάμενοι γὰρ ἀπὸ τῆς πόλεως καὶ ἐπεξελθόντες ἐδίωξαν, ὥστ' αὐτὸν ἐλθεῖν εἰς Βαβυλῶνα φεύγοντα καὶ πολλοὺς ἀποβαλόντα τῆς στρατιᾶς ("King Antiochus, as he was entering the upper country, heard of a city in Persia of surpassing wealth, named Elymais . . . And so, being excited by these reports, he set out for Elymais, and assaulted it and began a siege. As those within the city, however, were not dismayed either by his attack or by the siege, but stoutly held out against him, his hopes were dashed; for they drove him off from the city, and went out against him in pursuit, so that he had to come to Babylon as a fugitive, and lost many of his army". [He then died there]).

decade[19]; Antiochus X died fighting Parthians in 83[20]; Demetrius III died a Parthian captive about 88[21]. But Rome, too, had her role to play. Rome had become after Magnesia one of the parties to appeal to when factional disputes arose, and the international turbulence as long-standing alignments in the Near East began to slip intensified those rivalries so characteristic of dynastic politics[22]. The interventions increased during the decade after Rome terminated the Macedonian monarchy in 168.

An epic year in this regard fell just before the revolt, about 163, of Ptolemaios in Commagene. In 164, Ptolemy VI Philometor came to Rome to complain that his brother Ptolemy VII Euergetes II had stolen the gift of the Nile. At the death of Antiochus IV in Parthia, the Roman senate recognized his young son Antiochus V Eupator and retained Demetrius I in Rome. The senate made initial contact with Judas Maccabaeus in Judaea; within three years a formal treaty would be drawn up. Prusias of Bithynia sent ambassadors to Rome in regard to his dispute with Eumenes of Pergamum. In Cappadocia, Ariarathes IV died; Rome recognized his successor Ariarathes V. The Galatian Trocmi, engaged in a dispute with Cappadocia, complained to Rome. As if all this were not enough, Romans also in 164 concluded an alliance with Rhodes and entered into the quarrel between Megalopolis and Sparta[23].

In 163/62, Timarchus of Media began an appeal for Roman recognition of him as independent king and eventually achieved a *senatus consultum* for precisely that: σατράπης ὢν Μηδίας κατήντησεν εἰς τὴν Ῥώμην, καὶ πολλὰ τοῦ Δημητρίου [I Soter] κατηγορήσας ἔπειθε τὴν σύγκλητον δόγμα περὶ αὐτοῦ θέσθαι τοιοῦτον· Τιμάρχῳ ἕνεκεν ... αὐτῶν βασιλέα εἶναι.

---

[19] App. Syr. 67.356—68.359: ἐπί τε Παρθυαίους καὶ ὅδε μετὰ Σέλευκον ἐστράτευσε καὶ γενόμενος αἰχμάλωτος δίαιταν εἶχεν ἐν Φραάτου βασιλέως, καὶ Ῥοδογούνην ἔζευξεν αὐτῷ τὴν ἀδελφὴν ὁ βασιλεύς ... Ἀντίοχος, ὁ ἀδελφὸς Δημητρίου τοῦ αἰχμαλώτου ... στρατεύει καὶ ὅδε ἐπὶ τὸν Φραάτην, τὸν ἀδελφὸν αἰτῶν. ὁ μὲν δὴ Φραάτης αὐτὸν ἔδεισε καὶ τὸν Δημήτριον ἐξέπεμψεν· ὁ δ᾽ Ἀντίοχος καὶ ὡς συνέβαλέ τε τοῖς Παρθυαίοις καὶ ἡσσώμενος ἑαυτὸν ἔκτεινεν ("Following the example of Seleucus he [Demetrius] made an expedition against the Parthians. He was taken prisoner by them and lived in the palace of King Phraates, who gave him his sister, Rhodoguna, in marriage ... Antiochus, the brother of the captive Demetrius ... marched with an army against Phraates and demanded his brother. Phraates was afraid of him and sent Demetrius back. Antiochus nevertheless fought with the Parthians, was beaten, and committed suicide").

[20] Jos. AJ 13.371: Ἀντίοχος ... ταχέως ἀπέθανεν· Λαοδίκη γὰρ ἐλθὼν σύμμαχος τῇ τῶν Σαμηνῶν βασιλίσσῃ, Πάρθους πολεμούσῃ, μαχόμενος ἀνδρείως ἔπεσεν ("Antiochus ... soon died; for he went to the aid of Laodice, queen of the Samenians, who was waging war with the Parthians, and fell fighting bravely"). On this passage, see notes 104—106.

[21] Jos. AJ 13.386: Μιθριδάτης ... ὁ τῶν Πάρθων βασιλεὺς τὸν Δημήτριον εἶχεν ἐν τιμῇ τῇ πάσῃ μέχρι νόσῳ κατέστρεψε Δημήτριος τὸν βίον ("Mithridates, the king of Parthia, held Demetrius in the greatest honour until Demetrius' life came to an end through illness"). See below, note 93.

[22] This was part of the Roman senatorial resolve to "encourage dynastic quarrels" and "to weaken the kingdom by separating off from it those elements that could be encouraged to revolt": J. BRISCOE, op. cit. (note 8) 49ff. esp. 52f.

[23] J. BRISCOE, op. cit. (note 8).

47*

740   RICHARD D. SULLIVAN

("He repaired to Rome on the present occasion, being now satrap of Media, and by launching many accusations against Demetrius persuaded the senate to enact the following decree concerning him: 'To Timarchus, because of ... to be their king'.")[24] This tie would remain or be reinforced for over a century and one-half in Atropatene, especially by Antony and Augustus[25]. Timarchus also took care to promote his interests with his powerful neighbor to the west: ὁ δὲ ἐπαρθεὶς τῷ δόγματι συνεστήσατο κατὰ τὴν Μηδίαν στρατόπεδον ἀξιόλογον· ἐποιήσατο δὲ καὶ συμμαχίαν κατὰ Δημητρίου πρὸς Ἀρταξίαν τὸν βασιλέα Ἀρμενίας ("Emboldened by this decree he raised an army of considerable size in Media; he also entered into an alliance against Demetrius with Artaxias, the king of Armenia")[26].

South of Commagene, a Jewish revolt against Demetrius I Soter led by Judas Maccabaeus also resulted in an embassy to Rome with, about 161, a remarkable *senatus consultum* constituting a declaration of friendship[27]. Also in these years, the Galatians edged into the Roman orbit. In 166, Rome recognized their autonomy, though conditionally: τοῖς παρὰ τῶν ἐκ τῆς Ἀσίας Γαλατῶν πρεσβευταῖς συνεχώρησαν τὴν αὐτονομίαν μένουσιν ἐν ταῖς ἰδίαις κατοικίαις καὶ μὴ στρατευομένοις ἐκτὸς τῶν ἰδίων ὅρων ("The autonomy of their country was granted by the senate to the Galatian envoys on condition that they remained in their own settlements and did not cross their frontier in arms")[28]. When in 164 the Galatian Trocmi sought to nibble at Cappadocian territory as the Commagenian Ptolemaios was to do the next year[29], they — like he — were defeated. Both the Trocmi and the Cappadocians promptly made representations not to the

---

[24] BEVAN's text, House of Seleucus II 194: Diodorus 31. 27a.

[25] Below, ch. V—VI, p. 763—780.

[26] Diod. 31.27a; cf. 31.22.

[27] Jos. AJ 12.414—418: δόγμα συγκλήτου περὶ συμμαχίας καὶ εὐνοίας τῆς πρὸς τὸ ἔθνος τῶν Ἰουδαίων. μηδένα τῶν ὑποτεταγμένων Ῥωμαίοις πολεμεῖν τῷ Ἰουδαίων ἔθνει, μηδὲ τοῖς πολεμοῦσι χορηγεῖν ἢ σῖτον ἢ πλοῖα ἢ χρήματα. ἐὰν δὲ ἐπίωσί τινες Ἰουδαίοις, βοηθεῖν Ῥωμαίους αὐτοῖς κατὰ τὸ δυνατόν, καὶ πάλιν, ἂν τῇ Ῥωμαίων ἐπίωσί τινες, Ἰουδαίους αὐτοῖς συμμαχεῖν ("A decree of the Senate concerning a treaty of alliance and goodwill with the Jewish nation. No one of those who are subject to the Romans shall make war on the Jewish nation, or furnish to those who make war on them any grain, ships, or money. And if any attack the Jews, the Romans shall assist them so far as they are able, and on the other hand, if any attack the Romans, the Jews shall help them as allies") — a more formal version of 1 Macc. 8.17—32. Discussion of this alliance: T. LIEBMANN-FRANKFORT, op. cit. (note 8) 120—25; E. SCHÜRER (G. VERMES, F. MILLAR), History of the Jewish People (Edinburgh 1973), Vol. I, 146—173 (= pp. 210ff. of the Leipzig edition, 1901); SMALLWOOD, op. cit. (note 8) 5—7.

[28] Polyb. 30. 28 Discussion by T. LIEBMANN-FRANKFORT, op. cit. (note 8) 99—111.

[29] Diod. 31.19a: συναγαγὼν δύναμιν ἐνέβαλεν εἰς τὴν καλουμένην Μελιτηνὴν οὖσαν τῆς Καππαδοκίας καὶ τεταγμένην ὑπὸ Ἀριαράθην, καὶ τοὺς εὐθέτους προκατέλαβε τόπους. στρατεύσαντος δὲ ἐπ' αὐτὸν μετὰ πολλῆς δυνάμεως Ἀριαράθου, ἀνεχώρησεν εἰς τὴν ἰδίαν ἐπαρχίαν ("[Ptolemaeus] raised an army and invaded Melitenê, which belonged to Cappadocia and was subject to Ariarathes, and he won an initial success by occupying the points of vantage. When Ariarathes, however, marched against him with a strong force, he withdrew into his own province").

Seleucids but to Romans[30]. King Ariarathes IV of Cappadocia, having already acquired τῆς 'Ρωμαίων εὐνοίας, could on this occasion be described as ἕνα τῶν ἀληθινῶν 'Ρωμαίοις φίλων[31]. Now, Cappadocia presumably lay outside the sphere of direct influence that Rome formally claimed west of the Halys after the treaty of Apameia in 188[32]. But this hardly prevented energetic Roman efforts to block closer ties between the Cappadocian house and the Seleucids. About 162, just as Commagene was revolting from the Seleucids, the Cappadocian Ariarathes V was attempting to renew the traditional marriage ties between his house and that of the Syrians by marrying a sister of Demetrius I Soter. But Tiberius Gracchus soon persuaded him to return to the safer policy of friendship with Romans: about 160, envoys arriving at Rome from Cappadocia announced τὴν εὔνοιαν τοῦ βασιλέως ἣν ἔχει πρὸς 'Ρωμαίους, ἔτι δὲ τὴν δι' ἐκείνους γενομένην ἀπόρρησιν

[30] Polyb. 31.8.2: παρεγένοντο πρέσβεις ἐκ τῆς 'Ρώμης πρῶτον μὲν οἱ περὶ τὸν Μάρκον Ἰούνιον, διευκρινήσοντες τὰ πρὸς τοὺς Γαλάτας διαφέροντα τῷ βασιλεῖ. ἐπειδὴ γὰρ οὐκ ἠδυνήθησαν οἱ Τρόκμοι δι' αὐτῶν ἀποτεμέσθαι τῆς Καππαδοκίας οὐδέν, ἀλλ' ἐκ χειρὸς ... ᾠκοδομήσαντο τὴν δίκην ἐπιβαλόμενοι τολμᾶν, καταφυγόντες ἐπὶ 'Ρωμαίους διαβάλλειν ἐπειρῶντο τὸν Ἀριαράθην ... μετὰ δὲ ταῦτα, παραγενομένων πρεσβευτῶν τῶν περὶ Γνάιον Ὀκτάουιον καὶ Σπόριον Λοκρήτιον καὶ διαλεγομένων τῷ βασιλεῖ πάλιν ⟨περὶ⟩ τῶν πρὸς τοὺς Γαλάτας αὐτῷ διαφερόντων, βραχέα περὶ τούτων κοινολογησάμενος καὶ φήσας εὐεπάγωγος εἶναι πρὸς τὸ κριθέν ("Legates arrived from Rome, in the first place Marcus Junius, to settle the difference between the Galatians and King Ariarathes. For since the Trocmi could not succeed by their own efforts in obtaining a slice of Cappadocia, but when they ventured on the attempt at once met with the punishment they deserved, they appealed to Rome and attempted to traduce Ariarathes ... and when in the next place Gnaeus Octavius and Spurius Lucretius arrived and again spoke to Ariarathes about his difference with the Galatians, the king, after briefly touching on this matter and saying that he would be ready to bow to their decision").

[31] Polyb. 31.7.1: Ὁ δὲ Ἀριαράθης ὁ βασιλεὺς Καππαδοκίας προσδεδεγμένος τοὺς εἰς τὴν 'Ρώμην ἀποσταλέντας πρεσβευτάς, νομίσας ἐκ τῶν ἀποκρίσεων ἐν ὀρθῷ κεῖσθαι τὴν βασιλείαν αὐτῷ ⟨νῦν⟩, ἐπειδὴ καθῖκται τῆς 'Ρωμαίων εὐνοίας, ἔθυε τοῖς θεοῖς χαριστήρια τῶν γεγονότων καὶ τοὺς ἡγεμόνας εἱστία ("Ariarathes, the king of Cappadocia, on the return of the envoys he had sent to Rome, thinking from the answers he received that his kingdom was now on a safe footing, since he had succeeded in gaining the goodwill of the Romans, paid a thank-offering to the gods for his success and gave a banquet to his nobles"); and 31.8.2—8: λοιπὸν ἤδη τὸν πλείω λόγον ὑπὲρ τῶν κατὰ Συρίαν ἐποιεῖτο πραγμάτων ... ὑποδεικνύων αὐτοῖς τὴν ἀκαταστασίαν τῆς βασιλείας καὶ τὴν εἰκαιότητα τῶν προεστώτων αὐτῆς καὶ προσεπαγγελλόμενος ἀκολουθήσειν μετὰ δυνάμεως καὶ συνεφεδρεύειν τοῖς καιροῖς, ἕως ἂν ἐπανέλθωσι πάλιν ἐκ τῆς Συρίας ἀσφαλῶς. οἱ δὲ περὶ τὸν Γνάιον ἐν πᾶσιν ἀποδεχόμενοι τὴν τοῦ βασιλέως εὔνοιαν καὶ προθυμίαν κατὰ μὲν τὸ παρὸν οὐκ ἔφασαν προσδεῖσθαι τῆς παραπομπῆς, εἰς δὲ τὸ μέλλον, ἐάν τις ὑποπίπτῃ χρεία, διασαφήσειν ἀόκνως· κρίνειν γὰρ αὐτὸν ἕνα τῶν ἀληθινῶν 'Ρωμαίοις φίλων ("[Ariarathes] went on to talk about the affairs of Syria ... He called their attention to the unsettled state of the kingdom and the unprincipled character of its rulers, and in addition he offered to accompany them with an armed force and wait to see what turn matters took until they returned safely from Syria. The legates, while gratefully acknowledging the king's kindness and zeal in every respect, said that they did not require the escort for the present, but as regards the future, if they had need of any such service they would have no hesitation in informing him, regarding him as they did, as one of the true friends of Rome").

[32] See especially T. LIEBMANN-FRANKFORT, op. cit. (note 8) 48—68.

τοῦ γάμου καὶ φιλίας πρὸς Δημήτριον ("the king's friendly attitude towards the Roman people, as well as of his renunciation, on their account, of an alliance of marriage and friendship with Demetrius")[33]. The next year Demetrius sought to reassert Seleucid control, ἐκ τῆς Καππαδοκῶν ἀρχῆς Ἀριαράθην ἐκβαλών[34]. But these defections from the Seleucids under the watchful eye of Rome were part of a larger pattern: ὅτε γνωσθείσης τῆς πρὸς Δημήτριον ἀλλοτριότητος τῶν Ῥωμαίων, συνέβη μὴ μόνον τοὺς ἄλλους βασιλεῖς καταφρονῆσαι τῆς αὐτοῦ βασιλείας, ἀλλὰ καί τινας τῶν ὑπ' αὐτὸν τεταγμένων σατραπῶν ("When it became known that the Romans were ill disposed towards Demetrius, not only the other kings but even some of the satraps subject to him regarded his kingship with scant respect")[35]. Some such considerations may have lain behind the revolt of Ptolemaios in Commagene.

II. Ptolemaios (163—? B.C.)

Although the details of the inclusion of Commagene into the Seleucid Empire lie now in obscurity, this had occurred at least by the time of Antiochus III, whom Memnon calls τὸν Συρίας καὶ Κομμαγηνῆς καὶ Ἰουδαίας βασιλέα[36]. The long-standing position of Commagene as an entity recognized by its own name cannot in itself inform us of its exact status among Seleucid dependencies; the region had probably been incorporated into

[33] Diod. 31. 28. Discussion by LIEBMANN-FRANKFORT, op. cit., 112 and note 1.
[34] App. Syr. 47.244: Δημήτριος δὲ καὶ ἐκ τῆς Καππαδοκῶν ἀρχῆς Ἀριαράθην ἐκβαλών Ὀλοφέρνην ἐπὶ χιλίοις ταλάντοις ἀντ' αὐτοῦ κατήγαγεν, ἀδελφὸν εἶναι δοκοῦντα Ἀριαράθου ("Demetrius took the government of Cappadocia away from Ariarathes and gave it to Olophernes, who was supposed to be the brother of Ariarathes, receiving 1000 talents therefor").
[35] Diod. 31.27a.
[36] FGrHist III B, no. 434, F 18. 5 and 18. 9. Memnon has him remaining King of Syria and Commagene and Judaea even after losing Syria.

STEMMA ➔

Sources:

TH. MOMMSEN, in: MDAI(A) 1 (1876) 27—39; T. REINACH, L'histoire par les monnaies (Paris 1902) 233—248 = REG 3 (1890) 362—380; HONIGMANN, RE Suppl. 4 (1924) 985f., s. v. Kommagene; IGLSyr I, p. 10; PIR¹ M—Z; PIR² A—L, esp. stemmata at A 741, C 1086, J 150; HEAD HN² 774—777; J. GAGÉ, Basileia (Paris 1968) 75—85; OGIS 383— 413. Cf. F. K. DÖRNER, in: MDAI(I) 17 (1967) 195—210; T. FISCHER, in: MDAI(I) 22 (1972) 141—144; H. WALDMANN, Die kommagenischen Kultreformen (Leiden 1973) 56ff.; R. D. SULLIVAN, in: NC 13 (1973) 18—39 and Stemmata I—III with Plate XIV; ID., in: Proceedings of the Fourteenth International Congress of Papyrologists (London 1975) 285ff. with stemma; Sonderheft 'Kommagene', Antike Welt 1975; A. and E. BERNAND, Les inscriptions . . . Memnon (Paris 1960) 86—92, nos. 29—31; K. HUMANN—O. PUCHSTEIN, Reisen in Kleinasien . . . (Berlin 1980).

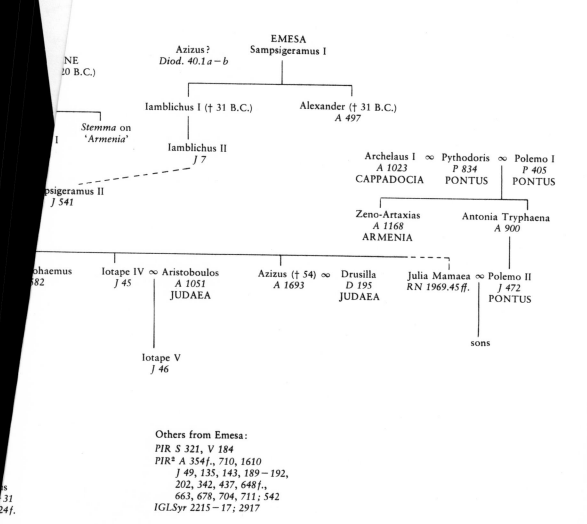

NE
(20 B.C.)

Azizus?
Diod. 40.1 a – b

EMESA
Sampsigeramus I

I

Stemma on
'Armenia'

Iamblichus I († 31 B.C.)

Alexander († 31 B.C.)
A 497

Iamblichus II
J 7

Archelaus I   ∞   Pythodoris   ∞   Polemo I
A 1023   *P 834*   *P 405*
CAPPADOCIA   PONTUS   PONTUS

psigeramus II
J 541

Zeno-Artaxias
A 1168
ARMENIA

Antonia Tryphaena
A 900

ohaemus
582

Iotape IV ∞ Aristoboulos
J 45   *A 1051*
                   JUDAEA

Azizus († 54) ∞ Drusilla
A 1693   *D 195*
                        JUDAEA

Julia Mamaea ∞ Polemo II
RN 1969.45 ff.   *J 472*
                           PONTUS

Iotape V
J 46

sons

us
31
24 f.

Others from Emesa:
PIR S 321, V 184
PIR² A 354 f., 710, 1610
   J 49, 135, 143, 189 – 192,
   202, 342, 437, 648 f.,
   663, 678, 704, 711; 542
IGLSyr 2215 – 17; 2917

OMMAGENE – EMESA

DOCIA, JUDAEA, ATROPATENE)

Sam

C. Jul.

ter

Julia Balb

J 650

Ti. Ju

ILS 13

GAGÉ.

a larger administrative division under the Persians, and this might have occurred again. But the possibility of some sort of autonomy under a line of its own kings cannot be denied, on several grounds. One is that the Orontid dynasty of Armenia had already ruled Commagene and may have left it under a sub-king[37]. Another is that Ptolemaios, the first independent king of the country, bears the title ἐπιστάτης ("governor") in the account of Diodorus. This has been rightly questioned, but Diodorus clearly thought of the region as sufficiently important to warrant a place in the Seleucid system of ἐπαρχίαι ("provinces")[38]. The strong Iranian heritage which Antiochus I of Commagene later claimed cannot decide the question of the status of Ptolemaios; nor do the fragmentary inscriptional remains settle the issue[39].

The major piece of evidence regarding the establishment of the Kingdom of Commagene remains a troublesome passage in Diodorus, with a context of 163/162 B.C.: ὁ τῆς Κομμαγηνῆς ἐπιστάτης Πτολεμαῖος ἔτι μὲν καὶ πρότερον καταφρονήσας τῶν Συριακῶν βασιλέων ἀποστάτης ἐγένετο, καὶ διὰ τοὺς ἰδίους ἐκείνων περισπασμοὺς ἀδεῶς τῆς χώρας ἐδυνάστευσε, μάλιστα πιστεύων ταῖς τῶν τόπων ὀχυρότησιν ("Ptolemaeus, the governor of Commagenê, who even before had shown little respect for the Syrian kings, now asserted his independence, and because they were busy with their own affairs, established himself without interference in control of the country, being chiefly emboldened by its natural advantages for defence"—Diod. 31. 19a). This raises a number of difficult questions. Was Ptolemaios in fact an ἀποστάτης when he took this action? If so, could he have foreseen success in bringing tiny Commagene into opposition with the mighty Seleucid Empire? If not, was the 'revolt' in fact a maneuvre by the Seleucids to strengthen their position against the restless King of Cappadocia? Finally, what accounts for a seemingly rash later attack by Ptolemaios against an important Cappadocian Euphrates-crossing at Melitene?

First, was Ptolemaios a rebel? Certainly, Diodorus so regards him. The spirit of the times, so to speak, encouraged the formation of smaller units, in Tarn's phrase "the Seleucid intermediate divisions of the great satrapies". These in his view provided the many later Seleucid and Parthian provinces or districts characterized by names terminating in -ηνη, as the name of Commagene did[40]. The smaller districts normally reflected natural features of the region, and Diodorus makes special mention of the

---

[37] See above, ch. I, p. 736.
[38] Diod. 31. 19a. On this question: M. Holleaux, Une inscription de Séleucie-de-Piérie: BCH 57 (1933) 30 note 7 with Diod. 20. 19. 2; H. Bengtson, Die Strategie in der hellenistischen Zeit. Ein Beitrag zum antiken Staatsrecht, II, Münchener Beiträge zur Papyrusforschung und antiken Rechtsgeschichte 32 (München 1944, repr. 1964) 30—38, 185f., 257—260, 410; W. W. Tarn, The Greeks in Bactria and India (2nd ed., Cambridge 1951) 3—4 and 442—445.
[39] A restored text kindly shown me by F. K. Dörner may indicate a royal father for Ptolemaios, who would thus have ruled Commagene as king before his 'revolt'. See below, note 58.
[40] W. W. Tarn, Seleucid-Parthian Studies: ProcBritAc 16 (1930) 126ff.

defensibility of Commagene when he has Ptolemaios in his revolt μάλιστα πιστεύων ταῖς τῶν τόπων ὀχυρότησιν ("being chiefly emboldened by its natural advantages for defence")[41]. Diodorus or his source may be relying here either on records of an actual conflict or on general knowledge of the region. Presumably he is thinking mainly of the Taurus Range, the Euphrates, and — in this context — of the relative remoteness of Commagene from the Seleucids, lying as it did beyond the Amanus Range. But by the same token, Commagene was well placed to serve as a Seleucid vantage point against the restless Cappadocians, so only the tone of Diodorus seems at first glance to militate against the view that this was an 'arranged' apostasy. The dynastic coinage which appears to date from this period (see below) cannot indicate whether or not the kingdom began in revolt.

Second, could Ptolemaios have aspired, without being too rash, to independence in opposition to such powerful masters as the Seleucids? If matters indeed fell out as Diodorus says, διὰ τοὺς ἰδίους ἐκείνων περισπασμοὺς ἀδεῶς τῆς χώρας ἐδυνάστευσε, then Ptolemaios had accurately gauged their disposition. But the prospect of tiny Commagene thus defying unassisted a power which might, had it wished, have crushed the country must have seemed unattractive to Commagenians, wise in the ways of dealing with the larger kingdoms which surrounded them on all sides. A better explanation of this action should be sought.

Third, then, was this an arrangement to which the Seleucids were a party? At first, the possibility appears strong, with the benefit of hindsight. Commagenians and Seleucids later got on quite well together. The coinage of Samos, the son and successor of Ptolemaios, included an issue deliberately modelled on that of his Seleucid contemporary. But then it was always good policy to use prevailing coin-types in the Near East[42], and this coinage cannot in itself prove anything about even the policies of Samos, much less of his father some years previously. Again, Samos might have married a Seleucid princess, on one reconstruction a known one (though I oppose this identification below); certainly, his son Mithradates achieved a well-attested marriage to the daughter of Antiochus VIII Grypus. But later good relations of the two courts can be explained by numerous considerations; they do not warrant a retrojection of amity to the period of Ptolemaios, especially against the expressed testimony of Diodorus. Granted that the account of two kingdoms, Commagene and Cappadocia, going to war with each other precisely at the time when each had broken relations with the Seleucids needs considerable explanation, this oblique Seleucid approach toward curbing the Cappadocians itself appears unlikely. A charade by which Commagene feigns apostasy as a preliminary for its attack on Cappadocia seems improbable.

[41] Diod. 31. 19a.
[42] See R. SULLIVAN, Diadochic Coinage in Commagene after Tigranes the Great: NC (Ser. 7) 13 (1973) 18—37.

In the fourth problem may lie the solution to the other three. Diodorus continues:[43] καὶ οὐκ ἀρκούμενος τῇ πλεονεξίᾳ ταύτῃ, συναγαγὼν δύναμιν ἐνέβαλεν εἰς τὴν καλουμένην Μελιτηνὴν οὖσαν τῆς Καππαδοκίας καὶ τεταγμένην ὑπὸ ᾽Αριαράθην, καὶ τοὺς εὐθέτους προκατέλαβε τόπους. στρατεύσαντος δὲ ἐπ᾽ αὐτὸν μετὰ πολλῆς δυνάμεως ᾽Αριαράθου, ἀνεχώρησεν εἰς τὴν ἰδίαν ἐπαρχίαν ("Not satisfied with this gain, he raised an army and invaded Melitene, which belonged to Cappadocia and was subject to Ariarathes, and he won an initial success by occupying the points of vantage. When Ariarathes, however, marched against him with a strong force, he withdrew into his own province").

How could Ptolemaios have dared antagonize both the Seleucids and now the Cappadocians at once? Diodorus implies that his raid followed soon after his apostasy. This seems a mad adventure, especially in light of the current strained relations between Seleucids and Cappadocians. About 163, Ariarathes ἀνενεώσατο ... τὴν πρὸς ῾Ρωμαίους φιλίαν τε καὶ συμμαχίαν ("This king also renewed with Rome the treaty of alliance and friendship")[44]. He also renounced a Seleucid marriage and alliance[45]. Why, then, should Ptolemaios not make common cause with him against the Seleucids?

The answer lies in three facts, juxtaposed. First, Ptolemaios attacks not Cappadocia but Melitene. That strategic Euphrates-crossing would give Commagene the natural frontier on the north which Ptolemaios desired in πιστεύων ταῖς τῶν τόπων ὀχυρότησιν ("being chiefly emboldened by its natural advantages for defence")[46]. The εὔθετοι τόποι which he occupied probably, in fact, lay not far north of his own boundary. But he must have known that Cappadocia could dislodge him if it chose. Thus the second fact: Ptolemaios had strong family ties to the ruling Orontids of Armenia, from whom his entire dynasty claimed descent. And the third: Armenia and Cappadocia had already been drawn into the power-vacuum in Sophene, which lay just across the Euphrates from Melitene and controlled the same crossing (at Tomisa). Zariadres and Artaxias, former generals of Antiochus the Great, had partitioned the region after his defeat[47]. They or their successors had apparently fled, one respectively to the Armenian and the Cappadocian courts, if they are the νεανίσκοι currently laying claim to Sophene. A suggestion from Ariarathes was that Cappa-

[43] Diod. 31. 19a.

[44] Diod. 31. 19. 8: cf. Polyb. 31. 3.

[45] Diod. 31. 28, in 160 B. C. See above, note 33.

[46] Diod. 31. 19a.

[47] Strabo 11.14.15.528: ᾽Αρταξίαν καὶ Ζαρίαδριν, οἳ πρότερον μὲν ἦσαν ᾽Αντιόχου τοῦ μεγάλου στρατηγοί, βασιλεύσαντες δ᾽ ὕστερον μετὰ τὴν ἐκείνου ἧτταν, ὁ μὲν τῆς Σωφηνῆς καὶ τῆς ᾽Ακισηνῆς καὶ ᾽Οδομαντίδος καὶ ἄλλων τινῶν, ὁ δὲ τῆς περὶ ᾽Αρτάξατα ("Artaxias and Zariadris, who formerly were generals of Antiochus the Great, but later, after his defeat, reigned as kings [the former as king of Sophenê, Acisenê, Odomantis, and certain other countries, and the latter as king of the country round Artaxata]"). Cf. Strabo 11.14.15.531.

docia and Armenia should partition Sophene, a suggestion quite naturally
rejected by the Armenians, who, far from wishing to see Cappadocians east
of the Euphrates, could appreciate the advantages of having their own
Commagenian kinsmen in control of Melitene west of it[48]. Several decades
afterwards, in fact, Tigranes the Great demonstrated the importance of
Sophene to his Armenian Empire[49].

Hence the probable explanation of this expedition by Ptolemaios, who
relied too much on the assurances doubtless given him of Armenian assistance. The unexpectedly resolute response of Ariarathes caused the plan
to fail.

The larger question of what motivated the defection of Ptolemaios
from the Seleucids probably receives at least a partial answer along these
lines as well. He was an apostate, encouraged by Seleucid disunity, seeking
his 'natural' boundaries where he found them. That these included Melitene, he could well have been persuaded. That his relatives in Armenia
would help him secure it, he must have hoped.

All in all, not a bad beginning for Commagene. Ptolemaios had rightly
taken the climate of revolt from Seleucid control as favourable. As for the
misunderstanding over Melitene, he might have attempted a marriage alliance with the Cappadocians, though the Isias Philostorgus of Commagene,
whose epithet has been seen as modelled on that of a Cappadocian queen,
seems more likely the wife of his great-grandson than of his son, Samos[50].

An era dating from this assumption of personal rule in revolt from
Antiochus V Eupator about 163/162 B.C. became the national era and was
still in use over two hundred years later, when Antiochus IV issued a coin
under Nero bearing a date computed from this revolt[51]. Whatever excited
international bulletins Commagene expected were lost in the distractions
of events in 162. Ptolemy Euergetes arrived in his turn at Rome. Demetrius I, aided by Polybius among others, escaped from there to become
King of Syria. In the following year Ptolemy Philometor's ambassadors
found it imperative that they leave Rome, with *summachia* cancelled.
Judas Maccabaeus got his treaty with Rome. Timarchus, satrap of Media,
looked about him and liked what he saw; after a successful revolt he too

---

[48] Diod. 31.22: Ἀρταξίας ὁ τῆς Ἀρμενίας βασιλεὺς οὐκ ἀφιστάμενος τῆς ἐξ ἀρχῆς πλεονεξίας
πρέσβεις ἀπέστειλε πρὸς Ἀριαράθην, παρακαλῶν συμφρονῆσαι, καὶ τῶν νεανίσκων ἑκάτε-
ρον τὸν παρ' ἑαυτῷ διαχειρισάμενον διελέσθαι τὴν Σωφηνήν. ὁ δὲ Ἀριαράθης πολὺ
κεχωρισμένος τῆς τοιαύτης ῥᾳδιουργίας τοῖς πρεσβευταῖς ἐπέπληξε, καὶ πρὸς Ἀρταξίαν
ἔγραψε παρακαλῶν αὐτὸν ἀπέχεσθαι τῶν τοιούτων ἔργων ("Artaxias, the king of
Armenia, abating not a whit his original rapacity sent envoys to Ariarathes, urging
him to make common cause with him, and proposing that they should each put to
death the young man who was at his court, and divide Sophenê between them. Ariarathes, to whom such villainy was completely foreign, rebuked the envoys and wrote
to Artaxias, urging him to abstain from such actions").

[49] See below, p. 759 and my article on the dynasty of Armenia in ANRW II 12.

[50] Below, pp. 763 ff.

[51] H. SEYRIG, Sur quelques ères Syriennes, 1. L'ère des rois de Commagène: RN (Sér. 6) 6
(1964) 51 f.

obtained a *senatus consultum*⁵². By 160, Ariarathes V of Cappadocia furnished an important margin of safety to Commagene by declaring to the Romans his εὔνοια and to Demetrius I his ἀπόρρησιν τοῦ γάμου καὶ φιλίας⁵³, thus protecting Ptolemaios against Seleucid flanking from the north. With its natural advantages and under prevailing international circumstances, Commagene had taken both the opportune and the correct course, though anxious decades were to follow. Indeed, unquiet centuries⁵⁴.

Founders of dynasties are often too busy to leave much behind in the way of personal monuments: their well-established successors have the leisure and the institutions for that. "So let it be with me" Ptolemaios is never quoted as saying, but other traces of him are meagre, deriving mainly from the philepigraphical Antiochus I. It would not accord with the style and method of Antiochus to note subtle changes in the dynasty at the time of Ptolemaios, who appears only as one of the succession of rulers from Darius and Alexander to Mithradates Kallinikos. In speaking of his ancestry as "Persian and Greek", Antiochus I regards the Armenian Orontids and their Achaemenid relatives alike as of the same stock. In his mind the centuries during which Commagene had formed part of the Persian satrapy of Cilicia were continuous with those when it was ruled by Orontids, first as Persian satraps and then as an independent line. The change to Seleucid rule had occurred relatively late in the kingdom's long history, perhaps only with Ptolemaios.

The connection of Ptolemaios with the Orontids⁵⁵, provided a link with Iranian rulers of the Near East and his former position under the Seleucids satisfied some doubts as to the 'legitimacy' of the Commagenian dynasty, whether it began in revolt or not. But Antiochus would hardly discuss such issues on stones set up for all to admire, so what remains are two mentions — a possible one in the sequence of inscriptions honoring his ancestors and one from Gerger mentioning Ptolemaios as father of Samos, the paternal grandfather of Antiochus⁵⁶. As the second of these shows,

⁵² Diodorus 31.27a: ἔπεισε τὴν σύγκλητον δόγμα περὶ αὐτοῦ θέσθαι τοιοῦτον· Τιμάρχῳ ἕνεκεν . . . αὐτῶν βασιλέα εἶναι. ὁ δὲ ἐπαρθεὶς τῷ δόγματι συνεστήσατο κατὰ τὴν Μηδίαν στρατόπεδον ἀξιόλογον· ἐποιήσατο δὲ καὶ συμμαχίαν κατὰ Δημητρίου πρὸς Ἀρταξίαν τὸν βασιλέα Ἀρμενίας ("[Timarchus] persuaded the senate to enact the following decree concerning him: 'To Timarchus, because of . . . to be their king.' Emboldened by this decree he raised an army of considerable size in Media; he also entered into an alliance against Demetrius with Artaxias, the king of Armenia").
⁵³ Diodorus 31. 28.
⁵⁴ On the circumstances of the 160's: LIEBMANN-FRANKFORT, op. cit. (note 8) 94—133. SCHÜRER (VERMES + MILLAR), op. cit. (note 27) 126—131 and 164ff.; J. BRISCOE, op. cit. (note 8) 49ff.
⁵⁵ On which see HONIGMANN, Kommagene: RE Suppl. IV (1924) 979ff., REINACH, op. cit. (note 1) 238ff., DÖRNER, op. cit. (note 1): MDAI (I) 17 (1967) 195—210, and T. FISCHER, Zum Kult des Antiochos' I. von Kommagene für seine seleukidischen Ahnen: MDAI (I) 22 (1972) 144 with note 12.
⁵⁶ IGLSyr 6 and 46. See the commentary on no. 7, as well as that by DITTENBERGER on OGIS 402 and 394. FISCHER, ibid., 144.

Ptolemaios achieved the royal title; his lineage and the international situation allowed the claim to stand, and Antiochus can carry it on a century later: βασι]λέ[α] Σ[ά]μον Θε[ο]σεβῆ Δίκαιον τὸν ἐ[κ βασ]ιλέως [Πτ]ο[λε]μα[ίο]υ τὸ[ν ἐ]αυτοῦ [sc. Antiochus] πάπ[π]ον ("King Samos, Devout, Just, son of King Ptolemaios, his own [Antiochus's] grand-father")[57]. One restored inscription claims for Ptolemaios a royal father, but damage to the text precludes certainty[58].

Unfortunately, little else can be recovered as yet about his descent or even his dynastic activity. The success of Ptolemaios in maintaining his kingdom against whatever early opposition it encountered or provoked from its larger neighbors rested on his skill with the traditional methods of consolidation — intermarriage, alliances, diplomacy, coinage (none extant), buildings. Some architectural traces may remain, and the Iranian name given to his son suggests that Ptolemaios had attempted to consolidate his position by contracting a marriage alliance with the Artaxiads of Armenia[59]. But the reign of this first king of Commagene lies for the most part in obscurity.

III. Samos the King (ca. 130 B.C.)

In according the titles Theosebēs and Dikaios to Samos in the inscription quoted above, Antiochus I proceeded on better grounds than retrojected piety. He could at the moment of commissioning the inscription still rub between thumb and forefinger the image of his paternal grandfather and murmur these very titles as he read the coin's legend: ΒΑΣΙΛΕΩΣ ΣΑΜΟΥ ΘΕΟΣΕΒΟΥΣ ΚΑΙ ΔΙΚΑΙΟΥ. As with most members of the dynasty, Samos too apparently adopted appellations that signified something of his descent or intentions or self-appreciation, and then stayed consistently with them. These titles in turn may echo those of his late contemporary, Mithradates II of Parthia[60]. The second inscription mentioning Samos omits his titulature and calls him king only since the honorand is not Samos but his son: βασιλέα Μιθρα[δάτην] Καλλίνικον τ[ὸν ἐκ βασιλέω]ς Σάμου ("King Mithradates Kallinikos, son of King Samos")[61].

---

[57] H. WALDMANN, Die kommagenischen Kultreformen unter König Mithradates I. Kallinikos und seinem Sohne Antiochos I. (Études préliminaires aux religions orientales dans l'empire romain 34. Leiden 1973) 141 no. Gf = IGLSyr 402.

[58] The restoration was kindly shown me by Professor Dr. F. K. DÖRNER in the manuscript of the forthcoming publication on Nemrud Dagh.

[59] Some finds in Commagene may go back to the time of Ptolemaios. See the reports of F. K. DÖRNER, esp. his 'Kommagene: Forschungsarbeiten von 1967 bis 1969', in: MDAI (I) 19/20 (1969/70) 262f. (255—288).

[60] W. WROTH, BMC Parthia 35 no. 116. On dikaios used by Antiochus: WALDMANN, op. cit. (note 57) 166 and note 1.

[61] OGIS 396 = IGLSyr 8.

As fits his historical position, Samos bears on his coins two different forms of headdress: Seleucid and Iranian. BABELON calls the radiate head on one type «*une copie directe des monnaies d'Antiochus VI Dionysos*», then ruling Syria. The other is a form of the 'pointed tiara' observable on the relief of Samos at Gerger in Commagene and worn as well by his son Mithradates Kallinikos and by other figures on Nemrud Dagh[62]. Since the Iranian-form colossus of Artagnes-Heracles-Ares on Nemrud Dagh wears the same headdress, Samos seems to receive a full meed of honor in iconography as he did in inscriptions giving him the regal title as well as his own favorites, Theosebēs and Dikaios.

Whether Samos ruled briefly or for decades cannot be established, since we lack regnal dates for his predecessor, Ptolemaios. An era mentioning year 33 (ΓΛ) on his coins[63] could be of his own reign, which need not have ended until about 96 B.C. (Seleucid era 216), when his son Mithradates I was on the Commagenian throne. If the 'year 33' for Samos refers instead to a national era, as was the case with a coin of Antiochus IV over two centuries after the revolt of Ptolemaios, then a date of 130 B.C. for that coin also accords with other indications of his regnal years[64].

Other elements of the coinage show an attempt to reassure those users of it west of the Euphrates that a legitimate Seleucid kingdom operated now under Samos. The radiate head which BABELON calls «*une copie directe*» of the coinage of Antiochus VI Dionysus evokes an image of Helios, which became an important device for the Commagenian house as it had for the Seleucids in Syria[65]. The Seleucid device of winding, double cornucopiae was to adorn the coins of Commagene until its last monarch, Antiochus IV, and his sons[66].

Why this scrupulous observance of Seleucid and Parthian practice? One answer must be the vulnerability of Commagene to any sustained annoyance and resulting attack by these comparative giants[67]. Commagene could survive only by demonstrating her local usefulness to each and by assuring each that she offered no threat in looking after her well-protected bit of ground and her Euphrates crossings. So with numerous small kingdoms on both sides of the great river, for centuries to come on the eastern side.

[62] A. BOUCHÉ-LECLERCQ, Histoire des Séleucides (Paris 1913—14) 659 with Pl. III. 41; E. BABELON, Les monnaies des rois de Syrie, etc. (Paris 1890) ccviii f. with fig. 45, and 217 with Pl. xxx. 1; G. MACDONALD, Catalogue of Greek Coins in the Hunterian Collection (Glasgow 1905) III 119 and Pl. LXX nos. 20—21. T. E. MIONNET, Description des médailles antiques (Paris 1809) IV 454f. nos. 2—4. J. YOUNG, Commagenian Tiaras: Royal and Divine: AJA 68 (1964) 30 with note 16; K. HUMANN—O. PUCHSTEIN, Reisen in Kleinasien und Nordsyrien (Berlin 1890) 355 fig. 50.
[63] MACDONALD, ibid., III 119 and Pl. LXX. 21.
[64] See especially E. BABELON, op. cit. (note 62) ccix.
[65] See my article, cit. above (note 42) 21 note 10. Helios appears frequently in the later inscriptions: WALDMANN, op. cit. (note 57) 232, s. v. Ἥλιος.
[66] BMC Galatia, etc., Pl. XV.
[67] Non-political consequences of "*die labile politische Stellung*" of its monarchs at this time are noted by WALDMANN, op. cit. (note 57) 12ff.

750 RICHARD D. SULLIVAN

Another element in Commagenian policy had long been its relationship to Armenia. Whether Samos himself was of Armenian descent or not, he ruled a land once part of the Orontid holdings and his coinage displays an Armenian tiara as his headdress on one type. His son and grandson later ruled Commagene as subject-kings under the King of Kings, Tigranes the Great, during the period of Armenia's greatest international strength. Some form of increasing Armenian pressure on Commagene late in the reign of Samos might also account for his coinage with triple influences — Armenian headdress, 'Parthian' titles, Seleucid devices or Seleucid radiate head. But policy can be hard to disentangle from tradition, and Samos most likely designed his coinage or sleepily ratified the designs of others with only a general intention of tying it to these three great facts of national life at the time.

His son Mithradates I Kallinikos and his grandson Antiochus I took care to perpetuate the dynasty's connection with the Orontids, at least in memory, for this half of their heritage would count one day more heavily than the Seleucid half, as astute men of affairs probably already realized. The coinage of Samos was continued in at least one type by his son[68]. The gallery of ancestors on Nemrud Dagh included Orontids as the links between the Achaemenids and the kings of Commagene after Ptolemaios; the entire group represented the Persian ancestors from whom Antiochus traced his descent and his royal mandate, in company with the Seleucids added through his mother's descent, if not through a connection of Samos or Ptolemaios with that house[69].

In OGIS 402 we have a clear indication of the relationship between Samos and Ptolemaios: βασι]λέ[α] Σ[ά]μον Θε[ο]σεβῆ Δίκαιον τὸν ἐ[κ βασ]-ιλέως [Πτ]ο[λε]μα[ίο]υ. This does not, however, help with two questions: was Samos named for an earlier, Orontid ruler in the royal line of Commagene, and was Samos the founder of Samosata?

OGIS 402 was found at Gerger on the Euphrates. An adjacent inscription furnishes the ancient name of the site, Arsameia[70]. Like the nearby Arsameia on the Nymphaios, this site probably dated back to the Orontid satrap Arsames[71]. Antiochus I of Commagene, responsible for both of these inscriptions, clearly associated the site with his grandfather Samos

[68] This can be deduced from the coin published by E. T. NEWELL in: Miscellanea Numismatica, Num. Notes and Monogr. 82 (New York 1938) 30 no. 14: -AMOY. This can hardly be anyone but Samos when we find a coin of «communauté du type» with it issued by his son: H. SEYRIG Trésor monétaire de Nisibe: RN (Sér. 5) 17 (1955) 90—91 and 111.

[69] DÖRNER, op. cit. (note 5) 205; FISCHER, op. cit. (note 55) 144; IGLSyr I, p. 10.

[70] IGLSyr 47 = F. DÖRNER and T. GOELL, Arsameia am Nymphaios (Berlin 1963) 40—58 and 300—304.

[71] Discussion in DÖRNER-GOELL, ibid., 71—73; cf. F. K. DÖRNER and R. NAUMANN, Forschungen in Kommagene (Berlin 1939) 17—29 and 86—97. Antiochus I speaks of Arsameia on the Nymphaios thus: Ἀρ]σάμειαν τα[ύτην ... πρόγονος] ἐμὸς Ἀρσάμη[ς ἔκτισεν] ("My ancestor Arsames founded this [city], Arsameia"); DÖRNER-GOELL, op. cit., 40—58; WALDMANN, op. cit. (note 57) 125 lines 8—10. For later honors to the Orontid ancestors, see DÖRNER, op. cit. (note 5) 195—210. Cf. R. SULLIVAN, op. cit. (note 42) 33.

and with others in the dynasty; he constructed *hierothesia* here and at Arsameia on the Nymphaios. Sepulture of some of his royal predecessors seems implied by his wording in the longer inscription: ἱεροθέσια ... σώμασιν βασιλικοῖς ἐν τόπωι τούτωι καθείδρυσεν ("He consecrated *hierothesia* for the royal bodies in this place")[72]. Unfortunately, we have no clear indication of which kings may have been buried near here, though the great relief of King Samos does associate him with the site. The similarity of his name with that of Arsames cannot explain their mutual connection with the cult-site at Gerger unless both spellings prove to be mere variants of the same name. This appears unlikely on the analogy of the two cities which carry on the same diversity in spelling: Samosata in Commagene and Arsamosata in Sophene.

The very existence of a previous King Samos in the dynasty cannot be shown. Another inscription by Antiochus I has been restored to refer to a King Arsames, son of King Samos (τὸν ἐκ β[ασιλέως] Σάμου). But the same text may also, since the lettering is sufficiently irregular, be restored as τὸν ἐκ β[ασιλέως Ἀρ]σάμου ("Son of King Arsames")[73]. Some light on this problem has been sought in the origins of Samosata, the capital of Commagene. Eratosthenes, in the third century, mentions a city of this name[74]. Hence a familiar deduction: an earlier King Samos, ruling Commagene in the Orontid line, must have founded it. But difficulties arise with this view. The city appears far older than the third century. Although it cannot with assurance be identified with the Hittite Šamuḫa[75], it may be the Old Armenian *šamaj-šat[76]. Either King Samos, if there were two, might have re-founded Samosata and adjusted its name to his own, but the fact of a third-century occurrence of the name cannot warrent supposition of a King Samos then to found it. Thus Samos, son of Ptolemaios, must

[72] IGLSyr 47, line 13. The text as quoted here is that of WALDMANN, op. cit. (note 57) 125 no. G. IGLSyr I, p. 48 sees «une nécropole royale» at Gerger.
[73] K. HUMANN and O. PUCHSTEIN, Reisen in Kleinasien und Nordsyrien (Berlin 1890) 285f. no. 10 = IGLSyr 5 = OGIS 394; cf. DÖRNER-GOELL, op. cit. (note 70) 72.
[74] See HONIGMANN, Kommagene: RE Suppl. IV (1924) 979ff.; Strabo 14.2.29.663—664: τὰ δ' ἐπ' εὐθείας τούτοις μέχρι τῆς Ἰνδικῆς τὰ αὐτὰ κεῖται καὶ παρὰ τῷ Ἀρτεμιδώρῳ, ἅπερ καὶ παρὰ τῷ Ἐρατοσθένει. λέγει δὲ καὶ Πολύβιος, περὶ τῶν ἐκεῖ μάλιστα δεῖν πιστεύειν ἐκείνῳ. ἄρχεται δὲ ἀπὸ Σαμοσάτων τῆς Κομμαγηνῆς, ἣ πρὸς τῇ διαβάσει καὶ τῷ Ζεύγματι κεῖται· εἰς δὲ Σαμόσατα ἀπὸ τῶν ὅρων τῆς Καππαδοκίας τῶν περὶ Τόμισα ὑπερθέντι τὸν Ταῦρον σταδίους εἴρηκε τετρακοσίους καὶ πεντήκοντα ("The places on a straight line with these as far as India are the same in Artemidorus as they are in Eratosthenes. But Polybius says that we should rely most on Artemidorus in regard to the places here. He begins with Samosata in Commagenê, which lies at the river-crossing and at Zeugma, and states that the distance to Samosata, across the Taurus, from the boundaries of Cappadocia round Tomisa is four hundred and fifty stadia"). Cf. WEISSBACH, Samosata: RE I A 2 (1920) 2220—2224.
[75] This despite the arguments of S. ALP, Die Lage von Šamuḫa, Anadolu (Anatolia) 1 (1956) 77—80. J. GARSTANG and O. GURNEY, The Geography of the Hittite Empire (London 1959) 32—36 and p. x, Map 1, place it far to the north of Samosata.
[76] E. HONIGMANN, Historische Topographie von Nordsyrien im Altertum (Leipzig 1923) 81f. no. 407.

on present evidence be regarded as the only attested holder of that name in the dynasty of Commagene.

The later dynastic methods in Commagene featured to a remarkable degree the fostering of intermarriage with the more powerful dynasties on all sides of the country as well as with the Seleucids and — at least once — with the Parthians. For Samos we have no reliable information, but a tantalizing joint coinage does exist. Prevailing practice would have allowed such a coinage: the later son-in-law of Samos, Antiochus VIII Grypus of the Seleucids, appears on one issue with his mother, Cleopatra[77]. The coin of Samos shows on its reverse a Queen Pythodoris, a name well known a century after his death as that of a Queen of Pontus! The legend ΒΑΣΙΛΙΣΣΗΣ ΠΥΘΟΔΩΡΙΔΟΣ. On the obverse: ΒΑΣΙΛΕΩΣ ΣΑΜΟΥ ΘΕΟ-ΣΕΒΟΥΣ ΚΑΙ ΔΙΚΑΙΟΥ[78]. Although intermarriage between the royalty of Armenia and Pontus is attested in the reign of Mithradates Eupator, no clear evidence for such a tie between Commagene and Pontus exists beyond the dubious testimony of this coin. But the diplomatic and military desirability of a link of this kind is obvious, if it did exist.

Enough life remained in the Seleucid Empire to attract the dynastic attention of Samos. Seleucid and Parthian forces passed through Commagene more than once in the kingdom's history, though no instances can with certainty be assigned to his reign[79]. It was in the interests of Commagene to see stable relations between the two powers; its court must have welcomed news of the marriage between Rhodogune, a sister of Phraates II of Parthia, and the Seleucid Demetrius II Nicator, at the time a captive in Parthia but soon to return home and rule briefly[80]. To seal the arrange-

---

[77] HEAD HN² 769; BMC Seleucids, Pl. 23. 3.

[78] D. SESTINI, Lettere e dissertazioni numismatiche (Firenze 1818) IV, 100f., with Pl. VI, Fig. 21. See also T. E. MIONNET, Description de médailles (op. cit., note 62) Suppl. VII (Paris 1835) p. 723 (cf. Pl. XIV 3), and ID., Description (Paris 1809) IV 454. Other remarks on the coinage of Samos: G. MACDONALD, Catalogue . . . Hunterian (op. cit., note 62) III 119 with Pl. LXX. 20—21; J. ECKHEL, Catalogus Musei Caesarei Vindobonensis numorum veterum, new ed. (Wien 1828) I, 251f.; E. Q. VISCONTI, Iconographie grecque ou recueil des portraits authentiques des empereurs, rois, et hommes illustres de l'antiquité (Milano 1824—26) II 247. E. BABELON, Les rois (op. cit., note 62) ccviii. See also HEAD HN² 774. Samos might appear in IGLSyr 5. 12, on one restoration. Further discussion: LEHMANN—HAUPT, in: RE I A 2 (1920) 2160—2161, s. v. Samos nr. 1.

[79] Dio 49.19.3: φοβεῖσθαί τε ἐπλάσατο μή πως οἱ βάρβαροι τὴν συνήθη σφίσι διάβασιν τοῦ Εὐφράτου, παρ᾽ ᾗ τὸ Ζεῦγμα ἡ πόλις ἔστι, παραλιπόντες ("he [sc. Publius Ventidius] affected to be afraid that the barbarians might abandon the place where they customarily crossed the Euphrates near the city of Zeugma"). Cf. Dio 40.17.3: τῷ δὲ δὴ Κράσσῳ τὸν Εὐφράτην κατὰ τὸ Ζεῦγμα (οὕτω γὰρ ἀπὸ τῆς τοῦ Ἀλεξάνδρου στρατείας τὸ χωρίον ἐκεῖνο, ὅτι ταύτῃ ἐπεραιώθη, κέκληται) διαβαίνοντι καὶ προφανῆ καὶ εὐσύμβολα συνηνέχθη ("But to Crassus signs that were both evident and easy to interpret appeared as he was crossing the Euphrates at Zeugma, a place so called from the campaign of Alexander, because he crossed at this point"); Strabo 16.1.22.746; Frontinus 1.1.16; Cicero, Ad Fam. 6.10.1: . . . cis Euphraten copias Parthorum . . . profectas per Commagenem.

[80] App. Syr. 67.356—68.361: γενόμενος αἰχμάλωτος δίαιταν εἶχεν ἐν Φραάτου βασιλέως, καὶ ʽΡοδογούνην ἔζευξεν αὐτῷ τὴν ἀδελφὴν ὁ βασιλεύς . . . ἔκτεινε δὲ καὶ Δημήτριον, ἐς

ment, Phraates subsequently married a daughter of Demetrius[81]. A son of Demetrius became the vigorous Seleucid Antiochus VIII Grypus. Five of his own sons also ruled among the last Seleucids. One of his daughters, Laodice Thea Philadelphos, married the son of Samos of Commagene.

In the other direction, it is not until the reign of Antiochus I, grandson of Samos, that a marriage between a Commagenian princess and the Parthian house can be attested, but such a marriage in the days of Samos would have been good policy, if one occurred.

IV. Mithradates I Kallinikos (ca. 96—ca. 69 B.C.)

The third king of independent Commagene succeeded his father[82]: βασιλέα Μιθρα[δάτην] Καλλίνικον τ[ὸν ἐκ βασιλέω]ς Σάμου ("King Mithradates Kallinikos, son of King Samos"). Thanks in turn to his son, he enjoyed an extraordinarily well-known marriage. The many dedications by Antiochus I take a set form[83]: βασιλεὺς μέγας Ἀντίοχος Θεὸς Δίκαιος Ἐπιφανὴς Φιλορώμαιος καὶ Φιλέλλην ὁ ἐκ βασιλέως Μιθραδάτου Καλλινίκου καὶ βασιλίσσης Λαοδίκης Θεᾶς Φιλαδέλφου . . . ("Great King Antiochus, a God, Just, Manifest, Lover of Rome and Lover of Greece, son of King Mithradates Kallinikos and of Queen Laodice, the Goddess, Lover of her brother(s)").

The name of the honorand follows in the accusative. On some texts an additional phrase supplies the pedigree of Laodice Thea Philadelphos: . . . τῆς ἐκ βασιλέως Ἀντιόχου Ἐπιφανοῦς Φιλομήτορος Καλλινίκου (". . . daughter of King Antiochus, Manifest, Lover of his mother, Kallinikos"). Her father is thus none other than the powerful Seleucid monarch Antiochus VIII Grypus. Her mother was Cleopatra Tryphaena, daughter of Cleopatra III and Ptolemy VII Physcon (145—116 B.C.); this distant Egyptian connection would be of some importance to Commagene later.

τὴν βασιλείαν ἐπανελθόντα, ἡ γυνὴ Κλεοπάτρα, δολοφονήσασα διὰ ζῆλον τοῦ γάμου Ῥοδογούνης ("He was taken prisoner by them and lived in the palace of King Phraates, who gave him his sister, Rhodoguna, in marriage . . . When Demetrius returned to his kingdom he was killed by the craft of his wife, Cleopatra, who was jealous on account of his marriage with Rhodoguna"). See below, note 92.

[81] See DEBEVOISE, op. cit. (note 14) 33—35.

[82] IGLSyr 8 = OGIS 396. The relationship could also be inferred from IGLSyr 46 = OGIS 402. Who was the mother of Mithradates? Suggestions that his father, Samos, gained in marriage a Seleucid princess named Isias Philostorgus are tempting but unconvincing. The suggestion rests on identifying the Mithradates of IGLSyr 50 = OGIS 403 (see ch. VI, p. 777 and notes 183—185) with Mithradates I Kallinikos. This would mean that his mother was named Isias and might be the Isias Philostorgus whom Antiochus I honors in IGLSyr 31 = OGIS 397. (Below, ch. VI, p. 777). But both texts seem to refer rather to the wife of Antiochus I than to his grandmother. Thus, despite the likehood that Samos would have welcomed a Seleucid queen for Commagene, the evidence cannot yet demonstrate that he did so.

[83] See IGLSyr nos. 1, 3, 5, 8, 14—18, 22, 26—28, 31—35, 46—47, 52.

Her title Philadelphos would remind contemporaries that she had no fewer than five brothers who reigned at one time or other as Seleucid monarchs, though not always in mutual amity: Seleucus VI Epiphanes Nicator (96—95). Their half-brother was Antiochus X Eusebes (95—83), son of Cleopatra and Antiochus IX Cyzicenus. Antiochus XI Philadelphus (92), Philip I Epiphanes Philadelphus (92—83), Demetrius III Eucaerus (95—88), Antiochus XII Dionysus (87—84)[84]. But only a few years remained to the last Seleucids before Tigranes of Armenia displaced them[85]. Hence Antiochus I of Commagene passes over these uncles in his many inscriptions and instead honors his more prominent grandfather, Grypus.

Besides his Seleucid marriage, Mithradates pursued such traditional goals as institution of a dynastic building program[86], continuity with his

---

[84] On these monarchs, see SCHÜRER (VERMES + MILLAR), op. cit. (note 27) 133—136.

[85] App. Syr. 48.247—248: βασιλεὺς Ἀρμενίας Τιγράνης ὁ Τιγράνους, ἔθνη πολλὰ τῶν περιοίκων, ἰδίοις δυνάσταις χρώμενα, ἑλών, βασιλεὺς ἀπὸ τοῦδε βασιλέων ἡγεῖτο εἶναι καὶ τοῖς Σελευκίδαις ἐπεστράτευεν, οὐκ ἐθέλουσιν ὑπακούειν. οὐχ ὑποστάντος δ' αὐτὸν Ἀντιόχου τοῦ Εὐσεβοῦς, ὁ Τιγράνης ἦρχε Συρίας τῆς μετ' Εὐφράτην, ὅσα γένη Σύρων μέχρις Αἰγύπτου ("Tigranes, the son of Tigranes, king of Armenia, who had annexed many neighboring principalities, and from these exploits had acquired the title of King of Kings, attacked the Seleucidae because they would not acknowledge his supremacy. Antiochus Pius was not able to withstand him. Tigranes conquered all of the Syrian peoples this side of the Euphrates as far as Egypt"); Jos. AJ 13.365—371: Ἀντίοχος ὁ Γρυπὸς ἐπικληθεὶς ἀποθνήσκει ὑπὸ Ἡρακλέωνος ἐπιβουλευθείς ... διαδεξάμενος δὲ τὴν βασιλείαν ὁ παῖς αὐτοῦ Σέλευκος ἐπολέμει μὲν τῷ τοῦ πατρὸς ἀδελφῷ Ἀντιόχῳ, ὃς ἐπεκαλεῖτο Κυζικηνός, νικήσας δ' αὐτὸν καὶ λαβὼν ἀπέκτεινεν. μετ' οὐ πολὺ δὲ τοῦ Κυζικηνοῦ παῖς Ἀντίοχος ὁ Εὐσεβὴς καλούμενος παραγενηθεὶς εἰς Ἄραδον καὶ περιθέμενος διάδημα πολεμεῖ τῷ Σελεύκῳ, καὶ κρατήσας ἐξήλασεν αὐτὸν ἐξ ἁπάσης τῆς Συρίας ... Ἀντιόχου δὲ τοῦ Κυζικηνοῦ παιδὸς βασιλεύοντος τῆς Συρίας, Ἀντίοχος ὁ Σελεύκου ἀδελφὸς ἐκφέρει πόλεμον πρὸς αὐτόν, καὶ νικηθεὶς ἀπόλλυται μετὰ τῆς στρατιᾶς. μετὰ δ' αὐτὸν ὁ ἀδελφὸς αὐτοῦ Φίλιππος ἐπιθέμενος διάδημα μέρους τινὸς τῆς Συρίας ἐβασίλευσεν. Πτολεμαῖος δὲ ὁ Λάθουρος τὸν τέταρτον αὐτῶν ἀδελφὸν Δημήτριον τὸν Ἄκαιρον λεγόμενον ἐκ Κνίδου μεταπεμψάμενος κατέστησεν ἐν Δαμασκῷ βασιλέα. τούτοις δὲ τοῖς δυσὶν ἀδελφοῖς καρτερῶς ἀνθιστάμενος Ἀντίοχος ταχέως ἀπέθανεν· Λαοδίκη γὰρ ἐλθὼν σύμμαχος τῇ τῶν Σαμηνῶν βασιλίσσῃ, Πάρθους πολεμούσῃ, μαχόμενος ἀνδρείως ἔπεσεν. τὴν δὲ Συρίαν οἱ δύο κατεῖχον ἀδελφοὶ Δημήτριος καὶ Φίλιππος ("Antiochus, surnamed Grypus, met death as the victim of a plot formed by Heracleon ... And his son Seleucus, on succeeding to his throne, waged war with his father's brother, who was surnamed Cyzicenus, and after defeating him, captured and killed him. But not long afterward Antiochus, the son of Cyzicenus, who was called Eusebes [the Pious], came to Aradus, and having put on the diadem, waged war with Seleucus, and after defeating him, drove him out of the whole of Syria ... while Antiochus, the son of Cyzicenus, was reigning over Syria, Antiochus, the brother of Seleucus, made war on him, but was defeated and perished with his army. And after his death his brother Philip put on the diadem and began to reign over a part of Syria. Thereupon Ptolemy Lathyrus sent for their fourth brother, called Demetrius Akairos [the Ill-timed], from Cnidus and made him king at Damascus. These two brothers were courageously opposed by Antiochus, but he soon died; for he went to the aid of Laodice, queen of the Samenians, who was waging war with the Parthians, and fell fighting bravely. And so Syria was held by the two brothers Demetrius and Philip").

[86] Notably at Arsameia-on-the-Nymphaios, to which his son Antiochus gave its final form. See DÖRNER-GOELL, loc. cit. (note 70).

father's reign in coinage[87] or in religious usage[88], and a suitable marriage for his son.

Mithradates ruled Commagene at a critical stage. The new kingdom's destiny remained uncertain in the initial decades of the first century. The *duo imperia summa Romanorum Parthorumque* began a long series of pacts when Sulla and the Arsacid Mithradates II achieved *amicitia*[89]. Both powers spent the thirty years until 63 B.C. gradually displacing the last Seleucids, Tigranes the Great, and Mithradates Eupator[90].

But this was not before Tigranes had deprived Commagene of its independence. By 83 he controlled Antioch and issued coins continuing the era of Philip I, one of the uncles of Antiochus of Commagene. Tigranes was, since the death in 88 of Mithradates II of Parthia, the King of Kings. Among those kings stood Mithradates of Commagene, followed by his son Antiochus I.

1. Commagene and the Seleucids

Hard times were at hand for the Seleucids: πολλαὶ μὲν ἀρχαὶ Σύροις ἐκ τοῦ βασιλείου γένους ὀλιγοχρόνιοι πάμπαν ἐγένοντο[91]. The turmoil

---

[87] Above, note 68.

[88] The new text of J. WAGNER and G. PETZL, Eine neue Temenos-Stele des Königs Antiochos I von Kommagene: ZPE 20 (1976) 201—223 shows (lines 22—23) at least one element of the royal cult existing before the time of Antiochus, but for the most part Antiochus, not Mithradates I, seems the originator of the highly-developed cult-practices in Commagene. For a rather different view, see WALDMANN, op. cit. (note 57) 145ff.

[89] Plin. N.H. 5.88. Liv. Per. 70: *Parthorum legati, a rege Arsace missi, venerunt ad Syllam, ut amicitiam populi Romani peterent*; Plut. Sull. 5.8: Διατρίβοντι δὲ αὐτῷ παρὰ τὸν Εὐφράτην ἐντυγχάνει Πάρθος Ὀρόβαζος, Ἀρσάκου βασιλέως πρεσβευτής, οὔπω πρότερον ἀλλήλοις ἐπιμεμιγμένων τῶν γενῶν· ἀλλὰ καὶ τοῦτο τῆς μεγάλης δοκεῖ Σύλλα τύχης γενέσθαι, τὸ πρώτῳ 'Ρωμαίων ἐκείνῳ Πάρθους συμμαχίας καὶ φιλίας δεομένους διὰ λόγων ἐλθεῖν ("As he lingered on the banks of the Euphrates, he received a visit from Orobazus, a Parthian, who came as an ambassador from king Arsaces, although up to this time the two nations had held no intercourse with one another. This also is thought to have been part of Sulla's great good fortune, that he should be the first Roman with whom the Parthians held conference when they wanted alliance and friendship"); Vell. Pat. 2. 24. 3: *Tum Sulla compositis transmarinis rebus, cum ad eum primum omnium Romanorum legati Parthorum venissent.* J. DOBIÁŠ, Les premiers rapports des romains avec les parthes et l'occupation de la Syrie: Archiv orientální 3 (1931) 215—256.

[90] See LIEBMANN-FRANKFORT, op. cit. (note 8). Parthians in these years killed Demetrius III, the uncle of Antiochus, and probably Antiochus X; one unlikely emendation would have them in the field against Laodice of Commagene! See below notes 104—106. Jos. A. J. 13. 371 with A. VON GUTSCHMID, Geschichte Irans (cit. below, note 104) 80; BOUCHÉ-LECLERCQ, op. cit. (note 62) 420ff.; H. SEYRIG, op. cit. (note 68) 123 note 3; J. DOBIÁŠ, op. cit. (note 89) 221—224. Only in 63 B. C. could it be said that Μιθριδάτης οὐδὲν ἔτι δεινὸν τοὺς 'Ρωμαίους εἰργάσατο: Dio 37. 10. 4. See below, note 129.

[91] App. Syr. 48.245: καὶ 'Ρωμαίοις ἐδόκει μὲν ὡς ἀδελφοὺς Ἀριαράθην καὶ Ὀλοφέρνην βασιλεύειν ὁμοῦ, ἐκπεσόντων δὲ καὶ τῶνδε καὶ Ἀριοβαρζάνου μετ' αὐτοὺς οὐ πολὺ ὕστερον ὑπὸ Μιθριδάτου, τοῦ Ποντικοῦ βασιλέως, ὁ Μιθριδάτειος πόλεμος ἐπὶ τῷδε καὶ ἐφ' ἑτέροις ἤρξατο συνίστασθαι, μέγιστός τε καὶ πολυτροπώτατος ἔθνεσι πολλοῖς γενόμενος καὶ

attending collapse of the Seleucid Empire surrounded the marriage of
Laodice and Mithradates early in the first century. Two kings more successful
than the Seleucids, Tigranes the Great of Armenia and Mithradates II
of Parthia, both included Commagene in their dynastic arrangements.

A distant marital tie already in fact existed between Commagene and
Parthia by way of Seleucid activity in the east in the late second century,
but hardly as the result of deliberate policy toward state marriages. In
140/139 B.C., Demetrius II Nicator ἐπί τε Παρθυαίους καὶ ὅδε μετὰ
Σέλευκον ἐστράτευσε καὶ γενόμενος αἰχμάλωτος δίαιταν εἶχεν ἐν Φραάτου
βασιλέως, καὶ 'Ροδογούνην ἔζευξεν αὐτῷ τὴν ἀδελφὴν ὁ βασιλεύς ("Following
the example of Seleucus he made an expedition against the Parthians.
He was taken prisoner by them and lived in the palace of King Phraates,
who gave him his sister, Rhodoguna, in marriage")[92]. Perhaps a decade
later Laodice, daughter of Demetrius II by the Egyptian Cleopatra Thea,
married the brother of this Rhodogune, Phraates II. As sister of Antiochus
VIII Grypus, Laodice was the aunt of her namesake — his daughter Laodice,
the new Seleucid wife of Mithradates Kallinikos. In future decades, the
Parthians would continue to welcome Seleucids, including a brother-in-
law of Mithradates of Commagene, to the court. Μιθριδάτης [II of Parthia]
δὲ ὁ τῶν Πάρθων βασιλεὺς τὸν Δημήτριον [III Eukairos/Akairos] εἶχεν ἐν
τιμῇ τῇ πάσῃ μέχρι νόσῳ κατέστρεψε Δημήτριος τὸν βίον ("But Mithridates,
the king of Parthia, held Demetrius in the greatest honour until Demetrius's
life came to an end through illness")[93]. Thus the bright-eyed Iranians of
Commagene were reinforcing an existing, hitherto indirect involvement
with Parthians and Seleucids when a daughter of Antiochus I later
proceeded to the Parthian court and stood with a royal husband there,
Orodes II[94].

παρατείνας ἐς ἔτη μάλιστα τεσσαράκοντα, ἐν οἷς πολλαὶ μὲν ἀρχαὶ Σύροις ἐκ τοῦ βασιλείου γένους ὀλιγοχρόνιοι πάμπαν ἐγένοντο, πολλαὶ δὲ τροπαὶ καὶ ἐπαναστάσεις ἐπὶ τὰ
βασίλεια ("The Romans, however, decided that as brothers both Ariarathes and Olophernes should reign together. These princes were deprived of the kingdom — and
their successor, Ariobarzanes, also, a little later — by Mithridates, king of Pontus.
The Mithridatic war grew out of this event, among others — a very great war, full
of vicissitudes to many nations and lasting nearly forty years. During this time Syria
had many kings, succeeding each other at brief intervals, but all of the royal lineage,
and there were many changes and revolts from the dynasty").
[92] Above, note 80. App. Syr. 67.356. Diodorus 33.28. DEBEVOISE, op. cit. (note 14) 23—27,
30—35.
[93] Jos. AJ 13.386. Above, note 21.
[94] Dio 49.23.3—4, following passages dealing with Antiochus late in his reign: ὁ Ὀρώδης
ὁ βασιλεὺς αὐτῶν ἐπειδὴ τῇ τε ἡλικίᾳ καὶ τῷ πένθει τῷ τοῦ Πακόρου ἔκαμνε, Φραάτῃ
τῷ πρεσβυτάτῳ τῶν λοιπῶν παίδων τὴν ἀρχὴν ζῶν ἔτ' ἐνεχείρισε, καὶ ὃς παραλαβὼν
αὐτὴν ἀνοσιώτατος ἀνθρώπων ἐγένετο· τούς τε γὰρ ἀδελφοὺς τοὺς ἐκ τῆς τοῦ Ἀντιόχου
θυγατρὸς γεγεννημένους ἐδολοφόνησεν ὅτι καὶ τὴν ἀρετὴν καὶ τὸ γένος τὸ μητρόθεν
ἀμείνους αὐτοῦ ἦσαν ("Orodes, the Parthian king, had succumbed to age and to grief
for Pacorus as well, but before he died had delivered the government to Phraates,
the eldest of his remaining sons. Phraates after receiving the kingdom proved himself
the most impious of men. He treacherously murdered his brothers, sons of the daughter of Antiochus, because they were his superiors in virtue, and, on their mother's

Does the cognomen Kallinikos which Mithradates I of Commagene adopted reflect his marriage to the daughter of a Seleucid who used it? The epithet Kallinikos also appears among the titles of two Seleucid brothers-in-law of Mithradates I, Demetrius III and Antiochus XII, as well as for Seleucus II[95]. As the only title his son Antiochus gives him, it must have had significance. Antiochus himself uses a number of throne-names or epithets, and so did the wife of Mithradates: Laodice Thea Phil-adelphos. Even Samos, father of Mithradates, had used two such titles, Theosebes and Dikaios. If Mithradates wished to supplement his Iranian name by adopting titles from his father-in-law Antiochus VIII Grypus, the choice was a wide one: Epiphanes Philometor Kallinikos, avoiding the unhappy Grypus as Antiochus would too in his honorary dedications. Antiochus was to adopt the Epiphanes that Mithradates declined, as well as Theos after his mother and Dikaios after his other grandfather, Samos, omitting in a gentler age his father's Kallinikos.

Even aside from its connection with his father-in-law, Mithradates's epithet bore special significance. Mithradates deserved it for having endured labors reminiscent of those of his patron, Heracles: Ἱεροθέσιον δὲ τοῦτο [at Arsameia] βασιλεὺς Μιθραδάτης, πατὴρ ἐμός, Καλλίνικος ἐν Ἀρσαμείας προαστίωι περιλαβὼν τόπου κάλλιστον εἶδος καθωσίωσεν ἰδίωι σώματι μεγαλοπρεπῆ τε μορφήν, ἥτις ἡρωικῶν ἀγώνων κοιναῖς φήμαις ἐκηρύχθη καλλίνικος, . . . („Dieses Hierothesion hat König Mithradates, mein Vater, Kalli-nikos in einer Vorstadt von Arsameia für seinen eigenen Leib geweiht, indem er des Ortes schönste Stelle umgrenzte, und er hat seinen herrlichen Körper, der in allgemeinem Ruhm bei Wettkämpfen zu Ehren der Ahnen als schön-siegend gepriesen wurde, . . .")[96]. (Translated by the excavator, F. K. DÖRNER in: F. K. DÖRNER and T. GOELL, Arsameia am Nymphaios [Berlin 1963] p. 41.)

2. Mithradates and his Neighbors

What heroic labors furnished to Mithradates his triumphant Kalli-nikos? The literary record provides no direct evidence, but it requires small imagination to envision the anxieties in Commagene during these dangerous times. The great Seleucid Empire which had given at least rel-

side, in family"). The Hellenic name of Rhodogune need not surprise us; Parthians were increasingly receptive to Greek usages as they began to supplant the Seleucids. Antiochus must have thought of this recent Parthian queen when honoring his ances-tress of the same name from whom the Achaemenid claims of Commagenians and other scions of the Orontids descended: IGLSyr I, p. 10. No anthology of flowery poetry in Greek and Persian dedicated to his two blooming ancestresses has descended to us from the flourishing Antiochus, but one wonders what he'd have done had he the muse.

95 HEAD HN² 772. Epithet of Heracles: WALDMANN, op. cit. (note 57) 36 and 83 line 33.
96 DÖRNER-GOELL, op. cit. (note 70) 41—59 = WALDMANN, op. cit. (note 57) 82—89, lines 28—33, cf. p. 36.

ative security to Asia Minor for two centuries was now disintegrating. If
Mithradates surveyed his horizons from atop Nemrud Dagh, matter for
reflection lay in every direction. To the east, beyond the Euphrates, Parthia under the great Mithradates II (ca. 123—ca. 86 B.C.) continued its
program of consolidation and limited expansion westward[97]. As 'successors'
of the Seleucids, Parthians would adopt for a century the Greek practices
of those they replaced; the 'Iranian reaction' against these forms did not
even begin until the reign of Vonones I in the opening decade of the first
century after Christ[98] and would by no means exclude such survivals as
Greek government in some of the cities[99] or favoring of the Greek commercial aristocracy by Parthia[100]. But in the days of Mithradates Kallinikos of Commagene, Parthia must have seemed a threatening giant even
to its distant kin. To judge by the behavior of his son Antiochus, Parthia
constituted a source of fear even in the mid-first century B.C.[101].

At least once, Parthian armies appeared in Commagene during the
reign of Mithradates. One of the crossings of the Euphrates which they
later favored lay in Commagene: οἱ βάρβαροι [in a passage discussing
Parthians] τὴν συνήθη σφίσι διάβασιν τοῦ Εὐφράτου, παρ' ᾗ τὸ Ζεῦγμα ἡ
πόλις ἔστι[102]. About 92 B.C. the Parthians defeated the Seleucid brother-
in-law of Mithradates, Antiochus X[103]. Whether such discourtesies
occurred before the horrified eyes of Mithradates or not lies unrecorded.
But if he did not attend on one side or the other, one wonders where he was.
The picture of him sitting it out on Nemrud Dagh above the battle is neither
attractive nor realistic.

But some have even thought that his new Seleucid wife fought the
Parthians In a time when wars among brothers and half-brothers verged
on the norm, a queen locked in struggle with Parthia seemed possible, at
least to Josephus looking back from the first century A.D. He mentions a
queen by this name in a passage describing the internecine struggles among
the heirs of Antiochus VIII Grypus after his death in 96 B.C. Antiochus X
strongly resisted two of the sons of Grypus, but soon met his death: Λαοδίκη
γὰρ ἐλθὼν σύμμαχος τῇ τῶν Γαλιηνῶν βασιλίσσῃ, Πάρθους πολεμούσῃ,
μαχόμενος ἀνδρείως ἔπεσεν[104]. Conjectures for a more likely reading than

[97] See DEBEVOISE, op. cit. (note 14) 151 ff.
[98] D. G. SELLWOOD, A Die-Engraver Sequence for Later Parthian Drachms: NC (Ser. 7)
    7 (1967) 13—28, esp. 14 f.; R. N. FRYE, The Heritage of Persia (London 1962) 210 note 28
    and 278 note 47.
[99] Even Susa: C. B. WELLES, Royal Correspondence in the Hellenistic Period. A Study in
    Greek Epigraphy (Rome 1966) 299—306 no. 75.
[100] KAHRSTEDT, op. cit. (note 10) 47 f.; Tac. Ann. 6. 42. 1.
[101] See below, ch. V, p. 766—767.
[102] Dio 49. 19. 3. Used at least since Alexander's day: Dio 40. 17. 3. See above, note 79.
[103] BOUCHÉ-LECLERCQ, op. cit. (note 62) 420 ff.
[104] Jos. AJ 13.13.4.371. SEYRIG, op. cit. note 87 123 (note 3) conjectures this latter, as had
    A. v. GUTSCHMID, Geschichte Irans und seiner Nachbarländer von Alexander d. Gr.
    bis zum Untergang der Arsaciden, ed. TH. NÖLDEKE (Tübingen 1888) 80. See the dis-
    cussion of the passage by DEBEVOISE, 46 with note 66. See above, notes 20, 85, 90.

Γαλιηνῶν have included Σαμηνῶν (an Arabian tribe known only from Stephanos of Byzantium[105]) and Κομμαγηνῶν[106]. If the passage did in fact refer to our Laodice, her leadership of the local forces in the stead of her robust husband would still create problems: his death lacks further attestation[107], and one would not wish to believe that Laodice fought Parthians because Mithradates had retired in dismay to the summit.

For our purposes, the useful hints in these accounts regarding Antiochus X and a Laodice are that Parthian campaigns west of the Euphrates would easily involve the apprehensive Commagenians, who could but point to their ancestor-stelae or Iranian fire-altars and ask special consideration.

3. Commagene and Armenia, ca. 87 B.C.

Back to the summit of Nemrud Dagh. If Mithradates continued his survey of the national horizon northeastward toward the ancestral lands of Sophene and Armenia, he would at least grow thoughtful. Parthian and Armenian activity, separate or joint or sometimes even in concert with the policies of Mithradates Eupator or Pontus, did more than any other political factor except their own weakness to destroy the Seleucids. ἡ τῶν βασιλέων οὐδένεια τῶν τότε ἐκ διαδοχῆς ἐπιστατούντων τῆς Συρίας ἅμα καὶ τῆς Κιλικίας led eventually to their being supplanted: τοῦτο δὲ συμβὰν τῆς μὲν χώρας ἐποίησε κυρίους Παρθυαίους, οἳ τὰ πέραν τοῦ Εὐφράτου κατέσχον. τὸ τελευταῖον δὲ καὶ Ἀρμενίους, οἳ καὶ τὴν ἐκτὸς τοῦ Ταύρου προσέλαβον μέχρι καὶ Φοινίκης, καὶ τοὺς βασιλέας κατέλυσαν εἰς δύναμιν καὶ τὸ γένος αὐτῶν σύμπαν, τὴν δὲ θάλατταν τοῖς Κίλιξι παρέδωκαν[108]. ("And this is what made the Parthians masters of the country, who got possession of the region on the far side of the Euphrates; and at last made also the Armenians masters, who not only seized the country outside the Taurus even as far as Phoenicia, but also, so far as they could, overthrew the

---

[105] BOUCHÉ-LECLERCQ, op. cit. (note 62) 421 note 1 suggests that Samosata may have furnished this name.

[106] The possibility exists of the original name having been Καλλινικῶν, given the practice in Commagene of founding cities named after the monarchs, but the site of the known city of Callinicus in Osrhoene on the Euphrates lay outside Commagenian territory in the time of Mithradates, though perhaps not outside Commagenian aspirations. This Callinicus may have been only a later foundation: JONES, op. cit. (note 2) 222 and 444 note 12, with Map V: Nicephorium-Callinicum-Leontopolis. But see BOUCHÉ-LECLERCQ, op. cit. (note 62) 605 on ἡ Καλλίνικος (Raqqa) and J. G. DROYSEN (tr. A. BOUCHÉ-LECLERCQ), Histoire de l'Hellenisme (Paris 1883—85) Vol. II, pp. 742—43 = Die Städtegründungen Alexanders und seiner Nachfolger, in: Gesch. des Hellenismus III, 2² (Gotha 1878) Beilage I, pp. 187—358.

[107] But see the discussion of Antiochus's diadochic coinage, ch. V, p. 763: the control of Commagene by Tigranes the Great might have preceded his advance on Antioch in 82, and Mithradates need not have been alive during those years.

[108] Strabo 14.5.2.668 and 669, above (note 13); J. WOLSKI discusses aspects of this process in his 'The Decay of the Iranian Empire of the Seleucids and the Chronology of Parthian Beginnings': Berytus 12 (1956/57) 35—52.

kings and the whole royal stock; the sea, however, they gave over to
the Cilicians".) After a period of detention in Parthia, Tigranes of
Armenia succeeded to his throne about the time of the marriage of Mithradates Kallinikos to Laodice. He saw at once that Seleucid weakness presented an opportunity to ambitious local 'successors' and for a time he became
the most effective of them, founding an empire stretching from Atropatene
to Antioch and perhaps beyond[109]. The appetite of Tigranes could have
only been whetted by the misadventures of the last Seleucids, especially
when Demetrius III Eukairos fell into the hands of Mithradates II of
Parthia about 87 B.C., by which time Tigranes himself had married his
daughter to Mithradates and had begun his careful campaign of taking up
whatever the Parthians and Seleucids could no longer hold, including
Commagene then or soon. By the time Tigranes had passed through
Commagene to Antioch, where we find him established in 83 B.C., he regarded himself as successor to the Seleucid Philip I Epiphanes Philadelphus
(a brother-in-law of Mithradates Kallinikos), whose dynastic era he then
continued on one of his own issues, calling himself ΒΑΣΙΛΕΩΣ ΒΑΣΙΛΕΩΝ
after the death of Mithradates of Parthia[110].

An interval of consolidation as Tigranes advanced toward Antioch
seems likely. He could have taken overlordship of Commagene — ἦρχε
Συρίας τῆς μετ' Εὐφράτην[111] — well before 84/83, thus giving rise to the
account of Justin (40.1.4) which brings him into Syria about 87/86: *accitus
in regnum Syriae per X et VIII annos tranquillissimo regno potitus est* before
his ejection in 69[112]. The extensive dynastic activity of Tigranes the Great
involved marriages at least into the royal houses of Parthia, where three
of his children eventually turn up in our records, of Media Atropatene, and
of Pontus, where he himself became son-in-law of Mithradates VI Eupator[113]. In pushing his empire southwestward through Commagene, Tigranes
might characteristically have left off a daughter for state marriage to
Mithradates or Antiochus or a Commagenian prince, but no evidence for
this remains. In fact, the major attestation of Armenian control of Com-

---

[109] Plut. Luc. 21.2 shows him eager for dominion even among the Phoenician cities: ἀπῆν
γὰρ ἐνίας ἔτι τῶν ἐν Φοινίκῃ πόλεων καταστρεφόμενος ("For he was away still subduing some of the cities in Phoenicia"). See R. SULLIVAN, Papyri Reflecting the Eastern
Dynastic Network, in this volume (ANRW II 8) pp. 908ff.
[110] HEAD HN² 772.
[111] App. Syr. 48.248: above (note 85). Strabo 16.2.3.749: Tigranes is known to have fought
near Commagene: Σελεύκεια ... φρούριον τῆς Μεσοποταμίας, προσωρισμένον ὑπὸ Πομπηίου τῇ Κομμαγηνῇ· ἐν ᾧ τὴν Σελήνην ἐπικληθεῖσαν Κλεοπάτραν Τιγράνης ἀνεῖλε,
καθείρξας χρόνον τινά, ἡνίκα τῆς Συρίας ἐξέπεσεν ("Seleuceia, a fortress of Mesopotamia,
which was included within the boundaries of Commagenê by Pompey; and it was here
that Tigranes slew Selenê, surnamed Cleopatra, after imprisoning her for a time, when
she had been banished from Syria"). Cf. App. Mithr. 114.559.
[112] See also the discussion by LIEBMANN-FRANKFORT, op. cit. (note 8) 193f., seeking thus
to harmonize the accounts of Justin and of Appian (Syr. 48. 248: ἐπὶ ἔτη τεσσαρεσκαίδεκα).
[113] See my 'Papyri Reflecting the Eastern Dynastic Network', in this volume (ANRW II 8)
pp. 911ff.

magene — besides the inferential one arising from Commagene's position directly in Tigranes's path to Antioch — is the Armenian tiara worn by Antiochus I on his sculpture and coinage[114]. This usage has now been shown to begin with Antiochus. An inscription found by Dr. Jörg Wagner contains a reference by Antiochus to himself as πρῶτος ἀναλαβὼν τὴν κίταριν, which can be assumed to designate the Armenian tiara[115]. Unfortunately, the use of this tiara by Antiochus provides no precise information on Commagenian arrangements with Tigranes and the dates of his suzerainty there. Issuance of coins modelled on those of Tigranes by Antiochus but not (on present evidence) by Mithradates might show Antiochus ruling before 69, the date of Tigranes's defeat by Lucullus. Equally, this coinage could have been 'diadochic' after the expulsion of Tigranes[116].

Let us complete the view Mithradates had as he swept his horizons from the top of Nemrud Dagh, as yet unadorned with the tumulus of Antiochus. Beyond Armenia lay the important kingdom of Atropatene, bound to Tigranes by marriage and later by conquest, and within three generations to supply a queen in Commagene[117]. North lay Cappadocia and beyond it Pontus, both ruled by marital relatives of Tigranes the Great and both one day to produce kings (Archelaus I; Polemo I and II) extraordinarily active in Eastern dynastic affairs[118].

Westward lay Cilicia, for the most part ruled by native dynasts, to whom the maritime lands belonged even after the conquests of the Armenians: τὴν δὲ θάλατταν τοῖς Κίλιξι παρέδωκαν ("the sea, however, they gave over to the Cilicians")[119]. The methods of Tigranes, who ἦρχε δὲ ὁμοῦ καὶ Κιλικίας (καὶ γὰρ ἧδε τοῖς Σελευκίδαις ὑπήκουε), were those of the βασιλεὺς βασιλέων overcoming ἔθνη πολλὰ τῶν περιοίκων, ἰδίοις δυνάσταις χρώμενα ("Tigranes, the son of Tigranes, king of Armenia, who had annexed many neighboring principalities, using their native dynasts, and from these exploits had acquired the title of King of Kings ... He took Cilicia at the same time, for this was also subject to the Seleucidae")[120]. Much of this territory was one day to belong to the dynasty of Commagene, to be ruled by Antiochus IV until his overthrow and then part of it by his son-in-law, King Alexander[121].

---

[114] Dörner-Goell, Arsameia, op. cit. (note 70) with Tafel 48(?) = Waldmann, op. cit. (note 57), Tafel XXXI; for Antiochus, see my article cited above (note 42), 18—39, esp. 20ff. with Fig. 7 and Plate 14. Also Waldmann, Tafel I, VII, XXI—XXII, XXIV, XXVII, XXXVIII, and J. Young, Commagenian Tiaras: Royal and Divine: AJA 68 (1964) 29—34 with Plates 11—12.

[115] J. Wagner and G. Petzl, op. cit. (note 88) 201—223, esp. 213, lines 5—6.

[116] My article, cited above (note 42), esp. 30ff. and note 40.

[117] Iotape I, PIR² J 44.

[118] Sullivan, Papyri Reflecting the Eastern Dynastic Network, and Id., The Dynasty of Emesa, in this volume (ANRW II 8) pp. 919—922 and pp. 199—204; Id., Dynasts in Pontus; Id., The Dynasty of Cappadocia, both in ANRW II 7.

[119] Strabo 14. 5. 2. 669.

[120] App. Syr. 48. 247. Above, note 85.

[121] Below, ch. IX—X, and pp. 786—787.

To the south, west of the Euphrates, the dynasty of Emesa, like that of Commagene, was one day to command an importance beyond its size. Its royalty in the first century after Christ sprang from a marriage between its King Sampsigeramus II and the great-great-granddaughter of Mithradates Kallinikos, Iotape III[122]. Beyond Emesa, the Judaean house was frequently and variously to deal with that of Commagene. Herod the Great paid his respects by besieging Antiochus I in Samosata, but the sons of Antiochus IV fought in the wars there under and just after Nero, and Iotape VII plucked a Cappadocian-Judaean great-great-grandson of Herod forth to rule with her in Cilicia: King Alexander.

In one sense, Mithradates Kallinikos prepared for all this as he pondered his national horizons. He constructed a kingdom deliberately tied to the stronger international houses around him and yet strengthened from within by political tradition and especially by his foundation of a coherent pantheon of Hellenic-Iranian gods to continue and expand the work of his father and grandfather and then to receive full articulation under his son. The activity of Mithradates in founding a systematic series of cult-sites for the syncretistic gods of his kingdom reflected the strong sub-unity of Commagene. Its position beside the Euphrates, tucked into a pocket of the Taurus but astride major trade-routes, had long given it a dual nature: receptive to a wide range of influences, yet intensely conservative. From its centuries of 'post-Hittite afterglow' until its last 'King' Philopappus, yearning back toward his distant ancestors, Commagene retained a cohesive identity. As the last Iranian outpost west of the Euphrates in the first century A.D., it continued cult-practices founded by Mithradates and Antiochus upon religious strata centuries old by their day and now given new form and impetus. The success of their joint effort appears with unmistakable force in a remarkable fact: the cults continued to be observed for centuries, long after the incorporation of Commagene into the Roman Empire[123].

But Armenia presented great danger and in fact cost Commagene its independence for a time. About 95 B.C., even as Mithradates installed his Seleucid Laodice, Tigranes was bounding homeward, released from Parthian detention. Furnished with an alliance to Mithradates Eupator of Pontus and then with his daughter, Tigranes extended Armenia into an empire. In royal fashion, he married children into other dynasties. One went to Media Atropatene and three to Parthia, beginning with a queen for Mithradates II[124].

Commagene watched apprehensively. By 86 B.C., Tigranes had acquired parts of Syria, probably incorporating Commagene on his way

---

[122] SULLIVAN, The Dynasty of Emesa, in this volume (ANRW II 8) p. 212.
[123] See below, ch. XIII, p. 798, note 270.
[124] See R. D. SULLIVAN, Important Eastern Dynasts in the Papyri, in: Acta of the Fourteenth International Congress of Papyrologists, Oxford 1974 (London 1975), 285ff., and ID., op. cit. (note 113) ch. I—II.

south. In 83 he controlled Antioch and issued coins continuing the era of Philip I: Tigranes would be a *diadochus*[125]. He was also by now, since the death of Mithradates II of Parthia in 87/86 B.C., the King of Kings. Among those kings stood Mithradates of Commagene, followed by his son Antiochus I.

V. Antiochus I Theos (ca. 69—ca. 36 B.C.) and Atropatene

1. Antiochus I Theos

The Armenian tiara that Tigranes used now appears on the coinage of Antiochus as, with slightly altered decoration, it did on his sculpture[126]. The succession must have occurred under Tigranes, for in 69 Lucullus found Antiochus already ruling: τόν τε τῆς Κομμαγηνῆς βασιλέα Ἀντίο-χον . . . ἐδέξατο[127].

Antiochus was to have considerable trouble with Romans in years to come, but in 69 he probably welcomed them. The rule of Tigranes was thought burdensome by the Greeks, who helped Rome to curtail it and then to confine Tigranes within Armenia for the next fourteen years[128]. Hence a new thing in Commagene, Philorhomaios, already in use by Ariobarzanes I of neighboring Cappadocia, where a Roman alliance had its attractions as Mithridates Eupator stirred. And the danger remained: by 67, *regnum Ariobarzanis . . . totum est in hostium potestate.* Only in 63 B.C. could it be said that Μιθριδάτης οὐδὲν ἔτι δεινὸν τοὺς Ῥωμαίους εἰργάσατο[129].

---

[125] App. Syr. 48.248; see above, note 85. Justin 40.1.3—4: *omnes [in Syria] in Tigranen, regem Armeniae, consensere, instructum praeter domesticas vires et Parthica societate et Mithridatis adfinitate. Igitur accitus in regnum Syriae per X et VIII annos tranquillissimo regno potitus est.*

[126] R. SULLIVAN, op. cit. (note 42), Pl. 14, and ID., Dynastic Propaganda in Commagene, Proc. X Int. Cong. Classical Arch. (Ankara 1977), 295—303. Cf. above, note 115.

[127] Dio 36.2.5: τόν τε τῆς Κομμαγηνῆς βασιλέα Ἀντίοχον (ἡ δὲ δὴ χώρα αὕτη τῆς Συρίας πρός τε τῷ Εὐφράτῃ καὶ πρὸς τῷ Ταύρῳ ἐστί) καί τινα Ἀράβιον δυνάστην Ἀλχαυδόνιον ἄλλους τε ἐπικηρυκευσαμένους οἱ ἐδέξατο ("He furthermore received Antiochus, king of Commagene [a part of Syria near the Euphrates and the Taurus], and Alchaudonius, an Arabian chieftain, and others who had made overtures to him"). IGLSyr 52 = OGIS 404. Cf. Plut. Luc. 29.5.

[128] Plut. Luc. 21.1—5 and 29.2; 21.3: ἦν γὰρ οὐκ ἀνασχετὸς ἡ τῶν Ἀρμενίων ἀρχὴ τοῖς Ἕλλησιν, ἀλλὰ χαλεπή ("For the rule of the Armenians was not tolerable to the Greeks, but difficult"); 29.3: Ἐν δὲ τῇ πόλει τοῖς Τιγρανοκέρτοις τῶν Ἑλλήνων πρὸς τοὺς βαρβάρους στασιασάντων καὶ τῷ Λευκόλλῳ τὴν πόλιν ἐνδιδόντων, προσβαλὼν εἷλε ("But in the city of Tigranocerta, the Greeks had risen up against the Barbarians and were ready to hand the city over to Lucullus; so he assaulted and took it"). He ruled at least until 56 B.C.: Cicero, Pro Sestio 27.58f.: *regnat hodie.*

[129] Cic. De Imp. Cn. Pomp. (Pro Lege Manilia) 2.5; Dio 37.10.4: τοῦ . . . Κικέρωνος τοῦ Μάρκου μετὰ Γαΐου Ἀντωνίου ὑπατεύσαντος, ὅτε Μιθριδάτης οὐδὲν ἔτι δεινὸν τοὺς

Amid the turmoil, Commagene could only look wherever she might for alliance or support: toward Rome, Cappadocia, Armenia, Parthia, and even the past. But Antiochus may have started slowly. One source has Lucullus laying siege to Samosata, with Antiochus peeping over the wall. Later, Pompey "fought him into friendship" and named him among the conquered in the triumph at Rome — a claim rooted more in domestic political considerations than in military achievement[130]. More likely is that Antiochus prudently joined the early group of βασιλέων ... δώδεκα βαρβάρων ἀφιγμένων πρὸς αὐτόν ("Twelve kings of the barbarians coming to him")[131]. Antiochus knew when to step lively and in which direction.

He did well in the final distributions of Pompey, retaining his ancestral holdings. Like Ariobarzanes of Cappadocia, he also held a strategic bit of territory across the Euphrates for a time[132]. Romans had learned the value of these crossings during the conflicts with Mithridates Eupator and Tigranes; they were now to be secured in allies' hands[133].

Commagene nicely fit Pompey's plans for the Euphrates, as Rome fit those of Antiochus. Cappadocia, Commagene, and Osrhoene across form them constituted part of a block of territories which Pompey envisioned stretching from the Black Sea to the Red. Pompey concentrated Roman interests here at the points most favorable to dynastic control[134]. The basic arrangement held for half a century, the Commagenian link for 135 years.

Regarding the last Seleucid relatives of Antiochus, seeking to creep back from the exile Tigranes imposed in 83, Pompey thought that οὐκ εἰκὸς ἦν ἔτι Συρίας ἄρχειν μᾶλλον ἢ Ῥωμαίους Τιγράνην νενικηκότας ("it was unseemly for the Seleucidae, whom Tigranes had dethroned, to govern Syria, rather than the Romans who had conquered Tigranes")[135]. Pompey

---

Ῥωμαίους εἰργάσατο ἀλλὰ καὶ αὐτὸς ἑαυτὸν διέφθειρεν ("when Marcus Cicero had become consul with Gaius Antonius, and Mithridates no longer caused any injury to the Romans, but had destroyed himself").

130 Pliny NH 2.235; App. Mithr. 106.497: ὁ δὲ Πομπήιος καὶ τὸν Ταῦρον ὑπερελθὼν ἐπολέμησεν Ἀντιόχῳ τῷ Κομμαγηνῷ, ἕως ἐς φιλίαν ὁ Ἀντίοχος αὐτῷ συνῆλθεν ("Pompey then passed over Mount Taurus and made war against Antiochus, the king of Commagene, until the latter entered into friendly relations with him").

131 Plut. Pomp. 38.2.

132 App. Mithr. 114.559: Ἀντιόχῳ δὲ τῷ Κομμαγηνῷ Σελεύκειαν ἐπέτρεψε καὶ ὅσα τῆς Μεσοποταμίας ἄλλα κατέδραμεν ("To Antiochus of Commagene he turned over Seleucia and the parts of Mesopotamia that he conquered"); ibid. 105.495: Ἀριοβαρζάνῃ δ' ἀπεδίδου βασιλεύειν Καππαδοκίας καὶ προσεπέδωκε Σωφηνὴν καὶ Γορδυηνήν ("To Ariobarzanes he gave back the kingdom of Cappadocia and added to it Sophene and Gordyene"). On confusion in place-names in the Commagenian region around Zeugma, see J. WAGNER, Seleukeia am Euphrat/Zeugma, Beihefte zum Tübinger Atlas des Vorderen Orients, Reihe B, Nr. 10 (Wiesbaden 1976), esp. 36—38.

133 Tac. Ann. 15.26.2—27.1: auxilia regum in unum conducta apud Melitenen, qua tramittere Euphraten parabat [Corbulo] ... Mox iter L. Lucullo quondam penetratum, apertis quae vetustas obsaepserat, pergit; Sall. Hist. 4.59 and 4.69.15; App. Mithr. 91.414; Frontin 2.5.33.

134 Discussion: LIEBMANN–FRANKFORT, op. cit. (note 27) 304—311.

135 App. Syr. 49.250; Mithr. 106.500: ἔγκλημα μὲν οὐδὲν ἔχων ἐς Ἀντίοχον τὸν Εὐσεβῆ, παρόντα καὶ δεόμενον ὑπὲρ ἀρχῆς πατρῴας, ἡγούμενος δέ, Τιγράνη, τὸν κρατήσαντα τοῦ

recognised not the long Seleucid tenure, but the Roman conquest of Tigranes. Antiochus XIII Asiaticus had failed to expel Tigranes, yet sought the fruits of a Roman victory[136]. Sic transivit the Seleucid Empire after 250 years, probably in 64 B.C.

But for the most part Pompey's eagerness to incorporate the part of Syria along the Euphrates in his overall design fulfilled itself without fighting[137]. Thus the first experiences of Antiochus with Rome probably involved minimal traumata followed by a firm handclasp (the *dexiosis* so often illustrated in Commagene) and a fairly sincere assumption of the epithet *Philorhomaios*. In return, *magna Pompeius praemia tribuit*[138].

Rome fit the plans of Antiochus by allowing him peaceful scope to consolidate his kingdom. With the world's other great power, Parthia (*velut divisione orbis . . . facta*), just across the Euphrates, Antiochus needed support from the west. Pompey joined him in healthy respect for Parthian might — τάς τε γὰρ τοῦ Πάρθου δυνάμεις δείσας — and had been careful to achieve συμμαχία καὶ φιλία with Phraates III of Parthia[139]. Further, the intermittent conflict between Armenia and Parthia could hardly be relied on as an instrument of Roman policy. When pressed, each readily detected greater community of interest with the other than with Rome, especially before the danger of piecemeal conquest[140]. In the decades to

'Αντιόχου, τῆς γῆς ἀπελάσας, 'Ρωμαίοις αὐτὴν κατὰ τόδε προσεκτῆσθαι ("not that he had any complaint against Antiochus [the son of Antiochus] Pius, who was present and asked for his paternal kingdom, but because he thought that since he [Pompey] had dispossessed Tigranes, the conqueror of Antiochus, it belonged to the Romans by the law of war"). See WILCKEN, in: RE I, 2 (1894) 2485—2487, esp. 2486, s. v. Antiochus no. 36, for other instances of this confusion in the sources between Antiochus Eusebes and his son Asiaticus.

[136] Justin 40.2.3: *Igitur Tigrane a Lucullo victo rex Syriae Antiochus, Cyziceni filius, ab eodem Lucullo appellatur. Sed quod Lucullus dederat, postea ademit Pompeius, qui poscenti regnum respondit ne volenti quidem Syriae, nedum recusanti daturum se regem, qui X et VIII annos, quibus Tigranes Syriam tenuit, in angulo Ciliciae latuerit, victo autem eodem Tigrane a Romanis alieni operis praemia postulet.* Date: SCHÜRER (VERMES & MILLAR), op. cit. (note 27) 135—136.

[137] Plut. Pomp. 38.2: αὐτὸν δέ τις ἔρως καὶ ζῆλος εἶχε Συρίαν ἀναλαβεῖν καὶ διὰ τῆς 'Αραβίας ἐπὶ τὴν ἐρυθρὰν ἐλάσαι θάλασσαν, ὡς τῷ περιϊόντι τὴν οἰκουμένην πανταχόθεν 'Ωκεανῷ προσμίξειε νικῶν ("Moreover, a great and eager passion possessed him to recover Syria, and march through Arabia to the Red Sea, in order that he might bring his victorious career into touch with the Ocean which surrounds the world on all sides"); Diod. 40.4.1; App. Mithr. 106.499: καὶ Κιλικίας δέ, ὅσα οὔπω 'Ρωμαίοις ὑπήκουε, καὶ τὴν ἄλλην Συρίαν, ὅση τε περὶ Εὐφράτην ἐστὶ καὶ Κοίλη καὶ Φοινίκη καὶ Παλαιστίνη λέγεται, καὶ τὴν 'Ιδουμαίων καὶ 'Ιτουραίων καὶ ὅσα ἄλλα ὀνόματα Συρίας, ἐπιὼν ἀμαχεὶ 'Ρωμαίοις καθίστατο ("He advanced against, and brought under Roman rule without fighting, those parts of Cilicia that were not yet subject to it, and the remainder of Syria which lies along the Euphrates, and the countries called Coele-Syria, Phoenicia, and Palestine, also Idumaea and Ituraea, and the other parts of Syria by whatever name called").

[138] Caesar BC 3.4.6, said in the context of Pharsalus.

[139] Justin 41.1.1; Dio 37.7.2; App. Mithr. 106.501; Dio 36.51.1; cf. Plut. Luc. 30.1—31.1.

[140] Dio 37.7.3—4: ὀργιζόμενος μὲν ὁ Τιγράνης ὅτι τῆς ἐπικουρίας οὐκ ἔτυχε, βουλόμενος δὲ ὁ Φράτης περιεῖναι τὸν 'Αρμένιον, ὅπως καὶ συμμάχῳ ποτὲ αὐτῷ, εἰ δεηθείη, κατὰ τῶν

come, this axis between Armenia and Parthia proved more stable than did arrangements between Rome and Parthia, which remained ἀντίπαλοι. But all parties had recently seen more than enough of Tigranes and Mithridates Eupator, so Antiochus and even Pompey may have expected now a period of calm with the new Roman friend and ally, Parthia.

Crassus shattered the illusion. Antiochus watched the Roman force file by to meet the Parthians at Carrhae. Its failure to return affected policy in Commagene during three generations down to Mithradates III. Marriages of Commagenian royalty with kings or princesses in Parthia and Atropatene, then Emesa and Judaea, reveal one aspect of the measures begun by Antiochus now.

In times of stress, dynastic marriages provided a means of hasty consolidation. One occurred, at the approach of Crassus, between Pacorus I of Parthia and a sister of Artavasdes II of Armenia. Another took place at some time in these years when a daughter of Antiochus of Commagene went to Orodes II, father of Pacorus[141]. Her children were later described as τὸ γένος τὸ μητρόθεν ἀμείνους αὐτοῦ (sc. Phraates IV, brother of Pacorus).

Another set of measures among the many Antiochus took was military. He controlled Euphrates crossings which Parthians used by custom. Probably in 40—38, certainly in 51, they passed right through Commagene[142]. In this situation, Antiochus had to serve both great powers, with primary responsibility to his kingdom and πρόγονοι. As Cicero put it, the allied kings *etiamsi sunt amici nobis, tamen aperte Parthis inimici esse non audent.* Especially in the Amanus near the holdings of Tarcondimotus (who fortunately *fidelissimus socius trans Taurum amicissimusque p.R. existimatur*) did populations await the Parthians, according an enthusiastic welcome to Pacorus in 40—39. Hence the disquiet of Cicero at his dependence on *sociorum fidelitate,* some of whom he regarded as *neque opibus satis firmi, nec voluntate*[143].

Antiochus in particular, perhaps because of his connections with Parthia, brought worry to Cicero and his confidants, with *nonnulli qui ei regi minorem fidem habendam putarent.* Cicero had himself given cause for any

---

'Ρωμαίων χρήσαιτο. καὶ γὰρ εὖ ἠπίσταντο ἀμφότεροι ὅτι, ὁπότερος ἂν αὐτῶν τοῦ ἑτέρου κρατήσῃ, τῶν τε πραγμάτων τοῖς 'Ρωμαίοις προκόψει καὶ αὐτὸς εὐχειρωτότερός σφισι γενήσεται ("For Tigranes was angry at not having obtained the desired aid, and Phraates wished the Armenian ruler to survive, so that in case of need he might some day have him as an ally against the Romans. For they both well understood that whichever of them should conquer the other would simply help along matters for the Romans and would himself become easier for them to subdue. For these reasons, then, they were reconciled"); ibid. 36.52.4; 36.53.6. App. Mithr. 106.501.

[141] Dio 49.23.4. For more such marriages, see below.

[142] Cic. Ad Fam. 8.10.1: *Sanequam litteris C. Cassi et Deiotari sumus commoti. Nam Cassius cis Euphraten copias Parthorum esse scripsit; Deiotarus, profectas per Commagenem in provinciam nostram.*

[143] Cic. Ad Fam. 15.1.2; 15.4.4; cf. 15.2.2 for Deiotarus. Tarcondimotus: W. HOBEN, Untersuchungen zur Stellung kleinasiatischer Dynasten in den Machtkämpfen der ausgehenden römischen Republik (Diss. Mainz 1969) 195—211. Eagerness for the Parthians: Cic. Ad Fam. 15.4.4.

resentment Antiochus might feel: *multa dixi in ignobilem regem* when in a mood of mindless playfulness *eumque lusi iocose satis*[144].

But Antiochus had determined to help resist or at least divert the coming Armenian-Parthian incursions into Asia Minor. So had his fellow dynasts Deiotarus I of Galatia, Ariobarzanes III of Cappadocia, Tarcondimotus I of Cilicia, and Iamblichus I of Emesa. Hence their regular reports to Cicero of Parthian movements. In 51, *regis Antiochi Commageni legati primi mihi nuntiarunt Parthorum magnas copias Euphratem transire coepisse.* Cicero's ideas of effective countermeasures often began and ended with writing letters to Rome, but his alarm (*vehementer sum commotus*) and the response of Antiochus (*pertumultuose*) proved later justified in 40—39. Given the right conditions, it was true that *Cappadocia patet a Syria*, and even correct to fear *cum de Syria tum de mea provincia* [Cilicia] *de reliqua denique Asia.* But Parthian resolves never led so far[145].

The loyalties of Antiochus remained steadfast as long as circumstances warranted. From Pompey he had received *magna praemia*, so at Pharsalus the σύμμαχοι duly included Κομμαγηνοί τε ὑπ' Ἀντιόχου πεμφθέντες[146]. ("The allies included Commagenians sent by Antiochus.") But Eastern dynasts foresaw new arrangements beyond Pompey and moderated their support accordingly. Antiochus was most cautious of all; only *CC ex Syria a Commageno Antiocho . . . missi erant*[147].

After his victory, Caesar asked no unpleasant questions, leaving most of the monarchs, including those in Cappadocia, Cilicia, and Emesa, to enjoy their ancestral privileges. But he did rather press Deiotarus I of Galatia, as Cicero reminds him: *Iratum te regi Deiotaro fuisse non erant nescii*[148]. So the prudent Antiochus of Commagene joined the *reges, tyrannos, dynastas . . . finitimos* winding in dusty columns onto the Syrian lowlands to meet the victor. Caesar 'forgave' and reconfirmed Antiochus, whom he sought to bring into closer involvement with the aristocracy at Rome: *togam . . . eius praetextam quam erat adeptus Caesare consule*[149].

[144] Cic. Ad Fam. 15.1.2 and Ad Quint. Frat. 2.12.2: *De Commageno, quod rem totam discusseram, mirifice mihi et per se et per Pomponium blanditur Appius. Videt enim, hoc genere dicendi si utar in ceteris, Februarium sterilem futurum; eumque lusi iocose satis, neque solum illud extorsi oppidulum, quod erat positum in Euphrati Zeugmate, sed praeterea togam sum eius praetextam, quam erat adeptus Caesare consule, magno hominum risu cavillatus. „Quod nos vult", inquam, „renovare honores eosdem, quo minus togam praetextam quotannis interpolet, decernendum nihil censeo. Vos autem homines nobiles, qui Bostrenum praetextatum non ferebatis, Commagenum feretis?" Genus vides et locum iocandi. Multa dixi in ignobilem regem; quibus totus est explosus.*
[145] Cic. Ad Fam. 15.1.1; 15.4.3; 15.4.4; cf. Dio 40.28.3—29.3, a partly inaccurate account.
[146] App. BC 2.49.202.
[147] Caesar BC 3.4.6.
[148] Cic. Pro Rege Deiotaro 3.8.
[149] Bell. Alex. 65: *Commoratus fere in omnibus civitatibus quae maiore sunt dignitate, praemia bene meritis et viritim et publice tribuit, de controversiis veteribus cognoscit ac statuit; reges, tyrannos, dynastas provinciae finitimos, qui omnes ad eum concurrerant, receptos in fidem condicionibus impositis provinciae tuendae ac defendendae dimittit et sibi et populo Romano amicissimos; Cic. Ad Quint. Frat. 2.10.2.*

Caesar recognized that the real limit to Roman expansion would be set by Parthia. Just ere he went in 44 to answer the pointed questions of Brutus, he was planning an attack on Parthia. Antiochus doubtless sighed with relief to learn that he and the other dynasts need not after all follow the still-visible path of Crassus. By the time Parthia took the initiative four years later and crossed the Euphrates in force, we find Antiochus an older and wiser man. For thirty years his major Roman supporters — Lucullus, Pompey, Cicero, Caesar — had proved unable to resolve their differences with fellow Romans, much less protect Antiochus from Parthian incursions. This time, the Parthian attack was led by the brilliant Pacorus I, son of Orodes II, the son-in-law of Antiochus. Allied to Artavasdes II of Armenia, whose sister he had married, Pacorus carried all before him in 40 and 39 B.C., with considerable popular acceptance in Syria, where some ranked his royal qualities with the best ever known[150].

After a long and prosperous reign, with his great monuments completed or nearly so at Arsameia, Nemrud Dagh, and elsewhere, Antiochus had much to protect. Roman strategy looked for the moment in disarray and the surprising successes of Pacorus may have tempted him into coöperation or even alliance with the Parthians. In 39, Antiochus and others were accused by Ventidius, who χρήματα πολλά ... ὅτι τῷ Πακόρῳ συνήραντο, ἐσέπραξε[151]. ("Exacted large sums of money . . . because they had given help to Pacorus.") But in 38 Pacorus fell in battle and the Parthian campaign collapsed; *nec ullo bello Parthi umquam maius vulnus acceperunt*[152].

Antiochus found himself without Parthian assistance but forced to receive Parthian fugitives, followed soon by the Romans. Once more Antiochus gazed down from the walls of Samosata into the upturned face of a Roman besieger, this time Antony's[153]. Antony's πρόφασις was the intrigues of Antiochus with Parthia, but the real attraction his great

---

[150] Dio 49.20.4: τὸν γὰρ Πάκορον ὅμοια τοῖς μάλιστα τῶν πώποτε βασιλευσάντων καὶ ἐπὶ δικαιοσύνῃ καὶ ἐπὶ πραότητι ὑπερηγάπων ("The Syrians felt unusual affection for Pacorus on account of his justice and mildness, an affection as great as they had felt for the best kings that had ever ruled them"). Justin 42.4.5—7: *Pacorus missus ad persequendas Romani belli reliquias magnis rebus in Syria gestis in Parthiam patri suspectus revocatur ... rursum Pacoro duce inita cum Labieno societate Syriam et Asiam vastavere castraque Ventidi, qui post Cassium absente Pacoro exercitum Parthicum fuderat, magna mole adgrediuntur*; Jos. BJ 1.248—322.

[151] Dio 48.41.5.

[152] Justin 42.4.10; Dio 49.20.3: ὁ Πάκορος πεσὼν πλεῖστον αὐτοὺς ἔβλαψεν· ὡς γὰρ τάχιστα τὸν ἄρχοντά σφων ἀπολωλότα ἤσθοντο, ὀλίγοι μὲν περὶ τοῦ σώματος αὐτοῦ προθύμως ἠγωνίσαντο, φθαρέντων δὲ καὶ τούτων πάντες οἱ λοιποὶ ἐνέδοσαν ("The fall of Pacorus in this struggle was a very great loss to them; for as soon as they perceived that their leader had perished, although a few men zealously fought for his body, yet when these also were slain, all the rest gave way").

[153] Plut. Ant. 34.3. Dio 49.20.3: καὶ αὐτῶν οἱ μὲν διὰ τῆς γεφύρας οἴκαδε διαφυγεῖν ἐθελήσαντες οὐκ ἠδυνήθησαν, ἀλλὰ προκαταληφθέντες ἀπώλοντο, οἱ δὲ καὶ πρὸς τὸν Ἀντίοχον ἐς τὴν Κομμαγηνὴν κατέφυγον ("Some of them desired to escape homeward across the bridge and were unable to do so, being cut off and killed before they could reach it, and others fled for refuge to Antiochus in Commagene").

wealth[154]. Soon even Herod of Judaea found his way up, πολλὴν . . . ἀπο-
τεμόμενος λείαν ("he secured booty in abundance"), in the excited
account of Josephus[155]. But Antiochus had been through this before at
ἐρυμνὴν πόλιν Σαμόσατα, which was practically impregnable to a field
army and could be supplied by way of the Euphrates[156]. Its capture
required more time and manpower than even these assailants could
afford. So all parties finally agreed to separate, and even a bribe may
have been withheld from the disappointed adventurers when Antiochus
waved his cheerful goodbyes[157].

This, almost our last mention of Antiochus, may precede his own
account, with its dignified allusion to such misadventures: καὶ κινδύνους
μεγάλους παραδόξως διέφυγον καὶ πράξεων δυσελπίστων εὐμηχάνως ἐπ-
εκράτησα καὶ βίου πολυετοῦς μακαριστῶς ἐπληρώθην[158]. He had turned

---

[154] Dio 49.20.5; Plut. Ant. 34.3—4.
[155] Jos. BJ 1.321—322.
[156] Strabo 16.2.3.749.
[157] Zonaras 10.26.519; Dio 49.22.2: ἀμέλει αὐτὸς μὲν οὔτε ὁμήρους, πλὴν δύο καὶ τούτων
οὐκ ἐπιφανῶν, οὔτε τὰ χρήματα ἃ ᾔτησεν ἔλαβε ("At any rate, Antony got neither
hostages [except two and these of little importance] nor the money which he had
demanded"). Plut. Ant. 34.2—4: ἐν πρώτοις Πακόρου πεσόντος. τοῦτο τὸ ἔργον ἐν τοῖς
ἀοιδιμωτάτοις γενόμενον ‘Ρωμαίοις τε τῶν κατὰ Κράσσον ἀτυχημάτων ἔκπλεω ποινὴν
παρέσχε, καὶ Πάρθους αὖθις εἴσω Μηδίας καὶ Μεσοποταμίας συνέστειλε, τρισὶ μάχαις
ἐφεξῆς κατὰ κράτος ἡττημένους. Οὐεντίδιος δὲ Πάρθους μὲν προσωτέρω διώκειν ἀπέγνω,
φθόνον Ἀντωνίου δείσας, τοὺς δὲ ἀφεστῶτας ἐπιὼν κατεστρέφετο καὶ τὸν Κομμαγηνὸν
Ἀντίοχον ἐν πόλει Σαμοσάτοις ἐπολιόρκει. δεομένου δὲ χίλια τάλαντα δοῦναι καὶ ποιεῖν
Ἀντωνίῳ τὸ προστατόμενον, ἐκέλευε πέμπειν πρὸς Ἀντώνιον. ἤδη γὰρ ἐγγὺς ἦν ἐπιὼν,
καὶ τὸν Οὐεντίδιον οὐκ εἴα σπένδεσθαι τῷ Ἀντιόχῳ, βουλόμενος ἔν γε τοῦτο τῶν ἔργων
ἐπώνυμον αὐτοῦ γενέσθαι καὶ μὴ πάντα διὰ Οὐεντιδίου κατορθοῦσθαι. τῆς δὲ πολιορκίας
μῆκος λαμβανούσης καὶ τῶν ἔνδον, ὡς ἀπέγνωσαν τὰς διαλύσεις, πρὸς ἀλκὴν τραπο-
μένων, πράττων οὐδέν, ἐν αἰσχύνῃ δὲ καὶ μεταγνώσει γενόμενος, ἀγαπητῶς ἐπὶ τρια-
κοσίοις σπένδεται ταλάντοις πρὸς τὸν Ἀντίοχον· καὶ μικρὰ τῶν ἐν Συρίᾳ καταστησά-
μενος εἰς Ἀθήνας ἐπανῆλθε, καὶ τὸν Οὐεντίδιον οἷς ἔπρεπε τιμήσας ἔπεμψεν ἐπὶ τὸν θρί-
αμβον ("Pacorus fell among the first. This exploit, which became one of the most celebrated, gave the Romans full satisfaction for the disaster under Crassus, and shut the
Parthians up again within the bounds of Media and Mesopotamia, after they had been
utterly defeated in three successive battles. Ventidius, however, decided not to pursue
the Parthians further, because he feared the jealousy of Antony; but he attacked and
subdued the peoples which had revolted from Rome, and besieged Antiochus of Commagenê in the city of Samosata. When Antiochus proposed to pay a thousand talents
and obey the behests of Antony, Ventidius ordered him to send his proposal to Antony,
who had now advanced into the neighbourhood, and would not permit Ventidius to
make peace with Antiochus. He insisted that this one exploit at least should bear his
own name, and that not all the successes should be due to Ventidius. But the siege
was protracted, and the besieged, since they despaired of coming to terms, betook
themselves to a vigorous defence. Antony could therefore accomplish nothing, and
feeling ashamed and repentant, was glad to make peace with Antiochus on his payment of three hundred talents. After settling some trivial matters in Syria, he returned
to Athens, and sent Ventidius home, with becoming honours, to enjoy his triumph");
Jos. BJ 1.248 ff.
[158] IGLSyr 1 = OGIS 383 = WALDMANN, op. cit. (note 57) 62 ff., lines 20—23. Last mention: Dio 49.23.3: καὶ αὐτὸν ἐκεῖνον δυσανασχετοῦντα ἐπὶ τούτῳ ἐπαπέκτεινε ("when
Antiochus chafed under this outrage, he killed him also"). (See ch. VI, p. 775.)

wisely to the past, emphasizing both πρόγονοι and εὐσέβεια. He left a
kingdom now intact and cohesive, furnished with traditions, monuments,
and cults which endured for centuries. To be sure, not all elements in these
traditions need bear the closest examination, as for example the insistence
that his matricidal grandfather Grypus be everywhere styled Philometor.
But a marvellous cultural and artistic synthesis on Nemrud Dagh and
elsewhere paralleled the political combinations he devised to win the kingdom a secure place amid the shifting alignments of the Near East as the
Seleucid and Armenian Empires gave way to the Parthian and Roman.

2. Atropatene

The further dealings of Antiochus and Antony lie in obscurity. But
Antony was active in the vicinity, as well as along the lines Antiochus also
pursued: intermarriage and containment of the great powers beyond the
Euphrates. Most spectacular now would be Antony's Parthian campaign,
launched in 36 B.C.[159] He was directed toward Atropatene by Artavasdes II
of Armenia, who had given similar advice before the aborted campaign of
Caesar and the fatal one of Crassus[160].

The new Arsacid monarch, Phraates IV (38—2 B.C.), for some time
experienced strong challenges from the Parthian nobility and from a
pretender who nearly unseated him[161]. Antony thought he could exploit

[159] Sources and discussion in H. BUCHHEIM, Die Orientpolitik des Triumvirn M. Antonius
(Heidelberg 1960) 74—83.
[160] Suet. Caes. 44: *mox Parthis inferre bellum per Armeniam minorem*; Strabo 11.13.3—4.
523—524: χειμερινὸν δὲ ἐν φρουρίῳ ἐρυμνῷ Οὔερα, ὅπερ Ἀντώνιος ἐπολιόρκησε κατὰ
τὴν ἐπὶ Παρθυαίους στρατείαν. διέχει δὲ τοῦτο τοῦ Ἀράξου ποταμοῦ τοῦ ὁρίζοντος τήν
τε Ἀρμενίαν καὶ τὴν Ἀτροπατηνὴν σταδίους δισχιλίους καὶ τετρακοσίους, ὥς φησιν
ὁ Δέλλιος, ὁ τοῦ Ἀντωνίου φίλος, συγγράψας τὴν ἐπὶ Παρθυαίους αὐτοῦ στρατείαν ...
Ἀντωνίῳ δὲ χαλεπὴν τὴν στρατείαν ἐποίησεν οὐχ ἡ τῆς χώρας φύσις, ἀλλ᾽ ὁ τῶν ὁδῶν
ἡγεμών, ὁ τῶν Ἀρμενίων βασιλεὺς Ἀρταουάσδης, ὃν εἰκῇ ἐκεῖνος, ἐπιβουλεύοντα αὐτῷ,
σύμβουλον ἐποιεῖτο καὶ κύριον τῆς περὶ τοῦ πολέμου γνώμης ("... their winter palace
in a fortress called Vera, which was besieged by Antony on his expedition against the
Parthians. This fortress is distant from the Araxes, which forms the boundary between
Armenia and Atropatenê, two thousand four hundred stadia, according to Dellius, the
friend of Antony, who wrote an account of Antony's expedition against the Parthians
... It was not the nature of the country that made the expedition difficult for Antony,
but his guide Artavasdes, the king of the Armenians, whom, though plotting against
him, Antony rashly made his counsellor and master of decisions respecting the war");
Plut. Crass. 19.1—2: ἔπειθε δὲ Κράσσον ἐμβαλεῖν δι᾽ Ἀρμενίας εἰς τὴν Παρθίαν· οὐ γὰρ
μόνον ἐν ἀφθόνοις διάξειν τὴν στρατιὰν αὐτοῦ παρέχοντος, ἀλλὰ καὶ πορεύσεσθαι δι᾽
ἀσφαλείας, ὄρη πολλὰ καὶ λόφους συνεχεῖς καὶ χωρία δύσιππα πρὸς τὴν ἵππον, ἣ μόνη
Πάρθων ἀλκή, προβαλλόμενον ("And he tried to persuade Crassus to invade Parthia by
way of Armenia, for thus he would not only lead his forces along in the midst of
plenty, which the king himself would provide, but would also proceed with safety,
confronting the cavalry of the Parthians, in which lay their sole strength, with many
mountains, and continuous crests, and regions where the horse could not well serve").
[161] DEBEVOISE, op. cit. (note 14) 121ff.; Plut. Ant. 53.6: ἐν στάσει τῶν Παρθικῶν εἶναι
λεγομένων ("Parthia was said to be suffering from internal dissensions"). The pre-

this, at least to the extent of detaching some Parthian allies, including Atropatene. If still alive, Antiochus found it politic to coöperate and might have witnessed the secure start at Zeugma for a circuitous approach by way of the highlands[162]. His forces probably joined Antony's assembly of allied kings[163].

Predictably, the expedition — especially after its desertion by the Armenian king — came to little more than a coinage for Antony with Armenian tiara and legend ANTONI(US) ARMENIA DEVICTA (Rv.: Cleopatra)[164]. But Antony had grasped the other source of power in the

tender was Tiridates II: PIR T 175. Dio 51.18.2—3: τῶν Πάρθων ... στασιασάντων γὰρ αὐτῶν καί τινος Τιριδάτου τῷ Φραάτη ἐπαναστάντος ("It seems there had been dissension among the Parthians and a certain Tiridates had risen against Phraates").

[162] Strabo 11.13.4.524: καὶ ἐκεῖνος, ὅστις τὴν ἀπὸ τοῦ Ζεύγματος ὁδὸν τοῦ κατὰ τὸν Εὐφράτην μέχρι τοῦ ἅψασθαι τῆς Ἀτροπατηνῆς ὀκτακισχιλίων σταδίων ἐποίησε, πλέον ἢ διπλασίαν τῆς εὐθείας, διὰ ὀρῶν καὶ ἀνοδιῶν καὶ κυκλοπορίας ("... that other guide, who made the journey from the Zeugma on the Euphrates to the borders of Atropatenê eight thousand stadia long, more than twice the direct journey, guiding the army over mountains and roadless regions and circuitous routes"); Plut. Ant. 50; cf. Dio 49.19.3: οἱ βάρβαροι τὴν συνήθη σφίσι διάβασιν τοῦ Εὐφράτου, παρ' ᾗ τὸ Ζεῦγμα ἡ πόλις ἔστι ("where they customarily crossed the Euphrates near the city of Zeugma"); and ibid. 49.33.1—3: στρατεῦσαι ἐπὶ τὸν Ἀρμένιον ἐπεχείρησεν, ἐλπίδα τοῦ Μήδου οὐκ ἐλαχίστην ἔχων, ὅτι πρός τε τὸν Φραάτην ἀγανακτήσας ἐπὶ τῷ μήτε τῶν λαφύρων πολλὰ παρ' αὐτοῦ μήτ' ἄλλην τινὰ τιμὴν λαβεῖν, καὶ τὸν Ἀρμένιον τιμωρήσασθαι τῆς τῶν Ῥωμαίων ἐπαγωγῆς ἐθελήσας, τὸν Πολέμωνα αὐτῷ προσέπεμψε καὶ φιλίαν καὶ συμμαχίαν αἰτῶν. οὕτω γὰρ που ὑπερήσθη τῷ πράγματι ὥστε καὶ ἐκείνῳ σπείσασθαι καὶ τῷ Πολέμωνι μισθὸν τῆς κηρυκείας τὴν μικροτέραν Ἀρμενίαν μετὰ ταῦτα δοῦναι ("He [Antony] undertook to conduct a campaign against the Armenian. For this he placed no small hope in the Mede, who in his anger against Phraates because he had not received from him many of the spoils or any other honour and in his eagerness to punish the Armenian for bringing in the Romans had sent Polemon to him requesting his friendship and alliance. Antony was apparently so exceedingly delighted over the affair that he both made terms with the Mede and later gave Polemon Lesser Armenia as a reward for his mission").

[163] Plut. Ant. 37.3: αὐτὸς δὲ Κλεοπάτραν εἰς Αἴγυπτον ἀποπέμψας ἐχώρει δι' Ἀραβίας καὶ Ἀρμενίας, ὅπου συνελθούσης αὐτῷ τῆς δυνάμεως καὶ τῶν συμμάχων βασιλέων (πάμπολλοι δὲ ἦσαν οὗτοι, μέγιστος δὲ πάντων ὁ τῆς Ἀρμενίας Ἀρταουάσδης ("Antony himself, however, after sending Cleopatra back to Egypt, proceeded through Arabia and Armenia to the place where his forces were assembled, together with those of the allied kings. These kings were very many in number, but the greatest of them all was Artavasdes, king of Armenia").

[164] Plut. Ant. 50.2: ἦν Ἀρταουάσδης ὁ Ἀρμένιος Ἀντώνιον ἐκείνου τοῦ πολέμου τὸ τέλος ἀφελόμενος. εἰ γὰρ οὓς ἀπήγαγεν ἐκ Μηδίας ἱππεῖς ἑξακισχιλίους καὶ μυρίους παρῆσαν, ἐσκευασμένοι παραπλησίως Πάρθοις καὶ συνήθεις μάχεσθαι πρὸς αὐτούς, Ῥωμαίων μὲν τοὺς μαχομένους τρεπομένων, ἐκείνων δὲ τοὺς φεύγοντας αἱρούντων, οὐκ ἂν ὑπῆρξεν αὐτοῖς ἡττωμένοις ἀναφέρειν καὶ ἀνατολμᾶν τοσαυτάκις ("It was Artavasdes the Armenian who had robbed Antony of the power to bring that war to an end. For if the sixteen thousand horsemen who were led back from Media by him had been on hand, equipped as they were like the Parthians and accustomed to fighting with them, and if they, when the Romans routed the fighting enemy, had taken off the fugitives, it would not have been in the enemy's power to recover themselves from defeat and to venture again so often"); Strabo 11.13.3.523: Βασίλειον δ' αὐτῶν θερινὸν μὲν ἐν πεδίῳ ἱδρυμένον Γάζακα χειμερινὸν δὲ ἐν φρουρίῳ ἐρυμνῷ Οὔερα, ὅπερ Ἀντώνιος ἐπολιόρκησε

kingly East, intermarriage. Atropatene seems at first glance unlikely for betrothal of Antony's son or for marriages with Parthian and Commagenian royalty. Yet its traditions were strong and its value high in the maneuvering of Parthia, Armenia, smaller dynasties, and Rome for stable arrangements east of the Upper Euphrates.

When Strabo wrote half a century after Antiochus, Atropatene had ranked as a separate state at least since Alexander, with its own dynastic tradition: ἡ διαδοχὴ σώζεται μέχρι νῦν[165]. Intermarriage and other contacts with the neighboring Armenians and Parthians, then with 'Syrians' (of Commagene and Emesa), increased its political value[166]. Some of this can be traced. A daughter of Tigranes the Great went there to marry a royal Mithridates[167]. King Darius of Atropatene later aided Tigranes and had to fight Pompey[168]. By Antony's day Artavasdes I of Atropatene had issued a coinage that shows him, like Antiochus of Commagene, wearing a tiara modelled on that of Tigranes and thus claiming a similar diadochic con-

---

κατὰ τὴν ἐπὶ Παρθυαίους στρατείαν. διέχει δὲ τοῦτο τοῦ Ἀράξου ποταμοῦ τοῦ ὁρίζοντος τήν τε Ἀρμενίαν καὶ τὴν Ἀτροπατηνήν ("Their [the Atropatenian] royal summer palace is situated in a plain at Gazaca, and their winter palace in a fortress called Vera, which was besieged by Antony on his expedition against the Parthians. This fortress is distant from the Araxes, which forms the boundary between Armenia and Atropatenê ..."); ibid. 11.13.4.524 (quoted in note 160). For the coin: E. A. SYDENHAM, The Coinage of the Roman Republic (London 1952) 194 no. 1210, cf. no. 1205.

[165] Strabo 11.13.1—2.523: ἡ δ' ἑτέρα μερίς ἐστιν ἡ Ἀτροπάτιος Μηδία, τοὔνομα δ' ἔσχεν ἀπὸ τοῦ ἡγεμόνος Ἀτροπάτου, ὃς ἐκώλυσεν ὑπὸ τοῖς Μακεδόσι γίνεσθαι καὶ ταύτην, μέρος οὖσαν μεγάλης Μηδίας· καὶ δὴ καὶ βασιλεὺς ἀναγορευθεὶς ἰδίᾳ συνέταξε καθ' αὑτὴν τὴν χώραν ταύτην, καὶ ἡ διαδοχὴ σώζεται μέχρι νῦν ἐξ ἐκείνου ("The other part is Atropatian Media, which got its name from the commander Atropates, who prevented also this country, which was a part of Greater Media, from becoming subject to the Macedonians. Furthermore, after he was proclaimed king, he organised this country into a separate state by itself, and his succession of descendants is preserved to this day"); cf. Polybius 5.40—54.

[166] Strabo 11.13.1.523: πρός τε τοὺς Ἀρμενίων βασιλέας ποιησαμένων ἐπιγαμίας τῶν ὕστερον καὶ Σύρων καὶ μετὰ ταῦτα Παρθυαίων ("his successors have contracted marriages with the kings of the Armenians and Syrians and, in later times, with the kings of the Parthians"); cf. R. N. FRYE, The Heritage of Persia (London 1962) 276 note 13.

[167] Dio 36.14.2: ὅ τε γὰρ Μιθριδάτης ἐς τὰ μετέωρα τὰ πρὸς Ταλαύροις ὄντα ἱδρυθεὶς οὐκ ἀντεπῄει αὐτῷ, καὶ ὁ Μιθριδάτης ὁ ἕτερος ὁ ἐκ Μηδίας γαμβρὸς τοῦ Τιγράνου ἐσκεδασμένοις τοῖς Ῥωμαίοις ἐξαίφνης προσπεσὼν συχνοὺς ἀπέκτεινεν, ὅ τε Τιγράνης αὐτὸς προσιὼν ἠγγέλθη, καὶ τὸ στράτευμα ἐστασίασεν ("Mithridates, entrenched on the high ground near Talaura, would not come out against him [Lucullus], and the other Mithridates from Media, the son-in-law of Tigranes, fell suddenly upon the Romans while they were scattered, and killed many of them; also the approach of Tigranes himself was announced, and there was mutiny in the army"); E. HERZFELD, Sakastan: Arch. Mitt. Iran 4 (1932) 51—52.

[168] App. Mithr. 106.497: ὁ δὲ Πομπήιος καὶ τὸν Ταῦρον ὑπερελθὼν ἐπολέμησεν Ἀντιόχῳ τῷ Κομμαγηνῷ, ἕως ἐς φιλίαν ὁ Ἀντίοχος αὐτῷ συνῆλθεν, ἐπολέμησε δὲ καὶ Δαρείῳ τῷ Μήδῳ, μέχρις ἔφυγεν, εἴτε Ἀντιόχῳ συμμαχῶν εἴτε Τιγράνῃ πρότερον ("Pompey then passed over Mount Taurus and made war against Antiochus, the king of Commagene, until the latter entered into friendly relations with him. He also fought against Darius the Mede, and put him to flight, either because he had helped Antiochus, or Tigranes before him").

tinuity[169]. Finally, Parthians soon took up an opportunity for intermarriage with the dynasts of Atropatene[170].

Antony proceeded without haste toward a marriage alliance with Artavasdes I of Atropatene[171]. His first arrangement, for one with Armenia, collapsed and Antony committed the blunder of seizing Artavasdes II himself for detention in Alexandria[172]. The king's son,

[169] On this coinage see E. ROBINSON, British Museum Acquisitions for 1935—1936, NC (Ser. 5) 17 (1937) 250—254, with R. D. SULLIVAN, op. cit. (note 116) 13 (1973) 18ff. and Plate 14.

[170] HERZFELD's argument, op. cit. (note 167) 61ff.; M. PANI, Roma e i re d'oriente (Bari 1972) 69ff.; RE XVIII 2 (1949) 1997, s. v. Parthia.

[171] Dio 49.40.2: τῷ υἱεῖ τὴν τοῦ Μήδου θυγατέρα, ὅπως ἔτι καὶ μᾶλλον αὐτὸν προσεταιρίσηται, μνηστεύσας ("Antony betrothed to his son the daughter of the Median king with the intention of making him still more his friend"); ibid. 49.44.1—2: Ἀντώνιος δὲ ἐν τούτῳ ἤλασε μὲν μέχρι τοῦ Ἀράξου ὡς καὶ ἐπὶ τοὺς Πάρθους στρατεύσων, ἠρκέσθη δὲ τῇ πρὸς τὸν Μῆδον ὁμολογίᾳ· συμμαχήσειν τε γὰρ ἀλλήλοις, ὁ μὲν ἐπὶ τοὺς Πάρθους ὁ δὲ ἐπὶ τὸν Καίσαρα, συνέθεντο, καὶ ἐπὶ τούτῳ στρατιώτας τέ τινας ἀντέδοσάν σφισι, καὶ ὁ μὲν τῆς Ἀρμενίας τῆς νεοκτήτου τινὰ ἔλαβεν, ὁ δὲ τὴν θυγατέρα αὐτοῦ Ἰωτάπην ὡς καὶ τῷ Ἀλεξάνδρῳ συνοικήσουσαν, καὶ τὰ σημεῖα τὰ στρατιωτικὰ τὰ ἐν τῇ τοῦ Στατιανοῦ μάχῃ ἁλόντα ("Antony meantime had marched as far as the Araxes, ostensibly to conduct a campaign against the Parthians, but was satisfied to arrange terms with the Median king. They made a covenant to serve each other as allies, the one against the Parthians and the other against Caesar, and to cement the compact they exchanged some soldiers, the Mede received a portion of the newly-acquired Armenia, and Antony received the king's daughter, Iotape, to be united in marriage with Alexander, and the military standards taken in the battle with Statianus"); Plut. Ant. 53.6: ἀναβὰς αὖθις εἰς φιλίαν προσηγάγετο, καὶ λαβὼν ἑνὶ τῶν ἐκ Κλεοπάτρας υἱῶν γυναῖκα μίαν αὐτοῦ τῶν θυγατέρων ἔτι μικρὰν οὖσαν ἐγγυήσας ἐπανῆλθεν, ἤδη πρὸς τὸν ἐμφύλιον πόλεμον τετραμμένος ("He [Antony] went up and brought the king [Artavasdes I of Atropatene] once more into friendly relations, and after betrothing to one of his sons by Cleopatra one of the king's daughters who was still small, he returned, his thoughts being now directed towards the civil war").

[172] Strabo 11.13.4.524: Ἀντωνίῳ δὲ χαλεπὴν τὴν στρατείαν ἐποίησεν οὐχ ἡ τῆς χώρας φύσις, ἀλλ' ὁ τῶν ὁδῶν ἡγεμών, ὁ τῶν Ἀρμενίων βασιλεὺς Ἀρταουάσδης, ὃν εἰκῇ ἐκεῖνος, ἐπιβουλεύοντα αὐτῷ, σύμβουλον ἐποιεῖτο καὶ κύριον τῆς περὶ τοῦ πολέμου γνώμης· ἐτιμωρήσατο μὲν οὖν αὐτόν, ἀλλ' ὀψέ, ἡνίκα πολλῶν αἴτιος κατέστη κακῶν Ῥωμαίοις . . . ("It was not the nature of the country that made the expedition difficult for Antony, but his guide Artavasdes, the king of the Armenians, whom, though plotting against him, Antony rashly made his counsellor and master of decisions respecting the war. Antony indeed punished him, but too late, when the latter had been proved guilty of numerous wrongs against the Romans . . . "); ibid. 11.14.9.530: Ἀρταουάσδης δὲ Ἀντωνίῳ χωρὶς τῆς ἄλλης ἱππείας αὐτὴν τὴν κατάφρακτον ἑξακισχιλίαν ἵππον ἐκτάξας ἐπέδειξεν, ἡνίκα εἰς τὴν Μηδίαν ἐνέβαλε σὺν αὐτῷ ("Artavasdes, at the time when he invaded Media with Antony, showed him, apart from the rest of the cavalry, six thousand horses drawn up in battle array in full armour"). D. MAGIE, Roman Rule in Asia Minor to the End of the Third Century after Christ (Princeton 1950) 437 and 1288 note 30; Jos. AJ 15.104—105: Ἀντώνιος δὲ τὴν Ἀρμενίαν λαβών, Ἀρταβάζην τὸν Τιγράνου σὺν τοῖς παισὶ καὶ σατράπαις δέσμιον εἰς Αἴγυπτον ἀποπέμπει, δωρούμενος τούτοις τὴν Κλεοπάτραν καὶ τῷ παντὶ κόσμῳ τῆς βασιλείας ὃν ἐξ αὐτῆς ἔλαβεν. Ἀρμενίας δ' ἐβασίλευσεν Ἀρταξίας ὁ πρεσβύτατος τῶν ἐκείνου παίδων, διαδρὰς ἐν τῷ τότε ("When Antony had seized Armenia, he sent off Artabazes, the son of Tigranes, a prisoner to Egypt with his sons and satraps, making Cleopatra a present of them and of all the trappings which he had captured with their kingdom. And Artabazes' eldest son

Artaxias II, succeeded without interregnum and ruled some fourteen years in open hostility to Rome[173]. Tacitus remarks in his account of events in 16 A.D. that the ill-feeling in Armenia yet remained half a century after Antony's seizure of Artavasdes[174].

One immediate consequence was an Armenian-Parthian combination which drove Artavasdes I of Atropatene from his throne, at least for a time; Atropatene was to be in Parthian hands from the early first century onward. But Artavasdes had taken refuge with Octavian and may have made his way back to Atropatene; at any rate, his son was recognized as king there after him[175]. His daughter Iotape, discovered blushing unseen in Alexandria, was restored to him[176]. He also received Armenia Minor, which he was still ruling at his death in 20 B.C., when it went to

Artaxias, who had escaped at the time, became king of Armenia"); Plut. Ant. 50.4: ὕστερον μέντοι πάλιν ἐμβαλὼν εἰς Ἀρμενίαν, καὶ πολλαῖς ὑποσχέσεσι καὶ προκλήσεσι πείσας αὐτὸν ἐλθεῖν εἰς χεῖρας, συνέλαβε, καὶ δέσμιον καταγαγὼν εἰς Ἀλεξάνδρειαν, ἐθριάμβευσεν ("But afterwards, when he once more invaded Armenia, and by many invitations and promises induced Artavasdes to come to him, Antony seized him, and took him in chains down to Alexandria, where he celebrated a triumph"); Dio 51.16.2: τῷ δ' Ἀρτάξῃ τοὺς ἀδελφοὺς καίπερ αἰτήσαντι οὐκ ἔπεμψεν, ὅτι τοὺς ὑπολειφθέντας ἐν τῇ Ἀρμενίᾳ Ῥωμαίους ἀπεκτόνει ("[After Actium, Octavian] refused the request of Artaxes that his brothers be sent to him, because this prince had put to death the Romans left behind in Armenia"); cf. ibid. 49.39.6: οἱ τὰ ὅπλα ἔχοντες Ἀρτάξην τὸν πρεσβύτατον τῶν παίδων αὐτοῦ βασιλέα ἀνθείλοντο, ἔδησεν αὐτὸν ἀργυραῖς ἁλύσεσιν· αἰσχρὸν γάρ, ὡς ἔοικεν, ἦν βασιλέα αὐτὸν γεγονότα σιδηραῖς δεθῆναι ("The Armenian citizens who bore arms chose Artaxes, the eldest of his sons, king in his stead, Antony bound him in silver chains; for it was unseemly, apparently, that this man who had been king should be bound in fetters of iron"); Jos. BJ 1.363: μετ' οὐ πολὺ παρῆν ἐκ Πάρθων Ἀντώνιος ἄγων αἰχμάλωτον Ἀρταβάζην τὸν Τιγράνου παῖδα δῶρον Κλεοπάτρᾳ μετὰ γὰρ τῶν χρημάτων καὶ τῆς λείας ἁπάσης ὁ Πάρθος εὐθὺς ἐχαρίσθη. ("Not long after Antony returned from Parthia bringing, as a present for Cleopatra, his prisoner Artabazes, son of Tigranes; for upon her, together with the money and all the spoils of war, the Parthian was instantly bestowed.")

173 PIR² A 1167. Dio 49.40.1—2: κἀκ τούτου τοὺς μὲν ἐθελοντὶ τοὺς δὲ καὶ βίᾳ λαβὼν πᾶσαν τὴν Ἀρμενίαν κατέσχεν· ὁ γὰρ Ἀρτάξης ἐπειδὴ συμβαλὼν οἱ ἡλαττοῦτο, πρὸς τὸν Πάρθον ἀπεχώρησε ("After this Antony occupied the whole of Armenia, taking some of the people peaceably and some by force; for Artaxes withdrew and went to the Parthian king, after fighting an engagement and suffering defeat").

174 Tac. Ann. 2.3: ob scelus Antonii, qui Artavasden ... interfecerat ... eius filius Artaxias, memoria patris nobis infensus ...

175 Res Gestae 33: A me gentes Parthorum et Medorum per legatos principes earum gentium reges petitos acceperunt: Parthi Vononem, regis Phratis filium, regis Orodis nepotem, Medi Ariobarzanem, regis Artavazdis filium, regis Ariobarzanis nepotem. PANI, op. cit. (note 170) 69ff.

176 Dio 51.16.1—2: ἐπειδή τε συχνοὶ παρ' αὐτῷ καὶ δυναστῶν καὶ βασιλέων παῖδες οἱ μὲν ἐφ' ὁμηρείᾳ οἱ δὲ καὶ ἐφ' ὕβρει τρεφόμενοι εὑρέθησαν, τοὺς μὲν οἴκαδε αὐτῶν ἀπέστειλε, τοὺς δὲ ἀλλήλοις συνῴκισεν, ἑτέρους τε κατέσχεν ... τὴν μὲν γὰρ Ἰωτάπην τῷ Μήδῳ καταφυγόντι μετὰ τὴν ἧτταν πρὸς αὐτὸν ἑκὼν ἀπέδωκε ("And since there were found at the court [in Alexandria] many children of princes and kings who were being kept there, some as hostages and others out of a spirit of arrogance, he [Octavian] sent some back to their homes, joined others in marriage with one another, and retained still others ... Of his own accord he restored Iotape to the Median king, who had found an asylum with him after his defeat").

Archelaus IV of Cappadocia¹⁷⁷. In Atropatene, his son and grandson carried on, with brief tenures in Armenia as well. Some members of the royal house are known even into the first century, but no longer ruling their homeland¹⁷⁸. Such was the dynasty soon to be closely allied to that of Commagene.

VI. Mithradates II (ca. 36—20 B.C.)

How much of this adventuring Antiochus saw cannot now be determined. The murder of his Parthian grandchildren in 36 on grounds of superior descent finds him still alive¹⁷⁹, though soon to be murdered, in Dio's account, by Phraates IV¹⁷⁹. But with his instinct for preservation of the kingdom through strong international bonds, he would have approved of the developing Roman and Parthian interest in Atropatene and of his grandson's later marriage to the Atropatenian princess Iotape¹⁸⁰.

By the time of Actium, a new king ruled in Commagene. Mithradates II followed the dynastic tradition of support for the losing side, this time Antony's: βασιλεῖς δὲ ὑπήκοοι συνεμάχουν . . . Κομμαγηνῆς δὲ Μιθριδάτης¹⁸¹.

---

¹⁷⁷ Dio 54.9.2: πολέμου μὲν οὐδὲν τότε γ' ἐφήψατο, δυναστείας δὲ δὴ 'Ιαμβλίχῳ τε τῷ 'Ιαμβλίχου τὴν τῶν 'Αραβίων τὴν πατρῴαν καὶ Ταρκονδιμότῳ τῷ Ταρκονδιμότου τὴν τῆς Κιλικίας, ἣν ὁ πατὴρ αὐτοῦ ἔσχε, πλὴν παραθαλασσιδίων τινῶν ἔδωκεν· ἐκεῖνα γὰρ τῷ 'Αρχελάῳ μετὰ τῆς σμικροτέρας 'Αρμενίας ἐχαρίσατο, ὅτι ὁ Μῆδος ὁ πρὶν αὐτῆς βασιλεύων ἐτεθνήκει ("[Augustus] undertook no war, at any rate for the time being, but actually gave away certain principalities — to Iamblichus, the son of Iamblichus, his ancestral dominion over the Arabians, and to Tarcondimotus, the son of Tarcondimotus, the kingdom of Cilicia, which his father had held, except for a few places on the coast. These latter together with Lesser Armenia he granted to Archelaus, because the Mede, who previously had ruled them, was dead"). Cf. note 202.

¹⁷⁸ Res Gestae 27: *Armeniam maiorem interfecto rege eius Artaxe cum possem facere provinciam malui maiorum nostrorum exemplo regnum id Tigrani regis Artavasdis filio, nepoti autem Tigranis regis, per Ti. Neronem tradere, qui tum mihi privignus erat. Et eandem gentem postea desciscentem et rebellantem domitam per Gaium filium meum regi Ariobarzani regis Medorum Artabazi filio regendam tradidi, et post eius mortem filio eius Artavasdi; quo interfecto Tigranem qui erat ex regio genere Armeniorum oriundus in id regnum misi;* PIR² A 1044; A 1164; Tac. Ann. 2.4.1—2: *Tum Gaius Caesar componendae Armeniae deligitur. Is Ariobarzanen, origine Medum, ob insignem corporis formam et praeclarum animum volentibus Armeniis praefecit. Ariobarzane morte fortuita absumpto stirpem eius haud toleravere.* See stemma, p. 742/3.

¹⁷⁹ Dio 49.23.3—4: ὃς παραλαβὼν αὐτὴν ἀνοσιώτατος ἀνθρώπων ἐγένετο· τούς τε γὰρ ἀδελφοὺς τοὺς ἐκ τῆς τοῦ 'Αντιόχου θυγατρὸς γεγεννημένους ἐδολοφόνησεν ὅτι καὶ τὴν ἀρετὴν καὶ τὸ γένος τὸ μητρόθεν ἀμείνους αὐτοῦ ἦσαν, καὶ αὐτὸν ἐκεῖνον δυσανασχετοῦντα ἐπὶ τούτῳ ἐπαπέκτεινε . . . ("Phraates after receiving the kingdom proved himself the most impious of men. He treacherously murdered his brothers, sons of the daughter of Antiochus, because they were his superiors in virtue, and, on their mother's side, in family; and when Antiochus chafed under this outrage, he killed him also . . . "); Plut. Ant. 37.1 and Crass. 33.5.

¹⁸⁰ See below, notes 200—201.

¹⁸¹ Plut. Ant. 61.1—2: βασιλεῖς δὲ ὑπήκοοι συνεμάχουν Βόκχος ὁ Λιβύων καὶ Ταρκόνδημος ὁ τῆς ἄνω Κιλικίας, καὶ Καππαδοκίας μὲν 'Αρχέλαος, Παφλαγονίας δὲ Φιλάδελφος, Κομμα-

But this military presence at Actium need not show the old king dead: there had been joint rule as Antiochus prepared for an orderly succession. A shared coinage with Antiochus in his Armenian tiara on the obverse and the lion-walking-right on the reverse permitted the successor to edge toward power without yet showing his face, but with name and titles secure: ΒΑ(ΣΙΛΕΩΣ) ΜΕΓ(ΑΛΟΥ) ΜΙΘΡΑΔ(ΑΤΟΥ) Φ(ΙΛΟΡΩ)Μ(ΑΙΟΥ) ΦΙΛ(ΕΛΛΗΝΟΣ)[182].

The fifth king of Commagene continued the major directions set by his ancestors. A coinage calling him Philorhomaios occasions no surprise[183]. Its other elements accord with the dynasty's usages, including a return to the tiara used by Samos and Mithradates Kallinikos. Abandonment of the tiara which Antiochus had modelled on that of Tigranes can be adequately explained by the demise of this worthy some fifteen years before.

Suitably awed by the magnificent monuments of his father, Mithradates attempted only one of his own. A massive tomb greets the traveller or pilgrim to Nemrud Dagh beside the road taken in antiquity[184]. It reproduces the shape of the great tumulus on Nemrud Dagh as well as its title, the unusual term *hierothesion*. Placed with a commanding view of Nemrud Dagh and Arsameia, which by this time bore their cult complexes,

---

γηνῆς δὲ Μιθριδάτης, Σαδάλας δὲ Θράκης. οὗτοι μὲν αὐτοὶ παρῆσαν, ἐκ δὲ Πόντου Πολέμων στρατὸν ἔπεμπε, καὶ Μάλχος ἐξ Ἀραβίας καὶ Ἡρώδης ὁ Ἰουδαῖος, ἔτι δὲ Ἀμύντας ὁ Λυκαόνων καὶ Γαλατῶν βασιλεύς· ἦν δὲ καὶ παρὰ τοῦ Μήδων βασιλέως ἀπεσταλμένη βοήθεια ("Of subject kings who fought with him [Antony], there were Bocchus the king of Libya, Tarcondemus the king of Upper Cilicia, Archelaüs of Cappadocia, Philadelphus of Paphlagonia, Mithridates of Commagene, and Sadalas of Thrace. These were with him, while from Pontus Polemon sent an army, and Malchus from Arabia, and Herod the Jew, besides Amyntas the king of Lycaonia and Galatia; the king of the Medes also sent an auxiliary force").

182 E. BABELON, Inventaire . . . Waddington, RN (sér. 4) 2 (1898) 617 no. 7243 and Pl. 18.3, with his 'Rois' (op. cit., note 62) ccxiii f.; D. SESTINI, Descriptio . . . Ainslie (Leipzig 1796) 506; REINACH, op. cit. (note 1) 245; MIONNET, op. cit. (note 62) 725 no. 5. The reading is O. TAŞYÜREK's published in his 'Die Münzprägung der Könige von Kommagene', in: Antike Welt, op. cit. (note 1) 42, no. IV. Mithradates could in another issue claim to be son of a Mithradates (presumably Kallinikos), but Dr. TAŞYÜREK restores ΒΑ ΜΕ Μ ΤΟΥ Μ as ΒΑ(ΣΙΛΕΩΣ) ΜΕ(ΓΑΛΟΥ) Μ(ΙΘΡΑΔΑ)ΤΟΥ Μ(— —). in his no. V. The inscription is then irregular by usual standards but it seems better to reserve judgment. One of the Ashmolean copies lacks the second M. The other expansion of the abbreviations is REINACH's: ΒΑ(σιλέως) ΜΕ(γάλου) Μ(ιθραδάτου) ΤΟΥ Μ(ιθραδάτου), op. cit. (note 1) 377.

183 My view identifies the βα[σ]ι[λέα Μι]θραδάτην [Φιλέλληνα κ]αὶ Φιλορώ[μαιον] honored by Antiochus I on Nemrud Dagh with the ΜΙΘΡΙΔ(άτου) ΦΙΛΟ(ρωμαίου) of the coinage and in turn with the king who dedicated the monument at Kara Kuş. Shared coinage with Antiochus, the names of Mithradates's mother and sister, and the location chosen for their monument favor this argument. But see REINACH, ibid., 243f. and BABELON, ibid., ccxii. The epithet on this coinage need not be as restored; ΦΙΛΟ-ΠΑΤΟΡΟΣ remains possible: see BABELON. The inscription on Nemrud Dagh is OGIS 395 = IGLSyr 22; cf. H. DÖRRIE, Der Königskult des Antiochus von Kommagene (Göttingen 1964) 32f.

184 The modern Kara Kuş.

it serves as a kind of vestibule to them, a function in turn like that of the terraces outside the tumulus of Antiochus.

The tomb inscription identifies the king and the three royal women buried here. τὸ μὲν ἱεροθέσιον Ἰσιάδος τόδε, ἣν βασιλεὺς μέγας Μιθραδάτης μητέρα οὖσαν ἰδίαν ... τελευταίας ταύτης τιμῆς ἠξίωσεν. [π]ρ[ώτ]η δ[ὲ Ἀ]ντ[ι]οχὶς ἐν τῶιδε κεῖτ[αι], ὁμομητρία βασιλέως ἀδελφή, ... καὶ μετὰ τούτων θυγατριδῆ παῖς, Ἀντιοχίδος θυγάτηρ Ἀκ[α ... ("This is the hierothesion of Isias, whom great King Mithradates ... thought worthy of this last honour, she being his own mother. But first Antiochis lay here, sister of the king by the same mother ... and after these her granddaughter, daughter of Antiochis, Aka ... ")[185].

This may be the Isias Philostorgos honored by Antiochus on Nemrud Dagh: βασίλισσαν Ἰσιάδα Φιλόστοργον ("Queen Isias Philostorgos")[186]. Her full name and her relationship to Antiochus, if she was indeed his wife, go unrecorded on this rather informal dedication, as does the Philorhomaios of Mithradates. Her daughter with that name Antiochis probably called the fourth king of Commagene father.

As with Antiochus I, the Philorhomaios of Mithradates II represented more than mere placatory noises. Octavian recognized him without unnecessary indignities, returned whatever family members Antony had held in Alexandria, and no doubt murmured of dynastic marriage, as was his wont[187]. The dynasty of Commagene, now firmly established after some 130 years of independence, participated fully in his policy of joining *reges socios etiam inter semet ipsos necessitudinibus mutuis*. He regarded them *nec aliter universos quam membra partisque imperii*[188].

---

[185] IGLSyr 50 = OGIS 403 = WALDMANN, op. cit. (note 57) 56f. no. K. WALDMANN's text.
[186] IGLSyr 31 = OGIS 397. Cf. IGLSyr 7c, where a suggested reading supplies μεγάλη for her, matching μέγας for Mithradates II. Since Mithradates I Kallinikos apparently avoided the epithet μέγας, which even Antiochus did not assume at the outset of his reign, the king who dedicates this inscription appears more likely to be the son of Antiochus than his father. The daughter's name, Antiochis, points to Antiochus as her father. These and other indications encourage the belief that both inscriptions refer to the same woman and that she was the wife of Antiochus I, presumably taken from the Seleucid house early in his reign. On the epithet *megas*, see WAGNER–PETZL, op. cit. (note 88) 210f.
[187] Dio 51.16.1: συχνοὶ ... καὶ δυναστῶν καὶ βασιλέων παῖδες were discovered there in 30 B.C. Above, note 176.
[188] Suet. Aug. 48; cf. Dio 54.9.1ff.: ὁ δὲ Αὔγουστος τὸ μὲν ὑπήκοον κατὰ τὰ τῶν Ῥωμαίων ἔθη διῴκει, τὸ δὲ ἔνσπονδον τῷ πατρίῳ σφίσι τρόπῳ εἴα ἄρχεσθαι· οὐδ' ἠξίωσεν οὔτε ἐκείνῳ τι προσθέσθαι οὔτε ἕτερόν τι προσκτήσασθαι, ἀλλ' ἀκριβῶς ἀρκεῖσθαι τοῖς ὑπάρχουσιν ἐδικαίου, καὶ τοῦτο καὶ τῇ βουλῇ ἐπέστειλεν. ὥστε πολέμου μὲν οὐδὲν τότε γ' ἐφήψατο, δυναστείας ... ἔδωκεν· ... Μιθριδάτῃ τινὶ τὴν Κομμαγηνήν, ἐπειδὴ τὸν πατέρα αὐτοῦ ὁ βασιλεὺς αὐτῆς ἀπεκτόνει, καίτοι παιδίσκῳ ἔτ' ὄντι ἐπέτρεψε ("Augustus administered the subject territory according to the customs of the Romans, but permitted the allied nations to be governed in their own traditional manner; and he did not regard it as desirable either to make any additions to the former or to extend the latter by any new acquisitions, but thought it best to be satisfied with precisely what they already possessed, and he communicated this opinion to the senate. Therefore he undertook no war, at any rate for the time being, but actually gave away

Thus Mithradates Philorhomaios could expect support when he needed it. He had not long to wait before making trial of the sincerity of Augustus, and he knew where to apply. In 30 or 29, we find τινὰ πρεσβευτὴν ... σταλέντα ἐς τὴν ῾Ρώμην. Unfortunately, the issue impelling him westward was neither Parthian incursions nor Armenian rumblings, but an internal quarrel between Mithradates and his brother Antiochus, who ἐδολοφόνησε that hapless envoy[189]. For this transgression, Antiochus soon travelled to Rome, stood before the Senate, and shed the first royal blood which that august assembly saw fit to requisition.

On the face of it, an unlikely tale. Granted that despatching others' envoys was rude. But this had not even been a Roman, and to exchange a present or future king's life for that of any envoy seems an over-reaction. The motive lay deeper. Augustus saw Commagene as a significant mediator between the Hellenic and Iranian worlds. The cultural and political achievements of Antiochus I had prepared his dynasty for a leading place among the rulers of the Near East in the century to come and among its aristocracy after that. Augustus left no doubt that a solid, reliable dynasty in Commagene ranked high among his priorities now. Stability there was critical to his negotiations — using the pretender Tiridates and other inducements — for normal relations with Phraates IV of Parthia, now more secure but still apprehensive of Romans, their policies, and their vicissitudes. Augustus had too much at stake to brook internal dissension at his 'bridgehead' in Commagene. Hence the prompt removal of Antiochus II, not for interference with his brother's envoy but for endangering a key dynasty and an important policy.

During the next decades, the associated policy of encouraging dynastic intermarriages continued, especially in Cappadocia, Commagene, and Judaea. From the time of Antony onward, the new king Archelaus I of Cappadocia (36 B.C.—A.D. 17), who called himself ΚΤΙΣΤΗΣ and meant it[190], initiated a considerable increase in the dynastic connections of Cappadocia. This successful effort to consolidate his rule eventually involved

certain principalities ... and to one Mithridates, though still a mere boy, he gave Commagene, inasmuch as its king had put the boy's father to death"). Cf. note 202.

[189] Dio 52.43.1: τόν τε ᾽Αντίοχον τὸν Κομμαγηνὸν μετεπέμψατο, ὅτι τινὰ πρεσβευτὴν ὑπὸ τοῦ ἀδελφοῦ διαφόρου οἱ ὄντος σταλέντα ἐς τὴν ῾Ρώμην ἐδολοφόνησε, καὶ ἔς τε τὸ συνέδριον ἐσήγαγε καὶ καταψηφισθέντα ἀπέκτεινε ("And he [Octavian] sent a summons to Antiochus of Commagene, because he had treacherously murdered an envoy who had been despatched to Rome by his brother, who was at variance with him. Caesar brought him before the senate, and when judgment had been passed against him, put him to death"); PIR² A 740. This prince is usually enumerated Antiochus II, but if he ever did rule it was either jointly with Mithridates II on their father's model or else in opposition to him (διαφόρου οἱ ὄντος, Dio 52.43.1). Lest we throw into confusion all that has been written about his successors, Antiochus 'III' and 'IV', we must confer upon him at least joint or temporary kingship. Similarly, the only evidence for the usual assumption that he and Mithridates were brothers is the fact of this rivalry in 29 and their names, which might represent the dynasty's regular alternation, here between two sons of Antiochus I. But this must remain speculative.

[190] PIR² A 1023.

marriages for himself or his children with royalty from Pontus, Armenia, and Judaea[191]. His marriage to Pythodoris, widow of Polemo I of Pontus and now its forceful queen, also brought him dynastic ties with kings in Bosporus and Thrace. Her son Zeno-Artaxias proved the most successful non-Arsacid king of Armenia in the first century. Members of the immediate or extended family of Archelaus also ruled in Cilicia and Armenia Minor, as he did himself[192]. His daughter Glaphyra, with Herod's son Alexander, produced descendants who ruled in Armenia and Cilicia[193]. At several points this awesome family came into amicable military and dynastic contact with Commagenians[194].

In Emesa, soon joined by marriage to Commagene, a tradition of watchful alliance with Rome began with the arrival of Pompey, when Sampsigeramus I joined in the struggles of the last Seleucids after Tigranes[195]. His son, Iamblichus I, aided Cicero during the Parthian invasion of 51 B.C.: *ab Iamblicho, phylarcho Arabum, quem homines opinantur bene sentire amicumque esse rei p. nostrae, litterae de isdem rebus mihi redditae sunt*[196]. Antiochus I of Commagene joined in that effort, and these neighboring dynasties would work closely together for over a century longer.

Emesa discovered the inherent dangers of involvement with Romans in 31 B.C., when first Iamblichus succumbed to Antony and then his brother to Octavian[197]. But by 20 B.C. the dynasty was again firmly in place and

---

[191] There was also an abortive adventure into Mauretania, where King Juba (J 65), after beginning with Antony's daughter Cleopatra Selene, moved on briefly to Glaphyra of Cappadocia, daughter of Archelaus. See PIR² A 1023—1024; A 498; G 176; J 65; Dio 51.15.5.

[192] Dio 54.9.2: ἐκεῖνα γὰρ τῷ Ἀρχελάῳ μετὰ τῆς σμικροτέρας Ἀρμενίας ἐχαρίσατο, ὅτι ὁ Μῆδος ὁ πρὶν αὐτῆς βασιλεύων ἐτεθνήκει ("These latter [parts of Cilicia] together with Lesser Armenia he granted to Archelaus, because the Mede, who previously had ruled them, was dead"); Tac. Ann. 6.41.1: *Cietarum natio Cappadoci Archelao* [II, A 1024] *subiecta*; PIR P 834; PIR² A 1024 and A 1168.

[193] See R. SULLIVAN, in this volume (ANRW II 8), p. 921, esp. notes 45—59, and ID., Priesthoods of the Eastern Dynastic Aristocracy, in: Studien zur Religion und Kultur Kleinasiens. Festschr. f. Friedrich Karl Dörner zum 65. Geburtstag, ed. S. SAHIN, E. SCHWERTHEIM and J. WAGNER, Études préliminaires sur les religions orientales dans l'Empire romain 66 (Leiden 1977), and ID., The Dynasty of Cappadocia, ANRW II 7.

[194] Especially through Archelaus II (A 1024), Polemo II (J 472), and King Alexander (A 500 = J 136).

[195] Diod. 40.1a. On this see my 'The Dynasty of Emesa', p. 203 in this volume (ANRW II 8).

[196] Cic. Ad Fam. 15.1.2. Cf. Strabo 16.2.10.753: Σαμψικεράμου καὶ Ἰαμβλίχου τοῦ ἐκείνου παιδός, φυλάρχων τοῦ Ἐμισηνῶν ἔθνους.

[197] Dio 50.13.7: οὐκέθ' ὁμοίως ὁ Ἀντώνιος ἐθάρσει, ἀλλ' ὑπετόπει τε πάντας καὶ ἀπέκτεινεν ἐκ τούτου ἄλλους τε καὶ Ἰάμβλιχον Ἀραβίων τινῶν βασιλέα βασανίσας . . . ("Antony no longer felt the same confidence, but was suspicious of everybody. For this reason he tortured and put to death, among others, Iamblichus, king of a tribe of the Arabians"); ibid. 51.2.2: τόν τε Ἀλέξανδρον τὸν τοῦ Ἰαμβλίχου ἀδελφὸν καὶ τῶν δυναστειῶν ἔπαυσε· καὶ τοῦτον, ὅτι μισθὸν αὐτὴν τῆς ἐκείνου κατηγορίας εἰλήφει, καὶ ἐς τὰ ἐπινίκια παραγαγὼν ἀπέκτεινε ("[Octavian] deprived of their sovereignty [several, among them] Alexander the brother of Iamblichus. And because this one had taken pay for denunciation of him [Antony], he led him in his triumph and then killed him").

Iamblichus II on good terms with Augustus[198]. His son's later marriage
to a Commagenian princess joined two strong dynasties for a century of
strenuous work as Rome and the East prepared to grapple with such
diverting problems as Armenia, Parthia, and the futures of kings.

VII. Mithradates III (20 B.C.— ?)

In Commagene during the years after Antiochus II went to Rome in
29 B.C., internal difficulties worsened. In 20, Augustus Μιθριδάτῃ τινὶ τὴν
Κομμαγηνήν, ἐπειδὴ τὸν πατέρα αὐτοῦ ὁ βασιλεὺς αὐτῆς ἀπεκτόνει ...
ἐπέτρεψε[199]. This becomes the first murder in the dynasty's record, though
earlier instances would hardly have received graven commemoration atop
Nemrud Dagh. The king responsible would be Mithradates II, still ruling
after the removal of his brother nine years before. On chronological grounds,
the dead father should be yet another son of Antiochus I.

The question these two incidents raise is what caused the trouble. One
answer is that the combination of a Roman civil war, and its unparalleled
aftermath, with severe troubles inside Parthia might have polarized opinion
in Commagene, with factional disputes lying behind these killings. A sharp
division over Commagene's relation to Rome can be documented under
Antiochus III; its origins probably lie in this first decade after the death
of the inimitable Antiochus I.

The kingdom went to Mithradates καίτοι παιδίσκῳ ἔτ' ὄντι[200]. Hence
a regent and, whether from him or Augustus, an inspiration: the Atropatenian princess Iotape. When Antony arranged in 34/33 B.C. for her
betrothal to his son, he found her ἔτι μικρὰν οὖσαν[201]. Fourteen or so years

---

[198] Dio 54.9.2: δυναστείας δὲ δὴ 'Ιαμβλίχῳ τε τῷ 'Ιαμβλίχου τὴν τῶν 'Αραβίων τὴν πατρῴαν
... ἔδωκεν ("[Augustus] gave away certain principalities — to Iamblichus, the son of
Iamblichus, his ancestral dominion over the Arabians").

[199] Dio 54.9.3: τῷ τε 'Ηρώδῃ Ζηνοδώρου τινὸς τετραρχίαν, καὶ Μιθριδάτῃ τινὶ τὴν Κομμαγηνήν, ἐπειδὴ τὸν πατέρα αὐτοῦ ὁ βασιλεὺς αὐτῆς ἀπεκτόνει, καίτοι παιδίσκῳ ἔτ' ὄντι
ἐπέτρεψε ("To Herod he entrusted the tetrarchy of a certain Zenodorus, and to one
Mithridates, though still a mere boy, he gave Commagene, inasmuch as its king had
put the boy's father to death"). His father was probably not the well-known Mithradates II, since Dio leaves him nameless and describes his child with "tis".

[200] Ibid.

[201] Above, note 171. For this marriage, see G. MACURDY, Iotape, JRS 26 (1936) 40.

[202] Dio 54.9.3—4: πολέμου μὲν οὐδὲν τότε γ' ἐφήψατο, δυναστείας δὲ δὴ 'Ιαμβλίχῳ τε τῷ
'Ιαμβλίχου τὴν τῶν 'Αραβίων τὴν πατρῴαν καὶ Ταρκονδιμότῳ τῷ Ταρκονδιμότου τὴν
τῆς Κιλικίας, ἣν ὁ πατὴρ αὐτοῦ ἔσχε, πλὴν παραθαλασσιδίων τινῶν ἔδωκεν· ἐκεῖνα γὰρ
τῷ 'Αρχελάῳ μετὰ τῆς σμικροτέρας 'Αρμενίας ἐχαρίσατο, ὅτι ὁ Μῆδος ὁ πρὶν αὐτῆς
βασιλεύων ἐτεθνήκει. τῷ τε 'Ηρώδῃ Ζηνοδώρου τινὸς τετραρχίαν, καὶ Μιθριδάτῃ τινὶ
τὴν Κομμαγηνήν, ἐπειδὴ τὸν πατέρα αὐτοῦ ὁ βασιλεὺς αὐτῆς ἀπεκτόνει, καίτοι παιδίσκῳ
ἔτ' ὄντι ἐπέτρεψε, τῶν τε 'Αρμενίων τῶν ἑτέρων τοῦ τε 'Αρτάξου κατηγορησάντων καὶ
τὸν Τιγράνην τὸν ἀδελφὸν αὐτοῦ ἐν τῇ 'Ρώμῃ ὄντα μεταπεμψαμένων, ἔστειλε τὸν Τιβέ-

later, if the marriage occurred at or near the accession of Mithradates, she was still of childbearing age. The results proved good, furnishing a long line of royal descendants for Commagene, Emesa, and Judaea, including six queens or princesses named Iotape.

Their marriage can be dated to 20 B.C. on several grounds, none conclusive. Augustus might have pressed for the marriage in that year because Iotape's father had just died. It was a year of major realignments in the East, with new territorial arrangements in Emesa, Cilicia, Armenia Minor, and Judaea, besides successions or crises in Commagene, Armenia, and Atropatene²⁰². It was also a period of propaganda triumph for Augustus in recovering the spoils of Crassus, which he received ὡς καὶ πολέμῳ τινὶ τὸν Πάρθον νενικηκώς²⁰³.

Both Roman and Parthian policies promoted closer ties between Commagene and the region beyond the Euphrates. Phraates IV was trying to stabilize his western regions after removal of the pretender Tiridates some years before. Besides rapprochement with Rome, he proposed to maintain strong ties with the Hellenic world. One of his queens turns up on an Avroman parchment with the name Cleopatra, and Hellenic usages remained extensive both in his empire and on his coinage²⁰⁴. The reaction against

ριον, ὅπως τὸν μὲν ἐκβάλῃ τῆς βασιλείας, τὸν δὲ ἐς αὐτὴν ἀποκαταστήσῃ ("He undertook no war, at any rate for the time being, but actually gave away certain principalities — to Iamblichus, the son of Iamblichus, his ancestral dominion over the Arabians, and to Tarcondimotus, the son of Tarcondimotus, the kingdom of Cilicia, which his father had held, except for a few places on the coast. These latter together with Lesser Armenia he granted to Archelaus, because the Mede, who previously had ruled them, was dead. To Herod he entrusted the tetrarchy of a certain Zenodorus, and to one Mithridates, though still a mere boy, he gave Commagene, inasmuch as its king had put the boy's father to death. And since the other Armenians had preferred charges against Artaxes and had summoned his brother Tigranes, who was in Rome, the emperor sent Tiberius to drive Artaxes out of the kingdom and to reinstate Tigranes").

²⁰³ Dio 54.8.1—3: Κἂν τούτῳ ὁ Φραάτης φοβηθεὶς μὴ καὶ ἐπιστρατεύσῃ οἱ, ὅτι μηδέπω τῶν συγκειμένων ἐπεποιήκει τι, τά τε σημεῖα αὐτῷ καὶ τοὺς αἰχμαλώτους, πλὴν ὀλίγων οἳ ὑπ' αἰσχύνης σφᾶς ἔφθειραν ἢ καὶ κατὰ χώραν λαθόντες ἔμειναν, ἀπέπεμψε. καὶ αὐτοὺς ἐκεῖνος ὡς καὶ πολέμῳ τινὶ τὸν Πάρθον νενικηκὼς ἔλαβε· καὶ γὰρ ἐπὶ τούτοις ἐφρόνει μέγα, λέγων ὅτι τὰ πρότερόν ποτε ἐν ταῖς μάχαις ἀπολόμενα ἀκονιτὶ ἐκεκόμιστο. ἀμέλει καὶ θυσίας ἐπ' αὐτοῖς καὶ νεὼν Ἄρεως Τιμωροῦ ἐν τῷ Καπιτωλίῳ, κατὰ τὸ τοῦ Διὸς τοῦ Φερετρίου ζήλωμα, πρὸς τὴν τῶν σημείων ἀνάθεσιν καὶ ψηφισθῆναι ἐκέλευσε καὶ ἐποίησε, καὶ προσέτι καὶ ἐπὶ κέλητος ἐς τὴν πόλιν ἐσήλασε καὶ ἁψῖδι τροπαιοφόρῳ ἐτιμήθη ("Meanwhile Phraates, fearing that Augustus would lead an expedition against him because he had not yet performed any of his engagements, sent back to him the standards and all the captives, with the exception of a few who in shame had destroyed themselves or, eluding detection, remained in the country. Augustus received them as if he had conquered the Parthian in a war; for he took great pride in the achievement, declaring that he had recovered without a struggle what had formerly been lost in battle. Indeed, in honour of this success he commanded that sacrifices be decreed and likewise a temple to Mars Ultor on the Capitol, in imitation of that of Jupiter Feretrius, in which to dedicate the standards; and he himself carried out both decrees. Moreover he rode into the city on horseback and was honoured with a triumphal arch").

²⁰⁴ E. MINNS, Parchments of the Parthian Period from Avroman in Kurdistan, JHS 35 (1915) 22—65. The letter of Artabanus III (II) is only one of several indications that

these did not begin until at least the reign of Vonones I some thirty years later, when the coming conflict over Armenia was clear for all to see; Vonones later ruled there too but yielded to a Roman claimant[205]. So in the climate of 20 B.C., marriage of an Atropatenian princess to a king of Commagene would also please the Parthians, who may have yet seen descendants of Antiochus I at their court and who over ninety years later still treated two fugitive Commagenian princes with especial honor.

The new queen brought exceptionally high lineage and useful connections for a dynasty located where Commagene was. Her father had ruled Atropatene and Armenia Minor. Her brother Ariobarzanes II became king of Atropatene in 20 B.C. and later of Armenia too. His son and grandson later ruled briefly in Atropatene and his son also attempted Armenia[206].

The marriage of Mithradates III and Iotape I yielded three known children: Antiochus III, his sister-wife Iotape II, and Iotape III, who became Queen of Emesa after marriage to Sampsigeramus II, grandson of the Iamblichus who had joined Antiochus I of Commagene (great-grand-father of Iotape III) in helping Cicero worry about the Parthians. In turn, the children of Iotape and Sampsigeramus included two kings of Emesa (Sohaemus and Azizus) and a princess Iotape IV, married to Aristoboulos of Judaea. Azizus later joined a son of Antiochus IV of Commagene as well as Antonius Felix, brother of the freedman Pallas, in the queue of suitors and husbands for the Judaean princess Drusilla, niece of Iotape IV. Nor was that the end of it all: an Emesene princess apparently married Polemo II of Pontus[207].

These ramifications lay in the future at the time of the marriage, but they mattered. When a throne fell vacant, the search concentrated on dynastic relatives; the broad network of intermarriage lent rationality to problems of succession in a troubled stage of Eastern history. Commagenians ranked among the liveliest participants in the network, eventually working out ties of varying sort with the major families of the Near East.

Few clues hint at the length of time Mithradates III ruled. His kingdom had now gained recognition as the northern limit of Syria, for a *Metridatis regnum* there on the 'Tabula Peuteringiana' must reflect the period of his rule, as the last monarch of that name there[208]. But the only chronological

some cities within the Parthian Empire retained the Greek municipal structure: C. B. WELLES, op. cit. (note 99) 299ff. no. 75.

[205] See PIR V 670; PIR² A 1168. FRYE, op. cit. (note 166) 278 note 47. DEBEVOISE, op. cit. (note 14) 151—155, puts the major reaction even later in the first century, under Volo-gaeses I (51—78 A.D.), when the Armenian 'question' was answered firmly by Parthia.

[206] Dio 54.9.3. See stemma with my article in note 113 above. Also PIR² A 1162, 1164, 1044; J 175; AÉ 1955, p. 186.

[207] See stemma and PIR² A 828; D 195. Cf. H. SEYRIG, Monnaies hellénistiques, XVI. Polémon II et Julia Mamaea: RN (sér. 6) 11 (1969) 45—47.

[208] Segment 10.4, between stages 6 and 7 of the route from Alexandria-cat'-Isson to Samosata. But MOMMSEN's attempt, op. cit. (note 1) 34f. to prove him still ruling at the death of Agrippa in 12 B.C. will not work. Though the 'Peutinger map' must have inherited this regional name from the time of Mithradates III, the tradition cannot be

limit assignable is that provided by his successor, who had already ruled and died by 17 A.D. On any reckoning, Mithradates, he died young.

VIII. Antiochus III (?—A.D. 17)

For his son, Mithradates continued the dynastic practice of alternating the Iranian and Greek names: ['Ο δῆμ]ος [βασιλέα] 'Αντίοχον, [βασιλέ]ως Μιθριδάτου [υἱόν, ἀρ]ετῆς ἕνεκα[209].

Antiochus receives honor from Athens as his great-grandson Philopappus did a century later and as others in the dynasty did elsewhere — Antiochus I at Ephesus for his own piety and that διὰ προγόνων; Antiochus IV with Iotape VI at Chios among the *stephanephoroi* and on coins[210]. True that such things can be arranged for benefit of the groundlings. But Commagenians never forgot their aspiration to remain an active part of the larger Greek *oikoumene*. Antiochus I left this ideal enshrined in monuments of Hellenistic inspiration as well as Iranian, the second of the ἐμοῦ γένους εὐτυχεστάτη ῥίζα ("the most fortunate roots of my race")[211]. Antiochus IV would leave whole cities as his memorial — and one papyrus showing games for Claudius. Philopappus was to bequeath to posterity what might be called the last Seleucid inscription, 175 years later (ch. XII).

Antiochus III probably took an active part in dynastic politics, approving his sister's journey to Emesa to extend Commagenian influence there and one day in Judaea. He may also have received Roman citizenship. His successors could all use the *nomen* Iulius, though they tended to prefer

demonstrated to bear so close a relation to Agrippa's supposed responsibility for such cartographic details, much less to the date of his death.

[209] OGIS 406, choosing him over Antiochus I on the basis of late letterforms. STEIN at PIR² A 741 considers him unlikely "*ex ratione temporum*". But a child-king for Commagene had precedent: Mithradates III himself, παιδίσκος ἔτι: Dio 54.9.3. See above, note 199. The inscription, if late, cannot be ignored. It probably reflects a program aimed at gaining wide support for the new king through traditional pieties and honors in the major Greek centers, as we know was regularly done from Antiochus I to the grandchildren of Antiochus IV.

[210] OGIS 406: ['Ο δῆμ]ος | [βασιλέα] 'Αντίοχον, | [βασιλέ]ως Μιθριδάτου | [υἱόν, ἀρ]ετῆς ἕνεκα ("The people honor King Antiochus, son of King Mithridates, for his virtue"); SEG 16 (1959) 490 and 17 (1960) 381 (from Chios):

βασιλεὺς μέγας	("Great King
'Αντίοχος φιλό-	Antiochus Philo-
καισαρ	caesar;
['Ι]ωτάπη βασιλέως	Iotape, King
['Αντιό]χου γυ[ν]ή	Antiochus's wife").

MAGIE, op. cit. (note 172) 1367 (note 49). Cf. W. FORREST, Some Inscriptions of Chios, BSA 61 (1966) 197—198. Cf. OGIS 405—407, 413.

[211] IGLSyr 1 = OGIS 383, line 57.

their Eastern names and titles. Caesar may have started it all when he dressed Antiochus I in that *toga* despite the derision of Cicero.

After this dedicatory inscription from Athens, the record contains no trace of Antiochus III until his death. Unfortunately, it then becomes all too eloquent as Tiberius reverses Augustus in Commagene and Cappadocia. Two ominous notices appear in the sources: *Commagenis . . . tum primum* [A.D. 18] *ad ius praetoris translatis* and νῦν δ' ἐπαρχία γέγονε. By 20/21, coins of Tiberius appear in Commagene[212].

What happened? Two separate but related bases for this reversal were put forward. Tacitus knows both. The first was that Rome had uses for the considerable revenues generated by these kingdoms and could operate them efficiently. It was, for instance, found possible to reduce the levels of taxation in Cappadocia soon after the departure of Archelaus IV. Behind lurks a degree of calculation: *et quaedem ex regiis deminuta, quo mitius Romanum imperium speraretur*[213]. But such inducements hardly dried up Eastern sources of supply, as shown when Caligula restored Commagene to its dynasty twenty years later: *si quibus regna restituit, adiecit et fructem omnem uectigaliorum et reditum medii temporis, ut Antiocho* [IV] *Commageno sestertium milies confiscatum*[214]. Such sums provided the first basis for annexation.

The second was opportunity coupled with authentic or ostensible invitation. Then as now, a segment of the population persuaded to call for foreign arms could 'legitimize' intervention. If the area be rich in resources, duty shades toward interest. Tiberius was not one to shirk responsibility — yet — and *quosdam . . . extractos ad se non remisit, ut Marobodum Germanum, Rhascuporim Thracem, Archelaum Cappadocem*[215]. By A.D. 19, trials for Rhescuporis and Archelaus had been arranged and their deaths encompassed, though that of Archelaus in 17 may have occurred naturally[216].

Commagene, ever in contact with developments, shared the increasing local unrest in 17. *Per idem tempus Antiocho Commagenorum, Philopatore Cilicum regibus defunctis turbabantur nationes, plerisque Romanum, aliis regium imperium cupientibus*[217]. If Antiochus III was son of Mithradates III,

---

[212] Tac. Ann. 2.56.4: *Commagenis Q. Servaeus praeponitur, tum primum ad ius praetoris translatis*. Strabo 16.2.3.749: ἡ Κομμαγηνὴ μικρά τίς ἐστιν· ἔχει δ' ἐρυμνὴν πόλιν Σαμό-σατα, ἐν ᾗ τὸ βασίλειον ὑπῆρχε· νῦν δ' ἐπαρχία γέγονε . . . ("Commagenê is rather a small country; and it has a city fortified by nature, Samosata, where the royal residence used to be; but it has now become a province . . . "); BMC Rom. Imp. I, pp. 144f.

[213] Tac. Ann. 2.56.4.

[214] Suet. Calig. 16.3.

[215] Suet. Tib. 37.4; Eutr. 7.11.

[216] PIR² A 1023; PIR R 42; Tac. Ann. 2.67; ibid. 2.42.2—3: *Rex Archelaus quinquagesimum annum Cappadocia potiebatur, invisus Tiberio . . . Ille ignarus doli vel, si intellegere crede-retur, vim metuens in urbem properat; exceptusque immiti a principe et mox accusatus in senatu, non ob crimina quae fingebantur, sed angore, simul fessus senio et quia regibus aequa, nedum infima insolita sunt, finem vitae sponte an fato implevit*; Dio 57.17.3; Philostr. Vita Apoll. 1.12.

[217] Tac. Ann. 2.42.5.

the *paidiskos* thirty-seven years before, he too died young. What would surprise us is majority sentiment in favor of Roman rule, and the account of Josephus appears in fact more probable: οἱ μὲν δυνατοὶ μεταβάλλειν τὸ σχῆμα τῆς πολιτείας εἰς ἐπαρχίαν ἀξιοῦντες, τὸ πλῆθος δὲ βασιλεύεσθαι κατὰ τὰ πάτρια[218].

What should not surprise us is that conflict along class lines had arisen and that Rome was now brought into the matter[219]. In light of its sorry dynastic record since Antiochus I, these divisions might have been foretold as Commagene now entered its darkest hour, governed by a Roman and not, for the first time in 180 years, by its own kings. *Commagenis Q. Servaeus praeponitur*[220].

IX. C. Iulius Antiochus IV Epiphanes (38—72 A.D.)

But παντρόφος Κομμαγηνή endured. Still alive, now presumably domiciled under watchful eyes in Rome, languished a son and a daughter of Antiochus III while their aunt, Iotape III, served as Queen of Emesa. The children continued dynastic practices during the long stay in Rome, emerging in A.D. 38 already married and with a young son. Iotape thus received the admiring sobriquet Philadelphos and one day her own town, Philadelphia. Their son, Epiphanes, would be old enough by A.D. 44 to receive a Jewish fiancée and also old enough to decide for himself to flee her rather than undergo the rigours of conversion[221].

The dynastic and fiscal machinery of Commagene had remained intact during the interregnum of twenty years. Antiochus IV might have prepared for some time to assume his kingdom, as his predominantly good

---

[218] Jos. AJ 18.53: Ἐτελεύτησεν δὲ καὶ ὁ τῆς Κομμαγηνῆς βασιλεὺς Ἀντίοχος, διέστη δὲ τὸ πλῆθος πρὸς τοὺς γνωρίμους καὶ πρεσβεύουσιν ἀφ' ἑκατέρου μέρους, οἱ μὲν δυνατοὶ μεταβάλλειν τὸ σχῆμα τῆς πολιτείας εἰς ἐπαρχίαν ἀξιοῦντες, τὸ πλῆθος δὲ βασιλεύεσθαι κατὰ τὰ πάτρια ("Now Antiochus III, king of Commagene, died; and there arose a conflict between the masses and the men of note. Both factions sent embassies, the men of substance requesting reconstitution of the state as a Roman province, while the masses supported the monarchical tradition of their ancestors").

[219] Ibid.

[220] Tac. Ann. 2.56.4.

[221] Jos. AJ 19.355: καθωμολόγηντο δ' ὑπὸ τοῦ πατρὸς πρὸς γάμον Ἰουλίῳ μὲν Ἀρχελάῳ τοῦ Ἑλκίου παιδὶ Μαριάμμη, Δρούσιλλα δὲ Ἐπιφανεῖ τοῦ δὲ τῆς Κομμαγηνῆς βασιλέως Ἀντιόχου υἱὸς ἦν οὗτος ("They had been promised by their father in marriage, Mariamme to Julius Archelaus, son of Helcias, and Drusilla to Epiphanes, the son of Antiochus king of Commagene"); ibid. 20.139: Ἐπιφανὴς γὰρ ὁ Ἀντιόχου τοῦ βασιλέως παῖς παρῃτήσατο τὸν γάμον μὴ βουληθεὶς τὰ Ἰουδαίων ἔθη μεταλαβεῖν καίπερ τοῦτο ποιήσειν προϋπεσχημένος αὐτῆς τῷ πατρί ("Epiphanes, son of King Antiochus, had rejected the marriage since he was not willing to convert to the Jewish religion, although he had previously contracted with her father to do so"). On Philadelphia in Cetis: HEAD HN² 727; JONES, op. cit. (note 2) 211 and 440 note 36.

relations with Rome and his mature age by A. D. 38 would indicate²²². Nor was there hesitation about his claim to the throne, as the son of Antiochus III: βασιλεὺς Ἀντίοχος βασιλέως Ἀντιόχου²²³.

The accession of Caligula brought with it a return to good fortune in Commagene. A curious remark in Dio shows how close the relationship was thought to be of Antiochus and the Judaean Agrippa I to Caligula: ὥσπερ τινὰς τυραννοδιδασκάλους²²⁴. The alarm this caused, based more on his character than theirs, indicates the high standing of both. They retained this under Claudius, whose accession Agrippa promoted, just as his son and Antiochus promoted Vespasian's after flourishing in Nero's reign. Agrippa II ruled right on through Flavian times. After 72, Antiochus of Commagene and his offspring would perforce content themselves with Roman offices and honors (ch. X—XII).

Antiochus began well²²⁵. Rome recognized Ἀντιόχῳ τε τῷ Ἀντιόχου τὴν Κομμαγηνήν, ἣν ὁ πατὴρ αὐτοῦ ἔσχε, καὶ προσέτι καὶ τὰ παραθαλάσσια τῆς Κιλικίας ("for Antiochus, the son of Antiochus, the district of Commagene, which his father had held, and likewise the coast region of Cilicia"). The assignment in Cilicia may have included lands previously recognized for Archelaus I of Cappadocia; later his son Archelaus II ruled part of the region too²²⁶. After A.D. 41, Polemo II of Pontus apparently took over at least Olba and environs, where his ancestor Polemo I had exercised authority in the days of Antony²²⁷. Finally, King Alexander,

---

²²² He was ἐπὶ γήρως when his reign ended in 72 A.D.: Jos. BJ 5.461: εὐδαιμονῆσαι γὰρ δὴ μάλιστα τῶν ὑπὸ Ῥωμαίοις βασιλέων τὸν Κομμαγηνὸν συνέβη πρὶν γεύσασθαι μεταβολῆς· ἀπέφηνε δὲ κἀκεῖνος ἐπὶ γήρως ὡς οὐδένα χρὴ λέγειν πρὸ θανάτου μακάριον ("For of all the monarchs owning allegiance to Rome the king of Commagene enjoyed the highest prosperity, before he experienced reverse; but he too proved in old age how no man should be pronounced happy before his death").

²²³ OGIS 411, dedicated by his grandson Philopappus.

²²⁴ Dio 59.24.1: Οὐ μέντοι ταῦθ' οὕτως αὐτοὺς ἐλύπει ὡς τὸ προσδοκᾶν ἐπὶ πλεῖον τήν τε ὠμότητα τὴν τοῦ Γαΐου καὶ τὴν ἀσέλγειαν αὐξήσειν, καὶ μάλισθ' ὅτι ἐπυνθάνοντο τόν τε Ἀγρίππαν αὐτῷ καὶ τὸν Ἀντίοχον τοὺς βασιλέας ὥσπερ τινὰς τυραννοδιδασκάλους συνεῖναι ("All this, however, did not distress the people so much as did their expectation that Gaius' cruelty and licentiousness would go to still greater lengths. And they were particularly troubled on ascertaining that King Agrippa and King Antiochus were with him, like two tyrant-trainers"). Cf. Dio 59.8.2: ὁ γὰρ Ἀντιόχῳ τε τῷ Ἀντιόχου τὴν Κομμαγηνήν, ἣν ὁ πατὴρ αὐτοῦ ἔσχε, καὶ προσέτι καὶ τὰ παραθαλάσσια τῆς Κιλικίας δούς, καὶ Ἀγρίππαν τὸν τοῦ Ἡρώδου ἔγγονον λύσας τε (ὑπὸ γὰρ τοῦ Τιβερίου ἐδέδετο) καὶ τῇ τοῦ πάππου ἀρχῇ προστάξας, τὸν ἀδελφὸν ἢ καὶ τὸν υἱὸν οὐχ ὅτι τῶν πατρῴων ἀπεστέρησεν, ἀλλὰ καὶ κατέσφαξε. καὶ οὐδὲ ἐπέστειλέ τι περὶ αὐτοῦ τῇ βουλῇ ("Thus it came about that the same ruler [Gaius] who had given Antiochus, the son of Antiochus, the district of Commagene, which his father had held, and likewise the coast region of Cilicia, and had freed Agrippa I, the grandson of Herod, who had been imprisoned by Tiberius, and had put him in charge of his grandfather's domain, not only deprived his own brother, or, in fact, his son, of his paternal inheritance, but actually caused him to be murdered, and that without sending any communication about him to the senate"); ibid. 60.8.1—2.

²²⁵ Dio 59.8.2; 60.8.1; Jos. AJ 19.276.

²²⁶ Dio 54.9.2; Tac. Ann. 6.41; PIR² A 1023 and 1024. Above, note 192.

²²⁷ BUCHHEIM, op. cit. (note 159) 51ff.; NC (Ser. 3) 19 (1899) 181—207.

the son-in-law of Antiochus IV, apparently succeeded to a part of these holdings in Rough Cilicia.

The work of these five related monarchs in Cilicia spanned the first century. Their presence was understandable. This region had long given trouble and Pompey's method of settlement in towns still seemed one way to cope with it. But intangibles enter into the success or failure of towns, so ἐδόκει πρὸς ἅπαν τὸ τοιοῦτο βασιλεύεσθαι μᾶλλον τοὺς τόπους, ἢ ὑπὸ τοῖς ʽΡωμαίοις ἡγεμόσιν εἶναι[228].

For some reason the good fellowship with Caligula broke down and Antiochus even suffered deposition. But Claudius reversed this and recognized him for part of Cilicia as well[229]. In the Regnum Antiochi, coins attest his rule over Cetis, Lacanatis, and Lycaonia Antiochiana. Both Antiochus and Iotape issued coinages in a number of old and new dynastic cities, from Elaioussa-Sebaste and Celenderis westward along the coast through Anemurium to "Antioch on the Crag" and Iotape[230].

One of the first indications of the high priority Antiochus gave to international dynastic coöperation occurred in 44. Agrippa I of Judaea, for reasons now only to be surmised, held a sea-level summit conference for a number of dynasts[231]. Antiochus attended and doubtless knew all of

---

[228] Strabo 14.5.6.671: Εἶθ᾽ ἡ ᾽Ελαιοῦσσα νῆσος μετὰ τὴν Κώρυκον, προσκειμένη τῇ ἠπείρῳ, ἣν συνῴκισεν ᾽Αρχέλαος καὶ κατεσκευάσατο βασίλειον, λαβὼν τὴν Τραχειῶτιν Κιλικίαν ὅλην πλὴν Σελευκείας . . . ἐδόκει πρὸς ἅπαν τὸ τοιοῦτο βασιλεύεσθαι μᾶλλον τοὺς τόπους, ἢ ὑπὸ τοῖς ʽΡωμαίοις ἡγεμόσιν εἶναι . . . ("Then, after Corycus, one comes to Elaeussa, an island lying close to the mainland, which Archelaus settled, making it a royal residence, after he had received the whole of Cilicia Tracheia except Seleuceia . . . the Romans thought that it was better for the region to be ruled by kings than to be under the Roman prefects . . . ").

[229] Jos. AJ 19.276: ᾽Αντίοχον δὲ ἣν εἶχεν βασιλείαν ἀφελόμενος Κιλικίας μέρει τινὶ καὶ Κομμαγηνῇ δωρεῖται ("He deprived Antiochus of the kingdom that he held, and presented him with a portion of Cilicia and with Commagene"); Dio 60.8.1: Καὶ μετὰ τοῦτο τῷ τε ᾽Αντιόχῳ τὴν Κομμαγηνὴν ἀπέδωκεν (ὁ γὰρ Γάιος, καίπερ αὐτός οἱ δοὺς αὐτήν, ἀφῄρητο) . . . ("Next he [Claudius] restored Commagene to Antiochus, since Gaius, though he had himself given him the district, had taken it away again . . . ").

[230] Basic bibliography, MAGIE, op. cit. (note 172) 1367f. note 49; 1408f. notes 29—31; Antioch: F. IMHOOF-BLUMER, Griechische Münzen, XII: Antiocheia am Kragos, NC (Ser. 3) 15 (1895) 287—289 nos. 1—4.

[231] Jos. AJ 19.338—342: ᾽Εν Βηρυτῷ δὲ τελέσας τὰ προειρημένα μετῆλθεν εἰς Τιβεριάδα πόλιν τῆς Γαλιλαίας. ἦν δὲ ἄρα τοῖς ἄλλοις βασιλεῦσιν περίβλεπτος. ἧκε γοῦν παρ᾽ αὐτὸν Κομμαγηνῆς μὲν βασιλεὺς ᾽Αντίοχος, ᾽Εμεσῶν δὲ Σαμψιγέραμος καὶ Κότυς, τῆς μικρᾶς ᾽Αρμενίας οὗτος ἐβασίλευσεν, καὶ Πολέμων τὴν Πόντου κεκτημένος δυναστείαν ʽΗρώδης τε· οὗτος ἀδελφὸς ἦν αὐτοῦ, ἦρχεν δὲ τῆς Χαλκίδος. ὡμίλησε δὲ πᾶσιν κατὰ τε τὰς ὑποδοχὰς καὶ φιλοφρονήσεις ὡς μάλιστα διαδείξας φρονήσεως ὕψος καὶ διὰ τοῦτό γε δοκεῖν δικαίως τῇ τοῦ βασιλέως παρουσίᾳ τετιμῆσθαι. ἀλλὰ γὰρ τούτων διατριβόντων ἔτι παρ᾽ αὐτῷ Μάρσος ὁ τῆς Συρίας ἡγεμὼν παρεγένετο. πρὸς ʽΡωμαίους οὖν τιμητικὸν τηρῶν ὑπαντησόμενος αὐτῷ τῆς πόλεως ἀπωτέρω σταδίους ἑπτὰ προῆλθεν ὁ βασιλεύς. τοῦτο δὲ ἄρα ἔμελλεν τῆς πρὸς Μάρσον ἀρχὴ γενήσεσθαι διαφορᾶς· συγκαθεζόμενος γὰρ ἐπὶ τῆς ἀπήνης ἐπήγετο τοὺς ἄλλους βασιλέας, Μάρσῳ δ᾽ ἡ τούτων ὁμόνοια καὶ μέχρι τοσοῦδε φιλία πρὸς ἀλλήλους ὑπωπτεύθη συμφέρειν οὐχ ὑπολαμβάνοντι ʽΡωμαίοις δυναστῶν τοσούτων συμφρόνησιν. εὐθὺς οὖν ἑκάστῳ τῶν ἐπιτηδείων τινὰς πέμπων ἐπέστελλεν ἐπὶ τὰ ἑαυτοῦ δίχα μελλήσεως ἀπέρχεσθαι ("Having completed the aforesaid ceremonies at Berytus, he went next to Tiberias, a city in Galilee.

the guests. Sampsigeramus II of Emesa, uncle of Antiochus, was at hand. So was Polemo of Pontus, one day to marry a princess from Emesa. At this time he was still king of both Pontus and a portion of Rough Cilicia, probably bordering that of Antiochus[232]. Polemo brought his brother Cotys, then ruling Armenia Minor as successor to Archelaus I of Cappadocia (who followed Artavasdes of Atropatene there as Artavasdes had followed Polemo I of Pontus) and as predecessor to the Judaean Aristoboulos, son of Herod of Chalcis. Speaking of whom: Herod appeared as well. At his death four years later, Herod left his widow, Berenice, for marriage to Polemo before she moved on to the future emperor Titus[233].

Small wonder that this assemblage alarmed the governor of Syria. Usually in coöperation, sometimes not, these and their relatives would

Now he was evidently admired by the other kings. At any rate, he was visited by Antiochus, king of Commagene, Sampsigeramus king of Emesa, and Cotys king of Armenia Minor, as well as by Polemo II, who held sway over Pontus, and Herod his brother, who was ruler of Chalcis. His converse with all of them when he entertained and showed them courtesies was such as to demonstrate an elevation of sentiment that justified the honour done him by a visit of royalty. It so happened, however, that while he was still entertaining them, Marsus the governor of Syria arrived. The king therefore, to do honour to the Romans, advanced seven furlongs outside the city to meet him. Now this action, as events proved, was destined to be the beginning of a quarrel with Marsus; for Agrippa brought the other kings along with him and sat with them in his carriage; but Marsus was suspicious of such concord and intimate friendship among them. He took it for granted that a meeting of minds among so many chiefs of state was prejudicial to Roman interests. He therefore at once sent some of his associates with an order to each of the kings bidding him set off without delay to his own territory").

[232] P. Lond. III 1178, lines 20ff.; see below.

[233] He died in 48/49 but her brief marriage to Polemo occurred after an interval: Jos. AJ 20.104: καὶ τελευτᾷ τὸν βίον Ἡρώδης ὁ τοῦ μεγάλου βασιλέως Ἀγρίππα ἀδελφὸς ὀγδόῳ τῆς Κλαυδίου Καίσαρος ἀρχῆς ἔτει, καταλιπὼν τρεῖς υἱοὺς Ἀριστόβουλον μὲν ὑπὸ τῆς πρώτης αὐτῷ τεχθέντα γυναικός, ἐκ Βερενίκης δὲ τῆς τἀδελφοῦ θυγατρὸς Βερενικιανὸν καὶ Ὑρκανόν. τὴν δ᾽ ἀρχὴν αὐτοῦ Καῖσαρ Κλαύδιος Ἀγρίππᾳ τῷ νεωτέρῳ δίδωσιν ("Herod, the brother of the great king Agrippa, died in the eighth year of the reign of Claudius Caesar. He left three sons — Aristobulus, born to him by his first wife, and Berenicianus and Hyrcanus, born to him by Berenice, his brother's daughter. Claudius Caesar assigned Herod's kingdom to the younger Agrippa"); ibid. 20.145— 146: Βερενίκη δὲ μετὰ τὴν Ἡρώδου τελευτήν, ὃς αὐτῆς ἀνὴρ καὶ θεῖος ἐγεγόνει, πολὺν χρόνον ἐπιχηρεύσασα, φήμης ἐπισχούσης, ὅτι τἀδελφῷ συνείη, πείθει Πολέμωνα, Κιλι-κίας δὲ ἦν οὗτος βασιλεύς, περιτεμόμενον ἀγαγέσθαι πρὸς γάμον αὐτήν· οὕτως γὰρ ἐλέγξειν ᾤετο ψευδεῖς τὰς διαβολάς. καὶ ὁ Πολέμων ἐπείσθη μάλιστα διὰ τὸν πλοῦτον αὐτῆς· οὐ μὴν ἐπὶ πολὺ συνέμεινεν ὁ γάμος, ἀλλ᾽ ἡ Βερενίκη δι᾽ ἀκολασίαν, ὡς ἔφασαν, καταλείπει τὸν Πολέμωνα ("After the death of Herod, who had been her uncle and husband, Berenice lived for a long time as a widow. But when a report gained currency that she had a liaison with her brother, she induced Polemo, king of Cilicia, to be circumcised and to take her in marriage; for she thought that she would demonstrate in this way that the reports were false. Polemo was prevailed upon chiefly on account of her wealth. The marriage did not, however, last long, for Berenice, out of licentiousness, according to report, deserted Polemo"). After a brief union, Polemo moved on to a princess of Emesa and Berenice to Titus. See R. SULLIVAN, op. cit. (note 163) notes 71, 85, 131. Pontus—Emesa connections had a logic demonstrable in the comparative leisure of a book on these dynasties.

control much of the Near East for decades to come and their senatorial descendants longer still. Hence the meeting affords a useful glimpse of Antiochus at work.

Another random mention shows him at play. A rescript of Claudius from A. D. 47 refers with formulaic warmth to Antiochus IV and Polemo II as ἀνδράσι τειμίοις μο[υ καὶ] φίλοις. Claudius feels no surprise at their πρὸς ἐμαυτὸν ... εὔνοιαν. The papyrus shows the two kings holding athletic games in the name of Claudius, presumably somewhere near their common border in Rough Cilicia[234].

Antiochus also led a full life militarily. In 52, *agrestium Cilicum nationes, quibus Cietarum cognomentum, saepe et alias commotae* threatened the cities there. But *rex eius orae Antiochus* performed the services for which he was stationed there and could soon celebrate by founding an Eirenopolis[235]. Two years later Nero ordered the *veteres reges Agrippam* [II of Judaea] *et ⟨Ant⟩iochum* to combat the Parthians, now beginning their successful final push into Armenia under Vologaeses I and Tiridates, who a decade later undertook a subsidized journey to Rome for investiture by Nero[236]. In the effort during 54, Nero also *minorem Armeniam Aristobulo regionem Sophenen Sohaemo cum insignibus regiis mandat*[237]. This Sohaemus must be the king of Emesa and cousin of Antiochus whose other military efforts so often ran parallel to the Commagenian's — until he joined the campaign against him under Vespasian[238]. His tenure here in Sophene, so far from his own kingdom in Emesa, parallels the divided holdings of Antiochus in Commagene and Cilicia, as well as those of Polemo II in Pontus and Cilicia. These three relatives and Agrippa II of Judaea were among the most notable in a dwindling supply of experienced royal administrators, still of great importance at this contested edge of the Parthian and Roman empires.

A similar maneuver in 60 called on the same personnel — Aristobulus, Antiochus, and Polemo — along with Pharasmanes of Iberia. The idea was that *pars Armeniae, ut cuique finitima ... parere iussae sunt*. Not the most brilliant stroke in military annals, but the hope was that *facilius novum regnum tueretur*[239]. What had precipitated this was a report of the Parthian *Tiridaten per Medos extrema Armeniae intrantem*. Nero sought

[234] See SULLIVAN, ibid., subsections on Polemo and Antiochus. The rescript: note 232.
[235] Tac. Ann. 12.55.1—2.
[236] Tac. Ann. 13.7.1: *Nero et iuventutem proximas per provincias quaesitam supplendis Orientis legionibus admovere legionesque ipsas pro⟨p⟩ius Armeniam collocari iubet, duosque veteres reges Agrippam et ⟨Ant⟩iochum expedire copias, quis Parthorum fines ultro intrarent, simul pontes per amnem Euphraten iungi*; cf. ibid. 13.37.1—3: *At Tiridates super proprias clientelas ope Vologesi fratris adiutus, non furtim iam [A.D. 58] sed palam bello infensare Armeniam ... Igitur Corbulo ... regem Antiochum monet proximas sibi praefecturas petere*; PIR V 629 and T 177.
[237] Tac. Ann. 13.7.1.
[238] PIR² J 582; Jos. BJ 2.501 and 3.68; Tac. Hist. 2.81.1 and 5.1.2; Jos. BJ 7.219 and 7.226. See below.
[239] Tac. Ann. 14.26.1—2.

to reply with an alternative dynast and *advenit Tigranes a Nerone ad capessendum imperium delectus, Cappadocum e nobilitate, regis Archelai nepos*[240]. But this effort soon failed, leaving Armenia to the Arsacids: *ne⟨c⟩ consensu acceptus, durante apud quosdam favore Arsacidarum*[241]. The son of this Tigranes, King Alexander, married the daughter of Antiochus IV. Residual Cappadocian and Commagenian claims allowed him to rule part of Rough Cilicia as his ancestor Archelaus and his wife's father Antiochus had.

After such labors, rest. Polemo apparently enjoyed some, though he may have retained his bit of Armenia a year or two[242] before resigning the throne of Pontus and confining his activities to Cilicia, where a coin issued under Galba remains the last trace of him[243].

Antiochus, especially since blessed with two vigorous sons, had little respite. The Jewish War finds his sons, soldiery, or relatives engaged with typical enthusiasm at the side of various Roman commanders, including Titus and Vespasian[244]. In battles following the death of Nero, no

---

[240] This, on the traditional numeration, was Tigranes V (most recent works prefer VI), the great-grandson of both Archelaus and Herod the Great; his uncle Tigranes IV (V) was the *nepos* Tacitus is thinking of here, whose claims from his mother Glaphyra had already advanced him, as *ex regio genere Armeniorum* (Res Gestae 27.2) briefly to the throne of Armenia.

[241] Tac. Ann. 14.26.2.

[242] See the coin published by H. SEYRIG, Polémon II et Iulia Mamaea, RN (sér. 6) 11 (1969) 45—47; SULLIVAN, op. cit. (note 124) note 16, and op. cit. (note 113), note 80.

[243] Tac. Hist. 3.47.1 hardly proves him dead, since he was by then in Cilicia, no longer in Pontus: *Nec ceterae nationes silebant* [A.D. 69]. *Subita per Pontum arma barbarum mancipium, regiae quondam classis praefectus, moverat. is fuit Anicetus Polemonis libertus, praepotens olim, et postquam regnum in formam provinciae verterat, mutationis impatiens;* BMC Lycaonia liv no. 2.

[244] Tac. Hist. 5.1.2: *comitabantur [Tito] viginti sociae cohortes, octo equitum alae, simul Agrippa Sohaemusque reges et auxilia regis Antiochi* [A.D. 70]; Jos. BJ 5.460—463: Ἐν δὲ τούτῳ καὶ ὁ Ἐπιφανὴς Ἀντίοχος παρῆν ἄλλους τε ὁπλίτας συχνοὺς ἔχων καὶ περὶ αὐτὸν στῖφος Μακεδόνων καλούμενον, ἥλικας πάντας, ὑψηλούς, ὀλίγον ὑπὲρ ἀντίπαιδας, τὸν Μακεδονικὸν τρόπον ὡπλισμένους τε καὶ πεπαιδευμένους, ὅθεν καὶ τὴν ἐπίκλησιν εἶχον, ὑστεροῦντες οἱ πολλοὶ τοῦ γένους. εὐδαιμονῆσαι γὰρ δὴ μάλιστα τῶν ὑπὸ Ῥωμαίοις βασιλέων τὸν Κομμαγηνὸν συνέβη πρὶν γεύσασθαι μεταβολῆς· ἀπέφηνε δὲ κἀκεῖνος ἐπὶ γήρως ὡς οὐδένα χρὴ λέγειν πρὸ θανάτου μακάριον. ἀλλ' ὅ γε παῖς ἀκμάζοντος αὐτοῦ τηνικαῦτα παρὼν θαυμάζειν ἔφασκε, τί δήποτε Ῥωμαῖοι κατοκνοῖεν προσιέναι τῷ τείχει· πολεμιστὴς δέ τις αὐτὸς ἦν καὶ φύσει παράβολος κατά τε [τὴν] ἀλκὴν τοσοῦτος, ὡς ὀλίγων τὰ τῆς τόλμης διαμαρτάνειν ("Meanwhile there appeared on the scene Antiochus Epiphanes, bringing with him, besides numerous other forces, a bodyguard calling themselves 'Macedonians', all of the same age, tall, just emerged from adolescence, and armed and trained in the Macedonian fashion, from which circumstance indeed they took their title, most of them lacking any claim to belong to that race. For of all the monarchs owning allegiance to Rome the king of Commagene enjoyed the highest prosperity, before he experienced reverse; but he too proved in old age how no man should be pronounced happy before his death. However, the father's fortunes were at their zenith at the time when his son arrived and expressed his surprise that a Roman army should hesitate to attack the ramparts; something of a warrior himself, he was of an adventurous nature and withal so robust that his daring was seldom unsuccessful").

Commagenian could remain aloof. Hence, *volneratur rex Epiphanes, impigre pro Othone pugnam ciens*[245].

As *servientium regum ditissimus*, Antiochus could furnish useful support to the party of Vespasian before his accession[246]. Agrippa II and Sohaemus acted with him. So did Tiberius Julius Alexander, whose connections to the dynastic network included a brother briefly married to Polemo's Judaean princess Berenice[247].

With Vespasian safely installed and the Graeco-Iranian sky unclouded above Commagene, Antiochus could stretch and relax. But then ἀπέφηνε δὲ κἀκεῖνος ἐπὶ γήρως ὡς οὐδένα χρὴ λέγειν πρὸ θανάτου μακάριον ("but he too proved in old age how no man should be pronounced happy before his death")[248]. Vespasian had not been as happy as Antiochus. He worried about that last royal enclave separated only by the river from Parthia, and thus about ἡ γειτνίασις τῶν βασιλέων[249]. The Parthian success in Armenia, with installation of an Arsacid dynasty just three years before Vespasian's accession, must have made an indelible impression, ending as it did a struggle begun over 150 years before. Even during the wars in Judaea Vespasian had shown concern over this formidable, now officially acknowledged alignment. He had sent envoys both to Parthia and to Armenia to ensure *ne versis ad civile bellum legionibus terga nudarentur*[250].

---

[245] Tac. Hist. 2.25.2.

[246] Tac. Hist. 2.81.1: *Antiochus vetustis opibus ingens et servientium regum ditissimus*; Jos. BJ 5.461: εὐδαιμονῆσαι γὰρ δὴ μάλιστα τῶν ὑπὸ Ῥωμαίοις βασιλέων τὸν Κομμαγηνὸν συνέβη ("The king of Commagene enjoyed the highest prosperity").

[247] R. D. SULLIVAN, op. cit. (note 113) notes 116—138. On Polemo's other wife, from Emesa: H. SEYRIG, op. cit. (note 242) 45—47. Jos. BJ 3.68: συχνὸν δὲ καὶ παρὰ τῶν βασιλέων συνήχθη συμμαχικόν, Ἀντιόχου μὲν καὶ Ἀγρίππα καὶ Σοαίμου παρασχομένων ἀνὰ δισχιλίους πεζοὺς τοξότας καὶ χιλίους ἱππεῖς ("A further considerable force of auxiliaries had been mustered by the kings Antiochus, Agrippa, and Sohaemus, each of whom furnished two thousand unmounted bowmen and a thousand cavalry"); BJ 2.500—501: τὰς παρὰ τῶν βασιλέων συμμαχίας, Ἀντιόχου μὲν δισχιλίους ἱππεῖς καὶ πεζοὺς τρισχιλίους, τοξότας πάντας, Ἀγρίππα δὲ πεζοὺς μὲν τοὺς ἴσους ἱππεῖς δὲ δισχιλίων ἐλάττους, εἵπετο δὲ καὶ Σόαιμος μετὰ τετρακισχιλίων, ὧν ἦσαν ἱππεῖς ἡ τρίτη μοῖρα καὶ τὸ πλέον τοξόται ("Besides these he [Cestius] had the auxiliary contingents furnished by the kings, of which Antiochus supplied two thousand horse and three thousand foot, all archers, Agrippa an equal number of foot and rather less than two thousand horse, Sohaemus following with four thousand, of which one-third were cavalry and the majority archers"); Tac. Hist. 2.81.1: *Ante idus Iulias* [A.D. 69] *Syria omnis in eodem sacramento fuit. accessere cum regno Sohaemus haud spernendis viribus, Antiochus vetustis opibus ingens et servientium regum ditissimus, mox per occultos suorum nuntios excitus ab urbe Agrippa.*

[248] Jos. BJ 5.461.

[249] Jos. BJ 7.223: γὰρ ἡ γειτνίασις τῶν βασιλέων ἐποίει τὸ πρᾶγμα μείζονος ἄξιον προνοίας· τὰ γὰρ Σαμόσατα, τῆς Κομμαγηνῆς μεγίστη πόλις, κεῖται παρὰ τὸν Εὐφράτην, ὥστ᾽ εἶναι τοῖς Πάρθοις, εἴ τι τοιοῦτον διενενόηντο, ῥάστην μὲν τὴν διάβασιν, βεβαίαν δὲ τὴν ὑποδοχήν ("The proximity of these princes to each other made the matter deserving of special precaution. For Samosata, the chief city of Commagene, lying on the Euphrates, would afford the Parthians, if they harboured any such designs, a most easy passage and an assured reception").

[250] Tac. Hist. 2.82.3.

792 RICHARD D. SULLIVAN

The rhetoric belongs to Tacitus, but the reality was there for Vespasian to see. Like Pompey, he envisioned a *limes* along that *de facto* boundary, but no longer of allied kingdoms. Rome itself would assume the task. Emesa and parts of Judaea and Cilicia could remain under kings, with Syria in Roman hands nearby. But Commagene posed a greater danger. If Antiochus opened the floodgates to the Parthians, πᾶσαν τὴν Ῥωμαίων ἀρχὴν πολέμῳ συνταράξωσιν. So, at least, went the argument[251]. In those anxious times, as the Julio-Claudian founders of the Empire gave way after a century to Vespasian's new dynasty, even the risk of an arrangement between Commagene and Parthia ἐποίει τὸ πρᾶγμα μείζονος ἄξιον προνοίας ("made the matter deserving of special precaution")[252].

Hence the familiar πρόφασις: intrigue with Parthia. Indeed it might have troubled the old Antiochus, gazing out over Mesopotamia, to compare the newly victorious Parthian Empire, where relatives of his once lived and might have still, with the turbulent Roman world west of him. Antiochus had seen the disruptive and anxious reigns, so the local view, of six emperors — Tiberius, Caligula, Nero, Galba, Otho, and Vitellius — with perhaps only Claudius a happy memory. He had weathered campaigns for Armenia which ultimately failed against the Parthians, and others for parts of Judaea and Cilicia which succeeded against populations on his side of the Euphrates. To preserve his own work and his cities, perhaps he did work with Parthia toward mutual accommodations. But a harsher charge would be relayed to Vespasian now, Ῥωμαίων ἀφίστασθαι, συνθήκας πρὸς τὸν βασιλέα τῶν Πάρθων πεποιημένον ("had determined to revolt from Rome and was in league with the king of Parthia")[253]. The removal of this old ally would thus have to be a 'Bellum Commagenicum'[254].

From the sleeve-worn casement whence his great-great-grandfather had taunted Roman besiegers, Antiochus now descried Caesennius Paetus and the sixth legion approaching with hostile intent. Worse, Aristoboulos

[251] Jos. BJ 7.219—222: Ἤδη δ' ἔτος τέταρτον Οὐεσπασιανοῦ διέποντος τὴν ἡγεμονίαν συνέβη τὸν βασιλέα τῆς Κομμαγηνῆς Ἀντίοχον μεγάλαις συμφοραῖς πανοικεσίᾳ περιπεσεῖν ἀπὸ τοιαύτης αἰτίας. Καισέννιος Παῖτος, ὁ τῆς Συρίας ἡγεμὼν τότε καθεστηκώς, εἴτ' οὖν ἀληθεύων εἴτε καὶ διὰ τὴν πρὸς Ἀντίοχον ἔχθραν, οὐ σφόδρα γὰρ τὸ σαφὲς ἠλέγχθη, γράμματα πρὸς Καίσαρα διεπέμψατο, λέγων τὸν Ἀντίοχον μετὰ τοῦ παιδὸς Ἐπιφανοῦς διεγνωκέναι Ῥωμαίων ἀφίστασθαι, συνθήκας πρὸς τὸν βασιλέα τῶν Πάρθων πεποιημένον· δεῖν οὖν προκαταλαβεῖν αὐτούς, μὴ φθάσαντες τῶν πραγμάτων [ἄρξασθαι] πᾶσαν τὴν Ῥωμαίων ἀρχὴν πολέμῳ συνταράξωσιν ("But while Vespasian was now for the fourth year holding imperial sway, Antiochus, king of Commagene, became involved, with all his family, in serious disasters, which arose as follows. Caesennius Paetus, then governor of Syria [whether speaking sincerely or out of enmity to Antiochus, was never clearly ascertained] sent letters to Caesar stating that Antiochus with his son Epiphanes had determined to revolt from Rome and was in league with the king of Parthia; it, therefore, behooved Caesar to forestall them, lest they should be beforehand in creating trouble and convulse the whole Roman empire with war").
[252] Jos. BJ 7.223.
[253] Jos. BJ 7.220—221.
[254] ILS 9198 and 9200 = IGLSyr 2798 and 2796. AÉ 1942 no. 33. Jos. BJ 7.220ff. contains a detailed account.

of Chalcidice with Sohaemus, the royal Emesene cousin of Antiochus, had come too, one hopes reluctantly[255].

In his wisdom, but τὴν αὐτοῦ τύχην ὀδυρόμενος, Antiochus declined battle, ἐπὶ ὀχήματος καταλιπὼν μετὰ γυναικὸς καὶ τέκνων. Instincts for survival unimpaired, he set out muttering for Rough Cilicia and the mountains he knew, only to be overtaken by an embarrassed centurion in Tarsus. But the sons, ῥώμη σωμάτων, took stances long enough to satisfy national honor before splashing across to Parthia for a fully royal welcome[256].

This had not become the smoothest known transition to the blessings of Roman domination. Vespasian soon remembered both his manners and

[255] Jos. BJ 7.225—226: πιστευθεὶς οὖν ὁ Παῖτος καὶ λαβὼν ἐξουσίαν πράττειν ἃ δοκεῖ συμφέρειν οὐκ ἐμέλλησεν, ἐξαίφνης δὲ τῶν περὶ τὸν Ἀντίοχον οὐδὲν προσδοκώντων εἰς τὴν Κομμαγηνὴν ἐνέβαλεν, τῶν μὲν ταγμάτων ἄγων τὸ ἕκτον καὶ πρὸς τούτῳ λόχους καί τινας ἴλας ἱππέων· συνεμάχουν δὲ καὶ βασιλεῖς αὐτῷ τῆς μὲν Χαλκιδικῆς λεγομένης Ἀριστόβουλος, τῆς Ἐμέσης δὲ καλουμένης Σόαιμος ("Paetus being, accordingly, accredited and empowered to act as he thought fit, did not hesitate, but suddenly, while Antiochus and his friends were expecting nothing of the sort, invaded Commagene, at the head of the sixth legion, supplemented by some cohorts and a few squadrons of horse; he had the further support of two sovereigns, Aristoboulos of the region named Chalcidice, and Sohaemus of Emesa, as the other principality is called"). Aristoboulos: probably the former king of Armenia Minor (A 1052), whose father Herod (H 156) had held Chalcis. Sohaemus: PIR² J 582.

[256] Jos. BJ 7.228—237: Ἀντίοχος δὲ τῆς ἀγγελίας ἀδοκήτως προσπεσούσης πολέμου μὲν οὐδ' ἐπίνοιαν πρὸς Ῥωμαίους ἔσπασεν, ἔγνω δὲ πᾶσαν τὴν βασιλείαν ὡς εἶχεν ἐπὶ ὀχήματος καταλιπὼν μετὰ γυναικὸς καὶ τέκνων ὑπεξελθεῖν, οὕτως ἂν οἰόμενος καθαρὸν Ῥωμαίοις αὐτὸν ἀποδεῖξαι τῆς ἐπενηνεγμένης αἰτίας . . . οὐ μὴν ὁ βασιλεὺς οὐδ' ὑπὸ τῆς ἀνάγκης προήχθη πρᾶξαί τι πρὸς Ῥωμαίους πολεμικόν, ἀλλὰ τὴν αὐτοῦ τύχην ὀδυρόμενος ὅ τι δέοι παθεῖν ὑπέμενε· νέοις δὲ καὶ πολέμων ἐμπείροις καὶ ῥώμη σωμάτων διαφέρουσιν οὐ ῥάδιον ἦν τοῖς παισὶν αὐτοῦ τὴν συμφορὰν ἀμαχεὶ καρτερεῖν· τρέπονται οὖν πρὸς ἀλκὴν Ἐπιφανής τε καὶ Καλλίνικος . . . μένειν ἀνεκτὸν ἐδόκει, λαβὼν δὲ τὴν γυναῖκα καὶ τὰς θυγατέρας μετ' ἐκείνων ἐποιεῖτο τὴν φυγὴν εἰς Κιλικίαν . . . πρὶν οὖν τελέως ἐρημωθῆναι τῶν συμμάχων τοῖς περὶ τὸν Ἐπιφανῆ σώζειν αὐτοὺς ἐκ τῶν πολεμίων ἦν ἀναγκαῖον, καὶ γίνονται δέκα σύμπαντες ἱππεῖς οἳ μετ' αὐτῶν τὸν Εὐφράτην διαβαλόντες, ἔνθεν ἤδη μετ' ἀδείας πρὸς τὸν βασιλέα τῶν Πάρθων Βολογέσην κομισθέντες οὐχ ὡς φυγάδες ὑπερηφανήθησαν, ἀλλ' ὡς ἔτι τὴν παλαιὰν ἔχοντες εὐδαιμονίαν πάσης τιμῆς ἠξιώθησαν ("Antiochus, confronted with the unexpected tidings, never entertained a moment's thought of a war with Rome, but decided to quit the realm, leaving everything as it was, and to abscond in a chariot with his wife and children, hoping thus to clear himself in the eyes of the Romans of the charge under which he lay . . . Even in these straits, however, the king could not be induced to take any hostile action against the Romans, but lamenting his lot was content to submit to whatever suffering might be in store for him. His sons, on the contrary, with the advantages of youth, military experience, and unusual physical strength, could not lightly brook this calamity without a struggle; Epiphanes and Callinicus, accordingly, had resort to arms . . . Antiochus could not bring himself to remain, but accompanied by his wife and daughters fled to Cilicia . . . Epiphanes and his followers were consequently forced to seek safety from the enemy in flight, before they were entirely deserted by their allies. Ten horsemen, in fact, were all that crossed the Euphrates with the two brothers; thence they proceeded unmolested to Bologeses, king of Parthia, by whom they were treated not with disdain, as fugitives, but with every mark of respect, as though still enjoying their ancient prosperity").

their mutual professions of παλαιᾶς φιλίας. Reluctant to seize Antiochus διὰ τὴν τοῦ πολέμου πρόφασιν, he conveyed him in honor to Greece and then after reflection to Rome. Antiochus ended his life there surrounded by his young, including Epiphanes and Callinicus, induced to return from Parthia when C. Velius Rufus, *missus in Parthiam, Epiphanem et Callinicum regis Antiochi filios ad imp(eratorem) Vespasianum cum ampla manu tributariorum reduxit*[257].

X. Iotape and King Alexander

Commagene was now Roman territory. But some measure of the dynasty's prestige survived. The daughter of Antiochus who had gone in marriage to King Alexander of Judaea remained with him in a new dynastic task, apparently where one would expect: Rough Cilicia[258].

This appointment rested on firm dynastic ground. Alexander's ancestry and relationships included Judaeans who had ruled in Armenia and Armenia Minor. His Cappadocian ancestors, Archelaus I and his son, had also governed parts of Rough Cilicia. But the greater claim may have lain

[257] Jos. BJ 7.238—239: ᾿Αντιόχῳ δ᾽ εἰς Ταρσὸν ἀφιγμένῳ τῆς Κιλικίας ἑκατοντάρχην Παῖτος ἐπιπέμψας δεδεμένον αὐτὸν εἰς ῾Ρώμην ἀπέστειλεν. Οὐεσπασιανὸς δ᾽ οὕτως οὐχ ὑπέμεινεν πρὸς αὐτὸν ἀναχθῆναι τὸν βασιλέα, τῆς παλαιᾶς ἀξιῶν φιλίας μᾶλλον αἰδῶ λαβεῖν ἢ διὰ τὴν τοῦ πολέμου πρόφασιν ἀπαραίτητον ὀργὴν διαφυλάττειν ("Antiochus, on reaching Tarsus in Cilicia, was arrested by a centurion, sent after him by Paetus, who dispatched his prisoner in chains to Rome. Vespasian, however, could not suffer the king to be brought up to him thus, thinking it more fitting to respect an ancient friendship than, on the pretext of war, to cherish inexorable wrath"). ILS 9200 = IGLSyr 2796. Cf. above, note 254.

[258] So the emended text of Jos. AJ 18.139—141: ᾿Αλεξάνδρῳ δὲ τῷ ῾Ηρώδου παιδὶ τοῦ βασιλέως τῷ ὑπὸ τοῦ πατρὸς ἀνῃρημένῳ ᾿Αλέξανδρος καὶ Τιγράνης ἐγεγόνεισαν υἱεῖς ἐκ τῆς ᾿Αρχελάου τοῦ Καππαδόκων βασιλέως θυγατρός. καὶ Τιγράνης μὲν βασιλεύων ᾿Αρμενίας κατηγοριῶν αὐτοῦ ἐπὶ ῾Ρώμης γενομένων ἄπαις τελευτᾷ. ᾿Αλεξάνδρῳ δὲ Τιγράνης ὁμώνυμος τῷ ἀδελφῷ γίνεται παῖς καὶ βασιλεὺς ᾿Αρμενίας ὑπὸ Νέρωνος ἐκπέμπεται υἱός τε ᾿Αλέξανδρος αὐτῷ γίνεται. γαμεῖ δ᾽ οὗτος ᾿Αντιόχου τοῦ Κομμαγηνῶν βασιλέως θυγατέρα ᾿Ιωτάπην, Κήτιδός τε τῆς ἐν Κιλικίᾳ Οὐεσπασιανὸς αὐτὸν ἵσταται βασιλέα. καὶ τὸ μὲν ᾿Αλεξάνδρου γένος εὐθὺς ἅμα τῷ φυῆναι τὴν θεραπείαν ἐξέλιπε τῶν ᾿Ιουδαίοις ἐπιχωρίων μεταταξάμενοι πρὸς τὰ ῞Ελλησι πάτρια ("Alexander, King Herod's son, who had been put to death by his father, had two sons, Alexander and Tigranes, by the daughter of Archelaus king of Cappadocia. Tigranes, who was king of Armenia, died childless after charges were brought against him at Rome. Alexander had a son who had the same name as his brother Tigranes and who was sent forth by Nero to be king of Armenia. This Tigranes had a son Alexander, who married Iotape, the daughter of Antiochus, king of Commagene; Vespasian appointed him king of Cetis in Cilicia. The offspring of Alexander abandoned from birth the observance of the ways of the Jewish land and ranged themselves with the Greek tradition"). The apparent joint coinage in Cilicia: T. E. MIONNET, Descr. de médailles (op. cit., note 62) Suppl. VII (Paris 1835) 297 no. 570. Alternative sites: B. PERRY's Loeb edition of Babrius (London–Cambridge, Mass. 1965), xlvii–lii.

with Iotape, whose portrait adorns the obverse of their joint coinage, relegating Alexander to the other side. Her parents had ruled this city, Elaioussa-Sebaste, and far westward, where their names and cities remained. Their coinages circulated locally even now; some of their dynastic institutions probably stayed available for the new royal pair to use, perhaps along with games like those once offered here for Claudius.

A near neighbor once had been and still could be Polemo II, whose sons soon took their place in the aristocracy of Asia Minor[259]. The coinage of the Emesene wife of Polemo might have circulated yet as perhaps did she, welcome at the court of her relatives Iotape and Alexander. And the rich civic life recently flourishing in the area continued, with a rare literary reflection when Babrius dedicated a book of fables to King Alexander's son: ὦ παῖ βασιλέως ᾿Αλεξάνδρου[260].

The rich 'post-dynastic' life of the Anatolian aristocracy, now trading their kingships for consulships, had begun to emerge. King Alexander himself could later be termed an ἀνεψιός of such notables as C. Iulius Severus of Ancyra, the Quadrati of Pergamum, the son of Ti. Iulius Celsus Polemaeanus in Ephesus, and even the first governor of Arabia, C. Claudius Severus. A new text from Perge links him similarly with its notable family, by his day well connected to late royalty, through an important ἀνεψιὰν βασιλέω[ς] ᾿Αλεξάνδρου[261].

King Alexander and Iotape eventually made their way, perhaps glancing back toward Cilicia and toward Agrippa II still in his kingdom, to join other relatives in Rome. Both Alexander and Iotape's nephew Philopappus held consulships in the first decade of the second century.

XI. Epiphanes and Callinicus

Life continued. The two brothers of Iotape, βασιλέως υἱοί, retained their honor and even their titles as βασιλεὺς μέγας Καλλίνικος and βασιλεὺς ᾿Επιφανής. Their coins spoke eloquently to those who knew, who remembered the small twin figures on horseback of one issue, and who saw the fine irony of the last dynastic coin. It featured clasped hands and the legend ΠΙΣΤΙΣ — a final variation of the *dexiosis* reliefs of the first Antiochus erected over a century before. Its reverse, the Seleucid anchor,

---

259 P. COLLART—P. DEVAMBEZ, Voyage dans la région du Strymon, BCH 55 (1931) 181—184; C. F. LEHMANN-HAUPT, Prosopographia Amphipolitana, Klio 37 (1936) 141—144, no. 70.

260 Babrius, Prologue to Book Two of the 'Fables'. OGIS 429 (Ephesus): Γάϊον ᾿Ιούλιον, βασιλέως ᾿Αλεξάνδρου υἱόν, ᾿Αγρίππαν.

261 OGIS 544. The new text was communicated to me by Dr. STEPHEN MITCHELL, whose study 'The Plancii in Asia Minor', JRS 64 (1974) 27—39 develops the work of S. JAMESON, 'Cornutus Tertullus and the Plancii of Perge', JRS 55 (1965) 54—58. For permission to quote from it, I thank Mr. G. E. BEAN, who will publish the full text.

restates the continuity of the dynasty, which had reached its 235th year of independence by the time of the 'Bellum Commagenicum'[262].

The two last princes who had also been termed kings looked toward a new arrangement by which the East retained its aristocracy after all. Back came the kings, now governors, because they understood Anatolia and Romans knew they did; Roman administration moved toward full utilization of the Anatolian aristocracy as the era of the 'oriental senators' began[263]. Epiphanes contributed notably to this development by producing two well-known children, the last members of the dynasty still certainly traceable.

XII. Balbilla and Philopappus

Both of these grandchildren of Antiochus IV occupied in Graeco-Roman society a high place which must be imputed at least in part to their distinguished ancestry. Julia Balbilla accompanied Hadrian's party to Egypt perhaps as priestess, certainly as poet. Attracted by the Colossi of Memnon, reminiscent of and perhaps archetypes for the figures atop Nemrud Dagh, she reacted exactly as her forefathers would have and favored posterity with an inscribed dynastic communication[264]. In part, her poems provide useful information.

Εὐσέβεες γὰρ ἔμοι γένεται πάπποι τ' ἐγένοντο
Βάλβιλλός τ' ὁ σόφος κ' Ἀντίοχος βασίλευς,
Βάλβιλλος γενέταις μᾶτρος βασιλήϊδος ἄμμας,
τῶ πάτερος δὲ πάτηρ Ἀντίοχος βασίλευς.

No space here for the complicated questions this raises. On one reconstruction, Balbilla could have had a Commagenian grandmother married to the Prefect of Egypt, T. Claudius Balbillus. At the least, she had royal parents, though we know only her father Epiphanes. These so far untraceable wider connections of the dynasty during and after the reign of Antiochus IV were fully in accord with longstanding practice in Commagene[265].

---

[262] See PIR² J 150 and 228; BMC Galatia, etc. 110—112 with Pl. XV. 5—7.

[263] M. HAMMOND, Composition of the Senate, A.D. 68—235, JRS 47 (1957) 74—81; C. WALTON, Oriental Senators in the Service of Rome, JRS 19 (1929) 38—66; W. ECK, Senatoren von Vespasian bis Hadrian, Prosopographische Untersuchungen mit Einschluß der Jahres- und Provinzialfasten der Statthalter, Vestigia 13 (Munich 1970); C. HABICHT, Zwei neue Inschriften aus Pergamon, MDAI(I) 9/10 (1959/60) 109—127, esp. 121ff.

[264] A. and E. BERNAND, Les inscriptions grecques et latines du Colosse de Memnon, Inst. franç. d'Archéol. orient. du Caire, Bibl. d'Étude 31 (Paris 1960) 86—92, nos. 29—31; cited here no. 29, ll. 13—16.

[265] Regarding her priesthood and her descent, see J. GAGÉ, op. cit. (below, note 270) 80—85. Cf. SULLIVAN, op. cit. (note 193, 'Priesthoods'), ch. II.

C. Iulius Antiochus Epiphanes Philopappus, her brother, used his descent well, even retaining the title of King, which Plutarch and others accord him: Φιλοπάππου τοῦ βασιλέως. He also apparently used his renowned grandfather's name, at least among friends: ὦ 'Αντίοχε Φιλόπαππε, says Plutarch. His Roman nomenclature was reserved for formal use. Shortly after his uncle, King Alexander, held a Roman consulship, Philopappus did too, in 109. But it was as citizen, archon, and official of Athens — ἀγωνοθετοῦντος ... ⟨καὶ⟩ ... χορηγοῦντος — able to face east toward Commagene or west toward Rome as convenience and policy warranted, that he made his most enduring mark[266]. Lacking colossi to inscribe, he converted the Mouseion Hill into a miniature Nemrud Dagh, with the courteous encouragement of at least a portion of the Athenian populace. Not only did his monument, still extant there, enjoy an unparalleled view of the Acropolis, but it also satisfied the other Commagenian requirement of being visible from afar. Its prominent place at a corner of the south wall of the city, with a road leading toward it from an intersection near the later Odeion of another aristocrat, Herodes Atticus, gave Athenians material to think upon for centuries[267].

Inscriptions for Philopappus exist from Egypt and elsewhere, but he took no chances of a forgetful posterity. To supplement his statue on the monument, flanked in the style of Antiochus I by those of Antiochus IV as last Commagenian monarch and Seleucus I Nicator as in his version the first, Philopappus supplies inscribed identifications[268]:

Βασιλεὺς 'Αντίοχος Φιλόπαππος βασιλέως 'Επιφανοῦς τοῦ 'Αντιόχου.
Βασιλεὺς Σέλευκος 'Αντιόχου Νικάτωρ.
Βασιλεὺς 'Αντίοχος βασιλέως 'Αντιόχου.

C. Iulius C. f. Fab. Antiochus Philopappus cos., frater arvalis, allectus inter praetorios ab imp(eratore) Caesare Nerva Traiano Optumo Augusto Germanico Dacico.

Philopappus apparently considers reference to the Iranian element no longer appropriate, but he does put forward his Roman credentials. For the rest, his Greek heritage predominates in this restrained last dynastic statement.

[266] Plut. Quaest. conviv. 628A; Quom. adul. ab amico internosc. 48E and 66C. C. P. JONES, Plutarch and Rome (Oxford 1971) p. 27 note 52; 32; 59; 76. J. H. OLIVER, Hadrian's Precedent, the Alleged Initiation of Philip II, in: AJP 71 (1950) 295—299 sees Philopappi for the Philippi in Vita Hadriani 13.1.
[267] On the Athenian offices of Philopappus, see PIR² J 151, with JONES, op. cit. (note 266) 27 note 52; 59. Cos. suff. 109, with King Alexander before: R. SYME, Consulates in Absence, JRS 48 (1958) 5, and ID., Tacitus (Oxford 1958) 510. Study of the monument by M. SANTANGELO, Il monumento di C. Julius Antiochus Philopappos in Atene, Annuario della Scuola archeologica di Atene NS 3/5 (1941/43) 153—253. SEG 21 (1965) 735; J. TRAVLOS, Pictorial Dictionary of Ancient Athens (New York 1971) 462ff.
[268] OGIS 407 (Lycosura), 408 (Egypt), 409—413 (Athens).

XIII. *Conclusion*

In over two centuries as an independent kingdom, Commagene participated in the evolution from Seleucid hegemony on the Euphrates to new arrangements between Rome and Parthia. Its strategic location, its wealth, and its widely connected Graeco-Iranian aristocracy all contributed to the disproportionate prominence of Commagene during the dealings of Pompey with Phraates III, of Cicero and Antony with Pacorus I, of Augustus with Phraates IV, and of Nero with Vologaeses I. By A.D. 72, the troublesome Armenian question had received at least provisional settlement on terms favorable to Parthia and to local stability under Arsacid and then Sassanian rulers. Rough Cilicia had achieved relative calm through the work of Antiochus IV and Polemo II; the daughter and son-in-law of Antiochus remained there still, with a relative yet ruling a part of Judaea. In the first generations of 'oriental senators' at least three grandsons and one granddaughter of Antiochus undertook Roman careers, with two possible grandsons known in the Eastern aristocracy (see stemma, p. 742/3). Distant ramifications of the Commagenian and related Emesene dynasties would reach both to a son-in-law of Marcus Aurelius and to the Emperor Elagabalus[269].

The social and religious strength of Commagene carried forward long past the days of its last royal members, with important priests like Tiberius Julius Balbillus as reminders of previous dynastic committments. Even the cult practices of Antiochus I remained in effect for centuries, and the accustomed religious vitality of the country continued through characteristic adaptation of new ideas, as in the temple complex devoted to Apollo at Direk Kale[270]. Antiochus I would have smiled.

The cities carved out over the centuries in those rugged lands endured, some into Byzantine times — where they formed the basis of its local ecclesiastical organization — and some to the present[271]. Besides the scattered traces of Commagenians in Italy, Greece, Egypt, Chios, and Ephesus, a series of major dynastic monuments stretched from Athens and the cities of Rough Cilicia to the sites around or on Nemrud Dagh. Through them the courage and high ideals of the vanished Kingdom of Commagene long spoke to those who would look and remember.

---

[269] PIR² J 48, 130, 136, 141, 228, 650; 190, 192, 704; C 1023—1024. R. SULLIVAN, op. cit. (note 113), on C. Claudius Severus (PIR² C 1023).

[270] J. GAGÉ, Basiléia. Les Césars, les rois d'Orient et les mages, Coll. d'ét. anciennes (Paris 1968) 5, 163, 324f. on the priest Ti. Iulius Balbillus. On the continuity of the cult, L. ROBERT, Géographie et philologie ou la terre et le papier, Actes du VIIIe Congrès Association G. Budé (Paris 1968) 79. On Direk Kale: W. HOEPFNER, Direk Kale: Ein unbekanntes Heiligtum in Kommagene, MDAI(I) 16 (1966) 157—177.

[271] On the cities, JONES, op. cit. (note 4) 204ff. and 263ff.

Hatra, Palmyra und Edessa.
Die Städte der syrisch-mesopotamischen Wüste in politischer, kulturgeschichtlicher und religionsgeschichtlicher Beleuchtung

von Hendrik Jan Willem Drijvers, Groningen

(Palmyra zusammen mit M. J. Versteegh)

Inhaltsübersicht

Abkürzungen

AA	Archäologischer Anzeiger, Berlin.
AAS	Annales archéologiques de Syrie, Damaskus.
AAW	Anzeiger der Österr. Akademie der Wissenschaften, phil.-hist. Kl., Wien.
AAWG. PH	Abhandlungen der Akademie der Wissenschaften in Göttingen, philol.-hist. Kl., Göttingen.

AfO   Archiv für Orientforschung, Berlin.
AJA   American Journal of Archaeology, New York.
ANRW   Aufstieg und Niedergang der Römischen Welt. Geschichte und Kultur Roms
               im Spiegel der neueren Forschung, hrg. v. H. TEMPORINI—W. HAASE, Berlin-
               New York 1972 ff.
AS   H. SEYRIG, Antiquités Syriennes. Extraits de Syria, Inst. franç. d. archéol.
               de Beyrouth, Publ. hors sér., Paris 1934 ff.
BASOR   The Bulletin of the American Schools of Oriental Research, New Haven.
BiOr   Bibliotheca Orientalis, Leiden.
BMB   Bulletin du Musee de Beyrouth, Paris.
BMC   British Museum Coins. Catalogue of the Coins in the British Museum, London.
BSOAS   Bulletin of the School of Oriental and African Studies, London.
CAH   The Cambridge Ancient History, hrg. v. J. B. BURY, S. A. COOK, e. a., Cambridge
               1923 ff.
CIL   Corpus Inscriptionum Latinarum, Leipzig/Berlin.
CIS   Corpus Inscriptionum Semiticarum, Paris.
CRAI   Comptes rendus des séances de l'Académie des Inscriptions et Belles-Lettres,
               Paris.
CSCO   Corpus scriptorum christianorum orientalium, Paris.
DESSAU   Inscriptiones Latinae Selectae, ed. H. DESSAU, Berlin 1892 ff., Nachdr. ibid.
               1954/55.
EPRO   Études préliminaires aux religions orientales dans l'Empire romain, Leiden.
EW   East and West (Istituto italiano per il medio ed estremo oriente), Rom.
FHG   Fragmenta Historicorum Graecorum, ed. C. MÜLLER, Paris 1841 ff.
Frag. Gr.   Die Fragmente der griechischen Historiker, ed. F. JACOBY, Berlin/Leiden
  Hist.   1923 ff., vermehrte Neudrucke Leiden 1954 ff.
G. G. M.   Geographi Graeci Minores, ed. C. MÜLLER, Paris 1855, Nachdr. Hildesheim
               1965.
GLECS   Comptes rendus du Groupe linguistique d'études chamito-sémitiques, Paris.
HSCP   Harvard Studies in Classical Philology, Cambridge, Mass.
HThR   The Harvard Theological Review, Cambridge, Mass.
ILN   The Illustrated London News, London.
JA   Journal Asiatique, Paris.
JAC   Jahrbuch für Antike und Christentum, Münster.
JEOL   Jaarbericht van het Vooraziatisch-Egyptisch Genootschap Ex Oriente Lux,
               Leiden.
JNES   Journal of Near Eastern Studies, Chicago.
JRAS   Journal of the Royal Asiatic Society, London
JRS   Journal of Roman Studies, London.
JSS   Journal of Semitic Studies, Manchester.
MAI   Mémoires de l'Institut National de France, Académie des Inscriptions et Belles-
               Lettres, Paris.
MDOG   Mitteilungen der Deutschen Orientgesellschaft, Berlin.
MUSJ   Mélanges de l'Université Saint-Joseph, Beyrouth.
MVEOL   Mededelingen en Verhandelingen van het Vooraziatisch-Egyptisch Genoot-
               schap Ex Oriente Lux, Leiden.
NovTest   Novum Testamentum, Leiden
OLZ   Orientalistische Literaturzeitung, Leipzig
PG   Patrologia Graeca, ed. J. P. MIGNE, Paris 1857 ff.
RA   Revue archéologique, Paris.
RAC   Reallexikon für Antike und Christentum, hrg. v. TH. KLAUSER e. a., Stuttgart
               1941 ff.
RB   Revue biblique, Paris
R. E.   PAULYS Realencyclopädie der classischen Altertumswissenschaft, neue Bearbei-
               tung, hrg. v. G. WISSOWA, u. a., Stuttgart 1893 ff.
RGVV   Religionsgeschichtliche Versuche und Vorarbeiten, Gießen.

TAPhA	Transactions (and Proceedings) of the American Philological Association, Lancaster.
TU	Texte und Untersuchungen zur Geschichte der altchristlichen Literatur, Leipzig-Berlin.
Vig Chr	Vigiliae christianae, Amsterdam.
WO	Welt des Orients, Stuttgart-Göttingen.
WVDOG	Wissenschaftliche Veröffentlichungen der Deutschen Orientgesellschaft, Leipzig.
YCS	Yale Classical Studies, New Haven.
ZA	Zeitschrift für Assyriologie und verwandte Gebiete, Leipzig.
ZDMG	Zeitschrift der deutschen morgenländischen Gesellschaft, Leipzig.
ZKG	Zeitschrift für Kirchengeschichte, Stuttgart.

Einleitung

Die Hellenisierung von Syrien und Mesopotamien hat spätestens in der Zeit Alexanders des Großen ihren Anfang genommen, vielleicht schon früher, obwohl die meisten Spuren dieser frühen Hellenisierung restlos untergegangen sind. Erst in der römischen Zeit werden die Äußerungen der hellenistischen Kultur in der syrisch-mesopotamischen Wüste greifbar, und noch heute zeigen die Ruinen von Hatra und Palmyra die großartige Verschmelzung der bodenständigen Kultur semitischer Prägung mit der eingewanderten Kultur der Griechen und ihrer römischen Erben. Nicht nur kulturell kann die römische Epoche im Nahen Osten als eine Fortsetzung der hellenistischen Zeit betrachtet werden; auch politisch ist Rom die Erbin Alexanders des Großen. Wie jener die Achaemeniden bekämpfte, bekämpft Rom die Parther und Sassaniden. Die Geschichte des Limes im Nahen Osten ist also mehr als nur eine politische Angelegenheit; sie bestimmt auch die Wirkungskreise der verschiedenen Kulturen — der griechisch-römischen und der iranisch-parthischen — in diesem semitischen Kulturbereich. Doch dürfen die Grenzen nicht zu scharf gezogen werden; auch die Parther betrachten sich selber als Erben der griechischen Kultur und nennen sich nicht ohne Stolz *philhellenes*. Das Ergebnis aller Einflüsse ist ein ganz eigenartiges Kulturgemisch, das das Gepräge von Ost und West trägt und dennoch eine Einheit bildet. Hier von Synkretismus oder Assimilation zu reden, ist annähernd richtig, ist aber nur ein schwaches Abbild einer reichen Wirklichkeit, der wir in Bauten, Statuen, Reliefs und Inschriften begegnen[1].

In diesem Gebiet hat Rom in seinem allmählichen Aufstieg die schwersten Niederlagen (Carrhae!) erlitten und die größten Siege davon-

---

[1] Cf. F. ALTHEIM—J. REHORK, Der Hellenismus in Mittelasien, Wege der Forschung 91, Darmstadt 1969, passim; D. SCHLUMBERGER, L'Orient Hellénisé. L'Art grec et ses héritiers dans l'Asie non-méditerranéenne, Paris 1970; ANN PERKINS, The Art of Dura-Europos, Oxford 1973; E. WILL, La Syrie romaine entre l'Occident gréco-romain et l'Orient parthe. Le rayonnement des civilisations grecque et romaine sur les cultures périphériques, Huitième congrès international d'archéologie classique (Paris 1963), Paris 1965, 511—526; die ältere Literatur zu diesem Problem ist dort verzeichnet. Siehe auch J. B. WARD-PERKINS, The Roman West and the Parthian East, Proceedings British Academy 51, 1965, London 1966, 175—199.

HENDRIK JAN WILLEM DRIJVERS

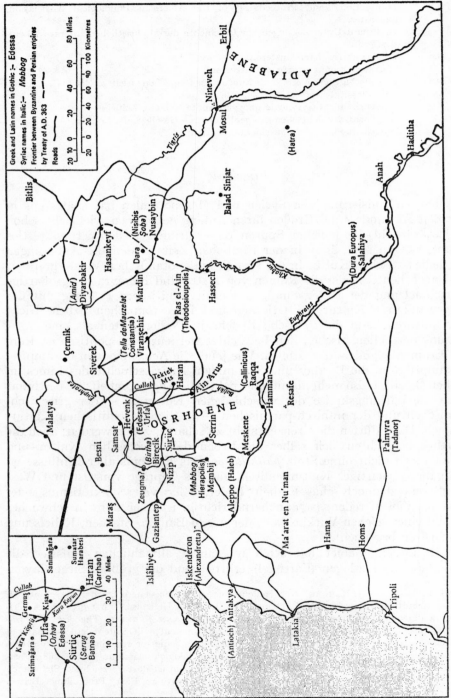

Abb. 1. Karte der syrisch-mesopotamischen Wüste in römischer Zeit

getragen. Hier hat Rom seine weitesten Grenzen erreicht und Alexanders Traum wieder zur Realität erhoben, aber hier auch ist Rom gescheitert, hat die Wüstenstadt Hatra zweimal nicht einnehmen können und hat Kaiser Valerian in Gefangenschaft gehen sehen, von den Sassaniden besiegt. Auch Roms Niedergang hat sich hier fühlbar gemacht, und die Ruinen von Hatra und Palmyra zeugen davon bis heute.

Roms Legionen und Beamte haben in Syrien und Mesopotamien große Aktivität gezeigt, aber auch die Syrer und Wüstenbewohner haben für Rom ihren Dienst geleistet. Kohorten palmyrenischer Bogenschützen haben an vielen Stellen des römischen Limes gedient, und auf religiösem Gebiet ist der Einfluß der Syrer bedeutend gewesen.

Die beiden Metropolen der Wüste, Hatra und Palmyra, sind durch Grabungen besser bekannt geworden. Diese haben eine große Menge Statuen, Reliefs und Inschriften zutage gefördert, die die Einsicht in die kulturelle Lage in diesem Gebiet weitgehend vertieft haben. In diesem Sinne sind sie exemplarisch für die Kultur dieses ganzen Gebietes in der Zeit, in der die Römer dort ihren Einfluß ausgeübt haben. Politisch ist Hatra fast während seiner ganzen Existenz unabhängig geblieben und hat zweimal einer römischen Belagerung widerstanden; erst in seinen letzten Jahren hat es ein Bündnis mit den Römern geschlossen, um den Sassaniden Widerstand leisten zu können[2]. Auch Palmyra hat den Römern gegenüber eine ziemlich große Selbständigkeit bewahren können und hat in der Zeit der Königin Zenobia eine Zeitlang das Schicksal des Imperiums mitbestimmt, bis Aurelian es im Jahre 272 wieder unterwarf. Auch darin sind diese Städte exemplarisch für das Streben im ganzen Gebiet: eine größtmögliche Freiheit fremden Herrschern gegenüber zu bewahren und nur Bündnisse zu schließen, wenn das vorteilhaft ist. Das war und ist nirgendwo in der Welt ungewöhnlich, nur hat die politische Lage in diesem Grenzgebiet zwischen Römern und Parthern dieses Bestreben sehr gefördert und ihm Vorschub geleistet. Auf diese Weise haben Hatra, Palmyra und Edessa, und mit ihnen Syrien und Mesopotamien, teil an Roms Aufstieg und Niedergang und haben diese wenigstens am Rande mitbestimmt (Abb. 1).

I. Hatra

1. Frühere Untersuchungen

Hatra liegt ungefähr 50 km westlich des alten Assur und etwa 80 km südwestlich der modernen Stadt Mosul in der mesopotamischen Wüste. 4 km östlich von Hatra liegt der Wadi Tartar. Im neunzehnten Jahrhundert ist Hatra von mehreren Reisenden besucht worden, die alle kurze Nach-

---

[2] A. MARICQ, Les dernières années de Hatra: l'alliance romaine, Syria 34, 1957, 288—296 = IDEM, Classica et Orientalia, Paris 1965, 17—25.

richten davon gegeben haben[3]. Von 1906 bis 1911 wurde die Stadt jeweils für einen oder mehrere Tage von WALTER ANDRAE und Mitgliedern seiner Assur-Expedition besucht. Sie haben dort keine Grabungen durchgeführt, sondern lediglich die Ruinen so genau wie möglich aufgenommen und beschrieben[4]. Die von ihnen gefundenen Inschriften sind zusammen mit den aramäischen Inschriften aus Assur separat veröffentlicht[5]. ANDRAES Untersuchungen in Hatra und die von ihm veröffentlichten Ergebnisse blieben bis 1951 die einzige Originalarbeit über Hatra; andere Veröffentlichungen waren Sekundärarbeiten[6]. Nur Sir AUREL STEIN hat Nachforschungen nach den alten Karawanenstraßen in diesem Gebiet angestellt und insbesondere auf Hatras strategische Stellung hingewiesen[7]. Auch er aber macht die Feststellung: *"Without excavations no addition could be expected to the account of the ruins of Hatra in Dr. Andrae's great publication"*[8]. Diese Grabungen wurden am 3. März 1951 vom irakischen Department of Antiquities in Angriff genommen und sind bis heute fortgesetzt worden. Regelmäßig wird darüber in der Zeitschrift 'Sumer' berichtet, aber ein vollständiger Grabungsbericht ist noch nicht veröffentlicht worden, so daß viele Einzelheiten der Grabung, z. B. die genaue Lage der gefundenen Skulpturen innerhalb der Tempel, ungenügend bekannt sind.

ANDRAES Arbeit war jedenfalls grundlegend und der Ausgangspunkt für die weitere Grabungstätigkeit, die Berichtigungen der ANDRAESchen Ansichten ermöglichte.

Hatra ist umgeben von einem äußeren, fast kreisförmigen Erdwall mit einem Durchmesser von ungefähr 3 km. Innerhalb dieses Erdwalls liegt die eigentliche Stadtmauer, ungefähr ½ km davon entfernt, mit vier Toren, sechs Bastionen, rund 160 Türmen und einem Graben versehen. Das Nordtor ist am besten erhalten und zeigt deutlich, daß jeder, der in die Stadt hineingehen wollte, um eine Ecke von 90 Grad biegen mußte[9]. Im

[3] H. J. Ross, Notes on Two Journeys, Geographical Journal 9, 1839, 443—470; W. F AINSWORTH, Notes on an Excursion, Geographical Journal 11, 1841, 1—20; A. H. LAYARD, Discoveries in the Ruins of Nineveh and Babylon, London 1853, 686; J. FERGUSSON, History of Architecture, London 1891—93, Vol. I, 390—392, Abb. 253—254; C. JACQUEREL, Les ruines de Hatra, RA 31, 1897, 343—352.
[4] W. ANDRAE, Hatra. Nach Aufnahmen von Mitgliedern der Assur-Expedition der deutschen Orient-Gesellschaft, I. Allgemeine Beschreibung der Ruinen, WVDOG 9, Leipzig 1908; II. Einzelbeschreibung der Ruinen, WVDOG 21, Leipzig 1912.
[5] W. ANDRAE—P. JENSEN, Aramäische Inschriften aus Assur und Hatra aus der Partherzeit, MDOG 60, Leipzig 1920.
[6] E. HERZFELD, Hatra, ZDMG 68, 1914, 655—676; E. RONZEVALLE, The History of the Palace at Hatra, Al-Mashriq 1912, 509ff.; J. JORDAN, Der Kampf um Hatra, MDOG 79, August 1942, 8—24.
[7] Sir AUREL STEIN, The Ancient Trade Route past Hatra and its Roman Posts, JRAS 1941, 299—316.
[8] STEIN, art. cit. 305.
[9] Cf. ANDRAE, Hatra II, 20—59; H. INGHOLT, Parthian Sculptures from Hatra. Orient and Hellas in Art and Religion, Memoirs of the Connecticut Academy of Arts and Sciences XII, 1954, New Haven 1954, 5—7; WATHIQ I. al-SALIHI, The Sculptures of Divinities from Hatra, Dissertation Princeton University 1969, 1—11.

Zentrum der Stadt liegt, was ANDRAE den Palast nannte, was sich aber als
ein Tempel herausgestellt hat. Er ist von einer rechteckigen Mauer umgeben,
437,5 m lang, 322,5 m breit. Das Haupttor zu dem Hof liegt in der
Ostwand; 287,5 m von der Ostwand entfernt befindet sich eine Mauer, die
den Vorhof vom eigentlichen Tempelhof trennt. Der ganze Hof ist mit Kalksteinplatten gepflastert (Abb. 2). Im Tempelhof steht der große Tempel, zwei
Riesenliwane, nach Osten orientiert, neben jedem an beiden Seiten ein
kleiner Liwan. An der Nordseite sind noch zwei weitere Liwane angebaut
worden, und hinter dem Südliwan ist ein rechteckiger Tempel angebaut,
von einigen Forschern 'Feuertempel' genannt[10]. Der Tempelhof wird von
einer West-Ost-Mauer in einen Südhof und einen Nordhof getrennt. Im
Südhof befinden sich die von ANDRAE so genannten Bauten A, C und D,

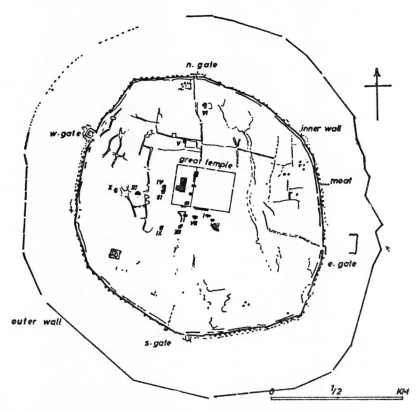

Abb. 2. Das Stadtgebiet von Hatra, nach W. I. AL-SALIHI, Hatra, Historical Monuments
in Iraq II, Baghdad 1973, 31

[10] ANDRAE, Hatra II, 107—165; INGHOLT, Parthian Sculptures, 5—7; MAJID A. SHAMS,
Hatra, Baghdad 1968 (in Arabisch), passim; cf. H. J. W. DRIJVERS, Mithra at Hatra?
Some remarks on the problem of the Iranian-Mesopotamian syncretism, erscheint dem-
nächst in the 'Acts of the Second International Congress of Mithraic Studies, Acta
Iranica'.

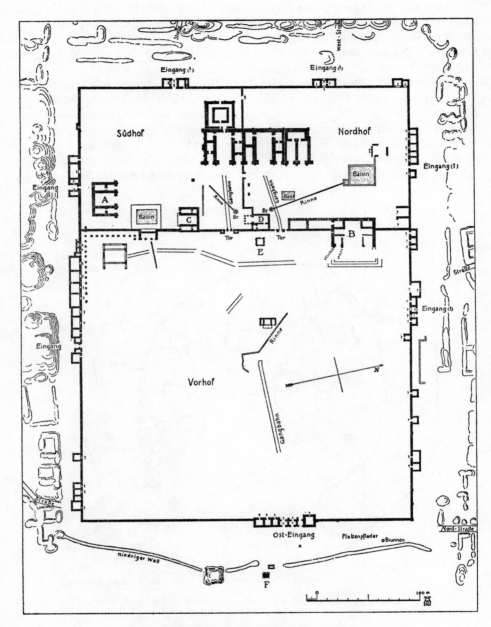

Abb. 3. Der zentrale Tempelkomplex in Hatra

im Nordhof der Bau B. In der Nähe der Trennungsmauer steht im Vorhof der sogenannte 'hellenistische' Tempel (E).

Das sind die wichtigsten Bauten, die ANDRAE genau beschrieben hat, soweit das ohne Grabungen möglich war. Daneben fand er Indizien für das Straßennetz und für Einzelbauten im Stadtgebiet, darunter Gräber, die sich hauptsächlich im östlichen Stadtteil befinden (Abb. 3).

2. Die Grabungen und ihre Ergebnisse

Als die Iraker am 3. März 1951 ihre Grabungen begannen, geschah das nicht im Gebiet des sogenannten Palastes, sondern an vier verschiedenen Stellen im Stadtgebiet außerhalb des zentralen Komplexes. Wenn man damit angefangen hätte, den Schutt in der Liwanhalle zu beseitigen, hätte die Gefahr des Einsturzes bestanden. Drei Tempel wurden freigelegt, die einen Schatz an Statuen von Göttern, Priestern und Adligen lieferten, daneben viele aramäische Inschriften. Die Funde wurden rasch in 'Sumer' und in 'Illustrated London News' veröffentlicht[11]. Diese Tempel sind aufs engste mit den benachbarten Häusern verbunden, öffnen sich aber zu der Straße hin, gehören also nicht zum Typ des babylonischen Hofhaustempels. Der Plan der ersten Tempel zeigt starke Ähnlichkeit mit dem des Atargatistempels in Dura-Europos[12]. Die Wände der benachbarten Räume waren mit Zeichnungen geschmückt, darunter eine der zwölf Zodiakalzeichen mit Sonne und Mond. Der dritte Tempel, fast an die Westmauer des zentralen Komplexes grenzend, war dem Gott Ba'alshamîn geweiht, wie sich durch die aramäischen Inschriften auf den Wänden herausstellt, in denen der Gott häufig genannt wird[13]. Im ersten Tempel wurde ein sehr interessantes Relief gefunden, aus Marmor angefertigt, mit einer Darstellung des Hades mit dem dreiköpfigen Kerberos, umgeben von Schlangen und Skorpionen, und mit der Bipennis in der Rechten. Rechts von ihm steht ein sogenanntes Semeion, und links thront Atargatis mit ihren Löwen[14]. Von der Deutung dieses Reliefs wird später die Rede sein (Taf. I).

---

[11] FUAD SAFAR, Hatra and the first Season of Excavation 1951, Sumer 8, 1952, 3—16; cf. 105—107; NAJI AL-ASIL, The Growth of Human Civilisation in Mesopotamia: from Hassuna to Eridu and on to Hatra, ILN, November 10, 1951, 762—765; November 17, 1951, 806—807; December 18, 1954, 1115—1117; December 25, 1954, 1160—1161.

[12] Cf. M. ROSTOVTZEFF, Dura-Europos and its Art, Oxford 1938, Fig. 7; cf. A. PERKINS, The Art of Dura-Europos, 17—20.

[13] Inschriften 16, 17, 23, 24, 25, 29, 30, 49.

[14] Allgemein wird von einem Kerberos-Relief gesprochen, aber in Wirklichkeit handelt es sich um eine Darstellung von Nergal, dem Unterweltgott; cf. ILN, November 17, 1951, 807, Fig. 11; INGHOLT, Parthian Sculptures, 32—34; D. HOMÈS-FREDERICQ, Hatra et ses sculptures parthes. Étude stylistique et iconographique, Istanbul 1963, 56 und Pl. VIII, 4; Sumer 8, 1952, 13—16 und Abb. 1; S. FUKAI, The Artifacts of Hatra and Parthian Art, East and West 11, 1960, 156—159 und Abb. 18; R. GHIRSHMAN, Iran, Parthes et Sassanides, Paris 1962, fig. 98, B; D. SCHLUMBERGER, L'Orient Hellénisé, 139—140 (mit Farbenbild); cf. J. T. MILIK, Dédicaces faites par des dieux (Palmyre, Hatra, Tyr) et des thiases sémitiques à l'époque romaine, Paris 1972, 165f.

Im nächsten Jahr, 1952, wurden die Grabungen fortgesetzt und zwei weitere Tempel freigelegt, ein Grabturm und ein Teil des Nordtors der Stadt[15]. Im fünften Tempel fand man Wandmalereien mit zum Teil kultischen Szenen[16] und wichtige Statuen. Das Bild des Gottes Aššur-Bêl ist eines der schönsten in Hatra gefundenen und zugleich ein typisches Beispiel der hatrenischen Mischkultur. Leider fehlt das Haupt, aber der assyrische Bart ist noch sichtbar. Das Bild entspricht weiter genau der Beschreibung des Apollon von Hierapolis durch Macrobius[17]. Die weibliche Figur mit Mauerkrone zu seinen Füßen ist eine Darstellung der Tyche der Stadt (Taf. II, 1). Übrigens ist die Identifikation der dargestellten Gottheit als Aššur-Bêl nicht ganz sicher; die Statue wurde im fünften Tempel gefunden, wo die Inschriften 34 und 35 entweder von einem Gott Aššur-Bêl oder einer Göttin Iššar-Bêl sprechen; letzteres ist die wahrscheinlichste Deutung[18]. Jedenfalls hat man, nur auf Grund dieser Inschriften, die zu Statuen von Priesterinnen gehören, die Folgerung gezogen, daß das Bild den Gott Aššur-Bêl darstellt. Wenn keine Beziehung zwischen den Statuen der Priesterinnen und dem Götterbild angenommen wird, bleibt die Identität des Gottes unbekannt. An und für sich ist die Statue ein charakteristisches Beispiel der hellenistischen Kunst in Mittelasien, die Reminiszenzen an die klassische griechische Kunst hervorruft, aber alle klassischen Stilmerkmale gründlich gewandelt hat[19]. Ebenfalls aus dem fünften Tempel stammt die Statue einer Prinzessin, deren Name meistens als Wašfari oder Ušfari angegeben wird, die in Wirklichkeit aber Dušfari heißt[20]. Die Tracht dieser Prinzessin zeigt Einflüsse aus dem Gebiet der indischen Kultur, namentlich der sogenannten Gandhara-Kunst[21] (Taf. II, 2).

Die Grabungen wurden in den folgenden Jahren weiter fortgesetzt; Abbildungen der Funde wurden veröffentlicht[22] und ausgestellt[23], weitere

---

[15] Cf. NAJI AL-ASIL, Editorial Notes, Sumer 8, 1952, 123—124.
[16] HAFIDH AL-DUROUBI, Ritual Scenes in the Fifth Temple at Hatra, Sumer 26, 1970, 143—162 mit Abbildungen (im arabischen Teil); der fünfte Tempel hatte spezielle Beziehungen zur Dynastie von Hatra, cf. MILIK, Dédicaces, 371—374.
[17] Macrobius, Saturnalia I, 17, 66s.; cf. H. J. LENZEN, Ausgrabungen in Hatra, AA 1955, 339f.; HOMÈS-FREDERICQ, Hatra et ses sculptures parthes, 50f. und Pl. I, 2a–b; FUKAI, The Artifacts of Hatra, 154 und Abb. 14—15; J. PIRENNE, Sacra Pagina, I, Bibl. Ephemeridum Theol. Lovan. 12, 1959, 297; R. DU MESNIL DU BUISSON, De Shadrafa, dieu de Palmyre, à Ba'al Shamîm, dieu de Hatra, aux IIe et IIIe siècles après J.-C., MUSJ 38, 1962, 143—160; H. SEYRIG, Bêl de Palmyre, Syria 47, 1970, p. 93 und IDEM., Bas-relief des dieux de Hiérapolis, Syria 49, 1972, 107; E. H. KANTOROWICZ, Gods in Uniform, Selected Studies N. Y. 1965, 7—24 und Pl. 6, Fig. 27; H. J. LENZEN, AA 1955, 339—342.
[18] Cf. MILIK, Dédicaces, 338, 352, 371.
[19] Cf. FUKAI, The Artifacts of Hatra and Parthian Art, 154: *"its form is a combination of Roman techniques and the ancient traditions of the Orient . . . "*.
[20] Cf. A. MARICQ, Hatra de Sanatrouq, Syria 32, 1955, 273—288 = IDEM, Classica et Orientalia, 1—16; es handelt sich um Inschrift 36, cf. MILIK, Dédicaces, 371—372 und Inschrift 37 und 112, wo der Name auf richtige Weise geschrieben ist.
[21] Cf. LENZEN, AA 1955, 349.
[22] ILN December 18, 1954, 1115—1117; December 25, 1954, 1160—1161.
[23] 'The Archaeological Seasonal Exhibition 1953', Sumer 9, 1953, 263—272.

Tempel wurden freigelegt[24], u. a. der zehnte Tempel, der dem Gott Nergal oder Nergol geweiht war[25]. 1954 wurde ein Anfang gemacht mit der Freilegung des zentralen Tempelkomplexes, von ANDRAE der Große Palast genannt. Die Ergebnisse bis 1955 wurden zusammengefaßt in einem Vortrag von H. J. LENZEN[26]. Neben allgemeinen Betrachtungen über die gefundenen Bildwerke gibt er eine genaue Übersicht über die elf Tempel, die bis dahin freigelegt worden waren und von denen bis heute nur zwei veröffentlicht worden sind. LENZEN weist darauf hin, daß einige Tempel die Anlage des alten babylonischen Hofhaustempels erkennen lassen und überdies den Grundriß eines umgekehrten T aufweisen, mit schmaler Vorcella und breiter Hauptcella. Einige Tempel besitzen eine breitgelagerte Cella mit einer kleinen Kultnische an der Breitseite. Auch kommt es vor, daß die ganze Cella von einer Bank umgeben ist. Die Tempel in Hatra weisen in ihrem Grundriß große Ähnlichkeit mit dem babylonischen Breitraumtempel auf, von dem auch Varianten unter den in Dura-Europos gefundenen Tempeln vorkommen. Besondere Aufmerksamkeit hat LENZEN dem großen Heiligtum gewidmet; er hat besonders auf die für die parthische Architektur charakteristischen Scheinfassaden hingewiesen, die auch in Assur und Ktesiphon gefunden wurden[27]. Es ist sehr wahrscheinlich, daß die großen Bauten in Hatra infolge eines Erdbebens eingestürzt sind, das kurze Zeit nach der Einnahme und Plünderung der Stadt durch die Sassaniden stattgefunden hat. Die Steine der Mauer und des Gewölbes liegen unmittelbar auf dem Fußboden, ohne daß Staubschichten darunter zu finden sind. Darum auch sind so viele Statuen und Reliefs ziemlich unbeschädigt im Schutt aufgefunden worden, wo sie die Jahrhunderte hindurch gelegen haben. Das ist auch der Grund, weshalb so viele Bauelemente gefunden worden sind, daß eine Rekonstruktion des großen Tempelkomplexes möglich ist.

LENZEN glaubt, daß der Architekt des Ganzen aus Syrien kam, da man in Mesopotamien wenig Erfahrung mit großen Bauwerken aus Stein hatte, die in Hatra in Schalenmauerwerk ausgeführt sind. Er macht auch plausibel, daß über den Räumen 4 bis 6 (nach ANDRAE), also zwischen dem Nord- und Südliwan, keine Obergeschoßräume anzunehmen sind, daß die Fassade dort also eine Scheinfassade war, zum Teil als Schmuckfront bestimmt. Die Fassade war geschmückt mit sieben Halbsäulen, gekrönt mit korinthischen Kapitellen, und war auch mit weiteren Säulen geschmückt,

---

[24] 'The Archaeological Discoveries at Hatra in the Fourth Season of Excavations' (1954), Sumer 10, 1954, 84—85.

[25] Sumer 10, 1954, 205; cf. MILIK, Dédicaces, 166f.; Inschriften 67—73; Nergal war hier dem Hercules gleichgestellt.

[26] H. J. LENZEN, Ausgrabungen in Hatra, AA 1955, 334—375; cf. IDEM, Die Iraqischen Ausgrabungen in Hatra, Compte rendu de la troisième rencontre assyriologique internationale, Leiden 1952, 101—105.

[27] H. J. LENZEN, AA 1955, passim; IDEM, Gedanken über den großen Tempel in Hatra, Sumer 11, 1955, 93—106; IDEM, Architektur der Partherzeit und ihre Brückenstellung zwischen der Architektur des Ostens und des Westens, Festschrift C. Weickert, Berlin 1955; cf. M. A. R. COLLEDGE, The Parthians, London 1967, 115—142: Architecture.

worauf die gefundenen Säulentrommeln hinweisen. Die Fassade war außerdem noch mit Wandstatuen verziert, die in großer Menge gefunden wurden und sozusagen Teil der ganzen geschmückten Wand waren (Taf. III). Der ganzen Frage der Funktion dieser 'figuralen Architekturplastik' hat H. VON GALL einen wichtigen Aufsatz gewidmet[28]. Er richtet seine Aufmerksamkeit in erster Linie auf die Dekoration der Archivolten des großen Tempels, die reich geschmückt waren mit allerhand Darstellungen, Ganzfiguren, Halbfiguren, Büsten, Köpfen und Masken, welche letzteren auch eine konstruktive Funktion hatten. Die ganze Dekoration in aller ihrer Fülle ist ein orientalisches Charakteristikum namentlich der Partherzeit, die einzelnen Motive aber sind aus der römischen Kunst herzuleiten. Das Dekorative war aber nicht allein Selbstzweck, es hat daneben eine sakrale Funktion. Hauptsächlich sind Götter oder ihre Symbole dargestellt und Könige, die an ihrer charakteristischen Tiara und ihrem mit Perlen besetzten Ornat erkennbar sind. Man darf annehmen, daß diese Dekoration der Archivolten in einem unmittelbaren Sinnzusammenhang mit dem Kult der Tempel steht; namentlich bei den kleineren Tempeln in Hatra ist das festzustellen. Beim großen Tempel ist es schwieriger, einen Sinnzusammenhang zwischen den einzelnen dargestellten Göttern und Symbolen zu erkennen. Die Grenze zwischen dem rein Dekorativen und dem symbolisch-religiösen Sinn ist hier nicht scharf zu ziehen. Außerdem ist es ein kennzeichnendes Merkmal der parthischen Kunst, Menschen und Götter in einer Reihe darzustellen, wie sich das z. B. auch in den palmyrenischen Götterreliefs zeigt, bei denen das reihende Prinzip leitend ist, auch ohne einen inneren Sinnzusammenhang zwischen den dargestellten Göttern oder Menschen. Es scheint mir zweifelhaft, ob die häufig dargestellten Könige etwas mit einem königlichen Ahnenkult zu tun haben, der mit authentischen parthischen religiösen Traditionen in Beziehung stehen würde. Das arabische Element ist in Hatra überwiegend; dazu kommen herkömmliche mesopotamische kulturelle Traditionen, meistens in hellenistischer Prägung. Von einem echt parthischen kulturellen und religiösen Erbe ist wenig oder nichts zu spüren. Daß die hatrenische Kunst und Architektur in den Bereich gehört, den man die 'parthische Kunst' zu nennen pflegt, bedeutet nicht, daß die parthische Kultur in Hatra anzutreffen ist, nur, daß die typische Erscheinungsform der hellenistischen Kunst, die erst in parthischer Zeit im Nahen Osten greifbar wird, in Hatra vorherrschend ist[29].

Den wenigen Berichten, die nach 1955 über den Fortschritt der Grabungen in Hatra veröffentlicht wurden, ist zu entnehmen, daß die Grabungs- und Restaurationsarbeiten zeitweise stillagen. 1961 wird berichtet, daß man 1960 wieder mit dem Schuttabräumen im zentralen Tempel-

---

[28] H. VON GALL, Zur figuralen Architekturplastik des großen Tempels von Hatra, Baghdader Mitteilungen 5, 1970, 7—32.

[29] Cf. die Erörterung dieses Fragenkomplexes bei FUKAI, The Artifacts of Hatra and Parthian Art; SCHLUMBERGER, L'Orient Hellénisé, 113—144.

komplex angefangen hatte. In der Nähe der nördlichen Propyläen zu den großen Tempeln wurde ein kleiner 'hellenistischer' Tempel freigelegt (Tempel E nach ANDRAE). Der Tempel D war wahrscheinlich der Gottheit Šaḥiru geweiht. Beim großen Tempel gingen Grabungs- und Restaurationsarbeiten Hand in Hand, wobei der Hauptfassade spezielle Aufmerksamkeit geschenkt wurde. Im hellenistischen Tempel fand man eine Menge hellenistischer Bildwerke, darunter Darstellungen der Götter Apollo, Poseidon, Hermes, die nicht die geringste Ähnlichkeit mit den bisher gefundenen Bildwerken aufweisen, sondern vielmehr Erzeugnisse der Lysippos-Schule sind. Die Ausgräber glauben, daß der hellenistische Tempel älter ist als alle anderen bisher freigelegten Bauten und also ein älteres Kulturstadium in Hatra repräsentiert[30].

In den Jahren 1961—1962 wurden diese Arbeiten fortgesetzt, sowohl am großen Tempel als auch an anderen Bauten. Der Tempel C erwies sich als dem Gott Šalman geweiht. Wiederum wurden Statuen und Inschriften entdeckt. 1963—1964 wurde die Arbeit fortgeführt, es wurden Restaurationsarbeiten ausgeführt sowohl am großen Tempel als auch am rechteckigen Tempel, der an der Westseite des Südliwans angebaut ist. Einige sehen hierin einen Feuertempel, wie es K. ERDMANN zuerst getan hat[32]; aber es zeigt sich eindeutig, daß dieser Tempel dem Gott Šamaš, d. h. dem Sonnengott, geweiht war[33]. Das Relief auf dem Türsturz über der Tür, die den Tempel mit dem Zentralbau verbindet und wovon die Zentralpartie sich heute in den Staatlichen Museen in Berlin befindet, gibt eine Darstellung dieses Gottes, flankiert von Adlern und Löwengreifen. Auch das Relief weist schon darauf hin, daß der Tempel dem Gott Šamaš geweiht ist[34]. KLAUS BRISCH, der das Relief zuletzt veröffentlicht hat, glaubt, daß im iranischen Kult Šamaš mit Mithras identisch war, was auch in Hatra der Fall gewesen sei. In dieser Richtung soll auch die Deutung des dargestellten Stieres zu suchen sein, der, wie bekannt, dem Mythos nach von Mithra getötet wurde. Meines Erachtens muß die Lösung dieser Fragen im semitischen Bereich und den dort einheimischen Religionen gesucht werden und ist die Identität von Šamaš und Mithras hinfällig. In diesem Šamaš-

---

[30] Cf. Foreword, Sumer 17, 1961, 8—11; es handelt sich wahrscheinlich um römische Kopien griechischer Originale. Siehe auch ILN, December 3, 1966, 31, eine Abb. eines Apollo von weißem Marmor: *"This is one of several Roman copies of Greek originals which have been found at Hatra."*

[31] Sumer 18, 1962, 7—9.

[32] K. ERDMANN, Das iranische Feuerheiligtum, Leipzig 1941, 25; K. SCHIPPMANN, Die iranischen Feuerheiligtümer, RGVV 31, Berlin 1971, 489—491: „ . . . ob es aber ein zoroastrisches Feuerheiligtum war, wie ERDMANN, GHIRSHMAN und auch GULLINI annahmen, erscheint fraglich. Der archäologische Befund gibt keinen Hinweis dafür".

[33] Sumer 18, 1962, 8.

[34] K. BRISCH, Das parthische Relief mit dem Sonnengott aus Hatra. Zu einer Neuerwerbung des Museums für Islamische Kunst, Jahrbuch der Stiftung Preußischer Kulturbesitz 5, Berlin 1967, 237—249, Abb. 46—56; cf. Museum für Islamische Kunst Berlin, Katalog 1971, Nr. 63, S. 31; BRISCH's Ansichten werden kritisiert in meinem in Anm. 10 erwähnten Aufsatz: 'Mithra at Hatra ?'.

tempel fand man Statuen von hatrenischen Königen, Sanatruq genannt, die vielleicht Teile eines Altars gebildet haben. Es ist sehr merkwürdig, daß die rückwärtige Tür dieses Šamaštempels schon bald wieder verschlossen wurde und daß vor der Türöffnung ein großer Altar errichtet wurde, darauf Postamente mit Standbildern[35]. Darüber befand sich eine Art von Baldachin, von zwei Säulen getragen.

Auch in den folgenden Jahren restaurierte man weiter, wie die kurzen Berichte in 'Sumer' mitteilten[36]. Die Funde vermehrten sich, sowohl Bildwerke als auch Inschriften wurden ans Tageslicht gefördert, aber genaue Berichte wurden nicht erstattet. Die Wiederherstellung der großen Tempel in Hatra war eine Riesenaufgabe, die ganz spezielle Probleme stellte[37]. Die genaue Höhe der Säulen ist unbekannt; ebenso die Konstruktion der Dächer der verschiedenen Tempel. Es bleibt eine Frage, ob die Ostfassade des Iwantempels überall die gleiche Höhe gehabt hat usw.

Bei den weiteren Restaurationsarbeiten in den Jahren 1964 und 1965 stellte sich heraus, daß der sogenannte hellenistische Tempel dem Gott Maran, d. h. ,,Unser Herr'', geweiht war, einem Gott aus dem hatrenischen Pantheon. Das Gebäude selbst besteht aus einer Halle, umgeben von zwei Säulenreihen, die nicht auf gleicher Ebene stehen: die äußere Reihe steht auf dem Boden, die innere auf dem Podium, auf dem die Cella gebaut ist[38] (Taf. IV). Das Ganze ist mit Friesen mit mythologischen Darstellungen geschmückt. Die Arbeiten am Maran-Tempel wurden 1966 fortgesetzt; außerdem wurde der zentrale Komplex weiter wiederhergestellt[39]. Im Jahre 1967 setzte man die Arbeiten am Nordtor fort, wobei eine Statue des Königs Abd-Simia gefunden wurde. Im zentralen Tempelareal kam ein Relief zum Vorschein mit Darstellungen der hatrenischen Trias, geschaffen vom Bildhauer Barnešra. Diese Göttertrias wird gebildet von Maran, d. h. ,,Unser Herr'', dem Gott Šamaš; Martan, d. h. ,,Unsere Frau'', aller Wahrscheinlichkeit nach eine Mondgöttin; und Bar Marên, d. h. ,,Sohn unserer Herren'', einem *dieu-fils*, dargestellt als Sohn von Sonne und Mond, als Apollo und als Bakchos-Dionysos[40] (Taf. V). Namentlich Bar Marên genoß große Verehrung, wie aus den Votivinschriften hervorgeht. Eine glänzende Apollo-Statue aus Marmor aus der Schule des Lysippos wurde gefunden, ebenso ein

---

[35] H. J. LENZEN, Grabungsberichte, Baghdader Mitteilungen 2, 1963, 89—91; H. J. LENZEN, Der Altar auf der Westseite des sogenannten Feuerheiligtums in Hatra, Vorderasiatische Archäologie, Festschrift A. Moortgat, Berlin 1964, 136—141; die Inschriften 194—203 gehören zu diesem Tempel; die auf S. 139 erwähnte Inschrift 106 ist in Wirklichkeit Inschrift 194.

[36] Sumer 19, 1963, 3—5; Sumer 20, 1964, 4—5.

[37] Cf. J. KRUNIĆ, Hatra: l'architecture des temples au centre de la ville: questions relatives à leur reconstitution, RA 1964, 1, 7—32.

[38] Sumer 21, 1965, 7; siehe auch die Abb. in Sumer 21, 1965 (im arabischen Teil), Fig. 7, 8; KRUNIĆ, art. cit., 15—19.

[39] Sumer 22, 1966, S. d; siehe auch Fig. 6, 7 im arabischen Teil.

[40] Sumer 23, 1967, S. c—e; und die Abb. 2—8 im arabischen Teil; WATHIQ AL-SALIHI, New Light on the Identity of the Triad of Hatra, Sumer 31, 1975, 75—80 und Abb. 1—7 behauptete die Identität von Martan mit Atargatis und von Bar-Marên mit Sin, dem Mondgotte, welche Identifikation m. E. in der hatrenischen Ikonographie keine Stütze findet.

Dionysos-Kopf aus Bronze mit der Inschrift Bar-Marên. Bei Grabungen im Jahre 1969 wurde klar, daß der Tempel A auch der Trias geweiht war. ANDRAE hatte seinerzeit angenommen, daß sich vor diesem Tempel ein Teich befunden habe, aber diese Vertiefung stellte sich als eine Art von Amphitheater mit einem *rostrum* heraus. Auch fing man an, den sogenannten Mithra-Tempel zu restaurieren; dieser Tempel ist der nördliche Anbau am großen Tempel, er besteht aus zwei Liwanen mit einer Art von Altar oder Podium im Hintergrund. Er ist geschmückt mit vielen Stieren und wird daher auch Stiertempel genannt[41]. 1970 bildeten die Überreste eines römischen Widders in der Nähe des Nordtores, wo Restaurationsarbeiten ausgeführt wurden, die große Entdeckung. In diesem Tor wurden Statuen von Königen und vom Gott Herakles freigelegt. Innerhalb der Stadt in der Nähe des Nordtores entdeckte man bei Grabungsarbeiten in einem Palast Überreste von Wandmalereien[42].

Diese trockene Aufzählung von Grabungen, Entdeckungen und Restaurationsarbeiten gibt nur ein schwaches Bild der Wirklichkeit dieser Ausgrabung und ihrer Bedeutung für die Geschichte der hellenistischen Kunst und Architektur im Vorderen Orient. Überdies ist Hatra eine sehr wichtige religionsgeschichtliche Quelle für die synkretistischen Religionen in Mesopotamien während der ersten drei Jahrhunderte n. Chr. Die gefundenen aramäischen Inschriften bieten die Möglichkeit, die Berichte der klassischen Geschichtsschreiber wie Herodianos und Cassius Dio mit authentischen Quellen zu vergleichen und das historische Bild zu korrigieren und zu vervollkommnen.

3. Die Inschriften und die Geschichte von Hatra

Bis heute sind 335 aramäische Inschriften ganz verschiedener Art veröffentlicht worden. Es ist anzunehmen, daß noch eine Menge Inschriften

---

[41] Sumer 25, 1969, S. i–k.

[42] Sumer 26, 1970, S. e–f; Iraq 34, 1972, 141—143; 'Sumer' schreibt: " . . . *the most spectacular among these finds is the remains of a fire-throwing catapult*", 'Iraq' dagegen: "*Outside the gateway were recovered the bronze, iron, and wooden remains of a battering ram of Roman type . . .*". Sumer 27, 1971 (erschienen 1973), S. f—g ("*A colored mural painting representing hunting and dancing scenes was found at the northern palace.*"); 1970/71 wurden acht Gräber im östlichen Viertel der Stadt ausgegraben, um Einsicht in die Bauweise der Gräber zu gewinnen, cf. WATHIQ AL-SALIHI, Hatra. Excavations in Group of Tombs 1970—1971. Preliminary Report, Sumer 28, 1972 (erschienen 1974) 17—20 (englisch), 19—30 (arabisch); I. SALMAN, Foreword, Sumer 30, 1974, d—g (und Abb. 2—6) und IDEM, Sumer 31, 1975, d—e berichtet über weitere Grabungen und Restaurationsarbeiten im Gebäude B in der Nordwest-Ecke des großen Tempelhofes. Dort wurden Friese mit Darstellungen von Musikern freigelegt und ein Relief mit der Darstellung einer Göttin auf einem Kamel, begleitet von einer Tamburinspielerin und einem Delphin, aufgefunden. Als (vorläufige?) Zusammenfassung aller bisherigen Ergebnisse der Grabungen kann F. SAFAR—M. A. MUSTAFA, Hatra. The City of the Sun God, Baghdad 1974, betrachtet werden.

der Veröffentlichung harren, da bei den Grabungen und Restaurationsarbeiten im Nordtor der Stadt viele Inschriften entdeckt worden sind, von denen
bis heute nur eine einzelne veröffentlicht wurde[43].

Bequemlichkeitshalber folgt hier die Aufzählung der bekannten
Inschriften, die alle von FUAD SAFAR erstmals im arabischen Teil von
'Sumer' veröffentlicht wurden und nachher teilweise mit zahllosen Bemerkungen und Verbesserungen von A. CAQUOT in 'Syria' zum zweiten Male
herausgegeben worden sind:

Inschriften 1—27, Sumer 7, 1951, 170—184; Syria 29, 1952, 89—105;
diese stammen alle aus dem zentralen Tempelkomplex und aus dem
Tempel des Ba'alshamîn (Tempel 3).

Inschriften 28—42, Sumer 8, 1952, 183—195; Syria 30, 1953, 234—244;
diese stammen fast alle aus dem Heiligtum 5; einige auch aus 3 und 4.

FUAD SAFAR veröffentlichte:

Inschriften 1—42 insgesamt nochmals im englischen Teil von Sumer 9,
1953, 7—20.

Inschriften 43—57, Sumer 9, 1953, 240—249; Syria 32, 1955, 49—58;
diese kommen alle aus dem zentralen Tempelkomplex und aus den
Tempeln 3, 6 und 8.

Inschriften 58—78, Sumer 11, 1955, 3—14; Syria 32, 1955, 261—271;
diese stammen aus den Tempeln 8 und 10.

Inschriften 79—105, Sumer 17, 1961, 9—35; Syria 40, 1963, 1—11;
diese kommen alle aus dem Tempel no. 11, der dem Gott Nergal
geweiht war.

Inschriften 106—206, Sumer 18, 1962, 21—64; Syria 41, 1964, 251—
272; alles kurze Mementotexte aus dem Haupttempel.

Inschriften 207—213, J. TEIXIDOR, Sumer 20, 1964, 77—80 (im englischen Teil).

Inschriften 214—230, Sumer 21, 1965, 31—43, aufs neue veröffentlicht
von R. DEGEN, Die Welt des Orients 5, 1970, 222—233.

Inschriften 231—280, Sumer 24, 1968, 3—32 (erschienen 1970), aufs
neue veröffentlicht von R. DEGEN, JEOL 23 (1973—74), 402—422.

---

[43] Von W. I. AL-SALIHI, Hercules-Nergal at Hatra (II), Iraq 35, 1973, 65—68, S. 67:
    dkyr d(r)by ngr' (?) br 'bdsmy' ltb qdm nrgl dšḥft' (= dḥšft'),
    *"May d(r)by, the carpenter, son of 'bdsmy' be remembered favourably before Nergal,
    the chief guardian."*
    Cf. die Inschriften 145 und 279, wo Nergal denselben Titel trägt; diese Inschrift trägt die
    Nummer 295 in WATHIQ AL-SALIHI, The Inscriptions of Hatra, Sumer 31, 1975, 171—188
    (arabisch), wo die Inschriften 295—335 veröffentlicht sind, die fast alle vom Nordtor
    stammen.

Inschriften 281—292, Sumer 27, 1971, 3—14 (erschienen 1973); auf S. 14 gibt SAFAR eine Ergänzung der Inschrift 207, die aus drei Zeilen besteht statt aus zwei; für Inschr. 281 siehe R. DEGEN, Neue Ephem. f. Sem. Epigr. 2, Wiesbaden 1974, 104.

Inschriften 293—294, Sumer 28, 1972 (erschienen 1974), veröffentlicht von WATHIQ AL-SALIHI in: Hatra. Excavations in Group of Tombs (siehe Anm. 42).

Inschriften 295—335, veröffentlicht von WATHIQ AL-SALIHI, Sumer 31, 1975, 171—188 (erschienen 1976).

In vielen Aufsätzen und anderen Veröffentlichungen sind Verbesserungsvorschläge zur Lesung und Interpretation dieser aramäischen Inschriften, die oft schwer lesbar sind, gemacht worden[44]. In sprachlicher und orthographischer Hinsicht sind die Inschriften von höchstem Interesse für die Kenntnis der Geschichte der aramäischen Sprache und Schrift in den ersten Jahrhunderten n. Chr.[45]. Sie stellen eine Variante der gemein-aramäischen Schrift, eng verwandt mit aramäischen Schriftformen in Assur und anderen östlichen Gebieten, dar.

Die Mehrzahl der Inschriften ist religiöser Art, hauptsächlich Mementotexte, die eine Menge Personennamen und Götternamen liefern, historisch aber nicht von großer Bedeutung sind. Eine systematische Bearbeitung der Personennamen wäre sehr wichtig, weil dadurch ein Vergleich mit z. B. Palmyra und den dort vorkommenden Personennamen möglich wäre[46].

Eine Anzahl dieser Inschriften, die z. B. auf Postamenten von Statuen graviert und auf den Wänden der Tempel eingeritzt sind, liefert Namen von Königen und Jahreszahlen in seleukidischer Zeitrechnung. Dadurch wird es möglich, die historischen Tatsachen, die uns aus den klassischen Quellen

[44] O. KRÜCKMANN, Die neuen Inschriften von Hatra, AfO 16, 1952—53, 141—148; J. T. MILIK, A propos d'un atelier monétaire d'Adiabène: Natounia, Revue Numismatique, VIe Série, 4, 1962, 51—58; F. ALTHEIM—R. STIEHL, Hatra und Nisā, AAW 2, Berlin 1965, 191—204; IDEM, Hatra, AAW 4, 1967, 243—305; B. AGGOULA, Remarques sur les inscriptions hatréennes, Berytus 18, 1969, 85—104; H. J. W. DRIJVERS, Aramese Inscripties uit Hatra, Phoenix 16, 1970, 366—380; MILIK, Dédicaces faites par des dieux, cf. Register; J. TEIXIDOR, Notes hatréennes, Syria 41, 1964, 273—284; Syria 43, 1966, 91—97; B. AGGOULA, Remarques sur les inscriptions hatréennes II, MUSJ 47, 1972 (erschienen 1974), 3—80; B. AGGOULA, Remarques sur les inscriptions hatréennes III, Syria 52, 1975, 181—206.

[45] A. CAQUOT, L'Araméen de Hatra, GLECS 9, 1960—63, 87—89; R. DEGEN, Die Genitivverbindung im Aramäischen der Hatra-Inschriften, Orientalia 36, 1967, 76—80; J. PIRENNE, Aux Origines de la graphie syriaque, Syria 40, 1963, 101—137; J. NAVEH, The North-Mesopotamian Aramaic Script-Type in the Late Parthian Period, Israel Oriental Studies 2, 1972, 293—304; D. R. HILLERS, MŠKN' "Temple" in Inscriptions from Hatra, BASOR 206, 1972, 55ff.; R. DEGEN, Zur Bedeutung von *bgn* in den Hatra-Inschriften, Neue Ephemeris für semitische Epigraphik, Bd. 2, ed. R. DEGEN—W. W. MÜLLER—W. RÖLLIG, Wiesbaden 1974, 99—104.

[46] Cf. A. CAQUOT, Sur l'onomastique religieuse de Palmyre, Syria 39, 1962, 231—256; K. STARK, Personal Names in Palmyrene Inscriptions, Oxford 1971 und dazu R. DEGENS Rezension, BiOr 29, 1972, 210—216; auch das Syrische liefert Vergleichsmaterial, cf. H. J. W. DRIJVERS, Old-Syriac (Edessean) Inscriptions, Leiden 1972.

bekannt sind, mit authentischem Material zu vergleichen und so das Bild der geschichtlichen Entwicklung von Hatra zu vervollständigen. Die Rekonstruktion der Geschichte von Hatra beruhte früher auf Nachrichten aus Cassius Dio und Herodianos über die Feldzüge des Trajan und Septimius Severus gegen Hatra; arabische Autoren wie Mas'ûdî, Yâqût, al-Hamawî und Ṭabarî erzählen die legendäre Geschichte von Hatras Untergang und Einnahme durch Shapur[47].

Zwischen Mittsommer 116 und Mittsommer 117, kurz vor Trajans Tod, nachdem er im Frühling 116 Ktesiphon eingenommen hatte, brachen überall in Mesopotamien Aufstände gegen ihn aus, die von ihm unterdrückt wurden. Im Laufe dieses Feldzuges setzte er in Seleukeia-Ktesiphon einen Vasallenkönig ein, Parthamaspates mit Namen, und zog dann nach Norden, nach Hatra, da die Einwohner dieser Stadt auch an diesem Aufstand teilgenommen hatten[48].

Hatra wird beschrieben als eine nicht große und nicht wohlhabende Stadt, von einer Wüste umgeben, wo kein Wasser zu finden ist. Wegen dieser natürlichen Qualitäten und der Hilfe des Helios, dem die Stadt geweiht war, konnte Trajan Hatra nicht einnehmen. Überdies hatte das Heer zu leiden unter Donner, Regen und Fliegen, so daß Trajan sich genötigt sah, sich zurückzuziehen. Kurz nachher wurde er krank und starb im August 117. Wichtig ist die ausdrückliche Mitteilung Dios, daß Hatra keine große Stadt war, die Helios verehrte. Einen König von Hatra erwähnt der Geschichtsschreiber nicht.

Trajans Ziel, Nordmesopotamien und Armenien für immer zu besetzen, um von dort Adiabene und Medien im Osten und Ktesiphon im Süden bedrohen zu können, war unerreicht geblieben, und sein Nachfolger Hadrian kehrte zur alten Politik zurück, d. h. zum Euphrat als Grenze[49].

[47] Cf. E. HERZFELD, Hatra, ZDMG 68, 1914, 656—676; TH. NÖLDEKE, Geschichte der Perser und Araber nach Ṭabarî, 33, Anm. 4; A. CHRISTENSEN, La princesse sur la feuille de myrte et la princesse sur la pois, Acta Orientalia 14, 1936, 241—257; W. I. AL-SALIHI, The Sculptures of Divinities, 157ff. gibt in einem Appendix alle 'Literary and Epigraphical Testimonia' im Original; siehe auch A. MARICQ, Hatra de Sanatrouq, Syria 32, 1955, 273—276 = IDEM, Classica et Orientalia, 1—4, und X. LORIOT, Les premières années de la grande crise du IIIe siècle: De l'avènement de Maximin le Thrace (235) à la mort de Gordien III (244), ANRW II 2, Berlin—New York 1975, 760—762. M. VAN ESBROECK, Le roi Sanatrouk et l'Apôtre Thaddée, Revue des Études Arméniennes N.S. 9, 1972, 241—283, spez. 256ff. gibt auch alle Texte aus syrischen und arabischen Quellen, die sich auf Hatras Geschichte und Untergang beziehen. Er identifiziert jedoch den berühmten König von Hatra, Sanatruq, der in der Legende als der Riese Saṭirun fortlebte, mit einem armenischen König desselben Namens, der am Anfang des zweiten Jahrhunderts lebte und Trajan Widerstand leistete. Diese Identifizierung beruht aber auf einer falschen Chronologie der hatrenischen Inschriften und ist dadurch hinfällig; siehe Anm. 65.
[48] D. MAGIE, Roman Rule in Asia Minor, Princeton 1950, I, 609 und die Anmerkungen in II, 1466f.; F. A. LEPPER, Trajan's Parthian War, Oxford 1948, 89ff.; N. C. DEBEVOISE, A Political History of Parthia, Chicago 1938, 239; D. OATES, Studies in the Ancient History of Northern Iraq, London 1968, 70ff. Alle stützen sich auf Cassius Dio LXVIII, 31.
[49] Cf. OATES, Studies, 71; für Trajans Ziel siehe: A. MARICQ, La province d'«Assyrie» créée par Trajan. A propos de la guerre parthique de Trajan, Syria 36, 1959, 254—263 = IDEM, Classica et Orientalia, 103—111.

Konnte Trajan im Sommer 117 Hatra nicht einnehmen, so war auch Septimius Severus dazu nicht imstande. Nachdem er seinen Rivalen Pescennius Niger bei Issos geschlagen hatte, zog Septimius nach Osten, um die Fürsten östlich des Euphrat, die Niger Hilfe geleistet hatten, dafür zu bestrafen. Diese Fürsten hatten Niger Hilfe angeboten, welche er zuerst abgelehnt hatte. Später bat er den Partherkönig Vologases IV. um Hilfe, die dieser ihm sandte. Im Rahmen dieser Hilfeleistung sandte der Herrscher von Hatra, Barsemios (oder Barsemias)[50], eine Abteilung Bogenschützen, wie Herodianos mitteilt[51].

Die Chronologie dieses Feldzuges des Septimius ist nicht ganz klar. Die Einnahme Ktesiphons mag auf Ende des Jahres 197 datiert werden. Münzen und Inschriften des Jahres 198 nennen Septimius *Imp. X* (nach der Niederlage des Albinus) und *Vict(oriae) Parthicae* und *Imp. XI* (nach der Einnahme Ktesiphons) und *Part(hicus) Max(imus)* (DESSAU, 443, 5934 und 8915)[52]. Es ist nicht deutlich, ob die Belagerung Hatras vor oder nach der Einnahme Ktesiphons stattfand. Herodianos erwähnt eine Belagerung von Hatra, vor der Einnahme Ktesiphons[53], Cassius Dio dagegen zwei Belagerungen, nach dem Fall von Ktesiphon[54]. Es ist am wahrscheinlichsten, daß die chronologische Folge in Herodianos' Werk nicht richtig ist, da dieser Schriftsteller mitteilt, daß Severus nach dem Abzug von Hatra den Fluß (= Euphrat) hinabfuhr, während Hatra doch ganz in der Nähe des Tigris liegt. Wir nehmen an, daß Septimius Severus nach dem Fall Ktesiphons auf seinem Zug nach Norden Hatra belagert hat, ein- oder zweimal. Das erste Mal ohne Erfolg, wahrscheinlich 198; die Belagerungswerkzeuge wurden verbrannt, viele Soldaten verwundet. Cassius Dio teilt dann mit, daß Septimius Severus wieder (πάλιν) nach Hatra zog, nachdem er viele Belagerungswerkzeuge und eine große Menge Lebensmittel zusammengebracht hatte. Er erlitt große Verluste, am meisten dadurch, daß die Hatrener sehr erfahrene Bogenschützen waren und überdies brennendes Naphta nach den Soldaten und Belagerungsmaschinen schossen. Als eine Bresche in den äußeren Wall geschlagen worden war, erwartete Severus die Übergabe der Araber, aber sie geschah nicht. Im Gegenteil, die Bresche wurde während der Nacht repariert, und als Severus das Zeichen zum Angriff gab, verweigerten seine Soldaten ihm den Gehorsam. Wenn Severus tatsächlich Hatra zweimal belagert hat, wissen wir nichts von der Zwischenzeit. Jedenfalls ist es ganz und gar hypothetisch, daß er den Winter 198/199 in Nisibis verbracht habe. Der Feldzug war 199 beendet, da die Inschriften, die Severus' Rückkehr und Sieg (*Reditus et Victoria*) erwähnen, auf den 1. Januar und 1. April des Jahres 200 (CIL VI, 225 = DESSAU 2186) datiert sind[55]. Die zweite Belagerung hätte also spätestens 199 stattgefunden.

---

[50] MILIK, Dédicaces, 362 gibt die richtige Lesung Barsemias.
[51] Herodian. III,1,3 und III,9,1, wo Barsemias „König von Hatra" genannt wird.
[52] MAGIE, Roman Rule II, 1542—43 gibt alle Belege.
[53] Herodian. III,9,3—8.   [54] Cassius Dio LXXVI,10,1; LXXVI,11—13.
[55] Siehe MAGIE, Roman Rule II, 1543, und die dort erwähnte Literatur.

Diese Berichte von Cassius Dio und Herodianos unterscheiden sich darin, daß Dio, ohne einen König oder Herrscher zu erwähnen, Hatra als eine kleine Stadt beschreibt, in der Helios sehr verehrt wurde, während Herodianos Hatra als befestigte Stadt unter dem Herrscher Barsemias ansieht. Dies deutet darauf hin, daß die Entwicklung der Stadt zum größten Teil im zweiten Jahrhundert stattgefunden hat.

Auch weitere Nachrichten über Hatras Geschichte sind sparsam. Cassius Dio LXXX, 3, 2 erwähnt, daß der Perser Artaxerxes, nach dem Sieg über seinen Gegner Artabanos, den Parther, Hatra angriff, aber ohne Erfolg, und gezwungen war, sich zurückzuziehen. Wahrscheinlich fand dieser Angriff um 230 statt. Im Jahre 227 hat der Sassanide Ardashir, von Dio fälschlich Artaxerxes genannt, den letzten Arsakiden Artabanus V. besiegt, und nachher hat er Hatra zum ersten Male angegriffen[56].

Über Hatras Untergang gibt es nur legendäre Berichte, hauptsächlich in der arabischen Literatur. Zusammengefaßt ergeben diese die nachfolgende Geschichte: Es gab eine arabische Stadt, Ḥaḍr genannt, zwischen Euphrat und Tigris, über die Saṭirûn, auch Daiṣan genannt, herrschte. Dieser König war mit den Römern verbunden, und daher unternahm er Streifzüge im sassanidischen Gebiet. Der persische König, Ardaschir I. oder Shapur I., belagerte daher Ḥaḍr, wohin sich Daiṣan zurückgezogen hatte. Shapur aber belagerte die Stadt ohne Erfolg. Die Tochter des hatrenischen Königs, Naḍira, sah eines Tages den persischen König in seinem Lager und verliebte sich in ihn, was für sie ein Grund war, Shapur die Stadt verräterisch in die Hände zu spielen. Nachher heiratete Shapur sie, wie er versprochen hatte, als die Prinzessin ihm anbot, ihn und seine Männer in die Stadt hineinzulassen. Die Fortsetzung dieser legendenhaften Erzählung hat starke Anklänge an das Märchen von der Prinzessin auf der Erbse[57]. Überdies weist die Erzählung große Ähnlichkeit mit der Sage von Nisos und Skylla[58] und mit derjenigen von Nannis, der Tochter des Kroisos, auf[59]. Ursprünglich hatte Daiṣan nichts mit Saṭirûn zu tun; spätere Überlieferung hat beide Namen miteinander verknüpft, um verschiedene Überlieferungen über Hatra zu vereinigen. Die Syrer sprechen vom Hatra des Sanaṭru oder vom Hatra des Riesen Sanaṭru; auch die Schreibweise Sanaṭrug kommt vor. Die arabische Überlieferung kennt Hatra des Saṭirûn; bei Yâqût II, 284, und Mas'ûdî IV, 81, wird Saṭirun Sohn des Sanaṭrun genannt, so daß sich hier die arabische und syrische Überlieferung begegnen. Man darf annehmen, daß die Araber hier aus einer syrischen Quelle

[56] D. Oates, Studies, 74; Debevoise, A Political History, p. 269; J. Gagé, La Montée des Sassanides, Paris 1964, passim.

[57] Cf. A. Christensen, La princesse sur la feuille de myrte; E. Herzfeld, Hatra.

[58] Cf. Apollodor III, 15; Ovid, Metam. VIII, 6—151; Pausanias II, 24, 7.

[59] Erotici scriptores Graeci, ed. R. Hercher, I, Leipzig 1858, 25, 26; cf. Herzfeld, Hatra, 658.

[60] Maricq, Hatra de Sanatrouq, Syria 32, 1955, 283 und Anm. 2 = Idem, Classica et Orientalia 11 und Anm. 2; Herzfeld, Hatra, 659.

geschöpft haben, die vielleicht manichäischer Herkunft war[61]. Saṭirun und Sanaṭru sind eine Wiedergabe des iranischen Sanatrukes, und dieser Name wurde tatsächlich von einigen, mindestens zwei, Königen von Hatra getragen, wie sich aus den Inschriften herausstellt.

Wenn Hatra von Ardashir I. eingenommen wurde, wie eine Variante der Legende sagt, so ist das um 237 geschehen; in diesem Jahre unternahm dieser Sassanidenfürst zum zweiten Male einen Feldzug in Mesopotamien; vielleicht hat er damals mit oder ohne Erfolg Hatra angegriffen[62]. Wenn Shapur I. der Eroberer von Hatra ist, so hat die Einnahme jedenfalls nach 240 stattgefunden.

So weit reicht unsere Kenntnis, wenn sie sich auf die klassischen und muslimischen Nachrichten über Hatras Geschichte und Untergang gründet. Die Stadt war 364 jedenfalls schon längst verlassen, als Ammianus Marcellinus mit einer römischen Armee durch diese Gegend zog und Hatra als eine verlassene und entvölkerte Stadt beschrieb[63].

Die bis heute gefundenen Inschriften und Statuen können dieses geschichtliche Bild ergänzen und die Richtigkeit der übrigen Nachrichten feststellen oder sie korrigieren.

Es gibt einige datierte Inschriften, die erst in jüngster Zeit eine richtige Lesung gefunden haben. SAFAR und CAQUOT haben die Jahreszahlen falsch gelesen, meistens um ein Jahrhundert zu niedrig angesetzt, so daß die Mehrzahl der datierten Inschriften nach ihrer Meinung aus dem ersten und der ersten Hälfte des zweiten Jahrhunderts n. Chr. stammen würde, während dagegen Hatra seine größte Blüte im zweiten und in der ersten Hälfte des dritten Jahrhunderts erlebte, wenn die Angaben des Cassius Dio und Herodianos richtig sind. Im Jahre 117 war Hatra noch klein und nicht wohlhabend, am Ende des Jahrhunderts war es eine reiche Stadt.

Das Problem der Chronologie hat viele beschäftigt. J. TEIXIDOR schlug vor, für Hatra die arsakidische Zeitrechnung in Anspruch zu nehmen[64], aber dann gibt es keine Inschriften aus den letzten Jahrzehnten der Stadt, obwohl die Archäologie lehrt, daß die meisten Überreste einer alten Stadt aus den letzten Jahrzehnten ihrer Existenz stammen, und Inschrift 65 aus dem Jahre 498 wäre späteren Datums als das Ende der Stadt. Für

---

[61] Wie bekannt hat Mani ein 'Buch der Riesen (Giganten)' verfaßt und empfing er seine zweite Offenbarung im selben Jahre, worin Hatra von den Persern eingenommen wurde; cf. A. HENRICHS—L. KOENEN, Ein griechischer Mani-Codex (P. Colon. inv. nr. 4780), Zeitschr. f. Papyrologie und Epigraphik 5, 1970, 120, 125—132; siehe für die Vorgeschichte dieses Gigantenbuches: J. T. MILIK, The Books of Henoch. Aramaic Fragments of Qumrân Cave 4, Oxford 1976, 298ff.

[62] OATES, Studies, 75.

[63] Ammian. Marcell. XXV, 8, 5; cf. L. DILLEMANN, Haute Mésopotamie orientale et pays adjacents, Paris 1962, 303—305.

[64] J. TEIXIDOR, Notes hatréennes 4: Sur l'ère en usage à Hatra, Syria 43, 1966, 94—97; W. I. AL-SALIHI, The Sculptures of Divinities, 20ff.: 'A Discussion on the Calendar Problem', hat keine Lösung für das Problem gefunden. M. VAN ESBROECK, Le roi Sanatrouk et l'Apôtre Thaddée, folgt TEIXIDORS Vorschlag.

52*

dieses Problem haben J. T. MILIK und J. NAVEH fast gleichzeitig und unabhängig die Lösung gefunden[65], die einfacherweise darauf beruht, daß SAFAR u. a. die Hunderter falsch gelesen haben, deren Anzahl in aramäischer Schrift angegeben wird durch vertikale Striche vor einem Dreieck, dem Hundertzeichen. Bisweilen ist ein Strich mit dem Dreieck zu einem Zeichen verbunden, und in diesen Fällen haben SAFAR u. a. diesen Strich, also ein Hundert, nicht mitgezählt. Man würde dann für Hatra die seleukidische Zeitrechnung beibehalten, die im ersten Herbstmonat, Dios, des Jahres 312 nach der makedonischen Rechnung anfängt, oder im ersten Frühlingsmonat, Nisân, des Jahres 311 nach dem babylonischen Kalender. Am wahrscheinlichsten haben wir es in Hatra mit dem babylonischen Kalender zu tun im Hinblick auf die babylonischen Monatsnamen: 'Elûl, Tišri, Marḥešwân[66].

Ausgehend von den datierten Inschriften unter Heranziehung anderer Daten haben J. T. MILIK, F. SAFAR und B. AGGOULA eine Rekonstruktion der geschichtlichen Folge der Herrscher und Könige von Hatra darzulegen versucht[67]. Die älteste Erwähnung eines hatrenischen Königs findet sich in der Inschrift 82 aus dem Jahre 488 der seleukidischen Zeitrechnung = 177/78 n. Chr. Im südlichen Iwan des großen Tempels wurde folgende Weihinschrift gefunden:

. . . . *šnt 488*	. . . . im Jahre 488
. . . . *sntrwq mlk'*	. . . . König Sanatruq
. . . . *šmš 'lh'*	. . . . (dem) Gott Šamaš
. . . . . . *nṣrw mry' lmrn w mrtn*	. . . .(Sohn) des Herrn Naṣru für
	unseren Herrn und unsere Frau
wbrmryn 'lt wsmyt'	und den Sohn unserer beiden Her
	ren, Allat und die Standarten[68]

Aus anderen Inschriften, wo dieser König Sanatruq erwähnt wird (144, 194, 196, 197, 199, 231), geht hervor, daß er *sntrwq mlk' dy 'rb zky' br nṣrw mry' br nšryhb* genannt wird: Sanatruq, König von Arab, der Siegreiche, Sohn des Herrn Naṣru, Sohn des Nešryahb[69]. Während Sanatruq

---

[65] NAVEH, The North-Mesopotamian Aramaic Script-Type; MILIK, Dédicaces, 353ff.; es gibt noch kleine Unterschiede zwischen den Auffassungen und Datierungen MILIKs und NAVEHS, die hier unerörtert bleiben können; auch B. AGGOULA, Remarques sur les inscriptions hatréennes II, 50—52: L'ère de Hatra, ist (unabhängig?) zu demselben Ergebnis gekommen.

[66] MILIK, Dédicaces, 354ff.; cf. G. LE RIDER, Suse sous les Séleucides et les Parthes, Paris 1965, 33—43.

[67] MILIK, Dédicaces faites par des dieux, 353—364; F. SAFAR, A Chronological List of the Rulers and Kings of Hatra, Sumer 28, 1972 (erschienen 1974), 3—17 (arabisch); B. AGGOULA, Remarques sur les inscriptions hatréennes II, MUSJ 47, 1972 (erschienen 1974), 52—64; F. SAFAR, The Lords and Kings of Hatra, Sumer 29, 1973, 87—98.

[68] MILIK, Dédicaces, 360f. mit Ergänzungen; cf. A. CAQUOT, Syria 40, 1963, 7f.

[69] Mit J. TEIXIDOR lesen wir 'König von Arab', und nicht, wie MILIK u. a. 'König der Araber'; cf. TEIXIDOR, Bulletin d'épigraphie sémitique, Syria 48, 1971, 484f. und IDEM, The Kingdom of Adiabene and Hatra, Berytus 17, 1967, 9—10.

König ist, wird sein Vater Naṣru nur 'Herr' genannt, wie auch sein Groß-
vater Nešryahb Herr ist (Inschriften 272, 274). Dieser Naṣru hat den
großen Tempel bauen lassen oder mindestens einen Teil davon und die
Ummauerung, wie aus Inschrift 272 hervorgeht. Dort wird gesagt, daß im
Monat Iyâr des Jahres 449 = Mai 138 n. Chr. Naṣru, der Herr, den Tempel
des Šamaš, des großen Gottes, gebaut hat und sein Enkel, *'bdlh' br ṭpsᵣₐ' br
nṣrw*, ihn restauriert hat. Daraus wird klar, daß der große Tempel im
zweiten Jahrhundert gebaut worden ist, wie ANDRAE seinerzeit schon ver-
mutete. Naṣru's Familie hat sich also auch weiter mit dem Bau des Tempels beschäftigt. Naṣru's Sohn Sanatruq, der auch erst 'Herr' genannt wird
(Inschrift 232) und offenbar erst später den Königstitel angenommen oder
erworben hat, ist der Erbauer des rechteckigen Šamaštempels, auch Feuertempel genannt, der hinter dem südlichen Iwan gebaut worden ist. Dort
sind auch mehrere Statuen dieses Königs aufgefunden worden[70].

Außer Naṣru, dem Herrn, erwähnen die Inschriften noch einen Worôd,
den Herrn, seinen Sohn 'ŠṬṬ, seinen Enkel 'BDLY und seinen Urenkel
Sanatruq, deren Inschriften sich alle im zentralen Tempelkomplex, namentlich im südlichen Iwan und den angrenzenden Räumen, befinden. Wenn
MILIK's Ergänzung der Inschrift 189 richtig ist, wird Worôd auch dort
erwähnt — mit dem Epitheton 'Wohltäter'[71]. Von diesem Herrn Worôd wird
noch ein anderer Sohn genannt in Inschrift 189, namentlich Ma'nu, der
selber laut Inschrift 288, die datiert ist 460 = 149/50 n. Chr., auch wieder
Herr ist im Gegensatz zu den anderen, Sohn und Enkel Worôds. Auch auf
Grund anderer Inschriften aus dem zentralen Tempelkomplex, die alle
zwischen 100 und 117 datiert sind (Inschriften 108, 244), darf man mit
MILIK, SAFAR und AGGOULA schließen, daß Worôd am Anfang des zweiten
Jahrhunderts der Herrscher von Hatra war, daß er den Bau des Haupt-
heiligtums angefangen und gefördert und sehr wahrscheinlich Hatra mit
Erfolg gegen Trajan verteidigt hat. Es ist erwähnenswert, daß noch
149/50 ein Mitglied der Worôdfamilie, Ma'nu, als Herr erwähnt wird und
schon 138 Naṣru der Herr sich mit dem Bau der Ummauerung des
ganzen Komplexes und des nördlichen Iwans beschäftigte. Das deutet
darauf hin, daß die Herren in Hatra nicht notwendig nacheinander in der
Geschichte von Hatra ihre Rolle spielten, wie MILIK u. a. meinen, sondern
zur selben Zeit auftreten können. Sie haben eine Funktion, die der der
arabischen Scheichs vergleichbar ist — wahrscheinlich sind sie politisch
und priesterlich tätig —, und folglich können in derselben Zeit mehrere
von ihnen auftreten. Doch ist die Haupttätigkeit der Worôdfamilie am
Anfang des zweiten Jahrhunderts anzusetzen; später tritt die Familie in
den Vordergrund, zu der Nešryahb, Naṣru und Sanatruq gehören. Wann

---

[70] H. J. LENZEN, Der Altar auf der Westseite des sogenannten Feuerheiligtums in Hatra,
139; dazu gehören die Inschriften 194—203, wo Sanatruq mehrfach erwähnt wird; die
dagegen von AGGOULA, Remarques II, 56ff. angeführten Argumente sind nicht überzeugend.

[71] Inschriften 122—124 und 266—267; cf. ANDRAE, Hatra II, Fig. 273—276; MILIK, Dédicaces, 361.

dieser letztgenannte König geworden ist und wann mit ihm das Königtum in Hatra eingeführt worden ist, ist nicht bekannt, aber irgendwann zwischen 138 und 177/78. In dieser Zeit haben die Herrscher von Hatra ihren Herrschaftsbereich auf Arab ausgedehnt, womit das weite Territorium um Hatra gemeint ist[72].

Wir kennen noch andere Mitglieder der Familie des Königs Sanatruq I. (so genannt im Unterschied zu einem späteren König desselben Namens). Inschrift 198 erwähnt NYHR', Sohn des Sanatruq, Königs von Arab, und 139 Nešryahb, Sohn von NYHR', Sohn des Königs Sanatruq. Mit J. T. MILIK nehmen wir an, daß diese Inschriften Nachkommen von Sanatruq I., die «sans aucun titre» leben, betreffen. Miss J. M. C. TOYNBEE erwähnt "an unpublished group of limestone statues in the Iraqi Museum, comprising the head of Sanatruq I and the complete figures of Abbu, daughter of Daimon and presumably Sanatruq's queen, and of the two princes"[73]. Diese zwei Prinzen sind NYHR' und Abdusimyâ, wie die englische Archäologin expressis verbis sagt. Wenn die Statuen dieser Gruppe tatsächlich zusammengehören und nicht zufällig oder absichtlich sekundär zusammengesetzt sind, kennen wir die Gattin des Königs Sanatruq I., Abbu, Tochter von Damion. Der Sohn NYHR' war auch aus anderen Inschriften bekannt als Sohn des Sanatruq I. Dagegen erwähnen die Inschriften keinen Sohn Abdusimyâ. Für diesen Abdusimyâ kommen zwei Möglichkeiten in Betracht; entweder ist er ein Sohn Sanatruqs I., und das bedeutet, daß König Abdusimyâ, der höchstwahrscheinlich der Nachfolger Sanatruqs I. war, zur selben Dynastie gehört, was von mehreren Forschern bezweifelt wird, oder es handelt sich um den Kronprinzen Abdusimyâ, den Sohn des späteren Königs Sanatruq II., der inschriftlich bekannt ist.

Die zwei übrigen datierten Inschriften, die Mitglieder einer königlichen Dynastie erwähnen, mögen die Beziehungen in ihrer geschichtlichen Folge noch deutlicher machen. Die erste ist Inschrift 36, die zu einem Bild der Prinzessin Dušparî gehört, gefunden im Tempel 5[74] (Taf. II, 2):

byrḥ tšry šnt D	Im Monat Tešri des Jahres 549 (= Oktober 238)
XLIX ṣlmt' d(d)wšpry brt	die Statue der Dušparî, Tochter / des
snṭrwq mlk' br 'bdsmy'	Königs Sanatruq, Sohnes von

---

[72] Cf. Anm. 69; diese Ausbreitung des Machtbereiches von Hatra hat zwischen Antoninus Pius (138—161) und Commodus (180—192) stattgefunden, vielleicht in der Zeit des Marcus Aurelius (161—180).

[73] J. M. C. TOYNBEE, Some Problems of Romano-Parthian Sculpture at Hatra, JRS 62, 1972, 109; cf. MILIK, Dédicaces, 324; es handelt sich um Inschrift 228:

ṣlmt' dy 'bw brt	Statue der 'bw, der Tochter des
dmywn dy 'qym lh	Damion (?), die für sie aufstellte
brmryn (')lh'	Bar-Marên, der Gott

Miss TOYNBEE spricht von "*Abbu, daughter of Daimon*".

[74] MILIK, Dédicaces, 371, gibt die richtige Lesung, der hier gefolgt wird; cf. A. MARICQ, Hatra de Sanatrouq, Syria 32, 1955, 273—276 = IDEM, Classica et Orientalia, 1—4; AGGOULA, Remarques I, 93f.

mlk' wbtsmy(') 'm' dy pzgryb'   Abdusimyâ / dem König und
(dy 'qym lh ...... br)   von Batsimyâ, der Mutter des
                                     Thronnachfolgers,
                                     (die aufgerichtet hat für sie...Sohn)
('b)d'gyly br stnbl rḥmh   von (Ab)dogêlî Sohne von STNBL
                                     ihrem Freund.

Vorher wurde diese Prinzessin immer Wasfari genannt, aber Inschrift 37 und 112 liefern die richtige Lesung ihres Namens, dessen erster Teil zweifelsohne das iranische *duxt* = Tochter ist. Dušparî ist also die Tochter eines anderen Königs Sanatruq, des Sohnes von König Abdusimyâ; ihre Mutter hieß Batsimyâ, die also mit Sanatruq II. verheiratet war. Sie war auch die Mutter des Kronprinzen, der auch Abdusimyâ hieß, Sohn des Königs Sanatruq, wie die Inschriften 28, 195 und 287 besagen. Dieser Sanatruq II. hatte noch einen anderen Sohn Maʿana, erwähnt in Inschrift 79, die zu einem Bilde Sanatruqs gehört, das im Tempel 11 (der dem Nergal geweiht war) anläßlich des Geburtstages des Königs aufgerichtet worden war[75]. Schließlich wird in Inschrift 37 noch eine Tochter SMY der Dušparî genannt.

Die auf Tešri 542 (= Oktober 231) datierte Inschrift 229, die zu einer Statue Sanatruqs II. gehört, macht klar, daß dieser schon 231 König war (Taf. VI). Wann er die königliche Würde von seinem Vater Abdusimyâ übernommen hat, ist unklar. Jedenfalls erwähnt die Inschrift 290, die auf 504 = 193/94 datiert ist, den König Abdusimyâ, zu dessen Ehre die Inschrift von einem Priester des Gottes Bar-Marên angefertigt wurde. Zwischen 193 und 231 ist also Sanatruq II. Nachfolger seines Vaters auf dem Königsthron von Hatra geworden. Es ist unklar, ob König Abdusimyâ zur Dynastie des Naṣru und Sanatruqs I. gehört oder ob mit ihm eine neue Dynastie die Macht ergriffen hat. F. SAFAR stützt sich auf die oben erwähnte Statue und betrachtet alle Könige als zu einer Dynastie gehörend. B. AGGOULA läßt mit Abdusimyâ eine neue Dynastie anfangen, wenn auch auf friedliche Weise und mit «*un lien de parenté*». Es ist aber durchaus erwähnenswert, daß König Abdusimyâ in den Inschriften immer ohne Erwähnung seines Vaters genannt wird, was darauf hinweist, daß mit ihm eine neue Dynastie angefangen hat. Wurden die Könige von Hatra vielleicht unter den Scheichs gewählt[76]?

Bisher sind wir König Barsemias, der 193/94 Pescennius Niger mit Bogenschützen Hilfe leistete, noch nicht begegnet. MILIK ist der Ansicht, daß Abdusimyâ die Nachfolge des Barsemias antrat und daß der Erstgenannte einem anderen Zweig der Dynastie angehörte. Die Belagerung durch Septimius Severus wäre die Ursache dieses Machtwechsels. Dies wird aber durch die Inschrift 290 ausgeschlossen, die König Abdusimyâ auf

---

[75] Cf. CAQUOT, Syria 40, 1963, 2—6; J. TEIXIDOR, Notes hatréennes 2. — L'inscription de Hatra no. 79, Syria 41, 1964, 280—284; MILIK, Dédicaces, 379 f.

[76] Cf. AGGOULA, Remarques II, 62.

193/94 datiert. Hier kommen zwei Lösungen in Betracht. Entweder ist Barsemias einer der hatrenischen Scheichs — 'Herren' —, die auf eigene Faust Niger geholfen haben, oder Barsemias und Abdusimyâ sind identisch. Sprachlich ist das durchaus möglich: das Element *simyâ = semias*; wenn in '*bdsmy*' der Laryngal ' nicht mehr gesprochen wurde, was im ostaramäischen Bereich zu den linguistischen Möglichkeiten gehört, kann *badsimy*' in *barsimy*' übergegangen sein, ein Wechsel von Dental in Liquida vor einem Sibilanten. Auch darf nicht unerwähnt bleiben, daß *d* und *r* im aramäischen Duktus nicht unterschieden werden können und daß semitische Eigennamen bei klassischen Autoren oft verstümmelt überliefert werden. Die Identität von Barsemias und Abdusimyâ ist jedenfalls auf Grund der bekannten chronologischen Daten vorerst anzunehmen[77].

Noch ein anderer König von Arab wird in den Inschriften erwähnt: Wologaš, König von Arab, von dem eine große Statue im Raum 3 gefunden wurde, der zum südlichen Iwan gehört (Inschrift 193); er wird auch auf der Inschrift einer Priesterstatue (286) erwähnt. Mit MILIK ist anzunehmen, daß dieser Wologaš mit Wologaš dem Herrn identisch ist, der in der zu einer Statue eines seiner Söhne gehörenden Inschrift (140) genannt wird und der vor Naṣru und Sanatruq I. über Hatra herrschte. MILIKs Rekonstruktion der 33. Inschrift macht sogar Naṣru zum Sohn und Thronnachfolger des Wologaš. Diese chronologische Abfolge scheint wahrscheinlicher als die von AGGOULA vorgeschlagene, der Wologaš zum Nachfolger des Sanatruq I. macht[78].

In den hatrenischen Inschriften wird noch ein anderer König genannt: 'TLW der König, der aus Natounia kommt. Seine Statue wurde im Ba'alshamîn-Tempel gefunden; für diesen Gott hatte 'TLW eine spezielle Verehrung gezeigt. MILIK und TEIXIDOR haben Natounia als Adiabene verstanden und aus diesem Grunde besondere Beziehungen zwischen Hatra und dem jüdischen Königtum östlich vom Tigris zu beweisen versucht. MILIKs letzte Ansicht in dieser Frage ist, daß nicht hinter Natounia eine iranische Etymologie gesucht werden darf, sondern daß es sich um eine «*(Ville) faite par (le personnage nommé) Ntwn'šr*» handelt. Obwohl es fraglich bleibt, ob mit Natounia wirklich Adiabene gemeint ist, ist es bestimmt ein geographischer Name, in dem das Element '*šr* (= Assur?) steckt. Der König von Natounia ließ seine Statue in einem der Tempel in Hatra errichten; das weist darauf hin, daß Hatra in gewissem Sinne das

---

[77] MILIK, Dédicaces, 363; schon CAQUOT, Syria 29, 1952, 89 ff. identifizierte zögernd Barsemias und Abdusimyâ, worin ihm AGGOULA folgte (Remarques II, 61), ohne für die Identifizierung Argumente zu liefern.

[78] MILIK, Dédicaces, 363; seiner Rekonstruktion der 33. Inschrift können wir nicht zustimmen, da diese Nešryahb, den Vater des Naṣru, nicht berücksichtigt; ob es sich nach MILIK um zwei verschiedene Naṣrus handelt? AGGOULA, Remarques II, 60. Es ist schwierig zu beweisen, aber nicht unwahrscheinlich, daß der Wechsel der Dynastien oder das Nebeneinanderbestehen auf eine römerfreundliche und eine partherfreundliche Partei in der Stadt zurückzuführen ist; man denke z. B. an den pro-parthischen Aufstand 163—165 in Mesopotamien.

religiöse Zentrum für die Wüstenbewohner war, die dorthin kamen und die Tempel besuchten, eine Art von 'vormuslimischem Mekka', wie Hatra genannt wird. Ob damit Pilgerfahrten verbunden waren, wissen wir nicht mit Sicherheit, es ist aber nicht von vorneherein ausgeschlossen[79].

Mit Sicherheit kennen wir also in chronologischer Abfolge nur die folgenden Herrscher über Hatra: Worôd, der Herr, am Anfang des zweiten Jahrhunderts, mit seinen Nachkommen; Wologaš, der Herr, nachher König von Arab, wahrscheinlich vor 137/38; Nešryahb, der Herr, Vater von Naṣru, dem Herrn; letztgenannter baut 137/38 einen Teil des zentralen Tempel-komplexes, namentlich den nördlichen Iwan. Nach Naṣru kommt Sana-truq I., Herr und König von Arab, der 177/78 König war. Auf ihn folgt Abdusimyâ, der König, identisch mit dem von Herodianos erwähnten Herr-scher Barsemias, der 193/94 die königliche Würde innehatte. Der letzte König von Hatra war Sanatruq II., dessen Familie laut Inschriften aus den Jahren 231 und 238 genau bekannt ist. Diese sind die letzten datierten Inschriften aus der Geschichte von Hatra, was mit der Belagerung durch die Sassaniden zusammenhängt, die um 238 begann.

Aus derselben Zeit stammen drei in Hatra gefundene lateinische In-schriften, die sich im neunten Tempel befanden, der wahrscheinlich Hercules geweiht war[80]. Die erste Inschrift ist ein unvollständiger Text auf einer Seite eines Altars:

d(onum) d(edit) non(is)
iunis Seve-
ro et Quin-
tiano co(n)s(ulibus).

Sie ist also eine Weihung von einem Unbekannten, dessen Name auf einer anderen Seite des Altars gestanden haben muß, vom 5. Juni 235. In jenem Jahre waren die Römer also in Hatra und hatten dort vielleicht eine Garnison. Die zwei anderen Inschriften sind eingraviert auf den Postamenten von zwei Statuen, von denen nur der untere Teil erhalten ist. Sie sind Votiv-inschriften eines *tribunus militum* der *cohors IX Maurorum* der *legio I Parthica*, welche *cohors* den Namen *Gordiana* trug. Sie sind also zu datieren aus der Regierungszeit des Gordian (238).

---

[79] Inschrift 21; cf. für eine ausführliche Erörterung dieser Inschrift und des erwähnten Königs: J. T. MILIK, A propos d'un atelier monétaire d'Adiabène: Natounia, Revue Numis-matique, VIe sér., 4, 1962, 51—58; J. TEIXIDOR, The Kingdom of Adiabene and Hatra, Berytus 17, 1967, 1—11; MILIK, Dédicaces, 340f.; Zweifel an der Identität von Natounia bei AGGOULA, Remarques I, 89f.; cf. für die Pilgerfahrten H. LAMMENS, L'Arabie occidentale avant l'hégire, Beyrouth 1928, 101ff.: 'Le culte des bétyles et les processions religieuses chez les arabes préislamites'.

[80] D. OATES, A Note on three Latin Inscriptions from Hatra, Sumer 11, 1955, 39—43; IDEM, Studies, 75; A. MARICQ, Les dernières années de Hatra: l'alliance romaine, Syria 34, 1957, 288—296 = IDEM, Classica et Orientalia, 17—25; A. CAQUOT, Syria 32, 1955, 272; MILIK, Dédicaces, 357; cf. Ann. Ep., 1958, 238—240 und X. LORIOT, art. cit. (cf. Anm. 47), 717.

Nr. 80:

> Deo Soli Invicto
> Q. Petr(onius) Quintianus
> trib(unus) mil(itum) leg(ionis) I Part(hicae)
> trib(unus) coh(ortis) IX Maur(orum)
> Gordianae
> votum re-
> ligioni lo-
> ci posuit.

Nr. 81:

> Erculi Sanct(o)
> pro salute do-
> mini nostri Au[g(usti) Q]
> Petronius Qu[in-]
> tianus, dom(o) [Nico-]
> midia, trib(unus) mil(itum)
> leg(ionis) I P(arthicae), trib(unus) coh(ortis) IX
> Gordianae, genio coh(ortis)

Q. Petronius Quintianus, der sonst unbekannt ist, weiht eine Statue dem *Soli Invicto*, der der *religio loci* gleichgestellt wird. Damit ist Šamaš gemeint, der hatrenische Sonnengott, hier mit dem merkwürdigen, doch verständlichen Terminus *religio loci* angedeutet[81]. Der Sonnengott war die wichtigste Gottheit Hatras, wie auch aus den hatrenischen Münzen mit der Legende 'Hatra von Šamaš' hervorgeht[82]. Die andere Inschrift ist Hercules geweiht, der einer der meistverehrten Götter in Hatra war, von dem zahllose Statuen gefunden worden sind[83] (Taf. VII, 1, 2). Hercules wird in dieser Inschrift dem *genius cohortis* gleichgestellt; das findet sich noch einmal (DESSAU, ILS 6835), obwohl die Identifizierung der anonymen *genii* mit 'Hochgöttern' nicht ungewöhnlich ist.

---

[81] Bei G. H. HALSBERGHE, The Cult of Sol Invictus, EPRO 23, Leiden 1972 fehlen leider die Texte.

[82] A. CAQUOT, Syria, 29, 1952, 114 hat die Münzlegende zum ersten Male so gelesen; cf. J. WALKER, The Coins of Hatra, Num. Chron. 18, 1958, 167—172; die Belege über den Kult des Šamaš in Hatra, MARICQ, Les dernières années, 290, Anm. 3; = Classica et Orientalia, 19; siehe nun auch WATHIQ AL-SALIHI, Excavation Coins from Hatra 1971—1972, Sumer 30, 1974, 155—162 (arabisch).

[83] Für Hercules in Hatra siehe: S. DOWNEY, Cult Banks from Hatra, Berytus 16, 1966, 97—109; EADEM, The Jewelry of Hercules at Hatra, AJA 72, 1968, 211—217; EADEM, The Heracles Sculpture, The Excavations at Dura-Europos Final Report III, Part I, Fasc. 1, New Haven 1969, 83—96, Heracles in the Divine Milieu of Hatra; W. I. AL-SALIHI, Hercules-Nergal at Hatra, Iraq 33, 1971, 113—115; IDEM, Hercules-Nergal at Hatra (II), Iraq 35, 1973, 65—68; IDEM, Hatra, Aspects of Hatran Religion, Sumer 26, 1970, 187—194; IDEM, The Sculptures of Divinities, s. v. Hercules; WATHIQ AL-SALIHI, A Note on a Statuette from Hatra, Sumer 29, 1973, 99—100; IDEM, Hercules Gnd', Sumer 29, 1973, 151—156 (arabisch); G. HABIB, Deities of Hatra, Sumer 29, 1973, 157—179 (arabisch).

Die politischen Ereignisse, die dazu geführt haben, daß Hatra eine
römische Garnison bekam, stehen im Zusammenhang mit dem Aufstieg
der Sassaniden, insbesondere Ardashirs I. Severus Alexander hat darauf
Vorbereitungen getroffen für einen Feldzug im Orient gegen die auf-
kommenden Sassaniden. Singara diente ihm als Stütz- und Ausgangspunkt,
wie sich aus einem Meilenstein des Severus zeigt, gefunden ungefähr
5 km südwestlich von Singara, stammend aus dem Jahre 231/232[84]. In
diesen Jahren hat Severus in dieser Gegend die Straßen repariert und Forts
am Limes gebaut, worauf Sir AUREL STEIN schon aufmerksam gemacht
hat. Wie Cassius Dio erwähnt, hat Ardashir in dieser Zeit ohne Erfolg
Hatra angegriffen, und es liegt nahe, daß Hatra und Rom einander gegen
den gemeinsamen Feind gefunden haben. Von Singara aus ist Hatra ein
ausgezeichneter Vorposten in der Richtung von Seleucia–Ktesiphon. Die
Garnison war noch in Gordians Zeit in Hatra. Im Jahre 238, dem Jahre
der letzten datierten aramäischen Inschriften aus Hatra, unternahm
Ardashir seine zweite Offensive und belagerte dann auch Hatra (Cassius
Dio LXXX, 3, 2), weil die Stadt von höchster Bedeutung für einen Angriff
auf die Römer in Mesopotamien war. Wahrscheinlich ist Hatra dann lang-
jährig von den Sassaniden belagert worden und gehört in diese Zeit die
Konstruktion des Belagerungswalles um Hatra, obwohl sichere Beweise
dafür noch fehlen[85]. Hatra wurde von den Sassaniden im Jahre 551 (12.
April 240—1. April 241) eingenommen, wie aus dem griechischen Mani-
Codex (P. Colon. 4780) in Köln deutlich wird. Darin wird erzählt, daß Mani
seine zweite Offenbarung am 23. April 240 bekam, als er 24 Jahre alt
war, im selben Jahre, in dem Ardashir Hatra unterwarf und Shapur I.
gekrönt wurde[86]. Die Grabungen weisen bis heute nicht daraufhin, daß
Hatra mit Gewalt eingenommen wurde, was völlig übereinstimmt mit
den syrischen und arabischen Legenden über Hatras Untergang. Es ist
möglich, daß diese Legenden von manichäischer Herkunft sind, worauf
auch die Legenden über den Riesen Saṭîrûn deuten. Bekanntlich hat Mani
ein 'Buch der Giganten' verfaßt[87].

Die Grabungen in Hatra haben auch noch zwei Köpfe geliefert, die von
Miss J. M. C. TOYNBEE veröffentlicht wurden. Der erste ist ein Kopf Trajans aus Marmor, angefertigt von einem einheimischen Bildhauer, wahr-

---

[84] Erstmals veröffentlicht von J. M. FIEY, Sumer 8, 1952, 229; cf. OATES, Studies, 74f.;
MARICQ, Les dernières années, Syria 34, 1957, 294 = IDEM, Classica et Orientalia, 23,
wo der Text nochmals veröffentlicht ist mit geringen Verbesserungen; cf. DILLEMANN,
Haute Mésopotamie orientale, 129ff.

[85] Es ist durchaus möglich, daß der Wall in Zusammenhang steht mit der Belagerung durch
Septimius Severus.

[86] HENRICHS—KOENEN, Ein griechischer Mani-Codex, 120, 125—132; cf. X. LORIOT, art.
cit. (cf. Anm. 47), 760—762.

[87] Cf. W. B. HENNING, The Book of the Giants, BSOAS 11, 1943, 52—74; J. T. MILIK,
Problèmes de la Littérature hénochique à la Lumière des fragments araméens de Qumrân,
HThR 64, 1974, 333—378; IDEM, The Books of Henoch. Aramaic Fragments of Qumran
Cave 4, Oxford 1976, 298ff.

828 HENDRIK JAN WILLEM DRIJVERS

scheinlich nach römischen Münzen mit Trajans Bildnis. Der zweite ist aus Kalkstein angefertigt und ist deutlich eine Darstellung eines Römers, welche Stilmerkmale hat, die ins zweite Viertel des dritten Jahrhunderts gehören. Miss Toynbee glaubt, daß dieser Kopf Gaius Furius Sabinus Aquila Timesitheus darstellt, den Praetorianerpräfekten unter Gordian III., der im Jahre 243 im Orient kämpfte. Angesichts des genauen Datums der Einnahme von Hatra ist diese Suggestion hinfällig; wer dargestellt ist, bleibt dahingestellt; sicher ist es Gaius Furius nicht[88]. Interessant ist der große Einfluß, den der Okzident damals in Hatra ausübte, wie auch aus anderen Funden hervorgeht.

Die Hauptlinien von Hatras Geschichte haben so einiges Relief bekommen. Die wichtigste Epoche seiner Geschichte waren das zweite Jahrhundert, als die großen Tempel erbaut wurden, und die erste Hälfte des dritten Jahrhunderts bis 240/241. Hatras Untergang ist Teil der großen Weltkrise des dritten Jahrhunderts, und in den letzten Jahren seiner Geschichte hat Hatra zusammen mit den Römern hartnäckig gekämpft, um die Krise zu bewältigen. Hatra gehört so in zwei Welten hinein, in den Orient mit seinen zum Teil hellenistischen Traditionen und in den Okzident, wo die Römer Herr waren. Das zeigt sich auch in Hatras Religion und Kunst, wie die archäologischen Funde deutlich machen. Eine der ersten Bearbeitungen der Funde auf diesem Gebiet der Kultur hat das fast programmatisch in ihren Titel aufgenommen: 'Orient and Hellas in Art and Religion'[89].

4. Hatras Religion als synkretistische Erscheinung

Wenn die Religion in Hatra als eine synkretistische Erscheinung bezeichnet wird, so wird darunter nicht ein religiöser Mischmasch verstanden, sondern die Auffassung vertreten, daß die religiösen Phänomene in Hatra innerhalb verschiedener kultureller Rahmen verstanden und interpretiert werden können. Der arabische Sonnengott Šamaš, der Hauptgott im hatrenischen Pantheon, wird von einem Römer als *Sol Invictus* bezeichnet, und damit gelangt er in einen anderen kulturellen Kontext. Besser wäre vielleicht, ein derartiges Phänomen als Assimilation oder Adaptation anzudeuten und den mißverständlichen Terminus 'Synkretismus' überhaupt zu vermeiden.

Die klassischen Autoren wie Cassius Dio und Herodianos behaupten einstimmig, daß Šamaš, der Sonnengott, der wichtigste Gott in Hatra war (Taf. VIII). Auch die Münzen weisen darauf hin, tragen sie doch die Legende ḤṬRʾ DŠMŠ, 'eingefriedetes Gebiet von Šamaš', daher der Name Hatra

---

[88] J. M. C. Toynbee, Two Male Portrait-Heads of Romans from Hatra, Sumer 26, 1970, 231—235; Eadem, Some Problems of Romano-Parthian Sculpture at Hatra, JRS 62, 1972, 106—110.
[89] H. Ingholt, Parthian Sculptures from Hatra. Orient and Hellas in Art and Religion, New Haven 1954; J. Hoftijzer gab eine Übersicht über die hatrenische Religion in: 'Religio Aramaica', Leiden 1968, 51—61.

(Ḥaḍr)[90]. Eine von den beiden in Dura-Europos gefundenen zweisprachigen Inschriften — griechisch und aramäisch — in hatrenischer Schrift ist dem Šamaš allein geweiht; es handelt sich um eine Opfergabe von 100 Denarien, gestiftet von einem gewissen Malkion[91].

In den hatrenischen Weih- und Gedächtnisinschriften begegnet uns oft eine Göttertrias, bestehend aus MRN = Unser Herr, MRTN = Unsere Frau, und BRMRYN = Sohn unserer beiden Herren (i. e. Unseres Herrn und Unserer Frau). Die Trias begegnet z. B. in den Inschriften 25, 26, 29, 30, 50, 52, 53, 74, 75, 81, 82, 89, 151, 160, 173, 235, 281, bisweilen gefolgt von anderen Göttern, aber immer als erste genannt. Ein charakteristisches Beispiel ist z. B. Inschrift 52:

dkyr NŠRYHB br ḤYR'	„Gedacht (sei) NŠRYHB Sohn von HYR'
br WYLT BLG'	Sohn von WYLT BLG'
(l)ṭb wlšnpyr qdm	in Gutem und Schönem vor
MRN WMRTN WBRMRYN 'LT	MRN und MRTN und BRMRYN, Allât
wsmyt' klhyn h(w) wmn drhym lh	und alle *semeia*, er und jeder, der ihm lieb ist."

Ausgehend von der zweiten zweisprachigen Inschrift aus Dura-Europos hat J. T. MILIK dargelegt, daß die richtige Aussprache der drei Götternamen Mar^en, Mart^en und Bar-Marên ist[92].

Die genaue Identität der drei Götter der Trias ist nicht ganz klar. Es gibt zwei Inschriften, in denen Bar-Marên der Sohn des Šamaš heißt. In Inschrift 107 liest man, daß ein Sohn von Abîgad Šamaš geholfen hat beim Ausbau des großen Tempels (*hykl' rb'*), den „Bar-Marên für Šamaš, seinen Vater, gebaut hat"[93]. Diese Inschrift ist aufgefunden worden im zentralen Tempelkomplex und stammt höchstwahrscheinlich aus dem Anfang des zweiten Jahrhunderts, also aus der Zeit, als der Bau begann. Auch Inschrift 280 nennt Bar-Marên den Sohn des Šamaš. Auf Grund dieser Inschriften könnte man schließen, daß Šamaš, der Sonnengott, in Hatra bezeichnet und verehrt wurde als Mar^en, „Unser Herr". In zwei anderen Inschriften wird aber ein deutlicher Unterschied gemacht zwischen einerseits Mar^en und andererseits Šamaš; in Inschrift 74, Z. 4, werden sie nacheinander erwähnt als verschiedene Göttergestalten, und auch Inschrift 82 erwähnt Sanatruq I. als Verehrer des Gottes Šamaš und neben diesem Gott die Trias, Allât und die Semeia[94]. Daraus bekommt man den Ein-

---

[90] CAQUOT, Syria 29, 1952, 114; WALKER, The Coins of Hatra.

[91] DU MESNIL DU BUISSON, Syria 19, 1938, 147; A. CAQUOT, Syria 30, 1953, 245; INGHOLT, YCS 14, 1955, 131 ff. behandelte diese Inschrift; cf. MILIK, Dédicaces, 333 und J. NAVEH, Remarks on Two East Aramaic Inscriptions, BASOR 216, Dec. 1974, 9—11.

[92] MILIK, Dédicaces, 332—336.

[93] MILIK, Dédicaces, 377 ff. gibt eine ausführliche Erörterung aller mit dieser Inschrift verbundenen Probleme; cf. AGGOULA, Remarques, 97 ff., 102.

[94] AGGOULA, Remarques, 102; MILIK, Dédicaces, 401—404 für eine Besprechung dieser Inschrift.

druck, daß Mar^en und Šamaš nicht identisch sind. Das dadurch entstandene Problem kompliziert sich noch, weil in vier Inschriften gesprochen wird von *mrn nšr'*, „Unserem Herrn, dem Adler". Der sogenannte 'hellenistische' Tempel war vermutlich diesem Gott geweiht (Inschriften 79, 88, 155 und 232)[95]. Die Frage kann gelöst werden, wenn man Mar^en, den Sonnengott, und den Adler für identisch erklärt, bei der Annahme, daß der Adler das Symboltier des Sonnengottes sei[96]. Diese letzte These, die auf die Ansichten F. CUMONTS zurückgeht, ist aber nicht aufrechtzuerhalten nach H. SEYRIGS Untersuchungen über den Kult des Sonnengottes in Syrien[97]. Der Adler ist ohne Ausnahme das Symboltier des Himmelsgewölbes, und als solches figuriert er in der Ikonographie des Bêl und Ba'alshamîn in Palmyra[98].

B. AGGOULA hat eine andere Lösung angestrebt und behauptet, daß Mar^en ursprünglich der Hauptgott von Hatra war, der nachher mit Šamaš identifiziert wurde. Mar^en war also *«une divinité locale et bien connue . . . à la tête du panthéon»*. Der Aufstieg des Šamaš ist fremden Einflüssen zu verdanken: *«l'ascension rapide et inattendue de Shamash s'est opérée sous des influences étrangères et non pas locales»*[98a]. Es ist zweifelhaft, ob diese Lösung aufrechterhalten werden kann. Sie steht nicht im Einklang mit der Tatsache, daß der große Tempel für Šamaš gebaut wurde, wie die Inschriften einstimmig klar darlegen. Es wäre etwas merkwürdig, wenn die wichtigste Gottheit in Hatra dort ihre Stelle eingenommen hätte unter *«influences étrangères»*, von denen wir überhaupt nichts wissen. Zudem widerstreitet diese Annahme allem, was von religiösen Traditionen bekannt ist. Am wahrscheinlichsten ist es, daß der Kult des Šamaš in Hatra herkömmlicher Art ist. Im Augenblick kann man noch nicht entscheiden, ob es sich dann um den mesopotamischen Gott Šamaš handelt oder ob wir es hier mit Šamaš, dem Sonnengott der Araber, zu tun haben[99]. Diesem Gott war der große Tempel geweiht; dort fand er Verehrung zusammen mit einem jungen Gott, Bar-Marên, einem *dieu-fils*, wie aus Inschrift 280

---

[95] Sumer 21, 1965, 7; Sumer 22, 1966, S. d; KRUNIĆ, art. cit. 15—19.

[96] Das tun INGHOLT, Parthian Sculptures, W. AL-SALIHI, The Sculptures of Divinities, und fast alle andere Autoren; Zweifel wurden geäußert von J. HOFTIJZER, Religio Aramaica, 54; das einschlägige Material wird ausführlich erörtert in meinem in Anm. 10 erwähnten Aufsatz 'Mithra at Hatra?'. Die hier folgenden Ausführungen geben davon eine Zusammenfassung.

[97] F. CUMONT, L'Aigle funéraire d'Hiérapolis et l'apothéose des empereurs, Etudes Syriennes, Paris 1917, 35ff.; H. SEYRIG, Le douteux aigle solaire, Syria 48, 1971, 371—373; cf. H. J. W. DRIJVERS, Some New Syriac Inscriptions and Archaeological Finds from Edessa and Sumatar Harabesi, BSOAS 36, 1973, 11f.

[98] Cf. P. COLLART, Aspects du culte de Baalshamîn à Palmyre, Mélanges offerts à Kazimierz Michalowski, Warschau 1966, 325—337; IDEM, Le Sanctuaire de Baalshamin à Palmyre I, Rome 1969, 201—246; H. SEYRIG, Nouveaux monuments palmyréniens des cultes de Bêl et de Baalshamîn, Syria 14, 1933, 253ff. = IDEM, Antiquités syriennes (AS) 1, Paris 1934, 102ff.; IDEM, Bêl de Palmyre, Syria 48, 1971, 85ff.

[98a] AGGOULA, Remarques, 102.

[99] Cf. H. W. HAUSSIG, Götter und Mythen im vorderen Orient, Wörterbuch der Mythologie I, Stuttgart 1965, 126; 467f.; am wahrscheinlichsten ist, daß es sich hier um den arabischen Gott handelt.

hervorgeht. Neben Šamaš, dem Sonnengott, gibt es im hatrenischen Pantheon den Adlergott, *Nšr'*, der einen eigenen Tempel hat. Er war ein Himmelsgott, ein *kosmokrator*, und das erklärt seine engen Beziehungen zu den Königen von Hatra. Wahrscheinlich unter fremden Einflüssen ist im Laufe des zweiten Jahrhunderts das Theologumenon einer Trias in Hatra entwickelt worden; das hat dazu geführt, daß Šamaš als Mar^en bezeichnet wurde und der junge Gott als Bar-Marên. Um die Trias zu vervollständigen, brauchte man eine weibliche Gottheit, und das wurde Mart^en, vielleicht eine Mondgöttin. Neben ihr fanden in Hatra Allât und Atargatis Verehrung; letztere Göttinnen werden oft genannt, während Mart^en niemals gesondert in den Inschriften vorkommt, nur im Zusammenhang der Trias. Der zentrale Tempel war für Šamaš und den jungen Gott gebaut, die beide dort einen Iwân besaßen. Mart^en hat keinen gesonderten Tempel, auch keinen Iwân im zentralen Tempel. Das alles weist daraufhin, daß besonders die Trias eine theologische Konstruktion ist, vielleicht von den Priestern unter fremdem Einfluß entwickelt, und daß der Kult des Šamaš und des Adlers in Hatra althergebracht war. Darauf weisen auch die vielen Eigennamen, die mit *šmš* und *nšr'* zusammengesetzt sind[100]. Wenn Sanatruq I. einen gesonderten Tempel für Šamaš hat bauen lassen, hinter dem großen Tempel und mit ihm verbunden, so kann man daraus schließen, daß Šamaš seine eigene Identität behalten hat, auch wenn der große Tempel nun in erster Linie der Trias geweiht war. Diese Verschiebung hat im Laufe des zweiten Jahrhunderts stattgefunden, und vielleicht kann die Bildung der heliopolitanischen Trias — Jupiter Heliopolitanus = Hadad, Venus = Atargatis und Hermes/Dionysos = ein *dieu-fils* — als Muster für die theologisch-konstruktiven Gedanken der hatrenischen Priester betrachtet werden[101]. Die religiöse Persönlichkeit des Bar-Marên kann diese Hypothese noch ein wenig verstärken. HOFTIJZERS Ansicht, daß Bar-Marên der Gott Nergal — in Hatra oft Nergôl geschrieben — sei, kann als unhaltbar betrachtet werden[102]. W. AL-SALIHI meint, daß Bar-Marên der Mondgott Sîn ist, hauptsächlich auf Grund der Münzen mit der Legende *Syn Mrlh'*, „Sîn, Herr der Götter", die J. WALKER nach der Schrift als hatrenische Münzen betrachtet hat[103]. Mit J. T. MILIK sollte man aber annehmen, daß diese Münzen nicht zur

---

[100] Cf. die Aufzählung bei HOFTIJZER, Religio Aramaica, 54, Anm. 16.

[101] Cf. H. SEYRIG, Syria 31, 1954, 86f. = AS 5, Paris 1958, 105f.; Syria 37, 1960, 248f., Syria 39, 1962, 211; Syria 40, 1963, 25—28 = AS 6, Paris 1966, 94f., 118f., 127—130. IDEM, La triade héliopolitaine et les temples de Baalbek, Syria 10, 1929, 314—356; S. RONZEVALLE, Jupiter Héliopolitain. Nova et Vetera, MUSJ 21, 1937; H. SEYRIG, Nouveaux Monuments de Baalbek et de la Beqaa, BMB 16, 1961, 109—135; IDEM, Bas-relief de la triade de Baalbek trouvé à Fneidiq, BMB 12, 1955, 25—28; R. DUSSAUD, Temples et cultes de la triade héliopolitaine, Syria 23, 1942, 33—77.

[102] HOFTIJZER, Religio Aramaica, 52; er stützt sich auf Inschrift 81, wo Nergal nach Mar^en und Mart^en erwähnt wird.

[103] WALKER, The Coins of Hatra, 170ff. (Type B); W. I. AL-SALIHI, The Sculptures of Divinities, 122; IDEM, New Light on the Identity of the Triad of Hatra, Sumer 31, 1975, 75—80 (und Abb. 1—6).

hatrenischen Münzenart gehören und eher Harrân oder Singara zugeschrieben werden sollten[104]. Nirgendwo in den hatrenischen Inschriften begegnet uns der Mondgott Sîn, der in Harrân und Edessa Marelahê, „Herr der Götter", genannt wird[105]. In Hatra wurde Ba'alshamîn, der „Himmelsherr", als solcher bezeichnet[106]. Gerade weil Sîn nicht in den Inschriften erwähnt wird, hat AL-SALIHI geschlossen, daß er sich hinter Bar-Marên verstecke, um so mehr, da in der Ikonographie Bar-Marên mit Nimbus und Mondsichel dargestellt wird. Das deutet aber nicht daraufhin, daß er Mondgott ist, sondern eher, daß er als Mitglied der Trias Sohn von Sonne und Mond ist. Bar-Marên wird daneben als Apollo dargestellt, von dem eine schöne Statue aufgefunden worden ist, eine römische Kopie eines Bildes aus der Schule des Lysippos, und auch als Bakchos-Dionysos begegnen wir ihm[106a]. Von Bakchos wurde ein schöner bronzener Kopf gefunden, geschmückt mit Weinranken und Trauben, mit der folgenden Inschrift: „Der Herr Š'dw, der Sohn des ... für Bar-Marên" (Inschrift 222). Bar-Marên ist also ein typischer junger Gott, wie Dusares, der Gott der Nabatäer, der auch als Dionysos betrachtet und dargestellt wird, und vergleichbar mit dem jungen Gott in Heliopolis-Baalbek, der zugleich Hermes und Dionysos ist (Taf. V). Diese Götter gehören zum Typus des Kulturbringers; sie überwachen den Weinbau und das Kleinvieh und lehren die Menschen vielerlei Künste. Es ist daher nicht zu verwundern, daß Bar-Marên einen Tempel für seinen Vater Šamaš baut und spezielle Beziehungen zu den Architekten und Bildhauern unterhält[107]. Diese werden oft von ihm in Träumen instruiert. Wenn man hinter Bar-Marên einen bekannten semitischen Gott suchen will, kommt vielleicht der mesopotamische Gott Nabû in Betracht, der sich in späteren Jahrhunderten einer großen Verehrung erfreute. Er kommt oft zusammen mit Bêl, dem „Herrn", vor, und als solcher ist er in Edessa zu finden. Nebo war der Gott der Schreibkunst und Weisheitsgott und erscheint auch in einem neuassyrischen Hymnus als Öffner der Quellen und Förderer des Getreidewuchses. Genau dieselben Charakterzüge trägt Hermes Heliopolitanus, und mit diesem ist Bar-Marên in erster Linie zu vergleichen[108].

Aus dem oben Dargestellten geht zur Genüge hervor, daß jedenfalls zwei der Götter der Trias älter sind als die Trias selber, die als theologische Konstruktion betrachtet werden muß. Bekanntlich sind auch die

---

[104] MILIK, Dédicaces, 362, 399.

[105] DRIJVERS, Some New Syriac Inscriptions, 5, und Anm. 35.

[106] Cf. MILIK, Dédicaces, 400; auch in Palmyra trägt Ba'alshamîn den Titel 'Herr der Götter' (mr' 'lh'), cf. M. GAWLIKOWSKI, Nouvelles inscriptions du Camp de Dioclétien, Syria 47, 1970, 316f.

[106a] Cf. Sumer 23, 1967, S. d und die Abbildung.

[107] MILIK, Dédicaces, 377ff. für die Eigenart Bar-Marêns; cf. H. SEYRIG, Bêl de Palmyre, 100ff.; B. AGGOULA, Une «décanie» à Hatra, Semitica 22, 1972, 53—55 übt Kritik an MILIKS Ansichten; die Inschrift 281 liefert wichtige Kenntnisse für den Charakter Bar-Marêns.

[108] Cf. die in Anm. 101 genannte Literatur und 'Wörterbuch der Mythologie' I, 106f.

palmyrenischen Göttertriaden künstlich-theologische Bildungen, zusammengesetzt aus herkömmlichen einheimischen Göttergestalten[109].

Große Verehrung fand der Gott Hercules in Hatra; zahllose Bilder und Statuen von ihm wurden aufgefunden; Tempel VII war ihm geweiht und vielleicht Tempel IX, wo er zusammen mit Šamaš, Sol Invictus, verehrt wurde, wenn jedenfalls die lateinischen Inschriften, die im Tempel IX gefunden wurden, genaue Auskunft über die dort verehrten Götter erteilen. In manchen Tempeln hat Hercules die Funktion des *synnaos theos*[110]. Rund vierzig Bilder oder Fragmente davon sind bisher gefunden worden[111], nicht nur in Tempeln, sondern auch z. B. im Nordtor der Stadt[112]. Dort wurde eine große Hercules-Statue in einer Kultnische gefunden und in der Nähe davon ein Altar, der zugleich als Opferstock diente. Es ist auffallend, daß auch die anderen Opferstöcke, die bisher in Hatra oder in dieser Gegend ans Tageslicht gefördert wurden, mit Bildern aus der Herculeslegende geschmückt sind[113]. In der Kultnische steht eine Inschrift in der Wand eingraviert, die den Gott Nergal erwähnt. Dieser wird bezeichnet als *dḥšpṭ'* = Oberwächter, welcher Titel ihm auch in anderen Inschriften beigelegt wird (Inschrift 145, 279). Die Wächterfunktion war sehr geeignet für einen Gott, der das Tor überwacht und so das Feindliche von der Stadt abwehrt. Daraus darf man schließen, daß in Hatra Hercules mit Nergal identifiziert wurde, was auch aus dem zehnten Tempel hervorgeht, der namentlich dem Nergal geweiht war. Dort wurden viele Bilder von Hercules aufgefunden und überdies Bildnisse des nackten Nergal, also eine Art von Darstellung, die Hercules vorbehalten war[114]. Auch ein Altar des Nergal wurde entdeckt, worauf der Gott mit einem Schmuck dargestellt ist, der sonst von Hercules getragen wird[115]. Nergal wird von Hunden begleitet und auch selber als Hund bezeichnet (Inschrift 71), was gut zu seiner Wächterfunktion paßt. In Mesopotamien ist Nergal der Unterweltsgott, der auch kriegerische Züge aufweist und als solcher das Feindesland bekämpft. In der mesopotamischen Ikonographie wird Nergal als Gott mit Sichelschwert und einer Keule mit zwei Löwenköpfen dargestellt, wie er auf einen im Gebirge besiegten Feind tritt[116]. Auch ikonographisch gibt es also Anhaltspunkte für die Assimilation des Hercules an Nergal. Beide haben

---

[109] SEYRIG, Bêl de Palmyre, Syria 48, 1971, 89—100.

[110] Cf. die sub Anm. 83 genannte Literatur und A. D. NOCK, Σύνναος Θεός, HSCP 41, 1930, 1—62 = IDEM, Essays on Religion and the Ancient World I, Oxford 1972, 202—251.

[111] Cf. Anm. 83 und W. I. AL-SALIHI, The Sculptures of Divinities, 63—100; Abb. 26—64; HOMÈS-FREDERICQ, Hatra et ses sculptures Parthes, 50, 60.

[112] W. I. AL-SALIHI, Hercules-Nergal at Hatra (II), Iraq 35, 1973, 65—68.

[113] S. DOWNEY, Cult Banks from Hatra, Berytus 16, 1966, 97—109.

[114] W. I. AL-SALIHI, Hercules-Nergal at Hatra, Iraq 33, 1971, 113—115.

[115] S. B. DOWNEY, A New Relief of Nergal from Hatra, Sumer 26, 1970, 227—229.

[116] E. PORADA—F. BASMACHI, Sumer 7, 1951, 66—68 = A. PARROT, Glyptique mésopotamienne, Paris 1954, No. 260; cf. 'Wörterbuch der Mythologie' I, 109f. und H. SEYRIG, Héraclès-Nergal, Syria 24, 1944, 77—79; in meinem Aufsatz 'Mithra at Hatra?' werden die ikonographischen Merkmale des Nergal-Reliefs im Rahmen der Ikonographie der mesopotamischen Religionen analysiert.

mit der Unterwelt zu tun, haben eine Wächterfunktion und sind Kämpfer, die Feinde abwehren. Das Kriegerische im Zusammenhang mit dem Schützenden ist so kennzeichnend für die politische Geschichte von Hatra, daß es nicht Wunder nimmt, wenn diese Erfahrungen auch ihren Niederschlag in der Religion gefunden haben. Charakteristisch ist, daß auf diese Weise in Hatra alte assyrische Traditionen fortgesetzt werden. Das Nordtor in Niniveh, der Hauptstadt des assyrischen Reiches, war bekannt als das Nergal-Tor, vielleicht weil Nergal dort als Wächter fungierte, um die Feinde und das Böse abzuwehren, das nach althergebrachter Vorstellung aus dem Norden kommt.

Auch die übrigen Daten auf dem Gebiet der Religion deuten darauf, daß man es in Hatra mit einem rein semitischen Pantheon zu tun hat, in dem einheimische Traditionen fortgesetzt werden und daneben semitische Traditionen aus dem Westen ihren Platz gefunden haben, wie auch die Bewohner der Wüste ihren Beitrag geliefert haben.

Als Götter aus dem westsemitischen Gebiet können Baʿalshamîn, Atargatis, Šaḥiru und Šalman betrachtet werden. Der erstgenannte hatte einen eigenen Tempel in Hatra (Tempel 3) und wird in den Inschriften ʿKönigʾ genannt und ʿgroßer Gottʾ und ʿSchöpfer der Erdeʾ[117]. Atargatis ist die Dea Syria aus Hierapolis, die in den Inschriften oft auf Baʿalshamîn folgt (Inschrift 29, 30) und vielleicht in einer besonderen Beziehung zu ihm stand[118]. Šaḥiru, ʿMorgendämmerungʾ, war der Inhaber des Tempels D; Tempel C war Šalman geweiht. Diesen beiden Göttern begegnen wir schon in einem ugaritischen Gedicht über die Geburt der Zwillingsgötter Šaḥr und Šalim, Morgendämmerung und Abenddämmerung, die starke Ähnlichkeit mit allerlei Götterpaaren aufweisen, die diese Himmelserscheinungen verkörpern[119].

Die wichtigste Göttin der arabischen Wüstenbewohner, Allât, ist auch in Hatra belegt (Inschriften 52, 74, 75, 82, 151). Sie wird dargestellt als Athena mit Helm und Schild, auf einem Löwen stehend[120]. Auch in Palmyra erscheint Allât als Athena in ihrer Rüstung.

Eine andere Erscheinung in der hatrenischen Religion, die Beziehungen zu dem westsemitischen Gebiet aufweist, ist das *semeion/ smyʾ*, ʿStandarteʾ, die in verschiedenen Formen in Hatra begegnet[121]. H. INGHOLTS Ansicht,

---

[117] Inschriften 16, 17, 23, 24, 25, 29, 30, 49; cf. R. DU MESNIL DU BUISSON, De Shadrafa, dieu de Palmyra, à Baʿal Shamîm, dieu de Hatra, aux IIe et IIIe siècles après J.-C., MUSJ 38, 1962, 143—160; H. J. W. DRIJVERS, Baʿal Shamîn, de Heer van de Hemel, Assen 1971.

[118] Auch in Hierapolis bildet Atargatis eine Dyade mit einem Himmelsgott (Hadad, Baʿalshamîn?); cf. H. SEYRIG, Bas-relief des dieux de Hiérapolis, Syria 49, 1972, 104—108.

[119] Wörterbuch der Mythologie I, 306f., 406; DRIJVERS, The Cult of Azizos and Monimos at Edessa, Ex Orbe Religionum, Festschrift G. Widengren, Vol. I, Leiden 1972, 355—371; cf. J. STARCKY, Relief dédié au dieu Muʿnîm, Semitica 22, 1972, 57—65.

[120] W. I. AL-SALIHI, The Sculptures of Divinities, 100—115, Abb. 65—74; cf. Wörterbuch der Mythologie I, 422ff.; S. B. DOWNEY, A Goddess on a Lion from Hatra, Sumer 30, 1974, 175—178.

[121] S. B. DOWNEY, A Preliminary Corpus of the Standards of Hatra, Sumer 26, 1970, 195—225.

der im *semeion* ein Himmelssymbol sah, ist nicht zu halten[122]. Das *semeion* besteht aus einer Standarte mit runden Ringen, gekrönt von einem Adler, und einer Mondsichel. Darunter gibt es sechs, fünf oder vier Ringe mit verschiedenen Symbolen. Die Standarte hat als solche große Ähnlichkeit mit dem berühmten *semeion* im Kult von Hierapolis[123]. Diese Standarten genossen göttliche Verehrung und werden in den Inschriften als gleichwertig mit den Göttern erwähnt[124]. Das Element *smy'* erscheint auch als theophores Element in den Eigennamen, z. B. Abdusimya und Barsemias. Diese Standarten, in gewissem Sinne zu vergleichen mit den Standarten der römischen Legionen, dienten verschiedenen Zwecken und waren verbunden mit verschiedenen Gruppen oder Personen. So begegnet das *semeion* von *BT 'QB'*, aller Wahrscheinlichkeit nach einer bestimmten Sippe[125], und das *semeion* der *BNY 'QLT'* des Bar-Marên (Inschrift 280), womit vielleicht eine Gruppe Verehrer (Akolythen?) angedeutet wird. Ein eigener Funktionär war betraut mit der Sorge für das *semeion*; Inschrift 56 nennt diesen 'Meister des Semeions', offensichtlich war er ein religiöser Funktionär. Oft steht das *semeion* in direkter Beziehung zu der Trias oder zu anderen Göttern. Eine eindeutige Erklärung für dieses Phänomen ist also nicht zu geben. Das *semeion* hat eine schützende Wirkung oder repräsentiert den Gott oder die Götter, so daß es auch Opfer empfängt. Als solches ist es ein Zeichen für den symbolhaften Charakter vieler religiöser Phänomene und darf daher mit Recht als *signum* betrachtet werden.

In mancher Hinsicht aber ist die Religion in Hatra eine Fortführung mesopotamischer religiöser Traditionen. So begegnet in Hatra der Priestertitel *aphkala*, der von den Assyrern herstammt[126]. Naṣrw, Sanatruqs I. Vater, trägt diesen Titel nach den Inschriften 33 und 67.

Der fünfte Tempel, der in einer besonderen Beziehung zur königlichen Familie steht, hat Wandmalereien mit rituellen Darstellungen ans Licht gebracht, die sich in den Räumen der Priesterin Martabu befanden. In mancher Hinsicht sind diese Malereien zu vergleichen mit demjenigen, was in Dura-Europos gefunden wurde, aber vieles ist noch ungeklärt[127]. Die Priesterinnen dieses Tempels sind zu vergleichen mit den römischen Vestalinnen, weil sie als adlige Damen die kultische Keuschheit üben.

---

[122] INGHOLT, Parthian Sculptures, 17ff.; cf. A. CAQUOT, Note sur le Semeion et les inscriptions araméennes de Hatra, Syria 32, 1955, 59—69; MILIK, Dédicaces, 408ff.

[123] H. SEYRIG, Bas-relief des dieux de Hiérapolis, Syria 49, 1972, 104ff. und Pl. I.

[124] Inschriften 3, 52, 75, 82, 151, 201, 280; cf. MILIK, Dédicaces, 406ff.

[125] Inschrift 3; cf. INGHOLT, Parthian Sculptures, 24—27; 37—43; J. PIRENNE, Beth 'QB', temple, nappe d'eau ou vie future?, GLECS 7, 1957, 113—114 und 'Sacra Pagina' I, 1951, 290—296; R. VAN DEN BRANDEN, HSMY — SMY' et RHY 'QBT-BT 'QB' dans les textes de Safâ et de Hatra, Al-Mashriq 54, 1959, 217—230.

[126] Cf. J. TEIXIDOR, Notes hatréennes III. Le titre d'«aphkala», Syria 43, 1966, 91—93; R. BORGER, Assyrische und altarabische Miszellen, Orientalia 26, 1957, 8f. Der Name *sgyl* für den großen Tempel in Inschrift 107, Z. 6 steht m. E. in Zusammenhang mit dem *esangila* in Babylon, cf. auch A. R. MILLARD, JSS 21, 1976, 174ff., der das Wort in einer aramäischen Inschrift aus Teima wiederfindet.

[127] HAFIDH AL-DUROUBI, Ritual Scenes in the Fifth Temple at Hatra, Sumer 26, 1970, 143—162 (mit Abbildungen); cf. MILIK, Dédicaces, 371ff.

Alles zusammengenommen können wir nur Grundzüge angeben, die
später noch korrekturbedürftig sein mögen. Manche Einzelheiten sind noch
unklar und künftigen Untersuchungen vorbehalten. Abschließend können
wir die Kultur von Hatra aber kurz skizzieren.

5. Die Kultur von Hatra

In religiöser Hinsicht ist Hatra eine semitische Stadt, wo semitische
Götter Verehrung fanden, die Tempel mesopotamische Traditionen fort-
führten und wahrscheinlich die althergebrachten Mythen im Kult eine
Rolle spielten. Nur dann fand Angleichung an griechisch-römische religiöse
Vorstellungen statt, wenn die Eigenart der Religion dazu Anlaß gab, wie
im Falle der Assimilation Nergals an Hercules.

Auf dem Gebiet der mehr materiellen Kultur begegnen wir den Merkmalen der parthischen Kunst in den Darstellungen von Menschen und
Göttern, wie der Frontalität und der Symmetrie, dem statischen Charakter
der Dargestellten usw.[128]. Daneben finden wir rein griechische Statuen oder
römische Kopien, die wahrscheinlich nach Hatra importiert sind. Auch die
Baukunst ist eine Mischung aus mesopotamischen und parthischen Elementen und bisher noch ungenügend studiert[129].

Jedenfalls ist klar, daß in Hatra ein Ausläufer des orientalischen
Hellenismus erscheint, der orientalische mit griechischen Elementen vereinigt und hier nicht unmittelbar von den Römern im Nahen Osten beeinflußt ist, was in Palmyra noch der Fall gewesen sein könnte. Man hat
hellenistische oder griechisch-römische Vorbilder gekannt, aber diese auf
eigene Weise selbständig verarbeitet[130].

Eigentlich iranische oder parthische Elemente sind in Hatra selten,
höchstens findet man sie in der Titulatur[131] und in gewissen Bauweisen und
Trachten[132]. Das Semitische ist aber vorherrschend, erscheint jedoch in
einer orientalisch-hellenistischen Verkleidung, in der vielerlei Einflüsse sich
fühlbar machen. Das Orientalische wird aber nicht durch griechisch-
römische Einflüsse verdrängt, und das griechische Ideal *"of recreating nature
in an aesthetically satisfying form"* ist von den einheimischen Künstlern

---

[128] Cf. Homès-Fredericq, Hatra et ses sculptures parthes; Fukai, The Artifacts of Hatra
and Parthian Art; Schlumberger, L'Orient hellénisé; Colledge, The Parthians,
143ff.

[129] Cf. H. Lenzen, AA 1955, 334ff.; Idem, Gedanken über den großen Tempel in Hatra, Sumer
11, 1955, 93—106; Colledge, The Parthians, 115—142.

[130] Toynbee, Some Problems of Romano-Parthian Sculpture at Hatra, JRS 62, 1972, 106—110,
spricht von *pattern-books*.

[131] D. Harnack, Parthische Titel, vornehmlich in den Inschriften aus Hatra. Ein Beitrag
zur Kenntnis des parthischen Staates, in: F. Altheim—R. Stiehl, Geschichte Mittel-
asiens im Altertum, Berlin 1970, 492—549.

[132] Auch in dieser Hinsicht sind Hatra und Palmyra zu vergleichen; cf. H. Seyrig, Armes et
costumes iraniens de Palmyre, Syria 18, 1937, 4—31; Idem, Remarques sur la civilisation
de Palmyre, Syria 21, 1940, 328—337.

und Architekten niemals angestrebt worden[133]. Nur hellenistische Motive
sind übernommen worden und oft so verarbeitet, daß sie unkenntlich wurden und für Griechen als barbarisch galten. Auch die Römer haben wahrscheinlich dieselbe Erfahrung gemacht, wenn sie für kurze Zeit in Hatra
verweilten. Daher haben die römischen Soldaten und Offiziere die *religio
loci* dem Sol Invictus gleichgesetzt und Hercules, der die Stadt oft gegen
Feinde geschützt hat, eine Votivinschrift gewidmet *pro salute domini nostri
augusti*.

II. Palmyra

1. Die geschichtliche Entwicklung der Stadt Palmyra und ihrer Beziehungen zu Rom

Die älteste Geschichte von Palmyra ist durchaus unbekannt, obwohl
Bewohner der Oase schon zu Anfang des zweiten Jahrtausends v. Christi
Geburt in assyrischen Dokumenten genannt wurden[134]. Man darf annehmen, daß die Oase durch die Jahrhunderte hindurch von aramäischen und
arabischen Wüstenbewohnern besiedelt gewesen ist. Der Autor der Chronikbücher des Alten Testaments nennt 'Tadmor in der Wüste' (I Chron 8:1—6)
als eine der Städte, die Salomo erbaut hätte[134a]; daraus darf man vielleicht
schließen, daß die Palmenoase zu Anfang der hellenistischen Epoche, als
die Chronikbücher geschrieben wurden, eine gewisse Bekanntheit gehabt
hat; Überreste aus dieser und aus früheren Zeiten sind aber nicht erhalten
geblieben[135].

Aus dem ersten Jahrhundert v. Chr., als die Römer im Vorderen Orient
erschienen, stammen die ältesten archäologischen und literarischen Zeugnisse, die Palmyra uns bewahrt hat[136]. In diesem Jahrhundert wurde der
Tempel der palmyrenischen Götter Bêl und Yarhibôl in Dura-Europos
erbaut[137], und auf diese Zeit nimmt ein Bericht des Appian Bezug, wo

---

[133] COLLEDGE, The Parthians, 165.

[134] Vgl. P. DHORME, Palmyre dans les textes assyriens, Revue Biblique 33, 1924, p. 106 sq.;
J. STARCKY, Artikel 'Palmyre' im 'Supplément au Dictionaire de la Bible' VI, Paris 1960,
1066—1103.

[134a] Tadmor ist der alte semitische oder amoritische Name Palmyras; heutzutage wird das
Dorf noch immer so genannt.

[135] Ausgenommen die bis in das dritte Jahrtausend datierten Funde MESNIL DU BUISSONS:
R. DU MESNIL DU BUISSON, La découverte de la plus ancienne Palmyre: ville amorite de la
fin du millénaire, Archeologia (Paris) 16, 1967, 50 sq.; IDEM, Bull. Soc. Nat. Antiq. de
France, 1966, 86—89; IDEM, BiOr 24, 1967, 20 sq.; cf. M. GAWLIKOWSKI, Le temple
palmyrénien, Warszawa 1973, 9—12.

[136] H. SEYRIG, Ornamenta Palmyrena antiquiora, Syria 21, 1940, 277—328 = AS 3, Paris
1946, 64—115; IDEM, Sculptures palmyréniennes archaïques, Syria 22, 1941, 31 sq. = AS 3,
124—137; J. STARCKY, Inscriptions Archaïques de Palmyre, Studi Or. G. Levi della Vida
2, Roma 1956, 509—528.

[137] Comte DU MESNIL DU BUISSON, Inventaire des Inscriptions Palmyréniennes de Doura-
Europos, Paris 1939, 3 nr. 1.

dieser schreibt, daß Palmyra zwischen den beiden Großmächten der Zeit, den Römern und Parthern, eine Zwischenstellung einnimmt[138]. Diese Zwischenstellung hatte Palmyra sowohl geographisch als auch politisch und kulturell, und diese Stellung hat ihrerseits Los und Entwicklungsgang dieser Stadt weitgehend bestimmt. Schon früh hatten die Römer Interesse für Palmyra gezeigt, wie derselbe Appian erzählt, wenn er schreibt, daß Antonius im Jahre 41 v. Chr. mit seiner Kavallerie Palmyra plündern wollte. Die Palmyrener zogen sich aber 'hinter' den Euphrat zurück, und Antonius folgte ihnen dorthin nicht. Seine Expedition blieb also erfolglos[139]. Aus diesem Bericht kann man aber schließen, daß Palmyra damals schon den Ruf einer reichen Stadt gehabt hat und nicht zu der von Pompeius ins Leben gerufenen Provinz Syria gehörte.

Während der Regierung des Tiberius haben sich die ersten Verbindungen zwischen Rom und Palmyra entwickelt. Zwischen 11 und 17 n. Chr. — in dieser Zeit war Creticus Silanus *legatus* in Syrien — ist westlich von Palmyra eine Grenze festgesetzt worden, wie aus einem *cippus* hervorgeht, der von SCHLUMBERGER in Khirbet el Bilias gefunden wurde[140]. Dieser *cippus* wurde unter Kaiser Antoninus Pius aufgerichtet, als er die frühere Grenze der *regio Palmyrena* wiederherstellte. Man darf also voraussetzen, daß im Anfang des ersten Jahrhunderts n. Chr. friedliche Beziehungen zwischen Römern und Palmyrenern bestanden haben, um so mehr da Germanicus, wahrscheinlich während seines *imperium maius* in Syrien in den Jahren 18/19, einen Palmyrener namens Alexandros als Gesandten zu den Kleinstaaten am persischen Meerbusen schickte. Hier hatten die Palmyrener Faktoreien für den Warenhandel u. a. mit China. Leider ist die diesbezügliche griechische Inschrift ziemlich bruchstückhaft, so daß Alexandros' Auftrag unbekannt bleibt[141].

In derselben Zeit hat der Legat der *legio X Fretensis*, Minucius Rufus, eine Gruppe von Statuen des Tiberius, Drusus und Germanicus im Heiligtum des Bêl errichten lassen, wo das Postament gefunden worden ist[142]. Die Legion war in Carrhae stationiert, wo Germanicus sie besuchte[143]. Es ist völlig unbekannt, was das Ziel des Besuches dieses Legaten war; vielleicht diente der Besuch militärischen Zwecken, weil Palmyra im Grenz-

---

[138] Appianus, Bellum Civile V, 37: ὅτι ʿΡωμαίων καὶ Παρθυαίων ὄντες ἐφόριοι ἐς ἑκατέρους ἐπιδεξίως εἶχον.

[139] Bellum Civile V, 9.

[140] D. SCHLUMBERGER, Bornes frontières de la Palmyrène, Syria 20, 1939, 61.

[141] J. CANTINEAU, Textes palmyréniens du temple de Bêl, Syria 12, 1931, 139, Übersetzung aus dem Palmyrenischen: «... *qui est surnommé Alexandre*
                               ... *Palmyrénie, parce qu'il fait* (?)
                               ... *auparavant* (?) *et Germanicus l'a envoyé*
                               ... *de Maisan, et chez Orabzès*
                               (*à l'exception de, sans*) ...
                               ... *Samsigeram roi d'Emèse, roi suprême*»

[142] H. SEYRIG, L'incorporation de Palmyre à l'Empire romain, Syria 13, 1932, 274, appendice, 1 = AS 1, 52.

[143] Tacitus, Ann. II, 57, 2; H. SEYRIG, L'incorporation, 267 und Anm. 6.

gebiet zwischen Römern und Parthern lag. Darauf deutet auch ein Meilenstein hin, welcher in Erek gefunden wurde, 27 km ONO von Palmyra. Dieser Stein wurde aufgerichtet vom *legatus pro praetore* M. Ulpius Traianus, dem Vater des gleichnamigen Kaisers, im Jahre 75 n. Chr.[144]. Plinius erwähnt, daß der Sohn seinem Vater half, den Parthischen Lorbeer zu erobern[145]. Der Weg, von dem dieser Meilenstein Zeugnis ablegt, kann also im Zusammenhang stehen mit Konflikten zwischen Vespasian und Vologasos, dem Partherkönig. Letzterer rief Vespasian zu Hilfe gegen die Alani, aber der Kaiser schickte die erbetene Hilfe nicht[146].

Diese fragmentarischen Quellen weisen jedenfalls daraufhin, daß Palmyra in den Wirkungskreis Roms geraten war, wovon es auch wirtschaftlich in starkem Maße abhängig war[147]: Das reiche Rom kaufte die Luxuswaren, die die palmyrenischen Kaufleute vom Orient in den Okzident beförderten[148]. Das genaue politische Verhältnis zwischen Palmyra und Rom ist nicht ganz klar. In gewissem Sinne aber war Palmyra bestimmt ein Vasallenstaat Roms.

Wenn Plinius der Ältere, Historia Naturalis V, 88, mitteilt, daß Palmyra in seiner Zeit unabhängig war von den zwei Großmächten, so kann das mit Recht bezweifelt werden, wie Mommsen seinerzeit schon tat, weil dieser Bericht einen recht anachronistischen Eindruck macht[149]. J. Carcopino hat mit Recht darauf hingewiesen, daß Plinius' Bericht mit dem früher genannten Text des Appian fast gleichlautend ist und daß die beiden vielleicht aus derselben Quelle stammen[150].

---

[144] H. Seyrig, L'incorporation, 276, appendice 2.

[145] Plinius, Panegyricus 14: *Non incunabula haec tibi, Caesar, et rudimenta, cum puer admodum Parthica lauro gloriam patris augeres . . . ?*

[146] Suetonius, de vita Domitiani II, 2, vgl. für Konflikte, die es möglicherweise gab: Aurelius Victor, Liber de Caesaribus 9, 10: *Ac bello rex Parthorum Vologesus in pacem coactus . . .* und die Epitome de Caesaribus 9, 12: *Rex Parthorum metu solo in pacem coactus est.*

[147] Ein weiterer Hinweis dafür ist möglicherweise das Vorkommen einer Phyle Klaudias in Palmyra (s. Février, Essai sur l'histoire politique et économique de Palmyre, Paris 1931, 17), welche Phyle aber keine einheimische gewesen sein mag, s. J. T. Milik, Dédicaces faites par des dieux, Paris 1972, 259. Es gibt eine lateinische Inschrift, wo Kaiser Nero das Subjekt ist (Seyrig, Le statut de Palmyre, Syria 22, 1941, Appendice 175 = AS 3, Appendice 162). Die Bauten Palmyras aus dem zweiten Viertel des ersten Jahrhunderts sind fast völlig im syrisch-römischen Stil, s. H. Seyrig, Ornamenta Palmyrena antiquiora, Syria 21, 1940, 277—328 = AS 3, 64—115, und Ders., Remarques sur la civilisation de Palmyre, Syria 21, 1940, 277—337 = AS 3, 115—124.

[148] In bezug auf Palmyra, die Karawanenstadt, siehe M. Rostovtzeff, Les Inscriptions caravanières de Palmyre, Mélanges Gustave Glotz II, Paris 1932, 793—811; H. Seyrig, Inscriptions grecques de l'agora de Palmyre, Syria 22, 1941, 252 sq. = AS 3, 167—214 und J. Starcky, Inventaire des Inscriptions de Palmyre, Fasc. X. L'Agora, 1949; E. Will, Marchands et Chefs de caravanes à Palmyre, Syria 34, 1957, 262—277.

[149] Plinius der ältere, Nat. Hist. V, 88: *Palmyra urbs nobilis situ divitiis soli et aquis amoenis, vasto undique ambitu arenis includit agros, ac velut terris exempta a rerum natura, privata sorte inter duo imperia summa Romanorum Parthorumque, et prima in discordia semper utriumque cura.* Th. Mommsen, Röm. Geschichte, 423—424.

[150] H. Seyrig, L'incorporation, 273, Anm. 2; für den Text s. Anm. 138.

Es ist ohne weiteres anzunehmen, daß die politischen und wirtschaftlichen Beziehungen zwischen Rom und Palmyra zur Folge hatten, daß
gewisse finanzielle Beziehungen entstanden, namentlich Zollbeziehungen.
Aus dem Jahre 58 n. Chr. ist eine trilingue Grabinschrift bekannt von
L. Spedius Chrysantus. Im palmyrenischen Teil heißt er *mks'* = *publicanus*[151]; das griechische Äquivalent dieses Wortes ist δημοσιώνης, welcher
Terminus oft im palmyrenischen Fiskalgesetz begegnet. Dieses Gesetz ist
griechisch und palmyrenisch auf vier Kalksteinplatten eingraviert[152]. Diese
Platten wurden 1881 vom russischen Prinzen Abamelek Lazarev aufgefunden und befinden sich heute in der Ermitage zu Leningrad. Das Gesetz
wurde im Auftrag des palmyrenischen Senats im Jahre 137 n. Chr. graviert
und enthält einen Brief oder ein Edikt des Mucianus, Statthalter von
Syrien 67—69 n. Chr., geschrieben, um einige Angelegenheiten zu berich-
tigen oder zu verdeutlichen[153]. Für die Entstehungszeit dieses Fiskalgesetzes
ist 67—69 also ein Terminus ante quem[154]. Dieses Gesetz ist mehrfach
ausführlich erörtert worden, aber ohne daß dadurch alle Fragen gelöst
sind[155].

H. SEYRIG u. a. haben vermutet, daß der älteste Teil schon aus der
Zeit des Tiberius stammt[156]. Er bringt es in Zusammenhang mit den oben
erwähnten Überresten aus der Zeit des Tiberius, die in Palmyra angetroffen
wurden, und zieht die Schlußfolgerung, daß Palmyra damals schon von
Rom annektiert war.

Das Gesetz enthält die folgenden Teile:

1. Das Dekret des palmyrenischen Senats, erlassen auf Grund der Tatsache,
daß bestimmte Waren üblicherweise besteuert wurden und andere so,
wie der Vertrag mit dem *publicanus* es verordnete. Hieraus entstanden
Streitigkeiten zwischen Kaufleuten und *publicani*, und deshalb hat der
Senat den Entschluß gefaßt, diese Steuer von den Archonten und *decem-*

---

[151] Es ist eine Bauinschrift eines Grabdenkmals für ihn selbst und die Seinen. Dem Namen nach
scheint er kein Palmyrener zu sein. J. CANTINEAU, Inventaire VIII, 57; vgl. H. SEYRIG,
Le Statut de Palmyre, Syria 22, 1941, 168 = AS 3, 155.

[152] CIS II, 3913: herausgegeben von J. B. CHABOT mit einer lateinischen Übersetzung von dem
palmyrenischen Teil. In 'Choix d'Inscriptions de Palmyre' gibt er von den meisten Teilen
eine französische Übersetzung.

[153] Mucianus ist eine sehr wahrscheinliche Ergänzung SEYRIGS. Der palmyrenische Text gibt:
Gaius L ..... cianus/cinus/cienus/caianus oder *ceianus*. H. SEYRIG, Le Statut de
Palmyre, Syria 22, 1941, 155—175 = AS 3, 142—162; zu C. Licinius Mucianus siehe E.
SCHÜRER, The History of the Jewish People in the Age of Jesus Christ, Vol. I, rev. and
ed. by G. VERMES and F. MILLAR, Edinburgh 1973, 265f.

[154] Die Briefe des Germanicus und Corbulos, die im Edikt Mucians genannt wurden, brauchen
sich nicht unbedingt auf Palmyra zu beziehen. Sie können allgemeine Regeln für die Provinz sein.

[155] J. B. CHABOT, Choix d'Inscriptions de Palmyre; FÉVRIER, Essai sur l'Histoire, chapitre IV;
H. SEYRIG, Le Statut; D. SCHLUMBERGER, Réflexions sur la loi fiscale de Palmyre, Syria
18, 1937, 271—297 und A. PIGANIOL, Observations sur le tarif de Palmyre, Revue Historique 195, 1945, 10—24; siehe auch M. GAWLIKOWSKI, Le temple palmyrénien, 41ss.:
'Les institutions de Palmyre au Ier siècle'.

[156] SEYRIG, Le Statut de Palmyre, Syria 22, 1941, 169—170 = AS 3, 156—157.

primi untersuchen zu lassen, sie erneut festzusetzen und sie nachher schriftlich in den Vertrag mit dem *publicanus* einzutragen, damit keiner zuviel Steuern bezahlte.

2. Der Titel (graviert auf der ganzen Breite der Platte mit dem palmyrenischen Text): Fiskalgesetz des Portus Hadriana-Tadmor[157] und der Quellen des (Aeli)us Caesar.

3. Gesetzesparagraphen mit Tarifen für Import und Export und Verkauf innerhalb der Stadt; genannt werden u. a. Sklaven, Dörrobst, Purpur, Öle, Fett, Salzfisch und vielleicht Bronze; auch eine Art Umsatzsteuer auf Dirnen und Wassergebrauch aus den zwei Quellen der Stadt wird genannt.

4. Ein zweiter Titel (geschrieben in einer der drei Spalten): Gesetz des Portus Palmyra und der Wasserquellen und des Salzes, das in Palmyra und dessen Gebiet ist, dem Verpachtungsgesetz gemäß, wie es in Anwesenheit des Präfekten Marinus festgestellt wurde. (Dieser Marinus ist übrigens unbekannt.)

5. Zwei Paragraphen, die zwei andere Paragraphen aus 3 ändern, und ein Artikel über das Salz von Palmyra[158]. Übrigens soll man Steuern bezahlen, ,,wie oben geschrieben ist''.

6. Das Recht des *publicanus*, wenn Zahlung der Steuer ausbleibt; dieser Teil ist nicht ins Palmyrenische übersetzt worden, weil — wie PIGANIOL richtig darlegt — er mit dem Fiskalgesetz an sich nichts zu tun hat[159].

7. Edikt des Mucianus aus dem Jahre 68 n. Chr. mit Gesetzesartikeln, die eine Verdeutlichung oder Bestätigung schon bestehender Artikel zu geben beabsichtigen[160].

H. SEYRIG teilt die Ansichten FÉVRIERS und SCHLUMBERGERS und vermutet, daß 2 und 3 das neue Gesetz von 137 darstellen und daß ab 4 das alte Gesetz folgt[161]. A. PIGANIOL dagegen ist entgegengesetzter Meinung und sieht in dem Ganzen eine chronologische Struktur[162].

---

[157] S. Anm. 134a; nach dem Besuch Hadrians in Palmyra nimmt die Stadt den Namen Hadriana an (cf. Anm. 167 und 168).

[158] Es gab ausgedehnte Salzgruben in der Palmyrene.

[159] PIGANIOL, Observations sur le Tarif, p. 19 zweiter Teil des Dokumentes B.

[160] SEYRIG, Le Statut de Palmyre, Syria 22, 1941, 160—163 = AS 3, 147—150.

[161] SEYRIG, ibidem 158. FÉVRIER war der erste, der diese Reihenfolge vorgeschlagen hat.

[162] PIGANIOL, Observations sur le tarif, p. 16 ss. Er folgt hiermit CHABOT und den meisten Gelehrten vor ihm. Meiner Einsicht nach ist die am meisten plausible und am wenigsten gekünstelte Analyse die von PIGANIOL. Er legt dar, daß die geschriebene Reihenfolge auch die chronologische ist; ausgenommen sind selbstverständlich das Dekret und der überwölbende Titel. Hieraus ergibt sich, daß der ganze Text, ohne Dekret und Titel, aus Mucians Zeit und davor stammt. Das Resultat der Untersuchung der Archonten und *decemprimi* ist also nicht dabei eingraviert worden, und das Ganze ist nur das im Dekret erwähnte alte Gesetz. SCHLUMBERGER und SEYRIG, die u. a. auf Grund der Titel meinen, daß 2 der neue Tarif ist, lösen damit das Problem nicht, vgl. D. SCHLUMBERGER, Réflexions sur la loi, Syria 18, 1937, 294. Mucian nennt doch in seinem Briefe fast alle Waren und Steuertarife, die auch in 2 erwähnt werden. Sie sollten also auch

Die Grenzen, die für die Zollzahlung bestimmend sind, sind die Grenzen des palmyrenischen Gebietes und nicht die des römischen Imperiums. Die Waren sind zum größten Teil Gebrauchswaren, für den Gebrauch innerhalb der Stadt. Das Fiskalgesetz hat also mit dem Lokalhandel zu tun und nicht mit dem Transitverkehr, dem Palmyra an erster Stelle seinen Reichtum verdankte[163]. Jedenfalls ist es auffallend, daß die Luxuswaren aus dem Orient von diesem Fiskalgesetz unberührt bleiben[164].

Daß der Senat von Palmyra die Initiative ergreift, die Tarife 'der Gewohnheit gemäß' zu untersuchen und schriftlich aufzuzeichnen, hat SEYRIG veranlaßt zu behaupten, daß Palmyra 137 eine größere Freiheit besaß als in der Zeit des Mucianus, der in seinem Edikt schreibt: ,,Ich habe festgesetzt, daß . . . usw.''[165]. Diese größere Freiheit wäre dem Wohlwollen Hadrians zu verdanken, der vermutlich im Jahre 129 Palmyra besuchte[166]. Ein Zeichen für dieses Wohlwollen Hadrians dürfte sein, daß die Palmyrener ihre Stadt Tadmor-Hadriana nannten, wie aus dem Titel des Fiskalgesetzes hervorgeht[167]. Möglicherweise stammt aus dieser Zeit eine Inschrift Fulvius Titianus zur Ehre, *legatus et curator* des Kaisers; SEYRIG nimmt an, daß mit diesem Kaiser Hadrian gemeint ist, obwohl die Inschrift undatiert ist[168]. Auch das soll ein Zeichen dafür sein, daß Palmyra eine Freistadt war, denn namentlich in Freistädten wurde ein Kurator angestellt, um die finanziellen Angelegenheiten der Stadt zu überwachen[169].

Aus dem Dekret des Fiskalgesetzes zeigt sich aber, daß der Senat von Palmyra keinen einzigen Beschluß über Änderungen auf dem Gebiet der Steuererhebung gefaßt hat. Es ist überdies fraglich, ob der Senat von Palmyra eine größere Freiheit als vorher brauchte, um die Steuertarife untersuchen zu lassen. Der Senat wünschte ausdrücklich, wie sich aus dem

schon im alten Gesetz gestanden haben. Auch dieser Analyse nach gibt es also keine neuen Tarife im neuen Gesetz. Die Frage, warum das Resultat der Untersuchung nicht dabei eingraviert ist, kann nur rein hypothetisch beantwortet werden. Möglicherweise hat der *publicanus* Schwierigkeiten gemacht, vgl. Anm. 164 und 170.

[163] Auch mit den erwähnten Waren wurde durch das ganze Reich hindurch gehandelt. Vgl. z. B. F. M. HEICHELHEIM, An Ancient Economic History from the Palaeolithic Age to the Migrations of the Germanic, Slavic and Arabic Nations, vol. III, Leiden 1970, 220 sq.

[164] PIGANIOL suggeriert, daß der Senat Palmyras diese Luxuswaren 137 im neuen Gesetz aufnehmen wollte, Rom aber ein Veto darüber ausgesprochen hat. Der Ausgangspunkt, den er anzunehmen scheint, daß die Steuer zugunsten Palmyras selbst erhoben wurde, ist aber meiner Ansicht nach nicht richtig.

[165] SEYRIG, Le Statut de Palmyre, Syria 22, 1941, 163—164 = AS 3, 150—151.

[166] Vgl. B. W. HENDERSON, The Life and Principate of the Emperor Hadrian A.D. 76—138, London 1923, 128 und CANTINEAU, Inventaire I, 2.

[167] Einer Inschrift eines palmyrenischen Bogenschützes in Coptos nach hält Palmyra diesen Namen auch im Jahre 217 noch in Ehren. Vgl. M. CLERMONT-GANNEAU, Recueil d'archéologie orientale, II, Paris 1898, 42. Eine Inschrift aus dem Bêl-Tempel nennt Hadrian Wohltäter, H. SEYRIG, Inscriptions, Syria 20, 1939, 321 nr. 25 = AS 3, 52.

[168] H. SEYRIG, Inscriptions grecques de l'agora de Palmyre, Syria 22, 1941, 223 sq. nr. 13; 243 = AS 3, 187 ff. nr. 13; auch Fulvius wird hier Wohltäter der Stadt genannt. Vgl. Anm. 167.

[169] SEYRIG, Le Statut de Palmyre, Syria 22, 1941, 171 = AS 3, 158.

Dekret herausstellt, daß die Bürger nicht zu viel Steuern zahlten. Zu diesem Zweck wollte der Senat die Steuertarife für jedermann sichtbar aufstellen. Das Ganze aber sollte dem *publicanus* zur Genehmigung vorgelegt werden; nachher konnte dann der endgültige Text festgesetzt werden[170]. Das deutet darauf hin, daß Palmyras Status in finanzieller Hinsicht sich nicht geändert hat. Da es fraglich ist, ob diese Art von Steuererhebung[171] ausschließt, daß Palmyra ein Vasallenstaat des römischen Reiches war, ist und bleibt es schwierig, genau festzustellen, in welchem Verhältnis zu Rom Palmyra stand, sowohl im ersten Jahrhundert n. Chr. wie in der Zeit nach Hadrian[172].

Stephanus von Byzanz, ein Grammatiker aus dem 5. Jahrhundert, teilt in seinem Lexikon mit, daß die Palmyrener sich selbst Hadrianopolitai nannten, weil Hadrian ihre Stadt aufs neue gegründet habe[173]. Obwohl diese Nachricht legendäre Züge aufweist, hat sie vielleicht etwas mit der historischen Tatsache zu tun, daß Hadrian die von Trajan gegründeten Provinzen in Mesopotamien den Parthern wieder überließ[174]. Als Trajan diese Gebiete dem römischen Imperium einverleibte, war das wirtschaftlich ein großer Nachteil für Palmyra[175]. Namentlich nach dem Fall des Nabatäerreiches im Jahre 106 n. Chr. hatte Palmyra sich eine unumgängliche Position im wirtschaftlichen Ost-West-Verkehr erworben, weil es gute Beziehungen zu den Parthern und zu den Faktoreien am persischen Meerbusen unterhielt. Diese wirtschaftliche Machtstellung drohte verlorenzugehen, als Trajan die mesopotamischen Provinzen schuf. Übrigens ist es möglich, daß Trajan in Zusammenhang mit seinen parthischen Kriegen Palmyra nicht ganz seine Freiheit gelassen hat, die es vorher besaß. Trajan

---

[170] Es ist denkbar, daß, falls der *publicanus* gemeint hat, daß die Untersuchung der Archonten und *decemprimi* nicht die richtigen Tarife ergeben hatte, der Statthalter oder der *procurator* der Provinz ein derartiges Edikt, wie das des Mucians im Jahre 69, erlassen hätte. Vgl. Anm. 162.

[171] Es sind alle nur Handels-Umsatzsteuern.

[172] Man kann sich einen *curator* auch in einem Vasallenstaat denken. Auch die militärischen Aktivitäten der Römer im Gebiet Palmyras und sogar die Lagerung einer *cohors* oder *ala* in der Stadt schließt dies nicht aus. Im 'Hygini Liber de munitionibus castrorum', DOMASZEWSKIS Meinung nach in Trajans oder Hadrians Regierungszeit geschrieben (Ausgabe A. VON DOMASZEWSKI, Leipzig 1887), werden die Palmyrener bei den *nationes* und *symmachiarii* genannt; bedeutet dies vielleicht, daß sie nicht völlig zum römischen Reich gerechnet wurden? Die Meinung ROWELLS, daß nur Soldaten aus dem Gebiet um Palmyra herum, der Palmyrene, hierzu gehörten, ist unwahrscheinlich, weil Palmyra und Palmyrene eng miteinander verbunden sind. H. T. ROWELL, R.E. 17, 2, 1937, col. 1334 s. v. Numerus (Nachträge).

[173] Stephani Byzantii Ethnicorum quae supersunt, ex recensione AUGUSTI MEINEKII, Berolini 1849, 498.

[174] Vgl. A. MARICQ, La province d'Assyrie créée par Trajan. A propos de la guerre parthique de Trajan, Syria 36, 1959, 254—263 = IDEM, Classica et Orientalia, 103—111.

[175] Vgl. D. SCHLUMBERGER, Bornes milliaires de la Palmyrène, Mélanges Syriens offerts à R. Dussaud, Paris 1939. Auf Grund eines von Trajan errichteten Meilensteins, der verstümmelt worden ist (sehr wahrscheinlich vor dem Jahre 129), vermutet er, daß die Palmyrener, während des Aufstandes in Osrhoëne gegen Trajan im Jahre 116, sich selbst auch empört haben.

war es, der zuerst und als einziger in Palmyra ordentliche Truppen ausgehoben hat: die *ala Ulpia Dromedariorum Palmyrenorum*[176].
Mitte des 2. Jahrhunderts hat Palmyra aller Wahrscheinlichkeit nach eine römische Garnison bekommen. Eine Inschrift aus der Mitte des 2. Jahrhunderts im Westporticus des Bêltempels nennt einen gewissen C. Vibius Celer (wohl einen Römer) „*eparchos* der hier gelagerten *ala*"[177]. Diese *ala* könnte die *ala Thracum Herculiana* sein; von dieser *ala* haben wir eine Inschrift aus dem Jahre 167[178]. Aus dem Jahre 183 stammt ein Postament oder ein Altar mit einer lateinischen Inschrift, zum Gedächtnis der Gründung eines *campus cum tribunali* für die *ala Vocontiorum*[179]. Wenn die *ala Thracum* tatsächlich in Palmyra gelagert war, könnte diese *ala* ihr Nachfolger sein, weil die *Ala Thracum* im Jahre 185 schon in Koptos stationiert war[180]. Jedenfalls ist es wahrscheinlich, daß Palmyra nach Lucius Verus' Feldzug gegen die Parther eine Garnison bekommen hat. Nach der Meinung H. SEYRIGS war der τεταγμένος, vor dem eine Streitigkeit zwischen einem Steuerpflichtigen und dem *publicanus* nach dem Fiskalgesetz anhängig gemacht werden sollte, ein Offizier der Armee, der zuständig war, als *arbiter* in bürgerlichen Angelegenheiten aufzutreten[181]. Das würde bedeuten, daß Palmyra schon Mitte des ersten Jahrhunderts einen Teil des römischen Heeres aufnahm[182].
Umgekehrt werden palmyrenische Heeresteile auch anderswo im römischen Reich gefunden, an erster Stelle die schon oben genannte *ala Ulpia*. Aber auch in Dakien und Numidien finden sich palmyrenische Soldaten, besonders Bogenschützen in lockerem Zusammenhang. Es sind wahrscheinlich Teile von Kohorten und *alae* unter der Führung einheimischer Offiziere[183]. ROWELL meint, daß der *numerus Palmyrenorum* in Porolissum bis auf die Zeit Hadrians zurückgehe, weil der Name Aelius dort

---

[176] Bekannt durch eine Inschrift, die SEYRIG zwischen 155 und 159 datiert; ein palmyrenischer Bürger war damals Offizier dieser Truppe. H. SEYRIG, Inscriptions grecques de l'agora, Syria 22, 1941, 234 = AS 3, 178.

[177] H. SEYRIG, Textes relatifs à la garnison romaine de Palmyre, Syria 14, 1933, appendice 1, 158 = AS 1, 76. Wenn die Inschrift CIS II, 3968=Inv., VI, 6, cf. J. T. MILIK, Dédicaces 7—8 und M. GAWLIKOWSKI, Recueil d'inscriptions palmyréniennes provenant de fouilles syriennes et polonaises récentes à Palmyre, MAI 16, Paris 1974, no. 157, sich wirklich auf einen römischen Gouverneur bezieht, für den die Priester von Aglibol und Malakbêl eine Statue errichten ließen, war dieser ἡγεμών schon 446 = 134/35 in Palmyra gelagert.

[178] SEYRIG, appendice 2, 159 und 153 = AS 1, 77 und 71.

[179] SEYRIG, appendice 8, 164 = AS 1, 82. SEYRIG glaubte, daß es hier einen *numerus* betrifft; M. P. SPEIDEL, Syria 49, 1972, 495—497 hat wahrscheinlich gemacht, daß es sich um eine *ala* handelt.

[180] LESQUIER, Armée romaine d'Egypte, 78sq.; vgl. SEYRIG, ibidem, 154.

[181] SEYRIG, Le Statut de Palmyre, Syria 22, 1941, 159—160 = AS 3, 146—147.

[182] SEYRIG, Textes relatifs à la garnison, Syria 14, 1933, 155 = AS 1, 73.

[183] Vgl. SEYRIG, Inscriptions grecques de l'agora, Syria 22, 1941, 229—230 = AS 3, 173f. Er weist darauf hin, daß es auffallend ist, daß asiatische Bogenschützen von asiatischen Offizieren befehligt werden. Hat dies vielleicht etwas mit den *nationes* und *symmachiarii* des Hyginus zu tun? Siehe Anm. 172.

ziemlich häufig vorkommt[184]. Die ältesten datierten Inschriften aber, die die *numeri Palmyrenorum* erwähnen, stammen aus der Zeit des Septimius Severus. Wahrscheinlich haben diese *numeri* sich aus den oben genannten kleineren Heeresabteilungen entwickelt, die auf denselben Posten gelagert waren[185].

Auch in Lambaesis wurde eine Inschrift eines Palmyreners gefunden; es ist aber nicht mit Sicherheit festzustellen, ob dieser Palmyrener Soldat war[186]. Es gab auch palmyrenische Kaufleute im Westen des Imperiums, wie z. B. in Rom. Dort lag in Trastevere ein Tempel der palmyrenischen Götter, woraus abzuleiten ist, daß in Rom eine palmyrenische Siedlung war[187].

Ulpianus erwähnt Palmyra in 'De Censibus' — geschrieben während der Regierung Caracallas[188]. Der Text ist nicht völlig klar, allgemein aber wird angenommen, daß in diesem Kontext gemeint ist, daß Palmyra das *ius Italicum* erwirbt, was Ulpianus expressis verbis sagt, und daher auch *colonia* war, was Ulpianus nicht sagt[189]. J. CARCOPINO hat das Erscheinen der *numeri Palmyrenorum* in Numidien in Zusammenhang gebracht mit Palmyras Erwerbung des *colonia*-Status und dieses Ereignis daher zu Anfang der Regierungszeit des Septimius Severus stattfinden lassen[190]. SCHLUMBERGERS Untersuchungen zu den römischen *gentilicia* der palmyrenischen Bürger aber haben klar herausgestellt, daß Palmyra vor 212 keine *colonia* war, in welchem Jahre die 'Constitutio Antoniniana' erlassen wurde. Auffallend ist dabei aber, daß die Palmyrener nicht den Namen Aurelius bekommen haben, sondern den Namen Julius Aurelius tragen. Möglicherweise geschah das der Mutter des Kaisers, Julia Domna, zu Ehren, die ja aus der benachbarten Stadt Emesa gebürtig war[191]. Die kaiserliche Familie

---

[184] H. T. ROWELL, R.E. 17, 2, 1937, col. 2551 s. v. Numerus (Nachträge); cf. J. CARCOPINO, Le limes de Numidie et sa garde syrienne, Syria 6, 1925, 30—57, 118—149, und X. LORIOT, art. cit. (cf. Anm. 47), ANRW II,2, 747 mit Anm. 677.

[185] H. T. ROWELL, art. cit., 2549—2551.

[186] CIS II, 3909 datiert 149/150 n. Chr. Es gab aber wohl eine Kapelle für Yarhibôl im Lager von Lambaesis (Daten nicht bekannt); siehe J. T. MILIK, Dédicaces faites par des dieux, Paris 1972, 45.

[187] MILIK, Dédicaces, 266 und 232. Auch in vielen anderen Städten sind Inschriften gefunden worden, aus denen die Existenz von Tempeln palmyrenischer Götter hervorgeht, u. a. in Tripolitanien, Dazien, Ägypten und Numidien. Die meisten sind jedoch wahrscheinlich militärische Siedlungen gewesen. MILIK, 45, 46, 144 und 155.

[188] Digesta Justiniani L, 15, 1: *Est et Palmyrena civitas in Provincia Phoenice prope barbaras gentes et nationes collocata* (hängt vermutlich ab von: *Sciendum est esse quasdam colonias iuris Italici, ut est . . .*).

[189] Der Sachverhalt ist nicht ganz klar; Paulus in seinem 'Liber secundus de censibus' (Digesta L, 15, 8) nennt Palmyra nicht, was auffallend ist. Ulpianus selbst erwähnt nicht, welcher Kaiser Palmyra das *ius Italicum* gegeben hat, was er in allen anderen Fällen wohl tut. Und was will er sagen mit *prope barbaras gentes et nationes collocata*? Nur eine Ortsbestimmung? Vielleicht hat es etwas mit dem nicht deutlichen Verhältnis zwischen Palmyra und Rom zu tun.

[190] J. CARCOPINO, Note complémentaire sur les *numeri* syriens de la Numidie romaine III. Chronologie de la colonie de Palmyre; IV. Chronologie du *numerus Palmyrenorum*, Syria 14, 1933, 32 sq.

[191] D. SCHLUMBERGER, Les gentilices romains des Palmyréniens, Bulletin d'Etudes orientales 9, 1942—43, 54—82. Sehr auffallend ist dabei, daß die älteren *gentilicia* auch geändert

war in Palmyra hochverehrt. Auf dem Eingangstor der Agora standen Statuen von Septimius Severus, Julia Domna und Caracalla; die dazu gehörige Inschrift ist aufgefunden worden[192].

Der Untergang des parthischen Arsakidenreiches und der Aufstieg der persischen Sassanidendynastie um 227 hatte schwere Folgen für Palmyra. Zwar konnte Severus Alexander durch einen Feldzug im Jahre 232, während dessen er auch Palmyra besuchte[193], das Vordringen der Perser aufhalten, die Perser aber besetzten das für Palmyra so wichtige Gebiet um den persischen Meerbusen, was sie vorher niemals getan hatten[194]. Dadurch war Palmyras wichtigste Handelslinie gesperrt.

Diese Ereignisse haben vielleicht dazu beigetragen, daß eine Situation entstand, in der eine Änderung der Verfassung möglich wurde, welche tatsächlich im dritten Jahrhundert stattfand. Hatte Palmyra im zweiten Jahrhundert nur βουλή καὶ δῆμος mit zwei Archonten, so tritt nun im dritten Jahrhundert eine Familie in den Vordergrund, die die Leitung der Stadt übernimmt. Septimius Odainat ist der erste dieser Familie, den wir durch eine Inschrift kennenlernen. Er ist λαμπρότατος συγκλητικός, und sein Name deutet daraufhin, daß seine Familie von Septimius Severus Bürgerrecht bekommen hat[195]. Die Inschrift ist undatiert und seine Verwandtschaft mit Septimius Hairan, der laut einer Inschrift aus dem Jahre 251 λαμπρότατος συγκλητικός und ἐξ[αρχος Παλμυρη]νῶν ist, daher nicht mit absoluter Sicherheit festzustellen. Höchstwahrscheinlich aber ist dieser Septimius Hairan der Sohn Odainats[196]. Odainat der Große, der zum ersten Male in einer Inschrift aus dem Jahre 258 Erwähnung findet, ist am wahrscheinlichsten ein Bruder des Septimius Hairan, obwohl er theoretischerweise auch sein Sohn sein könnte. In dieser Inschrift aus dem Jahre 258

---

worden sind; siehe SCHLUMBERGER, 54. Vielleicht hat dies und der Name Julius Aurelius etwas zu tun mit Palmyras Erhebung zu einer *colonia*.

[192] J. CANTINEAU, Inventaire X, 64; es gibt mehr Beispiele von Widmungen von Kaiserstatuen: CIS II 3970 ist eine Widmung von sechs Statuen, von denen nur die Namen Septimius Severus, Marcus Aurelius und Julia Domna bewahrt geblieben sind; die Statuen wurden vom Hohenpriester Bêls im Jahre 203 errichtet. Inventaire IX, 26 aus dem Jahre 193 ist fragmentarisch erhalten; die Inschrift erwähnt die Widmung von Kaiserstatuen vom Hohenpriester des Bêltempels, wie wahrscheinlich auch Inventaire IX, 27. Neuerdings ist eine griechische Inschrift, die in Qaṣ el Ḥeir el sharqi aufgefunden wurde, veröffentlicht worden: eine Votivinschrift von den Statuen des Marcus Aurelius und Lucius Verus, datiert im Jahre 166; sie wurde vom Hohenpriester des Bêl errichtet, siehe G. W. BOWERSOCK, A New Antonine Inscription from the Syrian Desert, Chiron 6, 1976, 349—355. Es gab in Caesareum in Palmyra, dessen genaue Lage leider unbekannt ist, cf. J. CANTINEAU, Tadmorea 20, Syria 17, 1936, 277—282 und GAWLIKOWSKI, Le temple palmyrénien, 26; cf. MILIK, Dédicaces faites par des dieux, 309—316.

[193] J. CANTINEAU, Inventaire III, 22.

[194] FÉVRIER, Essai sur l'Histoire, 71/72; zu den weiteren Streitigkeiten zwischen Rom und den Sassaniden siehe X. LORIOT, art. cit. (cf. Anm. 47), ANRW II, 2, 757ff.

[195] CANTINEAU, Inventaire, VIII, 55. Aus Tyrus stammt eine Inschrift, die diesem Odainat gewidmet ist, wahrscheinlich im Jahre 198, s. M. CHÉHAB, Tyr à l'époque romaine, MUSJ 38, 1962, 19—20.

[196] CANTINEAU, Inventaire, III, 16.

wird erwähnt, daß die Körperschaft der Waisen eine Statue für Odainat aufrichtete; sie nennen ihn λαμπρότατος ὑπατικός und δεσπότης[197].

Petrus Patricius erzählt, daß Odainat ein Bündnis mit dem Sassanidenherrscher Shapur I. suchte, aber ohne Erfolg[198]. Hieraus darf man schließen, daß Palmyra in dieser Zeit einen Bund mit den Persern zur Förderung des Handels anstrebte, wie es früher mit den Römern verbunden war. Jedenfalls steht fest, daß Odainat in der Nähe des Euphrat die Perser angriff, als sie nach der Gefangennahme Valerians im Jahre 259 zum zweiten Male Kappadokien, Kilikien und den Norden Syriens durchzogen und sich in lockerem Verbande nach Persien zurückzogen. Sein Heer bestand nur aus Palmyrenern, wie die meisten Geschichtsschreiber sagen[199], aber dennoch brachte er den Persern große Verluste bei. Macrianus und Callistus Ballista, die die persische Armee auf die gleiche Weise wie Odainat angegriffen hatten, riefen im selben Jahre 260 die Söhne Macrians zu Gegenkaisern aus. Macrianus ging mit seinem ältesten Sohne, der auch Macrianus hieß, nach Europa, während Callistus mit dem jüngeren Sohne Quintus im Orient blieb[200]. Odainat wurde möglicherweise von Gallienus beauftragt, diese zu bekämpfen. Dieser Krieg war in jedem Falle zu Odainats eigenem Vorteil, da er ohne Callistus und Quintus mit ihren Truppen eine größere Bewegungsfreiheit im Orient hatte. Im Herbst 261 wurde in der Nähe Emesas die Schlacht geschlagen; Callistus fand den Tod, und Quintus wurde von den Emesenern umgebracht[201]. Überdies waren viele Städte

---

[197] CANTINEAU, Inventaire, III, 17. Vergleiche H. SEYRIG, Les fils du roi Odainat, AAS 13' 1963, 159—172; 'Stammbaum', 167.

[198] FHG, IV, 187 no. 10. Auch Malalas erwähnt dies: Corp. Script. Hist. Byz. ed. DINDORF, 297. Der Zeitpunkt ist nicht klar. Vergleiche FÉVRIER, Essai sur l'Histoire, 80 und H. VOLKMANN, R.E. Suppl. 11, 1968, Septimius Odaenathus 2, col. 1243.

[199] An erster Stelle Zonaras XII, 23 und Syncellus, Corp. Script. Hist. Byz., ed. Bonn., 716, weniger deutlich H.A. vita Val. 4, 2, Zosimus I, 39 und Orosius VII, 22, 12. (Das nur aus Palmyrenern bestehende Heer kann nur auf einen Angriff vor der Schlacht bei Emesa deuten.) Siehe: A. ALFÖLDI, Die römische Münzprägung und die historischen Ereignisse im Osten zwischen 260 und 270 n. Chr., Berytus 5, 1938, 47—91; cf. W. ENSSLIN, Zu den Kriegen des Sassaniden Schapur I., Sitzungsberichte der Bayerischen Akademie der Wissenschaften, Phil.-hist. Kl. 1947, Heft 5, München 1949, 73ff.; M. SPRENGLING, Third Century Iran. Sapor and Kartir, Chicago 1953, 108ff. — L. DE BLOIS, Odaenathus and the Roman-Persian War of 252—264 A.D., ΤΑΛΑΝΤΑ VI, 1975, 7—23 weist darauf hin, daß Odainat schon vor dem Jahre 260 ein Verbündeter ("ally") der römischen Kaiser Valerian und Gallienus war. Er ist der Meinung, daß Odainat während des Feldzuges Valerians gegen die Perser im J. 258/259 den Befehl über die Südflanke des römischen Heeres führte. Kann man aber mit Recht von einem Bund reden, wenn es sich um das Verhältnis zwischen dem römischen Kaiser und einem lokalen Herrscher in einer römischen *colonia* handelt? M. E. war Odainat dem Kaiser treu gesinnt seines eigenen und Palmyras Interesse wegen. Aus den orientalischen Quellen kann nicht mit Bestimmtheit die Schlußfolgerung gezogen werden, daß er den Befehl über die Südflanke führte. Wahrscheinlicher ist es, daß er die Palmyrener im römischen Heer befehligte. Bekanntheit, wie DE BLOIS betont, hat er sicher schon auf Grund seiner Stellung in Palmyra genossen.

[200] Zonaras XII, 24 und (obwohl nicht korrekt) H.A. vita Gall. 1,2—2,7, trig. tyr. 12, 1—10; 14, 1; ALFÖLDI, ibidem, 69.

[201] Besonders Zonaras XII, 24, vergleiche ALFÖLDI, ibidem 69—70.

schon nach Macrians Niederlage in Illyrien abtrünnig geworden[202]. Odainat wird darauf mit dem Oberkommando über alle römischen Truppen im Orient betraut[203]. Sein Hauptziel, Shapur eine Niederlage beizubringen, wodurch er Palmyras Handelsinteressen dienen und dessen Handelsposition wiedergewinnen würde, wurde auch von Rom als eine Revanche für Valerians Mißerfolg angestrebt[204].

Vermutlich hat Odainat im Jahre 262 die ersten Schritte getan, um dieses Ziel zu erreichen, obwohl die Ereignisse nicht genau rekonstruiert werden können. Die meisten antiken und byzantinischen Quellen erwähnen nur einen Feldzug; Zosimos aber, der über die Geschichte Palmyras in den letzten Jahren seiner geschichtlichen Existenz ausführlich berichtet, erwähnt zwei Belagerungen Ktesiphons und also zwei Feldzüge, was vermutlich richtiger ist. Der zweite Feldzug soll 266/67 stattgefunden haben[205]. Auf diesen Feldzügen hat er Nisibis und Carrhae von Shapur erobert — Edessa hat sich mit Erfolg gegen die Perser verteidigt — und Ktesiphon belagert. Diese Stadt aber wurde nicht von ihm eingenommen[206]. Vielleicht mußte Odainat die zweite Belagerung aufgeben, weil die Skythen nach Kleinasien vorstießen. Auf dem Wege nach Norden wurde er zusammen mit Herodianos, einem Sohne aus einer früheren Ehe — Odainats zweite Ehe war mit Zenobia — ermordet[207]. Die byzantinischen Historiker erwähnen mehrere Gründe für diesen Mord. Da es sich um einen Doppelmord handelt, ist es am wahrscheinlichsten, daß politische Gründe ausschlaggebend gewesen

---

[202] Zonaras XII, 24 (600). Auch Ägypten hatte großenteils Gallienus schon wieder anerkannt, ALFÖLDI, ibidem, 72.

[203] Zonaras XII, 24 (600). Odainat wird πάσης ἀνατολῆς στρατηγός (dux Romanorum? siehe Anm. 212). Möglicherweise sind ihm schon sofort nach dem ersten Angriff auf die Perser die römischen Truppen unterstellt worden, Zonaras XII, 23 (595); FÉVRIER, Essai sur l'Histoire, 84 n. 1; aber wahrscheinlich folgten die meisten Truppen den Gegenkaisern Macrian und Callistus-Ballista.

[204] Zosimos erwähnt, daß Gallienus Odainat beauftragte, Shapur zu bekämpfen. Er erwähnt aber den Streit mit Macrian und Callistus nicht; Zosimos I, 39.

[205] Zosimos I, 39; vergleiche ALFÖLDI, Die Münzprägung und Ereignisse, 76. Der erste Feldzug soll im Jahre 262 gewesen sein, weil 263 Gallienus den Titel Persicus Maximus trägt (CIL VIII, 22765, tr. pot. XII, cos. V). Im ägyptischen Jahre 28.8.263/264 zeigen auch die alexandrinischen Münzen, daß es einen Sieg gegeben hat; J. VOGT, Die Alexandrinischen Münzen, Stuttgart 1924, 208/09; H.A. vita Gallieni 10, 5: ... vincente Odenato triumphavit Gallienus. Der zweite wird datiert gerade vor Odainats Tod, der vor Aug. 267 fiel; dies kann man berechnen aus der Zeitrechnung seines Nachfolgers, Wahballât (das vierte Jahr Wahballâts = erste Aurelians = 269/270); DE BLOIS, Odaenathus and the Roman-Persian War, p. 12, 20 ist der Meinung, daß es keinen Feldzug im Jahre 266/267 gegeben hat, sondern daß mit den beiden Feldzügen jene aus des Jahren 258/259 und 262/263 gemeint sind.

[206] Nur Syncellus erwähnt, daß Ktesiphon gefallen ist (Corpus 716). Das ist aber zu wenig für solch eine wichtige Tatsache! Siehe FÉVRIER, Essai sur l'Histoire, 87.

[207] u. a. Zonaras XII, 24, Syncellus 717, Petrus Patricius Excerpta Vaticana frag. 168 (Cass. Dio, ed. BOISS. III, 744), Ioh. Antiochenus frag. 152, 2 (FHG IV, 599) und auch Malalas, der erwähnt, daß Gallienus selber ihn während eines Feldzuges im Osten tötete, Corp. Script. Hist. Byz., ed. DINDORF, 298.

sind[208]. Odainats Nachfolger war der junge Septimios Wahballât, sein ältester Sohn aus der Ehe mit Zenobia. Diese wurde Regentin für ihren Sohn.

Es besteht keine Eindeutigkeit betreffs der Titel, die Odainat während seines Lebens getragen hat. Die älteste datierte Quelle ist eine Inschrift aus dem Monat August des Jahres 271, gestiftet in der großen Kolonnade von Palmyra von zwei Generälen der Zenobia, die Odainat *mlk mlk' = rex regum* und *mtqnn' mdnḥ' klh = corrector totius Orientis* nennt[209]. Den gleichen Titel *rex regum* verleiht eine undatierte griechische Inschrift seinem Sohn Herodianos, welche Inschrift wahrscheinlich noch während dessen Leben datiert werden muß, also vor August 267[210]. Daneben kennen wir einen Meilenstein Wahballâts, aufgerichtet zwischen Palmyra und Emesa, worauf dieser die Titel *illustrissimus rex regum* und *corrector totius Orientis* trägt. Dieser Meilenstein gehört in die früheste Regierungszeit Wahballâts, sicherlich vor 270[211]. Angesichts der Übereinstimmung zwischen den Titeln darf man annehmen, daß der Sohn Wahballât diese von seinem Vater Odainat übernommen hat, zumal da *corrector totius Orientis* für den Sohn keinen Sinn hat. Die Titel *rex regum* und *corrector totius Orientis* sind also für Odainat authentisch. Möglicherweise ist der letzte Titel ihm von Gallienus verliehen worden[212]. Die weiteren Titel, denen wir in der antiken und modernen historischen Literatur begegnen, wie *dux Romanorum* und *imperator*, dürfen als nicht authentisch angesehen werden[213]. Schon SCHLUMBERGER hat darauf hingewiesen, daß der Titel *imperator* für Odainat höchst unwahrscheinlich ist. F. ALTHEIM leugnet dagegen auch die Authentizität der Titel *rex regum* und *corrector totius Orientis*[214].

Als Wahballât seinem Vater nachfolgte, Zenobia aber die wirkliche Führung hatte, hielt Gallienus vielleicht diesen Zeitpunkt für geeignet,

---

[208] H. VOLKMANN, R.E. Suppl. 11, 1245—1246 und ALFÖLDI, Die Münzprägung und die Ereignisse, 80 sq. Er stellt einen Zusammenhang zwischen Odainats Tod und der Rufinusgeschichte her (Petrus Patricius fragm. 166, Cassius Dio, ed. BOISS. III, 744). Vergleiche dazu aber H. VOLKMANN, R.E. Suppl. 11, Septimius Odaenathus 1, 1243.

[209] CANTINEAU, Inventaire, III, 19.

[210] D. SCHLUMBERGER, L'Inscription d'Hérodien, Bulletin d'Études orientales 9, 1942/43, 35—50, 38.

[211] SCHLUMBERGER, ibidem, 42.

[212] Vielleicht ist der Titel *dux totius Orientis* bei den byzantinischen Historikern Zonaras XII, 23 und 24 (631 und 633) und Syncellus 716 entstanden durch Verwirrung des Titels *corrector totius Orientis* mit *dux Romanorum*. Vgl. auch ALFÖLDI, Die Münzprägung und Ereignisse, 78—79.

[213] SCHLUMBERGER, L'Inscription d'Hérodien, 40, 42 spricht von *imperator. Dux Romanorum* scheitert aber aus demselben Grunde; denn es bleibt fraglich, ob anzunehmen ist, daß die byzantinischen Historiker *dux orientis* geschrieben haben statt *dux Romanorum* (s. Anm. 212), wie ALFÖLDI, Die Münzprägung und Ereignisse, 78, Anm. 1 und VOLKMANN, R.E. Suppl. 11, 1244 meinen.

[214] F. ALTHEIM und R. STIEHL, Die Araber in der alten Welt II, Berlin 1964, 253/254, meinen, daß Odainat auch die ersten zwei Titel nicht getragen hat, aber wahrscheinlich haben sie den Aufsatz SCHLUMBERGERS nicht gelesen und ALFÖLDIS Meinung zu schnell für falsch gehalten. H. G. PFLAUM, La fortification de la ville d'Adraha d'Arabie, Syria 29, 1952, 323, hat auch keine überzeugenden Gegenargumente.

Palmyras Machtbereich einzuschränken. Neue Münzstätten wurden in Kleinasien gegründet, und auf der Rückseite der Münzen aus Siscia steht die Legende ORIENS AUG(USTI), was bestimmt eine Bedeutung gehabt haben muß. Die Geschichte von Heraclianus' Feldzug nach Osten ist in historischer Hinsicht aber unwahrscheinlich[215].

Die ersten Kriegshandlungen gingen von den Palmyrenern aus. Zenobia fiel in Kleinasien und Ägypten ein[216]. Zosimos erzählt, daß der Machtbereich von Palmyra Ägypten umfaßte und sich bis an die Galatische Grenze erstreckte, als Aurelian den Thron bestieg[217]. A. ALFÖLDIS numismatische Nachforschungen haben ausgewiesen, daß für Quintillus, Claudius' II. Bruder, in jenem kleinasiatischen Gebiet keine Münzen geschlagen worden sind, während dagegen für Claudius wohl Münzprägung stattgefunden hat. Hieraus zieht er den Schluß, daß Zenobia die römische Autorität bis zu Claudius' Tod anerkannt und darauf in Quintillus' Zeit Kleinasien erobert hat. Antiochien bietet das gleiche Bild[218]. Alexandrien dagegen hat wohl Münzen für Quintillus geprägt, so daß der palmyrenische Einfall dort etwas später stattgefunden hat[219]. Auf Grund von Zosimos' Nachrichten ist bekannt, daß nach der Eroberung Ägyptens durch den palmyrenischen General Zabdas und den Ägypter Timagenes die hinterlassene Garnison vom Präfekten Probus aus dem Lande vertrieben wurde[220]. A. ALFÖLDI hat berechnet, daß Probus dies im Frühling 270 geleistet hat, obwohl Ende 269 auch möglich ist[221]. Zabdas und Timagenes besiegen ihn, als sie zum zweiten Male in Ägypten einfallen, nachdem sie erst zurückgeschlagen worden waren[222]. Im Widerspruch damit behaupten die Vita Claudii, Zosimos und Malalas, daß die Palmyrener während Claudius' Regierung in Ägypten einfielen[223]. J. SCHWARTZ hat eine Lösung für den Widerspruch angeboten, daß nach einigen Quellen Quintillus nur siebzehn Tage regiert hat, während eine andere Quelle zweiundeinhalb Monate erwähnt. Seiner Ansicht nach war Quintillus die letzten zwei Monate von Claudius' Leben

---

[215] ALFÖLDI, Die Münzprägung und Ereignisse, 82; auch Siscia, 1, 1931, 17sq., H.A. vita Gall. 13, 4f. erwähnt, daß Heraclianus von Gallienus beauftragt wurde, die Perser zu bekämpfen, er wurde aber von Zenobia geschlagen.

[216] ALFÖLDI, Die Münzprägung und Ereignisse, 83.

[217] Zosimus I, 50, 1.

[218] ALFÖLDI, Die Münzprägung und Ereignisse, 86—87; dies in Zusammenhang damit, daß wohl Münzen für Quintillus in Ägypten da sind.

[219] ALFÖLDI, Die Münzprägung und Ereignisse, 89; er erwähnt übrigens nicht, daß Alexandrien auch Münzen für Aurelian geprägt hat, in seinem ersten Jahre. Auf Grund dieser Münzen nimmt SCHLUMBERGER an, daß die Palmyrener Ägypten erst nach dem *dies imperii* Aurelians einverleibt haben; siehe aber Anm. 222; SCHLUMBERGER, L'Inscription, 45 n. 1; J. VOGT, Die Alexandrinischen Münzen, 213.

[220] Zosimus I, 44.

[221] ALFÖLDI, Die Münzprägung und Ereignisse, 90. Er berechnet es auf Grund seiner Karriere.

[222] In der Zeit, als Probus Ägypten wiedererobert hatte, sind wahrscheinlich die Münzen aus dem ersten Jahre Aurelians geprägt worden, s. Anm. 219.

[223] Zosimus I, 44; H.A. vita Claudii 11, 1; Malalas 299; er nennt allein Arabia.

zusammen mit ihm Augustus; bei solcher Lösung widersprechen die literarischen Quellen nicht dem numismatischen Befund[224]. Es ist dann durchaus möglich, daß noch während Claudius' Leben Münzen für seinen Bruder Quintillus geprägt worden sind. Damit löste sich auch die Frage, ob die Palmyrener in Claudius' oder Quintillus' Zeit in Ägypten einfielen; es gibt dann überhaupt keinen Widerspruch.

Nach diesen Eroberungen prägt man in Alexandrien und Antiochien Münzen mit auf der einen Seite Aurelians Bildnis, auf der anderen Wahballâts Porträt. Letztgenannter nimmt noch nicht den Kaisertitel an; er nennt sich selbst *imperator*, aber verwendet den Titel als Bezeichnung seiner Funktion, und daher wird das Wort hinter seinen Namen gesetzt[225]. Den Münzen und mehreren Papyri nach findet dies im vierten und fünften Jahre des Wahballât statt, übereinstimmend mit dem ersten und zweiten Jahre Aurelians. Weil Aurelian spätestens im Frühling 270 Kaiser wird — nach SCHWARTZ schon im Herbst 269 —, entspricht das den Daten.......—28. 8. 270 und 28. 8. 270/271[226]. Aus Wahballâts fünftem Jahre finden wir

---

[224] J. SCHWARTZ, A propos des données chronographiques de l'Histoire Auguste, Bonner Historia-Augusta-Colloquium 1964/65, Bonn 1966, 208. Er kommt auch zu neuen Daten für die Kaiser Claudius und Quintillus: Tod des Claudius ca. 6. 10. 267; Tod des Quintillus ca. 12. 10. 267, so daß Aurelian schon im Herbst 267 Kaiser ist.

[225] J. VOGT, Die alexandrinischen Münzen, 213—214.
Daß die beiden auf den Münzen dargestellt sind, ist nicht Folge eines Vertrags zwischen Aurelian und Zenobia, wie L. HOMO, Essai sur le Règne de l'Empereur Aurélien, Paris 1905, 81 und FÉVRIER, Essai sur l'Histoire, 116 meinten, sondern vielmehr ein Ausgleich von seiten Zenobias, die Aurelian doch fürchtete. H. MATTINGLY, The Palmyrene Princes and the Mints of Antioch and Alexandria, Num. Chron. 1936, 102 und ALFÖLDI, Die Münzprägung und Ereignisse, 88.

[226] SCHLUMBERGER nimmt nach P. SCHNABELS Vorgang (Die Chronologie Aurelians, Klio 20, 1926, 363—368) an, daß dies die Jahre 270/271 und 271/272 sind. Es gibt Papyri, die das sechzehnte Jahr Gallieni dem ersten Claudii gleichstellen. Dies macht: das erste Jahr Claudii ist 268/269, das dritte Claudii = das erste Aurelians ist 270/271. Im August 271 ist eine Statue der Zenobia errichtet worden mit der Inschrift τὴν λαμπροτάτην καὶ εὐσεβῆ βασίλισσαν (*Palm. illustris et pia regina*). CANTINEAU, Inventaire III, 20. Dieser Titel wegen glaubt SCHLUMBERGER, daß Zenobia im August 271 Aurelian noch anerkannte. Sie ist noch nicht *Augusta*. Dies vor Augen hat er die genannte Lösung auseinandergesetzt. Die Münzen mit Wahballât Augustus/Zenobia Augusta werden im Jahre 271/272 geprägt, und Ägypten kommt nur vor dem August 272 wieder unter Roms Gewalt. Und erst dann ist die Zeitrechnung in Ägypten von den Römern korrigiert worden (SCHLUMBERGER, L'Inscription, 46—48).
Wie vernünftig diese Lösung auch ist, es ist doch nicht leicht anzunehmen, daß die Zeitrechnung während der Regierungszeit des Claudius, nachdem Probus Ägypten wiedererobert hatte und als die Palmyrener dort herrschten, falsch fortgesetzt wurde. Besonders weil die Münzen aus Alexandrien nicht den Fehler in der Zeitrechnung zeigen, sollte man doch annehmen, daß die Nachricht von Gallienus' Tod erst später und ungenau in der χώρα angekommen ist (das letzte Datum von Gallienus ist dort 14. 11. 268, er starb am 24. 3. 268), siehe A. STEIN, Archiv. f. Papyrusforsch. 7, 1923, 30—52. J. SCHWARTZ glaubt, daß der Fehler wegen des Einfalls der Palmyrener entstanden ist. Er setzt diesen also 268 an. Es gibt aber auch da Einwände gegen diese Lösung (vgl. darüber ALFÖLDI, Die Münzprägung und Ereignisse, 89); J. SCHWARTZ, A propos . . . (a. O. Anm. 91), 209/210. Die Inschrift von Zenobia soll anders gedeutet werden; die Statue und die dazu gehörige

auch Münzen mit der Legende IMP. CAESAR WAHBALLAT AUGUSTUS und SEPTIMIA ZENOBIA AUGUSTA; daraus schließt man auf einen Bruch zwischen Zenobia und Aurelian, wenn davon überhaupt die Rede sein darf, da ein Bruch einen Zustand von Frieden oder ein Bündnis voraussetzt[227].

Aus dem sechsten Jahre Wahballâts sind keine Münzen bekannt, dagegen wohl aus dem zweiten Jahre Aurelians; auf diesen figuriert er allein. Daraus darf man schließen, daß Ende August 271 Ägypten schon wieder unter römische Herrschaft gebracht war, wahrscheinlich vom späteren Kaiser Probus[228]. Aurelian selber unternahm einen Feldzug durch Kleinasien nach Palmyra — wie allgemein angenommen wird, während der ersten Hälfte des Jahres 272. Zosimos verbreitet sich über diesen und den folgenden Feldzug Aurelians nach Osten[229]. Die kleinasiatischen Städte fallen leicht in die Hände des Kaisers; die Palmyrener konzentrieren ihren Widerstand in Tyana, wo sie den Durchgang durch das Taurusgebirge verteidigen[230]. Aurelian kann diese Stadt aber einnehmen durch den Verrat eines gewissen Heraklammon[231]. Die Römer fanden den nächsten Widerstand in der Nähe von Antiochien. Das palmyrenische Heer hatte sich dort aufgestellt[232]. Aurelian zerrüttete die Schlachtordnung durch das Vortäuschen einer Flucht seiner Reiterei; diese wendete sich aber und metzelte

---

Inschrift sollen in Zusammenhang gesehen werden mit der gleich daneben und im gleichen Monat errichteten Statue Odainats, s. Anm. 209; Zenobia ist hier dargestellt als Odainats Gattin und nicht an erster Stelle als Herrscherin über Palmyra, zumal da eine zu einer Statue Wahballâts gehörige Inschrift nicht gefunden worden ist, obwohl das reiner Zufall sein mag.

[227] J. VOGT, Die alexandrinischen Münzen, 214. Ein Papyrus zeigt, daß am 11. März des Jahres fünf von Wahballât dieses Ereignis noch nicht (überall) in Ägypten bekannt war (Berl. Gr. Urk., III, 946; SCHLUMBERGER, L'Inscription, 44); SEYRIG glaubt, daß die syrischen Augustus/ta-Münzen nur während kurzer Zeit im späten Frühling oder im Sommer des Jahres 272 geprägt sein können. Seines Erachtens setzt SCHLUMBERGER mit Recht die alexandrinischen Prägungen des fünften Jahres von Wahballât (= des zweiten von Aurelian) im Jahre 271/272 an; s. Anm. 226. In der hier vorgeschlagenen Chronologie paßt die Prägung dieser Münzen im Sommer 271 sehr gut. SEYRIG macht glaubhaft, daß die syrischen Münzen nicht in Antiochien geprägt worden sind; das beruht vielleicht auf politischen Gründen, denn es ist nicht wahrscheinlich, daß sie erst nach der Schlacht von Antiochien gemünzt sind, s. H. SEYRIG, Vhabalathus Augustus, Mélanges Michalowski, Warszawa 1966, 659—662.

[228] H.A. vita Probi 9, 5. Die Tenagino Probus-Geschichte ist in diesen Bericht eingeschlichen; vgl. FÉVRIER, Essai sur l'Histoire, 118—120 (Tenagino Probus = Probatus) und L. HOMO, Essai, 85 n. 2.

[229] Zosimus I, 50—56.

[230] Bithynien hatte mit Erfolg gegen Zenobia Widerstand geleistet, als die Nachricht von Aurelians Thronbesteigung bekannt wurde, Zosimus I, 50, 1.

[231] H.A. vita Aureliani 22, 3.

[232] Man bekommt den Eindruck, daß es da keine palmyrenische Infanterie gab. FÉVRIER, Essai sur l'Histoire, 124; zu den Beziehungen zwischen Palmyra und Antiochien siehe FERGUS MILLAR, Paul of Samosata, Zenobia and Aurelian: the Church, Local Culture and Political Allegiance in Third-century Syria, JRS 61, 1971, 1—17, der S. 8—10 eine Rekonstruktion der Ereignisse bietet, die in gewissen Punkten von der hier gebotenen abweicht.

die verfolgenden Palmyrener nieder[233]. In der Nacht verließ das palmyrenische Heer Antiochien, wo Aurelian am nächsten Tag Einzug hielt. Von hier aus zieht Aurelian ungehindert nach Emesa, wo die entscheidende Schlacht geliefert wird[234]. Hier wendet Aurelian die gleiche Taktik an wie in der Schlacht von Antiochien, aber sie mißlingt; dennoch siegt er über die Palmyrener. Dieser Sieg war aber mit knapper Not erkämpft, wie aus dem Bericht des Flavius Vopiscus gefolgert werden kann, daß die römischen Soldaten durch eine göttliche Erscheinung neuen Mut faßten, als sie im Begriff waren aufzugeben[235]. Zenobia und ihr General Zabdas flohen mit dem Heer nach Palmyra, und Aurelian belagerte die Stadt. Als Zenobia unbemerkt die Stadt verließ, um Hilfe von den Persern zu holen, wurde sie von römischen Reitern am Euphrat gefangengenommen. Darauf ergab sich die Stadt. Die Generäle und Ratgeber der Zenobia wurden in Emesa hingerichtet. Unter ihnen befindet sich der Neuplatoniker Longinos. Aurelian führt Zenobia und ihren Sohn in Gefangenschaft mit nach Europa. Der Kaiser läßt eine Garnison von sechshundert Mann in Palmyra zurück und betraut Marcellinus mit dem Befehl über den ganzen Orient[236].

Als Aurelian schon wieder nach Europa zurückgekehrt ist, bekommt er von Marcellinus die Nachricht, daß in Palmyra ein Aufstand unter der Führung des Apsaeus ausgebrochen ist. Die Palmyrener hatten Marcellinus mehrmals gebeten, sich zum Kaiser ausrufen zu lassen, aber das wollte er offenbar nicht. Ein gewisser Antiochus wird darauf König von Palmyra[237]. Aurelian eilt zurück in den Orient und taucht unerwartet vor Palmyra auf, das den Quellen nach ohne Schwertstreich eingenommen und zerstört wird[238]. Vermutlich zieht das römische Heer gleich darauf nach Ägypten, wo es den dort unter Firmus entstandenen Aufstand niederschlägt[239]. Es wird angenommen, daß dieser Aufstand mit dem palmyrenischen zusammenhängt; Flavius Vopiscus bezeichnet Firmus als *amicus et socius Zenobiae* und *defensor* der Überreste ihrer Partei[240].

---

[233] Möglicherweise ist diese Schlacht die Schlacht bei Immae, die verschiedene Quellen als die wichtigste Schlacht erwähnen, vgl. G. Downey, Aurelian's Victory over Zenobia at Immae A.D. 272, TAPhA 81, 1950, 57—68.

[234] Zosimus I, 52. Nur Daphne mußte er erobern. Was die Palmyrener mit der Besetzung dieser Stelle vorhatten, ist nicht ganz klar. Vgl. Février, Essai sur l'Histoire, 127.

[235] Zosimus I, 53; H.A. vita Aureliani 25, 1—3; L. Homo, Essai, 99.

[236] Gleich nach der Einnahme von Palmyra hat es vielleicht einige Feindseligkeiten gegeben, denen Aurelian den Titel *Parthicus* verdankt (Homo, Essai, 104—105; Aurel. Victor, Caesares 35, 1).
Vielleicht ist ein Vertrag geschlossen worden. H. A. vita Aureliani 29, 1f. erwähnt einen purpurnen Mantel, der ein Geschenk des persischen Königs ist.

[237] Zosimus I, 60; H. A. vita Aurel. 31, 1—4. Es ist sehr gut möglich, daß dieser Antiochus in der Tat ein Verwandter von Zenobia war. Ihr Vater hatte denselben Namen.

[238] Zosimus I, 61; H.A. vita Aurel. 31, 3.

[239] Flavius Vopiscus erzählt, daß Aurelian dies nach seiner Rückkehr von dem zweiten Feldzug in den Osten tut, aber im Zusammenhang mit der zur Verfügung stehenden Zeit ist das einfach ausgeschlossen. H.A. vita Aurel. 32, 1—3.

[240] H.A. vita Firmi 3, 1; siehe weiter L. Homo, Essai, 85 n. 2 und 113 n. 2.

L. Homo hat in seinem Buch über Kaiser Aurelian Datierungen für die geschichtlichen Taten des Kaisers gegeben, die von vielen akzeptiert worden sind[241]. Er setzt den ersten Feldzug in der ersten Hälfte des Jahres 272 an. Aurelian hätte dann Ende 271 Rom verlassen. Er vertreibt die Gothen aus Moesia, bevor er nach Kleinasien übersetzt. Nach den obenerwähnten Schlachten hätte die Belagerung von Palmyra während der Monate Mai—Juni des Jahres 272 stattgefunden.

Die Zerstörung der Stadt infolge des zweiten Feldzuges findet gegen Ende des Jahres 272 statt. Zwischen den zwei Zügen hat Aurelian an der unteren Donau die Carpen bekämpft. Von Palmyra marschiert er nach Ägypten und schlägt dort den Aufstand des Firmus Anfang 273 nieder. Noch während seiner vierten *tribunicia potestas* bezeichnet Aurelian sich als *Restitutor Orbis*. Mit Homo soll man also annehmen, daß er schon vor dem 10. Dezember desselben Jahres 273 Gallien wieder erobert hat. Ein Marsch von sieben Monaten ermöglichte Aurelian tatsächlich, im Herbst eine Schlacht bei Châlon zu liefern. Der Triumph in Rom, bei dem vielleicht auch Zenobia mitgeführt wurde, hätte dann Anfang 274 stattgefunden[242].

Homo hat die Zeit berechnet, die Aurelian brauchte, um von Sirmium nach Palmyra, von Palmyra nach der unteren Donau und von dort wieder nach Palmyra zu marschieren, und darauf von Palmyra nach Ägypten und von Ägypten nach Gallien; als Endergebnis errechnet er mindestens 15 bis 16 Monate. Die übrigen acht Monate der zwei Jahre — Ende 271 bis Dezember 272 — sind verwendet worden, um die Schlachten zu liefern und deren Folgen im Bereich der Verwaltung zu regulieren. Dies alles könnte genau stimmen[243].

Meines Erachtens muß aber damit gerechnet werden, daß das Heer während des Winters oder der Regenzeit einige Ruhepausen eingelegt hat, so daß die Jahre 272/73 nicht ausgereicht hätten, um die Feldzüge durchzuführen.

Selbstverständlich muß man dabei im Auge behalten, daß die während der vierten *tribunica potestas* geschriebene Inschrift, die Aurelian *Restitutor Orbis* nennt, auch das dritte Konsulat erwähnt, mit der Folge, daß die Datierung dadurch nicht ganz sicher ist. Homos Argument, daß der erste Zeitpunkt der richtige ist, scheint aber überzeugend[244]. Überdies kann der Triumph nicht viel später angesetzt werden als Anfang 274[245]. Aus diesem Grunde kommt ein früherer Auszug Aurelians aus Rom in Betracht.

Es gibt einige Hinweise, die eine modifizierte Chronologie möglich machen, an erster Stelle eine von M. Gawlikowski veröffentlichte

---

[241] u. a. Février, Essai sur l'Histoire, Chap. X. Chabot, Choix, stellt die erste Übergabe in die Mitte des Jahres 272, die Zerstörung in den Frühling 273; Schlumberger, L'Inscription, stellt sogar die erste Übergabe in den Herbst 272. Ihm folgte J. Starcky, Palmyre, Paris 1952, 64. J. Vogt, Die alexandrinischen Münzen, 210, nimmt dagegen wegen der Adventusmünzen von vor dem 28. August 272 die Daten März und Juli an.

[242] Homo, Essai, 84—130.   [243] Homo, ibidem, p. 85 n. 2.

[244] CIL XII, 5456, vgl. Homo, ibidem, 341.

[245] Hieronymus, der einzige Chronograph, der eine Jahreszahl erwähnt, nennt sogar 273.

Inschrift[246]. Darin wird von einer Hilfeleistung durch die Mitglieder der Bêl-Thiase für Aurelians Truppen gesprochen. Die Inschrift stammt aus dem Monat März eines ungenannten Jahres; die Hilfeleistung fand im August eines ebenfalls unbekannten Jahres statt. GAWLIKOWSKI macht annehmbar, daß es sich um den März 273 und den August 272 handelt. In letztgenanntem Monat setzt er dann die erste Belagerung von Palmyra an. Nach der Gefangennahme der Zenobia — so erzählt Zosimos — gibt es zwei Parteien in der Stadt; die eine will die Belagerung durchhalten, die andere wünscht die Übergabe. Die Mitglieder der Bêl-Thiase gehörten zur Friedenspartei[247]. Es ist aber durchaus möglich, daß diese Inschrift sich auf die zweite Einnahme von Palmyra bezieht, die also im August 272 stattgefunden hat. Der Vorteil dieser Annahme ist, daß, gerechnet ab August 272, Aurelian genügend Zeit gehabt hat, um erst nach Ägypten zu ziehen, um den Aufstand dort niederzuschlagen, und nachher nach Gallien zu ziehen, um es wiederzuerobern. Anfang 274 hat er dann seinen Triumph in Rom gefeiert. Die Münzprägung in Alexandrien im vierten Jahre Aurelians, die den Caesar als Sieger darstellt, deren Münzen jedenfalls vor dem 28. August 273 geschlagen wurden, sind mit der hier vorgeschlagenen Chronologie nicht in Widerstreit[248].

Ausgehend von einer zweiten Einnahme im August 272 hat die erste Belagerung wahrscheinlich im Herbst 271 stattgefunden. Nach der Chronologie von J. SCHWARTZ fängt die Regierung Aurelians frühestens am 22. 10. 269 und wahrscheinlich nicht viel später als zu diesem Zeitpunkt an[249]. Das bietet die Möglichkeit, daß Aurelian die Taten, die er vor seinem ersten Feldzug nach Osten vollbracht hat, auch tatsächlich vollbracht haben kann, ehe er nach Osten abzog[250]. Wie oben erwähnt, ist Ägypten von den Römern zum ersten Mal vor dem 28. August 271 erobert worden. Auch das paßt gut zu der hier vorgeschlagenen Chronologie. Die antiken Quellen erwähnen diese Eroberung nicht ausdrücklich; nur aus der Münzprägung in Alexandrien kann man darauf schließen[251]. Daß Palmyra sich

---

[246] M. GAWLIKOWSKI, Inscriptions de Palmyre, Syria 48, 1971, 407 sq., 412—421.

[247] Zosimus I, 56, 1; GAWLIKOWSKI, ibidem, 416.

[248] VOGT, Die alexandrinischen Münzen, 215.

[249] J. SCHWARTZ, A propos des données chronographiques de l'Histoire Auguste, Bonner Historia-Augusta-Colloquium 1964/65, Antiquitas IV, 3, Bonn 1966, 197—211.

[250] Vgl. HOMO, Essai, 69—84.

[251] Obwohl die Interpretation der von NÉROUTSOS-BEY gefundenen Inschrift /////// ου σεβαστοῦ . ἐπειφι Κ . ἐπι κλαυδίου φίρμου . λαμπροτάτου ἐπανορθωτοῦ . gar nicht sicher ist, darf sie hier doch nicht ausgelassen werden. Das Datum der Inschrift ist der 14. Juli eines unbekannten Jahres. Der Kaisername ist radiert worden. HOMO, Essai, 113 n. 2 und FÉVRIER, Essai sur l'Histoire, 140 n. 5 glaubten, daß der in der Inschrift genannte Firmus derselbe ist wie der von Flavius Vopiscus erwähnte Empörer ('vita Firmi') und daß der radierte Name der des Palmyrenischen Antiochus gewesen ist. Wenn dies richtig ist, stimmt das Datum genau mit der hier vorgeschlagenen Chronologie überein; am 14. Juli 272 waren die Aufstände in Palmyra und Ägypten in vollem Gang. H. IDRIS BELL und C. H. ROBERTS, A Descriptive Catalogue of the Greek Papyri in the Collection of Wilfred Merton, FSA, vol. I, London 1948, appendix p. 157, glauben dagegen,

damals nicht in den Streit in Ägypten eingemischt hat, findet seine Ursache darin, daß die Stadt selber von Aurelian bedroht wurde. Das Hauptinteresse der Historiker war auf Palmyra gerichtet, obwohl es an und für sich wichtig war, daß Ägypten, das Kornland, wieder in römischen Händen war.

Die Rekonstruktion der Ereignisse könnte demnach folgende sein:

1. Unter Claudius und Quintillus erobert Zenobia Syrien, Kleinasien und Ägypten.

2. Anfang des Jahres 270 bis um März/April 271 wurden in Alexandrien und Antiochien Münzen für Aurelian und Wahballât geprägt.

3. Anfang 271 schickt Aurelian sich an, einen Feldzug gegen Palmyra zu unternehmen. Möglicherweise als Antwort darauf prägen Zenobia und Wahballât nun Münzen für sich allein und nennen sich Augustus/-a[252].

4. Probus erobert im August 271 Alexandrien; in demselben Jahre noch ergibt sich Palmyra den Römern.

5. Anfang 272 entstehen Aufstände in Palmyra und Ägypten.

6. Aurelian zerstört Palmyra im August 272 und schlägt den Aufstand in Ägypten unter der Führung des Firmus nieder, wahrscheinlich um Oktober. Dann erscheinen die Siegesmünzen Aurelians in Alexandrien.

7. Aurelian marschiert nach Gallien und erobert es noch im Jahre 273 zurück.

Die antiken und byzantinischen Quellen sind nicht einstimmig über das Lebensende von Zenobia und ihrem Sohn nach ihrer Gefangennahme. Flavius Vopiscus erzählt, daß sie in Aurelians Triumph auf ihrem eigenen Wagen mitgeführt wurden. Zosimos dagegen meint, daß sie auf dem Wege nach Rom durch Krankheit starb oder weil sie das Essen verweigerte[253].

Palmyra hat seine Zerstörung und Plünderung nicht überlebt. Sicher aber war die Stadt nachher nicht ganz verlassen. Auch bleibt es fraglich, in welchem Maße die Stadt zerstört war. Die monumentalen Bauten zeigen keine Brandspuren, und einige Tempel sind später als Kirchen verwendet worden[254].

daß die Inschrift nichts mit dem Aufstande Ägyptens gegen Aurelian zu tun hat, wegen des sehr guten Grundes, daß es im Jahre 273/74 jedenfalls einen λαμπρότατος ἐπανορθωτής Claudius Firmus in Ägypten gab. Die Frage, warum der Kaisername radiert worden ist, beantworten sie aber nicht.

J. SCHWARTZ, Les Palmyréniens et l'Egypte, Bulletin de la Société Royale d'Archéologie d'Alexandrie XL, 1953, 63 sq., 79/80, suggeriert, daß vielleicht der radierte Name Wahballât ist (vgl. auch M. CLERMONT-GANNEAU, Odeinat et Vaballât, rois de Palmyre, et leur titre romain de corrector, RB 29, 1920, 382 sq., 402—406), aber seine Rekonstruktion ist ziemlich gekünstelt.

[252] Vgl. für den Gedanken — *alea iacta est* — ALFÖLDI, Die Münzen und die Ereignisse, 88.
[253] H. A. vita Aureliani 33, 2; 34, 3; cf. trig. tyranni 24, 4; 30, 24ff.; Zosimus I, 59.
[254] E. WILL, Le sac de Palmyre, Mélanges d'archéologie et d'histoire offerts à A. Piganiol, Paris 1966.

Diokletian verstärkte wahrscheinlich die Stadt mit einer steinernen Mauer und lagerte dort Truppen. Palmyra war in dieser Zeit ein Teil der befestigten Verteidigungslinie, der *strata Diocletiana*.

Procopius berichtet, daß Justinian die Stadt verstärkte, nachdem diese lange Zeit fast verlassen gewesen war[255]. Das bedeutet, daß die Stadt in Justinians Zeit wieder aufblühte, aber niemals bekam sie ihre Pracht des zweiten und dritten Jahrhunderts wieder.

2. Rom und die Kultur von Palmyra

Im Vorhergehenden war fast nur die Rede von politischen Ereignissen, die die Beziehungen zwischen Rom und Palmyra bestimmten und die Folge

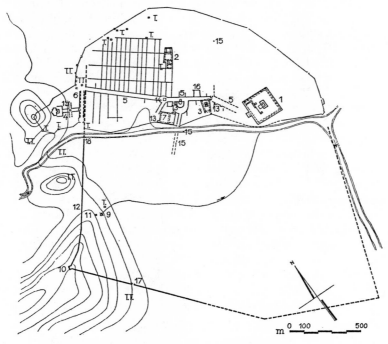

Abb. 4. Stadtplan von Palmyra

1. Bêltempel
2. Ba'alšamîntempel
3. Nebotempel
4. Das Westviertel
5. Die große Kolonnade
6. Die Transversalkolonnade
7. Agora

8. Theater
9. Quelle Efqa
10. Belḥammontempel
14. Tetrapylon
16. Bäder
17. Das Damaskustor

---

[255] Procopius, De Aedificiis II, 11; zum sogenannten Diokletianslager siehe R. FELL-MANN, Le 'Camp de Dioclétien' à Palmyre et l'architecture militaire du Bas-Empire, Mélanges Paul Collart, Lausanne 1976, 84—102.

von ihnen waren. Damit ist nur ein einziger Aspekt aus der Gesamtheit und Komplexität der wechselseitigen Beziehungen ins Auge gefaßt worden. Da bleiben noch Kunst, Architektur und Religion; die Literatur kann außer Betracht bleiben, da aus Palmyra keine literarischen Texte überliefert sind, nur Grabinschriften, Votivinschriften, Dedikationen und Tempelinschriften.

Im Rahmen dieses Aufsatzes ist es unmöglich, alle mit Kunst, Architektur und Religion zusammenhängenden Fragen ausführlich zu erörtern, ganz davon abgesehen, daß nur einzelne kulturgeschichtlich wichtige Themen und ihre strukturellen Gegebenheiten und ihre Verknüpfung in der sozialen Wirklichkeit bisher von der Forschung behandelt worden sind. Auf diesem Gebiet der historischen Wissenschaft stecken wir immer noch tief in Motivgeschichte und Methoden der religionshistorischen Schule.

Die Beschränkung auf die wichtigsten Fragen scheint darum am geeignetsten, da sie die Möglichkeit für eine weitere Orientierung öffnet.

Die älteste Siedlung in Palmyra war höchstwahrscheinlich am Wadi entlang (Abb. 4). Die städtebauliche Entwicklung — der Bau von Kolonnaden und Steinbauten — fängt möglicherweise im westlichen Viertel und mit dem Bau des Bêl-Tempels an der Ostseite an[256] (Taf. IX). Im Jahr 32 n. Chr. wurde die Cella dieses Tempels vollendet[257], obwohl in den folgenden Jahrhunderten immer am Tempel weitergebaut wurde. In dieser Zeitspanne dehnten sich die Kolonnaden von Westen nach Osten aus, so daß Anfang des dritten Jahrhunderts der Bêl-Tempel durch eine monumentale Straße mit dem westlichen Viertel verbunden war (Taf. X u. Abb. 5). In diesen Jahrhunderten war Palmyra ganz und gar eine griechisch-römische Stadt geworden, die sich in ihrer Architektur nicht deutlich von anderen griechisch-römischen Städten unterschied. Nur bestimmte Merkmale der Architektur, wie z. B. die Konsolen an den Säulen, worauf Standbilder aufgestellt waren, und die Merlonen als architekturale Ornamente, wiesen auf andere Einflüsse hin. Auf dem Gebiet der Architektur ist der Sieg der griechisch-römischen Baukunst also vollkommen[258]. Diese Entwicklung läuft parallel zum Vordringen der Römer im Orient. Der Bêl-Tempel ist das erste Gebäude, das in diesem westlichen Stil gebaut worden ist. Wohl hat dieser Tempel typisch altorientalische Elemente, wie z. B. den Eingang in der langen Seite

---

[256] D. SCHLUMBERGER, Études sur Palmyre I, Le développement urbain de Palmyre, Berytus 2, 1935, 149—162; cf. M. GAWLIKOWSKI, Le temple palmyrénien, Warszawa 1973, 9—25 für eine detaillierte Übersicht der städtebaulichen Entwicklung von Palmyra, gestützt auf die neuesten Grabungsdaten; seine Ansicht, daß das westliche Stadtviertel im Rahmen einer Stadtvergrößerung entstand, ist nach den letzten Grabungen nicht mehr zu halten, da dort Überreste aus dem ersten Jahrhundert v. Chr. gefunden worden sind; siehe M. GAWLIKOWSKI, Les défenses de Palmyre, Syria 51, 1974, 231—242 und Postscriptum; H. J. W. DRIJVERS—M. J. VERSTEEGH, Pools-Nederlandse opgravingen in het westelijk stadsdeel van Palmyra, Phoenix 21, 1975, 6—34.

[257] CANTINEAU, Inventaire IX, 6; D. SCHLUMBERGER, Les formes anciennes du chapiteau corinthien en Syrie, en Palestine et en Arabie, Syria 14, 1933, 291—302.

[258] D. SCHLUMBERGER, L'Orient Hellenisé, Paris 1970, 78sq. und H. SEYRIG, Remarques sur la civilisation de Palmyre, Syria 21, 1940, 329—330 und 335—337 = AS 3, 116—117 und 122—124.

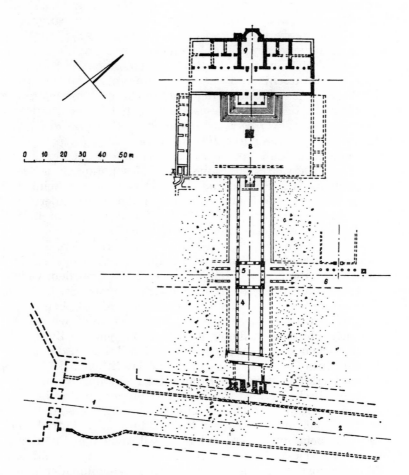

Abb. 5. Das Westviertel von Palmyra mit dem sogenannten Diokletianslager

1. Ovaler Platz
2. Transversalkolonnade
3. Porta Praetoria
4. Via Praetoria
5. Tetrapylon

6. Kolonnade der Allât mit den
   Propyläen des Allât-Heiligtums
7. Tor zu den Principia
8. Forum der Principia
9. Aedicula (Fahnenheiligtum)
   der Principia

der Cella; diese Züge sind aber, nach SEYRIG, Änderungen im Bauplan, nach dem Beginn des Baues gemacht. Vom Anfang unserer Zeitrechnung an richten die Palmyrener also den Blick nach Westen, auf das römische Syrien[259]. In der sogenannten Fundierung T, die von den Ausgräbern als die Mauer des Temenos betrachtet wird, das 32 n. Chr. gebaut worden ist, sind Architekturfragmente und Skulpturteile gefunden worden, die in den Bereich der griechisch-iranischen Kultur Mesopotamiens hineingehören[260] (Taf. XI); diese Kultur entstand aus dem Zusammenkommen des Hellenismus des Seleukidenreiches mit den iranischen und mesopotamischen Kulturen. H. SEYRIG beschreibt dieses Phänomen folgendermaßen: «*Palmyre apparaît donc, dans ces fragments, comme un poste avancé de l'hellénisme oriental, ... en quelque sorte une fille spirituelle de Séleucie...*»[261]. Wir dürfen also annehmen, daß vor dem Erscheinen der Römer im Orient Palmyra kulturell im weitesten Sinne nach Mesopotamien ausgerichtet war. Die Fragmente der Fundierung T sind höchstwahrscheinlich Bauelemente eines früheren Bêl-Heiligtums des ersten Jahrhunderts v. Chr., das also noch nicht von der römischen Baukunst in Syrien beeinflußt, sondern ein Erzeugnis des 'orientalischen Hellenismus' war.

Chronologisch ist ein anderes Problem hiermit verbunden, das Problem der sogenannten parthischen Kunst. Etwa um den Anfang unserer Zeitrechnung erscheinen die ersten Exempel dieser Kunst auf dem Gebiet der Skulptur und Reliefkunst. Sie kennzeichnen sich an erster Stelle durch ihre hieratische Frontalität, obwohl auch andere Merkmale als kennzeichnend für diese Kunst betrachtet werden. Die Frage ist nun, wie es zu den charakteristischen Merkmalen dieser Kunst gekommen ist. Zwei Betrachtungsweisen herrschen vor. E. WILL hat in vielen Arbeiten die These verfochten, daß die Frontalität sich nur aus den Traditionen der griechischrömischen Kunst erklären läßt, wo Frontalität nicht ungewohnt ist, während in der orientalischen Kunst Personen fast immer im Profil dargestellt werden[262]. Wenn er mit dieser These recht hat, bedeutet das, daß mit dem Erscheinen der Römer im Orient diese Entwicklung neue Antriebe bekommen hat, so daß behauptet werden kann, daß auch das Phänomen der parthischen Kunst seinen Ursprung im Westen hat. Auffallend ist, daß diese parthische Kunst etwa gleichzeitig mit der Erscheinung der griechischrömischen Architektur in Palmyra entsteht. Allerdings muß damit gerechnet werden, daß die Funktion der Skulpturen, die hauptsächlich religiös ist oder die als Andachtsobjekt dienen, die Form mitbestimmt. Eine genaue Untersuchung, inwieweit die Stilmerkmale dieser Kunst mit vorherrschen-

---

[259] SEYRIG, Remarques, 336; m. E. ist es aber höchst unwahrscheinlich, daß die charakteristischen Züge der Cella ihren Ursprung in späteren Änderungen des Bauplans finden.

[260] H. SEYRIG, Ornamenta Palmyrena antiquiora, Syria 21, 1940, 277—328 = AS 3, 64—115 und IDEM, Sculptures palmyréniennes archaiques, Syria 22, 1941, 31—43 = AS 3, 124—137.

[261] H. SEYRIG, Remarques sur la civilisation, 329 und 335 = AS 3, 116 und 122.

[262] E. WILL, Le relief cultuel Gréco-romain, Paris 1955, 249sq. und DERS., Art parthe et art grec, Études d'archéologie classique II, Paris 1959, 125—135.

den religiösen Formen und Praktiken in Zusammenhang stehen und dafür aufschlußreich sind, erscheint angebracht.

D. SCHLUMBERGER meint, daß die Traditionen auf dem Gebiet der Kunst, die zum orientalischen Hellenismus gehören, auch noch in der parthischen Kunst dominant sind, die zu den „Nachkommen der griechischen Kunst außerhalb des Mittelmeerraums" gehört. SCHLUMBERGER gibt WILL zu, daß die Frontalität an und für sich griechischen Ursprungs ist, schließt jedoch nicht aus, „daß die parthische Kunst sich zutiefst von der griechisch-römischen unterscheidet"[263].

These steht hier gegen These, und eine Wahl ist schwierig und wahrscheinlich nicht passend. Kulturgeschichtliche Probleme sind nicht durch das Stellen von Alternativen zu lösen, und ein Problem verliert seine Relevanz, wenn es auf eine solche allzu vereinfachende Alternative reduziert wird. Orient oder Okzident ist heute keine wirkliche Alternative mehr, sondern eher ein herodoteischer Atavismus.

Die Frage des römischen Einflusses auf Palmyra bleibt dadurch in gewissem Sinne offen. Sicher ist, daß vom römischen Syrien her gewisse Einflüsse sich in Palmyra geltend gemacht haben, auf dem Gebiet der Architektur am überzeugendsten, doch auch auf dem Gebiet der bildenden Kunst.

Die Frontalität ist nicht ohne griechisch-römischen Einfluß entstanden, obwohl die Weiterentwicklung dieses Stilmerkmals größtenteils auf die syrische und mesopotamische Wüste beschränkt bleibt, wo die autochthonen Traditionen ihre Rolle mitgespielt haben. Das Fehlen von genügend Material aus den Jahrhunderten vor dem Anfang unserer Zeitrechnung erschwert eine Lösung des Problems, zumal da eine diachrone Betrachtungsweise durch Jahrhunderte hindurch — von den Achämeniden bis zu den Sassaniden — nicht durchgeführt werden kann.

Es wäre zu hoffen, daß die Grabungen in Palmyra und anderswo in Mesopotamien und weiter nach Osten, die schon Dezennien in Gang sind, auch hierfür einmal eine Lösung bieten. Die schweizerischen Grabungen am Baʿalshamîntempel haben jedenfalls auch älteres Material zutage gefördert, darunter das bekannte Exvotorelief des Baʿalshamîn in der Gestalt eines Adlers, des Herrn des Himmelsgewölbes[264].

Ist also die Rede von einem westlichen, griechisch-römischen Einfluß auch auf die Skulptur in Palmyra, wovon genauer Umfang und Wirkung noch nicht festgestellt werden kann, so gehört auch ein Einfluß der parthischen Kunst auf die westliche Reichskunst durchaus zu den historischen Möglichkeiten, nicht zuletzt weil syrische Künstler, z. B. aus dem Gebiet um Emesa herum, vielleicht auch in anderen Gegenden des Reiches gearbeitet haben. Das dürfte eine genügende Erklärung für bestimmte Darstel-

---

[263] D. SCHLUMBERGER, Nachkommen der griechischen Kunst, in: F. ALTHEIM und J. REHORK, Der Hellenismus in Mittelasien, Darmstadt 1969 (Übersetzung von 'Descendants non mediterranéens de l'art grec', Syria 37, 1960) 329 sq. und SCHLUMBERGER, L'Orient Hellénisé, 68 und 198 sq.; siehe dazu M. A. R. COLLEDGE, The Art of Palmyra, 125—130.
[264] P. COLLART, J. VICARI, Le sanctuaire de Baalshamin à Palmyre, I, 171 sq.

lungen auf dem Triumphbogen des Septimius Severus in Leptis Magna sein. Doch sind und bleiben Beispiele dafür Einzelfälle, und es geht nicht an, die römische Reichskunst der späteren Jahrhunderte im ganzen als von der parthischen Kunst beeinflußt zu betrachten[265].

Die palmyrenische Religion ist im ganzen von den Römern unbeeinflußt geblieben. Das älteste Substrat dieser Religion hat enge Beziehungen zur west-semitischen Welt und der dort einheimischen Religion[266]. Daneben ist das babylonische Element stark vertreten, wie sich aus dem Kultus des Nebos und anderer babylonischer Gottheiten herausstellt. Überdies hat der einheimische Gott Bôl für einige Zeit den Namen Bêl bekommen, also den Namen des babylonischen Hauptgottes. Die Bewohner der Wüste haben ihre Götter nach Palmyra mitgebracht, und zahllose arabische Götter haben dort Verehrung gefunden und Tempel gehabt, wie z. B. Allât und Reitergötter wie Arṣu und Azizu[267] (Taf. XII, XIII). Römischer Einfluß ist nebensächlich und zeigt sich z. B. in einer Inschrift an Ba'alshamîn, den Herrn der Götter, der im lateinischen Text Iupiter Optimus Maximus genannt wird[268]. Das ist aber ein Beispiel von religiöser Assimilation, nicht von unmittelbarem römischen Einfluß auf den palmyrenischen Kult. Die Palmyrener haben nur ein Caesareum besessen, um ihren eigenen Kult mit der Verehrung der Caesaren und dem Reichskult zu verbinden. Darauf weist eine Inschrift aus dem Jahre 171 unzweideutig hin[269].

Palmyrenischer Einfluß auf den Kult des Sol Invictus, der speziell von Aurelian gefördert wurde, wie seinerzeit von WISSOWA, RICHTER u. a. angenommen wurde, hat sich als falsch erwiesen[270]. Dieser Kult war schon lange im religiösen Gefühl vorbereitet, und überdies war der Kult des palmyrenischen Sonnengottes, Malakbêl, nur von lokaler Bedeutung. Es gibt also keinen unmittelbaren Zusammenhang zwischen dem Bau des Tempels des Sonnengottes in Rom und dem Sieg Aurelians in Palmyra. Wohl darf man annehmen, daß Aurelians Verehrung für den Sol Invictus dazu beigetragen hat, daß er den zerstörten Tempel des Sonnengottes in Palmyra wiederherstellen ließ und Priester aus Rom sandte, um den Tem-

[265] Vgl. E. WILL, La Syrie romaine entre l'occident gréco-romain et l'orient parthe.Le rayonnement des civilisations grecques et romaines sur les cultures périphériques, Huitième congrès international d'archéologie classique Paris 1963, Paris 1965, 517—521.
[266] J. T. MILIK, Dédicaces, 36 und 388sq. R. DU MESNIL DU BUISSON, La découverte, BiOr 24, 1967, 20—25.
[267] H. SEYRIG, Les dieux armés et les Arabes en Syrie, Syria 47, 1970, 77—112; zum Kult der Göttin Allât siehe M. GAWLIKOWSKI, Allât et Baalshamîn, Mélanges Paul Collart, Lausanne 1976, 197—203; H. J. W. DRIJVERS, Das Heiligtum der arabischen Göttin Allât im westlichen Stadtteil von Palmyra, Antike Welt 7, 1976, 28—38; jenes Heiligtum blieb bis in die Zeit des Kaisers Theodosius des Großen für kultische Zwecke in Gebrauch.
[268] M. GAWLIKOWSKI, Nouvelles Inscriptions du camp de Dioclétien, Syria 47, 1970, 313—325, bes. 316—319.
[269] J. T. MILIK, Dédicaces 309; J. CANTINEAU, Tadmorea nr. 20, Syria, 17, 1936. Siehe Anm. 192.
[270] H. SEYRIG, Le culte du soleil en Syrie à l'époque romaine, Syria 48, 1971, 337—373, bes. 365. G. HALSBERGHE, The Cult of Sol Invictus, EPRO 23, Leiden 1972, 156sq.

pel einzuweihen (Historia Augusta, vita Aureliani, 31, 7—9)[271]. Der Kult des Sol Invictus stammt also nicht aus Palmyra, vielmehr wurde der Kultus des palmyrenischen Sonnengottes als eine lokale Erscheinung dieses universalen Kultes betrachtet[272].

Die Palmyrener haben auch auf dem Gebiet der materiellen und geistigen Kultur von den Römern und aus dem Westen nur übernommen, was sie auf ihre eigene Weise weiterentwickeln konnten oder was das Ansehen ihrer Stadt förderte. Daher ist westlicher Einfluß in der Architektur am stärksten. Auf religiösem Gebiet und im alltäglichen Leben haben sie ihre Eigenart bewahrt. Sie haben ihre eigenen Götter verehrt, ihre eigenen Riten vollführt, ihre eigene Tracht bewahrt, die sie mit der iranischen Kultur und dem orientalischen Hellenismus verband[273]. Darauf weist auch die Tatsache hin, daß viele Inschriften zweisprachig sind, griechisch und palmyrenisch, und daß lateinische Inschriften selten sind. Lateinisch war eine Fremdsprache, darum befahl Zenobia ihren Söhnen ausdrücklich, es zu lernen, und ihre eigenen Kenntnisse des Lateinischen finden ausdrücklich Erwähnung[274]. Das weist nicht darauf hin, daß die Kenntnis dieser Sprache geläufig war.

Das Bild der palmyrenischen Kultur, das hier kurz skizziert wurde, ist ganz im Einklang mit der politischen Geschichte von Palmyra. So hat Palmyra seine eigene Rolle gespielt, politisch und kulturell, und auf diese Weise zur 'Weltkrise des 3. Jahrhunderts nach Christus' beigetragen.

III. Edessa

1. Einleitung

Wie viele andere hellenistische Städte im Norden Mesopotamiens dankt Edessa seine Gründung Seleukos I. Nikator, der im Jahre 303 oder 302 vor Christi Geburt eine makedonische Besatzung auf die Burg einer älteren Siedlung legte und diese in eine Griechenstadt verwandelte[275]. Obwohl der

[271] Vgl. E. WILL, Le sac de Palmyre; cf. M. GAWLIKOWSKI, Le temple palmyrénien, 100, 104 für den palmyrenischen Sonnentempel, der im westlichen Stadtviertel lag.

[272] E. WILL, Une figure du culte Solaire d'Aurélien Juppiter consul vel consulens, Syria 36, 1959, 193—205; und nun IDEM, Jupiter Consul ou un Bêl fantomatique, Syria 51, 1974, 226—229, contra J. STRAUB, Chiron 2, 1972, 545—562.

[273] H. SEYRIG, Armes et costumes iraniens de Palmyre, Syria 18, 1937, 4—35 = AS 2, Paris 1938, 45—73.

[274] H. A. vita trig. tyr. 30, 22 und 30, 20.

[275] V. TSCHERIKOWER, Die hellenistischen Städtegründungen von Alexander dem Großen bis auf die Römerzeit, Philologus Suppl. 19, Leipzig 1927, 51—58, 82ff.; cf. L. DILLEMANN, Haute Mésopotamie orientale et pays adjacents. Contribution à la géographie historique de la région du Ve s. avant l'ère chrétienne au VIe s. de cette ère, Paris 1962; A. H. M. JONES, The Cities of the Eastern Roman Provinces, sec. ed., Oxford 1971, 216—222. Die Geschichte der Stadt ist beschrieben worden von A. VON GUTSCHMID, Untersuchungen über die Geschichte des Königreichs Osroëne, Mémoires de l'Académie impériale des sciences de St.-Pétersbourg, VIIe Série, Tome XXXV, No. 1, St.-Pétersbourg 1887; R. DUVAL,

ältere Ort in den Keilschrifttexten nicht nachweisbar ist, ist es sicher, daß dort schon lange eine menschliche Siedlung vorhanden gewesen sein muß, wenn man die günstige wirtschaftliche, militärische und geographische Lage des Ortes berücksichtigt[276]. Edessa liegt 85 km östlich des Euphrat-Übergangs von Birecik (Birtha Makedonopolis)[277] an einem Knotenpunkt von Straßen, die es mit Nisibis und Singara im Osten und von dort mit Indien und China, ferner mit Armenien im Norden und mit den großen seleukidischen Städten im Westen Syriens verbinden[278]. Die Stadt liegt am Rande eines Kalksteingebirges, eines Ausläufers des anatolischen Massivs, das sie im Westen, Norden und Süden teilweise umschließt; nur nach dem Südosten hin liegt sie offen; dort erstreckt sich die Harran-Ebene. Auf dieser Seite aber wird Edessa durch die Burg beschützt[279] (Abb. 6; Taf. XIV). Das Kalksteingebirge ist auch die Ursache des Wasserreichtums von Edessa: eine große Zahl von Quellen bildet den Fluß Daişan, griechisch Skirtos, aber auch innerhalb der Stadt gibt es Quellteiche. Der Fluß verursachte oft Überschwemmungen, die große Verheerungen anrichteten, so daß im 6. Jahrhundert n. Chr. Kaiser Justinian I. den Lauf des Flusses um die Stadt herumleitete, welche Anlagen bis heute bewahrt geblieben sind[280] (Taf. XV). Der Wasserreichtum veranlaßte wahrscheinlich Seleu-

Histoire politique, religieuse et littéraire d'Édesse jusqu'à la première croisade, JA 1891 87—133; 201—278; 381—439; 1892, 5—102; E. KIRSTEN, Art. Edessa, RAC IV, 1959 Sp. 552—597; J. B. SEGAL, Edessa 'the Blessed City', Oxford 1970 (dort 265—289 eine ausführliche Bibliographie).

[276] E. HONIGMANN, Urfa keilschriftlich nachweisbar?, ZA, NF 5, 1930, 301 f.; cf. J. B. SEGAL, Edessa, 1—5.

[277] R. DUSSAUD, Topographie historique de la Syrie antique et médiévale, Paris 1927, 449; DILLEMANN, Haute Mésopotamie, 299.

[278] Liber Junioris Philosophi, G.G.M., II, 517, par. 22: *Mesopotamia quidem habet civitates multas et varias, quarum excellentes sunt quas volo dicere. Sunt ergo Nisibis et Edessa quae in omnibus viros habent optimos et in negotio valde acutos et bene nantes et praecipue divites et omnibus bonis ornati sunt. Accipientes enim a Persis ipsi, in omnem terram Romanorum vendentes et ementes iterum tradunt*; cf. KIRSTEN, Edessa, Sp. 552 und DILLEMANN, Haute Mésopotamie, 147 ff. — siehe die Karten 148, 178, 190 ff.: Les routes et le commerce; SEGAL, Edessa, 3 f.

[279] Eine genaue Beschreibung der Topographie gibt E. KIRSTEN, Edessa, eine römische Grenzstadt des 4. bis 6. Jahrhunderts im Orient, JAC 6, 1963, 144—172; cf. SEGAL, Edessa, 23—29. Zusätzliche Information, von SEGAL und dem hiesigen Autor 1971 in Urfa gesammelt, gibt J. B. SEGAL, The Church of Saint George at Urfa (Edessa), BSOAS 35, 1972, 606—609 und 6 Abb.

[280] Von Überschwemmungen berichtet Malalas XVII, p. 418: ἐν αὐτῷ δὲ τῷ χρόνῳ κατεπόθη ὑπὸ θεομηνίας ὑδάτων ποταμιαίων Ἔδεσα, πόλις μεγάλη τῆς Ὀσδροηνῆς ἐπαρχίας, ἐν ἑσπέρᾳ, τοῦ αὐτοῦ ποταμοῦ κατὰ μέσον τῆς πόλεως παρερχομένου τοῦ λεγομένου Σκίρτου, αὔτανδροι σὺν τοῖς οἴκοις ἀπώλοντο. ἔλεγον δὲ οἱ περισωθέντες καὶ οἰκοῦντες τὴν αὐτὴν πόλιν ὅτι καὶ ἐν ἄλλῳ καιρῷ κατέκλυσε τὴν αὐτὴν πόλιν ὁ αὐτὸς ποταμός, ἀλλ᾽ οὐχ οὕτως ἀπώλεσεν. ἐπεὶ μεμαθήκαμεν ὅτι καὶ ἐν ἄλλοις χρόνοις ἐγένετο τὸ αὐτὸ σχῆμα, μετὰ δὲ τὸ παυθῆναι τὴν ὀργὴν τὰ πλησίον τῶν θεμελίων τοῦ αὐτοῦ ποταμοῦ οἰκήματα φιλοκαλίας τυγχάνοντα εὑρέθη πλὰξ λιθίνη μεγάλη, ἐν ᾗ ἐπεγέγραπτο ἐν γλυφῇ ταῦτα· Σκίρτος ποταμὸς σκιρτήσει κακὰ σκιρτήματα πολίταις, und Procopius, Arcana XVIII, 38: Ἔδεσσαν μὲν γὰρ Σκιρτὸς ἐπικλύσας ὁ ποταμὸς μυρίων δημιουργὸς τοῖς ἐκείνῃ ἀνθρώποις συμφορῶν γέγονεν, ὥς μοι ἐν τοῖς ὄπισθεν λόγοις γεγράψεται . . .

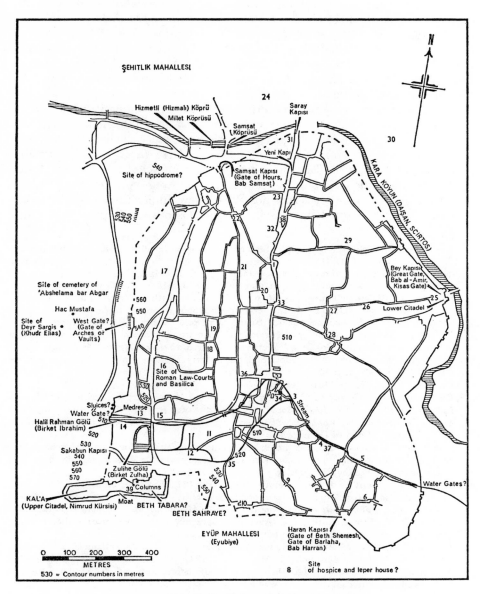

ŞEHITLIK MAHALLESI

24

Hizmetli (Hizmalı) Köprü
Millet Köprüsü

Saray
Kapısı

Samsat
Köprüsü

30

31

Yeni Kapı

540
Site of hippodrome?

Samsat Kapısı
(Gate of Hours,
Bab Samsat)

23

530
540
550

22

38

32

29

17

21

Site of cemetery of
'Abshelama bar Abgar

20

Bey Kapısı
(Great Gate,
Bab al-Amir,
Kisas Gate)

560

Hac Mustafa

550

33

27

26

Lower Citadel

25

Site of
Deyr Sargis
(Khudr Elias)

West Gate?
(Gate of
Arches or
Vaults)

540

19

510

28

18

16
Site of
Roman Law-Courts
and Basilica

36

530

Sluices?
Water Gate?

Medrese
13

15

530

510

Halil Rahman Gölü
(Birket İbrahim)

14

11

510

520

Sakabun Kapısı

530
540

12

520

4

37

550
560
570

Zulihe Gölü
(Birket Zulha)

35

5

KAL'A
(Upper Citadel, Nimrud Kürsisi)

39 Columns
Moat

530
540

9

Water Gates?

BETH TABARA?

510

6

7

BETH SAHRAYE?

EYÜP MAHALLESI
(Eyubiye)

Haran Kapısı
(Gate of Beth Shemesh,
Gate of Barlaha,
Bab Harran)

0   100   200   300   400
METRES
530 = Contour numbers in metres

8

Site
of hospice and leper house?

KARA KOYUN (DAISAN, SCIRTOS)

3 Stream

34

Abb. 6. Stadtplan von Edessa

kos I., der Stadt den Namen Edessa zu geben, den Namen der alten makedonischen Königsstadt[281]. Plinius (Nat. hist. V, 86) bezeugt die Umbenennung
der Stadt in Antiocheia an der Kallirhoe: *Arabia supra dicta* (= *Orroeon*)
*habet oppida Edessam, quae quondam Antiochia dicebatur, Callirrhoen a
fonte nominatam*[282]. (Kallirhoe ist der Name eines Quellteiches innerhalb
der Stadt.) Denselben Namen trägt Edessa auf Bronzemünzen, die dort
unter Antiochos IV. Epiphanes geprägt wurden; daraus geht hervor, daß
dieser König wahrscheinlich die Stadt verschönert und erweitert hat, wie
viele andere Städte in seinem Reich, und ihr seinen Namen gegeben hat[283].
Nach seiner Regierung wurde sie wieder Edessa genannt wie vorher.

Der einheimische Name war Orhai, wie auch die vorhellenistische Sied-
lung hieß, welcher Name noch im heutigen Urfa (arab. Urha) fortlebt.
Daher nennt Plinius die Bewohner von Edessa immer *Arabes Orrhoei* (oder
Orroei)[284], und auch Cassius Dio spricht durchweg von *Orroēnoi*[285].

Die Form Osroene bzw. Osroenos, die wir gewöhnlich finden, beruht lediglich auf Assimilation an den persischen Namen Osroes = Chosraw[286]. So emp-

---

Die sogenannte 'Syrische Chronik' berichtet von einer großen Überschwemmung im
Jahr 201 n. Chr., cf. L. HALLIER, Untersuchungen über die Edessenische Chronik mit
dem syrischen Text und einer Übersetzung, TU, IX, 1, Leipzig 1892, 84—87, 91; überdies gab es Überschwemmungen in den Jahren 303, 413 und 525 n. Chr.; nach 525
hat Justinian I. einen Tunnel für einen Hochflutkanal östlich der Burg anlegen lassen,
cf. Procopius, Aedif. II, 7, 2—4: τὴν Ἔδεσσαν ποταμὸς παραρρεῖ τὸ ῥεῦμα βραχύς, Σκιρτὸς ὄνομα, ὃς δὴ ἐκ χωρίων πολλῶν ξυνάγων τὸ ῥεῖθρον ἐπὶ τὴν πόλιν φέρεται μέσην.
ἐνθένδε τε ἐξιὼν ἐπίπροσθεν ἴεται, ἐπειδὰν αὐτάρκη παρέχηται τῇ πόλει τὴν χρείαν τῶν
τε εἰσόδων αὐτοῦ καὶ ἐκβολῶν δι' ὀχεταγωγίας κατὰ τὸ τεῖχος πεποιημένων τοῖς πάλαι
ἀνθρώποις. οὗτός ποτε ὁ ποταμός, ὄμβρων οἱ ἐπιγενομένων πολλῶν ὑπερπεφυκώς τε
ὑψοῦ ἀνεῖχε καὶ ὡς καταλύσων τὴν πόλιν ἐπῄει.
Cf. DILLEMANN, Haute Mésopotamie, 67.

[281] Cf. Appian, Syr. 57: τὰς δὲ ἄλλας ἐκ τῆς Ἑλλάδος ἢ Μακεδονίας ὠνόμαζεν, ἢ ἐπὶ ἔργοις
ἑαυτοῦ τισιν, ἢ ἐς τιμὴν Ἀλεξάνδρου τοῦ βασιλέως· ὅθεν ἔστιν ἐν τῇ Συρίᾳ καὶ τοῖς ὑπὲρ
αὐτὴν ἄνω βαρβάροις πολλὰ μὲν Ἑλληνικῶν πολλὰ δὲ Μακεδονικῶν πολισμάτων ὀνόματα, Βέρροια, Ἔδεσσα, Πέρινθος . . .
Steph. Byz. s. Edessa: Ἔδεσσα, πόλις Συρίας. διὰ τὴν τῶν ὑδάτων ῥύμην οὕτω κληθεῖσα.
ἀπὸ τῆς ἐν Μακεδονίᾳ. [τὸ ἐθνικὸν] κατὰ μὲν τοὺς ἐγχωρίους Ἐδεσσηνός, παρὰ δὲ τοῖς
πλείοσιν [τῶν ἀρχαίων] Ἐδεσσαῖος.
Dieselbe Nachricht auch bei Eusebius, Chronicon 127, 368f. (ed. HELM).
[282] Cf. Plinius, Nat. Hist. VI, 117: *(Mesopotamia habet) . . . item in Arabum gente qui Orroei
vocantur et Mandani Antiochiam quae a praefecto Mesopotamiae Nicanore condita Arabs
vocatur*; Steph. Byz. s. Antiocheia: Ἀντιόχεια. δέκα πόλεις ἀναγράφονται, εἰσὶ δὲ πλείους.
πρώτη Σύρων. ἡ δευτέρα . . . ὀγδόη ἡ ἐπὶ τῆς Καλλιρρόης λίμνης.
[283] Cf. BABELON, Mélanges numismatiques, 2ème série, Paris 1893, 211f; nach E. T. NEWELL,
The Coinage of the Western Seleucid Mints, N. Y. 1941, 53—56 hat Antiochus I (280—261)
Bronzemünzen in Edessa prägen lassen, als er die Stadt während des ersten Syrischen
Krieges mit Ägypten als Basis verwendete.
[284] Plinius, Nat. Hist. V, 85; VI, 25; VI, 117; VI, 129.
[285] Cassius Dio LXXVIII, 12, 14; LXVIII, 18; auch eine Inschrift in Rom erwähnt einen
rex Orrhenorum, CIL VI, 1797 = DESSAU I, 857: *d. m. | Abgar | Prahates | filius, rex | prin-
cipis Orrhenoru, | Hodda | coniugi bene | merenti fec.*
[286] Procopius, De Bello Persico I, 17, 23/24: ἣ τε ἄχρις Ἀμίδης πόλεως Ἀρμενία πρὸς
ἐνίων ὠνόμασται, Ἔδεσσά τε ξὺν τοῖς ἀμφ' αὐτὴν χωρίοις Ὀσροηνὴ τοῦ Ὀσρόου ἐπώνυ-
μός ἐστιν, ἀνδρὸς ἐνταῦθα βεβασιλευκότος ἐν τοῖς ἄνω χρόνοις ἡνίκα Πέρσαις οἱ ταύτῃ

fing auch die spätere Provinz den Namen Osroene, als Diokletian die
Provincia Mesopotamia in zwei Provinzen teilte, deren eine den Namen
Mesopotamia beibehielt und deren andere Osroene genannt wurde[287] (Abb. 7).

Die Geschichte Edessas während der Seleukidenzeit ist völlig unbekannt; nur aus den Bronzemünzen mit dem Bildnis Antiochos' IV. Epiphanes, die in Edessa geschlagen worden sind, dürfen wir vielleicht die
Schlußfolgerung ziehen, daß die Stadt in jener Zeit eine antiocheische
Militärkolonie mit beschränkter Autonomie war. Als das Seleukidenreich
aber durch römische Intrigen und die Partherkriege zusammenbrach,
erwarb die Stadt Edessa sich eine gewisse Selbständigkeit unter einer arabischen Dynastie, die von den Parthern geduldet wurde. Ebenso wie in
Hatra und Palmyra haben die Bewohner der Wüste und ihre Scheiche auch
in Edessa die Herrschaft behauptet und lange beibehalten. Das ist der
Grund, weshalb Plinius von *Arabes Orrhoei* spricht und weshalb Tacitus
ohne weiteres die Bewohner Edessas *Arabes* nennt[288].

Die Chronologie der historischen Ereignisse in der Geschichte Edessas
und die Königsliste der Dynastie beruhen auf den Überlieferungen in der um
776 n. Chr. geschriebenen Chronik des Pseudo-Dionysios von Tell Maḥrê,
worin ältere Chroniken aufgenommen worden sind[289]. A. VON GUTSCHMID
hat zum ersten Male die Königsliste aufgestellt, die nachher von E. BABE-
LON und A. R. BELLINGER berichtigt worden ist[290]. Ausgehend von dieser

ἄνθρωποι ἔνσπονδοι ἦσαν. Auch Herodian. III, 9, 2 und VII, 1, 9 spricht von Osroene
und Osroenoi, und die Inschrift CIL VI, 1377 = DESSAU I, 1098 erwähnt die Provinz:
*M. Claudio [Ti.] f. Q[uir.] | Frontoni cos., | leg. Aug. pr. pr. provinciarum Daciarum et |
super. simul leg. Aug. pr. pr. provincia | Daciar. leg. Augg. pr. pr. Moesiae super. | Daciae
Apulesis, simul leg. Augg. pr. pr. pro|vinciae Moesiae super., comiti divi Veri | Aug., donato
donis militarib. bello Ar|meniaco et Parthico ab imperatore Antonino Aug. et a divo Vero
Aug. corona | murali item vallari item classica item | aurea item hastis puris IIII item
v[e]xillis | IIII, curatori operum locorumq. publicor., | misso ad iuventutem per Italiam
legen|dam, leg. Augg. pr. pr. exercitus legionarii | et auxilior. per Orientem in Armeniam |
et Oshroenam et Anthemusiam ducto|rum, leg. Augg. legioni primae Minervi|ae in exspedi-
tionem Parthicam deducen|dae, leg. divi Antonini Aug. leg. XI Cl., prae|tori, aedili curuli,
ab actis senatus, quae|stori urbano, Xviro stlitibus iudicandis. | Huic senatus auctor[e]
imperatore M. Au|relio Antonino | Aug. Armeniaco Medico | Parthico maximo, quod post
aliquot se|cunda proelia adversum Germanos | et Iazyges ad postremum pro r. p. fortiter |
pugnans ceciderit, armatam statuam [poni] | in foro divi Traiani pecunia publica cen[suit]*.

[287] Cf. DILLEMANN, Haute Mésopotamie, 89 und 105ff. Für eine genaue Beschreibung der
Provinz Osroene siehe auch Procopius, De Bello Persico I, 17, 23/24.

[288] Tacitus, Ann. XII, 12: (Cassius) ... *Igitur excitis quorum de sententia petitus rex, positis-
que castris apud Zeugma, unde maxime pervius amnis, postquam inlustres Parthi rexque
Arabum Acbarus advenerat, monet* ...; cf. Ann. VI, 44; Fest. brev. 14; Plutarchus, Crassus 21; idem, Lucullus 25; Cassius Dio XL, 20, 1 für Crassus' Feldzug gegen die Parther
und die Rolle des Edessenischen Königs Abgar.

[289] Siehe A. BAUMSTARK, Geschichte der syrischen Literatur, Bonn 1922, 274; I. ORTIZ DE
URBINA, Patrologia Syriaca, altera editio, Romae 1965, 211.

[290] VON GUTSCHMID, Untersuchungen, 3—9; BABELON, Mélanges numismatiques, 226ff.;
A. R. BELLINGER—C. BRADFORD WELLES, A Third-Century Contract of Sale from Edessa
in Oshroene, YCS 5, 1935, 95—154, dort 142—154: A. R. BELLINGER, The Chronology of
Edessa. Die von BELLINGER angebrachten Korrekturen in der herkömmlichen Chronologie fehlen bei E. KIRSTEN, Art. Edessa, Sp. 555; die genaue Liste bei SEGAL, Edessa,

Chronik fängt die dynastische Herrschaft in Edessa an im Jahre 132 v. Chr.
mit einem König Orhai, Sohn des Ḥewiâ; aber dieser ist nur ortseponym[291].
Der zweite König hieß ʿAbdu bar Maṣʿur, trug also einen richtigen arabischen Namen; er soll von 127—120 in Edessa regiert haben. Die Namen
Bakru, Abgar und Maʿnu sind in der Liste am häufigsten, und viele Könige
in Edessa haben einen dieser Namen getragen bis zum Ende der Monarchie im
Jahre 242 n. Chr. Solange aber die Monarchie in Edessa bestand, haben
ihre Fürsten mit Römern und Parthern und den Kriegen und Streitigkeiten

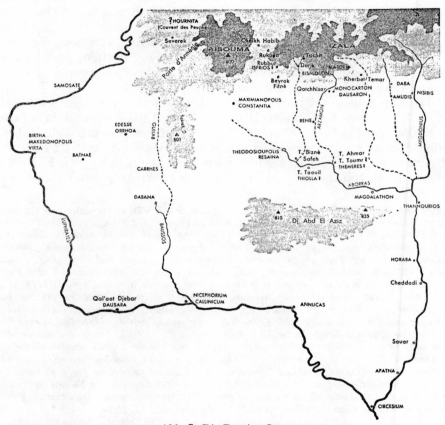

Abb. 7. Die Provinz Osroene

15, Anm. 3; X. Loriot, Les premières années de la grande crise du IIIe siècle: De l'avènement de Maximin le Thrace (235) à la mort de Gordien III (244), ANRW II 2, Berlin—
New York 1975, 768f., Anm. 822 und 823 ist anderer Meinung in bezug auf die Regierungszeit des letzten Königs Abgar X. auf Grund eines Textes des Jakob von Edessa
(640—708 A.D.), zitiert in der Chronik des Michael Syrus; siehe unten Anm. 339.

[291] Procopius, De Bello Persico I, 17 (siehe Anm. 286) nennt ihn Osroes; er wird in der Chronologie durchwegs ersetzt von Ariû auf Grund der Doctrina Addai, ed. G. Phillips, London
1876, 46, aber diese Tradition ist historisch auch zweifelhaft, cf. W. Bauer, Rechtgläubigkeit und Ketzerei im ältesten Christentum, Tübingen 1934, 6ff.

zwischen diesen beiden Großmächten zu tun gehabt, wobei der Norden Mesopotamiens eine strategisch wichtige Rolle spielte. Die Beherrschung dieser Gegend war für die Römer von höchster Wichtigkeit, weil sie der Beschützung ihrer linken Flanke diente, wenn sie von Antiocheia aus über Edessa zum Tigris marschierten und dann nach dem Süden nach Ktesiphon. Wenn die Legionen von dort zurückkehrten, fanden sie hier Ruhe und Sicherheit. Eine Stadt wie Nisibis, östlich von Edessa, spielte daher eine wichtige militärische Rolle. Um die Sicherheit der Armee zu erhöhen, mußte Rom auch über Armenien Herrschaft ausüben oder mindestens seiner Treue sicher sein.

Im Laufe der Zeiten hat Rom darum entweder den Norden Mesopotamiens bleibend besetzt oder dort Klientelstaaten geschaffen[292]. Diese Politik hat die Rolle von Edessa in seinem Verhältnis zu Römern und Parthern bestimmt.

2. Edessa und Rom in ihren gegenseitigen Beziehungen

Im ersten Jahrhundert v. Chr. hat Rom sich tief in die kleinasiatischen und syrischen Verhältnisse eingemischt, als es das Ziel anstrebte, die Seeräuber im östlichen Becken des Mittelmeeres und im Schwarzen Meer endgültig auszurotten und dadurch seine Handelsinteressen im ganzen Mittelmeergebiet zu sichern. Dieses politische und militärische Streben zwang Rom, nicht nur die Küstengebiete, sondern auch das Hinterland bleibend zu besetzen. Selbstverständlich waren auch andere Interessen der römischen Senatoren und Ritter mit im Spiel, namentlich der Erwerb neuer Provinzen, um den Hunger nach Ämtern und Reichtümern zu befriedigen, aber die Beherrschung des Mittelmeeres und seiner Küstenländer war das Hauptziel[293]. Die Verwirklichung dieses Zieles brachte die Römer in Berührung mit den Parthern — zum ersten Male, als Sulla 96 eine Gesandtschaft des parthischen Königs am Euphratufer in der Nähe von Melitene empfing[294].

---

[292] Cf. D. OATES, Studies in the Ancient History of Northern Iraq, London 1968, 69.

[293] Cf. die ausgezeichnete Darstellung von J. DOBIÁŠ, Les premiers rapports des Romains avec les Parthes et l'occupation de la Syrie, Archiv Orientální 3, 1931, 215—256; mit Recht hat J. WOLSKI, Iran und Rom. Versuch einer historischen Wertung der gegenseitigen Beziehungen, ANRW II, 9, 1, Berlin–New York 1976, 195ff. darauf hingewiesen, daß DOBIÁŠ' Aufsatz eine einseitige Auffassung in der Beurteilung der römisch-parthischen Beziehungen bietet, die vom Gesichtspunkte der römischen Interessen beleuchtet wurden: siehe WOLSKI, o. c., 195, Anm. 1.

[294] Vell. Pat. II, 24, 3: *Tum Sulla compositis transmarinis rebus, cum ad eum primum omnium Romanorum legati Parthorum venissent, ...* ; cf. Titus Livius, Epitome LXX; Plutarchus, Sulla 5, 4; Rufius Festus 15, 2. Siehe auch DOBIÁŠ, Les premiers rapports, 218ff.; N. C. DEBEVOISE, A Political History of Parthia, Chicago 1938, 46; D. MAGIE, Roman Rule in Asia Minor to the End of the Third Century after Christ, Princeton 1950, Vol. I, 206; II, 1099, Anm. 17; K.-H. ZIEGLER, Die Beziehungen zwischen Rom und dem Partherreich. Ein Beitrag zur Geschichte des Völkerrechts, Wiesbaden 1964, 20—24; das in allen diesen Arbeiten angenommene Datum dieses Ereignisses, nämlich das Jahr 92, wurde aus guten Gründen von E. BADIAN, Studies in Greek and Roman History, Oxford 1964, 157—178 umgewandelt in 96; siehe J. WOLSKI, Iran und Rom, 196, Anm. 5.

Der Krieg mit dem pontischen König Mithradates brachte auch Kampf mit seinem Schwiegersohn Tigranes von Armenien mit sich, bei dem Mithradates nach seiner Niederlage Zuflucht gesucht hatte. Dieser Tigranes hatte Armenien zu großem Ansehen geführt, und es ist wahrscheinlich, daß auch Kleinstaaten am Rande des Partherreiches, die bisher eine gewisse Selbständigkeit gehabt hatten oder Vasallen der Parther waren, die Oberhoheit des Tigranes anerkennen mußten[295]. Während daher L. Licinius Lucullus 69 v. Chr. Tigranes eine große Niederlage zufügte und seine Hauptstadt Tigranocerta einnahm, hatte sein Legat Sextilius im Rahmen dieses Feldzugs die Osrhoener und ihren Phylarchen geschlagen, weil sie Tigranes Hilfe leisteten[296]. Daraus ergibt sich, daß Edessa und sein Fürst — hier Phylarch, d. h. Scheich genannt — eine gewisse Abhängigkeit vom armenischen König kannten, was nicht verwunderlich ist, wenn man berücksichtigt, daß Edessa und das armenische Gebiet in großer Nähe zueinander lagen. Wenn die Daten der Königsliste stimmen, war der Edessenische König, mit dem es Lucullus zu tun hatte, Abgar I. Piqa, der von 92—68 v. Chr. regiert haben soll. Sein Nachfolger war Abgar II. bar Abgar, dessen Regierung von 68—53 dauerte.

Dieser Abgar II. behielt sein Reich nach Unterhandlungen mit Pompeius wahrscheinlich im Jahre 64 v. Chr.[297]. Pompeius war dem Abgar gewogen, weil er vermutlich zusammen mit den Bewohnern von Harran seinem Legaten Afranius zu Hilfe gekommen war, als dieser sich auf einem Feldzug im Winter 65/64 verirrt hatte und viel von Hunger und Kälte zu leiden hatte[298].

In dieser Zeit gab es Streit zwischen Tigranes von Armenien, der nun mit Rom verbunden war, und dem parthischen König Phraates. Pompeius schickte Afranius mit einem Heer, um die Parther aus Gordyene zu vertreiben und dieses Gebiet für Tigranes, den neuen Verbündeten, zu annektieren. Der Partherkönig drang auf armenisches Gebiet vor und schlug Tigranes; nachher wendeten beide sich an Pompeius, der eine mit der Bitte um Hilfe, der andere mit Protest. Weil Pompeius keinen Krieg mit den Parthern wünschte, überwies er die Lösung dieser Schwierigkeit einem Schiedsgericht und schloß einen formalen Friedensvertrag mit Phraates. Es ist am wahrscheinlichsten, daß Abgar II. von Edessa im Rahmen

---

[295] Strabo XI, 14, 15: (Tigranes) ὑπηκόους δ' ἔσχε καὶ τὸν Ἀτροπατηνὸν καὶ τὸν Γορδυαῖον, μεθ' ὧν καὶ τὴν λοιπὴν Μεσοποταμίαν, ἔτι δὲ τὴν Συρίαν αὐτὴν καὶ Φοινίκην, διαβὰς τὸν Εὐφράτην, ἀνὰ κράτος εἷλεν.
Cf. Plutarchus, Lucullus 21, 5. Siehe auch Dobiáš, Les premiers rapports, 227 und Anm. 5; Magie, Roman Rule, 296, 1177, Anm. 35.

[296] Plutarchus, Lucullus 25; Rufius Festus, Brev. 14; cf. von Gutschmid, Untersuchungen, 20; Duval, JA, 1891, 128 (verbessere dort in Anm. 2 p. 33 in p. 20!); Dobiáš, Les premiers rapports, 230, Anm. 4 und 231; Magie, Roman Rule, 344, 1215, Anm. 45.

[297] Plutarchus, Crassus, 21; Cassius Dio, XL, 20, 1; cf. Duval, JA 1891, 129, Anm. 2; siehe N. Pigulevskaja, Les villes de l'état iranien aux époques parthe et sassanide, Paris–La Haye 1963, 57.

[298] Cassius Dio XXXVII, 5, 5.

dieser Verhandlungen seinen Vertrag mit Pompeius besiegelte[299]. Das liegt ganz auf der Linie der früheren Politik der Könige Edessas, die Armenien zugetan waren und sich nun auch mit Rom verbanden. Die späteren Ereignisse können das vielleicht bestätigen.

Derselbe König Abgar unterstützte Crassus mit Geld, als dieser 53 v. Chr. im Orient erschien, und gewann das Vertrauen des römischen Feldherrn. Die Quellen machen ihn verantwortlich für Crassus' Niederlage, sind aber nicht übereinstimmend[300]. Plutarch erzählt, daß Abgar Crassus in die Wüste führte, ihn aber verließ, ehe die Parther erschienen. Cassius Dio, der ein Jahrhundert später sein Geschichtswerk verfaßte, erwähnt, daß Abgar die Römer im Rücken angegriffen und sich aktiv an der Schlacht beteiligt habe. Jedenfalls steht fest, daß die Gegend von Harran keine trockene Wüste ist, sondern genügend Wasser hat, und daß M. Licinius Crassus ein unfähiger Feldherr war. Man darf mit einer gewissen Sicherheit annehmen, daß Abgar nicht daran interessiert war, an der Schlacht mit den Parthern teilzunehmen, aber darum ist er noch kein Verräter. Vielleicht beabsichtigte er nur, die Römer bald mit den Parthern in Berührung zu bringen, und empfahl deshalb den Weg durch Mesopotamien und nicht den Euphrat entlang. Später zogen die Römer immer durch Mesopotamien zum Tigris und dann weiter nach dem Süden, um die Parther zu bekämpfen. Spätere Generationen haben die Niederlage dem arabischen König zugeschrieben, weil sie überhaupt nicht viel von dessen Treue hielten. Aus dem Geschichtswerk des Dionysios von Tell Maḥrê geht hervor, daß es nach der Regierung von Abgar II. ein Interregnum vom Jahre 53 bis zum Jahre 52 gab. Liegt es nicht auf der Hand anzunehmen, daß die Parther nach Crassus' Niederlage auch der Regierung Abgars II. ein Ende bereitet haben, weil er mit Rom verbunden war und den Römern Hilfe geleistet hat? Jedenfalls kann seine Schuld auf keine Weise bewiesen werden[301].

[299] Cf. MAGIE, Roman Rule, 361 und 1228, Anm. 21, 22: " . . . It was perhaps in connexion with these negotiations that Abgarus II, King of Osroene in northwestern Mesopotamia made an arrangement with Pompey by which he was permitted to retain his kingdom (Cassius Dio XL, 20, 1)."

[300] Plutarchus, Crassus 21—22: (21, 1) Ταῦτα τοῦ Κράσσου διασκοποῦντος ἔτι καὶ βουλευομένου παραγίνεται φύλαρχος 'Αράβων, 'Αριάμνης ὄνομα, δολερὸς καὶ παλίμβολος ἀνὴρ καὶ πάντων ὅσα συνήνεγκεν εἰς ὄλεθρον ἡ τύχη κακά, μέγιστον αὐτοῖς καὶ τελειότατον γενόμενον· (2) τοῦτον δ' ᾔδεσαν ἔνιοι τῶν Πομπηΐῳ συνεστρατευμένων ἀπολαύσαντά τι τῆς ἐκείνου φιλανθρωπίας καὶ δόξαντα φιλορρώμαιον εἶναι· . . .
(22, 5) ὁ δὲ βάρβαρος ἀνὴρ ὢν ποικίλος ἐκείνους μὲν ὑποπίπτων ἐθάρρυνε καὶ παρεκάλει μικρὸν ἔτι καρτερῆσαι, τοὺς δὲ στρατιώτας ἅμα συμπαραθέων καὶ παραβοηθῶν ἐπέσκωπτε μετὰ γέλωτος· ''Ὑμεῖς δὲ διὰ Καμπανίας ὁδεύειν οἴεσθε κρήνας καὶ νάματα καὶ σκιὰς καὶ λουτρὰ δηλαδὴ καὶ πανδοκεῖα ποθοῦντες; οὐ μέμνησθε δὲ τὴν 'Αράβων διεξιόντες καὶ 'Ασσυρίων μεθορίαν;'' (6) οὕτω μὲν ὁ βάρβαρος διεπαιδαγώγησε τοὺς 'Ρωμαίους, καὶ πρὶν ἢ γένεσθαι φανερὸς ἐξαπατῶν ἀφίππευσεν, οὐ λαθὼν τὸν Κράσσον, ἀλλὰ καὶ τοῦτο πείσας, ὡς ὑπεργάσεται καὶ διαταράξει τὰ τῶν πολεμίων.
Cf. Cassius Dio XL, 20—23; Flor. III, 11; Rufius Festus, Brev. 17 (dort Mazzarus = Abgar); siehe im allgemeinen: D. TIMPE, Die Bedeutung der Schlacht bei Carrhae, Museum Helveticum 19, 1962, 102—129.

[301] Alle modernen Historiker bezweifeln Abgars Schuld: von GUTSCHMID, Untersuchungen, 21f.; DUVAL, JA 1891, 130; W. W. TARN, CAH IX, 1932, 608; SEGAL, Edessa, 12;

872 HENDRIK JAN WILLEM DRIJVERS

Seit der Schlacht bei Harran-Carrhae herrschten die Parther über Mesopotamien bis zum Euphrat und war auch Edessa wieder unter ihrem Einfluß. Die Stadt heißt daher 'Tochter der Parther' und war auch in kultureller Hinsicht den Parthern zugewandt[302]. In den geringen archäologischen Überresten aus dieser und etwas späterer Zeit sind die Merkmale der sogenannten parthischen Kunst deutlich nachweisbar, worin Edessa z. B. mit Hatra und Palmyra übereinstimmt. Fast ein Jahrhundert ging vorüber, ehe Edessa wieder mit den Römern und ihrer Parther-Politik in Berührung kam. Im Ringen um die Thronnachfolge im Partherreich nach Vardanes' Tod 47/48 n. Chr. wollten manche Gotarzes auf den Thron erheben, andere dagegen den römerfreundlichen Meherdates (Mhrdad), der sich gerade in Rom befand, wohin er gesandt worden war. Schon 47 wurde Rom um Hilfe zugunsten des Meherdates gebeten. Kaiser Claudius befahl darauf C. Cassius Longinus, jenen zum Euphrat zu führen, was er im Jahre 49 tat. In Zeugma wurde verweilt, um die parthischen Anhänger des Meherdates zu erwarten. Cassius trieb zur Eile an, und dasselbe tat der *karen*, Haupt eines der wichtigsten parthischen Häuser. König Abgar V. von Edessa aber bewog den unerfahrenen Meherdates, durch Armenien zu ziehen, also einen Umweg zu machen, und hielt ihn erst noch einige Zeit in Edessa fest. Nachher zog er im Winter durch Armenien, und von dort überquerte er den Tigris, machte seinen Weg durch Adiabene, wo König Izates sich gezwungen sah, ihm seine Freundschaft zu erweisen, und erreichte Nineveh und Arbela. Gotarzes vermied eine offene Schlacht und versuchte, Meherdates' Soldaten zum Überlaufen zu bewegen. Dann wurde Meherdates von Izates und Abgar verlassen und nachher in der Schlacht von Gotarzes besiegt. Dieser schnitt ihm die Ohren ab, damit er niemals König werden könnte, schonte aber sein Leben[303]. Abgars Verhalten beruhte wahrscheinlich auf einer Abneigung gegen die Römer und ihre parthischen Freunde und zielte darauf hin, Gotarzes Zeit gewinnen zu lassen, damit die Meherdatesanhänger zerrüttet würden. In dieser Richtung war Abgar V. erfolgreich, so daß er die Unabhängigkeit von Edessa behaupten konnte, sowohl Römern als auch Parthern gegenüber.

Auf ähnliche Weise handelte später König Abgar VII. (109—116 n. Chr.) Trajan gegenüber[304]. Als der Partherkönig Chosroes den König

---

DEBEVOISE, History of Parthia, 84: *"Abgarus was later accused of acting as agent of the Parthians, but it is difficult to substantiate the charge."*

[302] Cf. W. CURETON, Ancient Syriac Documents Relative to the Earliest Establishment of Christianity in Edessa and the Neighbouring Countries, London 1864 (reprint 1967), 41, 97, 106; cf. B. EHLERS, Kann das Thomasevangelium aus Edessa stammen ? Ein Beitrag zur Frühgeschichte des Christentums in Edessa, Novum Testamentum 12, 1970, 294f.

[303] Tacitus, Ann. XI, 10; XII, 11, 13, 14; cf. DEBEVOISE, History of Parthia, 172f. ; cf. PIGULEVSKAJA, Les villes de l'état iranien, 66ff.

[304] Dieser Abgar kaufte sein Reich vom Partherkönig Pacorus II. zurück, wie aus einem Fragment von Arrian's Parthica, Roos, 45 = F. Gr. Hist. II, D. 575 = Suidas, s. v. Ὠνητή hervorgeht: Ὠνητή: τιμῆς κτητή. καὶ τὴν χώραν ἐπιτρέπειν Τραιανῷ Αὔγαρον, καίπερ ὅτι ὠνητὴν ἐκ Πακόρου ἔχει λαβὼν πολλῶν χρημάτων· καὶ τοῦτο ἀσμένως τῷ βασιλεῖ γίνεται. Cf. F. A. LEPPER, Trajan's Parthian War, Oxford 1948, 92—95.

von Armenien, Axidares, entthronte und Parthamasiris zum armenischen
König machte, fand Trajan darin einen Vorwand, einen Feldzug gegen
Chosroes zu unternehmen. Trajan war ja, angetrieben durch δόξης ἐπι-
θυμία (Cassius Dio), «*systématiquement partisan de l'annexion*»[305]. Völlig in
Übereinstimmung mit der herkömmlichen römischen Politik ist der Besitz
von Nordmesopotamien unbedingt notwendig, um überhaupt die Parther
angreifen zu können. Vielleicht ist das der Grund, weshalb Abgar VII. bar
Izates von Edessa Gesandte mit Geschenken nach Antiochien schickte, als
Trajan im Jahre 114 dort angekommen war, wahrscheinlich schon im Monat
Januar[306]. Wenn der römische Kaiser nur zum Ziel gehabt hätte, den
römischen Einfluß in Armenien wieder herzustellen und die Parther von
dort zu vertreiben, wäre Abgars Besuch überflüssig gewesen. Es ist aus den
Quellen nicht genau bekannt, was Abgar Trajan versprochen hat, jedenfalls
ist sicher, daß der Kaiser nach Beendigung seines armenischen Feldzuges
sich nach Edessa begab und dort wahrscheinlich den Winter 114—115
verbrachte[307]. König Abgar empfing den Kaiser außerhalb der Stadt, und
von seinem hübschen Sohn Arbandes unterstützt, der die Gunst des Kaisers
erworben hatte, freundete er sich mit Trajan an. Er richtete ein Festmahl
an, wo Arbandes auf Wunsch seines Vaters einen barbarischen Tanz aus-
führte, um dem Kaiser zu gefallen[308].

Auch andere Fürsten, Maʿnu von Arabien und Sporakes von Anthemu-
sia, machten in Edessa Trajan ihre Aufwartung, und wir dürfen annehmen,
daß der Kaiser von dort aus ganz Nordmesopotamien unterworfen

---

[305] DILLEMANN, Haute Mésopotamie, 275; siehe aber LEPPER, 191—204 für eine nuancierte
Erörterung der Ursachen dieses Krieges; jetzt M.-L. CHAUMONT, L'Arménie entre Rome
et l'Iran I. De l'avènement d'Auguste à l'avènement de Dioclétien, ANRW II, 9, 1, 1976,
130—143.

[306] Cassius Dio LXVIII, 18: γενομένῳ δὲ αὐτῷ ἐν Ἀντιοχείᾳ Αὔγαρος ὁ Ὀρροηνὸς αὐτὸς
μὲν οὐκ ὤφθη, δῶρα δὲ δὴ καὶ λόγους φιλίους ἔπεμψεν· ἐκεῖνόν τε γὰρ ὁμοίως καὶ τοὺς
Πάρθους φοβούμενος ἐπημφοτέριζε, καὶ διὰ τοῦτ' οὐκ ἠθέλησέν οἱ συμμῖξαι.
Die Chronologie des Partherkrieges ist rekonstruiert worden von J. GUEY, Essai sur la
guerre parthique de Trajan (114—117), Bibliothèque d'Istros II, Bukarest 1937, und
F. A. LEPPER, Trajan's Parthian War, Oxford 1948, 95 f. (eine Zusammenfassung der
Ergebnisse); ihnen folgt DILLEMANN, Haute Mésopotamie, 276. DEBEVOISE, History
of Parthia, 218 ff. folgt der Chronologie von R. P. LONGDEN, Notes on the Parthian
Campaigns of Trajan, JRS 21, 1931, 1—35 und ID., The Wars of Trajan, CAH XI,
1936, 223—252, der wir uns hier nicht anschließen.

[307] So DILLEMANN, Haute Mésopotamie, 276 («*hivernage à Édesse*»); jedenfalls ist Trajan erst
gegen Ende des Jahres 115 nach Antiochien zurückgekehrt; die Frage, ob er den Winter
in Edessa verbracht hat, ist nicht mit Sicherheit zu bejahen; es wird aber angenommen von
M.-L. CHAUMONT, L'Arménie entre Rome et l'Iran, 137, 139.

[308] Cassius Dio LXVIII, 21: Ὅτι ὁ Τραϊανὸς φρουρὰς ἐν τοῖς ἐπικαίροις καταλιπὼν ἦλθεν
ἐς Ἔδεσσαν. κἀνταῦθα πρῶτον Αὔγαρον εἶδεν. πρότερον μὲν γὰρ καὶ πρέσβεις καὶ δῶρα
τῷ βασιλεῖ πολλάκις ἔπεμψεν, αὐτὸς δὲ ἄλλοτε κατ' ἄλλας προφάσεις οὐ παρεγένετο,
ὥσπερ οὐδὲ ὁ Μάννος ὁ τῆς Ἀραβίας τῆς πλησιοχώρου οὐδὲ ὁ Σποράκης ὁ τῆς Ἀνθεμου-
σίας φύλαρχος. τότε δὲ τὰ μὲν καὶ ὑπὸ τοῦ υἱέος Ἀρβάνδου καλοῦ καὶ ὡραίου ὄντος καὶ
διὰ τοῦτο τῷ Τραϊανῷ ᾠκειωμένου πεισθείς, τὰ δὲ καὶ τὴν παρουσίαν αὐτοῦ φοβηθείς,
ἀπήντησέ τε αὐτῷ προσιόντι καὶ ἀπελογήσατο, συγγνώμης τε ἔτυχεν· ὁ γὰρ παῖς
λαμπρὸν οἱ ἱκέτευμα ἦν. καὶ ὁ μὲν φίλος τε ἐκ τούτου τῷ Τραϊανῷ ἐγένετο καὶ εἱστίασεν
αὐτόν, ἔν τε τῷ δείπνῳ παῖδα ἑαυτοῦ ὀρχησόμενον βαρβαρικῶς πως παρήγαγεν, . . .

hat[309]. Als Abgar VII. Gesandte zu Trajan nach Antiochien schickte, war sein
ausdrücklicher Wunsch, neutral zu bleiben zwischen Römern und Parthern,
wie Cassius Dio erwähnt. Hatte Trajan dem edessenischen König Unabhängigkeit versprochen im Tausch gegen seine Hilfe? Jedenfalls unterwirft
Trajan 115 Nordmesopotamien und kehrt darauf nach Antiochien zurück,
um dort zu überwintern; am 13. Dezember 115 entkommt er mit knapper
Not dem Tod während eines Erdbebens, wie Malalas berichtet[310].

Im Jahre 116 unternahm der Kaiser seinen großen Feldzug nach Adia-
bene und Ktesiphon, das er einnahm, und erreichte selbst den Persischen
Meerbusen. Dann aber organisierten die Parther hinter seinem Rücken den
Aufstand und drangen in Mesopotamien und Armenien ein. Selbst Abgar
VII. von Edessa blieb den Römern nicht treu und vertrieb die römische
Garnison. Der Partherkönig Chosroes war der Organisator des Widerstandes,
der im Sommer 116 anfing, als Trajan nach dem persischen Meerbusen zog.
Streitigkeiten der Parther untereinander wurden nach dem Fall Ktesiphons
beigelegt, und geeinigt gingen sie zum Angriff über, wobei die Juden ihnen
Hilfe leisteten[311]. Ein Bruder Chosroes', mit Namen Meherdates, eroberte
Teile von Mesopotamien. Nach seinem Tode folgte sein Sohn Sanatruq ihm
nach[312]. Der römische General Lusius Quietus erhielt den Befehl, zusammen
mit Maximus den Aufstand in Nordmesopotamien niederzuschlagen, und
eroberte im Rahmen dieser Aktionen Edessa, das er „zerstörte und nieder-
brannte"[313]. Chosroes sandte darauf Sanatruq eine große Armee, um Lusius
Quietus Widerstand zu leisten und dessen Erfolge zunichte zu machen,
unter der Führung seines Sohnes Parthamaspates. Die Rivalität der Neffen
untereinander war aber so groß, daß neue Uneinigkeiten unter den Parthern
entstanden, die Trajan auf kluge Weise ausnutzte. Trajan versprach Parthamaspates seinen Beistand, und nachdem dieser Sanatruq geschlagen
und getötet hatte, machte Trajan ihn während einer Zusammenkunft der
pro-römischen Parther in Ktesiphon zum parthischen König[314]. Nachher
erlitt Trajan seine Niederlage bei Hatra, wurde krank und starb bald darauf. Sein Nachfolger Hadrian gab alle eroberten Gebiete östlich des
Euphrat auf, obwohl in einzelnen Städten während einiger Jahre eine

[309] DILLEMANN, Haute Mésopotamie, 282f.; LEPPER ist der Ansicht, daß Trajan erst Nisibis
unterwarf und sich dann nach Edessa begab. Jedenfalls behält Edessa seine Unabhängigkeit, cf. LEPPER, 209: "Abgar of Oshroëne, as the reward of his personal attentions, retained
his kingdom as an island in the Roman dominions."
[310] Cf. LEPPER, Trajan's Parthian War, 21, 69, 71.
[311] Hieronymus, Epistulae LXXVII, 10; Eusebius, Hist. Eccles. IV, 2, 1ff.; cf. LEPPER,
Trajan's Parthian War, 91f.; siehe J. NEUSNER, The Jews East of the Euphrates and the
Roman Empire I. 1st—3rd Centuries A.D., ANRW II, 9, 1, 1976, 57—59.
[312] Arrian, Parthica, Fr. 77 (ed. Roos); cf. DEBEVOISE, History of Parthia, 235, Anm. 111.
[313] Cassius Dio LXVIII, 30, 2: καὶ οὗτος μὲν ἀπέθανεν ἡττηθεὶς μάχῃ, Λούσιος δὲ ἄλλα τε
πολλὰ κατώρθωσε καὶ τὴν Νίσιβιν ἀνέλαβε τήν τε Ἔδεσσαν ἐξεπολιόρκησε καὶ διέφθειρε
καὶ ἐνέπρησεν.
[314] Cassius Dio LXVIII, 30, 3; cf. DEBEVOISE, History of Parthia, 236f.; LEPPER, Trajan's
Parthian War, 147. Es gibt Münzen, die anläßlich dieses Ereignisses geprägt worden sind
mit der Legende REX PARTHIS DATUS; cf. MATTINGLY—SYDENHAM, Rom. Imp. Coin.
II, 291, No. 667f. und Pl. XI, 194.

römische Besatzung zurückblieb. Das war wahrscheinlich der Fall in Edessa nach der Eroberung und Zerstörung durch Lusius Quietus. Die Königsliste erwähnt ein Interregnum von zwei Jahren, 116—118, in denen die Römer Edessa beherrschten. Darauf treten 118 Ialud (oder Yalur) und Parthamaspates die Regierung an und herrschen während drei Jahren und zehn Monaten bis 122.

Es ist anzunehmen, daß Parthamaspates identisch ist mit dem von Trajan eingesetzten parthischen König gleichen Namens. Kaiser Hadrian war genötigt, für den Günstling der Römer etwas zu tun, als die Parther ihn nach dem Abzug der Römer als König ablehnten. Und so machte Hadrian, *quod eum non magni ponderis apud Parthos videret*, Parthamaspates zum König in Osroene, *proximis gentibus dedit regem*, zusammen mit Ialud(r), einem Sprößling der einheimischen Dynastie. Nach dessen Tode regierte Parthamaspates während zehn Monaten als Alleinherrscher, und nachher nahm die Dynastie mit Ma'nu VII. bar Izates, einem Bruder Abgars VII. bar Izates, die ihr überkommene Herrscherstelle wieder ein[315]. Jedenfalls blieb eine gewisse Freundschaft zwischen der Edessenischen Dynastie und den Römern bestehen, die namentlich Hadrian anstrebte. Mit friedlichen Mitteln trachtete er, die mesopotamischen Kleinfürsten an Rom zu binden: *toparchas et reges ad amicitiam invitavit*, sagt Spartian, der auch von Hadrian erwähnt: *a Mesopotamiis non exegit tributum quod Traianus imposuit*[316]. Doch bezweckte die Edessenische Politik nur die Behauptung der Unabhängigkeit zwischen Römern und Parthern, vielleicht auch weil innerhalb der Stadt eine römerfreundliche und partherfreundliche Partei einander fast die Waage hielten, aber entgegengesetzte Ziele anstrebten. Wenn der römische Einfluß zu stark wurde, entstanden Gegenkräfte, und dasselbe gilt mutatis mutandis für die parthische Strömung. Die Ereignisse in der Geschichte Edessas bis zu Trajan und während seines Feldzuges im Orient haben das zur Genüge klargestellt; auch die weiteren politischen Ereignisse in Edessas Geschichte bestätigen diese Situation.

Ma'nu VII. bar Izates regierte von 123—139; ihm folgte sein Sohn Ma'nu VIII. bar Ma'nu, der von 139—163 und von 165—177 herrschte. In den Jahren 163—165 regierte in Edessa Wa'el bar Sahru, eine Marionette der Parther, auf den Thron erhoben vom Partherkönig Vologases III., der gleich am Anfang der Regierung des Marcus Aurelius und Lucius Verus einen Feldzug gegen die Römer unternahm. Nach der Niederlage des M. Sedatius Severianus in Armenien nahmen die Parther Edessa ein, worauf König Ma'nu VIII. Zuflucht bei den Römern suchte[317]. Die einzige Evidenz

---

[315] Cassius Dio LXVIII, 33, 2: καὶ γὰρ καὶ οἱ Πάρθοι τὸν Παρθαμασπάτην ἀπαξιώσαντες ἐν τῷ σφετέρῳ τρόπῳ ἤρξαντο βασιλεύεσθαι. H.A. vita Hadriani 5, 4; cf. DEBEVOISE, History of Parthia, 241 f. ED. MEYER's Erörterungen s. v. Edessa 2, in RE V, 1905, Sp. 1934: ,, ... Lusius Quietus hat die Stadt erobert und eingeäschert (Dio LXVIII 30) und die Dynastie abgesetzt; doch wurde sie von Hadrian 118 wieder hergestellt" sind nicht ganz richtig.

[316] H. A. vita Hadriani 13, 17; 21, 12; cf. BABELON, Mélanges numismatiques, 219.

[317] BABELON, Mélanges numismatiques, 222; DEBEVOISE, History of Parthia, 246; MAGIE, Roman Rule, 660 ff.; OATES, Studies, 72.

für die Regierung Wa'els ist numismatischer Art. Es gibt Bronzemünzen mit der Legende W'L MLK' = König Wa'el in syrischem Duktus um die Büste des Königs auf der Reversseite der Münze und auf der Vorderseite das Bildnis des Vologases III. mit der parthischen Tiara[318]. Im Rahmen der römischen Gegenmaßnahmen eroberte Avidius Cassius 165 Edessa wieder; die Einwohner hatten zuvor die parthische Garnison ausgelöscht und den Römern Einzug verschafft[319]. Diese setzten Ma'nu VIII. wieder ein, und es ist anzunehmen, daß von dieser Zeit an Edessa und Osroene ein Klientelstaat der Römer war. Die Edessenischen Münzen von Ma'nu VIII. stellen Marcus Aurelius, Faustina, Lucius Verus und Lucilla dar mit der Aufschrift auf dem Verso: ΒΑCΙΛΕΥC ΜΑΝΝΟC ΦΙΛΟΡΩΜΑΙΟC[320].

Der Friedensvertrag mit den Parthern bestätigte den status quo ante und bezweckte, die Ostgrenze der Provincia Syria zu schützen. Dazu paßt Edessa als römischer Vasallenstaat mit einem König, der 'Freund der Römer' als offiziellen Titel trug. Die Politik des Augustus und Hadrian, den Euphrat als Ostgrenze des römischen Reiches zu betrachten, wurde nicht verlassen und Trajans Eroberungspolitik nicht erneuert[321].

Ma'nu VIII. hatte einen Sohn Abgar, der 177 als Abgar VIII., der Große, seinem Vater auf den Edessenischen Thron nachfolgte. Während seiner Regierung erlebte Edessa eine kulturelle Blütezeit und stand in hohem Ansehen bei den Römern. Abgar VIII. trieb aber die gleiche Politik wie seine Vorgänger auf dem osroenischen Thron, und daher hat er eine gewisse Rolle in dem Streit zwischen den Thronprätendenten nach Commodus' Tod gespielt. Nach der kurzen Regierung des Publius Helvius Pertinax und darauf des Marcus Didius Julianus waren die wichtigsten Kandidaten für den Kaiserthron Lucius Septimius Severus, Gaius Pescennius Niger im Orient und Decimus Clodius Albinus im Okzident. Septimius Severus schlug zuerst Niger in der Schlacht bei Issos und führte darauf seine

---

[318] BABELON, Mélanges numismatiques, 222ff.; HILL, BMC, Arabia, xcv ff. und 91f.; J. B. SEGAL, Pagan Syriac Monuments in the Vilayet of Urfa, Anatolian Studies 3, 1953, 97ff.; cf. P. NASTER, Les monnaies d'Edesse révèlent-elles un dieu 'Elul, Revue belge de Numismatique 114, 1968, 5ff.

[319] Lucian., Quomodo hist. 22: καὶ πάλιν ἐν ἑτέρῳ μέρει τῆς καλῆς ἱστορίας, ,,Ἔδεσσα μὲν δὴ οὕτω τοῖς ὅπλοις περιεσμαραγεῖτο καὶ ὅτοβος ἦν καὶ κόναβος ἅπαντα ἐκεῖνα.''
Procopius, De Bello Persico II, 12, 29: χρόνῳ τε πολλῷ Ἐδεσσηνοὶ ὕστερον ἀνελόντες τῶν βαρβάρων τοὺς σφίσιν ἐνδημοῦντας φρουροὺς ἐνέδοσαν Ῥωμαίοις τὴν πόλιν.
Für Avidius Cassius siehe MAGIE, Roman Rule, 1531, Anm. 5. Die römischen Truppen, die Edessa eroberten, wurden wahrscheinlich geführt von M. Claudius Fronto, wie hervorgeht aus CIL VI, 1377 = DESSAU I, 1098 (siehe Anm. 286). DEBEVOISE, History of Parthia, 253, setzt die Rückeroberung fälschlich in das Jahr 166 an.

[320] BABELON, Mélanges numismatiques, 233ff.; HILL, BMC, Arabia, xcvii ff.; cf. DUVAL, JA 1891, 213 und OATES, Studies, 72.

[321] Siehe aber OATES, Studies, 72f., der darauf hinweist, daß Nisibis in der Macht der Römer geblieben ist, da es im Jahr 193 eine römische Garnison hat, und daß Singara später den Titel Aurelia trug, so daß es unter den Antonini eine Kolonie geworden ist: "*These isolated pieces of evidence suggest a return to Trajan's concept of a forward base, at least in modified form, but it is impossible to say precisely what its limits were or how consistently it was maintained.*"

Truppen nach Mesopotamien, um Nigers Anhänger dort zu unterwerfen. Unter ihnen war auch Abgar VIII. von Edessa, der ebenso wie der Partherkönig Vologases IV., der Fürst von Hatra Barsemias und der adiabenische Monarch dem Niger Hilfe geleistet hatte[322]. Cassius Dios Bericht stellt heraus, daß die Leute aus der Osroene und Adiabene als Parteigänger Nigers Nisibis belagert haben, das die Seite des Severus gewählt hatte, daß sie nach Nigers Niederlage aber Gesandte zu Severus geschickt haben mit der Nachricht, sie seien in seinem Interesse vorgegangen. Sie boten an, die Beute ebenso wie die Kriegsgefangenen zurückzuschicken, weigerten sich aber, die eroberten Festungen zurückzugeben und römische Garnisonen in ihre Städte aufzunehmen. Dieser Feldzug fand statt im Jahre 195, und vor dem Ende dieses Jahres kehrte Severus nach Rom zurück; von dort zog er sogleich nach Gallien, um Clodius Albinus zu schlagen, was ihm am 17. Februar 197 in der Nähe von Lyon gelang. Darauf kehrte er nach Mesopotamien zurück, um die Parther und ihren König Vologases IV. zu bekämpfen, die Niger geholfen hatten. Der Historiker Herodianos erwähnt diesen zweiten Feldzug im Jahre 197, sagt aber kein Wort über den ersten, der im Jahre 195 stattfand. Herodianos berichtet in diesem Rahmen, daß Abgar VIII., König von Osroene, zu ihm flüchtete, seine Söhne als Geiseln gab und Severus Bogenschützen als Hilfstruppen lieferte[323]. Dios Bericht über diesen Feldzug erwähnt davon gar nichts. Aus diesem Grunde ist wohl angenommen worden, daß die Unterwerfung der Könige von Armenien und Osroene während des ersten Feldzuges 195 stattgefunden habe und daß Herodianos die beiden Feldzüge kombiniert habe[324]. Abgars Besuch bei Septimius Severus wäre dann der Anlaß gewesen für Dios Bericht über Abgars Besuch bei Septimius in Rom, wo er mit großem Gepränge empfangen worden sei[325]. Es scheint mir, daß diese Ansicht gewisse Vorteile

---

[322] Cassius Dio LXXV, 1, 1 ff.: Τοιαῦτα μὲν τὰ τῶν Βυζαντίων τείχη ἦν, Σεουῆρος δέ, ἐν ᾧ ταῦτα ἐπολιορκεῖτο, κατὰ τῶν βαρβάρων ἐπιθυμίᾳ δόξης ἐστράτευσε, τῶν τε Ὀρροηνῶν καὶ τῶν Ἀδιαβηνῶν καὶ τῶν Ἀραβίων. Ὅτι οἱ Ὀρροηνοὶ καὶ οἱ Ἀδιαβηνοὶ ἀποστάντες καὶ Νίσιβιν πολιορκοῦντες, καὶ ἡττηθέντες ὑπὸ Σεουήρου, ἐπρεσβεύσαντο πρὸς αὐτὸν μετὰ τὸν τοῦ Νίγρου θάνατον, οὐχ ὅπως ὡς καὶ ἠδικηκότες τι παραιτούμενοι, ἀλλὰ καὶ εὐεργεσίαν ἀπαιτοῦντες ὡς καὶ ὑπὲρ αὐτοῦ τοῦτο πεποιηκότες· τοὺς γὰρ στρατιώτας τὰ τοῦ Νίγρου φρονήσαντας ἔλεγον ἐκείνου ἕνεκα ἐφθαρκέναι καί τινα καὶ δῶρα αὐτῷ ἔπεμψαν, τούς τε αἰχμαλώτους καὶ τὰ λάφυρα τὰ περιόντα ἀποδώσειν ὑπέσχοντο. οὐ μέντοι οὔτε τὰ τείχη ἃ ᾑρήκεσαν ἐκλιπεῖν οὔτε φρουροὺς λαβεῖν ἤθελον, ἀλλὰ καὶ τοὺς λοιποὺς ἐξαχθῆναι ἐκ τῆς χώρας ἠξίουν. διὰ ταῦτα ὁ πόλεμος οὗτος συνέστη. Cf. DEBEVOISE, History of Parthia, 256; MAGIE, Roman Rule, 1540, Anm. 22.

[323] Herod. III, 9, 2: ὁ δὲ Σεβῆρος τῶν ἐν Ἀρμενίᾳ προχωρούντων κατὰ γνώμην ἐπὶ τὴν Ἀτρηνῶν ἠπείγετο. προσέφυγε δὲ αὐτῷ καὶ ὁ Ὀσροηνῶν βασιλεὺς Αὔγαρος, τούς τε παῖδας ὁμηρεύειν ἐς ἀσφάλειαν πίστεως ἐξέδωκε, τοξότας τε πλείστους συμμάχους ἤγαγεν. Cf. Herod. III, 1, 2 ff.

[324] So MAGIE, Roman Rule, 1540, 1542, Anm. 25; cf. aber C. R. WHITTAKER (ed.), Herodian, Loeb ed., I, Cambridge/Mass. 1969, p. 316, Anm. 1: *"There seems no good reason for putting these events in 195, though it should be noted that the passage about Armenia and Osrhoene is completely omitted by the O group of texts"*; cf. DEBEVOISE, History of Parthia, 256, Anm. 81: *"These events should probably be placed in the first campaign (contrary to Herodian)."*

[325] Cassius Dio LXXIX, 16, 2: . . . ἐμηνύθη τε αὐτῷ ὑπὸ τῶν ταῦτα ἐξεταζόντων, καὶ ἐξαίφνης ἐκ τῶν ἀγώνων ἀναρπασθεὶς ἀνήχθη τε ἐς τὴν Ῥώμην ὑπὸ πομπῆς ἀπλέτου καὶ

hat und den Lauf der Ereignisse am besten deutet, im Rahmen der von
Edessenischen Fürsten stets geführten Politik gegenüber Rom. Im Streit
um die Thronnachfolge im römischen Reich hat Abgar zusammen mit dem
Fürsten von Adiabene Nisibis belagert in der Hoffnung, daß die Macht
der Römer schwächer würde und sie wieder ganz unabhängig würden.
Als Septimius Severus im Orient mit großer Tatkraft auftrat, beeilte Abgar
sich, ihm Hilfe und Geiseln anzubieten, und darum hat er sich eine beschränkte Unabhängigkeit erhalten können. Als Severus während seines
zweiten Feldzuges gegen die Parther die Provincia Osroene schuf, durfte
Abgar Edessa und sein Stadtgebiet behalten. Als Zeichen seiner Unterwerfung nennt er sich fortan Lucius Aelius Septimius Abgar oder Lucius
Aelius Aurelius Septimius Abgar, wie seine Münzen zeigen[326]. Er war also
drastisch in seiner Macht beschränkt, und nur noch Edessa selber war nun
sein eigentliches Herrschaftsgebiet. Das Übrige seines Reiches war in die
Provincia Osroene verwandelt worden. Die Stiftung dieser Provinz wird
klar aus einer Inschrift des C. Julius Pacatianus, der *procurator* von Osroene
unter Septimius Severus war[327]. Wenn diese Rekonstruktion der Ereignisse
richtig ist, sind die Beziehungen zwischen Abgar und den Römern ganz
eindeutig und kann nicht die Rede sein von der Bildung einer Provincia
Osroene und nachher von der Wiedereinsetzung des Königs Abgar auf Grund
seiner guten Beziehungen mit den Römern, welcher sich dann im Jahre
197 wieder unterwarf, wie aus Herodians Bericht zu entnehmen wäre.

Die Römer haben die Provincia Osroene stark befestigt, so daß noch
heutzutage Überreste eines römischen Lagerkastells im Gebiet von Edessa
anzutreffen sind[328].

König Abgar VIII. starb 212; sein Sohn Abgar IX. Severus erhielt
dann die Herrschaft über Edessa, die er nur ein Jahr und sieben Monate
lang bis Januar 214 ausübte, als Edessa von Caracalla zur *colonia Romana*

ὅσην οὔτε Αὔγαρος ἐπὶ τοῦ Σεουήρου οὔτε Τιριδάτης ἐπὶ τοῦ Νέρωνος ἔσχε. Cf. Magie,
Roman Rule, 1542; "*This appearance and not, as has been generally supposed, a journey
to Rome, was perhaps the occasion, alluded to in Cassius Dio LXXIX, 16, 2, when Abgarus
came to Severus with an extraordinarily large retinue.*" Duval, JA 1891, 215, Bellinger–
Welles, A Third-Century Contract of Sale, 151, Kirsten, Art. Edessa, Sp. 556 und
Segal, Edessa, 14 behaupten einen Besuch Abgars in Rom nach 202; er wird auch in
Zusammenhang gebracht mit der Christianisierung von Edessa, wie hervorgeht aus Procopius, De Bello Persico II, 12, 9, wo Abgars Besuch in Rom auch ausführliche Erwähnung findet.
[326] Babelon, Mélanges numismatiques, 255.
[327] CIL XII, 1856 = Dessau I, 1353: *C. Iulio Pacatiano [v. e.], proc.* | *Augustorum nostrorum,
militiis* | *equestribus perfuncto, proc. provinc.* | *O[sr]hoenae, praefecto legionis Parthi|cae,
pr[o]c. Alpium Co[t]tiarum, adlecto* | *inter comit[es A]uggg. nnn., procurator.* | *pro legato
provinc. Mauretaniae Tingi|tanae, col[o]nia Aelia Aug. Italica* | *p[atr]ono merentissimo*;
cf. O. Hirschfeld, Die kaiserlichen Verwaltungsbeamten bis auf Diocletian, Berlin 1905,
376f.; H.-G. Pflaum, Les procurateurs équestres, Paris 1950, 83. In CIL II, 4135 und VI,
1644 add. werden andere Prokuratoren von Osroene aus unbestimmter Zeit genannt;
cf. M. G. Angeli Bertinelli, I Romani oltre l'Euphrate nel II secolo d. C., ANRW II,
9, 1, 1976, 39f.
[328] S. Guyer, Eski Hissar, ein römisches Lagerkastell im Gebiet von Edessa, Mélanges
syriens à R. Dussaud, I, Paris 1939, 183—190.

gemacht wird. Zuvor hatte Caracalla den Edessenischen Fürsten nach Rom zu sich berufen und ihn dort auf verräterische Weise gefangen genommen. Dieser Abgar war grausam vorgegangen gegen die Scheichs der benachbarten Stämme unter dem Vorwand, sie römische Sitten zu lehren[329]. Wahrscheinlich war Abgar IX. zusammen mit seinen Söhnen nach Rom zu Caracalla gegangen, was eine Erklärung liefert für zwei in Rom gefundene Grabinschriften, eine griechische und eine lateinische[330]. In der griechischen Inschrift handelt es sich also um zwei Söhne Abgars IX., von denen einer das Grabmal für den anderen errichten läßt. Die Rekonstruktion der Chronologie der politischen Ereignisse, die am Ende der Edessenischen Unabhängigkeit stattfanden, danken wir A. R. BELLINGER und A. MARICQ. Erstgenannter hat die auf GUTSCHMIDs Arbeiten beruhende Chronologie der Edessenischen Könige korrigiert, ausgehend vom in Dura-Europos aufgefundenen syrischen Kaufvertrag aus dem Jahre 243. Im Praescriptum dieser Urkunde wird gesprochen vom ,,31. Jahre der Freiheit der durchlauchten Stadt Antoniniana Edessa, der Colonia Metropolis Aurelia Alexandria"[331]. Aus dem Praescriptum ist durchaus klar, daß der Vertrag datiert werden muß auf Frühling des Jahres 243, so daß Edessa schon 213/214 eine *colonia* war. Münzen aus der Zeit, in der Edessa *colonia* war, tragen wahrscheinlich das astronomische Zeichen des Aquarius, das zum Monat Januar gehört. BELLINGER hat daraus das Fazit gezogen, daß Edessa im Januar 214 zur *colonia* gemacht wurde, was eine plausible Annahme ist[332]. Ausgehend von BELLINGERs Darlegungen hat A. MARICQ die Chronologie der letzten Jahre Caracallas einer erneuten Untersuchung unterworfen und ist zu den folgenden Schlußfolgerungen gekommen:

---

[329] Cassius Dio LXXVIII, 12, 1: Ὅτι Ἄγβαρος ὁ τῶν Ὀσροηνῶν βασιλεὺς ἐπειδὴ ἅπαξ ἐν κράτει τῶν ὁμοφύλων ἐγένετο, οὐδὲν ὅ τι τῶν δεινοτάτων τοὺς προέχοντας αὐτῶν οὐκ ἐξειργάσατο. λόγῳ μὲν ἐς τὰ τῶν Ῥωμαίων ἤδη μεθίστασθαι ἠνάγκαζεν, ἔργῳ δὲ τῆς κατ' αὐτῶν ἐξουσίας ἀπλήστως ἐνεφορεῖτο. — Ἠπατηκὼς γὰρ τὸν βασιλέα τῶν Ὀσροηνῶν Αὔγαρον ὡς δὴ παρὰ φίλον αὐτὸν ἥκειν, ἔπειτα συλλαβὼν ἔδησε καὶ τὴν Ὀσροηνὴν οὕτως ἀβασίλευτον οὖσαν λοιπὸν ἐχειρώσατο. Cf. F. MILLAR, A Study of Cassius Dio, Oxford 1964, 154, und Tac., Ann. VI, 41.

[330] CIG 6196: Ἕκτον ἐπ' εἰκοστῷ πλήσας ἔτος Ἄβγαρος ἔνθα
τάρχύθη, Μοιρῶν ὡς ἐπέκλωσε μίτος,
[ᾧ] φθόνος ὡς ἄδικός τις ἀπέσβεσεν ἀργόμενον φῶς,
λυπήσας τὸ γένος καὶ φιλίους ἑτάρους.
τύμβον δ' Ἀντωνεῖνος ἐῷ θέτο τοῦτον ἀδελφῷ,
οἷσιν ὁ πρὶν βασιλεὺς Ἄβγαρος ἦν γενέτης.

CIL VI, 1797 = DESSAU I, 857 (siehe Anm. 285). Es ist aber möglich, daß es sich in CIG 6196 um die Söhne von Abgar VIII. handelt, die er als Geiseln Severus übergeben hat, falls jener sie mit sich nach Rom geführt hat; diese Lösung scheint mir aber weniger wahrscheinlich. In DESSAU I, 857 kann es sich nicht um Abgar X., den letzten König von Edessa, handeln ,was von vielen Forschern angenommen wird, so daß sie von Abgar X. Phrahates sprechen; siehe Anm. 338.

[331] BELLINGER-WELLES, A Third-Century Contract of Sale, 96; der Kaufvertrag ist letztlich mustergültig veröffentlicht worden von J. A. GOLDSTEIN, The Syriac Bill of Sale from Dura-Europos, JNES 25, 1966, 1—16; cf. DRIJVERS, Old-Syriac (Edessean) Inscriptions, Semitic Study Series III, Leiden 1972, 54ff.

[332] BELLINGER-WELLES, A Third-Century Contract of Sale, 152f.

213—214:	Caracalla läßt Abgar IX. von Edessa in Rom zu sich kommen und verhaftet ihn.
Januar 214:	Edessa wird zu einer *colonia Romana*.
Anfang 214?:	Caracalla nötigt den armenischen König und seine Familie, nach Rom zu kommen, und verfährt mit ihm auf gleiche Weise wie mit Abgar.
Frühling 214:	Caracalla verläßt Rom, um Krieg mit den Parthern zu führen.
Winter 214/215 bis 4. April 215:	Aufenthalt in Nicomedien.
215:	Aufenthalt in Antiochien; Theocritus wird in Armenien geschlagen; Besuch Alexandriens.
Anfang 216:	Zurück nach Antiochien.
216 nach 27. Mai:	Partherkrieg gegen Artabanus V.
Winter 216/217:	Aufenthalt in Edessa.
8. April 217:	Caracalla wird auf dem Wege nach Carrhae ermordet[333].

Damit sind die chronologischen Daten miteinander in Übereinstimmung gebracht. Die syrische Chronik des Dionysius von Tell Maḥrê erwähnt noch einen König Maʿnu IX., der 26 Jahre lang regiert haben soll. Jedenfalls ist das eine Regierung nur dem Namen nach; die Edessenischen Münzen aus dieser Zeit tragen weder das Bildnis eines einheimischen Königs noch seinen Namen[334].

Severus Alexander hat während des Feldzuges gegen die Parther, den er 231 unternahm, unzweifelhaft auch Edessa besucht und den Namen der *colonia* in Colonia Metropolis Edessenorum verwandelt, wie aus den Münzen hervorgeht[335]. Auch aus den Ereignissen nach Severus Alexanders

---

[333] Cassius Dio LXXIX, 5, 4: τῇ ὀγδόῃ τοῦ Ἀπριλίου ἐξορμήσαντά τε αὐτὸν ἐξ Ἐδέσσης ἐς Κάρρας, καὶ κατελθόντα ἀπὸ τοῦ ἵππου ὅπως ἀποπατήσει, προσελθὼν ὁ Μαρτιάλιος ὥς γε εἰπεῖν τι δεόμενος ἐπάταξε ξιφιδίῳ μικρῷ καὶ αὐτὸς μὲν αὐτίκα ἀπέφυγε, καὶ διέλαθεν ἂν εἰ τὸ ξίφος ἀπερρίφει· νῦν δὲ γνωρισθεὶς ἀπ᾽ αὐτοῦ ὑπό τινος τῶν Σκυθῶν τῶν σὺν Ἀντωνίνῳ ὄντων κατηκοντίσθη· ἐκεῖνον δὲ . . . οἱ χιλίαρχοι ὡς καὶ βοηθοῦντες κατέσφαξαν. H. A. vita Antonini Caracallae 6, 6: *deinde cum iterum vellet Parthis bellum inferre atque hibernaret Edessae atque inde Carrhas Luni dei gratia venisset, die natalis suo, octavo idus Apriles, ipsis Megalensibus, cum ad requisita naturae discessisset, insidiis a Macrino praefecto praetorio positis, qui post eum invasit imperium, interemptus est*; vita Antonini Caracallae 7, 2: *Occisus est autem in medio itinere inter Carrhas et Edessam* . . .; cf. Herod. IV, 13, 3. Siehe A. MARICQ, La chronologie des dernières années de Caracalla, Syria 34, 1957, 297 bis 302 = ID., Classica et Orientalia, Paris 1965, 27—32; E. HOHL, Das Ende Caracallas, Miscellanea Academica Berolinensia, Berlin 1950, 276—293.

[334] BABELON, Mélanges numismatiques, 264ff. R. DUNCAN-JONES, Praefectus Mesopotamiae et Osrhoenae, Class. Phil. 64, 1969, 229—233 veröffentlichte eine Grabinschrift des L. Valerius Valerianus, der nach 219/220 *praefectus M. et O.* war; siehe auch R. DUNCAN-JONES, A Postscript, Class. Phil. 65, 1970, 107—109; J. FITZ, Les Syriens à Intercisa, Latomus 122, 1972, 204—205 und Addendum.

[335] BABELON, Mélanges numismatiques, 274ff.; MAGIE, Roman Rule, 695.

Tode wird klar, daß zwischen dem Kaiser und den Edessenern sehr herzliche
Beziehungen bestanden haben müssen. Die Edessenischen Bogenschützen
in der Armee machten Aufruhr und versuchten, einen Gegenkaiser auf den
Thron zu erheben[336]. Es ist zu vermuten, wie BELLINGER darlegt, daß in
den Wirren im Orient während der Regierung des Maximinus, als Nisibis
und Carrhae verlorengingen, auch Edessa wieder eine gewisse Selbständigkeit erworben hat[337]. Vielleicht ist das auch der Grund, daß in Dionysius'
Chronik ein König Ma'nu IX. erwähnt wird, der sich dann wieder der
Herrschaft bemächtigt hat?

Nach Dionysius hat dieser Ma'nu 26 Jahre regiert und war der letzte
König von Edessa. Wenn er gleich 214 die Regierung angetreten hätte,
was unbewiesen ist, endete diese 240. Wir besitzen von diesem Ma'nu
aber kein numismatisches Zeugnis und kennen ihn nur aus Dionysius'
Chronik. Wir haben aber Bronzemünzen in großer Menge, die Kaiser
Gordianus III. und einen König Abgar von Edessa darstellen, der also
während der Regierungszeit Gordians, d. h. zwischen 238 und 244, in Edessa
auf dem Thron saß; Dionysius' Chronik weiß nichts von ihm. VON GUT-
SCHMID war der Meinung, daß dieser König von Gordian 242 während

---

[336] Herod. VI, 7, 8: ὁ δὲ Ἀλέξανδρος Μαυρουσίους τε πλείστους καὶ τοξοτῶν ἀριθμὸν πολὺν
ἐπαγόμενος ἀπὸ τῆς ἀνατολῆς ἔκ τε τῆς Ὀσροηνῶν χώρας, καὶ εἴ τινες Παρθυαίων αὐτό-
μολοι ἢ χρήμασιν ἀναπεισθέντες ἠκολουθήκεσαν αὐτῷ βοηθήσοντες.
Herod. VII, 1, 9 und 10: ἐγένετο δέ τις καὶ Ὀσροηνῶν τοξοτῶν ἀπόστασις, οἳ πάνυ
ἀλγοῦντες ἐπὶ τῇ Ἀλεξάνδρου τελευτῇ, περιτυχόντες τῶν ἀπὸ ὑπατείας καὶ φίλων Ἀλεξάνδρου τινί (Κουαρτῖνος δὲ ἦν ὄνομα, ὃν Μαξιμῖνος ἐκπέμψας ἦν τοῦ στρατοῦ) ἁρπάσαντες
ἄκοντα καὶ οὐδὲν προειδότα στρατηγὸν ἑαυτῶν κατέστησαν, πορφύρᾳ τε καὶ πυρὶ προ-
πομπευόντι, ὀλεθρίοις τιμαῖς, ἐκόσμησαν, ἐπί τε τὴν ἀρχὴν ἦγον οὔ τι βουλόμενον.
(10) ἐκεῖνος μὲν οὖν ἐν τῇ σκηνῇ καθεύδων ἐπιβουλευθεὶς νύκτωρ αἰφνιδίως ἀνῃρέθη ὑπὸ
τοῦ συνόντος αὐτῷ καὶ δοκοῦντος φίλου, τῶν τε Ὀσροηνῶν πρότερον ἡγουμένου
(Μακεδὼν ἦν ὄνομα αὐτῷ), καίτοι τῆς ἁρπαγῆς καὶ τῆς ἀποστάσεως ἀρχηγοῦ καὶ ὁμο-
γνώμονος τοῖς Ὀσροηνοῖς γενομένου. Georg. Sync., Chron. P 357, V. 285, S. 674—675 erwähnt
einen Edessenischen Usurpator Uranius unter Severus Alexander, der vom römischen
Kaiser als 'Mitregent' anerkannt zu werden wünschte; cf. H. GESCHE, Kaiser Gordian
mit dem Pfeil in Edessa, Jahrb. f. Num. 19, 1969, 68 u. Anm. 111.
Gegen Mitte des III. Jahrhunderts verweilte eine *ala Osrhoenorum sagitt(ariorum)* in Brigetio in Pannonien, siehe Z. KADAR, Die kleinasiatisch-syrischen Kulte zur Römerzeit
in Ungarn, EPRO 2, Leiden 1962, 44, Anm. 2; DESSAU 2549 u. 2765.
Cf. J. GAGÉ, La montée des Sassanides et l'heure de Palmyre, Paris 1964, 91 f.; OATES,
Studies, 92; auch früher nach 50 n. Chr. und vor den Flavii haben die Römer in Osrhoene
Soldaten ausgehoben, cf. H. PETERSEN, New Evidence for the Relations between Romans
and Parthians, Berytus 16, 1966, 61—69 (handelt über eine *ala Parthorum et Araborum*).

[337] Cf. Zonaras XII, 18 (III, p. 129 ed. DINDORF): Μετὰ δὲ τὸν νέον Γορδιανὸν
ἕτερος αὖθις Γορδιανὸς τῆς ἀρχῆς ἐπελάβετο, κατὰ γένος, ὡς λόγος, προσήκων τοῖς
ἀπελθοῦσι Γορδιανοῖς. ὃς ἐκστρατεύσας εἰς Πέρσας καὶ πολεμήσας αὐτοῖς, Σαπώρου τοῦ
υἱοῦ Ἀρταξέρξου τοῦ ἔθνους ἡγεμονεύοντος, ἥττησέ τε τοὺς ἐναντίους, καὶ Νίσιβιν
καὶ Κάρας Ῥωμαίοις αὖθις ἐπανεσώσατο, ὑπὸ Περσῶν ἐπὶ Μαξιμίνου ὑφαρπασθείσας.
BELLINGER-WELLES, 145 f.; MAGIE, Roman Rule, 696, 1560, Anm. 12; der Text des
Zonaras geht zurück auf Georgios Synkellos. Doch bedeutet diese gewisse Selbständigkeit
nicht, daß Edessa den Status einer *colonia* abwarf, den Gordianus später wieder einsetzte.
Vielleicht ist damit zu rechnen, daß Edessa ab 214 eine *colonia* war und blieb, aber in dieser
Verfassung einen König ohne effektive Macht haben konnte. *Colonia* und Königtum wären
in diesem Rahmen keine Gegensätze!

seines Feldzuges gegen Shapur wiedereingesetzt wurde und nur bis zu
seinem Tode regierte, also bis 244, als Philippus Arabs mit den Sassaniden
Frieden schloß. Das bedeutet nur eine kurze Regierungszeit von zwei
Jahren. Auf Grund der Inschrift CIL VI, 1797 = DESSAU 857, die VON GUT-
SCHMID mit diesem König in Verbindung bringt, nennt er ihn Abgar Phrahates. Ihm wurde hierin von allen modernen Historikern gefolgt, die sich mit
der Geschichte von Edessa beschäftigt haben, was auch nach sich zog, daß,
als BELLINGER-WELLES und MARICQ die Chronologie änderten, die Forschung an den zwei Regierungsjahren Abgars X. festhielt und ihn von
240—242 ansetzte. In diesem Jahre hätte Gordianus Edessa wieder zur
colonia gemacht, was in Übereinstimmung stünde mit den Angaben des
syrischen Kaufvertrages von 243, der in Dura-Europos aufgefunden wurde[338].

X. LORIOT hat nun einen Text des Jakob von Edessa (640—708 n. Chr.)
angeführt, der in der syrischen Chronik des Michael Syrus zitiert wird, und
dargelegt, daß der letzte König von Edessa Abgar X. Soros sei, der von
243—248/49 regierte. Der Name ist Abgar Severus zu lesen (Soros ist ein Versehen CHABOTS), aber der Text des Jakob von Edessa scheint zuverlässig, so
daß wahrscheinlich die Dynastie von Gordian wieder eingesetzt wurde (243?
oder schon früher?) und endgültig 248 zu Ende ging, falls nicht eine Verwechslung vorliegt mit König Abgar IX. Severus, der von Caracalla in Rom
gefangen genommen wurde und mit dem die Dynastie faktisch 214 endete.
Maʿnu IX. ist ja nur ein Schattenkönig, und Edessa blieb allezeit eine
colonia. Nur wäre einzuwenden, daß der Kaufvertrag von 243 nichts von
einem König weiß und nur die *strategoi* der *colonia* erwähnt[339].

338 VON GUTSCHMID, Untersuchungen, 44—46; BABELON, Mélanges numismatiques, 286 bis
292; DUVAL, JA, 1891, 106: KIRSTEN, art. Edessa, RAC IV, 1959, Sp. 557 („Wiedereinset-
zung der Dynastie unter Abgar X. Phrahates (242—244) durch Gordian III"); BELLINGER-
WELLES, A Third-Century Contract of Sale, 144—154 (p. 145: "*It follows that the reign of
Abgar X. began in 240 and ended with the reëstablishment of the colonia in 242*"); SEGAL,
Edessa, 15, Anm. 3 ("*Abgar X., Frahad bar Maʿnu, 240—242*"); siehe weiter X. LORIOT,
ANRW II 2, 768f., Anm. 822 und die folgende Anmerkung. Für Gordians Edessenische
Münzen siehe H. GESCHE, Kaiser Gordian mit dem Pfeil in Edessa, Jahrb. f. Num., 19,
1969, 47—77.
339 X. LORIOT, ANRW II 2, 768f., Anm. 822 und 823; Jakob von Edessa schreibt (bei Michael
Syrus, Chronique, éd. J.-B. CHABOT, Vol. I, Paris 1899, reprint Bruxelles 1963, 120 =
Übersetzung; Vol. IV, 77—78 = syrischer Text): «*ils* (i.e. *les habitants d'Édesse* — DR.)
*établirent à Édesse pour roi un d'entre eux nommé Abgar. Il était courageux, fort et expéri-
menté à la guerre. Lui, et ses enfants après lui, dominèrent jusqu'à la frontière de Babylone
pendant 380 ans, depuis l'année 180 des Grecs jusqu'à 560 du même comput. Ces rois d'Édesse
régnèrent aussi sur le pays des Arméniens jusqu'à ce que ceux-ci se fussent eux-mêmes constitué un roi. Plusieurs s'appelèrent de ce nom d'Abgar, parce qu'ils étaient pris d'affection
pour le grand Abgar Ier. Les Édesséniens et leurs rois tombèrent sous le joug des Romains
en l'an 477 du comput de Grecs, la 7e année de Lucius, empereur des Romains, alors que ce
Lucius fit la guerre avec les Parthes, les vainquit et les soumit. Ils furent sans roi et leur
royauté cessa totalement en la 5e année de Philippe, empereur des Romains, en l'année 560
du comput des Grecs. La royauté leur fut enlevée du temps d'Abgar Soros* (lies: Abgar
Severus; das syrische *swrws* ist eine normale Transkription des lateinischen *Severus* —
DR. LORIOT hat den Fehler CHABOTS übernommen) *en effet, les Romains chassèrent celui-
ci, parce qu'il avait voulu se révolter contre eux; ils établirent Aurelianus, fils de Habesai,
comme gouverneur, au lieu de roi, et leur imposèrent (un tribut) de servitude. — Ainsi finit*

Die letzten Münzen von Edessa wurden unter Trajanus Decius geprägt; die Stadt ist dann keine *metropolis* mehr, sondern eine einfache *colonia*[340], die in ihrer Unterworfenheit an Rom durchaus die Folgen des römischen Niederganges miterlebte. Im Jahre 259 wird Valerianus in der Nähe Edessas von Shapur I. geschlagen und gefangengenommen, worauf die Stadt von den Persern besetzt, kurz danach aber von den Römern wieder eingenom-

la royauté des Édesséniens après avoir subsisté, comme je l'ai dit, 380 ans, en l'année 560 des Grecs, la 5e de Philippe, mille ans après la fondation de Rome. Eusèbe ne fait point mention de ces choses, . . .» Es ist auffallend, daß SEGAL, Edessa, 15, Anm. 3 Abgar X. von 240—242 ansetzt, doch vom Ende der Dynastie 248 weiß; cf. SEGAL, Pagan Syriac Monuments in the Vilayet of Urfa, Anatolian Studies 3, 1953, 105 ("We are told by Michael the Syrian that the first Roman governor of Osrhoene after the abolition of the kingdom in 248 was called Aurelianus son of Haphsai").
Jakobs Chronik zerfiel in zwei wesenhaft verschiedene Teile, von denen der erste Teil eine Übersetzung oder Bearbeitung des Eusebianischen Kanons und vorbildlich für die Anlage des großen Geschichtswerkes des Michael Syrus war, cf. A. BAUMSTARK, Geschichte der syrischen Literatur, Bonn 1922, 254. Der hier zitierte Text gehört aber zu Jakobs Sondergut und macht einen zuverlässigen Eindruck, da seine Angaben anderweitig bestätigt werden: Jakob läßt die Regierung der Abgar-Dynastie im Jahre 132 v. Chr. anfangen, was in Übereinstimmung mit Dionysius' Chronik steht; überdies weiß er von den Beziehungen zwischen Edessa und Armenien; er berichtet, daß Edessa 165 n. Chr. (477 der Seleukiden-Zeitrechnung) ein Klientelstaat der Römer wurde, was genau mit den historischen Ereignissen stimmt; der von ihm erwähnte Gouverneur Aurelianus bar Habesai steht eifelsohne in Verbindung mit Aurelius Ḥafsai bar Shamashyahb, der als einer der zwei Edessenischen Strategoi den Kaufvertrag aus dem Jahre 243 unterzeichnete (im Syrischen Ḥabesai = Hafsai; vielleicht eine Verwechslung von b und p, die im syrischen Duktus fast identisch sind, bei Michael Syrus?); cf. J. A. GOLDSTEIN, The Syriac Bill of Sale from Dura-Europos, JNES 25, 1966, 7, 9, 15; ein Vorvater dieses Aurelianus oder er selbst (?) wird erwähnt in einer syrischen Inschrift in Sumatar Harabesi zwischen Edessa und Harran im Tektek-Gebirge, cf. H. POGNON, Inscriptions sémitiques de la Syrie, de la Mésopotamie et de la région de Mossoul, Paris 1907, 30f.; SEGAL, Pagan Syriac Monuments, 105 und ID., Edessa, 22f. Dies alles führt dazu, Jakobs Bericht als zuverlässig zu betrachten und sich LORIOTS Auffassung anzuschließen. Dieser hat überdies dargelegt, daß die Münzen Gordians und Abgars nach dem Frühling 243 geprägt worden sind, also nach den römischen Siegen, und das bringt ihn dazu, die Regierungszeit Abgars X. im Jahre 243 anfangen zu lassen. Es ist aber durchaus möglich, daß seine Regierung früher angesetzt werden muß; wenn aber die Abgar-Dynastie nach dem Tode Caracallas wiedereingesetzt wurde, also 217, und wenn Ma'nu IX. 26 Jahre König war, wie Dionysius berichtet, erreichen wir genau das Jahr 243! Abgar X. Severus wurde im fünften Jahr des Philippus Arabs, das vom 30. August 247 bis zum 28. August 248 ging, verjagt; cf. LORIOT, ANRW II 2, 791 bis 794; man kann vermuten, daß die Dynastie im Zusammenhang mit anderen Aufständen gegen Philippus Arabs (von Pacatianus?) ihr Ende fand. Diese Tatsachen bedeuten zugleich, daß die Inschrift CIL VI, 1797 = DESSAU I, 857 zweifelsohne keinen Bezug auf Abgar X. hat, sondern in Verbindung mit Abgar IX. und seinen Söhnen gesetzt werden muß (siehe Anm. 285 und 330). BELLINGER-WELLES, 146, MAGIE, Roman Rule, 697 und OATES, Studies, 75 nehmen an, daß Edessa wieder zur *colonia* wurde, als Gordianus 242 seine Siege in Nordmesopotamien erkämpfte und Carrhae und Nisibis zurückeroberte, cf. H. A. vita Gordiani 26, 6. Das ist aber keineswegs bewiesen, und es liegt vielmehr auf der Hand anzunehmen, daß Edessa zuvor niemals von den Sassaniden eingenommen wurde und immerfort eine *colonia Romana* war, wo die einheimische Dynastie noch eine gewisse Rolle spielte, cf. auch LORIOT, ANRW II 2, 763, Anm. 789 und 768, Anm. 820.
[340] BABELON, Mélanges numismatiques, 292ff.; HILL, BMC, Arabia, CVI, CX; OATES, Studies, 75.

884 HENDRIK JAN WILLEM DRIJVERS

men wird[341]. Auch die Palmyrener haben vielleicht im Laufe ihrer Eroberungen Edessa in Besitz gehabt, welchem Zustande 272 ein Ende gemacht
wird[342]. Kaiser Diokletian teilte Nordmesopotamien in zwei Provinzen,
von denen die eine Osroene und die andere Mesopotamia hieß. Edessa blieb
Hauptstadt von Osroene, hatte aber nur geringe Bedeutung. Die Anlage
einer Verteidigungslinie durch denselben Diokletian weiter im Osten bedeutete auch für Edessa einen größeren Schutz, aber eine selbständige Rolle
in der Geschichte zwischen Rom und den Persern sollte die Stadt nicht mehr
spielen[343]. Ihre Blütezeit hatte sie im zweiten Jahrhundert und in den
ersten Jahrzehnten des dritten erlebt. Sie war für Rom niemals eine völlig

[341] Zonaras XII, 23 (III, p. 140 ed. DINDORF): ἀλλὰ μὴν καὶ Πέρσαι, Σαπώρου σφῶν βασιλεύοντος, τὴν Συρίαν κατέδραμον καὶ τὴν Καππαδοκίαν ἐδῃωσαν καὶ τὴν "Εδεσαν ἐπολι-
όρκουν. Οὐαλεριανὸς δὲ ὤκνει προσμῖξαι τοῖς πολεμίοις. μαθὼν δὲ ὡς οἱ ἐν 'Εδέσῃ
στρατιῶται ἐξιόντες τῆς πόλεως καὶ συμπλεκόμενοι τοῖς βαρβάροις πολλοὺς ἀναιροῦσι
καὶ πλεῖστα σκῦλα λαμβάνουσιν, ἀνεθάρσησε, καὶ ἀπελθὼν μετὰ τῆς συνούσης αὐτῷ
στρατιᾶς συνεπλάκη τοῖς Πέρσαις. οἱ δὲ πολυπλασίους ὄντας τοὺς 'Ρωμαίους ἐκύκλωσαν,
καὶ οἱ πλείους μὲν ἔπεσον, ἔνιοι δὲ καὶ διέφυγον, Οὐαλεριανὸς δὲ σὺν τοῖς περὶ αὐτὸν
συνελήφθη τοῖς πολεμίοις καὶ πρὸς τὸν Σαπώρην ἀπήχθη.
Cf. MAGIE, Roman Rule, 707f. und 1568; MAGIE setzt Valerians Niederlage in 260 an,
aber die Chronologie der Ereignisse ist sehr unsicher; cf. A. ALFÖLDI, Studien zur Geschichte der Weltkrise des 3. Jahrhunderts nach Christus, Darmstadt 1967, 148ff.;
210ff. ALFÖLDI behauptet auch das Jahr 260. Eine Darstellung dieser Schlacht ist in Dura-
Europos aufgefunden worden, siehe M. ROSTOVTZEFF, Dura and its Art, Oxford 1939,
30, 93; siehe weiter R. GÖBL, Der Triumph des Sassaniden Saphur über die Kaiser Gordianus, Philippus und Valerianus. Die ikonographische Interpretation des Felsreliefs, Denk-
schriften der Österreichischen Akademie der Wissenschaften, Phil.-hist. Kl., 116, Wien
1974; siehe auch W. HINZ, Altiranische Funde und Forschungen, Berlin 1969, 149, 175.
Mit E. HONIGMANN—A. MARICQ, Recherches sur les Res Gestae Divi Saporis, Mém.
Acad. Roy. Belg., Cl. des Lettres 47, 4, Bruxelles 1953, 144f. bin ich der Meinung, daß
Shapur I. erst Edessa einnahm und sich nachher nach Antiochia begab; cf. A. MARICQ,
Res Gestae Divi Saporis, Syria 35, 1958, p. 311f., L. 19sqq. = ID., Classica et Orientalia,
p. 53, contra M. SPRENGLING, Third Century Iran, Sapor and Kartir, Chicago, 1953, 101.
[342] Cf. FHG IV, 187, Fr. 11: Exc. De leg. gent. ad Rom. p. 25: ὅτι Σαπώρης ὁ Περσῶν βασιλεὺς τὸν Εὐφράτην διαβὰς μετὰ τοῦ οἰκείου στρατοπέδου, . . . [οἱ δὲ στρατιῶται suppl.
NIEB.] ἠσπάζοντο ἀλλήλους καὶ ἔχαιρον ὡς ἀπωγμένου κινδύνου φυγόντες. Πρὸς δὲ
τοὺς ἐν 'Εδέσσῃ στρατιώτας ἔπεμπεν, ὑποσχόμενος αὐτοῖς διδόναι πᾶν τὸ Σύριον νόμισμα
τὸ ὂν παρ' αὐτῷ, ἵν' ἀνενόχλητον αὐτὸν συγχωρήσωσι παρελθεῖν, καὶ μὴ ἔλωνται κίν-
δυνον εἰς ἀμφιβολίαν αὐτοὺς ἄγοντα, καὶ ἀσχολίαν αὐτῷ περιποιῆσαι καὶ βραδύτητα.
Οὐ γὰρ δεδιὼς αὐτοὺς ταῦτα ἐπιδιδόναι ἔφη, ἀλλ' ἐπειγόμενος τὴν ἑορτὴν εἰς τὰ οἰκεῖα
ποιῆσαι, καὶ μὴ βουλόμενος τριβὴν καὶ ὑπέρθεσιν γενέσθαι τῇ ὁδοιπορίᾳ αὐτοῦ. Καὶ
εἵλοντο οἱ στρατιῶται λαβεῖν τὸ χρυσίον ἀκινδύνως καὶ παραχωρῆσαι αὐτοῖς παρελθεῖν.
Dieser Text deutet darauf hin, daß gleich nach Valerians Niederlage die römischen
Truppen Edessa wieder eingenommen haben, so daß Valerian während seines Rückzuges
sie um Durchzug bitten mußte (siehe auch Anm. 341). Das ist auch in Übereinstimmung
mit allen Quellen, die Odainats Feldzug beschreiben, Edessa nicht erwähnen, wohl aber
die Wiedereinnahme von Nisibis und Carrhae in der Nähe von Edessa, die vielleicht
von den Persern nach Valerians Niederlage erobert wurden, cf. W. ENSSLIN, Zu den
Kriegen des Sassaniden Schapur I., Sitzungsberichte der Bayerischen Akademie der
Wissenschaften, Phil.-hist. Kl. 1947, Heft 5, München 1949, 77f., cf. H. A. vita
Gallieni 12, 1, Zosimus I, 39. Es ist anzunehmen, daß in diesem Jahre 262 Odainat
auch die römischen Truppen in Edessa unter seinen Befehl brachte, cf. SEGAL, Edessa, 110.
[343] A. POIDEBARD, La trace de Rome dans le désert de Syrie, Paris 1934, 129—152;
DILLEMANN, Haute Mésopotamie, 105ff.

zuverlässige Verbündete und ist oft abtrünnig geworden, wenn sie glaubte, daß das ihren Interessen diente. Die Römer haben in dieser Gegend darum wichtige Truppenansammlungen gelagert, namentlich während und nach der Regierung des Septimius Severus, der hier die *legiones I, II, III Parthicae* ins Feld stellte[344]. In dieser Hinsicht unterscheidet Edessa sich nicht von den anderen halb-arabischen Reichen in Mesopotamien in ihrem Verhältnis zu Rom. Kulturell und religiös hat Edessa aber eine ganz eigene Rolle gespielt, die der Stadt eine Bedeutung gibt, die größer ist als die eines halbbarbarischen Fürstentums an der Grenze des römischen Reiches.

3. Die Kultur von Edessa

Sind die literarischen Quellen für die Rekonstruktion der politischen Geschichte von Edessa nach Zahl und Umfang beschränkt, so gilt dasselbe in gleichem Grade für die archäologischen Überreste, die in Edessa und seiner Umgebung aufgefunden worden sind und die Einsicht vermitteln können in die materielle Kultur der Stadt und in das damit in Zusammenhang stehende geistige Klima. Da die Stadt immerfort bewohnt gewesen ist und heute rund 150000 Einwohner zählt, waren und sind systematische Grabungen unmöglich, sind die Reste der antiken Vergangenheit fast alle zerstört und archäologische Funde daher alle reiner Zufall (Taf. XVI). Auf Grund der dürftigen Reste können wir nur vermuten, was einst an Architektur und Kunst in Edessa zu finden war.

Als wichtigste Zeugnisse der Edessenischen Kunst kennen wir heute zehn Mosaiken, fast alle aus dem dritten Jahrhundert n. Chr., von denen höchstens drei vielleicht noch vorhanden sind, während die übrigen als verloren betrachtet werden müssen[345] (Taf. XVII, 1, 2; XVIII, 1, 2). Diese Mosaiken bildeten den Fußboden von Grabhöhlen, die in dieser Gegend als Bestattungsplatz dienten. Daneben kennen wir noch zwei Grabtürme in der Gegend von Edessa, nämlich den von Dêr Yakub und den von Serrîn, die mit den Grabtürmen in Palmyra und im ganzen syrischen Gebiet vergleichbar sind[346]. Im Urfa-Museum und in Istanbul und Diarbekir befinden sich

---

[344] Cf. OATES, Studies, 89, Anm. 1: "... *III Parthica at least as early as Caracalla* ... *was probably stationed here (at Resaina) to watch Rome's somewhat unreliable allies in Osrhoene as well as the eastern frontier* ...."

[345] Abbildungen dieser Mosaiken in J. B. SEGAL, Edessa, Pl. 1, 2, 3, 16b, 17a, b, 18, 19, 20, 43 und 44; cf. J. LEROY, Mosaïques funéraires d'Edessa, Syria 34, 1957, 306ff.; ID., Nouvelles découvertes archéologiques relatives à Edesse, Syria 38, 1961, 159ff.; die zu den Mosaiken gehörenden Inschriften sind zuletzt veröffentlicht worden von H. J. W. DRIJVERS, Old-Syriac (Edessean) Inscriptions, Semitic Study Series III, Leiden 1972, Nr. 44—51, wo auch ältere Veröffentlichungen erwähnt sind; neuerdings ist das zehnte Mosaik zutage gefördert, siehe H. J. W. DRIJVERS, Some New Syriac Inscriptions and Archaeological Finds from Edessa und Sumatar Harabesi, BSOAS 36, 1973, 1—14; cf. J. B. SEGAL, Observations on a Recent Article on Syriac Inscriptions, BSOAS 36, 1973, 621f.; das Louvre-Museum besitzt ein Fragment eines Mosaiks aus Edessa (im Kunsthandel erworben?): Nr. AO 22917.

[346] Cf. SEGAL, Edessa, S. 29 und Pl. 39a, b für den Turm in Dêr Yakub; für Serrîn siehe H. POGNON, Inscriptions sémitiques de la Syrie, de la Mésopotamie et de la région de Mos-

einige Skulpturen und Reliefs, die in Edessa und Umgebung gefunden worden sind, funerären Charakter tragen und einigermaßen vergleichbar sind mit der funerären Skulptur aus Palmyra. Auch Architektur-Überreste sind dürftig. Neben den schon erwähnten Türmen kennen wir nur zwei Säulen mit korinthischen Kapitellen auf der Zitadelle von Edessa, die aus der zweiten Hälfte des zweiten Jahrhunderts n. Chr. stammen und möglicherweise einst zu einem Tempel gehörten[347] (Taf. XIX, XX). In Sumatar Harabesi im Tektet-Gebirge halbwegs zwischen Edessa und Harrân befinden sich einige Grabbauten verschiedener Formen um einen zentralen Berg, der einst sakrale Bedeutung hatte[348] (Taf. XXI).

Die Grabmosaiken tragen fast alle syrische Inschriften, aus denen der funeräre Charakter hervorgeht, und auch weiter sind noch syrische Inschriften bekannt, fast alle aus den ersten drei Jahrhunderten n. Chr. und zum größten Teil Grabinschriften. Die Gesamtzahl beträgt heute rund siebzig, was sehr wenig ist im Vergleich mit den Tausenden palmyrenischer Inschriften aus derselben Zeit[349]. Auch eine einzige griechische Inschrift ist bekannt, gehörend zu einem jüdischen Grab in Kirk Mağara (= Vierzig Höhlen) westlich der Zitadelle[350]. Der Grabturm in Dêr Yakub trägt eine bilingue Inschrift, griechisch-aramäisch, die nur den Namen der Inhaberin Amaššemeš mit dem ihres Gatten erwähnt[351]. Soweit diese Inschriften bestimmte Schlußfolgerungen ermöglichen, sind sie alle pagan und nicht christlich.

Im Gegensatz zu diesem Befund sind die literarischen Texte aus dieser Zeit fast alle christlich oder christlich überarbeitet; Werke aus nicht-

soul, Paris 1907, 15—22, zuletzt in Drijvers, Old-Syriac Inscriptions, Nr. 2 mit der einschlägigen Literatur; für Grabtürme überhaupt in dieser Gegend siehe E. Will, La tour funéraire de la Syrie et les monuments apparentés, Syria 26, 1949, 258—312; M. Gawlikowski, Monuments funéraires de Palmyre, Warszawa 1970, 9—43; Id., La notion de tombeau en Syrie romaine, Berytus 21, 1972, 5—15.

[347] Die vorhandenen Grabskulpturen sind abgebildet in Segal, Edessa, Pl. 12—15; die Säulen Pl. 9 und 29a; eine Beschreibung findet sich S. 26f.; eine dieser Säulen trägt eine syrische Inschrift der Königin Šalmat zu Ehren, cf. Drijvers, Old-Syriac Inscriptions Nr. 27.

[348] J. B. Segal, Pagan Syriac Monuments in the Vilayet of Urfa, Anatolian Studies 3, 1953, 97—119; Segals Deutung dieser Monumente als Planettempel der harranischen Sabier ist nicht überzeugend, siehe J. B. Segal, The Sabian Mysteries. The Planet Cult of Ancient Harran, in: E. Bacon (ed.), Vanished Civilizations, London 1963, 201ff.; eine Monographie über pagane Religionen in Edessa von der Hand des Verf. ist in Vorbereitung und wird demnächst in EPRO, Leiden, erscheinen; dort werden die mit dem Kultus in Sumatar zusammenhängenden Fragen neu erörtert.

[349] Alle bisher bekannten Inschriften sind veröffentlicht worden von Drijvers, Old-Syriac (Edessean) Inscriptions, und Id., Some New Syriac Inscriptions and Archaeological Finds from Edessa und Sumatar Harabesi, BSOAS 36, 1973, 1—14; cf. R. Degen, Zur syrischen Inschrift von Birecik, Neue Ephemeris für Semitische Epigraphik, Bd. II, ed. R. Degen— W. W. Müller—W. Röllig, Wiesbaden 1974, 105—109 für einige Verbesserungsvorschläge; cf. J. Naveh, Remarks on Two East Aramaic Inscriptions, BASOR 216, Dec. 1974, 9—11.

[350] Segal, Edessa, 27 und Pl. 16 und 31; erstmals veröffentlicht von E. Sachau, Edessenische Inschriften, ZDMG 36, 1882, 142ff.

[351] Erstmals veröffentlicht von E. Sachau, Edessenische Inschriften, ZDMG 36, 1882, 145 bis 153; cf. J. Pirenne, Aux origines de la graphie syriaque, Syria 40, 1963, 109ff.

christlicher literarischer Tradition sind nicht bewahrt geblieben, obwohl man vermuten darf, daß es diese wohl gegeben hat, in Anbetracht des guten, hochentwickelten Stils namentlich der ältesten bekannten Schriften. An erster Stelle muß das 'Buch der Gesetze der Länder' genannt werden, ein Dialog über das Fatum und den freien Willen aus der Schule Bardaiṣans, des 'aramäischen Philosophen'[352]. Dort weist Bardaiṣan im Gespräch mit dem Astrologen Awida nach, daß der freie Wille stärker ist als das von Sternen und Planeten determinierte Fatum, wobei er das Motiv der νόμιμα βαρβαρικά benützt, das letztlich auf Karneades zurückgeht[353]. Auch die polemischen Schriften Ephraems des Syrers (306—373) gegen Bardaiṣans Lehre weisen darauf hin, daß der aramäische Philosoph, der von 154—222 lebte und den größten Teil seines Lebens am Hofe Abgars des Großen verbrachte, gute Kenntnisse der stoischen und platonischen Philosophie seiner Zeit besaß und sich aktiv an den philosophischen Diskussionen seiner Zeit beteiligte[354]. Seine Lehre zeigt eine Analogie mit den hermetischen Lehren, namentlich wo es sich um die Doktrin der Seele und ihrer Erlösung handelt[355]. Einfluß der Philosophie ist auch zu spüren im Brief des Mara bar Serapion an seinen Sohn Serapion, worin er diesem die Lebensordnung der stoischen Ethik vorhält. Diese Schrift befindet sich in dem Manuskript B.M. Add. 14658, das auch das 'Buch der Gesetze der Länder' überliefert und als dritte Schrift die Apologie des Pseudo-Melito von Sardes, eine rein christliche Schrift, enthält[356].

Die Teile der sogenannten 'Edessenischen Chronik', die aus vorchristlicher Zeit stammen, sind im Rahmen dieser Chronik christlich überarbeitet. Eine der ältesten Stellen beschreibt die große Überschwemmung im Jahre 201 n. Chr.[357]. Weitere Schriften aus den ersten Jahrhunderten n. Chr. sind rein christlich und beschreiben die Christianisierung von Edessa und das

[352] Über Bardaiṣan siehe H. J. W. DRIJVERS, Bardaiṣan of Edessa, Studia Semitica Neerlandica 6, Assen 1966; bes. 60—95 handeln über das 'Buch der Gesetze der Länder'; es ist herausgegeben von F. NAU, Patrologia Syriaca I, 2, Paris 1907, Sp. 536—611 mit lateinischer Übersetzung; den syrischen Text mit englischer Übersetzung besorgte H. J. W. DRIJVERS, The Book of the Laws of Countries, Assen 1965.

[353] Siehe F. BOLL, Studien über Claudius Ptolemäus. Ein Beitrag zur Geschichte der griechischen Philosophie und Astrologie, Jahrbücher f. Class. Philol. Suppl. Bd. 21, Leipzig 1894, 49—244, bes. 181f.; D. AMAND, Fatalisme et Liberté dans l'antiquité grecque, Leuven 1945, 228—257; R. M. GRANT, Miracle und Natural Law in Graeco-Roman and Early Christian Thought, Amsterdam 1952, 111f.

[354] C. W. MITCHELL, S. Ephraim's Prose Refutations of Mani, Marcion and Bardaiṣan, 2 Vols, London 1912—1921; cf. G. FURLANI, Sur le stoïcisme de Bardesane d'Édesse, Archiv Orientální 9, 1937, 347—352; H. J. W. DRIJVERS, Bardaiṣan of Edessa and the Hermetica. The Aramaic Philosopher and the Philosophy of his Time, Jaarbericht Ex Oriente Lux 21, 1969—1970, 190—210.

[355] H. J. W. DRIJVERS, Bardaiṣan of Edessa and the Hermetica.

[356] Hrsg. v. W. CURETON, Spicilegium Syriacum, London 1855, 43—48; cf. I. ORTIZ DE URBINA, Patrologia Syriaca, altera editio, Roma 1965, 45; F. ALTHEIM, Weltgeschichte Asiens im griechischen Zeitalter II, Halle 1948, 143—145.

[357] Cf. A. BAUMSTARK, Geschichte der syrischen Literatur, Bonn 1922, 99; L. HALLIER, Untersuchungen über die Edessenische Chronik, TU IX, 1, Leipzig 1892; W. BAUER, Rechtgläubigkeit und Ketzerei im ältesten Christentum, Tübingen 1934, 17ff.

Tun und Treiben der Apostel. Das ist der Fall mit der sogenannten 'Doctrina Addai', die eine legendäre Beschreibung der Christianisierung von Edessa enthält, einschließlich des Briefwechsels zwischen König Abgar dem Schwarzen und Jesus, der zum erstenmal in Euseb's Historia Ecclesiastica I, 13 vorkommt[358]. Nach Jesu Tode wird Addai nach Edessa zu Abgar gesandt, um dort das Evangelium zu verkünden, wie Jesus selbst im apokryphen Briefwechsel dem König versprochen hatte. Die Schrift ist ein Versuch, die Ansprüche der Orthodoxie den Häretikern gegenüber aufrechtzuerhalten durch die Zurückführung der Rechtgläubigkeit unmittelbar auf Jesus und auf seinen Brief an Abgar[359].

Es versteht sich, daß sich in allen diesen Schriften versteckte Auskünfte über die Verhältnisse im nichtchristlichen Edessa und über die dortigen religiösen Bräuche und Kulte finden. Daher sind die Berichte aus diesen Schriften und aus späteren kirchlichen Schriftstellern mittelbare Quellen für die Kenntnis der Edessenischen Kultur in vorchristlicher Zeit und in den Jahrhunderten, in denen Christentum und Paganismus nebeneinander bestanden.

Dürftige archäologische Funde, eine geringe Zahl an Inschriften, eine kirchliche Literatur, die systematisch alle Reminiszenzen an Paganismus und dessen Bräuche unterdrückt hat, das sind sehr unvollständige Quellen, um einen Einblick in die Kultur von Edessa zu gewähren. Dennoch ist es möglich, unter ständiger Vergleichung mit verwandten Kulturen eine Skizze jener Kultur zu geben und einige Hauptlinien zu ziehen.

Ebenso wie in Palmyra und Hatra ist die Kultur von Edessa hauptsächlich semitischer Art. Sprache und Schrift sind semitisch. Das Syrische ist der aramäische Lokaldialekt in Edessa und Umgebung, geschrieben mit einem Duktus, der anderen aramäischen Schriftformen dieser Gegend und Epoche verwandt ist, der sich zu der offiziellen Hochsprache dieser Kultur in christlicher Zeit entwickelt und als solcher eine umfangreiche Literatur hervorgebracht hat[360]. Doch waren die gebildeten Kreise auch mit der klassischen Literatur bekannt, namentlich mit dem Griechischen, so daß sich eine umfangreiche Übersetzungsliteratur entwickelte, deren Reste großenteils noch heute bekannt sind. Auf diese Weise hat das Syrische eine fundamentale Rolle in dem Prozeß der Übertragung der klassischen Literatur und Wis-

---

[358] Hrsg. v. G. PHILLIPS, London 1876 mit englischer Übersetzung; cf. R. PEPPERMÜLLER, Griechische Papyrusfragmente der Doctrina Addai, VigChr 25, 1971, 289—301, wo 290, Anm. 5 die einschlägige Literatur erwähnt ist.

[359] Das hat vor allem W. BAUER, Rechtgläubigkeit und Ketzerei im ältesten Christentum, 6—48 dargelegt; siehe weiter H. J. W. DRIJVERS, Edessa und das jüdische Christentum, VigChr 24, 1970, 4—33; ID., Rechtgläubigkeit und Ketzerei im ältesten syrischen Christentum, Symposium Syriacum 1972, Orientalia Christiana Analecta 197, Roma 1974, 291—310.

[360] Cf. J. PIRENNE, Aux origines de la graphie syriaque, Syria 40, 1963, 101—137 und DRIJVERS, Some New Syriac Inscriptions, 10; eine Gesamtübersicht über die syrische Literatur bietet A. BAUMSTARK, Geschichte der Syrischen Literatur, Bonn 1922; nur die patristische Literatur behandelt I. ORTIZ DE URBINA, Patrologia Syriaca, altera editio, Roma 1965.

senschaft an den Islam in späteren Jahrhunderten gespielt[361]. Es ist auffallend, daß die Zahl der griechischen oder bilinguen Inschriften in Edessa recht gering ist, vielleicht weil die Stadt nicht ein Zentrum von der gleichen Wichtigkeit wie Palmyra war. Aus der letztgenannten Stadt sind aber literarische Erzeugnisse ganz unbekannt, obwohl sie dort sicher bestanden haben müssen. Das Griechische als Äußerung und Vehikel einer bestimmten geistigen Kultur blieb wahrscheinlich beschränkt auf eine kulturelle Oberschicht, zu der z. B. Bardaiṣan gehörte. Daneben war Griechisch die Sprache der Münzlegenden und teilweise der Verwaltung und der offiziellen Urkunden, wie des syrischen Kaufvertrages aus Dura aus dem Jahre 243 n. Chr., der griechische Unterschriften aufweist. Solche Bräuche sind aber im Vorderen Orient seit Alexander bekannt und sagen recht wenig über den wirklichen Einfluß der griechisch-hellenistischen Kultur auf die große Masse der Bevölkerung. Jedenfalls ist anzunehmen, daß dieser Einfluß in Edessa ziemlich gering war.

Im Bereich der mehr materiellen Kultur zeigt sich dasselbe. Zwar gibt es noch zwei korinthische Säulen auf der Zitadelle der Stadt und gab es in klassischer Zeit bestimmt mehr. Wahrscheinlich gehörten diese zu einem Tempel, wo aber zweifelsohne eine semitische Gottheit verehrt wurde. Im ganzen Bereich der Religion hören wir jedoch nichts von Verehrung griechischer Gottheiten; nur semitische Götter begegnen in den Texten und Inschriften, die höchstens im literarischen Synkretismus griechischen Göttern gleichgestellt werden[362].

Die aufgefundenen Mosaiken sind am meisten charakteristisch; sie zeigen namentlich in den Darstellungen von Personen die Merkmale der sogenannten parthischen Kunst: Frontalität, streng hieratische Darstellung, so daß Kinder immer stark verkleinert abgebildet werden, parthische Kleidung der Männer, Frauenkleidung, die auch aus Palmyra und Hatra bekannt ist, aber mit einer merkwürdigen Kopftracht der Frauen, die bis heute unter den Beduinenfrauen in der Gegend von Edessa zu finden ist[363]. Das alles zeigt sich am besten auf dem Mosaik mit der Darstellung einer vornehmen Familie und jenem mit dem 'Banquet funéraire', datiert 278 n. Chr., einer stereotypen Darstellung, die namentlich in der palmyrenischen funerären Kunst hochentwickelt ist, aber auch in Grabreliefs in der Gegend von Edessa vorkommt[364]. Oft hat man gedacht, daß es sich hier um

[361] Cf. F. ROSENTHAL, Das Fortleben der Antike im Islam, Zürich 1965; DE LACY O'LEARY, How Greek Science Passed to the Arabs, 2. Aufl., London 1951; siehe F. MILLAR, Paul of Samosata, Zenobia, and Aurelian. The Church, Local Culture, and Political Allegiance in Third-Century Syria, JRS 61, 1971, 2ff.: 'Syriac and Greek in the East Syrian Regions and Mesopotamia'.
[362] So identifiziert die am Ende des zweiten Jahrhunderts in Syrien verfaßte Apologie des (Pseudo-) Melito im 5. Kap. den Gott Nebo mit dem thrakischen Magier Orpheus, hrsg. v. W. CURETON, Spicilegium Syriacum, London 1855, 22—35.
[363] Cf. SEGAL, Edessa, 39ff.: The Costume.
[364] Siehe die Abbildungen in SEGAL, Edessa, Pl. 1 und 2; cf. E. WILL, Le relief de la tour de Kithot et le banquet funéraire à Palmyre, Syria 28, 1951, 70—100; H. SEYRIG, Le repas des morts et le «banquet funèbre» à Palmyre, AAS 1, 1951, 32—40; ein Relief mit der

eine Mahlzeit im Jenseits handelte, aber es sprechen mehr Gründe dafür, das Bild als eine Familienszene zu betrachten, die Glück und Reichtum des Verstorbenen inmitten seiner Familie den Betrachtern zeigt[365].

Gibt es sogenannte parthische Einflüsse im Bereich der Kunst und der Kleidung, so sind auch parthische Lehnwörter im syrischen Idiom anzutreffen[366]. Daneben gibt es eine Menge griechischer Wörter im Syrischen in verschiedenen Bereichen der Kultur[367]. In diesen Lehnwörtern spiegeln sich die verschiedenen kulturellen Einflüsse, die sich in Mesopotamien geltend gemacht haben. Dasselbe Phänomen bietet sich dar im Bereich der Personennamen, die in Edessa vorkommen: semitische, speziell arabische Namen finden sich dort neben iranischen und griechischen. Das besagt nichts über die ethnische Herkunft der Träger — oft hat ein Vater mit einem semitischen Namen einen Sohn mit iranischem —, wohl aber über die Kulturen, die Einfluß auf das Edessenische Gebiet ausgeübt haben[368].

Charakteristisch für den parthischen Lebensstil waren Reiten und Bogenschießen, und es nimmt nicht Wunder, daß Sextus Julius Africanus, der Abgar den Großen am Hofe in Edessa besucht hatte, als Augenzeuge mitteilt, daß Bardaiṣan ein sehr gewandter Bogenschütze war[369]. Edessener dienten auch als Bogenschützen im römischen Heer, ebenso wie die Palmyrener.

Bis jetzt weist die Interpretation des dürftigen Materials immer auf Parallelen in Hatra und Palmyra hin. Edessa hatte in bescheidenerem Umfang dieselben kulturellen Charakteristika wie Hatra und Palmyra. Die Kunst war schlichter, zeigt nicht denselben Schmuck wie in Palmyra und Hatra, und dasselbe gilt für die Kleidung; Edessa war provinzieller, hatte aber denselben Grundton. Das läßt sich noch näher im Bereich der Religion aufweisen, wo dieselben Phänomene wie in Hatra und Palmyra auftreten.

Die wichtigsten Gottheiten, die in Edessa Verehrung fanden, waren Bêl und Nebo, Atargatis und der Adler und neben ihnen Sonne, Mond und

Darstellung eines «banquet funéraire» findet sich in einem Grab in Kirk Maǧara, siehe SEGAL, Edessa, Pl. 25; nördlich von Edessa in Kara Köprü ist auch ein Grab mit einem solchen Relief, cf. H. POGNON, Inscriptions sémitiques, 179ff.; DRIJVERS, Old-Syriac Inscriptions, Nr. 58—61.

365 Namentlich E. WILL und H. SEYRIG haben den profanen Charakter dieser Szene behauptet: «caractère purement profane du banquet funèbre palmyrénien», so SEYRIG, AAS 1, 1951, 40.
366 Cf. G. WIDENGREN, Iranisch-semitische Kulturbegegnung in parthischer Zeit, Köln 1960, 25ff.; cf. F. ALTHEIM—R. STIEHL, Die Araber in der Alten Welt 1, 1964, 623—638.
367 Cf. A. SCHALL, Studien über griechische Fremdwörter im Syrischen, Darmstadt 1960.
368 DRIJVERS, Old-Syriac Inscriptions, 60—70 bietet einen Index der Eigennamen in den Inschriften. Dasselbe Phänomen zeigen die Personennamen in Hatra, Palmyra und Dura-Europos, cf. z. B. A. CAQUOT, Sur l'onomastique religieuse de Palmyre, Syria 39, 1962, 231—256; J. K. STARK, Personal Names in Palmyrene Inscriptions, Oxford 1971.
369 WIDENGREN, Iranisch-semitische Kulturbegegnung, 14; Julius Africanus, PG X 45; cf. H. H. SCHAEDER, Bardesanes von Edessa in der Überlieferung der griechischen und der syrischen Kirche, ZKG 41, 1932, S. 30, Anm. 11, wo Africanus' Text mit Verbesserungen zu lesen ist.

die Planeten, wie in der 'Doctrina Addai' zu lesen ist, wo der Apostel die Einwohner von Edessa wegen ihres Paganismus rügt[370].

Der Text der 'Doctrina' erwähnt bei der Göttin Atargatis ausdrücklich die Stadt Hierapolis/Mabbug, wo sie auch verehrt wurde, und nennt im Falle des Adlers die Araber als die speziellen Verehrer dieses Himmelsvogels. Bêl und Nebo werden als die Götter von Edessa auch von Jakob von Sarug erwähnt, um 500 Bischof von Batnae in der Umgebung von Edessa, dem Autor u. a. einer Homilie über den Fall der Götzenbilder. Atargatis, die Dea Syria von Hierapolis, der Lukian seine berühmte Schrift widmete, findet Erwähnung im 'Buch der Gesetze der Länder', wo berichtet wird, daß der König Abgar die Entmannung der Göttin zur Ehre verbot[371]. Edessa teilte mit Hierapolis und anderen Städten den Kultus der Atargatis, die zugleich als Tyche von Edessa auftrat und als solche auf Münzen abgebildet wird[372]. In Edessa liegt nördlich der Zitadelle ein großer Teich, von großen Karpfen bevölkert, die heute Abraham/Ibrahim geweiht sind, früher aber die heiligen Tiere der Atargatis waren, die dort einen Tempel hatte. Auch in Hierapolis waren die Karpfen im Teich neben dem Tempel der Göttin geweiht. Die aus Gallien gebürtige Nonne Aetheria, die im fünften Jahrhundert in den Osten reiste und einen etwas bigotten Reisebericht schrieb, war auch in Edessa und erzählt über die Karpfen im Teich, die der Venus geweiht sind.

Die Verehrung des Adlers — wie bei den Arabern, sagt die 'Doctrina Addai' — wirft eine Anzahl Probleme auf. F. CUMONT betrachtete den Adler als den Vogel der Sonne, der als *psychopompos* auftritt und den Toten als Sieger zu der Lichtwelt führt[373]. Auch in Edessa finden sich Grabmäler mit diesem Adler[374]. KIRSTEN dagegen behauptet: „Die Bedeutung des

---

[370] Cf. C. WICKWORT, On Heathen Deities in the Doctrine of Addai, Journal of Theological Studies 25, 1923—24, 402 ff.; der Text in deutscher Übersetzung lautet: „Wer ist dieser Nebo, ein mit Händen gemachtes Götzenbild, den ihr anbetet? Und Bêl, dem ihr Ehre erweist? Seht, es gibt auch unter euch welche, die Bath-Nikkal verehren, wie die Bewohner von Harran, eure Nachbarn; und Tar'ata, wie die Leute von Mabbug; und den Adler, wie die Araber; auch die Sonne und den Mond, wie andere, die so sind wie ihr. Laßt euch nicht durch die Strahlen der Himmelskörper und durch den hellen Stern in Versuchung führen, denn ein jeder, der Geschöpfe anbetet, dem flucht Gott." Siehe dazu H. J. W. DRIJVERS, Die Götter Edessas, Festschrift F.-K. Dörner, EPRO 66, Leiden 1977, 263—283.

[371] Buch der Gesetze der Länder, Patrol. Syr. I, 2, Sp. 606: *In Syria et Edessae solebant homines virilitatem suam praecidere in honorem Tarathae; sed cum credidisset Abgar rex, iussit ut ei cuicumque sibi virilitatem resecaret, manus resecaretur et ex illo die usque ad hoc tempus nemo in regione Edessae sibi virilitatem resecat.*

[372] Cf. G. GOOSSENS, Hiérapolis de Syrie. Essai de Monographie historique, Recueil de traveaux d'histoire et de philologie III, 12, Louvain 1943, 57 ff. und 95 ff.; siehe die Edessenischen Münzen des Caracalla, des Macrinus, Elagabalus u. a., HILL, BMC, Mesopotamia, 97 ff., cf. KIRSTEN, art. Edessa, Sp. 564 f.

[373] Cf. F. CUMONT, Etudes syriennes, Paris 1917, 35 ff.: L'Aigle funéraire d'Hiérapolis et l'apothéose des empereurs.

[374] Im Museum in Urfa gibt es eine Anzahl Grabstelen mit dem Adler als Symbol für männliche und dem Wollkorbe für weibliche Verstorbene, vergleichbar mit den bei CUMONT, Etudes Syriennes, fig. 12—25 abgebildeten, die alle aus Zeugma stammen; N. GIRON sah

Adlers im Kult von Edessa ist ebenfalls unsicher."[375] Die Ausführungen H. Seyrigs haben dargelegt, daß die Syrer einen klaren Unterschied machten zwischen Bêl/Zeus, dem Gott des Himmelsgewölbes, und der Sonne, *«la principale manifestation du dieu suprême»*[376]. Der Adler ist fast immer der Vogel des Himmelsgewölbes und als solcher Symbol des Bêl und Ba'alshamîn in Palmyra; die stark von arabischem Einfluß durchzogene Religion in Hatra kennt auch den Adler, m. E. als Repräsentation des Himmelsgottes und nicht der Sonne; wie im Abschnitt über Hatra dargelegt worden ist, gibt es dort einen klaren Unterschied zwischen Marên = „der Herr" (vielleicht Šamaš = „die Sonne") und Marên Nšr' = „der Herr der Adler". Die haträische Religion liefert so die stärkste Parallele zu der in Edessa praktizierten Religion, zumal auch in Edessa ein starker arabischer Einfluß spürbar ist[377]. Auch der Wortlaut des Abschnittes aus der 'Doctrina Addai' macht es unwahrscheinlich, daß der Adler und die Sonne identisch sind, nennt der Text doch Sonne und Mond als Einzelgötter. Daß in Edessa die Sonne verehrt wurde und dort einen Tempel hatte, wird auch deutlich aus der Topographie der Stadt; das südliche Stadttor hieß Tor von Beth Shemesh = „des Sonnentempels". Vermutlich war in diesem Bezirk also ein Tempel der Sonne geweiht.

Kaiser Julian, der Apostat, erwähnt in seiner vierten Rede ebenfalls den Kultus der Sonne in Edessa, die dort eskortiert wurde von Azizos und Monimos, von ihm nach dem Vorgang des Iamblichos Ares und Hermes gleichgestellt. Was die genaue Bedeutung und Herkunft dieser beiden Begleitgötter auch gewesen sein mag, jedenfalls ist sicher, daß sich in ihnen auch arabischer Einfluß geltend macht. Aus Palmyra stammt ein Relief mit der Darstellung eines Reitergottes, die dem beigegebenen Text nach Mun'îm vorstellt[378], das arabische Äquivalent von Monimos. Dergleichen Paare von Reitergöttern finden sich oft in den kleinen Tempeln in der Palmyrene, wo sie von arabischen Wüstenbewohnern als Beschirmgötter verehrt wurden[379]. Der Kultus des Azizos ist von Syrien aus in die römische Armee eingedrungen, und so finden wir namentlich in Dacia eine Menge lateinischer Inschriften dem *Azizus bonus puer* gewidmet, der dem *deus bonus puer Phosphorus* gleichgestellt wird[380].

in Aleppo eine Stele mit dem Adler und einer syrischen Inschrift, cf. N. Giron, Inscriptions syriaques, JA 1922, 88—90 und Drijvers, Old-Syriac Inscriptions, Nr. 43; cf. J. Wagner, Die Römer am Euphrat, Antike Welt 6, 1975, 80f. und Abb. 117.

[375] E. Kirsten, art. Edessa, Sp. 563.

[376] H. Seyrig, Le culte du soleil en Syrie à l'époque romaine, Syria 48, 1971, 339.

[377] Cf. Drijvers, The Cult of Azizos and Monimos at Edessa, Ex Orbe Religionum, Festschrift G. Widengren, I, Leiden 1972, 357ff.

[378] Julian, Oratio IV, 150 C—D; 154 B; Drijvers, The Cult of Azizos and Monimos, 355—371; J. Starcky, Relief dédié au dieu Mun'îm, Semitica 22, 1972, 57—65.

[379] Cf. im allgemeinen D. Schlumberger, La Palmyrène du Nord-Ouest, Paris 1951; H. Seyrig, Les dieux armés et les Arabes en Syrie, Syria 47, 1970, 77—100.

[380] CIL III, 875, 1130, 1131, 1132, 1135seq., 1137, 1138; VIII, 2665; cf. F. Cumont, Les noms des planètes et l'astrolâtrie chez les Grecs, L'Antiquité Classique 4, 1935, 2; Id., Antiochus d'Athènes et Porphyre, Mélanges Bidez, Ann. de l'Inst. de Philol. et d'Hist. orient. de l'Univ. libre de Bruxelles 2, Bruxelles 1934, 153.

Astrologie und damit verbundene Praktiken sind von jeher in Mesopotamien einheimisch, und Edessa ist keine Ausnahme von dieser Regel. Noch im vierten Jahrhundert klagt Ephraem Syrus in seinen Hymnen 'Contra Haereses' über die Verehrung der Sieben und der Zwölf, also der Sieben Planeten einschließlich Sonne und Mond und der zwölf Zodiakalzeichen[381]. Es kann daher als wahrscheinlich angenommen werden, daß der Himmelsgott, das Haupt des Pantheons, betrachtet wurde als Haupt der Sterne, Planeten und Zodiakalzeichen, mittels welcher er seine Gewalt ausübt und den Kosmos regiert. Bêl und Ba'alshamîn in Palmyra wurden ausdrücklich dargestellt als Herren der Sterne und Planeten, wie sich an der Decke des nördlichen Thalamos des Bêltempels zeigt[382].

Im mehrfach genannten 'Buch der Gesetze der Länder' wird eine Lehre beschränkter menschlicher Freiheit von Bardaiṣan vorgetragen. Der Mensch ist als animalisches Wesen der Natur unterworfen, in seinen äußerlichen Schicksalen wird er beherrscht von Sternen und Planeten, aber im Geist ist er frei und kann Gutes tun und Böses meiden. Gott, Sterne und Planeten und die Natur bilden also eine absteigende Linie, die zugleich eine Delegation der Macht beinhaltet. Gott ist absolut frei, die Planeten kennen eine beschränkte Freiheit, ihnen von Gott verliehen, und die Natur ist ganz unfrei. Der Mensch ist diesen drei Sphären unterworfen in den verschiedenen Niveaus seiner Existenz, wobei immer die höhere Macht ausübt über die niedere[383]. Auf philosophische Weise wird hier eine Lehre vorgetragen, die aufs engste verbunden ist mit einheimischen Vorstellungen eines Himmelsgottes, Herrn der Sterne und Planeten, Beherrscher des Fatums, das in den Sternen und ihren Konstellationen zu lesen ist. Auch in den von Ephraem Syrus überlieferten Hymnenfragmenten des Edessenischen Philosophen begegnet dasselbe Bemühen, einheimische religiöse Vorstellungen dem Christentum und herrschenden philosophischen Auffassungen anzugleichen[384]. Seine Interessen waren weitgesteckt, und laut Porphyrius hat er ein Buch über Indien und über die dort geübten Praktiken verfaßt[385]. Dasselbe Interesse geht hervor aus dem 'Buch der Gesetze der Länder', das

---

[381] Des Heiligen Ephraem des Syrers Hymnen contra Haereses, hrsg. u. übers. von E. BECK, CSCO, Scriptores Syri, 169—170, Louvain 1957, Hymnen IV, V (Gegen die Chaldäer), VI (Gegen das Sternenschicksal), VIII, IX, X; siehe auch A. KLUGKIST, Pagane Bräuche in den Homilien des Isaak von Antiocheia gegen die Wahrsager, Symposium Syriacum 1972, Orient. Christ. Analecta 197, 1974, 353—369.

[382] Cf. H. SEYRIG, Bêl de Palmyre, Syria 48, 1971, 85—114, bes. 89; in einer Inschrift wird Bêl von Apamea *fortunae rector* genannt, DESSAU 4333.

[383] Cf. DRIJVERS, Bardaiṣan of Edessa, 76—95.

[384] Diese Fragmente sind überliefert worden in der LV. Hymne contra Haereses des Ephraem Syrus, cf. DRIJVERS, Bardaiṣan of Edessa, 143ff.; cf. H. J. W. DRIJVERS, Bardaiṣan von Edessa als Repräsentant des syrischen Synkretismus im 2. Jahrhundert n. Chr., Synkretismus im syrisch-persischen Kulturgebiet, hg. v. A. DIETRICH, AAWG. PH, 3. Folge, 96, 1975, 109—122.

[385] Porphyrius benutzte Bardaiṣans Schrift über Indien in seinem Werk über den Styx, wovon Stobaeus einige Fragmente bewahrte, Stobaeus, Anthologium, rec. C. WACHSMUTH—O. HENSE, I, p. 66sqq. (= lib. I, 3, 56) = FGrHist III, C 719, F 1.

Mitteilungen über Brahmanen enthält[386]. Damit betreten wir das Gebiet
der Beziehungen Roms mit dem fernen Osten, wo auch Edessa eine gewisse
Rolle gespielt hat[387]. Als Quelle für Bardaişans Kenntnis der indischen Verhältnisse wird von Porphyrius eine indische Gesandtschaft zu Kaiser Elagabal angeführt[388]. Die Gesandten haben Bardaişan ausführliche Auskünfte
erteilt über indische Brahmanen und verwandte Gruppen, über indische
Reinheitsauffassungen und kosmologische Vorstellungen, so daß Porphyrius
und Hieronymus ihn als ihren Gewährsmann in diesen Sachen erwähnen[389].

Der Seidenhandel mit dem fernen Osten hat auch die Kenntnis über
China und die Chinesen im Westen verbreitet, so daß wir den Chinesen als
'Serer' in Bardaişans 'Buch der Gesetze der Länder' begegnen[390]. Wir dürfen
annehmen, daß überhaupt in diesen östlichen Gegenden, wo Edessa lag,
gewisse Beziehungen mit dem fernen Osten bestanden und darüber jedenfalls eine oberflächliche Kenntnis vorhanden war.

Die Kultur von Edessa soll aber charakterisiert werden als im wesentlichen mesopotamisch-arabisch, mit daneben griechischen und parthischen
Einflüssen. Die Verwaltung der Stadt und der Provinz beruhte auf einer
Stammesorganisation der Bevölkerung, wie sie ähnlich in Palmyra und
Hatra auftritt und ein Charakteristikum der seßhaft gewordenen Beduinen-
stämme der Wüste ist[391]. Die Religion hat als Hauptgötter Bêl und Nebo,
die in Babylon beheimatet sind, Atargatis, die syrische Muttergöttin, und
kennt neben ihnen arabisch-nabatäische Götter wie z. B. Kutbi[392]. Im
benachbarten Sumatar Harabesi zwischen Edessa und Harran lebt der

---

[386] Buch der Gesetze der Länder, Patrol. Syr. I, 2, Sp. 585: *Ita apud Indos sunt leges Brah-
minarum, qui sunt millia et myriades, ne occisionem committant, et idola ne adorent, et
scortum ne faciant, et ne carnem manducent et vinum ne bibant, et inter eos nulla ex eis
fiunt.*

[387] Cf. im allgemeinen J. FILLIOZAT, Les échanges de l'Inde et de l'Empire Romain aux
premiers siècles de l'ère chrétienne, Revue Historique 1949, 1—29; M. P. CHARLESWORTH,
Roman Trade with India, a Resurvey, Studies in Roman Economic and Social History,
ed. P. R. COLEMAN-NORTON, Princeton 1951, 131—143; für die ältere Zeit siehe
F. SCHWARTZ, Neue Perspektiven in den griechisch-indischen Beziehungen, OLZ 67, 1972,
Sp. 5—26; siehe dazu im allgemeinen die Beiträge von A. DIHLE, J. FERGUSON und
M. RASCHKE in ANRW II 9, 2, hrg. v. H. TEMPORINI, Berlin–New York 1978.

[388] Bei Stobaeus, Anthologium I, 3, 56, cf. Anm. 385: Ἰνδοὶ οἱ ἐπὶ τῆς βασιλείας τῆς Ἀντωνίνου,
τοῦ ἐξ Ἐμίσων ἐν τῇ Συρίᾳ (ἀφικομένου) Βαρδισάνη τῷ ἐκ τῆς Μεσοποταμίας εἰς λόγους
ἀφικόμενοι, ἐξηγήσαντο, ὡς ὁ Βαρδισάνης ἀνέγραψεν . . .
Cf. O. DE BEAUVOIR PRIAULX, On the Indian Embassies to Rome from the Reign
of Claudius to the Death of Justinian, JRAS 19, 1862, 274—298; cf. J. RYCKMANS,
BiOr 21, 1964, 282.

[389] Hieronymus, Adv. Jov. 2, 14: *Bardesanes, vir Babylonius, in duo dogmata apud Indos
gymnosophistas dividit: quorum alterum appellat Brahmanas; alterum Samanaeos* . . .

[390] Buch der Gesetze der Länder, Patrol. Syr. I, 2, Sp. 582: '*Leges Serum*'; cf. G. REININK,
Das Land 'Seiris' (Šir) und das Volk der Serer in jüdischen und christlichen Traditionen,
Journal for the Study of Judaism 6, 1974, 72—85.

[391] Cf. BELLINGER–WELLES, A Third-Century Contract of Sale from Edessa in Osrhoene,
132—135.

[392] J. T. MILIK—J. TEIXIDOR, New Evidence on the North-Arabic Deity Aktab-Kutbâ,
BASOR 163, October 1961, 22ff.; cf. DRIJVERS, The Cult of Azizos and Monimos, 359ff.

Kultus des harranischen Mondgottes Sîn weiter als jener des Marᵉlahê = „Herrn der Götter", eine Kennzeichnung Sîns schon in Keilschrifttexten³⁹³.

In diesem geistigen Klima hat das Christentum sich verbreitet und sich in den Anfängen in kleinen isolierten Gruppen manifestiert: Markioniten, Anhängern des Bardaiṣan, Enkratiten und dergleichen. Wahrscheinlich war von einer kirchlichen Organisation nicht die Rede, und die Orthodoxie in der späteren Bedeutung dieses Terminus war in Edessa ein Spätling; Markioniten, Bardaiṣaniten, Gnostiker und Enkratiten beherrschten die Szene, und es nimmt daher nicht Wunder, daß der Manichäismus einen großen Anhang in Edessa erworben hat, speziell unter Bardaiṣaniten und Markioniten; Markion und Bardaiṣan galten ja als die wahren Gläubigen und Vorgänger des Mani. Bardaiṣan wird selbst als Manis Lehrer bezeichnet, und das philosophisch-mythologische Lehrgebäude des Mani ist ohne die Gedanken des Bardaiṣan nicht zu erklären, speziell in der Kosmologie³⁹⁴.

Neben ihnen gab es eine mehr 'orthodoxe' Gruppe, die nach ihrem Haupt Palut Palutianer genannt wurde; so jedenfalls wurde sie von den Häretikern bezeichnet, worüber Ephraem sich beklagt³⁹⁵. Auch das weist darauf hin, daß noch am Ende des zweiten Jahrhunderts n. Chr., als der genannte Palut gelebt haben und Bischof in Edessa gewesen sein soll, das Christentum sich aus losen Gruppen zusammensetzte und daß von einer kirchlichen Organisation im eigentlichen Sinne noch nicht die Rede war.

Auch die immer wieder auftauchende Erwähnung der Bekehrung des Königs Abgar des Großen zum Christentum unter dem Einfluß seines Hofphilosophen Bardaiṣan muß dem Reich der Legende zugewiesen werden. Sie beruht nur auf dem Bericht in Bardaiṣans 'Buch der Gesetze der Länder', daß der König Abgar die Entmannung Atargatis zur Ehre verboten hatte, und auf der Bezeichnung desselben Königs durch Sextus Julius Africanus als ἱερὸς ἀνήρ³⁹⁶. Der Wunsch jedenfalls, einen Kern von historischer Wahrheit in der Abgar-Legende aufzudecken, hat manchen Forscher dazu verführt, nicht Abgar IV. als den ersten christlichen König der Welt zu betrachten, sondern Abgar VIII., den Großen. In seiner Zeit soll das Christentum in Edessa Staatsreligion geworden sein, und daraus könnte die Abgar-Legende mit dem apokryphen Briefwechsel zwischen Abgar und Jesus ihre richtige Erklärung finden, die ja die Bekehrung des Königs behauptet³⁹⁷. Alle äußeren Zeugnisse sprechen aber dafür, daß zur Zeit

³⁹³ Siehe für ausführliche Belege DRIJVERS, Some New Syriac Inscriptions, S. 5, Anm. 34 und 35. B. AGGOULA, Remarques sur les inscriptions hatréennes, MUSJ 47, 1973, 33—37 macht auf Grund der Inschrift Hatra 79 das Gebiet um Sumatar Harabesi von Hatra abhängig, worin ihm nicht zu folgen ist; in anderem Rahmen werde ich mich ausführlich mit seinen Darlegungen auseinandersetzen.

³⁹⁴ Cf. DRIJVERS, Mani und Bardaiṣan. Ein Beitrag zur Vorgeschichte des Manichäismus, in: Mélanges H.-Ch. Puech, Paris 1974, 459—469.

³⁹⁵ Ephraem Syrus, Hymnen contra Haereses XXII, 5/6; cf. KIRSTEN, art. Edessa, Sp. 569/70.

³⁹⁶ Cf. Anm. 371 und Sextus Julius Africanus bei Syncellus, Chronographia, ed. Bonn. I, 676, 13; cf. BAUER, Rechtgläubigkeit und Ketzerei, 10—12.

³⁹⁷ KIRSTEN, art. Edessa, Sp. 570 spricht z. B. von der Bekehrung des Königs Abgar; I. ORTIZ DE URBINA, Le origini del cristianesimo in Edessa, Gregorianum 15, 1934, 82—91

König Abgars des Großen der Paganismus noch dominierend war in
Edessa, und die Belege reichen nicht aus, die Bekehrung des Königs zu
behaupten. Nur wenn man der Meinung ist, daß die Abgar-Legende auf
irgendeine Weise historischen Grund haben muß, so daß jedenfalls ein
König von Edessa sich zum Christentum bekehrt hätte, kann Abgar der
Große als der erste christliche König der Welt angeführt werden und Edessa
als das erste christliche Königreich überhaupt, wo das Christentum Staatsreligion war.

Die Abgar-Legende hat aber nur ein Ziel, nämlich zu zeigen, daß die
Orthodoxie die ursprüngliche Form des Glaubens in Edessa war und auf
Jesus selbst zurückgeführt werden kann, der dem Edessenischen König
einen Brief sandte, worin Er ihm einiges versprach, u. a. die Verkündigung
des wahren Glaubens. So wie die Apostel mit Gemeinden korrespondierten,
korrespondiert in diesem Falle der Herr selbst mit dem König eines Klein-
staates in Mesopotamien, und darauf beruht der wahre Glaube, der in
späteren Zeiten seine Rechte den Häretikern gegenüber behauptet.

Diese Häretiker, Markioniten, Bardaiṣaniten, Manichäer und andere
Gnostiker, waren untereinander sehr verschieden und haben über die sie
trennenden doktrinären Unterschiede heftige Diskussionen geführt, so u. a.
die Bardaiṣaniten gegen die Markioniten und die Manichäer gegen die Bardaiṣaniten[398]. Doch hatten sie auch gemeinsame Züge: eine in der Schärfe
verschiedene negative Wertung dieser Welt, wo das Böse herrscht; die zentrale Stelle, die die Erlösung der Seele in ihrem Denken einnimmt; und im
Zusammenhang damit die Sehnsucht nach dem verlorengegangenen Para-
dies. Das sind Merkmale, die andere religiöse Systeme der alten Welt auch
aufweisen und die der spätere orthodoxe Glaube in gewissem Maße bewahrt
hat. Damit nehmen diese religiösen Strömungen ihre Stelle ein in der Krise
der alten Welt, von der sie ein Symptom sind und zu der sie beigetragen
haben und die im großen und ganzen charakterisiert ist durch das Fehlen
der Zuversicht in die Welt und die sie beherrschenden Mächte. Dann ist
der Mensch in der Welt nicht mehr zu Hause. Die Religion kann ihm die
Welt zu einem Hause machen oder die Flucht aus der Welt propagieren.

Letzteres war vorherrschend in den Religionen und philosophischen
Systemen, die in Edessa geglaubt und diskutiert wurden, und auf diese
Weise hat das kleine Fürstentum auch im Bereich des Geistes und der
Religion zum Niedergang des römischen Reiches beigetragen, mit dem es
auch politisch fortwährend auf gespanntem Fuße gestanden hat.

---

und mit ihm fast die gesamte römisch-katholische Tradition rechnen Edessa als das
erste christliche Reich der Welt.

[398] Eusebius, Historia Ecclesiastica IV, 30 spricht von Dialogen Bardaiṣans gegen die Markioniten; Reste dieser Dialoge sind bewahrt geblieben in der Aberkios-Vita, cf. DRIJVERS,
Bardaiṣan of Edessa, 170; die Diskussionen zwischen Manichäern und Bardaiṣaniten sind
bewahrt in arabischer Überlieferung bei Masʿûdî und al-Bîrûnî, cf. DRIJVERS, Bardaiṣan
of Edessa, 202, 204f.; cf. G. VAJDA, Le témoignage d'al-Māturidī sur la doctrine des
Manichéens, des Dayṣānites et des Marcionites, Arabica 13, 1966, 1—38; DRIJVERS,
Bardaiṣan und Mani. Ein Beitrag zur Vorgeschichte des Manichäismus, Melanges H.-Ch.
Puech, Paris 1974, 459—469.

Das Relief des Nergal aus dem ersten Tempel in Hatra

1. Relief des Gottes Assur-Bêl aus dem
fünften Tempel in Hatra

2. Statue der Prinzessin Dušfari aus
dem Jahre 237 mit der Inschrift 36

Der große Tempel in Hatra nach der Rekonstruktion

Der 'hellenistische' Tempel in Hatra nach der Rekonstruktion

Bronzener Kopf des Gottes Bar-Marên in der Gestalt des Dionysos

König Sanatruq II

1. Statue des Hercules, *genii cohortis*

2. Relief des Hercules

Der Gott Šamaš

Der große Bêl-Tempel in Palmyra

Die große Kolonnade in Palmyra

Relief mit drei Priesterinnen aus der Fundierung T im *temenos* des Bēl-Tempels

Das Tor des Allât-Heiligtums mit sechs Säulen und einer großen Ehrensäule aus dem Jahre 64 n. Chr.
nach der Rekonstruktion im Jahre 1975

Statue der Athena Parthenos aus Marmor, die als Kultbild der Allât in deren *cella* gefunden wurde

Urfa—Nordseite der Burg (Westabschnitt)

1. Phoenix-Mosaik aus dem Jahre 235/36 n. Chr.

2. Orpheus-Mosaik aus dem Jahre 228

1. 'The Family Portrait'-Mosaik, um 200 n. Chr.

2. 'The Funerary Couch'-Mosaik aus dem Jahre 278

Urfa—Stadtbild von Süden

Urfa—Damm des Justinian

Die zwei korinthischen Säulen auf der Burg von Edessa (von Süden)

1. Teil der Westmauer von Urfa aus byzantinischer Zeit

2. Wassertor in der Westmauer von Urfa aus byzantinischer Zeit

Kultreliefs auf dem zentralen Berg in Sumatar Harabesi; das linke stellt den Gott Sin, 'Herrn der Götter', dar

Bibliographie

I. Hatra

Aggoula, B., Remarques sur les inscriptions hatréennes, Berytus 18, 1969, 85—104.
Idem, Remarques sur les inscriptions hatréennes II, MUSJ 47, 1972 (erschienen 1974), 3—80.
Idem, Une 'décanie' à Hatra, Semitica 22, 1972, 53—55.
Altheim, F.—R. Stiehl, Hatra und Nisa, AAW 2, Berlin 1965, 191—204.
Andrae, W., Hatra nach Aufnahmen von Mitgliedern der Expedition der Deutschen Orient-Gesellschaft, I, WVDOG 9, Leipzig 1908; II, WVDOG 21, Leipzig 1912.
Andrae, W.—P. Jensen, Aramäische Inschriften aus Assur und Hatra aus der Partherzeit, MDOG 60, Leipzig 1920.
Archaeological (The) Discoveries at Hatra in the Fourth Season of Excavations (1954), Sumer 10, 1954, 84—85 und 205—206.
Archaeological (The) Seasonal Exhibition 1953, Sumer 9, 1953, 263—272.
al-Asil, N., Hatra, Sumer 8, 1952, 105—107 und 123—124; Sumer 9, 1953, 4—6.

Branden, R. van den, HSMY—SMY' et RHY 'QBT—BT 'QB' dans les textes de Safâ et de Hatra, Al-Mashriq 54, 1959, 217—230.
Brisch, K., Das parthische Relief mit dem Sonnengott aus Hatra. Zu einer Neuerwerbung des Museums für Islamische Kunst, Jahrbuch der Stiftung Preußischer Kulturbesitz 5, Berlin 1967, 237—249.

Caquot, A., Nouvelles inscriptions araméennes de Hatra, Syria 29, 1952, 89—118; Syria 30, 1953, 234—246; Syria 32, 1955, 49—59; Syria 32, 1955, 261—272; Syria 40, 1963, 1—16; Syria 41, 1964, 251—272.
Idem, Note sur le «semeion» et les inscriptions araméennes de Hatra, Syria 32, 1955, 59—69.
Idem, L'araméen de Hatra, GLECS 9, 1960, 63—89.

Degen, R., Die Genitivverbindung im Aramäischen der Hatra Inschriften, Orientalia 36, 1967, 76—80.
Idem, Neue aramäische Inschriften aus Hatra (Nr. 214—230), WO 5, 1970, 222—236.
Idem, Zur Bedeutung von bgn in den Hatra-Inschriften, Neue Ephemeris f. Semitische Epigraphik, Bd. II, hrsg. v. R. Degen—W. W. Müller—W. Röllig, Wiesbaden 1974, 99—104.
Idem, New Inscriptions from Hatra (Nos. 231—280), JEOL 23, 1973—74, 402—422.
Downey, S. B., Cult Banks from Hatra, Berytus 16, 1966, 97—109.
Idem, Notes sur une stèle de Hatra, Syria 45, 1968, 105—109.
Idem, The Jewelry of Hercules at Hatra, AJA 72, 1968, 211—217.
Idem, The Heracles Sculpture, the Excavations at Dura-Europos, Final Report III, part I, fasc. 1, Heracles in the Divine Milieu of Hatra, New Haven 1969, 83—96.
Idem, A Preliminary Corpus of the Standards of Hatra, Sumer 26, 1970, 195—225.
Idem, A New Relief of Nergal from Hatra, Sumer 26, 1970, 227—229.
Idem, The Jewelry of Hercules at Hatra, Addendum, AJA 76, 1972, 77f.
Idem, A Goddess on a Lion from Hatra, Sumer 30, 1974, 175—178.
Idem, A Stele from Hatra, Sumer 30, 1974, 179—182.
Drijvers, H. J. W., Aramese Inscripties uit Hatra, Phoenix 16, 1970, 366—380.
Idem, Mithra at Hatra? Some Remarks on the Problem of the Iranian-Mesopotamian Syncretism, Acts of the Second International Congress of Mithraic Studies, Acta Iranica (im Druck).
al-Duroubi, Hafidh, Ritual Scenes in the Fifth Temple at Hatra, Sumer 26, 1970, 143—162.

Excavations in Iraq 1972/73, Hatra, Iraq 34, 1972, 141—142.

Foreword, Sumer 17, 1961, 8—11; Sumer 18, 1962, 7—9; Sumer 22, 1966, d—e; Sumer 23, 1967, c—e; Sumer 25, 1969, i—k; Sumer 26, 1970, e, f.
Fukai, S., The Artifacts of Hatra and Parthian Art, EW 11, 1960, 135—181.

GALL, H. VON, Zur figuralen Architekturplastik des großen Tempels von Hatra, Baghdader
    Mitteilungen 5, 1970, 7—32.

HABIB, G., Deities of Hatra, Sumer 29, 1973, 157—170 (arabisch).

HARNACK, D., Parthische Titel, vornehmlich in den Inschriften aus Hatra. Ein Beitrag zur
    Kenntnis des parthischen Staates, in: F. ALTHEIM—R. STIEHL, Geschichte Mittelasiens
    im Altertum, Berlin 1970, 492—549.

HERZFELD, E., Hatra, ZDMG 68, 1914, 655—676.

HILLERS, D. R., MŠKN' "Temple" in Inscriptions from Hatra, BASOR 206, 1972, 55ff.

HOFTIJZER, J., Religio Aramaica. Godsdienstige verschijnselen in aramese teksten, MVEOL
    16, Leiden 1968.

HOMÈS-FREDERIQUE, D., La vie à Hatra à la lumière de la sculpture, Sumer 16, 1960, 39—44.

IDEM, Hatra et ses sculptures parthes. Étude stylistique et iconographique, Uitgaven van het
    Nederlands Historisch Instituut te Istanbul 15, Istanbul 1963.

INGHOLT, H., Parthian Sculptures from Hatra, Orient and Hellas in Art and Religion, Memoirs
    of the Connecticut Academy of Art and Sciences 12, New Haven 1954.

JORDAN, J., Der Kampf um Hatra, MDOG 79, 1942, 8—24.

KRÜCKMANN, O., Die neuen Inschriften von Hatra, AfO 16, 1952, 53—148.

KRUNIĆ, J., Hatra: l'architecture des temples au centre de la ville: questions relatives à
    leur reconstitution, RA 1964, 1, 7—32.

LENZEN, H. J., Die Iraqischen Ausgrabungen in Hatra, Compte rendu de la troisième
    rencontre assyriologique internationale, Leiden 1952, 101—105.

IDEM, Ausgrabungen in Hatra, AA 70, 1955, 334—375.

IDEM, Gedanken über den großen Tempel in Hatra, Sumer 2, 1955, 93—106.

IDEM, Der Altar auf der Westseite des sogenannten Feuerheiligtums in Hatra, Vorderasiati-
    sche Archäologie, Festschrift A. Moortgat, Berlin 1964, 136—141.

MARICQ, A., Classica et Orientalia 1. Hatra de Sanatrouq, Syria 32, 1955, 273—288 = IDEM·
    Classica et Orientalia, Inst. franç. d'archéol. de Beyrouth, Publ. hors sér. 11, Paris
    1965, 1—16.

IDEM, Classica et Orientalia 2. Les dernières années de Hatra: L'alliance romaine, Syria 34,
    1957, 288—296 = IDEM, Classica et Orientalia, 17—25.

DU MESNIL DU BUISSON, R., De Shadrafa, dieu de Palmyre, à Ba'al Shamîn, dieu de Hatra,
    aux IIe et IIIe siècles après J.C., MUSJ 38, 1962, 143—160.

MILIK, J. T., A propos d'un atelier monétaire d'Adiabène: Natounia, Revue Numismatique,
    VIe série, 4, 1962, 51—58.

IDEM, Dédicaces faites par des dieux (Palmyre, Hatra, Tyr) et des thiases sémitiques à l'épo-
    que romaine, Bibl. archéol. et hist. 92, Paris 1972.

NAVEH, J., The North-Mesopotamian Aramaic Script-Type in the Late Parthian Period,
    Israel Oriental Studies 2, 1972, 293—304.

OATES, D., A Note on Three Latin Inscriptions from Hatra, Sumer 11, 1955, 39—43.

RONZEVALLE, E., The History of the Palace at Hatra, Al-mashriq 1912, 509sq.

SAFAR, F., Hatra and the First Season of Excavation 1951, Sumer 8, 1952, 3—16.

IDEM, Inscriptions of Hatra, Sumer 7, 1951, 170—184; Sumer 8, 1952, 183—195; Sumer 9,
    1953, 240—249; Sumer 11, 1955, 314; Sumer 17, 1961, 9—35; Sumer 18, 1962, 21—64;
    Sumer 21, 1965, 31—44; Sumer 24, 1968, 3—32.

IDEM, Inscriptions of Hatra, Sumer 27, 1971, 3—14.

IDEM, A Chronological List of the Rulers and Kings of Hatra, Sumer 28, 1972, 3—17 (ara-
    bisch).

IDEM, The Lords and Kings of Hatra, Sumer 29, 1973, 87—98.

IDEM—MUSTAFA, M. A., Hatra. The City of the Sun God, Baghdad 1974.

AL-SALIHI, W., The Sculptures of Divinities from Hatra, Dissertation, Princeton University
    1969.

IDEM, Hatra. Aspects of Hatran Religion, Sumer 26, 1970, 187—194.
IDEM, Hercules-Nergal at Hatra, Iraq 33, 1971, 113—115.
IDEM, Hercules-Nergal at Hatra (II), Iraq 35, 1973, 65—68.
IDEM, Hatra. Excavations in Group of Tombs 1970—71. Preliminary Report, Sumer 28, 1972 (erschienen 1974), 17—20 (englisch), 19—30 (arabisch).
IDEM, A Note on a Statuette from Hatra, Sumer 29, 1973, 99f.
IDEM, Hercules Gnd', Sumer 29, 1973, 151—156 (arabisch).
IDEM, The Inscriptions of Hatra, Sumer 31, 1975, 171—188.
IDEM, New Light on the Identity of the Triad of Hatra, Sumer 31, 1975, 75—80.
IDEM, Excavation Coins from Hatra 1971—1972, Sumer 30, 1974, 155—162 (arabisch).
SALMAN, I., Foreword, Sumer 30, 1974, d—g; Sumer 31, 1975, d—e.
STEIN, Sir AUREL, The Ancient Trade Route Past Hatra and its Roman Posts, JRAS 1941, 299—316.
STIEHL, R., Hatra, AAW 4, Berlin 1967, 243—305.
SJAMS, MAJID A., Hatra, Bagdad 1968 (in Arabisch).

TEIXIDOR, J., Aramaic Inscriptions of Hatra, Sumer 20, 1964, 77—82.
IDEM, The Altars Found at Hatra, Sumer 21, 1965, 85—93.
IDEM, Notes hatréennes, Syria 41, 1964, 273—284; Syria 43, 1966, 91—97.
IDEM, The Kingdom of Adiabene and Hatra, Berytus 17, 1967—1968, 1—11.
TOYNBEE, J. M. C., Some Problems of Romano-Parthian Sculpture at Hatra, JRS 62, 1972, 106—110.

WALKER, J., The Coins of Hatra, Num. Chron. 18, 1958, 167—172.

II. Palmyra

ABDUL-HAK, A., L'hypogée de Taâi à Palmyre, AAS 2, 1952, 193—251.
ALFÖLDI, A., Die römische Münzprägung und die historischen Ereignisse im Osten zwischen 260 und 270 n. Chr., Berytus 5, 1938, 47—92.
ALTHEIM, F.—R. STIEHL, Odainat und Palmyra, AAW 2, 1965, 251—273.

BLOIS, L. DE, Odaenathus and the Roman-Persian War of 252—264 A.D., ΤΑΛΑΝΤΑ VI, 1975, 7—23.
BOUNNI, A., Inscriptions palmyréniennes inédites, AAS 11, 1961, 145—162.
BOUNNI, A.—N. SALIBY, Six nouveaux emplacements fouillés à Palmyre (1963—1964), AAS 15, 1965, 121—138.
BOUNNI, A., Antiquités palmyréniennes dans un texte arabe du Moyen Age, MUSJ 46, 1970—1971, 331—339.
BOWERSOCK, G. W., A New Antonine Inscription from the Syrian Desert, Chiron 6, 1976, 349—355.

CANTINEAU, J.—J. STARCKY—J. TEIXIDOR, Inventaire des Inscriptions de Palmyre, fasc. 1—11, Beyrouth 1930—1965.
CANTINEAU, J., Textes funéraires palmyréniens, RB 39, 1930, 520—551.
IDEM, Inscriptions palmyréniennes, Damas-Chalon sur Saône, 1930.
IDEM, Textes palmyréniens provenants de la fouille du temple de Bêl, Syria 12, 1931, 116—142.
IDEM, Tadmorea, Syria 14, 1933, 169—202; Syria 17, 1936, 267—282 und 346—355; Syria 19, 1938, 72—82 und 153—171.
CAQUOT, A., Quelques nouvelles données palmyréniennes, GLECS 7, 1954—57, 77—78.
IDEM, Sur l'onomastique religieuse de Palmyre, Syria 39, 1962, 231—256.
CARCOPINO, J., Note complémentaire sur les Numeri syriens de la Numidie romaine, Chronologie de la colonie de Palmyre, Syria 14, 1933, 32—55.
CHABOT, J. B., Choix d'inscriptions de Palmyre, Paris 1922.
CHAMPDOR, A., Les ruines de Palmyre, 3e éd., Paris 1953.
CLERMONT-GANNEAU, M., Odeinat et Vaballat, rois de Palmyre, et leur titre romain de corrector, RB 29, 1920, 382—419.

COLLART, P.—J. VICARI, Le Sanctuaire de Baalshamin à Palmyre, Topographie et Architecture, Bibliotheca Helvetica Romana X, 1, 2, Rome 1969.

COLLEDGE, M. A. R., The Art of Palmyra, London 1976.

DOWNEY, G., Aurelian's Victory over Zenobia at Immae A.D. 272, TAPhA 81, 1950, 57—58.

DRIJVERS, H. J. W.—VERSTEEGH, M. J., Pools-Nederlandse opgravingen in het Westelijk stadsdeel van Palmyra, Phoenix 21, 1975, 6—34.

IDEM, Das Heiligtum der arabischen Göttin Allât im westlichen Stadtteil von Palmyra, Antike Welt 7, 1976, 28—38.

IDEM, The Religion of Palmyra, Iconography of Religions XV, 15, Leiden 1977.

DUNANT, C., Une nouvelle inscription caravanière de Palmyre, Mus. Helv. 13, 1956, 216—225.

IDEM, Le Sanctuaire de Baalshamin à Palmyre, III. Les Inscriptions, Rome 1971.

DUSSAUD, R., La Palmyrène et l'exploration de M. Alois Musil, Syria 10, 1929, 52—62.

IDEM, Le temple de Bêl à Palmyre, Syria 13, 1932, 316sq.

FELLMANN, R., Le Sanctuaire de Baalshamin à Palmyre, Vol. V. Die Grabanlage, Bibliotheca Helvetica Romana X 5, Rome 1970.

IDEM—DUNANT, C., Le Sanctuaire de Baalshamin à Palmyre, VI, Kleinfunde/Objets divers, Bibliotheca Helvetica Romana X 6, Rome 1975.

IDEM, Le 'Camp de Dioclétien' à Palmyre et l'architecture militaire du Bas-Empire, Mélanges Paul Collart, Lausanne, 1976, 84—102.

FÉVRIER, J. G., Essai sur l'histoire politique et économique de Palmyre, Paris 1931.

IDEM, La religion des Palmyréniens, Paris 1931.

GAWLIKOWSKI, M., Die polnischen Ausgrabungen in Palmyra 1959—1967, AA 1968, 289—307.

IDEM, Monuments funéraires de Palmyre, Warszawa 1970.

IDEM, Palmyrena, Berytus 19, 1970, 65—86.

IDEM, Nouvelles inscriptions du Camp de Dioclétien, Syria 47, 1970, 313—325.

IDEM, Inscriptions de Palmyre, Syria 48, 1971, 407—426.

IDEM, Le temple palmyrénien. Etude d'épigraphie et de topographie historique, Palmyra 6, Warszawa 1973.

IDEM, Recueil d'inscriptions palmyréniennes provenant de fouilles syriennes et polonaises récentes à Palmyre, MAI 16, Paris 1974.

IDEM, Les défenses de Palmyre, Syria 51, 1974, 231—242.

IDEM, Allat et Baalshamîn, Mélanges d'histoire ancienne et d'archéologie offerts à Paul Collart, Lausanne 1976, 197—203.

AL-HASSANI, DJ.—J. STARCKY, Autels palmyréniens découverts près de la source Efqa, AAS 3, 1953, 145—164; AAS 7, 1957, 95—122.

HOFTIJZER, J., Religio Aramaica, godsdienstige verschijnselen in aramese teksten, MVEOL 16, Leiden 1968.

HOMO, L., Essai sur le règne de l'empereur Aurélien, Paris 1904, Chap. III und IV.

INGHOLT, H., Studier over Palmyrensk Skulptur, Copenhagen 1928.

IDEM, Deux inscriptions bilingues de Palmyre, Syria 13, 1932, 278—292.

IDEM, Five Dated Tombes from Palmyra, Berytus 2, 1935, 57—120.

IDEM, Inscriptions and Sculptures from Palmyra, I, Berytus 3, 1936, 83—127; II, Berytus 5, 1938, 93—140.

INGHOLT, H.—H. SEYRIG—J. STARCKY—A. CAQUOT, Recueil des tessères de Palmyre, Bibl. archéol. et hist. 58, Paris 1955.

INGHOLT, H., The Sarcophagus of Be'elai and other Sculptures from the Tomb of Malku, Palmyra, MUSJ 46, 1970—71, 173—200.

MATTINGLY, H., The Palmyrene Princes and the Mints of Antioch and Alexandria, Num. Chron. 16, 1936, 89—114.

MELLINGHOFF, F., Ein Relief aus Palmyra. Untersuchungen zu seiner geschichtlichen Einordnung und Deutung, AAW V 2, 1969, 58—164.

DU MESNIL DU BUISSON, R., Inventaire des inscriptions palmyréniennes de Doura-Europos, Paris 1939.

IDEM, Les tessères et les monnaies de Palmyre. Un art, une culture et une philosophie grecs dans les moules d'une cité et d'une religion sémitique, Paris 1962.

IDEM, Les origines du Panthéon palmyrénien, MUSJ 39, 1963, 169—195.

IDEM, La découverte de la plus ancienne Palmyre: ville amorite de la fin du III millénaire, Archeologia (Paris) 16, 1967, 50 sq.; Bulletin Soc. Nat. Antiq. de France 1966, 86—89; BiOr 24, 1967, 20 sq.

MICHALOWSKI, K., Palmyre. Fouilles Polonaises, 5 vols., Warsaw–The Hague 1960—67.

MILIK, J. T., Dédicaces faites par des dieux (Palmyre, Hatra, Tyr), Paris 1972.

MILLAR, F., Paul of Samosata, Zenobia and Aurelian: The Church, Local Culture and Political Allegiance in Third-Century Syria, JRS 61, 1971, 1—17.

MOREHART, M., Early Sculptures at Palmyra, Berytus 12, 1956, 52—83.

MOUTERDE, R.—A. POIDEBARD, La voie antique des caravanes entre Palmyre et Hit au IIe s. ap. J. C., Syria 12, 1931, 101—115.

MUSIL, A., Palmyrena. A Topographical Itinerary, New York 1928.

PIGANIOL, A., Observations sur le tarif de Palmyre, Revue historique 95, 1945, 10—24.

RICHMOND, I. A., Palmyra under the Aegis of the Romans, JRS 53, 1963, 431—454.

RODINSON, M., Une inscription trilingue de Palmyre, Syria 27, 1950, 137—142.

ROSTOVTZEFF, M., Les inscriptions caravanières de Palmyre, Mélanges Glotz, Paris 1932, 793—811.

IDEM, Une nouvelle inscription caravanière de Palmyre, Berytus 2, 1935, 143—148.

ROWELL, H. T., Art. „Numerus", R.E. 17, 2, 1937, col. 1327—1341 und 2537—2554.

SCHLUMBERGER, D., Les formes anciennes du chapiteau corinthien en Syrie, en Palestine et en Arabie, Syria 14, 1933, 283—317.

IDEM, Etudes sur Palmyre, I. Le développement urbain de Palmyre, Berytus 2, 1935, 149—162.

IDEM, Réflexions sur la loi fiscale de Palmyre, Syria 18, 1937, 271—297.

IDEM, Bornes frontières de la Palmyrène, Syria 20, 1939, 43—73.

IDEM, Bornes milliaires de la Palmyrène, Mélanges Syriens offerts à R. Dussaud, Paris 1939, 547—555.

IDEM, L'inscription d'Hérodien, remarques sur l'histoire des princes de Palmyre, Bulletin d'Études Orientales 9, 1942/43, 35—50.

IDEM, Les gentilices romains des Palmyréniens, Bulletin d'Études Orientales 9, 1942/43, 53—82.

IDEM, La Palmyrène du Nord-Ouest, suivi d'un recueil épigraphique (H. INGHOLT, J. STARCKY, G. RYCKMANS), Bibl. archéol. et hist. 49, Paris 1951.

IDEM, Le prétendu camp de Dioclétien à Palmyre, MUSJ 38, 1962, 77—97.

IDEM, Les quatre tribus de Palmyre, Syria 48, 1971, 121—133.

SCHWARTZ, J., Les Palmyréniens et l'Egypte, Bulletin de la Société Archéologique d'Alexandrie 40, 1953, 63—81.

SEYRIG, H., Antiquités syriennes 9. L'incorporation de Palmyre à l'empire romain, Syria 13, 1932, 266—277 = IDEM, Antiquités syriennes (AS) 1, Inst. franç. d'archéol. de Beyrouth, Publ. hors sér., 4, Paris 1934, 44—55.

IDEM, Ant. Syr. 12. Textes relatifs à la garnison romaine de Palmyre, Syria 14, 1933, 152—168 = AS 1, 70—86.

IDEM, Ant. Syr. 13. Le culte de Bêl et de Baalshamin, et: Nouveaux monuments palmyréniens des cultes de Bêl et de Baalshamin, Syria 14, 1933, 238—266 = AS 1, 87—115.

IDEM, Das Heiligtum des Bel in Palmyra, AA 1933, 715—742.

IDEM, Ant. Syr. 17. Bas-reliefs monumentaux du temple de Bêl à Palmyre, Syria 15, 1934, 155—186 = AS 2, Inst. franç. d'archéol. de Beyrouth, Publ. hors sér., 5, Paris 1938, 9—39.

IDEM, Ant. Syr. 19. Note sur Hérodien, prince de Palmyre, Syria 18, 1937, 1—4 = AS 2, 42—45.

IDEM, Ant. Syr. 20. Armes et costumes iraniens de Palmyre, Syria 18, 1937, 4—31 = AS 2, 45—73.

IDEM, Ant. Syr. 21. Sur quelques sculptures palmyréniennes, Syria 18, 1937, 31—53 = AS 2, 73—95.

IDEM, Ant. Syr. 30. Inscriptions (Palmyre), Syria 20, 1939, 317—323 = AS 3, Inst. franç. d'archéol. de Beyrouth, Publ. hors sér. 7, Paris 1946, 48—54.

IDEM, Sur les fouilles de l'agora de Palmyre, CRAI 1940, 237—249.

IDEM, Ant. Syr. 32. Ornamenta Palmyrena antiquiora, Syria 21, 1940, 277—328 = AS 3, 64—115.

IDEM, Ant. Syr. 33. Remarques sur la civilisation de Palmyre, Syria 21, 1940, 328—337 = AS 3, 115—124.

IDEM, Ant. Syr. 34. Sculptures archaïques, Syria, 22, 1941, 31—44 = AS 3, 124—137.

IDEM, Ant. Syr. 35. Le statut de Palmyre, Syria 22, 1941, 155—175 = AS 3, 142—162.

IDEM, Ant. Syr. 38. Inscriptions grecques de l'agora de Palmyre, Syria 22, 1941, 223—270 = AS 3, 167—214.

IDEM, Palmyra and the East, JRS 40, 1950, 1—8.

IDEM, Le repas des morts et le «banquet funèbre» à Palmyre, AAS I, 1951, 32—41.

IDEM, Les fils du roi Odainat, AAS 13, 1963, 159—172.

IDEM, Vhaballathus Augustus, Mélanges Michalowski, Warszawa 1966, 659—662.

STARCKY, J.—S. MUNAJJED, Palmyre, Damas 1948.

STARCKY, J., Autour d'une dédicace palmyrénienne à Šadrafa et à Duʿanat, Syria 26, 1949, 43—85.

IDEM, Palmyre, Paris 1952.

IDEM, Inscriptions archaïques de Palmyre. Studi orientalistici in onore di Giorgio Levi della Vida II, Roma 1956, 509—528.

IDEM, Art. „Palmyre", Dictionnaire de la Bible Suppl. VI, Paris 1960, col. 1066—1103.

IDEM, Une inscription palmyrénienne trouvée près de l'Euphrate, Syria 40, 1963, 47—55.

IDEM, Les grandes heures de l'histoire de Palmyre, métropole du désert de Syrie, Archeologia (Paris) 16, 1967, 30—39.

IDEM, Relief de Palmyrène dédié à des Génies, Mélanges Paul Collart, Lausanne 1976, 327—334.

STARK, J. K., Personal Names in Palmyrene Inscriptions, Oxford 1971.

VOGT, J., Die alexandrinischen Münzen, Stuttgart 1924, 212—217.

VOLKMANN, H., Septimius Odaenathus (1 und 2), R.E. Suppl. 11, 1968, 1242—1246.

WIEGAND, TH.—D. KRENCKER u. a., Palmyra, Berlin 1932.

WILL, E., La tour funéraire de Palmyre, Syria 26, 1949, 87—116.

IDEM, Le relief de la tour de Kithot et le banquet funéraire à Palmyre, Syria 28, 1951, 70—100.

IDEM, Marchands et chefs de caravanes à Palmyre, Syria 34, 1957, 262—277.

IDEM, Le sac de Palmyre, Festschrift A. Piganiol, Paris 1966, 1409—1416.

IDEM, Jupiter Consul ou un Bêl fantomatique, Syria 51, 1974, 226—229.

III. Edessa

A. Allgemeines:

DILLEMANN, L., Haute Mésopotamie orientale et pays adjacents. Contribution à la géographie historique de la région, du Vᵉ s. avant l'ère chrétienne au VIᵉ s. de cette ère, Paris 1962.

DUVAL, R., Histoire politique, religieuse et littéraire d'Édesse jusqu'à la première croisade, Journal Asiatique, huitième série, 18, 1891, 87—133; 201—278; 381—439; 19, 1892, 5—102.

GUTSCHMID, A. VON, Untersuchungen über die Geschichte des Königreichs Osroëne, Mémoires de l'Académie impériale des Sciences de Saint-Pétersbourg, VIIᵉ Série, 35, 1887, 1—49.

KIRSTEN, E., Edessa. Eine römische Grenzstadt des 4. bis 6. Jahrhunderts im Orient, JAC 6, 1963, 144—172.

KIRSTEN, E., Edessa, RAC VI (1966), Sp. 552—597.

MAGIE, D., Roman Rule in Asia Minor, 2 Vols, Princeton 1950.

OATES, D., Studies in the Ancient History of Northern Iraq, London 1968.

SEGAL, J. B., Edessa 'The Blessed City', Oxford 1970.

B. Spezialuntersuchungen:

BABELON, E., Numismatique d'Édesse en Mésopotamie, Mélanges Numismatiques, 2ème série, Paris 1893, 209—296.

BAUER, W., Rechtgläubigkeit und Ketzerei im ältesten Christentum, Beiträge zur historischen Theologie 10, Tübingen 1934.

BELLINGER, A. R.—WELLES, C. B., A Third-Century Contract of Sale from Edessa in Osrhoene, Yale Classical Studies 5, 1935, 95—154.

BURKITT, F. C. (Deutsch von E. PREUSCHEN), Urchristentum im Orient, Tübingen 1907.

CHARLESWORTH, M. P., Roman Trade with India. A Resurvey, Studies in Roman Economic and Social History, ed. P. R. COLEMAN-NORTON, Princeton 1951, 131—143.

CUMONT, F., L'Aigle funéraire d'Hiérapolis et l'apothéose des empereurs, Études syriennes, Paris 1917, 35—118.

DEBEVOISE, N. C., A Political History of Parthia, Chicago 1938.

DIHLE, A., Indische Philosophen bei Clemens Alexandrinus (Str. I, 7, 3—6), Mullus. Festschrift Th. Klauser, JAC Erg.bd. 1, Münster 1964, 60—70.

DOBIÁŠ, J., Les premiers rapports des Romains avec les Parthes et l'occupation de la Syrie, Archiv Orientální 3, 1931, 215—256.

DRIJVERS, H. J. W., Bardaiṣan of Edessa, Studia Semitica Neerlandica 6, Assen 1966.

IDEM, Bardaiṣan of Edessa and the Hermetica. The Aramaic Philosopher and the Philosophy of his Time, JEOL 21, 1970, 190—210.

IDEM, Edessa und das jüdische Christentum, Vigiliae Christianae 24, 1970, 4—33.

IDEM, Old-Syriac (Edessean) Inscriptions, Semitic Study Series 3, Leiden 1972.

IDEM, The Cult of Azizos and Monimos at Edessa, Ex Orbe Religionum, Festschrift G. Widengren, I, Studies in the History of Religions 21, Leiden 1972, 355—371.

IDEM, Some New Syriac Inscriptions and Archaeological Finds from Edessa and Sumatar Harabesi, BSOAS 36, 1973, 1—14.

IDEM, Rechtgläubigkeit und Ketzerei im ältesten syrischen Christentum, Symposium Syriacum 1972, Orient. Christ. Analecta 197, Roma 1974, 291—310.

IDEM, Quq and the Quqites. An Unknown Sect in Edessa in the Second Century A.D., Numen 14, 1967, 104—129.

IDEM, Bardaiṣan und Mani. Ein Beitrag zur Vorgeschichte des Manichäismus, Mélanges H.-Ch. Puech, Paris 1974, 459—469.

IDEM, Bardaiṣan von Edessa als Repräsentant des syrischen Synkretismus im 2. Jahrhundert n. Chr., Synkretismus im syrisch-persischen Kulturgebiet, hg. v. A. DIETRICH, AAWG. PH, 96, 1975, 109—122.

IDEM, Die Götter Edessas, Studien zur Religion und Kultur Kleinasiens (Festschrift F.-K. Dörner), EPRO 66, Leiden 1977, 263—283.

EHLERS, BARBARA, Kann das Thomasevangelium aus Edessa stammen? Ein Beitrag zur Frühgeschichte des Christentums in Edessa, NovTest 12, 1970, 284—317.

EHLERS, BARBARA, Bardesanes von Edessa — ein syrischer Gnostiker, Zeitschrift f. Kirchengeschichte 81, 1970, 334—351.

FILLIOZAT, J., Les échanges de l'Inde et de l'Empire Romain aux premiers siècles de l'ère chrétienne, Revue Historique 201, 1949, 1—29.

GESCHE, H., Kaiser Gordian mit dem Pfeil in Edessa, Jahrb. f. Num. u. Geldgesch. 19, 1969, 47—77.

GOLDSTEIN, J. A., The Syriac Bill of Sale from Dura-Europos, JNES 25, 1966, 1—16.

GUYER, S., Eski Hissar, ein römisches Lagerkastell im Gebiet von Edessa, Mélanges Syriens R. Dussaud, I, Paris 1939, 183—190.

HALLIER, L., Untersuchungen über die edessenische Chronik, TU 9, Leipzig 1892.

HONIGMANN, E., Urfa keilschriftlich nachweisbar? ZA N.F. 5, 1930, 301ff.

KLUGKIST, A., Pagane Bräuche in den Homilien des Isaak von Antiocheia gegen die Wahrsager, Symposium Syriacum 1972, Orient. Christ. Analecta 197, Roma 1974, 353—369.

904   HENDRIK JAN WILLEM DRIJVERS

LANDERSDORFER, P. S., Die Götterliste des Mar Jacob von Sarug in seiner Homilie über den Fall der Götzenbilder. Ein religionsgeschichtliches Dokument aus der Zeit des untergehenden Heidentums, Programm des Kgl. Gymnasiums im Benediktinerkloster Ettal für das Schuljahr 1913/14, München 1914, 1—99.

LEPPER, F. A., Trajan's Parthian War, London 1948.

LEROY, J., Mosaïques funéraires d'Édesse, Syria 34, 1957, 307—342.

LEROY, J., Nouvelles découvertes archéologiques relatives à Edesse, Syria 38, 1961, 159—169.

MARICQ, A., Classica et Orientalia 3. La chronologie des dernières années de Caracalla, Syria 34, 1957, 297—302 = IDEM, Classica et Orientalia, Inst. franç. d'archéol. de Beyrouth, Publ. hors sér., 11, Paris 1965, 27—32.

MARICQ, A., Classica et Orientalia 4. Les plus anciennes inscriptions syriaques, Syria 34, 1957, 303—305 = IDEM, Classica et Orientalia, 33—35.

MARICQ, A., Classica et Orientalia 6. La province d'Assyrie créée par Trajan. A propos de la guerre parthique de Trajan, Syria 36, 1959, 254—263 = IDEM, Classica et Orientalia, 103—112.

MARICQ, A., Classica et Orientalia 8. La plus ancienne inscription syriaque: celle de Birecik, Syria 39, 1962, 88—100 = IDEM, Classica et Orientalia, 127—139.

NASTER, P., Les monnaies d'Édesse révèlent-elles un dieu 'Elul? Revue belge de Numismatique 114, 1968, 5—13.

NAVEH, J., Remarks on Two East Aramaic Inscriptions, BASOR 216, Dec. 1974, 9—11.

PETERSEN, H., New Evidence for the Relations between Romans and Parthians, Berytus 16, 1966, 61—69.

PIRENNE, J., Aux origines de la graphie syriaque, Syria 40, 1963, 101—137.

SACHAU, E., Edessenische Inschriften, ZDMG 36, 1882, 142—167.

SCHWARZ, F. F., Neue Perspektiven in den griechisch-indischen Beziehungen, OLZ 67, 1972, Sp. 5—26.

SEGAL, J. B., The Jews of North Mesopotamia before the Rise of Islam, Sepher Segal, Jerusalem 1965, 32—63.

IDEM, Pagan Syrian Monuments in the Vilayet of Urfa, Anatolian Studies 3, 1953, 97—119.

IDEM, Some Syriac Inscriptions of the 2nd—3rd Century A.D., BSOAS 16, 1954, 13—36.

IDEM, Edessa and Harran. An Inaugural Lecture, London 1963.

IDEM, Mesopotamian Communities from Julian to the Rise of Islam, Proceedings British Academy 41, London 1955, 109—139.

IDEM, New Syriac Inscriptions from Edessa, BSOAS 22, 1959, 23—40.

IDEM, Four Syriac Inscriptions, BSOAS 30, 1967, 293—304.

SEYRIG, H., Le culte du soleil en Syrie à l'époque romaine, Syria 48, 1971, 337—373.

VANDENHOFF, B., Die Götterliste des Mar Jakob von Sarug in seiner Homilie über den Fall der Götzenbilder, Oriens Christianus N.S., Bd. 5, 1915, 234—262.

WIDENGREN, G., Iranisch-semitische Kulturbegegnung in parthischer Zeit, Köln 1960.

WILL, E., La tour funéraire de la Syrie et les monuments apparentés, Syria 26, 1949, 258—312.

WILL, E., Le relief de la tour de Kithot et le banquet funéraire à Palmyre, Syria 28, 1951, 70—100.

ZIEGLER, K.-H., Die Beziehungen zwischen Rom und dem Partherreich. Ein Beitrag zur Geschichte des Völkerrechts, Wiesbaden 1964.

Abbildungsverzeichnis

I. Textabbildungen

1 Karte der syrisch-mesopotamischen Wüste in römischer Zeit; nach J. B. SEGAL, Edessa 'The Blessed City', Oxford 1970, 261.

2 Das Stadtgebiet von Hatra, nach W. I. Al-Salihi, Hatra, Historical Monuments in Iraq II, Baghdad 1973, 31; nach der großen Übersichtskarte bei W. Andrae, Hatra II, WVDOG 21, Leipzig 1912, Beilage.

3 Der zentrale Tempelkomplex in Hatra; nach W. Andrae, Hatra II, Tafel III.

4 Stadtplan von Palmyra; nach M. Gawlikowski, Le temple palmyrénien, Palmyra 6, Warzawa 1973, 11.

5 Das Westviertel von Palmyra mit dem sogenannten Diokletianslager; nach M. Gawlikowski, Le temple palmyrénien, 88.

6 Stadtplan von Edessa; nach J. B. Segal, Edessa 'The Blessed City', Oxford 1970, 262.

7 Die Provinz Osroene; nach L. Dillemann, Haute Mésopotamie orientale et pays adjacents, Paris 1962, 106.

II. Tafeln

I Das Relief des Nergal aus dem ersten Tempel in Hatra; nach Safar-Mustafa, Hatra. The City of the Sun God, Baghdad 1974, 190.

II 1 Relief des Gottes Assur-Bêl aus dem fünften Tempel in Hatra; nach Safar-Mustafa, Hatra, 236.

2 Statue der Prinzessin Dušfari aus dem Jahre 237 mit der Inschrift 36; nach Safar-Mustafa, Hatra, 250.

III Der große Tempel in Hatra nach der Rekonstruktion; nach Safar-Mustafa, Hatra, 277.

IV Der 'hellenistische' Tempel in Hatra nach der Rekonstruktion; Photo M. J. Versteegh.

V Bronzener Kopf des Gottes Bar-Marên in der Gestalt des Dionysos; nach Safar-Mustafa, Hatra, 157.

VI König Sanatruq II; nach Safar-Mustafa, Hatra, 200.

VII 1 Statue des Hercules, *genii cohortis*; nach S. B. Downey, The Excavations at Dura-Europos. Final Report III, Part I, 1. The Heracles Sculpture, New Haven 1969, Pl. XIX, 2.

2 Relief des Hercules; nach Safar-Mustafa, Hatra, 194.

VIII Der Gott Šamaš; nach Safar-Mustafa, Hatra, 178.

IX Der große Bêl-Tempel in Palmyra; Photo H. J. W. Drijvers.

X Die große Kolonnade in Palmyra; Photo H. J. W. Drijvers.

XI Relief mit drei Priesterinnen aus der Fundierung T. im *temenos* des Bêl-Tempels; siehe H. Seyrig, Sculptures palmyréniennes archaïques, Syria 22, 1941, 31—44, Fig. 2; Photo H. J. W. Drijvers.

XII Das Tor des Allât-Heiligtums mit sechs Säulen und einer großen Ehrensäule aus dem Jahre 64 n. Chr. nach der Rekonstruktion im Jahre 1975; Photo H. J. W. Drijvers.

XIII Statue der Athena Parthenos aus Marmor, die als Kultbild der Allât in deren *cella* gefunden wurde; siehe H. J. W. Drijvers, Das Heiligtum der arabischen Göttin Allât im westlichen Stadtteil von Palmyra, Antike Welt 7, 1976, 28—38.

XIV Urfa—Nordseite der Burg (Westabschnitt); Photo H. Hellenkemper.

XV Urfa—Damm des Justinian; Photo H. Hellenkemper.

XVI Urfa—Stadtbild von Süden; Photo H. Hellenkemper.

Papyri Reflecting the Eastern Dynastic Network*

by RICHARD D. SULLIVAN, Saskatoon, Saskatchewan

Table of Contents

I. Introduction

Apart from the Ptolemies, Greek rulers of the Near East in late Hellenistic and early Roman times seldom grace the papyri. Random survival of related material so diverse as a parchment from Kurdistan, ostraca from the merchant traffic of the Red Sea, and a rescript of Claudius quoted after 150 years in an athlete's guild-certificate suggests how much there once

---

* My thanks to the editors for inviting this paper. A concise treatment of the subject appears in the 'Acta' of the Fourteenth International Congress of Papyrologists, held at Oxford in 1974 (publ. 1975); I am grateful to its organizers for allowing extended consideration here. Thanks also to the Canada Council, Oxford University, the University of Saskatchewan, and the University of British Columbia for support or facilities.

Throughout the paper, numbers in parentheses following personal names refer to the 'Prosopographia Imperii Romani'. Letters A—L are from the second edition, others from the first. Translations are from the 'Loeb Classical Library', where available.

Stemmata including most of the dynasts studied here can be found as follows. Included with this article: Armenia, Parthia, Iberia. Emesa accompanies my article above in this volume (ANRW II 8), pp. 198—219. Judaea: above 296—354. Commagene: above 732—798. Thrace, Pontus, Cappadocia: ANRW II 7.

was[1]. But outside of Egypt papyri seldom lasted and within it few occasions required mention of external Eastern dynasts.

Extant remarks stubbornly withhold their full import until combined with other evidence. These kings and nobles cast such long shadows across such wide circles of contemporaries and relatives that familiarity bred a content painfully laconic in papyri. When we, hushed, hear the Parthian King of Kings refer to his wife as "daughter of the Great King Tigranes" or, amused, an ostracon remark without amplification that something belongs to Marcus Julius Alexander or, cynical, the Emperor Claudius aver friendship and admiration for one Julius Polemo, the familiar Ordeal by Choice begins. "Could this be the one who .. ? Are the dating and nomenclature suitable for . . .? Would such titles fit . . .?" And so on. Yet the procedure can mould flesh around spectres.

During the two centuries after 100 B.C., Asia west of the Euphrates underwent for the first time in history a gradual dismantling of almost all

Abbreviations:

BMC Ionia ⎫ BMC Lycaonia ⎬	= A Catalogue of the Greek Coins in the British Museum, ed. B. V. HEAD, P. GARDNER, G. F. HILL, et alii (London 1873 ff.)
CIL	= Corpus Inscriptionum Latinarum, ed. TH. MOMMSEN et alii (Berlin 1862 ff.)
CPapJud	= Corpus Papyrorum Judaicarum, ed. V. TCHERIKOVER and A. FUKS (Cambridge, Mass. 1957 ff.)
FGrHist	= Die Fragmente der griechischen Historiker, ed. F. JACOBY (Berlin 1923 ff.)
IGLSyr	= Inscriptions grecques et latines de la Syrie, ed. L. JALABERT et R. MOUTERDE, I—VII (Paris 1929—1970)
IGRR	= Inscriptiones Graecae ad Res Romanas Pertinentes, ed. R. CAGNAT et alii (Paris 1906—1928)
ILS	= Inscriptiones Latinae Selectae, ed. H. DESSAU (Berlin 1892 ff., repr. Berlin 1954/55)
Justinian, Nov.	= Justinian, Corpus Juris Civilis, ed. TH. MOMMSEN et alii: Novellae (Berlin 1868 ff.)
LSJ	= Greek-English Lexicon, ed. H. G. LIDDELL, R. SCOTT, H. S. JONES (Oxford 1940, several repr.)
OGIS	= Orientis Graeci Inscriptiones Selectae, ed. W. DITTENBERGER, I—II (Leipzig 1903 and 1905)
P. Fouad	= Les Papyrus Fouad I, ed. A. BATAILLE et alii (Cairo 1939)
P. Lond.	= Greek Papyri in the British Museum, ed. F. KENYON and H. BELL (London 1893—1917)
P. Mich.	= Papyri in the University of Michigan Collection, ed. C. EDGAR et alii (Ann Arbor 1931—1947)
PIR[1]	= Prosopographia Imperii Romani, ed. H. DESSAU (Berlin 1897/98)
PIR[2]	= Prosopographia Imperii Romani, ed. E. GROAG, A. STEIN, L. PETERSEN (Berlin 1933 ff.)
RE	= PAULYS Realencyclopädie der classischen Altertumswissenschaft. Neue Bearbeitung, begonnen v. G. WISSOWA etc. (Stuttgart 1893 ff.)

[1] E. MINNS, Parchments of the Parthian Period from Avroman in Kurdistan, in: Journ. Hellen.Stud. 35 (1915) 22—65. J. TAIT, O. Petrie nos. 252, 266 f., 271, 282 for Marcus Julius Alexander, in: Greek Ostraca in the Bodleian Library at Oxford (London 1930); P. Lond. III 1178.

its ancient royal structures. But the last monarch sprung from this part of
the Eastern dynastic network, Agrippa II of Judaea, rode his skittish
kingdom into the last half of the first century. A dynasty once related to
his ruled in Bosporus for another three hundred years. Arch little kingdoms
and the awesome Arsacids endured longer still beyond the Euphrates[2].
Throughout Roman history in Asia Minor after the generation of Agrippa,
scions of former royal houses carried out similar functions as local aristocrats
or Roman governors.

    During the centuries in which Romans slowly replaced Seleucids as
overlords of Asia Minor, the long-standing delight in aristocratic intermarriage there failed to slacken and even increased[3]. By the late first
century, the Cappadocian-Judaean King Alexander (J 136), a descendant of
Herod the Great, could boast that his father and great-uncle had ruled
Armenia (or tried to), that his great-great-grandfather had been last king
of Cappadocia, that his father-in-law had ruled Commagene, and that his
relatives by blood or marriage also included existing or former royalty in
Emesa, Galatia, Pontus, Media Atropatene, and Parthia[4]. Alexander himself teetered atop Rough Cilicia as king and then relaxed in the Roman Senate,
soon to become an Eastern club[5]. There he clinked glasses with consular
relatives: Ti. Julius Celsus Polemaeanus of Ephesus and his son, the
Quadrati of Pergamum, C. Julius Severus of Ancyra, C. Claudius Severus
— first governor of Arabia, ancestor of the son-in-law of Marcus Aurelius
— and others[6].

    Little of this rich but bewildering tangle of interrelationships surfaces
in the papyri we have. This paper can deal with the main instances, involving a daughter of Tigranes the Great, Antiochus IV of Commagene, Polemo
II of Pontus, Ti. Julius Alexander of Egypt and his brother, and C. Claudius Severus. All were relatives, distant or near; four were contemporaries.

---

[2] Kings endured in Osrhoëne, Adiabene, Characene, and elsewhere in the Parthian Empire,
    as well as in Armenia and in areas of direct Arsacid rule. Preliminary access to this
    material: U. KAHRSTEDT, Artabanos III und seine Erben (Berne 1950) Register 3 with
    E. W. GRAY's review in: Journ.Rom.Stud. 43 (1953) 164f.; J. TEIXIDOR, The Kingdom
    of Adiabene and Hatra, in: Berytus 17 (1967/68) 1—11; R. N. FRYE, The Charisma of
    Kingship in Ancient Iran, in: Iranica Antiqua 4 (1964) 36—54; S. NODELMAN, A Pre-
    liminary History of Characene, in: Berytus 13 (1960) 83—121 and Plates xxvii—xxviii.
    Some dynasts of Adiabene: PIR¹ P 299; PIR² H 47 and J 891. On Nabataean kings see
    G. BOWERSOCK, A Report on Arabia Provincia, in: Journ.Rom.Stud. 61 (1971) 219—242,
    and SCHÜRER—VERMES—MILLAR (note 117) 574—586.
[3] Notable in supporting such practice were several Roman statesmen and emperors from
    Lucullus to Claudius: see below.
[4] Without evidence for recent marriages in Atropatene and Parthia, we must assume that
    direct ties were becoming attenuated. But the Arsacids remained close to the Commagen-
    ian house: Jos. BJ vii.219—224 and 237. See below. Alexander's wife was the great-great-
    granddaughter of an Atropatenian princess.
[5] M. HAMMOND, Composition of the Senate, A.D. 68—235, in: Journ.Rom.Stud. 47 (1957)
    74—81 studies the swiftly increasing proportion of orientals there. Cf. C. WALTON, Oriental
    Senators in the Service of Rome, in: Journ.Rom.Stud. 19 (1929) 38—66.
[6] OGIS 544 and notes 142—145 below.

II. Aryazatē-Automa and Tigranes of Armenia

One of the Avroman parchments from Kurdistan mentions a Queen Aryazatē, surnamed Automa, daughter of Tigranes the Great of Armenia[7]. The document, a contract of sale for a vineyard, was found with others near Avroman at a point northwest of a line between Ctesiphon and Ecbatana — Parthian territory in the first century before Christ. That we have to do with a Parthian king becomes immediately apparent from the text: βασιλεύοντος βασιλέων ᾿Αρσάκου εὐεργέτου δικαίου ἐπιφανοῦς καὶ φιλέλληνος, καὶ βασιλισσῶν Σιάκης τε τῆς ὁμοπατρίας αὐτοῦ ἀδελφῆς καὶ γυναικὸς καὶ ᾿Αρυαζάτης τῆς ἐπικαλουμένη[ς] Αὐτομὰ τῆς ἐγ βασιλέως μεγάλου Τιγράνου καὶ γυναικὸς αὐτ[οῦ] καὶ ᾿Αζάτης τῆς ὁμοπατρίας αὐτοῦ ἀδελφῆς καὶ γυναικός, ἔτους ΕΚΣ' μηνὸς ᾿Απελλαίου. ("In the reign of the King of Kings, Arsaces, the Benefactor, the Just, the Manifest and the Philhellene, and of the Queens, Siace his compaternal sister and wife, and Aryazatē surnamed Automa, daughter of the Great King Tigranes and his wife, and of Azate his compaternal sister and wife, in the year 225, in the month Apellaeus", translated by MINNS, op. cit., p. 31).

This king must be Mithradates II, who had held the young Tigranes a thrashing hostage at his court and then arranged his installation, some nine tumultuous years before this parchment, as Armenian king[8]. Since Parthians already recognized the Artaxiads as legitimate rulers of Armenia, their release of Tigranes won them a bit of territory there but no further control of the dynasty itself — which had apparently been linked with the Arsacids even before the marriage in this parchment[9]. Tigranes in fact

---

[7] E. MINNS, op. cit. (note 1). The opening formulae are available — but with 10 misprints — in A. SIMONETTA, Some Remarks on the Arsacid Coinage of the Period 90—57 B.C., in: Numism.Chron. 6 (1966) 19—20. See N. DEBEVOISE, A Political History of Parthia (Chicago 1938) 47f., note 70.

[8] Strabo xi.14.15.532; DEBEVOISE, ibid. (note 7) 41f. This depends on taking the date of this parchment, "year 225", as of the Seleucid (or "Seleuco-Babylonian") era from March, 311 B.C. (MINNS computed from October, 312), yielding a date of 87 B.C. This has caused controversy, since the usual Arsacid practice was to date by Seleucid and their own eras. The parchment's single era is, however, not unparalleled (MINNS, pp. 34f., nos. f and o, for example), and in this document echoes numismatic usage. The objections of M. ROSTOVTZEFF and C. B. WELLES, A Parchment Contract of Loan from Dura-Europus on the Euphrates, in: YaleClass.Stud. 2 (1931) 41ff. and note 63b overly compress the argument of MINNS on his p. 38 and thereby confuse titles on documents with titles on coins. They advance nothing of substance against Seleucid or for Arsacid dating here. We may easily resist their suggestions beginning "Is it not more than probable . . ." and "the expression ἡ ἐγ βασιλέως μεγάλου Τιγράνου makes the impression that King Tigranes was at the time no more among the living." But see M.-L. CHAUMONT, Les Ostraca de Nisa, in: Journ. asiatique, 1968, 11—35, esp. p. 26, note 27; she later inclines to the Seleucid era in her 'Études d'histoire Parthe, I. Documents royaux à Nisa', in: Syria 48 (1971) 143—164, esp. 151.

[9] Strabo xi.14.15.532. Moses of Chorene thought that the Arsacids had been in Armenia since the second century B.C., but F. GEYER questions his account in RE VI A 1 (1936)

Selective Stemma

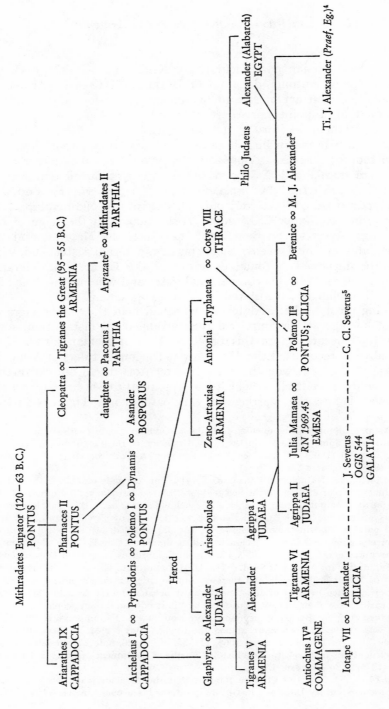

[1] E. Minns, Parchments of the Parthian Period from Avroman in Kurdistan, Journ. Hell. Stud. 35 (1915) 22—65; A. Simonetta, Some Remarks on the Arsacid Coinage of the Period 90—57 B.C., Num. Chron. 6 (1966) 19.

[2] P. Lond. 3. 1178 (47 A.D.).

[3] J. Tarr, O. Petrie 252, 266f., 271, 282 (37—44 A.D.) = Greek Ostraca in the Bodleian Library at Oxford (London 1930) pp. 116—122.

[4] P. Berol. 11601; P. Oxy. 6. 899; etc.

[5] P. Mich. 466 (107 A.D.).

promptly pounced on the ceded lands[10] and — soon after this document — more, since the strong Mithradates died and left Parthia to the uncertain rule of Orodes I[11].

This reciprocity between Parthian and Armenian strength would characterize their relations for decades. Not until Phraates III would the rampaging Tigranes at last be checked, and that only with the counter-weight of Roman arms[12]. In the meantime he would wrest from the Parthians not only territories but even the title 'King of Kings' — which they were just beginning to savour. Unlike Ozymandias, they had centuries of power to come; but recognition of Tigranes as 'Great King' in this document impressively confirms his strength already in 87. That title was not lightly used under either Parthian or Seleucid systems[13], and accords better with Tigranes the Great than with his grandson and first homonymous successor over 60 years later[14].

This prominent listing of Aryazatē between the sister-queens fits the political situation. This is not to say that Mithradates foresaw excited international bulletins on the titulature chosen for vineyard sale contracts within the realm, but he would probably use the same formulae on state documents for wider circulation. The solidarity thus expressed with Ti-

969f., s. v. Tigranes no. 1. A tradition of an Arsacid Tigranes with similar accomplishments to Tigranes the Great is preserved by Pompeius Trogus in his Prologue to Justin xli: *In Parthicis ut est constitutum imperium per Arsacem regem. Successores deinde eius Artabanus et Tigranes cognomine Deus, a quo subacta est Media et Mesopotamia.* Discussion by J. WOLSKI, Arsace II et la généalogie des premiers Arsacides, in: Historia 11 (1962) 138—145, esp. 140; cf. E. BABELON, Les rois de Syrie (Paris 1890) cci. In any case, Tigranes was demonstrably an Artaxiad, so intermarriage with the Arsacids is to be expected (and demonstrable later: see notes 31 and 41).

[10] Strabo xi.14.15.532. There may have been accumulated frustration: *Tigranes rex Armeniae, obses Parthis ante multum temporis datus, nec olim ab eisdem in regnum paternum remissus* (Justin xxxviii.3.1.)

[11] This dating for the death of Mithradates rests on slender evidence. He may have continued to rule some years longer but «*sur une zone vraisemblablement très réduite*» by encroachments of the misty but undeniable Gotarzes: M.-L. CHAUMONT, op. cit. (note 8), p. 17; cf. DEBEVOISE, op. cit. (note 7) 48f.

[12] Plut. Luc. xxviiff.

[13] On 'Great King' and 'King of Kings' among Arsacids and Armenians: B. HEAD, Historia Numorum² (Oxford 1911), p. 772; DEBEVOISE, op. cit. (note 7) 51 and note 87; G. LE RIDER, Monnaies grecques acquises par le Cabinet des Médailles en 1959, in: Rev. Num. (Sér. 6) 2 (1959/60) 7—35, esp. 22—26, nos. 29—32; R. N. FRYE, The Heritage of Persia (London 1962) 232 and 305, note 30. On Seleucid usage: E. BEVAN, Antiochus III and His Title 'Great King', in: Journ.Hellen.Stud. 22 (1902) 241—244.

[14] The evidence is usually thought to indicate 20 B.C., not the 24/23 necessary if the Avroman era were Arsacid, for the inception of this Tigranes' rule: E. T. NEWELL, Some Unpublished Coins of Eastern Dynasts (New York 1926; Numismatic Notes and Monographs 30) 13—15 and Plate II. The son of Tigranes the Great was also a Tigranes, son-in-law of Phraates III of Parthia; though he never ruled Armenia itself, his small holdings allowed him to assume royal titulature which could have been recognized by Parthia. In any case, most of the conclusions of this paper would still apply if either of these dynasts were the one mentioned in the Avroman text: the 'Eastern dynastic network' reigns supreme and like the generations of leaves individual kings come and go.

granes, himself an expert in dynastic propaganda[15], could remind other dynasts and the Romans that Mithradates II and Tigranes had, a year or two before, joined the coalition forming around the dreaded Mithradates Eupator of Pontus[16], father-in-law of Tigranes and grandfather of this Armenian queen in Parthia[17]. There had also recently been a serious affront to Parthian dignity by Sulla, with closer coöperation among the dynasties a probable result[18]. Aryazatē's marriage may have followed hard upon, though we have no way of knowing how long she had been among the queens of Mithradates. Even the apparent youth of Tigranes in 87 furnishes no argument for recent marriage of his daughter, since an Eastern princess could be plucked virtually from the cradle for such high purpose.

The dual names of Tigranes's daughter furnish one clue to attitudes: Parthians had felt the need to rename her. Perhaps this was for ease of assimilation with the other queens, who bear sound Avestan names[19]. But her Armenian name is allowed to stand as well. Interestingly, one suggestion for the meaning of Aryazatē would see *āzatā*, 'noble' (this alone is the name of another queen in the parchment), with an initial *arva* (Avestan *aurwa*), 'swift' — which is also the meaning of *tigra* in the name of her father Tigranes. This yields at least the possibility of Automa's new Parthian name containing a deliberate correlation with her origin at the court of the Great King of Armenia.

III. *Mithradates II of Parthia*

In linking their two dynasties by this marriage, both Mithradates and Tigranes furthered a policy increasingly favored by Eastern royalty. At least two more children of Tigranes would be joined to Parthians, his son Tigranes to a daughter of Phraates III and a daughter to Pacorus I[20]. Parthians had already edged in among the faltering Seleucids, to whose

---

[15] For remarks on Tigranes and on the techniques employed for this purpose in the related dynasty of Commagene, see my paper 'Dynastic Propaganda in Commagene', in the 'Proceedings of the Tenth International Congress of Classical Archaeology' (Ankara 1977) 295—303.

[16] Under the year 89 B.C., Appian Mithr. xv. 54 has Pelopidas tell the Roman generals, Τιγράνης δ' ὁ Ἀρμένιος αὐτῷ [Mithradates Eupator] κηδεστής ἐστι καὶ Ἀρσάκης ὁ Παρθυαῖος φίλος.

[17] MAGIE, Roman Rule 1099, note 16 dates his marriage to Cleopatra of Pontus to 93 B.C. App. Mithr. xv.54 would have the marriage take place by 89. Cf. Justin xxxviii.3.2; Plut. Luc. xiv; Memnon 43.2 (= FGrHist no. 434, F 29.6).

[18] Plut. Sulla v. The dynastic effects of this are treated by DEBEVOISE, op. cit. (note 7) 46f.

[19] MINNS, op. cit. (note 1) 43—45 shows the derivations. See his p. 45 for interesting speculations on the dynastic significance of the obscure names in his second Greek parchment.

[20] For discussion of these marriages see F. GEYER, in: RE VI A 1 (1936) 970ff., s. v. Tigranes no. 1.

dominions they would in part succeed[21]. Two cousins of Mithradates II ascended high into the Seleucid house. Phraates II wed Laodice, sister of Antiochus VIII Grypus; the sister of Phraates, Rhodogune, bloomed as the woman of Demetrius II Nicator[22]. The circle widened when Antiochus Grypus bestowed his daughter — whose features mercifully diverged from the paternal — on King Mithradates Callinicus of Commagene; their daughter became queen to Orodes II of Parthia[23].

The royal houses in both Parthia and Commagene claimed descent from the Persians. Like the Armenians of Tigranes, monarchs in Commagene also traced their ancestry to the Orontids, accomplished by the marriage of the original Rhodogune to the Orontid Aroandes II[24]. No need for us to smile at these claims: dynastic intermarriage had been long entrenched in the East as an instrument of consolidation in fundamentally aristocratic societies. The rictus of scorn would rather greet dynasties claiming any sort of racial purity. No unmixed Arabs, Greeks, Iranians, Jews here[25].

Near the time of this parchment Mithradates, whose frontier now bordered that of the Seleucids at the Euphrates, intervened in their final struggles. His young father-in-law Tigranes would soon administer the coup de grace. About 87 B. C., Demetrius Eukairos — in some manuscripts altered by an ancient wag to Akairos, though his fratricidal brother Philadelphus comes through unscathed — ceased to issue coins and followed

---

[21] The marriages were not always at the highest levels, to judge from Plut. Crass. xxxii. 5: Πάρθοι . . . ὧν πολλοὶ βεβασιλεύκασιν ἐκ Μιλησίων καὶ ᾿Ιωνίδων ἑταιρῶν γεγονότες ᾿Αρσακίδαι.

[22] Among the wives of Phraates IV about 20 B.C. occurs a Queen Cleopatra, according to the second parchment of MINNS. Presumably, as queen she was a descendent of these Seleucid marriages and not of a Greek *hetaira* (note 21).

[23] Dio xl. 23.3—4. After discussing the fortunes of Antiochus I of Commagene in his three previous chapters, Dio records the following remarkable information: Phraates IV, oldest remaining son of Orodes II, τούς τε γὰρ ἀδελφοὺς τοὺς ἐκ τῆς τοῦ ᾿Αντιόχου θυγατρὸς γεγεννημένους ἐδολοφόνησεν, ὅτι καὶ τὴν ἀρετὴν καὶ τὸ γένος τὸ μητρόθεν ἀμείνους αὐτοῦ ἦσαν. Cf. Justin xlii.4.14. Dio's narrative accords high place indeed to the Commagenian line, perhaps because of the descent of these children from Antiochus VIII Grypus. He gained respect from Arsacids and Commagenians despite their calling him, with shrieks of laughter, Old Eagle Beak — though never to his face, such as it was.

[24] JALABERT—MOUTERDE, Inscr.grec.lat.Syr. (Paris 1929), vol. I, p. 10 [= IGLSyr]; F. K. DÖRNER, Zur Rekonstruktion der Ahnengalerie des Königs Antiochus I. von Kommagene, in: Ist.Mitt. 17 (1967) 195—210. T. FISCHER, Zum Kult des Antiochos' I. von Kommagene für seine seleukidischen Ahnen, in: Ist.Mitt. 22 (1972) 141—144 studies the Seleucid claims of Commagenians. See also my 'The Dynasty of Commagene', above in this volume (ANRW II 8) 736.

[25] Much of Judaea, for instance, contained mixed strains such as the μιγάδες ᾿Ιουδαῖοί τε καὶ Σύροι Josephus finds in a part of the realm of Agrippa II: BJ iii.57. So much Hellenization had occurred that „Das Reich des Agrippa war im wesentlichen ein syrisch-arabischer Staat mit griechischer Regierung". ROSENBERG, RE X 1 (1917) 148, s. v. Iulius (Agrippa). One of the many internal challenges Agrippa faced appears in OGIS 424, where he complains that he knows not how bands of Arabs in Hauran have lurked "like beasts" so long. For the Hellenization, see E. G. TURNER, Tiberius Iulius Alexander, in: Journ. Rom. Stud. 44 (1954) 54—64 and B. LIFSHITZ, L'hellénisation des Juifs de Palestine, in: Rev. Bibl. 72 (1965) 520—538.

the path worn by Tigranes and other hostages to the Parthian court, from whose bourne he never returned[26].

Much of the activity of Mithradates lay in the Parthian east, though he continued his politic patronage and piety — a second Croesus — at such Greek shrines as Delos, taking care to earn the *Philhellene* among his titles on this parchment and in his coinage[27]. The primary task of replacing the last Seleucids and of confronting the oncoming Romans fell to Tigranes, who prepared for it enthusiastically, in part by strengthening his dynastic ties. As son-in-law of so awesome and active a figure as Mithradates Eupator of Pontus, he entered a web of relationships giving him and his descendants ties as well to the Cappadocian house, where his brother-in-law Ariarathes IX ruled intermittently. The distant connection this gave Armenians to Archelaus of Cappadocia and his daughter Glaphyra would be invoked a century later to justify her son's installation as Armenian king: *ex regio genere Armeniorum*[28]. Her marriage to a son of Herod the Great joined two of the most powerful dynastic houses of the East. Among the consequences were the last Roman appointee in Armenia — her grandson Tigranes VI — and the last king in Cilicia, her great-grandson King Alexander. Similarly, the connection of Pontus with Armenia forged in the time of Tigranes led to one king from Pontus ruling all of Armenia and three more ruling parts[29].

IV. *Artavasdes I of Atropatene and the Emesenes*

Tigranes had not been shy about making his presence felt in Cappadocia[30]. Nor did he hesitate to extend his visits eastward, where a major

---

[26] Jos. AJ xiii.384—386. The death may not have been Mithradates's fault: he kept his captive ἐν τιμῇ — but kept him — till he died νόσῳ. Demetrius was one of five royal Seleucid uncles of Antiochus, who understandably dedicates his many honorary inscriptions not to this lot but to Antiochus Grypus.

[27] OGIS 430. Strabo xiv. 5.2.669 clearly ascribes the decline of Seleucid power in Syria and East Anatolia to their weakness and to Armenian strength by the time of Tigranes, with a similar explanation for Arsacid success beyond the Euphrates. See J. WOLSKI, The Decay of the Iranian Empire of the Seleucids and the Chronology of the Parthian Beginnings, in: Berytus 12 (1956—57) 35—52.

[28] Res Gestae xxvii.2. Josephus (BJ i.476) has Glaphyra claim descent on her now-unknown mother's side from the Persians. Glaphyra has been considered a great-granddaughter of Mithradates Eupator of Pontus: W. M. RAMSAY, The Social Basis of Roman Power in Asia Minor (Aberdeen 1941) 101—105 on nos. 85—86. On the family: W. HOBEN, Untersuchungen zur Stellung kleinasiatischer Dynasten (Diss. Mainz 1969) 178f. with note 167 and 191f. with note 221; M. PANI, Roma e i re d'Oriente da Augusto a Tiberio (Bari 1972) 139ff.; R. SULLIVAN, The Dynasty of Cappadocia, in: ANRW II 7 (Berlin–New York 1978).

[29] PIR² G 171, J 136; PIR¹ T 149—150, P 405; On these see R. SULLIVAN, Dynasts in Pontus, in: ANRW II 7.

[30] Plut. Luc. xxxv.5.

link — later recognized too by Antony and then Augustus — in the chain of Eastern dynasties lay in Media Atropatene. This kingdom would soon effloresce, furnishing princesses to Commagene, Emesa, and Judaea, as well as kings to Armenia and dynasts to Parthia[31]. It was perhaps Tigranes who began this international run on nubile royalty in Atropatene: he had a son-in-law ruling there by 67 B. C.[32]. As his coins proclaim, Tigranes had decided that personal kingship was not the be-all and the end-all for him: King of Kings sounded a fairer name. In Atropatene as in Commagene, that meant subjection of the native dynasty[33]. The precise arrangements covered by the formula ὑπηκόους δ' ἔσχε ("He held as subjects [Atropatene, Gordyene, and the rest of Mesopotamia].") remain obscure, but the dynasties stayed intact, as they would have in the Parthian system too.

One reflection of this overlordship in Atropatene was the 'diadochic' coinage which Artavasdes I modelled on that of Tigranes. Like the similar issues in Commagene, this proclaimed the local dynast a legitimate participant in the empire of Tigranes[34]. Though *his* holdings shrank to Armenia itself after his defeat by Lucullus, a similar rationale could warrant continuation of the diadochic coinages to and even after his death about 56/55, since the rule of all parties concerned was recognized by Parthia and by Rome[35]. Familiarity and assurance of continuity underlay acceptance of any currency in the diverse, commercially sophisticated lands of Eastern Anatolia and Northern Mesopotamia.

A more important consequence of the adventures of Tigranes in Atropatene was that Artavasdes I may have tried to reverse the course of events, presumably after the death of Tigranes: his coins assume the title 'King of Kings'[36]. That might seem a trifle optimistic of him and the attribution of this coinage to him can of course be questioned. But Atropatene enjoyed strategic position and a distinguished Iranian lineage. It early gained the favor of Rome — which might see real advantage in encouraging assumption of that title by a rival of the Parthians. For their

---

[31] PIR² A 1162, J 44—48, A 1044 and 1164; G. MACURDY, Iotape, in: Journ.Rom.Stud. 26 (1936) 40—42. Dynasts to Parthia: SCHUR, RE XVIII 3 (1949) 1997, s. v. Parthia.

[32] And presumably before: he was impatient elsewhere. D. SELLWOOD, Deux notes sur les drachmes arsacides, in: Rev. Num. (Sér. 6) 13 (1971) 154—159. Dio xxxvi.14.2. This king joined the coalition of Tigranes, Mithradates Eupator, and others against Rome and for his pains received mention as Darius the Mede in Pompey's triumph: App. Mithr. cxvii. 576. See D. SELLWOOD, Wroth's Unknown Parthian King, in: Num. Chron. (Ser. 7) 5 (1965) 113—135, esp. 123—128.

[33] Strabo xi.14.15.532.

[34] I can be observed flailing away at this in: Diadochic Coinage in Commagene After Tigranes the Great, Num. Chron. (Ser. 7) 13 (1973) 18—39, esp. pp. 20, 31—32, and Plate XIV.8.

[35] Ibid., 27 and note 27.

[36] Ibid., 20 note 7 and E. ROBINSON, British Museum Acquisitions for 1935—1936, in: Num. Chron. (Ser. 5) 17 (1937) 250—54. The son of Tigranes, another Artavasdes, also used 'King of Kings' on his coinage — no more appropriate by that time, though more understandable. The formula on coins of Tigranes IV (T 148) and Erato (E 85) in the time of Augustus made no sense politically, though its propaganda value might be high. P. BEDOUKIAN, The Coinage of the Artaxiad Dynasty, in: Museum Notes 14 (1968) 56f.

part, Parthians seldom went to war except on matters of substance and titles lay outside that category, as they had demonstrated in the years of Tigranes. In any case, when the line of Tigranes died out only half a century after his death, Rome promptly extended its previous recognition of Artavasdes for Armenia Minor by bringing forward his son — and later his grandson — as nominees for the throne of Armenia itself[37].

Of more immediate use to the Eastern dynastic network were the prized female descendants of Artavasdes: Iranians, Romans, Semites, and Greeks all succumbed. Their ostensible motives were political. Mark Antony saw the value of Atropatene in mediating between Romans on the one hand and the Parthian-Armenian 'axis' on the other, though its own most immediate problem tended to be depredations by these two close neighbors[38]. Antony betrothed his son Alexander Helios to Iotape (J 44), daughter of Artavasdes[39]. After the collapse of Antony's fortunes, she passed instead to the king of Commagene, Mithradates III (M 452), becoming by him an ancestress of no fewer than six more queens and princesses by that name in Commagene, Emesa, and Judaea. The last of these was queen to the Judaean-Cappadocian King Alexander in Cilicia.

Thanks in part to the reassertion by Tigranes of Iranian authority in Eastern Asia Minor, the small kingdom of Atropatene thus achieved remarkable success. By Strabo's day the dynasty was intact and its international ramifications extensive: ἡ διαδοχὴ σώζεται μέχρι νῦν ἐξ ἐκείνου [Atropates, traditional founder of the dynasty in the late fourth century], πρός τε τοὺς Ἀρμενίων βασιλέας ποιησαμένων ἐπιγαμίας τῶν ὕστερον καὶ Σύρων καὶ μετὰ ταῦτα Παρθυαίων. ("The succession from him is retained even now; his descendants entered into marriages with the kings of the Armenians and Syrians, and later with the kings of the Parthians"[40].) The details of this connection with Parthia remain unknown, but a postulated marriage about 31 B. C. between an Arsacid princess and a prince from Atropatene could have provided the justification for several Arsacids' rule in Atropatene during the first century, beginning with Vonones I about 12 A. D.[41]. Arsacid kings are known in Atropatene as late as Artabanus V (A 1158) in the early third century and in Armenia to the very end of Arsacid history[42]. The Sassanids continued in Armenia in the third century[43].

With emphasis in the East on dynastic continuity, such extensive interaction among so many royal houses during the time of Tigranes constitutes an important historical fact.

---

[37] These were Ariobarzanes II (A 1044) and Artavasdes II (A 1164), under Augustus. Descendants of Artavasdes pursued active careers under Rome and perhaps under Parthia: PIR² A 1045 and 1165; J 175 and 176; L'ann. épigr. 1955, p. 186; IGRR IV 149.

[38] Strabo xi.13.2.523.   [39] Dio xlix.40.2 and 44.2.

[40] Strabo xi.13.1.523. The "Syrian kings" are those of Commagene and Emesa.

[41] SCHUR, RE XVIII 3 (1949) 1997. PIR¹ V 670—671, P 19; PIR² A 1155, A 1158.

[42] An Arsaces (A 1154) ruled Armenia about 220.

[43] See M. CHAUMONT, Les grands rois sassanides d'Arménie, in: Iran.Ant. 8 (1968) 81—93.

V. Polemo II of Pontus and the Judaeans

Of immediate concern for this paper were Armenian connections with Commagene and Pontus which illuminate a passage in our second document. P. London III 1178 is a certificate, from 194 A. D., of an athlete's guild membership. Among quoted imperial rescripts which open its text occurs one from Claudius in 47 A. D. He acknowledges two resolutions in which ἐμ[α]ρ[τυ]ρεῖτε ἐπ' ἐμοῦ Γαΐῳ 'Ιουλίῳ 'Αντιόχῳ τ[ῷ Κομμαγηνῆς] βασιλεῖ καὶ 'Ιουλίῳ Πολέμωνι τῷ Πόντου, ἀνδράσι τειμίοις μο[υ καὶ] φίλοις, ὡς πάσῃ σπουδῇ καὶ φιλανθρωπίᾳ χρήσαιντο πρὸς ὑμᾶς, ἡνίκα τοὺς ἐπὶ τῷ ἐμῷ ὀνόματι τιθεμένους ὑπ' αὐ[τ]ῶν ἐπετέλουν ἀγῶνας, ὑμᾶς μὲν τῆς πρὸς αὐτοὺς εὐχαριστίας ἐπεδεξάμην, ἐκείνων δὲ τὴν πρὸς ἐμαυτὸν μὲν εὔνοιαν περὶ δὲ ὑμᾶς φιλανθρωπίαν ἐγνώρισα μᾶλλον ἢ ἐθαύμασα. ("You inform me regarding Gaius Julius Antiochus, King of Commagene, and Julius Polemo, King of Pontus, men esteemed by me and considered my friends, that they treated you with great attention and benevolence when they were holding the games instituted by them in my name; I was pleased at your gratitude toward them and I rather learned of than felt surprise at their good will toward me and benevolence toward you"[44].)

At first glance, this tells the historian that the kings of Commagene and Pontus now probably had Roman citizenship, felt or feigned enthusiasm for imperial fun-and-games, and enjoyed at least the formulaic favor of Claudius. But more can be recovered. Both monarchs sprang from dynasties affected by the activity of Tigranes; both ruled lands (Commagene and Cilicia) once under his larger dominion; both continued his policy of dynastic intermarriage; and both shared with him some hard experience with Rome.

Who was Polemo of Pontus? The marriage to Tigranes of Cleopatra, daughter of Mithradates Eupator of Pontus, permitted the twofold accomplishment of furnishing to his dynasty potential access — if need or opportunity arose — to areas once controlled by Pontus, and to successors of Mithradates in Pontus potential claim to parts of Armenia. Such claims were exercised repeatedly in the first centuries before and after Christ, affecting Armenia, Armenia Minor, Pontus, Cappadocia, and a part of Cilicia. Cappadocia would be under dynastic rule until the early first century; Commagene, Pontus, parts of Cilicia, and Armenia Minor until the late years of it. In Bosporus a house deriving from Mithradates Eupator descended unbroken at least until the late third century[45]. Portions of the

---

[44] The segment is from E. SMALLWOOD, Documents . . . Gaius, Claudius, and Nero (Cambridge 1967) no. 374, which differs only in its first word from that of WILCKEN in Chrestomathie I.2, no. 156. The editors' restored Κομμαγηνῆς is defensible in the absence of another known King Antiochus in the first century.

[45] Ti. Iulius Tiranes, PIR² J 602. Others of the dynasty were still ruling late in the century.

area under Parthian control east of the Euphrates also felt the intermittent effects of these dynasties' excursions and alarums[46].

The lineage of Polemo II lacked nothing in distinction. His grandfather was Polemo I (P 405), king of Pontus and third husband of Dynamis (D 211), the aptly-named granddaughter of Mithradates Eupator. Her first husband had been King Asander (A 1197) of Bosporus: their postulated son and a sister of Polemo II doubly reinforced the line that so long ruled Bosporus[47]. The second wife of Polemo I was Pythodoris (P 834), the forceful descendant of Mark Antony[48] who would one day rule Pontus herself and then marry the last full king of Cappadocia, Archelaus I Philopatris (A 1023)[49].

[46] For instance, Antiochus I of Commagene acquired portions of Mesopotamia in the arrangements of Pompey: MAGIE, Roman Rule 377 and 1240 note 52. Strabo xvi.2.3.749; App. Mithr. cxiv. 559 and cv. 495. See also J. WAGNER, Seleukeia am Euphrat/Zeugma, Beihefte zum Tübinger Atlas des Vorderen Orients, Reihe B, Nr. 10 (Wiesbaden 1976) 62ff. The real push against Arsacid claims, especially in Armenia, came over a century later: see below.

[47] Aspurgus (A 1265) and Gepaepyris (G 168). SULLIVAN, op. cit. (note 29) ch. IV.

[48] OGIS 377 = IGRR IV 1407 (Smyrna) speaketh thus: Ὁ δῆμος Ζήνωνα, βασιλίσσης Πυθοδωρίδος φιλομήτορος καὶ βασιλέως Πολέμωνος υἱόν, θυγατριδῆ δὲ τῆς εὐεργέτιδος Ἀντωνίας, ἐτείμησεν. TH. MOMMSEN maintained in: Observationes Epigraphicae XIII, De Titulo Reginae Pythodoridis Smyrnaeo, Ephemeris Epigraphica 1 (1876) 270—278, esp. 271—273, that this Antonia was Antony's daughter by Antonia. DESSAU demurred in: Miscellanea Epigraphica 1. De Regina Pythodoride et de Pythodoride Iuniore, in: Ephemeris Epigraphica 9 (1913) 691—696, esp. 693f., followed by MAGIE, Roman Rule 1130 note 60. See DITTENBERGER's comments at OGIS 377. R. HANSLIK agrees with MOMMSEN in RE XXIV.1 (1963) 581—585, s. v. Pythodoris no. 1 (with stemma), but H. H. SCHMITT disagrees five pages later: ibid., col. 592f., s. v. Pythodoros no. 13b. With debris thus raining down on all sides, I hesitate to step any farther into the maelstrom than to maintain that some daughter of Antony is the Antonia, mother of Pythodoris. Several considerations suggest this. Antony did betroth his (Eastern) children to Eastern dynasts, such as his son Alexander Helios to Iotape of Atropatene. That Strabo and Tacitus ignore that Antonia (and this) as mother by him of Pythodoris does not disprove the connection: the wording of OGIS 377 implies an Antonia well known in Smyrna, which had been connected before with dynasts from Pontus (e.g., BMC Ionia p. 247 nos. 118f.). Antony had been active in organizing the aristocratic families of Asia Minor: the wealthy Asiarch Pythodorus of Tralles would make an acceptable son-in-law. The Antonia who was wife of Pythodorus and mother of Pythodoris receives special commemoration from her daughter, called *philometor* in this text and in OGIS 376 (Athens). The dynasty of Pontus, new home of Pythodoris, had connections of its own with Antony (see below) and used his name: e.g., her daughter Antonia Tryphaina (A 900; cf. A 864, 862, 882). The long rule of Pythodoris alone in Pontus after the death of Polemo might bespeak high descent, certainly higher than her father in Tralles could bestow; her coins cover many years. T. REINACH, Some Pontic Eras, in: Num. Chron. (Ser. 4) 2 (1902) 1—10; MAGIE, Roman Rule 1346 note 52, 1341 note 32, 1368 note 50. Her second marriage was to a monarch (Archelaus I of Cappadocia) initially recognized by Antony — after an infatuation with his mother, Glaphyra, which MAGIE 1286 note 26 urges we assess dispassionately, as it were. Her son would be crowned King of Armenia by the grandson of Antony, Germanicus, which G. MACURDY, Vassal-Queens (Baltimore 1937), should not and does not quite put forward as an argument here (p. 36). A most intriguing but questionable coin of Polemo I bears on its reverse M ΑΝΤΩΝΙΟΣ ΑΥΤ ΤΡΙΩΝ ΑΝΔΡΩΝ: WADDINGTON, Monnaies grecques² (Paris 1925) vol. I, pp. 21ff. None of this is proof.

[49] Strabo xi.2.18.499; xii.3.29.555, 31.556, 37.559.

Polemo I and Pythodoris represented an important continuation of the close ties among the houses of Pontus, Armenia, and Cappadocia which began in the time of Tigranes. Pharnaces II, father of Polemo's first wife Dynamis, was king of Pontus and brother-in-law of Tigranes. An uncle of Dynamis was Ariarathes IX, king of Cappadocia, and her aunt was Athenais Philostorgos, the queen of Ariobarzanes II of Cappadocia. One son of Polemo and Pythodoris was to become king of Armenia and their daughter was queen of Thrace[50]. Her children in turn would be our Polemo II, a second queen and another king of Thrace, a queen of Pontus, and a king of Armenia Minor[51].

Armenia Minor constituted a sort of bell-weather of dynastic control in this part of Anatolia. In the scramble toward reconstruction after the collapse of the empires created by Mithradates Eupator and Tigranes, it received a series of rulers confusingly diverse but in fact 'locally' selected on the systematic bases of hereditary claims and suitable lineage. Then or now, a populace informed that the new king is cousin of the old feels better disposed toward him than toward a 'rank outsider' (one hopes that 'rank' in this phrase bears its serial and not its olfactory connotation[52]).

Hence a succession in Armenia Minor from the Pontic king Pharnaces to Deiotarus of Galatia, whose credentials included a son betrothed to the granddaughter of Tigranes the Great. Three of the son's new brothers-in-law ruled as full kings of Armenia[53]. After Pharsalus part of Armenia Minor passed to Ariobarzanes III of Cappadocia. His mother, Athenais Philostorgus of Pontus, was sister-in-law of Tigranes, sister of Ariarathes IX of Cappadocia, and wife of Ariobarzanes II[54]. Polemo I himself gained control of the territory during the manoeuvrings of Antony in 36/35 B. C.[55]. After Actium, Armenia Minor apparently went to Artavasdes I of Atropatene, whose son and grandson would one day rule Armenia itself[56], and then in 20 B. C. to Archelaus I of Cappadocia, husband of Pythodoris after Polemo's

---

[50] Zeno-Artaxias (A 1168) and Antonia Tryphaina (A 900), who married Cotys (C 1554) of Thrace.

[51] Respectively, PIR² J 472; Pythodoris II of OGIS 378; Rhoemetalces III (R 52); Gepaepyris (G 168); Cotys (C 1555).

[52] Polemo I in fact suffered from this perfectly human (in the sense of animal) reaction when he tried to gain control of Bosporus before his marriage to its Queen Dynamis (D 211), who had succeeded Asander and then seen her second husband, Scribonius, erased by the populace despite his claims to descent from Mithradates Eupator: Dio liv. 24.4—6.

[53] Artavasdes III (A 1163), Artaxias II (A 1167), Tigranes III (T 147). For the rule of Deiotarus there, see Cicero, De divin. ii. 79; Philipp. ii. 94; cf. Pro Rege Deiot., passim, for material on his career. His rule in Armenia Minor and the objections of Pharnaces: [Caesar], De Bello Alex. 34; 35; 67. See note 148 for the betrothal.

[54] Dio xli.63.1—3 and xlii.48.3.

[55] Dio xlix.33.2 and 44.3.

[56] Dio liv.9.2. His daughter Iotape, formerly betrothed to Mark Antony's son, became queen of Commagene and her daughter Iotape III a queen of Emesa. Thus Artavasdes was a distant ancestor of the Antiochus IV of our second document.

death[57]. Among his descendants were two kings in Cilicia[58] and two in Armenia[59]. Last kings of all, who end this strange, eventful history, were the brother and a Judaean relative by marriage of Polemo II, followed at last by Polemo himself, sharing parts of Armenia with Antiochus IV of Commagene and with his probable brother-in-law C. Julius Sohaemus of Emesa[60].

Also noteworthy in the lineage of Polemo II was his uncle Zeno (A 1168), son of Polemo I and Pythodoris. Zeno's was the most successful non-Arsacid reign in Armenia during the first century A. D. At home in Pontus, mother had fondly chosen a name which struck few Armenians as clearly belonging to grand national tradition, so by the glossolalia that was second nature to the Eastern dynast Zeno quickly refitted himself as Artaxias and stepped before a delighted clientele. *Favor nationis inclinabat in Zenonem, Polemonis regis Pontici filium, quod is prima ab infantia instituta et cultum Armeniorum aemulatus, venatu epulis et quae alia barbari celebrant, proceres plebemque iuxta devinxerat*[61].

But Zeno-Artaxias as Armenian sovereign may not have pleased the Parthians. Rome was not the only one of the *duo imperia*[62] to parcel out Armenian territory and would leave the last word to Parthia after matching 'pretenders' for some thirty years from the death of Zeno in 35[63]. Even during the tenure of Zeno occasional challengers had been nudged in his direction by the powerful Arsacid monarch Artabanus, from whom Izates (J 891) of Adiabene received a part of Armenia[64].

At the time of our papyrus, Polemo II is still ruling Pontus, as it says. But six years before, in 41, he had exchanged the troublesome inheritance of Bosporus for a part of Cilicia — perhaps an ancestral part, since the

---

[57] Dio liv.9.2.

[58] Archelaus II (A 1024) and King Alexander (A 500 = J 136), son-in-law of Antiochus IV of Commagene.

[59] Tigranes V (T 149), grandson of Archelaus and of Herod the Great, and Tigranes VI (T 150), father of King Alexander.

[60] The brother was Cotys (C 1555); the relative was Aristoboulos of Judaea (A 1052), cousin of his first wife, Berenice. The sharing of Armenia was in 60: Tac. Ann. xiv. 26.2. Polemo gained Sohaemus (J 582) as relative by marrying Mamaea (note 85), presumably an Emesene: H. Seyrig, Monnaies hellénistiques, XVI. Polémon II et Julia Mamaea, in: Rev. Numism. (Sér. 6) 11 (1969) 45—47. Sohaemus received Sophene in 54: Tac. Ann. xiii.7.1. Perhaps a different Sohaemus: note 97.

[61] Tac. Ann. ii.56.2f. His mother already bore a name known in Armenia, where a Queen Pythodoris appears on a coin of King Samos: T. E. Mionnet, Description de médailles antiques grecques et romaines, avec leur degré de rareté et leur estimation (Paris 1805—1837), vol. IV, p. 454; Mionnet, ibid., Suppl. VII (Paris 1835) p. 723 and Pl. XIV 3; D. Sestini, Lettere e dissertazioni numismatiche (Firenze 1818), vol. IV, pp. 100f. Orosius v.10.1—5 speaks of a joint king of Pontus and Armenia in 131 B. C.

[62] Pliny, N. H. v.88: *duo imperia summa Romanorum Parthorumque*.

[63] Tac. Ann. vi.31.1: *defuncto rege Artaxia*. Dio lviii.26.1.

[64] Jos. AJ xx.68. See PIR² A 1155. One challenger may have been the Orodes (O 101) of Jos. AJ xviii.52 and another the Armenian king of 34—36 known only by his throne-name Arsaces (A 1153).

family had ruled .there in the days of Antony[65]. This brought him into proximity with the other dynast mentioned in the papyrus, Antiochus IV of Commagene, whose holdings in Rough Cilicia probably bordered Polemo's[66].

As a dutiful dynast, Polemo had to think of handing all this on. Unhappily for him, he began a few years after this rescript with Julia Berenice (J 651) of Judaea. This formidable woman had already weathered two marriages and was now the object of mild scandal for her relations with King Agrippa II, her brother. Nor was the promise held out by the union of such martially-named dynasts to find happy realization; Polemo soon joined Berenice's growing list of former spouses. Unlike the first two, he retained his life. For her part, Berenice continued to impress contemporaries and despite never ruling she's often called 'queen'[67]. Today she might be called other things too — following a precedent set by Juvenal and Josephus — after moving from Agrippa to conquer (in the non-martial arts) the future emperor Titus[68].

His political advisers would have welcomed Polemo's marriage to Berenice. Besides acquiring ties to some of the most vigorous dynasts (and women) of the Near East, he gained relatives active in his own parts of Anatolia. His new wife's sister Drusilla (D 195) married a prominent Roman, M. Antonius Felix (A 828), brother of Pallas (P 49), after bolting from her dynastic husband, Azizus (A 1693), the king of Emesa[69]. Nor was Drusilla the only link to Emesa: Berenice's uncle Aristoboulos (A 1051) married a princess from there, Iotape IV (J 45), and produced a royal daughter[70]. This was of more than passing interest to Polemo, who would one day also marry an Emesene princess, brushing with hasty steps the Jews away to meet his sons upon the upland lawn[71].

In his capture of the elusive Berenice, Polemo approached some 'northerners' at least as useful as these important Jews, Emesenes, and

---

[65] Dio lx.8.2. HOBEN, op. cit. (note 28) 39 ff.; H. BUCHHEIM, Die Orientpolitik des Triumvirn M. Antonius (Heidelberg 1960) 51 ff.; G. HILL, Olba, Cennatis, Lalassis, in: Num.Chron. (Ser. 3) 19 (1899) 181—207. Cf. my treatment of this problem in: Priesthoods of the Eastern Dynastic Aristocracy, in: Studien zur Religion und Kultur Kleinasiens, Festschr. f. Friedrich Karl Dörner zum 65. Geburtstag, ed. S. SAHIN, E. SCHWERTHEIM and J. WAGNER, Études préliminaires sur les religions orientales dans l'Empire romain 66 (Leiden 1977).

[66] W. CALDER and G. BEAN, A Classical Map of Asia Minor (London 1958), coördinates G—I, fg: Regnum Antiochi. A. H. M. JONES, The Cities of the Eastern Roman Provinces[2] (Oxford 1971) 208 ff.

[67] E.g., OGIS 428; Tac. Hist. ii.81.2 and 2.1; Josephus calls her queen in almost all of his mentions of her singly or — as in BJ ii.598, Vita 48 f. and 180 f. — with her brother Agrippa II. See note 130.

[68] Jos. AJ xx.145—146 has her marrying Polemo chiefly to counteract φήμης ἐπισχούσης, ὅτι τ'ἀδελφῷ συνείη and him agreeing διὰ τὸν πλοῦτον αὐτῆς. Juvenal (Sat. vi.157—158) knows less but says more: hunc dedit olim/barbarus incestae, dedit hunc Agrippa sorori...

[69] This is the Drusilla whose initial betrothal to Epiphanes of Commagene, son of Antiochus IV, foundered over painful religious issues: Jos. AJ xx.139.

[70] The daughter was Iotape V (J 46). Iotape IV was as well a cousin of Antiochus IV, the king named with Polemo in our rescript.

[71] H. SEYRIG, in: Rev. Num. (Sér. 6) 11 (1969) 45—47 (above note 60).

Commagenians. Present at that time in the Judaean house was Tigranes VI (T 150), great-grandson of the Archelaus of Cappadocia who had married Polemo's grandmother, Pythodoris, after the death of Polemo I. The uncle of Tigranes had already ruled in Armenia and he would soon try to himself[72]. Like Polemo's own uncle, Zeno-Artaxias, both of these Judaean-Cappadocians descended on the watchful Armenians as 'legitimate' dynastic relatives of their former ruling house, the Artaxiads of Tigranes the Great and his six ruling descendants[73]. But for this last Tigranes the claim would not prevail over Parthian objections. Polemo and Antiochus participated in repeated Roman raids (known as campaigns) to counteract Parthian campaigns (known as raids) in Armenia, but Tigranes and Rome had no future there.

Similarly interesting to Polemo would have been the career of this Tigranes's part-Judaean son, King Alexander (J 136), who won the last Iotape (J 48). Rex Alex, as he was never called, succeeded Iotape's father Antiochus IV of Commagene as king in Cilicia, where he may also have held parts of the former dominions of Polemo. His great-great-grandfather Archelaus I had once ruled in the vicinity, followed by Archelaus II (A 1024), who, like Alexander, probably had to control the playful Cietae[74].

Finally, Polemo rejoiced at his wedding-feast to chat with his wife's cousin Aristoboulos (A 1052), son of her former husband and uncle, Herod of Chalcis, by Mariamme (M 205). This is the Aristoboulos who would rule Armenia Minor as successor to Polemo's brother, Cotys (C 1555), beginning in the first year of Nero and thus not long after this marriage.

Polemo had already fared well with Berenice's father, Agrippa I. In 44, Agrippa summoned part of this group of related dynasts to Tiberias for deliciously obscure discussions. Present besides Polemo and Agrippa were Antiochus IV of Commagene, Polemo's brother Cotys as king of Armenia Minor[75], Berenice's current husband Herod of Chalcis, and Sampsigeramus II of Emesa (J 541). Confronted by this ominous assemblage, a Roman official might pulsate with apprehension. It came to pass that Vibius Marsus, governor of Syria, was by. He cocked a jaundiced eye — if such can be — at the proceedings: Μάρσῳ δ' ἡ τούτων ὁμόνοια καὶ μέχρι τοσοῦδε φιλία πρὸς ἀλλήλους ὑπωπτεύθη συμφέρειν οὐχ ὑπολαμβάνοντι

[72] PIR¹ T 149, son of Glaphyra (G 176) and Herod's son Alexander; he is now usually known as Tigranes V. This numeration depends on considering Tigranes the Great the second of the series after his homonymous father. This makes the last member of the Artaxiad house Tigranes IV (T 148). The Tigranes of Tac. Ann. xiv.26.1 (60 A. D.) was nephew of Tigranes V and the last of the series.

[73] Verily, these were Artavasdes II (ruled 55—34 B. C.), Artavasdes III (A 1163), Artaxias II (A 1167; this name was given to Polemo's uncle when he ruled Armenia: A 1168), Tigranes III—IV (T 147—148), and Erato (E 85).

[74] Strabo xiv.5.6.671; Tac. Ann. vi.41.1 as amended in E. KOESTERMANN's Teubner edition, cf. xii.55.1; Jos. AJ xviii.141.

[75] Dio lix.12.2. Aristotoboulos followed: T. REINACH, Le mari de Salomé et les monnaies de Nicopolis d'Arménie, in: Rev. ét. anc. 16 (1914) 133—158.

Ῥωμαίοις δυναστῶν τοσούτων συμφρόνησιν. ("To Marsus, the concord of these men and such a degree of mutual friendship were grounds for suspicion; he assumed that agreement among such dynasts did not accord with Roman interests"[76].)

This degree of Roman alarm points up the inherent strains in Near Eastern politics during the first century. Rome needed the dynasts and the avenues they provided, but feared the challenge that collusion could bring. Judaea, Commagene, and Armenia would soon involve Roman forces in war; dynastic control of Cilicia had recently involved irregularities, the conversion of Cappadocia to a province had been accompanied by the trial of its monarch, and the coming 'abdication' of Polemo from the throne of Pontus entailed no cries of relief from him or of exuberance from his countrymen. Inevitably, the community of interests with Eastern royalty which Romans invoked in documents like this papyrus would give way to direct Roman rule except on the periphery. Both parties must have sensed this, especially on such occasions as the meeting of dynasts at Tiberias.

When he could, Polemo avoided war. But his coöperation would be necessary to the Roman attempt on Armenia under Nero: supplies for their forces had to come into Trapezus by sea and then over the Paryadres range through Polemo's territory. Tacitus fails to name him among the dynasts involved in the mobilization of 54 against a Parthian threat[77], but he is concentrating in this passage on the route taken by the Romans through Commagene and thence across the Euphrates. In the campaigns of 60 to support Tigranes VI, Polemo got his chance to commune with the spirits of his uncle and grandfather in northwest Armenia: *quo facilius novum regnum tueretur, pars Armeniae, ut cuique finitima, Pharasmani* [of Iberia, P 249], *Pole⟨moni⟩que et Aristobulo* [the Judaean, A 1052; then ruling Armenia Minor] *atque Antiocho* [IV of Commagene] *parere iussae sunt*[78]. How long he ruled his new part of Armenia remains uncertain, as does whether he achieved control here at all: *durante apud quosdam favore Arsacidarum*[79]. But one recent piece of evidence hints at success, however brief — a coin calling him 'Great King', which he otherwise avoided in Pontus and Cilicia but might have adopted when standing in the big buskins of Tigranes the Great[80]. In any case, Polemo would have been

---

[76] Jos. AJ xix.341. SCHÜRER–VERMES–MILLAR (note 117) pp. 448ff. note 34.

[77] Tac. Ann. xiii.7.1.

[78] Tac. Ann. xiv.26.2.

[79] Ibid. Cf. Ann. xv.27.3: *megistanas Armenios, qui primi a nobis defecerant.*

[80] H. SEYRIG suggests this in Rev. Num. (Sér. 6) 11 (1969) 45—47 (above, note 60). For arguments that the monarch here called M. Antonius Polemo is our Polemo II, see my paper in: Proceedings of the XIV Internat. Cong. of Papyr. (Oxford 1974; publ. 1975), note 16. Perhaps he used this *gentilicium* in Cilicia, where the family had ruled in the time of Antony: note 65. At any rate, he used it on a coin in the time of Galba: BMC Lycaonia liv. no. 2; no other dynast known fits all the circumstances of this issue. The new coin's 'Great King' likewise accords with Polemo II alone. The Great King M. Antonius

unlikely to rule here after his abdication from Pontus in 64 and the Parthians had de facto control of Armenia soon afterward, with Roman recognition after Nero's touching — and expensive — reception of Tiridates in 66 at Rome[81].

Polemo became the last king of Pontus itself, though relatives continued to rule Bosporus. By A. D. 64 the kingdom had been pried loose or handed over: *Ponti modo regnum concedente Polemone* ... *in provinciae formam redegit* [Nero][82]. A quieter life in Rough Cilicia for a few years awaited him, with our last trace of him a coin for Galba[83].

Besides games for Claudius, Polemo must through the years have offered other services for which a current emperor would render thanks. An inscription from ancient Laertes in Rough Cilicia would, if for him, be a second instance of the *gentilicium* Julius for Polemo, whose connection with this town near the northwest border of Antiochus IV in Cilicia remains obscure[84]. Because of his family's long presence in Olba, Polemo probably held at least the region northeast of the Regnum Antiochi. This new hint of his activity elsewhere in Rough Cilicia accords with the picture inferred from the foundation of new cities there by his fellow-dynast Antiochus IV.

Retirement in Cilicia with his Emesene wife[85] might have given Polemo the leisure to produce sons — Rhoemetalces and Polemo — mentioned in an inscription from Amphipolis[86]. A number of aristocrats possibly descended from him can be found in the voluminous epigraphical records of the East[87].

Polemo of the coinage and the Polemo of Dio lx.8.2 who received Cilicia in 41 are eminently equatable. Despite MAGIE 1407 note 26, Josephus is not "distinguishing" the dynast of Pontus (AJ xix.338) from the king of Cilicia (AJ xx.145), but referring to a man who ruled both. See also G. F. HILL, op. cit. (note 65), and R. D. SULLIVAN, Dynasts in Pontus, in: ANRW II 7.

[81] Dio lxiii.1.2 and 6.5.

[82] Suet. Nero xviii. Sources and coins: PIR² J 472.

[83] No reason to assume him dead when his freedman Anicetus, *praepotens olim, et* ... *mutationis impatiens* revolted in Pontus: Tac. Hist. iii.47.1. Polemo was by then basking safely in Cilicia.

[84] The modern Cebel İres: G. BEAN and T. MITFORD, Journeys in Rough Cilicia 1964—68 (Wien 1970) 95 no. 71 and Map B (Österr. Akad. d. Wiss., phil.-hist. Kl., Denkschr. 102; Ergänzungsbd. zu den Tituli Asiae Minoris III).

[85] Note 71. The name Julia Mamaea makes connection with the dynasty of Emesa likely, given the persistence of dynastic names there and the later presence of this one: see PIR² J 649. The wide connections of the dynasty with Judaeans, Commagenians, and — at least previously — Atropatenians would have made Julia unusually delectable to Polemo, who needed someone to help him forget Berenice. See R. D. SULLIVAN, The Dynasty of Emesa, ch. VI, above in this same volume (ANRW II 8) 213f.

[86] P. COLLART and P. DEVAMBEZ, Voyage dans la région du Strymon, in: Bull. Corr. Hell. 55 (1931) 181—184 and C. F. LEHMANN-HAUPT, Prosopographia Amphipolitana, in: Klio Beiträge 37 (1936) 141—144, no. 70.

[87] Antonius Polemo (A 862); M. Antonius Zeno (A 882); Julia Antonia Eurydice (J 644; see the stemma following J 397, her husband). The connection of M. Antonius Polemo (A 864) of Olba with Polemo II remains obscure. But one can safely say that they smiled when they met — and conceivably smiled into the same mirror.

The most enduring memorial to Polemo was his name on the province of Pontus Polemoniacus, so called still in the days of Diocletian and recognizable by that name at least till Justinian[88].

VI. Antiochus IV of Commagene and Cilicia

The other dynast mentioned with Polemo in the rescript of Claudius appears even more vividly in contemporary records and in inscriptions down to the second century. Antiochus Epiphanes enjoyed a distinguished lineage mounting to and beyond his eponymous ancestor Antiochus I; his coinage preserved a dynastic era beginning from the founder himself[89].

Within four years of the Avroman parchment, Tigranes the Great had moved on Commagene and then Antioch. The strong Commagenian monarch Mithradates I and his Seleucid wife, Laodice — whose dashing father, Antiochus VIII Grypus, can be seen as the ultimate source of the name Antiochus — remained on the throne and eventually bequeathed it to Antiochus I. This worthy unwittingly began a duet that lasted through the reign of his great-great-grandson Antiochus IV: an alternation of polite and bellicose relations with Rome. Lucullus and Pompey formed alliances with Antiochus I; Cicero in his unblinking way accepted his assistance; Antony, aided by an ambitious Herod, surrounded him in Samosata demanding money[90].

Similarly, Antiochus IV would be nurtured at Rome under Tiberius, restored to the ancestral armchair under Caligula but then deposed[91], restored once more by Claudius, then deposed after an unpleasantness with Vespasian and transported full circle to Rome for a final period of honorable detention. Throughout his lifetime, which spanned the reign of the Julio-Claudians, the erratic character of Roman policy toward the dynasts arose from more than the differing personalities of the emperors. Crucial issues

---

[88] It occurs in the 'Verona List': O. SEECK, Notitia Dignitatum (Berlin 1876) 247—251 = TH. MOMMSEN, Verzeichnis der römischen Provinzen, aufgesetzt um 297, in: Abh. d. Preuss. Akad. d. Wiss., phil.-hist. Kl. 1862 (Berlin 1862), 491f. = ID., Gesammelte Schriften vol. V. Histor. Schriften II (Berlin 1908) pp. 563f. In the sixth century: E. HONIGMANN, Le Synekdèmos d'Hiéroklès (Bruxelles 1939) 37, no. 702.3; Justinian, Nov. 31.

[89] This was Ptolemaios, who revolted from the Seleucid Antiochus V in 163/62 B. C.: Diodorus 31.19a; TH. REINACH, L'histoire par les monnaies (Paris 1902) 242; JALABERT–MOUTERDE, op. cit. (note 24), pp. 10, 28 nos. 6—7, 47 no. 46. The puzzling date on a coin of Antiochus from Elaioussa-Sebaste can be understood as referring to the national era of Commagène which began with this revolt: H. SEYRIG, Sur quelques ères syriennes, 1. L'ère des rois de Commagène, in: Rev. Num. (Sér. 6) 6 (1964) 51—55.

[90] Dio xxxvi.2.5; Pompey recognized his holdings but claimed him in his triumph at Rome: App. Mithr. cxiv.559 with cxvii.576; Cic. Ad. Fam. xv.3.1—2 and 4.4; Dio xlix.20—22 with Plut. Ant. xxxiv.

[91] Dio lix.8.2 and lx.8.1.

touched the East. Most pressing may have been the Armenian and Parthian questions — with Antiochus involved in both — but also to be settled was the entire question of Roman policy regarding distant parts of the East and the native rulers there. Pompey and Antony favored leaving the East under its traditional governing structures. Augustus *reges socios etiam inter semet ipsos necessitudinibus mutuis iunxit, promptissimus affinitatis cuiusque atque amicitiae conciliator et fautor; nec aliter universos quam membra partisque imperii curae habuit*[92]. Strabo shows that this applied as well to the extended kingdom of Antiochus in Rough Cilicia: ἐδόκει πρὸς ἅπαν τὸ τοιοῦτο βασιλεύεσθαι μᾶλλον τοὺς τόπους, ἢ ὑπὸ τοῖς ʽΡωμαίοις ἡγεμόσιν εἶναι. ("All things considered, it seemed best for the territories [Cilicia Tracheia] to be ruled by kings rather than to be under Roman prefects"[93].)

Like Polemo, Antiochus at first got on well with his fellow dynasts and, but for the notable exceptions above, with Romans. An early paradigm of this is the report of Antiochus and Agrippa II of Judaea alarming Romans by their closeness to Caligula: ἐπυνθάνοντο τόν τε ᾽Αγρίππαν αὐτῷ καὶ τὸν ᾽Αντίοχον τοὺς βασιλέας ὥσπερ τινὰς τυραννοδιδασκάλους συνεῖναι. ("They heard that the kings Agrippa and Antiochus accompanied him like teachers in tyranny, as it were"[94].) In an attempt to strengthen his ties with Agrippa after these successful lessons for Caligula, Antiochus betrothed a son to Drusilla, sister of Agrippa and Berenice[95]. But when the boy insisted on preserving all he held near and dear, Antiochus had to offer a daughter instead as wife of the Judaean-Cappadocian King Alexander[96].

Iotape VII (J 48), the princess whom Antiochus thus gave, could offer her new Judaean in-laws a background as distinguished as any in the contemporary Near East. Her mother's aunt, Iotape III, granddaughter of Artavasdes I of Atropatene, had as queen of Sampsigeramus II (J 541) of Emesa borne three royal children. Of these, Iotape IV (J 45) married the Judaean Aristoboulos (A 1051), uncle of the homonymous king of Armenia Minor. Two sons were kings of Emesa. Azizus (A 1693) successfully put forward his qualification for marriage to the Judaean princess Drusilla, whose promised nuptials had so affrighted the son of Antiochus. At the death of Azizus in 54, Emesa went to the other son, C. Julius Sohaemus (J 582), whose nomenclature and epithets (*philocaesar* and *philorhomaeus*) proclaimed his determination to rule happily ever after under Nero. He or a relative now took up Sophene, with Antiochus IV, Aristoboulos, and Polemo as neighbors[97].

---

[92] Suet. Aug. xlviii.
[93] Strabo xiv.5.6.671.
[94] Dio lix.24.1.
[95] Jos. AJ xix.355.
[96] Jos. AJ xx.139 and xviii.140.
[97] He in fact carried this so far as to join Roman efforts against Judaea and even against Antiochus IV (Jos. BJ vii.226). In the East, it counted much to be a relative — but

Iotape's brother Epiphanes (J 150) had not been idle after his near thing with Drusilla: as husband now of a daughter (probably Claudia Capitolina) of the famed Prefect of Egypt, Ti. Claudius Balbillus (C 813), he performed duties which included siring Hadrian's comely *comes*, Julia Balbilla (J 650), and the renowned Athenian citizen, Roman consul, and Eastern 'king' C. Julius Antiochus Epiphanes Philopappus (J 151). Her other brother, Callinicus (J 228), sported the cognomen of Mithradates I, father of Antiochus I and ally of Tigranes the Great. Both brothers used the royal title and both raised some dust in Rome's Judaean campaigns. Later both fled to Parthia two jumps ahead of the Romans and received the royal welcome (their dynasty too had once intermarried with the Arsacids)[98]. Finally, they joined Antiochus — presumably not as double agents — for honorable last years in Rome, where their other sisters probably attended him and ignited quivering local swains[99].

If wealth brings honor, sure Antiochus was an honorable man: *Antiochus vetustis opibus ingens et servientium regum ditissimus*[100]. At his accession under Caligula, the funds accumulated for him since the death of Antiochus III provided a comfortable nest-egg: *Antiocho Commageno sestertium milies*[101]. During the Jewish War — ἀκμάζοντος αὐτοῦ ("with [Antiochus] at the height of his prosperity") — his support for Titus drew on considerable resources: εὐδαιμονῆσαι γὰρ δὴ μάλιστα τῶν ὑπὸ Ῥωμαίοις βασιλέων τὸν Κομμαγηνὸν συνέβη πρὶν γεύσασθαι μεταβολῆς. ("For it was the case that of all the kings allied to the Romans, the Commagenian prospered the most — before he tasted a reverse of fortune"[102].)

For strategic and commercial reasons Commagene had for centuries been an important link between the Greeks of Anatolia and the Iranians beyond the Euphrates. Under Antiochus it remained so. With his wealth and sense of tradition, he began an important process of extending Greek city civilization into the interior, both at home and in Rough Cilicia. Signalling dynastic intentions by founding cities named after members of his or the imperial house, and by employing the traditional era on at least one coinage[103], he achieved a remarkable consolidation of an area notoriously difficult to govern.

Among the cities were an Iotape and an Antiocheia-ad-Cragum, founded for his wife and himself in Rough Cilicia. The new city of Philadelphia in Commagene may have been for his wife as well: she was also his sister and

---

never to the point of forgetting one's own interests. Distance between Emesa and Sophene could point to a different Sohaemus (MAGIE, Roman Rule 1412 note 41). But Polemo's holdings were also widely separated.

[98] On the problem of Epiphanes's wife: T. GAGÉ, Basiléia (Paris 1968) 75—85. Jos. BJ vii. 237; Dio xlix.23.4.

[99] Jos. BJ vii.240, 243; 234.

[100] Tac. Hist. ii.81.1.

[101] Suet. Calig. xvi.3.

[102] Jos. BJ v.461—462.

[103] Note 89.

thus known to irrepressible Easterners as Iotape Philadelphus. Several cities honored the Julio-Claudians: Claudiopolis, Germanicopolis, Germaniceia Caesareia. Claudiopolis, located near Polemo's holdings around Olba, would have been an ideal site for the games mentioned in our papyrus. Another town, Eirenopolis, may have commemorated a victory over the wild tribesmen of northern Cilicia; its era, beginning about 52, accords with the campaigns of Antiochus there[104].

Antiochus wished to spread cities into the corners and edges of his mountainous regime, to set them at strategic points along the coast and in the road-systems connecting parts of his kingdom with one another and with external regions. From Iotape to Antiocheia-ad-Cragum to Anemurium to Elaioussa-Sebaste, the coast of Cilicia was dotted with strong cities under his control and issuing his coinage: these were τὰ παραθαλάσσια τῆς Κιλικίας ("the coastal regions of Cilicia") added to his ancestral holdings[105]. From the northern part of the Regnum Antiochi in Rough Cilicia, across a part of Cilicia Pedias which he also may have ruled[106], and through Commagene to the Euphrates ran a chain of communication based on cities[107].

The tribes of northern Cilicia whom Tacitus calls *nationes . . . saepe . . . commotae*[108] yielded to the forces or persuasions of Antiochus, but similar considerations may explain such cities as Germaniceia Caesareia in the northwest of Commagene proper, close to the border with Cappadocia and Cilicia. From here roads ran east and south to Doliche, Zeugma, and Samosata. Other roads through Cappadocia above the Taurus and Cilicia below it led respectively to the northern part of the Regnum Antiochi or to Elaioussa-Sebaste. Many of these road-systems and associated cities survived into Byzantine times and some to the present[109].

This papyrus thus adds a spot of color to the literary, epigraphic, and numismatic picture already available of dynastic activity along the bottom edge of Asia Minor. Not only were there dynastic coinages and cities, royal

---

[104] Tac. Ann. xii.55.1—2: *dein rex eius orae Antiochus blandimentis adversum plebem, fraude in ducem cum barbarorum copias dissociasset, Troxoboro paucisque primoribus interfectis ceteros clementia composuit*. The gentle Antiochus, once *tyrannodidaskalos* of Caligula, had that instinct for the jugular which allowed him 20 more years' rule in a turbulent time and place. On Eirenopolis and his other cities in Rough Cilicia: JONES, op. cit. (note 66) 204—12.

[105] Dio lix.8.2. MAGIE, Roman Rule 1367 note 49 gives the bibliography for coin issues attesting the rule of Antiochus in Cietis, Lacanatis, and Lycaonia — where his name lived on in Lycaonia Antiochiana: JONES, op. cit. (note 66) 133 and 413 note 21.

[106] A. DUPONT–SOMMER and L. ROBERT, La déesse de Hiérapolis Castabala (Cilicie), Paris, 1964, pp. 45f. note 16. This area had been ruled by another family of dynasts, the Tarcondimotids, now discussed by W. HOBEN, op. cit. (note 28) 195—211.

[107] For discussion of the 'southern highway' which ran in part through the Cilician holdings of Antiochus, see MAGIE, Roman Rule, 1653 ('Roads') and JONES, op. cit. (note 66) 204ff. and 263f. on the cities.

[108] Tac. Ann. xii.55.1.

[109] Examples of the latter are Samsat near Samosata in Commagene and Ermenek (Germanicopolis) in Rough Cilicia. On Byzantine survivals, JONES, op. cit. (note 66) 204ff. and 263f.

marriages, state visits, assemblies of kings (as at Tiberias), embassies, taxes, and — yes — wars, but now thanks to this text we can stand up and say to all the world that there were also games for Claudius. Not exactly "Say that wealth and fame have missed me / But that Claudius kissed me": these were games politically inspired and the φιλία ("friendship") of another kind. But games there were, reminding us that Eastern populations had more to do than generate revenues for the central authority.

Antiochus was above all an Eastern monarch, descended from kings for centuries gone and passing on the royal title (though, thanks to Rome, not its powers) to sons and grandson, who carried it — as Antiochus would not — with him into Roman office. Only on our papyrus does the Roman nomenclature of Antiochus appear, as of course it would in an imperial rescript. Elsewhere, in honorary inscriptions, on his extensive coinage, and by contemporary writers, he was yclept merely Antiochus the King. His dynastic era reached back well over 200 years and the proud tradition of descent from Seleucids could still be invoked by his grandson Philopappus in the second century[110]. Nor was his Iranian heritage forgotten, by Antiochus or his sons or Vespasian. It could provide the πρόφασις of the *bellum Commagenicum*[111]. But it also contributed to the respect with which the sons of Antiochus were received in Parthia and later, with their father, in Rome[112]. Antiochus received βασιλικὴν . . . δίαιταν ("a kingly revenue") and all three πάσης ἀξιούμενοι τιμῆς κατέμενον ἐνταῦθα ("remained there, deemed worthy of every honor").

The regions from Rough Cilicia to the Euphrates had once enjoyed a richly-textured government by dynasts: Archelaus, Polemo, Antiochus, the priest-kings at Olba, the Tarcondimotids — «un phénomène original et mal connu, une dynastie indigène» — and even the redoubtable Antipater of Derbe[113]. The only dynast remaining up here after 72 was King Alexander, ruling in the region of Elaioussa-Sebaste with Iotape VII. Eventually he would settle for a consulship and leave behind his relative and sole royal representative of the dynastic network, Agrippa II of Judaea. But there had been a certain coherence to Cilicia which had led to a previous Roman attempt to convert it into a province: "Motley and composite the province certainly was. But it was neither paradoxical nor ridiculous — it corresponded with notorious facts of geography and history"[114]. There

---

[110] OGIS 413.

[111] Jos. BJ vii.239 uses this term in a passage which suggests that he knew the war's cause to lie deeper than the punishment of a rebel; cf. BJ vii.222—24. That the action was of sufficient importance to warrant the designation *bellum Commagenicum* we know from ILS 9200 = IGLSyr 2796; ILS 9198 = IGLSyr 2798; L'ann. épigr. 1942 no. 33.

[112] Jos. BJ vii.237—243.

[113] DUPONT–SOMMER and ROBERT, op. cit. (note 106) 45f.; Strabo xii.1.4; W. M. CALDER and J. KEIL, eds., Anatolian Studies presented to W. H. Buckler (Manchester 1939) 309—312.

[114] R. SYME, Observations on the Province of Cilicia, in: Anatolian Studies . . . Buckler (note 113) 305.

was now another rationale for its final incorporation, along with Commagene: the need to construct a military *limes* from the Black Sea to the Red after the settlement by Corbulo and Nero had left Armenia under an Arsacid dynasty[115].

VII. Tiberius Julius Alexander of Alexandria

Not all members of the Eastern dynastic network who appear in the papyri were royal. No, not a bit of it. Increasingly after the mid-first century A. D., prominent Easterners sprang from the financial aristocracy or from the royal families now deposed. In the first group were Ti. Julius Alexander and his brother; in the second was C. Claudius Severus.

The family of Ti. Julius Alexander had attained high place as Jews of Egyptian nationality[116]. His father, Alexander (A 510), the brother of Philo Judaeus, held the office of Alabarch at Alexandria[117]. Among other holders of it was Demetrius (D 40), brother-in-law of our Berenice, whose marriage to the Alabarch's son Marcus probably reflected the continuing interest of her family and especially of her father, Agrippa I, in the ample fortunes of these Alexandrians[118]. Josephus thrills to Alexander the Alabarch as γένει τε καὶ πλούτῳ πρωτεύσαντος τῶν ἐκεῖ καθ' αὐτόν ("in descent and in wealth superior to the other residents [of Alexandria]").

The high standing of the Alabarch in the East carried over into his dealings with the imperial family at Rome. Claudius regarded him as φίλον ἀρχαῖον αὐτῷ γεγονότα and remembered previous service arising from his financial expertise: Ἀντωνίαν αὐτοῦ ἐπιτροπεύσαντα τὴν μητέρα ("an old friend of his . . . [and] procurator for his mother Antonia"[119]). But such close contact with emperors has its risks and we find him impris-

---

[115] See the paper of E. W. GRAY, The Roman Eastern Limes from Constantine to Justinian — Perspectives and Problems, in: Proc.AfricanClass.Assoc. 12 (1973) 24—40, esp. 31 ff. for the earlier periods.

[116] On the family see J. SCHWARTZ, Note sur la famille de Philon d'Alexandrie, in: Ann. Inst. Phil. Hist. Or. Brux. 13 (1953) 591—602 (Mél. I. Levy).

[117] Jos. AJ xviii.259. The office was probably Controller of Customs: see LSJ and Supplement on it and the apparently equivalent Ἀραβάρχης; G. CHALON, L'édit de Tiberius Julius Alexander (Lausanne 1964) 44 note 6; J. LESQUIER, L'arabarchès d'Égypte, in: Rev. archéol. (Sér. 5) 6 (1917) 95—103. His friend Agrippa: E. SCHÜRER–G. VERMES–F. MILLAR, Hist. Jewish People (Edinburgh 1973), I, 442—455. On the Jews in Alexandria, see E. SMALLWOOD, The Jews under Roman Rule, Studies in Judaism in Late Antiquity 20 (Leiden 1976), Ch. X.

[118] Jos. AJ xviii.159 and xx.100. The Alabarch's great wealth also benefited Judaeans by furnishing gold and silver plating for the nine gates of the Temple in Jerusalem: Jos. BJ v.205.

[119] Jos. AJ xix.276.

oned by Caligula, whose motive the resigned Josephus simply records as ὀργῇ ("in anger"[120]).

The career of the Alabarch's son Tiberius Julius Alexander (J 139) ranks among the most illustrious enjoyed by any non-royal members of the Eastern aristocracy in the first century[121]. He led the "oriental group [which was] the second element in the Flavian party" after being contacted by Vespasian and in effect appointed ὁ μὲν πεπιστευμένος ἤδη τὰ περὶ τὴν ἀρχήν ("the one entrusted now with matters concerning his [Vespasian's] rule"[122]). In Egypt, he boosted an unresisting Vespasian to the purple: *Initium ferendi ad Vespasianum imperii Alexandriae coeptum, festinante Tiberio Alexandro*[123]. The Alexandrians therefore considered that πρῶτοι αὐτὸν αὐτοκράτορα ἐπεποιήκεσαν ("they themselves had first made him emperor"[124]).

Nor did he recoil from unpleasant chores against fellow Jews or "enemies of Rome" in the East. Thus he advanced on Jerusalem with Titus as φίλων δοκιμώτατος εὔνοιάν τε καὶ σύνεσιν ("the most esteemed of his friends in respect of his good will and understanding") and could soon be spoken of as πάντων τῶν στρατευμάτων ἐπάρχοντος ("prefect of all the military forces"[125]). In these diversions he came into contact with a son of Antiochus IV of Commagene, whose forces supported Titus and Vespasian[126]. Alexander probably met Antiochus and Polemo in 63 during the Armenian campaign: *Tiberius Alexander, inlustris eques Romanus, minister bello datus* [to Corbulo][127]. Both dynasts had attempted three years before to detach adjoining portions of Armenia; Polemo was by this time probably in his last year as king of Pontus.

Despite his personal eminence, Alexander's connections by marriage with notable dynasts or aristocrats cannot be firmly established[128]. Some

---

[120] Jos. AJ xix.276.

[121] His career has been fully studied. Besides the book of Chalon (note 117), kindly have a look at V. Burr, Tiberius Julius Alexander (Bonn 1955) and the article by E. G. Turner, in: Journ.Rom.Stud. 44 (1954) 54—64 (above, note 25). PIR² J 139; IGLSyr VII (1970) 36—39 no. 4011 with E. W. Gray's review of IGLSyr Vol. VII, in: Journ.Hell. Stud. 92 (1972) 235.

[122] J. Crook, Titus and Berenice, in: Amer.Journ.Philol. 72 (1951) 163 and Jos. BJ iv. 616—619.

[123] Tac. Hist. ii.79.1. This became his *dies imperii*: Suet. Div. Vesp. vi.3.

[124] Dio lxvi.8.2. Cf. CPapJud II 418a = P. Fouad 8; Jos. BJ v.46.

[125] Jos. BJ v.45 and vi.237.

[126] Jos. BJ v.460ff. with v.510; cf. ii.500 and iii.68.

[127] Tac. Ann. xv.28.3. H. G. Pflaum, Les carrières procuratoriennes équestres sous le Haut-Empire romain (Paris 1960—61) vol. I, pp. 46ff., no. 17. See M. Avi-Yonah, The Epitaph of T. Mucius Clemens, in: IsraelExpl.Journ. 16 (1966) 258—264 with J. and L. Robert, in: Rev.ét.gr. 83 (1970) 474f., Bull. ép. no. 633. The dynasts and Tiberius coöperated again at the time of Vespasian's accession: Tac. Hist. ii.81.2.

[128] PIR² J 139, 142, 393. On possible descendants: E. Turner, op. cit. (note 25), 56 with note 17 and 63 with notes 51—53; H. Musurillo, Acts of the Pagan Martyrs (Oxford 1954) 170; Burr, op. cit. (note 121) 13f., 16—23, 25ff., 85, note 7, and 112; J. Schwartz, Note sur la famille de Philon d'Alexandrie, in: Ann.Inst.Phil.Hist.Or.Brux. 13 (1953) 591—602

link with the Judaean house would be likely on several grounds, but for an attested marriage there one must turn to his brother.

VIII. Marcus Julius Alexander and Berenice of Judaea

Though not represented in papyri as his famed brother was, Marcus Alexander can hold up for our admiration several ostraca announcing his activity in the rich trade from Coptus to Berenice and Myos Hormos[129]. Like his father, Marcus enjoyed happy times with the Judaean royal family. But instead of lending money to its reigning monarch, he married its most appreciated princess, Julia Berenice — thus starting a trend which would extend to Herod of Chalcis (H 156), Polemo II of Pontus (J 472), her brother King Agrippa II (J 132)[130], and finally to the future emperor Titus, *accensum desiderio Berenices reginae*[131]. As late as the time of Vespasian's accession, when Berenice assisted Agrippa II, Antiochus of Commagene, his Emesene relative Sohaemus, and Tiberius Julius Alexander, she was still no inconsiderable addition to a retinue: *nec minore animo regina Berenice partes iuvabat, florens aetate formaque et seni quoque Vespasiano magnificentia munerum grata*[132].

Now, this was quite a handful for a merchant from Egypt whose notion of beauty had been to watch the southern exposure of a camel caravan vanish into the desert. Marcus in fact achieved no known heirs by Berenice, perhaps owing to her age of 13 at the time of marriage and about 15 when Marcus died in 43/44. In his awe he may even have left her

---

(Mél. I. Levy). Some of those suggested occur in: CIL III, Suppl. 7130 and VI 32374; Dio lxviii.30.2; ILS 5038; P. Fouad 21 and 211; U. WILCKEN, Griechische Ostraka aus Ägypten und Nubien (Leipzig–Berlin 1899) vol. I, p. 823.

[129] J. TAIT, Greek Ostraca in the Bodleian Library (London 1930), pp. 116—122: O. Petrie nos. 252, 266—267, 271, 282 from the years 37—43/44 A.D. See the article by A. FUKS, Notes on the Archive of Nicanor, in: Journ.Jur.Pap. 5 (1951) 207—216 and PIR² J 138. A third son of the Alabarch was conjectured by ROSTOVTZEFF in his review of TAIT (above), in: Gnomon 7 (1931) 21—26; but this lad, L. Julius Ph . . . (ostracon no. 261), apparently had a *cognomen* other than Alexander and shared only the *gentilicium* with the Alabarch.

[130] Ancient and modern reports/slanders are capably reviewed by G. MACURDY, Julia Berenice, in: Amer.Journ.Philol. 56 (1935) 246—253. Whether or not Berenice ruled as Agrippa's sister-queen, she did have considerable power and does receive the appellations *regina* and βασίλισσα. OGIS 428 in fact calls her βασίλισσαν μεγάλην and she is joined with her brother as οἱ βασιλεῖς by Josephus in BJ ii.598, Vita 48f. and 180f.

[131] Tac. Hist. ii.2.1. Suet. Div. Titus vii.1 speaks of his *insignem reginae Berenices amorem, cui etiam nuptias pollicitus ferebatur*. But this "*Kleopatra im kleinen*" (MOMMSEN, Röm. Gesch. V³ [Berlin 1886] 540) missed the imperial nuptials after an otherwise outstanding career, if such we should term her multifold activity. See J. CROOK, Titus and Berenice, in: Amer.Journ.Philol. 72 (1951) 162—175.

[132] Tac. Hist. ii.81.2 and 79.1.

a virgin[133], but the implication of this marriage is clearly that Marcus could have sired half-royal children by his princess, with his qualification for such opportunity being not kingly descent but high social position derived from wealth in Alexandria. The Judaean house permitted a similar arrangement for Berenice's sister Drusilla when she left her royal husband, King Azizus of Emesa, for M. Antonius Felix[134]. Such choices were still comparatively rare among Eastern dynasts and the exception even for Judaeans. The only other clearly non-royal marriage in the first century there was that of a third sister of Agrippa II, Mariamme, to the Alexandrian Alabarch Demetrius[135].

If the new emperor Claudius took a part in these marriages, it might have been to strengthen the bonds between the family of his *amicus* Agrippa I and important Jewish families outside Judaea. Claudius did indirectly enter the second marriage of Berenice by responding to Agrippa's request for recognition of Chalcis as a principality for her husband (and uncle), Herod[136].

Agrippa II was to benefit throughout his reign — until the last years of the first century — from these marriages and especially from the close ties with the Flavian house which Berenice helped create, before and during her days ἐν τῷ παλατίῳ ("in the palace"[137]). Whether these three sisters' royal and non-royal marriages constituted policy or circumstance, Berenice at least would henceforward prefer liaisons with kings and emperors after her brief exposure to Marcus Julius Alexander, the Alabarch's boy[138].

IX. C. Claudius Severus and King Alexander

Finally, our last aristocrat in the papyri, C. Claudius Severus. P. Mich. VIII 466 is a letter written by Julius Apolinarius to his father in Egypt on 26 March 107 A. D. He serves in a legion working in the new province

---

[133] The text of Josephus is ambiguous. Depending on the subject of παρθένον λαβών, he stresses her virginity either at the time of her marriage to Marcus or else when Agrippa then bestowed her on Herod of Chalcis. The logical place for the phrase if referred to Marcus is in the previous sentence.

[134] See PIR² D 195, A 1693, A 828.

[135] See PIR² D 40. The marriage of this Mariamme to Julius Archelaus (J 173) may have also been non-royal: Jos. AJ xix.353, 355 and xx.140; cf. xviii.138 and 273.

[136] Jos. AJ xix.277.

[137] Dio lxvi.15.4; cf. lxvi.8.1.

[138] Important children resulted from these marriages to Alexandrians and Antonians: PIR² A 462 and J 652; A 809 (cf. A 887 and 889). M. Antonius Felix (A 859, cos 167) has been considered a descendant of Pallas, brother of Drusilla's Antonius Felix (A 828). The extensive use made of Felix under Claudius and Nero in Judaea, Samaria, Galilee, and Peraea may have made the marriage attractive to all concerned: Jos. BJ ii. 247 and 252; AJ xx. 137 and 160ff.; Tac. Ann. xii.54; CIL V 34; Suet. Div. Claud. xxviii. SCHÜRER (note 117) 460ff. and notes 17—30.

of Arabia and displays soldierly distaste for aspects of the duty, as well as determination to creep in out of the sun: ... [ὅ]λης τῆς [ἡμέρ]ας λίθους κοπτ[ό]ντων καὶ [ἄλλα π]οιούντων, ἐγὼ μέχρι σή[μερον] οὐθὲν τούτων ἔπαθον, ἀλλὰ [καὶ ἐρω]τήσαντός μου Κλαύδιον Σε[ουῆ]ρ[ο]ν τὸν ὑπατικὸν εἶνα με λιβράριον ἑαυτοῦ ποιήσῃ, εἰπόντος δὲ [α]ὐτοῦ ὅτι τόπος οὐ σχολάζ[ει], ἐν τοσούτῳ δὲ λιβράριόν σε λεγεῶνος ποιήσω ἐφ' ἐλπίδων, κλήρῳ οὖν ἐγενόμην ἀπὸ τοῦ ὑπατικοῦ τῆς λεγεῶνος πρὸς τὸν κορνικουλάριον. ("All day long the others break rocks and perform other tasks, but until the present I have not had to do any of these things, but I asked Claudius Severus the consular to make me his secretary. He replied, 'There is no vacancy, but I think I will make you legionary secretary'. And so I've been assigned by the consular of the legion to the *cornicularius*."[139])

The understanding *consularis* here is none other than C. Claudius Severus (C 1023), *suff*. 112 and first governor of Arabia[140]. For students of the Eastern network of aristocratic intermarriage, he signifies a good deal more. From him descended a line of consulars for more than a century, including a son-in-law of Marcus Aurelius. A relative would marry Elagabalus, a member of the former royal house of Emesa and the first Eastern dynast to attain the imperial pinnacle[141].

The origins of Claudius Severus command present attention, for he sprang from the web of families already studied in this paper. About 117 or 118, an inscription was dedicated at Ancyra to [Γ. Ἰού]λ(ιον) Σεουῆρον, [ἀπόγο]νον βασιλέως [Δ]ηιοτάρου καὶ ... τετραρχῶν καὶ βασιλέως Ἀσίας Ἀττάλου, ἀνεψιὸν ὑπατικῶν Ἰουλίου τε Κοδράτου καὶ βασιλέως Ἀλεξάνδρου καὶ Ἰουλίου Ἀκύλου καὶ Κλ(αυδίου) Σεουήρου καὶ συγγενῆ συγκλητικῶν πλείστων. ("Gaius Julius Severus, descendant of King Deiotarus and ... of the Tetrarchs and of Attalus, King of Asia; cousin of the consulars Julius Quadratus and King Alexander and Julius Aquila and Claudius Severus, and relative of many of senatorial rank."[142])

Whence these intriguing consulars? Though one cannot be dogmatic, the cloud of obscurity surrounding them has since MOMMSEN's day been gradually dispelled and through it distinct figures emerge. The Claudius Severus mentioned as ἀνεψιός of C. Julius Severus (J 573) usually wins a nod of approval as our consular in Arabia. The family of that Claudius

139 Also preserved is a letter from him to his mother the month before: P. Mich. VIII 465. The segment here is from the text of E. SMALLWOOD, Documents ... Nerva, Trajan, Hadrian (Cambridge 1966) no. 307b. See the discussion by CL. PREAUX, Une source nouvelle sur l'annexation de l'Arabie par Trajan: les papyrus de Michigan 465 et 466, in: Phoibos 5 (1950/51) 122—139, esp. 126.
140 Date: G. BOWERSOCK, A Report on Arabia Provincia, in: Journ.RomanStud. 61 (1971) 219—242, esp. 235; M. SARTRE, Inscriptions inédites de l'Arabie romaine, in: Syria 50 (1973) 223—233, esp. 227, notes 7—8.
141 See PIR² C 1024, 1025, 1027, 1028; J 648, 649. L. PETERSEN, Iulius Iulianus, Statthalter von Arabien, in: Klio 48 (1967) 159—167; R. HANSLIK, RE Suppl. IX (1962) 1829 s. v. Ummidius (stemma); R. SYME, The Ummidii, in: Historia 17 (1968) 72—105, esp. 102—104.
142 OGIS 544 = IGRR III 173 = E. BOSCH, Quellen zur Geschichte der Stadt Ankara im Altertum (Ankara 1967) 122—130, nr. 105; cf. 106.

is honored at several places in central Anatolia[143]. Its precise connection with the aristocracy at Ancyra remains to be shown, but ἀνεψιός ("cousin") signifies at least a relationship and perhaps a close one. It need not mean "cousin" here, but even that is possible in the East, where extensive intermarriage of the large aristocratic families could produce cousins in several houses. Most notable for this would be the houses of Judaea, Emesa, Commagene, and Cappadocia — precisely those in which another of these consulars, King Alexander, had ties by descent and marriage.

The person most likely to be described as he is in this text was the recent king of Cilicia and son-in-law of Antiochus IV of Commagene[144]. Alexander had recently held his consulship, as had his wife's nephew C. Julius Antiochus Epiphanes Philopappus[145]. Whether he had direct ties to the family of Claudius Severus or only indirect ones through C. Julius Severus matters less than does the fact of his relationship attested here to the aristocrats of Galatia. The descent of King Alexander from Cappadocian royalty and perhaps from the dynasty of Pontus[146], as well as from the two recent Judaean kings of Armenia called *Cappadocum e nobilitate*[147], would have given some likelihood even in the absence of this text that distant relatives lurked in Galatia, which had produced a king of Armenia Minor, the same Deiotarus from whom Julius Severus here claims descent. Deiotarus had betrothed his son into the Armenian house itself, to no less a personage than the granddaughter of Tigranes the Great[148]. The present text informs us that the connection had been reinforced or else memory of it retained well into the first generation of oriental senators[149].

Any assessment of the East in the second century must consider the phenomenon revealed in this and other texts: aristocrats who were Roman senators and consuls but who — as leading citizens of Sardis, Ephesus, Pergamum, even Athens (Philopappus), or of cities in Galatia and Cilicia, Pontus and Cappadocia, Emesa and Judaea — preserved the memory

---

[143] Especially at Pompeiopolis in Paphlagonia: IGRR III 135, 1446—1448; OGIS 546; cf. IGRR IV 889—890. See S. MITCHELL, The Plancii in Asia Minor, in: Journ. Rom. Stud. 64 (1974) 27—39.

[144] Notes 58 and 142. See also OGIS 429 from Ephesus: [Ἡ βουλὴ καὶ] ὁ δῆμος ἐτείμησα[ν] Γάϊον Ἰούλιον, βασιλέως Ἀλεξάνδρου υἱόν, Ἀγρίππαν, ταμίαν καὶ ἀντιστράτηγον τῆς Ἀσίας, διά τε τὴν ἄλλην ἀρετὴν καὶ τὴν εἰς τὴν πόλιν εὔνοιαν. Here also the bare reference to 'King Alexander' apparently required no amplification, as too in a text from Perge to be published by G. BEAN.

[145] R. SYME, review of A. DEGRASSI, I Fasti Consolari (Rome 1952), in: Journ.Rom.Stud. 43 (1953) 148—161, esp. 154: Alexander's consulship before 109. C. HABICHT, Altertümer von Pergamon, vol. VIII, 3 (Berlin 1969), p. 46, note 6. Philopappus was *suff.* 109.

[146] Note 28.

[147] Tac. Ann. xiv.26.1, said of Tigranes VI, father of King Alexander and nephew of Tigranes V. See note 72.

[148] Cic. Ad Att. v. 21.2 (50 B.C.): *Deiotarus, cuius filio pacta est Artavasdis filia.*

[149] For the other ἀνεψιοί see PIR² J 168, 260, 506—508 with BOSCH, op. cit. (note 145) 126 to 127. The article by MOMMSEN on this inscription is useful still: TH. MOMMSEN, Die ancyranische Inschrift des Iulius Severus, in: Sitz.Preuss.Ak.Wiss. 1901, 1 (Berlin 1901), 24—31.

of their royal descent and systematically strengthened their interrelation-
ships.

So the 'Eastern dynastic network' already formed in the days of Tigranes the Great of Armenia derived greater cohesion and a fresh supply
of princesses from his and the relatives' efforts in Pontus under Polemo,
Cappadocia under Archelaus, Commagene under Antiochus, or Cilicia
under all three. The ramifications of these royal families to the east in
Atropatene and Parthia, to the south in Emesa and Judaea, to the west
in Galatia or beyond, and to the north in Thrace and Bosporus constitute
a remarkable facet of Near Eastern history in the first century before and
after Christ. The complex processes involved left reflections in hundreds
of literary mentions, scores of inscriptions, half a dozen papyri, five wee
ostraca, one parchment.

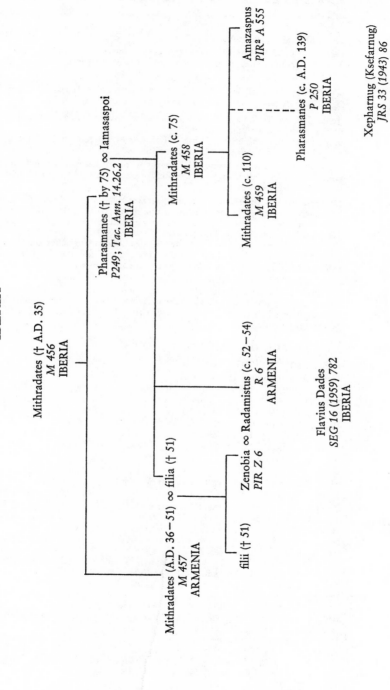

IBERIA

Mithradates († A.D. 35)
M 456
IBERIA

Pharasmanes († by 75) ∞ Iamasaspoi
P249; Tac. Ann. 14.26.2
IBERIA

Mithradates (A.D. 36—51) ∞ filia († 51)
M 457
ARMENIA

Mithradates (c. 75)
M 458
IBERIA

Mithradates (c. 110)
M 459
IBERIA

Amazaspus
PIR² A 555

Pharasmanes (c. A.D. 139)
P 250
IBERIA

Xepharnug (Ksefarnug)
JRS 33 (1943) 86
AE 1947. 125
IBERIA

Zenobia ∞ Radamistus (c. 52—54)
PIR Z 6   R 6
ARMENIA

filii († 51)

Flavius Dades
SEG 16 (1959) 782
IBERIA

Sources:

PIR M—Z; PIR² A—L.
H. TREIDLER, RE Suppl. 9 (1962) 1899—1911, s. v. Iberia.

Walter de Gruyter
Berlin · New York

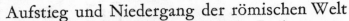

H. Temporini
W. Haase
(Hrsg.)

Aufstieg und Niedergang der römischen Welt

Geschichte und Kultur Roms im Spiegel der neueren Forschung.
3 Teile in mehreren Einzelbänden und 1 Registerband. Lexikon Oktav.
Ganzleinen

Teil I. Von den Anfängen Roms bis zum Ausgang der Republik
Teil II. Principat — Teil III. Spätantike und Nachleben

Jeder der drei Teile umfaßt sechs systematische Rubriken, zwischen denen es
vielfache Überschneidungen gibt:
1. Politische Geschichte, 2. Recht, 3. Religion, 4. Sprache und Literatur,
5. Philosophie und Wissenschaften, 6. Künste.

ANRW ist ein handbuchartiges Übersichtswerk zu den römischen Studien im
weitesten Sinne, mit Einschluß der Rezeptions- und Wirkungsgeschichte bis
in die Gegenwart.

Die einzelnen Beiträge sind ihrem Charakter nach, jeweils dem Gegenstand
angemessen, entweder zusammenfassende Darstellungen mit Bibliographie
oder Problem- und Forschungsberichte oder thematisch breit angelegte exem-
plarische Untersuchungen. Mitarbeiter sind rund 1000 Gelehrte aus 35 Ländern.
Die Beiträge erscheinen in deutscher, englischer, französischer oder italieni-
scher Sprache. Der Vielfalt der Themen entsprechend gehören Mitarbeiter und
Interessenten hauptsächlich folgenden Fachrichtungen an:

Alte, Mittelalterliche und Neue Geschichte — Byzantinistik, Slavistik —
Klassische, Mittellateinische, Romanische und Orientalische Philologie —
Klassische, Orientalische und Christliche Archäologie und Kunstgeschichte —
Rechtswissenschaft — Religionswissenschaft und Theologie, besonders Kirchen-
geschichte und Patristik.

Bisher erschienen:

Teil I: Von den Anfängen Roms bis zum Ausgang der Republik

Herausgegeben von H. Temporini

Band 1: Politische Geschichte. XX, 997 S. 1972. DM 220,—
Band 2: Recht; Religion; Sprache und Literatur (bis zum Ende des 2. Jh. v.
Chr.). XII, 1259 S. 1972. DM 310,—
Band 3: Sprache und Literatur (1. Jh. v. Chr.). X, 901 S. 1973. DM 200,—
Band 4: Philosophie und Wissenschaften; Künste. Text und Tafelbd.
Textbd.: XII, 997 S. Tafelbd.: IV, 266 S. mit 361 Abb. 1973. DM 340,—

Teil II: Principat

Herausgegeben von H. Temporini und W. Haase

Band 1: Politische Geschichte (Allgemeines). XII, 1144 S. 1974. DM 340,—
Band 2: Politische Geschichte (Kaisergeschichte). XII, 1061 S. 1975. DM 360,—
Band 3: Politische Geschichte (Provinzen und Randvölker: Allgemeines;
Britannien, Hispanien, Gallien). XII, 1060 S. 1975. DM 440,—
Band 4: Politische Geschichte (Provinzen und Randvölker: Gallien [Forts.],
Germanien). X, 870 S. 1975. DM 380,—
Band 5: Politische Geschichte (Provinzen und Randvölker: Germanien [Forts.],
Alpenprokuraturen, Raetien). 2 Halbbände. 1: VIII, 600 S. DM 275,—;
2: Seiten 601—1265. 1977. DM 310,—
Band 6: Politische Geschichte (Provinzen und Randvölker: Lateinischer
Donau-Balkanraum). X, 1100 S. 1977. DM 460,—
Band 8: Politische Geschichte (Provinzen und Randvölker: Syrien, Palästina,
Arabien). X, 939 S. 1977. DM 460,—
Band 9: Politische Geschichte (Provinzen und Randvölker: Mesopotamien,
Armenien, Iran, Südarabien, Rom und der Ferne Osten). 2 Halbbände.
1: X, 544 S. 1976. DM 240,—; 2: Seiten 546 bis etwa 1200. 1977. Im Druck.
Band 15: Recht (Methoden, Schulen, einzelne Juristen). XII, 789 S. 1976.
DM 268,—

*Als nächste Bände
erscheinen:*

Teil II: Band 7, 16, 19, 23 (1978)

Preisänderungen vorbehalten